Familienunternehmen und unternehmensverbundene Familienstiftung

Europäische Hochschulschriften Recht

European University Studies in Law

Publications Universitaires Européennes de Droit

Band/Volume **6815**

Shkelqim Berisha

Familienunternehmen und unternehmensverbundene Familienstiftung

Die unternehmensverbundene Familienstiftung als Instrument zur Fortführung eines Familienunternehmens im Lichte des zum 1.7.2023 reformierten Stiftungsrechts

PETER LANG

Berlin - Bruxelles - Chennai - Lausanne - New York - Oxford

Bibliografische Information der Deutschen Nationalbibliothek
Die Deutsche Nationalbibliothek verzeichnet diese Publikation in der Deutschen Nationalbibliografie; detaillierte bibliografische Daten sind im Internet über http://dnb.d-nb.de abrufbar.

Zugl.: Bielefeld, Univ., Diss., 2024

D 361

ISSN 0531-7312
ISBN 978-3-631-93133-2 (Print)
E-ISBN 978-3-631-93431-9 (E-PDF)
E-ISBN 978-3-631-93432-6 (E-PUB)
DOI 10.3726/b22707

Verlegt durch: Peter Lang GmbH, Berlin, Deutschland
info@peterlang.com – www.peterlang.com

Diese Publikation wurde begutachtet.

Meiner Familie

Vorwort

Die vorliegende Arbeit entstand während meiner Tätigkeit als wissenschaftlicher Mitarbeiter am Lehrstuhl für Bürgerliches Recht, Unternehmensrecht, das Recht der Familienunternehmen und Justizforschung an der Universität Bielefeld. Sie wurde von der Fakultät für Rechtswissenschaft der Universität Bielefeld im Sommersemester 2024 als Dissertation angenommen. Rechtsprechung und Literatur befinden sich im Wesentlichen auf dem Stand Mitte November 2024.

Für die hervorragende Betreuung meiner Promotion gebührt meiner Doktormutter, Frau Prof. Dr. *Anne Sanders*, M. Jur. (Oxford), ein besonderer Dank. Dies gilt insbesondere für den mir bei der Erstellung dieser Dissertationsschrift zugestandenen Freiraum. Sie hat mein Interesse am wissenschaftlichen Arbeiten, an Familienunternehmen und besonders am Stiftungsrecht – einem Rechtsgebiet, das auch als „*Mikrokosmos des Rechts*" bezeichnet wird[1] – geweckt und auf vielfältige Art gefördert. Ich habe in der Zeit als wissenschaftlicher Mitarbeiter an ihrem Lehrstuhl sehr viel gelernt und behalte diese Zeit stets in bester Erinnerung.

Herrn Prof. Dr. *Detlef Kleindiek* möchte ich für die zügige Zweitbegutachtung herzlich danken. Herrn Prof. Dr. *Frank Weiler* danke ich für die bereitwillige Übernahme des Vorsitzes im Rahmen des Disputationsausschusses.

Ich möchte mich ferner bei meinen Freunden und Kollegen am Lehrstuhl für die angenehme Zusammenarbeit bei vielen Projekten, den lebhaften Diskussionen und insgesamt für die wunderbare Zeit dort bedanken. Hervorzuheben sind dabei insbesondere Dr. *Gina Rabea Auen*, *Linda Ernst*, *Kevin Göldner*, *Mario Klasfauseweh*, *Shari Bünte*, *Lukas Möller*, *Tim Bühring* und *Ben Reinold*.

Herrn Rechtsanwalt und Notar Dr. *Sebastian von Thunen*, LL. M. (London), bei dem ich als wissenschaftlicher Mitarbeiter meine ersten praktischen Erfahrungen in der Beratung von Familienunternehmen und Stiftungen sammeln konnte, gebührt ebenfalls ein besonderer Dank. Die Möglichkeit zur Teilhabe an seinen langjährigen Erfahrungen und die vielen, anregenden Diskussionen haben mein Verständnis über Familienunternehmen und Stiftungen geprägt, geschärft und mir Folgendes vor Augen geführt: Sowohl das Recht der Familienunternehmen als auch das Stiftungsrecht sind vornehmlich Praxisrecht.

Mein größter Dank gebührt meinen Eltern *Shefqet* und *Aferdita* sowie meiner Schwester *Shqiponje*. Sie haben mich in allen meinen Lebensabschnitten und ge-

---

1 So der renommierte Stiftungsrechtler und -praktiker *Peter Rawert* (FS Martinek, S. 629 dortige Fn. 1).

rade auch während meiner Promotionsphase bedingungslos und uneingeschränkt unterstützt sowie gefördert.

Mein herzlichster Dank gilt schließlich meiner Verlobten *Donita*, die mir besonders durch ihre liebevolle und motivierende Art stets den notwendigen Rückhalt gibt und durch ihren anhaltenden Zuspruch zur Fertigstellung meiner Dissertation einen bedeutenden Beitrag geleistet hat.

Düsseldorf, im November 2024 *Shkelqim Berisha*

Inhaltsverzeichnis

Teil 1: Einleitung

A. Kontext und Ziel der Untersuchung

Von den derzeit in Deutschland existierenden Unternehmen (ca. 3 Mio.) handelt es sich bei ca. 90 % um sog. Familienunternehmen.[2] Etwa 52 % des Gesamtumsatzes deutscher Unternehmen wird von Familienunternehmen erwirtschaftet.[3] Es verwundert daher nicht, dass Familienunternehmen eine herausragende volkswirtschaftliche Stellung für die Unternehmenslandschaft in Deutschland zukommt.[4] Sie werden dementsprechend zu Recht als „*Rückgrat*"[5] bzw. „*Säulen*"[6] der deutschen Volkswirtschaft angesehen und in vielen Produktbereichen gelten sie oftmals als „*Hidden Champions*"[7]. Indes ist eine amtliche Statistik mit ge-

---

2 Vgl. *Stiftung Familienunternehmen*, Die volkswirtschaftliche Bedeutung der Familienunternehmen, S. 2, wobei dort ein eigenständiger Familienunternehmensbegriff und Gruppen von Familienunternehmen (vgl. dazu *a. a. O.*, S. 3 f., 51 ff.) zugrunde gelegt worden sind; vgl. auch *Sanders*, in: Schmidt-Kessel, German National Reports, S. 461 („*roughly 90 % of German businesses could be qualified as family businesses*"); *v. Oertzen/Reich*, DStR 2017, 1118 („*die meisten deutschen Unternehmen sind Familienunternehmen*"); europaweit sollen ca. 70 %–80 % aller Unternehmen im Familienbesitz sein, so *Kalss*, in: Vogt/Fleischer/Kalss, Recht der Familiengesellschaften, S. 1 (3); auch weltweit betrachtet sind Familienunternehmen „*die vorherrschende Organisationsform*", so *Fleischer*, GmbHR 2021, 113 m. N.; ebenso *Ramadani et al.*, Entrepreneurial Family Businesses, S. 4 („*approximately 90 % of all businesses worldwide are family businesses*"). Alle nachfolgenden Internetquellen wurden letztmalig am 15.11.2024 abgerufen.

3 Vgl. *Stiftung Familienunternehmen*, Die volkswirtschaftliche Bedeutung der Familienunternehmen, S. 6.

4 Vgl. *Hennerkes/Kirchdörfer*, Die Familie und ihr Unternehmen, S. 43 f.; vgl. auch BVerfGE 138, 136 Rn. 138, 161 ff.; *D. Reuter*, in: Bumke/Röthel, Autonomie im Recht, S. 118 (139), nach dem „*die Unternehmenslandschaft in keinem der betroffenen* [EU-] *Länder auch nur annähernd so sehr durch Familienunternehmen geprägt ist wie in Deutschland*"; allg. dazu *Stiftung Familienunternehmen*, Die volkswirtschaftliche Bedeutung der Familienunternehmen, *passim*.

5 *v. Oertzen/Reich*, DStR 2017, 1118; *v. Rechenberg/Thies/Wiechers*, HdB Familienunternehmen, S. 5; 82 % der deutschen Gesamtbevölkerung sehen dies auch so, *PwC*, PM v. 16.8.2019, BB 2019, 2026.

6 Schiffer/*Schiffer/Pruns*, Die Stiftung in der Beraterpraxis, § 11 Rn. 1.

7 *Kühne/Rehm*, NZG 2013, 561; MHdB GesR 9/*Hippeli*, § 13 Rn. 10; Wiese/*Wiese*, Unternehmensnachfolge, Rn. 1.3.

nauen Zahlen, u. a. vor dem Hintergrund, dass es keine einheitliche, geschweige denn gesetzliche Definition des Begriffs Familienunternehmen[8] gibt, nicht vorhanden.[9]

Speziell für Familienunternehmen stellt sich im Laufe der Zeit die unumgängliche, folgenreiche und wohl wichtigste Frage: die Frage der Unternehmensnachfolge.[10] Kein Familienunternehmen ist wie das andere, sodass für jedes Familienunternehmen die Nachfolgefrage individuell zu beantworten ist. Demgemäß wird die Kautelarpraxis[11] bei der Nachfolgegestaltung von Familienunternehmen[12], insbesondere im Hinblick auf die zu berücksichtigenden gesellschafts-, familien-, erb- sowie steuerrechtlichen und – bei einer Nachfolgelösung mittels einer unternehmensverbundenen Familienstiftung – auch und im Besonderen stiftungsrechtlichen Fragestellungen, stark juristisch intradisziplinär gefordert[13]. Dabei besteht zudem die Besonderheit, dass bei der Nachfolgegestaltung von Familienunternehmen einerseits die Belange der Unternehmerfamilie und andererseits die des Familienunternehmens zu berücksichtigen sind, sodass nicht nur juristische Aspekte, sondern auch interdisziplinäre Bezüge etwa zur Soziologie, Psychologie sowie Betriebswirtschaftslehre eine Rolle spielen.

---

8 Dazu → Teil 2 B.

9 Vgl. schon *Lehleiter*, Die Familienstiftung, S. 17.

10 Zur Nachfolgeproblematik → Teil 2 B II 3.

11 Zur hohen Bedeutung der Kautelarpraxis besonders für das Gesellschaftsrecht s. *Fleischer*, RabelsZ 82 (2018), 239 (253 ff.); speziell bzgl. Familienunternehmen vgl. auch *Bong*, Gesellschaftsrechtliche Wirkungen einer Familienverfassung, S. 30 ff. („*typusprägende Kautelarpraxis*").

12 Allg. sind Familienunternehmen, insbesondere aufgrund ihrer Vielgestaltigkeit und Heterogenität, „*eine Herausforderung an die Gestaltungspraxis*", so konstatierend *K. Schmidt*, in: Tröger/Wilhelmi, Rechtsfragen der Familiengesellschaften, S. 37 (51); ihm zustimmend MHdB GesR 7/*Holler*, § 75 Rn. 5; zugleich gelten Familienunternehmen aber „*als solche (unabhängig von deren Größe) und die damit verbundenen Probleme als beliebtes Thema der Kautelarjurisprudenz*", so *Ulmer*, ZIP 2010, 549 (550 dortige Fn. 10); vgl. auch *Wälzholz*, in: Röthel/K. Schmidt, Strategie und Führung in Familienunternehmen, S. 34.

13 Näher zur Rechtsberatung in Familienunternehmen, insb. zu diesbezüglichen Interessenkonflikten etwa *H. P. Westermann*, FS Krieger, S. 1087 ff.; *H. P. Westermann*, FS Hennerkes, S. 21 ff.; *Hartz*, FamU 1971/72, S. 13 (26 ff.); s. a. *Staake*, RFamU 2022, 193 (194), der auf die notwendige Bezugnahme inter- und auch intradisziplinärer Aspekte hinweist.

Die vorliegende Untersuchung hat die unternehmensverbundene – nicht i. S. d. §§ 51 ff. AO gemeinnützige[14] – Familienstiftung in Gestalt einer sog. Beteiligungsträgerstiftung[15] zum Gegenstand. Bei dieser handelt es sich um eines von vielen möglichen, aber gegenwärtig, insbesondere zur Perpetuierung[16] der Unternehmenskontinuität, immer beliebter werdendes Instrument bei der Nachfolgegestaltung von Familienunternehmen.[17] So sind die meisten unternehmensverbundenen Familienstiftungen in der Praxis das Ergebnis der Unternehmensnachfolgeentscheidung von Familienunternehmern bzw. Familienunternehmerinnen.[18] Die Bezugnahme speziell von Familienunternehmen samt Berücksichtigung ihrer Besonderheiten im Rahmen dieser Arbeit ist demgemäß berechtigt und erforderlich.[19]

---

14 Diese ist im hiesigen Kontext als Vehikel der Unternehmensnachfolge bei Familienunternehmen weniger geeignet, s. zu den Gründen näher → Teil 4 A III 2.

15 Zum Begriff → Teil 4 A II 2.

16 Dies meint *„das Bestreben der Kautelarpraxis bzw. der Unternehmensinhaber, durch die Wahl der Unternehmensform und die Ausgestaltung von Gesellschaftsverträgen und Satzungen bestandsgefährdende Einflüsse möglichst dauerhaft auszuschalten und in ihrem Sinne langfristig auf eine Unternehmenspolitik hinzuwirken*", so *K. Schmidt*, Kolloquium für Dieter Reuter, S. 9 (10) im Anschluss an *D. Reuter*, Perpetuierung von Unternehmen, S. 15; *D. Reuter* folgend auch *Michalski*, Perpetuierung von Unternehmen, S. 3 f.

17 Vgl. etwa *Theuffel-Werhahn*, RFamU 2022, 67; *Schewe/Hermes*, RFamU 2022, 158; *Oppel*, FS 75 Jahre StB-Verband, S. 537 (538); *Rawert*, ZGR 2018, 835 (837); *Fleisch*, S&S RS 04/2018, 1 (2); *Spiegelberger*, ErbStB 2005, 43 (44); *Binz*, Handelsblatt v. 27.09.2021, Nr. 186, S. 26 („*Geheimwaffe*").

18 *Franke/Draheim*, VfS 2015, 1 (3, 6); *Block et al.*, Journal of Family Business Strategy 2020, S. 1 (8); *Hosseini-Görge*, Foundation owned firms, S. 59; *Mühlbauer*, Stiftungsverbundene Unternehmen und Agency-Theorie, S. 46; *Neumann*, Die reine Unterhaltstiftung, S. 200; vgl. MHdB GesR 5/*Gummert*, § 81 Rn. 39; *Hippeli*, in: Achleitner et al., Stiftungsunternehmen: Theorie und Praxis, S. 121 (129); *Fleischer*, ZIP 2022, 2045. – Allein zugunsten des Leseflusses wird nachfolgend das generische Maskulinum verwendet.

19 Zur Kontextualisierung als Aufgabe der Rechtswissenschaft grdl. *Lepsius*, JZ 2019, 793; dies bezogen auf die rechtswissenschaftliche Familienunternehmensforschung betonend *Fleischer*, NZG 2022, 1371 („*Die vordringliche rechtswissenschaftliche Aufgabe besteht also weniger in einer dogmatischen Abstraktionsleistung, sondern vielmehr in einer sachverhaltssensiblen Kontextualisierung*").

Die „*Sicherung des Familieneinflusses*“[20] und der Erhalt der „*DNA*“[21] bzw. des „*Charakters*“[22] des Familienunternehmens stellt bei der Gestaltung der Unternehmensnachfolge mittels einer unternehmensverbundenen Familienstiftung für ein Familienunternehmen im Allgemeinen[23] und für den Familienunternehmer als Stifter im Besonderen neben der Unternehmensperpetuierung[24] den wohl wichtigsten Aspekten dar.[25] Denn die Kehrseite der Sicherung des Familienun-

---

20 Diesen Aspekt speziell im Rahmen einer Stiftungsgestaltung – soweit ersichtlich – anreißend: aus juristischer Sicht *Lange*, in: Lange/Windthorst, Sicherung des Familieneinflusses, S. 95; Block et al./*Jeschke*, Die Familienstiftung, S. 25; *Klinkner/Buß/Ens*, in: Achleitner et al., Stiftungsunternehmen: Theorie und Praxis, S. 141 (147); (mit Fokus auf die Rolle eines Stiftungsbeirats) *v. Oertzen/Reich*, DStR 2017, 1118; s. a. knapp *König*, Nachlassplanung, S. 95 f.; *Hippeli*, in: Achleitner et al., Stiftungsunternehmen: Theorie und Praxis, S. 121 (130 f.); *Fleisch*, S&S RS 04/2018, 1 (7); *Fleischer*, ZIP 2022, 2045 (2054); eingehender jedoch aus betriebswirtschaftlicher Sicht *Fleschutz*, Die Stiftung als Nachfolgeinstrument, S. 331 ff.

21 Z. B. *v. Oertzen/Reich*, DStR 2017, 1118 (1119); MHdB GesR 7/*Holler*, § 75 Rn. 15.

22 Z. B. *Hennerkes/May*, NJW 1988, 2761; *Sanders*, NZG 2017, 961 (968).

23 Vgl. Sudhoff/*Wälzholz*, Familienunternehmen, § 2 Rn. 7; *Hennerkes/Kirchdörfer*, Die Familie und ihr Unternehmen, S. 140; *Jendritzky*, Die korporative Gruppenbildung, S. 62; *Michalski*, Perpetuierung von Unternehmen, S. 4; *Zellweger*, Managing the Family Business, S. 22; *Koropp/Grichnik*, WiSt 2007, 295 (300); *May*, ZfB-Special Issue 2/2009, 113 (118); *Weninger*, ZUS 2012, 40; *Fleischer*, ZIP 2023, 2385 (2393); treffend *Baus*, FS Hennerkes, S. 3 (11) („*Ganz oben steht fast immer der Erhalt des Familienunternehmens*“); Jakob/*Richter*, Stiftung und Familie, S. 101 (103) („*Perpetuierung als Ziel*“); *D. Reuter*, Perpetuierung von Unternehmen, S. 76 („*tragendes Handlungsmotiv*“); auch der Governance-Kodex für Familienunternehmen 2004 zielte primär noch auf die Sicherung des Familieneinflusses auf die Unternehmensführung ab, s. *Weller*, ZGR 2012, 386 (396 f., dortige Fn. 79).

24 Grdl. zur Perpetuierung von Unternehmen, insb. Familienunternehmen, einerseits (kritisch) *D. Reuter*, Perpetuierung von Unternehmen; *D. Reuter*, in: Bumke/Röthel, Autonomie im Recht, S. 118 (135 ff.); *Dutta*, in: Bochmann et al., Werte in Familienunternehmen, S. 9 (11 f.) spricht sich freilich „*gegen eine Vermögensperpetuierung […] allgemein und in Familienunternehmen […]*“ aus; kritisch wohl auch *Bochmann/Weig*, RFamU 2022, 539 (548); andererseits (offener) *Michalski*, Perpetuierung von Unternehmen; *H. Westermann*, FS Bartholomeyczik, S. 395 (403 ff.); *Kalss/Dauner-Lieb*, GesRZ 2018, 261 (277 und *passim*).

25 Vgl. etwa *v. Oertzen/Reich*, DStR 2017, 1118 (1119); *Pauli*, ZEV 2012, 461 (462); *Fleschutz*, Die Stiftung als Nachfolgeinstrument, S. 331; *Hippeli*, in: Achleitner et al., Stiftungsunternehmen: Theorie und Praxis, S. 121 (130 f.); *Klinkner/Buß/Ens*, in: Achleitner et al., Stiftungsunternehmen: Theorie und Praxis, S. 141 (149); *Höfner-Byok*, Die Stiftung & Co. KG, S. 137; *Kronke*, Stiftungstypus, S. 226; *Reimann*, FS

ternehmens vermittels einer unternehmensverbundenen Familienstiftung – dies sei hier bereits vorgegriffen – ist insoweit primär in dem Verlust der lebzeitigen, unmittelbaren Einflussmöglichkeiten auf das Familienunternehmen zu sehen. Die Familienstiftung wird Eigentümerin des Familienunternehmens; Stifter und Familie verlieren ihr Anteilseigentum und damit letztlich auch ihre Gesellschafterstellung. Die Verknüpfung von Familienunternehmen und Familienstiftung scheint insofern auf den ersten Blick in einem Spannungsverhältnis zu stehen[26]. Kann in diesem Fall noch von einem Familienunternehmen gesprochen werden? So warf namentlich auch *Holger Fleischer* in jüngerer Zeit die Frage auf, ob unternehmensverbundene (Familien-)Stiftungen und Familienunternehmen sich als „*Kontrastmodell*" gegenüberstünden oder doch (weiterhin) jedenfalls eine „*Familienähnlichkeit im Wittgensteinschen Sinne*"[27] bestehen könne.[28]

Da ein jeder und besonders ein Familienunternehmer Einfluss zu Lebzeiten ungern abgibt, wird der Familienunternehmer resp. Stifter in der Regel ein Interesse an der weiteren Ausgestaltung und Entwicklung „seiner" Familienstiftung haben und dabei mitunter bemüht sein, sich und seiner Familie einen gewissen Einfluss in Gestalt von weitreichenden Einwirkungs- und Kontrollmöglichkeiten in ebendieser und so zumindest mittelbar auch im Familienunternehmen zu erhalten.[29] Vor diesem Hintergrund ist eigentlich schon zwecks Erhalts der

---

Otte, S. 285 (288); *Schwarz*, ZSt 2004, 101 (102); *Schnitger*, ZEV 2001, 104 (105); zur Relevanz der Sicherung des Familieneinflusses im Rahmen einer Stiftungskonstruktion → Teil 2 B.

26 Vgl. *Köhler*, FS D. Ziegler, S. 357.

27 Dazu *Wittgenstein*, Philosophische Untersuchungen, 1953, §§ 66 f. am Beispiel von Brett-, Karten-, Ball- und Kampfspielen: „*Wir sehen ein kompliziertes Netz von Ähnlichkeiten, die einander übergreifen und kreuzen. Ähnlichkeiten im Großen und Kleinen. Ich kann diese Ähnlichkeiten nicht besser charakterisieren als durch das Wort ‚Familienähnlichkeit'; denn so übergreifen und kreuzen sich die verschiedenen Ähnlichkeiten, die zwischen den Gliedern einer Familie bestehen […]*", zitiert nach *Fleischer*, ZIP 2022, 2045 (2054) (dortige Fn. 158).

28 *Fleischer*, ZIP 2022, 2045. Aus betriebswissenschaftlicher Sicht auch *Hosseini/Jarchow*, in: Achleitner et al., Stiftungsunternehmen: Theorie und Praxis, S. 37 mit dem Titel „*Familien- und Stiftungsunternehmen – same, same but different*".

29 *Dutta*, in: Grziwotz, Erbrecht und Vermögenssicherung, S. 71 (77); *R. Werner*, NWB-EV 2019, 271 (273); vgl. auch *Lange*, in: Lange/Windthorst, Sicherung des Familieneinflusses, S. 95 (112); *Felden/Hack/Hoon*, Management von Familienunternehmen, S. 178; *Hippeli*, in: Achleitner et al., Stiftungsunternehmen: Theorie und Praxis, S. 121 (129); MHdB GesR 5/*Jakob*, § 119 Rn. 86; *A. Schulte*, Stifter und Stiftung, S. 18; *Schütte*, Transparente und intransparente Stiftungen, S. 32, 187; Block

Familienharmonie davon auszugehen, dass jedenfalls in einer unternehmensverbundenen Familienstiftung, bei der die Familienstiftung u. a. zwecks Fortführung des Familienunternehmens gegründet wurde, deren Organe mit Familienmitgliedern besetzt werden.[30] Daher ist es durchaus erstaunlich, dass eine Studie aus dem Jahre 2012[31] bei der rund 100 „*Stiftungsunternehmen*"[32] untersucht wurden, ergab, dass bei diesen sowohl in der Stiftung als auch im mit ihr verbundenen Familienunternehmen selbst, ein nur noch relativ geringer Einfluss des Stifters und/oder seiner Familie vorhanden war. Dies kann auf vielfältige Gründe zurückzuführen sein, etwa ein Misstrauen des Familienunternehmers gegenüber seiner Familie oder schlicht auf die Unkenntnis in Bezug auf die Möglichkeiten des Stifters bzw. der Stifterfamilie, sich über eine entsprechende Satzungsgestaltung den Familieneinfluss zu erhalten.[33] Erschwerend kommt hinzu, dass selbst einige Stiftungsbehörden wohl in Bezug auf die Gestaltungsfreiheit des Stifters, insbesondere betreffend Sonderrechten, nicht immer im Klaren sind und einflussreichen Rechten des Stifters und seiner Familie deshalb generell kritisch gegenüberstehen, sodass diese teilweise im Anerkennungsverfahren nicht durchzusetzen sind[34], obgleich sie stiftungsrechtlich durchaus zulässig sind.

Einer Stiftungskonstruktion wird insofern auch überwiegend attestiert, dass sie zu einer Trennung von Familie und Unternehmen führe bzw. führen solle, indem

---

et al./*Jeschke*, Die Familienstiftung, S. 25 (31); *Gierhake*, Vermögensnachfolge und Vermögensschutz, S. 70; *v. Oertzen/Reich*, DStR 2017, 1118 (1124).

30 Vgl. *B. Müller*, Die privatnützige Stiftung zwischen Staatsaufsicht und Deregulierung, S. 30; *Hosseini-Görge*, Foundation owned firms, S. 40; Bergschneider/*Theuffel-Werhahn*, FamVermR, Rn. 11.8; *Sorg*, Die Familienstiftung, S. 175; Berndt/Götz/*Berndt*, Stiftung und Unternehmen, Rn. 1721 a. E.

31 *IfD Allensbach*, Stiftungsunternehmen in Deutschland, 2012, S. 19 f.; vgl. dazu auch *Bruttel/Probst/Schweinsberg*, FuS 2012, 226 (228).

32 Damit sind Unternehmen gemeint, bei denen die Stiftung eine Kapitalbeteiligung von mindestens 25 % am Unternehmen hält. Somit sind allein sog. Beteiligungsträgerstiftungen erfasst, vgl. *IfD Allensbach*, Stiftungsunternehmen in Deutschland, 2012, S. 9.

33 So Block et al./*Jeschke*, Die Familienstiftung, S. 25; vgl. auch *Schütte*, Transparente und intransparente Stiftungen, S. 443 mit Hinweis auf die „*fehlende Aufklärung über die Ausgestaltungsmöglichkeiten der deutschen Privatstiftung*" betreffend die Einflussmöglichkeiten des Stifters und auch der Destinatäre. Hierzu → Teil 5.

34 Vgl. *Gollan*, ErbR 2018, 305 (306); vgl. auch *Burgard*, npoR 2024, 181 (182), nach dem die Stiftungsbehörden „*den Stifter mit mehr oder weniger sanftem Druck ungewöhnliche, d. h. vom Standard abweichende, Gestaltungen*" nicht selten ausreden würden.

der Familieneinfluss gerade durch die Stiftung verhindert oder beschränkt werden solle.[35] Dies mag zwar in der Praxis oftmals das Motiv eines Familienunternehmers zur Wahl einer unternehmensverbundenen Familienstiftung als Nachfolgeinstrument[36] sein, da er ggf. keinen, einen unpassenden oder – gerade bei großen Familien – zu viele potentielle Nachfolger hat. Gleichwohl muss er sich vor Augen führen, dass dies *prima vista* zur Folge hätte, dass mangels bestimmenden Familieneinflusses nicht mehr von einem Familienunternehmen, sondern nur noch von einem von der Familie losgelösten Stiftungsunternehmen gesprochen werden könnte.[37] Denn sämtliche oder jedenfalls die Mehrheit der Geschäftsanteile am Familienunternehmen werden ab da an von der unternehmensverbundenen Familienstiftung gehalten und nicht mehr vom Stifter bzw. der Stifterfamilie selbst.[38] Dass dann eigentlich nicht mehr von einem „Familienunternehmen" die Rede sein

35 Vgl. etwa Richter/*Richter*, Stiftungsrecht, § 10 Rn. 183; Wiese/*Meyer-Sandberg*, Unternehmensnachfolge, Rn. 13.29; Scherer/*R.-M. Hübner*, Unternehmensnachfolge, § 6 Rn. 94; May/Bartels/*Bartels*, Nachfolge in Familienunternehmen, S. 92; Sudhoff/*Wälzholz*, Familienunternehmen, § 3 Rn. 69; *Schauhoff*, FS Spiegelberger, S. 1341 (1343 f.); Schlecht & Partner/Taylor Wessing/*Wigand*, Unternehmensnachfolge, S. 443 (444 f.); *Schulte/Schulte*, ErbR 2018, 422 (430); *Kraus/Mehren*, Ubg 2017, 665 (668); *Kracht*, GStB 2007, 296; *R. Werner*, ZEV 2006, 539 (541); weitergehender *Meinecke*, Stiftungen, S. 174, nach dem für eine dauerhafte Institutionalisierung der Familieneinfluss gänzlich begrenzt werden müsse (!); s. a. May/Bartels/*Strick/Wrede*, Nachfolge in Familienunternehmen, S. 185 (188) („[nach] *der vielfach vorherrschenden Meinung, primäres Ziel von Stiftungen sei es, die Familie vom Unternehmen fernzuhalten*").

36 Zu den Motiven näher → Teil 3 A.

37 Wie hier etwa *Brösztl*, FS W. Sigle, S. 3 (15), wonach in diesen Fällen „*der Charakter als Familienunternehmen meistens verloren*" ginge; ebenso v. Rechenberg/Thies/Wiechers/*v. Rechenberg*, HdB Familienunternehmen, S. 34, sofern sich der „*Wille der Familie*" nicht wenigstens mittelbar über die Familienstiftung im Familienunternehmen perpetuiere; ähnlich *v. Oertzen/Reich*, DStR 2017, 1118 (1120); Block et al./*Jeschke*, Die Familienstiftung, S. 25 (31); *Hosseini/Jarchow*, in: Achleitner et al., Stiftungsunternehmen: Theorie und Praxis, S. 37 (47); wohl auch MHdB GesR 9/*Hippeli*, § 13 Rn. 2.

38 S/B/K/G/W/*Kormann*, Familienunternehmen, Kap. 1 Rn. 105; dies sei vielen Familienunternehmern resp. Stiftern vorher nicht in Gänze bewusst, vgl. *Lange*, in: Lange/Windthorst, Sicherung des Familieneinflusses, S. 95 (100); *Schiffer*, NJW 2006, 2528; in Anlehnung an die sog. Börsenreife bei der AG (dazu *Selent*, Unternehmensführung, S. 53 ff.) wird daher auch bei Errichtung einer Stiftung eine sog. „*Stiftungsreife*" seitens des Stifters gefordert, grdl. dazu Schiffer/*Schiffer*, Die Stiftung in der Beraterpraxis, § 14 Rn. 31 ff., 50 ff.

kann, ist zum einen dem Stifter resp. Familienunternehmer wohl selten bewusst. Dasselbe gilt im Besonderen, wenn die Familienstiftung als Nachfolgeinstrument gerade für Familienunternehmen in der Literatur und Praxis angepriesen wird. Vor diesem Hintergrund bedarf es einer differenzierteren Betrachtung hinsichtlich der konkreten Ziele des Familienunternehmers, aber auch der Risiken, die mit einer Familienstiftungskonstruktion einhergehen können. Will er nicht nur das Familienunternehmen als Unternehmen erhalten, sondern gerade mit seinem familiären Charakter, so bedarf es einer diesbezüglichen Gestaltung der unternehmensverbundenen Familienstiftungskonstruktion, die die Interessen der Familie, der Familienstiftung und des Familienunternehmens schützt.

Die Arbeit untersucht – besonders im Hinblick auf das zum 1.7.2023 reformierten Stiftungsrecht –, ob und wie Familienunternehmen und unternehmensverbundene Familienstiftungen zueinanderstehen bzw. miteinander derart verbunden werden können, dass bei der Wahl einer unternehmensverbundenen Familienstiftung als Nachfolgeinstrument, das Familienunternehmen weiterhin als solches fortgeführt werden kann. Dabei sollen die Möglichkeiten, aber auch Grenzen des Stifters bzw. der Stifterfamilie bei der Gestaltung der Familienstiftungskonstruktion aufgezeigt werden. Die Untersuchung betrifft daher auch die stiftungsrechtlichen Thematik betreffend die Gestaltungsfreiheit und Rechtsstellung des Stifters und der ihm zustehenden Rechte im Rahmen der Stiftungsgestaltung, die bereits *„als das vielleicht zentralste und zugleich intrikateste Thema des modernen Stiftungsrechts“*[39] angesehen wurde – zumal der Reformgesetzgeber 2021 sich diesbezüglich positioniert hat, worauf noch einzugehen sein wird.[40]

Eben die bei Familienunternehmern verständliche und durchaus verbreitete Intention der Einflusserhaltung mag Friktionen mit dem vorherrschenden Bild der rechtsfähigen (Familien-)Stiftung als *„eine mit einem Vermögen zur dauernden und nachhaltigen Erfüllung eines vom Stifter vorgegebenen Zwecks ausgestattete, mitgliederlose juristische Person“*[41] und der grundsätzlichen Emanzipation der Stiftung vom Stifter nach ihrer Anerkennung[42] hervorrufen.[43] Die Implementierung einer Familienstiftung muss aber nicht zwingend mit dem Entzug des Familieneinflusses und der Bindung der Familie zum Familienunternehmen einhergehen. Dies ist jedenfalls für denjenigen Familienunternehmer resp. Stifter von

---

39 BeckOGK/*Jakob/Picht/Kopp*, 1.9.2024, BGB § 83 Rn. 10.

40 Näher besonders → Teil 4 D I 2 c. und → Teil 5 B I.

41 § 80 Abs. 1 S. 1 BGB; zum Stiftungsbegriff näher → Teil 4 A I.

42 Eing. zur Emanzipation → Teil 5 B I; zur Anerkennung → Teil 3 C I 2.

43 Vgl. *Gierhake*, Vermögensnachfolge und Vermögensschutz, S. 70.

besonderem Interesse, der die beiden „Erfolgsmodelle“[44] – Familienunternehmen und unternehmensverbundene Familienstiftung – langfristig verbinden möchte.[45]

Insofern wird nicht verkannt, dass es durchaus – je nach Familiensituation – seitens des Familienunternehmers beabsichtigt oder jedenfalls ratsam sein kann, die Familie von bzw. den Familieneinfluss auf die Unternehmensführung gänzlich zu verhindern und diesen höchstens eine sog. Destinatärstellung[46] zuzuweisen, um so etwa wenigstens das Unternehmen (insbesondere aufgrund der Arbeitsplätze) zu erhalten, aber zugleich die Familienmitglieder versorgt zu wissen. Eine entsprechende Situation kann vor allem dann vorliegen, wenn aus Sicht des Familienunternehmers resp. Stifters keiner seiner Angehörigen zur Unternehmensfortführung geeignet ist oder auch in dem Fall, dass keiner der potentiellen Nachfolger willens ist, die Unternehmensfortführung oder andere Leitungsaufgaben im Unternehmen zu übernehmen.[47] In dieser Arbeit geht es indes nicht um derlei Konstellationen. Vielmehr wird davon ausgegangen, dass die beiden „Erfolgsmodelle“ Familienunternehmen und unternehmensverbundene Familienstiftung seitens des Familienunternehmers verbunden werden sollen, um einen generationenüberdauernden Erhalt des Familienunternehmens als ebensolches und die Versorgung der Unternehmerfamilie zu gewährleisten.

Einen Automatismus zur Wahrung des Familienunternehmenscharakters bedeutet die Übertragung der Unternehmensanteile auf eine Familienstiftung freilich nicht.[48] Dreh- und Angelpunkt für die Gestaltung der unmittelbaren oder mittelbaren Einflussnahmemöglichkeit der Familie auf das Familienunternehmen ist neben dem Gesellschaftsvertrag des Familienunternehmens im Falle einer Familienstiftungskonstruktion vornehmlich die Stiftungssatzung und der in ihr verkörperte Stifterwille.[49] Insofern kann man auch nicht „pauschal“ davon ausgehen, dass der Familieneinfluss durch Involvierung einer unternehmens-

---

44 Vgl. *May*, Erfolgsmodell Familienunternehmen, *passim*; *v. Oertzen/Reich*, DStR 2017, 1118 („*Erfolgsmodell Familienunternehmen*“); *Markworth*, NZG 2021, 100 (110) („*Erfolgsmodell der unternehmenstragenden Stiftung*“).

45 Explizit *v. Oertzen/Reich*, DStR 2017, 1118 (1120); *Habersack/P. Horváth/Kirchdörfer*, „Stiftungsunternehmen bringen Eigentum und Verantwortung zusammen“, F.A.Z. v. 19.03.2021, Nr. 66, S. 16.

46 Als Destinatäre werden die Begünstigten einer Stiftung bezeichnet, näher zu diesen → Teil 4 G.

47 *König*, Nachlassplanung, S. 96 m. w. N.

48 Dazu → Teil 2 B 3 und Teil 4 A.

49 Vgl. *Schlüter/Stolte*, Stiftungsrecht, Kap. 1 Rn. 62; *v. Oertzen*, BB 2019, 2647 (2654); *v. Oertzen/Reich*, DStR 2017, 1118 (1124); *Koropp/Grichnik*, WiSt 2007, 295 (301); zur Stiftungssatzung → Teil 4 D.

verbundenen Familienstiftung stark gemindert oder gar unterbrochen wird.[50] Eine allgemeingültige Lösung gibt es dabei eingedenk der Heterogenität von Familienunternehmen und Unternehmerfamilien sowie der Vielgestaltigkeit einer Stiftungskonstruktion freilich nicht.

Zwischen den beiden bei der Nachfolgeplanung zu berücksichtigenden Komplexen – Familienunternehmen und Unternehmerfamilie – tritt der Komplex (unternehmensverbundene) Familienstiftung freilich hinzu. Es gilt dann, diese drei Komplexe (bzw. Interessenlagen) bei der Planung und Gestaltung der Unternehmensnachfolge in Einklang zu bringen.

Im Fokus der Arbeit stehen die durch das Gesetz zur Vereinheitlichung des Stiftungsrechts und zur Änderung des Infektionsschutzgesetzes (StiftVereinhG) vom 16.7.2021[51] überwiegend seit dem 1.7.2023 in Kraft getretenen Neuregelungen.[52] Damit sind bedeutende Änderungen und Neuerungen der stiftungsrecht-

---

50 Ebenso *Ihle*, RNotZ 2009, 557 (571); *Schwarz*, BB 2001, 2381 (2385); Block et al./ *Jeschke*, Die Familienstiftung, S. 25 (29); vgl. auch *Burgard*, in: Die Stiftung – Jahreshefte zum Stiftungswesen, 3. Jahrgang, S. 31 (33); *Pauli*, in: Die Stiftung – Jahreshefte zum Stiftungswesen, 3. Jahrgang, S. 159 (173).

51 Gesetz zur Vereinheitlichung des Stiftungsrechts und zur Änderung des Infektionsschutzgesetzes v. 16.7.2021, BGBl. I 2021, S. 2947, in Kraft m. W. v. 1.7.2023. Das Gesetz baut auf den *Entwurf der Bundesregierung für ein Gesetz zur Vereinheitlichung des Stiftungsrechts*, BT-Drs. 19/28173 v. 31.3.2021 und BR-Drs. 143/21 v. 12.2.2021, *der Beschlussempfehlung des Ausschusses für Recht und Verbraucherschutz*, BT-Drs 19/30938 v. 22.6.2021 sowie abschließend auf den *Bericht des Ausschusses für Recht und Verbraucherschutz*, BT-Drucks 19/31118 v. 23.6.2021 auf. Zum im Jahr 2013 begonnenen Reformüberlegungen und dem anschließenden Gesetzgebungsprozess statt anderer nur *Hüttemann/Rawert*, ZIP 2021, Beilage zu Heft 33, S3 ff.; BoKoStiftR/*Bartodziej*, Teil 1.1 Rn. 31 ff.

52 Hierzu etwa *Hüttemann/Rawert*, ZIP 2021, Beilage zu Heft 33, S3; *Bisle*, NWB 2021, 2285; *Oppel*, NWB-EV 2021, 122; *Schauer/Stallmann*, NWB-EV 2021, 290; *Burgard*, GmbHR 2021, R244; *Gollan*, npoR 2021, 277; *Ponath/Tolksdorf*, ZEV 2021, 605; *Pruns*, ZErb 2021, 301; *R. Werner*, ErbR 2021, 482; *Lorenz/Mehren*, DStR 2021, 1774; *Orth*, MDR 2021, 1225 (Teil 1) und 1304 (Teil 2); *Schauhoff/Mehren*, NJW 2021, 2993; *Breyer*, FuS 2022, 18; *Klein-Wiele/Wurmthaler*, FuS-Sonderausgabe 2023, 48; *Demuth*, NWB-EV 2022, 259; *Lange*, ZStV 2022, 167; *Schwalm*, NotBZ 2022, 81 (Teil 1) und 121 (Teil 2); *Aumann*, DNotZ 2022, 894; *Pawlytta/Pfeiffer*, ZErb 2022, 255; *F. Schmitt*, notar 2023, 31; *Weitemeyer*, JEV 2021, 54; *Weitemeyer*, GesRZ 2023, 237; *Winkler*, ZStV 2021, 121; *Kalss/Kubasta*, GesRZ 2021, 69 (aus österreichischer Sicht); *Alvermann/Cremers*, DStR 2023, 1667; *Zimmermann/Raddatz*, NJW 2024, 2085 Rn. 2 ff.; speziell im Kontext von uv. Stiftungen *Baßler/Stöffler/Blecher*, GmbHR 2021, 1125; *Mehren*, Ubg 2021, 541; *Uhl*, Ubg 2022, 551; im Kontext des Stiftungs-

lichen Normen (§§ 80 ff. BGB), insbesondere auch im Hinblick auf die rechtliche Verfassung der (unternehmensverbundenen) Familienstiftung[53] verbunden. Mit der Stiftungsrechtsreform 2021 geht auch die erstmalige Einführung eines bundeseinheitlichen Stiftungsregisters, das allerdings erst zum 1.1.2026 in Betrieb genommen wird[54], einher.

In dieser Arbeit wird insgesamt untersucht, welche Auswirkungen die Stiftungsrechtsreform 2021 auf (unternehmensverbundene) Stiftungen im Allgemeinen und auf die Wahl und Gestaltung einer unternehmensverbundenen Familienstiftung als Instrument zur Fortführung eines Familienunternehmens im Speziellen hat und ob es mit Blick auf das reformierte Stiftungsrecht zu Einschränkungen oder Erweiterungen der Stifterfreiheit bei der Wahl und Gestaltung der Familienstiftung gekommen ist. Die Arbeit soll damit zugleich eine wissenschaftliche Auseinandersetzung mit dem reformierten Stiftungsrecht bieten und Familienunternehmern und ihren Beratern bei der Wahl, der rechtssicheren Gestaltung sowie der (rechtlichen) Handhabung ihrer Familienstiftungskonstruktion hilfreich sein, indem auch auf – gerade für Familienunternehmen und Familienstiftungen – relevante Aspekte eingegangen wird.

B. Gang der Untersuchung

Da in dieser Arbeit die unternehmensverbundene Familienstiftung speziell im Zusammenhang mit einem Familienunternehmen errichtet wird und dabei untersucht werden soll, ob das Familienunternehmen auch nach der Verbindung von Familienstiftung und Familienunternehmen weiterhin seinen Familienunternehmenscharakter behalten kann, werden im zweiten Teil der Arbeit zunächst der Typus und die Charakteristika, die ein Familienunternehmen auszeichnen,

---

steuerrechts analysierend und diesbezüglich eine (weitere) Reform vorschlagend *Schneider/Droll*, UVR 2023, 364; zu den reformierten Landesstiftungsgesetzen hier nur *Orth*, ZStV 2024, 3 m. w. N. in dortiger Fn. 3. Erste Kommentierungen bzw. Erläuterungen etwa bei: *Burgard* (Hrsg.), Stiftungsrecht; *Andrick/Muscheler/Uffmann* (Hrsg.), Bochumer Kommentar zum Stiftungsrecht; Henssler/Strohn/*Heuel*, GesR, BGB §§ 80–89; jurisPK-BGB/*Otto*, §§ 80–89; BeckOK BGB/*Backert/J. Stürner*, §§ 80–89; BeckOGK/*Jakob/Uhl/Lange/G. Roth u.a.*, BGB §§ 80–89; *Orth/Uhl*, Stiftungsrechtsreform 2021; *Schiffer/Pruns/Schürmann*, Die Reform des Stiftungsrechts; *Schauhoff/Mehren* (Hrsg.), Stiftungsrecht nach der Reform; eine ausf. und strukturierte Dokumentation der Gesetzesänderungen in synoptischer Form findet sich bei *Barzen*, Das neue Stiftungsrecht.

53 Zu deren rechtlichen Verfassung im reformierten Stiftungsrecht eing. → Teil 4.

54 Zu den Regelungen des Stiftungsregisters → Teil 3 B I 5 b.

erörtert.[55] Dabei wird auch auf die mögliche Rolle und Auswirkungen der Implementierung der Familienstiftung als Nachfolgeinstrument in die Familienunternehmensstruktur eingegangen.[56] Am Ende von Teil 2 wird dargelegt, weshalb die Sicherung des Familieneinflusses im Rahmen einer unternehmensverbundenen Familienstiftungskonstruktion von besonderer Relevanz ist.[57]

Der dritte Teil widmet sich sodann den Motiven für die Errichtung einer unternehmensverbundenen Familienstiftung im Zusammenhang mit Familienunternehmen, welche vielfältig sein können, aber mit den allgemeinen Zielen der Unternehmensnachfolgegestaltung bei Familienunternehmen im Einklang stehen.[58] Ferner werden die rechtsformspezifischen Risiken und Herausforderungen, die mit einer Familienstiftungskonstruktion als Unternehmensnachfolgemodell im Allgemeinen und bei Familienunternehmen im Speziellen einhergehen, erörtert und untersucht, wie diesen begegnet werden kann.[59] Hierbei wird im Besonderen auch auf die Auswirkungen der Verschärfung des Transparenzregisters und vor allem des künftigen Stiftungsregisters auf die Anonymitätsinteressen von Familienstiftungen und Familienunternehmen eingegangen, wobei diesbezüglich ein beachtlicher Paradigmenwechsel zu konstatieren ist.[60] Darüber hinaus wird sodann erörtert, ob im Falle einer unternehmensverbundenen Familienstiftung eine Stiftungserrichtung von Todes wegen oder unter Lebenden erfolgen sollte und wie die Stiftungserrichtung im Lichte des reformierten Stiftungsrechts und besonders mit Blick auf die Übertragung von Unternehmensanteilen oder Grundstücken auf die Familienstiftung abläuft. Denn gerade bei Familienunternehmen stellt die Frage des Zeitpunktes der Stiftungserrichtung die erste Weichenstellung dar.[61] Im Rahmen der im unternehmerischen Kontext favorisierten Stiftungserrichtung unter Lebenden wird ferner herausgearbeitet, dass Formvorschriften betreffend eine notarielle Beurkundung (insb. § 311b BGB und § 15 Abs. 4 GmbHG), die nicht speziell auch auf das für die Errichtung einer Stiftung erforderliche Stiftungsgeschäft adressiert sind, nicht – auch nicht analog – auf das Stiftungsgeschäft anwendbar sind, was auch im reformierten Stiftungsrecht, trotz einer nunmehr aus Sicht des Reformgesetzgebers klarstellenden Regelung,

---

55 Hierzu ausf. → Teil 2 A I und II.

56 Speziell zur uv. Familienstiftung als Nachfolgeinstrument → Teil 2 A II 3 c.

57 Hierzu ausf. → Teil 2 B.

58 Hierzu samt Motivübersicht ausf. → Teil 3 A.

59 Hierzu ausf. → Teil 3 B.

60 Zu diesem Publizitätsrisiko ausf. → Teil 3 B I 5.

61 Hierzu ausf. → Teil 3 C II.

weiterhin diskutiert wird.[62] Zum Schluss des dritten Teils werden noch gesellschaftsrechtlich zu beachtende Aspekte vor Übertragung der Gesellschaftsanteile auf die Familienstiftung aufgezeigt.[63]

Der vierte Teil der Arbeit hat anschließend die rechtliche Verfassung einer unternehmensverbundenen Familienstiftung im Hinblick auf die Änderungen und Neuerungen im Zuge der Stiftungsrechtsreform 2021 zum Untersuchungsgegenstand. Im Rahmen der einzelnen Teilaspekte wird ein besonderes Augenmerk auf die Tatsache geworfen, dass es sich bei einer unternehmensverbundenen Familienstiftung um eine besondere Art der Stiftung bürgerlichen Rechts handelt. Daher werden zunächst die Begriffe Stiftung, unternehmensverbundene Stiftung und Familienstiftung ausführlich erläutert sowie besondere Erscheinungsformen unternehmensverbundener Familienstiftungen (Familienstiftung & Co. KG, Doppelfamilienstiftung, gemischte Familienstiftung und Stammesfamilienstiftung) aufgezeigt.[64] Vertieft und kritisch erörtert, wird in Teil 4 auch die Zulässigkeit unternehmensverbundener (Familien-)Stiftungen vor dem Hintergrund des auch heute noch hochgehaltenen, aber vermehrt in Zweifel gezogenen, Verbots der Unternehmensselbstzweckstiftung.[65] In Bezug auf die Gestaltungsvariante der sog. (Familien-)Stiftung & Co. KG werden zudem Bedenken hinsichtlich ihrer Zulässigkeit im reformierten Stiftungsrecht, die aus einer „[sibyllinischen] *Formulierung*"[66] in der Begründung zum Regierungsentwurf des StiftVereinhG 2021 entsprungen sind, ausgeräumt und erörtert, weshalb diese Gestaltungsvariante mit Blick auf die geplante Verschärfung des Mitbestimmungsrechts künftig vermehrt in den Fokus von Familienunternehmen rücken könnte.[67] Nach Klärung der Begrifflichkeiten, Erscheinungsformen und der Zulässigkeitsfrage wird sich ausführlich den Auswirkungen der Stiftungsrechtsreform 2021 auf die Bedeutung des Stifterwillens, auf die Stiftungssatzung und den Stiftungszweck samt den Neuregelungen zu den Satzungsänderungsmöglichkeiten, dem Stiftungsvermögen samt der diesbezüglichen Neuregelungen sowie der Stiftungsorganisation und der Neuregelungen betreffend die Stiftungsorgane, insbesondere ihrer Haftung, gewidmet. Sodann wird auf die Rechtsstellung der Destinatäre einer Familienstiftung, die gerade bei dieser eine besondere Bedeutung haben, eingegangen. Gegenstand des Schlusses des vierten Teils ist die Stiftungsaufsicht, wobei im

62 Hierzu ausf. → Teil 3 C I 1 c.
63 Hierzu ausf. → Teil 3 C III.
64 Hierzu ausf. → Teil 4 A I–IV.
65 Hierzu ausf. → Teil 4 B.
66 *Theuffel-Werhahn*, ZStV 2022, 43 (50).
67 Hierzu näher → Teil 4 IV 1 a–c.

Rahmen dessen die Rolle und Reichweite der Stiftungsaufsicht im reformierten Stiftungsrecht und ihr Verhältnis in Bezug auf unternehmensverbundene Familienstiftungen beleuchtet wird.

Nach Erörterung der stiftungsrechtlichen Verfassung einer unternehmensverbundenen Familienstiftung werden in Teil 5 der Arbeit die verschiedenen Verzahnungsmöglichkeiten von Familienstiftung, Familienunternehmen und Familie, speziell hinsichtlich der Wahrung des Familienunternehmenscharakters, aufgezeigt. Im Anschluss daran stehen die Möglichkeiten in Bezug auf den Einsatz des Stifters und seiner Familie auf Stiftung- und Unternehmensebene im Fokus der Untersuchung. Es werden ferner die diesbezüglichen Möglichkeiten, aber auch – mit Blick auf die sog. Stiftungsautonomie – Grenzen der Einflusssicherung in der Familienstiftung zum Zwecke der Wahrung des Familienunternehmenscharakters untersucht. Teil 5 widmet sich abschließend in gebotener Kürze den gesellschaftsrechtlichen Gestaltungsmöglichkeiten auf Ebene des Familienunternehmens zur Sicherung des Gesellschaftereinflusses der Familienstiftung.

Die Arbeit schließt im sechsten und letzten Teil mit einer Zusammenfassung der wesentlichen Ergebnisse sowie einer Schlussbetrachtung samt Ausblick.

Teil 2: Familienunternehmen und die Relevanz des Familieneinflusses

A. Typus und Charakteristika eines Familienunternehmens

Wie eingangs erwähnt, gehen die meisten unternehmensverbundenen Familienstiftungen aus Familienunternehmen resp. der Entscheidung eines Familienunternehmers hervor. Aufgrund dieser Tatsache ist deren praktische Bedeutung gerade bei Familienunternehmen enorm[68] und die hier vorgenommene Kontextualisierung geboten. Um zu untersuchen, ob vermittels einer unternehmensverbundenen Familienstiftung ein Familienunternehmen als ebensolches fortgeführt werden kann, bedarf es zunächst der Erörterung, was ein Familienunternehmen ist bzw. was es auszeichnet.[69] Im Folgenden wird daher auf den Typus des Familienunternehmens näher eingegangen, um zum einen später die mit einer unternehmensverbundenen Familienstiftung verfolgten Motive sowie etwaige damit einhergehende Risiken[70] angemessen einordnen zu können. Zum anderen ist dies von Bedeutung, um im Rahmen der Gestaltungsaspekte betreffend die unternehmensverbundene Familienstiftung auf die Relevanz des Familienunternehmenscharakters hinreichend rekurrieren zu können.

Es werden dabei die Besonderheiten eines Familienunternehmens aufgezeigt, die einem Unternehmen den Charakter eines Familienunternehmens erst verleihen.[71] Gewisse Merkmale werden nämlich bei Familienunternehmen *in praxi* eher virulent als bei Nicht-Familienunternehmen. An geeigneter Stelle wird da-

---

68 *Petersen*, JURA 2007, 277; *Theuffel-Werhahn*, RFamU 2022, 67; vgl. *Kalss*, ZVglRWiss 117 (2018), 221 (232 f.) (für Österreich).

69 Ähnlich auch *Rawert*, ZGR 2018, 835 (843).

70 Dazu → Teil 3 A und B.

71 Allg. zu Familienunternehmen etwa *v. Rechenberg/Thies/Wiechers* (Hrsg.), HdB Familienunternehmen; *Felden/Hack/Hoon*, Management von Familienunternehmen; *Klein*, Familienunternehmen, *passim*; *S/B/K/G/W* (Hrsg.), Familienunternehmen; *May*, Erfolgsmodell Familienunternehmen; s. a. die Beiträge bei *Fleischer/Recalde/Spindler* (Hrsg.), Family Firms; *Vogt/Fleischer/Kalss* (Hrsg.), Recht der Familiengesellschaften; *Tröger/Wilhelmi* (Hrsg.), Rechtsfragen der Familiengesellschaften; *Dauner-Lieb/G. Freudenberg/G. W. Werner* (Hrsg.), FS Binz; *Hommelhoff/Schmidt-Diemitz/A. Sigle* (Hrsg.), FS W. Sigle; bündig *J. Prütting*, FS K. Schmidt, 2019, S. 169; umfassend zum rechtlichen Kontext *Bochmann/Scheller/J. Prütting* (Hrsg.), MHdB GesR 9, Recht der Familienunternehmen; immer noch instruktiv auch *Sudhoff* (Hrsg.), Familienunternehmen; (primär österreichisches Recht) *Kalss/Probst*, Familienunternehmen.

bei bereits auch auf die Rolle einer unternehmensverbundenen Familienstiftung im Familienunternehmen eingegangen. Denn: Im hiesigen Kontext gilt es, die Besonderheiten und damit den Charakter des Familienunternehmens auch bei Integration einer unternehmensverbundenen Familienstiftung zu wahren.

I. Der Typus „Familienunternehmen"

Das Interesse an Familienunternehmen ist sowohl in der Praxis als auch in der Wissenschaft steigend, insbesondere deren Behandlung im rechtlichen Kontext nimmt stetig zu.[72] Ein kodifiziertes Recht für bzw. der Familienunternehmen[73], das die Besonderheiten dieses Unternehmenstypus[74] berücksichtigt, gibt es trotz der herausragenden gesamtwirtschaftlichen und wissenschaftlichen Bedeutung von Familienunternehmen bisher jedoch nicht.[75] Daher wird aktuell – wieder[76] –

---

72 Siehe etwa *Sanders/Rolfes*, JURA 2022, 461; *Uffmann/Becker*, RFamU 2022, 267; *Fleischer*, in: F/R/S, Family Firms, S. 1 (2 f.); *Röthel*, in: Röthel, Verträge in der Unternehmerfamilie, S. 1 f.; s. a. die Nachweise in → Fn. 71.

73 *Kalss/Probst*, GesRZ 2013, 115; s. a. *Kalss*, RFamU 2022, 97 („*Weder gibt es ein Gesetz für Familiengesellschaften noch ein spezifisches Familienunternehmensrecht*").

74 Dazu → Teil 2 A I und II.

75 Dies gilt z. B. auch in den Jurisdiktionen der Vereinigten Staaten und England, s. *Fleischer*, GmbHR 2021, 113; für Österreich *Kalss/Probst*, GesRZ 2013, 115; *Kalss*, RFamU 2022, 97. *De lege lata* kann man in Deutschland wohl lediglich in §§ 13a, 13b, 19a ErbStG ein gewisses „Sonderrecht für Familienunternehmen" erblicken, vgl. BVerfGE 138, 136 Rn. 160 ff.; *Schulte/Schulte/Schulte*, ErbR 2021, 742 (746); *Schulte/Schulte*, ErbR 2021, 821 (823) („*Die Familiengesellschaft ist gesetzgeberisch privilegiert.*"); kritisch *D. Reuter*, in: Bumke/Röthel, Autonomie im Recht, S. 118 (139 f.). Diese Normen sind aber – obgleich der Gesetzgeber dabei gerade Familienunternehmen im Blick hatte – genau genommen nicht auf Familienunternehmen begrenzt, sondern sie erfassen alle Kapitalgesellschaften unabhängig von der Zusammensetzung des konkreten Gesellschafterkreises, vgl. *Meincke/Hannes/Holtz*, ErbStG § 13b Rn. 28; *Piltz*, ZEV 2018, 170 (174). Sie werden aber zumeist bei Familienunternehmen relevant und haben daher bei diesen ihren Hauptanwendungsbereich, so erhellend Bochmann/Driftmann/*Bochmann*, Generation Verantwortung, S. 11 (15). Ähnliches gilt für die Befreiungsmöglichkeiten nach §§ 36, 37 WpÜG von der Angebotspflicht (§ 35 WpÜG), s. MHdB GesR 9/*Hippeli*, § 13 Rn. 55 f.; *Fleischer/Maas*, AG 2021, 893 Rn. 20 („*Die Regelungen über das Pflichtangebot und seine Ausnahmen sind, soweit ersichtlich, die einzigen, in denen das deutsche Kapitalmarktrecht ausdrücklich auf die Besonderheiten börsennotierter Familiengesellschaften Rücksicht nimmt*"); dazu zuletzt luzid *Rolfes*, Der Stimmbindungsvertrag im börsennotierten Familienunternehmen, *passim*.

76 Bereits im Zuge der Rechtserneuerung des GmbH-Rechts 1937 wurde dies diskutiert, aber letztlich davon abgesehen, s. *Lieder*, in: Vogt/Fleischer/Kalss, Recht der Familiengesellschaften, S. 27 (57); MüKoGmbHG/*Fleischer*, Einl. Rn. 40 m. N.

zunehmend der Frage nachgegangen, ob es *de lege ferenda* eines *„Sonderrechts für Familienunternehmen“* bedarf.[77] *De lege lata* gelten für Familienunternehmen

---

Auch im Zuge einer gesetzlichen Umsetzung des MoPeG (BGBl. I 2021, S. 3436) wurde darauf hingewiesen, dass die Besonderheiten von Familienunternehmen, insbesondere bei der Haftungsverfassung, berücksichtigt werden sollten, so etwa *H. P. Westermann*, DZWIR 2020, 321 (324), der diesbezüglich empfiehlt, über abdingbare Regelungen nachzudenken. Das MoPeG sieht eine spezielle Berücksichtigung von Familienunternehmen indes nicht vor, bringt jedoch für diejenigen (durchaus vielen) Familienunternehmen, die in der Rechtsform einer Personengesellschaft verfasst sind, relevante Neuerungen mit sich, s. den Überblick bei MHdB GesR 9/ *Bochmann/Scheller/J. Prütting*, Einf. vor § 1 Rn. 9a ff.; allg. zum MoPeG *C. Schäfer* (Hrsg.), Das neue Personengesellschaftsrecht; bündiger Überblick bei *Wertenbruch*, JZ 2023, 78; MHdB GesR 1/*C. Schäfer*, § 1 Rn. 1 ff.

77 Eing. dazu und dies i. Erg. befürwortend *Holler*, DStR 2019, 880 (Teil 1) und 931 (Teil 2); MHdB GesR 7/*Holler*, § 75 Rn. 79 ff.; zurückhaltender aber noch *Holler*, BB 2012, 719 (721); speziell im Rahmen des Pflichtteilsrechts *Schulte/Schulte/Schulte*, ErbR 2021, 742 (746 ff.); *Schulte/Schulte*, ErbR 2021, 821; im Falle einer Familien-KG (besonders bezogen auf Abfindungsklauseln) auch *Ulmer*, ZIP 2010, 549; ihm folgend wohl auch Erman[16]/*Westermann*, BGB Vorb. § 705 Rn. 24; MüKoBGB/*C. Schäfer*, § 728 Rn. 58; zurückhaltender *P. Wolf*, MittBayNot 2013, 9 (14 f.) (nur bei *„Familienkommanditgesellschaften mit einer funktionalen Nähe zur Familienstiftung“*); gegen ein Sonderrecht die wohl vorherrschende Ansicht: *Lieder*, in: Vogt/Fleischer/ Kalss, Recht der Familiengesellschaften, S. 27 (57 ff., 63); MHdB GesR 9/*Lieder*, § 3 Rn. 108 ff.; MHdB GesR 9/*Bochmann/Scheller/J. Prütting*, Einf. vor § 1 Rn. 6; *Kalss*, RFamU 2022, 97; zurückhaltender auch *Staake*, RFamU 2022, 193, nach dem wohl zu Recht ein Sonderrecht der Verschiedenartigkeit der Familienunternehmen ohnehin nicht gerecht werden könne; deutlicher nun *Staake*, RFamU 2024, 214 (215) (*„Ein homogenes Sonderrecht der Familienunternehmen gibt es nicht – und das sollte es auch nicht geben“*); vgl. ablehnend bereits *E. Kaufmann*, JZ 1959, 522 (523); ablehnend speziell bei börsennotierten Familienunternehmen i. Erg. *Selent*, Unternehmensführung, S. 8, 206 ff., 216 (*„Außerdem unterwirft sich ein Familienunternehmen mit der Börsennotierung den ‚Spielregeln‘ der Börse“*); ebenso *Fleischer/Maas*, AG 2021, 893 Rn. 51 (*„Für börsennotierte Familiengesellschaften gibt es grundsätzlich keine Bereichsausnahmen oder Sonderbestimmungen“*); die Notwendigkeit von Sonderregeln für die Familien-GmbH für nicht erforderlich erachtend MüKoGmbHG/*Fleischer*, Einl. Rn. 40; ebenso *Löcherbach*, Die interessengerechte Nachfolge, S. 217; der *Kreis Recht der Familienunternehmen*, NZG 2020, 104 empfahl bereits aufgrund des *„vagen Begriffs der Familiengesellschaft“* die Schaffung eines Sonderrechts nicht. Er schlugt aber vor, mit Blick auf eine Änderung des § 738 Abs. 1 S. 2 BGB a. F., die Besonderheiten von Familienunternehmen in der Gesetzesentwurfsbegründung zu erwähnen, *„um sie als taugliches Argumentations- und Differenzierungstopos für Judikatur und Kautelarpraxis bei Bewertung und Gestaltung von Abfindungsvereinbarungen herauszustellen“*; auch *Möschel*, ZRP 2011, 116 (120) appelliert an den Gesetzgeber *„bei einer angedach-*

als auch für jedes andere Unternehmen – je nach Rechtsform – daher die rechtsformspezifischen Regelungen. Aus der Verbindung von Familie und Unternehmen resultieren jedoch viele spezifische Reibungspunkte, weshalb ein besonderer Abstimmungsbedarf unter Berücksichtigung intra- als auch interdisziplinärer Aspekte oftmals vonnöten ist.[78]

„*Das*" Familienunternehmen gibt es nicht.[79] Familienunternehmen treten in vielfältiger Größe und verschiedenster Organisations-[80] als auch Rechtsform[81] (Personenhandelsgesellschaften, [börsennotierte] Kapitalgesellschaften,

---

ten Veränderung eines Gesetzes der Betroffenheit von Familienunternehmen angemessen Rechnung" zu tragen; in Bezug auf Publizitätsvorschriften auch *Bochmann*, in: Röthel/K. Schmidt, Grundfragen der Organisation von Familienunternehmen, S. 149 (151). Insoweit wird etwa in der Gesetzesentwurfsbegründung zum KöMoG [BGBl. I 2021, S. 2050] explizit ausgeführt, dass mit dem neuen Optionsmodell gerade „*die steuerlichen Rahmenbedingungen insbesondere für [...] Familienunternehmen deutlich verbessert werden*" sollen, s. BT-Drs. 19/28656, S. 2. Der BGH selbst (BGHZ 4, 108 [115]) stellte früh lediglich fest, dass bei der Rechtsanwendung jedenfalls der „*Charakter des Familienunternehmens gebührend zu beachten*" sei; vgl. in diese Richtung auch BVerfG, NZG 2007, 587 Rn. 23; OLG Hamburg, NZG 2003, 978 (979) und zuletzt auch OLG Hamm, BeckRS 2023, 16812 Rn. 64 ff.; s. a. *Lang*, RFamU 2022, 299 (305), der für eine „*typusgerechte Rechtsanwendung*" plädiert. Eine gesetzgeberische Pflicht zur Schaffung von Sonderregelungen besteht freilich nicht, vgl. BVerfG, BeckRS 2015, 55596 Rn. 31 m. w. N. **Monographisch abhandelnd** (primär anhand des Abfindungsanspruchs des ausscheidenden Familiengesellschafters) *Krämer*, Sonderrecht der Familiengesellschaften, *passim*; speziell zu einem arbeitsrechtlichen Sonderrecht *Peter*, Arbeitsrecht in Familienunternehmen, S. 180 ff.; s. a. *Möschel*, ZRP 2011, 116 (119 f.).

78 Vgl. *Fleischer*, NZG 2017, 1201 (1202); *Fleischer*, GmbHR 2021, 113 (114); *Staake*, RFamU 2022, 193 f. Zur Berücksichtigung des Familienunternehmenscharakters bei der Gesetzesauslegung → Teil 2 A I 3.

79 *Uffmann*, ZIP 2015, 2441 (2443); *Staake*, RFamU 2022, 193; Sudhoff/*Winkler*, Familienunternehmen, § 5 Rn. 1; zum Phänomen des „*Family Business Washing*" durch Publikumsgesellschaften s. *Driftmann*, RFamU 2022, 319.

80 Unterschieden wird zwischen den Grundformen der Kleinfamilien-, Stammes-, Großfamilien- und Mehrfamilien-Organisation, s. dazu *Fleischer*, BB 2019, 2819; s. a. überblicksartig *Jendritzky*, Die korporative Gruppenbildung, S. 47 ff.; im Laufe der Jahre entstehen so auch verschiedene Lebenszyklen, s. zu diesen etwa *V. Herrmann*, Zugehörigkeit zu Unternehmerfamilie, S. 26 ff. m. w. N.

81 Überblick zur Rechtsformwahl bei *Zimmermann*, in: Röthel/K. Schmidt, Familienunternehmen im Wandel, S. 23 (30 ff.); *Lieder*, in: Vogt/Fleischer/Kalss, Recht der Familiengesellschaften, S. 27 (31 ff.); *Klein-Wiele/Wurmthaler*, FuS-Sonderheft 2022, 65; *Nietsch*, FuS 2016, 213 (217 ff.); eing. *Klein*, Familienunternehmen, S. 113

Mischformen, Stiftungsformen und sogar europäische Gesellschaftsformen) in Erscheinung.[82] Überwiegend firmieren sie jedoch aufgrund des geringen Gründungsaufwands und der erhöhten rechtlichen Gestaltungsfreiheit, insbesondere hinsichtlich der Gestaltung personalisierter Regelungen zwecks Erhaltung der Familienbindung und des Familiencharakters, als GmbH oder GmbH & Co. KG.[83] Vor allem wegen der Satzungsstrenge des § 23 Abs. 5 S. 1 AktG, die der Gestaltungsfreiheit Grenzen setzt, kommt hingegen selten[84] eine AG als Rechtsform in Betracht.[85] Wegen der persönlichen Haftung der Komplementäre[86] wird eine

ff.; *Hennerkes/May*, DB 1988, 483 (Teil 1) und 537 (Teil 2); historisch betrachtend *Fleischer*, NZG 2017, 1201 (1202 ff.); Praxisbeispiele bei *Dölker*, BB 2018, 1495. Laut einer Studie liegt der Anteil von Familienunternehmen bei Personengesellschaften (die GmbH & Co. KG inbegriffen) bei ca. 85 % und bei Kapitalgesellschaften bei 78 %, vgl. *Stiftung Familienunternehmen*, Die volkswirtschaftliche Bedeutung der Familienunternehmen, S. 12.

82 *Uffmann*, ZIP 2015, 2441 (2443); *v. Holtzbrinck*, FS W. Sigle, S. 33; auch schon *Müller*, DStZ 1936, 1157 (1158); allg. zur historischen Entwicklung dieses Unternehmenstypus *Fleischer*, NZG 2017, 1201; zur Abgrenzung zum einzelkaufmännischen Unternehmen prägnant *Habersack*, ZIP 2020, 2093 (2095).

83 Vgl. *Holler/Mann*, NZG 2021, 402 (407); *Hennerkes/Kirchdörfer*, Die Familie und ihr Unternehmen, S. 90. Dies liegt u. a. daran, dass auch Familienunternehmer heutzutage zumeist darauf bedacht sind, die persönliche Haftung weitestgehend zu beschränken, vgl. *Sanders/Berisha*, NZG 2020, 1290 (1298 dortige Fn. 169) m. w. N.

84 Freilich sollen schätzungsweise ein Viertel aller AGs Familienunternehmen sein, so MüKoAktG/*Habersack*, Einl. Rn. 9.

85 Vgl. Viskorf/*Hueck*, Familienunternehmen in der Nachfolgeplanung, Rn. 392; *Rawert*, ZGR 2018, 835 (846 f.); zu kapitalmarktorientierten Familienunternehmen (insb. in Gestalt einer AG) etwa *Fleischer/Maas*, AG 2021, 893; *Fleischer/Maas*, DB 2021, 37; *Binz*, AR 2022, 142; *Habersack*, in: Tröger/Wilhelmi, Rechtsfragen der Familiengesellschaften, S. 19 (23 ff.); s. a. *Selent*, Unternehmensführung, *passim*; anhand der Entwicklungsgeschichte der Siemens AG illustrativ *Fleischer*, AG 2019, 481; zu sog. Familien-Publikumsgesellschaften unlängst *Lang*, Die Familien-Publikumsgesellschaft, S. 66 ff.; *Lang*, RFamU 2022, 299 (301 ff.).

86 Zu deren Bedeutung *Sanders/Berisha*, NZG 2020, 1290; zu Neuerungen und Kontinuitäten bei der Gesellschafterhaftung nach dem MoPeG *Schollmeyer*, DNotZ 2021, 889; *Wertenbruch*, ZPG 2024, 1.

OHG oder (reine) KG[87] lediglich als sog. Holding-Gesellschaft gewählt.[88] Größere Familienunternehmen wählen aber auch speziellere Rechtsformen wie die SE, die KGaA oder auch die SE & Co. KGaA.[89]

Die Wahrung und Sicherung des Familieneinflusses verbunden mit der Möglichkeit, durch statutarische Regelungen auf die Unternehmensleitung generationsübergreifend Einfluss zu nehmen oder zumindest diese zu kontrollieren, sind bei der (individuellen) Wahl der Rechtsform eines Familienunternehmens dabei,

---

87 Diesbezüglich ist zu beachten, dass seit dem Wegfall des § 162 Abs. 2 HGB a. F. zum 1.8.2022 durch das DiRUG (BGBl. I, S. 3338), wonach bei öffentlichen Bekanntmachungen keine Angaben zu den Kommanditisten zu machen waren (kritisch hierzu *Burgard*, FS Hadding, S. 325 [329]), öffentliche Bekanntmachungen künftig auch Angaben zu den Kommanditisten beinhalten (vgl. näher BeckOK HGB/*T. Beyer*, 43. Ed. 1.7.2024, § 162 Rn. 36 i. V. m. Rn. 2 f.). Dies führt zu einer erhöhten Transparenz der Kommanditisten und kann insofern gerade bei einer Familien-KG, bei der oftmals (minderjährige) Familienmitglieder Kommanditisten sind, künftig bei der Rechtsformwahl von – wenn auch ggf. nicht entscheidender – Relevanz sein.

88 Vgl. *Holler*, DStR 2019, 880 (883); *Graf/Bisle*, DStR 2010, 2409; *Hennerkes/May*, DB 1988, 483 (484); *Langenfeld*, NotBZ 2001, 157; *Hennerkes/Kirchdörfer*, Die Familie und ihr Unternehmen, S. 90 f.; zum Begriff der Holding s. etwa *Hüffer*, GS Tettinger, S. 449 (450); eing. zu sog. Familienholdings MHdB GesR 9/*Bayer/Illhardt*, § 37 Rn. 1, 4 ff., 11 ff.; nach *Hennerkes/Kirchdörfer*, Die Familie und ihr Unternehmen, S. 90 sei hinsichtlich der OHG als Rechtsform speziell bei Familienunternehmen „*eine gewisse Renaissance […] als Holding-Gesellschaft zu beobachten*". Gleichwohl befinden sich herkömmliche Personengesellschaften, bei denen noch natürliche Personen als Komplementäre fungieren, als Rechtsform auf dem Rückzug, vgl. *Sanders/Berisha*, NZG 2020, 1290 (1297 ff.); Wachter/Heckschen/*Wegerhoff*, Praxis des HuGR, § 9 Rn. 482, 486; speziell zum stetigen Rückgang der OHGs anhand der Entwicklung der Handelsregistereintragungen *Bayer/Lieder/Hoffmann*, GmbHR 2024, 785 Rn. 13.

89 Viskorf/*Hueck*, Familienunternehmen in der Nachfolgeplanung, Rn. 392; s. a. *Reichert*, ZIP 2014, 1957 mit Beispielen; zur besonderen Eignung der GmbH & Co. KG für Familienunternehmen *Binz/Sorg*, GmbHR 2011, 281; *Spiegelberger*, ZEV 2003, 391; zur Einheits-GmbH & Co. KG MüKoHGB/*Grunewald*, § 161 Rn. 99 ff.; *Schulte/Schulte*, ErbR 2018, 422 sowie zu Besonderheiten nach dem MoPeG (insb. § 170 Abs. 2 HGB) *Wertenrbuch*, GmbHR 2021, 1181; zur SE als Rechtsform für Familienunternehmen *Selent*, Unternehmensführung, S. 281 ff.; *Wicke*, RNotZ 2020, 25; *Bayer*, in: Bayer/Koch, Unternehmens- und Vermögensnachfolge, S. 169 (180 ff.); zur SE & Co. KGaA umfassend *Begemann*, Die SE & Co. KGaA, *passim*.

neben der Berücksichtigung seiner typusprägenden Charakteristika[90], tragende Entscheidungskriterien.[91]

Eine pauschale Gleichstellung[92] von Familienunternehmen mit kleinen und mittleren/mittelständischen Unternehmen (sog. KMU[93]) oder dem Mittelstand[94] ist zu kurz gegriffen.[95] Denn ein Unternehmen, das nicht unter dem Begriff der KMU oder des Mittelstands fällt, kann dennoch die Eigenschaften eines Familienunternehmens haben (etwa BMW, Dr. Oetker, Haniel, Henkel, Merck).[96] Größe, Umsatz oder Rechtsform des Unternehmens sind für die Zuordnung zum Unternehmenstypus Familienunternehmen irrelevant.[97] Vielmehr ist der beherrschende Einfluss mind. einer Unternehmerfamilie auf das Familienunternehmen für die

---

90 Dazu → Teil 2 A.

91 Vgl. *Reichert*, ZIP 2014, 1957; *Lieder*, in: Vogt/Fleischer/Kalss, Recht der Familiengesellschaften, S. 27 (30 f.); Jakob/*Richter*, Stiftung und Familie, S. 101 (103 f.).

92 So etwa *IfM Bonn* (https://t1p.de/11vrd); *Hucke/Just*, ZCG 2007, 5 (6); dieses synonyme Verständnis besteht indes häufig, so konstatierend *Becker/Ulrich*, WiSt 2009, 2; *Lange*, GmbHR 2006, 897; *Schielke*, FS Hennerkes, S. 221.

93 Zu deren größenabhängigen Definition s. Empfehlung der Kommission v. 6.5.2003 betreffend die Definition der Kleinstunternehmen sowie der kleinen und mittleren Unternehmen, ABl.EU Nr. L 124 v. 20.5.2003, Art. 2, S. 39; zu KMU im Privatrecht umfassend *M. F. Müller*, Kleine und mittlere Unternehmen im Privatrecht, *passim*.

94 Zum Begriff s. *Stöhr*, Kleine Unternehmen, S. 21 ff.; *Becker/Ulrich*, WiSt 2009, 2 f.

95 Vgl. *Felden/Hack/Hoon*, Management von Familienunternehmen, S. 16 ff.; *Hueck*, Die Familienverfassung, S. 24; *Habersack*, ZIP 2020, 2093 (2094); *Habersack*, in: Tröger/Wilhelmi, Rechtsfragen der Familiengesellschaften, S. 19 (21); *Welge/Witt*, ZfB-Special Issue 2/2013, 185 (186); *M. F. Müller*, Kleine und mittlere Unternehmen im Privatrecht, S. 67; *Koropp/Grichnik*, WiSt 2007, 295; *Jendritzky*, Die korporative Gruppenbildung, S. 40 f.; *Möschel*, ZRP 2011, 116; *D. Reuter*, ZGR 1991, 467 (477); zur Abgrenzung zu KMU und mittelständischen Unternehmen *Fabis*, Gesellschafterkonflikte, S. 37 ff.; *Lehleiter*, Die Familienstiftung, S. 27 f.; s. a. *Becker/Ulrich*, WiSt 2009, 2; differenzierend auch OLG Karlsruhe, NZBau 2011, 567 (571).

96 *Wicke*, ZGR 2012, 450 (457); *Habersack*, in: Tröger/Wilhelmi, Rechtsfragen der Familiengesellschaften, S. 19 (21); *Hennerkes/Kirchdörfer*, Die Familie und ihr Unternehmen, S. 36 mit weiteren Beispielen.

97 Vgl. *Kalss*, in: Vogt/Fleischer/Kalss, Recht der Familiengesellschaften, S. 1 (4) m. w. N; *Lange*, FS Hennerkes, S. 135 (137 f.); *Hinderer*, FS Hennerkes, S. 369 (370); *Lange*, BB 2005, 2585; *Woywode/Keese/Tänzler*, ZGR 2012, 418 (421); *W. Sigle*, FS Rowedder, S. 459 (460); **a. A.** wohl *Hucke/Just*, ZCG 2007, 5 (6) (unter der Prämissen, dass Familienunternehmen mit KMU gleichzusetzen seien), wonach Größenkriterien und Fremdgeschäftsführung Großunternehmen von KMU und damit auch von Familienunternehmen unterscheiden würden.

Qualifizierung als Familienunternehmen maßgeblich.[98] Eine trennscharfe Abgrenzung ist freilich schwerlich möglich.[99]

Obgleich in der Lebenswirklichkeit wohl ein jeder intuitiv in der Lage sein wird, ein Familienunternehmen zu benennen (z. B. Dr. Oetker, Hipp, Haniel, Deichmann, Fielmann, Miele u. v. m.)[100], ist es im Besonderen aufgrund des in der Praxis mannigfaltigen Vorkommens aber nicht verwunderlich, dass bis heute keine einheitliche[101], gar gesetzliche[102]

---

98 Dazu sogleich → Teil 2 A I 1.

99 Vgl. *Becker/Ulrich*, WiSt 2009, 2 (4); *M. F. Müller*, Kleine und mittlere Unternehmen im Privatrecht, S. 67 („*[…], mag eine gewisse faktische Korrelation auch nicht von der Hand zu weisen sein*“).

100 Vgl. *Lansberg/Perrow/Rogolsky*, Fam. Bus. Rev. 1 (1988), 1: „*People seem to understand what is meant by the term family business, yet when they try to articulate a precise definition they quickly discover that it is a very complicated phenomenon*“, zitiert nach *Bong*, Gesellschaftsrechtliche Wirkungen einer Familienverfassung, S. 12 (dortige Fn. 9).

101 In der Literatur – insbesondere je nach Fachrichtung – wurden indes verschiedene Definitionsversuche unternommen, s. die Aufzählung bei *Brösztl*, FS W. Sigle, S. 3 (4 f.); *Woywode/Keese/Tänzler*, ZGR 2012, 418 (421 f.); *Zellweger*, Managing the Family Business, S. 4 ff., 22; s. a. *Krämer*, Sonderrecht der Familiengesellschaften, S. 52 ff. mit ausf. Nachweisen; zum vornehmlich in der Wirtschaftswissenschaft vertretenen sog. **„components of involvement“-Ansatz** und **„Essence“-Ansatz** eing. *Felden/Hack/Hoon*, Management von Familienunternehmen, S. 18 ff.; *Lederer*, Vorab-Abschlag, S. 62 ff.; jew. m. w. N.; knapp auch *Hiebl*, WiSt 2012, 184 f.; *Sanders/Rolfes*, JURA 2022, 461 (464); zu einer unionalen Definition s. *Europäische Kommission*, Final Report of the Expert Group. Overview of Family-Business-Relevant-Issue, S. 9 f.; *Staake*, RFamU 2022, 193 hält die bisherigen Definitionsversuche für „*sehr sperrig und wenig intuitiv*“.

102 U. a. in § 1 Abs. 1 Nr. 1 S. 3 DrittelbG ist zwar der Begriff „*Familiengesellschaft*“ als AG (und auch KGaA, vgl. § 1 Abs. 1 Nr. 2 S. 2 DrittelbG), deren Aktionär eine einzelne natürliche Person ist oder deren Aktionäre untereinander i. S. v. § 15 Abs. 1 Nr. 2 bis 8, Abs. 2 der AO verwandt oder verschwägert sind, definiert, vgl. dazu MüKoAktG/*Annuß*, DrittelbG § 1 Rn. 4 ff. Diese Definition erfasst indes nicht alle verschiedenen Erscheinungsformen von Familienunternehmen und ist vielmehr nur für die Mitbestimmungsvorschriften von Relevanz, sodass sie keine Allgemeingültigkeit für sich beanspruchen kann, vgl. *Habersack*, in: Tröger/Wilhelmi, Rechtsfragen der Familiengesellschaften, S. 19 (20); *Peter*, Arbeitsrecht in Familienunternehmen, S. 70; ausf. und i. Erg. auch ablehnend *Krämer*, Sonderrecht der Familiengesellschaften, S. 41 ff.

Definition des Begriffs Familienunternehmen bzw. Familiengesellschaft[103] existiert.[104]

Gerade die „*Mannigfaltigkeit der Familienunternehmen*“ macht eine eindeutige Begriffsbestimmung schwierig.[105] Die Rechtsprechung[106] verwendet den Begriff des Familienunternehmens bzw. Familiengesellschaft zwar gelegentlich, erläutert oder definiert[107] diesen aber nicht, wozu sie auch nicht zwingend veranlasst ist,

---

103 Zur Synonymität vgl. *Lehleiter*, Die Familienstiftung, S. 20 (dortige Fn. 19); zustimmend auch *Krämer*, Sonderrecht der Familiengesellschaften, S. 53 m. N. auch zu differenzierenden Ansichten (dortige Fn. 134); auch in BVerfGE 13, 331 (347) werden die Begriffe „*Familiengesellschaft*“ und „*Familienunternehmen*“ synonym verwendet; s. a. die synonyme Verwendung seitens der Rspr. in → Fn. 106. Mit Blick auf die Legaldefinition der Familiengesellschaft in § 1 Abs. 1 Nr. 1 S. 3 DrittelbG ist die Verwendung des Begriffs „*Familienunternehmen*“ zwecks Vermeidung von Verwechslungen empfehlenswerter, so auch *Peter*, Arbeitsrecht in Familienunternehmen, S. 72. Dies gilt, zumal der Begriff der „*Familiengesellschaft*“ ursprünglich primär dem Steuerrecht, nicht dem Zivil- bzw. Gesellschaftsrecht entstammt, s. *T. Fries*, Familiengesellschaften und Treuepflicht, S. 2 f.; *Ganßmüller*, VersR 1965, 257 (unter Verweisung auf §§ 1 Abs. 2 und 3, 5 u. 6 StAnpG [1934]).

104 Deutlich *Möschel*, ZRP 2011, 116 („*Es gibt keinen präzisen Rechtsbegriff des Familienunternehmens*“); ebenso etwa *Kalss/Probst*, Familienunternehmen, Rn. 2/1; *Lange*, BB 2005, 2585; *Lange*, GmbHR 2006, 897; *Hueck*, Die Familienverfassung, S. 22; *Ganßmüller*, VersR 1965, 257; jew. m. w. N.; dies gilt auch international betrachtet *Großmann*, Konflikte und Krisen, S. 45 f.

105 *Staake*, RFamU 2022, 193. Zu weiteren Gründen bündig *Selent*, Unternehmensführung, S. 18 f.

106 Z. B. BVerfG, NZG 2007, 587 (589) („*Familienunternehmen*“); BGH, NJW 2017, 1883 Rn. 45 („*Schutz des Bestands des Familienunternehmens*“); BGH, NJW 1987, 1890 („*reines Familienunternehmen*“); BGH, NJW 1987, 1019 (1020) („*Charakter als Familiengesellschaft*“); OLG Hamm, NJOZ 2001, 170 („*Familienunternehmen*“); OLG Hamm, BeckRS 2023, 16810 Rn. 72 („*Charakter als Familienunternehmen*“); OVG Bautzen, BeckRS 2021, 3689 („*mittelständische Familienunternehmen*“); BayObLG NJW-RR 1995, 798 („*Familiengesellschaft*“); bereits auch RGZ 164, 257 (263) („*ein seit über 100 Jahren bestehendes und in den Händen naher Verwandter befindliches Familienunternehmen*“).

107 Vgl. aber in einem *obiter dictum* OLG Karlsruhe, NZBau 2011, 567 (571) („*Denn der Begriff des Mittelstands ist ein allgemein gebräuchlicher volkswirtschaftlicher Begriff, der kleine und mittlere Unternehmen im Unterschied zu (den Kleinstunternehmen und) den Großunternehmen – **bzw. nach Leitung und Verantwortlichkeit des Eigentümers (sog. Familienunternehmen)** – beschreibt, ohne eine exakte Abgrenzung vorzunehmen*“) (Hervorhebung durch Verfasser).

da es sich dabei nicht um einen Gesetzesbegriff[108], sondern vielmehr „*um einen aus der tatsächlichen Anschauung gewonnenen Begriff*“[109] handelt. Insofern kann man – wie bereits in der betriebswirtschaftlichen Literatur konstatiert – auch in der Rechtswissenschaft von einem sog. „*Family Business Definition Problem*“[110] ausgehen.

Da eine abstrakt-generelle Definition fehlt bzw. allein nicht ausreichend ist, um alle Erscheinungsformen von Familienunternehmen zu erfassen, handelt es sich beim Begriff des Familienunternehmens um einen offenen Typusbegriff, der nur anhand von diversen, besonderen Merkmalen[111] beschrieben werden kann.[112] Diese Merkmale müssen zwar nicht in ihrer Gesamtheit vorliegen, damit ein Unternehmen auch als Familienunternehmen anzusehen ist; freilich wird ein Familienunternehmen in der Regel sämtliche oder viele dieser Charakteristika

---

108 Vgl. *Peter*, Arbeitsrecht in Familienunternehmen, S. 76.

109 *K. Schmidt*, GesR, § 26 III. 2. c., S. 773.

110 *Astrachan/Klein/Smyrnios*, Family Business Review (15) 2002, 45; ähnlich *Senger/Wulf*, ZCG 2021, 38 („*definition dilemma*“); aus dem juristischen Schrifttum etwa *Selent*, Unternehmensführung, S. 17; *Fleischer*, in: F/R/S, Family Firms, S. 1 (7), der deshalb zu Recht darauf hinweist, dass dies ein Problem ist, da ohne ein einheitliches Verständnis darüber, was ein Familienunternehmen ist, die Schaffung einer brauchbaren Wissensbasis in der Forschung recht schwierig ist. Entsprechendes gilt freilich auch in Bezug auf den Begriff der unternehmensverbundenen (Familien-) Stiftung, s. *Fleischer*, ZIP 2022, 2045 (2046); vgl. auch *Sanders/Thomsen*, in: Sanders/Thomsen, Enterprise Foundation Law, S. 221 (222 ff.).

111 Siehe näher nachfolgend und → Teil 2 B II.

112 Vgl. mit teils unterschiedlichen Nuancen *Staake*, RFamU 2022, 193 („*Typusbegriff mit unscharfen Rändern*“); *Staake*, RFamU 2024, 214 („*wiederkehrende Charakteristika (sog. Typenmerkmale)*“; *Schulte/Schulte/Schulte*, ErbR 2021, 742 (747) sprechen von eine „*familiengesellschaftlichen Typus*“; *Krumm*, FR 2015, 481 (495) („*Typusbegriff des Familienunternehmens*“); *Blunk*, RFamU 2022, 500 („*Familienunternehmen als Realtypus*“); zur Typologie von Familienunternehmen eing. MHdB GesR 7/*Holler*, § 75 Rn. 76 ff.; eing. auch *Krämer*, Sonderrecht der Familiengesellschaften, S. 66 ff., 191 ff.; *Schmeing*, Konfliktmanagement, S. 199 ff.; *Lang*, Die Familien-Publikumsgesellschaft, S. 28 ff.; s. a. bündig *Kalss*, in: Vogt/Fleischer/Kalss, Recht der Familiengesellschaften, S. 1 (4); für „*große Familiengesellschaften*“ s. *Ulmer*, ZIP 2010, 549 (552); zum Unterschied von Rechtsform und Typus im Gesellschaftsrecht eing. Westermann/Wertenbruch/*Tröger*, PersGesR-HdB, 84. Lieferung 09.2022, § 4 Rn. I 105 ff.; kritisch zur Typuslehre aber etwa *Hey*, Freie Gestaltung, S. 229 f. m. w. N.; vgl. allg. zum Typusbegriff instruktiv auch *Pahlke*, DStR-Beih. 2011, 66; vgl. auch BVerfG, NJW 1996, 2644.

aufweisen.[113] Als Typusbegriff ist der Begriff des Familienunternehmens auch nicht in Stein gemeißelt, sondern offen für gesellschaftliche Veränderung und Fortentwicklung. Ein Typusbegriff kann aber im Laufe der Zeit fest umrissene und sogar gesetzliche Konturen gewinnen.[114] Der Begriff Familienunternehmen und in Abgrenzung zu diesem derjenige der anonymen Publikumsgesellschaft[115] haben insoweit gemein, als sie einen real existierenden Gesellschaftstyp beschreiben, der sich anhand der jeweiligen Gesellschaft- und Gesellschafterstruktur kennzeichnet, aber unabhängig von einer bestimmten Rechtsform anzutreffen ist.[116] Die normative Erfassung ist aber auch bei Anerkennung, dass es sich beim Begriff Familienunternehmen um einen Typusbegriff handelt, nicht einfach zu bewältigen, da sich ein Familienunternehmen gerade durch ein inneres, verbindendes Wertesystem und die subjektiven Einstellungen der (Familien-)Akteure auszeichnet, sodass eine große Heterogenität von Familienunternehmen vorzuweisen ist. Bei der typologischen Erfassung des Familienunternehmens kann aber an die für diese typischen Gesellschaftsverträge angeknüpft werden, die Klauseln enthalten, die gerade auf das langfristige, generationenübergreifende Interesse am Bestand des Unternehmens unter Wahrung des Familieneinflusses gerichtet und daher

---

113 *Holler/Mann*, NZG 2021, 402 (404); vgl. aber auch *Staake*, RFamU 2022, 193.

114 Vgl. *Pahlke*, DStR-Beih. 2011, 66 (68); *Peter*, Arbeitsrecht in Familienunternehmen, S. 96.

115 Zum Begriff und allg. dazu s. BeckOK HGB/*T. Beyer*, 43. Ed. 1.7.2024, § 161 Rn. 82 ff.; *Lang*, Die Familien-Publikumsgesellschaft, S. 46 ff.; *Walter*, JuS 2020, 14 (15 ff.) m. w. N. Ausf. zu den Unterschieden besonders hinsichtlich Eignerstruktur, Binnenstruktur, Kapitalmarktzugang und Interessenkonstellationen zwischen Familienunternehmen und Publikumsgesellschaften statt aller *A. Wiedemann/Kögel*, Beirat und Aufsichtsrat, § 2 Rn. 18 ff.; *Breyer*, FS R. Stürner Bd. 2, S. 1885 (1889 ff.); monographisch (vornehmlich aus betriebswirtschaftlicher Sicht) *v. Andreae*, Familienunternehmen und Publikumsgesellschaft, S. 13 ff.; (aus juristischer Sicht) *Lang*, Die Familien-Publikumsgesellschaft, S. 58 ff. Es gibt freilich auch sog. Familien-Publikumsgesellschaften, bei denen der Gesellschafterkreis weiterhin familiär geprägt ist und die Familie maßgeblichen Einfluss auf die Unternehmensführung hat, s. dazu *Lang*, RFamU 2022, 299 (301 ff.); eing. *Lang*, Die Familien-Publikumsgesellschaft, S. 66 ff.; s. a. *Fleischer/Maas*, AG 2021, 893; *Fleischer/Maas*, DB 2021, 37; *Binz*, AR 2022, 142 (am Beispiel der Fielmann AG); *Selent*, Unternehmensführung, *passim*; anhand der Entwicklungsgeschichte der Siemens AG illustrativ auch *Fleischer*, AG 2019, 481. Zum Phänomen des „*Family Business Washing*" durch (große) Publikumsgesellschaften s. *Driftmann*, RFamU 2022, 319, die die Schaffung eines „*Familienunternehmen-Label*" vorschlägt.

116 Vgl. *Hendricks/Kunzmann*, JuS 2022, 432 (434); *Lang*, RFamU 2022, 299 (300) m. w. N.

bei Familienunternehmen typisch sind.[117] Auf diese den Typus Familienunternehmen auszeichnenden Charakteristika wird im Einzelnen noch an anderer Stelle eingegangen.[118]

Prosaisch gesprochen, versteht man im Allgemeinen unter einem Familienunternehmen ein Unternehmen unter Familieneinfluss.[119] Allen gängigen Definitionsversuchen sind dabei vornehmlich zwei Bestandsmerkmale gemein. Dies sind zum einen die *familiäre Verbundenheit* unter den Gesellschaftern und zum anderen der *maßgebende*[120] *Einfluss der Familie* im Unternehmen.[121]

1. Familiäre Verbundenheit

Ein Familienunternehmen ist als ein Unternehmen zu verstehen, dessen *nervus rerum* und zugleich wichtigstes Differenzierungskriterium der familiäre Bezug ist. Hinsichtlich der Erforderlichkeit des Merkmals der familiären Verbundenheit besteht daher weitgehend Einigkeit.[122]

Was unter familiärer Verbundenheit resp. Familie rechtlich genau zu verstehen ist, wird dabei in der Literatur oft – mit Blick auf eine fehlende gesetzliche

---

117 Vgl. *Krumm*, FR 2015, 481 (495 f.); vgl. OLG Hamm, BeckRS 2023, 16812 Rn. 64 ff.; aus Sicht eines Familienunternehmers s. OGH Wien, BeckRS 2023, 3961 Rn. 19, 25.

118 Dazu → Teil 3 B II 1–3.

119 Sinngleich *A. Sigle*, FS W. Sigle, S. 301 (302); *Kalss*, FS G. D. Karth, S. 499; vgl. auch *Graf/Bisle*, DStR 2010, 2409 (2410).

120 Maßgebender, bestimmender und beherrschender Einfluss werden hier synonym verstanden. Differenzierend hingegen *Peter*, Arbeitsrecht in Familienunternehmen, S. 111.

121 *Hommelhoff*, in: Tröger/Wilhelmi, Rechtsfragen der Familiengesellschaften, S. 65 (66); Sudhoff/*Winkler*, Familienunternehmen, § 5 Rn. 1; *Peter*, Arbeitsrecht in Familienunternehmen, S. 46; *Jendritzky*, Die korporative Gruppenbildung, S. 42; *Uffmann*, ZIP 2015, 2441 (2443 f.); *Kirchdörfer*, FuS 2011, 32; *Lange*, BB 2005, 2585; *W. Sigle*, FS Rowedder, S. 459 (460); *Hennerkes/May*, NJW 1988, 2761; jew. m. w. N.; vgl. auch *Rawert*, ZGR 2018, 835 (834 f.); *Zeitel*, ZUG 1991, 27; *Müller*, DStZ 1936, 1157 (1158); *Szameitat*/*Wenker*, FS L. Aderhold, S. 437 (439); anders jedoch *Krämer*, Das Sonderrecht der Familiengesellschaft, S. 55, der darin kein übergeordnetes Kriterium sieht, sondern es als eine eigene Gruppe von möglichen Definitionsansätzen einordnet.

122 *Kirchdörfer*, FuS 2011, 32; *Lange*, BB 2005, 2585; *W. Sigle*, FS Rowedder, S. 459 (460); *Hennerkes/May*, NJW 1988, 2761; *Fabis*, Gesellschafterkonflikte, S. 20; *Quack*, in: Tröger/Wilhelmi, Rechtsfragen der Familiengesellschaften, S. 11; vgl. auch LAG Rheinland-Pfalz, Urt. v. 2.5.2002 – 4 Sa 25/02 -, juris Rn. 23 („*[…]es sich bei der Gesellschaft um einen reinen Familienbetrieb handelt, sämtliche Gesellschafter sind miteinander verwandt, […]*“).

Definition[123] und das uneinheitliche (Rechts-)Verständnis des sich stark dem gesellschaftlichen Wandel[124] unterliegenden Begriffs „Familie"[125] – nicht näher erörtert.[126] Daher verwundert es nicht, dass die Familie bzw. ihre konkrete Zusammensetzung innerhalb der Familienunternehmensforschung gemeinhin als vernachlässigte Größe gilt.[127] Jedenfalls von einer Begrenzung auf die sog. Kernfamilie[128] ist abzusehen.[129] Dies wäre aufgrund der in der heutigen Lebenswirklichkeit verschiedensten Zusammensetzungen von Familien[130] auch nicht zeitgemäß.

---

123 Vgl. MüKoBGB/*E. Koch*, Einl. FamR Rn. 48; *Tänzler*, Corporate Governance, S. 11 weist ebenfalls zutreffend darauf hin, *„dass es sich bei dem Begriff Familie nicht um eine klar zu definierenden Gemeinschaft handelt."*

124 Zu den Ursachen des Wandels ausf. *Lüscher*, ZEV 2004, 2.

125 Zur Entwicklung des soziologischen Familienbegriffs eing. *Nave-Herz*, NZFam 2018, 1057.

126 Vgl. *Schmeing*, Konfliktmanagement, S. 210 f.; darauf hinweisend auch *Astrachan/Klein/Smyrnios*, Family Business Review (15) 2002, 45 (46); *Kraus/Filser/Götzen/Harms*, BFuP 2011, 587 (590); darauf aber ausf. eing. *Krämer*, Sonderrecht der Familiengesellschaften, S. 83 ff.; *Klein*, Familienunternehmen, S. 56 ff.; *Selent*, Unternehmensführung, S. 22 ff.; *T. Fries*, Familiengesellschaften und Treuepflicht, S. 7 ff.; zu sog. Patchwork-Familien im Gesellschaftsrecht grdl. *H. P. Westermann*, NZG 2015, 649; zum Einfluss von Patchwork-Konstellationen auf Familienunternehmen eing. *V. Herrmann*, Zugehörigkeit zu Unternehmerfamilie, S. 41 ff.; s. a. MHdB GesR 9/*Holler*, § 30 Rn. 80 ff.

127 *Peter*, Arbeitsrecht in Familienunternehmen, S. 53 m. w. N. Dabei ist anzumerken, dass die „Familie" als Einheit weder juristische Person noch sonst in ihrer Gesamtheit rechtlich anerkannt ist. Bei der Regelung der Rechte und Pflichten der Familienmitglieder (auch als Gesellschafter eines Unternehmens) knüpft das Gesetz grds. nicht an die Gemeinschaft, sondern an das Individuum an und bestimmt die vermögens- und personenrechtlichen Beziehungen der familiär miteinander verbundenen Personen jeweils von der Einzelperson aus, vgl. MüKoBGB/*E. Koch*, Einl. FamR Rn. 49; entsprechendes gilt auch für das „Familienvermögen", s. *v. Scheurl*, AcP 77 (1891), 243 (245 f.); *Dutta*, Warum Erbrecht?, S. 28 f.; deutlich auch *B. Dauner-Lieb*, in: Röthel, Verträge in der Unternehmerfamilie, S. 181 (182) (*„Ein ‚Familienvermögen' gibt es im juristischen Sinne nicht, Träger von Rechten und Pflichten können immer nur Personen, also einzelne Familienmitglieder, sein"*).

128 Diese besteht aus Mutter, Vater und ihren unmündigen Kindern, s. *Klein*, Familienunternehmen, S. 58; *Pirmanschegg*, Die Nachfolge in Familienunternehmen, S. 41; *A. Sigle*, FS W. Sigle, S. 301 (303) spricht von *„Familie im engeren Sinne"*.

129 Vgl. auch *A. Sigle*, FS W. Sigle, S. 301 (303); Jakob/*Richter*, Stiftung und Familie, S. 101 (102); *Peter*, Arbeitsrecht in Familienunternehmen, S. 103 m. w. N.; auch schon *Müller*, DStZ 1936, 1157 (1158).

130 S. nur die Übersichten bei *Tänzler*, Corporate Governance, S. 11 f.; auf die Komplexität heutiger Familienstrukturen hinweisend auch *May*, Erfolgsmodell Famili-

Der Kreis der zur Familie zählenden Mitglieder ist vielmehr – in Anlehnung an § 1 Abs. 1 Nr. 1 S. 3 DrittelbG i. V. m. § 15 Abs. 1 Nr. 2 bis 8, Abs. 2 AO – weit zu verstehen. Eine familiäre Verbundenheit der Gesellschafter ist daher jedenfalls aufgrund Verwandtschaft (§ 1589 BGB), Schwägerschaft (§ 1590 BGB) oder Ehe (§§ 1303 ff. BGB) zu bejahen.[131] Im Übrigen steht es den Familiengesellschaftern aber auch frei, in Bezug auf die Besetzung von Gremien oder Übertragung von Gesellschaftsanteilen, etwa im Gesellschaftsvertrag[132] oder in einer sog. Familienverfassung[133] näher zu bestimmen, wer zur „Familie" gehört und wer als familienfremd angesehen werden soll (z. B. hinsichtlich angeheirateten Personen oder eingetragenen Lebenspartnern).[134]

---

enunternehmen, S. 28; Wiese/*Wiese*, Unternehmensnachfolge, Rn. 1.76; *Gläßer*, FS Binz, S. 228; *Lüscher*, ZEV 2004, 2; kürzlich (speziell im Kontext des Erbrechts) *v. Scheliha*, JZ 2024, 539 („*Lebensformen und Familienkonstellationen werden immer vielfältiger und veränderlicher*"); s. aber *Kirchdörfer/Kögel*, FS Möschel, S. 181 (190), die unter Rekurs auf den „*konturierten Begriff der Familie*" i. S. d. des Art. 6 GG appellieren die „*Institution ‚Familie' […] nicht ins Uferlose [zu erweitern] und damit der Beliebigkeit [preiszugeben]*"; kürzlich indes zum erweiterten Verständnis der Familie bzw. der Elternschaft BVerfG, NJW 2024, 1732 Rn. 33 ff. m. Anm. *Sanders*, JZ 2024, 559.

131 *Hommelhoff*, in: Tröger/Wilhelmi, Rechtsfragen der Familiengesellschaften, S. 65 (66); *Hueck*, Die Familienverfassung, S. 24; *Fabis*, Gesellschafterkonflikte, S. 20; *Jendritzky*, Die korporative Gruppenbildung, S. 38; *Selent*, Unternehmensführung, S. 24; *Schaub*, ZEV 1995, 82 (83); i. Erg. auch *Peter*, Arbeitsrecht in Familienunternehmen, S. 104 f.; weiterführend im Kontext von Patchwork-Konstellationen *V. Herrmann*, Zugehörigkeit zu Unternehmerfamilie, S. 31 ff., 80 ff.

132 Vgl. *Krämer*, Sonderrecht der Familiengesellschaften, S. 89 f. („*Selbstdefinition der Familienzugehörigkeit mittels des Gesellschaftsvertrags*"); *Kalss/Probst*, Familienunternehmen, Rn. 2/33; vgl. hierzu auch *V. Herrmann*, Zugehörigkeit zu Unternehmerfamilie und Gesellschafterkreis, S. 80 ff.

133 BeckHdb. PersG/*Stengel*, § 17 Rn. 6; *Hueck*, Die Familienverfassung, S. 293 ff.

134 Vgl. *Kalss*, in: Bochmann et al., Werte in Familienunternehmen, S. 19 (22) („*Gleichzeitig können sich die Familienmitglieder durch die Zugehörigkeit der selbst definierten Gruppe Familie eines bestimmten Familienunternehmens oder nach einer bestimmten Abstammung und sonstigen Zuordnung als Familie definieren.*").

Zu beachten ist, dass auch dann von einem Familienunternehmen auszugehen ist, wenn nicht nur eine[135], sondern mehrere[136] Familien[137] oder auch familienfremde Dritte (jedenfalls als Minderheitsgesellschafter) am Unternehmen beteiligt sind.[138] Das Verständnis eines Familienunternehmens als familiäre „*wholly owned company*" wird heutzutage weit überwiegend abgelehnt.[139]

Es ist ferner nicht erforderlich, dass nur Familienmitglieder in der Geschäftsführung vertreten oder überhaupt operativ tätig sind.[140] Unschädlich ist daher auch die Bestellung eines Fremdgeschäftsführers bzw. Fremdmanagements[141],

---

135 So aber z. B. *v. Holtzbrinck*, FS W. Sigle, S. 33; *A. Sigle*, FS W. Sigle, S. 301 (302); *Haid*, FS Binz, S. 274; *R. Müller*, FS Binz, S. 494 (496); *Cordes*, FS Hennerkes, S. 151 (152); MüKoAktG/*Habersack*, Einl. Rn. 9; *Selent*, Unternehmensführung, S. 24; wohl auch BGH, NJW 1987, 1890 (1891), vgl. dazu *Foerster*, BB 2019, 1411 (1414 f.).

136 *T. Fasselt*, Nachfolge, I/Rn. 3, S. 4; MHdB GesR 7/*Holler*, § 75 Rn. 13; *Brösztl*, FS W. Sigle, S. 3; *Foerster*, BB 2019, 1411 (1414 f.); *Hennerkes/May*, NJW 1988, 2761; *Uffmann*, ZIP 2015, 2441 (2444); auch *W. Sigle*, FS Rowedder, S. 459 (460) (jdf. zwei Familien).

137 Als Beispiel dient hier etwa die Miele & Cie. KG, an dem die beiden nicht verwandten Familien Miele (mit 51,1 % [Stand 2014]) und Zinkann (mit 48,9 % [Stand 2014]) beteiligt sind, vgl. dazu *Fleischer*, BB 2019, 2819 (2823 m. N. in dortiger Fn. 99); *Fabis*, Gesellschafterkonflikte, S. 27 (dortige Fn. 34); *Hueck*, Die Familienverfassung, S. 24; *May*, Erfolgsmodell Familienunternehmen, S. 29 bezeichnet eine solche Konstellation als „*Mehrfamilienunternehmen*". Im Folgenden wird aus Gründen der Übersichtlichkeit der Singular Familie verwendet.

138 *Fabis*, Gesellschafterkonflikte, S. 26 ff. m. w. N.; vgl. auch *Peter*, Arbeitsrecht in Familienunternehmen, S. 123 f.; Westermann/Wertenbruch/*Fischer*, PersGesR-HdB, 79. Lieferung 01.2021, II. Teil § 10 Rn. 1310.

139 M. w. N. *Hommelhoff*, in: Tröger/Wilhelmi, Rechtsfragen der Familiengesellschaften, S. 65 (66 f.); *W. Sigle*, FS Rowedder, S. 459 (460); *Selent*, Unternehmensführung, S. 28.

140 *Kalss/Probst*, Familienunternehmen, Rn. 2/35; *Habersack*, ZIP 2020, 2093 (2096); *Foerster*, BB 2019, 1411 (1415) m. w. N.; S/B/K/G/W/*Kormann*, Familienunternehmen, Kap. 1 Rn. 8; v. Rechenberg/Thies/Wiechers/*v. Rechenberg*, HdB Familienunternehmen, S. 36. Freilich wird ein Familienunternehmen als solches von der Öffentlichkeit primär dadurch wahrgenommen, dass Familienmitglieder (nicht nur, aber auch) selbst dort tätig und präsent sind, vgl. *Jendritzky*, Die korporative Gruppenbildung, S. 44.

141 *Foerster*, BB 2019, 1411 (1415); *A. Sigle*, FS W. Sigle, S. 301 (303); vgl. *Selent*, Unternehmensführung, S. 42 ff. Fremdorganschaft kommt aufgrund des Grundsatzes der Selbstorganschaft (§§ 114 ff., 125, 161 Abs. 2 HGB) bei Personengesellschaften freilich nur bei Familienunternehmen in der Rechtsform einer Kapitalgesellschaft (vornehmlich GmbH) oder der Mischformen GmbH & Co. KG resp. Stiftung & Co.

solange dieser bzw. dieses jedenfalls allein den Weisungen der Familiengesellschafter unterworfen bzw. diese noch lenkend im Bedarfsfall einschreiten können.[142] Des Weiteren darf die Bestellung eines Fremdgeschäftsführers (oder auch Fremdgesellschafters) – besonders bei großen Familienunternehmen[143] ist dies oft durchaus notwendig und auch von Vorteil[144] – daher auch nicht zwangsläufig mit einer Entmachtung der Unternehmerfamilie und einem damit einhergehenden Verlust des Charakters als Familienunternehmen gleichgesetzt werden.[145] Die

---

KG in Betracht, vgl. *R. Werner*, DSWR 2006, 177; *Hennerkes/Binz/May*, DB 1987, 469 (472 dortige Fn. 37). Möglich ist aber, die Geschäftsführung einem Dritten durch eine rechtsgeschäftliche Bevollmächtigung oder durch Erteilung einer Prokura anzuvertrauen, vgl. MüKoBGB/*C. Schäfer*, § 715 Rn. 13; *Theuffel-Werhahn*, ZStV 2022, 43 (44 f.). *K. Schmidt*, in: Tröger/Wilhelmi, Rechtsfragen der Familiengesellschaften, S. 37 (50) hält – mit Blick darauf, dass es sich bei den familienexternen Managern oftmals um Vertraute der Familie handelt – zu Recht den Begriff des Fremdgeschäftsführers für „*wahrscheinlich längst inkorrekt*" und präferiert den Begriff des „*Drittgeschäftsführers*".

142 Vgl. v. Rechenberg/Thies/Wiechers/*v. Rechenberg*, HdB Familienunternehmen, S. 36; *Hommelhoff*, in: Tröger/Wilhelmi, Rechtsfragen der Familiengesellschaften, S. 65 (67); *Peter*, Arbeitsrecht in Familienunternehmen, S. 58; *Jendritzky*, Die korporative Gruppenbildung, S. 44; *T. Fries*, Familiengesellschaften und Treuepflicht, S. 37 ff. *In praxi* wird die Geschäftsführung indes jdf. bei kleineren Familienunternehmen nur mit Familienmitgliedern, bei größeren hingegen meist (nur oder zusätzlich) mit Fremdgeschäftsführern besetzt sein, vgl. *Baus*, FS Hennerkes, S. 3 (16); vgl. *Selent*, Unternehmensführung, S. 42 ff.; *T. Fasselt*, Nachfolge, I/Rn. 28, S. 19. Einer Studie aus dem Jahre 2006 zur Folge seien lediglich bei rund 15 % der Familienunternehmen Fremdmanager in der Geschäftsleitung vertreten, so *Peter*, Arbeitsrecht in Familienunternehmen, S. 171 unter Verweisung auf *PwC*, Fremdmanager in Familienunternehmen, 2006, S. 6).

143 *Breyer*, FS R. Stürner Bd. 2, S. 1885 (1888); *Baus*, FS Hennerkes, S. 3 (16). Im Besonderen bei adligen Unternehmerfamilien ist der Einsatz von Fremdmanagern heute wohl der Regelfall, s. *v. Thunen*, FuS 2/2016, 49 (54).

144 Näher zur Fremdgeschäftsführung in Familienunternehmen *J. Prütting/Bochmann/Rauffus*, FuS 2017, 206; MHdB GesR 9/*Bochmann*, § 4 Rn. 63 ff.; Wiese/*Krause/Bodenstedt*, Unternehmensnachfolge, Rn. 14.1 ff.; speziell zum Einsatz eines familienfremden Gesellschafters als „*Manager*" einer „*Familien-Personengesellschaft*" eing. *W. Sigle*, FS Semler, S. 767; zum Einsatz eines sog. Interims-Management MHdB GesR 9/*Uffmann*, § 35 Rn. 1 ff.; *Uffmann*, in: Lange/Windthorst, Sicherung des Familieneinflusses, S. 55.

145 *Breyer*, FS R. Stürner Bd. 2, S. 1885 (1888); *Lubinski*, ZUG 2010, 204 (205); *Brösztl*, FS W. Sigle, S. 3 (22); H/S/G/*A. Sigle*, GesR, § 22 Rn. 66; v. Rechenberg/Thies/Wiechers/*Schücking/Freudenberg*, HdB Familienunternehmen, S. 140; *Bong*, Gesell-

Unternehmerfamilie kann nämlich durch Installation eines Aufsichts- bzw. Kontrollorgans ihren Einfluss auf die Fremdgeschäftsführung sichern, sodass in derartigen Fällen eine hinreichende Verbindung zwischen Familie und Unternehmen gewährleistet werden kann.[146] Speziell in der für Familienunternehmen oft typischen Rechtsform der GmbH, obliegt der Fremdgeschäftsführer den Weisungen der Familiengesellschafter (§ 37 Abs. 1 GmbHG a. E.)[147] und kann von diesen auch grds. jederzeit abberufen werden (vgl. §§ 38 Abs. 1, 46 Nr. 5 GmbHG), sodass die Letztentscheidung trotz eines Fremdgeschäftsführers (oder Fremdgesellschafters) bei der Familie liegen. Im Falle des Einsatzes eines Fremdmanagements konzentriert sich die Familie, mit anderen Worten, primär auf ihre Eigentümerfunktion; sie kontrolliert das Management und trifft die grundlegenden Entscheidungen.

Ob die Familie bzw. die Familienmitglieder ihr Unternehmen ausdrücklich als Familienunternehmen ansehen bzw. sich als solches verstehen (Selbsteinschätzung), ist indes kein konstitutives[148], aber ein hinreichendes Merkmal zur Einordnung eines Unternehmens zum Typus Familienunternehmen. Solche subjektiven Kriterien sind allgemein schwerlich nachweisbar[149] und unterliegen diversen Schwankungen, sodass sie sich daher auch grundsätzlich nicht zur näheren

---

schaftsrechtliche Wirkungen einer Familienverfassung, S. 21 f. Dennoch empfinden Familienunternehmer dies oft als *„schmerzliche Niederlage verbunden mit weitgehendem Identitätsverlust“*, so *Kalss/Probst*, Familienunternehmen, Rn. 5/25 m. w. N.; vgl. zu etwaigen Emotionen bzw. Befürchtungen betreffend die Implementierung eines Fremdmanagements Wiese/*Krause/Bodenstedt*, Unternehmensnachfolge, Rn. 14.3 f.

146 *Sanders*, NZG 2017, 961 (967 f.); siehe aber zu möglichen Interessendivergenzen zwischen Beirat und Fremdmanagement *Peltzer*, FS W. Sigle, S. 93 (97 f.).

147 Zu Reichweite und Grenzen des Weisungsrechts ausf. Lutter/Hommelhoff/*Kleindiek*, GmbHG, § 37 Rn. 17 ff.

148 Ein explizites Bekenntnis fordern aber etwa Hennerkes/Kirchdörfer/*Hennerkes*, HdB Familiengesellschaften, Rn. 1.1, S. 2; ihm zustimmend auch *Holler*, DStR 2019, 931 (932 ff.); MHdB GesR 9/*Holler*, § 30 Rn. 7; *Kalss/Probst*, Familienunternehmen, Rn. 2/36, 5/18; *Hennerkes/Binz/May*, DB 1987, 469; *Maier*, FS W. Sigle, S. 51; *Fleischer*, in: F/R/S, Family Firms, S. 1 (8); *Zellweger*, Managing the Family Business, S. 22; *Woywode/Keese/Tänzler*, ZGR 2012, 418 (423) und *Woywode/Keese/Tänzler/Hauer*, BFuP 2011, 628 (629) nehmen nur dies in ihrem Beitrag als *„Definitionsgrundlage für ein Familienunternehmen“*; vgl. auch *Kirchdörfer*, FuS 2011, 32.

149 *Kalss/Probst*, Familienunternehmen, Rn. 2/29 m. w. N.; vgl. *Peter*, Arbeitsrecht in Familienunternehmen, S. 63; *Löcherbach*, Die interessengerechte Nachfolge, S. 34; *Großmann*, Konflikte und Krisen, S. 47.

Begriffsbestimmung eignen[150] bzw. zu einengend sind.[151] Eine indizielle Wirkung ist ihnen indes beizumessen.

Bestandteil der familiären Verbundenheit ist nach überwiegender Ansicht[152] ferner, dass die Familie die Intention hat, dass ihr Unternehmen auch weiterhin als Familienunternehmen für weitere Generationen erhalten bleibt (sog. Fortführungswille).[153] Diese Intention wird *in praxi* zumeist bei Familienunternehmern vorliegen.[154] Freilich besteht mit jedem Generationenwechsel die Gefahr

---

150 Vgl. *Fabis*, Gesellschafterkonflikte, S. 33.

151 Vgl. *Foerster*, BB 2019, 1411 (1415); *Barsch*, Die Rechtspraxis von Beiräten in Familienunternehmen, S. 46; kritisch auch *Klein*, Familienunternehmen, S. 14.

152 Vgl. *Mittelsten Scheid*, FS Binz, S. 474 („*Familienunternehmen denken [...] in Generationen*"); *Kalss/Probst*, Familienunternehmen, Rn. 2/27; *Schmeing*, Konfliktmanagement, S. 216; MHdB GesR 9/*Holler*, § 30 Rn. 7; *Jendritzky*, Die korporative Gruppenbildung, S. 43; *May*, Erfolgsmodell Familienunternehmen, S. 29; *v. Rechenberg/Thies/Wiechers*, HdB Familienunternehmen, S. 37; *V. Herrmann*, Zugehörigkeit zu Unternehmerfamilie, S. 20 ff.; Wiese/*Wiese*, Unternehmensnachfolge, Rn. 1.8; *Bochmann*, NotBZ 2019, 361 (362); *Woywode/Keese/Tänzler*, ZGR 2012, 418 (422); *Sanders*, NZG 2017, 961 (964); *Scherer*, BB 2010, 323; s. a. mindestens einen tatsächlichen Generationenwechsel als Grundvoraussetzung fordern aber: *Churchill/Hatten*, American Journal of Small Business 1987, 51; *Sharma/Chrisman/Chua*, Family Business Review 1997, 1 (2); gänzlich einen Fortführungswillen für nicht erforderlich erachtend: *Foerster*, BB 2019, 1411 (1415); ihm folgend *Habersack*, ZIP 2020, 2093 (2096); missverständlich insoweit noch MüKoAktG/*Habersack*, Einl. Rn. 9; dem Fortführungswillen jdf. – wie hier – eine Indizwirkung beimessend etwa *Peter*, Arbeitsrecht in Familienunternehmen, S. 133 f.

153 Nach *May*, Erfolgsmodell Familienunternehmen, S. 30 liege bei fehlendem „*dynastischen Willen*" daher auch kein Familienunternehmen mehr vor.

154 Vgl. (betreffend Lex Krupp) OLG Hamm, NJOZ 2001, 170 (176) („*Es mag allerdings naheliegend und nach Auffassung der Kl. vielleicht sogar selbstverständlich sein, dass ein Firmengründer und Unternehmer sein Werk nicht nur als Einheit erhalten sehen, sondern es auch künftig in den Händen der Familie wissen möchte.*"); OGH Wien, BeckRS 2023, 3961 Rn. 25 („*Die Gesellschaft sei von Anfang an darauf ausgerichtet gewesen, ein Familienunternehmen zu sein und zu betreiben und den Bestand desselben zu sichern.*"); ähnlich auch *B. Dauner-Lieb*, in: Röthel, Verträge in der Unternehmerfamilie, S. 181 (183), wonach es sich bei einem Familienunternehmen um ein „*langfristiges, Generationen übergreifendes Projekt*" handele, in welchem „*alle Familienmitglieder involviert* [sind], *ob sie es wollen oder nicht, man hat eben keine Wahl, in welche Familie hineingeborgen wird*"; vgl. auch *Großmann*, Konflikte und Krisen, S. 49 („*Außerdem spielt das Bestreben, das Unternehmen in der Familie zu halten, auf Seiten der Familie eine wichtige Rolle*"); i. Erg. auch *V. Herrmann*, Zugehörigkeit zu Unternehmerfamilie, S. 21 f.

eines schleichenden Entfremdungsprozesses[155], infolgedessen sich die jüngeren Nachkommen immer weniger mit dem Familienunternehmen identifizieren[156] und es daher auch zunehmend an einem Fortführungswillen ebendieser mangelt. Die deshalb womöglich fehlende Stabilität in der Familie kann zur Wertvernichtung im Familienunternehmen[157] führen. Im Besonderen führt die Entfremdung zumeist dazu, dass die Familienmitglieder in ihrer Gesellschafterfunktion nicht mehr an einem Strang ziehen.[158] Dies erschwert dabei zum einen die erforderliche Entscheidungsfindung zwischen den Gesellschaftern und behindert zum anderen die Umsetzung von operativ erforderlichen Maßnahmen oder Veränderungen in der Unternehmensführung.[159] Um einer zunehmenden Entfremdung der Familiengesellschafter im Laufe des Lebenszyklus des Familienunternehmens entgegenzuwirken, muss immer auch besonders darauf geachtet werden, dass diese noch hinreichend in die Entscheidungsfindung im Familienunternehmen einbezogen werden.[160]

Im Falle einer Stiftungslösung tritt ein Fortführungswille der Familienmitglieder indes in den Hintergrund, da aufgrund der Gesellschafter- und Mitgliederlosigkeit einer Stiftung[161] *„eine Perpetuierung […] des Unternehmens unabhängig vom Fortführungswillen der Familienmitglieder sichergestellt“*[162] wird.[163] Der Fortführungswille des Stifters resp. Familienunternehmers, der ggf. bei gesteigertem

---

155 Die Entfremdung wird als der *„bedeutendste Destabilisierungsfaktor“* eines Familienunternehmens angesehen, so *Neumann*, Die reine Unterhaltstiftung, S. 236; ähnlich *Baus*, Die Familienstrategie, S. 3 (*„Destabilisierungsfaktor Nummer 1 in Unternehmerfamilien“*).

156 *Bochmann*, NotBZ 2019, 361 (363); *Holler*, ZIP 2018, 553 (555 f.); *Sanders*, NZG 2017, 961 (967); *Szameitat/Wenker*, FS L. Aderhold, S. 437 (442); darauf hinweisend bereits auch *Hennerkes/Binz/May*, DB 1987, 469; vgl. auch *Baus*, FS Hennerkes, S. 3 (5).

157 Vgl. zu den Werten sogleich → Teil 2 A II 1.

158 Zum Einsatz der Familienstiftung gerade als Bindeglied für die Familie → Teil 2 A I 1.

159 Siehe nur (speziell im Kontext von Sanierungsmaßnahmen) *Szameitat/Wenker*, FS L. Aderhold, S. 437 (442).

160 *W. Freudenberg*, FS Binz, S. 215 (221); *Woywode/Keese/Tänzler*, ZGR 2012, 418 (428); *Lang*, Die Familien-Publikumsgesellschaft, S. 315 m. w. N.

161 Siehe → Teil 3 A I.

162 *May*, Erfolgsmodell Familienunternehmen, S. 28.

163 Vgl. S/B/K/G/W/*Kormann*, Familienunternehmen, Kap. 1 Rn. 105; *Hennerkes/Schiffer*, BB 1992, 1940 (1942); *Boll*, Die uv. Familienstiftung, S. 70; allg. auch *J. Stürner*, Geschäftsleitung, S. 251 (*„[…] die Stiftung ist als Instrument perpetuierter Zweckverfolgung unabhängig von einem bestimmten Personenkreis“*).

Gesellschafterkreis ohnehin ein Schwinden des Fortführungswillens befürchtet, manifestiert sich letztlich durch die Übertragung der Gesellschaftsanteile auf die Familienstiftung nahezu dauerhaft. Eine Stiftung kann, da sie grds. keiner Fremdbeeinflussung ausgesetzt ist, insofern für Stabilität sorgen, insbesondere mit Blick auf den üblicherweise geschlossenen Gesellschafterkreis des Familienunternehmens.[164]

Dennoch muss auch und besonders bei einer Stiftungslösung für ein Familienunternehmen sichergestellt werden, dass das Unternehmen weiterhin auch als Familienunternehmen existent bleibt. Im Rahmen einer unternehmensverbundenen Familienstiftung wird die familiäre Verbundenheit *prima vista* durch Übertragung der Gesellschaftsanteile am Familienunternehmen auf die Familienstiftung aufgelöst. Nicht mehr die Unternehmerfamilie ist Eigentümerin bzw. Gesellschafterin des Familienunternehmens, sondern die Familienstiftung. Das Merkmal der familiären Verbundenheit kann aber gewahrt werden, indem die Familie durch Positionen und Sonderrechte in der Familienstiftung oder im Familienunternehmen selbst weiterhin mit dem Familienunternehmen verbunden bleibt.

Eine gänzliche Auflösung der familiären Verbundenheit durch die Implementierung der Familienstiftung findet nicht *per se* statt, doch es bedarf dafür freilich statutarischer Vorkehrungen. Hierauf wird noch vertieft eingegangen.[165] Auf diese Weise wird bei entsprechender Gestaltung die familiäre Verbundenheit lediglich auf die Stiftungsebene verlagert. Die Familienstiftung kann insofern auch gerade einem generationsbedingten Entfremdungsprozess der Familie vom Unternehmen vorbeugen, indem sie *„als Identifikationsfigur gerade dafür Sorge [trägt], dass mit dem Familienvermögen* [resp. dem Familienunternehmen] *verantwortungsvoll verfahren* [wird]".[166]

---

164 *Neumann*, Die reine Unterhaltstiftung, S. 236; Schlecht & Partner/Taylor Wessing/*Wigand*, Unternehmensnachfolge, S. 443 (444); *v. Oertzen/Reich*, DStR 2017, 1118 (1123); insofern fungiert die Stiftung nach *Eiselsberg*, ecolex 2007, 3 (4) als *„stabilisierende[r] Gesellschafter"*; vgl. auch *Lüdicke/Oppel*, BB 2017, 2646; *Franke/Draheim*, VfS 2015, 1 (28).

165 Zu Verzahnungsmöglichkeiten von Familienstiftung und Familienunternehmen → Teil 5 A; zu Einflusssicherungsmöglichkeiten des Stifters und seiner Familie → Teil 5 B–C.

166 *v. Orelli* zitiert nach Jakob/*Dardel/Uhl*, Stiftung und Familie, S. 129 (136); vgl. auch *Großmann*, Konflikte und Krisen, S. 70 f.

2. *Einfluss der Familie*

Auch hinsichtlich der Erforderlichkeit des Einflusses[167] der Familie im Unternehmen besteht überwiegend Konsens.[168] Der Familieneinfluss ist neben der familiären Verbundenheit der Gesellschafter das Hauptunterscheidungsmerkmal eines Familienunternehmens von einem Nicht-Familienunternehmen resp. anonymen Publikumsgesellschaften.[169] Ein Familienunternehmen ist in seinem Kern gerade darauf ausgelegt, dass die wesentliche Einflussnahme auf die Geschicke der Gesellschaft durch die Unternehmerfamilie erfolgt.[170] Unklar ist das Meinungsbild aber hinsichtlich der Frage, welche Intensität der Einfluss der Familie im Familienunternehmen konkret haben muss. Eine allgemeingültige Definition gibt es diesbezüglich zwar nicht. Jedoch findet sich das Merkmal des „beherrschenden Einflusses" etwa in § 290 Abs. 1 S. 1 HGB, sodass zu erörtern ist, ob diese Norm

---

167 Zur Berechnung dessen mittels der von *Astrachan/Klein/Smyrnios* entwickelten sog. **F-PEC-Methode**, wonach der Familieneinfluss (*Family influence*) durch die Faktoren Macht (Power), Erfahrung (*Experience*) und Kultur (*Culture*) ermittelt werden könne, s. grdl. *Astrachan/Klein/Smyrnios*, Family Business Review (15) 2002, 45; *Klein*, Familienunternehmen, S. 14 ff.; kritisch dazu *Krämer*, Sonderrecht der Familiengesellschaften, S. 149 f.; zutreffend *Peter*, Arbeitsrecht in Familienunternehmen, S. 65, der nach die F-PEC-Methode für die Rechtswissenschaft nur schwerlich nutzbar gemacht werden könne; ebenso *Bong*, Gesellschaftsrechtliche Wirkungen einer Familienverfassung, S. 16. Nach *Becker/Ulrich/Zimmermann*, ZfB-Special Issue 4/2013, 5 (8) *„[...] konnte sich diese Skala bisher nicht durchsetzen"*. Womöglich, weil der F-PEC-Skala *„ein konkreter Wert oder Prägungsgrad fehlt, ab wann ein Unternehmen als Familienunternehmen gelten kann oder eben nicht"*, so *Großmann*, Konflikte und Krisen, S. 45. Zu den Dimensionen und Auswirkungen des Familieneinflusses auf das Unternehmen (aus betriebswirtschaftlicher Sicht) ausf. *J. Ebert*, Der Familieneinfluss auf ein Unternehmen, *passim*.

168 Vgl. nur die zahlreichen Nachweise bei *Krämer*, Sonderrecht der Familiengesellschaften, S. 55 f. (dortige Fn. 137, 139 und 140); *Habersack*, ZIP 2020, 2093 (2096); *Großmann*, Konflikte und Krisen, S. 47; dies nicht als *„konstitutives Merkmal"* erachtend aber MHdB GesR 7/*Holler*, § 75 Rn. 13; ihm folgend auch Wiese/*Rundshagen*, Unternehmensnachfolge, Rn. 9.298; wohl auch *J. Prütting*, in: v. Lewinski, „Wer bezahlt, bestellt", S. 71 (73) (*„nicht zwingend als hinreichende Voraussetzung anzuerkennen"*); ebenso *Peter*, Arbeitsrecht in Familienunternehmen, S. 47. Freilich darf der Einfluss nach den vorstehenden Autoren aber richtigerweise nicht *„marginal oder gar verschwindend gering"* sein, MHdB GesR 7/*Holler*, § 75 Rn. 13.

169 *v. Stietencron*, Zielorientierung, S. 18; vgl. auch Sudhoff/*Winkler*, Familienunternehmen, § 5 Rn. 1; *Habersack*, ZIP 2020, 2093 (2096); *v. Andreae*, Familienunternehmen und Publikumsgesellschaft, S. 8.

170 Explizit *Szameitat/Wenker*, FS L. Aderhold, S. 437 (448).

zur Bestimmung der Intensität des Familieneinflusses fruchtbar gemacht werden kann.

a) *Intensität des Familieneinflusses*

Zumeist wird der Einfluss anhand der Gesellschaftsanteile am Unternehmen gemessen.[171] In diesem Zusammenhang sei noch mal daran erinnert, dass grundsätzlich auch weiterhin von einem Familienunternehmen auszugehen ist, wenn familienfremde Gesellschafter am Unternehmen beteiligt sind oder auch Fremdmanager eingesetzt werden. Dies gilt freilich nur insoweit, als die Familie bzw. die Familiengesellschafter weiterhin einen beherrschenden Einfluss auf die Gesellschaft haben.[172] Welche Höhe der Umfang einer „beherrschenden" (oder auch „maßgebenden", „bestimmenden"[173]) Beteiligung genau haben muss, wird unterschiedlich beurteilt. Überwiegend wird darunter eine Beteiligung von 50 % oder mehr der stimmrechtsberechtigten Geschäftsanteile[174] verstanden. Andere wie-

---

171 Genaue Beteiligungsverhältnisse in Familienunternehmen lassen sich aufgrund ihrer gemeinhin bekannten Publizitätsscheue schwerlich eruieren, vgl. dazu *Stiftung Familienunternehmen*, Publizitätspflichten von Familienunternehmen, S. 4; durch das seit dem 01.10.2017 geltende Transparenzregister (BGBl. I 2017, S. 1822, zuletzt geändert durch BGBl. I 2019, S. 2602) werden aber besonders Familienunternehmen (und auch Familienstiftungen) vermehrt zur Offenlegung verpflichtet, vgl. *Lorenz*, DStR 2020, 2258, der für größere Einsichtnahmebeschränkungen plädiert; s. allg. *Lorenz*, Ubg 2020, 279; *Kotzenberg/Lorenz*, NJW 2017, 2433; zur Bedeutung der Unternehmenspublizität für Familienunternehmen eing. Sudhoff/*Wälzholz*, Familienunternehmen, § 18 Rn. 1 ff.; speziell zur Abschlusspublizität sowie der Beteiligungs- und Satzungspublizität *Bochmann*, in: Röthel/K. Schmidt, Grundfragen der Organisation von Familienunternehmen, S. 149 ff.

172 S. → Teil 3 B I 1.

173 Diese Begriffe werden hier synonym verstanden, vgl. bereits → Fn. 120.

174 Etwa *Fleschutz*, Die Stiftung als Nachfolgeinstrument, S. 43 (dortige Fn. 223); *Kalss/Probst*, Familienunternehmen, Rn. 2/34; *E. Werner*, Die Familiengesellschaft, S. 554, *IfM Bonn* (https://t1p.de/11vrd); zumindest die Mehrheit an Stimmrechten und/oder am Kapital der Gesellschaft fordern: z. B. *Foerster*, BB 2019, 1411 (1415); *Fabis*, Gesellschafterkonflikte, S. 2; *Zeitel*, ZUG 1991, 27; *Hennerkes/Kirchdörfer*, Die Familie und ihr Unternehmen, S. 36; Sudhoff/*Winkler*, Familienunternehmen, § 5 Rn. 1; vgl. *K. Schmidt*, GesR, § 26 III. 2. c., S. 772; *Stiftung Familienunternehmen* (https://t1p.de/ep9co). Oftmals wird ein nicht näher spezifizierter beherrschender Einfluss gefordert: z. B. *Habersack*, in: Tröger/Wilhelmi, Rechtsfragen der Familiengesellschaften, S. 19 (20) („*beherrschenden Einfluss*"); *A. Sigle*, FS W. Sigle, S. 301 (302) („*maßgeblicher Einfluß*"); *W. Sigle*, FS Rowedder, S. 459 (460); *Krämer*, Sonderrecht der Familiengesellschaften, S. 98 („*insgesamt mehr als die Hälfte der*

derum lassen jedenfalls bei einer AG auch eine Sperrminorität in Höhe einer 25 %-Beteiligung[175] ausreichen.[176] Freilich lässt sich eine präzise Beteiligungsquote nicht ermitteln, da der Familieneinfluss nicht allein durch diese vermittelt wird. Insbesondere ist mit einer hohen Unternehmensbeteiligung zwar in aller Regel, aber nicht schlechthin in allen Fällen ein beherrschender Einfluss verbunden. So etwa, wenn sich die Unternehmensbeteiligungen der Gesellschaft zu einem erheblichen Teil aus Gesellschaftsanteilen ohne Stimmrecht zusammensetzen.[177]

Eine den Familieneinfluss sichernde Beteiligungsquote bzw. der Grad der möglichen Einflussnahme hängt des Weiteren auch von der gewählten Rechtsform ab.[178] Der Familieneinfluss im Unternehmen kann insgesamt in mannigfaltiger Art, etwa durch Besetzung von Positionen in der Geschäftsführung oder in entscheidungsberechtigten Gremien, ausgeübt werden[179], sodass eine allgemeingül-

---

stimmberechtigten Anteile"); *Fabis*, Gesellschafterkonflikte, S. 37 (*„bestimmenden Einfluss"*); *Schielke*, FS Hennerkes, S. 221 (*„Beherrschung von Kapital- und Stimmrechtsanteilen"*); *Ambros Schindler*, Familienstiftungen, S. 34 (*„mehrheitlich beteiligt"*); für geschlossene Gesellschaften auch *Habersack*, ZIP 2020, 2093 (2096).

175 *Lehleiter*, Die Familienstiftung, S. 23; *Voigt*, Familienunternehmen, S. 23 f.; *Goebel*, FS Binz, S. 241, der eine mind. 25 %-Beteiligung der Familie an einer börsennotierten AG für definitionsgemäß erachtet; ebenso *Weiss*, FS Binz, S. 796 und die *Stiftung Familienunternehmen* (https://t1p.de/ep9co); dafür wohl auch MHdB GesR 7/*Holler*, § 75 Rn. 13 unter Verweisung auf *Priester*, in: Tröger/Wilhelmi, Rechtsfragen der Familiengesellschaften, S. 53 (55), wonach auch von einer Familiengesellschaft auszugehen sei, wenn eine *„starke familienverbundene Minderheit beteiligt ist"*; *Zöllner*, sofern die Familie *„durch Absprachen mit Investoren weiterhin großen Einfluss habe"*, zitiert nach *Schumann*, in: Tröger/Wilhelmi, Rechtsfragen der Familiengesellschaften, S. 61 (62); nach *Habersack*, ZIP 2020, 2093 (2096) sei bei offenen, am Kapitalmarkt agierenden Gesellschaften eine *„Beteiligung i.H.v. 20-30 %"* ausreichend; **a. A.** S/B/K/G/W/*Kormann*, Familienunternehmen, Kap. 1 Rn. 7, der für börsennotierte Familiengesellschaften eine Hauptversammlungsmehrheit in Form von typisierten 40 % der stimmberechtigten Aktien verlangt; gänzlich eine Sperrminorität für nicht ausreichend erachtend *Foerster*, BB 2019, 1411 (1415) m. w. N.

176 Speziell zum erforderlichen Familieneinfluss in einer AG ausf. *Selent*, Unternehmensführung, S. 28 ff., 37 f., der eine einfache Stimmmehrheit des Familienaktionärs befürwortet.

177 Vgl. BT-Drs. 4/3296, S. 3.

178 Vgl. *Blumers*, DB 2019, 2426; teilweise werden auch an nicht-börsennotierte Familienunternehmen höhere Anforderungen gestellt als an börsennotierte, *Peter*, Arbeitsrecht in Familienunternehmen, S. 55 m. w. N.

179 *Krämer*, Sonderrecht der Familiengesellschaften, S. 101; vgl. auch *Peter*, Arbeitsrecht in Familienunternehmen, S. 109; *v. Stietencron*, Zielorientierung, S. 19; *Gräb*, Rechtsformwahl in Familienunternehmungen, S. 32.

tige Angabe schwerlich möglich ist. Im Kapital- und Personengesellschaftsrecht liegen die Dinge zudem bekanntlich unterschiedlich. Im deutschen Gesellschaftsrecht gilt für die Willensbildung resp. Beschlussfassung von privatrechtlichen Verbänden nämlich entweder das Einstimmigkeitsprinzip (§§ 108, 109 Abs. 3, 161 Abs. 2 HGB, § 714 BGB) oder das Mehrheitsprinzip (§ 47 Abs. 1 GmbHG, § 133 Abs. 1 AktG).[180] So ist etwa mit einer (qualifizierten) Stimmrechtsmehrheit von 75 % in einer Kapitalgesellschaft gewährleistet, dass die Familie in Gänze die Geschicke des Unternehmens steuern kann.[181] Bei einer 50 % Beteiligung der Familie ist diese zwar noch in der Lage das operative Geschäft maßgeblich zu beeinflussen, indes bleibt sie etwa in einer GmbH für Kapitalmaßnahmen (§§ 55 ff. GmbHG), sonstige Satzungsänderungen (§ 53 Abs. 2 S. 1 GmbHG) und Umwandlungsvorgänge nach dem UmwG (§§ 43, 125 UmwG) auf die Mitwirkungen der übrigen Gesellschafter weiterhin angewiesen[182], da für diese Vorgänge mindestens eine Drei-Viertel-Mehrheit erforderlich ist.[183] Hingegen ist sie in einer Personengesellschaft auf die Mitwirkung anderer Mitgesellschafter angewiesen, sofern im Gesellschaftsvertrag nicht etwas anderes als die grundsätzlich[184] erforderliche Einstimmigkeit[185] geregelt ist.[186] Mit Blick auf die Möglichkeiten der Einflussnahme lässt sich gemeinhin sagen, dass die Gestaltung des Einflusses bei einer Personengesellschaft oder GmbH, die einem Gesellschafter weitestgehend

180 Statt vieler *K. Schmidt*, GesR, § 16 2. b), S. 451 f.; luzider Überblick zu Beschlussmehrheiten bei den verschiedenen Verbänden bei *Stephan*, DK 2023, 337.

181 Vgl. für die **GmbH**: § 53 Abs. 2 S. 1 GmbHG; für die **AG**: § 179 Abs. 2 S. 1 AktG.

182 *A. Sigle*, FS W. Sigle, S. 301 (303) m. w. N; entsprechendes gilt auch für die AG.

183 Bei der GmbH sind Stimmrechtsregelungen abweichend vom Verhältnis der Kapitalbeteiligung (§ 47 Abs. 2 GmbHG), Mehrfachstimmrechte und Stimmrechtsausschlüsse möglich (vgl. § 45 GmbHG); bei der AG ist dies – indes nicht im gleichen Maße – auch möglich (vgl. § 135a, 12 S. 2, 23 Abs. 5 S. 1 AktG), s. a. *Langenfeld*, NotBZ 2001, 157 (159).

184 Zur Disponibilität s. nur Hopt/*M. Roth*, HGB § 119 Rn. 1.

185 Hopt/*M. Roth*, HGB § 109 Rn. 49 ff.; zu sog. Mehrheitsklauseln im Personengesellschaftsrecht s. BeckOK HGB/*Klimke*, 43. Ed. 1.7.2024, § 109 Rn. 73 ff.

186 Im Personengesellschaftsrecht wurden die Stimmrechte zwar bis zum MoPeG grds. nach Köpfen verteilt, vgl. § 709 Abs. 2 BGB, § 119 Abs. 2, 161 Abs. 2 HGB a. F. Diese frühere gesetzliche Ausgangslage hat sich aber durch die §§ 709 Abs. 3 S. 3 BGB, 105 Abs. 3, 161 Abs. 2 HGB geändert. Danach kommt es für die Stimmkraft vorrangig auf die Beteiligungsverhältnisse an, soweit gesellschaftsvertraglich (in Abweichung vom gesetzlichen Regelfall) für den konkreten Beschluss eine Mehrheitsentscheidung vorgesehen ist.

Gestaltungsfreiheit gewähren, größer sind als bei einer AG, die vom Grundsatz der Satzungsstrenge (§ 23 Abs. 5 S. 1 AktG) bestimmt ist.[187]

Insgesamt verliert die Familie ihren Einfluss (und damit einhergehend das Familienunternehmen seinen Charakter) je geringer ihre Beteiligungsquote am Familienunternehmen ist und je mehr familienfremde Dritte in den Gesellschafterkreis aufgenommen werden[188], sofern jedenfalls zur Absicherung des Familieneinflusses kein Ausgleich, etwa durch die Besetzung von obersten Leitungspositionen, Posten in entscheidungsberechtigten Gremien (etwa einem Beirat[189]) oder statutarischen Sonderrechten, existiert.[190] Eine allgemeingültige Beteiligungsquote ist daher nicht eindeutig bestimmbar.[191] Vielmehr kommt es auf die konkrete Organisationsstruktur des Unternehmens an. Dies führt insgesamt dazu, dass der „*Familieneinfluss als eine wandelbare Größe zu verstehen ist, die in unterschiedlichen Formen und Intensitäten existiert*“[192] und auch vermittelt werden kann.[193]

b) Argumentative Anleihe an § 290 Abs. 1 S. 1, Abs. 2 HGB?

Mit § 290 Abs. 1 S. 1 HGB[194] existiert eine Norm, die für ihre Anwendbarkeit einen „*unmittelbare[n] oder mittelbare[n] beherrschenden Einfluss*“ auf ein Unternehmen fordert. Freilich wird der in dieser Norm erwähnte beherrschende Einfluss nicht ausdrücklich definiert.[195] Zudem ist die Norm im rechnungslegungsspezifi-

---

187 Vgl. Wiese/*Bochmann*, Unternehmensnachfolge, Rn. 4.12; *Blumers*, DB 2019, 2426.

188 *A. Sigle*, FS W. Sigle, S. 301 (303) spricht bei einer 100 %-Beteiligung der Familie am Familienunternehmen vom „*Idealfall*“. Freilich dürfte dies in der heutigen Praxis besonders bei großen Familienunternehmen die Ausnahme sein.

189 Zu flexiblen Beiratsgestaltungen in Familienunternehmen eing. *Mehringer/v. Thunen*, DStR 2021, 116; *Baum*, DStR 2024, 1614 (1615 ff.); empirisch *Barsch*, Die Rechtspraxis von Beiräten in Familienunternehmen, *passim*.

190 Vgl. *Kalss/Probst*, Familienunternehmen, Rn. 13/46 ff.

191 Ebenso *Lubinski*, ZUG 2010, 204 (207) für die „*eine allgemeingültige Fixierung von Schwellenwerten weder sinnvoll noch notwendig*“ ist; ähnlich *Peter*, Arbeitsrecht in Familienunternehmen, S. 124; dies wird auch als Hauptkritikpunkt des „*components of involvement*“-Ansatzes erachtet, so *v. Stietencron*, Zielorientierung, S. 20 m. w. N.

192 *Lubinski*, ZUG 2010, 204 (207).

193 I. Erg. auch *J. Ebert*, Der Familieneinfluss auf ein Unternehmen, S. 35 f., wonach der Familieneinfluss ein „*mehrdimensionales Konstrukt*“ sei, das sich aus dem Level (S. 78 ff.) und dem Typ (S. 88 ff.) des Familienausflusses zusammensetze.

194 Dazu statt vieler MüKoHGB/*Fehrenbacher*, § 290 Rn. 13 ff.; *John*, NZG 2021, 419.

195 K/K/D/*Bach*, HGB § 290 Rn. 4; eing. zum Verständnis des beherrschenden Einflusses i. S. d. § 290 HGB *J. Schenk*, Vielfalt und Einheit beherrschenden Einflusses, S.

schen Zusammenhang zu sehen. Im Anschluss an *Hommelhoff*[196] und *Peter*[197], die dessen Gedanken näher aufgegriffen hat, kann jedoch erwogen werden, die in § 290 Abs. 1 S. 1 HGB enthalten Begriffsbestimmung, die einen ersten gesetzlichen Anhaltspunkt zur Konturierung der Art und Intensität des Familieneinflusses liefert, heranzuziehen.[198]

§ 290 Abs. 2 Nr. 1–4 HGB sieht dabei einen Katalog typisierender Tatbestände vor, bei deren Vorliegen „*stets*", d. h. dies wird unwiderleglich vermutet[199], von einem beherrschenden Einfluss des Mutterunternehmens auszugehen ist.[200] Dies ist nach Nr. 1 des § 290 Abs. 2 HGB zum einen der Fall, wenn dem Mutterunternehmen „*die Mehrheit der Stimmrechte der Gesellschafter*" zustehen. Hierbei ist anzumerken, dass sich der BGH[201] der bereits überwiegend vertretenen Ansicht angeschlossen hat, nach der im Rahmen des § 290 Abs. 2 Nr. 1 HGB allein eine „formelle Betrachtungsweise" maßgeblich ist, d. h. die Stimmrechtsmehrheit muss nicht effektiv einen beherrschenden Einfluss auf das Tochterunternehmen vermitteln. Weiterhin ist ein beherrschender Einfluss nach § 290 Abs. 2 HGB stets anzunehmen, wenn dem Mutterunternehmen bei gleichzeitiger Gesellschafterstellung das Recht zur Bestellung oder Abberufung der Mehrheit des Verwaltungs-, Leitungs- oder Aufsichtsorgans zusteht (Nr. 2) oder das Mutterunternehmen das Recht auf Ausübung eines bestimmenden Einflusses kraft Beherrschungsvertrages oder entsprechender Bestimmungen in der Satzung des Unternehmens innehat (Nr. 3) oder schließlich bei mehrheitlicher Übernahme der Chancen und Risiken einer Zweckgesellschaft (Nr. 4).

---

149 ff., 183 ff., 191 ff.

196 Noch zu § 290 Abs. 2 HGB a. F. *Hommelhoff*, in: Tröger/Wilhelmi, Rechtsfragen der Familiengesellschaften, S. 65 (67), der dies nur in Betracht zieht, aber nicht näher erörtert.

197 *Hommelhoffs* Idee (→ Fn. 196) vertiefend *Peter*, Arbeitsrecht in Familienunternehmen, S. 110 ff.; 138 ff.

198 Zur Bestimmung des beherrschenden Einflusses des wirtschaftlich Berechtigten i. S. d. § 3 Abs. 2 S. 3 GwG (zum sog. Transparenzregister → Teil 3 B I 5 a) wird gem. Satz 4 des § 3 Abs. 2 GwG ausdrücklich § 290 Abs. 2 Nr. 1–4 HGB für entsprechend anwendbar erklärt. Ein diesbezügliches Rekurrieren auf diese Norm ist folglich nicht unüblich. Weitere Gesetzesbeispiele bei *J. Schenk*, Vielfalt und Einheit beherrschenden Einflusses, S. 272.

199 Hopt/*Merkt*, HGB § 290 Rn. 9; K/K/D/*Bach*, HGB § 290 Rn. 4.

200 BT-Drs 16/12407, S. 89; vgl. auch *Peter*, Arbeitsrecht in Familienunternehmen, S. 111; *John*, NZG 2021, 419 (420).

201 BGH, NZG 2020, 1349 Rn. 17 m. w. N. und ausf. Begründung; s. dazu *John*, NZG 2021, 419; vgl. auch BT-Drs 16/12407, S. 89.

In diesen vorstehenden Fällen geht der Gesetzgeber folglich davon aus, dass das Mutterunternehmen die beständige faktische Möglichkeit hat, die Finanz- und Geschäftspolitik eines anderen Unternehmens dauerhaft zu bestimmen, um aus dessen Tätigkeit Nutzen zu ziehen.[202] Mit anderen Worten ist es letztlich notwendig, dass sich die Interessen des Mutterunternehmens resp. des Einflussträgers (im hiesigen Kontext wäre dies die Familie) in allen Entscheidungen des Unternehmens von grundsätzlicher Bedeutung durchsetzen (können).[203] Eine tatsächliche Ausübung der beherrschenden Einflussnahme ist im Rahmen des § 290 HGB indes nicht erforderlich; ausreichend ist bereits allein die diesbezügliche beständige Möglichkeit der Beherrschung.[204]

Für die Konturierung der Art und Intensität des Familieneinflusses können insofern besonders die Nr. 1 und Nr. 2 des § 290 Abs. 2 HGB herangezogen werden. Denn auch in der rechtswissenschaftlichen (und auch betriebswirtschaftlichen) Familienunternehmensforschung wird – wie zuvor erörtert – zumeist zur Bestimmung des Familieneinflusses auf die Stimm- bzw. Kapitalmehrheit und im Übrigen auch auf die Besetzung von Organen und Gremien im Unternehmen abgestellt.[205] Eine „*argumentative Anleihe*“[206] an den beherrschenden Einfluss i. S. d. § 290 Abs. 1 S. 1 HGB kann daher betreffend die Konturierung der Art und Intensität des Familieneinflusses in einem Familienunternehmen insofern gemacht werden, als die vorstehenden materiellen (Stimm- bzw. Kapitalmehrheit) und strukturellen Kriterien (Einfluss auf die Bestimmung der Unternehmensstruktur) auch bei der Bestimmung der Intensität nutzbar gemacht werden können. Freilich ist es jedoch dabei erforderlich, dass der Einflussträger resp. die Familie – anders als im Rahmen des § 290 Abs. 1 S. 1 HGB – ihren Einfluss auch tatsächlich wahrnehmen kann und nicht lediglich die Möglichkeit dazu besteht. Voraussetzung für einen beherrschenden Einfluss ist demnach stets, dass die Familie aktiv eine Entscheidung herbeiführen und nicht lediglich verhindern kann. Insofern ist

---

202 BT-Drs 16/12407, S. 89; BeckBil-Komm/*Grottel/Kreher*, HGB § 290 Rn. 25.

203 *Peter*, Arbeitsrecht in Familienunternehmen, S. 111.

204 BT-Drs 16/12407, S. 89, 117; BeckOGK/*Senger/Kurz*, 1.10.2023, HGB § 290 Rn. 28; *J. Schenk*, Vielfalt und Einheit beherrschenden Einflusses, S. 191.

205 Vgl. → Teil 2 A I 2 a. Auch andere Normen, die einen beherrschenden Einfluss fordern, stellen auf diese materiellen Kriterien ab (vgl. zur Stimmmehrheit § 290 Abs. 2 Nr. 1 HGB, § 17 Abs. 2 AktG, § 6 Abs. 2 S. 1 Nr. 2, 3 EBRG; zur Möglichkeit der Beeinflussung der Organzusammenstellung § 290 Abs. 2 Nr. 2 HGB, § 6 Abs. 2 S. 1 Nr. 1 EBRG), s. *Peter*, Arbeitsrecht in Familienunternehmen, S. 113.

206 *Hommelhoff*, in: Tröger/Wilhelmi, Rechtsfragen der Familiengesellschaften, S. 65 (67).

ein alleiniges Vetorecht nicht ausreichend[207], da die Familie allein dadurch die Unternehmensleitung nicht aktiv steuern bzw. lenken kann. Nur wenn gewährleistet ist, dass die Familie ihre Interessen, insbesondere „*in Grundsatzfragen der Unternehmenspolitik*“[208], durchsetzen kann und damit auch die tatsächliche Leitungsmacht im Familienunternehmen innehat, kann von einem beherrschenden Einfluss im hier verstandenen Sinne ausgegangen werden.

3. Zwischenergebnis

Halten wir fest: Einen feststehenden Begriff des Familienunternehmens gibt es nicht. Eine alle möglichen Erscheinungsformen von Familienunternehmen umfassende Definition ist wohl auch schier unmöglich[209] und für die Erfassung der rechtlichen Problematiken wahrscheinlich auch nicht unbedingt erforderlich.[210]

---

207 Vgl. im Kontext des GwG *A. Hofmann/F. Arnold*, GWuR 2021, 49 (51), wonach man höchstens dann das Vetorecht einer aktiven kontrollierenden Einflussnahme gleichzusetzen könne, wenn durch das Vetorecht die Geschäftsführung ohne den Inhaber des Vetorechts faktisch nichts mehr selbst entscheiden könne. Eine reine sog. Verhinderungsbeherrschung ist auch im Rahmen des GwG zur Begründung eines beherrschenden Einflusses nicht ausreichend, *Link*, NZG 2022, 893 (894) m. w. N.

208 *Gräb*, Rechtsformwahl in Familienunternehmungen, S. 30.

209 Ähnlich *Hennerkes/May*, DB 1988, 483 wonach Familienunternehmen „*juristisch im Grunde nicht faßbar*“ seien; sinngleich *Fabis*, NZG 2008, 375, wonach Familienunternehmen ohnehin „*eine anhand rein juristischer Kriterien nicht abgrenzbare Kategorie*“ seien; nach *Löcherbach*, Die interessengerechte Nachfolge, S. 33 könne eine einheitliche juristische Definition sogar „*kaum gelingen*“; vgl. auch *Krämer*, Sonderrecht der Familiengesellschaften, S. 63 f.; *Staake*, RFamU 2024, 214 f.; s. auch resümierend *Fleischer*, in: F/R/S, Family Firms, S. 1 („*We will probably have to accept that there is no consensus definition […]*“).

210 Vgl. *J. Prütting*, FS K. Schmidt, 2019, S. 169, der (richtigerweise) eine etwaige gesetzliche Definition aufgrund der mannigfaltigen Erscheinungsformen von Familienunternehmen für „*sinnentleert*“ hält; ebenso MHdB GesR 7/*Holler*, § 75 Rn. 14; ähnlich auch MHdB GesR 1/*Schücking*, § 4 Rn. 107; *Quack*, in: Tröger/Wilhelmi, Rechtsfragen der Familiengesellschaften, S. 11; *Hennerkes/Kirchdörfer*, Die Familie und ihr Unternehmen, S. 34; *Krämer*, Sonderrecht der Familiengesellschaften, S. 59, 62 ff., der jedenfalls eine begriffsorientierte Definition als für nicht sinnvoll ablehnt; vgl. auch MHdB GesR 9/*Scheller*, § 17 Rn. 8; **a. A.** *Peter*, Arbeitsrecht in Familienunternehmen, S. 66. Vor diesem Hintergrund ist auch die Schaffung eines „*Familienunternehmen-Label*“, wie dies *Driftmann*, RFamU 2022, 319 f. zwecks Vermeidung eines „*Family Business Washing*“ durch Publikumsgesellschaften vorschlägt, schwierig umzusetzen.

Infolgedessen wird in dieser Arbeit auch nicht der Versuch unternommen, dem *„Potpourri der Definitionen“*[211] eine weitere hinzuzufügen. Vielmehr ist mit den Worten des BGH bei der Rechtsanwendung und -auslegung, besonders gesellschaftsvertraglicher Regelungen, der *„Charakter des Familienunternehmens gebührend zu beachten“*[212].[213] Das bedeutet, dass in diesem Zusammenhang zum

---

211 *Brösztl*, FS W. Sigle, S. 3 (5); ähnlich *Uffmann*, ZIP 2015, 2441 (2443) (*„bunter Strauß an verschiedenen Definitionen“*).

212 So – jedoch ohne diesen näher zu konturieren – explizit BGHZ 4, 108 (115); BGH, NJW 1987, 890 (891) (*„[...] namentlich bei Familiengesellschaften ist der Grundtendenz des Vertrages besondere Aufmerksamkeit zu schenken [...]“*); vgl. auch BGH, BeckRS 1964, 31188064. Dabei ist anzumerken, dass einige (wegweisende) gesellschaftsrechtliche Entscheidungen (etwa BGHZ 170, 283 – OTTO; bestätigt BGHZ 203, 77 Rn. 15; BGH, BeckRS 2013, 3987 – Peek & Cloppenburg) Familienunternehmen behandelten, sodass deren Besonderheiten durchaus in die Entscheidungen resp. in der (subjektiven) Auslegung der gesellschaftsvertraglichen Regelungen (vgl. dazu BGHZ 203, 77 Rn. 15) mit hineingeflossen sind, ohne dies ausdrücklich klarzustellen; vgl. auch MHdB GesR 1/*Schücking*, § 4 Rn. 108; *Krämer*, Sonderrecht der Familiengesellschaften, S. 24 ff.; zur Berücksichtigung des Familienunternehmenscharakters in der steuer- und sozialrechtlichen Rechtsprechung s. *Hartz*, FamU 1971/72, S. 13 (22 ff.). **A. A.** aber noch BGH, BeckRS 1981, 75 Rn. 20, wonach *„der Begriff ‚Familiengesellschaft‘ [...] kein sicheres und ein für allemal gültiges Unterscheidungsmerkmal [bilde]“*; zustimmend OLG Düsseldorf, NJW-RR 1987, 732 (733 a. E.), vgl. hierzu *Krämer*, Sonderrecht der Familiengesellschaften, S. 57 (dortige Fn. 142); zum richterlichen Sonderrecht betreffend Familienunternehmen bündig auch *Bong*, Gesellschaftsrechtliche Wirkungen einer Familienverfassung, S. 59 f.

213 Ebenso Westermann/Wertenbruch/*Blaum*, PersGesR-HdB, 80. Lieferung 04.2021, I. Teil § 47 Rn. 2059; *Kalss*, RFamU 2022, 97 (98); insoweit auch MHdB GesR 9/*Lieder*, § 3 Rn. 126; i. Erg. auch *Lang*, RFamU 2022, 299 (305), der für eine *„typusgerechte Rechtsanwendung“* plädiert; *Staake*, RFamU 2024, 214 (215 f.); *Holler*, DStR 2019, 880 (885) und 931 (935 f.), der jedoch darüber hinaus für ein Sonderrecht für Familienunternehmen plädiert; für die Berücksichtigung des Familienunternehmenscharakters bei der Auslegung von Poolvereinbarung i. R. d. § 13b ErbStG auch explizit F/P/W/*Wachter*, ErbStG § 13b Rn. 147; dagegen aber wohl *Meincke/Hannes/Holtz*, ErbStG § 13b Rn. 28. Die Berücksichtigung des Charakters einer Gesellschaft als Familienunternehmen in der Rechtsprechung begrüßend *Fleischer*, GmbHR 2021, 113 (119); *Fleischer*, ZIP 2023, 2385 (2391); dafür auch *Kalss*, RFamU 2022, 97 (98) mit Nachweisen aber auch zur gegenteiligen Rspr. des öOGH; zu einem *„Familienunternehmen-Test für Deutschland und die EU“* zwecks *„Erfassung der spezifischen Auswirkungen gesetzlicher Regelungen auf Familiengesellschaften“* und der diesbezüglichen Sensibilisierung des Gesetzgebers, s. *Habersack*, ZIP 2020, 2093; diesen Vorschlag begrüßend *Staake*, RFamU 2022, 249; aufgrund des Phänomens

einen die familiäre Verbundenheit der Gesellschafter und zum anderen der Familieneinfluss im Unternehmen zu berücksichtigen sind. Dies gilt insbesondere bei Gesellschafterstreitigkeiten in Familienunternehmen.[214] Selbst das BVerfG hat den Charakter eines Familienunternehmens im Blick, wenn es im Rahmen der Verfassungsmäßigkeit des „*Squeez-out*" gem. §§ 327a ff. AktG betreffend einen Minderheitsgesellschafter ausführt, dass „*etwas anderes [gelten könnte], wenn ein Aktionär im Einzelfall ein weitergehendes, anerkennenswertes Interesse an der Beteiligung an einem Unternehmen hat, wie es etwa bei Aktionären aus dem Familienkreis bei Familienunternehmen denkbar ist*"[215].

Ausschlaggebend für die Einordnung eines Unternehmens als Familienunternehmen soll im Rahmen dieser Arbeit demgemäß zum einen die familiäre Verbundenheit der Gesellschafter sein, die aus Verwandtschaft, Schwägerschaft oder Ehe resultieren kann. Dieses Merkmal kann – wie noch aufgezeigt wird – auch im Rahmen einer unternehmensverbundenen Familienstiftungskonstruktion aufrechterhalten werden, indem die familiäre Verbundenheit auf Stiftungsebene, konkret in den Stiftungsorganen, und/oder auch auf Familienunternehmensebene fortgeführt wird.[216]

Zum anderen bedarf es eines fortwährenden, beherrschenden Einflusses der Familie im Familienunternehmen. Die Familie kann über drei unterschiedliche

---

des „*Family Business Washing*" durch Publikumsgesellschaften schlägt *Driftmann*, RFamU 2022, 319 f. die Schaffung eines „*Familienunternehmen-Label*" vor. Für eine Sensibilisierung durch den Gesetzgeber auch *Kreis Recht der Familienunternehmen*, NZG 2020, 104, der mit Blick auf eine Änderung des § 738 Abs. 1 S. 2 BGB a. F. vorschlug, die Besonderheiten von Familienunternehmen in der Gesetzesentwurfsbegründung zu erwähnen, „*um sie als taugliches Argumentations- und Differenzierungstopos für Judikatur und Kautelarpraxis bei Bewertung und Gestaltung von Abfindungsvereinbarungen herauszustellen*"; auch *Möschel*, ZRP 2011, 116 (120) appelliert an den Gesetzgeber „*bei einer angedachten Veränderung eines Gesetzes der Betroffenheit von Familienunternehmen angemessen Rechnung*" zu tragen. Eing. zur Auslegung von Familiengesellschaftsverträgen und den Einfluss von daneben bestehenden Gesellschaftervereinbarungen, Stammesstatuten oder Familiencharten *J. Prütting/Schirrmacher*, ZGR 2017, 829 (835 ff.); s. a. MHdB GesR 7/*Holler*, § 75 Rn. 218 ff.; knapper MHdB GesR 9/*Holler*, § 30 Rn. 54 ff.

214 Vgl. dazu *Fleischer*, GmbHR 2021, 113 (117 ff.); *Fleischer*, ZIP 2023, 2385 (2395 ff.); umfassend MHdB GesR 7/*Holler*, § 75 und § 76; *Fabis*, Gesellschafterkonflikte, *passim*; *Schmeing*, Konfliktmanagement, *passim*.

215 So (aber i. Erg. offenlassend) BVerfG, NZG 2007, 587 (589) m. vgl. V. auf OLG Hamburg, NZG 2003, 978 (979); s. a. OLG München, NZG 2011, 1227 (1228).

216 Zu Einsatzmöglichkeiten in der Familienstiftung → Teil 5 C.

Wege Einfluss auf das Unternehmen ausüben: erstens durch ihr Eigentum resp. ihre Gesellschaftsbeteiligung, zweitens durch die Wahrnehmung von Kontrollfunktionen und drittens durch die Übernahme von Führungsfunktionen.[217] In der Praxis treten die vorstehenden Einflussmöglichkeiten zumeist gebündelt in Erscheinung und werden ggf. auch durch faktische Einflussnahmemöglichkeiten[218] (z. B. kraft Autorität[219]) ergänzt.[220] Der familiäre Einfluss kann in juristischer Sicht zumeist in Anlehnung an § 290 Abs. 1 S. 1, Abs. 2 Nr. 1 HGB durch eine Mehrheit der Gesellschaftsanteile mit Stimmrecht oder einer Kapitalmehrheit vermittelt sein.[221] Eine Minderheitsbeteiligung i. H. v. 25 % (sog. Sperrminorität) der Familie, insbesondere bei einem Familienunternehmen in der Rechtsform

---

217 Vgl. etwa *v. Andreae*, Familienunternehmen und Publikumsgesellschaft, S. 7.

218 Vgl. (i. R. d. § 32d Abs. 2 Nr. 1 lit. a) EStG bzgl. Personengesellschaft) BFHE 274, 450 Rn. 19 („*In besonders gelagerten Ausnahmefällen kann der Gesellschafter trotz fehlender, rechtlicher Möglichkeit zur Durchsetzung des eigenen Willens die Gesellschaft faktisch beherrschen. Eine solche faktische Beherrschung liegt insbesondere dann vor, wenn auf die Gesellschafter, deren Stimmen zur Erreichung der im Einzelfall erforderlichen Stimmenmehrheit fehlen, aus wirtschaftlichen oder anderen Gründen Druck dahingehend ausgeübt werden kann, dass sie sich dem Willen der beherrschenden Person unterordnen.*“); vgl. allg. auch *Schirrmacher*, RFamU 2022, 405 („*Denkbar ist etwa, dass der nicht zum Geschäftsleiter bestellte Familienpatriarch die Geschäftsführung des Unternehmens an sich zieht oder dass ein Familienmitglied oder ein ganzer Familienstamm auf die bestellten Geschäftsleiter derart Einfluss nimmt, dass diese nur noch als Marionetten der Einflussnehmenden erscheinen*“).

219 Insofern ist auch die Rede von einer „*beherrschenden Stellung kraft familiärer Autorität*“ weniger Personen oder eines Familienpatriarchen, s. MHdB GesR 9/*Bochmann*, § 4 Rn. 52 (mit dortiger Fn. 238) unter Verweisung u. a. auf *J. Prütting/Schirrmacher*, ZGR 2017, 829 (834); vgl. auch *J. Prütting*, in: v. Lewinski, „Wer bezahlt, bestellt“, S. 71 (75, 80); MHdB GesR 9/*J. Prütting/Schirrmacher*, § 6 Rn. 2 m. w. N., dort auch eing. zur Verantwortlichkeit des faktischen Geschäftsleiters im Familienunternehmen; zur möglichen zivil- und strafrechtlichen Verantwortlichkeit bündig auch *Schirrmacher*, RFamU 2022, 405.

220 Im Allgemeinen sind in Familienunternehmen *in praxi* „*mündliche Absprachen und das gelebte Miteinander für diese Unternehmensart von besonderer Bedeutung*“, näher zur „*gelebten Vertragspraxis*“ *Bong*, Gesellschaftsrechtliche Wirkungen einer Familienverfassung, S. 72 f. m. N.

221 *Hueck*, Die Familienverfassung, S. 25; *Foerster*, BB 2019, 1411 (1415) m. w. N. Eine normative Stütze für das Abstellen auf eine Mehrheitsbeteiligung könnte man gegebenenfalls auch in der Vermutungsregel des § 17 Abs. 2 AktG für die Abhängigkeit von Unternehmen erblicken.

einer AG, ist – allein – freilich nicht ausreichend.[222] In diesem Fall fehlt es an der hinreichenden Einflussnahmemöglichkeit der Unternehmerfamilie auf die Geschicke des Unternehmens, sodass in einem solchen Fall im Grunde gar nicht mehr von einem Familienunternehmen ausgegangen werden kann.[223] Es wird freilich angeführt, dass in einer Aktiengesellschaft auch eine Minderheitsbeteiligung *„aufgrund der nie vollständigen Präsenz in der Hauptversammlung rein faktisch zu einer Beherrschung führen“*[224] könne. Dem ist jedoch entgegenzuhalten, dass die Familie darauf keinen Einfluss hat, sodass es vom Zufall abhinge, ob die Hauptversammlung von allen Aktionären besucht würde oder nicht. Erst eine Mehrheits- oder Alleinbeteiligung der Familie bzw. (genauer) der Familienmitglieder an der Aktiengesellschaft ermöglicht dieser über ihr Bestellungsrecht (vgl. § 101 Abs. 1 S. 1 AktG) hinsichtlich der Aufsichtsratsmitglieder[225] faktischen Einfluss auf den Vorstand und damit die Geschäftsführung zu nehmen[226], wohingegen eine Sperrminorität der Familie lediglich bei gewissen strukturverändernden resp. strategischen Maßnahmen der Gesellschaft ein Vetorecht einräumen kann.[227] Das Unternehmen nach ihrem Gutdünken zu führen, ist hier hingegen nicht möglich.[228] Eine reine Vetoposition, gleich aus welchem Rechtsgrund oder Sachver-

---

222 Ebenso zutreffend *Rupp*, Gesellschafterdarlehen, S. 42; *Foerster*, BB 2019, 1411 (1415) m. w. N. Vgl. insoweit auch § 29 Abs. 2 WpÜG, wonach unter „*Kontrolle*“ das Halten von mindestens 30 % der Stimmrechte an der Zielgesellschaft zu verstehen ist; für eine kapitalmarktspezifische Definition fordert dies auch *Wiedemann*, in: v. Rosen, Die börsennotierte Familienaktiengesellschaft, S. 31 (34); kritisch und i. Erg. ablehnend zur Bezugnahme des § 29 Abs. 2 WpÜG für die Definition börsennotierter Familienunternehmen, *Selent*, Unternehmensführung, S. 36 f., der auf die unterschiedlichen Schutzziele und Regelungsadressatenrichtung des Übernahmerechts (§ 29 Abs. 2 WpÜG) und Konzernrechts (§ 17 Abs. 1 AktG) verweist; vgl. allg. zu § 29 Abs. 2 WpÜG auch luzid *Rolfes*, Der Stimmbindungsvertrag im börsennotierten Familienunternehmen, S. 164 ff.

223 Vgl. *W. Sigle*, FS Rowedder, S. 459 (460) („*Die Gesellschaft verliert ihren Charakter als Familiengesellschaft erst, wenn die Familiengesellschafter keinen beherrschenden Einfluß mehr haben*“); ähnlich auch *Kalss/Probst*, Familienunternehmen, Rn. 13/51; *Zeitel*, ZUG 1991, 27 (28); vgl. *Sanders/Rolfes*, JURA 2022, 461 (469).

224 v. Rechenberg/Thies/Wiechers/v. Rechenberg, HdB Familienunternehmen, S. 34.

225 Zur immer stärker werdenden Stellung des Aufsichtsrats ggü. dem Vorstand in der AG s. *Selent*, Unternehmensführung, S. 96 m. w. N.

226 Vgl. BVerfGE 147, 50 Rn. 264; ausf. zu Personalentscheidungen als Einflussnahmeinstrument in der AG *Selent*, Unternehmensführung, S. 73 ff., 131 ff., 241 ff.

227 Vgl. MüKoAktG/*Bayer*, § 17 Rn. 43 m. w. N.; vgl. *Peter*, Arbeitsrecht in Familienunternehmen, S. 124.

228 Vgl. (im Kontext von Wettbewerbsverboten) *Rudersdorf*, RNotZ 2011, 509 (523).

halt, genügt demgemäß für die Annahme eines beherrschenden Einflusses nach hiesiger Auffassung *per se* nicht.

Im Falle einer Minderheitsbeteiligung ist zur Wahrung des Familienunternehmenscharakters vielmehr zu fordern, dass bestimmte gesellschaftsvertragliche oder sonstige Vereinbarungen hinzutreten, die der Familie etwa die Möglichkeit einräumen, die Wahl eines Geschäftsleiters gegen ihren Willen zu verhindern, oder ihr ein Mitspracherecht in wesentlichen Fragen der Geschäftsführung, insbesondere wichtige strategische Unternehmensentscheidungen, beispielsweise das Budget, den Geschäftsplan, größere Investitionen oder die Besetzung der Unternehmensleitung, gewähren.[229] Demgemäß sollte im Falle einer AG der Aufsichtsrat oder der Vorstand (und dann vornehmlich der Vorsitz[230]) bzw. bei anderen Gesellschaftsformen die leitenden Führungs- oder Kontrollpositionen mit Familienmitgliedern besetzt oder der Familie statutarische Sonderrechte vorbehalten werden (sog. faktischer Familieneinfluss). Der dominierende familiäre Einfluss kann dann auch bei reduzierter Beteiligungsquote durch die Besetzung von Familienmitgliedern in den entscheidungsberechtigten Organen der Gesellschaft[231] oder durch statutarische Sonderrechte gesichert und der Charakter als Familienunternehmen auch weiterhin aufrechterhalten werden.[232]

Im Rahmen einer unternehmensverbundenen Familienstiftungskonstruktion ist es zunächst wichtig, die Rolle der Familienstiftung festzulegen.[233]

Sie kann zum einen *aktive* Eigentümerin des Familienunternehmens sein, d. h. dass sie insgesamt darauf ausgerichtet ist, das Familienunternehmen in Gestalt

229 Vgl. (im Kontext von Wettbewerbsverboten) *Rudersdorf*, RNotZ 2011, 509 (523 ff.).

230 In Pattsituationen wird i. d. R. dem Vorsitzenden des Willensbildungsorgans ein Mehrstimmrecht eingeräumt, vgl. näher dazu statt vieler MüKoAktG/*Spindler*, § 77 Rn. 14; Henssler/Strohn/*Dauner-Lieb*, GesR, AktG § 77 Rn. 8 jew. m. w. N.

231 Der Einsatz von Familienmitgliedern im Unternehmen wird z. B. von *T. Fasselt*, Nachfolge, I/Rn. 3, S. 4 sogar als unabdingbares Kriterium eines Familienunternehmens vorausgesetzt; ebenso *Hennerkes/May*, DB 1988, 483 (dortige Fn. 1) wonach *„eine oder mehrere Familien als Geschäftsführer, Gesellschafter und/oder in anderen Gremien maßgeblichen Einfluß auf die Geschicke der Gesellschaft ausüben“* müssen.

232 Vgl. *Lubinski*, ZUG 2010, 204 (213); *Peter*, Arbeitsrecht in Familienunternehmen, S. 55; *Rupp*, Gesellschafterdarlehen, S. 43.

233 Vgl. W/S/F/*Saenger*, Die Stiftung, § 36 Rn. 61; *Mühlbauer*, Stiftungsverbundene Unternehmen und Agency-Theorie, S. 4; v. Campenhausen/Richter/*Hof*, StiftR-HdB, § 11a Rn. 30; *Döring*, Die Stiftung als Finanzierungsinstrument, S. 41; *Meinecke*, Stiftungen, S. 84; *Boll*, Die uv. Familienstiftung, S. 128; *Lange*, in: Lange/Windthorst, Sicherung des Familieneinflusses, S. 95 (114); näher zu Verzahnungsmöglichkeiten von Stiftung, Familienunternehmen und Familie → Teil 5 A.

ihrer Gesellschafterstellung zu steuern. Dies zeigt sich dann bereits aus der Stiftungsorganisation und besonders dem Stiftungszweck, der dann vornehmlich, aber nicht allein, auf die Fortführung des Familienunternehmens gerichtet ist.

Sie kann zum anderen auch bloß *passive* Eigentümerin sein, indem sie rein unternehmensfremde Zwecke verfolgt und dementsprechend nicht dazu bestimmt ist, Einfluss im Familienunternehmen zu nehmen. Vielmehr lenken dann weiterhin die natürlichen Personen resp. übrigen Familiengesellschafter das Familienunternehmen und die (meist gemeinnützige) unternehmensverbundene Stiftung wird nur aus Prestige- bzw. Marketinggründen oder als Corporate Social Responsibility[234] (CSR)-Instrument zwecks Steigerung der Unternehmensreputation (etwa Steigerung des Bekanntheitsgrads, Verbesserung des Images oder Motivationssteigerung der Shareholder)[235] eingesetzt.[236]

Hinsichtlich der Rolle der Familienstiftung ist ferner zu berücksichtigen, ob die Familienstiftung privatnützig[237] oder (rein) gemeinnützig (vgl. § 58 Nr. 6 AO) sein soll. Handelt es sich um eine rein privatnützige Familienstiftung, so bestehen gegenüber einer aktiven Rolle im Familienunternehmen keine Bedenken.[238] Soll sie hingegen gemeinnützig sein, so kann der mit einer aktiven Rolle verbundene Einfluss der gemeinnützigen Familienstiftung auf das Familienunternehmen mit

---

234 Dazu grdl. *Fleischer*, AG 2017, 509; speziell zur Bedeutung dessen bei Familienunternehmen *Forst*, RFamU 2022, 99; zur Gemeinwohlförderung und dessen (Spannungs-)Verhältnis zur Gewinnorientierung in Familienunternehmen *Fleischer*, NZG 2022, 1371.

235 Zu den möglichen Ausstrahleffekten ausf. *Silberer*, ZStV 2011, 178.

236 Vgl. *Mühlbauer*, Stiftungsverbundene Unternehmen und Agency-Theorie, S. 4; Feick/*Ponath/Raddatz*, Stiftung, § 28 Rn. 36; *Wanka*, Juristische Personen und ihre Organe als Vorstand der Stiftung, S. 2; *Haftlmeier-Seiffert* in: Achleitner et al., Stiftungsunternehmen: Theorie und Praxis, S. 165 (166); *Felden/Hack/Hoon*, Management von Familienunternehmen, S. 178; *Felden/Wirtz*, FuS 2014, 131 (134); BT-Drs. 14/8009, S. 221; ausf. zur (gemeinnützigen) Stiftung als CSR-Instrument *Reimer*, in: Strachwitz/Mercker, Stiftungen, S. 613 ff.; *Silberer*, ZStV 2011, 138 (Teil 1) und 178 (Teil 2); s. a. Picot/*Picot*, Unternehmenskauf und Restrukturierung, § 7 Rn. 242 f.; zu den verschiedenen Zwecktypen von CSR-Stiftungen für Unternehmen *Alberg-Seberich*, S&S 04/2022, 27 f. m. w. N.

237 Freilich kann eine privatnützige Familienstiftung nebenbei auch gemeinnützige Stiftungszwecke verfolgen, ohne gemeinnützig i. S. d. der §§ 51 ff. AO sein zu müssen (sog. gemischte Familienstiftung, dazu → Teil 4 A IV 3).

238 Vgl. auch v. Campenhausen/Richter/*Hof*, StiftR-HdB, § 11a Rn. 30.

gemeinnützigkeitsrechtlichen Vorgaben (insb. §§ 14, 64 AO) konfligieren und daher problematisch sein.[239]

Im Rahmen dieser Arbeit werden passive Stiftungen vom Untersuchungsgegenstand ausgeschlossen, da der Familieneinfluss vorliegend jedenfalls mittelbar über die unternehmensverbundene Familienstiftung gesichert werden soll, sodass diese aktiv im Familienunternehmen eingebunden sein und dessen Unternehmensführung daher auch maßgeblich beeinflussen können muss. Aufgrund dessen handelt es sich bei den hier besprochenen unternehmensverbundenen Familienstiftungen auch um aktive Eigentümerinnen bzw. Gesellschafterinnen des Familienunternehmens. Der Familienstiftung soll insofern eine vergleichbare Bedeutung zukommen wie sonst (unmittelbar) der Unternehmerfamilie für das Familienunternehmen. Dies dürfte *in praxi* auch der Regelfall sein, da – wie bereits eingangs erläutert – unternehmensverbundene Familienstiftung regelmäßig aus Familienunternehmen hervorgehen, bei denen der Familienunternehmer resp. Stifter noch bis zuletzt die Unternehmensführung innehatte und, der sich und seinen Familienmitgliedern auch in Zukunft einen maßgeblichen Einfluss in der unternehmensverbundenen Familienstiftung und im Familienunternehmen selbst vorbehalten will.[240]

Im Übrigen ist eine maßgebende Einflussnahme dann gegeben, wenn die mehrheitlichen Geschäftsanteile am Familienunternehmen der Familienstiftung gehören, die von einer oder mehrerer Familien bzw. Familienmitgliedern beherrscht werden.[241] Denn im Rahmen einer solchen unternehmensverbundenen Familienstiftung hat die Familie auch dauerhaft einen bedeutenden Einfluss, wenn nicht sogar die vollständige Kontrolle im Familienunternehmen.[242] Insofern bedingen sich Eigentum der Familienstiftung am Familienunternehmen und der familiäre Einfluss der Familie auf die Familienstiftung weiterhin gegenseitig.[243]

---

239 Siehe näher → Teil 4 A III 2.

240 Vgl. *Hippeli*, in: Achleitner et al., Stiftungsunternehmen: Theorie und Praxis, S. 121 (129).

241 *Hennerkes*, Die Familie und ihr Unternehmen, S. 16 f.; vgl. auch *May*, Erfolgsmodell Familienunternehmen, S. 27. Stiftungen haben keine Gesellschafter bzw. Mitglieder, sodass die Besetzung ihrer Organe maßgeblich von (auch) mit Familienmitgliedern besetzen Organen gesteuert werden können sollte, um so einen hinreichenden Familieneinfluss gewährleisten zu können → Teil 4 C.

242 Vgl. nur Roza/Bethmann/Meijs/v. Schnurbein/*Bothello et al.*, Handbook on Corporate Foundations, S. 67 m. w. N.; *R. Werner*, ZEV 2006, 539 (541); zurückhaltender *Lange*, in: Lange/Windthorst, Sicherung des Familieneinflusses, S. 95 (107).

243 Vgl. *E. Werner*, Die Familiengesellschaft, S. 40; *Felden/Hack/Hoon*, Management von Familienunternehmen, S. 20 („*[…] determiniert sich der Familieneinfluss aus*

Ist die Familienstiftung nicht mehrheitlich beteiligt, kann der Familieneinfluss dadurch gesichert werden, dass diese in den entscheidenden Gremien mit Familienmitgliedern besetzt ist und im Familienunternehmen eine leitende Rolle einnimmt.[244] Der Vorstand einer unternehmensverbundenen Familienstiftung kann etwa bei einer Personengesellschaft die Geschäftsführung selbst übernehmen oder im Falle einer GmbH – freilich nur bei Innehaben der Stimmrechtsmehrheit – jedenfalls einen Geschäftsführer nach seiner Wahl berufen und so die Geschäftspolitik im Familienunternehmen lenken.[245]

Ist die Familienstiftung daher in der Lage, die Besetzung der Organe des Familienunternehmens zu beeinflussen, so hat sie grds. auch beherrschenden Einfluss (vgl. § 290 Abs. 2 Nr. 2 HGB). Hat sie jedoch keine Einflussmöglichkeit auf deren Besetzung und auch keine sonstigen einflussreichen Sonderrechte, hat sie grds. auch keinen beherrschenden Einfluss auf das Familienunternehmen.[246] Sofern die Familie nicht auch unmittelbar auf Ebene des Familienunternehmens noch maßgebende Einflussmöglichkeiten hat, kann nach hiesigem Verständnis dann auch nicht mehr von einem Familienunternehmen gesprochen werden.

Gerade die transgenerationale und langfristige Kontrolle der Familie zeichnet ein Familienunternehmen aus und dient der Familie selbst als Quelle der Wertschöpfung.[247] Um diesen Familieneinfluss zu gewährleisten, ist es erforderlich, dass die Familie bei allen unternehmensrelevanten und nicht nur bei strukturverändernden Maßnahmen ein Mitspracherecht hat, vermittels dessen sie ihren Einfluss ausüben und so die Geschicke des Familienunternehmens mitbestimmen kann.[248] Ob der familiäre Einfluss unmittelbar oder mittelbar vermittelt wird, ist dabei nicht ausschlaggebend.[249] Entscheidend ist allein, dass die Familienmitglieder aufgrund ihrer Mehrheitsbeteiligung oder im Falle einer reduzierten

dem Eigentum [der im Familieneinfluss stehenden Stiftung] *an dem Unternehmen*"); vgl. auch *Kormann*, Governance des Familienunternehmens, S. 11 dortige Fn. 18 („*Familienstiftungen verändern nicht das grundsätzliche Eigentum der Familie und ermöglichen dieser* [weiterhin] *eine ähnliche Einflussnahme […]*").

244 *Hueck*, Die Familienverfassung, S. 25; s. auch → Teil 3 B II 3.

245 Vgl. *Auwera*, Die Doppelstiftung, S. 207.

246 Vgl. *G. Roth*, GS Walz, S. 593 (603).

247 *Zellweger*, Managing the Family Business, S. 22, 117, 204, 325 ff.; *Bochmann*, NotBZ 2019, 361 (362); *Mittelsten Scheid*, FS Binz, S. 474; *Ulmer*, ZIP 2010, 549 (552).

248 Vgl. *May*, Erfolgsmodell Familienunternehmen, S. 27.

249 Vgl. BAG, NJW 1955, 886 (887) („*Erkennt man aber diese Grundlage und Bedeutung der Ausnahme für die Familiengesellschaft, so kommt es darauf an, daß die Geschlossenheit der Familie wirklich besteht, nicht dagegen darauf, ob diese Geschlossenheit und Ausschließlichkeit eine aktienrechtlich unmittelbare oder nur mittelbare ist. Nicht*

Beteiligung über ihre Stellung in der Stiftung oder im Familienunternehmen (sei es als Geschäftsführer, Gesellschafter und/oder Mitglied in anderen Gremien[250] oder auch durch etwaige der Familie oder ihren Mitgliedern vorbehaltenen Sonderrechte) selbst mit dem Familienunternehmen hinreichend verbunden sind und so bestimmenden Einfluss auf dieses ausüben können.[251]

Die *„Herrschafts- und Einflussrechte“*[252] müssen überwiegend der Familie bzw. den Familienmitgliedern zugewiesen sein. Es muss stets gewährleistet sein, dass der Familieneinfluss dominierend bleibt[253], wie auch immer ein Familienunternehmen rechtlich ausgestaltet sein mag. Sowohl die rechtlichen Möglichkeiten als auch Grenzen zur Sicherung des Familieneinflusses hängen dabei von der Rechtsform, in der das Familienunternehmen verfasst ist, ab.[254] Insbesondere im Falle des Einbringens des Familienunternehmens bzw. der Anteile daran in eine unternehmensverbundene Familienstiftung ist es eingedenk dessen, dass nicht mehr unmittelbar die Familie, sondern die Stiftung Anteilseigentum am Familienunternehmen hat[255], notwendig, dass die Familienmitglieder aktiv und

---

die Unmittelbarkeit, sondern die Ausschließlichkeit des Familienbesitzes entscheidet.“); s. a. *Krämer*, Sonderrecht der Familiengesellschaften, S. 162 f.

250 *Hennerkes/May*, DB 1988, 483 (dortige Fn. 1); vgl. auch *Hennerkes/Kirchdörfer*, Die Familie und ihr Unternehmen, S. 36; S/B/K/G/W/*Groth*/*Wimmer*, Familienunternehmen, Kap. 2 Rn. 6; s. a. Block et al./*Block*/*Kammerlander*, Die Familienstiftung, S. 35 (41), denen nach es *„zur Wahrung des Charakters eines Familienunternehmens und zur Identitätsbildung wünschenswert* [sei], *dass die Familie im Aufsichtsrat des Unternehmens vertreten ist, dort aber nicht notwendigerweise die Mehrheit besitzt.*“

251 Vgl. auch *Zügel*, FS W. Sigle, S. 59 (64); *Michalski*, Perpetuierung von Unternehmen, S. 5; Sudhoff/*Winkler*, Familienunternehmen, § 5 Rn. 1; *Peter*, Arbeitsrecht in Familienunternehmen, S. 107; treffend daher auch *Lange*, GmbHR, 2006, 897 (*„Sie* [die Familienmitglieder] *müssen in der Lage sein, die maßgeblichen Entscheidungen im Unternehmen zu bestimmen, so dass die Familie das Unternehmen nach innen und außen prägt*“). Dies gilt ebenfalls im Falle einer Stiftungskonstruktion. Zu den Verzahnungsmöglichkeiten → Teil 5 A.

252 *Kalss*, ZVglRWiss 117 (2018), 221 (223): Dazu zählen etwa das Stimmrecht in der Gesellschafter- bzw. Hauptversammlung und Positionen in der Geschäftsführung oder mitentscheidungsberechtigten Kontrollorganen.

253 So ausdrücklich *Michalski*, Perpetuierung von Unternehmen, S. 5; ähnlich auch *Ulmer*, ZIP 2010, 549 (552); *Zeitel*, ZUG 1991, 27.

254 Vgl. *Hennerkes/May*, DB 1988, 483 (484); Sudhoff/*Wälzholz*, Familienunternehmen, § 2 Rn. 7.

255 *König*, Nachlassplanung, S. 95; *Kornau*, Stiftung als Unternehmensnachfolgerin, S. 245; vgl. allg. schon RGZ 61, 28 (35) *Gerber* zitierend: *„Der Familienstiftung*

bestimmend in der Stiftungs- und/oder Unternehmensebene beteiligt werden[256] und weiterhin den maßgeblichen Einfluss im Familienunternehmen haben.[257] Fehlt der Familieneinfluss in Gänze, kann nicht mehr die Rede von einem Familienunternehmen, sondern nur noch von einem von der Familie losgelösten Stiftungsunternehmen sein.[258] Anders gewendet: Je weniger Familienmitglieder in der Stiftungs- und/oder Unternehmensebene vertreten sind, desto eher verliert das Familienunternehmen seinen Charakter als Familienunternehmen.

Vor diesem Hintergrund wird im Rahmen dieser Arbeit unterstellt, dass das Unternehmen als Familienunternehmen generationsübergreifend erhalten werden soll, was grundsätzlich auch mit einem für Familienunternehmen charakteristischen Streben nach Sicherung des Familieneinflusses einhergeht.[259] Der Erhalt des Charakters als Familienunternehmen muss nicht *expressis verbis* geäußert werden.[260] In der Übertragung der Anteile auf eine unternehmensverbundene Familienstiftung zeigt sich vielmehr der typische Wunsch von Familienunternehmern die Beteiligung der Familie zu sichern bzw. zu erhalten und dadurch das übergeordnete Ziel der Kontinuität des Familienunternehmens als solches zu gewährleisten.[261] Diese Erhaltungsabsicht zeigt sich ferner in der Ausgestaltung des mittelbaren oder unmittelbaren Einflusses bzw. Einflussmöglichkeiten der Familie auf die Unternehmensleitung.[262]

---

gehört das Vermögen [hier also die Unternehmensbeteiligungen am Familienunternehmen] *[…]*".

256 Vgl. *Jakob*, Trust & Trustees, 2020, 4 (8); Block et al./*Block*/*Kammerlander*, Die Familienstiftung, S. 35 (43), denen nach *„zur Wahrung des Charakters als Familienunternehmen die Familie möglichst in vielen Unternehmens- und Stiftungsorganen vertreten sein sollte […]*"; i. Erg. auch Block et al./*May*/*Jeschke*, Die Familienstiftung, S. 9 (13).

257 Derlei Gestaltungen sind in praxi im Besonderen bei unternehmensverbundenen Familienstiftungen auch durchaus verbreitet, vgl. *Block et al.*, Journal of Family Business Strategy 2020, S. 1 (2).

258 Ebenso *Rüsen*, „Eine Stiftung ist wie ein unsterbliches Kind", F.A.Z. v. 14.11.2019 (https://t1p.de/ub9vp); vgl. auch Riedel/*Riedel*, Unternehmensnachfolge-HdB, § 13 Rn. 3; *Hosseini-Görge*, Foundation owned firms, S. 28, 33.

259 Vgl. auch *Habersack*, ZIP 2020, 2093 (2100); *Zellweger*, Managing the Family Business, S. 22 („*[…] with the vision to potentially sustain family control across generations*"); ähnlich *Fleischer*, in: F/R/S, Family Firms, S. 1 (8).

260 Ebenso *Jendritzky*, Die korporative Gruppenbildung, S. 45.

261 Vgl. BAG, NJW 1955, 886 (887); *Peter*, Arbeitsrecht in Familienunternehmen, S. 106 f.; vgl. zu diesem typischen Ziel nur *W. Sigle*, FS Rowedder, S. 459 (465).

262 Ähnlich *Habersack*, ZIP 2020, 2093 (2096); *Zellweger*, Managing the Family Business, S. 117.

II. Die Charakteristika eines Familienunternehmens

Obgleich es an einer allgemeingültigen Definition mangelt, zeichnet sich der Typus Familienunternehmen durch diverse Charakteristika[263] aus, die es ermöglichen, ein Unternehmen dem Unternehmenstypus Familienunternehmen zuzuordnen. Gleichzeitig resultieren daraus aber auch spezifische Problempunkte.

Nachfolgend soll auf die für diese Arbeit relevantesten Aspekte sowie auf die Rolle der Familienstiftung in diesen Zusammenhängen eingegangen werden.

1. Verzahnung von Familie und Unternehmen

a) Die Systeme Familie und Unternehmen

Bereits das Wort „Familienunternehmen" gibt zu erkennen, dass die zentralen Elemente eines Familienunternehmens die Familie und das Unternehmen sind.[264] Familienunternehmen sind daher das Produkt der engen Verzahnung zwischen diesen beiden Systemen (sog. „*Zwei-System-Modell*"[265]), die jeweils einer eigenen Handlungs- bzw. Funktionslogik[266] folgen und in Ko-Evolution[267] zueinander-

---

263 Vgl. *Kalss/Probst*, Familienunternehmen, Rn. 2/25; näher dazu etwa MHdB GesR 9/*Lieder/Hoffmann*, § 1 Rn. 1 ff.; S/B/K/G/W/*Groth/Wimmer*, Familienunternehmen, Kap. 2 Rn. 6 ff.; *Lange*, FS Hennerkes, S. 135 (137 f.); *Schielke*, FS Hennerkes, S. 231 (223 f.); *Hueck*, Die Familienverfassung, S. 26 f.; prägnant auch *Habersack*, ZIP 2020, 2093 (2097 f.); *Holler/Mann*, NZG 2021, 402 (404 f.); *Ulmer*, ZIP 2010, 549; *Schulte/Schulte/Schulte*, ErbR 2021, 742 (747); aus betriebswirtschaftlicher Sicht auch *Hiebl*, WiSt 2012, 184 (186 f.).

264 Vgl. *Lange*, FS Hennerkes, S. 135 (137); S/B/K/G/W/*Groth/Wimmer*, Familienunternehmen, Kap. 2 Rn. 6; *Kalss/Probst*, Familienunternehmen, Rn. 2/7; *R. Werner*, DSWR 2006, 177. Nimmt man noch den „Familienunternehmer" an sich hinzu, kann man ein Familienunternehmen auch als „*Trinität*" bezeichnen, so Schlecht & Partner/Taylor Wessing/*Schön*, Unternehmensnachfolge[1], S. 25.

265 S/B/K/G/W/*Groth/Wimmer*, Familienunternehmen, Kap. 2 Rn. 6, sprechen vom sog. „*Zwei-System-Modell*"; nach dem weiterentwickelten heute in der Managementforschung allg. anerkannten **Drei-Kreise-Modell** (zurückgehend auf *Tagiuri/Davis*, Family Business Review, 1992, 43 [49]: „*Business, Family, Ownership*") reiht sich neben das Systemgeflecht „Familie" und „Unternehmen" auch das System „Eigentum" hinzu, vgl. dazu und zu dem Spannungsverhältnis dieser drei Systeme instruktiv statt vieler *Uffmann*, ZIP 2015, 2441 (2443 ff.); zur Übertragung des Modells auf unternehmensverbundene Stiftungen *Hosseini-Görge*, Foundation owned firms, S. 25 ff.; *Kaufmann*, Stiftung und Konflikt, S. 51 ff.

266 *Sanders*, NZG 2017, 961 (965); *Uffmann*, ZIP 2015, 2441 (2444).

267 Vgl. m. w. N. *Sanders*, NZG 2017, 961 (965); *Lubinski*, ZUG 2010, 204 (207).

stehen. Ferner stehen Familie und Unternehmen in einer wechselseitigen Beziehung zueinander, d. h. beide Systeme beeinflussen sich gegenseitig und können einander Fluch und Segen zugleich sein.[268]

Dieses vielschichtige Zusammenspiel von Familie und Unternehmen fasst *Weninger* treffend wie folgt zusammen: „*Die Bindung zwischen Familie und Unternehmen zeigt sich vor allem in gemeinsamer Beziehung oder Abstammung von einem Unternehmensgründer und einer damit verbundenen unverwechselbaren Identität und Prägung, in gemeinsamen Werten, gemeinsamer Vermögensbindung, Abhängigkeit und damit im gemeinsamen Risiko, in gemeinsamer Mitarbeit oder Führung, einer hohen emotionalen wie auch wirtschaftlichen Verbundenheit ‚in guten wie in schlechten Tagen', in Krisenzeiten wie auch in Boom-Phasen*".[269]

Die Familie ist dabei zuvörderst auf die langfristige Entwicklung ihres Familienunternehmens in Familienhand bedacht, was im Besonderen vor dem Hintergrund zu sehen ist, dass die Familienmitglieder zwangsläufig aufgrund ihrer Zugehörigkeit zur Familie (vermittels Geburt oder Heirat) und ihrer Erbenstellung mit dem Familienunternehmen verbunden sind; nicht aufgrund ihrer freien Entscheidung.[270] Familienmitglieder fungieren dabei vermittels ihrer Mitgliedschaft als „*Quasi-„Treuhänder*"[271] des Familienunternehmens, wobei freilich zu

---

268 Eing. *Fabis*, Gesellschafterkonflikte, S. 50 ff.; S/B/K/G/W/*Groth/Wimmer*, Familienunternehmen, Kap. 2 Rn. 12 f.; Sudhoff/*Winkler*, Familienunternehmen, § 5 Rn. 7; vgl. *Lubinski*, ZUG 2010, 204 (207); *R. Koch*, FS L. Aderhold, S. 167 (170); *R. Werner*, DSWR 2006, 177; *Wimmer/Gebauer*, zfo 2004, 244 (246).

269 *Weninger*, ZUS 2012, 40.

270 *Lange/Sabel*, NZG 2015, 1249; *Habersack*, ZIP 2020, 2093 (2097); *B. Dauner-Lieb*, in: Röthel, Verträge in der Unternehmerfamilie, S. 181 (183); lapidar *Habbe/Gieseler*, NZG 2016, 1010 („*Freunde kann man sich aussuchen, Familie hat man*"); zur Gesellschafterstellung in einem Familienunternehmen eing. Koeberle-Schmid/Fahrion/Witt/*Lange*, Family Business Governance, S. 293 ff.

271 OLG Karlsruhe, NZG 2007, 423 (425); s. a. BGHZ 135, 387 (391); ähnlich *Habersack*, ZIP 2020, 2093 (2098) („*quasi-treuhänderischer Charakter der Beteiligung*"); *Ulmer*, ZIP 2010, 549 (552) („*typische Ausgestaltung der jeweiligen Mitgliedschaft als quasi treuhänderische […] Beteiligung*"); *Ulmer* folgend auch *Holler/Mann*, NZG 2021, 402 (404); *Krumm*, FR 2015, 481 (485) („*Treuhänder mit beschränktem Fruchtziehungsrecht*"); *W. Freudenberg*, FS Binz, S. 215 (217); *Bong*, Gesellschaftsrechtliche Wirkungen einer Familienverfassung, S. 25; zum treuhänderähnlichen Charakter der Mitgliedschaft im Familienunternehmen eing. *Krämer*, Sonderrecht der Familiengesellschaften, S. 208 ff., 221 der zudem ausf. darlegt, dass kein (echtes) rechtliches Treuhandverhältnis in der Familienbindung der Gesellschaft besteht. Nicht *per sé* gemeint ist eine treuhänderische Stellung i. S. d. § 39 Abs. 2

berücksichtigen ist, dass mangels einer Rechtsqualität der Familie als solcher[272] nicht angenommen werden kann, dass Familiengesellschafter tatsächlich (rechtliche) Treuhänder sind[273]; daher auch nur die nicht rechtliche Bezeichnung als „Quasi"-Treuhänder. Der „quasi"-treuhänderische Charakter der Gesellschafterrolle ist insofern Ausfluss der personalen Verantwortungsbeziehung, die den volkswirtschaftlichen Mehrwert von Familienunternehmen prägt.[274] Familienunternehmen denken nämlich typischerweise nicht in Quartalen, sondern in Generationen.[275] Sie werden geleitet von einem übergeordneten Ziel, nämlich der Übergabe eines zukunftsfähigen Unternehmens an die nächste Generation. Deshalb ist nicht das für anonyme Gesellschaften typische Streben nach Gewinn[276] das

---

Nr. 1 S. 2 AO, s. zu den diesbezüglichen steuerrechtlichen Voraussetzungen BFH, BeckRS 2022, 24347 Rn. 13 f.

272 S. dazu → Fn. 127.

273 Vgl. m. w. N. *Stiftung Familienunternehmen*, Die steuerrechtliche Bewertung von Gesellschaftsanteilen an Familienunternehmen, S. 9; eing. *Krämer*, Das Sonderrecht der Familiengesellschaft, S. 216 ff.

274 Explizit *Krumm*, FR 2015, 481 (485); zur volkswirtschaftlichen Bedeutung von Familienunternehmen s. → Teil 1 A.

275 *Hartz*, FamU 1971/72, S. 13 (21); *Hennerkes/Kirchdörfer*, FS Lüer, S. 535 (543); *Mittelsten Scheid*, FS Binz, S. 474; *Bochmann*, NotBZ 2019, 361 (363); *Holler*, DStR 2019, 880 (884); *Krumm*, FR 2015, 481 (484 f.); *Loritz*, NZG 2007, 361 (362 dortige Fn. 3) (*„dynastische[r] Gedanke[n]"*).

276 Gleichwohl ist nach *May*, ZfB-Special Issue 2/2009, 113 (120) *„die überdurchschnittliche Rentabilität* [von Familienunternehmen] *Ergebnis als Zweck der unternehmerischen Tätigkeit"*; *Lange*, FS Hennerkes, S. 135 (138) sowie *Breyer*, FS R. Stürner Bd. 2, S. 1885 (1893) weisen zudem zu Recht darauf hin, dass – m. E. selbstverständlich – auch Familienunternehmen auf eine Steigerung des Unternehmenswerts bedacht sind; vgl. auch *Fleischer*, ZIP 2023, 2385 (2395); zu weitgehend aber *Mayer-Uellner/Otte*, NZG 2015, 737 (738), nach denen *„Familienunternehmen in erster Linie von der Absicht getrieben* [seien], *Gewinne zu erzielen"*; dies ist jedoch typischerweise nicht alleiniger und primärer Zweck eines Familienunternehmens, vgl. zutreffend nur *Holler*, DStR 2019, 931 (937). Die nicht primäre Verfolgung von finanziellen Zielen, sondern die intrinsische Motivation bei Familienunternehmen ist Ausfluss des vornehmlich in der betriebswirtschaftlichen Forschung diskutierten Konzepts des sog. ***„Socioemotional Wealth"*** **(SEW)**, das eigentlich für die Tätigkeit von Familienunternehmen leitend sei, dazu m. w. N. *Felden/Hack/Hoon*, Management von Familienunternehmen, S. 49 ff.; *Ramadani et al.*, Entrepreneurial Family Businesses, S. 102 ff.; *Zellweger*, Managing the Family Business, S. 116 ff.; knapp *Uffmann/Thönißen*, RFamU 2022, 345 (347); *Fleischer*, ZIP 2023, 2385 (2388, 2397); im Kontext von uv. Familienstiftungen anreißend *Kaufmann*, Stiftung und Konflikt, S. 26 f.

primäre Ziel eines Familienunternehmens[277], sondern die langfristige und nachhaltige[278] Erhaltung ihres Unternehmens als „*Berufs- und Existenzgrundlage*"[279] bzw. „*Vermögens- und Einkommensgrundlage*"[280] für künftige Generationen der Familie.[281] Gerade in diesem transgenerationalen Erhalt des Familienunternehmens sei, namentlich *Lorenz Holler*[282] zufolge, auch der besondere (familiengesellschaftliche) Gesellschaftszweck[283] sowie die Geschäftsgrundlage und nach *Péter*

277 Vgl. *Senger/Wulf*, ZCG 2021, 38 (39 f.); dazu näher *Zellweger et al.*, ETP (37) 2013, 229; allg. zu Zielen von Familienunternehmen *Fleischer*, ZIP 2023, 2385.

278 Gemeint ist mit „nachhaltig" – weiter als der rein zeitlich gemeinte Begriff der Langfristigkeit – eine werteorientierte Entwicklung vor allem unter Berücksichtigung von sog. ESG- als auch Governance-Aspekten, vgl. ähnlich das Verständnis zu „nachhaltig und langfristig" in § 87 Abs. 2 S. 1 AktG, dazu BT-Drs. 19/15153, S. 55; BeckOGK/*Fleischer*, 1.2.2024, AktG § 87 Rn. 33 ff. Im hiesigen Kontext von Familienunternehmen fällt darunter im Besonderen auch der Erhalt einer ausgewogenen *Family Governance* im Besonderen zwecks Sicherung der sog. Enkelfähigkeit, s. dazu *Fleischer*, ZIP 2023, 2385 (2394).

279 Picot/*Picot*, Unternehmenskauf und Restrukturierung, § 7 Rn. 7; ähnlich auch *v. Holtzbrinck*, FS W. Sigle, S. 33.

280 BeckHdb. PersG/*Stengel*, § 17 Rn. 1; ähnlich auch *Wieselhuber*, FS Zitzelsberger, S. 191 (193); *Weninger*, ZUS 2012, 40 (44).

281 *Holler*, DStR 2019, 880 (883 f.); *Sanders*, NZG 2017, 961 (965); *Weninger*, ZUS 2012, 40; *E. Werner*, Die Familiengesellschaft, S. 25; *Schielke*, FS Hennerkes, S. 231 (223); *v. Holtzbrinck*, FS W. Sigle, S. 33 (35); *Michalski*, Perpetuierung von Unternehmen, S. 69, spricht insoweit vom „*Perpetuierungsgedanken*"; kritisch zur Perpetuierung von Unternehmen *D. Reuter*, Perpetuierung von Unternehmen, *passim.*; *D. Reuter*, FS Merle, S. 309 (323 ff.); bzgl. der „*privaten Erbrechtssetzung*" durch Stiftungen auch (kritisch) *Dutta*, Warum Erbrecht?, *passim*; betreffend privatnützigen Stiftungen auch *Rapp*, AcP 221 (2021), 621 (632 ff.).

282 MHdB GesR 7/*Holler*, § 75 Rn. 52 ff., 57 ff.; s. a. *Holler*, DStR 2019, 931 (935 ff.), der nachdrücklich die Relevanz des besonderen Gesellschaftszwecks („*generationsübergreifenden Verwaltung und Erhaltung des Familienvermögens*") als „*Dreh- und Angelpunkt*" bei Familienunternehmen betont; vgl. auch Wiese/*Rundshagen*, Unternehmensnachfolge, Rn. 9.301; *Maier*, FS W. Sigle, S. 51 (52); *Kormann*, FS Hennerkes, S. 115 (119); *Lang*, RFamU 2022, 299 (300); *Schulte/Schulte*, ErbR 2021, 821 (823); kritisch *D. Reuter*, FS Merle, S. 309 (309 ff., 317 ff.).

283 Im Zusammenhang mit Familienunternehmen werde oftmals die Grenze zwischen dem Gesellschaftszweck und dem Unternehmensgegenstand verwischt. Das Unternehmen würde nicht mehr bloß als Mittel, sondern als der Zweck der Gesellschaft angesehen, so *G. Roth*, Verbandszweck, S. 564 (dortige Fn. 16) unter weiterführenden Verweis auf *D. Reuter*, FS Merle, S. 309 (315 f.). Zur Unterscheidung der Begriffe luzid *Fleischer*, ZIP 2023, 2385 (2389 ff.); *Burgard*, ZGR 2023, 849 (852 ff., 858 ff.).

Horváth[284] der sog. *Purpose* (d. h. der höhere Daseinsgrund)[285] des Familienunternehmens zu erblicken.[286]

b) Unternehmens- vs. Familieninteresse

A priori bestehen indes oftmals Divergenzen zwischen den Interessen der Familie, der einzelnen Familienmitglieder sowie denen des Unternehmens.[287] Dabei bestehen oft auch innerhalb der einzelnen Familienmitglieder, insbesondere zwischen geschäftsführenden Mehrheits- und nicht-geschäftsführenden Minderheitsgesellschaftern[288] sowie im Unternehmen tätigen und nicht tätigen Familienmitgliedern[289], hinsichtlich der Ziele („Generationendenken vs. Renditedenken")

---

284 *P. Horváth*, FuS 2021, 18 (20).

285 Zur aktuell geführten *(Corporate) Purpose*-Diskussion aus deutscher Sicht grdl. *Fleischer*, ZIP 2021, 5 m. w. N. Im Zusammenhang speziell mit Familienunternehmen s. den Überblick bei *Fleischer*, ZIP 2023, 2385 (2390 ff.); vgl. auch *P. Horváth*, FuS 2021, 18, nach dem „*Purpose […] geradezu konstitutiv für Familienunternehmen*" sei.

286 Vgl. insoweit auch BVerfGE 93, 165 (175 f.) („*Derartige Betriebe [mittelständische Unternehmen], die durch ihre Widmung für einen* ***konkreten Zweck*** *verselbständigt und als wirtschaftlich zusammengehörige Funktionseinheit organisiert sind, […] [unterliegen] durch die langfristigen Investitionen einer gesteigerten rechtlichen Bindung*"). Hervorhebungen durch Verfasser.

287 Riedel/*Fritsch*, Unternehmensnachfolge-HdB, § 22 Rn. 19 f.; zu aus der Verbindung von Familie und Unternehmen bestehenden Grundparadoxien eing. S/B/K/G/W/*Groth/Wimmer*, Familienunternehmen, Kap. 2 Rn. 27 ff.; speziell zu Rollen- und Interessenkonflikten der Familiengesellschafter instruktiv *Uffmann*, ZIP 2015, 2441 (2444), Beckervordersandfort/*Fritsch*, Gestaltungen zum Erhalt des Familienvermögens, § 14 Rn. 15 ff.; *Kalss*, in: Bochmann et al., Werte in Familienunternehmen, S. 19 (23 f.); schon *Müller*, DStZ 1936, 1157 f. erblickte – freilich recht polemisch – in dem Begriff „Familiengesellschaft" resp. Familienunternehmen einen grundsätzlichen Widerspruch, da die Begriffe Familie und Gesellschaft resp. Unternehmen gänzlich – da aus anderen Disziplinen herrührend – einander „*wesensfremd*" seien, und eine „*Vergesellschaftung der Familie*" bereite (ihm) schlechthin ein Unbehagen; vgl. dazu auch *Hartz*, FamU 1971/72, S. 13 (21). Ein entsprechendes Unbehagen dürfte wohl *Dieter Reuter* der Begriff der unternehmensverbundenen (Familien-)Stiftung bereitet haben.

288 *Sanders*, NZG 2017, 961 (967); *Lange*, BB 2005, 2585 (2587); zwischen diesen bestehen i. d. R. auch Interessenasymmetrien, vgl. *J. Koch*, ZGR 2020, 183 (187 f.).

289 *Kalss*, ZVglRWiss 117 (2018), 221 (226).

Interessendivergenzen.[290] Besonders dann, wenn das Familienunternehmen wirtschaftlich prosperiert, ist mit einem Auseinanderstreben der Gesellschafterinteressen zu rechnen. Denn genau in dieser Phase kann etwa ein Gesellschafter, dessen Verbindung zum Familienunternehmen gering ist, dazu gewillt sein, seine Geschäftsanteile zu einem hohen Preis zu veräußern[291], und dadurch den Bestand des Familienunternehmens und der Familienunternehmenscharakter im Speziellen gefährden. Entsprechendes kann auch für den Fall gelten, dass das Familienunternehmen „rote Zahlen" schreibt und ein Familiengesellschafter sich die Frage stellt, ob er ggf. in das Familienunternehmen investiert oder es gänzlich aufgibt. Insgesamt ist festzustellen, dass Familienunternehmen angesichts ihrer speziellen Struktur (enge Verzahnung von Familie und Unternehmen) bei der Verfolgung ihrer Ziele und der daraus resultierenden Komplexität schlicht inhärenten Konflikten ausgesetzt sind.[292]

Mit ihren aus der gemeinsamen Herkunft der Familienmitglieder entstammenden Familienwerten und -traditionen prägt die Familie das Unternehmen zwar sowohl nach innen als auch nach außen[293] und ist somit sowohl Teil der Unternehmensgeschichte[294] als auch *„Sinn stiftender Orientierungspunkt für das Unternehmen"*[295]. Umgekehrt ist das Unternehmen aber auch i. d. R. der Lebensinhalt und auch die Lebensgrundlage der Familie sowie Teil ihrer Familiengeschichte.[296]

---

290 Vgl. ausf. zu typischen Zielkonflikten in Familienunternehmen *Fleischer*, ZIP 2023, 2385 (2395 ff.); *Fleischer*, NZG 2022, 1371 (1376 ff.); *Bochmann*, NotBZ 2019, 361 (363); *J. Prütting/Schirrmacher*, ZGR 2017, 829 (833); *Weller*, ZGR 2012, 386 (393 f.); BoKoStiftR/*Heuel/Meinecke*, Teil I 2.3 Rn. 18 ff.; zu den unterschiedlichen Interessenträgern auch *Kalss*, ZVglRWiss 117 (2018), 221 (225 f.); ausf. *Kalss/Probst*, Familienunternehmen, Rn. 9/5 ff.; zu den Möglichkeiten und Grenzen des Selbstschutzes in geschlossenen Kapitalgesellschaften eing. *Fleischer*, ZHR 179 (2015), 404 (439 ff.).

291 *Kalss/Probst*, Familienunternehmen, Rn. 5/31.

292 Näher zum erhöhten Konfliktpotential bei Familienunternehmen unter → Teil 3 B II 2.

293 Vgl. *Lange*, BB 2005, 2585 (2586); *Schielke*, FS Hennerkes, S. 231 (223); *Weninger*, ZUS 2012, 40 (41); eing. *T. Fries*, Familiengesellschaften und Treuepflicht, S. 21 ff.

294 Picot/*Picot*, Unternehmenskauf und Restrukturierung, § 7 Rn. 4.

295 *Wimmer/Gebauer*, zfo 2004, 244 (245).

296 *Zügel*, FS W. Sigle, S. 59 (62); *W. Sigle*, FS Peltzer, S. 539 (547); *Wieselhuber*, FS Zitzelsberger, S. 191 (193 f.); Picot/*Picot*, Unternehmenskauf und Restrukturierung, § 7 Rn. 4.

Eingedenk dessen verwundert es auch nicht, dass in einem Familienunternehmen für dessen erfolgreiche Existenz im Zweifel die Interessen des Unternehmens vor den Partikularinteressen der Familie bzw. der einzelnen Familiengesellschafter gestellt werden.[297] Für die meisten Familienunternehmen gilt daher häufig der Grundsatz „*Unternehmen vor Familie*".[298] Konkret: Die Interessen des Unternehmens stehen an erster, die privaten Interessen der Familie an zweiter Stelle. Diese Einstellung von Unternehmerfamilien manifestiert sich *in praxi* durch das an dem Wohl des Unternehmens ausgerichtete Entscheidungsverhalten[299] und rechtlich durch entsprechende gesellschaftsvertragliche Regelungen[300] etwa in Gestalt von

---

297 Deutlich *Holler*, DStR 2019, 931 (939), der für den Fortbestand des Familienunternehmens den Vorrang des Unternehmensinteresses als unverzichtbar erachtet, jedoch diesbezüglich zwischen „*der tatsächlichen und der rechtlichen Dimension*" unterscheidet; s. a. *Holler*, BB 2012, 719 (720 f.); zuletzt *Holler/Mann*, NZG 2021, 402 (405 f.); ähnlich auch *Maier*, FS W. Sigle, S. 51 (52); *B. Dauner-Lieb*, in: Röthel, Verträge in der Unternehmerfamilie, S. 181 (183); *Kalss/Probst*, Familienunternehmen, Rn. 5/18, wobei diese vom „*Vorrang des Familieninteresses*" sprechen. Damit soll aber m. E. das Interesse der Familie am Erhalt des Familienunternehmens gemeint sein, sodass es im Ergebnis ebenfalls um den Vorrang des Unternehmensinteresses geht, vgl. *Kalss/Probst*, Familienunternehmen, Rn. 2/41 („*Unternehmenswohl im Vordergrund*"); auch die Rspr. (z. B. BGHZ 85, 350 [357 ff.] – Freudenberg; OLG Karlsruhe, NZG 2007, 423 [424 f.]) zog bereits das Unternehmensinteresse den Partikularinteressen der Familienmitglieder vor.

298 *Maier*, FS W. Sigle, S. 51 (52) („*Firma geht vor Familie*"); MHdB GesR 7/*Holler*, § 75 Rn. 63 ff., 176 („*unverzichtbare*[r] *Vorrang des Unternehmensinteresses*"); *Lange*, BB 2005, 2585 (2589) („*Primat der Unternehmensinteressen*"); vgl. auch *Weninger*, ZUS 2012, 40 (41); *W. Sigle*, FS Rowedder, S. 459 (463); *D. Reuter*, ZGR 1991, 467 (468); ebenso *Hennerkes/May*, DB 1988, 483 die aber auf die schwindende Bedeutung des Grundsatzes für Nachfolgegenerationen hinweisen; die Allgemeingültigkeit dieses Grundsatzes anzweifelnd *Hennerkes/Kirchdörfer*, Die Familie und ihr Unternehmen, S. 52; zurückhaltender *Priester*, in: Tröger/Wilhelmi, Rechtsfragen der Familiengesellschaften, S. 53 (59); Riedel/*Fritsch*, Unternehmensnachfolge-HdB, § 22 Rn. 25; MHdB GesR 9/*Binz*/*Weinand*, § 45 Rn. 45 f. (speziell im Rahmen der Konfliktvermeidung); zu den Prinzipien „*business first*" und „*family first*" s. a. *Koeberle-Schmidt/Unger*, Nachfolge im Familienunternehmen, S. 377 ff.

299 Dieses kann sogar gänzlich anders ausfallen, als dies von den betriebswirtschaftlichen Theorien vermutet wurden, vgl. näher *Waschbusch/Sendel-Müller*, StB 2022, 81 (83); zum Entscheidungsmanagement in Familienunternehmen im Lichte der Agency-Theorie vgl. auch *Hülsbeck*, RFamU 2022, 564 (567 f.).

300 Vgl. *Kalss/Probst*, Familienunternehmen, Rn. 5/15 ff.; *Holler*, DStR 2019, 880 (884 ff.); *Holler*, ZIP 2018, 553 (559 f.); *Rawert*, ZGR 2018, 835 (845 f.); jew. m. w. N.

Ausscheidungs-, Ausschüttungs-, Abfindungs-, Entnahme-, Güterstands-[301], Fortsetzungs- und Nachfolgeklauseln[302].

Das Credo „*Unternehmen vor Familie*" gilt es insofern insbesondere für die Regelung der Unternehmensnachfolge zu beachten, die primär darauf abzielt, den Familieneinfluss zu sichern und das Familienunternehmen fortwährend zu erhalten.[303] Der zuvor erwähnte besondere Gesellschaftszweck und die gemeinsame Geschäftsgrundlage eines Familienunternehmens begründen ferner ebendiesen Vorrang des Gesellschaftsinteresses vor den Individualrechten der Familiengesell-

---

301 Instruktiv dazu m. z. N. *Sanders/Rolfes/Hawickenbrauck*, ZIP 2021, 1424 (zur effektiven Durchsetzung) und *Sanders/Rolfes/Hawickenbrauck*, ZIP 2021, 1797 (zum Ausschluss aufgrund einer Güterstandsklausel); s. a. speziell im Kontext von Familienunternehmen *Bochmann/Weig*, RFamU 2022, 539 (544 ff.); *Hauschild/Köpping*, RFamU 2023, 176.

302 Zu Nachfolgeklauseln in Familienunternehmen ausf. MHdB GesR 9/*Holler*, § 30 Rn. 1 ff.; ausf. die Zulässigkeit von (diskriminierenden) Nachfolgeregelungen, die die Nachfolgeberechtigung in die Mitgliedschaft an bestimmte Merkmale (z. B. Geschlecht, Alter oder auch Qualifikation) knüpfen, untersuchend *Foerster*, AcP 213 (2013), 173; speziell zu frauenfeindlichen Nachfolgeklauseln *Volhard*, FS W. Sigle, S. 439; *Kalss/Dauner-Lieb*, GesRZ 2016, 255; in Österreich sind solche Klauseln – jedenfalls bezogen auf die Stellung als Komplementär – gem. § 879 Abs. 1 ABGB sittenwidrig, vgl. OGH Wien, NZG 2019, 904 Rn. 61 ff. m. Anm. *Kalss*; dazu *W. Zimmermann*, FS 100 Jahre FL-OGH, S. 181; s. zu dem Urteil des OGH Wien aus deutscher Sicht ausf. und differenzierend MHdB GesR 9/*Holler*, § 30 Rn. 89 ff.; knapper *Fleischer*, BB 2019, 2819 (2826); *Heckschen*, in: Röthel/K. Schmidt, Grundfragen der Organisation von Familienunternehmen, S. 31 (49 ff.); eine „*gewisse Vorsicht*" bei derlei Klauseln für geboten erachtend auch *Bochmann/Weig*, RFamU 2022, 539 (543); für eine Übernahme der österreichischen Rspr. *Kaulbach/von Scheliha*, in: Baddeley/Dauner-Lieb et al., Familiäre Vermögensplanung, Rn. 14.16; *Fleischer/Lunemann*, FS Heidel, S. 29 (45 f.) konstatieren jedenfalls ein „*Umdenken*" auch im hiesigen Rechtskreis. Zu einem solchen (berechtigten) Umdenken dürfte verstärkt auch die Entscheidung des EGMR, ZStV 2023, 12 = npoR 2023, 293 = (dt. Übersetzung) NLMR 2022, 351 Rn. 136 ff. – *Dimici/Türkei* beitragen, das geurteilt hat, dass – betreffend eine türkische Stiftung (fromme Familien-*wqaf*) – eine Regel, wonach nur männliche Nachfahren des Gründers Ausschüttungen erhalten, gegen das Diskriminierungsverbot gem. Art. 14 EMRK i. V. m. Art. 1 EMRK-Zusatzprotokoll verstößt, insbesondere da eine Ungleichbehandlung von Mann und Frau in Gänze nicht mehr dem europäischen und auch *in casu* türkischen Gesellschaftssystem entspreche, dazu näher → Teil 4 G I mit Fn. 2802.

303 Vgl. *H. P. Westermann*, FS Krieger, S. 1087 (1099); *Holler/Mann*, NZG 2021, 402 (406); *B. Dauner-Lieb*, in: Röthel, Verträge in der Unternehmerfamilie, S. 181 (183).

schafter.[304] Der Gesellschaftszweck (i. V. m. mit dem Familiengesellschaftsvertrag und sonstigen Nebenordnungen resp. Familienverfassungen[305]) konturiert dabei auch Inhalt und Umfang der gesellschaftsrechtlichen Treuepflicht. Den daraus resultierenden Rücksichts- und Loyalitätspflichten unterliegen die Gesellschafter in ihrem Verhältnis untereinander und in ihrem Verhältnis zur Gesellschaft *et vice versa*.[306] An diese können bei Familienunternehmen aufgrund der typischerweise generationsübergreifenden Ausrichtung ebenjenes Gesellschaftszwecks und gerade wegen der familiären Verbundenheit der Gesellschafter untereinander und der Tatsache, dass die Gesellschafter aufeinander angewiesen sind sowie einander Vertrauen entgegenbringen, nach überwiegender Auffassung in Literatur und Rechtsprechung erhöhte[307] Anforderungen gestellt werden.[308] Demgemäß sind die Gesellschafterrechte, insbesondere die Stimmrechtsausübung, in Fami-

---

304 Vgl. *Holler/Mann*, NZG 2021, 402 (405 ff.); *Schulte/Schulte/Schulte*, ErbR 2021, 742 (747); ebenso MHdB GesR 9/*Binz/Weinand*, § 45 Rn. 60 (dortige Fn. 63), die unter Bezugnahme auf den BGH (DStR 2016, 163) und der dort aufgestellten Anforderungen hinsichtlich der Zustimmungspflicht aufgrund der gesellschaftsrechtlichen Treuepflicht, gerade im Gesellschaftszweck eines Familienunternehmens, eine „*rechtliche Herleitung*" des Grundsatzes „*business first*" erblicken; i. Erg. auch (speziell bei Sanierungssituationen) *Szameitat/Wenker*, FS L. Aderhold, S. 437 (449); vgl. insofern auch BGH, BeckRS 1964, 31188064, dazu lesenswert die krit. Anm. von *Ganßmüller*, VersR 1965, 257.

305 Vgl. *J. Prütting/Schirrmacher*, ZGR 2017, 829 (849 ff.); speziell zu den Auswirkungen einer Familienverfassung *Hueck*, Die Familienverfassung, S. 271 ff.; *Kalss*, in: Bochmann et al., Werte in Familienunternehmen, S. 19 (47 ff.).

306 Bei der gesellschafterlichen Treuepflicht handelt es sich um ein „*rechtsformübergreifendes Verbandsprinzip*", sodass es bei Familienunternehmen jedweder Rechtsform existiert, vgl. stRspr. m. w. N. BGH, NZG 2019, 624 Rn. 16; BeckOGK/*Sanders*, 1.7.2024, HGB § 105 Rn. 401. Allg. zur gesellschafterlichen Treuepflicht zuletzt *Reidt*, Die mitgliedschaftliche Treupflicht, *passim*.

307 Allg. zu den zu berücksichtigenden Faktoren (etwa wirtschaftliche Lage der Gesellschaft, Einfluss des jew. Gesellschafters, Realstruktur und Zweck der Gesellschaft, Dauer der Beteiligung des jew. Gesellschafter, Vorverhalten, geschaffenes Vertrauen) bei der Ermittlung der Intensität der gesellschaftsrechtlichen Treuepflicht *Jenne*, Verstöße gegen die mitgliedschaftliche Treuepflicht, S. 82 ff.; bündig MüKoGmbHG/*Merkt*, § 13 Rn. 94 ff.

308 Zur gesellschaftsrechtlichen Treuepflicht im Speziellen bei Familienunternehmen grdl. *T. Fries*, Familiengesellschaften und Treuepflicht, *passim*; ausf. *Priester*, in: Tröger/Wilhelmi, Rechtsfragen der Familiengesellschaften, S. 53 ff.; MHdB GesR 7/*Holler*, § 75 Rn. 355 ff.; *Hueck*, Die Familienverfassung, S. 269 f.; MüKoHGB/*K. Schmidt/Fleischer*, § 140 Rn. 35; *Szameitat/Wenker*, FS L. Aderhold, S. 437 (444 ff.) (bei Sanierungssituationen); aus der Rspr. OLG Hamm, BeckRS 2023, 16810 Rn. 72;

lienunternehmen aufgrund der erhöhten Treuepflichtbindung der Gesellschafter regelmäßig zum Wohle und im Interesse des generationenüberdauernden Erhalts des Familienunternehmens auszuüben.[309]

In der Gestaltungspraxis wird vermehrt empfohlen, den grundsätzlichen Vorrang des Gesellschaftsinteresses im Gesellschaftsvertrag des Familienunternehmens und seinen typischen Nebenstatuten[310] ausdrücklich klarzustellen.[311] Freilich sind bei allen gesellschaftsvertraglichen Gestaltungen von Familienunternehmen, insbesondere von Rechtsberatern[312], die verschiedenen Interessengegensätze in einem ausgewogenen Verhältnis zu berücksichtigen.[313] Demgemäß

BeckRS 2023, 16812 Rn. 84; zuletzt eing. *Holler/Mann*, NZG 2021, 402; jew. m. N. auch aus der Rspr.

309 Vgl. OLG Hamm, BeckRS 2023, 16810 Rn. 72, wo im Fall Familienstamm A entgegen einer Vinkulierungsklausel und dem Willen des Familienstamms B seine Beteiligung am Familienunternehmen an einen familienfremden Finanzinvestor (lukrativ) veräußern wollte. Das OLG Hamm wertete dies zu Recht als Verstoß gegen die Vinkulierungsklausel und konstatierte auch einen Treuepflichtverstoß des Familienstamms A. Vgl. auch die Parallelentscheidung OLG Hamm, BeckRS 2023, 16812 Rn. 84.

310 In der Praxis wird dieser Ausspruch oftmals in Familienverfassungen ausdrücklich niedergeschrieben, s. *Hueck*, Die Familienverfassung, S. 134 mit Musterbeispiel auf S. 360 („*Wir legen hiermit fest, dass den Interessen des Unternehmens stets der Vorrang vor den Interessen der Familie, insbesondere vor den Interessen Einzelner eingeräumt wird (‚Firma geht vor Familie')*").

311 *Holler/Mann*, NZG 2021, 402 (410); *Schulte/Schulte/Schulte*, ErbR 2021, 742 (746 a. E.).

312 Eindringlich darauf hinweisend *H. P. Westermann*, FS Krieger, S. 1087 (1092).

313 Zu den Besonderheiten bei der Gestaltung von Gesellschaftsverträgen bei Familienunternehmen grdl. *Hennerkes/May*, NJW 1988, 2761; s. a. *R. Koch*, FS L. Aderhold, S. 167; *Jeschke*, FS P. May, S. 377; *R. Werner*, DSWR 2006, 177; *Scherer*, BB 2010, 323; *Bong*, Gesellschaftsrechtliche Wirkungen einer Familienverfassung, S. 30 ff.; umfassend auch *Bochmann/Scheller/J. Prütting* (Hrsg.), MHdB GesR 9, insb. Kap. 3, 4 und 6; zur Rolle des Notars im Lebenszyklus eines Familienunternehmens *Blunk*, RFamU 2022, 500 (502 ff.); historischer Überblick bzgl. einzelner, typischer Aspekte auf Grundlage empirischer Untersuchungen bei *Fleischer/Mock*, NZG 2020, 161 (165 ff.); zur Ausgestaltung des Gesellschaftsvertrags des Familienunternehmens „*Tchibo GmbH*" anschaulich *Lieder*, GmbHR 2020, 929 (936 ff.); Einblicke in Gesellschaftsverträge und Statuten von Familienunternehmen bei *Fleischer/Mock* (Hrsg.), Große Gesellschaftsverträge aus Geschichte und Gegenwart, ZGR-Sonderheft 24 (2021).

wird gerade die Gestaltung der Gesellschaftsverträge von Familienunternehmen auch als „*Königsdisziplin*“ gesehen.[314]

Auch im Rahmen einer Stiftungskonstruktion gilt es den Grundsatz „*business first*“ zu wahren[315], d. h., auch wenn eine Familienstiftung Anteilseignerin ist, sollte das Wohl und die Erhaltung des Familienunternehmens, das bei einer unternehmensverbundenen Familienstiftung i. d. R. auch (neben anderen) Stiftungszweck ist,[316] weiterhin im Vordergrund stehen. Dies wird bei den hiesigen unternehmensverbundenen Familienstiftungskonstruktionen regelmäßig der Fall sein.[317]

c) Balance zwischen den verschiedenen Interessen

Der Schlüssel zum langfristigen Erfolg eines Familienunternehmens und damit auch zu einer harmonischen Ko-Existenz der Systeme Familie und Unternehmen wird aber sicherlich in einer ausgewogenen Balance der verschiedenen Interessen liegen.[318] Im Idealfall kommt es zu einer Harmonie trotz der auf den ersten Blick offensichtlichen Widersprüche zwischen Familie und Unternehmen und dazu, dass sich familiäres Denken und unternehmerisches Handeln einander komplementieren.[319] Insofern konstatiert *Christian Bochmann* treffend, dass gerade „*diese Schnittstelle [Familie und Unternehmen] der Quell des Erfolges von Familienunternehmen*“[320] sein kann.[321] Ein Familienunternehmen ist vor allem dann erfolgreich, wenn das Familieninteresse auf den gemeinsamen Zweck –

---

314 So *R. Koch*, FS L. Aderhold, S. 167.

315 S/B/K/G/W/*Kormann*, Familienunternehmen, Kap. 1 Rn. 112; ebenso Richter/*Richter*, Stiftungsrecht, § 10 Rn. 42; BoKoStiftR/*Heuel/Meinecke*, Teil I 2.3 Rn. 76; s. a. *Neuhoff*, Unternehmenskapital für Stiftungen, S. 153 („*In der Priorität der Unternehmensinteressen liegt der Schlüssel für das ‚ewige‘ Fortbestehen des Unternehmens*“).

316 Zu den möglichen Stiftungszwecken einer unternehmensverbundenen Familienstiftung → Teil 4 D II 2.

317 Zum Verhältnis des Stiftungszwecks und der Unternehmensinteressen näher → Teil 4 D II 3.

318 Vgl. Riedel/*Fritsch*, Unternehmensnachfolge-HdB, § 22 Rn. 28; Sudhoff/*Winkler*, Familienunternehmen, § 5 Rn. 7.

319 *Schulte/Schulte*, ErbR 2018, 422 (425).

320 *Bochmann*, in: Röthel/K. Schmidt, Grundfragen der Organisation von Familienunternehmen, S. 149 (157); prägnant auch *Bochmann/Weig*, RFamU 2022, 539 (547) („*Triebfeder des langfristigen Erfolgs von Familienunternehmen ist gerade die Verknüpfung von Familie und Unternehmen*“).

321 Gleichwohl kann diese Schnittstelle andererseits auch Quell von Konflikten sein → sogleich unter → Teil 2 A II 2.

den langfristigen, erfolgreichen Erhalt des Familienunternehmens in Familienhand –gebündelt ist und dabei die unterschiedlichen Interessen und Ansichten der Familienmitglieder einer strukturierten Entscheidungsfindung zugeführt, Konfliktlösungsmechanismen antizipiert sowie klare Kompetenzzuweisungen ausgearbeitet werden.[322]

Die auf Langfristig- und Nachhaltigkeit[323] ausgelegte Familienorganisation und Unternehmensführung beruht nicht zuletzt in deren Jahrzehnten langer Traditionen. Über Generationen hinweg werden Familienwerte und -ziele im Familienunternehmen weitergebeben.[324] Die Unternehmenskultur und -führung, insbesondere Fragen rund um die Personalbesetzung als auch Geschäftsführungsmaßnahmen, werden daher in der Regel daran ausgerichtet sein.[325]

Familienunternehmen sind weiterhin bekanntlich dadurch gekennzeichnet, dass das Eigentum resp. die Inhaberschaft und die Unternehmensleitung in der Regel in der Hand der Familie eine Einheit bilden.[326] Ein wichtiger Unterschied zwischen einem Familienunternehmen und einer anonymen Publikumsgesellschaft[327] liegt insofern in der Art und Dauer der Bindung ihrer Gesellschafter, konkret in der Zugehörigkeit der Gesellschafter zu einer Familie und des Führungsanspruches sowie Einflusses der Familie in dem eigenen Familienunternehmen.[328] Die damit einhergehende hohe Einflussnahmemöglichkeit der Familie auf ihr

---

322 Vgl. *Sabel/Schauer*, ZStV 2018, 81 (88); s. a. MHdB GesR 9/*Bochmann*, § 4 Rn. 7.

323 Zum hiesigen Begriffsverständnis → Fn. 278.

324 Vgl. *Schielke*, FS Hennerkes, S. 231 (223); *Szameitat/Wenker*, FS L. Aderhold, S. 437 (457); Riedel/*Riedel*, Unternehmensnachfolge-HdB, § 24 Rn. 6.

325 S/B/K/G/W/*Groth/Wimmer*, Familienunternehmen, Kap. 2 Rn. 6; *Kalss/Probst*, Familienunternehmen, Rn. 2/42; *Fabis*, Gesellschafterkonflikte, S. 50 f.; *Baus*, FS Hennerkes, S. 3 (10).

326 Vgl. z. B. *Franke/Draheim*, VfS 2015, 1 (6); *Weninger*, ZUS 2012, 40; *Zeitel*, ZUG 1991, 27; Sudhoff/*Stracke*, Familienunternehmen, § 36 Rn. 1 m. w. N.

327 Siehe hierzu auch die weiterführenden Nachweise in → Fn. 115.

328 *Schulte/Schulte*, ErbR 2018, 422 (429) m. V. a. „*G. Freudenberg, FS Binz, S. 207 (219, 220)*" (gemeint sein dürfte freilich *W. Freudenberg*, FS Binz, S. 215 [219 f.]); auch nach dem BGH zeichnet sich eine Publikumsgesellschaft, insbesondere durch das Fehlen eines geschlossenen Gesellschafterkreises und dem vom Beginn an bestehenden Ziel der Publikumsgesellschaft, unbestimmt viele „Investoren" (i. d. R. Kommanditisten einer KG) aufzunehmen, die jedoch selbst keinen Einfluss im Unternehmen haben sollen, aus, vgl. BGHZ 64, 238 (241); BGH, NJW 1995, 1353 (1355). Deren Anteile sind deshalb regelmäßig breit gestreut und es findet bei diesen vornehmlich eine Orientierung am kurzfristigen Shareholder Value statt, s. *Uffmann*, ZIP 2015, 2441; MHdB GesR 9/*Bochmann/Scheller/J. Prütting*, Einf. vor § 1 Rn. 2; vgl. auch *Hennerkes/Kirchdörfer*, FS Lüer, S. 535 (543).

Unternehmen führt ferner einerseits zu einer „*effizienten Unternehmensleitung*“[329] und andererseits gleichzeitig dazu, dass sich die Familie mit ihrem Familienunternehmen besonders stark identifiziert[330] und mit ihren Mitarbeitern ein engeres, gar familiäres Verhältnis pflegt, als dies bspw. bei Nicht-Familienunternehmen resp. anonymen Publikumsgesellschaften der Fall ist.[331] Diese enge Identifikation der Familie mit dem Unternehmen sorgt üblicherweise für eine subjektivere und auch stärkere an den einzelnen Familienmitgliedern ausgerichtete Unternehmensführung sowohl nach innen als auch nach außen und es stellt damit einen entscheidenden Vorteil für das langfristige Bestehen des Familienunternehmens dar.[332] Insbesondere im unternehmerischen Geschäftsverkehr sollen Familienunternehmen und ihre Geschäftsführer deshalb häufig ein größeres Vertrauen als anonyme Publikumsgesellschaften und ihre Manager genießen.[333]

Der dominierende Familieneinfluss im Unternehmen ist dementsprechend neben der familiären Verbundenheit der Gesellschafter auch ein weiterer, wesentlicher Abgrenzungsfaktor der Familienunternehmen zu anonymen Publikumsgesellschaften.[334] Darüber hinaus wird vor dem Hintergrund, dass bei Familienunternehmen Eigentum und Unternehmensleitung überwiegend in einer Hand liegen und es daher kaum[335] Informationsasymmetrien[336] gibt, angeführt,

---

329 So *D. Reuter*, ZGR 1991, 467 (481), nach dem Eigentum eine „*Garantiefunktion*“ für eine effiziente Unternehmensleitung einnehme.

330 Vgl. *Habersack*, in: Tröger/Wilhelmi, Rechtsfragen der Familiengesellschaften, S. 19 (20); *Schmeing*, Konfliktmanagement, S. 194 („*identitätsstiftende Wirkung*“); *Block et al.*, Journal of Family Business Strategy 2020, S. 1 (6) m. w. N.

331 Vgl. *Kalss/Probst*, Familienunternehmen, Rn. 5/30; *Brösztl*, FS W. Sigle, S. 3 (16 ff.); *Breyer*, FS R. Stürner Bd. 2, S. 1885 (1890); *W. Sigle*, FS Rowedder, S. 459 (463 f.); *R. Koch*, FS L. Aderhold, S. 167 (170); Picot/*Picot*, Unternehmenskauf und Restrukturierung, § 7 Rn. 8; *Waschbusch/Sendel-Müller*, StB 2022, 81 (87); *Zeitel*, ZUG 1991, 27 (32).

332 Viskorf/*Löcherbach*, Familienunternehmen in der Nachfolgeplanung, Rn. 68; vgl. auch *Lange*, GmbHR, 2006, 897; zur öffentlichen Wahrnehmung *Jahn*, FS Binz, S. 327 ff.; *Röthel*, in: Röthel, Verträge in der Unternehmerfamilie, S. 9 (11 ff.).

333 So *W. Sigle*, FS Rowedder, S. 459 (465); vgl. auch *Hennerkes/Kirchdörfer*, FS Lüer, S. 535 (553).

334 Siehe → Teil 2 B 2.

335 Ein vollkommener Ausschluss von Informationsasymmetrien ist in Gesellschaften, mit mehreren Akteuren, praktisch nie möglich, vgl. *J. Koch*, ZGR 2020, 183 (183, 187).

336 Allg. zur Informationsweitergabe und Informationsasymmetrien im Gesellschaftsrecht (besonders im Aktienrecht) *J. Koch*, ZGR 2020, 183 m. w. N.; speziell in Familienunternehmen MHdB GesR 9/*Bochmann*, § 7 Rn. 1 ff., 9 ff.

dass sog. Principal-Agenten-Konflikte[337], die i. d. R. gerade aus der Trennung von Eigentum und Leitung entstehen, *de facto* nicht bzw. bei Vorhandensein von Fremdgeschäftsführern seltener als bei Publikumsgesellschaften vorkommen.[338] Gerade die durch enge Identifikation mit dem Familienunternehmen und das Streben nach einem generationenüberdauernden Erhalt des Familienunternehmens bedingte intrinsische Motivation der Familienmitglieder[339], kann eine Selbstbindung ebendieser schaffen.[340] Sie werden deswegen – so kann man dies jedenfalls annehmen – nicht nur selbst umsichtig handeln, sondern auch das Verhalten ihrer Mitgesellschafter kontrollieren, was ebenfalls etwaigen Principal-Agent-Konflikten entgegen wirkt.[341]

Aus der engen Verbindung zwischen Familie und Unternehmen resultiert auch die häufig bei Familienunternehmen vorhandene Limitierung des Gesellschafter-

---

337 Instruktiv zur sog. Principal-Agent-Theorie bzw. Agency-Theorie *Lange*, AcP 214 (2014), 511 (512 ff.); speziell in Bezug auf Familienunternehmen s. *Felden/Hack/Hoon*, Management von Familienunternehmen, S. 113 ff.; *Hülsbeck*, RFamU 2022, 564; speziell bei unternehmensverbundenen (Familien-)Stiftungen → Teil 3 B I 2.

338 Vgl. *Lange*, BB 2005, 2585 (2587); *Felden/Hack/Hoon*, Management von Familienunternehmen, S. 17 (dortige Fn. 3); *Kormann*, Governance des Familienunternehmens, S. 64; *Selent*, Unternehmensführung, S. 102; *Dutta*, Warum Erbrecht?, S. 520 m. w. N.; s. a. kritisch *J. Ebert*, Der Familieneinfluss auf ein Unternehmen, S. 45 f. Dafür existieren aber verschärft Agenturkonflikte zwischen Mehrheits- und Minderheitsgesellschaftern sowie zwischen Gesellschaftern und Gesellschaftsgläubigern, vgl. m. w. N. MüKoGmbHG/*Fleischer*, Einl. Rn. 296 f.; *Weller*, ZGR 2012, 386 (394); S/B/K/G/W/*Kormann*, Familienunternehmen, Kap. 1 Rn. 55 führt ferner an, dass indes bei Familiengesellschaftern, die nicht zugleich in der Geschäftsführung sind, die Principal-Agency-Problematik „*wesentlich [stärker]*“ ausgeprägt sei.

339 Speziell dazu *Zellweger et al.*, ETP (37) 2013, 229; vgl. auch *Block et al.*, Journal of Family Business Strategy 2020, S. 1 (6) m. w. N.; vgl. auch *Waschbusch/Sendel-Müller*, StB 2022, 81 (88 f.), wonach bei (Familien-)Unternehmern „*das Streben nach Prestige, die Selbstverwirklichung durch Selbstständigkeit, die Freude an der Arbeit oder auch die Einhaltung ethischer und sozialer Prinzipien*“, d. h. intrinsische Motivation, regelmäßig primär handlungsleitend sein können.

340 Vgl. *Hosseini-Görge*, Foundation owned firms, S. 23 f. m. w. N.; Riedel/*Fritsch*, Unternehmensnachfolge-HdB, § 22 Rn. 32 f. Insofern ähneln sich Familiengesellschafter und (ehren- wie hauptamtliche) Mitglieder von Stiftungsorganen, da diese ebenfalls primär intrinsisch motiviert für die Stiftung handeln, vgl. *Sandberg*, ZStV 2013, 97 (98 ff.).

341 Vgl. *Hosseini-Görge*, Foundation owned firms, S. 23.

kreises. Speziell Familiengesellschafter lassen sich ungern fremdbestimmen.[342] Vielmehr wollen sie selbst die Geschicke ihres Unternehmens leiten. So wird die *„personale Führungsverantwortung"* der Unternehmer resp. Gesellschafter auch vom Bundesverfassungsgericht als ein bedeutendes charakteristisches Merkmal von Familienunternehmen angesehen.[343] Damit die maßgebende Geschäftspolitik weiterhin von der Familie gelenkt wird, wird die unerwünschte Aufnahme bzw. das Eindringen familienfremder Dritter in den Gesellschafterkreis eines Familienunternehmens ohne Zustimmung der Familienmitglieder zum Schutz vor Überfremdung bzw. *„Entfamiliarisierung"*[344] und Wahrung des Familieneinflusses i. d. R. gesellschaftsvertraglich durch Vinkulierungs-, Zustimmungs-, Nachfolge- und Einziehungsklauseln oder Erwerbs- und Vorkaufsrechten[345] erschwert (sog. *closed-shop-Strategie*[346]).[347] Derlei gesellschaftsvertragliche Klauseln, allen voran Vinkulierungsklauseln[348], werden als sog. *„Instrumente der Institutionalisierung*

342 *W. Sigle*, FS Peltzer, S. 539 (547); ebenso *Wicke*, RNotZ 2020, 25 (35); *Bayer*, NJW 2016, 1930 (1934); vgl. auch Sudhoff/*Wälzholz*, Familienunternehmen, § 3 Rn. 44.

343 BVerfGE 138, 136 Rn. 138, 178; vgl. dazu auch *Seer*, StuW 2021, 111 (116).

344 *Langenfeld*, NotBZ 2001, 157 (159).

345 Umfassend dazu *Bühler*, Preislimitierte Ankaufsrechte im Gesellschaftsrecht; *Ockert*, Die langfristige Bindung von Gesellschaftern, S. 121 ff.; speziell zu Vorkaufsrechten ausf. *Schilhabl*, Vorkaufsrechte, S. 37 ff.

346 Vgl. *Bochmann/Weig*, RFamU 2022, 539 (541); MHdB GesR 7/*Holler*, § 75 Rn. 20; OLG Hamm, BeckRS 2023, 16812 Rn. 65.

347 Vgl. *Holler*, DStR 2019, 880 (884); *Scherer*, BB 2010, 323 f.; *Binz/Mayer*, NZG 2012, 201 (204); *P. Wolf*, MittBayNot 2013, 9; Sudhoff/*Wälzholz*, Familienunternehmen, § 3 Rn. 44; *Krumm*, FR 2015, 481 (484 f.); *Hennerkes/May*, NJW 1988, 2761 (2766 ff.); vgl. auch BVerfGE 138, 136 Rn. 192; OLG Hamm, BeckRS 2023, 16810 Rn. 71; BeckRS 2023, 16812 Rn. 51; zur Steuerung und Dynamisierung der Gesellschafterstellung in Familienunternehmen vermittels sog. Shoot out (verkürztes, gesellschaftsinternes Bietungsverfahren bei Blockadesituationen), Tag along- und Drag along-Klauseln (Mitveräußerungsrechte und -pflichten) eing. *Lange/Sabel*, NZG 2015, 1249; zu den Klauseln im Detail *Fleischer/Schneider*, DB 2012, 961 (zu Tag along- und Drag along-Klauseln); *Fleischer/Schneider*, DB 2010, 2713 (zu Shoot out-Klauseln); s. a. *Wicke*, ZGR 2012, 450 (471 ff.); vgl. ferner allg. zu derlei Steuerungsklauseln auch *Binz/Mayer*, NZG 2012, 201; *Heckschen/Weitbrecht*, NZG 2019, 721; *R. Koch*, FS L. Aderhold, S. 167 (171 ff.); *Alles*, Der Tod des GmbH-Gesellschafters, S. 28 ff., 44 ff., 115 ff.

348 Vinkulierungsklauseln werden von der Kautelarpraxis bei Satzungsgestaltungen von Familienunternehmen gemeinhin empfohlen, s. dazu MHdB GesR 9/*Scheller*, § 17 Rn. 1 ff.; *Binz/Mayer*, NZG 2012, 201 (204); *Lange/Sabel*, NZG 2015, 1249 f.; *Scherer*, BB 2010, 323; *Hennerkes/May*, NJW 1988, 2761 (2767); *Loritz*, NZG 2007,

von ‚close‘ corporations“[349] eingesetzt und haben große Bedeutung im Speziellen bei der Strukturierung von Familienunternehmen[350]. Diese „*statutarischen Hürden*“[351] dienen insbesondere dazu, den Gesellschafterkreis zu limitieren, kontrollieren und konstant zu halten, um so das Unternehmen im Familieneigentum und unter maßgeblichen Familieneinfluss zu halten[352] sowie letztlich den Charakter gerade als Familienunternehmen generationsübergreifend weitestgehend abzusichern.[353] Ein Quorum, das den Gesellschaftsvertrag und damit die

361; zu flankierenden bzw. alternativen Gestaltungsmöglichkeiten siehe aber auch bündig *R. Koch*, FS L. Aderhold, S. 167 (174 ff.); *Binz/Mayer*, NZG 2012, 201 (207 ff.); *Heckschen/Weitbrecht*, NZG 2019, 721 (736 f.). Zur Auslegung einer Vinkulierungsklausel im Kontext eines Familienunternehmens instruktiv OLG Hamm, BeckRS 2023, 16812 Rn. 28 ff.

349 *K. Schmidt*, GmbHR 2011, 1289 (1295); ähnlich *Fleischer/Schneider*, DB 2012, 961; allg. zu den rechtlichen Besonderheiten von sog. geschlossenen Kapitalgesellschaften s. die Beiträge in *Bachmann et al.*, ZGR-Sonderheft 18 (2012), *passim*; zu deren Strukturmerkmalen bündig *Wedemann*, Gesellschafterkonflikte, S. 12 ff.; zu den gesetzlichen Rahmenbedingungen der langfristigen Bindung von Gesellschaftern in Personen- und Kapitalgesellschaften ausf. *Ockert*, Die langfristige Bindung von Gesellschaftern, S. 121 ff. (gesellschaftsformübergreifende Rahmenbedingungen), 136 ff. (zu Personengesellschaften), 157 ff. (zur AG), 247 ff. (zur GmbH) m. z. N.

350 Vgl. *Reichert*, ZIP 2014, 1957 (1962). Derlei Klauseln sind oftmals auch steuerrechtlich erforderlich, um etwa Begünstigungen im Rahmen des ErbStG zu erlangen, vgl. etwa den Vorab-Abschlag nach § 13a Abs. 9 ErbStG, dazu eing. *Wachter*, NZG 2016, 1168 (1169 ff.); MHdB GesR 9/*Söffing/Hübner*, § 28 Rn. 77 ff.; umfassend *Lederer*, Vorab-Abschlag, S. 133 ff.

351 Wiese/*Bochmann*, Unternehmensnachfolge, Rn. 4.17.

352 Zu typischen Ausgestaltungen von Gesellschaftsverträgen resp. Satzungen von Familienunternehmen statt vieler *Schulte/Schulte/Schulte*, ErbR 2021, 742 (747); *Holler*, DStR 2019, 880 (884); *Ulmer*, ZIP 2010, 549 (552); *Rawert*, ZGR 2018, 835 (845 f.); *Schiffers*, GmbHR 2022, 526 Rn. 2 f.; jew. m. N.; vgl. auch anschaulich den Fall bei OLG Hamm, BeckRS 2023, 16812 Rn. 51 ff.

353 Vgl. BGH, NJW 1987, 1019 (1020) („*[…] das Interesse* [der Aktionäre vermittels vinkulierter Namensaktien], *der AG den Charakter einer Familiengesellschaft zu erhalten*“); MüKoGmbHG/*Weller/Reichert*, § 15 Rn. 362; *Binz/Mayer*, NZG 2012, 201 (204); *Ockert*, Die langfristige Bindung von Gesellschaftern, S. 30 f.; *K. Schmidt*, GmbHR 2011, 1289; *Krumm*, FR 2015, 481 (484 f.); *Loritz*, NZG 2007, 361 (362); s. a. *Habersack*, ZIP 2020, 2093 (2097); allgemein sind solche Klauseln vor dem Hintergrund zusehen, dass sich ein Gesellschafter jdf. ohne seine vorherige Zustimmung einen fremden bzw. unliebsamen Gesellschafter nicht aufzwingen lassen möchte, sondern die Aufnahme neuer Gesellschafter grds. nur im Einvernehmen aller Gesellschafter stattfinden soll, vgl. *Habersack*, Die Mitgliedschaft, S. 108; so auch

entsprechenden Klauseln ändern könnte, wird gerade bei Familienunternehmen typischerweise recht hoch angesetzt und zumeist schwierig zu erreichen sein.[354]

Derlei gesellschaftsvertragliche Vorkehrungen zur Erhaltung des Familieneinflusses und damit des Familiencharakters der Gesellschaft führen freilich auch zu einer im Einzelfall ungewollten Bindung der Gesellschafter (sog. *Lock-in*-Effekt), die sich gerade im Konfliktfall auch negativ auf das Familienunternehmen und die Familie selbst auswirken kann.[355] Denn eine dann oft angezeigte Auflösung von Blockadekonstellationen durch eine bewusste Veränderung des Gesellschafterkreises lassen solche Klauseln regelmäßig nicht zu.[356] Weiterhin konfligieren derlei Klauseln mit den Erwartungen und Anforderungen des Kapitalmarkts, weshalb diese etwa die Börsenfähigkeit eines Familienunternehmens, das eine Börsennotierung anstrebt, beeinträchtigen.[357] Die vorstehenden Klauseln sind

---

Foerster, AcP 213 (2013), 174 (177); *Bachmann et al.*, ZGR-Sonderheft 18 (2012), S. 180; vgl. zu diesem sog. „*Kontrollinteresse*" der Mitgesellschafter *M. Schauer*, in: *Baddeley/Dauner-Lieb et al.* (Hrsg.), Familiäre Vermögensplanung, Rn. 10.24 f.; zu weiteren Motiven *Bochmann/Weig*, RFamU 2022, 539 (540 f.).

354 Vgl. *Welling/Kambeck*, DB 2014, 2731 (2733).

355 Insbesondere (zeitlich lang angelegte) Vinkulierungsklauseln sind insofern nicht immer zielführend, da dadurch Familienmitglieder in der Gesellschaft „inhaftiert" bleiben, die sich möglicherweise von den Zielen des Familienunternehmen bereits entfernt haben, vgl. *Priester*, GmbHR 1999, 149 (154); *R. Werner*, DSWR 2006, 177 (179); auch *R. Koch*, FS L. Aderhold, S. 167 (174), der demgemäß von strikten Vinkulierungsklauseln i. Erg. abrät bzw. weitere interessenausgleichende Regelungen befürwortet; näher zum Problem des sog. „*eingekerkerten*" bzw. „*lästigen*" Familiengesellschafters *Mayer*, FS Binz, S. 446 (452 ff.); *Binz/Mayer*, NZG 2012, 201 f.; *Bochmann/Weig*, RFamU 2022, 539 (542 f.); vgl. auch den Fall bei OLG Hamm, BeckRS 2023, 16812. Zu bei der Erstellung einer Vinkulierungsklausel zu berücksichtigenden Aspekten im Besonderen bei Familienunternehmen MHdB GesR 9/*Scheller*, § 17 Rn. 14; allg. „*zum Sinn und Unsinn rechtlicher ‚Knebelung' der nachfolgenden Generation*" *Bochmann/Weig*, RFamU 2022, 539.

356 Die Kautelarpraxis hat für solche Fälle sog. *Shoot-Out*-Klauseln entwickelt, dazu *Fleischer/Schneider*, DB 2010, 2713; umfassend zu Pattsituationen und entsprechende Auflösungsmöglichkeiten *S. Bock*, Gesellschaftsvertragliche Gestaltungen zur Auflösung von Pattsituationen, *passim*.

357 Vgl. *Reichert*, ZIP 2014, 1957 (1963); vgl. auch OLG Dresden GmbHR 2004, 1080, wonach die freie Veräußerbarkeit dazu dient, die „*Verkehrsfähigkeit der gesellschaftsrechtlichen Beteiligung [zu sichern] und dem Gesellschafter [die Möglichkeit eröffnet], sich durch die Veräußerung seines Geschäftsanteils sowohl Liquidität zu verschaffen als auch die Flexibilität in seinem unternehmerischen oder finanziellen Engagement zu erhalten. Mittelbar erhöht die freie Verfügbarkeit auch den Wert des Geschäftsanteils,*

ferner der Grund dafür, warum die Beteiligung in der Hand eines jeden Erwerbers einen geringeren Wert verkörpert als eine Beteiligung, die zur freien Disposition des Eigentümers steht – sowohl in Bezug auf die Beteiligung selbst als auch ihre Erträge, sodass es daher auch der bewertungsrechtlichen Praxis (jedenfalls jenseits des Steuerrechts) entspricht, dass sich insbesondere gesellschaftsvertragliche Übertragungs-, Kündigungs-, Abfindungs- und Entnahmebeschränkungen wertmindernd auswirken.[358] Zugleich geht damit auch ein häufig bei Familienunternehmen anzutreffendes Problem bei der Erbringung bzw. Aufstockung von Eigenkapital einher.[359] Familienunternehmen sind vornehmlich zwecks Sicherung des Familieneinflusses und Bewahrung der Familientradition hinsichtlich ihrer Finanzierung primär auf Zufuhr von Eigenkapital oder Gewinnthesaurierung beschränkt.[360] In der Bereitschaft der Familienmitglieder zur eigenkapitalstarken Selbstfinanzierung[361] von Investitionen aus laufenden Jahresüberschüssen kann freilich gleichwohl eine Stärke von Familienunternehmen gesehen werden. Denn auf diese Weise kann die Beibehaltung der Tradition des Familienunternehmens sowie die Entscheidungsautonomie der Familie, ihre Unabhängigkeit vom Kapitalmarkt, langfristig abgesichert werden. Ebenjene Freiheiten werden freilich mit den vorstehenden genannten rigiden Vorgaben in Bezug auf die Gesellschaftsbeteiligung der Familiengesellschafter, die regelmäßig auf die Unternehmenssicherung und Unternehmensfortführung gerichtet ist, erkauft.[362]

---

da dieser zu jeder Zeit und autonom am freien Mark offeriert werden kann und damit auf eine breitere Nachfrage als bei einer Vinkulierung stößt."

358 So explizit *Krumm*, FR 2015, 481 (485).

359 *W. Sigle*, FS Rowedder, S. 459 (468); *Brösztl*, FS W. Sigle, S. 3 (9); *Meinecke*, Stiftungen, S. 65 f.; *Brandmüller/Klinger*, Unternehmensverbundene Stiftungen, S. 12; vgl. auch *Bochmann/Weig*, RFamU 2022, 539 (540); *Classen*, in: Tröger/Wilhelmi, Rechtsfragen der Familiengesellschaften, S. 79 (81) („*Achilles-Ferse*"); anders: *D. Reuter*, in: Bumke/Röthel, Autonomie im Recht, S. 118 (139) m. V. a. BVerfG, NJW 2015, 303 (327) (Minderheitsvotum) zufolge sei heutzutage „*von einer Eigenkapitalschwäche der mittelständischen Wirtschaft nicht mehr die Rede*".

360 Ausf. statt vieler etwa *Rupp*, Gesellschafterdarlehen, S. 46 ff.; *Habersack*, ZIP 2020, 2093 (2097) m. w. N.; zur Entscheidungsfindung von Familienunternehmern im Unterschied zu Fremdmanagern in Finanzierungsfragen eing. *Waschbusch/Sendel-Müller*, StB 2022, 81 (87 ff.); allgemein *Hülsbeck*, RFamU 2022, 564 (567 f.).

361 Als Finanzierungsinstrumente fungieren dabei zumeist Gesellschafterdarlehen, Gewinnthesaurierungen sowie Bankkredite, s. MHdB GesR 9/*Rothärmel/F. Schmidt*, § 23 Rn. 5 m. w. N.

362 Vgl. auch *Welling/Kambeck*, DB 2014, 2731 (2732); OLG Hamm, BeckRS 2023, 16812 Rn. 69.

Zwar besteht auch rechtsformübergreifend[363] die Möglichkeit der Ausgabe von stimmrechtslosen Gesellschaftsanteilen,[364] was grundsätzlich eine Finanzierung durch Dritte ermöglicht, ohne dabei Einfluss einbüßen zu müssen. Heutzutage finden sich aber – jedenfalls in Deutschland – immer seltener Investoren, die sich allein mit stimmrechtslosen Gesellschaftsanteilen begnügen würden.[365] Vielmehr würden diese *„verstärkt Rechte für den Schutz ihrer Investion"* fordern.[366] Ohnehin ist es für viele Familienunternehmen wohl immer noch die *„letzte Option auf externes Eigenkapital"* zurückzugreifen.[367] Denn die Beteiligung von neuen familienfremden Eigenkapitalgebern führt grds. zu einer Veränderung der Gesellschafterstruktur und damit auch zu einer Verwässerung des Familieneinflusses im Unternehmen.[368] Auch Studien lassen auf das Vorstehende schließen, denen zufolge Familienunternehmen ihre Finanzierungsentscheidung anhand anderer Kriterien als „Nicht-Familienunternehmen" treffen. Familienunternehmen bestehen typischerweise auf Langfristigkeit, Sicherheit, Unabhängigkeit, Konzentration des Familienvermögens im Unternehmen und nur minimaler Einflussnahme von Fremdkapitalgebern, weshalb sie regelmäßig die Selbstfinanzierung (in Gestalt z. B. von Gesellschafterdarlehen, Gewinnthesaurierungen oder [Haus-]Bankkredite) bevorzugen.[369]

Eine unternehmensverbundene Familienstiftung könnte dabei zum einen das Eindringen Dritter und einen damit ggf. einhergehenden Einflussverlust verhindern, indem sie in ihrer Funktion als Ankergesellschafter den Unternehmens-

363 Für die AG §§ 139 ff. AktG, ausf. dazu *May*, Sicherung des Familieneinflusses auf die Führung der AG, S. 217 ff.; für die GmbH und Personengesellschaften mit zahlreichen Nachweisen *Grever*, RNotZ 2019, 1 (2 ff.)

364 *Ulmer*, ZIP 2010, 549 (552) zufolge hätten familienfremde Gesellschafter bei Familienunternehmen zumeist keins oder nur ein eingeschränktes Stimmrecht.

365 So *Habersack*, ZIP 2020, 2093 (2097 f.), nach dem dies aber wohl nicht für Stiftungskonstruktionen gelte; vgl. auch *K. Schmidt*, in: Tröger/Wilhelmi, Rechtsfragen der Familiengesellschaften, S. 37 (49 f.); *Waschbusch/Sendel-Müller*, StB 2022, 81 (85).

366 MHdB GesR 9/*Kocher*, § 24 Rn. 5.

367 *Rupp*, Gesellschafterdarlehen, S. 47 m. w. N.; vgl. MHdB GesR 9/*Kocher*, § 24 Rn. 5.

368 Vgl. *Waschbusch/Sendel-Müller*, StB 2022, 81 (85); *Brummer*, Satzungsautonomie und Ewigkeitsklauseln, S. 181.

369 M. w. N. MHdB GesR 9/*Rothärmel/F. Schmidt*, § 23 Rn. 6 ff. unter Verweisung auf die Studie *Center for Entrepreneurial and Finance Studies (CEFS)*, Finanzierung von Familienunternehmen, 2008; s. a. *Felden/Hack/Hoon*, Management von Familienunternehmen, S. 300 ff.; *Breyer*, FS R. Stürner Bd. 2, S. 1885 (1892 f.); ausf. zur Finanzierungsmöglichkeiten von Familienunternehmen: MHdB GesR 9, §§ 23–27.

bestand auf Dauer sichert,[370] und zum anderen als „*Finanzierungsinstrument*“[371] bzw. „*Familienbank*“[372] fungiert und so die Eigenkapitalquote des Familienunternehmens verbessert.[373] Gegenüber Bankinstituten erhöhe eine Stiftungskonstruktion nämlich zugleich – besonders mit Blick auf die Anforderungen durch *Basel II* und *III* – die Kreditwürdigkeit[374], die bei Familienunternehmen oftmals durch Bürgschaften von Mitgesellschaftern resp. Familienmitgliedern abgesichert werden muss[375]. In Bezug auf die Finanzierung des Familienunternehmens kann daher konstatiert werden, dass mittels einer unternehmensverbundenen Familienstiftung der Einfluss nicht zur Familie gehörender Dritter auf das Familienunternehmen minimiert oder sogar gänzlich ausgeschlossen sowie Kontinuität und Eigenkapitalquote des Unternehmens gesichert werden kann.

---

370 Vgl. *Däubler*, JZ 1969, 499 (500); *v. Oertzen/Reich*, DStR 2017, 1118 (1123); *Pauli*, FamRZ 2012, 344 (345); vgl. auch OLG Hamm, BeckRS 2023, 16810 Rn. 72; zur Funktionsweise eines Ankergesellschafters ausf. *Reimann*, DNotZ 2012, 250 (266 f.); (eher kritisch) *Weitemeyer*, FS K. J. Hopt, S. 1419; bündig *G. Roth*, in: Bochmann et al., Gewinn und Gemeinwohl, S. 133 (145 ff., 151).

371 Zur Stiftung als Finanzierungsinstrument monographisch *Döring*, Die Stiftung als Finanzierungsinstrument.

372 NK-BGB/*Schiffer/Pruns*, § 80 Rn. 101; ähnlich auch *Eiselsberg*, ecolex 2007, 3 (4) („*Familienbörse*“).

373 Vgl. *Schauhoff*, FS Spiegelberger, S. 1341 (1343), dem nach Familienstiftungen „*steuergünstige Möglichkeiten zur Eigenkapitalbildung*“ böten; *Brandmüller/Klinger*, Unternehmensverbundene Stiftungen, S. 14 („*Selbstfinanzierungsinstrument*“); vgl. auch v. Campenhausen/Richter/*Hof*, StiftR-HdB, § 11a Rn. 24. Als bekanntes Beispiel kann insofern die *WALA Stiftung* (https://wala-stiftung.de/de/) genannt werden, die nach § 2 Abs. 2 ihrer Satzung primär als Finanzierungsinstrument an denen von ihr gehaltenen Unternehmen fungiert, s. dazu bündig *Döring*, Die Stiftung als Finanzierungsinstrument, S. 206 f.

374 So etwa NK-BGB/*Schiffer/Pruns*, § 80 Rn. 101; *Schiffer*, Jubiläumsschrift 10 Jahre DVEV, S. 153 (166 f.); *Lindner*, DSWR 2005, 245 (246); *Muscheler*, Gesammelte Beiträge I, S. 338; s. a. *Döring*, Die Stiftung als Finanzierungsinstrument, S. 448 unter Verweisung auf eine Befragung der Ratingagentur *Fitch*; allg. zur hohen Bedeutung der Eigenkapitalquote für die Bonitätseinschätzung eines Unternehmens *Waschbusch/Sendel-Müller*, StB 2022, 81 (86) m. w. N.

375 Vgl. BSG, BeckRS 2015, 73498 Rn. 33, wonach „*Kreditinstitute bei Familienunternehmen typischerweise auch auf einer finanziellen Beteiligung bzw. Mithaftung von Ehepartnern bzw. anderen beteiligten Familienangehörigen bestehen.*“

d) *Zwischenergebnis*

Halten wir fest: Insgesamt resultieren aus der engen Verzahnung von Familie und Unternehmen spezifische Vor- aber auch Nachteile.[376] Ebendiese Verbindung bzw. Überschneidung unterscheidet Familienunternehmen indes von anonymen Publikumsgesellschaften. Der besondere Gesellschaftszweck eines Familienunternehmens findet dabei auf gesellschaftsvertraglicher Ebene sichtbaren Ausdruck in der Darstellung des betrieblichen und des familiengesellschaftlichen Zwecks (Doppelzweck), der generationenübergreifenden Intention, der Vereinbarung von wachstumsorientierten Entnahmebeschränkungen, Abfindungsbeschränkungen und langen Kündigungsfristen, die den Übergabezweck familientypisch ergänzen.[377] Dieser Zweck kann sich aber auch aus den Gesamtumständen und den sonstigen statutarische Regelunge zur Sicherung des Familienunternehmenscharakters ergeben.[378] Darüber hinaus ist gerade der Charakter eines Familienunternehmens konkret indem maßgebenden Einfluss der Familie auf das Unternehmen zu sehen, der aus der engen Verzweigung von Familie und Unternehmen resultiert. Dieser maßgebende Familieneinfluss und die eingangs dargestellte Ko-Evolution von Familie und Unternehmen muss daher auch im Falle einer Stiftungskonstruktion weitestgehend, d. h. unter Einbindung der Familienstiftung,[379] gesichert werden, damit auch weiterhin von einem „*echten*" Familienunternehmen gesprochen werden kann. In diesem Zusammenhang ist zudem ein Selbstverständnis

---

376 Näher dazu vgl. *A. Wiedemann/Kögel*, Beirat und Aufsichtsrat, § 4 Rn. 1 ff.; Picot/*Picot*, Unternehmenskauf und Restrukturierung, § 7 Rn. 7 f. und 14; *Brösztl*, FS W. Sigle, S. 3 (11 ff.); prägnant *Bochmann*, in: Röthel/K. Schmidt, Grundfragen der Organisation von Familienunternehmen, S. 149 (157 f.).

377 Explizit *Schulte/Schulte*, ErbR 2021, 821 (823); eing. zu diesem Doppelzweck bereits *Holler*, DStR 2019, 931 (935 ff.).

378 *Holler*, DStR 2019, 931 (936) moniert, dass der besondere Gesellschaftszweck bei der Vertragsgestaltung, insbesondere in Vertragsmustern, oftmals unberücksichtigt bliebe; *Schulte/Schulte*, ErbR 2021, 821 (823) empfehlen insofern zu Recht den generationenübergreifenden Zweck des Familienunternehmens in die Präambel oder den Gesellschaftszweck ergänzend aufzunehmen. Der generationenüberdauernde Erhalt sollte im hiesigen Kontext im Besonderen in die Präambel oder Stiftungssatzung einer unternehmensverbundenen Familienstiftung aufgenommen werden.

379 Vgl. insofern *Großmann*, Konflikte und Krisen, S. 70, der zu Recht konstatiert, dass „*für die zukünftige Entwicklung des Unternehmens und der Familie* ***nicht mehr uneingeschränkt*** *von einer Ko-Evolution gesprochen werden [kann]*", jedoch je nach Ausgestaltung der Verbindung von Familie, Stiftung und Unternehmen durchaus weiterhin von einem Familienunternehmen ausgegangen werden könne (Hervorhebungen durch Verfasser).

der Teilhaber jeder Generation förderlich, die sich der Zugehörigkeit zu einer Unternehmerfamilie und dem Unternehmen verpflichtet weiß. Dieses Selbstverständnis und der Erfolg über mehrere Generationen hinweg beruhen daher auf einem gesellschaftsvertragsrechtlichen Grundgerüst, nicht selten ergänzt durch eine sog. Familienverfassung. Insbesondere in einer Familienverfassung, die im hiesigen Kontext auch die Familienstiftung berücksichtigen sollte, einigen sich die Familienmitglieder auf moralisch, aber i. d. R. nicht rechtlich verbindlicher Ebene[380] über Grundsätze des familiären Miteinanders, gemeinsame Werte und Ziele, über Rollen innerhalb der Familie und ggf. des Familienunternehmens (und ggf. der Familienstiftung) sowie formelle Grundlagen des Miteinanders.[381]

2. *Erhöhtes Konfliktpotential*

Ein besonderes Charakteristikum aber auch eine Schwäche von Familienunternehmen ist das durch die familiäre Verbundenheit der Gesellschafter resultierende, erhöhte Konfliktpotential.[382] Wie bereits erwähnt, bestehen in einem Familienunternehmen *a priori* diverse Interessendivergenzen, die einen Nähr-

---

380 Im Detail bisher noch stark umstritten, s. den Forschungsstand einordnend MHdB GesR 9/*Hueck*, § 50 Rn. 22 ff.; *Kalss*, in: Bochmann et al., Werte in Familienunternehmen, S. 19 (44 ff.); für die Anerkennung einer Bindungswirkung der Familienverfassung – je nach Ausgestaltung – plädieren im Vordringen befindliche Ansichten wie etwa *Bong*, Gesellschaftsrechtliche Wirkungen einer Familienverfassung, S. 286 ff.; *Hueck*, Die Familienverfassung, S. 127 ff.; *Reich/Bode*, DStR 2018, 305 (306 f.); *Holler*, ZIP 2018, 553 (556 f.); **a. A.** etwa *Lange*, FS Hennerkes, S. 135 (147) („*bloße Absichtserklärung*"); *Hennerkes/Kirchdörfer*, Die Familie und ihr Unternehmen, S. 65 f. („*rechtlich unverbindliche Absichtserklärung*"); jew. m. w. N.

381 Vgl. *Sabel/Schauer*, ZStV 2018, 81 (90 mit dortiger Fn. 77); umfassend zur Familienverfassung in Familienunternehmen zuletzt *Bong*, Gesellschaftsrechtliche Wirkungen einer Familienverfassung, S. 77 ff.; *Hueck*, Die Familienverfassung, *passim*; MHdB GesR 9/*Hueck*, § 50 Rn. 1 ff.; MHdB GesR 7/*Holler*, § 75 Rn. 164 ff.; *Kalss*, in: Bochmann et al., Werte in Familienunternehmen, S. 19; *Reich/Bode*, DStR 2018, 305; *Holler*, ZIP 2018, 553.

382 Ausf. dazu *Fabis*, Gesellschafterkonflikte, S. 56 ff., 125 ff.; *Großmann*, Konflikte und Krisen, S. 92 ff.; *Wedemann*, Gesellschafterkonflikte, S. 86 ff.; s. a. MHdB GesR 7/*Holler*, § 75 Rn. 67 ff.; *Fleischer*, GmbHR 2021, 113 (117 ff.); *Kormann*, Zusammenhalt der Unternehmerfamilie, S. 315 ff.; *Habersack*, in: Tröger/Wilhelmi, Rechtsfragen der Familiengesellschaften, S. 19 (20); *Megerle/Zenner*, ErbR 2016, 7 (8); *Lieder*, GmbHR 2020, 929 (935) m. w. N.; zu Konfliktvermeidungs- und -lösungsmöglichkeiten etwa MHdB GesR 9/*Binz/Weinand*, § 45 Rn. 1 ff., 92 ff.; vgl. auch *Wedemann*, Gesellschafterkonflikte, *passim*; *Fleischer*, ZHR 179 (2015), 404 (439 ff.); *Habbe/Gieseler*, NZG 2016, 1010; *Jansen/Beyerlein*, BB 2012, 733 (734 ff.);

boden für Spannung in der Familie bieten und letztlich auch zu Nachteilen im Unternehmen führen können. Insofern kann der größte Feind eines Familienunternehmens die Familie selbst sein.[383] Mit den Worten von *Peter C. Zinkann* gesprochen: „*Familienunternehmen haben einen ganz großen Vorteil und einen ganz großen Nachteil, und beides ist die Familie. Eine Familie im Frieden ist das Beste, was es für eine Firma geben kann, eine Familie im Unfrieden das Schlimmste.*"[384]

Daher verwundert es auch nicht, dass der Niedergang eines Familienunternehmens seltener das Resultat wirtschaftlichen Misserfolgs ist, sondern viel häufiger das familiärer Streitigkeiten.[385] Anders als bei Unternehmen, deren Gesellschafter vornehmlich über Beteiligungen am Unternehmen und nicht familiär verbunden sind, schlagen sich persönliche Konflikte unter Familiengesellschaftern nämlich geradezu unausweichlich auch auf das Familienunternehmen nieder und können für dieses gerade deshalb mitunter existenzbedrohend sein.[386] Denn unter den Fami-

---

s. a. die Beiträge in *Erffa/G. Lehleiter/Prigge* (Hrsg.), Streit und Streitvermeidung im Familienunternehmen – Festschrift für Lutz Aderhold.

383 Vgl. *Meinecke*, Stiftungen, S. 18 („*Feind im Inneren*"); *Maier*, FS W. Sigle, S. 51 (52); *Megerle/Zenner*, ErbR 2016, 7 (8); treffend konstatieren daher *Hennerkes/Kirchdörfer*, Die Familie und ihr Unternehmen, S. 62 („*Der größte Wertvernichter in Familienunternehmen ist der Streit*"); s. a. *Holler*, ZIP 2018, 553; zum Streit als Wertvernichter instruktiv *v. Schlippe*, FS P. May, S. 246.

384 *Peter C. Zinkann*, ehemals Mitglied der Geschäftsführung der Miele & Cie. KG, zitiert nach *Megerle/Zenner*, ErbR 2016, 7 (8).

385 So *Karl-Erivan Haub* (ehem. Geschäftsführer der Tengelmann KG) in: *Nöcker*, „Weniger Emotionen, mehr Rationalität", F.A.Z. v. 07.10.2004, S. 20; vgl. i. Erg. auch MHdB GesR 7/*Holler*, § 75 Rn. 67; *Fabis*, Gesellschafterkonflikte, S. 57; *Fleischer/Trinks*, GmbHR 2019, 1209; *Brösztl*, FS W. Sigle, S. 3 (13); *Jeschke*, FS P. May, S. 377 f.; Wiese/*Rundshagen*, Unternehmensnachfolge, Rn. 9.304; dies anhand von fünf Fallstudien untersuchend *Großmann*, Konflikte und Krisen, S. 104 ff., 121 ff., 154, 156, der freilich konstatiert, „*dass familiär bedingte Konflikte den Untergang von Familienunternehmen begünstigen und auch herbeiführen können*" – jedenfalls als notwendiger Zwischenschritt für den letztlichen Untergang des Familienunternehmens. Vgl. zu den (bereits möglichen) negativen Auswirkungen von vor staatlichen Gerichten öffentlich ausgetragenen (Familien-)Gesellschafterstreitigkeiten *Kalss/Probst*, Familienunternehmen, Rn. 10/6; näher *Holler*, in: VGR, Gesellschaftsrecht in der Diskussion 2022, S. 91 (92 ff.), dort auch ausf. zu Schiedsvereinbarungen (im Personengesellschaftsrecht) als Mittel zum Ausschluss der Öffentlichkeit. Zu Schiedsvereinbarungen in Familienunternehmen speziell auch *Huneke/Gegler*, RFamU 2023, 119.

386 Vgl. *Fabis*, Gesellschafterkonflikte, S. 57; *Holler*, in: VGR, Gesellschaftsrecht in der Diskussion 2022, S. 91 (92); *Sanders*, NZG 2017, 961 (964); *Habbe/Gieseler*, NZG

liengesellschaftern wirken sich persönliche Interessenlagen, insb. interne Konflikte – so jedenfalls die Annahme –, i. d. R. stärker auf ihr Entscheidungsverhalten aus,[387] wobei Familiendenken und familiäre Gefühle so sehr die Oberhand gewinnen können, dass sie nicht oder kaum mehr in der Lage sind, in den Angelegenheiten des Familienunternehmens sachbezogen abzuwägen und rational zu entscheiden.[388] Die Konflikte in der Unternehmerfamilie sind nämlich immer auch emotional und nicht allein rational bedingt.[389] Zwar existieren auch zwischen nicht miteinander familiär verbundenen Gesellschaftern enge Beziehungen, bei welchen es auch zu Konflikten kommen kann. Freilich haben diese jedoch jederzeit die Möglichkeit, die private von der unternehmerischen Ebene zu trennen, während Familiengesellschaftern dies in Gänze nicht möglich ist.[390] Vielmehr ist es bei Familienunternehmen so, dass sich die familiär bedingten Konflikte i. d. R. auch nicht durch einen Generationswechsel im Unternehmen auflösen. Bestehende Streitigkeiten werden oft über Generationen perpetuiert und in Familienstämmen weitergegeben, sodass sie jedenfalls unterschwellig fortwirken und sich weiter verhärten können.[391]

Familienunternehmen ist ein erhöhtes, spezifisches Konfliktrisiko daher durchaus inhärent.[392] Dieses Konfliktrisiko bzw. die daraus resultierenden Strei-

2016, 1010; *R. Koch*, FS L. Aderhold, S. 167 (170); *Plonner*, ZUS 2012, 51; *Lange*, BB 2005, 2585 (2588).

387 Vgl. *Fleischer*, GmbHR 2021, 113 (119), wonach in Familienunternehmen „*bei unternehmerischen Entscheidungen persönliche und geschäftliche Motive besonders stark miteinander vermengt werden*“; ähnlich *Szameitat/Wenker*, FS L. Aderhold, S. 437 (440); *Rothärmel*, Gestaltungsfreiheit, S. 14.

388 So *W. Sigle*, FS Rowedder, S. 459 (466); vgl. *Sanders*, NZG 2017, 961 (964), *Habbe/Gieseler*, NZG 2016, 1010; *Szameitat/Wenker*, FS L. Aderhold, S. 437 (440).

389 *Sommer/Godron*, DSWR 2005, 221 (223); *Baum*, DStR 2024, 1614 (1615).

390 Vgl. *Lange*, BB 2005, 2585 (2587); *Jansen/Beyerlein*, BB 2012, 733 (734); *Wimmer/Gebauer*, zfo 2004, 244 (246); *Fabis*, Gesellschafterkonflikte, S. 56, der dies treffend als „*locked-in-Situation*“ beschreibt. Dieser Umstand wird auch von der Rechtsprechung berücksichtigt, s. BGH, NJW 1973, 92 („*[…] es* [wäre] *wenig lebensnah […] anzunehmen, es ließen sich in einer von engen verwandtschaftlichen Beziehungen geprägten Familiengesellschaft […] die persönlichen Beziehungen in der Familie und die geschäftlichen Beziehungen im gemeinschaftlichen Handelsunternehmen völlig voneinander trennen.*“).

391 *Laskawy/Vosberg*, FS L. Aderhold, S. 241 (253); vgl. auch bzgl. Unternehmerfamilien *Großmann*, Konflikte und Krisen, S. 131 („*Typisch ist auch hier eine über Generationen hinweg reichende Historie des Konflikts, in der Kinder teilweise regelrecht in den Konflikt hinein sozialisiert wurden*“).

392 Vgl. *Felden/Hack/Hoon*, Management von Familienunternehmen, S. 331; MHdB GesR 9/*Binz/Weinand*, § 45 Rn. 7; Wiese/*Rundshagen*, Unternehmensnachfolge,

tigkeiten unter den Familiengesellschafter können das Fortbestehen des Familienunternehmens im Allgemeinen und seines Charakters im Speziellen gefährden.[393] Dies zeigt sich bei Familienunternehmen besonders bei der Frage der Unternehmensnachfolge. Insbesondere der (plötzliche) Tod eines Gesellschafters verändert unwillkürlich den Gesellschafterkreis mit der Folge, dass eine Überfremdung und Zersplitterung der Gesellschafterstruktur droht und damit ein erhebliches Konfliktpotenzial drohen kann.[394]

Die Einbringung des Familienunternehmens bzw. der Unternehmensanteile in eine Familienstiftung wird dabei als probate Möglichkeit zur Vermeidung oder Befriedung besonders familiärer Konflikte gesehen.[395] Die Familienstiftung ist dann als generationsübergreifende Eigentümerin des Familienunternehmens dessen Führungsinstrument.[396] Infolgedessen wird die grundsätzliche Beständigkeit des Familienunternehmens unabhängig vom Vorhandensein oder von der Mitwirkung der Familienmitglieder an der Unternehmensnachfolge gesi-

---

Rn. 9.327; *Schmeing*, Konfliktmanagement, S. 221 ff.; *Jendritzky*, Die korporative Gruppenbildung, S. 103; *Holler/Mann*, NZG 2021, 402 (404); *Baum*, DStR 2024, 1614 (1615); relativierend aber *Kormann*, Zusammenhalt der Unternehmerfamilie, S. 9 f.

393 Vgl. *R. Koch*, FS L. Aderhold, S. 167 (168); treffend insofern *Wedemann*, Gesellschafterkonflikte, S. 97 („*Gesellschafterkonflikte als Achillesferse*").

394 Zur Nachfolgeproblematik in Familienunternehmen sogleich → Teil 2 A II 3.

395 Feick/*Feick*, Stiftung, § 5 Rn. 2; Block et al./*May/Jeschke*, Die Familienstiftung, S. 9 (16); MHdB GesR 9/*Binz/Weinand*, § 45 Rn. 166; *Baus*, FS Hennerkes, S. 3 (16) spricht dabei von der „*Exit-Lösung*"; s. a. *Werkmüller*, ZEV 2018, 446. Es wird teilweise auch empfohlen eine Stiftung als reine, unabhängige Entscheidungsinstanz zu errichten, die allein die Funktion hat, bei Uneinigkeit und bei Pattsituationen für eine Entscheidung zu sorgen (Schiedsrichterfunktion), vgl. *Kormann*, Governance des Familienunternehmens, S. 632 m. N.; *Stengel*, Stiftung und Personengesellschaft, S. 143. Als Beispiel kann die *Beltz Rübelmann Stiftung* genannt werden, die als „*faktisch [fünftes] Familienmitglied*" resp. Gesellschafterin neben den vier Familienstämmen in der Beitz Rübelmann-Gruppe (u. a. Verlagswesen) Pattsituationen zwischen den Familienstämmen verhindern soll, s. das Interview des Stifters *Manfred Beitz Rübelmann* im Börsenblatt v. 28.4.2011 (https://t1p.de/i6o9p).

396 Hierfür kommt besonders eine Familienstiftung & Co. KG in Betracht, s. *Hennerkes/Kögel*, FS Rödl, S. 281 (286 ff.). Es wird aber auch befürchtet, dass dadurch eine „*Mumifizierung*" der Industrie drohe, womit gemeint sei, dass eine Stiftung ein Industrieunternehmen nur verwalten, aber nicht führen könne, *Eiselsberg*, ecolex 2007, 3 unter Verweisung auf einen (österreichischen) Artikel in *o. A.*, Die Presse v. 04.10.2006, „Stiftungen: Industrie droht Mumifizierung"; ähnlich auch *Wachter*, FR 2017, 130 (131).

chert.[397] Eine unternehmensverbundene Familienstiftung kann auf diese Weise, d. h. indem sie als Puffer zwischen Familie und Unternehmen geschaltet wird, besonders zur Minimierung des – wie vorstehend erörtert – besonders bei Familienunternehmen omnipräsenten Konfliktrisikos beitragen.[398] Freilich besteht aber auch dann die Möglichkeit, dass diverse Konflikte auch in die Familienstiftung verlagert werden könnten, vor allem wenn Familienmitglieder in der Familienstiftung vertreten sind.[399] Über die Familienstiftung gelängen diese dann ggf. wiederum in das Familienunternehmen, zwar in einem geringeren Maß[400], jedoch mit negativer Auswirkung auf die Wahrnehmung des Familienunternehmen in der Öffentlichkeit. Dem kann jedoch durch eine entsprechende Gestaltung der Stiftungs- und Unternehmensorganisation resp. der Governances entgegengewirkt werden.[401] So konstatiert auch *Dominique Jakob*, *„dass für das Gelingen*

397 Hennerkes/Kirchdörfer/*Hennerkes/Schiffer*, HdB Familiengesellschaften, Rn. 38.5, S. 781; *May*, Erfolgsmodell Familienunternehmen, S. 28; vgl. *Lange*, in: Lange/Windthorst, Sicherung des Familieneinflusses, S. 95 (98); *R. Werner*, ZEV 2006, 539 (541). Eine andere – in dieser Arbeit untersuchte – Frage ist aber, ob und wie gleichwohl auch der Familienunternehmenscharakter erhalten bleiben kann.

398 Block et al./*May/Jeschke*, Die Familienstiftung, S. 9 (16); vgl. MHdB GesR 9/*Binz/Weinand*, § 45 Rn. 167; *Boll*, Die uv. Familienstiftung, S. 69, 126.

399 Vgl. *Dutta*, in: Grziwotz, Erbrecht und Vermögenssicherung, S. 71 (93); *Hosseini-Görge*, Foundation owned firms, S. 40; *v. Oertzen/Reich*, DStR 2017, 1118; *Rücker*, ZEV 2018, 451 (455); *Weninger*, ZUS 2012, 40 (42); *G. Roth*, in: Bochmann et al., Gewinn und Gemeinwohl, S. 133 (149); *Meinecke*, ZStV 2022, 212 (214), wonach bestehende Konflikte vor Stiftungserrichtung geklärt werden müssten, um diese nicht in die Stiftung zu tragen. Zu möglichen Konflikttypen in Familienstiftung (aus betriebswirtschaftlicher Sicht) *Kaufmann*, Stiftung und Konflikt, S. 110 ff.

400 Block et al./*May/Jeschke*, Die Familienstiftung, S. 9 (16); *Franke/Draheim*, VfS 2015, 1 (5); **a. A.** wohl *Boll*, Die uv. Familienstiftung, S. 69 (*„faktisch beseitigt“*); zumindest widersprüchlich insofern auch *Lange*, in: Lange/Windthorst, Sicherung des Familieneinflusses, S. 95 (98), demnach es bei einer Stiftungslösung zu *„keiner Belastung des Unternehmens durch Streitigkeiten in der Unternehmerfamilie“* käme. Dies wäre indes nur dann der Fall, wenn die Familie auch über die Stiftung keinerlei Einflussmöglichkeiten auf Unternehmen hätte. Dann könnte man aber auch nicht mehr von einem Familienunternehmen sprechen (s. o.). Nachfolgend erläutert *Lange* aber dann zutreffend, dass innere Konflikte der Familie etwa eine Entscheidungsfindung bei der Besetzung der Stiftungsorgane lähmen könnten, sodass sich etwaige Streitigkeiten doch auf das Familienunternehmen auswirken könnten, vgl. *Lange*, ebd., S. 95 (108, 113).

401 Zweifelnd MüKoBGB/*Weitemeyer*, § 80 Rn. 203 m. V. a. den ALDI-NORD-Fall (OVG Schleswig, BeckRS 2022, 11137; BVerwG, NZG 2019, 867; zuvor OVG Schleswig, npoR 2018, 262 m. Anm. *Kraus*), in dem es – pointiert gesagt – um das Ver-

einer Stiftungsgestaltung im Familienkontext [vor allem die Family Governance als] *eine besondere Weichenstellung Bedeutung erlangt*"[402]. Konflikte lassen sich aber letztlich nie ganz beseitigen oder vermeiden. Vielmehr ist es nur möglich, zu versuchen das Konfliktrisiko weitestgehend zu minimieren bzw. bestehende Konflikte zu lösen. So hält *Großmann* in seiner diesbezüglichen Untersuchung abschließend fest: „*In diesem Sinne kann es in Familienunternehmen nicht darum gehen, ob Konflikte auftreten, sondern eher wann und wie sie gelöst werden bzw. wie mit ihnen umgegangen wird.*"[403] Diese Feststellung lässt sich ebenfalls auf eine Familienstiftungskonstruktion übertragen. Eine Stiftungslösung kann jedenfalls bei richtiger und die verschiedenen Interessen ausgleichender Gestaltung zur Vermeidung, Verringerung oder auch Lösung des Konflikts bzw. Konfliktrisikos bei Familienunternehmen durchaus opportun sein.[404] Eine Stiftung fungiert aber nicht *per se* als ein „*Friedensengel*".[405]

Ferner besteht – wie bei Familienunternehmen oftmals empfohlen und vorgesehen[406] – auch im Stiftungsrecht die Möglichkeit, gewisse Streitigkeiten Schiedsgerichten, die speziell mit im Stiftungsrecht bewanderten Schiedsrichtern besetzt sind, statutarisch zu zuweisen.[407] Dies bietet sich vor allem bei Streitigkeiten im Zusammenhang mit Familienstiftungen und etwa Inter- und Intraorganstreitigkeiten (z. B. besonders bei Beschlussmängelstreitigkeiten[408]) oder auch zwischen

---

hältnis der Destinatär-Familie und der Unternehmensvertreter im Stiftungsvorstand ging. Jedoch hätte auch in diesem Fall eine konkrete Regelung in der Stiftungssatzung bzgl. der Stellvertretung den Streit wohl vermieden. Zurückhaltend zum Einsatz von Familienstiftungen bei bestehenden Familienstreitigkeiten insoweit *Meinecke*, ZStV 2022, 212 (214).

402 *Jakob*, FS Coester-Waltjen, S. 123 (124).

403 *Großmann*, Konflikte und Krisen, S. 163.

404 Speziell zur Streitvermeidung in Familienunternehmen durch eine Familienstiftung *Kohler*, FS L. Aderhold, S. 181; ausf. zu den Möglichkeiten und Grenzen des Einsatzes einer Stiftung als Konfliktbewältigungsinstrument *Hepperle*, Stiftungen als Instrumente zur Lösung von Schnittstellenkonflikten, S. 33 ff.

405 Zu Recht hierauf eindringlich hinweisend *Meinecke*, ZStV 2022, 212 (213 ff.).

406 Dazu näher *Holler*, in: VGR, Gesellschaftsrecht in der Diskussion 2022, S. 91 (92 ff.); *Huneke/Gegler*, RFamU 2023, 119.

407 Zur Zulässigkeit und Anforderungen von Schiedsklauseln im Stiftungsrecht grdl. *Stumpf*, SchiedsVZ 2009, 266; S/S/S/P/*Stumpf*, StiftR, BGB § 85 Rn. 18; BeckOGK/*Lange*, 1.9.2024, BGB § 81 Rn. 148; *Kamprolf/Theuffel-Werhahn*, ZStV 2024, 163 (166 f.) mit Klauselbeispiel; rechtsvergleichend *D. Prantl et al.*, SchiedsVZ 2023, 309.

408 *Burgard*, Gestaltungsfreiheit im Stiftungsrecht, S. 291; *Stallmann*, ZEV 2017, 607 (612) mit dem Hinweis, dass dies immer noch selten vorgesehen werde. Gerade im

der Stiftung und den von ihr begünstigten (Familien-)Destinatären an.[409] Denn im Rahmen eines Schiedsverfahrens wird eine i. d. R. von allen Parteien unerwünschte Öffentlichkeit im Hinblick auf sensible Fragen und Interna sowie eine negative Wahrnehmung in der Öffentlichkeit weitestgehend vermieden.[410]

3. *Nachfolgeproblematik*

a) *Unternehmensnachfolge als die größte Herausforderung von Familienunternehmen*

Laut jüngsten Schätzungen des Instituts für Mittelstandsforschung Bonn[411] steht in dem Zeitraum 2022–2026 bei rund 190.000 Familienunternehmen die Unternehmensnachfolge[412] an.[413] Diese aufkommende Vererbungswelle unterstreicht

---

vorstehend genannten und medial mit großem Interesse verfolgte ALDI-NORD-Fall hätte dies für Diskretion sorgen können.

409 Vgl. allg. zu (Organ-)Streitigkeiten bei der Stiftung eing. MHdB GesR 7/*G. Roth*, §§ 96–102; Schauhoff/Mehren/*Krezer*, Stiftungsrecht nach der Reform, Kap. 10 Rn. 1 ff., 68 ff.; *Kamprolf/Theuffel-Werhahn*, ZStV 2024, 163; *Gollan*, ErbR 2024, 658 mit Satzungsgestaltungsempfehlungen.

410 Vgl. *Stumpf*, SchiedsVZ 2009, 266 (272); *Kamprolf/Theuffel-Werhahn*, ZStV 2024, 163 (166) („*Schutz der Stiftung gegen Reputationsschäden*").

411 Vgl. *IfM Bonn*, Daten und Fakten Nr. 27, 2021, S. 9, 16 f., nach denen die Corona-Pandemie zudem wohl keine großartige Auswirkung auf das Nachfolgegeschehen von Familienunternehmen haben werde; allg. zu den Gründen und Zahlen der Unternehmensnachfolge s. a. *Klein-Blenkers*, ZEV 2001, 329; *Waschbusch et al.*, StB 2017, 58 (59 ff.); vgl. auch Riedel/*Riedel*, Unternehmensnachfolge-HdB, § 1 Rn. 6 ff., 19 ff.

412 Zu diesem im juristischen Schrifttum etablierten Begriff eing. Riedel/*Riedel*, Unternehmensnachfolge-HdB, § 1 Rn. 1 ff.; s. a. (jew. aus BWL-Sicht) *Waschbusch et al.*, StB 2017, 58 f.; *Schumann*, Familienstiftungen, S. 181 f. Präziser wäre indes der Begriff „*Unternehmernachfolge*", da eine Nachfolge in ein Unternehmen selbst juristisch betrachtet nicht möglich ist. Entweder findet eine Rechtsnachfolge in die einzelnen Unternehmensgegenstände (*assets*) statt oder hinsichtlich der Beteiligungen an dem Unternehmensträger (*shares*). Zur Abgrenzung zwischen dem „*Unternehmen*" (nicht rechtsfähige Organisationseinheit) und dem „*Unternehmensträger*" (rechtsfähiges Zuordnungssubjekt) grdl. *K. Schmidt*, HandelsR, § 3 Rn. 44 ff.; s. a. Scherer/*Ploß*, Unternehmensnachfolge, § 5 Rn. 2 ff.

413 Ausf. zum Ablauf des Nachfolgeprozesses *Kirchdörfer*, FuS 2019, 144; bündig *Hering/Olbrich*, BB-Special 2006, 25 (26 ff.). Dabei ist freilich zu beachten, dass sich besonders bei Familienunternehmen letztlich zwei Nachfolge(vor)fragen stellen: Zum einen die der Nachfolge in die Gesellschafterstellung des Unternehmens (Ver-

zugleich die praktische Relevanz einer erfolgreichen Unternehmensnachfolge für Familienunternehmen, insbesondere aufgrund ihrer hohen Bedeutung für die deutsche Volkswirtschaft.[414]

Dennoch zeigt die Praxis ein ernüchterndes Bild: Schätzungsweise jede zehnte Insolvenz eines Familienunternehmens[415] kann auf eine misslungene Unternehmensnachfolge zurückgeführt werden.[416] Mit jeder Nachfolgegeneration nimmt die Erfolgswahrscheinlichkeit der Unternehmensnachfolge – unabhängig von der jeweils gewählten Rechtsform – zunehmend ab.[417] Gelingt in 30 % der Fälle noch der Generationsübergang von der ersten zur zweiten Generation, scheitert in 90 % der Fälle der Übergang in die dritte Generation.[418] Beschworen wird dieses

mögensebene) und zum anderen die in der Führung des Familienunternehmens (Führungsebene), vgl. H/S/G/*A. Sigle*, GesR, § 22 Rn. 55; s. a. *Koropp/Grichnik*, WiSt 2007, 295; *Kirchdörfer*, FuS 2019, 144 (145) mit Übersicht zu den diesbezüglichen Entscheidungsmöglichkeiten und Problemstellungen.

414 Vgl. neben → Teil 1 A. etwa *Reichert*, GmbHR 1998, 257; May/Bartels/*Bartels*, Nachfolge in Familienunternehmen, S. 27 f.; *T. Fasselt*, Nachfolge, I/Rn. 16, S. 12; deutlich auch *Spiegelberger*, Unternehmensnachfolge, 2. Aufl. 2009, § 1 Rn. 1 („[...] *Unternehmensnachfolge ist eine Existenzfrage der deutschen Wirtschaft*"); s. zuletzt auch die Studie von *Garnitz/Maltzan/Müller*, ifo-Schnelldienst 12/2023, 46 (https://t1p.de/cb3e8) auf der Datenbasis der Datenbank „FamData" (https://t1p.de/bzdmj).

415 Aus der bei Unternehmerfamilien regelmäßig vorzufindenden intrinsischen Motivation (s. Fn. 339) resultiert aber im Vergleich zu Nicht-Familienunternehmen zumeist eine höhere Wandlungsfähigkeit sowie Leidensfähigkeit und damit *in praxi* auch eine größere Krisenresilienz, vgl. allg. zur Krisenresilienz von Familienunternehmen, auch vor dem Hintergrund der Corona-Pandemie, eing. *Windthorst*, Die Krisenresilienz des Familienunternehmens, *passim*.

416 So *Nitz*, BWNotZ 2004, 153; vgl. auch die *Mitteilung der Europäischen Kommission zur Übertragung von Unternehmen* (Abl. EG C 204/01 v. 23.7.1994), wonach 10 % innereuropäischen Insolvenzanträge auf eine „*schlecht geplante Erbfolge*" zurückzuführen sind.

417 Vgl. auch *Neumann*, Die reine Unterhaltsstiftung, S. 235.

418 *Baus*, Die Familienstrategie, S. 35. Es wird verschiedenerseits sogar davon ausgegangen, dass bereits jede zweite Übergabe scheitert, vgl. Wiesehahn/*Lust*, Unternehmensnachfolge, S. 91; *Meinecke*, Stiftungen, S. 20. Nach *Fleschutz*, Die Stiftung als Nachfolgeinstrument, S. 1 m. w. N. befinde sich nur jedes 20. Unternehmen in der dritten Generation noch unter der Leitung der Familie.

Szenario häufig durch das bekannte und mahnende, aber keineswegs allgemeingültige[419], Sprichwort: *„Der Vater erstellt's, der Sohn erhält's, dem Enkel zerfällt's.“*[420]

Wie bereits erläutert, ist im Besonderen die Transgenerationalität ein wesentliches Charakteristikum eines Familienunternehmens, sodass die damit verbundene und im Lebenszyklus eines Familienunternehmens immer wieder auftretende Nachfolgefrage[421] betreffend der zukünftigen Existenz desselben wohl auch das entscheidende Problem sein kann.[422] Gleichwohl besteht oft eine nur begrenzte Bereitschaft der Familienunternehmer, sich mit ihrer eigenen Sterblichkeit auseinanderzusetzen, indem sie ein angemessenes Unternehmensnachfolgekonzept ausarbeiten.[423] Mit Blick darauf, dass das Familienunternehmen resp. die Unter-

---

419 Vgl. etwa das Familienunternehmen *Mack* (Europa-Park GmbH & Co. Mack KG), das bereits in 8. Generation und seit 2019 in Gestalt einer Familienstiftungskonstruktion geführt wird (s. https://t1p.de/99gkn), das Familienunternehmen *Peter Kölln* (GmbH & Co. KGaA), das aktuell in der 7. Generation geführt wird (s. https://t1p.de/pm6th und aus Binnensicht *Driftmann*, RFamU 2024, 245), oder die Familie *Mohn*, die in 6. Generation die Geschicke des Familienunternehmens-Konzerns Bertelsmann SE & Co. KGaA, das überwiegend (80,9 %) von drei (gemeinnützigen) Stiftungen (Bertelsmann Stiftung, Reinhard Mohn Stiftung, BVG-Stiftung) gehalten wird (s. https://t1p.de/jwlrt und *Eulerich*, Stiftungsverbundene Unternehmen, S. 416 ff.).

420 Gängig ist auch die Beschreibung dieses Szenarios als *Buddenbrooks-Syndrom* (angelehnt an den bekannten Roman „Die Buddenbrooks – Verfall einer Familie“ aus dem Jahre 1901 von *Thomas Mann*. Dies ist genau genommen nicht richtig, denn Senator *Thomas Buddenbrook* war bereits ein Vertreter der vierten Generation, als das Handelsgeschäft nach seinem frühen Tod liquidiert wurde, darauf zutreffend hinweisend *Fleischer*, in: F/R/S, Family Firms, S. 1 (10). Insofern passender, das – wohl auf *Otto Fürst von Bismarck* (1815–1898) zurückzuführende – Zitat: *„Die erste Generation schafft Vermögen, die zweite verwaltet Vermögen, die dritte studiert Kunstgeschichte, und die vierte verkommt“*; s. dazu *Megerle/Zenner*, ErbR 2006, 7.

421 Nach Riedel/*Riedel*, Unternehmensnachfolge-HdB, § 1 Rn. 5 spielt dies sogar *„ausschließlich in Familienunternehmen“* eine Rolle; ähnlich auch *Flick*, DStR 1993, 929 (930); *Bochmann*, NotBZ 2019, 361; *Wimmer/Gebauer*, zfo 2004, 244; *Schumann*, Familienstiftungen, S. 181; *B. Dauner-Lieb*, in: Röthel, Verträge in der Unternehmerfamilie, S. 181 (183) (*„Die Nachfolgefrage ist ständig präsent [...]“*).

422 Statt vieler Riedel/*Riedel*, Unternehmensnachfolge-HdB, § 1 Rn. 23; *Kalss/Probst*, Familienunternehmen, Rn. 21/1; *Ramadani et al.*, Entrepreneurial Family Businesses, S. 88; *G. Roth*, in: Bochmann et al., Gewinn und Gemeinwohl, S. 133; vgl. H/S/G/*A. Sigle*, GesR, § 22 Rn. 1; *Sanders/Rolfes*, JURA 2022, 461 (467); *Garnitz/Maltzan/Müller*, ifo-Schnelldienst 12/2023, 46 (https://t1p.de/cb3e8).

423 *Haberstroh*, BB 2010, 1745 (1746); *Dresler-Lenz/D. Lehmann*, BB 2023, 648 (655); vgl. zur *„fehlenden Planungsbereitschaft“* bei Familienunternehmen näher *Ebner*,

nehmensbeteiligung selbst in der Regel das ganze oder jedenfalls einen Großteil des Familienvermögens darstellt[424], kann ein Scheitern der Unternehmensnachfolge die wirtschaftliche Existenz der Unternehmerfamilie stark bedrohen[425] und diese sogar in den Ruin treiben.[426] Die Unternehmensnachfolge betrifft aber nicht nur die Unternehmerfamilie, sondern gefährdet auch Millionen von Arbeitsplätzen[427] (darunter etwa die der eigenen Mitarbeiter[428], Geschäftspartner und Lieferanten) und tangiert somit auch verschiedene Stakeholder-Gruppen.[429] Für alle mit dem Familienunternehmen in Berührung stehenden Beteiligten, aber vornehmlich für

---

Familienexterne Nachfolgeregelung, S. 24 ff.; *G. Roth*, in: Bochmann et al., Gewinn und Gemeinwohl, S. 133 (136 f.); entsprechendes gilt auch im Falle der Nachfolgeplanung betreffend die Organe der (Familien-)Stiftung, s. *Lange*, ZStV 2022, 41 (42) sowie Nachweise in Fn. 584.

424 Vgl. etwa *Kalss/Probst*, Familienunternehmen, Rn. 16/1; Sudhoff/*Stracke*, Familienunternehmen, Kap. G Rn. 3; *G. Roth*, in: Bochmann et al., Gewinn und Gemeinwohl, S. 133 (135); Riedel/*Riedel*, Unternehmensnachfolge-HdB, § 1 Rn. 25; *Hennerkes/Kirchdörfer*, Die Familie und ihr Unternehmen, S. 78; *Baddeley/Trigo Trindade*, in: Baddeley/Dauner-Lieb et al., Familiäre Vermögensplanung, Rn. 5.62; nach *Flick*, DStR 1993, 929 (930) sind meist 70 %–90 % des Familienvermögens im Unternehmen gebunden.

425 Riedel/*Riedel*, Unternehmensnachfolge-HdB, § 1 Rn. 25.

426 Instruktive Analyse von Praxisbeispielen betreffend gelungenen und misslungenen Unternehmensnachfolgen etwa bei *Reimann*, FS Otte, S. 285.

427 Im Zeitraum 2018–2022 ist von 2,4 Mio. betroffenen Beschäftigten ausgegangen worden, vgl. *IfM Bonn*, Daten und Fakten Nr. 18, 2018, S. 13. Die Sicherung von Arbeitsplätzen als Begründung für rechtliche Erleichterungen bei Unternehmensfortführungen wird auch vom Gesetzgeber oftmals (insbesondere bei erbschaftsteuerrechtlichen Begünstigungen von betrieblichem Vermögen [vgl. BT-Drs. 16/7918, S. 33; ausf. zu den Gründen *Lederer*, Vorab-Abschlag, S. 79 ff.]) angeführt, s. *Dutta*, Warum Erbrecht?, S. 511 f. (mit Nachweisen in dortiger Fn. 1902), kritisch dazu und eine etwaige Negativität des Beschäftigtensaldos für die Volkswirtschaft bezweifelnd *D. Reuter*, in: Bumke/Röthel, Autonomie im Recht, S. 118 (138).

428 Speziell hierzu im Kontext der Stiftungskonstruktion *Brill*, KÖSDI 2014, 18778 Rn. 3; eing. *Fleschutz*, Die Stiftung als Nachfolgeinstrument, S. 311 ff.

429 Picot/*Picot*, Unternehmenskauf und Restrukturierung, § 7 Rn. 19; H/P/B/E/*Löcherbach/Wegener*, Unternehmenskauf, Rn. 2339; *M. Schauer*, in: Baddeley/Dauner-Lieb et al., Familiäre Vermögensplanung, Rn. 10.6; vgl. auch *Wassermann/Krystek*, DB 2022, 2105; *H. Westermann*, FS Bartholomeyczik, S. 395 (401) der insofern zusammenfassend von einem „*öffentliche[n] Interesse*“ spricht; vgl. *Wieselhuber*, FS Zitzelsberger, S. 191 (207), nach dem das „*‘Überleben‘ eines Unternehmens […] als übergeordnetes Ziel [der Unternehmensnachfolge] von allen Beteiligten, den sog. Stakeholdern, angesehen und akzeptiert*“ werde.

die Unternehmerfamilie, steht mit einer anstehenden Unternehmensnachfolge mithin vieles auf dem Spiel. Demgemäß ist eine proaktive Nachfolgeplanung im Speziellen bei Familienunternehmen unumgänglich.[430] Die Sicherung der Kontinuität von (Familien-)Unternehmen im Rahmen einer Unternehmensnachfolge ist vor diesem Hintergrund wohl auch „*ein tradiertes Motiv des Gesetzgebers*“[431], insbesondere für Regelungen im Gesellschafts- und Steuerrecht.

Darüber hinaus gehört die erfolgreiche Regelung der Unternehmensnachfolge auch zum Risikomanagement eines Familienunternehmens. Insbesondere Banken und auch Geschäftspartner machen dies mit zur Grundlage ihrer Risikobeurteilung, etwa bei der Gewährung von Krediten oder vor dem Eingehen von (längerfristigen) Geschäftsbeziehungen.[432]

Mit Blick auf den fortschreitenden demographischen Wandel[433] und der damit im Zusammenhang stehenden Nachfolgeproblematik erlangen besonders (Familien-)Stiftungen als Beteiligte an Familienunternehmen eine immer größere Bedeutung als Nachfolgeinstrument, insbesondere zum Erhalt der Unternehmenskontinuität[434] und gerade über die von ihnen gehaltenen Unternehmensbeteiligungen eine weitere wirtschaftliche bzw. volkswirtschaftliche Bedeutung[435].

b) *Gestaltung der Unternehmensnachfolge*

aa) *Gestaltungsziele*

Die Gestaltung der Unternehmensnachfolge verfolgt im Allgemeinen unterschiedliche Ziele.[436] Die Besonderheit bei der Unternehmensnachfolge eines Fa-

---

430 Statt anderer nur *Lieder/Pommerening*, ZEV 2019, 564 (569).

431 BFHE 238, 135 Rn. 36.

432 Vgl. H/S/G/*A. Sigle*, GesR, § 22 Rn. 38; *Gesmann-Nuissl*, BB-Special 2006, 2 (3 dortige Fn. 10).

433 Weitere Herausforderungen sind hierbei etwa auch der Wertewandel der Nachfolgegeneration, die Digitalisierung, Nachhaltigkeitsaspekte und das Zinstief, s. hierzu *Wassermann/Krystek*, DB 2022, 2105 (2106 f.) mit dem interessanten Vorschlag einer sog. Verbundsnachfolge, bei der mehrere zur Nachfolge anstehende Unternehmen von einer Holding erworben werden.

434 Dazu sogleich → Teil 2 A II 3 c.

435 *Fleschutz*, in: Sprengel/Ebermann, Statistiken zum Deutschen Stiftungswesen 2007, S. 101 (109); näher *Fleisch*, in: F/E/K/S/S, Modell unternehmensverbundene Stiftungen, S. 25 ff.; vgl. auch *Stiftung Familienunternehmen*, Stiftungsunternehmen in Deutschland, S. 38.

436 Dazu allg. statt vieler H/K/W/*Riemenschneider/Kämper*, Notar-HdB, § 29 Rn. 37 ff.

milienunternehmens[437] liegt vornehmlich darin, dass das Familienunternehmen als solches für die Familie weiterhin bestehen soll, denn sie denken in Generationen. Für einen Familienunternehmer ist daher das oberste Ziel jeder anstehenden Unternehmensnachfolge das Familienunternehmen als sein Lebenswerk bzw. das der Familie generationsübergreifend zu sichern, weiter in Familienhand zu halten und dabei gleichsam den Charakter als Familienunternehmen zu wahren.[438]

Als weitere wesentliche Gestaltungsziele der Unternehmensnachfolgeplanung – die je nach Einzelfall unterschiedlich gewichtet werden können – eines Familienunternehmers kommen insbesondere in Betracht:[439]

- Einsetzung eines geeigneten und kompetenten Nachfolgers (falls vorhanden)
- Sicherung von lebzeitigen Kontroll- und Einflussnahmemöglichkeiten seitens des Seniors („*Kontroll-*[440] bzw. *Einflussinteresse*“[441])
- Langfristige Sicherung des Familienvermögens vor dem Zugriff Dritter („*Sicherungsbedürfnis*“[442])

---

437 Ausf. dazu *Wiese* (Hrsg.), Unternehmensnachfolge; *Riedel* (Hrsg.), Unternehmensnachfolge-HdB; *Spiegelberger* (Hrsg.), Unternehmensnachfolge; *Viskorf* (Hrsg.), Familienunternehmen in der Nachfolgeplanung; *Koeberle-Schmidt/Unger* (Hrsg.), Nachfolge im Familienunternehmen; *May/Bartels* (Hrsg.), Nachfolge in Familienunternehmen; bündig *G. Roth*, in: Bochmann et al., Gewinn und Gemeinwohl, S. 133 (134 ff.).

438 Vgl. Viskorf/*Hueck*, Familienunternehmen in der Nachfolgeplanung, Rn. 364; *Lange*, in: Lange/Windthorst, Sicherung des Familieneinflusses, S. 95 (107); MHdB GesR 9/*Krauß*, § 29 Rn. 2; *Alles*, Der Tod des GmbH-Gesellschafters, S. 22 f.; *Reimann*, GmbHR 2011, 1297 (1298); *Baus*, FS Hennerkes, S. 3 (11); *R. Koch*, FS L. Aderhold, S. 167 (170 f.); s. a. *Hering/Olbrich*, BB-Special 2006, 25 (27 f.); *Klein-Blenkers*, ZEV 2001, 329 (331); *Trops*, ZRP 1971, 227 (229); *Fleischer*, ZIP 2023, 2385 (2393). Die Sicherung und Fortführung eines Unternehmens ist darüber hinaus auch (verfassungs-)rechtlich geboten, vgl. BVerfGE 93, 165 (173 f.); auch bei der Auslegung von gesellschaftsvertraglichen Klauseln ist das „*Fortführungsinteresse*“ des Unternehmens zu berücksichtigen, s. BGH, NZG 2020, 947 Rn. 17, 21 m. N. (bzgl. der *Ratio* von Nachfolgeklauseln [mit Abfindungsausschluss] bei Personengesellschaften).

439 Vgl. Spiegelberger/*Spiegelberger*, Unternehmensnachfolge, § 1 Rn. 133 ff.; Wiese/*Wiese*, Unternehmensnachfolge, Rn. 1.38 ff.; *Kornau*, Stiftung als Unternehmensnachfolgerin, S. 14 f.; *Alles*, Der Tod des GmbH-Gesellschafters, S. 22 ff.; s. a. *Pauli*, ZEV 2013, 289; *Nitz*, BWNotZ 2004, 153; *Michalski*, NZG 1998, 301; *Flick*, DStR 1993, 929 (931); aus Sicht eines potentiellen Stifters vgl. auch luzid *Gummert*, in: Die Stiftung – Jahreshefte zum Stiftungswesen, 6. Jahrgang, S. 75 (79).

440 Begriff nach *Pauli*, ZEV 2013, 289.

441 Begriff nach *Hermanns*, MittRhNotK 1997, 149 (150).

442 Begriff nach *Pauli*, ZEV 2013, 289.

- Vermeidung einer Veräußerung oder Zersplitterung des Familienunternehmens aufgrund eines großen Erbenkreises („*Familienbindungsinteresse*“[443])
- Wirtschaftliche Absicherung des ausscheidenden Seniors sowie anderer Familienmitglieder („*Versorgungsinteresse*“[444])
- Vermeidung von Streitigkeiten und langfristige Sicherung des Familienfriedens („*Friedensinteresse*“[445])
- Bewahrung der Unternehmenskultur und Sicherung von Arbeitsplätzen
- Weiterentwicklung und Stärkung der Wettbewerbsfähigkeit des Unternehmens
- Nutzung von Steuervorteilen bzw. Minimierung der Steuerlast (vornehmlich Erbschaft-, Schenkung- und Ertragsteuern)
- Vermeidung von Liquidationsbelastungen, etwa durch Pflichtteil(ergänzungs)ansprüchen oder Abfindungszahlungen.

Freilich ist die vorstehende Aufzählung nicht abschließend, da die Unternehmensnachfolgegestaltung seitens des Familienunternehmers i. d. R. nicht aus einem einzigen Motiv, sondern vielmehr aus einem Motivbündel heraus zu treffen ist. So unterschiedlich die Motive sein können, so vielfältig können daher auch die verfolgten Ziele sein. Zu den speziellen Motiven und Zielen, die mit der Errichtung einer unternehmensverbundenen (Familien-)Stiftung als Unternehmensnachfolgeinstrument bei Familienunternehmen assoziiert werden, wird noch ausführlich einzugehen sein.[446]

bb) Typische Gestaltungsmöglichkeiten bei Familienunternehmen

Eine von Familienunternehmen i. d. R. favorisierte[447] familieninterne Unternehmensnachfolge ist oft nicht möglich.[448] Die Gründe dafür sind vielschichtig:

---

443 Begriff nach *Pauli*, ZEV 2013, 289.

444 Begriff nach *Hermanns*, MittRhNotK 1997, 149 (150); *Pauli*, ZEV 2013, 289.

445 Begriff nach *Hermanns*, MittRhNotK 1997, 149 (150).

446 Dazu → Teil 3 A.

447 Vgl. *IfM Bonn*, Daten und Fakten Nr. 18, 2018, S. 21; *Sanders*, in: Schmidt-Kessel, German National, S. 461 (462); H/P/B/E/*Löcherbach*/*Wegener*, Unternehmenskauf, Rn. 2341; H/K/W/*Riemenschneider*/*Kämper*, Notar-HdB, § 29 Rn. 42; *Staake*, in: Röthel/K. Schmidt, Grundfragen der Organisation von Familienunternehmen, S. 125 (135); *Davidson*, DStR 2020, 1147; *Waschbusch et al.*, StB 2017, 58 (63); nach Hennerkes/Kirchdörfer/*Lorz*, HdB Familiengesellschaften, Rn. 35.9, S. 698 streben dies rund 70 % der Familienunternehmer an.

448 Etwa 30 % der familieninternen Nachfolgebestrebungen scheitern, *Fleisch*, S&S RS 04/2018, 1 (6) unter Verweisung auf *Fleschutz*, Die Stiftung als Nachfolgein-

Entweder sind gar keine Nachfolger vorhanden oder potentiell vorhandene Nachfolger werden vom Familienpatron nicht für geeignet bzw. kompetent genug erachtet, oder sie wollen das Familienunternehmen aus privaten Gründen nicht übernehmen und fortführen, sondern vielmehr ihre eigenen Wege gehen.[449]

In einer solchen Situation bestünde zwar die Möglichkeit, einen Interims-Fremdgeschäftsführer im Familienunternehmen (etwa bis sich ein geeigneter oder williger Nachfolger findet) einzusetzen und die Geschäftsanteile im Kreise der Familie weiter zu übertragen. Diese Gestaltung ermöglicht zwar, dass das Familienunternehmen weiterhin im Familienbesitz verbleibt, jedoch würde es von einem familienfremden Geschäftsführer geführt, was von den meisten Familienunternehmen ungern gewollt sein wird[450], und für diese höchstens als „*Notlösung*“[451] in Betracht kommen. Es käme nämlich faktisch zur (zeitweisen) Trennung von Unternehmensleitung und Eigentum, obwohl gerade deren Einheit ein Familienunternehmen grundsätzlich auszeichnet.[452] Ferner ist eine derartige Konstruktion nicht bei jeder Rechtsform möglich, sondern nur bei Familienunternehmen in Gestalt einer AG, GmbH oder Kapitalgesellschaft/Stiftung & Co. KG, die eine Fremdorganschaft erlauben.[453]

Im Übrigen verbleiben dem Familienunternehmer vornehmlich folgende Möglichkeiten:[454] Entweder wird das Familienunternehmen liquidiert, eine

---

strument, S. 1; vgl. auch Spiegelberger/*Spiegelberger*, Unternehmensnachfolge, § 1 Rn. 129.

449 Riedel/*Riedel*, Unternehmensnachfolge-HdB, § 1 Rn. 24; *Koeberle-Schmidt/Unger*, Nachfolge im Familienunternehmen, S. 45; *Reimann*, FS Otte, S. 285 (289); *Kirchdörfer/Kögel*, FS Möschel, S. 181 (193 f.); *Davidson*, DStR 2020, 1147; zu den möglichen Gründen s. a. *Gesmann-Nuissl*, BB-Special 2006, 2; *Kußmaul/Schumann*, Ubg 2020, 326 m. w. N.

450 Siehe → Teil 2 A II 1.

451 *K. Schmidt*, in: Tröger/Wilhelmi, Rechtsfragen der Familiengesellschaften, S. 37 (50 f.).

452 Siehe → Teil 2 A II 1.

453 Vgl. Sudhoff/*Wälzholz*, Familienunternehmen, § 2 Rn. 8; *Sommer/Godron*, DSWR 2005, 221 (222); s. a. → Teil 2 A II 1.

454 Vgl. etwa *Mühlbauer*, Stiftungsverbundene Unternehmen und Agency-Theorie, S. 16 ff.

familienexterne Gestaltung[455] der Nachfolge herangezogen oder eine unternehmensverbundene (Familien-)Stiftung als Nachfolgeinstrument[456] eingesetzt.

Eine Liquidation des Familienunternehmens oder eine familienexterne Nachfolgegestaltung, insbesondere der Verkauf des Familienunternehmens[457], wird in den meisten Fällen nicht dem Willen der Familienunternehmer entsprechen, die *ihr* Unternehmen resp. Lebenswerk nicht in fremde Hände geben bzw. gänzlich aufgeben wollen.[458] Ein Verkauf des Familienunternehmens führt letztlich zum gänzlichen Verlust des Familieneinflusses und wird i. d. R. nur die „letzte Lösung" sein.[459] Das Familienunternehmen an sich wird dabei nämlich entfamiliarisiert und damit – plakativ gesprochen – *„zur Geschichte"*.[460] Ein großer Nachteil des

---

455 Überblick dazu bei *Rosenbauer/Eichholz*, BC 2019, 37; *Gesmann-Nuissl*, BB-Special 2006, 2 (5 ff.); *Ebner*, Familienexterne Nachfolgeregelung, S. 133 ff. Allg. zu den möglichen Gestaltungsalternativen familieninterner und -externer Unternehmensnachfolge bei Scherer/*Scherer*, Unternehmensnachfolge, § 1 Rn. 1 ff.; Riedel/*Riedel*, Unternehmensnachfolge-HdB, § 3 Rn. 53, § 7 Rn. 1 ff.; *Staake*, in: Röthel/K. Schmidt, Grundfragen der Organisation von Familienunternehmen, S. 125 ff.

456 Dazu → Teil 2 A II 3 c.

457 Speziell zum Verkauf des Familienunternehmens, der im Einzelfall durchaus sinnvoll sein kann, s. etwa *Hennerkes/Kirchdörfer*, FS Lüer, S. 535; *Hinderer*, FS Hennerkes, S. 369 (380 ff.); *Davidson*, DStR 2020, 1147; ausf. MHdB GesR 9/*Krause/Uwase*, § 52 Rn. 1 ff. Zur eher selten erörterten Folgefrage, was man mit dem (ggf. immensen) Erlös aus dem Verkauf des Familienunternehmens machen könnte (u. a. Einbringung in eine [gemeinnützige] Stiftung, unternehmerische Anlage, Aufteilung unter den Familienstämmen oder Einsatz eines Family Offices) s. *Seibert*, RFamU 2023, 72.

458 Vgl. *Koropp/Grichnik*, WiSt 2007, 295 f.; *Lange/Sabel*, NZG 2015, 1249 (1253) (*„[...] rührt er [der Unternehmensverkauf] bei vielen Familienunternehmen an einem Tabu"*); deutlich auch *Kalss/Dauner-Lieb*, GesRZ 2018, 261 (262) (*„Ein Verkauf des Unternehmens als Ganzes mag möglich sein, bedeutet aber, dass das Ziel einer Erhaltung des Familienunternehmens in der Familie verfehlt wird"*). Der Verkauf des Familienunternehmens werde *in praxi* darüber hinaus oftmals *„zum Gegenstand öffentlichen Interesses und zwar tendenziell mit einer für den Unternehmer und seine Familie negativen Stoßrichtung"*, so *Hennerkes/Kirchdörfer*, FS Lüer, S. 535 f. mit Praxisbeispielen.

459 Ähnlich *Hinderer*, FS Hennerkes, S. 369 (380) (*„ultima ratio"*); Wiese/*Wiese*, Unternehmensnachfolge, Rn. 1.111; zu möglichen Verkaufsgründen (insb. Nachfolgeprobleme, Finanzierungsprobleme und Streitigkeiten im Gesellschafterkreis) s. *Hennerkes/Kirchdörfer*, FS Lüer, S. 535 (538 ff.); knapp auch MHdB GesR 9/*Krause/Uwase*, § 52 Rn. 10 f.

460 Vgl. *Koropp/Grichnik*, WiSt 2007, 295 (300); *Weninger*, ZUS 2012, 40 (42); *Kalss/Probst*, Familienunternehmen, Rn. 21/4. Betreffend die Rolle des Familienunter-

Verkaufs besteht zudem besonders darin, dass das Familienunternehmen durch diesen regelmäßig selbst belastet wird. Heutzutage ist es nämlich gängige Praxis, dass die Finanzierungskosten des Erwerbers durch die Aufnahme eines Darlehens durch das zu erwerbende Familienunternehmen und daher letztlich vom Familienunternehmen selbst getragen werden.[461]

Etwaige erbrechtliche Gestaltungsmöglichkeiten bieten *de lege lata* nicht die ausreichende Gewähr hinsichtlich der dauerhaften Sicherung der Unternehmensfortführung und -erhaltung i. S. d. Familienunternehmers.[462] So kann etwa eine Dauertestamentsvollstreckung (§ 2209 BGB)[463], die als Nachfolgeinstrument eine ähnliche Zielrichtung wie eine Stiftungskonstruktion aufweist[464], grundsätzlich[465] höchstens für 30 Jahre (§ 2210 S. 1 BGB), d. h. für die Dauer einer „*Menschengeneration*"[466], nach dem Tod des Erblassers angeordnet werden. Zudem unterliegt der Testamentsvollstrecker grundsätzlich keiner behördlichen

---

nehmers nach Verkauf treffend *Hennerkes/Kirchdörfer*, FS Lüer, S. 535 (536) („*Seine bisherige Rolle als anerkannter Unternehmer wandelt sich in die eines ‚Vermögensverwalters'*").

461 Vgl. *Bayer*, in: Bayer/Koch, Unternehmens- und Vermögensnachfolge, S. 169 (175); zu sonstigen Bezahlungsformen etwa *Hennerkes/Kirchdörfer*, FS Lüer, S. 535 (548 ff.).

462 *Kornau*, Stiftung als Unternehmensnachfolgerin, S. 140; *Pauli*, ZEV 2012, 461; näher zu den Unzulänglichkeiten rein erbrechtlicher Lösungen Feick/*Godron*/*Thress*, Stiftung, § 29 Rn. 47 ff.; *O. Werner*, GmbHR 2003, 331 (333 ff.); vgl. auch *Kalss*, ZVglRWiss 117 (2018), 221 (227 ff.). Siehe zu den Möglichkeiten und Grenzen betreffend Vorgaben für die Unternehmensfortführung, die anlässlich einer Nachfolge von Todes wegen getroffen werden, umfassend aus erb- und gesellschaftsrechtlicher Sicht *Lübke*, Privatautonome Verhaltensvorgaben für Gesellschafter-Erben, S. 35 ff. (Erbrecht), 317 ff. (Gesellschaftsrecht).

463 Zur Testamentsvollstreckung als Nachfolgeinstrument eing. etwa *Alles*, Der Tod des GmbH-Gesellschafters, S. 285 ff.; *Reimann*, GmbHR 2011, 1297; *Pauli*, ZEV 2012, 461 (463 f.); zur Kombination von Stiftung und Testamentsvollstreckung s. *Lange*, ZStV 2019, 85; *R. Werner*, NWB-EV 2015, 238 (242 ff.).

464 Bengel/Reimann/*Pauli*, TV-HdB, § 5 Rn. 298; *R. Werner*, NWB-EV 2015, 238.

465 Nach § 2210 S. 2 BGB ist unter engen Voraussetzungen auch ein längerer Zeitraum möglich; obgleich des insofern nicht eindeutigen Wortlauts des § 2210 S. 2 BGB längstens jedoch auf etwa 100 Jahre, s. *Rapp*, AcP 221 (2021), 621 (641 f.) unter Verweisung auf BGHZ 174, 346 (374 f.); bestätigt durch BVerfG, ZEV 2009, 390 Rn. 20; näher zu Durchbrechungsmöglichkeiten der 30-jährigen Frist *Edenfeld*, DNotZ 2003, 4 (8 ff.).

466 *Rapp*, AcP 221 (2021), 621 (624); weiterführend zur Dauer der Beschränkung *Schröder*, Die Grenzen der Testierfreiheit, S. 218 ff. m. w. N.

oder gerichtlichen Kontrolle, sodass er weitestgehend eigenmächtig handeln kann. Im Besonderen bei unternehmerischen Entscheidungen hat er einen großen Ermessensspielraum[467], wobei auch zu berücksichtigen ist, dass ein Testamentsvollstrecker zudem gem. § 2227 Abs. 1 BGB nur aus wichtigem Grund vom Nachlassgericht entlassen werden kann[468].

In Betracht käme auch eine Vererbung der Unternehmensanteile unter Auflage (§ 1940 BGB), mittels dessen der Familienunternehmer seinem Erben Vorgaben hinsichtlich der Unternehmensführung machen könnte. Anders als die Dauertestamentsvollstreckung ist eine Auflage auch nicht befristet.[469] Die Auflage ist zur Verfolgung der vorstehend genannten Ziele des Familienunternehmers aber auch wenig geeignet. Wird die Erbschaft gem. §§ 1942 ff. BGB etwa ausgeschlagen, geht diese Nachfolgegestaltung ins Leere.[470]

Dauertestamentsvollstreckung und Auflage sind daher insgesamt keine adäquaten Mittel zur dauerhaften Regelung der Unternehmensnachfolge.[471] In beiden Fällen werden die Erben die Gesellschafter des Familienunternehmens und erlangen dadurch unmittelbaren Einfluss auf die Geschicke des Familienunternehmens, ohne dass der Erblasser resp. Familienunternehmer langfristige Vorgaben machen könnte; das Familienunternehmen wäre letztlich vom Gutdünken der Erben bzw. für einen gewissen Zeitraum auch des Testamentsvollstreckers abhängig.

---

467 *Schienke-Ohletz/Mehren*, ZStV 2022, 1 (2); zu Begrenzungsmöglichkeiten dieses Ermessens und zur Verhaltenssteuerung der Erben durch den Einsatz eines Testamentsvollstreckers s. aber *Lübke*, Privatautonome Verhaltensvorgaben für Gesellschafter-Erben, S. 110 ff.

468 Siehe dazu exemplarisch OLG München, ZEV 2020, 554 Rn. 7 ff. m. Anm. *Reimann*; OLG Hamm, FamRZ 2013, 71 (74) (betreffend die Errichtung einer Stiftung von Todes wegen); AG Nürnberg, BeckRS 2024, 20805 (betreffend die Errichtung einer Stiftung von Todes wegen).

469 Die §§ 2162 f. BGB gelten *expressis verbis* nur für Vermächtnisse; vgl. auch § 2192 BGB, der gerade nicht auf §§ 2162 f. BGB verweist.

470 *Ihle*, RNotZ 2009, 557 (571); *O. Werner*, GmbHR 2003, 331 (336); *Schwarz*, BB 2001, 2381 (2385).

471 Vgl. W/S/F/*Saenger*, Die Stiftung, § 36 Rn. 29; *Reimann*, DNotZ 2012, 250 (263). Erschwerend kommt hinzu, dass zwischen dem Recht der Testamentsvollstreckung resp. Erbrecht und dem Handels- und Gesellschaftsrecht diverse Kollisionsprobleme bestehen, vgl. dazu bereits RGZ 170, 392 (395 f.); BGH, NJW 1981, 749 (750); s. a. MüKoBGB/*Zimmermann*, Vor. § 2197 Rn. 2; B/R/H/R/*Pauli*, TV-HdB, § 5 Rn. 111 ff.; umfassend zuletzt *Vallelonga*, Testamentsvollstreckung an Gesellschaftsbeteiligungen.

Entsprechendes gilt in Bezug auf die zuvor erläuterten typischen gesellschaftsrechtlichen Instrumentarien zur Sicherung des Familieneinflusses und Wahrung des Familiencharakters[472], die zwar insbesondere eine Anteilszersplitterung und den damit verbundenen (negativen) Effekten vorbeugen können, sie vermögen aber mitnichten die Einheit des Familienunternehmens als Ganzen auf Dauer zu garantieren – wie dies grundsätzlich eine Stiftung zu leisten vermag.[473]

c) *Unternehmensverbundene Familienstiftung als Instrument der Unternehmensnachfolge*

Mit einer Unternehmensnachfolge mittels einer unternehmensverbundenen Familienstiftung[474], wobei dafür i. d. R. eine beteiligungstragende Familienstiftung eingesetzt wird[475], können die vorstehenden primären Zielsetzungen eines Familienunternehmers (Erhalt des Unternehmens und seines Charakters als Familienunternehmen sowie Versorgung der Familie) aber bei richtiger

---

472 Dazu bereits → Teil 2 A II 1.

473 Ebenso statt anderer etwa *Toth*, BB 1997, 1238.

474 Allg. zur „(Familien-)Stiftung als Instrument der Unternehmensnachfolge" aus der mannigfaltigen Literatur z. B. *Feick* (Hrsg.), Stiftung als Nachfolgeinstrument; *Meinecke*, Stiftungen als Instrument zur Unternehmensnachfolge; *Boll*, Die uv. Familienstiftung; *Kornau*, Die Stiftung als Unternehmensnachfolgerin; *T. Horvath*, Stiftungen als Instrument der Unternehmensnachfolge; *Lange*, in: Lange/Windthorst, Sicherung des Familieneinflusses, S. 95; (aus betriebswissenschaftlicher Sicht zuletzt) *Schumann*, Familienstiftungen; (aus betriebswissenschaftlicher Sicht) *Fleschutz*, Die Stiftung als Nachfolgeinstrument für Familienunternehmen; *Gummert*, in: Die Stiftung – Jahreshefte zum Stiftungswesen, 6. Jahrgang, S. 75; *Schauhoff*, in: VGR, Gesellschaftsrecht in der Diskussion 2018, S. 83; Schlecht & Partner/Taylor Wessing/*Wigand*, Unternehmensnachfolge, S. 443; *O. Werner*, in: Bayer/Koch, Unternehmens- und Vermögensnachfolge, S. 103; *Wochner*, in: Bayer/Koch, Unternehmens- und Vermögensnachfolge, S. 141; *Schauhoff*, FS Spiegelberger, S. 1341; Schlecht & Partner/Taylor Wessing/*Schwarz*, Unternehmensnachfolge[1], S. 147; *Hüttemann*, in: Röthel/K. Schmidt, Familienunternehmen im Wandel, S. 43; BoKoStiftR/*Heuel/Meinecke*, Teil I 2.3 Rn. 1 ff.; *Dannecker*, DStR 2023, 1057; *Demuth*, KÖSDI 2023, 23055; *Schewe/Hermes*, RFamU 2022, 158; *Theuffel-Werhahn*, RFamU 2022, 67; *Olbing*, ErbR 2022, 201; *Dahlmanns*, RNotZ 2020, 417; *Hüttemann*, DB 2017, 591; *Stolte*, FuS 2015, 180; *Brill*, KÖSDI 2014, 18778; *Ihle*, RNotZ 2009, 557 (Teil 1) und 621 (Teil 2); *Hennerkes/Schiffer*, BB 1992, 1940; *Flämig*, DB-Beilage Nr. 22 zu Heft 45, 1978, 1; *Strickrodt*, FamU 1971/72, S. 155; Übersicht zu den Vor- und Nachteilen gerade für Familienunternehmen (aus betriebswirtschaftlicher Sicht) bei *Block et al.*, Journal of Family Business Strategy 2020 S. 1 (4 f.) m. w. N.

475 Dazu → Teil 3 A II 2.

Gestaltung weitestgehend und (rechtlich) bestmöglich erreicht werden, ohne dabei das Unternehmen liquidieren oder an familienexterne Dritte veräußern zu müssen.[476] Vielmehr ermöglicht eine Stiftungskonstruktion gerade auch eine familieninterne Nachfolge[477], da die Familie – zwar durch die Familienstiftung und nur innerhalb der ihr durch Gesetz und vor allem der Stiftungssatzung zugewiesenen Grenzen und Möglichkeiten[478] – letztlich weiterhin als *„De-Facto-Eigentümer"*[479] des Familienunternehmens fungiert.[480] Das „[gefühlte] *Eigentum an Unternehmen und Vermögen* [endet nicht] *zwingend mit der formalen Übereignung"*[481] des Familienunternehmens resp. dessen Unternehmensanteile auf eine Familienstiftung. Indem nämlich die Familienstiftung (so etwa bei einer Stiftung & Co. KG) geschäftsführende Gesellschafterin des Familienunternehmens wird[482] und deren Stiftungsvorstand oder andere entscheidungsberechtigte

---

476 Vgl. Feick/*Feick*, Stiftung, § 5 Rn. 1 f.; *v. Löwe*, Familienstiftung und Nachfolgegestaltung, § 3 Rn. 17 f.; *v. Oertzen/Reich*, DStR 2017, 1118 f.; *R. Werner*, NWB-EV 2012, 331 (332 ff.); *Lindner*, DSWR 2005, 245; *Wernicke*, ZEV 2003, 301.

477 Wie hier auch Westermann/Wertenbruch/*Heckschen*/*Redler*, PersGesR-HdB, 88. Lieferung 01.2024, I. Teil § 3 Rn. 85n; W/S/F/*Saenger*, Die Stiftung, § 36 Rn. 37; *Boll*, Die uv. Familienstiftung, S. 19. In der Literatur wird die Stiftung aber zumeist pauschal zu den familienexternen Nachfolgemodellen gezählt, so etwa *Gesmann-Nuissl*, BB-Special 2006, 2 (7 f.); *Ebner*, Familienexterne Nachfolgeregelung, S. 134; *Baus*, Die Familienstrategie, S. 117 („*Exit-Lösung*").

478 Darauf zutreffend hinweisend *Lange*, in: Lange/Windthorst, Sicherung des Familieneinflusses, S. 95 (107).

479 Begriff nach *Mühlbauer*, Stiftungsverbundene Unternehmen und Agency-Theorie, S. 45, 100; *Hansmann/Thomsen*, Journal of Legal Analysis, Vol. 13, 2021, 172 (196) verwenden bzgl. des Stiftungsvorstands auch den Begriff des *„virtual [owner]"*, d. h. eines Eigentümers, bei dem die Verfolgung der Vision des Stifters für das stiftungsgehaltene Unternehmen im Vordergrund steht; ähnlich bereits *Rawert*, ZGR 2018, 835 im Hinblick auf die *„Virtualisierung von Familiengesellschaften durch rechtsfähige Stiftungen"*.

480 Vgl. bereits → Teil 2 A I 3 (insb. dortige Fn. 139).

481 *Kaufmann*, Stiftung und Konflikt, S. 36.

482 Die gilt freilich nur unter der Prämisse, dass im Gesellschaftsvertrag des Familienunternehmens keine Klausel vorhanden ist, die den Gesellschafterkreis etwa nur auf leibliche Nachkommen bzw. natürliche Personen beschränkt, vgl. auch *Kormann*, Governance des Familienunternehmens, S. 298; *Lüdicke/Oppel*, BB 2017, 2646 (2647 f.). Die bei Familienunternehmen oftmals vorhandenen Vinkulierungsklauseln sollten in der Praxis daher eine Anteilsübertragung für den Fall zulassen, dass Unternehmensanteile auf *„Stiftungen, deren Begünstigte ausschließlich Gesellschafter der betreffenden Gesellschaft und/oder qualifizierte Nachfolger sind (Familienstiftungen)"*

Organe mit Familienmitgliedern besetzt sind, findet lediglich eine Mediatisierung der Unternehmensleitung statt, die den Familieneinfluss bei richtiger Gestaltung auf diese nicht stark mindert.[483] Denn anders als bei Nachfolgegestaltungen mittels eher bekannteren Gesellschaftsformen (z. B. GmbH oder GmbH & Co. KG) oder in Gestalt der Übertragung des Familienunternehmens auf Mitarbeiter oder externe Käufer, die i. d. R. allein den Fortbestand des Unternehmens als selbständige wirtschaftliche Einheit sichern können (sog. formelle Unternehmenskontinuität[484]), hat die Nachfolge mittels einer unternehmensverbundenen Familienstiftung den Vorzug, dass auch die Unternehmenskultur[485] und -führung weiterhin nach den Familienwerten und -traditionen resp. dem Willen des übertragenden Familienunternehmers (Stifters) ausgerichtet werden kann (sog. materielle Unternehmenskontinuität[486]), indem dies in der Stiftungskonstruktion statutarisch verankert wird.[487]

übertragen werden, s. H/P/B/E/*Löcherbach/Wegener*, Unternehmenskauf, Rn. 2355. Andernfalls bedarf es einer vorherigen Änderung des Gesellschaftsvertrags.

483 Vgl. BAG, NJW 1955, 886 (887); Schlecht & Partner/Taylor Wessing/*Schwarz*, Unternehmensnachfolge[1], S. 147 (155); W/S/F/*Saenger*, Die Stiftung, § 36 Rn. 37; *Hippeli*, ZStV 2014, 49 (52); Block et al./*May/Jeschke*, Die Familienstiftung, S. 9 (13); *v. Holt/Koch*, Stiftungssatzung, S. 50; nach *Schwarz*, BB 2001, 2381 (2385 dortige Fn. 56) werde dies auch von vielen Familienunternehmen so empfunden; Überblick zu gesellschaftsrechtlichen Mitteln der Mediatisierung des Familieneinflusses (Holdingstrukturen, Gesellschafterbeiräte, Poolbindungen, Gruppenvertretungen sowie (vorübergehende) Testamentsvollstreckung) statt anderer bei *K. Schmidt*, in: Tröger/Wilhelmi, Rechtsfragen der Familiengesellschaften, S. 37 (41 ff.).

484 Begriff nach *Lehleiter*, Die Familienstiftung, S. 34 f. m. w. N.

485 Wie hier Block et al./*May/Jeschke*, Die Familienstiftung, S. 9 (13); Feick/*Ponath/Raddatz*, Stiftung, § 28 Rn. 32; *Brandmüller/Klinger*, Unternehmensverbundene Stiftungen, S. 18; Wiese/*Wiese*, Unternehmensnachfolge, Rn. 1.115; Picot/*Picot*, Unternehmenskauf und Restrukturierung, § 7 Rn. 254 f.; *Blumers*, DStR 2012, 1 (3); *Koropp/Grichnik*, WiSt 2007, 295 (301); *Schwarz*, BB 2001, 2381 (2382, 2386); *Schwintek*, ZRP 1999, 25 (29); s. a. die Aussage des als unternehmensverbundene Familienstiftung konzipiertes Familienunternehmens Mack (Europa-Park) (https://t1p.de/et29h): „*Die Familienstiftung als Gesellschafter […] bewahrt auf Dauer die Familientradition*"; **a. A.** *Neumann*, Die reine Unterhaltsstiftung, S. 236 f., der bezweifelt, dass speziell die Unternehmenskultur erhalten werden könne, da diese maßgeblich dem Familienunternehmer selbst anhafte.

486 Begriff nach *Lehleiter*, Die Familienstiftung, S. 35 m. w. N.

487 So auch *Blumers*, DStR 2012, 1 (3); *Ihle*, RNotZ 2009, 557 (571); *Schwarz*, BB 2001, 2381 (2386); *Muscheler*, ErbR 2008, 134 (140); Feick/*Ponath/Raddatz*, Stiftung, § 28 Rn. 32; *v. Löwe*, Familienstiftung und Nachfolgegestaltung, § 3 Rn. 22; vgl. *Saenger*,

Eine Stiftung existiert grundsätzlich[488] zeitlich unbegrenzt (sog. Ewigkeitsstiftung[489]) und ermöglicht deshalb eine über die im Erbrecht vorgesehenen Zeiträume hinausgehende Sicherung des Willens und zugleich Fortführung des Familienunternehmens i. S. d. Familienunternehmers.[490] Insbesondere, wenn, wie für Familienunternehmen charakteristisch, eine langfristige, generationenüberdauernde Unternehmensnachfolge angestrebt wird, wird eine Stiftungslösung in Gestalt einer Ewigkeitsstiftung daher das geeignetere Nachfolgeinstrument sein.[491] Zwar besteht gem. § 80 Abs. 1 S. 2, 81 Abs. 2 BGB[492] (§ 80 Abs. 2 S. 2

GesR, § 11 Rn. 490; v. Rechenberg/Thies/Wiechers/*Schauer*, HdB Familienunternehmen, S. 907; KölnerHdB-HGR/*Demuth/Schellenberg*, Kap. 26 Rn. 183; *Flämig*, DB-Beilage Nr. 22 zu Heft 45, 1978, 1 (3); kritisch *Kornau*, Stiftung als Unternehmensnachfolgerin, S. 86, 150 f., der von einer „*Virtualisierung der eigenen Person*“ abrät.

488 Anderes gilt etwa bei der österreichischen Privatstiftung, deren überwiegender Zweck die Versorgung von natürlichen Personen ist (sog. Familienprivatstiftung). Diese ist nämlich nach 100 Jahren vom Stiftungsvorstand aufzulösen. Eine Fortsetzung für max. weitere 100 Jahre ist durch Beschluss aller Letztbegünstigten jedoch möglich, vgl. Art. 1 § 35 Abs. 2 Nr. 3 PSG. „*Mit dieser Begrenzung von Versorgungsstiftungen soll dem Gedanken Rechnung tragen werden, dass die Beziehung des Stifters zu zeitlich weit entfernten Nachkommen der dem Stifter nahestehenden Personen, die das Motiv für die Stiftung war, nicht mehr vorhanden wird sein und andererseits eine im Ergebnis dem Fidekommiss ähnliche Versteinerung von Vermögensmassen nicht erwünscht ist*“, so m. N. *C. Nowotny*, ZfS 2006, 4 (12); vgl. auch *Pendl*, GesRZ 2022, 191 (195 f.).

489 Statt vieler Staudinger/*Hüttemann/Rawert*, BGB Vorb. §§ 80 ff. Rn. 96; BT-Drs. 19/28173, S. 29; zum Ewigkeitscharakter von Stiftungen (vornehmlich aus theologischer Sicht) eing. *Dölken*, FS O. Werner, S. 365. Freilich kann auch eine Stiftung ein Ende finden, indem diese etwa aufgelöst oder aufgehoben wird, sodass sie nicht zwingend „ewig“ existiert, s. luzid nur *Viskorf/Löcherbach*, Unternehmeredition v. 20.03.2018.

490 Vgl. nur *R. Werner*, ZEV 2006, 539 (541 f.). Insofern kommt der Stiftung „*die Funktion eines ewigen Testamentsvollstreckers*“ zu, so etwa *O. Schmidt*, ZEV 2000, 438 (439 a. E.).

491 Ebenso etwa *B. Hofmann*, Die rules against perpetuities im deutschen Erbrecht, S. 246; *Rapp*, AcP 221 (2021), 621 (628) sieht daher (jedoch kritisch) in der rechtsfähigen Stiftung „*[d]en prominentesten Bruch bei der zeitlichen Limitierung postmortaler Willensmacht*“, da es für diese keine zeitliche Begrenzung i. S. e. *rules against perpetuities* gibt.

492 Zur Verbrauchsstiftung nach neuem Recht s. *Hüttemann/Rawert*, ZIP 2021, Beilage zu Heft 33, S3 (S6, S8, S13); eing. BoKoStiftR/*Janitzki*, § 81 Rn. 278 ff.; BeckOGK/*G. Roth*, 1.9.2024, BGB § 81 Rn. 159 ff.; Orth/Uhl/*Orth*, Stiftungsrechtsreform 2021, Rn. 191 ff. und öfter. Zur sog. „*Stiftung von zweckbestimmter Dauer*“ nach der Stif-

BGB a. F.) auch die Möglichkeit einer sog. Verbrauchsstiftung[493]. Für die von Familienunternehmern angestrebte langfristige Unternehmensnachfolge ist die Verbrauchsstiftung, insbesondere in Gestalt einer Familienstiftung, indes i. d. R. wenig geeignet.[494]

Den anderen gängigen erb- und gesellschaftsrechtlichen Instrumenten sind im Vergleich zur Ewigkeitsstiftung sowohl zeitliche (z. B. §§ 2210, 2162, 2109, 2044

---

tungsrechtsreform 2021 eing. *Blumers*, DB 2021, 2243; dazu speziell i. Z. m. einer (uv.) Familienstiftung s. a. *Blumers*, Ubg 2022, 47. Im Besonderen die Familienstiftung von zweckbestimmter Dauer, könnte als Übergangslösung bei noch heranwachsenden Familienmitgliedern (so *Blumers*, DB 2021, 2243 [2247]) oder zum Aufbau von Immobilienvermögen zugunsten der Stifterfamilie (so *Blumers*, Ubg 2022, 47 [51 mit dortiger Fn. 30]) in Betracht kommen.

493 Erstmalig gesetzlich in § 80 Abs. 2 BGB a. F. eingeführt durch das Ehrenamtsstärkungsgesetz v. 28.3.2013, BGBl. I 2013, S. 556, dazu *Rawert*, npoR 2014, 1; zur Gestaltung als Familienverbrauchsstiftung eing. *Tielmann*, NJW 2013, 2934; für weitere Anwendungsfelder s. *A. Werner*, ZStV 2015, 25; zur rechtsfähigen unternehmensverbundenen Verbrauchsstiftung monographisch *S. Vogel*, Unternehmensverbundene Verbrauchsstiftung. Zur Kombination von Ewigkeits- und Verbrauchsstiftung zur sog. Hybrid- bzw. Teilverbrauchsstiftung, die im Grunde eine Ewigkeitsstiftung ist, eing. *Pauli*, ZStV 2019, 41 (46); BeckOGK/*G. Roth*, 30.6.2023, BGB § 80 Rn. 280 ff. Die sog. Teilverbrauchsstiftung wurde nunmehr in § 83b Abs. 3 BGB gesetzlich verankert, dazu BT-Drs. 19/28173, S. 54 f.; *Alber/Seemann/Neckenich*, FuS 2022, 60; *Feick/Schwalm*, NZG 2021, 525 (533); *G. Roth*, npoR 2021, 80 (82).

494 Vgl. Wiese/*Meyer-Sandberg*, Unternehmensnachfolge, Rn. 13.105; Schiffer/*Schiffer/Pruns*, Die Stiftung in der Beraterpraxis, § 11 Rn. 48 (dortige Fn. 60); *Schiffer/Pruns*, BB 2013, 2755 (2761); May/Bartels/*Jeschke/Siehmer*, Nachfolge in Familienunternehmen, S. 167 (181 dortige Fn. 14); vgl. Henssler/Strohn/*Schlüter*, [5]GesR, BGB § 80 Rn. 18a; *Blumers*, Ubg 2022, 47 (47), nach dem „*die Verbrauchsstiftung* [auch vielmehr] *eine Sonderform der gemeinnützigen Stiftung*“ sei; **a. A.** jedenfalls für einen Übergangszeitraum von mindestens zehn Jahren *S. Vogel*, Unternehmensverbundene Verbrauchsstiftung, S. 154 ff., 182, 193; für einen Zeitraum von bis zu 30 Jahren auch *Tielmann*, NJW 2013, 2934 (2928).

BGB[495]; statutarische Kündigungsausschlussfristen[496]) als auch faktische (Tod, Ausschlagung etc.) Grenzen gesetzt;[497] sie sind allesamt zum generationenüber-

495 **Die zeitlichen Begrenzungen im deutschen Erbrecht** sind **zum einen** Ausfluss des „*Verbots überlanger Nachlassbindungen*" bzw. des aus dem englischen Recht stammenden „*rules against perpetuities*"-Grundsatzes, eing. dazu *Reimann*, NJW 2007, 3034; bündig *Edenfeld*, DNotZ 2003, 4 (7 f., 16); zu deren Sinnhaftigkeit *Rapp*, AcP 221 (2021), 621 (626 ff.); s. a. besonders im Zusammenhang mit Stiftungen *Kübler*, GS Walz, S. 373 (374 ff.); *Rawert*, ZEV 1999, 294 (297); *Dutta*, Warum Erbrecht?, S. 101 ff. (mit Rechtsvergleich); *Rapp*, AcP 221 (2021), 621 (628 ff.); monographisch *B. Hofmann*, Die *rules against perpetuities* im deutschen Erbrecht; s. a. *Schröder*, Die Grenzen der Testierfreiheit, S. 202 ff.; nach *Wilke*, Willensherrschaft und Nachlassbindung, S. 65 ff., 152 ff, sei die Ersatzerbschaftsteuer (§ 1 Abs. 1 Nr. 4 ErbStG) für Familienstiftungen das „*funktionale Äquivalent*" der erbrechtlichen rules against perpetuities; **zum anderen** sollen sie einer fideikommissähnlichen Bindung des Vermögens vorbeugen, da im wirtschaftlichen Ergebnis andernfalls die Rechtsfolgen erreicht werden, derentwegen die Familienfideikommisse bereits in der Weimarer Republik durch Art. 155 Abs. 2 S. 2 WRV aufgelöst wurden, s. m. N. *Schröder*, Die Grenzen der Testierfreiheit, S. 217; *Nietzer/Stadie*, NJW 2000, 3457 (3459); *Muscheler*, ZEV 2010, 340 (346). Eine analoge Anwendung der BGB-Vorschriften scheidet mangels Planwidrigkeit der Regelungslücke als auch Vergleichbarkeit der Interessenlagen aus, eing. MüKoBGB/*Lieder*, § 2109 Rn. 15; BeckOGK/*Müller-Christmann*, 1.4.2024, BGB § 2109 Rn. 42; *Edenfeld*, DNotZ 2003, 4 (9); vgl. *Tiling*, FamRZ 1996, 1399; **a. A.** *Däubler*, JZ 1969, 499 (502); ihm noch zust. Staudinger/*Avenarius*, BGB § 2109 Rn. 12. Mit Blick auf die alle 30 Jahre anfallende Ersatzerbschaftsteuer gem. § 1 Abs. 1 Nr. 4 ErbStG ist davon auszugehen, dass jedenfalls der Steuergesetzgeber ebenfalls nicht von einer zeitlichen Begrenzung von Familienstiftungen ausgeht.

496 Ein Kündigungsausschluss etwa bei Familienpersonengesellschaften ist nach derzeit h. M. bis zu 30 Jahre anerkannt, aber str., vgl. grdl. BGH, BeckRS 1967, 105236 Rn. 18; m. w. N. *Ulmer*, ZIP 2010, 805 (807 f.); *Holler*, DStR 2019, 931 (941); *Schulte/Schulte*, ErbR 2018, 422 (430 f.); näher MüKoBGB/*C. Schäfer*, § 725 Rn. 68. Ebendarum ist eine langfristige Unternehmens- und Vermögenssicherung mittels einer Familiengesellschaft nur bedingt möglich und daher ggü. einer Familienstiftung (entgegen den Befürwortern in nachfolgender Fn. 497) insofern nicht unbedingt empfehlenswerter, so auch i. Erg. *Pauli*, in: Die Stiftung – Jahreshefte zum Stiftungswesen, 3. Jahrgang, S. 159 (170); für einen Vergleich beider Rechtsformen Feick/*Feick/Bregulla-Weber*, Stiftung, § 36 Rn. 24 ff.

497 So i. Erg. auch *Reimann*, GmbHR 2011, 1297 (1305); *Blumers*, DStR 2012, 1 (3); *Richter* warnt indes jdf. mit Blick auf die Unternehmens*träger*stiftung vor einer „*Überhöhung der Stiftungsform*" und empfiehlt eher eine „Familienkapitalgesellschaft" als Nachfolgevehikel um ein Familienunternehmen „*enkelfähig*" zu machen, zitiert nach Jakob/*Dardel/Uhl*, Stiftung und Familie, Tagungsbericht, S. 129 (136 f.); vgl. auch *Ulmer*, ZIP 2010, 549 (557); ihm folgend *Holler*, DStR 2019, 931 (942);

dauernden Erhalt des Familieneinflusses und damit des Familienunternehmenscharakters weniger geeignet. Eine *„vom Stiftungs- und Erbrecht eingeräumte Möglichkeit einer dauerhaften Vermögensperpetuierung“*[498] bietet demgemäß allein der Einsatz einer rechtsfähigen Stiftung bürgerlichen Rechts, wobei gerade das BVerfG im Speziellen in der Familienstiftung keine Umgehung des sog. Fideikommissverbots[499] sieht, sondern diese als *„eine neue zulässige Form der Gebundenheit“* des Familienvermögens gebilligt hat.[500]

Der Einsatz der Stiftung als Unternehmensnachfolgeinstrument unterliegt dabei wie bereits erwähnt keinerlei gesetzlich vorgeschriebener zeitlicher Be-

---

s. a. *Schulte/Schulte*, ErbR 2018, 422 (430 f.) (Vergleich Einheits-KG vs. Familienstiftung); die vorstehenden Autoren zögen bei entsprechender Gestaltung eine „Familiengesellschaft“ einer Familienstiftung vor. Allg. zur Familiengesellschaft als Nachfolgeinstrument *Holler*, DStR 2019, 931; für eine funktionale Ähnlichkeit von Familienstiftung und generationsübergreifender Familiengesellschaft *Ulmer*, ZIP 2010, 549 (556); *Skusa/Thürauf*, NJW 2015, 3478 (3481).

498 BVerwGE 172, 85 Rn. 27.

499 Vgl. Gesetz über das Erlöschen der Familienfideikommisse u. sonstiger gebundener Vermögen vom 6.7.1938, RGBl. I 1938, 825. Jenes Verbot erfasste nicht die rechtsfähige Familienstiftung, s. *Andrick/Suerbaum*, Stiftung und Aufsicht, § 3 Rn. 29; insofern auch *Däubler*, JZ 1969, 499 (501); vgl. auch *Jauch*, DStR 2021, 2946; deutlich und richtig auch schon *Tiling*, FamRZ 1996, 1399 (1400) (*„Auch bestimmt Art. 155 II S. 2 WRV nur: ‚Die Familienfideikommisse sind aufzulösen‘, nicht also die Familienstiftungen. Warum sollte aber ein heutiger oder ein künftiger Stifter anders behandelt werden, als ein historischer Stifter?“*).

500 BVerfGE 37, 328 (336); bestätigend BFHE 185, 58 = DStR 1998, 331 (333); speziell zur (begriffsjuristischen) Unterscheidung zwischen einem Familienfideikommiss und einer Familienstiftung aus der Rspr. etwa explizit OLG München, MittBayNot 2004, 434 (435) und schon RGZ 61, 28 (34 ff.); insofern plastisch *Kronke*, Stiftungstypus, S. 198 (*„Stiftungen sind eben keine Fideikommisse“*); ähnlich *H. Westermann*, FS Bartholomeyczik, S. 395 (413 f.).

grenzung[501], was sie gerade im Unternehmensbereich attraktiv macht.[502] Eben in der Möglichkeit, die Tätigkeit der Stiftung und damit mittelbar die Leitung des Familienunternehmens vermittels der Stiftungssatzung und des in ihr niedergelegten Stifterwillens faktisch „auf ewig" in Familienhand zu halten und zugleich unter sein unternehmerisches Gusto[503], das dann auch Grundlage und Maßstab sämtlichen Handelns in der unternehmensverbundenen Familienstiftung ist, stellen zu können, ist der große Vorteil einer Stiftungskonstruktion im Vergleich zu anderen (erb- und gesellschaftsrechtlichen) Gestaltungsmöglichkeiten.[504] Freilich gilt es mit Blick auf die Dauerhaftigkeit der Stiftungskonstruktion zu bedenken, das vorgeschriebene Grundsätze an Aktualität verlieren können[505], weshalb zu

501 Eing. zur Vereinbarkeit dessen mit dem Erbrecht, Stiftungsrecht und Grundgesetz *Deischl*, Familie und Stiftung, S. 25 ff., 62 ff., 80 ff.; 93 ff.; kritisch und bei privatnützigen Stiftungen für nicht gerechtfertigt erachtend etwa *Rapp*, AcP 221 (2021), 621 (632 ff., 635 ff.) („*[...] ist eine sinnhafte Rechtfertigung für eine infinite Willensextension bei privatnützigen Stiftungen nicht gegeben*"); kritisch auch *Dutta*, Warum Erbrecht?, S. 50 ff., 70 ff.; MüKoBGB/*Weitemeyer*, § 80 Rn. 181 ff.; *Richter*, Rechtsfähige Stiftung und Charitable Corporation, S. 384 ff.; *Kronke*, Stiftungstypus, S. 75; grdl. *Däubler*, JZ 1969, 499. Zur i. Erg. zu Recht erfolglosen Diskussion über eine Einführung von zeitlichen Begrenzungen bei privatnützigen Stiftungen – besonders bei Familienstiftungen – Richter/*Dutta*, Stiftungsrecht, § 5 Rn. 35 ff. m. N.; s. a. *Dutta*, Warum Erbrecht?, S. 104 f., der zutreffend anmerkt, dass jedenfalls die Übertragung von ungeschriebenen zeitlichen Begrenzungen auf privatnützige Stiftungen „*angesichts des klaren Wortlauts der §§ 80 ff. BGB freilich an die Grenzen des zur Rechtsfortbildung Zulässigen stoßen*" würde. Gleichwohl könne der Gesetzgeber „*eine generationenübergreifende Vermögensbindung [auch durch Familienstiftungen] gänzlich verbieten*", so *Dutta*, Warum Erbrecht?, S. 380. Etwa dergestalt, dass er vordefinierte Stiftungszwecke oder zeitliche Beschränkungen explizit gesetzlich normiert.

502 Sudhoff/*Stracke*, Familienunternehmen, § 36 Rn. 20 sieht darin ebenfalls einen grundsätzlichen Vorzug der Stiftung im Unternehmensbereich.

503 Freilich kann dies besonders bei Familienunternehmen auch „*zu Verkrustungen überkommener Strukturen*" führen, vgl. *Kalss/Dauner-Lieb*, GZ 2018, 261 (277). Deshalb sollten den nachfolgenden Generationen Anpassungsmöglichkeiten offengelassen werden, weshalb die Vorgaben nicht zu starr sein sollten.

504 Vgl. Bergschneider/*Theuffel-Werhahn*, FamVermR, Rn. 11.9; *Blumers*, DStR 2012, 1 (3); *Ihle*, RNotZ 2009, 557 (567); *Baus*, Die Familienstrategie, S. 120; *B. Hofmann*, Die rules against perpetuities im deutschen Erbrecht, S. 246; vgl. auch LG Mainz, NZG 2002, 738 (741 unter IV.) („*[...] engeren Bindung der Familienstiftung* [resp. ihrer Organe] *an die in der Satzung formulierten Stiftungszwecke* [und Satzung als bei einer AG]").

505 *v. Löwe*, Familienstiftung und Nachfolgegestaltung, § 3 Rn. 22 m. N.

starre Vorgaben zu vermeiden sind, damit Raum für zeitgemäße Anpassungen verbleibt. Da, wie bereits erwähnt, die unternehmensverbundene Familienstiftung Eigentümerin des Familienunternehmens wird und die Familie resp. die Familienmitglieder i. d. R. keine nennenswerten Beteiligungen am Familienunternehmen mehr halten, ist etwa ein Verkauf durch die Familie in diesem Fall schwerlich umsetzbar.[506] *„[D]ie ständige Gefahr eines Verkaufs über den Familienkreis hinaus"*, kann so im Wege einer Stiftungskonstruktion *„zurückgedrängt werden"*.[507]

In der Praxis[508] sind zudem sog. Unveräußerlichkeitsklauseln als Mittel einer Vermögensgegenstandsbindung in Stiftungssatzungen von unternehmensverbundenen Beteiligungsträgerstiftungen üblich und auch zulässig, aufgrund derer die Veräußerung der Geschäftsanteile der Stiftung an dem Beteiligungsunternehmen (d. h. des Familienunternehmens) zwecks Bestandssicherung des Familienunternehmens verhindert werden soll.[509] Unveräußerlichkeitsklauseln sind auch mit Blick darauf, dass die Beteiligung am Familienunternehmen den i. d. R. größten und wertvollsten Vermögensgegenstand der unternehmensverbundenen Familienstiftung darstellt[510], auch durchaus nachvollziehbar und empfehlenswert, sofern freilich eine sog. „Ultima-Ratio-Trennungsmöglichkeit" in der Stiftungssatzung vorgesehen wird.[511] Dies ist etwa für den Fall, dass das Familienunternehmen

---

506 Vgl. auch *Hosseini-Görge*, Foundation owned firms, S. 38, 60.

507 *Kalss*, ZVglRWiss 117 (2018), 221 (235).

508 Beispielhaft für eine solche Unveräußerlichkeitsklausel (wobei jedoch auch nachfolgend besondere Ausnahmen normiert sind) sei auf § 9 Abs. 3 S. 1 des Statuts der Carl-Zeiss-Stiftung hingewiesen: *„Die Anteile der Stiftung an den Stiftungsunternehmen dürfen nicht veräußert werden"*, (https://t1p.de/76j2f); weitere Praxisbeispiele bei *Schwake*, Kapital und Zweckerfüllung bei Unternehmensstiftungen, S. 495.

509 *Franke/Draheim*, VfS 2015, 1 (4); H/S/G/*A. Sigle*, GesR, § 22 Rn. 123 (mit Formulierungsbeispiel); MHdB GesR 5/*Schwake*, § 79 Rn. 162; *Brandmüller/Klinger*, Unternehmensverbundene Stiftungen, S. 11 f.; zur Reichweite und den Grenzen von sog. Unveräußerlichkeitsklauseln in Stiftungssatzungen ausf. *Kornau*, Stiftung als Unternehmensnachfolgerin, S. 87 ff.; Feick/*Godron/Thress*, Stiftung, § 29 Rn. 106 ff.; vgl. zur grds. Zulässigkeit auch BT-Drs. 19/28173, S. 56: *„Der Stifter kann in der Errichtungssatzung auch ausdrücklich bestimmen, dass einzelne Vermögensgegenstände nicht zu veräußern und in ihrem Wert zu erhalten sind. Dann sind die zuständigen Stiftungsorgane daran gebunden, solange die Satzungsbestimmung nicht geändert wird."*

510 Vgl. *Feyl*, ZUS 2012, 55 (57) sowie die Nachweise in Fn. 1196.

511 Nach zutreffender Ansicht können selbst diese aber eine Veräußerung des Unternehmens auch gegen den Willen des Stifters als *„ultima ratio"* bzw. milderes Mittel zur Auflösung der Stiftung zum Schutze der Existenz der Stiftung nicht generell ausschließen, vgl. *Schwarz*, ZSt 2004, 101 (102 ff.); *Hof*, ZStV 2012, 54;

„rote Zahlen schreibt“ und deshalb insolvenzanfällig wird wichtig, da andernfalls die Insolvenz des Familienunternehmens zu einem ernsthaften Risiko für die beteiligte Stiftung würde; die Unternehmensinsolvenz kann schlagartig auch zur Stiftungsinsolvenz bzw. zur Auflösung der Stiftung führen.[512] Insoweit soll im Rahmen einer – auch bei der rechtsfähigen Stiftung grds. möglichen Restrukturierung – nach dem neuen StaRUG[513] eine Veräußerung von Stiftungsvermögen resp. Unternehmensanteilen trotz etwaiger entgegenstehender statutarischer Regelung möglich sein, indem die entsprechenden Regelungen jedenfalls für das Restrukturierungsverfahren nicht gelten sollen.[514]

Ferner ist zu berücksichtigen, dass zwar die Familienstiftung grds. auf Ewigkeit ausgelegt ist, jedoch „*die Entwicklung des Familienunternehmens über Jahrzehnte bzw. sogar Jahrhunderte nicht prognostiziert werden kann.*“[515] Ausnahmen von der

---

Feick/*Godron*/*Thress*, Stiftung, § 29 Rn. 110; *Fleisch*/*Stolte*, in: F/E/K/S/S, Modell unternehmensverbundene Stiftungen, S. 50; *Schwake*, Kapital und Zweckerfüllung bei Unternehmensstiftungen, S. 142, 499 ff. m. w. N.; *Gummert*, in: Die Stiftung – Jahreshefte zum Stiftungswesen, 6. Jahrgang, S. 75 (98 ff.) mit Satzungsbeispiel; auch BT-Drs. 19/28173, S. 56 geht davon aus, dass eine Änderung der entsprechenden Satzungsbestimmung möglich ist; **a. A.** unter Rekurs auf den Vorrang des Stifterwillens *Wochner*, in: Bayer/Koch, Unternehmens- und Vermögensnachfolge, S. 141 (156); *O. Werner*, in: Bayer/Koch, Unternehmens- und Vermögensnachfolge, S. 103 (130); i. Erg. auch *Burgard*, in: Die Stiftung – Jahreshefte zum Stiftungswesen, 3. Jahrgang, S. 31 (43), nach dem eine Veräußerung nur nach Maßgabe des wirklichen oder mutmaßlichen Stifterwillens durch die Stiftungsorgane erfolgen dürfe, sofern keine konkreten Vorgaben vorhanden seien.

512 Vgl. näher *Weiland*, Ursachen und Probleme der Stiftungsinsolvenz, S. 33 f.; *Stingl*, Vermögensverfall, S. 186 f.

513 Unternehmensstabilisierungs- und -restrukturierungsgesetz („StaRUG“; BGBl. 2020 I, S. 3256); dazu im stiftungsrechtlichen Kontext ausf. und luzid *Mock*, FS M. Schauer, S. 393; speziell zur Krisen-Compliance und neuerer gesetzlicher Vorgaben zum Umgang mit existenzbedrohenden Risiken durch das StaRUG, s. *Faude*/*Hacker*, ZStV 2022, 153.

514 So *Mock*, FS M. Schauer, S. 393 (408) („*Es wäre geradezu absurd, wollte man insofern einen Vorrang des Stiftungs- gegenüber dem Restrukturierungsrecht einräumen, da dies letztlich darauf hinauslaufen würde, dass Stiftungen mit entsprechenden Regelungen in ihren Satzungen bei wirtschaftlichen Schwierigkeiten nur ein Insolvenz- und gerade kein Restrukturierungsverfahren durchlaufen können. […] Vielmehr kann das Restrukturierungsverfahren die Stiftungssatzung selbst nicht umgestalten; die einer Restrukturierung der Stiftung entgegenstehenden Satzungsregelungen können im Restrukturierungsverfahren lediglich keine Geltung beanspruchen*“).

515 *v. Oertzen*/*Reich*, DStR 2017, 1118 (1123).

Unveräußerlichkeitsklausel sollten insbesondere für Fälle der internen Unternehmensumstrukturierung und Umwandlungsvorgängen des Familienunternehmens vorgesehen werden, wenn die Verfügungen betreffend die Unternehmensbeteiligung verhältniswahrend und nicht zu einer Veräußerung an außenstehende Dritte erfolgen.

Es besteht zwar auch in einer GmbH oder AG die Möglichkeit die Geschäftsanteile bzw. die Namensaktien statutarisch zu vinkulieren[516] oder entsprechende Vorkaufsrechte[517] vorzusehen, jedoch hindern diese letztlich die Gesellschafter nicht absolut daran, ihre Beteiligung zu veräußern und so einen gewissen wirtschaftlichen Druck bei den anderen Familienmitgliedern auszuüben.[518]

Keine andere Gesellschaftsform erlaubt eine so weitreichende und langfristige transmortale Verstetigung des Stifterwillens[519], da deren Organe bzw. Gesellschafter letztlich die Führung und Organisation des Familienunternehmens stark ihren eigenen Vorstellungen entsprechend beeinflussen können. Wie bereits genannt ist es je nach Gesellschaftsform zwar mehr oder weniger möglich dies statutarisch zu beschränken, jedoch können etwaige statutarische Klauseln (auch sog. Ewigkeitsklauseln[520]) jedenfalls durch (einstimmige) Beschlüsse der

---

516 Ausf. dazu MHdB GesR 9/*Scheller*, § 17 Rn. 1 ff.; *Binz/Mayer*, NZG 2012, 201; *Lange/Sabel*, NZG 2015, 1249; *Heckschen/Weitbrecht*, NZG 2019, 721.

517 Ausf. dazu *Schilhabl*, Vorkaufsrechte, S. 37 ff.

518 Vgl. *Feyl*, ZUS 2012, 55; *O. Werner*, GmbHR 2003, 331 (332, 339); zum diesbezüglichen Instrumentarium des sog. „*lästigen Gesellschafters*" etwa *Mayer*, FS Binz, S. 446 (453 ff.).

519 Vgl. *Schauhoff*, in: VGR, GesR in der Diskussion 2018, S. 83 (87 f.); insofern treffend *Hennerkes/Kirchdörfer*, FS P. May, S. 393 (404), wonach mit der Stiftung eine „*Testamentsvollstreckung ad infinitum*" geschaffen werden könne.

520 Gemeint ist damit der Fall, dass die Satzung selbst explizit oder auch faktisch bestimmt, dass sie oder einzelne Bestandteile unabänderlich sind. Aber auch derlei Unabänderlichkeits- bzw. Ewigkeitsklauseln unterliegen nach g. h. M. im Gesellschaftsrecht aufgrund des aus der Verbandssouveränität abzuleitenden Verbots der Selbstentmündigung der Satzungsänderungsmöglichkeit durch die Gesellschafter, s. m. w. N. allg. *O. Werner*, GmbHR 2003, 331 (332); *Weitemeyer*, FS K. J. Hopt, S. 1419 (1429 f.); *Brummer*, Satzungsautonomie und Ewigkeitsklauseln, S. 187 (m. z. N. in dortiger Fn. 793); 205, 260; bzgl. Verein aus der Rspr. (bzgl. faktische Ewigkeitsklausel) OLG Frankfurt, OLGZ 1979, 5 (7); OLGZ 1981, 391 (392 f.); OLG München, NZG 2020, 314 Rn. 13; deutlich *J. Stürner*, Geschäftsleitung, S. 254 („*Unabänderliche Satzungsbestimmungen gibt es nicht*"); **a. A.** bzgl. (stiftungsartigen) Verein aber *Strickrodt*, NJW 1964, 2085 (2086), nach dem „*sogar eine einstimmug [sic!] votierende Gesellschafterversammlung an eine satzungsmäßig getroffene endgültige Zweck- und Vermögensbestimmung unwiderruflich gebunden sein*" könne;

Gesellschafter/Mitglieder spätestens nach Ableben des Familienunternehmers aufgehoben werden.[521] Dies ist Ausfluss der im Vereins-, Personen- und Kapitalgesellschaftsrecht allgemein anerkannten Verbandssouveränität bzw. -autonomie, nach der die Gesellschafter stets die *„Herren des Gesellschaftsvertrags"* bleiben.[522] Der Fortbestand des Familienunternehmens (i. S. d. des Familienunternehmers) unterstünde insofern der Disposition der dann herrschenden Gesellschafter.[523]

Das Vorstehende gilt in diesem Zusammenhang auch für die auf einen schuldrechtlichen Vertrag zwischen Stifter und Stiftungsträger beruhende nichtrechtsfähige resp. unselbständige Stiftung.[524] Diese unterliegt ebenfalls der Willkür der Beteiligten, d. h. des Stifters, seiner Rechtsnachfolger und des Stiftungsträgers.[525]

---

für die Zulässigkeit von Ewigkeitsklauseln im Vereinsrecht wohl auch MüKoBGB/*Leuschner*, § 33 Rn. 16, 27; explizit dagegen *Brummer*, Satzungsautonomie und Ewigkeitsklauseln, S. 128.

521 Umfassend zur (Un-)Zulässigkeit von Ewigkeitsklauseln in den verschiedenen Rechtsformen der Körperschaften (e.V., GmbH, AG) und Personengesellschaften (GbR, OHG, KG) *Brummer*, Satzungsautonomie und Ewigkeitsklauseln, S. 53 ff.; 93 ff.; 187 ff., 207 ff. Im Stiftungsrecht sind allein durch den Stifter selbst oder die Stiftungsorgane nachträglich eingeführte *„Ewigkeitsklauseln"* unzulässig, s. S/S/S/P/*Stumpf*, StiftR, BGB § 86 Rn. 37; vgl. auch v. Campenhausen/Richter/*Hof*, StiftR-HdB, § 10 Rn. 290; bestätigt wird dies durch § 85 Abs. 4 S. 1 BGB, dazu → Teil 4 D I 2 b aa (4) (a).

522 S. dazu nur *K. Schmidt*, GesR, § 5 I 3., S. 83 ff.; *Brummer*, Satzungsautonomie und Ewigkeitsklauseln, S. 125 ff.; *v. Homeyer/M. Reiff*, npoR 2020, 224 (227); jew. m. w. N.

523 Vgl. *Omlor*, EuR 2015, 91 (104 f.); *Blumers*, DStR 2012, 1 (6); *Wochner*, Rpfleger 1999, 310 (317); *Weitemeyer*, FS K. J. Hopt, S. 1419 (1429 f.); Schlecht & Partner/Taylor Wessing/*Schwarz*, Unternehmensnachfolge[1], S. 147 (150); *Dutta*, Warum Erbrecht?, S. 45 m. w. N.; hierin liegt die *„gravierendste Unterscheidung [einer Stiftung] zu körperschaftlich strukturierten juristischen Personen"* wie z. B. OHG, KG, GmbH, AG und Verein, vgl. *O. Werner*, in: Hager, Entwicklungstendenzen im Stiftungsrecht, S. 49 (59); *O. Werner*, GmbHR 2003, 331 (339); zu weiteren Unzulänglichkeiten von stiftungsähnlich verfassten Körperschaften s. statt anderer bündig *Meinecke*, Stiftungen, S. 148 ff.; *Schlüter*, GmbHR 2002, 578.

524 Dazu → Teil 4 A 1.

525 So *v. Homeyer/Reiff*, npoR 2020, 224 (230); nach Schiffer/*Schiffer/Pruns*, Die Stiftung in der Beraterpraxis, § 11 Rn. 21 kommen solche Stiftungen als Unternehmensnachfolgeregelungen aufgrund ihrer *„fragilen"* Konstruktion von vornherein nicht in Betracht; ebenso Sudhoff/*Wälzholz*, Familienunternehmen, § 3 Rn. 73; *Ihle*, RNotZ 2009, 557 (559); **a. A.** v. Rechenberg/Thies/Wiechers/*Schauer*, HdB Familienunternehmen, S. 920, dem nach diese *„als Vehikel für eine Erprobungsphase des Stiftungsvorhabens"* fungieren könne. Zur nichtrechtsfähigen Stiftung als Familienstiftung i. S. d. § 1 Abs. 1 Nr. 4 ErbStG sowie als Gestaltungsinstrument einer auf Kontinuität

Dementsprechend ist der Einsatz einer rechtsfähigen unternehmensverbundenen (Familien-)Stiftung i. S. d. §§ 80 ff. BGB (*n. F.*) mit 90 %[526] auch der „*Regelfall*“[527] im Rahmen der Unternehmensnachfolge mittels Stiftungen. Allein diese ist (mit Ausnahme der unternehmensverbundenen Verbrauchsstiftung[528]) darauf ausgelegt, über Generationen hinweg unter dem uneingeschränkten Vorrang des Stifterwillens zu bestehen.

Satzungsänderungen sind bei einer rechtsfähigen Stiftung anders als bei körperschaftlich strukturierten juristischen Personen, bei denen diese gegen den einheitlichen Willen aller Gesellschafter bzw. Mitglieder – wie zuvor erläutert – nicht gänzlich ausgeschlossen, sondern nur erschwert werden können[529], indes aufgrund ihrer Mitglieder- und Gesellschafterlosigkeit nicht in demselben Maße möglich.[530] Eine Verbandssouveränität bzw. -autonomie wie im Vereins-, Personen- und Kapitalgesellschaftsrecht gibt es im Stiftungsrecht gerade nicht.[531] Infolgedessen gilt das gesellschaftsrechtliche Verbot von Ewigkeitsklauseln im Stiftungsrecht daher nicht[532], sodass diese grundsätzlich nicht zu beanstanden sind. Die Stiftungssatzung bzw. einzelne Bestandteile dieser können damit – jedenfalls vom Stifter bei Stiftungserrichtung[533] – unabänderlich ausgestaltet wer-

---

angelegten Unternehmensnachfolge siehe aber *Hübner/Currle/Schenk*, DStR 2013, 1966.

526 Vgl. *Fleschutz*, Die Stiftung als Nachfolgeinstrument, S. 77, nach der im Übrigen zu uv. Stiftungen 3 % nichtrechtsfähige Stiftungen und 7 % Stiftungskörperschaften wie die gGmbH (6 %) oder Stiftungsverein (1 %) zählten.

527 *Hüttemann*, in: Röthel/K. Schmidt, Familienunternehmen im Wandel, S. 43 (47); *Wochner*, in: Bayer/Koch, Unternehmens- und Vermögensnachfolge, S. 141 (154); vgl. auch Wiesehahn/*Schiffer*, Unternehmensnachfolge, S. 168.

528 Dazu *S. Vogel*, Unternehmensverbundene Verbrauchsstiftung, *passim*; *Tielmann*, NJW 2013, 2934.

529 Vgl. Feick/*Godron*/*Thress*, Stiftung, § 33 Rn. 13; *Hüttemann*, in: Röthel/K. Schmidt, Familienunternehmen im Wandel, S. 43 (47); *Blumers*, DB 2019, 2426 (2427) sowie bereits die Nachweise in → Fn. 520 f.

530 *O. Werner*, in: Hager, Entwicklungstendenzen im Stiftungsrecht, S. 49 (53); vgl. statt anderer auch *A. Werner*, ZStV 2012, 189; *Schlüter*, GmbHR 2002, 578 (580).

531 S. etwa *Lunk/Rawert*, NPLY 2001, S. 91 (96); BeckOGK/*G. Roth*, 30.6.2023, BGB § 80 Rn. 308 f.; *Burgard*, Gestaltungsfreiheit im Stiftungsrecht, S. 365 (mit dortiger Fn. 149); *Schlüter/Stolte*, Stiftungsrecht, Kap. 4 Rn. 85; *Uffmann*, NZG 2022, 1131 (1135).

532 *Burgard*, Gestaltungsfreiheit im Stiftungsrecht, S. 365 (mit dortiger Fn. 149); *Brummer*, Satzungsautonomie und Ewigkeitsklauseln, S. 245 ff., 248.

533 Im Stiftungsrecht sind allein durch die Stiftungsorgane nachträglich eingeführte „*Ewigkeitsklauseln*“ unzulässig, s. S/S/S/P/*Stumpf*, StiftR, BGB § 86 Rn. 37; bestätigt wird dies durch § 85 Abs. 4 S. 1 BGB, dazu → Teil 4 D I 2 b aa (4) (a).

den.[534] Dies lässt sich auch § 85 Abs. 4 S. 1 BGB entnehmen[535], wonach der Stifter im Stiftungsgeschäft (und nach hier vertretener Auffassung auch in der Stiftungssatzung) Satzungsänderungen beschränken, aber auch gänzlich ausschließen kann.[536] Satzungsänderungen sind primär vom Willen des Stifters (vgl. § 83 Abs. 2 BGB), der bei einer unternehmensverbundenen Familienstiftung gerade auch auf die Fortführung und den Erhalt des Unternehmens als Familienunternehmen gerichtet ist[537], abhängig und an ebendiesem zu messen.[538] Zudem unterliegen Satzungsänderungen bundeseinheitlich nach § 85a Abs. 1 S. 2 BGB der Genehmigung der Stiftungsaufsichtsbehörde.[539]

Der Gefahr, dass das Familienunternehmen nach den Vorstellungen familienfremder Vorstände oder Geschäftsführer umstrukturiert und dadurch letztlich seinen Charakter verliert, wird vermittels einer Stiftungskonstruktion so weitestgehend vorgebeugt.[540] Speziell Familienunternehmern verschafft eine Stiftungskonstruktion die Möglichkeit, die Rolle der Familie im Unternehmen ebenso wie in der Stiftung festzulegen sowie Art und Umfang des Familieneinflusses auf das Unternehmen – ohne zeitliche Grenzen – frei zu gestalten und diesen sogar ganz auszuschließen.[541]

Freilich stellt eine Stiftungskonstruktion besonders im Hinblick auf die zu berücksichtigenden gesellschafts-, erb-, steuer-[542] sowie stiftungsrechtlichen Frage-

---

534 *Burgard*, Gestaltungsfreiheit im Stiftungsrecht, S. 365 (mit dortiger Fn. 149) m. w. N. weist freilich insoweit zu Recht darauf hin, dass die Satzung, gleichwohl *ultima ratio* geändert werden kann, es sei denn, es ist anzunehmen, dass der Stifter eher eine Aufhebung der Stiftung als eine Änderung der Satzung wollte; vgl. auch S/S/S/P/*Stumpf*, StiftR, BGB § 86 Rn. 37 a. E.

535 Ebenso *Brummer*, Satzungsautonomie und Ewigkeitsklauseln, S. 246.

536 Hierzu näher → Teil 4 D I 2 b aa (4).

537 Vgl. Schlecht & Partner/Taylor Wessing/*Sommer/Wagner*, Unternehmensnachfolge, S. 489 (495).

538 Vgl. BGHZ 99, 344 (348); *O. Werner*, in: Hager, Entwicklungstendenzen im Stiftungsrecht, S. 49 (53).

539 Ausf. zu Satzungsänderungen → Teil 4 D I 2.

540 Vgl. *Fritsche/Kilian*, S&S RS 03/2008, 1 (2); *Schwarz*, BB 2001, 2381 (2386).

541 *Fleschutz*, Die Stiftung als Nachfolgeinstrument, S. 101; vgl. auch Erman/*M. Wiese*, BGB Vorb. § 80 Rn. 14; *Schlüter/Stolte*, Stiftungsrecht, Kap. 1 Rn. 62. Beim gänzlichen Ausschluss des Familieneinflusses kann indes nicht mehr die Rede von einem Familienunternehmen sein, vgl. → Teil 3 B I 3.

542 Eine Nachfolgegestaltung mit Stiftungen bedarf notwendig auch und besonders einer steuerrechtlichen Beratung, so deutlich *Hüttemann*, in: Röthel/K. Schmidt, Familienunternehmen im Wandel, S. 43 (55).

stellungen[543] für die Kautelarpraxis eine starke interdisziplinäre Herausforderung dar.[544] Eine erfolgreiche Nachfolgeplanung erschwerend kommt hinzu, dass besonders bei Familienunternehmen die Nachfolgefrage nicht rein rational betrachtet, sondern aufgrund der familiären Verbundenheit der Beteiligten überwiegend von Emotionen geleitet wird.[545] Infolgedessen kann es wiederum zu Konflikten kommen.[546] Dies ist wohl insbesondere dann naheliegend, wenn mehrere Erben vorhanden sind und es um ein beträchtliches Vermögen geht.

Die Regelung der Unternehmensnachfolge birgt insgesamt ein enormes Konfliktpotential für Familienunternehmen, insbesondere zwischen deren Familiengesellschaftern, die dabei oftmals Emotion über Rationalität stellen.[547] Dies gilt im Besonderen bei Familienunternehmen für die Frage der Nachfolge in die Geschäftsführung. So kommt nicht selten der Fall vor, dass der immer älter werdende

---

543 *Flick*, DStR 1993, 929 spricht illustrativ von einem *„magische[n] Quadrat der Unternehmensnachfolge"*, das sich aus den Komponenten Recht, Steuern, Psychologie und Unternehmerisches zusammensetzt.

544 Daher treffend *May/Bartels*, Nachfolge im Familienunternehmen, S. 5 (*„Die Nachfolge ist die Königsdisziplin im Familienunternehmen"*); vgl. auch *Theuffel-Werhahn*, ZEV 2017, 17, der die Komplexität einer Nachfolgegestaltung mittels einer Familienstiftung betont (*„Familienstiftung als Königsinstrument für die Nachfolgeplanung [...]"*); s. a. *Schiffer/Pruns*, BB 2013, 2755 wonach dies auch für *„die Beraterwelt [...] ein zunehmend wichtiges Geschäftsfeld"* sei; vgl. aus notarieller Perspektive *A. Werner*, NotBZ 2009, 469; *Reimann*, DNotZ 2012, 250; *Dahlmanns*, RNotZ 2020, 417; mit Blick auf das reformierte Stiftungsrecht *Schwalm*, NotBZ 2022, 81 (Teil 1) und 121 (Teil 2); speziell bzgl. Formfragen *Aumann*, DNotZ 2022, 894.

545 Vgl. Riedel/*Fritsch*, Unternehmensnachfolge-HdB, § 22 Rn. 8; *Waschbusch et al.*, StB 2017, 58 (61 f.); zur Psychologie der familieninternen Nachfolge in Familienunternehmen eing. *v. Schlippe*, FS Hennerkes, S. 39 (43 ff.); allg. Wiesehahn/*Piscula/Letter*, Unternehmensnachfolge, S. 307 ff.

546 Vgl. *Sommer/Godron*, DSWR 2005, 221 (223); s. a. *Baumann*, ZEV 2004, 108, die besonders die Mediation als Konfliktbewältigungsinstrument empfiehlt; zur Mediation als Streitvermeidungsinstrument in Familienunternehmen eing. *Laskawy/Vosberg*, FS L. Aderhold, S. 241 (251 ff., 255 f.).

547 Vgl. *W. Sigle*, FS Rowedder, S. 459 (465); MHdB GesR 7/*Holler*, § 75 Rn. 70; *Schmeing*, Konfliktmanagement, S. 235 m. w. N.; dies gilt insbesondere für die familieninterne Unternehmensnachfolge, da dabei *„die emotionale Komponente rationale Überlegungen oftmals überlagert"*, so *Schwarz*, BB 2001, 2381 (2385 dortige Fn. 54); allg. auch *Szameitat/Wenker*, FS L. Aderhold, S. 437 (440) (*„[...] hier* [bei der Unternehmerfamilie) *spielen häufig subjektive und emotionale Momente insbesondere bei Entscheidungsfindungen eine exponierte Rolle"*).

Senior die „Zügel nicht aus der Hand geben" will[548] und deshalb etwaige notwendige, das Familienunternehmen betreffende Entscheidungen resp. Maßnahmen blockiert, da er sich für unersetzlich und unfehlbar hält. Eine Abberufung des Seniors ist dabei recht schwierig und führt bei Gelingen oftmals zu massiven Störungen in der Familie und zugleich auch im Familienunternehmen selbst. Das Konfliktrisiko setzt sich dann auch bei der Frage der konkreten Nachfolge in die Geschäftsführung fort, wobei sich Schwierigkeiten sowohl dann ergeben, wenn kein oder kein geeigneter Nachfolger vorhanden ist, als auch dann, wenn mehrere Nachfolger vorhanden sind.[549]

Bei der Nachfolgeplanung darf dieser psychologische Aspekt daher keinesfalls außer Acht gelassen werden.[550] Typische, speziell die Unternehmensnachfolge an sich betreffende Konflikte zwischen den Familienmitgliedern verlagern sich i. d. R. aber nicht auf die Stiftungsebene, auch wenn diese Positionen in Organen oder Gremien der Stiftung besetzen.[551] Denn diese Positionen sind *per se* weder frei übertragbar noch vererblich[552] und gehen daher nicht auf etwaige Erben der Familienmitglieder über. Die Ausgestaltung der Wahl eines Organ- bzw. Gremiumsmitglieds muss vielmehr durch den Stifter in der Stiftungssatzung vorgegeben sein. Zudem halten die Familienmitglieder i. d. R. nicht mehr die Geschäftsanteile

548 Vgl. hierzu auch *Pöllath/Philipp/Haag*, FS Bengel und Reimann, S. 279 (280), wonach gerade *„die Aufgabe von Kontrolle und Verantwortung […] für den Unternehmer als ehemaligen Entscheidungsträger stets den härtesten Einschnitt in seinen unternehmerischen Entscheidungsspielraum* [bedeute]".

549 Statt vieler bündig *W. Sigle*, FS Rowedder, S. 459 (465 f.); *Staib*, Die Sicherung des Familieneinflusses auf die GmbH, S. 22 (dortige Fn. 34).

550 Vgl. *Reichert*, GmbHR 1998, 257 (259); *Staake*, in: Röthel/K. Schmidt, Grundfragen der Organisation von Familienunternehmen, S. 125 (130); *Waschbusch et al.*, StB 2017, 88 (93); allg. *H. P. Westermann*, FS Krieger, S. 1087 (1088 ff.).

551 Freilich kann es zu Konflikten zwischen dem Unternehmen und seinem Management und der Stifterfamilie kommen, s. MüKoBGB/*Weitemeyer*, § 80 Rn. 203 m. V. a. den ALDI-NORD-Fall (BVerwG, NZG 2019, 867; zuletzt OVG Schleswig, BeckRS 2022, 11137).

552 BGH, NZG 2011, 910 Rn. 1; Staudinger/*Kunz*, BGB § 1922 Rn. 267. Dies gilt grds. auch für statutarische und gesetzliche Stifterrechte (z. B. nach den Landesstiftungsgesetzen), da es sich bei diesen grds. um höchstpersönliche Rechte des Stifters handelt, MHdB GesR 7/*G. Roth*, § 102 Rn. 18. Derlei Rechte und Positionen können aber per Satzungsregelung ausdrücklich vererblich gestellt werden, indem danach über die Rechte oder Position testamentarisch oder vertraglich verfügt werden darf, vgl. v. Campenhausen/Richter/*Hof*, StiftR-HdB, § 7 Rn. 130; S/S/S/P/*Stumpf*, StiftR, BGB § 86 Rn. 8; NK-BGB/*Schiffer/Pruns*, § 81 Rn. 41; vgl. auch BFH, npoR 2017, 207 Rn. 40; OLG Hamm, NZG 2022, 676 Rn. 42.

am Familienunternehmen, sondern die Stiftung, sodass die künftige Nachfolge in die Geschäftsanteile, d. h. auf Vermögensebene, grds. unabhängig von dem Mitwirken der Familie erfolgen kann.[553] Aus Sicht eines Familienunternehmers resp. Stifters stellt sich eine Familienstiftung als *„eine Art ‚Wunscherbe'"*[554] bzw. in Gestalt einer Beteiligungsträgerstiftung als *„unsterblicher"*[555] Gesellschafter dar, den er nach seinen Vorstellungen formen kann. Insoweit regelt die Stiftungslösung jedoch erst mal allein die Frage der Unternehmensnachfolge betreffend das Eigentum am Familienunternehmen, nicht aber zwangsläufig auch betreffend die Führung des Familienunternehmens. Die noch relevante Nachfolge in der Führungsebene kann (und muss) der Stifter also in der Stiftungssatzung nach seinem Belieben gestalten.[556] Hierauf wird noch zurückzukommen sein.[557]

Existiert kein Familienoberhaupt i. e. S., sondern mehrere Familiengesellschafter so stellt sich die Frage, ob diese mehrere Familienstiftungen errichten sollten oder nur eine sog. *„Anker-Familienstiftung"*.[558] Wie bereits erläutert, verfolgt die Integration einer Familienstiftung in die Unternehmensstruktur eines Familienunternehmens u. a. das Ziel, die mit einer sonst üblichen Erbfolge einhergehende Anteilszersplitterung zu vermeiden und für das Familienunternehmen einen starken Anker-Gesellschafter zu bilden, der als Haupt- bzw. Alleingesellschafter das Familienunternehmen führt.[559] Die Übertragung der Unternehmensanteile auf mehrere Familienstiftungen kann freilich zu einer Verzögerung der Entscheidungswege führen. Die Familienstiftungen müssten sich in einem solchen Fall nämlich erst einmal untereinander abstimmen, um im Familienunternehmen die richtigen Entscheidungen zu treffen. Dadurch würden die für Familienunternehmen typischen, vorteilhaften, kurzen Entscheidungsprozesse (noch mehr)

---

553 Vgl. *Hepperle*, Stiftungen als Instrumente zur Lösung von Schnittstellenkonflikten, S. 66 ff. m. w. N.; *Kirchdörfer*, FuS 2019, 144 (147).

554 So treffend *Lange*, in: Lange/Windthorst, Sicherung des Familieneinflusses, S. 95 (99); kritisch zu dieser *„privaten Erbrechtssetzung"* aufgrund dessen, dass *„jede generationenübergreifende Bindung eines Vermögens dieses Vermögen dem Erbrecht* [entzieht], *das ansonsten über die Weitergabe des Vermögens entschieden hätte"*, *Dutta*, RabelsZ 77 (2013), 828 (834); weiterführend *Dutta*, Warum Erbrecht?, S. 30 ff.

555 *Ihle*, RNotZ 2009, 557 (571); ähnlich *Schwarz*, BB 2001, 2381 (2385); vgl. (jedoch kritisch) *Dutta*, Warum Erbrecht?, S. 21 (*„unsterbliche*[r] *Vermögensträger"*).

556 *Kirchdörfer*, FuS 2019, 144 (148); *Felden/Wirtz*, FuS 2014, 131 (134).

557 Näher dazu sogleich unter → Teil 3 B II 3 d.

558 Zur auch als Stammesfamilienstiftung bezeichneten Gestaltung näher → Teil 3 A V 4.

559 Allg. zu den Errichtungsmotiven → Teil 2 A.

beeinträchtigt werden. Eine derartige Mehr-Familienstiftungsgestaltung[560] birgt auch die Gefahr, dass das Familienunternehmen inhärente Konfliktrisiko fortgeführt wird, was im schlimmsten Fall zur Veräußerung des Familienunternehmens bzw. dessen Lähmung führen könnte. In Anbetracht dessen ist eine durch mehrere Familiengesellschafter resp. Stifter errichtete unternehmensverbundene Familienstiftung mit Blick auf die Anteils- und Stimmrechtsmehrheit und insbesondere mit dem Ziel des langfristigen Erhalts des Familienunternehmens gegenüber dem Mehr-Familienstiftungsmodell vorzugswürdig.[561] Ferner spricht für das Ein-Familienstiftungsmodell auch der geringere Gründungs-, Beratungs- und Organisationsbedarf. Dies gilt auch bei unterschiedlichen Beteiligungsquoten der Familiengesellschafter, denn die Familiengesellschafter bzw. Stifter können in der Stiftungssatzung die ursprünglich unterschiedlichen Beteiligungsquoten reflektieren (z. B. hinsichtlich der Beteiligungsquoten der Destinatäre oder etwaiger Sonderrechte).[562]

In Bezug auf die *Eignung* des (Familien-)Stiftungsmodells (vornehmlich in Gestalt einer Beteiligungsträgerstiftung) für eine Unternehmensnachfolge und allg. für unternehmerisches Tätigwerden ist abschließend anzumerken, dass empirischen Studien zufolge, der wirtschaftliche Erfolg resp. die Performance stiftungsverbundener Unternehmen keineswegs hinter herkömmlichen Familienunternehmen oder sonstigen, insb. börsennotierten Unternehmen zurücksteht, sondern insbesondere mit Blick auf ihre Langzeitorientierung sogar tendenziell vorteilhafter ist.[563] Freilich wäre vor dem Hintergrund des gestiegenen Interesses

---

560 Bekanntes Praxisbeispiel sind etwa die fünf Würth-Stiftungen, s. (https://t1p.de/g987y); dazu *M. Engel*, Die unternehmensverbundene Stiftung, S. 59; *Muscheler*, ErbR 2008, 134 (137 f.) mit Schaubild der Konstruktion.

561 Ebenso *v. Oertzen/Reich*, DStR 2019, 317; *Theuffel-Werhahn*, RFamU 2022, 67 (70).

562 So überzeugend *v. Oertzen/Reich*, DStR 2019, 317.

563 Vgl. m. w. N. zur (betriebswirtschaftlichen) Studienlage *Fleisch* und *Eulerich*, in: F/E/K/S/S, Modell unternehmensverbundene Stiftungen, S. 41 ff. und S. 182 ff.; *Franke*, in: Achleitner et al., Stiftungsunternehmen: Theorie und Praxis, S. 69 (81 ff.); *Stiftung Familienunternehmen*, Stiftungsunternehmen in Deutschland, S. 68 ff., 80 (Fazit: *„Es lässt sich damit festhalten, dass bei einer Fortführung des Unternehmens als Stiftungsunternehmen keinerlei Performanceeinbußen zu verzeichnen sind“*); BeckOGK/*Jakob/Uhl*, 1.7.2022, BGB § 80 Rn. 507 ff., insbesondere unter Bezugnahme auf die Untersuchung von *Herrmann*, Unternehmenskontrolle durch Stiftungen, 1996; s. a. bündig *Mehren*, Ubg 2021, 541 (542); *Schauhoff*, in: VGR, GesR in der Diskussion 2018, S. 83 (91 f.); *Oppel*, FS 75 Jahre StB-Verband, S. 537 (541); *Block/Hosseini*, NPLY 2016/2017, S. 13 (19 f.); *Block et al.*, Journal of Family Business Strategy 2020, S. 1 (5); *Mühlbauer*, Stiftungsverbundene Unternehmen

von Stiftungsgestaltungen eine aktuelle und breitere Untersuchung im Speziellen deutscher unternehmensverbundener (Familien-)Stiftungen nicht nur wünschenswert, sondern vielmehr geboten.[564]

d) Zwischenergebnis

Halten wir fest: Dem vorstehend geschilderten Nachfolgeproblem bei Familienunternehmen kann man freilich nur unter Berücksichtigung des jeweiligen Einzelfalls und unter interessengerechter Abwägung der jeweiligen Gestaltungsziele des Familienunternehmers einer individuellen und adäquaten Lösung im Rahmen des gesetzlichen Gestaltungsspielraums zuführen. Nur dann kann man den Wünschen und Zielen des Familienunternehmers in Gänze oder zumindest weitestgehend gerecht werden.[565]

Nach dem hier zugrunde gelegten Verständnis ist der beherrschende Familieneinfluss ein wesentliches Merkmal eines Familienunternehmens.[566] Dem Familienunternehmer, der eine unternehmensverbundene Familienstiftung als Nachfolgeinstrument in Betracht zieht,[567] obliegt es daher allen voran für sich

---

und Agency-Theorie, S. 1 f., 85; zu ähnlichen Ergebnissen gelangen auch breit und langjährig angelegte Studien zu dänischen unternehmensverbundenen Stiftungen, dazu *Thomsen*, The Danish Industrial Foundations, S. 105 ff, 127 ff., 153 ff. Speziell zur *rechtlichen* Eignung im Vergleich zu gesellschaftsrechtlichen Lösungen eing. etwa *Kronke*, Stiftungstypus, S. 228 ff.; im Anschluss auch *Rösner*, Konzernierung der Stiftung, S. 137 ff.

564 Auf den entsprechenden Forschungsbedarf in Deutschland hinweisend *Fleischer*, ZIP 2022, 2045 (2055 f.); *Hosseini/Jarchow*, in: Achleitner et al., Stiftungsunternehmen: Theorie und Praxis, S. 37 (47); allg. *Sanders/Thomsen*, in: Sanders/Thomsen, Enterprise Foundation Law, S. 221 (244 f.); speziell für weitergehende wissenschaftliche Forschung in Bezug auf etwaige (Performance-)Unterschiede zwischen gemeinnützigen und privatnützigen unternehmensverbundenen Stiftungen *Thomsen/Kavadis*, Enterprise Foundations, S. 91.

565 Vgl. zutreffend aus Praktikersicht statt anderer nur *Nitz*, BWNotZ 2004, 153.

566 Siehe → Teil 3 B I 2.

567 *Hennerkes/Kirchdörfer*, Die Familie und ihr Unternehmen, S. 278 zufolge sei in der Praxis *„das Wissen über die Stiftung erstaunlich gering"*; ebenso konstatierend NK-BGB/*Schiffer/Pruns*, Vorb. §§ 80 ff. Rn. 1; *Ambros Schindler*, S&S 01/2014, 22; *Bruttel/Probst/Schweinsberg*, FuS 2015, 138 (141); *Klein-Wiele/Wurmthaler*, FuS-Sonderausgabe 2023, 48; deutlich insofern *Halaczinsky*, ZErb 2015, 193 (203), nach dem *„Stiftungen […] umfangreiches (Spezial-)Wissen [erfordern]"*. Gerade deshalb ist eine vorhergehende umfassende Auseinandersetzung mit und Beratung zu dieser erforderlich. Zur sog. *„Stiftungsreife"* eing. Schiffer/*Schiffer*, Die Stiftung in der Beraterpraxis, § 14 Rn. 31 ff., 50 ff. Besonders seit der Diskussion um eine GmbH-gebV

die Frage zu beantworten, welche Funktion die Stiftung haben soll und, ob der Familie ihr Einfluss im Unternehmen gänzlich entzogen oder weiterhin auf (einzelne) Familienmitglieder, die zur Unternehmensleitung willens und fähig sind, übertragen werden soll[568]. Insofern lässt sich mit *Jakob* die Rolle des Stifters resp. des Familienunternehmers wie folgt treffend beschreiben: „*Der Stifter ist der Initiator der Stiftung*“[569].

Der Familieneinfluss auf das Familienunternehmen wird primär durch seinen in der Stiftungssatzung festgeschriebenen Willen gesteuert.[570] Wie viel Einfluss er seiner Familie überlassen wird, hängt indes von der Eignung der potentiellen Nachfolger ab, sodass der Familienunternehmer Familie, Familienstiftung und das Familienunternehmen so arrangieren muss, dass unerwünschte Gefahren in Bezug auf Unternehmensführung sowie -bestand weitestgehend vermieden werden. Der Stifter wird dabei die Rolle der Stiftung in Abhängigkeit von seiner Familie, genauer gesagt von der Nachfolgesituation, bestimmen und dieser so viel Entscheidungsspielraum wie nötig zugestehen. Hält der Familienunternehmer seine/n Nachfolger für geeignet, möchte aber Extremereignisse, wie z. B. den zukünftigen Verkauf seines Unternehmens, ausschließen, kann er das Unternehmen in eine unternehmensverbundene Familienstiftung überführen und seine Familie aber weiterhin zum *De-facto*-Eigentümer machen, ihr größtmöglichen Handlungsspielraum einräumen und so zugleich die Identität als Familienunternehmen sichern.[571] Sieht er aber keinerlei geeignete/n Nachfolger und beabsichtigt vielmehr den Schutz des Unternehmens vor seiner Familie, weshalb er seine Familie nicht in die Stiftungskonstruktion einbinden möchte, wird das Familienunternehmen gänzlich *entfamiliarisiert*, sodass der Familiencharakter des Unternehmens verloren ginge.

---

bzw. (aktuell) Gesellschaft mit gebundenem Vermögen sowie der Stiftungsrechtsreform 2021 häufen sich aber auch Informationsveranstaltungen und Fachseminare betreffend (Familien-)Stiftungsmodellen.

568 W/S/F/*Saenger*, Die Stiftung, § 36 Rn. 31; vgl. Richter/*Richter*, Stiftungsrecht, § 11 Rn. 11; *Lange*, in: Lange/Windthorst, Sicherung des Familieneinflusses, S. 95 (114 f.); *Hennerkes/Kirchdörfer*, Die Familie und ihr Unternehmen, S. 296.

569 *Jakob*, Schutz der Stiftung, S. 166. Ähnlich *Winkler*, FS A. Reuter, S. 571 (575) („*Initiator und spiritus rector*“); *Hof*, GS Walz, S. 233 (235) („*Urheber der Stiftung und Quelle des Stifterwillens*“).

570 Vgl. auch *Schlüter/Stolte*, Stiftungsrecht, Kap. 1 Rn. 62; *v. Oertzen*, BB 2019, 2647 (2654); *v. Oertzen/Reich*, DStR 2017, 1118 (1124); *Koropp/Grichnik*, WiSt 2007, 295 (301).

571 Explizit *Mühlbauer*, Stiftungsverbundene Unternehmen und Agency-Theorie, S. 148.

Erst, wenn der Familienunternehmer bereit ist, auch im Wege einer Stiftungskonstruktion, die Familie, insbesondere diejenigen Familienmitglieder, die seine Vorstellung über sein Ausscheiden bzw. Tod hinaus verwirklichen sollen und wollen, entscheidend einzubinden, kann eine unternehmensverbundenen Familienstiftung als Instrument zur Bewältigung der Nachfolgeproblematik eines Familienunternehmens im hiesigen Sinne, d. h. unter Wahrung des Familienunternehmenscharakters, überhaupt in Betracht gezogen werden. Die Familie ist nämlich gerade „*die tragende Säule*"[572] eines Familienunternehmens.[573] Dies gilt ungeachtet der rechtlichen Ausgangsstruktur des Familienunternehmens. Die Involvierung der Familie bei der Gestaltung stärkt nicht zuletzt das Interesse der Familie an der Entwicklung der Familienstiftung und fördert gleichzeitig auch die Bindung der Familie zur Familienstiftung, was mittelbar auch dem Wohl des Familienunternehmens selbst zugutekommt.[574]

Durch die frühe Berücksichtigung der spezifischen Rollen aktueller und künftiger Familienmitglieder in der Familienstiftung kann zudem „*potenziell schädliche Interferenzen*"[575] zwischen Familie und Familienstiftung vorgebeugt werden. Speziell in Gestalt einer Beteiligungsträgerstiftung, wo es sowohl eine Unternehmens- als auch Stiftungsebene gibt, muss demgemäß genau erörtert und abgewogen werden, wer wo welchen Einfluss ausüben soll.[576]

Zudem sind zwei weitere Aspekte zu bedenken: Erstens klärt die Übertragung der Unternehmensanteile auf die Familienstiftung zwar die Frage der Nachfolge in der Eigentümerstellung. Davon unberührt bleibt indes die Nachfolge im Management des Unternehmens. Durch diese wird nämlich nicht automatisch die betriebswirtschaftliche und unternehmerische Nachfolge im Familienunternehmen selbst geklärt. Insofern ist es gerade bei Familienunternehmen unbedingt erforderlich, dass der Stifter Überlegungen anstellt, wer unabhängig von der vermögensrechtlichen Nachfolge, die Nachfolge in der Geschäftsführung des Unter-

---

572 MHdB GesR 9/*Bochmann*, § 4 Rn. 4.

573 Vgl. näher zum Verhältnis der Familie zu „ihrem" Unternehmen → Teil 2 A I 1.

574 Vgl. *Deischl*, Die Familie und Stiftung, S. 24; zur Relevanz der Einbeziehung der Familie und Erhalts des Familieneinflusses in einer Stiftungskonstruktion sogleich → Teil 2 B.

575 *Kaufmann*, Stiftung und Konflikt, S. 26.

576 Vgl. *Kraus*, npoR 2018, 262 (271); *Hennerkes/Kirchdörfer*, Die Familie und ihr Unternehmen, S. 296; *v. Oertzen/Reich*, DStR 2017, 1118 (1120 ff.); s. auch die weiteren sieben Schlüsselfragen von *Schiffer/Pruns*, BB 2013, 2755 (2762 f.); ähnlich auch Richter/*Richter*, Stiftungsrecht, § 10 Rn. 9 ff.; bzgl. der Gestaltung einer „*nachhaltigen*" Stiftungssatzung NK-BGB/*Schiffer/Pruns*, § 81 Rn. 78 ff.

nehmens[577] antreten soll, und wie dies in der Stiftungssatzung festgehalten werden kann.[578] Der Stifter hat daher diesbezügliche Regelungen in der Stiftungssatzung aufzunehmen, die entsprechende Leitlinien in der Unternehmensführung und in den Unternehmensaktivitäten festlegen und dabei den Charakter des Familienunternehmens aufrechterhalten.[579] Insbesondere, wenn ein Familienunternehmer noch keine fähigen, willigen oder schlicht zu jungen Nachfolger hat, kann eine unternehmensverbundene Familienstiftung unter Wahrung des Familieneinflusses, auch zur Überbrückung bis ein fähiger und williger Nachfolger aus dem Familienkreis vorhanden ist, eingesetzt werden.[580] In der Familienstiftung ist nämlich auch der mit familienfremden besetzte Vorstand an die Stiftungssatzung und den Stifterwillen strikt gebunden.[581] Mit Blick auf die eingeschränkte Aufsicht der Stiftungsbehörde betreffend Familienstiftungen[582], sollte in diesem Fall jedoch zur Überwachung des pflichtgemäßen Handelns der Organe ein Aufsichtsorgan (Stiftungsrat/Familienrat) – zur Wahrung der Familieninteressen sodann überwiegend aus Familienmitgliedern bestehend – vorgesehen werden.[583]

Zweitens ist es im Falle einer Stiftungslösung erforderlich, daneben auch an eine qualifizierte Nachfolge der Stiftungsorgane zu denken, sodass sich jedenfalls insoweit die Nachfolgeproblematik auf der Stiftungsebene fortsetzt und dadurch sogar erschwert werden kann.[584] Gerade die Ausgestaltung und Besetzung der Stif-

---

577 Als juristische Person kann die Stiftung als solche z. B. in einer GmbH bzw. AG nicht als Geschäftsführerin bzw. Vorständin fungieren (vgl. § 6 Abs. 2 S. 1 GmbHG bzw. § 76 Abs. 3 S. 1 AktG), vgl. hierzu allg. *Gehrlein*, NZG 2016, 566 (567). Für die Organe der Stiftung gibt es derlei Verbotsnormen wie im GmbH- und Aktienrecht nicht, sodass bei dieser (und auch beim Verein) auch juristische Personen grds. vorstandsfähig sind, s. m. w. N. nur MüKoBGB/*Weitemeyer*, § 86 Rn. 4; *Gollan*, ErbR 2024, 658 (663); vgl. auch bereits *Bericht der Studienkommission des DJT-Stiftungsrecht*, Vorschläge, 1968, S. 24; umfassend *Wanka*, Juristische Personen und ihre Organe als Vorstand der Stiftung, *passim*.

578 *Adam*, Die Besteuerung ausländischer Familienstiftungen, S. 385; Wachter/Heckschen/*Schick/Hemmen*, Praxis des HuGR, § 11 Rn. 611; BeckHdB GmbH/*Braun/Siemers*, § 19 Rn. 75; vgl. auch *Kirchdörfer*, FuS 2019, 144 (148); *Felden/Wirtz*, FuS 2014, 131 (134).

579 Instruktiv *v. Oertzen/Reich*, DStR 2017, 1118 (1120 ff.).

580 *Härtl*, Ist das Stiftungsrecht reformbedürftig?, S. 152.

581 Instruktiv hierzu LG Paderborn, BeckRS 2021, 57769 Rn. 7 ff.

582 Dazu → Teil 4 H II.

583 *Heuel/Ens*, S&S RS 06/2021, 1 (6).

584 Vgl. *Hüttemann*, GS Schindhelm, S. 377 (379); *Hüttemann*, DB 2017, 591 (596 f.); *Feldner/Stoklassa*, ErbStB 2014, 201 (203); *Lange*, in: Lange/Windthorst, Sicherung des Familieneinflusses, S. 95 (112 f.); *Lange*, ZStV 2022, 41 f.; *v. Oertzen/Reich*, DStR

tungsorgane entscheidet darüber, ob die Stiftung und damit auch das verbundene Familienunternehmen in der Zukunft wirtschaftlich vernünftig und im Interesse des Stifters und seiner Familie geführt werden.[585]

Auch deshalb empfiehlt es sich bereits frühzeitig, die Familie bei der Gestaltung der Unternehmensnachfolge mittels einer unternehmensverbundenen Familienstiftung einzubeziehen,[586] um so die Identifikation der Familie mit einer solchen Nachfolgekonstruktion zu stärken und etwaigen Missverständnissen, Vorurteilen und vor allem dem Gefühl der „*Enteignung*“ vorzubeugen.[587]

Ebenso wie ein herkömmliches Familienunternehmen[588] ist auch ein mit einer Familienstiftung verbundenes Familienunternehmen in nicht geringerem Maße davon abhängig, dass sich im Besonderen die Familie des Stifters und auch die Mitarbeiter des Familienunternehmens auf allen Ebenen mit dieser Konstruktion identifizieren, um bestmöglich zu prosperieren. Demgemäß sollte die Wahl einer Familienstiftungskonstruktion für das Familienunternehmen auch gegenüber den Mitarbeitern, aber auch anderen Stakeholdern (z. B. Geschäftspartnern, Banken etc.) offen kommuniziert werden, um frühzeitig Vertrauen zu schaffen und Bedenken von vornherein auszuräumen. Gerade die enge Verbindung zwischen Familie und Unternehmen und sonstige Beteiligte ist eine große Stärke von Familienunternehmen[589] und sollte durch die Implementierung einer Familienstiftung weiterhin gewahrt werden.

Nochmals: Im Besonderen die frühe Beteiligung der Familie wirkt der zuvor erwähnten nachteiligen Situation entgegen, dass die Familienmitglieder resp. die künftigen Erben, die Übertragung der Beteiligungen am Familienunternehmen auf die Stiftung aufgrund eines Enteignungsgefühls versuchen, anzufechten bzw. die Übertragung im Wege des Pflichtteil(ergänzung)srechts[590] auszuhöhlen und

---

2017, 1118 (1122); *Schiffer*, FS Binz, S. 596 (607 f.); Soergel/*Neuhoff*, BGB Vor § 80 Rn. 77; zum in der Praxis oft verkannten Problem der Nachfolge in Stiftungsorganen siehe *Schiffer*, SB 2017, 17 (Teil 1) und 36 (Teil 2).

585 *Feldner/Stoklassa*, ErbStB 2014, 201 (203); vgl. Hannes/*Müller*, FormB Vermögens- und Unternehmensnachfolge, C. 3.10 Rn. 6, S. 1264.

586 Deutlich hierauf hinweisend *Schiffer*, FS Binz, S. 596 (605); *Schiffer*, BBEV 2007, 214 (216); eing. *Fleschutz*, Die Stiftung als Nachfolgeinstrument, S. 311 ff. (zur Einbeziehung der Mitarbeiter) und S. 341 ff. (zur Einbeziehung der Familie).

587 Dazu → Teil 3 B II 2.

588 Siehe → Teil 3 B II 1.

589 Siehe → Teil 3 B II 1.

590 Zur Anwendbarkeit des Pflichtteils(ergänzungs)rechts grdl. bereits RGZ 54, 399 (400 f.); LG Baden-Baden, ZEV 1999, 152 m. zust. Anm. *Rawert*; OLG Karlsruhe, ZEV 2004, 470 (471), i. Erg. bestätigt durch BGH, BeckRS 2004, 9903, der betref-

die Familienstiftung als Feind angesehen und bekämpft wird.[591] Gerade Stiftungskonstruktionen im Unternehmensnachfolgekontext, „*die nicht innerhalb der Stifterfamilie konsentiert waren, sondern bei denen ‚die Stiftung als Waffe' eingesetzt wurde*", haben einen „*unglücklichen Ausgang*" genommen.[592] Die frühzeitige Einbindung der Familie, insbesondere der nächsten Generation, in verantwortungsvolle Funktionen innerhalb der Stiftung, hat für den Stifter selbst ohnehin dahingehend den großen Vorteil, dass dies die kontinuierliche Interpretation sei-

---

fend eine Nichtzulassungsbeschwerde u. a. materiell keine Erfolgsaussichten für die Revision sah; BGHZ 157, 178 (185 ff.) – Dresdner Frauenkirche, hierzu mit interessanter Begründung neuerdings ablehnend *Paulus*, FS Windbichler, S. 119 (123 ff.) (Spenden seien nicht stets mit Geschenken i. S. d. § 2325 BGB gleichzusetzen); *Worm*, RNotZ 2003, 535 (545); BeckOGK/*Lange*, 1.9.2024, BGB § 81 Rn. 130 f.; weiterführend zum Ganzen *König*, Nachlassplanung, S. 113 ff., 156 ff. m. z. N.; s. a. *Schmid*, Stiftungsrechtliche Zuwendungen, S. 39 ff., 79 ff., 101 und *passim*, die freilich eine (analoge) Anwendbarkeit der §§ 2325, 2329 BGB jedenfalls auf die Stiftungserrichtung ablehnt; zum Ganzen bündig zuletzt *Schewe*, in: Hereditare 9 (2019), S. 33 (56 ff.). Gerade der Anspruch eines Pflichtteilsberechtigten kann sich auch gegen die Stiftung richten (als Nicht-Erbin gem. § 2329 BGB und als Erbin gem. § 2325 BGB, eing. dazu *Schmid*, Stiftungsrechtliche Zuwendungen, S. 173 ff.), so das Stiftungsvermögen (Unternehmensbeteiligungen) angreifen und letztendlich sogar zu einer Zerschlagung des Familienunternehmens führen, s. *Schewe/Hermes*, RFamU 2022, 158 (161 f.); *Lehleiter*, Die Familienstiftung, S. 161.

591 *Jakob*, Trust & Trustees, 2020, 4 (5) mit Beispiel einer gescheiterten Stiftungslösung mangels Beteiligung der Familie. Die Folge kann nämlich sein, dass die Familien-Erben versuchen die Familienstiftung zu „*töten*", wobei sie damit riskieren, das Lebenswerk des stiftenden Familienoberhaupts zu zerstören. Vgl. (in Bezug auf die Stiftungserrichtung von Todes wegen) auch *Wachter*, ErbR 2019, 755 (757) („*Die Angehörigen fühlen sich regelmäßig übergangen und um ‚ihr Erbe' gebracht, wenn der Erblasser sein Vermögen einem (gemeinnützigen) Stiftungszweck widmet. Die (gesetzlichen) Erben versuchen dann, die der Stiftungsgründung zugrundeliegende Verfügung von Todes wegen mit allen rechtlichen Mitteln anzugreifen.*"); s. a. *Jakob*, FS Coester-Waltjen, S. 123 (124); Schiffer/*Schiffer*/*Pruns*, Die Stiftung in der Beraterpraxis, § 11 Rn. 96 (unter 4.). Exemplarisch auch der Fall des OLG Koblenz, NZG 2002, 135 (136) betreffend den Auflösungsversuch zweier Familienstiftungen („*Wie der Rechtsvertreter des Destinatär-Stiftungsbeiratsmitglieds Ha X selbst einmal zutreffend ausgeführt hat, ‚wollen sich einzelne Destinatäre einfach nicht damit abfinden, dass ihre Väter wesentliche Vermögensteile nicht ihnen vererbt, sondern in den Stiftungen verselbständigt haben, bei denen die Destinatäre – ausgenommen die Mitwirkung im Beirat – nichts zu sagen haben.' [...]*"), dazu *Muscheler*, Gesammelte Beiträge I, S. 309 (314 ff.).

592 Vgl. (bezogen auf die österreichische Privatstiftung) *Pendl*, GesRZ 2022, 191 (199).

nes Stifterwillens und damit eine kontinuierliche Stiftungsarbeit auch über seinen eigenen Tod hinaus zu gewährleisten vermag.[593] So gelangten *Hansmann/Thomsen* in ihrer Untersuchung betreffend dänischen unternehmensverbundenen Stiftungen zu dem Ergebnis, dass sich deren Vorstandsmitglieder wohl überwiegend mit dem Stifter und seinem in der Stiftungssatzung niedergelegten Stifterwillen, insbesondere seinem in diesem Kontext verfolgten Wunsch, das Unternehmen erfolgreich zu erhalten, – u. a. womöglich gerade auch aufgrund familiärer Beziehungen – stark identifizierten.[594] Nichtsdestotrotz ist flankierend von Beginn an auf eine ausgeglichene *Foundation* und *Family Business Governance* zu achten.[595]

Nach alldem ist zu konstatieren, dass der Erhalt des Familieneinflusses und damit des Charakters als Familienunternehmen durch den Einsatz einer unternehmensverbundenen Familienstiftung nicht automatisch gewährleistet ist[596], sondern es bedarf dafür einer ausgeklügelten, vorausschauenden und aufeinander abgestimmten Gestaltung der Stiftungssatzung als auch des Gesellschaftsvertrags des Familienunternehmens sowie der diesbezüglichen *Governances*. Bei alldem ist in besonderem Maß auf die individuellen Verhältnisse sowohl des Familienunternehmens an sich als auch der Familie sowie der Familienstiftung Rücksicht zu nehmen.[597] Ist dies jedoch gewährleistet, so ist die unternehmensverbundene Familienstiftung das geradezu perfekte Instrument für eine *„adäquate Nachfolgeregelung im fortwährenden Bewusstsein der Prägung“*[598] des Unternehmens als Familienunternehmen.[599] Insbesondere kann vermittels der Stiftungssatzung die

593 Richter/Wachter/*v. Peter*, HdB Int. StiftR, § 2 Rn. 15.

594 *Hansmann/Thomsen*, Journal of Legal Analysis, Vol. 13, 2021, 172 (190 f.).

595 Vgl. näher → Teil 5.

596 Vgl. näher → Teil 3 C.

597 Vgl. grdl. *v. Oertzen/Reich*, DStR 2017, 1118; BeckFormB BHW/*Wentrup*, Form. IX. 10. Anm. 1.

598 *BaFin*, Befreiungsantrag nach §§ 36, 37 WpÜG v. 2.2.2016, DE000-PAH0038, S. 8 (https://t1p.de/4sdt3).

599 Vgl. auch MHdB GesR 9/*Hippeli*, § 13 Rn. 67, nach dem *„die Familiengesellschaft [...] immer noch familiengeprägt“* bliebe und der darauf hinweist, dass in diesen Fällen, also wenn der Einfluss und die Kontrolle der Familie und damit der Charakter des Familienunternehmens gewahrt bleibt, auch – im WpÜG-(aktienrechtlichen)-Kontext – *„der bisherige Inhaber des Aktienpakets/Stifter keinen Befreiungsantrag iSd §§ 36, 37 WpÜG stellen* [...]“ muss; s. etwa *BaFin*, Befreiungsantrag nach §§ 36, 37 WpÜG v. 20.6.2022, DE000-5158703, S. 14 (https://t1p.de/a0q17) (*„Aufgrund des durch die Regelungen in der Stiftungssatzung und im Testament der Stifterin sichergestellten nachhaltigen Einflusses der Stifterfamilie auf die Zielgesellschaft, geht mit dem Kontrollwechsel kein wesentlicher materieller Kontrollwechsel einher, der*

allgemeine Unternehmensnachfolge abschließend und generationsübergreifend geregelt werden, während dies gesellschaftsrechtlich nur einzeln und sukzessive möglich ist.[600] Zudem gilt es sich gewahr zu werden, dass – wie vorstehend erörtert – die anderen Nachfolgemöglichkeiten bekanntlich „*flüchtig* [sind und] *nur die Stiftungen [...] für Zeit und Ewigkeit*“[601]; die Familienstiftung bietet im Vergleich zu anderen Nachfolgeinstrumenten zugleich auch bisher[602] unzweifelhaft „*die effektivste Vermögenssicherung im deutschen Recht*“[603].

Mit jener Eignung, die Unternehmensnachfolge für Zeit und Ewigkeit zu sichern und das Familienvermögen resp. das Familienunternehmen über Generationen hinweg im Sinne des Stifters effektiv zusammenzuhalten, verkörpert die unternehmensverbundene Familienstiftung exakt das traditionsbehaftete Streben von Familienunternehmen. Gleichwohl darf nicht verkannt werden, dass sich dies nicht pauschalisieren lässt, eine erfolgreiche Unternehmensnachfolge also nicht automatisch gewährleistet ist, sondern es immer auf das konkrete Familienunternehmen und die konkrete Familiensituation ankommt.[604]

Im Rahmen dieser Arbeit wird die Entscheidung des Familienunternehmers für eine unternehmensverbundene (privatnützige) Familienstiftung als Nachfolgeinstrument unter Beteiligung der Familie und Sicherung des Familieneinflusses freilich antizipiert.

---

den außenstehenden Aktionären einen (schützenswerten) Anlass geben könnte, eine außerordentliche Desinvestitionsentscheidung zu treffen. Die familiäre Prägung der Zielgesellschaft bleibt somit nach der Kontrollerlangung im Wesentlichen wie vor der Kontrollerlangung erhalten.“).

600 Vgl. *Sabel/Schauer*, ZStV 2018, 81 (93).

601 *H. Prantl*, Süddeutsche Zeitung v. 30./31.1.2021, Nr. 24, S. 5 (https://t1p.de/jggy).

602 Eine diesbezügliche Alternative könnte künftig die sog. GmbH mit gebundenem Vermögen (GmbH-gebV) bieten, so BeckOGK/*G. Roth*, 30.6.2023, BGB § 80 Rn. 781; vgl. zur GmbH-gebV die Nachweise in Fn. 1893.

603 *Dutta*, in: Grziwotz, Erbrecht und Vermögenssicherung, S. 71 (81).

604 Darauf deutlich hinweisend etwa zu Recht MHdB GesR 9/*Lorz*, § 32 Rn. 4, nach dem es „[...] *irreführend und falsch* [wäre], *pauschal von der ‚Stiftung' als dem Instrument der Nachfolgegestaltung zu sprechen.*“; ähnlich bereits *Flämig*, DB-Beilage Nr. 22 zu Heft 45, 1978, 1 (2). Diese ist – wie noch im Laufe der Arbeit verdeutlicht wird – vielmehr ein besonderes Vehikel, deren Einsatz im Einzelfall zu prüfen ist.

B. Relevanz der Sicherung des Familieneinflusses im Rahmen einer Stiftungsgestaltung

Es wurde bereits dargelegt, dass der Familieneinfluss für die Einordnung eines Unternehmens als Familienunternehmen von größter Bedeutung ist und Familienunternehmen in der Regel darauf ausgelegt sind, generationsübergreifend in Familienhand bewahrt und weitergeführt zu werden.[605] Demgemäß legen Familienunternehmer in aller Regel ein besonderes Augenmerk darauf, dass sie auch dann maßgeblichen Einfluss auf die Geschicke des Unternehmens nehmen können, wenn sie gar nicht oder nicht mehr über die alleinige Anteilseignerstellung verfügen.[606] In diesem Sinne wird im Rahmen der einschlägigen Muster- und Gestaltungsempfehlungen betreffend korporativen Gesellschaftsformen auf die besondere Bedeutung hingewiesen, dass der Familienunternehmenscharakter und damit notwendig der Familieneinfluss gewahrt werden müsse.[607] In Bezug auf unternehmensverbundene Familienstiftungen als Unternehmensnachfolgeinstrument wird dies freilich selten ausführlich thematisiert bzw. operationalisiert[608], obgleich bei dieser Gestaltung die Sicherung des Familieneinflusses neben der allgemeinen Perpetuierung des Familienunternehmens – jedenfalls im wünschenswerten Fall – einer der wesentlichen Gesichtspunkte sein dürfte[609].

Die Übertragung aller oder der Mehrheit der Geschäftsanteile am Familienunternehmen auf eine Familienstiftung wirkt sich unmittelbar auf den Einfluss der Familie auf ebendieses aus. Um den Charakter als Familienunternehmens auch

---

605 Siehe dazu bereits → Teil 3 B I.

606 Vgl. bereits unter → Teil 1 A; ähnlich auch *Begemann*, Die SE & Co. KGaA, S. 51; MHdB GesR 9/*Bochmann*, § 4 Rn. 4.

607 *Holler*, DStR 2019, 931 (933) m. z. N. auf gängige Formularbücher in dortiger Fn. 27; vgl. allg. auch Sudhoff/*Stückemann*, Familienunternehmen, Einf., S. 7 („*Dabei ist ein wesentlicher Gesichtspunkt für Familienunternehmen wie der Familieneinfluss auf die Jahre hin gesichert werden kann*").

608 Vgl. bereits unter → Teil 1 A. Allg. werde das Ziel der Sicherung des Familieneinflusses im Rahmen der Nachfolgeregelung zwar oftmals erwähnt, aber zumeist fehle eine inhaltliche Konkretisierung, so *Hering/Olbrich*, BB-Special 2006, 25 (28) („*Obwohl die Sicherung des Familieneinflusses im Schrifttum grundsätzlich Berücksichtigung findet, fehlt dort eine Diskussion ihrer operationalen Ausprägungen*").

609 Vgl. etwa *v. Oertzen/Reich*, DStR 2017, 1118 (1119); *Pauli*, ZEV 2012, 461 (462); *Fleschutz*, Die Stiftung als Nachfolgeinstrument, S. 331; *Hippeli*, in: Achleitner et al., Stiftungsunternehmen: Theorie und Praxis, S. 121 (130 f.); *Höfner-Byok*, Die Stiftung & Co. KG, S. 137; *Reimann*, FS Otte, S. 285 (288); *Schwarz*, ZSt 2004, 101 (102); *Schnitger*, ZEV 2001, 104 (105).

im Falle der Implementierung einer unternehmensverbundenen Familienstiftung sicherzustellen, muss dementsprechend notwendigerweise gewährleistet werden, dass der beherrschende Einfluss der Familie auf das Familienunternehmen nicht gänzlich eingebüßt wird, da andernfalls der Verlust des Familienunternehmenscharakters und der damit zusammenhängenden, vorteilhaften Besonderheiten droht.[610] Dies sind, wie bereits angeführt, etwa die hohe Identifikation der Familie und der Mitarbeiter mit dem Familienunternehmen sowie das damit verbundene Vertrauen im Geschäftsverkehr.[611]

Es sei an dieser Stelle noch einmal betont, dass, wie bereits zuvor ausgeführt, *„gerade der dauerhafte Einfluss und die dauerhafte Kontrolle durch die Familie begriffsbildend und prägend für das Funktionieren von Unternehmen in der Hand einer Familie sind*"[612]. Insofern wird zutreffend darauf hingewiesen, dass die Kontrolle des Familienunternehmens durch die Familienstiftung nicht *per se* gleichbedeutend mit einer Kontrolle durch die Familie selbst ist.[613]

Damit die mit dem Familienunternehmenscharakter einhergehenden Vorteile[614] durch die Übertragung der Geschäftsanteile auf eine unternehmensverbundene Familienstiftung nicht verloren gehen, bedarf es folglich in diesem Fall der statutarischen Sicherung des Familieneinflusses. Es muss also sichergestellt werden, dass die wesentlichen Entscheidungen weiterhin von Familienmitgliedern getroffen werden bzw. diese jedenfalls hinreichend in jene Entscheidungen involviert werden. Dies gilt freilich nur dann, wenn der Familienunternehmer auch im Falle einer Stiftungskonstruktion den beherrschenden Einfluss im Familienunternehmen bei der Familie, sei es auf Stiftungs- und/oder Unternehmensebene, belassen will.[615] *Anatol Dutta* merkt insofern zudem treffend an: *„[…] Aber die potentiellen Vorteile eines Familienunternehmens entfalten sich nur, wenn das Unternehmen generationenübergreifend in der Familie bleibt und der Tod* [bzw.

610 Vgl. *v. Oertzen/Reich*, DStR 2017, 1118 (1120); *Block et al.*, Journal of Family Business Strategy 2020, S. 1 (10) beschreiben die Situation, dass ein Familienunternehmer vermittels der Stiftungslösung den Einfluss der Familie auf das Unternehmen verringern will in Anbetracht dessen, dass gerade die Einbindung der Familie in die Stiftungsstruktur und damit ihr Einfluss für das stiftungsverbundene Familienunternehmen nach ihrer Studie durchaus vorteilhaft sei, als *„difficult or even paradoxical situation*".

611 Siehe zu den Besonderheiten eines Familienunternehmens ausf. → Teil 2 A II.

612 *Kalss*, ZVglRWiss 117 (2018), 221 (231).

613 So Feick/*Godron*/*Thress*, Stiftung, § 30 Rn. 50.

614 Siehe näher bereits → Teil 3 B I 2, 3.

615 Dies wird hier insofern antizipiert, s. → Teil 3 B II 3.

der Einsatz] *eines direkten oder indirekten Unternehmensträgers das Unternehmen nicht* [gänzlich] *der Familie entzieht.*"[616]

Es wird nicht verkannt, dass es durchaus – je nach Familiensituation – seitens des Familienunternehmers beabsichtigt oder jedenfalls ratsam sein kann, die Familie von bzw. den Familieneinfluss auf die Unternehmensführung gänzlich zu verhindern und diesen höchstens eine Destinatärsstellung zuzuweisen, um so etwa wenigstens das Unternehmen (insbesondere aufgrund der Arbeitsplätze) zu erhalten, aber zugleich die Familienmitglieder versorgt zu wissen. Eine entsprechende Situation kann vor allem dann vorliegen, wenn aus Sicht des Familienunternehmers resp. Stifters keiner seiner Angehörigen zur Unternehmensfortführung geeignet ist oder auch in dem Fall, dass keiner der potentiellen Nachfolger willens ist, die Unternehmensfortführung oder andere Leitungsaufgaben im Unternehmen zu übernehmen.[617] In diesem Fall wird der Stifter die Organe mit externen Dritten besetzen, die jedenfalls den Erhalt des Unternehmens i. S. d. Stifters sicherstellen.[618] Wenn die Familienstiftung demgemäß als reines Mittel zur Verwaltung der Unternehmensbeteiligung am Familienunternehmen eingesetzt wird und diese sowie der Stifter und seine Familie wenig oder keine Einflussmöglichkeiten auf die Leitung und Entscheidungsfindung des Unternehmens haben, wird der Charakter des Familienunternehmens regelmäßig verloren gehen. In diesem Fall wird das Unternehmen als eine Art von Investitionsvehikel bzw. reine Dotationsquelle betrachtet, das von der Familienstiftung verwaltet wird, anstatt als ein Familienunternehmen, in dem die Familie – freilich primär mittelbar über die Familienstiftung – eine wichtige Rolle bei der Leitung und Entscheidungsfindung spielt. Bei einer Führung der Familienstiftung allein durch ein Fremdmanagement stellt sich sodann auch die Frage, welche Anreize für eine „*shareholder value*"-bezogene Unternehmensführung bestehen, wenn die wirtschaftlichen Nutznießer, d. h. die (Familien-)Destinatäre, von maßgeblicher Einflussnahme ausgeschlossen werden[619].

In dieser Arbeit geht es indes nicht um derlei Konstellationen. Vielmehr wird davon ausgegangen, dass die beiden „*Erfolgsmodelle*" unternehmensverbundene Familienstiftung und Familienunternehmen seitens des Familienunternehmers verbunden werden sollen, um einen generationenüberdauernden Erhalt des Fa-

---

616 *Dutta*, Warum Erbrecht?, S. 520 f.

617 *König*, Nachlassplanung, S. 96 m. w. N.; vgl. auch *Meinecke*, ZStV 2022, 212 (214 f.).

618 *Hävelmann*, Stiftung & Co. KG, S. 76 f.; vgl. auch *Meinecke*, ZStV 2022, 212 (214 f.).

619 Explizit Groll/Steiner/*Steiner*, ErbR-HdB, Rn. 16.46, der u. a. deshalb auch die „*institutionelle Einbindung der Familie*" empfiehlt; vgl. auch Feick/*Godron*/*Thress*, Stiftung, § 29 Rn. 122.

milienunternehmens unter Sicherung des Familieneinflusses zu gewährleisten.[620] Strebt man dies an, so muss die Stiftungskonstruktion – konkret die Satzung der Familienstiftung – im Hinblick auf die Sicherung des Familieneinflusses gestaltet, insbesondere an die Anforderungen an ein Familienunternehmen angepasst werden.[621] Treffend konstatieren *v. Oertzen/Reich*: „*Der Erfolg bzw. Misserfolg der Familienstiftung und auch des Familienunternehmens hängt in den nachfolgenden Jahrzehnten bzw. sogar Jahrhunderten ganz entscheidend von der Satzung der Familienstiftung ab.*"[622] Dies gilt insbesondere mit Blick darauf, dass die Familienstiftung durch ihre Beteiligung und damit letztlich ihre Organe strategischen und operativen Einfluss auf das Familienunternehmen erhalten, weshalb gerade die Gestaltung der Stiftungsorgane und die Vorgaben für ihre Bildung sowie deren personelle Zusammensetzung von hoher Bedeutung sind.[623] Flankierend sollten in der Stiftungssatzung die Rolle der Familie in der Familienstiftung niedergeschrieben und ihre Rechte und Pflichten in Bezug auf die Stiftung und das Unternehmen ausführlich geregelt werden.[624]

Solange weiterhin eine Familienidentität zum Unternehmen besteht und die Familie – wenn auch mittelbar über die Familienstiftung und unter Einsatz auch familienfremder Organmitglieder bzw. Manager – die Geschicke des Familienunternehmens maßgeblich leitet, kann auch im Falle einer Stiftungskonstruktion weiterhin der Charakter als Familienunternehmen gewahrt werden. In einer unternehmensverbundenen Familienstiftung als Nachfolgeinstrument gerade für ein Familienunternehmen ist – im Hinblick darauf, dass im Unterschied zu Personen- und Kapitalgesellschaften der Einfluss auf die Tätigkeit einer Stiftung aufgrund ihrer Mitgliederlosigkeit nicht durch in Wertanteilen messbare Ge-

620 Siehe → Teil 1 A. *Meinecke*, ZStV 2022, 212 (215) spricht diesbezüglich auch vom „*[...] wünschenswerter Weise [...] glücklichen Fall*".

621 Auch der BGH (NJW 1957, 708) betonte früh die enorme Wichtigkeit der einzelfallbezogenen Satzungsgestaltung („*Auch die Stiftungssatzung gibt Vorschriften nicht nur für einen Einzelfall, sondern soll für die inneren und die äußeren Rechtsbeziehungen der Stiftung in der Gegenwart und in der Zukunft eine den besonderen Bedürfnissen der Stiftung angepaßte Grundlage geben.*").

622 *v. Oertzen/Reich*, DStR 2017, 1118 (1124). Vgl. ähnlich auch *Sabel/Schauer*, ZStV 2018, 81 (84); *Neuhoff*, Unternehmenskapital für Stiftungen, S. 125; in einem anderen Zusammenhang auch *Staib*, Die Sicherung des Familieneinflusses auf die GmbH, S. 72.

623 *Felden/Wirtz*, FuS 2014, 131 (137); *Sabel/Schauer*, ZStV 2018, 81 (84).

624 Vgl. *Block et al.*, Journal of Family Business Strategy 2020, S. 1 (3).

sellschaftsanteile vermittelt wird[625] – daher ein besonderes Augenmerk auf die Rechte, Pflichten und Besetzung der Stiftungsorgane und sonstigen Gremien, der Einflussnahmemöglichkeiten des Stifters und seiner Familie sowie auf die Zusammenarbeit zwischen Stiftungs- und Unternehmensebene zu legen.

Die Sicherung des Familieneinflusses hat nach alldem eine enorme Bedeutung, wenn als Nachfolgeinstrument eine unternehmensverbundene Familienstiftung in Betracht gezogen wird und das Familienunternehmen in seiner besonderen Prägung erhalten werden soll.[626] Denn allein mit der Familienstiftung als Gesellschafterin des Familienunternehmens ist der Familieneinfluss und damit der Erhalt des Charakters des Familienunternehmens nicht automatisch gewährleistet. Unternehmensverbundene (Familien-)Stiftungen werden daher auch zu Recht nicht *per se* als „*Unterfall eines Familienunternehmens*" aufgefasst.[627]

Vor diesem Hintergrund und mit Blick auf die mit der Familienstiftung verfolgte Zielsetzung[628] des Erhalts des Familienunternehmens unter Wahrung seines Charakters im Interesse der Familie sind dabei die rechtlichen Gestaltungsmöglichkeiten des Einflusserhalts des Stifters und seiner Familie auf das Familienunternehmen von großer praktischer Bedeutung.[629] In dieser Arbeit wird nach

---

625 Vgl. LG Schwerin, npoR 2022, 205 Rn. 36; *O. Werner*, in: Mecking/Schulte, Grenzen der Instrumentalisierung von Stiftungen, S. 15 (18).

626 Gerade für den Fall, dass die Familienstiftung Aktionärin einer börsennotierten Familien-AG werden soll, ist der Erhalt des Familienunternehmenscharakters mit Blick auf die Befreiungsmöglichkeiten gem. §§ 36, 37 WpÜG von der Angebotspflicht gem. §§ 29 Abs. 2, 35 WpÜG von entscheidender Bedeutung (s. Teil 3 C III). Denn nur, wenn auch im Falle einer Stiftungslösung die familiäre Prägung des Unternehmens und damit der Familieneinfluss gewahrt bleibt, ist eine Befreiung zu erwarten, s. ausf. MHdB GesR 9/*Hippeli*, § 13 Rn. 67 ff. m. w. N.; siehe beispielsweise *BaFin*, Befreiungsantrag nach §§ 36, 37 WpÜG v. 20.6.2022, DE000-5158703, S. 14 (https://t1p.de/a0q17) („*Aufgrund des durch die Regelungen in der Stiftungssatzung und im Testament der Stifterin sichergestellten nachhaltigen Einflusses der Stifterfamilie auf die Zielgesellschaft, geht mit dem Kontrollwechsel kein wesentlicher materieller Kontrollwechsel einher, der den außenstehenden Aktionären einen (schützenswerten) Anlass geben könnte, eine außerordentliche Desinvestitionsentscheidung zu treffen. Die familiäre Prägung der Zielgesellschaft bleibt somit nach der Kontrollerlangung* [durch die Stiftung] *im Wesentlichen wie vor der Kontrollerlangung erhalten.*").

627 *Thomsen*, The Danish Industrial Foundations, S. 16 („*[…] industrial foundations are not a subset of a family business*"); zustimmend – jedenfalls im Ausgangpunkt – auch *Fleischer*, ZIP 2022, 2045 (2051).

628 Näher zu den Errichtungsmotiven sogleich → Teil 2 A.

629 Vgl. auch *Gierhake*, Vermögensnachfolge und Vermögensschutz, S. 283 f.; überwiegend würde im Besonderen bei größeren Familienunternehmen „*die ‚Sicherung und*

alldem antizipiert, dass es im Rahmen der Implementierung einer unternehmensverbundenen Familienstiftung weiterhin der ausdrückliche Wunsch des Familienunternehmers resp. Stifters ist, dass seine Familienmitglieder, die auch Destinatäre der Familienstiftung sein können, Kontroll- und Einflussnahmerechte in Bezug auf die Familienstiftung haben. In diesem Fall kann mit *Thomsen/Kavadis* konstatiert werden, dass „*the family foundation appears to be a kind of organized family business with the important caveat that the family no longer owns the company, although it may continue to exercise control.*“[630] Die unternehmensverbundene Familienstiftung fungiert insofern als „*Gesamtrepräsentant des Familieneinflusses*“[631].

Dass die Stiftungsrechtsreform 2021 dem Stifter weiterhin eine große Gestaltungsfreiheit zur Umsetzung einer vorstehenden Familienstiftungskonstruktion belässt, wird noch in den weiteren Teilen der Arbeit ausführlich dargelegt.

Ausgestaltung des Familieneinflusses‘ de[n] maßgebliche[n] Faktor für die Rechtsformwahl“ darstellen, so MHdB GesR 9/*Lieder/T. Hofmann*, § 1 Rn. 29 m. V. a. *Institut für Familienunternehmen e.V. Stuttgart (Hrsg.)*, Studie Familienunternehmen 2014 Ergebnisse, 2015.

630 *Thomsen/Kavadis*, Enterprise Foundations, S. 19.

631 *Meyer zu Hörste*, Die Familienstiftung, S. 198.

Teil 3: Relevante Aspekte bei der Wahl und Errichtung einer unternehmensverbundenen Familienstiftung als Instrument zur Regelung der Familienunternehmensnachfolge

Es leuchtet ein, dass ein Familienunternehmer sich für eine unternehmensverbundene Familienstiftung in der Regel aus einem „*Motivbündel*"[632] bzw. „*unterschiedliche[n] Motivationslagen*"[633] heraus entscheiden wird, wobei die Gewichtung der Motive eine Frage des jeweiligen Einzelfalls, insbesondere der jeweiligen Situation des Familienunternehmens und der Unternehmerfamilie ist[634]. Demgemäß werden nachfolgend im gebotenen Umfang die *in praxi* relevantesten und freilich nicht abschließenden Zielsetzungen, aber auch die mit einer Stiftungslösung einhergehenden bzw. befürchteten Risiken und Herausforderungen untersucht.

A. Motive für den Einsatz von Familienstiftungen im Unternehmensbereich

Über die gängigen Motive bei einer Unternehmensnachfolge im Allgemeinen[635] und für die Wahl einer unternehmensverbundenen Stiftung als Unternehmens-

---

632 *Vinken*, Die Stiftung als Trägerin von Unternehmen und Unternehmensanteilen, S. 54.

633 *Jakob*, FS Coester-Waltjen, S. 123 (124).

634 Treffend *Oppel*, FS 75 Jahre StB-Verband, S. 537 (556) („ein schlüssiges Gesamtkonzept [ist] gefragt").

635 Siehe dazu bereits → Teil 3 B II 3 b.

nachfolgemodell im Besonderen[636] ist viel geschrieben worden.[637] In Bezug auf Familienunternehmen müssen die gängigen Motive aber angepasst, neu gewichtet und ergänzt werden, weil die Stiftungskonstruktion nicht selten ihr eigenes Selbstverständnis herausfordert. Ein Einbringen des Familienunternehmens, genauer gesagt der Unternehmensanteile, in eine Familienstiftung bedeutet grundsätzlich einen Paradigmenwechsel sowohl für die Unternehmerfamilie als auch für das Familienunternehmen selbst, da mit der Familienstiftung – um im Bild des Drei-Kreise-Modells[638] zu bleiben – ein weiteres Subsystem bzw. ein weiterer Kreis integriert wird.[639] Speziell der Kreis „Eigentum" am Familienunternehmen ist nicht mehr der Familie zuzurechnen, sondern ab Übertragung der Unternehmensanteile der Familienstiftung.

---

636 Vgl. hier und nachfolgend z. B. m. w. N. *v. Löwe*, Familienstiftung und Nachfolgegestaltung, § 3 Rn. 7 ff.; Block et al./*May/Jeschke*, Die Familienstiftung, S. 9 (15 ff.); BoKoStiftR/*Heuel/Meinecke*, Teil I 2.3 Rn. 11 ff.; *M. Frieling*, Die Familienstiftung als Gestaltungsinstrument, S. 57 ff.; *M. Engel*, Die unternehmensverbundene Stiftung, S. 92 ff.; *Fleschutz*, Die Stiftung als Nachfolgeinstrument, S. 100 ff.; *Schumann*, Familienstiftungen, S. 197 ff.; *Brandmüller/Klinger*, Unternehmensverbundene Stiftungen, S. 10 ff.; *Felden/Hack/Hoon*, Management von Familienunternehmen, S. 178 f.; *Hüttemann*, DB 2017, 591 f.; *Fleisch*, S&S RS 04/2018, 1 (7 f., 14 f.); *Dahlmanns*, RNotZ 2020, 417 (418 ff.); bündig BeckOGK/*Jakob/Uhl*, 1.7.2022, BGB § 80 Rn. 558.1 ff.; MHdB GesR 9/*Lorz*, § 32 Rn. 2 f.; MHdB GesR 5/*Schwake*, § 79 Rn. 126 ff.; *Schewe/Hermes*, RFamU 2022, 158 (159 f.); *Block et al.*, Journal of Family Business Strategy 2020, S. 1 (4); aus kulturwissenschaftlicher Perspektive und besonders mit Blick auf ideelle Motive *Allgäuer*, Die linke und die rechte Hand: Motive der Gründung einer Stiftung, S. 59 ff.; 75 ff.; 131 ff.; 151 ff.; s. a. Jakob/v. Orelli/*v. Schnurbein*, Der Stifterwille, S. 19 (25 ff.).

637 Siehe auch aus jüngerer Zeit die empirischen Studien betreffend Stiftungserrichtungen von *Stiftung Familienunternehmen*, Stiftungsunternehmen in Deutschland, S. 20 ff. und rechtsvergleichend in der DACH-Region betreffend länderspezifischen Erfolgsfaktoren *Liechtenstein Finance e.V./F.A.Z. Business Media*, Entscheidungsfaktoren bei der Stiftungsgründung, 2023, (https://t1p.de/xc4jm).

638 Vgl. dazu Fn. 265.

639 Zur Heranziehung des Drei-Kreise-Modells bei unternehmensverbundenen Familienstiftungen s. a. *Hosseini-Görge*, Foundation owned firms, S. 25 ff.; *Kaufmann*, Stiftung und Konflikt, S. 51 ff.

Die tatsächlich infrage kommenden Motive resp. Ziele und deren Gewichtung hängen freilich stark vom Einzelfall ab[640] und treten im Besonderen bei einer unternehmensverbundenen Familienstiftung oftmals kumulativ in Erscheinung.[641]

Zuvor ist jedoch auf Folgendes hinzuweisen: Die Motive bzw. Ziele eines Stifters sind nicht gleichzusetzen mit dem eigentlichen Zweck der Stiftung.[642] Die Motive bzw. Ziele haben keine (unmittelbare) rechtliche Bedeutung.[643] Wohingegen der Stiftungszweck gem. §§ 81 Abs. 1 Nr. 1 lit. a), 82 S. 1 BGB (§§ 80 Abs. 2 S. 1, 81 Abs. 1 S. 3 Nr. 3 BGB a. F.) konstitutives Merkmal einer rechtsfähigen Stiftung ist und schriftlich in der Stiftungssatzung fixiert werden muss; die Motive indes nicht.[644] Der Stiftungszweck ist *„wichtigster Bestandteil von Stiftungsgeschäft und Stiftungssatzung“*[645], bestimmt die Geschäftstätigkeit der Stiftung weitreichend und zieht der staatlichen Stiftungsaufsicht grenzen.[646] Die Motive bzw. Ziele, die der Stifter mit der Stiftung verfolgt, erlangen nur dann (stiftungs-)rechtliche Bedeutung, soweit sie als Ausdruck des Stifterwillens[647] im Stiftungsgeschäft und der Stiftungssatzung Eingang gefunden haben (vgl. § 83 Abs. 2 BGB).[648] Insofern ist es durchaus möglich, dass das Motiv und der Stiftungszweck sich auch decken können.[649]

---

640 *v. Löwe*, Familienstiftung und Nachfolgegestaltung, § 3 Rn. 7; Groll/Steiner/*Steiner*, ErbR-HdB, Rn. 16.2.

641 Vgl. *Eulerich*, Stiftungsverbundene Unternehmen, S. 114 f.; *M. Engel*, Die unternehmensverbundene Stiftung, S. 93; Groll/Steiner/*Steiner*, ErbR-HdB, Rn. 16.7.

642 Staudinger/*Hüttemann/Rawert*, BGB Vorb. §§ 80 ff. Rn. 6; v. Campenhausen/Richter/*Hof*, StiftR-HdB, § 7 Rn. 3; *Dylla*, Die Weisungsfunktion des Stiftungszwecks, S. 47; *M. Engel*, Die unternehmensverbundene Stiftung, S. 92; *Vinken*, Die Stiftung als Trägerin von Unternehmen und Unternehmensanteilen, S. 57; die Bedeutung der Unterscheidung relativierend *Kronke*, Stiftungstypus, S. 56.

643 MHdB GesR 5/*Schwake*, § 79 Rn. 126; *Dylla*, Die Weisungsfunktion des Stiftungszwecks, S. 45; *Vinken*, Die Stiftung als Trägerin von Unternehmen und Unternehmensanteilen, S. 57, nach dem gerade deshalb *„eine deutliche Trennung beider Merkmale vonnöten“* sei; kritisch *Kronke*, Stiftungstypus, S. 56.

644 *Büch*, ZEV 2010, 440 (444).

645 BT-Drs. 14/8765, S. 10.

646 v. Campenhausen/Richter/*Hof*, StiftR-HdB, § 7 Rn. 1; zum Stiftungszweck → Teil 4 D II.

647 Das Verhältnis der Motive zum Stifterwillen erörternd aus kulturwissenschaftlicher Perspektive *Allgäuer*, Motive der Gründung einer Stiftung, S. 75 ff.

648 v. Campenhausen/Richter/*Hof*, StiftR-HdB, § 7 Rn. 3; so etwa als Präambel zu Beginn der Stiftungssatzung, wie dies gerade bei Familienstiftungen weit verbreitet ist, dazu sogleich.

649 *Allgäuer*, Motive der Gründung einer Stiftung, S. 75.

Freilich wird ein Stifter seine konkreten Motive, insbesondere mit Blick auf die Anerkennungskontrolle durch die Stiftungsbehörde in der Stiftungssatzung selten ausdrücklich benennen, sodass es nachfolgend nicht um den oder die später in der Stiftungssatzung festgehaltenen Zweck(e) geht, sondern allein um die Motive, Ziele bzw. Intention des Stifters, die ihn zur Errichtung einer unternehmensverbundenen Familienstiftung bewegen können. Die Motive bzw. Ziele können – wie zuvor genannt – zum Stiftungszweck hinzutreten und diesen gänzlich überlagern bzw. konkretisieren sowie zur Auslegung des (mutmaßlichen) Stifterwillens ergänzend herangezogen werden, sofern sie, wie bei Familienstiftungen üblich, in einer sog. Präambel[650] niedergeschrieben werden. Die Bedeutung einer Präambel als Standort für das Niederschreiben der Stiftermotive fasst *Michael Grisko* wie Folgt bündig zusammen: „*Dabei bildet die der eigentlichen Satzung vorangestellte Präambel als frei gestaltbarer, den Stifterwillen elaborierender Part die sicherlich narrativste Form, um die Geschichte, die Ziele und Motivationen einer Stiftungsgründung und damit auch der täglichen Arbeit zu erzählen. Die Präambel ist somit auch eine Stelle für eine emotionale Ansprache, die nach innen und nach außen den kommenden Generationen in lebendiger Weise und allen verständlichen Worten den Stiftungsgedanken des Stifters jenseits der Regelungen des BGB und der Abgabenordnung vermitteln kann.*“[651] Gerade bei Familienunternehmen existieren, wie an anderer Stelle bereits ausgeführt, ohnehin vermehrt sog. Familienverfassungen, die eine ähnliche Zwecksetzung in Bezug auf das Familienunternehmen als solches und regeln u. a. das Verhältnis der Familie zu diesem und untereinander. Die Familienverfassung könnte im Falle der Implementierung einer unternehmensverbundenen Familienstiftung um die Rolle der Familienstiftung erweitert und die Präambel der Familienstiftung mit der Familienverfassung verknüpft werden. Eine tabellarische Übersicht findet sich am Ende der Arbeit.[652]

---

650 Vgl. dazu *v. Holt/Koch*, Stiftungssatzung, S. 15 f.; *D. J. Fischer/Ihle*, DStR 2008, 1692; *Janitzki*, ErbR 2024, 2 (5); zur Berücksichtigung einer solchen bei der Satzungsauslegung z. B. OLG Koblenz, NZG 2002, 135 (136) (Präambel einer uv. Familienstiftung); LG Mainz, NZG 2002, 738 (741 a. E.) (Präambel einer uv. Familienstiftung); LG Schwerin, npoR 2022, 205 Rn. 37 (Präambel einer uv. Stiftung in öffentlicher Hand); Feick/*D. J. Fischer*, Stiftung, § 7 Rn. 3; v. Campenhausen/Richter/*Hof*, StiftR-HdB, § 6 Rn. 125.

651 *Grisko*, ZStV 2016, 62 (63).

652 Siehe → Teil 6 A II 1.

I. Familiäre Motive

Wie zuvor erwähnt, ist die Frage der Unternehmensnachfolge besonders bei Familienunternehmen oftmals konfliktanfällig, insbesondere aufgrund unterschiedlicher Interessen oder Begabungen der potentiellen Erben resp. Familienmitglieder. Je mehr Nachfolger vorhanden sind, desto konfliktanfälliger ist die Nachfolge. Eine unternehmensverbundene Familienstiftung kann daher zum Schutze vor (erbrechtlichen) Familienstreitigkeiten und einer damit einhergehenden Gefahr der Zersplitterung der Beteiligungsverhältnisse eingesetzt werden, indem die Nachfolgefrage unabhängig von den einzelnen Interessen der Familienmitglieder und der gesetzlichen Erbfolge beantwortet wird; die Einheitlichkeit der unternehmerischen Willensbildung über das Familienunternehmen kann vermittels der Familienstiftung generationsübergreifend gewährleistet werden. Insofern erscheint eine Stiftungskonstruktion aufgrund der Mitgliederlosigkeit der Stiftung desto sinnvoller, je größer das Familienunternehmen resp. die Anzahl der Familienmitglieder ist. Es dürfte nämlich sehr viel leichter sein, den Einfluss der in Betracht kommenden Familienmitglieder gegeneinander abzugrenzen, wenn zunächst durch die Errichtung einer unternehmensverbundenen Familienstiftung die Eigentümerfrage geklärt ist und sich der Erblasser resp. Familienunternehmer bereit erklärt hat, ganz oder teilweise auf seine eigene Verfügungsmacht (jedenfalls schrittweise) zu verzichten.[653] Hierbei ist jedoch zu beachten, dass zugleich durch die Stiftungserrichtung auch erst ein Streit in der Familie entfacht werden kann[654], weshalb die Familie resp. die Familienmitglieder frühzeitig bei der Gestaltung der Unternehmensnachfolge vermittels einer unternehmensverbundenen Familienstiftung involviert werden sollte.[655]

Ein weiteres Motiv kann darin gesehen werden, dass der Familienunternehmer resp. Stifter kinderlos ist oder seine vorhandenen Kinder für unfähig erachtet, das Familienunternehmen – jedenfalls selbstständig – fortzuführen. Mit einer unternehmensverbundenen Familienstiftung kann er sich seinen „*Wunscherben*"[656] gestalten und zugleich entscheiden, inwieweit seine Familienmitglieder Einfluss auf ebendiesen „Wunscherben" nehmen dürfen. Er ist nicht gezwungen, das Familienunternehmen zu verkaufen oder Familienfremde in das Familienunternehmen zu holen. Dadurch wird das Familienunternehmen mithin vor einer externen Einflussnahme geschützt.

653 Vgl. *Plagemann*, AG 1962, 199 (203).

654 *Meinecke*, Stiftungen, S. 63.

655 Siehe dazu bereits → Teil 3 B II 3 d.

656 Groll/Steiner/*Steiner*, ErbR-HdB, Rn. 16.4.

Für die Frage der Nachfolge bietet eine Familienstiftung dem Familienunternehmer zudem auch ein hohes Maß an erbrechtlicher Planbarkeit. Insbesondere kann das Familienunternehmen vor plötzlich auftretenden, wirtschaftlichen Folgen und Ausfallrisiken, insbesondere etwa von persönlichen Schicksalsschlägen wie dem Tod, der Geschäftsunfähigkeit[657] oder einer Ehescheidung des Unternehmers[658], bewahrt werden.[659]

Typischerweise verfolgt ein Familienunternehmer mit einer Stiftungskonstruktion auch das Ziel, seine Familienangehörigen generationsübergreifend finanziell abzusichern.[660] Eine unternehmensverbundene Familienstiftung bieten ihm insofern die Möglichkeit konkret zu regeln, wie hoch die Ausschüttungen und unter welchen Voraussetzungen an die Destinatäre, d. h. die Familienmitglieder, ausgekehrt werden dürfen. Das Familienunternehmen kann so weiterhin als Berufs- und Existenzgrundlage bzw. Vermögens- und Einkommensquelle für künftige Generationen der Familie dienen. Demgemäß kann eine unternehmensverbundene Familienstiftung auch aus Sicht der Erben des Stifters vorteilhaft für die Wahrung des innerfamiliären Friedens sein[661], da diese nicht darüber diskutieren oder gar streiten müssen, wenn nur einer von ihnen die gesamten oder die wesentlichen Anteile am Familienunternehmen vererbt bekommen würde. Zudem kann der Stifter auf die einzelnen Belange der Familienmitglieder eingehen, d. h., dass Familienmitglieder, die im Familienbetrieb aktiv sein wollen, dies auch weiterhin über Positionen in der Familienstiftung (z. B. im Vorstand oder in einem Familienbeirat) aber auch im Familienunternehmen selbst können. Die übrigen Familienmitglieder können stattdessen als Nur-Destinatäre weiterhin finanziell abgesichert werden.

Der mit jedem Generationenwechsel potentiellen Gefahr eines schleichenden Entfremdungsprozesses[662] kann mit der Familienstiftung ferner entgegengewirkt werden, indem diese als Bindeglied zwischen den Familienmitgliedern und nach-

---

657 Speziell zum Problemkreis von geschäftsunfähigen Familiengesellschaftern etwa *Holtwiesche*, RFamU 2022, 118; eing. MHdB GesR 9/*Scholz*, § 20 Rn. 10 ff.

658 Speziell zu den Folgen der Scheidung bei Unternehmerehen etwa MHdB GesR 9/*Siede*, § 20 Rn. 118 ff., 174 ff. m. w. N.

659 *Dahlmanns*, RNotZ 2020, 417 (418).

660 Zur (unternehmensverbundenen) Familienstiftung als Versorgungsmodell (aus betriebswirtschaftlicher Sicht) ausf. *Seibold*, Die Versorgung des Stifters und der Stifterfamilie, S. 186 ff.

661 Vgl. zu dieser Motivation von Stiftern *Fleischer*, ZIP 2022, 2045 (2051); *Rücker*, ZEV 2018, 451 (452).

662 Siehe → Teil 3 B I 1.

kommenden Generationen fungiert.[663] Dabei vermittelt sie idealerweise ein durch den Stifter in Zusammenarbeit mit der Familie vorgegebenes Werteideal, das generationenüberdauernd eine gemeinsame Identifikation ermöglicht und zugleich zum eigentlichen Familienbewusstsein beiträgt.[664] Damit die Familienstiftung das Familienbewusstsein fördern kann, bedarf es aber insofern als Vertrauensmechanismus einer Familienstiftungs-*Governance*, d. h. klare und transparente Regelungen, insbesondere betreffend die Vermögensverwaltung, die für die Familienmitglieder nachvollziehbar sind.[665]

Für einen Familienunternehmer, der es beabsichtigt, das Familienunternehmen generationsübergreifend in Familienhand zu halten, dürfte in Bezug auf eine familiär-rechtliche Motivation, die Sicherung des Familieneinflusses oder spiegelbildlich die Vermeidung des Einflusses von Familienfremden für das Errichten einer unternehmensverbundenen Familienstiftung ein besonders wichtiger Beweggrund sein. Denn von allen in Betracht kommenden Nachfolgemöglichkeiten, gewährleistet allein eine Stiftungskonstruktion am sichersten und optimalen, dass das Familienunternehmen von nicht gewollten Einflüssen Dritter oder etwaigen (feindlichen) Übernahmen auch über den Tod des Stifters hinaus weitestgehend geschützt ist. Zugleich kann dies der Sicherung des Familieneinflusses im unternehmerischen Umfeld[666] sowie der Versorgung der Familie dienen. Dies ist eng mit dem eher persönlichen Motiv des Erhalts des Familienunternehmenscharakters verbunden.[667]

---

663 Gerade bei Familienunternehmen mit einem großen Familienkreis werden *„Stiftungen […] als Bindungsangebot an die Familie genutzt"*, so *v. Schlippe/Groth/Rüsen*, Die beiden Seiten der Unternehmerfamilie, S. 224; vgl. auch Jakob/*v. Orelli*, Stiftung und Familie, S. 81 (86).

664 Wiese/*Meyer-Sandberg*, Unternehmensnachfolge, Rn. 13.21; Jakob/*v. Orelli*, Stiftung und Familie, S. 81 (86); *v. Orelli* zitiert nach Jakob/*Dardel/Uhl*, Stiftung und Familie, S. 129 (135) (*„Identifikationsfigur [für die Familie]"*); vgl. auch *Meinecke*, ZStV 2022, 212 (213) (*„Schaffung familiärer Gemeinschaft und Verbundenheit"*).

665 Zu *Governance*-Aspekten insb. → Teil 5 C III.

666 *Trißler*, Familienstiftungen und Family Trust, S. 48 unter Verweisung auf *Otto*, Stiftungspraxis, 2007, S. 10; vgl. auch KölnerHdB-HGR/*Demuth/Schellenberg*, Kap. 26 Rn. 180.

667 *Fleschutz*, Die Stiftung als Nachfolgeinstrument, S. 104 kam bei ihrer Befragung zu dem Ergebnis, dass jeder fünfte Unternehmer mit der Stiftungskonstruktion auf den Erhalt des Unternehmens als Familienunternehmen abzielte; auch die Mehrheit der 25 befragten unternehmensverbundenen Familienstiftungen bei *Lehleiter*, Die Familienstiftung, S. 206 gab dies so an.

II. Unternehmensorientierte, wirtschaftliche Motive

Das zentrale Motiv, für die Errichtung einer unternehmensverbundenen Familienstiftung als Instrument zur Regelung der Unternehmensnachfolge ist wohl in dem Erhalt und der langfristigen Entwicklung des Familienunternehmens als solches[668] unter Wahrung des Familieneinflusses zu erblicken.[669] So betont *Lieselotte Otto* als Vorteil einer Familienstiftung die dauerhafte Sicherung des Familieneinflusses auf die Führung der Stiftung[670] und damit mittelbar auf das Familienunternehmen. Das Familienunternehmen soll als das Lebenswerk des Stifters bzw. das der Familie generationsübergreifend gesichert, weiter in Familienhand gehalten und dabei gleichsam der Charakter als Familienunternehmen gewahrt werden.[671] Einer etwaigen Gefahr dieser beabsichtigten Sicherung der formellen sowie materiellen Unternehmenskontinuität[672] etwa aufgrund einer Aufspaltung des Unternehmens durch Verkauf von Gesellschaftsbeteiligungen und einer damit einhergehenden Überfremdungs- oder Übernahmegefahr sowie

---

668 Dabei wird es sich zumeist um recht erfolgreiche Familienunternehmen handeln, die der Familienunternehmer vermittels der Stiftungskonstruktion weiterhin erhalten möchte vgl. *Hansmann/Thomsen*, Journal of Legal Analysis, Vol. 13, 2021, 172 (213); *Dittmer*, S&S 04/2022, 25 („*Im Allgemeinen sind es ja bereits erfolgreiche Unternehmer, die eine Stiftung gründen und ihr Unternehmensanteile übertragen*"); *Theuffel-Werhahn*, ZStV 2015, 201 (209) (bzgl. Doppelstiftungskonstruktionen); nach *M. Frieling*, Die Familienstiftung als Gestaltungsinstrument, S. 76 seien „*vor allem mittlere und große Familienunternehmen […] stiftungsgeeignet […]*".

669 Vgl. bereits → Fn. 25 sowie *Thymm*, Das Kontrollproblem der Stiftung, S. 252. Dies belegt auch die empirische Studie von *Stiftung Familienunternehmen*, Stiftungsunternehmen in Deutschland, S. 32; s. a. *Fleisch/Stolte*, in: F/E/K/S/S, Modell unternehmensverbundene Stiftungen, S. 49, 65; *Vinken*, in: Stifterverband, Zur Praxis von Familienstiftungen, S. 27 (31); vgl. auch die zitierten Aussagen von Familienunternehmern bei *Flämig*, DB-Beilage Nr. 22 zu Heft 45, 1978, 1 (3).

670 *Otto*, HdB Stiftungspraxis, Teil 1 Rn. 30; zustimmend W/S/F/*O. Werner*, Die Stiftung, § 1 Rn. 33.

671 Vgl. Viskorf/*Hueck*, Familienunternehmen in der Nachfolgeplanung, Rn. 364; *Lange*, in: Lange/Windthorst, Sicherung des Familieneinflusses, S. 95 (107); *Fritsche/Kilian*, S&S RS 03/2008, 1 (2); *Reimann*, GmbHR 2011, 1297 (1298); *Baus*, FS Hennerkes, S. 3 (11); *R. Werner*, NWB-EV 2019, 271; s. a. *Hering/Olbrich*, BB-Special 2006, 25 (27 f.); *Klein-Blenkers*, ZEV 2001, 329 (331); *Trops*, ZRP 1971, 227 (229); die Sicherung und Fortführung eines Unternehmens ist nach Auffassung des BVerfG darüber hinaus auch gemeinhin (verfassungs-)rechtlich geboten, vgl. BVerfGE 93, 165 (173 f.); s. a. BGH, DStR 2020, 1582 Rn. 17 m. N. (bzgl. der Ratio von Nachfolgeklauseln bei Personengesellschaften).

672 Siehe → Teil 2 A II 3 c.

durch Ausgleichszahlungen oder Pflichtteils(ergänzungs-)ansprüchen[673] bedingte Liquiditätsabflüssen[674] soll durch den Einsatz einer unternehmensverbundenen Familienstiftung, die bekanntlich weder Gesellschafter, Mitglieder noch sonstige Anteilsinhaber hat, begegnet werden.[675] Damit wird das Familienunternehmen nicht allein zugunsten der Familie erhalten, sondern es werden zugleich Arbeitsplätze gesichert, was insofern auch den Mitarbeitern zugutekommt. Mit der Familienstiftung als dauerhaftes Instrument der Bündelung des Familieneinflusses kann daher auch eine positive Signalwirkung ausgehen – sowohl familienintern als auch nach außen hin.

Der Stifter kann zudem die Tätigkeit der Stiftung und damit mittelbar die Leitung des Familienunternehmens vermittels der Stiftungssatzung und des in ihr niedergelegten Stifterwillens faktisch „auf ewig" unter sein unternehmerisches

---

673 Überlebt der Stifter die Errichtung seiner Familienstiftung unter Lebenden um mehr als 10 Jahre, so ist die Ausstattung der Stiftung unter den Voraussetzungen der sog. Abschmelzungsfrist des § 2325 Abs. 3 S. 1 und 2 BGB gänzlich pflichtteilsfrei. Zur Stiftung im Kontext von Pflichtteils- und Pflichtteilsergänzungsansprüchen sowie der Genuss-Rspr. des BGH (grdl. BGHZ 125, 395 [398 f.]; bestätigend BGHZ 211, 38 Rn. 10) umfassend *König*, Nachlassplanung, S. 113 ff., 156 ff.; *Schmid*, Stiftungsrechtliche Zuwendungen, *passim*; bündig *Schewe*, in: Hereditare 9 (2019), S. 33 (56 ff.); s. zu Besonderheiten gerade bei unternehmensverbundenen Familienstiftungen *Boll*, Die uv. Familienstiftung, S. 113 ff. Zum im Einzelfall problematischen Lauf der Abschmelzungsfrist s. → Teil 3 C II.

674 Gerade Pflichtteil- und Pflichtteilergänzungsansprüche können, da sie von den Erben stets in Geld zu leisten sind (s. nur BeckOGK/*Obergfell*, 1.7.2024, BGB § 2303 Rn. 20), das Überleben eines Familienunternehmens gefährden, statt anderer *Sanders*, in: Schmidt-Kessel, German National Reports, S. 461 (468, 506); *Junius-Morawe*, Zur Legitimität der Familienstiftung, S. 164; eing. *Dresler-Lenz/D. Lehmann*, BB 2023, 648. Im schlimmsten Fall kann der Erbe gezwungen sein, seine Unternehmensbeteiligung zu verkaufen, um entsprechende Ansprüche zu bedienen. Dies gilt auch für die Stiftung als mögliche Anspruchsgegnerin eines Pflichtteilsergänzungsanspruchs (als Nicht-Erbin gem. § 2329 BGB und als Erbin gem. § 2325 BGB, dazu *Schmid*, Stiftungsrechtliche Zuwendungen, S. 173 ff.), sodass auch unternehmerischen Stiftungsvermögen und damit auch das Familienunternehmen dadurch grds. weiterhin gefährdet werden kann, vgl. *Schewe/Hermes*, RFamU 2022, 158 (161 f.). Allg. zur Unternehmensnachfolge und Pflichtteil(-ergänzung) sowie für eine Reformierung des Pflichtteilsrechts zum Schutze von Familienunternehmen s. zuletzt nur *Navarra-Tschersich*, Pflichtteil als Störfaktor, *passim* sowie *Kalss/Dauner-Lieb*, GesRZ 2018, 261; *Schulte/Schulte/Schulte*, ErbR 2021, 742; *Schulte/Schulte*, ErbR 2021, 821; jew. m. w. N.

675 Vgl. statt vieler *Boll*, Die uv. Familienstiftung, S. 109; *R. Werner*, ZEV 2014, 66 (69 ff.); *Rosenberger*, RNotZ 2020, 357 (370 ff.).

Gusto stellen[676], indem er etwa Grundsätze der Familien- bzw. Unternehmenstradition sowie der Unternehmensführung in einer Präambel oder unmittelbar in der Stiftungssatzung niederschreibt.[677] Die Satzung und damit letztlich sein Wille, wäre dann auch Grundlage und Maßstab sämtlichen Handelns in der unternehmensverbundenen Familienstiftung (vgl. § 83 Abs. 2 BGB). Gerade diese Verewigung des Stifterwillens ist der große Vorteil einer Stiftungskonstruktion als generationenüberdauerndes Nachfolgeinstrument im Vergleich zu allen anderen Gestaltungsmöglichkeiten[678], insbesondere – aber nicht nur – wenn keine, ungeeignete oder zu viele Nachfolger vorhanden sind. *Harry Westermann* konstatiert daher im Grundsatz zu Recht, dass *„die Familienstiftung als Mittel gewollt und geeignet ist, dem Unternehmen ein von der Eignung aller Familienmitglieder unabhängiges, funktionsfähiges Leitungsorgan zu sichern"*[679]. Gleichwohl bedarf es – wie sonst auch – geeignete Organmitglieder, die den Stifterwillen auch tatsächlich umsetzen. Dies können grundsätzlich und – wie hier antizipiert – auch die eigenen Familienmitglieder sein.

Vermehrt wird eine unternehmensverbundene Familienstiftung auch als Mittel der sog. präventiven *asset protection* ausgewählt.[680] Sie bietet nämlich aufgrund ihrer Mitgliederlosigkeit gegenüber allen anderen Gesellschaftsformen[681] die Besonderheit, dass Beteiligungen (mangels Existenz) nicht gepfändet werden können und eine sog. Durchgriffshaftung daher nicht möglich ist. Das der Fami-

---

676 Freilich kann dies besonders bei Familienunternehmen auch *„zu Verkrustungen überkommener Strukturen"* führen, vgl. *Kalss/Dauner-Lieb*, GZ 2018, 261 (277). Deshalb sind den nachfolgenden Generationen vorsorglich Anpassungsmöglichkeiten offenzulassen, weshalb die Vorgaben nicht zu starr sein sollten.

677 Feick/*Ponath/Raddatz*, Stiftung, § 28 Rn. 32; Feick/*Godron/Thress*, Stiftung, § 29 Rn. 121; Sudhoff/*Stracke*, Familienunternehmen, § 36 Rn. 9, 12.

678 Vgl. Bergschneider/*Theuffel-Werhahn*, FamVermR, Rn. 11.9; *Blumers*, DStR 2012, 1 (3); *Ihle*, RNotZ 2009, 557 (567); vgl. allgemein auch *Weitemeyer*, GS J. Eckert, S. 967 (981), wonach *„die Denkmalsfunktion der Stiftung* [gemeint ist die Perpetuierung des Stifterwillens] *deren vordringlichster Zweck"* sei.

679 *H. Westermann*, FS Bartholomeyczik, S. 395 (413 f.).

680 Zur unternehmensverbundenen (Familien-)Stiftung als *„sinnvolle[s]"* (so *Saenger*, GesR, § 11 Rn. 489) Mittel der sog. *asset protection* ausf. *v. Oertzen*, BB 2019, 2647 (2653 f.); *v. Oertzen/Hosser*, ZEV 2010, 168; *Bisle*, DStR 2012, 525; *R. Werner*, ZEV 2014, 66; *Rosenberger*, RNotZ 2020, 357 (370 ff.); *Dahlmanns*, RNotZ 2020, 417 (418 f.); *Hennerkes/Kirchdörfer*, FS P. May, S. 393 (418 ff.); *Demuth*, KÖSDI 2016, 20003 Rn. 20 ff.; monographisch: v. Oertzen/Ponath/*Ponath*, Asset Protection, § 4 Rn. 91 ff.; rechtsvergleichend *Gierhake*, Vermögensnachfolge und Vermögensschutz, S. 221 ff.

681 OLG Hamburg, NZG 2024, 252 Rn. 51.

lienstiftung zugewendete Vermögen bzw. die Unternehmensbeteiligungen stehen von da an i. d. R. unumkehrbar im Eigentum der Stiftung selbst.[682] Leistungen an die Stiftungen und auch an die Destinatäre[683] können sogar in unpfändbarer Form zur Verfügung gestellt oder ausgeschüttet und zeitnah verbraucht werden.[684] Insofern kann *qua* unternehmensverbundener Familienstiftung das Risiko einer persönlichen Haftung[685] und der Zugriff von Dritten auf das private Vermögen des Familienunternehmers und seiner Familienmitglieder als Destinatäre (ohne Leistungsanspruch) weitestgehend reduziert werden. Gleichwohl ist eine umfassende *asset protection* auch durch Übertragung des Vermögens resp. der Unternehmensbeteiligungen auf eine Familienstiftung[686] mit Blick auf weiterhin mögliche Pflichtteil- und Pflichtteilsergänzungsansprüche[687] der Erben sowie den

---

682 Vgl. schon RGZ 54, 399 (400).

683 Diese sind grundsätzlich nur pfändbar, wenn ihnen ein klagbarer Anspruch auf Stiftungsleistung zusteht, *v. Oertzen/Hosser*, ZEV 2010, 168 (172); *Rosenberger*, RNotZ 2020, 357 (371) m. w. N.; zu den Voraussetzungen der Annahme eines klagbaren (und damit ggf. pfändbaren) Anspruchs → Teil 4 G II; monographisch zum Ganzen *v. Eichel*, Gläubigerzugriff auf Destinatärrechte, S. 77 ff. mit Fallbeispielen auf S. 98 ff. Die Forderung nach einer Durchgriffshaftung gem. § 242 BGB im Besonderen gegen Destinatäre einer Familienstiftung (dafür *Däubler*, JZ 1969, 499 [502]) hat sich zu Recht nicht durchzusetzen vermocht. Ohnehin ist derlei Forderung abwegig, da sie ohne überzeugende Begründung mit der Eigenschaft einer rechtsfähigen Stiftung als juristische Person und ihrer Mitgliederlosigkeit konfligiert.

684 *Rosenberger*, RNotZ 2020, 357 (370); *Sabel/Schauer*, ZStV 2018, 81 (85 f.); *v. Oertzen/Hosser*, ZEV 2010, 168 f. m. w. N.

685 Zur Bedeutung dieser besonders für Familienunternehmer *Sanders/Berisha*, NZG 2020, 1290 (1298).

686 Entsprechendes gilt auch für gemeinnützige Stiftungen, s. nur *Kalss/Dauner-Lieb*, GesRZ 2018, 261 (268, 271) („*Dies gilt ohne Rücksicht auf den Stiftungszweck, sodass insb. gemeinnützige Stiftungen und Familienstiftungen keinen anderen Maßstäben unterliegen.*“).

687 Dies gilt bei (Erst)Ausstattungen, Zustiftungen und freien Spenden, MüKoBGB/*Lange*, § 2325 Rn. 53 m. w. N.; *Worm*, RNotZ 2003, 535 (545); s. zu Zuwendungen an Stiftungen und damit einhergehenden Pflichtteilsergänzungsansprüchen der Erben grdl. bereits RGZ 54, 399 (400 f.); LG Baden-Baden, ZEV 1999, 152 m. zust. Anm. *Rawert*; OLG Karlsruhe, ZEV 2004, 470 (471), i. Erg. bestätigt durch BGH, BeckRS 2004, 9903, der betreffend eine Nichtzulassungsbeschwerde u. a. materiell keine Erfolgsaussichten für die Revision sah; BGHZ 157, 178 (185 ff.) – Dresdner Frauenkirche, hierzu mit interessanter Begründung neuerdings ablehnend *Paulus*, FS Windbichler, S. 119 (123 ff.) (Spenden seien nicht stets mit Geschenken i. S. d. § 2325 BGB gleichzusetzen); weiterführend *König*, Nachlassplanung, S. 113 ff., 156

Anfechtungstatbeständen des AnfG und der InsO[688] jedenfalls gegen den Stifter und Zuwendenden[689] nicht möglich.[690]

Im unternehmerischen Kontext wird eine Stiftung meist in Gestalt einer Stiftung & Co. KG oder als Beteiligungs-Holding einer Unternehmensgruppe auch mit dem Ziel der Vermeidung von Unternehmensmitbestimmung[691] eingesetzt.

---

ff.; bündig *Schewe*, in: Hereditare 9 (2019), S. 33 (56 ff.); *Schewe/Hermes*, RFamU 2022, 158 (161 ff.); *B. Beyer*, ZStV 2023, 126 (127 ff.).

688 Zur Möglichkeit der Anfechtung nach den §§ 129 ff. InsO bzw. §§ 3, 4 AnfG, s. MHdB GesR 5/*Gummert*, § 116 Rn. 51 ff.; weiterführend zur (Insolvenz-)Anfechtung im Stiftungsrecht stellv. *G. Roth/Knof*, KTS 2009, 163; monographisch zuletzt *Arndt*, Die Stiftung in Krise, S. 171 ff.; *Weiland*, Ursachen und Probleme der Stiftungsinsolvenz, S. 35 ff.

689 Den Gläubigern des Stifters und auch des Zuwendenden haftet grundsätzlich nicht das Stiftungsvermögen, sondern deren eigenes Privatvermögen, s. nur *Tegge*, Die Familienstiftung, S. 32 m. w. N.

690 Zutreffend darauf hinweisend etwa *Wilke*, Willensherrschaft und Nachlassbindung, S. 64; *Junius-Morawe*, Zur Legitimität der Familienstiftung, S. 164; Grüneberg[82]/*Ellenberger*, BGB § 83 Rn. 1; *Sabel/Schauer*, ZStV 2018, 81 (86); insofern ungenau und ohne Nachweis oder Begründung *B. Hofmann*, Die rules against perpetuities im deutschen Erbrecht, S. 42, der ohne nähere Begründung meint, dass „*das in der Familienstiftung gebundene Vermögen keinen Erb- und Pflichtteilsansprüchen ausgesetzt ist*"; bzgl. *B. Hofmann* auch BeckOGK/*Jakob/Uhl*, 1.7.2022, BGB § 80 Rn. 117 dortige Fn. 525 („*Jedenfalls höchst ungenau*"). *Schmid*, Stiftungsrechtliche Zuwendungen, S. 79 ff., 101, 181 lehnt freilich eine (analoge) Anwendbarkeit der §§ 2325, 2329 BGB in Bezug auf die Stiftungserrichtung bzw. konkret das (erstmalige) Ausstattungsversprechen mit durchaus überzeugender Begründung ab und konstatiert: „*Die Errichtung einer selbstständigen Stiftung unter Lebenden ist eine ergänzungsfeste Gestaltungsmöglichkeit.*"; ähnlich auch S/S/S/P/*Stumpf*, StiftR, BGB § 80 Rn. 29, § 82 Rn. 12; allg. einen „*[Freiteil] für gemeinnützige Zuwendungen*" schlugen vor *Hüttemann/Rawert*, ZEV 2007, 107. Derlei Auffassungen die für einen Ausschluss des Pflichtteilsrechts bei gemeinnützigen Stiftungen und vereinzelt auch bei Familienstiftungen plädierten, konnten sich freilich nicht durchsetzen, s. zum Meinungsstand *Boll*, Die uv. Familienstiftung, S. 113 f.; *R. Werner*, ZEV 2014, 66 (69); jew. m. N.

691 *Theuffel-Werhahn*, RFamU 2022, 67 (69); näher dazu im Rahmen der Familienstiftung & Co. KG → Teil 4 A V 1.

III. Steuerrechtliche Motive

Wenngleich eine unternehmensverbundene (Familien)Stiftung nie – allein – aus steuerrechtlichen Motiven heraus gegründet werden sollte[692], so kann spätestens seit der Erbschaftsteuerreform 2016[693] eine unternehmensverbundene Familienstiftung bei geschickter kautelarjuristischer Ausgestaltung im Einzelfall speziell für (große und vermögende[694]) Familienunternehmen steuerrechtlich attraktiv sein[695]. Dabei ist insbesondere zu berücksichtigen, dass das gesamte erb-

692 Vgl. nur *v. Oertzen*, BB 2019, 2647 (2654); *Hannes/v. Oertzen*, „Die Familienstiftung ist kein Steuersparmodell“, F.A.Z. v. 4.4.2018 (https://t1p.de/54pr0); *Schienke-Ohletz/Mehren*, ZStV 2022, 1 (3, 8); *Hüttemann*, in: Röthel/K. Schmidt, Familienunternehmen im Wandel, S. 43 (58); *Schiffer/Pruns*, BB 2013, 2755 (2758); *Härtling/Tolksdorf*, IStR 2023, 717 f.; *Dannecker*, DStR 2023, 1057 (1058 f.); deutlich und zutreffend auch *Loritz/Weinmann*, DB 2022, 2890, nach denen „*steuerliche Gründe allein keinesfalls die Wahl einer unternehmensverbundenen Stiftung rechtfertigen, sondern diese vielmehr in gesellschaftsrechtlichen Erwägungen zu suchen sind*“. Nach *Blumers*, DB 2021, 2243 (2246) und *Blumers*, Ubg 2022, 47 seien hingegen heutzutage die Gründe für eine Familienstiftung „*weitgehend steuerrechtlicher Natur*“ und die familiären und unternehmensorientierten Gründe träten eher in den Hintergrund; ebenso *T. Horvath*, Stiftungen als Instrument der Unternehmensnachfolge, S. 153; wohl auch *Piltz*, DStR-Beih. 2024, 3 (22).

693 Dazu monographisch *Warias*, Die Erbschaftsteuerreform 2016, *passim* (insb. zu verfassungsrechtlichen Fragen [S. 45 ff.] und rechtspolitischen Reformvorschlägen bzgl. der Verschonungsregelungen für betriebliches Vermögen [S. 145 ff.]); kritisch insbesondere zu den Anforderungen der Verschonungsregelungen im Kontext von Familienunternehmen *Hellnick*, FS L. Aderhold, S. 131 (141 ff.).

694 Gerade bei (unerwarteten) drohenden, hohen Erbschaftsteuerzahlungen, bei denen etwa auch die Verschonungsregelungen nicht eingreifen, wird eine Familienstiftung als „*Geheimwaffe*“ für Familienunternehmen angepriesen, so etwa *Binz*, Handelsblatt v. 27.09.2021, Nr. 186, S. 26; vgl. auch *Dannecker*, DStR 2023, 1057.

695 Vgl. MHdB GesR 5/*Gummert*, § 80 Rn. 11; *Härtling/Tolksdorf*, IStR 2023, 717; im Detail s. *Schienke-Ohletz/Mehren*, ZStV 2022, 1; *v. Oertzen*, BB 2019, 2647; *Wachter*, FR 2017, 69 (Teil 1) und 130 (Teil 2); vgl. auch *Demuth*, KÖSDI 2018, 20909 Rn. 10, 22 ff.; *Dannecker*, DStR 2023, 1057 (1060 ff.); zurückhaltender *Theuffel-Werhahn*, ZEV 2017, 17; zusammenfassend Scherer/*Biermann/Koslowski*, Unternehmensnachfolge, § 9 Rn. 80 ff.; bündig auch *Blumers*, DB 2021, 2243 (2246 f.); bzgl. steuerrechtlichen Gestaltungsmöglichkeiten auch *Schmitt*, Familienstiftungen im neuen ErbStG, S. 227 ff.; rechtsvergleichend *Gierhake*, Vermögensnachfolge und Vermögensschutz, S. 101 ff.; für eine erb- und schenkunsteuerplanerische Analyse von Vermögensübertragungen auf Familienstiftungen s. *M. Frieling*, Die Familienstiftung als Gestaltungsinstrument, S. 54 ff., 119 ff.; zuletzt umfassend *Schumann*, Familienstiftungen, S. 205 f., 217 ff., 368 ff.; bündig auch *M. Frieling*, DB 2017, 317

schaft- und schenkungsteuerrechtliche Verschonungssystem[696] der §§ 13a, 13b, 13c ErbStG (vgl. § 13a Abs. 11 ErbStG) und insbesondere § 28a ErbStG[697] auf Stiftungskonstruktionen entsprechend anwendbar ist.[698] Neben diesen erbschaft- und schenkungsteuerrechtlichen Vorteilen bietet eine unternehmensverbundenen Familienstiftung auch ertrag- sowie außensteuerrechtliche Vorteile.[699]

Nicht nur das Familienunternehmen selbst, sondern auch die Unternehmerfamilie werden immer internationaler, sodass die Familie bzw. einzelne Famili-

(319 ff.); speziell zur steuerlichen Vorteilhaftigkeit der Errichtung einer uv. Familienstiftung *M. Frieling*, FS Schneeloch, S. 3 (9 ff.); kritisch (aber bzgl. Immobilien-Familienstiftung) *Kutac/Schewe*, FR 2022, 831.

696 Von dessen überwiegenden Verfassungskonformität geht jdf. der BFH aus, s. BFHE 273, 547 Rn. 31, der freilich einen Vorbehalt für „*einzelne Normen der Verschonung des Betriebsvermögens*" macht, ohne diese aber näher zu bezeichnen; bestätigend BFH, ZEV 2022, 301 Rn. 10 ff., nach dem dieser (weiterhin) „*nicht von der Verfassungswidrigkeit der angewandten Normen* [insbesondere §§ 13a, 13b, 13c, 19, 28a ErbStG] *des materiellen Rechts überzeugt*" sei – Verfassungsbeschwerde anhängig beim BVerfG unter 1 BvR 804/22; zu den kritischen Stimmen betreffend das ErbStG s. etwa *Warias*, Die Erbschaftsteuerreform 2016, S. 45 ff.; BeckOK ErbStG/*Claussen/Thonemann-Micker*, 25. Ed. 1.10.2024, § 13a Rn. 10; *Seer*, StuW 2021, 111; jew. m. w. N. Für eine anschauliche und luzide Darstellung der BVerfG-Rspr. zur Erbschaftsteuer s. kürzlich *Piltz*, DStR-Beih. 2024, 3 (5 ff.).

697 R E 13a.22 S. 1, 28a.6 S.1 ErbStR 2019; vgl. auch *v. Löwe*, Familienstiftung und Nachfolgegestaltung, § 6 Rn. 32; *Reich*, DStR 2020, 265 (267); *Kraus/Mehren*, Ubg 2017, 665 (668) m. w. N.

698 Das Unternehmenserbschaftsteuerrecht (§§ 13a ff. ErbStG) ermöglicht unter weiteren Voraussetzungen die teilweise (85 %) oder vollständige (100 %) steuerlich begünstigte Übertragung von Anteilen an Personen- und Kapitalgesellschaften durch Schenkung unter Lebenden oder von Todes wegen (auch auf eine rechtsfähige Familienstiftung). Beträgt der Wert der übertragenen Beteiligung mehr als 26 Mio. €, sind dabei zusätzliche Voraussetzungen für eine erbschaftsteuerbegünstigte Übertragung zu berücksichtigen. So kommt zum einen die Wahl des Abschmelzungsmodells (§ 13c ErbStG) in Betracht, in dessen Rahmen mit steigendem Anteilswert (bis zu einem Wert von 90 Mio. €) ein abnehmender Verschonungsabschlag gewährt wird. Zum anderen kann die festgesetzte Erbschaftsteuer nach dem Erlassmodell erlassen werden (§ 28a ErbStG), näher hierzu im Zusammenhang mit der Ersatzerbschaftsteuer → Teil 4 A III 1.

699 Neben den Nachweisen in Fn. 695 bündig *Blumers*, DB 2021, 2243 (2247); zu einem luziden steuerlichen Vergleich zwischen einer Stiftungs-Holding und einer GmbH-Holding, s. *Loritz/Weinmann*, DB 2022, 2890 (2890 ff., 2894).

enmitglieder, aus vielfältigen Gründen[700] ihren Wohnsitz ins Ausland verlegen.[701] Gerade, wenn es absehbar ist, dass die potentiellen Erben bzw. Unternehmensnachfolger einen Wegzug ins Ausland planen, insbesondere in einen Drittstaat und speziell aufgrund der Neufassung des § 6 AStG durch das Gesetz zur Umsetzung der Anti-Steuervermeidungsrichtlinie vom 25.6.2021[702] auch in einen EU-/EWR-Staat[703], kann eine (Familien-)Stiftung idealiter auch vor einer möglichen Wegzugsbesteuerung nach dem neu gefassten § 6 AStG bzw. nach § 4 Abs. 1 S. 3 EStG schützen und so, der Unternehmerfamilie in Wegzugsfällen die persönliche Entscheidungsfreiheit über ihren Aufenthalt auch außerhalb Deutschlands belassen.[704] Hierbei ist jedoch bei der Satzungsgestaltung darauf zu achten, dass

---

700 Etwa wegen eines Studiums oder einer Berufstätigkeit im Ausland, der Aufbau einer ausländischen Niederlassung für das Unternehmen bzw. die Führung einer ausländischen Tochtergesellschaft, oder auch ein Wegzug ins Ausland aus privaten Gründen, bspw. aufgrund von Heirat, s. *Layer/Seemann*, FuS 2018, 26.

701 *Layer/Seemann*, FuS 2018, 26; *Breyer*, FuS-Sonderheft 2022, 38 (40); *v. Oertzen/Reich*, DStR 2017, 1118; zu den steuerrechtlichen Aspekten zuletzt eing. *Oppel/Wittling*, RFamU 2022, 445 (Teil 1) und RFamU 2023, 1 (Teil 2); *Seemann/Alber*, FuS-Sonderausgabe 2023, 41.

702 BGBl. 2021 I, S. 2035, dazu *Zöller/Gläser*, ISR 2021, 305. § 6 AStG n. F. gilt gem. § 21 Abs. 1 AStG n. F. erst für Sachverhalte, die nach dem 31.12.2021 verwirklicht werden; prägnanter Überblick hierzu bei *Steinert*, in: Schubel et al., Jahrbuch für Vergleichende Staats- und Rechtswissenschaften – 2022, S. 231 (244 ff.)

703 Kritisch dazu insbesondere mit Blick auf Familienkapitalgesellschaften *Kraft/Kirchdörfer*, DB 33/2022, M4; *Oppel/Wittling*, RFamU 2022, 445 (449, 451, 455) sehen hierin eine erhebliche Verschärfung und letztlich in § 6 AStG n. F. eine *„faktische Wegzugssperre"*; kritisch auch *Steinert*, in: Schubel et al., Jahrbuch für Vergleichende Staats- und Rechtswissenschaften – 2022, S. 231 (266 f.) (*„Somit baut die derzeit geltende Rechtslage insbesondere für den Wegzug von natürlichen Personen schier unüberwindbare Mauern auf, welche dem europäischen Gedanken entgegenstehen."*).

704 Vgl. näher *v. Oertzen*, BB 2019, 2647 (2652) (*„Wegzugsteuerverhinderungsstiftung"*); Wiese/*Rundshagen*, Unternehmensnachfolge, Rn. 9.290; *Dannecker*, DStR 2020, 853 (864); *Oppel/Wittling*, RFamU 2022, 445 (454 f.); *Kohler*, FS L. Aderhold, S. 181 (195 ff.); *Feitsch/Linder*, ZStV 2018, 29 (31 f.); *Werder/Westrycil*, BB 2016, 1558 (1563); *Seemann/Alber*, FuS-Sonderausgabe 2023, 41 (45 f.); zum umgekehrten Fall, d. h. des Einsatzes ausländischer Stiftungen zur Nachfolgeplanung international mobiler Stifter s. statt anderer *Lange/Sabel*, ZStV 2014, 201; vgl. auch zu den Einschränkungen deutscher Stifter bei Einsatz einer liechtensteinischen Stiftung (insb. aufgrund des § 15 AStG) luzid *Meinecke*, ZStV 2022, 212 (218, 222 f.), wonach von deutschen Stiftern aufgrund drohender steuerrechtlicher Nachteile (vgl. dazu auch nachfolgende → Fn. 705) *„die Flexibilität des liechtensteinischen Stiftungsrechts"* nicht ausgenutzt werden dürfe; gegen diese steuerliche Ungleichbehandlung kontrollierter

die Stiftung im Ausland nicht als transparent[705] behandelt wird. Die Erträge und ggf. das Vermögen der Stiftung würde sonst den im Ausland ansässigen Familienmitgliedern zugerechnet und jene damit letztlich im Ausland steuerlich herangezogen werden.[706] Zu beachten ist diesbezüglich aber § 83a BGB, nach dem die Verwaltung der Stiftung zwingend im Inland geführt werden muss.[707] Der Ort der Verwaltung der Stiftung ist dabei der Ort, an dem schwerpunktmäßig die Geschäftsführungsorgane der Stiftung tätig sind.[708] Wenn die zuständigen Stiftungsorgane die Verwaltung der Stiftung ins Ausland verlegen, kann dies gem. § 87a Abs. 2 Nr. 3 BGB zur behördlichen Aufhebung der Stiftung führen.[709] Damit durch die Gefahr einer drohenden behördlichen Auflösung nicht die internationale Mobilität der Stifter bzw. der Destinatäre eingeschränkt wird, ist es erforderlich,

---

liechtensteinischer Stiftungen im Vergleich zu deutschen GmbHs und Familienstiftungen etwa *Daragan*, DB 2011, 2223.

705 Gemeint ist damit, dass dem Stifter bzw. den Familienmitgliedern aufgrund einer weiterbestehenden Verfügungsmacht steuerrechtlich weiterhin das Vermögen zuzurechnen ist und nicht der Stiftung, siehe dazu den tabellarischen Überblick über die Abschirmwirkung einer deutschen Familienstiftung in Abhängigkeit vom Wohnsitz des jeweiligen Destinatärs bei *Layer*, DStR 2024, 1049 (1055). Vgl. für den umgekehrten Fall der Beurteilung einer liechtensteinischen Stiftung in Deutschland als transparent bzw. intransparent, BFHE 217, 254 = ZEV 2007, 440 (441 f.) m. Anm. *M. Schmid* und *Mutter*; BFHE 263, 283 Rn. 22 f.; s. a. FG Hamburg, DStRE 2021, 1281 Rn. 71 ff. – Rev. eingelegt unter BFH, Az. I R 11/21; (bzgl. schweizerischen Stiftung); FG Hessen, BeckRS 2022, 30023 Rn. 113 ff.; *Meinecke*, ZStV 2022, 212 (222 f.). Zur steuerrechtlichen Unterscheidung zwischen transparenter und intransparenter Stiftung aus deutscher Sicht allg. BFHE 275, 231 Rn. 13 ff.; Lüdicke/Sistermann/*Lüdicke/Oppel*, UnternehmenStR, § 16 Rn. 214 f.; *Tischendorf*, IStR 2024, 289 f.; monographisch zum Ganzen kürzlich *Schütte*, Transparente und intransparente Stiftungen, *passim*, insb. S. 541 ff.

706 Luzid *Breyer*, FuS 2022, 217 f. am Beispiel des Vereinigten Königreichs; s. a. *Layer*, DStR 2024, 1049 (1054 f.); *Breyer*, FuS-Sonderheft 2022, 38 (40); *Oppel/Wittling*, RFamU 2022, 445 (455); *Olbing*, ErbR 2022, 201 (203); vgl. MHdB GesR 5/*Jakob*, § 119 Rn. 90 a. E. Insofern bedarf es vorab der Konsultierung eines ausländischen Beraters und ggf. der ausländischen Finanzämter, s. *Dannecker*, DStR 2020, 853 (864) m. V. a. *v. Oertzen*, BB 2019, 2647 (2652); *Seemann/Alber*, FuS-Sonderausgabe 2023, 41 (46).

707 Nach *Härtling/Tolksdorf*, IStR 2023, 717 (718) könnten „*viele Familien* [§ 83a BGB] *ggf. als einschneidenden Eingriff in ihre Privatautonomie verstehen […]*"; für die Abschaffung von § 83a BGB plädiert *Burgard*, npoR 2024, 181 (187).

708 BT-Drs. 19/28173, S. 53.

709 Näher hierzu → Teil 4 H I.

dass statutarisch sichergestellt wird, dass die Verwaltung der Stiftung durch den Stiftungsvorstand dauerhaft und tatsächlich im Inland verbleibt.

Eine unternehmensverbundene Familienstiftung, die regelmäßig als Ewigkeitsmodell ins Auge gefasst wird, kann und sollte, mit Blick auf das dem stetigen Wandel unterliegendem Steuerrecht[710], aber keinesfalls als reines Steuersparmodell betrachtet und dahingehend konstruiert werden.[711] Ihr liegt in ihrer Ausrichtung vielmehr die Verwirklichung und Verfolgung der Werte und des Willens des Stifters resp. des Familienunternehmers zugrunde.[712] Insofern führt *v. Oertzen* mit Recht aus, dass im Besonderen steuerrechtliche Einmaleffekte allein nicht ausschlaggebend für eine Stiftungskonstruktion sein sollten.[713]

Die steuerrechtlichen Vorteile ergeben sich demgemäß auch weniger aus den gemeinhin bekannten steuerrechtlichen Vergünstigungen des Gemeinnützigkeitsrechts, denn nur in den seltensten Fällen entfaltet das Familienunternehmen und eine mit ihr als Nachfolgeinstrument verbundene Familienstiftung eine gemeinnützige Tätigkeit i. S. d. §§ 51 ff. AO.[714] Eine „*Flucht in die Gemeinnützigkeit*" ist mit Blick auf die vorstehend erläuterte Anwendbarkeit der erbschaft- und schenkungsteuerrechtlichen Verschonungsregelungen auch bei Einbringung eines Familienunternehmens resp. der Unternehmensanteile in eine privatnützige Familienstiftung i. d. R. nicht nötig.[715] Eine privatnützige (unternehmensverbundene) Familienstiftung kann im Vergleich zu anderen gesellschaftsrechtlichen Konstruktionen im Einzelfall steuerrechtlich durchaus vorteilhaft sein, jedoch handelt es sich – dies sei noch einmal betont – nicht im Allgemeinen um ein primäres Steuersparkonstrukt.[716]

---

710 Vgl. zur Bedeutung steuerrechtlicher Erwägungen bei „*Gestaltungsentscheidungen im Gesellschaftsrecht*" nur *K. Schmidt*, GesR, § 5. II. 2. b), S. 99 ff.

711 Siehe Nachweise in Fn. 692.

712 Vgl. *Mercker*, in: Strachwitz/Mercker, Stiftungen, S. 328 (332).

713 *v. Oertzen*, BB 2019, 2647 m. V. a. Schiffer/*Schiffer*, [4]Die Stiftung in der Beratungspraxis, § 14 Rn. 54; ebenso *Härtling/Tolksdorf*, IStR 2023, 717 f.; vgl. auch *Schimpfky*, ZEV 2015, 456 (462); *Loritz/Weinmann*, DB 2022, 2890.

714 *Fritsche/Kilian*, S&S RS 03/2008, 1 (2).

715 Vgl. *Rawert*, FS Crezelius, S. 87 (94); *Theuffel-Werhahn*, RFamU 2022, 67 (71 ff.).

716 Deutlich *Hannes/v. Oertzen*, F.A.Z. v. 4.4.2018 (https://t1p.de/54pr0) („*Die Familienstiftung ist kein Steuersparmodell*"); ebenso dies zuletzt herausarbeitend auch *Schienke-Ohletz/Mehren*, ZStV 2022, 1 (8) („*[…] bei der inländischen Familienstiftung* [handelt] *es sich nicht per se um ein Steuersparmodell*"); *Theuffel-Werhahn*, RFamU 2022, 67 („*[…] obschon eine Familienstiftung kein Steuersparmodell darstellt*"); *M. Frieling*, FS Schneeloch, S. 3 (22) („*Von einem Steuersparmodell kann daher nicht gesprochen werden*"); *Loritz/Weinmann*, DB 2022, 2890 (2893) („*[…] die Stiftung,*

Praxis und Literatur gehen insgesamt davon aus, dass die Errichtung einer unternehmensverbundenen Familienstiftung als Instrument der Unternehmensnachfolge für Familienunternehmen jedenfalls schwerpunktmäßig familiär und/oder wirtschaftlich bzw. gesellschaftsstrukturrechtlich motiviert ist (bzw. sein sollte)[717], weniger aus steuerrechtlichen Gründen.[718] Dies gilt insbesondere vor dem Hintergrund, dass sich der Stifter mit der Stiftungserrichtung und Übertragung seines Vermögens grds. rechtlich gesehen – absolut – von diesem trennt.[719] Vielmehr wird es sich betreffend die steuerrechtlichen Aspekte regelmäßig um einen positiven Nebeneffekt handeln, gerade für Familienunternehmer, die mit einer ggf. für ihre Erben resp. potentiellen Nachfolger wirtschaftlich bedrohend hohen Erbschaftsteuerlast[720] rechnen. In Bezug auf die Motivation einer Stiftungs-

---

anders als in der Praxis teilweise vertreten wird, gerade kein Steuersparmodell bildet"); *v. Löwe*, FS Spiegelberger, S. 1370 (1389) („*weiterhin kein Steuersparmodell*"); i. Erg. siehe auch die Nachweise in Fn. 695.

717 Gleichwohl können daneben auch ideelle Motive (dazu → Teil 3 A II) miteinfließen, s. MHdB GesR 5/*Schwake*, § 79 Rn. 136.

718 Vgl. Richter/*Richter*, Stiftungsrecht, § 11 Rn. 20; *M. Engel*, Die unternehmensverbundene Stiftung, S. 93; Hannes/*Müller*, FormB Vermögens- und Unternehmensnachfolge, C. 3.10 Rn. 2, S. 1263; *Vinken*, Die Stiftung als Trägerin von Unternehmen und Unternehmensanteilen, S. 55; *Hüttemann*, DB 2017, 591 (592); *Loritz/Weinmann*, DB 2022, 2890 (2894); vgl. auch die Studie von *Liechtenstein Finance e.V./F.A.Z. Business Media*, Entscheidungsfaktoren bei der Stiftungsgründung, 2023, (https://t1p.de/xc4jm); **a. A.** wohl *T. Horvath*, Stiftungen als Instrument der Unternehmensnachfolge, S. 153, nach der der Einsatz einer Stiftung als Nachfolgeinstrument „*in erster Linie eine steuerrechtliche Frage*" sei; ebenso *Blumers*, DB 2021, 2243 (2246); *Blumers*, Ubg 2022, 47.

719 Diesen Umstand betonend auch *Piltz*, DStR-Beih. 2024, 3 (22); näher zur Enteignungswirkung → Teil 3 B II 2.

720 Gerade die Erbschaftsteuer ist für manch Familienunternehmen oftmals belastend, wie zuletzt etwa der Fall des Familienunternehmens *Tengelmann* zeigte, wo eine Erbschaftsteuerzahlung i. H. v. rund 450 Mio. drohte, s. dazu aus Binnensicht *Binz*, Handelsblatt v. 27.09.2021, Nr. 186, S. 26; vgl. auch *Hellnick*, FS L. Aderhold, S. 131 (141). Zur Belastungswirkung der „normalen" Erbschaftsteuer für Familienunternehmen s. S/B/K/G/W/*Kormann*, Familienunternehmen, Kap. 1 Rn. 205 ff.; *Hellnick*, a. a. O., S. 131; vgl. auch BVerfGE 93, 165 (175 f.) („*[...] die Existenz von bestimmten Betrieben – namentlich von mittelständischen Unternehmen – durch zusätzliche finanzielle Belastungen, wie sie durch die Erbschaftsteuer auftreten, gefährdet werden kann.*"); s. aber auch m. N. *Dutta*, Warum Erbrecht?, S. 527, wonach die Erbschaftsteuer „*regelmäßig nicht [als] die Unternehmenskontinuität gefährdend eingestuft*" werde; vgl. auch *Beckert*, APuZ 67 (23-25/2017), 23 (27) („*Es ist völlig unbestreitbar, dass die Erbschaftsbesteuerung nicht dazu führen darf, dass Unterneh-*

gründung bleibt festzuhalten, dass wohl gemeinhin und im Besonderen betreffend Familienstiftungen anzunehmen sein dürfte, dass das oft in der Öffentlichkeit kolportierte Motiv, per Stiftungserrichtung „Steuern zu sparen", in der Stiftungspraxis längst nicht die Rolle spielt, die ihm landläufig zugeschrieben wird[721], sondern vielmehr außersteuerliche Zielsetzungen resp. gesellschaftsstrukturrechtliche Aspekte wie allen voran die Unternehmensperpetuierung[722] sowie die Abwehr der *„'Zentrifugalkräfte' von Familienmitgliedern und Unternehmensteilhabern"*[723] im Vordergrund stehen.

Gleichwohl müssen auch bei der Ausgestaltung der Satzung und insbesondere der Stellung des Stifters und der Familie – zum Teil mittelbare – Steuerfolgen beachtet werden.[724] Insbesondere um Missverständnissen und falschen (steuerlichen) Erwartungen vorzubeugen, bedarf die Nachfolgegestaltung mit (Familien-) Stiftungen neben der stiftungs- und gesellschaftsrechtlichen notwendig auch und besonders einer ausgewogenen steuerrechtlichen Beratung.[725] Gerade komplexere Unternehmensnachfolgegestaltungen, insbesondere mit (Familien-)Stiftungen,

---

men in ihrer Existenz bedroht werden. Doch dafür gibt es auch keinerlei empirische Belege […]"); zu empirischen Erkenntnissen zur Unternehmensgefährdung durch die Erbschaftsteuer s. einerseits *Maiterth*, DB 2014, 2297 (keine existenzgefährdende Wirkung); andererseits und dagegen *Welling/Kambeck*, DB 2014, 2731, die die Aussagekraft entsprechender empirischer Untersuchungen kritisieren und deren Ergebnisse für nicht verallgemeinerungsfähig halten; vgl. zuletzt *Garnitz/Maltzan/Müller*, ifo-Schnelldienst 12/2023, 46 (49) (https://t1p.de/cb3e8) unter Verweis auf eine Umfrage der Stiftung Familienunternehmen (*„Für 61 % der Familienunternehmen stellt die Erbschaft- und Schenkungsteuer eine starke oder sehr starke Belastung dar*"). Erhellend im Allgemeinen zur Belastungswirkung von Steuern *Kempny*, StuW 2014, 185 (187 f.).

721 Vgl. Jakob/v. Orelli/*v. Schnurbein*, Der Stifterwille, S. 19 (27) (freilich in Bezug auf gemeinnützige Stiftungen).

722 Ebenso etwa *Loritz/Weinmann*, DB 2022, 2890 (2894).

723 *v. Löwe*, FS Spiegelberger, S. 1370 (1389).

724 *Olbing*, ErbR 2022, 201 (206); zur krisensicheren Gestaltung aus steuerlicher Sicht näher *Mehren*, RFamU 2023, 401; zur Haftung eines Anwalts bei fehlendem Hinweis auf etwaige steuerrechtliche Folgen, vgl. BGH, DStRE 2020, 1275 Rn. 11 ff.

725 So deutlich *Hüttemann*, in: Röthel/K. Schmidt, Familienunternehmen im Wandel, S. 43 (55); *Olbing*, ErbR 2022, 201 (206); vgl. exemplarisch BGH, ZIP 2021, 370 Rn. 2 sowie im Nachgang OLG Düsseldorf, BeckRS 2021, 53479 Rn. 26 ff., wo es um die Rechtsanwalts- und Steuerberaterhaftung in Bezug auf die Errichtung eines Doppelstiftungsmodells ging, bei der sich der Stifter im Nachhinein steuerrechtlich falsch beraten fühlte und nach Auffassung des OLG Düsseldorf (a. a. O.) auch tatsächlich falsch beraten wurde.

sollten zudem durch die Einholung einer verbindlichen Auskunft (§ 89 Abs. 2 AO) mit der Finanzverwaltung abgestimmt werden.[726]

IV. Sonstige (insb. ideelle) Motive

Motivbildend für einen Stifter können auch solch artige Motive sein, die in der Person des Stifters selbst liegen, aber auch seine Umwelt, insbesondere seine Mitarbeiter und den Standort des Familienunternehmens betreffen und daher vornehmlich ideellen Ursprungs sind.

Mit der Lösung der Nachfolge bei Familienunternehmen durch eine unternehmensverbundene Familienstiftung ist zudem häufig ein gewisser „*Stifterglanz*"[727] verbunden. Gemeint ist eine mit der Familienstiftung einhergehende positive Konnotation[728] sowie die Steigerung des öffentlichen Ansehens des Stifters resp. der Familie[729], weshalb nicht selten die Familienstiftung den Namen der Unternehmerfamilie trägt.

Bei Bündelung des Familieneinflusses in der Familienstiftung kann aufgrund der dadurch vermittelnden Beständigkeit, der langfristig orientierten Ausrichtung sowie geregelten Unternehmensnachfolge etwa auch eine besondere Signalwirkung[730] (man könnte auch von einem *committment*[731] bzw. *signaling effect*

---

726 Zur verbindlichen Auskunft und Unternehmensnachfolgeplanung luzid *Lorenz/Claussen*, RFamU 2024, 167; speziell zu den formellen Antragsvoraussetzungen aus Sicht eines in der Finanzverwaltung Tätigen, s. *H. Hübner*, Ubg 2024, 150 (Teil 1) und 205 (Teil 2); zur Bindungswirkung (§ 2 StAuskV) kürzlich FG Berlin-Brandenburg, BeckRS 2023, 46341 Rn. 46 ff.

727 Etwa *Fleischer*, ZIP 2022, 2045 (2051).

728 Im Allgemeinen genieße die Rechtsform Stiftung in der Öffentlichkeit einen „*ausgezeichneten Ruf*", so *Krauß*, Vermögensnachfolge in der Praxis, Rn. 4160; vgl. auch *Janitzki*, ErbR 2022, 15 (18) („*hohes Ansehen*"); wohl primär bzgl. gemeinnützigen Stiftungen auch *Weitemeyer*, Jugendhilfe 2022, 132 (167) („*Die Stiftung genießt allgemein […]* ein *hohes Ansehen im Rechtsverkehr und hat auch international als »foundation« ein gutes Image*"); *Werder/Westrycil*, BB 2016, 1558 (1563) („*positives Image*"); zurückhaltender zur öffentlichen Wahrnehmung, insb. von privatnützigen Stiftungen, indes BeckOGK/*Jakob*/*Uhl*, 1.7.2022, BGB § 80 Rn. 8 f.

729 *Windthorst*, in: Windthorst, Herausforderungen in Familienunternehmen, S. 111 (112, 126); vgl. *v. Löwe*, Familienstiftung und Nachfolgegestaltung, § 3 Rn. 30 a. E.

730 Das Vermitteln einer Signalwirkung hat auch in anderen Kontexten vermehrt an Bedeutung gewonnen, s. nur *M. Reiff*, Verantwortungseigentum, S. 280 m. N. in dortiger Fn. 863.

731 Vgl. hierzu *Thomsen/Kavadis*, Enterprise Foundations, S. 28 ff.

sprechen) gegenüber der Belegschaft als auch anderen Stakeholdern, wie Geschäftspartner und Kunden, ausgehen.[732]

Ferner möchte der Familienunternehmer regelmäßig „sein" Unternehmen im Sinne seines Unternehmensethos und seiner Unternehmenstradition fortgeführt wissen und damit die Unternehmensführung über seinen Tod hinaus prägen. Eher einen Reflex stellt die Verfolgung der persönlichen Selbstverewigung[733] dar.[734]

Regelmäßig ist auch bei einer privatnützigen unternehmensverbundenen Familienstiftung die Verfolgung gemeinnütziger Zwecke ein Motiv, wobei die gemeinnützigen zusätzlich neben den anderen privatnützigen (familiären) Zwecken in den Zweckkatalog der Stiftung aufgenommen werden.[735] Damit ist die Organisation der Mittelverwendung angesprochen, die Projektorganisation und allenfalls auch die projektbezogene Einbindung von Familienmitgliedern[736], denen dieser

---

732 *Schewe/Hermes*, RFamU 2022, 158 (159 f.); *Werder/Westrycil*, BB 2016, 1558 (1563); näher zur Wahrnehmung der Mitarbeitenden *Fleschutz*, Die Stiftung als Nachfolgeinstrument, S. 313 ff.; vgl. auch die Aussage der die Fuest-Familienstiftung, die Geschäftsanteile an Rehabilitationskliniken und Senioreneinrichtungen hält und ebenjene auch führt („*Die* [Fuest-Familienstiftung] *bedeutet für die Mitarbeiter Sicherheit, Stabilität und Verlässlichkeit.*", s. https://t1p.de/tr16z).

733 Vgl. plastisch im Allgemeinen *Schack*, JZ 2019, 864 („*Selbstverewigungsdrang des Menschen*"); *D. Reuter*, Perpetuierung von Unternehmen, S. 16 („*allgemein-menschliche Sehnsucht nach Unsterblichkeit*"); bzgl. Stiftungen Staudinger/*Hüttemann/Rawert*, BGB Vorb. §§ 80 ff. Rn. 6; bzgl. unternehmensverbundenen Stiftungen auch *Hansmann/Thomsen*, Journal of Legal Analysis, Vol. 13, 2021, 172 (180) („*[...] that the company he built will live on in perpetuity as a form of monument – commonly with his name on it*"); ähnlich *Janitzki*, ErbR 2024, 2 (4) („*Krönung ihres Lebenswerkes*"); *Dittmer*, S&S 04/2022, 25 („*ein Denkmal setzen*"). Die Errichtung einer Familienstiftung kann insoweit auch als eine Art „*Machtausübung*" des Stifters gegenüber der Nachfolgegeneration gesehen werden, vgl. zu diesem Blickwinkel näher (und kritisch) *Wilke*, Willensherrschaft und Nachlassbindung, S. 122 f., 153 f.

734 Dieses Motiv sei indes für die Entscheidung für eine Stiftung regelmäßig nicht primär ausschlaggebend, vgl. Richter/Wachter/*Timmer*, HdB Int. StiftR, § 1 Rn. 23; *Fleschutz*, Die Stiftung als Nachfolgeinstrument, S. 103; Berndt/Götz/*Berndt*, Stiftung und Unternehmen, Rn. 1653.

735 *Fleisch*, S&S RS 04/2018, 1 (7); zur „gemischten" Familienstiftung → Teil 4 A IV 3.

736 Vgl. *v. Schlippe/Groth/Rüsen*, Die beiden Seiten der Unternehmerfamilie, S. 147, 160, 224 f.

Bereich ein besonderes Anliegen ist[737] und die ihre Energie und Leistungskraft darauf verwenden.[738]

Derlei ideelle Motive oder Ziele mögen zwar für die Entscheidungsfindung eine Rolle spielen, jedoch dürften sie in der Praxis bei der hier behandelten Konstellation, bei der der Familienunternehmer sich im Rahmen einer unternehmensverbundenen Familienstiftung, weiterhin den Familieneinfluss erhalten will, eher in den Hintergrund geraten. Dies liegt insbesondere daran, dass sich Familienunternehmen oftmals ohnehin gemeinnützig engagieren.[739]

Will man indes unbedingt auch gemeinnützige Zwecke mit der Stiftungskonstruktion verfolgen, so bietet es sich an, dies im Wege einer sog. Doppel(familien)stiftung[740] oder in einer separaten gemeinnützigen Stiftung zu gestalten, in der im Besonderen nicht unternehmerisch interessierte Familienmitglieder tätig sein können. Insofern kann eine (meist gemeinnützige) Stiftung auch unabhängig von der Unternehmensnachfolge nur aus Prestige- bzw. Marketinggründen oder als CSR-Instrument zur Steigerung der Unternehmensreputation eingesetzt werden.[741]

V. Zwischenergebnis

Aufgrund der Vielfalt möglicher Motive und Ziele für die Wahl einer unternehmensverbundenen Familienstiftungskonstruktion sollten diese im Rahmen der Unternehmensnachfolgeplanung stets mit den beteiligten Personen, d. h. im Besonderen auch der Stifterfamilie, besprochen und schriftlich festgelegt werden.

---

737 Vgl. zum gemeinnützigen Engagement von Unternehmerfamilien durch Verfolgung (auch) gemeinnütziger Zwecke vermittels Stiftungen samt Praxisbeispielen *Fittko*, Einheit und Vielheit in mehrgenerationalen Unternehmerfamilien, S. 134 ff.; *V. Herrmann*, Zugehörigkeit zu Unternehmerfamilie, S. 154 (mit dortiger Fn. 731 f.); *Baus*, Die Familienstrategie, S. 161; ausf. *Stiftung Familienunternehmen*, Das gesellschaftliche Engagement von Familienunternehmen, S. 43 ff.

738 So explizit *Kalss*, ZVglRWiss 117 (2018), 221 (243).

739 Vgl. dazu neben den Nachweisen in → Fn. 737 auch *May/Eiben/v. Peter*, Studie: Gemeinnütziges Engagement von Familienunternehmen, 2008; s. a. exemplarisch die Aussage von *Peter Pohlmann*, dem Gründer des Familienunternehmens *Poco-Domäne*, der dieses in eine Doppelstiftungskonstruktion überführt hat: „*Die Gemeinnützigkeit war für mich sicherlich nicht der Hauptzweck der Stiftungserrichtung. Unser Unternehmen hat sich schon immer gemeinnützig engagiert, im Kunst- und Kulturbereich, bei der Ausbildung junger Menschen […]*", zitiert nach *o. V.*, DieNews v. 21.3.2011 (https://t1p.de/xvbac).

740 Dazu → Teil 4 A V 2.

741 Dazu → Teil 2 A I 3.

Dies hilft dem Familienunternehmer und seiner Familie letztlich auch dabei, sich im Klaren darüber zu werden, ob die Stiftungslösung in ihrem konkreten Fall geeignet ist, die Motive bzw. Ziele auch zu erreichen. Ist sich der Familienunternehmer und seine Familie der Motive bzw. Ziele sodann bewusst, kann die Familienstiftungskonstruktion dann weitestgehend und mit individueller Schwerpunktsetzung an ebendiesen ausgerichtet werden.

Beispielhaft für die Motivlage typischer Familienunternehmer seien die Beweggründe des Familienunternehmens *Gauselmann AG* (Spielautomatenhersteller) zur Errichtung der unternehmensverbundenen *Gauselmann-Familienstiftung*[742] genannt: „*Zu Beginn des Jahres 2016 ebnete die Unternehmerfamilie Gauselmann mit der Gründung der Gauselmann-Familienstiftung den Weg für eine langfristige und stabile Zukunft des Konzerns als Arbeitgeber und Wirtschaftsmotor. Die Gauselmann-Familienstiftung trifft als Alleingesellschafterin der Gauselmann-Gruppe grundlegende strategische Entscheidungen, um damit den wirtschaftlichen Erfolg zu sichern und die strategische Ausrichtung der Unternehmensgruppe festzulegen. Durch das Übertragen der Anteile der bisherigen Gesellschafter der Gauselmann Gruppe auf die Stiftung ist eine Zersplitterung des Unternehmens durch Teilverkäufe eines Mitbesitzers ein für allemal ausgeschlossen. Die Gauselmann Gruppe wird somit auch in Zukunft in gewohnter Form fortgeführt. Die Errichtung der Stiftung schützt das Unternehmen darüber hinaus vor unvorhersehbaren finanziellen Belastungen, die durch den plötzlichen Tod von Gesellschaftern ausgelöst würden.*“[743]

Aus den vorstehenden Beweggründen des Familienunternehmers und Stifters *Paul Gauselmann* wird deutlich, dass er die Gauselmann-Gruppe vor Zersplitterung durch Anteilsveräußerungen oder unvorhergesehenen Prozessen wie etwa den Tod eines Gesellschafters bewahren, die Ertragskraft erhalten und zugleich seiner – bei Familienunternehmen typischen[744] – sozialen Verpflichtung für seine Mitarbeiter, Geschäftspartner und Lieferanten (sog. *Stakeholder*) auch nach seinem Ausscheiden aus der Spitze des Unternehmens nachkommen wollte. Dabei ist *Paul Gauselmann* aber auch darauf bedacht gewesen, dass die Gauselmann-Gruppe in seinem strategischen Sinne und in gewohnter Form, also gerade als Familienunternehmen weitergeführt wird.

Die Wahrung der engen Bindung der Familie zum Familienunternehmen wird trotz oder eher gesagt gerade durch die Einbindung der Familienstiftung gewährleistet, indem er die Familie in die Stiftungskonstruktion aktiv einbindet.

742 Siehe dazu https://t1p.de/tlqpe.

743 Zitiert nach *Schewe*, in: Hereditare 9 (2019), S. 33 (43) m. V. a. https://t1p.de/30sl3 (mit dortigem Abruf vom 11.03.2019).

744 Vgl. dazu unter → Teil 2 A II 1.

Der Stiftungsbeirat und Stiftungsvorstand der Gauselmann-Familienstiftung bestehen mehrheitlich aus Familienmitgliedern, um auch so ein eindeutiges und dauerhaftes Bekenntnis der Familie *Gauselmann* zum Unternehmen und zur Region abzugeben. Dabei besteht der Stiftungsbeirat nicht nur aus Vertretern der Gründergeneration und ihren direkten Nachfolgern, sondern bereits mit seiner Enkelin *Sonja Gauselmann* auch aus der Enkelgeneration. Geleitet wird die Familienstiftung dabei durch den dreiköpfigen Stiftungsvorstand, dessen Vorsitz *Paul Gauselmann* innehat, sein Stellvertreter ist sein Sohn *Armin Gauselmann*. Komplettiert wird das Vorstandsgremium durch den der Familie nahestehenden *Manfred Stoffers*.[745] Der maßgebliche Einfluss der Familie Gauselmann auf die Unternehmensführung und damit letztlich auch der Charakter als Familienunternehmen werden auf diese Weise weiterhin und langfristig erhalten.

Die vorstehenden Beispiele bekräftigen insoweit die Annahme, dass der Hauptbeweggrund für die Errichtung einer unternehmensverbundenen Familienstiftung zumeist darin zu sehen ist, die betreffenden Unternehmen zum einen vor den Risiken der Erbfolge, d. h. vor ungeeigneten Erben oder vor der Gefahr von Auseinandersetzungen zwischen den Erben oder zwischen verschiedenen Familienstämmen zu bewahren. Zum anderen aber auch darin, den Einfluss Familienfremder auf das Familienunternehmen zu vermeiden und damit dessen Fortbestand und Einheit in Familienhand zu sichern. Auch die Sicherung der mit dem Familienunternehmen zusammenhängenden Arbeitsplätze dürfte einen besonderen Stellenwert bei derartigen Überlegungen des Stifters haben.

Summa summarum kann festgehalten werden: Die Motivation des Stifters bei der Errichtung einer unternehmensverbundenen Familienstiftung als Unternehmensnachfolgeinstrument ist letztlich regelmäßig im Hinblick auf dessen Familie und das Familienunternehmen als solches gerichtet, wobei andere Motive in die Entscheidungsfindung durchaus miteinfließen.

B. Risiken und Herausforderungen einer Stiftungsgestaltung

Obwohl die unternehmensverbundene Familienstiftung – wie vorstehend erläutert – eine Vielzahl von Möglichkeiten bietet, birgt diese einerseits allgemein rechtsformbedingte Risiken und andererseits Risiken und Herausforderungen im Speziellen für Familienunternehmen.

---

745 Zur Organisation der Gauselmann-Familienstiftung siehe https://t1p.de/tlqpe.

I. Allgemeine rechtsformbedingte Risiken

1. Starrheit der Stiftung

Kehrseite der geringen Regelungsdichte und der damit einhergehenden sowie im Vergleich zu anderen Gesellschaftsformen weiten Gestaltungsfreiheit im Stiftungsrecht[746] in Bezug auf die Errichtung und Ausgestaltung der Stiftung ist deren im Grundsatz starrer Charakter. Ihre auf den ersten Blick assoziierte Schwerfälligkeit und Unflexibilität wird besonders bei Familienunternehmern als Hinderungsgrund für eine Stiftungskonstruktion angeführt.[747] Gerade diese Statik ist aber Ausfluss ihres Wesens[748] und verleiht einer Stiftung auch ihren grundsätzlichen Ewigkeitscharakter und macht sie aufgrund der damit einhergehenden Stabilität und Kontinuität zum „Perpetuierungsinstrument Nr. 1" bzw. mit den bildhaften Worten *Anatol Duttas* ausgedrückt: „*Mit der rechtsfähigen Stiftung hat das deutsche Recht gleichsam den Ferrari der Perpetuierungsmechanismen in der Garage stehen*"[749]. Für den konkreten Einzelfall kann die Starrheit zudem auch als Vorteil für das spezifische Stiftungsvorhaben gesehen werden, nämlich als eine mit der Eigenart der Stiftung einhergehende und eine Signalwirkung auszeichnende Besonderheit zur Gewährleistung von Stabilität, Dauerhaftigkeit, Vertrauen und Unabhängigkeit.[750] Die Starrheit der Stiftung kann demgemäß je nach konkretem

746 *Muscheler*, ErbR 2008, 134 (141); *Ihle*, RNotZ 2009, 557 (572); umfassend dazu *Burgard*, Gestaltungsfreiheit im Stiftungsrecht, *passim*; s. aber die Warnung von *v. Oertzen/Reich*, DStR 2017, 1118 (1119) („*Seine große Gestaltungsfreiheit muss der bzw. die Stifter mit großer Weitsicht nutzen, weil Satzungsänderungen meist schwierig sind.*").

747 *Stiftung Familienunternehmen*, Stiftungsunternehmen in Deutschland, S. 34; vgl. auch *Bruttel/Probst/Schweinsberg*, FuS 2015, 138 (143); *Baum*, DStR 2024, 1614 (1618); *Werder/Wystrcil*, BB 2016, 1558 (1564); MAH ErbR/*Feick/Schwalm*, § 38 Rn. 23.

748 *v. Homeyer/M. Reiff*, npoR 2020, 224 (229) sprechen insofern treffend von einem „*wesensgemäßen Mangel an Flexibilität*" bei der Stiftung; gänzlich anderer (zu apodiktischer) Auffassung *Pluskat*, DStR 2002, 915 (920), der nach bei der Stiftung „*von Starrheit und Unflexibilität zur Anpassung an veränderte Verhältnisse [...] wegen der weitgehenden Stifter- bzw. Stiftungsfreiheit im Übrigen keine Rede sein [könne].*"

749 *Dutta*, in: Bochmann et al., Werte in Familienunternehmen, S. 9 (11).

750 Vgl. auch *Kaufmann*, Stiftung und Konflikt, S. 135, nach dem diejenigen Stifter, die sich für eine Stiftungskonstruktion entschieden hätten, gerade die gewisse Starrheit der Stiftung „*eher als Vorteil denn als unternehmerische[n] Nachteil*" empfunden hätten; BoKoStiftR/*Heuel/Meinecke*, Teil I 2.3 Rn. 192 („*Ein Stück Unveränderbarkeit ist ja gerade Sinn der Stiftung*"); vgl. auch → Teil 3 A IV.

Einzelfall und Zielen des Stifters sowohl als Vor- aber auch Nachteil der Stiftung aufgefasst werden. Sie kann marktbedingte, notwendige Anpassungen der Stiftung erschweren. Bei einer GmbH sind beispielsweise Satzungsänderungen durch die Gesellschafter grds. jederzeit möglich, wohingegen Satzungsänderungen bei einer Stiftung schwieriger sind und immer mit dem ausdrücklichen oder mutmaßlichen Stifterwillen im Einklang stehen müssen[751] und zudem (gem. § 85a Abs. 1 S. 2 BGB auch stets) der Genehmigung durch die Stiftungsaufsichtsbehörden bedürfen. Eine sich den nach Errichtung der Familienstiftung geänderten Verhältnissen schnelle Anpassung der Familienstiftung resp. ihrer Satzung ist daher schwerer umsetzbar und streitanfälliger als die Änderung des Gesellschaftsvertrags bzw. Satzung eines klassischen Familienunternehmens.[752]

Zwischen der – oftmals angestrebten[753] – starren Perpetuierung einerseits und dem Bedürfnis nach einer gewissen Flexibilität andererseits besteht insofern ein intrinsischer Konflikt[754], der bei der Satzungsgestaltung unbedingt berücksichtigt werden sollte. Einem vorausschauenden Stifter ist es *in concreto* möglich, durch eine entsprechende Gestaltung der Stiftungssatzung dem Problem der Starrheit der Stiftung vorzubeugen. Gleichwohl kann der Stifter vor einem „*Flexibilitätsdilemma*“[755] stehen. Denn er muss für sich entscheiden, wie sehr er darauf bedacht ist, dass die Familienstiftung nach seinen Vorstellungen geführt wird bzw. wie groß der Entscheidungsspielraum der Stiftungsorgane im Allgemeinen sowie im Speziellen betreffend Satzungsänderungen und damit Anpassungen „seiner“ Stiftung durch die Stiftungsorgane möglich sein sollen.

Gerade im Falle einer unternehmensverbundenen Familienstiftung in Gestalt einer Beteiligungsträgerstiftung, bei der die Familienstiftung lediglich als Gesellschafterin des Familienunternehmens fungiert, bleibt die Flexibilität sich den wandelnden Marktverhältnissen anzupassen, auf Ebene des Unternehmens jedoch ohnehin weitestgehend erhalten. Das stiftungsverbundene Familienunternehmen unterliegt nämlich den Regeln der gewählten Rechtsform, d. h. etwa des HGB, GmbH- oder Aktienrechts. Die Starrheit der Stiftung wird daher *in praxi* nur bei einer Unternehmensträgerstiftung, d. h., wenn die Familienstiftung selbst

---

751 *Ihle*, RNotZ 2009, 557 (567 f.); vgl. *v. Oertzen/Reich*, DStR 2017, 1118 (1119); zu den Möglichkeiten und Voraussetzungen der Satzungsänderung, insbesondere nach dem neuen Stiftungsrecht näher → Teil 4 D I 2.

752 *v. Oertzen/Reich*, DStR 2017, 1118 (1119); *Baum*, DStR 2024, 1614 (1618).

753 BoKoStiftR/*Heuel/Meinecke*, Teil I 2.3 Rn. 192.

754 *Jakob*, Trust & Trustees, 2020, 4 (8); *Ihle*, RNotZ 2009, 557 (568); *Richter/Sturm*, ZErb 2006, 75; Feick/*Godron/Thress*, Stiftung, § 29 Rn. 100.

755 Begriff nach *Heinhold*, WISU 1981, 16 (21).

Rechtsträger des Familienunternehmens ist[756], zum Problem, aber weniger für die hier behandelten Beteiligungsträgerstiftungen.[757] Bei dieser Gestaltung behält das Familienunternehmen nämlich seine Selbständigkeit, sodass das Management grds. frei agieren und erforderliche Maßnahmen treffen kann.[758] Die Familienstiftung selbst ist nur an diesem als Gesellschafterin beteiligt.[759] Aufgrund ihrer Gesellschafterstellung könnte die Familienstiftung aber, insbesondere wenn sie Mehrheitsgesellschafterin ist, aus Sicht des Unternehmens erforderliche Maßnahmen (wie z. B. Umwandlungen, Anteilsverkäufe, Beteiligungen von Dritten etc.) verhindern und so die Flexibilität des Unternehmens durchaus beeinträchtigen. Eine solche Familienstiftung kann daher unmittelbar auf die Geschäftsführung des Unternehmens Einfluss nehmen, sodass sich ihre Struktur und Satzung auch immer auf die Unternehmensorganisation auswirken kann.[760]

Diesem Szenario kann jedoch – wie bereits erwähnt – durch eine vorausschauende Satzungsgestaltung auf Ebene der Familienstiftung entgegengewirkt werden. Eine entsprechende „flexible" Satzungsgestaltung wird der Familienunternehmer resp. Stifter sicherlich auch vorsehen, da eine Einschränkung der Anpassungs- sowie Reaktionsfähigkeit ohnehin seinem Willen zur Sicherung seines Familienunternehmens zuwiderliefe.[761] Da die Familienstiftung demgemäß regelmäßig auf Dauer, d. h. über Generationen, angelegt ist, sollten die jeweiligen Stiftungsorgane, allen voran der Stiftungsvorstand als Ausführungsorgan, auf veränderte Rahmenbedingungen möglichst flexibel reagieren können.[762] Der Stifter kann

---

756 Zur Vorschlägen einer möglichst flexiblen Satzungsgestaltung einer Unternehmensträgerstiftung *Fritsche/Kilian*, S&S RS 03/2008, 1 (5 ff.).

757 Siehe → Teil 3 A II 2.

758 Feick/*Godron*/*Thress*, Stiftung, § 29 Rn. 113; *Boll*, Die uv. Familienstiftung, S. 90 f.; zurückhaltender *D. Reuter*, DWiR 1991, 192 (197), der betreffend die Beteiligungsträgerstiftung in Bezug auf die Inflexibilität nur „*eine graduelle Entschärfung des Problems*" attestiert.

759 Siehe zur Variante der sog. Beteiligungsträgerstiftung → Teil 4 A II 2.

760 Siehe *Ihle*, RNotZ 2009, 621 (642); vgl. *Rösner*, Konzernierung der Stiftung, S. 170; *Kornau*, Stiftung als Unternehmensnachfolgerin, S. 114.

761 *Picot/Kamp*, in: Picot, HdB für Familien- und Mittelstandsunternehmen, S. 88 (101); vgl. *v. Oertzen/Reich*, DStR 2017, 1118 (1119); W/S/F/*Saenger*, Die Stiftung, § 36 Rn. 58; flexibler Satzungsvorschlag etwa bei *Krauß*, Vermögensnachfolge in der Praxis, Rn. 4248.

762 Hannes/*Müller*, FormB Vermögens- und Unternehmensnachfolge, C. 3.01 Rn. 56, S. 1159; vgl. auch Henssler/Strohn/*Heuel*, GesR, BGB Vorb. § 80 Rn. 4; *Hüttemann/Rawert*, AcP 222 (2022), 301 (322); *Naumann zu Grünberg*, ZEV 2012, 569 (571).

etwa dem Stiftungsvorstand statutarisch (insbesondere durch Soll-Vorschriften[763]) einen gewissen Handlungsspielraum für notwendige Maßnahmen in Bezug auf die Organisation der Stiftung, aber auch in Bezug auf das verbundene Familienunternehmen vorschreiben. Er kann auch beispielsweise explizit anordnen, dass es den Stiftungsorganen erlaubt ist, unternehmerisch notwendige Maßnahmen zur Anpassung an sich wandelnde Verhältnisse oder zur Kapitalbeschaffung im Familienunternehmen durchzuführen. Damit wären Änderungen der Rechtsform des Familienunternehmens oder des Unternehmensgegenstandes durchführbar.[764] Einer besonderen Satzungsänderung bedürfe es in diesen Fällen dann grundsätzlich nicht und falls doch, so dürfte die Stiftungsbehörde einer solchen dem Willen des Stifters entsprechenden Satzungsänderung nicht entgegenstehen (vgl. § 83 Abs. 2 BGB).[765] Auf diese Weise kann die notwendige Flexibilität sowohl in der Familienstiftung als auch im Familienunternehmen realisiert werden. Das Familienunternehmen als solches kann sich so weiterentwickeln, ist aber gleichwohl vermittels der Familienstiftung an bestimmte, gewollte Leitlinien gebunden, die der Stifter (ggf. in Zusammenarbeit mit seiner Familie) aufgestellt hat.[766]

Die Starrheit einer Stiftungsgestaltung, die für den Fall, dass die Stiftungslösung gerade als generationenüberdauerndes und nachhaltiges Unternehmensnachfolgemodell gewählt wurde, aus Sicht des Stifters durchaus auch eine gewisse Starrheit aufweisen soll[767], ist indes in Anbetracht des Vorstehenden letztlich ein Risiko, dem man statutarisch begegnen kann. Durch entsprechende Gestaltung kann die Starrheit reduziert bzw. auf die Bedürfnisse des Stifters und seiner Familie hin ausgestaltet werden. Dabei ist jedoch auf eine Balance zwischen der gewünschten Bindung des Unternehmens an den Stifterwillen und der erforderlichen unternehmerischen Flexibilität des institutionellen Stiftungsmanagements

---

763 Zu Soll-Vorschriften in Stiftungssatzungen instruktiv *Schiffer*, SB 2016, 61.

764 *Verstl*, DStR 1997, 674 (678).

765 So auch *Verstl*, DStR 1997, 674 (678); vgl. Schiffer/*Schiffer/Pruns*, Die Stiftung in der Beraterpraxis, § 11 Rn. 39. Aufgrund einer ggf. erforderlichen Genehmigung sollte eine etwaige erforderliche Satzungsänderung mit der Stiftungsaufsichtsbehörde und ggf. dem Finanzamt vor Beschlussfassung abgestimmt werden, vgl. allg. Schauhoff/Ufer/*Schauhoff/Kampermann*, Gemeinnützige Unternehmen, § 3 Rn. 22 (speziell bzgl. gemeinnützigen Stiftungen); zu Satzungsänderungen eing. → Teil 4 D I 2.

766 Vgl. *Fleschutz*, Die Stiftung als Nachfolgeinstrument, S. 350, die diesbezüglich auf die Körber bzw. Hauni Stiftung und die Hertie Stiftung verweist. Diese haben alle im Laufe ihres Bestehens beachtliche Veränderungen durchlaufen.

767 W/S/F/*Saenger*, Die Stiftung, § 36 Rn. 58 m. V. a. *Schwarz*, BB 2001, 2381 (2385); ähnlich *S. Viskorf/Löcherbach*, Unternehmeredition v. 20.03.2018; vgl. auch *Boll*, Die uv. Familienstiftung, S. 150.

späterer Generationen zu achten. Jenes muss nämlich angemessen auf mögliche Veränderungen des unternehmerischen, politischen oder finanzwirtschaftlichen Umfeldes reagieren können[768], damit die Familienstiftung und damit auch das Familienunternehmen erfolgreich und lange bestehen kann.[769] Letztlich ist es insoweit eine der wichtigsten Aufgaben des Stifters und der sonstigen Beteiligten, den Zielkonflikt zwischen dem Erhalt der notwendigen Anpassungsfähigkeit der Stiftungskonstruktion und dem Wunsch nach einer Verewigung des Stifterwillens individuell zu lösen.[770]

2. *Strukturelles Kontrolldefizit*

Eine Stiftung hat keine Eigentümer[771] in Form von Anteilseignern oder Mitgliedern, sodass insofern „*die ordnende und kontrollierende Kraft des Eigentums*"[772] bzw. ein personelles Substrat fehlt, das die Interessen der Stiftung wahrt. Einziges zwingendes Organ ist der Vorstand, der für die Stiftung handelt (vgl. §§ 81 Abs. 1 Nr. 1 lit. d), 84 Abs. 1 und Abs. 2 BGB bzw. §§ 81 Abs. 1 S. 2 Nr. 5, 86 S. 1 BGB a. F. i. V. m. § 26 BGB). Aus diesem Grund ist es der Stiftung selbst schwerlich möglich,

768 *Gierhake*, Vermögensnachfolge und Vermögensschutz, S. 102; *Richter/Gollan*, Die Familienstiftung als Option, S. 9; vgl. Henssler/Strohn/*Schlüter*, [5]GesR, BGB Vorb. § 80 Rn. 27.

769 *Ihle*, RNotZ 2009, 621 (642); vgl. *Picot/Kamp*, in: Picot, HdB für Familien- und Mittelstandsunternehmen, S. 88 (102). Insofern sollte besonders ein im stiftungsrecht erfahrener und versierter Jurist für die Gestaltung der Stiftungssatzung aufgesucht werden, um eine zu starre Stiftungssatzung zu vermeiden, s. etwa die Aussage eines Interviewpartners bei *Kaufmann*, Stiftung und Konflikt, S. 133: „*Es ist häufig so, dass dann doch die Stiftungssatzung, wenn sie nicht von einem Experten gemacht wird, sondern von einem Anwalt, der sich bei Gelegenheit mal damit beschäftigt, dann sehr statisch angelegt ist.*"; auch *v. Oertzen/Reich*, DStR 2017, 1118 (1124) weisen darauf hin, dass „*[b]ei der Etablierung einer Familienstiftung [...]mit Blick auf die vielfältigen steuerlichen Implikationen häufig die Gefahr* [besteht], *dass die Gestaltung der Satzung der Familienstiftung zu einem Randthema verkommt.*"

770 *Binz/Sorg*, Die GmbH & Co. KG, § 23 Rn. 40; diesen folgend auch *R. Werner*, NWB 2020, 2256 (2261); vgl. auch *D. J. Fischer/Ihle*, DStR 2008, 1692; *S. Viskorf/Löcherbach*, Unternehmeredition v. 20.03.2018.

771 Deutlich statt aller nur Schauhoff/Kirchhain/*van Randenborgh*, Gemeinnützigkeits-HdB, § 1 Rn. 14 („*Gänzlich aufgegeben ist jede Form von ‚Eigentümerstellung' im Bereich der Stiftung*"); *v. Oertzen/Reich*, DStR 2017, 1118 sehen darin zutreffend einen wesentlichen Unterschied zur herkömmlichen Familiengesellschaft, die ein Familienunternehmen hält.

772 *Kalss*, FS G. D. Karth, S. 499 (509).

sich vor schädigendem Handeln des Vorstands zu schützen.[773] Es besteht daher die Gefahr, dass die Stiftung zum „*Selbstbedienungsladen der Organe*“[774] wird.[775] Im Lichte der aus der Ökonomik stammenden *Principal-Agent-Theorie*[776] könnte der Stiftungsvorstand (oder ein entsprechend befähigter Stiftungsrat) (sog. *Agent*) als Verwalter fremden Vermögens (des sog. *Principals*[777]) dazu neigen, seine eigenen Interessen zu verfolgen und damit eine Realisierung des Stiftungszwecks und damit auch des Stifterwillens gefährden.

Nach einhelliger Ansicht besteht bei der Stiftung demgemäß ein strukturelles Schutz- bzw. Kontrolldefizit.[778] Doch diesem Kontrollproblem lässt sich durch

---

773 *Schmidt-Schmiedebach*, Stiftung und Governance Kodex, S. 65.

774 *Rawert*, ZEV 1999, 294 (296).

775 *Schmidt-Schmiedebach*, Stiftung und Governance Kodex, S. 65 sowie die Missbrauchsbeispielsfälle aus der Praxis ebd., S. 78 f.

776 Verbreitet auch *Agency-Theorie* genannt. Dazu im stiftungsrechtlichen Kontext eing. m. w. N. *Schmidt-Schmiedebach*, Stiftung und Governance Kodex, S. 57 ff.; *Lange*, AcP 214 (2014), 511; speziell bei unternehmensverbundenen (Familien-)Stiftungen *Mühlbauer*, Stiftungsverbundene Unternehmen und Agency-Theorie, S. 59 ff.; *Fleschutz*, Die Stiftung als Nachfolgeinstrument, S. 116 ff.; anreißend *Boll*, Die uv. Familienstiftung, S. 133 f.; im Kontext von Familienunternehmen s. bereits → Teil 3 B II 1.

777 Wer in einer Stiftung konkret der „Eigentümer“ resp. Prinzipal i. S. d. *Agency-Theorie* ist (Destinatäre, Stiftungsaufsicht, Stifter oder die Stiftung selbst), ist freilich umstritten, siehe m. w. N. *Lange*, AcP 214 (2014), 511 (516 ff.); *Vieregge*, Die deutsche und die liechtensteinische Stiftung, S. 118 (mit Fn. 581). Mit Blick darauf, dass die Stiftung rechtsformbedingt keine Mitglieder, Gesellschafter oder sonstige Anteilseigner hat und eine eigenständige juristische Person ist, sprechen gute Gründe dafür, die Stiftung selbst (i. V. m. dem Stiftungszweck) als Prinzipalin anzusehen, so etwa *Jakob*, Schutz der Stiftung, S. 207; *Lange*, AcP 214 (2014), 511 (519); i. Erg. auch *Oppel*, Die österreichische Privatstiftung und die deutsche Familienstiftung, S. 113 und *Schmidt-Schmiedebach*, Stiftung und Governance Kodex, S. 59 f., die beide konkret auf den durch die Stiftung und den Stiftungszweck verobjektivierten Stifterwillen abstellen; jew. m. w. N. auch zu anderen Auffassungen. Freilich existieren je nach Betrachtung verschiedene *Principal-Agent*-Beziehungen innerhalb einer unternehmensverbundenen Stiftung (zentral etwa Stifter/Stiftungsvorstand; Stiftung/Stiftungsvorstand; Destinatäre/Stiftungsvorstand; Stiftungsvorstand/Unternehmensgeschäftsführung), näher zu den einzelnen Beziehungsgeflechten *Mühlbauer*, Stiftungsverbundene Unternehmen und Agency-Theorie, S. 59 ff.; *Fleschutz*, Die Stiftung als Nachfolgeinstrument, S. 116 ff.

778 Siehe nur *Jakob*, Schutz der Stiftung, S. 95 ff.; *Schmidt-Schmiedebach*, Stiftung und Governance Kodex, S. 64 ff.; *Vieregge*, Die deutsche und die liechtensteinische Stiftung, S. 116 ff.; speziell bei unternehmensverbundenen Stiftungen samt ökonomi-

Satzungsgestaltung und Implementierung einer ausgewogenen *Foundation Governance* begegnen. Insbesondere bei unternehmensverbundenen Familienstiftungen ist aufgrund der vielen widerstreitenden Interessen (Familienstiftung, Familie, Familienunternehmen) eine solche unerlässlich. Dabei ist zwecks Sicherung des Familieneinflusses im Besonderen auf eine zweigliedrige Organstruktur (Vorstand und Stiftungsrat als Kontrollorgan) sowie der Auswahl der Organmitglieder der Familienstiftung eine besondere Bedeutung für die Familie beizumessen, da nur so eine effektive Kontroll- und Einflussnahme im Sinne des Stifters und seiner Familie gewährleistet werden kann.[779] Mit Blick auf die durch die Involvierung der Familie in den Stiftungsorganen regelmäßig bestehende „*körperschaftsähnliche Struktur*" von Familienstiftungen, dürften die Familienmitglieder ein Eigeninteresse haben, sodass die Erfüllung des Stifterwillens primär von diesen sichergestellt wird.[780] Mit der Beschreibung „körperschaftsähnliche Struktur" ist hier gemeint, dass die Stiftungsorganstruktur in derlei Konstellationen, derjenigen von Körperschaften nachgebildet wird und die Organ- sowie Destinatärspositionen in einer solchen Familienstiftung (vornehmlich) mit Familienmitgliedern besetzt werden, sodass die Stiftung familienbeeinflusst ist und aufgrund des natürlichen Interesses der Familienmitglieder am Erhalt der Familienstiftung von innen heraus hinreichend kontrolliert wird. Insofern nehmen die Familienmitglieder eine – freilich nur ähnliche – „Eigentümerfunktion" wie in einer Körperschaft ein[781], da sie in der Familienstiftung stets an den omnipräsenten Stifterwillen gem. § 83 Abs. 2 BGB gebunden bleiben und ihr Handeln an diese auszurichten haben[782].

Dem Stifter kommt bei der Gestaltung eines Kontrollsystems jedoch eine große Gestaltungsfreiheit zugute. Auch vor dem Hintergrund der *Principal-Agent*-Theorie ist im hiesigen Kontext unternehmensverbundener Familienstiftungen zu erwarten, dass zum einen für den Fall, dass der Stifter sich zu Lebzeiten noch

scher Analyse *Thymm*, Das Kontrollproblem der Stiftung, S. 37 ff., 79 ff., deutlich *Wernicke*, ZEV 2003, 301 („*ernst zu nehmende rechtsformspezifische Kontrollprobleme*").

779 Vgl. *Reimann*, DNotZ 2012, 250 (263 f.); *Kaufmann*, Stiftung und Konflikt, S. 34.

780 BeckOK BGB/*Backert*/*J. Stürner*, 71. Ed. 1.5.2022, § 80 Rn. 15; vgl. auch *v. Trotz zu Solz*, Erbrechtslose Sondervermögen, S. 147; dies ist u. a. ein Grund für die zumeist eingeschränkte Stiftungsaufsicht über Familienstiftungen → Teil 4 H 2.

781 Vgl. zur Möglichkeit der körperschaftsähnlichen Strukturierung näher → Teil 5 B II 2 b.

782 Vgl. insofern auch *Thomsen*, The Danish Industrial Foundations, S. 16 („*Moreover, even if the founding family is still active, it does not exercise unfettered control, but it is bound by the charter and the law.*"); zum Stifterwillen → Teil 4 C und den damit einhergehenden Grenzen bei der Gestaltung im Stiftungsrecht → Teil 5 B I.

selbst zum Vorstand bestellt[783], kaum Interessenkonflikte zwischen ihm und seiner Stiftung bestehen dürften; er hat die Stiftung ja gerade nach seinem Belieben gestaltet. Für den Fall, dass der Stiftungsvorstand aus Familienmitgliedern des Stifters besteht, dürfte ebenfalls zwischen diesen und der Stiftung i. d. R. eine Zielübereinstimmung vorherrschen als bei nicht-familienzugehörigen Stiftungsvorständen – zum einen, weil die Familienstiftung hier sogar das Wohl der Familienangehörigen aufgrund ihrer Zwecksetzung verfolgt, und zum anderen, weil sich die Familienangehörigen dem Erbe des Stifters, d. h. dem Familienunternehmen grundsätzlich näher fühlen dürften als Familienfremde.[784] Der Erhalt des Familieneinflusses und damit des Familiencharakters bewirkt folglich auch im Rahmen einer Stiftungskonstruktion, dass *Agency*-Konflikte reduziert werden können.

3. *Staatliche Stiftungsaufsicht*

Die staatliche Stiftungsaufsicht wird seitens potentieller Stifter, insbesondere Familienunternehmern, verbreitet als Nachteil empfunden.[785] Dies gilt im Besonderen für Familienunternehmer, die es üblicherweise nicht gewohnt sind bzw. es bewusst vermeiden, dass Dritte mit bzw. ins Familienunternehmen hinein reden.[786] Gerade Familienunternehmer fürchten eine staatliche Einmischung, weshalb die staatliche Stiftungsaufsicht der Entscheidung für eine Stiftungslösung

783 Dazu auch → Teil 5 B I 1.

784 *Mühlbauer*, Stiftungsverbundene Unternehmen und Agency-Theorie, S. 60; vgl. *Boll*, Die uv. Familienstiftung, S. 141; zur Identifikation der Familie mit „ihrem" Unternehmen → Teil 2 A II 1.

785 *Stiftung Familienunternehmen*, Stiftungsunternehmen in Deutschland, S. 28; Westermann/Wertenbruch/*Heckschen*/*Redler*, PersGesR-HdB, 88. Lieferung 01.2024, I. Teil § 3 Rn. 86a; *Werder*/*Wystrcil*, BB 2016, 1558 (1564); *Weinmann*, Die uv. Stiftung, S. 157; *Meinecke*, Stiftungen, S. 55 („*[...] stößt nicht immer auf Gegenliebe*"); *Geibel*, FS W. F. Ebke, S. 251 (257) („*Hemmschuh*"); *Burgard*, npoR 2024, 181 (184) („*Misstrauen*"); *Dannecker*, DStR 2023, 1057 (1060); *Tischer*, Aufsicht und Kontrolle, S. 189; auch für potenzielle Investoren sei die Stiftungsaufsicht abschreckend, so *Fleschutz*, Die Stiftung als Nachfolgeinstrument, S. 176; nach *Binz*/*Sorg*, Die GmbH & Co. KG, § 23 Rn. 12 werde diese bzw. deren Maßnahmen *in praxi* hingegen „*zu Unrecht als lästige Bürde [empfunden]*"; ebenso *Schewe*/*Wixmerten*, in: Die Stiftung – Jahreshefte zum Stiftungswesen, 5. Jahrgang, S. 143 (144) („*[...] manchem Stifter immer noch – weitgehend aber grundlos – Unbehagen bereitet, [...]*"); vgl. auch *Hennerkes*/*Kirchdörfer*, Die Familie und ihr Unternehmen, S. 279.

786 Vgl. dazu i. Zh. m. der Mitbestimmung und der Familienstiftung & Co. KG näher unter → Teil 4 A V 1 c.

im Wege stehen kann.[787] Im Kontext unternehmensverbundener Familienstiftung ist freilich zu beachten, dass die Aufsicht über Familienstiftung in den meisten Bundesländern gänzlich oder jedenfalls stark eingeschränkt ist und zudem die Stiftungsbehörde als reine Rechtsaufsicht nicht in die Unternehmensleitung hineinregieren kann.[788] Im Besonderen steht ihr ein allgemeines und anlassloses Ausforschungsrecht gegenüber der Stiftung und ihren Unterlagen nicht zu.[789] Nichtsdestotrotz ist die staatliche Stiftungsaufsicht auf Stiftungsebene ein relevanter Faktor, da diese mit ihren aufsichtsrechtlichen Rechten und Mitteln (z. B. Genehmigungserfordernis für Satzungsänderungen, Abberufung von Organmitgliedern u. a.) jedenfalls die Familienstiftung an sich beeinflussen kann. Sie trägt aber spätestens nach Ableben des Stifters im Idealfall zum Schutz seines Willens und damit der Familienstiftung sowie letztlich des Familienunternehmens bei.

4. *Ersatzerbschaftsteuer für Familienstiftungen*

Jedenfalls als Nachteil der Familienstiftung wird oftmals die Ersatzerbschaftsteuer gem. § 1 Abs. 1 Nr. 4 i. V. m. § 2 Abs. 1 Nr. 2, § 9 Abs. 1 Nr. 4 ErbStG empfunden, nach der das Vermögen der Familienstiftung alle 30 Jahre besteuert wird.[790] Dass diese jedoch besonders im Falle einer unternehmensverbundenen Familienstiftung, insbesondere aufgrund der Anwendbarkeit des erbschaft- und schenkungsteuerrechtlichen Verschonungssystems der §§ 13a, 13b, 13c ErbStG sowie §§ 28, 28a ErbStG kein Nachteil sein muss, wird an anderer Stelle näher ausgeführt.[791]

Ob in Zukunft eine für „*vermögenshaltende Familienstiftungen […] eine Mindestbesteuerung*“ eingeführt wird[792], bleibt freilich abzuwarten. Diese könnte die

---

787 Block et al./*May/Jeschke*, Die Familienstiftung, S. 10 (12); vgl. *Geibel*, FS W. F. Ebke, S. 251 (257); Richter/*Richter*, Stiftungsrecht, § 10 Rn. 173; *Rawert*, ZGR 2018, 835 (836); *Flämig*, DB-Beilage Nr. 22 zu Heft 45, 1978, 1 (2).

788 Dazu naher → Teil 4 H.

789 So erhellend OVG Saarlouis, BeckRS 2021, 398 Rn. 11; VG Cottbus, ZStV 2017, 135 (139) m. zust. Anm. *Thesing*; Schauhoff/Kirchhain/*Mehren*, Gemeinnützigkeits-HdB, § 3 Rn. 156; vgl. Richter/*K. Fischer*, Stiftungsrecht, § 8 Rn. 5; MüKoBGB/*Weitemeyer*, § 80 Rn. 74 m. w. N.

790 Statt vieler *Härtling/Tolksdorf*, IStR 2023, 717 (718) („*erheblicher Nachteil*“); *B. Hofmann*, Die rules against perpetuities im deutschen Erbrecht, S. 246 („*wohl größte Nachteil*“); Berndt/Götz/*Berndt*, Stiftung und Unternehmen, Rn. 1996 („*schwere Belastung für die Familienstiftungen*“).

791 Dazu → Teil 3 A III 1.

792 So die aktuelle Mitregierungspartei in der Ampelkoalition SPD in ihrem Wahlprogramm zur Bundestagswahl 2021, s. *SPD*, Zukunftsprogramm, 2021, S. 23 (https://t1p.de/9lkv).

aktuell steigende Attraktivität der Familienstiftung als Nachfolgeinstrument für Familienunternehmen durchaus konterkarieren. Eine entsprechende Mindestbesteuerung müsste dann aber alle vermögenshaltenden bzw. -verwaltenden Gesellschaften treffen, um nicht, neben der Ersatzerbschaftsteuer, eine weitere, besondere Einzelsteuer zulasten speziell von Familienstiftungen zu schaffen.

5. *Publizitätsgefahr durch Transparenz- und Stiftungsregister*

Vertrauen und Vertraulichkeit sind in Familienunternehmen – jedenfalls idealiter – zwei wesentliche Prinzipien, die gerade aus der familiären Verbundenheit der Gesellschafter resultieren.[793] Spiegelbildlich sind Familienunternehmen deshalb bekanntlich auch recht publizitäts- bzw. transparenzscheu.[794] Das Motto von vielen Familienunternehmen lautet insofern oftmals: „*Pour vivre heureux, vivons cachés*".[795] Der Aspekt von Publizität und Transparenz[796] hat daher gerade bei Familienunternehmen auch eine gewichtige Rolle in Bezug auf die konkrete Wahl der Unternehmensform bzw. -gestaltung, weshalb häufig intransparente Strukturen entwickelt und gewählt werden, um etwa die konkreten Beteiligungs-

---

793 *Windthorst*, FuS 2019, 84; vgl. *Nietsch*, FuS 2016, 213 (218); s. a. *Bochmann*, Der gläserne Gesellschafter, in: Private Banking Magazin v. 13.02.2020 (https://t1p.de/gnujz).

794 Vgl. dazu *Stiftung Familienunternehmen*, Publizitätspflichten von Familienunternehmen, S. 4; *Hennerkes/May*, DB 1988, 483 (485); *Löcherbach*, Die interessengerechte Nachfolge, S. 42 f.; *Klein-Wiele/Wurmthaler*, FuS-Sonderheft 2022, 65 (69); zur Bedeutung der Unternehmenspublizität für Familienunternehmen eing. Sudhoff/*Wälzholz*, Familienunternehmen, § 18 Rn. 1 ff.; MHdB GesR 9/*Bode*, § 15 Rn. 4 ff.; speziell zur Abschlusspublizität sowie der Beteiligungs- und Satzungspublizität *Bochmann*, in: Röthel/K. Schmidt, Grundfragen der Organisation von Familienunternehmen, S. 149 ff.; im Kontext der Family Governance eing. *Windthorst*, FuS 2019, 84.

795 Dieses vielzitierte Motto soll auf die französische Unternehmerfamilie *Mulliez* zurückzuführen sein, s. dazu *Fleischer*, NZG 2017, 1201 (1207); *Fleischer*, AG 2019, 481 (491). Es kann wie folgt übersetzt werden: „*Um glücklich zu leben, leben wir im Verborgenen*".

796 Zur Unterscheidung dieser Begriffe: *Bochmann*, in: Röthel/K. Schmidt, Grundfragen der Organisation von Familienunternehmen, S. 149 (151). Danach beschreibt *Transparenz* die Durchsichtigkeit oder Durchschaubarkeit von Strukturen, Verhältnissen oder Umständen. Hingegen meint *Publizität* die Zugänglichmachung von Unternehmensinterna gegenüber der Öffentlichkeit. Der Unterschied besteht vornehmlich darin, dass die Transparenz sich zwar auch an die Öffentlichkeit richten kann, muss es aber nicht. Nachfolgend werden die Begriffe synonym verwendet.

strukturen und -verhältnisse nicht für jedermann ersichtlich zu machen.[797] Die Vermeidung von Transparenz vermittels intransparenter Strukturen ist bei Familienunternehmen auch durch die damit verfolgten legitimen Anonymitätsinteressen durchaus gerechtfertigt.[798] So könnten transparente Beteiligungsverhältnisse zum Auslöser von Erb- und Pflichtteilsstreitigkeiten, auch zwischen verschiedenen Familienstämmen, werden.[799] Nicht zu verkennen sind des Weiteren die begründeten Ängste vermögender Unternehmerfamilien, dass sich durch die Registerpublizität die Gefahr erhöht, Opfer von Straftaten zu werden.[800] Schließlich bestehen regelmäßig berechtigte Geheimhaltungsinteressen hinsichtlich Konkurrenzunternehmen, insbesondere vor deren Wettbewerbsanalysen.[801]

Mit Blick auf den – nach dem Vorstehenden – verständlichen Wunsch von vielen Familienunternehmern nach Verschwiegenheit und Vertraulichkeit bietet ihnen besonders eine unternehmensverbundene Familienstiftung in Gestalt der Beteiligungsträgerstiftung bisher noch ein hohes Anonymitätsniveau, da die Geschäftsanteile der Familienstiftung zugeschrieben sind und weder die staatliche Stiftungsbehörde[802] noch die Öffentlichkeit oder sonstige Dritte – mangels Möglichkeit der Einsichtnahme in die Stiftungsinterna, sofern ein Anderes

797 *Kotzenberg/Lorenz*, NJW 2017, 2433; vgl. auch *Reich/Bode*, DStR 2018, 305; *Lorenz*, Ubg 2020, 279 (285); *Schaub*, DStR 2017, 1438 (1443); *Nietsch*, FuS 2016, 213 (217); Viskorf/*Wachter*, Familienunternehmen in der Nachfolgeplanung, Rn. 228. Dies ist freilich für die rechtswissenschaftliche Untersuchung von Familienunternehmen misslich, weshalb sich – jedenfalls in Bezug auf nicht publizitätspflichtige Nebenabreden (z. B. Poolvereinbarungen) – durch das Transparenzregister ein „*Zugang zu bestimmten (eingeschränkten) Daten über wirtschaftlich Berechtigte*“ von Familienunternehmen erhofft wird, so etwa *Fleischer*, BB 2019, 2819 (2824).

798 Vgl. *Kotzenberg/Lorenz*, NJW 2017, 2433; *Stiftung Familienunternehmen*, Publizitätspflichten von Familienunternehmen, S. 4; *Schenke/Teichmann*, ZIP 2019, 1260 (1266); *Schaub*, DStR 2017, 1438 (1443); MHdB GesR 9/*Bode*, § 15 Rn. 2; ausf. *Tebben*, ZGR 2020, 430 (435 f.).

799 *Kotzenberg/Lorenz*, NJW 2017, 2433; s. a. *Tebben*, ZGR 2020, 430 (435) mit Hinweis auf das berechtigte Interesse vor Vollstreckungsschutz gegenüber Gläubigern.

800 *Kotzenberg/Lorenz*, NJW 2017, 2433; s. a. *Tebben*, ZGR 2020, 430 (436); *Sohn/Stehfest*, RFamU 2022, 124 (125); *Schenke/Teichmann*, ZIP 2019, 1260 (1266) sprechen insofern treffend von einer „*Prangerwirkung des Transparenzregisters*“; vgl. kürzlich auch den Fall VG Köln, BeckRS 2024, 19022 Rn. 7 ff.

801 *Bochmann*, in: Röthel/K. Schmidt, Grundfragen der Organisation von Familienunternehmen, S. 149 (153); *Tebben*, ZGR 2020, 430 (435); *Schaub*, DStR 2017, 1438 (1443); *Kirchdörfer* in F.A.Z. v. 23.11.2022, Nr. 273, S. 20.

802 Ein allgemeines und anlassloses Ausforschungsrecht steht der Stiftungsbehörde gegenüber der Stiftung nicht zu, so erhellend OVG Saarlouis, BeckRS 2021, 398

nicht statutarisch geregelt ist – Einsicht, insbesondere in die konkreten Vermögensverhältnisse der Stifterfamilie, erhält.[803] Von der allgemeinen Firmen- und Handelsregisterpublizität (§§ 15 ff. HGB) sind nämlich nur sog. Unternehmensträgerstiftungen betroffen[804], d. h. solche Stiftungen, die selbst ein Handelsgewerbe betreiben (vgl. § 1 Abs. 1, 2 HGB bzw. § 33 HGB) und daher Kauffrauen i. S. d. HGB sind.[805] Nicht erfasst sind hingegen sog. Beteiligungsträgerstiftungen[806], die lediglich an einem Unternehmen beteiligt sind. Die unternehmensverbundenen (Familien-)Stiftungen in Gestalt von Beteiligungsträgerstiftungen unterliegen – bisher noch – nur der stiftungsrechtlichen Publizität vermittels der grds. von jedermann – zumeist online – frei einsehbaren Stiftungsverzeichnisse der Länder, die je nach Landesrecht unterschiedliche Veröffentlichungsanforderungen (i. d. R. Name und Anschrift der Stiftung, Stiftungszweck, die vertretungsberechtigten

Rn. 11; VG Cottbus, ZStV 2017, 135 (139) m. zust. Anm. *Thesing*; vgl. Richter/*K. Fischer*, Stiftungsrecht, § 8 Rn. 5; MüKoBGB/*Weitemeyer*, § 80 Rn. 74 m. w. N.

803 Ähnlich *Trißler*, Familienstiftungen und Family Trust, S. 114, 116; s. a. *Markworth*, NZG 2021, 100 (109); *Feick/Schwalm*, NZG 2021, 525 (529); Feick/*Pawlytta/Pfeiffer*, [1]Stiftung, § 39 Rn. 56 weisen darauf hin, dass gerade aus Diskretionsgründen „*hin und wieder [...], Teile des Vermögens in eine Stiftung [...]*" eingebracht werden; vgl. auch *Fleischer*, ZIP 2022, 2045 (2051); B/R/H/R/*Pauli*, TV-HdB, § 5 Rn. 299. Vgl. insoweit auch *Kalss*, ZVglRWiss 117 (2018), 221 (232) („*Privatstiftungen haben oft testamentsgleiche Bedeutung. Die Familie scheut es, gerade in diese Interna zu viele fremde Personen Einschau halten zu lassen [...]*"). Demgemäß ist in der Praxis auch „*sehr wenig* [über die Interna und konkrete Ausgestaltung vieler Familienstiftung] *bekannt*", so H/R/W/*Richter/Gollan*, Landesstiftungsrecht, Rn. 30.8. Gerade hierin einen nicht zu unterschätzenden Vorteil einer Stiftungslösung erblickend auch *Baus*, Die Familienstrategie, S. 121 („*Plus an Privatheit*").

804 Bei Unternehmensträgerstiftungen sind gem. § 33 Abs. 2 S. 1 HGB etwa auch die Stiftungssatzung sowie nach allg. Auffassung auch die Anerkennungsurkunde einzureichen, die dann für jeden gem. § 9 Abs. 1 S. 1 HGB einsehbar wären, vgl. *Mühlhäuser*, Publizität bei Stiftungen, S. 9; Staub/*Burgard*, HGB § 33 Rn. 34, 36. Zur Anwendbarkeit des § 3 Abs. 1 Nr. 4 PublG im Falle des Betreibens eines Gewerbes s. HK-PublG/*Staake*, § 3 Rn. 36 ff.; *Wissenschaftliche Dienste des Bundestages*, WD 7-3000-063/23 v. 25.8.2023, S. 5 ff.

805 Dazu näher *Vogt*, Publizität im Stiftungsrecht, S. 14 ff.; s. allg. *Schwenn*, npoR 2021, 93; zur – heute in der Praxis als solche nicht mehr vorkommenden – Unternehmensträgerstiftung → Teil 4 A II 1.

806 Siehe dazu → Teil 4 A II 2; zur Anwendbarkeit des PublG auf diese s. HK-PublG/*Staake/Schülke*, § 3 Rn. 39 (*Staake*) i. V. m. § 11 Rn. 43 (*Schülke*).

Organe sowie die Art ihrer Vertretungsberechtigung[807]) stellen.[808] Die bei den Stiftungsbehörden hinterlegte Stiftungssatzung oder sonstige Stiftungsinterna sind durch Dritte bisher regelmäßig[809] nicht einsehbar.[810] Deshalb lassen sich den Stiftungsverzeichnissen der Länder selten nähere Informationen in Bezug auf die

807 Vgl. exemplarisch § 10 Abs. 2 LStiftG NRW. Näher zu den landesrechtlichen Stiftungsverzeichnissen samt Überblick der vorgesehenen Eintragungen Richter/*Spiegel*, Stiftungsrecht, § 20 Rn. 83; *Theuffel-Werhahn/Mühlendiek*, ZStV 2022, 87 (89). Sie dienen dabei *„allein einem allgemeinen ‚Informationsinteresse des Rechtsverkehrs und potenzieller Destinatäre', ohne eine rechtliche Wirkung zu entfalten"*, s. Schauhoff/Kirchhain/*Mehren*, Gemeinnützigkeits-HdB, § 3 Rn. 50 unter Verweisung auf Bund-Länder-Arbeitsgruppe Stiftungsrecht v. 19. 10. 2001, S. 34.

808 *Lorenz*, Ubg 2020, 279 (280, 283); Hannes/*Müller*, FormB Vermögens- und Unternehmensnachfolge, C. 3.01 Rn. 36, S. 1152; zur Publizität von Stiftungen grdl. *Mühlhäuser*, Publizität bei Stiftungen; *Vogt*, Publizität im Stiftungsrecht; Richter/*Spiegel*, Stiftungsrecht, § 20 Rn. 1 ff.; zuletzt im Überblick *Wissenschaftliche Dienste des Bundestages*, WD 7–3000–063/23 v. 25.8.2023, S. 3 ff.; speziell bei uv. Stiftung bündig *M. Engel*, Die unternehmensverbundene Stiftung, S. 351 ff.

809 Eine Ausnahme stellen § 14 Abs. 4 LStiftG Bbg (Einsichtsrecht zu Informationszwecken in die Stiftungssatzung) sowie § 5 Abs. 4 S. 4 LStiftG Thüringen (Einsichtsrecht in die Stiftungssatzung bei berechtigtem Interesse), s. zu Recht kritisch dazu *Theuffel-Werhahn/Mühlendiek*, ZStV 2022, 87 (89), der verfassungsrechtliche Bedenken mit Blick auf das Recht auf informationelle Selbstbestimmung der Stiftung erhebt.

810 Vgl. *Fleischer/Mock*, NZG 2021, 173; *Weitemeyer*, in: Bumke/Röthel, Autonomie im Recht, S. 201 (221); Westermann/Wertenbruch/*Blaum*, PersGesR-HdB, 83. Lieferung 04.2022, I. Teil § 57 Rn. 3829. Etwaige Ansprüche aus den Informationsfreiheitsgesetzen der Länder gegen die Stiftungsbehörden oder die Stiftung sind in Bezug auf – jedenfalls privatrechtliche Stiftungen – regelmäßig nicht einschlägig, s. m. w. N. MüKoBGB/*Weitemeyer*, § 80 Rn. 104; vgl. auch OVG Münster, NVwZ-RR 2021, 199 Rn. 64 ff. (mit Blick auf die explizite Regelung des § 12 Abs. 5 LStiftG NRW a. F. (§ 5 Abs. 2 LStiftG NRW n. F.), wonach das IFG NRW nicht für Unterlagen bei Stiftungsbehörden gilt) sowie OVG Schleswig, npoR 2021, 307 Rn. 46 ff. m. Anm. *Stallmann* (bzgl. Ausschluss der Anwendbarkeit des Informationszugangsgesetzes-SH gemäß § 15 Abs. 4 S. 2 LStiftG SH a. F. [§ 18 Abs. 6 LStiftG SH n. F.]). Explizite Ausschlussregelungen finden sich etwa in § 3 S. 3 LStiftG M-V, § 5 Abs. 3 LStiftG NRW. Die vorstehenden Normen stehen aber nur einem Anspruch nach den landesrechtlichen IFGs entgegen, nicht aber den landespresserechtlichen Auskunftsansprüchen, die i. d. R. nicht davon erfasst sind, s. LG Schwerin, npoR 2022, 205 Rn. 31 ff., 43 (bzgl. § 4 Abs. 1, Abs. 2 LPrG M-V). Im Bund und in den übrigen Bundesländern, wo keine Ausnahmevorschriften vorgesehen sind, soll i. d. R. aber ein Informationsanspruch bestehen, zum Ganzen BeckOGK/*G. Roth*, 30.6.2023, BGB § 80 Rn. 489.

Organisationsstruktur der Stiftung[811] oder der konkreten Involvierung der Stifterfamilie[812] entnehmen. Im Übrigen unterfallen unternehmensverbundene Familienstiftungen aufgrund ihrer Gesellschafterrolle den allg. Publizitätsvorschriften der jeweiligen Rechtsform, an der sie beteiligt sind.[813] Eine Beteiligungsträgerstiftung ist damit als Gesellschafterin einer Personengesellschaft ins Handelsregister bzw. – seit dem 1.1.2024 – ggf. Gesellschaftsregister oder als Gesellschafterin einer GmbH in die Gesellschafterliste einzutragen, die ebenfalls in das Handelsregister einzureichen ist.[814]

Im Kontext unternehmensverbundener Familienstiftungen sind betreffend einer Publizitätsgefahr im Besonderen das im Jahre 2017 eingeführte und jährlich verschärfte Transparenzregister (§§ 18 ff. GwG) einerseits und das künftige mit Publizitätswirkung ausgestattete Stiftungsregister (§§ 82b ff. BGB i. V. m. StiftRG) andererseits zu nennen.[815] Auf die damit einhergehenden Publizitätsgefahren, im Besonderen hinsichtlich privatnützigen Stiftungen[816], wird nachfolgend ein-

---

811 Vgl. *Vogt*, Publizität im Stiftungsrecht, S. 38.

812 In Bremen (§ 10 Abs. 2 LStiftG Bremen) und in Niedersachsen (§ 10 Abs. 1 S. 1 i. V. m § 4 Abs. 2 LStiftG Niedersachsen) sind Familienstiftungen etwa nicht im Stiftungsverzeichnis zu veröffentlichen.

813 BeckOGK/*Jakob/Uhl*, 1.7.2022, BGB § 80 Rn. 530.

814 Eing. zu den Eintragungspflichten bei Beteiligung einer Stiftung an Personen- und Kapitalgesellschaften *Vogt*, Publizität im Stiftungsrecht, S. 21 ff.; *M. Engel*, Die unternehmensverbundene Stiftung, S. 351; bündig auch *Bieniek*, GmbH-Stpr 2024, 77 (80 f.).

815 Hingewiesen sei auf die im Zuge des Jahressteuergesetz 2020 (BGBl. I 2020, S. 3096) zum einen konkretisierten steuerrechtlichen Anzeige- und Steuerklärungspflichten gegenüber dem Finanzamt gem. §§ 30 Abs. 5, 31 Abs. 1 S. 3 ErbStG bei Familienstiftungen, s. dazu z. B. *Christopeit*, ErbR 2021, 391 (394 f.). Da hier die Öffentlichkeit nicht betroffen ist, wird hierauf nicht näher eingegangen. Zum anderen auf das im selben Reformzuge geschaffene Zuwendungsempfängerregister (§ 60b AO), in das speziell gemeinnützige Stiftungen ab dem 1.1.2024 einzutragen sind, dazu *Hüttemann*, npoR 2021, 121. Ferner erwähnt sei das seit dem 1.1.2022 bestehende Lobbyregister (BGBl. 2021 I, S. 818), das primär sog. parteinahe Stiftungen betreffen dürfte, dazu *J. Engel*, ZStV 2022, 132; BeckOGK/*G. Roth*, 30.6.2023, BGB § 80 Rn. 493. Die vorstehenden Register betreffen i. d. R. nicht die hier relevanten privatnützigen Stiftungen, sodass auf diese ebenfalls nicht näher eingegangen wird. Luzider Gesamtüberblick zu den neuen Registern kürzlich bei *Schwalm*, npoR 2024, 50.

816 Nach der zutreffenden Auffassung von BeckOGK/*Jakob/Uhl*, 1.7.2022, BGB § 80 Rn. 187 ff. ist in Bezug auf Transparenz resp. Publizitätsanforderungen zwischen gemein- und privatnützigen Stiftungen zu differenzieren; vgl. bereits *Mühlhäuser*,

gegangen, jedoch in Bezug auf das Transparenzregister vornehmlich auf die die rechtsfähige Familienstiftung betreffenden Aspekte.[817] Insbesondere das künftige Stiftungsregister wird mit Blick auf das Jedermann-Einsichtnahmerecht gem. § 15 StiftRG[818] zu einer massiven Aufweichung der „*im Stiftungssektor verwurzelten Grundsätze von Diskretion und Vertraulichkeit*“[819] führen, was gerade für Familienunternehmer ein durchaus gewichtiger Aspekt i. Zh. m. dem Einsatz einer unternehmensverbundenen Familienstiftung als Vehikel der Unternehmensnachfolge und Sicherung des Familieneinflusses sein wird. Demgemäß ist es nicht verwunderlich, dass die durchaus weitgehenden Einsichtnahmemöglichkeiten sowie in Bezug auf die einzureichenden Interna in das Stiftungsregister, aber auch in das Transparenzregister, in Bezug auf Familienunternehmen und Familienstiftungen auf breite – berechtigte – Kritik gestoßen sind. Auf diese wird nachfolgend ebenfalls ausführlich eingegangen.[820]

a) Transparenzregister (§§ 18 ff. GwG)

aa) Bedeutung und Inhalt

Im Zuge der Umsetzung der vierten Europäischen Geldwäscherichtlinie[821] wurde das Gesetz über das Aufspüren von Gewinnen aus schweren Straftaten (Geldwäschegesetz – GwG)[822] neu gefasst, das am 26.06.2017 in Kraft trat. Ziel sowohl der Richtlinie als auch der Neuregelungen im GwG ist die Bekämpfung

---

Publizität bei Stiftungen, S. 4 („*Sowohl für die Begründung als auch für den Umfang der Publizität sind bei den jeweiligen Erscheinungsformen* [der Stiftung] *verschiedene Gesichtspunkte zu beachten*“); vgl. auch *Vinken*, in: Stifterverband, Zur Praxis von Familienstiftungen, S. 27 (36).

817 Allg. zur Bedeutung des Transparenzregisters speziell für Familienunternehmen etwa *Kotzenberg/Lorenz*, NJW 2017, 2433; *Lorenz*, Ubg 2020, 279; *Lorenz*, Ubg 2021, 386; Wachter/Heckschen/*Otte*, Praxis des HuGR, § 2 Rn. 240; MHdB GesR 9/*Bode*, § 15 Rn. 35 ff.; *Bochmann*, in: Röthel/K. Schmidt, Grundfragen der Organisation von Familienunternehmen, S. 149 (164 f.).

818 Dazu sogleich → Teil 3 B I 5 b bb und cc.

819 BeckOGK/*Jakob/Uhl*, 1.7.2022, BGB § 80 Rn. 9.

820 Bzgl. Transparenzregister → Teil 3 B I 5 a bb und bzgl. Stiftungsregister → Teil 3 B I 5 b bb und cc.

821 RL (EU) 2015/849 des Europäischen Parlaments und des Rates vom 20.5.2015 zur Verhinderung der Nutzung des Finanzsystems zum Zwecke der Geldwäsche und der Terrorismusfinanzierung, ABl. EU 2015 L 141, 73.

822 Gesetz zur Umsetzung der Vierten EU-Geldwäscherichtlinie, zur Ausführung der EU-Geldtransferverordnung und zur Neuorganisation der Zentralstelle für Finanz-

von Geldwäsche, Terrorismus und organisierter Kriminalität.[823] Zur Erreichung dieses Ziel sollten die Mitgliedstaaten ein sog. Transparenzregister[824] schaffen, an das juristische Personen des Privatrechts, eingetragene Personengesellschaften, rechtsfähige Stiftungen, Trusts und vergleichbare Rechtsgestaltungen (sog. Vereinigungen i. S. d. § 20 GwG) Angaben über ihre wirtschaftlich Berechtigten (§ 3 GwG), das sind kurzgefasst *„die natürlichen Personen, die als ‚Hintermänner' einer vordergründig handelnden Organisation agieren und aufgrund gesellschaftsrechtlicher oder tatsächlicher Umstände maßgeblich Einfluss auf deren Geschäftsbeziehungen nehmen können"*[825], melden müssen. Dem ist der deutsche Gesetzgeber mit den transparenzregisterrechtlichen Regelungen in §§ 18–26a i. V. m. § 3 GwG nachgekommen. Mit Blick auf § 3 Abs. 2 S. 3 GwG ist eine Kontrolle seitens des wirtschaftlich Berechtigten insbesondere dann anzunehmen, wenn die natürliche Person unmittelbar oder mittelbar einen beherrschenden Einfluss auf die Gesellschaft ausüben kann. Gerade in Familienunternehmen gehören Sonder-

---

transaktionsuntersuchungen vom 23.6.2017, BGBl. I 2017, S. 1822; dazu statt vieler *Staub*, DStR 2017, 1438.

823 Vgl. Erwägungsgründe RL (EU) 2015/849; BT-Drs. 18/11555, S. 88 f.; s. a. *Kotzenberg/Lorenz*, NJW 2017, 2433; *Bochmann*, FS Seibert, S. 107; Herzog/*Seehafer*, GwG, Vor § 18 Rn. 2 ff.; VG Köln, BeckRS 2024, 19022 Rn. Rn. 2 ff., 84 ff.; kritisch zur Frage, ob diese Ziele durch das Transparenzregister erreicht werden können, etwa *Schaub*, DStR 2017, 1438 (1444) (*„In den wenigsten Fällen werden die Mitteilungen an das Transparenzregister zur Verhinderung und gar Aufdeckung von Geldwäsche und Terrorismusfinanzierung beitragen, sondern vor allem völlig unbedenkliche Rechtsgestaltungen zugänglich machen. Kriminelle werden sich zudem kaum von den neuen Regelungen des Transparenzregisters abhalten lassen, intransparente Gestaltungen zu suchen, zumal keine inhaltliche Prüfung der Mitteilungen durch die registerführende Stelle stattfindet.*").

824 Zum europäischen Hintergrund und Zweck sowie zur Funktionsweise des Transparenzregister ausf. *Klapdor*, Der Begriff des wirtschaftlich Berechtigten, S. 80 ff.; umfassend auch *Jurawitz*, Das Transparenzregister, *passim*.

825 M. w. N. *Böttcher*, npoR 2021, 292 (293); ähnlich *Bochmann*, FS Seibert, S. 107 (109) („[natürliche Personen, die] *ultimativ hinter den genannten Vereinigungen oder Rechtsgestaltungen stehen*"); *A. Hofmann/F. Arnold*, GWuR 2021, 49 (50) (*„ultimate parent*"); zum Begriff des „wirtschaftlich Berechtigten" eing. *Klapdor, Der Begriff des wirtschaftlich Berechtigten,* S. 188 ff. und *passim*; *Bochmann*, FS Seibert, S. 107; *John*, NZG 2021, 323; s. a. die bei der Auslegung *in praxi* zu berücksichtigenden *FAQ des BVA*, zuletzt in der Fassung vom 5.5.2023, (https://t1p.de/vysws), die jedoch nicht rechtsverbindlich sind, s. *Schwalm*, ZStV 2020, 52 (55); *Bienek/Yalcin*, RFamU 2022, 58 (60); zu besonderen Problemkonstellationen instruktiv *A. Hofmann/F. Arnold*, GWuR 2021, 49; speziell bei der Stiftung → Teil 3 B I 5 a bb.

und Vorzugsrechte wie etwa Geschäftsführungsrechte, Mehrstimmrechte oder Vetorechte für einzelne Familiengesellschafter oder -stämme zum üblichen und legitimen Satzungsrepertoire zwecks Sicherung des Familieneinflusses[826] oder aus sonstigen erb- und schenkungsteuerlichen Gründen, weshalb jene regelmäßig erweiterten Meldepflichten unterliegen dürften.[827]

Zu beachten ist, dass es sich beim Transparenzregister um ein rein informatives Register handelt, sodass die materielle Rechtslage von einer etwaigen Eintragung nicht tangiert wird. Die Richtigkeit der übermittelten Daten wird deshalb konsequenterweise durch die registerführende Stelle auch nicht überprüft; entsprechend genießt das Transparenzregister weder öffentlichen bzw. guten Glauben (vgl. § 18 Abs. 4 S. 3 GwG) noch haftet die registerführende Stelle für die Richtigkeit der Angaben.[828]

Eine Änderung erfuhr das GwG und insbesondere die Regelungen zum Transparenzregister zuletzt durch das Transparenzregister- und Finanzinformationsgesetz vom 25.6.2021, das am 30.6.2021 verkündet und am 1.8.2021 in Kraft getreten ist.[829] Die bedeutendste Neuerung ist dabei die durch die ersatzlose Streichung der sog. Mitteilungsfiktion des § 20 Abs. 2 S. 1 GwG a. F.[830] vollzogene Umstellung des Transparenzregisters von einem Auffangregister hin zu einem Vollregister.[831] Infolgedessen sind sämtliche juristischen Personen des Privatrechts, d. h. auch rechtsfähige Stiftungen und eingetragenen Personengesellschaften sowie sonstige

826 *Holler*, DStR 2019, 880 (884); MHdB GesR 9/*Bochmann*, § 4 Rn. 55; ausf. MHdB GesR 7/*Holler*, § 75 Rn. 189 ff. sowie die Nachweise in Fn. 313 betreffend die Gestaltung von Gesellschaftsverträgen von Familienunternehmen.

827 Vgl. auch *Schaub*, DStR 2017, 1438 (1443).

828 Vgl. BT-Drs. 18/11555, S. 125; *Schaub*, DStR 2017, 1438 (1443); BeckOK GwG/*Korte*, 19. Ed. 1.6.2024, § 18 Rn. 31 ff.; *Schmück*, Spannungsverhältnis, S. 15 f.

829 Gesetz zur europäischen Vernetzung der Transparenzregister und zur Umsetzung der Richtlinie (EU) 2019/1153 des Europäischen Parlaments und des Rates vom 20. Juni 2019 zur Nutzung von Finanzinformationen für die Bekämpfung von Geldwäsche, Terrorismusfinanzierung und sonstigen schweren Straftaten v. 25.06.2021, BGBl. I 2021, S. 2083; dazu etwa *M. Goette*, DStR 2021, 1551; zum RegE noch *S. Reuter*, BB 2021, 707; zur Entwicklung des Transparenzregisters bündig *Frese*, ZEV 2022, 66 f.

830 Danach waren Gesellschaften, deren wirtschaftlich Berechtigter sich aus öffentlich zugänglichen staatlichen Registern ergab, sowie börsennotierte Gesellschaften nicht zur Meldung an das Transparenzregister verpflichtet, *M. Goette*, DStR 2021, 1551 (1553).

831 BT-Drs. 19/28164, S. 30; zu den Hintergründen weiterführend *M. Goette*, DStR 2021, 1551 (1553); *S. Reuter*, BB 2021, 707 f.

sog. Vereinigungen i. S. d. § 20 GwG verpflichtet, bestimmte Angaben (Vor- und Nachname, Geburtsdatum, Wohnort, Art und Umfang des wirtschaftlichen Interesses und alle Staatsangehörigkeiten[832]) zu ihren wirtschaftlich Berechtigten (§ 3 GwG) zur Eintragung in das Transparenzregister mitzuteilen, auch wenn sich die Angaben bereits aus einem anderen Register (z. B. Handelsregister, Partnerschaftsregister, Genossenschaftsregister oder Unternehmensregister)[833] ergeben. Allein für eingetragene Vereine[834] wird unter bestimmten Voraussetzungen automatisch eine Eintragung anhand der im Vereinsregister eingetragenen Daten erstellt (§ 20a GwG).[835] Infolge dieser Wandlung wurden ca. 1,9 Mio. Unternehmen, die sich vorher auf eine Mitteilungsfiktion berufen konnten, meldepflichtig.[836] Darunter, insbesondere Familienunternehmen, die häufig in der Rechtsform der GmbH organisiert sind.[837] Letztlich kommt es dadurch auch zu einer „*'doppelte[n] Registerführung*'" bei vielen Gesellschaften[838] und künftig auch rechtsfähige Stiftungen.

Dem Transparenzregister gegenüber mitteilungspflichtig sind die in § 20 GwG genannten Vereinigungen selbst, nicht deren wirtschaftlich Berechtigten (vgl.

---

832 § 19 Abs. 1 Nr. 1–4 GwG.

833 Die Eintragung einer rechtsfähigen Stiftung in einem Stiftungsverzeichnis reichte indes mangels Nennung im § 20 Abs. 2 S. 1 GwG a. F. sowie Funktionsäquivalenz nicht aus, vgl. *FAQ des BVA*, in der Fassung vom 5.5.2023, Teil 1 Abschnitt B. IV. Rechtsfähige Stiftungen, Frage 1, S. 23 (https://t1p.de/vysws); *Schiffer/Schürmann*, BB 2017, 2626.

834 Dies indes erst nach kritischen Stellungnahmen zahlreicher Vereinigungen und Verbände sowie der Anhörung einiger Sachverständigen hinsichtlich des erhöhten bürokratischen Aufwands für Vereine, s. m. N. *Böttcher*, npoR 2021, 292 (295 mit dortiger Fn. 35).

835 Ob eine solche Regelung für das künftige Stiftungsregister (§§ 82b ff. BGB i. V. m. StiftRG) eingeführt wird, bleibt abzuwarten, s. näher zum Verhältnis des Stiftungsregisters zum Transparenzregister → Teil 3 B I 5 b ee.

836 Siehe *M. Goette*, DStR 2021, 1551 (1553 mit dortiger Fn. 13); vgl. auch BT-Drs. 19/28164, S. 39, das insgesamt von „*2,3 Mio. [transparenzpflichtigen] Rechtseinheiten*" ausging. Zum Stichtag 31.8.2023 waren laut der Bundesregierung **1.761.695** Rechtseinheiten mit Angabe eines wirtschaftlich Berechtigten im Transparenzregister eingetragen, s. BT-Drs. 20/8480, S. 2. Auch GbRs unterliegen den Transparenzpflichten nach § 20 GwG, wenn sie von der ab 1.1.2024 nach § 707 Abs. 1 BGB bestehenden Möglichkeit ihrer Eintragung in das Gesellschaftsregister Gebrauch machen, was bei Familiengrundstücks-GbRs notwendig sein wird, s. *M. Goette*, DStR 2021, 1551 (1555); *Aiwanger*, ZEuP 2023, 1013 (1023).

837 Zu Haftungsrisiken für Familienunternehmen und ihrer Leitungsorgane wegen Wegfalls der Mitteilungsfiktion bündig *Bienek/Yalcin*, RFamU 2022, 58.

838 *Lorenz*, Ubg 2021, 386 (391).

§§ 20 Abs. 1 S. 1, 21 Abs. 1 S. 1 GwG). Die Mitteilungspflicht hat ihr Bewenden nicht mit einer einmaligen Mitteilung an das Transparenzregister, sondern die Vereinigungen haben gem. § 20 Abs. 1 S. 1 GwG die mitteilungspflichtigen Informationen (§ 19 Abs. 1 GwG) regelmäßig „*einzuholen, aufzubewahren, auf aktuellem Stand zu halten und der registerführenden Stelle unverzüglich zur Eintragung ins Transparenzregister mitzuteilen*". Dabei muss künftig bei jeder relevanten Änderung der mitteilungspflichtigen Informationen neben der ggf. erforderlichen Aktualisierung der Mitteilungen in einem anderen Register (z. B. Handelsregister und künftig Stiftungsregister) zwingend und unverzüglich auch eine Meldung der Änderung zum Transparenzregister erfolgen. Durch den Wegfall der Mitteilungsfiktion hat eine Aktualisierung in einem anderen Register nämlich keine Auswirkung auf das Transparenzregister, weshalb – wie erwähnt – eine doppelte Registerführung erforderlich sein wird.

Die transparenzpflichtigen Vereinigungen nach § 20 GwG und Rechtsgestaltungen nach § 21 GwG haben für die Führung des Transparenzregisters der registerführende Stelle Gebühren zu zahlen, § 24 Abs. 1 S. 1 GwG; Eintragungen selbst sind nicht gebührenpflichtig.

Nach § 23 Abs. 1 Nr. 3 GwG haben neben den in § 23 Abs. 1 Nr. 1 (Behörden) und Nr. 2 (die Verpflichteten) GWG „*alle Mitglieder der Öffentlichkeit*" ein Recht auf Einsichtnahme in das Transparenzregister, ohne dass es *expressis verbis* des Nachweises eines besonderen Interesses[839] bedarf.[840] Die Einsicht ist nur auf An-

---

839 Ein solches sah noch § 23 Abs. 1 S.1 Nr. 3 GwG a. F. (2017) vor, wofür ein verständiges, durch die Sachlage gerechtfertigtes Interesse dargelegt werden musste. Beispielhaft wurden hierzu NGOs aufgeführt, die sich satzungsgemäß der Bekämpfung von Geldwäsche oder Terrorismusfinanzierung verschrieben haben oder auch Fachjournalisten, s. BT-Drs. 18/11555, S. 133; dazu auch *Schaub*, DStR 2017, 1438 (1443); vgl. zu den Anforderungen des „berechtigten Interesses", EuGH, BeckRS 2022, 32382 Rn. 74 – WM und Sovim SA/Luxembourg Business Registers; im Anschluss Herzog/*Seehafer*, GwG, § 23 Rn. 18; BeckOK GwG/*Korte*, 18. Ed. 1.6.2024, § 23 Rn. 37b.

840 Zur Einsichtnahme ausf. *Jurawitz*, Das Transparenzregister, S. 188 ff.; *Klapdor*, Der Begriff des wirtschaftlich Berechtigten, S. 120 ff.; speziell zur diesbezüglichen datenschutzrechtlichen Aspekten Herzog/*Seehafer*, GwG, Vor § 18 Rn. 38 ff.; ausf. (bzgl. europäischem Datenschutz) *Schmück*, Spannungsverhältnis, S. 56 ff., 97 ff.; kritisch *Schenke*/*Teichmann*, ZIP 2019, 1260 (1263 ff.); *Teichmann*, ZGR 2020, 450 (454 ff.); *Sohn*/*Stehfest*, RFamU 2022, 124 (125).
So *Teichmann*, ZGR 2020, 450 (459). Zur Anzahl der Einsichtnahmen (Stand: 8.9.2023) insgesamt, s. BT-Drs. 20/8480, S. 4 f. Zugriff der Mitglieder der Öffent-

trag und nach Registrierung gestattet; Näheres regelt die Transparenzregistereinsichtnahmeverordnung regelt.[841]

Der EuGH hat am 22.11.2022 geurteilt, dass der freie Zugang aller Mitglieder der Öffentlichkeit zu Informationen über die wirtschaftlich Berechtigten in nationalen Transparenzregistern einen nicht gerechtfertigten *„erheblich schwereren Eingriff"* in Art. 7 (Achtung des Privatlebens) und Art. 8 (Schutz personenbezogener Daten) der Charta der Grundrechte der Europäischen Union darstellt.[842] Art. 1 Nr. 15 Buchst. c der Richtlinie (EU) 2018/843 (sog. „5. Geldwäsche-Richtlinie") mit dem Art. 30 Abs. 5 Unterabs. 1 Buchst. c der Richtlinie (EU) 2015/849 (sog. „4. Geldwäsche-Richtlinie")[843] geändert wurde, ist demgemäß ungültig.[844] Die Entscheidung macht dabei abermals deutlich, dass das Transparenzregister nicht die Information der Öffentlichkeit bzw. die Erhöhung der Beteiligungstransparenz im Allgemeinen bezweckt, sondern primär für Behörden zur Bekämpfung von Geldwäsche und Terrorismusfinanzierung konzipiert ist[845]. Infolgedessen dürfte der deutsche Gesetzgeber dazu angehalten sein, zur alten Regelung des § 23 Abs. 1 S. 1 Nr. 3 GwG a. F. (2017) zurückzukehren[846], wofür ein berechtigtes Interesse,

---

lichkeit: im Jahr **2021** 86.318, im Jahr **2022** 295.332 und im Jahr **2023** (anteilig) 63.630, s. BT-Drs. 20/8480, S. 5.

841 Aufgrund des § 23 Abs. 7 GwG hat das BMF die Transparenzregistereinsichtnahmeverordnung (TrEinV) vom 16.3.2023 (BGBl. 2023 I Nr. 83) erlassen, die Einzelheiten u.a. zur Einsichtnahme, zum Antrag auf Beschränkung der Einsichtnahme, zum Identitätsnachweis bei Beschränkung der Einsichtnahme und zur Vornahme der Beschränkung durch die registerführende Stelle enthält.
So *Teichmann*, ZGR 2020, 450 (459).

842 Kritisch diesbezüglich bereits z. B. auch *Teichmann/Schenke*, ZIP 2019, 1260 (1266 f.); m. w. N. auch BeckOK GwG/*Korte*, 19. Ed. 1.6.2024, § 23 Rn. 23 ff., 36 ff.

843 Siehe → Fn. 839.

844 EuGH, BeckRS 2022, 32382 Rn. 85 ff. – WM und Sovim SA/Luxembourg Business Registers; dazu *Haffke/Wende*, BKR 2023, 60 (66 ff.); *Aiwanger*, ZEuP 2023, 1013 (1019 ff.); BeckOK GwG/*Korte*, 19. Ed. 1.6.2024, § 23 Rn. 25a, 37a f.; BeckOGK/*G. Roth*, 30.6.2023, BGB § 80 Rn. 491.5; *Schmück*, Spannungsverhältnis, S. 89 ff.; aus Familienunternehmenssicht die Entscheidung sehr begrüßend *Kirchdörfer*, NZG 2023, 49, der sich zu Recht durch die EuGH-Entscheidung *„eine stärkere Sensibilisierung [des deutschen Parlaments] für die Risiken und Nebenwirkungen von Transparenzvorgaben im unternehmerischen Umfeld"* erhofft.

845 Vgl. zu dieser Zwecksetzung die Nachweise in Fn. 823 und Fn. 824. Auf die *„(weit) überschießende Tendenz"* des Transparenzregisters kritisch blickend auch *Schwalm*, npoR 2024, 50 (60).

846 Dafür plädierend bereits *Jurawitz*, Das Transparenzregister, S. 192; *de lege ferenda* im Anschluss an EuGH, BeckRS 2022, 32382 – WM und Sovim SA/Luxembourg

d. h. ein verständiges, durch die Sachlage gerechtfertigtes Interesse, dargelegt werden musste.[847] Dabei ist § 23 GwG aber unionskonform, also unter Berücksichtigung der vorstehenden EuGH-Entscheidung, auszulegen.[848] Konkret ist demnach *„für die Feststellung eines berechtigten Interesses die schlüssige Darlegung des Umstands erforderlich, dass das Auskunftsersuchen den Zielen der Geldwäsche- bzw. Terrorismusbekämpfung zu dienen bestimmt ist“*.[849] Der Zugang der Öffentlichkeit wurde in Reaktion auf das EuGH-Urteil in mehreren EU-Ländern – so auch in Deutschland – zwischenzeitlich eingeschränkt.[850] Inzwischen können Mitglieder der Öffentlichkeit in Deutschland wieder Einsicht in das Transparenzregister nehmen, sofern sie den Antrag auf Einsichtnahme bei Antragstellung begründen und ein berechtigtes Interesse an der Einsichtnahme darlegen.[851]

Das Einsichtsrecht für jedermann kann gem. § 23 Abs. 2 S. 1 GwG (i. V. m. §§ 11–13 TrEinV) auf Antrag des wirtschaftlich Berechtigten vollständig oder teilweise beschränkt werden, wenn dieser ein schutzwürdiges Interesse an der Geheimhaltung darlegen kann.[852] Insofern geben § 23 Abs. 2 S. 2 und S. 3 GwG abschließend[853] vor, wann *schutzwürdige Interessen* anzunehmen sind. Gleichwohl sind dabei jedoch „*alle Umstände des Einzelfalls*“ zu berücksichtigen

---

Business Registers auch BeckOK GwG/*Korte*, 19. Ed. 1.6.2024, § 23 Rn. 37b.

847 Siehe → Fn. 839.

848 BAnz AT v. 31.5.2023 B 1; s. a. VG Köln, BeckRS 2024, 19022 Rn. 46 ff. Dies gilt im Besonderen für die Auslegung des „besonderen Interesses“, dazu EuGH, BeckRS 2022, 32382 Rn. 74 – WM und Sovim SA/Luxembourg Business Registers; Herzog/*Seehafer*, GwG, § 23 Rn. 18.

849 BeckOK GwG/*Korte*, 19. Ed. 1.6.2024, § 23 Rn. 37b.

850 Vgl. *Haffke/Wende*, BKR 2023, 60 (68).

851 Siehe Mitteilung auf der Homepage des Transparenzregister v. 12.12.2022 (https://t1p.de/zgdey) sowie BAnz AT v. 31.5.2023 B 1, wonach erst mal eine EU-konforme Auslegung des GwG erfolgt und *„eine Anpassung des Rechtsrahmens im Geldwäschegesetz und darauf basierend in der vorliegenden Verordnung angestrebt [wird], sobald die unionsrechtlichen Vorgaben durch die EuGH-Rechtsprechung auch in der einschlägigen EU-Geldwäscherichtlinie umgesetzt werden.“*; s. a. Herzog/*Seehafer*, GwG, § 23 Rn. 3, 28; VG Köln, BeckRS 2024, 19022 Rn. 46 ff., 50 f.

852 Ausf. dazu *Lorenz*, DStR 2020, 2258 (2259 ff.); *Klapdor*, Der Begriff des wirtschaftlich Berechtigten, S. 131 ff.; Herzog/*Seehafer*, GwG, § 23 Rn. 30 ff.; ausf. aus der Rspr. und betreffend einen Fall aus dem hiesigen Kontext VG Köln, BeckRS 2024, 19022 Rn. 39 ff.

853 BeckOK GwG/*Korte*, 19. Ed. 1.6.2024, § 23 Rn. 30; *FAQ des BVA*, in der Fassung vom 5.5.2023, Teil 1 Abschnitt D., S. 32 (https://t1p.de/vysws); vgl. OVG Greifswald, BeckRS 2022, 11878 Rn. 13 („*nur in enumerativ aufgeführten Fällen*“); s. a. *Omlor/Meier*, ZGR 2020, 586 (618 f.), die aus guten Gründen dafür plädieren aus der

(vgl. § 23 Abs. 2 S. 1 GwG).[854] Nach § 23 Abs. 2 S. 2 GwG sollen schutzwürdige Interessen vorliegen, wenn (i.) Tatsachen die Annahme rechtfertigen, dass die Einsichtnahme den wirtschaftlich Berechtigten der Gefahr aussetzen würde, Opfer einer der in § 23 Abs. 2 S. 2 Nr. 1 GwG genannten Straftaten zu werden, oder (ii.) der wirtschaftlich Berechtigte minderjährig oder geschäftsunfähig ist (§ 23 Abs. 2 S. 2 Nr. 2 GwG). Im Besonderen für die Darlegung der Gefahr, Opfer einer der in § 23 Abs. 2 S. 2 Nr. 1 GwG genannten Katalogstraftaten zu sein, werden seitens der Verwaltungsauffassung des Bundesverwaltungsamts sowie der wohl überwiegenden Auffassung in der Literatur der Nachweis konkreter Tatsachen gefordert, die bei abstrakt-genereller Betrachtung eine Gefahr begründen würden.[855] Dabei begründet nach Auffassung des Bundesverwaltungsamtes ein besonders hohes Vermögen des wirtschaftlich Berechtigten – allein – indes kein überwiegendes schutzwürdiges Interesse an einer Beschränkung der Einsichtnahme.[856] Es soll ferner gem. § 23 Abs. 2 S. 1, S. 2 Nr. 1 GwG ein Kausalzusammenhang dahingehend erforderlich sein, dass die zwischen der Möglichkeit zur Einsichtnahme resp. Übermittlung der Daten und der relevanten Gefahr eine Kausalität besteht, wobei die erforderliche Kausalität auch dann gegeben sei, wenn eine signifikante Gefahrerhöhung durch die Möglichkeit zur Einsichtnahme und Übermittlung der Eintragungen angenommen werden könne. Eine solche könne sich etwa daraus ergeben, dass Registereintragungen verwertbare Angaben zum Vermögensum-

---

Regelung einen Auffangtatbestand durch Einfügung des Wortes „*insbesondere*" zu machen.

854 *Lorenz*, DStR 2020, 2258 (2259); vgl. zur gebotenen Abwägung der Interessen des wirtschaftlich Berechtigten, insb. seiner Grundrechte, einerseits und andererseits dem öffentlichen Interesse an der Einsichtnahmemöglichkeit ausf. VG Köln BeckRS 2024, 19022 Rn. 71 ff.

855 Abstrakte Gefahr ausreichend: *FAQ des BVA*, in der Fassung vom 5.5.2023, Teil 1 Abschnitt D., S. 32 (https://t1p.de/vysws); VG Köln, BeckRS 2024, 19022 Rn. 55 f.; BeckOK GwG/*Korte*, 19. Ed. 1.6.2024, § 23 Rn. 31; *Kotzenberg/Lorenz*, ZStV 2020, 29 (33); *Schmück*, Spannungsverhältnis, S. 20; *Klapdor*, Der Begriff des wirtschaftlich Berechtigten, S. 132 f. m. w. N. **A. A.** (generell konkrete Gefahr) wohl *Tebben*, ZGR 2020, 430 (446); diese Ansicht ist aber abzulehnen, da es nur selten möglich sein wird, eine entsprechende konkrete Gefahr nachzuweisen. Ein entsprechender Antrag auf Beschränkung der Einsichtnahme käme dann ohnehin wohl auch zu spät, VG Köln, BeckRS 2024, 19022 Rn. 55.

856 *FAQ des BVA*, in der Fassung vom 5.5.2023, Teil 1 Abschnitt D., S. 32 (https://t1p.de/vysws); kritisch *Lorenz*, DStR 2020, 2258 (2261). Zur diesbezüglichen behördlichen Entscheidungspraxis vgl. auch VG Köln, BeckRS 2024, 19022 Rn. 28.

fang oder zur Person und zu regelmäßigen Aufenthaltsorten des wirtschaftlich Berechtigten enthielten.[857]

Eine Kausalität im vorstehenden Sinne hat das VG Köln kürzlich verneint, da über den wirtschaftlich Berechtigten und seine Familie bereits aus den Medien entsprechende Informationen über die Beteiligungsverhältnisse und das „Milliardenvermögen" bekannt waren und diese nicht erst durch das Transparenzregister offengelegt wurden. Eine gefahrbegründende oder -erhöhende Wirkung der Angaben im Transparenzregister sei nach Auffassung des VG Köln insofern nicht anzunehmen.[858] Ein Abstellen auf die bloße Berichterstattung ist – gerade bei bekannteren (Familien-)Unternehmern und sonstigen wirtschaftlich Berechtigten – freilich nicht überzeugend. Denn: Eine Berichterstattung in den Medien bzw. der Presse kann auch falsch bzw. unwahr sein und ihre Verfügbarkeit muss ebenfalls nicht dauerhaft sein. Informationen aus dem Transparenzregister sind hingegen mit einer höheren Richtigkeit (insb. etwa hinsichtlich des konkreten Wohnorts und der Beteiligungsverhältnisse) versehen und zudem grds. dauerhaft online im Transparenzregister einsehbar. Ferner könnten Informationen, die bisher nur in der Presseberichterstattung verlautbart wurden und etwa noch nicht konkret belegt bzw. verifiziert waren, durch die Eintragung im Transparenzregister auch überhaupt erst bestätigt werden. Vor diesem Hintergrund kann eine gefahrbegründende oder -erhöhende Wirkung durch die Angaben im Transparenzregister – auch bei vorhandener Presseberichterstattung über den wirtschaftlich Berechtigten – anzunehmen sein. Es bedarf daher in derlei Fällen stets einer Einzelfallprüfung, ob nicht gerade durch die Transparenzregistereintragung Informationen, die bisher bloß in der Presseberichterstattung verlautbart sind, erst bestätigt oder sogar konkretisiert werden.

---

857 So VG Köln, BeckRS 2024, 19022 Rn. 64 mit Ausführungen zur Entscheidungspraxis der Behörde in Rn. 28. In VG Köln BeckRS 2024, 19022 Rn. 59 ff. wurde ebenjene Kausalität verneint, da über den wirtschaftlich Berechtigten und seine Familie bereits aus den Medien entsprechende Informationen über die Beteiligungsverhältnisse und das Milliardenvermögen bekannt waren und nicht erst durch das Transparenzregister offengelegt wurden. Eine gefahrbegründende oder -erhöhende Wirkung der Angaben im Transparenzregister sei insofern nicht anzunehmen. Anders dürfte daher zu entscheiden sein, wenn vorher keine (öffentlichen) Informationen über den wirtschaftlichen Berechtigten vorhanden sind, vgl. insofern VG Köln BeckRS 2024, 19022 Rn. 68.

858 VG Köln BeckRS 2024, 19022 Rn. 59 ff. Anders dürfte insofern aber zu entscheiden sein, wenn vorher keine (öffentlichen) Informationen über den wirtschaftlichen Berechtigten vorhanden sind, vgl. insofern VG Köln BeckRS 2024, 19022 Rn. 68.

Wohl wegen der bestehenden recht hohen Hürden sind in der Praxis bisher auch nur wenige Anträge auf Beschränkung der Einsichtnahme positiv beschieden worden.[859]

Aufgrund dessen, dass die Einsichtnahme in das Transparenzregister *in praxi* zum einen von Banken oder sonstigen Vermögensberatern zur Akquisition ausgenutzt und zum anderen die Begehung von Vermögensdelikten begünstigen und potentiellen Straftätern konkrete Hinweise auf vermögende Personen und Vereinigungen durch missbräuchliche Registerzugriffe verschaffen kann[860], sind die hohen Hürden für die Beschränkung der Einsichtnahme gerade betreffend wirtschaftlich Berechtigter von Familienunternehmen und Familienstiftungen[861] in dem derzeitigem Maße nicht geboten. Dies gilt zum einen mit Blick auf die weite Öffnung des Einsichtnahmerechts[862], welches infolge der Entscheidung des EuGH in der Rechtssache „WM und Sovim SA/Luxembourg Business Registers" ohnehin unionsrechtswidrig ist.[863] Zum anderen sind die möglichen Folgen einer etwaigen missbräuchlichen Verwendung solcher Daten zu berücksichtigen. Etwaige Daten aus dem Transparenzregister können, sobald sie der Öffentlichkeit zur Verfügung gestellt worden sind, nicht nur frei abgerufen, sondern auch auf Vorrat gespeichert und verbreitet werden. Im Falle solcher anschließenden Verarbeitungen, würde es für Betroffene umso schwieriger, wenn nicht sogar illusorisch, sich wirksam gegen Missbräuche zur Wehr zu setzen.[864] In Liechtenstein wird etwa die Privatsphäre der wirtschaftlich Berechtigten höher gewertet, indem nach der

859 Wachter/Heckschen/*Otte*, Praxis des HuGR, § 2 Rn. 295. S. zum Rechtsschutz (Verpflichtungsklage) VG Köln, BeckRS 2024, 19022 Rn. 36 ff.

860 *Lorenz*, DStR 2020, 2258 (2262); *Kotzenberg/Lorenz*, ZStV 2020, 29 (33); zustimmend *Schmitt*, Familienstiftungen im neuen ErbStG, S. 39; vgl. auch *Kirchdörfer* in F.A.Z. v. 23.11.2022, Nr. 273, S. 20; *Aiwanger*, ZEuP 2023, 1013 (1024); **a. A.** Herzog/*Seehafer*, GwG, § 23 Rn. 31.

861 Speziell dazu sogleich → Teil 3 B I 5 a bb.

862 Vor dem 1.1.2020 bedurfte es noch nach § 23 Abs. 1 S. 1 Nr. 3 GwG a. F. (2017) der Darlegung eines berechtigten Interesses für die Einsicht in das Transparenzregister. Für eine Wiederaufnahme dieser Regelung plädiert *Jurawitz*, Das Transparenzregister, S. 192.

863 Vgl. EuGH, BeckRS 2022, 32382 Rn. 85 ff. – WM und Sovim SA/Luxembourg Business Registers; vgl. dazu auch OVG Münster, BeckRS 2023, 15505 Rn. 53; VG Köln BeckRS 2024, 19022 Rn. 49; BeckOGK/*G. Roth*, 30.6.2023, BGB § 80 Rn. 491.5.

864 So zutreffend EuGH, BeckRS 2022, 32382 Rn. 43 – WM und Sovim SA/Luxembourg Business Registers.

dortigen Regelung des Art. 17 VwbPG/FL[865] eine Einsichtnahme nur unter dem Vorbehalt einer behördlichen Kontrolle unter Nachweis eines berechtigten Interesses zugelassen wird.[866]

Der Familienunternehmenscharakter bzw. die Zugehörigkeit des wirtschaftlich Berechtigten zu einer Unternehmerfamilie sollte nach dem noch geltenden GwG bei der Auslegung des „*schutzwürdigen Interesses*"[867] größere Berücksichtigung finden, da andernfalls „*gläserne Familienunternehmen*"[868] und „*gläserne Familienstiftungen*"[869] entstehen.[870] Aus der Beratungspraxis werde von zahlreichen dahingehenden besorgten Anfragen, insbesondere aus dem Kreis der Familienunternehmen, berichtet.[871] Das Transparenzregister im Allgemeinen und das damit einhergehende Einsichtnahmerecht für jedermann im Besonderen konfligieren insgesamt mit den berechtigten Anonymitätsinteressen und dem Vertraulichkeitsbedürfnis von Familienunternehmen und -stiftungen, die mit Recht als ihre „*Lebenselixiere*"[872] zu sehen sind.

---

865 Gesetz v. 3.12.2020 über das Verzeichnis der wirtschaftlich berechtigten Personen von Rechtsträgern, LGBI-Nr. 2021.033, LR-Nr. 952.8.

866 *Kloster/Bonderer*, NWB-EV 2022, 253 (258); vgl. zur Diskretion betreffend Familienstiftungen in Liechtenstein auch *Meinecke*, ZStV 2022, 212 (218 f.).

867 Dabei handelt es sich um einen unbestimmten Rechtsbegriff, der daher der uneingeschränkten Auslegung auch durch die Gerichte unterliegt, vgl. *Lorenz*, DStR 2020, 2258 (2259); *Klapdor*, Der Begriff des wirtschaftlich Berechtigten, S. 132.

868 *Lorenz*, Ubg 2021, 279.

869 *Schwalm*, ZEV 2021, 68 (73); ähnlich (insbesondere auch mit Blick auf das Einsichtnahmerecht nach dem künftigen Stiftungsregister) *Krauß*, Vermögensnachfolge in der Praxis, Rn. 4180; *Stolte*, BB 2021, 1026 (1029); sehr kritisch auch *Meinecke*, ZStV 2022, 212 (216 ff., 218 f.) unter wesentlicher Bezugnahme auf den Vortrag von *Schwalm*, Die Bedeutung von Transparenzregister und Stiftungsregister für die Stiftungspraxis, 10. Thüringer Stiftungsgespräche, 21.6.2022.

870 I. Erg. auch *Lorenz*, DStR 2020, 2258; *Lorenz*, Ubg 2021, 279; *Lorenz*, Ubg 2021, 386; *Omlor/Meier*, ZGR 2020, 586 (618 f.); *Kotzenberg/Lorenz*, NJW 2017, 2433; speziell zu (Familien-)Stiftungen) *Kotzenberg/Lorenz*, ZStV 2020, 29; *Schwalm*, ZEV 2021, 68 (73 f.); vgl. *Bochmann*, in: Röthel/K. Schmidt, Grundfragen der Organisation von Familienunternehmen, S. 149 (165); *Klapdor*, Der Begriff des wirtschaftlich Berechtigten, S. 404; speziell zu datenschutzrechtlicher Kritik *Schenke/Teichmann*, ZIP 2019, 1260; *Teichmann*, ZGR 2020, 450 (454 ff.); *Sohn/Stehfest*, RFamU 2022, 124; zur unionsrechtlichen Unvereinbarkeit eines allgemeinen Zugangs EuGH, BeckRS 2022, 32382 Rn. 85 ff. – WM und Sovim SA/Luxembourg Business Registers.

871 So *Teichmann*, ZGR 2020, 450 (459); vgl. *o. A.*, F.A.Z. v. 23.11.2022, Nr. 273, S. 20.

872 *Bochmann*, in: Röthel/K. Schmidt, Grundfragen der Organisation von Familienunternehmen, S. 149 (150); vgl. auch *v. Orelli* zitiert nach Jakob/*Dardel/Uhl*, Stiftung

Künftig könnte sich die Situation für Familienunternehmen aufgrund des Vorschlags für eine Verordnung des Europäischen Parlaments und des Rates zur Verhinderung der Nutzung des Finanzsystems für Zwecke der Geldwäsche oder der Terrorismusfinanzierung (COM [2021] 420), der eine neue Geldwäscheverordnung (AMLR) und eine 6. Geldwäscherichtlinie (6AMLD) beinhaltet, verschärfen.[873]. Mit dieser soll ab dem Jahre 2025/2026 ein einheitlicher Rahmen für die nationalen Transparenzregister vorgeben werden. Art. 42 Abs. 1 Unterabs. 3 Buchst. d) AMLR-Entwurf sieht vor, dass auch „*Verbindungen zu Familienangehörigen von Führungskräften oder Direktoren/von Eigentümern oder Kontrollinhabern der Gesellschaft*" eine anderweitige Kontrolle begründen und deshalb zu wirtschaftlichem Eigentum führen kann. In der Praxis zwinge die Regelung *Link* zufolge „*Unternehmen dazu, im Rahmen der Erfüllung ihrer geldwäscherechtlichen Pflichten auch eine Aufstellung von Familienangehörigen ihrer Gesellschafter und Führungskräfte zu pflegen und deren Verbindungen zu Dritten zu erfassen, auch wenn diese dem persönlichen Lebensbereich zuzuordnen sind*"[874]. Am 24.4.2024 hat das Europäische Parlament nunmehr die 6AMLD[875] und am 30.5.2024 zudem eine Geldwäscheverordnung (AML-VO)[876] verabschiedet.[877] Art. 42 Abs. 1 Unterabs. 3 Buchst. d) AMLR-Entwurf findet sich nun in Art. 42b Abs. 4 der AML-VO. Im Hinblick auf das EuGH-Urteil vom 22.11.2022[878] erscheint eine derartige Ausweitung der Angaben – ohne konkrete Notwendigkeit der Informationen für Transparenzregisterzwecke – besonders fraglich.[879]

Vorsätzliche und auch leicht fahrlässige[880] Verstöße gegen die Mitteilungspflichten werden mit empfindlichen Bußgeldern (§ 56 Abs. 1 S. 1 GwG) geahn-

und Familie, S. 129 (135).

873 Dazu näher *Link*, NZG 2022, 893; *Komma*, CCZ 2024, 282; knapp auch *Schwalm*, npoR 2024, 50 (59).

874 *Link*, NZG 2022, 893 (896 f.). Vgl. auch *Komma*, CCZ 2024, 282 (287).

875 Abrufbar unter https://t1p.de/aqnnb.

876 Abrufbar unter https://t1p.de/rbxrn.

877 Hierzu sei auf den Gesamtüberblick von *Achtelik*, BKR 2024, 353 und *Komma*, CCZ 2024, 282 verwiesen.

878 EuGH, BeckRS 2022, 32382 – WM und Sovim SA/Luxembourg Business Registers

879 Vgl. mit Recht kritisch auch *Aiwanger*, ZEuP 2023, 1013 (1026 f.).

880 Zu den diesbezüglichen Voraussetzungen, s. OLG Köln, NZG 2020, 1077 Rn. 12 ff.; zur Entkräftigung derlei Vorwürfe sollten die „*entsprechenden Bemühungen [der Meldeverpflichteten] nachvollziehbar dokumentier[t]*" werden, *A. Hofmann*/*F. Arnold*, GWuR 2021, 49 (53).

det[881], die jedoch freilich dem Grundsatz der Verhältnismäßigkeit entsprechend unter Berücksichtigung der wirtschaftlichen Verhältnisse festgesetzt werden.[882] Gleichwohl lässt es sich aus Beraterkreisen vernehmen, dass in der Praxis insbesondere bei größeren Stiftungen die Bußgelder durchaus einen vier- oder fünfstelligen Betrag erreichen können.[883] Ferner droht bei Nichteinhaltung der Meldepflicht die negative Öffentlichkeitswirkung durch das in § 57 Abs. 1 GwG vorgesehene „*naming and shaming*“[884]. Danach ist das Bundesverwaltungsamt (BVA) berechtigt, selbst bestandskräftige Maßnahmen und unanfechtbare Bußgeldentscheidungen im Internet[885] zu veröffentlichen. Von dieser Möglichkeit wird bereits in der Praxis rege Gebrauch gemacht.[886] Die damit einhergehende Prangerwirkung kann insbesondere der oft über Jahrzehnte aufgebauten Reputation von Familienunternehmen schaden, die deshalb bemüht sein werden und sollten ihren Transparenzpflichten nachzukommen.[887] Entsprechendes gilt für (oftmals dahinterstehende) Familienstiftungen. Das VG Ansbach weist im Hinblick auf die Veröffentlichung im Internet zu Recht auf Folgendes hin: „*Gerade im Internet besteht die Gefahr, dass sich die Information verselbstständigt und das Unternehmen weiter über die beabsichtigte spezialpräventive Reuewirkung dauerhaft schädigt […]. Das gilt zumal es spezialisierte Internetseiten gibt, die andere Seiten archivieren, so dass gelöschte Informationen dauerhaft verfügbar bleiben (vgl. etwa archive.org).*“[888]

---

881 Zum Stichtag 13.9.2023 gab es **26.732** offene und **35.516** beendete Ordnungswidrigkeitsverfahren, s. BT-Drs. 20/8480, S. 6 f.

882 *Böttcher*, npoR 2021, 292 (294); zu Haftungsrisiken für Familienunternehmen bündig *Bienek/Yalcin*, RFamU 2022, 58.

883 *Böttcher*, npoR 2021, 292 (294) m. V. a. *Bieniek*, SB 2021, 12 (14); vgl. auch *Kotzenberg/Lorenz*, ZStV 2020, 29 (30), die Stiftungen daher zu Recht dringend raten ihrer Mitteilungspflicht nachzukommen.

884 Herzog/*Herzog*, GwG § 57 Rn. 1; *Lorenz*, Ubg 2021, 386 (387); *Bienek/Yalcin*, RFamU 2022, 58 (59); ausf. dazu *Schmück*, Spannungsverhältnis, S. 24 ff.

885 Die Bußgeldentscheidungen sind unter https://t1p.de/ixtfl veröffentlicht.

886 *Lorenz*, Ubg 2021, 386 (387). Ende 2023 finden sich bereits **1.324** entsprechende Einträge zu namentlich genannten Unternehmen und Stiftungen auf der Internetseite des Bundesverwaltungsamts, s. https://t1p.de/ixtfl.

887 *Lorenz*, Ubg 2020, 279 (285); vgl. Herzog/*Herzog*, GwG § 57 Rn. 5; vgl. zu den möglichen Konsequenzen auch *Schmück*, Spannungsverhältnis, S. 27; kürzlich deutlich VG Ansbach, NZWiSt 2024, 17 Rn. 50 f.

888 VG Ansbach, NZWiSt 2024, 17 Rn. 50 m. V. a. Herzog/*Herzog*, GwG § 57 Rn. 1, 5.

§ 57 Abs. 2 GwG eröffnet die Möglichkeit, die Veröffentlichung (Bekanntmachung) im Internet zu verhindern bzw. zu anonymisieren oder zumindest aufzuschieben, insbesondere wenn die Veröffentlichung das Persönlichkeitsrecht natürlicher Personen verletzen würde oder eine Bekanntmachung personenbezogener Daten aus sonstigen Gründen unverhältnismäßig wäre (§ 57 Abs. 2 S. 1 Nr. 1, S. 2 GwG; § 57 Abs. 3 GwG).[889] Diese Möglichkeit ist gerade bei Familienunternehmen und Familienstiftungen von großer Bedeutung.[890]

bb) Meldepflicht bei rechtsfähigen (Familien-)Stiftungen

Als juristische Person des Privatrechts (nun explizit § 80 Abs. 1 S. 1 BGB[891]) unterliegen inländische[892] rechtsfähige[893] (Familien-)Stiftungen uneingeschränkt der Meldepflicht gem. § 20 Abs. 1 GwG.[894] Dabei ist es unerheblich, ob es sich bei der rechtsfähigen Stiftung um eine Stiftung handelt, die eigen- bzw. privat-

---

889 Vgl. zum Anspruch auf vorläufige Anonymisierung einer Bekanntmachung und der gebotenen Verhältnismäßigkeit der Internetveröffentlichung VG Ansbach, NZWiSt 2024, 17 Rn. 38 ff.

890 *Lorenz*, Ubg 2021, 386 (387 f.).

891 Vgl. zuvor schon BGHZ 99, 344 (349); 229, 299 Rn. 34 f.; BGH, NZG 2022, 763 Rn. 31; Erman/*M. Wiese*, BGB § 80 Rn. 2; MüKoBGB/*Weitemeyer*, § 80 Rn. 1.

892 Ausländische Stiftungen sind – soweit nicht § 20 Abs. 1 S. 2 GwG (Verpflichtung der juristischen Person, Eigentum in Deutschland zu erwerben) eingreift – von der Mitteilungspflicht gem. § 20 Abs. 1 S. 1 GwG nicht erfasst, da diese nur für juristische Personen mit Sitz in Deutschland greift, für den grundsätzlich auf den Satzungssitz abzustellen ist, s. KG, BeckRS 2021, 10282 Rn. 44; BeckOK GwG/*Korte*, 19. Ed. 1.6.2024, § 20 Rn. 7 f.

893 Nur diese werden hier behandelt. Nichtrechtsfähige Stiftungen werden von § 21 Abs. 2 Nr. 1 GwG erfasst, unterliegen der Meldepflicht aber nur, wenn ihr Stiftungszweck aus Sicht des Stifters „*eigennützig*" ist, näher dazu MüKoBGB/*Weitemeyer*, § 80 Rn. 101; *Omlor/Meier*, ZGR 2020, 586 (602 ff.); *Schiffer/Schürmann*, BB 2017, 2626 (2627 f.); *Orth*, NPLY 2017, S. 15 (32 ff.); *Klapdor*, Der Begriff des wirtschaftlich Berechtigten, S. 172 ff.

894 Vgl. BT-Drs. 18/11555, S. 92, 131; Stiftungen werden auch ausdrücklich etwa in § 20 Abs. 3 S. 4 GwG und § 3 Abs. 3 GwG genannt. Nicht mitteilungspflichtig sind hingegen (*e contrario* § 20 Abs. 1 S. 1 GwG) rechtsfähige Stiftungen des öffentlichen Rechts, s. BeckOGK/*G. Roth*, 30.6.2023, BGB § 80 Rn. 491; *Schiffer/Schürmann*, BB 2017, 2626; *FAQ des BVA*, in der Fassung vom 5.5.2023, Teil 1 Abschnitt B. IV. Rechtsfähige Stiftungen, Frage 2, S. 23 (https://t1p.de/vysws). Die Stiftungsbehörde gehört nicht zu den Verpflichteten nach dem GwG, s. BT-Drs. 19/31118, S. 9; *Schwalm*, NotBZ 2022, 81 (85).

nützige oder gemeinnützige Zwecke verfolgt.[895] Ausnahmslos alle rechtsfähigen Stiftungen, d. h. auch Familienstiftungen, sind demgemäß unabhängig von ihrem Stiftungszweck betreffend ihres oder ihrer wirtschaftlich Berechtigten mitteilungspflichtig.[896] Die Meldung an das Transparenzregister[897] ist dabei grds. vom vertretungsberechtigten Vorstand der Stiftung durchzuführen.

Gem. § 3 GwG können wirtschaftlich Berechtigte i. S. d. GwG nur natürliche Personen sein. Die wirtschaftlich Berechtigten ergeben sich für Stiftungen gem. § 19 Abs. 2 S. 2 GwG in entsprechender Anwendung von § 3 Abs. 1 und Abs. 3 Nr. 1–6 GwG. Da an Stiftungen keine Beteiligungsverhältnisse bestehen und somit keine wirtschaftlich Berechtigten i. S. d. § 3 Abs. 2 GwG vorliegen können, ist § 3 Abs. 3 GwG als spezielle Regelung erforderlich.[898] Dabei handelt sich um einen nach herrschender Ansicht für Stiftungen abschließenden Katalog, der auch die Auffangregelung des § 3 Abs. 1 GwG in den überwiegenden Konstellationen verdrängt.[899] Mit *Julian Schwalm* ist gerade aufgrund des für Familienstiftungen besonders einschneidenden Jedermann-Einsichtnahmerecht von einer eher restriktiven Auslegung des § 3 Abs. 3 GwG zu plädieren.[900]

---

895 Richter/*Spiegel*, Stiftungsrecht, § 20 Rn. 49; *Schiffer/Schürmann*, BB 2017, 2626 (2627); *Orth*, NPLY 2017, S. 15 (29 f.); *Omlor/Meier*, ZGR 2020, 586 (602); *Klapdor*, Der Begriff des wirtschaftlich Berechtigten, S. 160.

896 BT-Drs. 18/11555, S. 93 („*alle* [rechtsfähigen] *Stiftungen*"); kritisch zu dieser unterschiedlichen Behandlung, insbesondere mit Blick auf gemeinnützige Stiftungen, etwa *Schwalm*, ZStV 2020, 52 (54); *Kotzenberg/Lorenz*, NJW 2017, 2433 (2436); *Schiffer/Schürmann*, BB 2017, 2626.

897 Laut der Bundesregierung wurden zum Stichtag 11.9.2023 **5.163** Stiftungen im Transparenzregister geführt, wobei die Anzahl noch höher sein dürfte, da unter den 20.575 „sonstigen Rechtseinheiten" auch Stiftungen fielen, die seinerzeit die Rechtsform noch nicht konkret angegeben hatten, s. BT-Drs. 20/8480, S. 3.

898 *Jurawitz*, Das Transparenzregister, S. 76; *Kotzenberg/Lorenz*, ZStV 2020, 29 (30); vgl. MHdB GesR 5/*Mecking*, § 90 Rn. 18.

899 *Kotzenberg/Lorenz*, ZStV 2020, 29 (30); *Lorenz*, Ubg 2020, 279 (286); *John*, NZG 2021, 323 (329); i. Erg. MüKoBGB/*Weitemeyer*, § 80 Rn. 92; zum theoretischen Restanwendungsbereich von § 3 Abs. 1 GwG vgl. *Schwalm*, ZStV 2020, 52 (55); s. a. *Schiffer/Schürmann*, BB 2017, 2626 (2631), die von den *„betroffenen Entscheidungsträger weitere Konkretisierungen und Beispiele für den verbleibenden Anwendungsbereich dieses potentiell ‚uferlosen' Auffangtatbestandes [§ 3 Abs. 1 GwG]"* für Stiftungen wünschen. Dazu und gemeinhin zu sonstigen Beseitigung von Unklarheiten ist es bisher – soweit ersichtlich – nicht gekommen, vgl. auch *A. Hofmann/F. Arnold*, GWuR 2021, 49.

900 *Schwalm*, ZStV 2020, 146 (147 f.); **a. A.** wohl *Orth*, NPLY 2017, S. 15 (46 f.).

Gem. § 3 Abs. 3 GwG zählt zu den wirtschaftlich Berechtigten[901] u. a. einer (Familien-)Stiftung:

„*1. jede natürliche Person, die als Treugeber (Settlor), Verwalter von Trusts (Trustee) oder Protektor, sofern vorhanden, handelt,*
2. jede natürliche Person, die Mitglied des Vorstands der Stiftung ist,
3. jede natürliche Person, die als Begünstigte bestimmt worden ist,
4. die Gruppe von natürlichen Personen, zu deren Gunsten das Vermögen verwaltet oder verteilt werden soll, sofern die natürliche Person, die Begünstigte des verwalteten Vermögens werden soll, noch nicht bestimmt ist,
5. jede natürliche Person, die auf sonstige Weise unmittelbar oder mittelbar beherrschenden Einfluss auf die Vermögensverwaltung oder Ertragsverteilung ausübt, und
6. jede natürliche Person, die unmittelbar oder mittelbar beherrschenden Einfluss auf eine Vereinigung ausüben kann, die
   a) Mitglied des Vorstands der Stiftung ist oder die als Begünstigte der Stiftung bestimmt worden ist, oder
   b) als Treugeber (Settlor), Verwalter von Trusts (Trustee) oder Protektor handelt oder die als Begünstige der Rechtsgestaltung bestimmt worden ist.“

Bei dem vorstehenden, recht weit gefassten und abschließenden Katalog handelt es sich um – kumulativ – anwendbare Konstellationen, in denen wirtschaftliche Berechtigte bei rechtsfähigen Stiftungen und Rechtsgestaltungen, mit denen treuhänderisch Vermögen verwaltet oder verteilt oder die Verwaltung oder Verteilung durch Dritte beauftragt wird, oder bei diesen vergleichbaren Rechtsformen (gemeint sind im Besonderen sog. Trusts und treuhänderische Rechtsgestaltungen) unwiderleglich vermutet werden.[902] Für die in dieser Arbeit im Fokus stehenden rechtsfähigen Familienstiftungen nicht relevant sind freilich § 3 Abs. 3 Nr. 1 GwG

901 Im Einzelnen dazu BeckOGK/*S. Reuter*, 15.8.2024, GwG § 3 Rn. 106 ff.; MüKoBGB/*Weitemeyer*, § 80 Rn. 92 ff.; BeckOGK/*G. Roth*, 30.6.2023, BGB § 80 Rn. 491.2 ff.; Richter/*Spiegel*, Stiftungsrecht, § 20 Rn. 55 ff.; *Kotzenberg/Lorenz*, ZStV 2020, 29 (30 ff.); *Lorenz*, Ubg 2020, 279 (286 ff.); *Orth*, NPLY 2017, S. 15 (51 ff.); *Orth*, BB 2020, 2512 (2514 ff.); ausf. *Schwalm*, ZStV 2020, 146; s. a. die *FAQ des BVA*, in der Fassung vom 5.5.2023, Teil 1 Abschnitt B. IV. Rechtsfähige Stiftungen, S. 23 ff., 50 (https://t1p.de/vysws). Zu künftigen EU-Vorgaben durch die AML-VO bündig *Komma*, CCZ 2024, 282 (289).

902 Vgl. *John*, NZG 2021, 323 (329); BeckOGK/*S. Reuter*, 15.4.2024, GwG § 3 Rn. 109; BeckOK GwG/*Frey/Kertesz*, 19. Ed. 1.3.2024, § 3 Rn. 68 m. w. N.; i. Erg. *Kotzenberg/Lorenz*, ZStV 2020, 29 (30); unklar *Schwalm*, ZStV 2020, 52 (55).

sowie § 3 Abs. 3 Nr. 6 lit. b) GwG. Diese erfassen vornehmlich treuhänderische Rechtsgestaltungen des Auslands. Rechtsfähige Stiftungen in Deutschland haben indes keinen „*Trustee*", „*Settlor*" oder „*Protektor*".[903]

Der Stifter als solcher fällt *expressis verbis* unter keine der vorstehenden Fallgruppen des § 3 Abs. 3 Nr. 1–6 GwG.[904] Er kann nur wirtschaftlich Berechtigter sein, wenn er etwa Mitglied des Stiftungsvorstands (§ 3 Abs. 3 Nr. 2 GwG)[905] oder Begünstigter (§ 3 Abs. 3 Nr. 3 GwG) ist oder er einen unmittelbaren oder mittelbaren beherrschenden Einfluss[906] auf die Vermögensverwaltung oder Ertragsverteilung der Stiftung (z. B. durch Veto-, Zustimmungsvorbehalts- oder Bestellungsrechte[907]) ausübt (§ 3 Abs. 3 Nr. 5 GwG).[908] Ein rein faktischer Einfluss aufgrund seines Stifterdaseins, ohne irgendwelche statutarischen oder schuldrechtlichen Einflussnahmemöglichkeiten, ist insofern für die Einordnung als wirtschaftlich Berechtigter nicht ausreichend.[909]

---

903 BeckOK GwG/*Frey/Kertesz*, 19. Ed. 1.3.2024, § 3 Rn. 77 f.; i. Erg. auch Herzog/*Figura*, GwG § 3 Rn. 18; *Schwalm*, ZStV 2020, 52 (55 f.) weist indes auf die theoretische Möglichkeit der Existenz eines „Protektors" auch bei einer rechtsfähigen Stiftung hin, doch diese Fälle würden bei „*ausreichende[m] [Einfluss]*" bereits von § 3 Abs. 3 Nr. 5 GwG erfasst werden.

904 Herzog/*Figura*, GwG § 3 Rn. 16, 18; BeckOGK/*S. Reuter*, 15.8.2024, GwG § 3 Rn. 111; Götz/Pach-Hanssenheimb/*Götz*, HdB Stiftung, Rn. 101; *Kraus/Mehren*, Ubg 2017, 665 (666). *Per se* für eine Einbeziehung des Stifters – soweit ersichtlich – nur *Aiwanger*, ZEuP 2023, 1013 (1022), da ein Stifter mit einem Settlor durchaus vergleichbar sei. Dagegen spricht jedoch die gesetzgeberische enumerative Aufzählung in § 3 GwG, die den Stifter als solchen nicht auflistet.

905 Insoweit ist es unerheblich, ob das Mitglied entgeltlich oder ehrenamtlich ist und ob das geschäftsführende Organ der Stiftung anstelle der Bezeichnung als „Vorstand" eine andere Bezeichnung trägt, wie etwa Stiftungsrat oder Kuratorium, s. *Orth*, NPLY 2017, S. 15 (54) m. w. N.

906 Hierbei wird mangels näherer Angabe auf § 290 Abs. 1, Abs. 2 HGB rekurriert, sodass ein beherrschender Einfluss bei Stimmrechtsmehrheit vorliegt oder wenn einer Person mehrheitlich sonstige Rechte zustehen, vgl. näher BeckOGK/*S. Reuter*, 15.8.2024, GwG § 3 Rn. 111, 116, 119, 127; Schauhoff/Mehren/*Schienke-Ohletz*, Stiftungsrecht nach der Reform, Kap. 4 Rn. 8; *Jurawitz*, Das Transparenzregister, S. 80, jew. auch zur Problematik, ob die Person den Einfluss allein ausüben muss oder auch eine gemeinsam vermittelte Einflussnahme ausreichend ist.

907 Vgl. Richter/*Spiegel*, Stiftungsrecht, § 20 Rn. 72; *Kraus/Mehren*, Ubg 2017, 665 (666).

908 *FAQ des BVA*, in der Fassung vom 5.5.2023, Teil 1 Abschnitt B. IV. Rechtsfähige Stiftungen, S. 23 (https://t1p.de/vysws).

909 *Schiffer/Schürmann*, BB 2017, 2626 (2631); BeckOGK/*S. Reuter*, 15.8.2024, GwG § 3 Rn. 111; vgl. *Kotzenberg/Lorenz*, NJW 2017, 2433 (2435); *Tebben*, ZGR 2020, 430 (446 f.).

Demnach kann grundsätzlich jede natürliche Person, die Mitglied des Vorstands ist und auch jede natürliche Person, die als Begünstigte bestimmt ist, als wirtschaftlich Berechtigter der Stiftung gelten. Dies trifft bei unternehmensverbundenen Familienstiftungen sowohl Familienmitglieder als auch den Stifter selbst, wenn sie Mitglieder des Stiftungsvorstands sind (vgl. § 3 Abs. 3 Nr. 2 GwG). Die Familiendestinatäre werden regelmäßig von § 3 Abs. 3 Nr. 3 GwG erfasst, wenn sie in der Satzung namentlich bezeichnet oder als solche aufgrund einer Satzungsbestimmung identifizierbar sind, wobei es nicht erforderlich ist, dass ihnen zugleich – was in der Praxis ohnehin der Ausnahmefall ist – ein Anspruch auf die Stiftungsleistung zusteht.[910] Insofern wird von Praktikern berichtet, dass selbst die Nichten und Neffen eines vermögenden Unternehmers als wirtschaftlich Berechtige einzutragen waren – und zwar ohne, dass sie aktuell Zuwendungen aus der Stiftung erhielten.[911] Im Rahmen des § 3 Abs. 3 Nr. 3 GwG ist dabei zudem eine bestimmte prozentuale Mindestbeteiligung des Begünstigten am gesamten Stiftungsvermögen nicht erforderlich, um wirtschaftlich Berechtigter zu sein.[912] Mit Blick auf drohende Bußgelder ist daher dem Rat von *Stefan Reuter* zuzustimmen: „*Um einen Konflikt mit dem Bundesverwaltungsamt, das gemäß § 56 Abs. 5 S. 2 die für rechtsfähige Stiftungen zuständige Bußgeldbehörde ist, zu vermeiden, sollten in der Praxis Begünstigte bereits auch dann als wirtschaftlich*

---

910 Wohl h. M. MüKoBGB/*Weitemeyer*, § 80 Rn. 92 f.; *Orth*, NPLY 2017, S. 15 (55 f.); *Schwalm*, ZStV 2020, 146 (148); so seit 2019 auch die unveränderte Auffassung des BVA, s. *FAQ des BVA*, in der Fassung vom 5.5.2023, Teil 1 Abschnitt B. IV. Rechtsfähige Stiftungen, S. 23 f. (https://t1p.de/vysws), dazu BeckOGK/*S. Reuter*, 15.4.2024, GwG § 3 Rn. 120; kritisch *Lorenz*, Ubg 2020, 279 (287), da dem Begünstigten, der keinen Rechtsanspruch auf Leistungen einer Stiftung hat, nämlich gerade die wirtschaftliche Berechtigung fehlt, die eine Meldepflicht an das Transparenzregister auslösen soll; vgl. einen statutarischen Anspruch daher fordernd *Schiffer/Schürmann*, BB 2017, 2626 (2629); auch noch *Schwalm*, ZStV 2020, 52 (56); wohl auch MHdB GesR 5/*Gummert*, § 80 Rn. 51.

911 So *Meinecke*, ZStV 2022, 212 (216) unter Verweisung auf den Vortrag von *Schwalm*, Die Bedeutung von Transparenzregister und Stiftungsregister für die Stiftungspraxis, 10. Thüringer Stiftungsgespräche, 24.6.2022. Der zu Recht arg moniert, dass so insbesondere Kinder leicht ermittelt werden könnten. Deshalb sollte bei Vorhandensein Minderjähriger stets ein Antrag auf Einsichtnahmebeschränkung gem. § 23 Abs. 2 S. 1, 2 Nr. 2 GwG gestellt werden.

912 *Schwalm*, ZStV 2020, 52 (57); zustimmend BeckOGK/*S. Reuter*, 15.8.2024, GwG § 3 Rn. 120; auch die *FAQ des BVA*, in der Fassung vom 5.5.2023, Teil 1 Abschnitt B. IV. Rechtsfähige Stiftungen, S. 23 ff. (https://t1p.de/vysws) verlangen keinen Mindestbeteiligungswert.

Berechtigte gemäß § 3 Abs. 3 Nr. 3 bestimmt und insbesondere auch gemäß § 20 Abs. 1 zum Transparenzregister gemeldet werden, wenn sie in der Satzung namentlich bezeichnet oder als solche aufgrund der Satzungsbestimmung identifizierbar sind, auch wenn ihnen nach der Satzung kein unmittelbarer Anspruch gegen die Stiftung eingeräumt wird.“[913] Zugleich sollte dann ggf. ein Antrag auf vollständige oder teilweise Einschränkung der Einsichtnahmemöglichkeit gem. § 23 Abs. 2 S. 1, 2 Nr. 1 (Gefahr von Straftaten) oder Nr. 2 (wegen Minderjährigkeit) gestellt werden.

In den übrigen Fällen bestimmt sich der wirtschaftliche Berechtigte nach § 3 Abs. 3 Nr. 4[914] bis 6 lit. a) GwG. Dabei kann sich die wirtschaftliche Berechtigung des Stifters oder auch sonstiger Familienmitglieder auch dann ergeben, wenn jene zwar kein Mitglied eines Organs oder bestimmter Destinatär sind, aber gleichwohl durch z. B. statutarische Sonderrechte (wozu insbesondere Bestellungs- und Abberufungsrechte sowie umfangreiche Vetorecht[915] zählen dürften) Einfluss auf die Stiftung nehmen können (vgl. insbesondere § 3 Abs. 3 Nr. 5 GwG [betreffend Möglichkeit der Einflussnahme auf Vermögensverwaltung und Ertragsverwendung] und Nr. 6 lit. a) GwG [sonstige beherrschende Einflussnahmemöglichkeit auf die Familienstiftung]).[916] Derlei Konstellationen kommen bei unternehmensverbundenen Familienstiftungen oftmals zwecks Sicherung des Familieneinflusses vor. Zwecks konkreter Überprüfung des Vorhandenseins wirtschaftlich Berechtigter muss daher die Gesamtkonstruktion der Familienstiftung und im Besonderen ihre Satzung genau in Blick genommen werden, weshalb es immer auf den konkreten Einzelfall ankommt.

913 BeckOGK/*S. Reuter*, 15.8.2024, GwG § 3 Rn. 120.

914 Hierunter fallen i. d. R. gemeinnützige Stiftungen und Fälle in denen eine Bestimmbarkeit nach Nr. 3 des § 3 Abs. 3 GwG nicht möglich ist, sondern es sich also um rein „*potentielle Begünstige*“ handelt, vgl. BeckOGK/*S. Reuter*, 15.8.2024, GwG § 3 Rn. 123 f.; *Orth*, NPLY 2017, S. 15 (55 f.).

915 Eine sog. reine Verhinderungsbeherrschung (etwa durch faktische Vetorechte, bspw. aufgrund einer Sperrminorität, eines kapitalmäßigen Quorums für die Beschlussfähigkeit der Gesellschafterversammlung oder eines Einstimmigkeitserfordernisses) sind jedoch nicht ausreichend, s. nur *Link*, NZG 2022, 893 (894) m. w. N. in dortiger Fn. 14. Nach *A. Hofmann/F. Arnold*, GWuR 2021, 49 (51) sei ein Vetorecht einer aktiven kontrollierenden Einflussnahme höchstens dann gleichzusetzen, wenn durch das Vetorecht die Geschäftsführung ohne den Inhaber des Vetorechts faktisch nichts mehr selbst entscheiden könne.

916 Hierzu näher BeckOGK/*S. Reuter*, 15.8.2024, GwG § 3 Rn. 123 ff. m. w. N.

Für unternehmensverbundene Familienbeteiligungsträgerstiftungen gilt es ferner Folgendes zu beachten[917]: Aufgrund dessen, dass sie i. d. R. eine Mehrheitsbeteiligung (d. h. mehr als 50 % der Kapitalanteile und/oder Stimmrechte[918]) an dem Familienunternehmen halten oder das Familienunternehmen auf vergleichbare Weise kontrollieren können, können ihre wirtschaftlich Berechtigten (insbesondere die Vorstandsmitglieder) mittelbar auch wirtschaftlich Berechtigte des betroffenen Familienunternehmens sein, vgl. § 3 Abs. 2 S. 1 Nr. 1–3 GwG. Wenn dem so ist, muss die Familienstiftung, konkret ihr Vorstand, das Familienunternehmen über die wirtschaftlich Berechtigten informieren. Anschließend muss dieses dann die entsprechenden Meldungen zum Transparenzregister veranlassen.[919] Auch hier sei daher nochmals auf die präzise Prüfung der konkreten Gestaltung der unternehmensverbundenen Familienstiftung hingewiesen.[920]

Infolgedessen werden der Stifter selbst und oftmals auch Familienmitglieder aufgrund ihrer Organ- oder Destinatärstellung i. d. R. als wirtschaftliche Berechtigte der Familienstiftung gelten, sodass deren mitteilungspflichtigen Informationen (u. a. Vor- und Nachname, Geburtsdatum, Wohnort, Art und Umfang des wirtschaftlichen Interesses sowie alle Staatsangehörigkeiten, s. § 19 Abs. 1 Nr. 1–5 GwG) im Transparenzregister eingetragen und damit auch grds. öffentlich einsehbar sein werden. Dies ist mit Recht im Besonderen im Hinblick auf minderjährige Kinder zu kritisieren.

Wie eingangs erwähnt besteht gem. § 23 Abs. 1 Nr. 3 GwG ein Einsichtnahmerecht für jedermann. Dieser Umstand führt nunmehr dazu, dass für Stiftungen

---

917 *Lorenz*, Ubg 2021, 386 (389 f.); *Lorenz*, Ubg 2020, 279 (288); vgl. auch *FAQ des BVA*, in der Fassung vom 5.5.2023, Teil 1 Abschnitt B. IV. Rechtsfähige Stiftungen, Frage 9, S. 25 i. V. m. Eintragungsbeispiel auf S. 50 (https://t1p.de/vysws).

918 Nach den *FAQ des BVA*, in der Fassung vom 5.5.2023, Teil 1 Abschnitt B. IV. Rechtsfähige Stiftungen, Frage 9, S. 25 (i. V. m. S. 50) (https://t1p.de/vysws) ist bereits eine mehr als 25 %-Beteiligung i. S. d. § 3 Abs. 2 S. 1 GwG ausreichend.

919 Zur problematischen Bestimmung des wirtschaftlich Berechtigten einer Tochter-GmbH, deren Muttergesellschaft eine Stiftung ist instruktiv *A. Hofmann/F. Arnold*, GWuR 2021, 49 ff.; vgl. den (einfachen) Fall bei *FAQ des BVA*, in der Fassung vom 5.5.2023, Teil 1 Abschnitt B. IV. Rechtsfähige Stiftungen, S. 50 (https://t1p.de/vysws).

920 Siehe näher auch einerseits *Schürmann*, SB 2018, 8 und andererseits *Theuffel-Werhahn*, SB 2017, 228. Vgl. zur Bestimmung des wirtschaftlich Berechtigten bei verschachtelten Gesellschaftsstrukturen (im Fall eine GmbH & Co. KG) OVG Münster, BeckRS 2023, 15505 Rn. 19 ff.

erstmalig[921] eine gewisse „*(Quasi-)Publizität*“[922] besteht. Möchte ein wirtschaftlich Berechtigter, beispielsweise ein entsprechend exponierter Stifter, der Organmitglied ist oder sich besondere Stifterrechte vorbehalten hat, oder auch Destinatär einer Familienstiftung, die für jedermann ersichtlichen Daten beschränken, hat er wie zuvor erläutert, die Möglichkeit, einen Antrag gemäß gem. § 23 Abs. 2 S. 1 GwG zu stellen.[923] Freilich sollte hierbei im Besonderen der Ewigkeitscharakter der Familienstiftung und die mit einer Stiftungsgründung im Besonderen einhergehenden Anonymitätsinteressen, insbesondere minderjähriger Kinder, berücksichtigt werden.[924]

Insgesamt ist zu konstatieren, dass sich potentielle Stifter vermehrt Gedanken über die konkrete Gestaltung der Stiftungssatzung machen müssen, insbesondere hinsichtlich der Implementierung von Sonderrechten und Ansprüchen von Destinatären. Gerade aber Stifter, die eine unternehmensverbundene Familienstiftung errichtet haben oder planen zu errichten, müssen damit rechnen, dass sie selbst und/oder auch ihre Familienmitglieder dem Transparenzregister zu melden sind. Das Transparenzregister führt letztlich dazu, dass „*eine womöglich jahrzehntelang legitim gewahrte Anonymität familiärer Strukturen [zu verwässern droht]*“[925] und die eigentlich von Familienstiftungen als Vorteil angesehene Anonymität gegenüber anderen Rechtsformen verloren geht.[926]

Um etwaige (hohe) Bußgelder wegen Versäumnisses der Meldung zu vermeiden, sollte frühzeitig eine Meldeprüfung durchgeführt und so die wirtschaftlichen Berechtigten der unternehmensverbundenen Familienstiftung, aber auch des beteiligten Familienunternehmens bestimmt werden. Und, dass die Möglichkeit der Beschränkung der Einsichtnahme gem. § 23 Abs. 1 Nr. 3 GwG besteht, sollte freilich nicht zu positiv gesehen werden, da derlei Anträge bisher aufgrund der hohen Anforderungen bedauerlicherweise recht selten positiv beschieden werden.

---

921 Ab dem 1.1.2026 wird auch durch das Stiftungsregister Publizität speziell für rechtsfähige Stiftungen geschaffen, dazu sogleich → Teil 3 B I 5 b.

922 Begriff nach *Schwalm*, ZStV 2020, 52 (61).

923 Siehe dazu bereits → Teil 3 B I 5 a aa, dort auch zum diesbezüglichen Konflikt des Jedermanneinsichtsrechts mit den berechtigten Anonymitätsinteressen und dem legitimen Vertraulichkeitsbedürfnis von Familienunternehmen und -stiftungen.

924 Ebenso *Lorenz*, DStR 2020, 2258 (2263).

925 *Schwalm*, ZStV 2020, 52 (56); vgl. allg. auch *Schaub*, DStR 2017, 1438 (1443 f.).

926 **A. A.** (aber ohne Begründung) ein Interviewpartner bei *Kaufmann*, Stiftung und Konflikt, S. 134, wonach die Auswirkung des Transparenzregisters in Bezug auf die Transparenz von Stiftungen als gering einzustufen sei. Dem kann mit Blick auf das Vorstehende nicht derart allgemein zugestimmt werden. Wie hier ebenfalls kritisch die Stimmen in → Fn. 870.

Angemerkt sei, dass das Transparenzregister aufgrund seines europäischen Hintergrunds steten Veränderungen[927] unterliegt, die die Meldepflichtigen im Blick haben müssen, was den Compliance-Aufwand bei Stiftungen[928] nicht unerheblich erhöhen dürfte.

Im hiesigen Kontext ist sich gewahr zu werden, dass die Familienmitglieder aufgrund ihrer Organpositionen und etwaigen Sonderrechten oder aufgrund ihrer Stellung als Destinatär regelmäßig an das Transparenzregister zu melden sein werden, sodass ihre Verbindung zur Familienstiftung auch transparent wird. Die Familienstiftung verhindert insofern nicht eine Transparenz durch das Transparenzregister.

b) *Stiftungsregister (§§ 82b ff. BGB i. V. m. StiftRG)*

Das Gesetz zur Vereinheitlichung des Stiftungsrechts vom 16.7.2021 sieht nunmehr endlich[929] mit §§ 82b ff. BGB i. V. m. einem separaten Stiftungsregistergesetz (StiftRG)[930] sowie einer Rechtsverordnung (vgl. § 19 StiftRG) ein Stiftungsregister mit Publizitätswirkung (vgl. § 82d BGB) vor, das zum 1.1.2026 in Betrieb genommen sowie zentral und elektronisch von dem in Bonn ansässigem Bun-

927 Genannt sei die bereits erwähnte 6AMLD und AML-VO.

928 Siehe dazu → Teil 3 B I 5 b ee.

929 Für eine Einführung eines bundeseinheitlichen Stiftungsregisters etwa aus jüngerer Zeit *Fein/Articus*, npoR 2019, 49 f.; *Nicolai/Kuszlik*, ZRP 2016, 47 (49); *Schauhoff*, npoR 2016, 2 (4); *Burgard*, ZStV 2016, 81; *Vogt*, Publizität im Stiftungsrecht, S. 176 ff., 190 ff. mit Formulierungsvorschlag; bereits 1979 wurde durch BT-Drs. 8/2612 eine Eintragung von Stiftungen in Registern bei Stiftungsbehörden vorgeschlagen, aber nicht realisiert, vgl. *Nissel*, FS O. Werner, S. 45 (49); HKK-BGB/*Pennitz*, §§ 80–89 Rn. 36; auch schon die Arbeitsgemeinschaft des 44. DJT 1962 (G 95) befürwortete einstimmig die Schaffung eines Stiftungsregisters; ebenso *Liermann*, ZRP 1970, 27. Gegen ein Stiftungsregister wurde früher der damit verbundene hohe Kostenaufwand eingewandt, obgleich „*nur ein kleiner Teil der Stiftungen wirtschaftlich in nennenswertem Umfang tätig*" sei, so Abschlussbericht der Bund-Länder-Arbeitsgruppe Stiftungsrecht vom 19.10.2001, S. 34 f.; so auch *Andrick/Suerbaum*, NJW 2002, 2905 (2909); dagegen richtigerweise schon *Hüttemann*, ZHR 167 (2003), 35 (43), der auf die stetig anwachsende Zahl wirtschaftlich tätigender Stiftungen (vgl. auch die aktuellen Zahlen in → Fn. 1353 f.) hinwies. Bündig zu den Gründen der Einführung des künftigen Bundesstiftungsregisters *Stolte*, BB 2021, 1026 (1027 f.); zur historischen Entwicklung auch BoKoStiftR/*Bartodziej/Kausträter*, BGB § 82b Rn. 4 ff.

930 Hierzu erste Kommentierung bei BoKoStiftR/*Bartodziej/Kausträter*, StiftRG §§ 1–20.

desamt für Justiz[931] geführt werden soll (vgl. § 1 StiftRG).[932] Bei den relevanten und zum 1.1.2026 in Kraft tretenden Regelungen handelt es sich zum einen um die §§ 82b (Erstanmeldung), 82c (Namenszusatz), 82d (Vertrauensschutz), 84d (Änderungen betreffend die Organe), 85b (Satzungsänderungen), 86i (Zulegung und Zusammenlegung) sowie 87d BGB (Auflösung, Aufhebung und Liquidation), die den materiellrechtlichen Regelungen im BGB die jeweiligen Registernormen hinzufügen, und zum anderen aus dem neuen StiftRG (i. V. m. einer Rechtsverordnung), das die näheren Einzelheiten zum Inhalt des Registers, zur Registerführung und zur Einsichtnahme in das Register enthält.[933]

---

931 Zur Kritik und verfassungsrechtlichen Bedenken der Registerführung durch das Bundesamt für Justiz grdl. *Kämmerer/Rawert*, npoR 2020, 273 (275 ff.), denen nach dem Bund zwar die Gesetzgebungskompetenz für ein Stiftungsregister zustehe, dieser aber die Führung eines solchen Registers mangels „*Zentralität*" nicht einer Bundesbehörde zuweisen dürfe; dem zustimmend etwa *Arnold*, npoR 2021, 84 (88 f.); *Mayen*, ZHR 184 (2020), 691; *Markworth*, NZG 2021, 100 (108); *Hüttemann/Rawert*, ZIP 2021, Beilage zu Heft 33, S3 (S37); *Burgard*, GmbHR 2021, R244 (R245); unkritisch jedoch noch *Burgard*, ZStV 2016, 81 (83); s. a. allg. eine fehlende Gesetzgebungskompetenz des Bundes annehmend m. w. N. MüKoBGB/*Weitemeyer*, § 80 Rn. 34; *Vogt*, Publizität im Stiftungsrecht, S. 180 ff., 184; **a. A.** *Nicolai/Kuszlik*, ZRP 2016, 47 (49 f.).

932 Vgl. zu den Gründen BT-Drs. 19/28173, S. 32 ff., 81 ff., 87 ff.; für die Errichtung des Registers auf Bundesebene auch schon *Nicolai/Kuszlik*, ZRP 2016, 47 (49); dies aufgrund der Kostentragung durch den Bund auch noch für wahrscheinlich erachtend *Burgard*, ZStV 2016, 81 (83); *Orth*, BB 2021, 268 (271) schlug die Ausgestaltung als dezentrales Behördenregister bei den Stiftungsbehörden vor; der PE (*Arnold et al.*, ZIP 2020, Beilage zu Heft 10, S3 [S6 f.]) schlug mit *§ 80a BGB-PE* hingegen die Führung des Stiftungsregisters dezentral bei den Amtsgerichten vor, dafür auch *Arnold*, npoR 2021, 84 (88); *Holzer*, ZNotP 2021, 55 (56, 61); *Kämmerer/Rawert*, npoR 2020, 274 (278); *Weitemeyer*, NZG 2020, 569 (573); *Burgard*, npoR 2024, 181 (183); bereits auch *Weitemeyer*, AcP 217 (2017), 431 (453) m. w. N.; grds. auch schon *Liermann*, ZRP 1970, 27 f., wobei dieser – unter der Prämisse, dass ein sog. Normativbestimmungssystem eingeführt würde, d. h. die Stiftung nicht durch Genehmigung (sog. Konzessionssystem), sondern durch Erfüllung von Normativbestimmungen und Eintragung im Register ihre Rechtsfähigkeit erlange – Bedenken hinsichtlich der Eignung der Amtsgerichte für derlei Sachprüfungen äußert und deshalb eher eine „*eigenständige Stiftungsbehörde*" dafür für erwägenswert hält. Da es trotz des künftigen Stiftungsregisters beim Konzessionssystem bleibt, verfangen seine Einwände in der heutigen Ausgestaltung indes nicht. Für die Ersetzung des Antragsverfahrens durch ein Eintragungsverfahren *Burgard*, npoR 2024, 181 (182 f.).

933 BT-Drs. 19/28173, S. 81, 87; zu den stiftungsregisterrechtlichen Regelungen s. näher auch die jeweilige Kommentierung der entsprechenden Paragrafen im BoKoStiftR und BeckOGK BGB.

In das Stiftungsregister müssen sich alle, d. h. sowohl gemeinnützige als auch privatnützige rechtsfähige Stiftungen eintragen, wobei für vor dem 1.1.2026 gegründete Stiftungen eine Übergangsfrist gilt, aufgrund derer sich diese bis spätestens zum 31.12.2026 eintragen lassen müssen (vgl. § 20 Abs. 1 S. 1 StiftRG). Mit Eintragung haben die betroffenen Stiftungen ihren Namen um den Zusatz „*eingetragene Stiftung*" bzw. um die Abkürzung „*e. S.*" zu ergänzen.[934] Ausweislich der Gesetzesentwurfsbegründung ist der Namenszusatz zwar zu führen, er muss jedoch nicht in bereits bestehenden oder künftigen Satzungen einer Stiftung enthalten sein, sodass insbesondere für bereits bestehende Stiftungen kein Satzungsänderungsbedarf besteht.[935] Gleichwohl kann der Stifter eine entsprechende Regelung vorsehen und dabei bereits vorgeben, ob die Lang- oder Kurzfassung des Namenszusatzes verwendet werden soll.[936] Mangels Vorgaben in § 82c BGB kann der Namenszusatz grds. nachgestellt, vorangestellt oder in den Namen integriert werden, solange die konkrete Namensnennung im Einzelfall keinen irreführenden Charakter aufweist.[937] Insoweit besteht Gestaltungsfreiheit für die Stiftungen.[938]

Das Stiftungsregister führt, insbesondere mit Blick auf das Einsichtnahmerecht gem. § 15 StiftRG[939] zu einem „*Paradigmenwechsel*" betreffend die Publizität von Stiftungen, im Besonderen von Familienstiftungen.[940] Dies gilt allen voran in Bezug auf die einzureichende und damit grds. einsehbare Stiftungssatzung, für welche es – wie zur vor erläutert bisher – keine Pflicht zur Offenlegung in einem öffentlichen Register[941] und auch nicht in den meisten Stiftungsverzeich-

---

934 Siehe dazu näher → Teil 3 A I.

935 BT-Drs. 19/28173, S. 83; s. a. *Gollan*, npoR 2021, 277 (283); *Hüttemann/Rawert*, ZIP 2021, Beilage zu Heft 33, S3 (S38).

936 BoKoStiftR/*Mecking*, BGB § 82c Rn. 3.

937 Vgl. in Bezug auf den im BGB ähnlich formulierten § 707a Abs. 2 S. 2 BGB betreffend den Namenszusatz bei einer im Gesellschaftsregister eingetragenen GbR ebenso und überzeugend *Wertenbruch*, GmbHR 2024, 673 Rn. 6 ff. m. w. N. auch zu gesellschaftsrechtlichen Parallelnormen; aus der Rspr. betreffend die GbR auch OLG Hamburg, GmbHR 2024, 702; OLG Köln, GmbHR 2024, 703; jew. m. N. auch zu vereinzelten Gegenansichten.

938 Explizit BT-Drs. 19/28173, S. 83 („*Die Stiftungen können entscheiden, wie sie den Namenszusatz ihrem Namen anfügen.*").

939 Dazu sogleich → Teil 3 B I 5 b bb und cc.

940 *Lorenz/Mehren*, DStR 2021, 1774 (1779); *Feick/Schwalm*, NZG 2021, 525 (529); Stellungnahme des Bundesrates, BT-Drs. 19/28173, S. 117; vgl. auch *Markworth*, NZG 2021, 100 (108); *Stolte*, BB 2021, 1026 (1029); *F. Schmitt*, notar 2023, 31 (37); *Sanders*, in: Sanders/Thomsen, Enterprise Foundation Law, S. 25 (53 f.).

941 Ebenso explizit *Weitemeyer*, in: Bumke/Röthel, Autonomie im Recht, S. 201 (221).

nissen der Länder – freilich mit Ausnahme in Brandenburg gem. § 14 Abs. 4 S. 1 LStiftG Bbg[942] (voraussetzungsloses Einsichtsrecht in die Stiftungssatzung) sowie Thüringen gem. § 5 Abs. 4 S. 4 LStiftG Thüringen (Einsichtsrecht in die Stiftungssatzung bei berechtigtem Interesse) – gibt.[943] Von der Nichtexistenz eines allgemeinen Einsichtsrechts in die Stiftungsinterna, insbesondere der Stiftungssatzung, geht wohl auch im Grundsatz der Gesetzgeber aus, wenn er explizit ein Einsichtnahmerecht für normierungsbedürftig erachtete.[944] Nachfolgend soll daher in gebotenen Umfang auf die wesentlichen Aspekte des Stiftungsregisters unter besonderer Berücksichtigung der Auswirkungen auf unternehmensverbundene Familienstiftungen eingegangen werden.[945]

aa) Bedeutung, Inhalt und Vertrauensschutz

Das künftige Stiftungsregister soll zum einen die Transparenz über Stiftungen erhöhen und zum anderen den Nachweis der Vertretungsberechtigung der Mitglieder ihres Vorstands, ihrer besonderen Vertreter und ihrer Liquidatoren erleichtern.[946] Dadurch sollen zugleich die zuständigen Stiftungsbehörden entlastet werden, da diese aufgrund des durch das Stiftungsregister vermittelten öffentlichen Glaubens (§ 82d BGB) keine Vertretungsbescheinigungen ausstellen müssen[947] und deshalb wohl gänzlich auch auf die Führung von Stiftungsver-

---

942 Siehe GVBl. 2022 I Nr. 18, das gem. dessen Art. 6 Abs. 1 am 1.7.2023 in Kraft tritt.

943 Dazu sogleich näher unter → Teil 3 B I 5 b bb.

944 Vgl. *Theuffel-Werhahn/Mühlendiek*, ZStV 2022, 87 (91, 92 a. E.).

945 Zum künftigen Stiftungsregister BT-Drs. 19/28173, S. 32 ff., 81 ff., 87 ff.; Orth/Uhl/*Orth*, Stiftungsrechtsreform 2021, Rn. 280 ff.; Schauhoff/Mehren/*Schienke-Ohletz*, Stiftungsrecht nach der Reform, Kap. 4 Rn. 9 ff.; im Überblick: *Stolte*, BB 2021, 1026 (1027 ff.); *Hüttemann/Rawert*, ZIP 2021, Beilage zu Heft 33, S3 (S35 ff.); *Arnold*, npoR 2021, 84 (88 f.); *Orth*, MDR 2021, 1225 Rn. 30 ff.; *Lorenz/Mehren*, DStR 2021, 1774 (1779 f.); *Gollan*, npoR 2021, 277 (283 f.); *R. Werner*, ErbR 2021, 482 (486 f.); *Schuck/Medinger*, ZEV 2021, 298 (303); *Schwalm*, NotBZ 2022, 121; *Schwalm*, npoR 2024, 50 (53 ff.); *Theuffel-Werhahn/Mühlendiek*, ZStV 2022, 87 (90 ff.); *Willy*, VersR 2022, 79 (80); knapp auch *Schumann*, Familienstiftungen, S. 55 ff.

946 BT-Drs. 19/28173, S. 81; BoKoStiftR/*Bartodziej/Kausträter*, BGB § 82b Rn. 10 ff.

947 So ist die Landesregierung Brandenburg der Auffassung, dass die Ausstellung einer Vertretungsbescheinigung ab dem 1.1.2026 nicht mehr notwendig sein werde, weshalb die entsprechende neue landesgesetzliche Regelung (§ 7 Abs. 2 LStiftG BbG) gestrichen werden könne, s. Landtag Brandenburg, Drs. 7/4597, S. 14. Laut Art. 6 Abs. 3 des Gesetzes zur Änderung stiftungsrechtlicher und weiterer Vorschriften v. 30.6.2022 (GVBl. 2022 I Nr. 18) soll die Regelung zur Vertretungsbescheinigung (§

zeichnissen verzichten können.[948] Das Stiftungsregister könnte insofern durchaus geeignet sein, die Attraktivität der Stiftung als solcher und das Vertrauen in diese sowie deren Akzeptanz im Rechtsverkehr zu stärken.[949]

Ob die Stiftungsverzeichnisse der Länder jedoch tatsächlich wegfallen werden, bleibt noch abzuwarten. In der Gesetzesentwurfsbegründung heißt es nämlich noch an verschiedener Stelle, dass auf die Führung von Stiftungsverzeichnissen verzichtet werden „könne“ (nicht müsse [!])[950] und, dass es *„Sache der Länder [sei] zu prüfen, inwieweit die Stiftungsverzeichnisse neben dem Stiftungsregister noch erforderlich sind und welche Informationen für die Stiftungsverzeichnisse gegebenenfalls künftig aus dem Stiftungsregister übernommen werden können“*[951]. *Manfred Orth*[952] weist insofern darauf hin, dass ein *„Mehrwert“* lediglich darin bestünde, dass die meisten Stiftungsverzeichnisse[953] Angaben zum Zweck der

---

7 Abs. 2 LStiftG BbG) am 1.4.2027 – d. h. nach einem Übergangszeitraum – außer Kraft treten. Entsprechende Vorgaben sehen auch andere Bundesländer vor.

948 Vgl. *Stolte*, BB 2021, 1026 (1028); *Schwalm*, npoR 2024, 50 (53). Die Landesregierung Brandenburg geht ebenfalls davon aus, dass ihr Landesstiftungsverzeichnis mit Inkrafttreten des Stiftungsregisters entfallen könne, da die entsprechenden Angaben im Stiftungsregister künftig geregelt sein würden, Landtag Brandenburg, Drs. 7/4597, S. 18, 31. Laut Art. 6 Abs. 3 des Gesetzes zur Änderung stiftungsrechtlicher und weiterer Vorschriften v. 30.6.2022 (GVBl. 2022 I Nr. 18) soll das Stiftungsverzeichnis (§ 14 LStiftG Bbg) am 1.4.2027 – d. h. nach einem Übergangszeitraum – außer Kraft treten. Entsprechende Vorgaben sehen auch andere Bundesländer vor.

949 Vgl. auch *Markworth*, NZG 2021, 100 (108); *Stiftung Familienunternehmen*, Stiftungsunternehmen in Deutschland, S. 95.

950 BT-Drs. 19/28173, S. 120; *Kämmerer/Rawert*, npoR 2020, 273 (278) konstatieren (unter der in → Fn. 931) genannten Prämisse), dass die Länder jedenfalls befugt seien, die Stiftungsverzeichnisse weiterzuführen.

951 Vgl. BT-Drs. 19/28173, S. 37, 44.

952 Orth/Uhl/*Orth*, Stiftungsrechtsreform 2021, Rn. 313; vgl. auch BoKoStiftR/*Bartodziej/Kausträter*, BGB § 82b Rn. 15; *Hüttemann/Rawert*, ZIP 2021, Beilage zu Heft 33, S3 (S38) sehen darin sogar den Zwang, die Stiftungsverzeichnisse weiterhin aufrechtzuerhalten, um insofern nicht hinter den bestehenden Transparenzzustand zurückzufallen. Auch der Bundesrat geht in seiner Stellungnahme davon aus, dass das Stiftungsregister die Stiftungsverzeichnisse der Länder nicht gänzlich ersetzen könne, vgl. BT-Drs. 19/28173, S. 115.

953 Z. B. § 10 Abs. 2 S. 1 Nr. 3 LStiftG NRW; weitere Nachweise bei Orth/Uhl/*Orth*, Stiftungsrechtsreform 2021, Rn. 268 (dortige Fn. 276); *Vogt*, Publizität im Stiftungsrecht, S. 36 f.

Stiftung[954] (gemeinnützig oder privatnützig) enthielten, das Stiftungsregister indessen nicht.[955] Der Stiftungszweck ließe sich künftig jedoch aus der einzureichenden Stiftungssatzung (vgl. § 82b Abs. 2 S. 3 Nr. 1 BGB i. V. m. § 81 Abs. 1 Nr. 1 lit. a) BGB) entnehmen[956], sofern die Einsichtnahme diesbezüglich nicht beschränkt würde (vgl. § 15 S. 2 StiftRG)[957]. Die Stiftungsverzeichnisse müssen jedoch bis zur Einführung des Stiftungsregisters und der Eintragung auch aller davor bestehenden rechtsfähigen Stiftungen (Übergangsfrist bis zum 31.12.2026) bestehen bleiben und bis dahin auch weiterhin Vertretungsbescheinigungen ausstellen, damit Stiftungen ggü. Dritten weiterhin handlungs- und verkehrsfähig bleiben. Die Landesgesetzgeber gehen aber insofern bereits davon aus, dass ihr Stiftungsverzeichnis mit Inkrafttreten des Stiftungsregisters entfallen könne, da die entsprechenden Angaben im Stiftungsregister geregelt seien.[958]

Die Eintragung der Stiftung in das Stiftungsregister erfolgt grundsätzlich gem. § 3 Abs. 1, Abs. 2 StiftRG vermittels Anmeldung durch den Stiftungsvor-

954 Zu den Gründen, weshalb eine Eintragung auch des Stiftungszwecks insbesondere für Stiftungswillige, Destinatäre und sonstige Teilnehmer des Rechtsverkehrs bedeutsam sein könnte, vgl. näher *Vogt*, Publizität im Stiftungsrecht, S. 117.

955 Auch im Katalog des *§ 80a Abs. 2 BGB-PE* (*Arnold et al.*, ZIP 2020, Beilage zu Heft 10, S3 [S6 f.]) ist die Eintragung des Stiftungszwecks (ohne nähere Begründung) nicht vorgesehen worden. Kritisch zur Nicht-Aufnahme des Stiftungszwecks als eintragungspflichtige Tatsache etwa Orth/Uhl/*Orth*, Stiftungsrechtsreform 2021, Rn. 290; *Orth*, MDR 2021, 1225 Rn. 33; *Hüttemann/Rawert*, ZIP 2021, Beilage zu Heft 33, S3 (S38); *Schwalm*, NotBZ 2022, 121 (122). Der Bundesrat schlug in seiner Stellungnahme ebenfalls die Aufnahme des Stiftungszwecks ins Stiftungsregister vor s. BT-Drs. 19/28173, S. 114 f.; ebenso als *„minimalinvasiv[en]“* Eingriff befürwortend *Schwalm*, npoR 2024, 50 (53); dafür etwa schon *Richter*, Rechtsfähige Stiftung und Charitable Corporation, S. 418; *Burgard*, ZStV 2016, 81 (82); *Vogt*, Publizität im Stiftungsrecht, S. 191; zur Problematik bei Beschränkung der Vertretungsmacht des Stiftungsvorstands auf den Zweck der Stiftung → Teil 4 G I 2 a.

956 So die Gegenäußerung der Bundesregierung auf den Vorschlag des Bundesrates, s. BT-Drs. 19/28173, S. 119; die Begründung für nicht überzeugend erachtend *Hüttemann/Rawert*, ZIP 2021, Beilage zu Heft 33, S3 (S38).

957 Dazu sogleich → Teil 3 B I 5 b cc.

958 So z. B. Landtag Brandenburg, Drs. 7/4597, S. 18, 31 (*„Die entsprechenden Vorschriften des StiftGBbg zum Stiftungsverzeichnis und zur Bekanntmachung können damit zum 31. Dezember 2025 außer Kraft treten.“*); laut Art. 6 Abs. 3 Gesetz zur Änderung stiftungsrechtlicher und weiterer Vorschriften v. 30.6.2022 (GVBl. 2022 I Nr. 18) soll das Stiftungsverzeichnis (§ 14 LStiftG Bbg) und die Bekanntmachung (§ 15 LStiftG Bbg) am 1.4.2027 – d. h. nach einem Übergangszeitraum – außer Kraft treten.

stand[959] resp. die vertretungsberechtigten Mitglieder des Stiftungsvorstands in Urschrift oder öffentlich beglaubigter Abschrift (§ 129 BGB, § 39a BeurkG)[960] bei der Registerbehörde. Letzteres gewährleistet, dass der Notar oder die nach § 68 BeurkG befugte Stelle/Urkundsperson die Identität des Anmeldenden prüft, sodass sich die Registerbehörde darauf verlassen kann, dass die ihr übermittelten Anmeldungen von den Vorstandsmitgliedern stammen.[961] Das vorstehende gilt auch für Liquidatoren. Mit § 3 Abs. 2 S. 2, 3 StiftRG wird zudem klargestellt, dass sich die zuständigen Vorstandsmitglieder bzw. Liquidatoren bei der Anmeldung auch durch Bevollmächtigte (z. B. einem Notar) vertreten lassen können.[962] Die Registerbehörde kann gem. § 14 StiftRG gegen die zur Anmeldung verpflichteten Vorstandsmitglieder und Liquidatoren durch Zwangsgeld (pro Zwangsgeld max. 1.000 €) zur Erfüllung ihrer Pflichten anhalten.

Um zu gewährleisten, dass die Registerbehörde von der Errichtung einer Stiftung Kenntnis erlangt und die Einhaltung der Anmeldepflichten nach § 82b Abs. 2 BGB sicherstellen kann, hat die für die Anerkennung einer Stiftung zuständige Stiftungsbehörde der Registerbehörde gem. § 10 Abs. 1 S. 1 StiftRG mitzuteilen, wenn eine Stiftung durch ihre Anerkennung errichtet wurde.[963] Hinsichtlich der schon bestehenden Stiftungen sieht § 20 Abs. 3 StiftRG eine vergleichbare Mitteilungspflicht der für die Anerkennung der Stiftungen zuständigen Stiftungsbehörden vor, damit die Registerbehörde auch sicherstellen kann, dass auch die bereits bestehenden Stiftungen zum Stiftungsregister angemeldet werden. In beiden Fällen hat die zuständige Stiftungsbehörde der Registerbehörde den Namen und Sitz der Stiftung[964] sowie die ladungsfähige Anschrift der Stiftung[965] mitzuteilen, § 10 Abs. 1 S. 1 Nr. 1 und 2, § 20 Abs. 3 S. 2 Nr. 1 und 2 StiftRG. Nur auf Verlangen der Registerbehörde

---

959 Eine Einreichung der Anmeldung durch den Notar ist gem. § 3 Abs. 3 StiftRG möglich, sofern dieser die Anmeldung beglaubigt hat. Zu den anfallenden Notarkosten *Heinze*, NotBZ 2023, 161 (164).

960 Jeweils in der ab dem 1.8.2022 geltenden Fassung (BGBl. I 2021, S. 3338).

961 *Böhringer*, NotBZ 2022, 161 (165); vgl. *Aumann*, DNotZ 2022, 894 (905).

962 BT-Drs. 19/31118, S. 11.

963 BT-Drs. 19/28173, S. 96 f.

964 Die satzungsgemäße Sitzangabe erfordert dabei nicht die Angabe der postalischen Anschrift mit Straße und Hausnummer der Stiftung, sondern ist lediglich ein Ort (statutarischer Sitz) ohne nähere Adressangabe, s. BGH, NZG 2022, 763 Rn. 29 m. V. a. BT-Drs. 14/8765, S. 10.

965 S. allg. hierzu BGH, NZG 2022, 763 Rn. 31, wonach regelmäßig die Angabe der im Stiftungsverzeichnis des jeweiligen Landes eingetragenen Anschrift genügen soll, wenn dort entsprechend § 8 Abs. 4 Nr. 1 GmbHG, § 170 Abs. 2 ZPO eine Zustellung an den Vorstand erfolgen kann.

hat die zuständige Stiftungsbehörde auch die ihr bekannten Vornamen, Namen und ladungsfähigen Anschriften der Vorstandsmitglieder der Stiftung mitzuteilen, um etwa die Anmeldepflicht tatsächlich durchsetzen zu können.[966] Gem. § 10 Abs. 3 StiftRG hat die Registerbehörde aber auch eine Mitteilungspflicht gegenüber den für die Anerkennung der Stiftung zuständigen Stiftungsbehörden der Länder. Diesen Behörden hat die Registerbehörde mitzuteilen, dass die Stiftung in das Stiftungsregister eingetragen wurde. Mitzuteilen ist auch, wenn das Erlöschen der Stiftung oder die Beendigung der Stiftung in das Register eingetragen werden und das Registerblatt für die Stiftung geschlossen wird. Auf diese Weise erfährt die für die Anerkennung der Stiftung zuständige Landesbehörde, dass die Stiftung im Register eingetragen ist und sie das Register durch Nutzung des Abrufverfahrens einsehen können, das für die Stiftungsbehörden freilich kostenlos sein soll.[967]

Anmeldungen sind wie bei der vereinsrechtlichen Regelung des § 77 S. 2 BGB sowohl in Papierform als auch elektronisch möglich; eine Pflicht, alle Anmeldungen nur elektronisch vorzunehmen, besteht nicht.[968] Die nach den jeweiligen Registernormen (§§ 82b Abs. 2, 84d, 85b, 86i und 87d BGB) notwendig einzureichenden Dokumente[969], wozu gem. § 82b Abs. 2 S. 3 Nr. 1 BGB neben der Anerkennungsentscheidung der zuständigen Stiftungsbehörde im Besonderen auch die Stiftungssatzung gehört[970], sind dabei gem. § 3 Abs. 4 S. 1 StiftRG in Abschrift beizufügen. Die Ersteintragung einer neu errichteten Stiftung erfolgt gem. § 82b Abs. 2 S. 1 BGB von Amts wegen durch die Anerkennungsbehörde.

Welche Tatsachen in das Stiftungsregister eingetragen werden, normiert § 2 Nr. 1–20 StiftRG.[971] Dies sind im Besonderen Name, Sitz und Datum der Anerkennung der Stiftung sowie Name, Geburtsdatum und Wohnort der mit Vertretungsmacht ausgestatteten Vorstandsmitglieder und besonderer Vertreter,

---

966 BT-Drs. 19/31118, S. 11.

967 BT-Drs. 19/28173, S. 97.

968 BT-Drs. 19/28173, S. 92; s. a. *Böhringer/Melchior*, GmbHR 2022, 177 Rn. 97; aus ökologischen Gründen wäre indes eine reine Online-Einreichung entsprechend § 12 Abs. 2 S. 1 HGB (vgl. auch § 8 Abs. 5 GmbHG, § 37 Abs. 5 AktG) wohl zeitgemäßer, ebenso *Schwalm*, NotBZ 2022, 121 (122). Zur Anmeldung vgl. auch *Aumann*, DNotZ 2022, 894 (904 f.).

969 Dazu zählen beispielsweise die Errichtungssatzung, etwaige Änderungssatzungen, ein Vorstandsbestellungsbeschluss oder auch ein Zusammenlegungsvertrag; ausf. Auflistung der einzureichenden Dokumente z. B. bei Orth/Uhl/*Orth*, Stiftungsrechtsreform 2021, Rn. 291.

970 Das Stiftungsgeschäft muss indes nicht vorgelegt werden, so explizit BT-Drs. 19/28173, S. 82; anders noch nach dem RefE, vgl. *RefE v. 28.9.2020*, S. 83, 120.

971 Ausf. BoKoStiftR/*Bartodziej/Kausträter*, StiftRG § 2 Rn. 4 ff.

satzungsmäßige Beschränkungen der Vertretungsmacht des Vorstands[972] und die nach der Eintragung der Stiftung erfolgten Satzungsänderungen[973] durch die zuständigen Stiftungsorgane oder die nach Landesrecht zuständige Behörde im Stiftungsregister. Angaben zum Zweck und Vermögen der Stiftung enthält das Stiftungsregister indes nicht.[974] Anders als etwa das Handelsregister (vgl. §§ 40, 43 HRV) sowie manche Stiftungsverzeichnisse (z. B. § 10 Abs. 2 Nr. 4 LStiftG NRW) enthält das Stiftungsregister auch nicht die Angabe der Geschäftsanschrift einer Stiftung. Dies wäre mit Blick auf die Teilnahme am Rechtsverkehr von Stiftungen wünschenswert gewesen. Sämtliche in § 2 StiftRG aufgeführten Tatsachen sind einzutragende Tatsachen i. S. d. § 82d BGB und genießen deshalb öffentlichen – freilich nur negativen – Glauben.[975]

§ 82d BGB wurde dabei den für das Handelsregister geltenden Regelungen in § 15 Abs. 1, Abs. 2 HGB und der für das Vereinsregister geltenden Regelung in § 68 BGB nachgebildet und soll – wie auch das Vereinsregister – nur *negative* Publizität vermitteln.[976] Dies bedeutet konkret[977]: Gem. § 82d Abs. 1 BGB kann die Stiftung eine in das Stiftungsregister einzutragenden Tatsache einem Drit-

---

972 Siehe dazu im Kontext der diesbezüglichen Rechtsprechungsänderung des BGH im Jahr 2021 → Teil 4 F I 2 a.

973 Einzelne Satzungsänderungen, die vor dem 1.1.2026 wirksam werden, müssen allerdings nicht zum Stiftungsregister angemeldet werden (vgl. § 20 Abs. 2 StiftRG), s. a. BT-Drs. 19/28173, S. 105.

974 Vgl. Orth/Uhl/*Orth*, Stiftungsrechtsreform 2021, Rn. 283, 290.

975 BT-Drs. 19/28173, S. 88; dazu näher sogleich.

976 So ausdrücklich BT-Drs. 19/28173, S. 83; siehe näher *Orth*, MDR 2021, 1225 Rn. 30; *Hüttemann/Rawert*, ZIP 2021, Beilage zu Heft 33, S3 (S38); zweifelnd BeckRA-HdB/*Feitsch/Linder*, § 45 Rn. 60a, denen nach „*der Wortlaut sowohl auf positive als auch negative Publizitätswirkung schließen [ließe]*"; s. a. *Holzer*, ZNotP 2021, 55 (59). Dass von § 82d BGB insgesamt keine positive Publizitätswirkung ausgehen soll, zeigt indes der Umstand, dass keine Bekanntmachung (wie etwa im Falle des, positiven Vertrauensschutz vermittelnden § 15 Abs. 3 HGB, dazu MüKoHGB/*Krebs*, § 15 Rn. 12, 17) der eintragungspflichtigen Tatsachen vorgesehen ist, vgl. Orth/Uhl/*Orth*, Stiftungsrechtsreform 2021, Rn. 297. Hätte der Gesetzgeber positive Publizität gewollt, so hätte er eine § 15 Abs. 3 HGB entsprechende Norm schaffen können. § 82d Abs. 1 und Abs. 2 BGB sind zudem an § 15 Abs. 1 und Abs. 2 HGB orientiert, die heute unstreitig nur negative Publizität vermitteln, vgl. MüKoHGB/*Krebs*, § 15 Rn. 17; für ein Stiftungsregister mit auch positiver Publizität etwa *Nicolai/Kuszlik*, ZRP 2016, 47 (50); *Vogt*, Publizität im Stiftungsrecht, S. 174 f.; wohl auch BeckOGK/*G. Roth*, 30.6.2023, BGB § 80 Rn. 480.

977 Siehe zu diesem Begriff bündig *Orth*, MDR 2021, 1225 Rn. 30.

ten[978] im Geschäftsverkehr[979] nur entgegensetzen, wenn diese Tatsache tatsächlich im Stiftungsregister eingetragen ist oder dem Dritten bekannt ist. Demgemäß können Dritte im Geschäftsverkehr insoweit auf das Schweigen des Stiftungsregisters betreffend eine nicht eingetragene Tatsache (etwa die Abberufung eines Vorstandsmitglieds[980]) vertrauen. Nach § 82d Abs. 2 BGB muss ein Dritter im Geschäftsverkehr diese Tatsache gegenüber – der Stiftung – gegen sich gelten lassen, wenn eine einzutragende Tatsache in das Stiftungsregister eingetragen wurde, es sei denn, dass er die Tatsache weder kannte noch kennen musste. Das gilt zwar im Widerspruch zur bewussten Anlehnung an § 15 Abs. 2 HGB nur *„gegenüber der Stiftung"*. Da der Reformgesetzgeber aber auch § 68 BGB im Blick hatte, kann man allerdings, wie bei §§ 68 S. 2, 70 BGB, davon ausgehen, dass ein Dritter fahrlässig handelt, wenn er keine Einsicht nimmt – zumal dies kostenfrei online möglich sein wird –, und eine etwaige Außenhaftung des Vorstandsmitglieds – wie schon bislang im Verein – an § 179 Abs. 3 S. 1 BGB scheitert.[981] Auf diese Weise wird diesbezüglich auch ein Gleichlauf zwischen Stiftungs- und Vereinsrecht bzw. Stiftungs- und Vereinsregister geschaffen. Aufgrund der Anlehnung diverser stiftungsregisterrechtlicher Normen an das Vereins- und Handelsregisterrecht wird man in der Praxis sicherlich bei Einzelfragen hinsichtlich der Anwendung der stiftungsregisterrechtlichen Regelungen auf die vereins- und handelsregisterrechtlichen Erfahrungen – jedenfalls entsprechend – rekurrieren können.

§ 82d BGB und damit auch die Registereintragungen haben rein deklaratorische Wirkung[982], d. h. insbesondere, dass eine Stiftung weiterhin erst durch Anerkennung seitens der Stiftungsbehörde ihre Rechtsfähigkeit erlangt[983] und die

---

978 Der Begriff Dritter ist wie in § 15 HGB zu verstehen und meint jeden, der von der Eintragung nicht selbst betroffen ist, s. BoKoStiftR/*Bartodziej/Kausträter*, BGB § 82d Rn. 7.

979 Der Begriff Geschäftsverkehr ist wie in § 15 HGB weit zu verstehen und soll alle Vorgänge des Zivilrechtsverkehrs, die im Zusammenhang mit rechtsgeschäftlichem Handeln von Stiftungen stehen erfassen, nicht aber öffentlich-rechtliche Rechtsverhältnisse, sodass § 82d BGB etwa nicht zugunsten Stiftungsbehörden im Zusammenhang mit ihrer Aufsichtstätigkeit noch die Steuerbehörden im Rahmen des Besteuerungsverfahrens gelten soll, so BT-Drs. 19/28173, S. 83; s. a. *Hüttemann/Rawert*, ZIP 2021, Beilage zu Heft 33, S3 (S38); BoKoStiftR/*Bartodziej/Kausträter*, BGB § 82d Rn. 8 f.

980 Beispiel nach *Oppel*, NWB-EV 2021, 122 (130).

981 *Scholz*, npoR 2021, 289 (291); zustimmend *Weitemeyer*, Jugendhilfe 2022, 132 (160); vgl. auch BoKoStiftR/*Bartodziej/Kausträter*, BGB § 82d Rn. 19.

982 BT-Drs. 19/28173, S. 81 (*„deklaratorisches Bundesstiftungsregister"*).

983 Zur Anerkennung bereits → Teil 3 C I 2.

Eintragung etwa der Vorstandsmitglieder oder von Satzungsänderungen[984] nicht konstitutiv wirkt (vgl. §§ 5, 6 StiftRG).[985] Organisationsbegründende, -ändernde oder -beendende Rechtsakte im Zusammenhang mit einer Stiftung bedürfen zu ihrer Wirksamkeit[986] demgemäß weiterhin eines privatrechtsgestaltenden Verwaltungsakts der zuständigen Landesstiftungsbehörde.[987] Vor diesem Hintergrund handelt es sich beim Stiftungsregister primär um ein Informationsregister. Dies und auch klarstellend die §§ 4 ff. StiftRG, die regeln, unter welchen Voraussetzungen entsprechende Anmeldungen in das Stiftungsregister einzutragen sind,[988] machen deutlich, dass § 82d BGB damit *„den guten Glauben daran [schützt], dass das, was nicht eingetragen ist, rechtlich nicht gilt (negative Publizität), nicht hingegen den guten Glauben daran, dass das, was eingetragen ist, rechtlich gilt (positive Publizität)“*[989]. Deshalb greift § 82d BGB etwa nicht, wenn eine Eintragung von Anfang an unrichtig ist.[990] Eine positive Publizität entsprechend § 15 Abs. 3 HGB entfaltet das Stiftungsregister insofern nicht.[991] Der Schutz des Rechtsverkehrs richtet sich dann maßgeblich danach, inwieweit sich eine Stiftung die falsche Eintragung einer Tatsache nach allgemeinen Rechtsscheingrundsätzen[992] zurechnen lassen muss.[993] Keinerlei Vertrauensschutz soll das Stiftungsregister für öffentlich-

---

984 Vgl. hierzu explizit BT-Drs. 19/28173, S. 68 („*Erst mit Erteilung der Genehmigung wird die Satzungsänderung wirksam*“) sowie S. 84 („*[…] auch wenn die Eintragung keine konstitutive Wirkung hat*“); s. a. *Schaub-Englert*, NVwZ 2023, 221 (223).

985 *Gollan*, npoR 2021, 277 (283); *Stolte*, BB 2021, 1026 (1028).

986 Die Satzungsänderungsgenehmigung hat keine Bedeutung für die Frage der materiell-rechtlichen Wirksamkeit einer Satzungsänderung, insbesondere keine Heilungswirkung, → Teil 4 D I 2 b bb (1).

987 *Schwalm*, NotBZ 2022, 121; ausf. zur Rechtsnatur der Satzungsänderungsgenehmigung *Schaub-Englert*, NVwZ 2023, 221.

988 Danach muss die einzutragende Tatsache bereits materiellrechtlich „*wirksam*“ bzw. „*genehmigt*“ oder „*behördlich erlassen worden*“ sein, bevor sie eingetragen werden kann.

989 Vgl. prägnant MüKoBGB/*Leuschner*, § 68 Rn. 1; hierauf verweisend auch *Hüttemann/Rawert*, ZIP 2021, Beilage zu Heft 33, S3 (S38 dortige Fn. 313).

990 BoKoStiftR/*Bartodziej/Kausträter*, BGB § 82d Rn. 3. Unzulässige Eintragungen sind auf Antrag der Stiftung (§ 12 Abs. 1 StiftRG) oder auch durch die Registerbehörde von Amts wegen (§ 12 Abs. 3 S. 1 StiftRG) zu löschen.

991 Siehe auch → Fn. 976; kritisch in Bezug auf den rechtssicheren Nachweis der Vertretungsmacht BeckOGK/*G. Roth*, 30.6.2023, BGB § 80 Rn. 480; näher dazu → Teil 4 F I 2 b.

992 Vgl. dazu MüKoHGB/*Krebs*, § 15 Rn. 108.

993 *Hüttemann/Rawert*, ZIP 2021, Beilage zu Heft 33, S3 (S38); *Burgard*, ZStV 2016, 81 (83); vgl. im Vereinsrecht BeckOGK/*Marcus Geißler*, 1.9.2024, BGB § 68 Rn. 2 ff.

rechtliche Rechtsverhältnisse entfalten. So sollen sich weder die Stiftungsbehörden im Zusammenhang mit ihrer Aufsichtstätigkeit noch die Steuerbehörden im Rahmen des Besteuerungsverfahrens auf § 82d BGB berufen können.[994]

Im Übrigen ist vorgesehen, dass für die Eintragungen im Stiftungsregister kostendeckende Gebühren aufgrund der Verordnung nach § 19 StiftRG erhoben werden sollen, die wohl allein von den Stiftungen zu tragen sein werden.[995] Diese sollen sich dabei an den Gebühren für das Vereinsregister nach dem Gerichts- und Notarkostengesetz orientieren (s. KV Nr. 13100 und 13101 GNotKG).[996] Die näheren Einzelheiten zur Gebührenpflicht, insbesondere zu den gebührenpflichtigen Tatbeständen, den Gebührenschuldnern, den Gebührensätzen sowie zu etwaige Gebührenbefreiungen werden in einer gesonderten Gebührenverordnung auf der Grundlage des § 22 Abs. 4 BGebG geregelt.[997] Mit dem DiRUG[998], das am 1.8.2022 in Kraft getreten ist, ist der Abruf von Eintragungen, im Handelsregister (sowie auch im Vereins-, Partnerschafts- und Genossenschaftsregister) und dort eingereichten Dokumenten – aufgrund des Wegfalls von Hauptabschnitt 1 Abschnitt 4 des Kostenverzeichnisses zum Justizverwaltungskostengesetz in Art. 11 DiRUG – gebührenfrei[999] und ohne Registrierung für jedermann unter www.handelsregister.de möglich.[1000] Zwecks Vereinheitlichung der öffentlichen Register ist damit zu rechnen, dass Abrufe im Stiftungsregister ebenfalls gebührenfrei erfolgen werden können.[1001]

---

994 BT-Drs. 19/28173, S. 83.

995 Vgl. BT-Drs. 19/28173, S. 3, 37 ff.

996 BT-Drs. 19/28173, S. 44; zu diesbezüglichen notariellen Beurkundungsgebühren *Schwalm*, NotBZ 2022, 121 (123).

997 BT-Drs. 19/28173, S. 81.

998 Gesetz zur Umsetzung der Digitalisierungsrichtlinie (DiRUG) v. 25.6.2021, BGBl. 2021 I, S. 3338; s. zu den handelsregisterrechtlichen Regelungen, BT-Drs. 19/28177, S. 63, 93 ff.; allg. dazu etwa *Linke*, NZG 2021, 309; *Krafka*, RDi 2022, 86 m. w. N.

999 Die Gebühren sind auf den Eintragenden verlagert worden und fallen nicht mehr bei dem Abrufenden an, *Linke*, NZG 2021, 309 (314).

1000 Dazu näher BT-Drs. 19/28177, S. 63; *Linke*, NZG 2021, 309 (312 i. V. m. 314); *Krafka*, RDi 2022, 86 Rn. 9; zur Kritik seitens der Unternehmer s. *o. A.*, F.A.Z. v. 23.11.2022, Nr. 273, S. 20.

1001 Vgl. BoKoStiftR/*Bartodziej/Kausträter*, BGB § 82d Rn. 4; insofern auch BT-Drs. 19/28173, S. 3, 37 ff., wo allein die Rede von der Gebührentragung durch die Stiftungen selbst ist und ausgeführt wird, dass „*[f]ür Bürger, insbesondere Stifter, […] sich aus dem Gesetz kein neuer Erfüllungsaufwand [ergebe] und das Gesetz […] den schon bestehenden Erfüllungsaufwand für Bürger, insbesondere auch den für neue Stifter, nicht [verändere]*“.

bb) *Einsichtnahme für jedermann*

Das Recht zur Einsichtnahme in das Stiftungsregister normiert § 15 StiftRG, der im Wesentlichen an der entsprechenden vereinsrechtlichen Norm des § 79 Abs. 1 BGB angelehnt ist.[1002] Nach Satz 1 des § 15 StiftRG ist es jedermann gestattet, in das Stiftungsregister und damit in die eintragungspflichtigen Tatsachen Einsicht zunehmen. Ein berechtigtes Interesse zur Einsichtnahme muss dabei nicht dargelegt werden.[1003] Ebenfalls besteht gem. § 15 S. 2 StiftRG ein Jedermann-Einsichtnahmerecht in die zum Stiftungsregister eingereichten Dokumente, die die Grundlagen der Eintragungen bilden, d. h. unter anderem in die Errichtungssatzung und etwaige Änderungssatzungen, falls der Zugang nicht „*aufgrund eines berechtigten Interesses der Stiftung oder Dritter beschränkt oder ausgeschlossen wurde*".[1004] Gem. § 15 S. 3 StiftRG kann von den Eintragungen und den eingereichten Dokumenten, soweit sie zugänglich sind, sogar ein (auf Verlangen auch amtlicher) Ausdruck verlangt werden.

Ein weitergehender Informationsanspruch etwas aus den Informationsfreiheitsgesetzen der Länder hinsichtlich behördlicher Unterlagen der Stiftungsaufsichtsbehörden oder der Stiftung selbst betreffend einzelner (privatrechtlicher) Stiftungen besteht jedoch auch durch das künftige Stiftungsregisterrecht nicht.[1005]

Die näheren Einzelheiten zur Registereinsicht nach § 15 StiftRG sowie eines automatisierten Abrufs der entsprechenden Daten sollen nach § 19 StiftRG im Rahmen von Rechtsverordnung durch das BMJV geregelt werden.[1006]

cc) *Beschränkungsmöglichkeiten, insbesondere für unternehmensverbundene Familienstiftungen*

Die Möglichkeit der Einsichtnahme in die Stiftungsdokumente durch jedermann wurde im Zuge des Gesetzgebungsverfahrens und wird auch danach im Schrifttum[1007] – besonders bezogen auf privatnützige Stiftungen im Allgemeinen und

---

1002 BT-Drs. 19/28173, S. 101.

1003 Der Bundesrat schlug das Erfordernis eines berechtigten Interesses jedenfalls für die Einsichtnahme in die Dokumente vor. Dieser Vorschlag wurde jedoch von der Bundesregierung abgelehnt, s. BT-Drs. 19/28173, S. 117 f., 120; vgl. auch *Schuck/Medinger*, ZEV 2021, 298 (303); näher dazu sogleich unter → Teil 3 B I 5 b dd.

1004 Zu Beschränkungsmöglichkeiten sogleich → Teil 3 B I 5 b cc.

1005 Ebenso *Stallmann*, npoR 2021, 307 (313). Zur regelmäßigen Nichtanwendbarkeit der Informationsfreiheitsgesetze der Länder bereits → Fn. 810.

1006 BT-Drs. 19/28173, S. 101, 103 f.

1007 Etwa *Schwalm*, ZEV 2021, 68 (73 f.); *Feick/Schwalm*, NZG 2021, 525 (529); *Markworth*, NZG 2021, 100 (109); *Schauer/Stallmann*, NWB-EV 2019, 290 (293); *Lorenz/*

(unternehmensverbundene) Familienstiftungen im Besonderen – mit Blick auf die Persönlichkeitsrechte des Stifters, seiner Familie und der Stiftung[1008] überwiegend kritisiert.

Die verlautbarte Kritik fand insofern Gehör, als das abweichend von der noch im *RefE v. 28.9.2020* vorgesehenen Möglichkeit der uneinschränkbaren Einsichtnahme in die Stiftungsdokumente[1009] abgesehen wurde und nunmehr mit § 15 S. 2 StiftRG vorgesehen ist, dass bei Vorliegen eines berechtigten Interesses der Stiftung oder eines Dritten (z. B. Stifter, Destinatär) die Einsichtnahmemöglichkeit beschränkt (wohl durch Schwärzungen[1010]) oder ganz ausgeschlossen wird. In der Begründung zum Gesetzesentwurf wird hierzu Folgendes ausgeführt: „*Die Einsichtnahme in zum Stiftungsregister eingereichte Dokumente kann aber soweit ausgeschlossen werden, als ein berechtigtes Interesse der Stiftung oder eines Dritten besteht, bestimmte Dokumente oder Inhalte von Dokumenten nicht offenzulegen,* ***zum Beispiel personenbezogene Daten von Destinatären oder Stiftern oder Regelungen zur Vermögensverwaltung****. Dann werden die Dokumente nicht oder nur so in den Registerordner eingestellt, dass bestimmte Inhalte unkenntlich gemacht sind.*“[1011]

Die Darlegung eines „berechtigten Interesses“ obliegt ausweislich des Wortlauts des § 15 S. 2 StiftRG der Stiftung bzw. dem Dritten.[1012] Gem. § 19 Nr. 4 Stift-

---

Mehren, DStR 2021, 1774 (1779 f.); *Lorenz*, Ubg 2021, 386 (392); *Stolte*, BB 2021, 1026 (1029); *Theuffel-Werhahn/Mühlendiek*, ZStV 2022, 87 (91 f.); *Zimmermann/Raddatz*, NJW 2022, 517 Rn. 8; *F. Schmitt*, notar 2023, 31 (37); BeckRA-HdB/*Feitsch/Linder*, § 45 Rn. 60a; *Krauß*, Vermögensnachfolge in der Praxis, Rn. 3359; *Stiftung Familienunternehmen*, Stiftungsunternehmen in Deutschland, S. 95; i. Erg. wohl auch *Aiwanger*, ZEuP 2023, 1013 (1028); **a. A.** und sogar für die gänzliche Streichung der nachjustierten Beschränkungsmöglichkeiten *Arnold*, npoR 2021, 84 (88 f.); *Burgard*, ZStV 2021, 45 (49); *Burgard*, npoR 2024, 181 (184); Orth/Uhl/*Orth*, Stiftungsrechtsreform 2021, Rn. 283.

1008 Vgl. *Hüttemann/Rawert*, ZIP 2021, Beilage zu Heft 33, S3 (S39); *Mehren/Lorenz*, DStR 2020, 2547 (2557).

1009 Vgl. *§ 15 StiftRG-RefE*, s. auch *RefE v. 28.9.2020*, S. 90, 106; kritisch dazu etwa *Schwalm*, ZEV 2021, 68 (73); *Markworth*, NZG 2021, 100 (108 f.).

1010 *Hüttemann/Rawert*, ZIP 2021, Beilage zu Heft 33, S3 (S39).

1011 BT-Drs. 19/28173, S. 101 (Hervorhebungen durch Verfasser).

1012 Dazu kritisch *Feick/Schwalm*, NZG 2021, 525 (529); *Stolte*, BB 2021, 1026 (1029); *Theuffel-Werhahn/Mühlendiek*, ZStV 2022, 87 (92); auch dies stellt insoweit einen Paradigmenwechsel dar, da die Stiftung bzw. der berechtigte Dritte dazu angehalten sind, Maßnahmen zur Verhinderung der einschränkungslosen Einsicht zu ergreifen, s. BoKoStiftR/*Bartodziej/Kausträter*, StiftRG § 15 Rn. 4.

RG werden im Wege einer Verordnung noch konkretere Regelungen betreffend die Beschränkung oder den Ausschluss der Einsicht in die zum Stiftungsregister eingereichten Dokumente geschaffen. Der Gesetzgeber sollte dabei – anders als bei § 23 Abs. 2 S. 2 GwG – nach hiesiger Auffassung keinen abschließenden Katalog für das Vorliegen eines „berechtigten Interesses“ vorgeben, sondern einen „insbesondere“-Tatbestand, sodass der registerführenden Behörde bei der entsprechenden Auslegung ein Ermessen zusteht und damit auf Einzelfälle entsprechend reagiert werden kann. Es sollte der Beschränkungsmöglichkeit gem. § 15 S. 2 StiftRG nicht ein ähnliches Schicksal wie der Beschränkungsmöglichkeit gem. § 23 Abs. 2 S. 2 GWG hinsichtlich des Transparenzregisters ereilen, bei welchem, wie zuvor erwähnt, entsprechende Anträge aufgrund der hohen Hürden bisher selten positiv beschieden werden[1013]. Bereits der Wortlaut „berechtigtes Interesse“ in § 15 S. 2 StiftRG macht jedoch insofern gegenüber dem Wortlaut „*überwiegend schutzwürdiges Interesse*“ in § 23 Abs. 2 S. 1 GwG deutlich, dass hier in Bezug auf das Stiftungsregister niedrigere Maßstäbe anzulegen sind.[1014] Dies ist auch richtig, da die Satzung der Stiftung nur im Stiftungsregister abrufbar sein wird, nicht jedoch im Transparenzregister.

dd) Kritik und Auswirkungen auf unternehmensverbundene Familienstiftungen

Die Stiftung im Allgemeinen und die unternehmensverbundene Familienstiftung im Besonderen werden durch das Stiftungsregister grundsätzlich transparenter. Betreffend die eintragungspflichtigen Tatsachen ist dies insoweit auch grundsätzlich unproblematisch. Dies gilt insbesondere für Organmitgliedschaften. Denn „*wer sich als Mitglied des Organs einer Stiftung in den Rechtsverkehr begibt, muss sich ebenso wie die Organmitglieder im Gesellschafts-, Genossenschafts- oder Vereinsrecht die Identifikation gefallen lassen*“.[1015] Die Tätigkeit im Besonderen

1013 Siehe dazu → Teil 3 B I 5 a aa; dort auch zum diesbezüglichen Konflikt des Jedermanneinsichtsrechts mit den berechtigten Anonymitätsinteressen und dem legitimen Vertraulichkeitsbedürfnis von Familienunternehmen und -stiftungen.

1014 Zutreffend *Lorenz*, Ubg 2021, 386 (392).

1015 H/R/W/*Rawert*, Landesstiftungsrecht, Kap. 11 Rn. 11.51. Vgl. MüKoBGB/*Weitemeyer*, § 80 Rn. 105 m. w. N.; **a. A.** aber in Bezug auf die *de lege lata* Veröffentlichung der Namen aller Organwalter in manchen Landesstiftungsgesetzen mit Blick darauf, dass eine Kontaktaufnahme über die Stiftung bereits möglich sei, S/S/S/P/*Suerbaum*, StiftR, Teil C, Landesstiftungsrecht Rn. 152; zustimmend *Theuffel-Werhahn/Mühlendiek*, ZStV 2022, 87 dortige Fn. 28; kritisch insofern auch MHdB GesR 5/*Mecking*, § 90 Rn. 13; W/S/F/*Schulte/Risch*, Die Stiftung, § 47 Rn. 26.

der Vorstandsmitglieder ist insofern gerade darauf angelegt, nach Außen im Geschäftsleben unter Angabe seiner Identität für die Stiftung aufzutreten, weshalb insofern auch kein berechtigtes Anonymitätsinteresse besteht.[1016] Dabei gilt für Familien-Organmitglieder oder den Stifter als Organmitglied nichts anderes.

Erhebliche Bedenken, im Speziellen im Kontext von unternehmensverbundenen Familienstiftungen, evoziert jedoch das Einsichtnahmerecht für jedermann gem. § 15 S. 2 Hs. 1 StiftRG hinsichtlich der Stiftungsdokumente, namentlich der Stiftungssatzung.[1017] Stiftungen müssen zwar die Stiftungssatzung bei der Stiftungsaufsichtsbehörde zur Genehmigung einreichen. Die Stiftungssatzung ist dort aber nach den meisten Landesstiftungsgesetzen[1018] nicht allgemein einsehbar.[1019]

Im Laufe des Gesetzgebungsverfahrens kritisierte der Bundesrat dieses weitgehende Einsichtnahmerecht: § 15 StiftRG enthielte einen völligen Paradigmenwechsel zur Öffentlichkeit der Satzungen. Satzungen und deren Änderungen seien bisher in die Stiftungsverzeichnisse nicht einzutragen und unterlägen nicht der öffentlichen Einsichtnahme.[1020] Die Zulässigkeit der verpflichtenden Offenlegung erscheine datenschutzrechtlich fragwürdig, denn für den öffentlichen Glauben sei relevant, ob es die Stiftung gäbe und wer sie nach außen verbindlich vertreten dürfe. Der Inhalt der Satzung im Einzelnen sei für Dritte zur Sicherheit im Rechtsverkehr nicht relevant, weil sich für Dritte daraus keine Ansprüche gegen die Stiftung ableiten ließen. Selbst wenn interne Abstimmungsprozesse nicht eingehalten würden, könne dies einem Außenstehenden im Rechtsverkehr nicht entgegengehalten werden, wenn die Personen gehandelt hätten, die dazu nach Registereintrag berechtigt seien. Die Satzung und ihre Änderungen sollten nicht jedermann zugänglich gemacht werden. Ansonsten würden insbesondere mittelbar das Stiftungsgeschäft, weil die Satzungen oftmals entsprechende Passagen enthielten, und die Satzung öffentlich. Hier müsse sichergestellt werden, dass nur

1016 Vgl. OVG Greifswald, BeckRS 2022, 11878 Rn. 13.

1017 Vgl. auch die kritischen Nachweise in Fn. 1007.

1018 Eine Ausnahme stellen § 14 Abs. 4 LStiftG Bbg (voraussetzungsloses Einsichtsrecht in die Stiftungssatzung) sowie § 5 Abs. 4 S. 4 LStiftG Thüringen (Einsichtsrecht in die Stiftungssatzung bei berechtigtem Interesse), s. zu Recht kritisch dazu *Theuffel-Werhahn/Mühlendiek*, ZStV 2022, 87 (89), die insbesondere in Bezug auf § 14 Abs. 4 LStiftG Bbg verfassungsrechtliche Bedenken mit Blick auf das Recht auf informationelle Selbstbestimmung der Stiftung erheben.

1019 Vgl. *Fleischer/Mock*, NZG 2021, 173; *Weitemeyer*, in: Bumke/Röthel, Autonomie im Recht, S. 201 (221); Westermann/Wertenbruch/*Blaum*, PersGesR-HdB, 83. Lieferung 04.2022, I. Teil § 57 Rn. 3829.

1020 Hier ist freilich auf die in Fn. 1018 genannten Ausnahmen hinzuweisen.

„Befugte" die Unterlagen erhielten, denn viele Stifter hätten sich darauf verlassen, dass ihre Unterlagen der besonderen Geheimhaltung unterlägen. Eine Veröffentlichung würde in die grundrechtlich geschützte Sphäre der Stiftung und Dritter eingreifen. Bei anderen Urkunden des öffentlichen Glaubens (etwa Grundbüchern) müsse ein berechtigtes Interesse glaubhaft gemacht werden. Insbesondere wegen der detaillierten Veröffentlichungen auch zum Stand von Insolvenzverfahren sei fraglich, ob dieses Maß an Öffentlichkeit interner Prozesse notwendig sei. Dies könne, insbesondere wenn es zu einer Rettung der Stiftung komme oder die Reststiftung in einer anderen Stiftung aufginge, zu einer längerfristig nachwirkenden Rufschädigung führen. Wenn ein unbeschränktes Einsichtsrecht für die Allgemeinheit geschaffen werden solle, müsse der Inhalt des Registers überprüft oder eine Aufgliederung in einen öffentlichen und einen nur behördlich zugänglichen Teil in Betracht gezogen werden. Demgemäß sollte § 15 S. 2 StiftRG nach dem Bundesrat wie folgt geändert werden: *„Dasselbe gilt für die Einsicht in die zum Stiftungsregister eingereichten Dokumente, falls der Antragsteller ein berechtigtes Interesse geltend macht und das Interesse der Stiftung oder anderer betroffener Dritter an der Offenlegung der Dokumente nicht überwiegt.*"[1021]

Dieser Vorschlag des Bundesrats wurde jedoch von der Bundesregierung kurzerhand mit der Begründung abgelehnt, dass erstens für Stiftungen nichts anderes gelten solle als für Gesellschaften und Vereine, zweitens der Zugang zu einzelnen Dokumenten, insbesondere der Stiftungssatzung, schon nach § 15 S. 2 StiftRG ausgeschlossen werden könne und drittens eine solche Regelung den geplanten automatisierten Abruf behindere.[1022]

Diese Begründung der Bundesregierung überzeugt indes nicht, da sie die Sensibilität der Satzungsinhalte gerade von unternehmensverbundenen Familienstiftungen verkennt bzw. nicht ausreichend berücksichtigt. Insofern ist sich Folgendes zu vergegenwärtigen: Stiftungssatzungen von unternehmensverbundenen Familienstiftungen enthalten regelmäßig sehr vertrauliche Informationen z. B. zu den in einer Präambel niedergeschriebenen Beweggründen des Stifters sowie Details über die Familienverhältnisse (etwa über uneheliche Kinder, Sonderabreden wie etwa Pflichtteilsverzichte) und deren Fortbestand und Entwicklung.[1023] Auch kann

---

1021 Hierzu und zum vorstehenden BT-Drs. 19/28173, S. 117 f.; s. a. *Theuffel-Werhahn/Mühlendiek*, ZStV 2022, 87 (91).

1022 BT-Drs. 19/28173, S. 120; kritisch dazu auch *Schuck/Medinger*, ZEV 2021, 298 (303 mit dortiger Fn. 60).

1023 *Markworth*, NZG 2021, 100 (109); vgl. *Oppel*, NWB-EV 2021, 122 (130); *Lorenz*, Ubg 2021, 386 (392); *Theuffel-Werhahn/Mühlendiek*, ZStV 2022, 87 (91); vgl. auch zu weiteren Gründen der *„Publizitätsscheu und Informationsunlust der Familienstif-*

es vorkommen, dass in der Satzung die Destinatäre der Familienstiftung und damit die Namen von Familienmitgliedern explizit genannt[1024] sind, die normalerweise[1025] nicht in der Öffentlichkeit stehen; differenzierte Regelungen zur Auswahl der Destinatäre sowie des Ausschüttungsumfangs sind zudem oftmals in der Satzung zu finden.[1026] Auch die Höhe einer etwaigen Vergütung der Organmitglieder (vgl. § 84a Abs. 1 BGB) oder Regelungen zum Stiftungsvermögen[1027] lassen sich oftmals der Stiftungssatzung entnehmen.[1028] Familienstiftungen und Stifter sowie die Stifterfamilie haben insofern – wie schon zuvor im Rahmen des Transparenzregisters ausgeführt – auch hier mit Blick auf die mit dem diesbezüglichen Einsichtnahmerecht einhergehenden Gefahren für ihre Persönlichkeitsrechte ein berechtigtes Anonymitätsinteresse.

Gerade unternehmensverbundene Familienstiftungen enthalten zudem häufig ausführliche Regelungen zu den Verhältnissen des beteiligten Familienunternehmens bzw. der Unternehmensgruppe, die den Großteil des Stiftungsvermögens ausmachen.[1029] So sind etwa die konkrete Höhe der Beteiligung/en, die Rolle der

---

tungen" noch *Vinken*, Die Stiftung als Trägerin von Unternehmen und Unternehmensanteilen, S. 119 i. V. m. S. 82 f.

1024 Im Einzelfall kann auch gerade die Tatsache sensibel sein, wer nicht als Destinatär genannt ist, s. *Theuffel-Werhahn/Mühlendiek*, ZStV 2022, 87 (89).

1025 Siehe aber zur Meldung der Destinatäre gem. § 3 Abs. 3 Nr. 3 GwG → Teil 3 B I 5 a bb.

1026 *Oppel*, NWB-EV 2021, 122 (130); *Theuffel-Werhahn/Mühlendiek*, ZStV 2022, 87 (89).

1027 Die Stiftungssatzung muss im reformierten Recht nach § 81 Abs. 1 Nr. 1 BGB freilich keine Informationen mehr über das Stiftungsvermögen enthalten. Besonders bei Altstiftungen ist dies aber der Fall. Wie sich die Praxis betreffend neu errichteten Stiftungen entwickeln wird, insbesondere ob entsprechende Regelungen vermehrt im Stiftungsgeschäft oder einer Geschäftsordnung vorgesehen werden, bleibt abzuwarten.

1028 In der Kautelarpraxis wird insofern (bisher) oftmals zu detaillierten Regelungen in der Stiftungssatzung geraten, s. exemplarisch Schiffer/*Schiffer/Pruns/Schürmann*, Die Stiftung in der Beraterpraxis, § 3 Rn. 86.

1029 *Markworth*, NZG 2021, 100 (109); eine „*unzumutbare Belastung*" in Bezug auf die Veröffentlichung der Höhe des Stiftungsvermögens für zweifelhaft erachtend indes *Arnold*, npoR 2021, 84 (89), der jedoch verkennt, dass gerade bei uv. Familienstiftungen vermögensrelevante Informationen *per se* sensibel behandelt werden, vgl. zutreffend *Theuffel-Werhahn/Mühlendiek*, ZStV 2022, 87 (91). Anders mag dies ggf. für gemeinnützige Stiftungen sein, die allein dem Allgemeinwohl verpflichtet sind und steuerlich privilegiert werden; zur diesbezüglich gebotenen Differenzierung zwischen gemein- und privatnützigen Stiftungen s. BeckOGK/*Jakob/Uhl*, 1.7.2022, BGB § 80 Rn. 187 ff.; vgl. auch schon *Mühlhäuser*, Publizität bei Stiftungen, S. 4;

Stiftung im und ihr Verhältnis zum Unternehmen sowie etwaige Vorgaben des Stifters betreffend die Unternehmensführung aus den Stiftungssatzungen unternehmensverbundener Familienstiftungen ersichtlich, weshalb Stiftungssatzungen unternehmensverbundener Familienstiftung i. d. R. auch nicht veröffentlicht werden.

Das künftige Stiftungsregister mit Einsichtsrecht für jedermann könnte insofern besonders bei Familienstiftungen zur Gefährdung ihres *„zentrale[n] Schutzgut[es] – ihre[r] Vertraulichkeit –“*[1030] führen.[1031] Dritte erhalten durch das Einsichtnahmerecht grds. die Möglichkeit, sich ohne den Nachweis eines berechtigten Interesses, Informationen über den Stifter, seiner Familie und ggf. des Familienunternehmens einzuholen. Für Banken und Vermögensanlageberatern wird so die Möglichkeit geschaffen, durch einen Blick in die Stiftungssatzungen *„Kaltakquise bei Stiftungen zu betreiben“*.[1032]

Ob die Möglichkeit der Beschränkung gem. § 15 S. 2 Hs. 2 StiftRG ausreichend zum Schutze der Interessen der Familienstiftung, des Stifters und seiner Familie sowie des beteiligten Familienunternehmens ist, wird maßgeblich von der konkreten Ausgestaltung durch die vorgesehene Verordnung gem. § 19 Nr. 4 StiftRG abhängen.[1033]

Führt man sich jedoch die Gründe des Gesetzgebers für die Einführung des Stiftungsregisters vor Augen, so scheint das jedermann-Einsichtnahmerecht in die Stiftungsinterna, namentlich der Stiftungssatzung, nicht nachvollziehbar. Mit dem Stiftungsregister will der Gesetzgeber – wie auch eingangs ausgeführt – nämlich primär die Transparenz der Stiftung im Rechtsverkehr und besonders die Feststellung der Vertretungsverhältnisse des Stiftungsvorstands erleichtern.[1034] Die Vertretungsverhältnisse ergeben sich indes bereits aus den eintragungspflichtigen Tatsachen i. S. d. § 2 Nr. 6 StiftRG[1035]; die Einreichung der Stiftungssatzung

---

Vinken, in: Stifterverband, Zur Praxis von Familienstiftungen, S. 27 (36); *F. Schmitt*, notar 2023, 31 (37); *Sprecher*, in: Sprecher/v. Orelli, Familienstiftungen – neue Perspektiven, S. 149 (150); gegen eine Differenzierung aber Burgard/*Heimann*, StiftR, Vor 3 § 82b Rn. 16.

1030 *v. Orelli* zitiert nach Jakob/*Dardel/Uhl*, Stiftung und Familie, S. 129 (135).

1031 Kritisch insofern auch *Feick/Schwalm*, NZG 2021, 525 (529); *Schwalm*, ZEV 2021, 68 (74); *Markworth*, NZG 2021, 100 (109); *Stolte*, BB 2021, 1026 (1029).

1032 *Stolte*, BB 2021, 1026 (1029).

1033 Ebenso *Feick/Schwalm*, NZG 2021, 525 (529).

1034 Vgl. BT-Drs. 19/28173, S. 81.

1035 Für den Fall, dass die Vertretungsmacht des Stiftungsvorstands statutarisch (zulässigerweise) auf den Stiftungszweck beschränkt wird, ist dies freilich in der ent-

und etwaigen Satzungsänderungen in das Stiftungsregister ist mit Blick auf die Ratio des Stiftungsregisters nicht nur nicht erforderlich.[1036] Das Erfordernis der Anmeldung und Eintragung der Stiftungssatzung und ihrer Änderungen in ein Stiftungsregister ist vielmehr als „*systemfremd und funktionslos*" zu bewerten.[1037] Dies gilt insbesondere vor dem Hintergrund, dass etwaige Eintragungen in das Stiftungsregister weiterhin rein deklaratorisch sind, sodass etwa die Wirksamkeit von Satzungsänderungen unabhängig von der Eintragung ist.[1038]

Ferner ist es widersprüchlich, wenn sich einerseits die Beschränkung oder ein Fehlen der staatlichen Aufsicht über (unternehmensverbundene) Familienstiftungen u. a. mit einem fehlenden öffentlichen Interesse erklären[1039], zugleich aber ein angebliches öffentliches Interesse für ein Jedermann-Einsichtnahmerecht in die Stiftungsdokumente bestehen soll.[1040] Ein solches ist auch mit Blick darauf, dass die Stiftung wesensgemäß mitgliederlos ist und es daher „*weder schützenswerte Interessen von Beitrittswilligen noch von Anlegern geben* [kann], *den Inhalt einer Stiftungssatzung zu kennen*"[1041]. Entsprechendes gilt auch für Destinatäre der Stiftung, denn diese haben von Gesetzes wegen keinerlei Rechte, insbesondere kein Recht auf Auskunft oder Einsicht in die Unterlagen der Stiftung[1042]. Ihre konkrete

---

sprechenden Eintragung im Stiftungsregister hinreichend kenntlich zu machen, s. hierzu näher → Teil 4 F I 2 a.

1036 *Markworth*, NZG 2021, 100 (109); vgl. *Stolte*, BB 2021, 1026 (1029); *Lorenz/Mehren*, DStR 2021, 1774 (1779); *Breyer*, FuS 2022, 18 (22); vgl. (aber betreffend Vorgaben zum Transparenzregister) zur Bedeutung der Ratio eines Gesetzes bzw. *in casu* einer Richtlinie diesbezüglich EuGH, BeckRS 2022, 32382 Rn. 42, 55 ff. – WM und Sovim SA/Luxembourg Business Registers.

1037 *Markworth*, NZG 2021, 100 (109); zustimmend auch *Theuffel-Werhahn/Mühlendiek*, ZStV 2022, 87 (91).

1038 BT-Drs. 19/28173, S. 68 („*Erst mit Erteilung der Genehmigung wird die Satzungsänderung wirksam*"); vgl. *Markworth*, NZG 2021, 100 (109).

1039 Siehe dazu → Teil 4 H II.

1040 *Feick/Schwalm*, NZG 2021, 525 (529); *Theuffel-Werhahn/Mühlendiek*, ZStV 2022, 87 (92).

1041 *Hüttemann/Rawert*, ZIP 2021, Beilage zu Heft 33, S3 (S39).

1042 *Nietzer/Stadie*, NJW 2000, 3457 (3458); *Markworth*, NZG 2021, 100 (109); Berndt/Götz/*Berndt*, Stiftung und Unternehmen, Rn. 334; zum Einsichtsrecht in die Akten der Stiftungsaufsichtsbehörden (speziell hierzu *Orth*, ZStV 2024, 3 [33]) sowie Auskunfts- und Informationsrechte von Destinatären ohne Rechtsansprüche ausf. *Theuffel-Werhahn/Mühlendiek*, ZStV 2022, 87; *Bieniek*, SB 2024, 118; s. a. *Hüttemann/Rawert*, AcP 222 (2022), 301 (313 ff.), dort auch zum (zu Recht zu bejahenden) Einsichtsrecht in Unterlagen der Stiftungsbehörde durch die Stiftung selbst und die Stiftungsorgane in Bezug auf für die Auslegung des Stifterwillens hinreichend

Rechtsstellung steht letztlich im Belieben des Stifters.[1043] Falls der Stifter ihnen statutarisch einen Anspruch auf Stiftungsleistung oder sonstige mitgliedschaftlichen Rechte zugesteht, so haben diese ohnehin regelmäßig einen diesbezüglichen allgemeinen Auskunftsanspruch gegenüber der Stiftung gem. § 242 BGB[1044] betreffend die diesbezüglich erforderlichen Informationen, sodass sich hieraus eine etwaige Publizität der Stiftungssatzung nicht rechtfertigen ließe.[1045] Schließlich wird eine Familienstiftung – trotz fehlenden öffentlichen oder anderweitigen berechtigten Interesses – künftig transparenter sein als z. B. eine vergleichbare Familien-Personenhandelsgesellschaft, die unzweifelhaft nicht verpflichtet ist, ihre Gesellschaftsinterna, insbesondere Gesellschaftsvertrag als solchem und dessen das Innenverhältnis betreffende Regelungen, in das Handelsregister einzureichen bzw. -tragen und damit der Öffentlichkeit preiszugeben.[1046]

---

dokumentierte Äußerungen des Stifters aus dem behördlichen Anerkennungsverfahren.

1043 Eing. zu deren Rechts(los)stellung → Teil 4 G II.

1044 Vgl. aus der Rspr. BGH, NZG 2009, 1433 Rn. 24; LG Duisburg, BeckRS 2008, 11345 Rn. 19; zuletzt LG Köln, Teilurt. v. 23.2.2023 – 19 O 136/22 (n. v.) zitiert nach BGH, NJW-RR 2024, 610 (Revisionsinstanz), wo es u. a. um die Klage eines Familienmitglieds der Stifterin auf Auskunft über den Inhalt der aktuellen Satzung einer gemeinnützigen Stiftung ging. Das LG Köln gab der Auskunftsklage statt. In der (erfolglosen) Revision ging es lediglich um die Berufungszulassungsvoraussetzungen, hierzu die Anm. von *Bieniek*, SB 2024, 118. Aus der Lit. MüKoBGB/*Weitemeyer*, § 85 Rn. 48; BeckOGK/*Jakob/Picht/Kopp*, 1.9.2024, BGB § 83 Rn. 31; *Theuffel-Werhahn/Mühlendiek*, ZStV 2022, 87 (88); jew. m. w. N. Allg. zum Auskunftsanspruch aus § 242 BGB und dessen Voraussetzungen MüKoBGB/*Krüger*, § 260 Rn. 12 ff.

1045 *Markworth*, NZG 2021, 100 (109); zustimmend *Theuffel-Werhahn/Mühlendiek*, ZStV 2022, 87 (91 f.).

1046 Vgl. *Feick/Schwalm*, NZG 2021, 525 (529); *Theuffel-Werhahn/Mühlendiek*, ZStV 2022, 87 (92); zur fehlenden Eintragungspflicht und -fähigkeit von Gesellschaftsinterna, insbesondere des Gesellschaftsvertrags, betreffend das Handelsregister s. für Personengesellschaften BeckOGK/*Sanders*, 1.7.2024, HGB § 106 Rn. 4; MüKoHGB/*Fleischer*, § 105 Rn. 127 i. V. m. § 106 Rn. 38. Die Gesellschaftsverträge resp. Satzungen von Kapitalgesellschaften sind hingegen für jedermann im Handelsregister (§ 9 Abs. 1 S. 1 HGB) frei einsehbar, vgl. für die GmbH: §§ 8 Abs. 1 Nr. 1, 54 Abs. 1 S. 2 GmbHG; für die AG: § 36 Abs. 1, 37 Abs. 4 Nr. 1, 181 Abs. 1 S. 2 AktG; zusammenfassend zur Satzungspublizität *Bochmann*, in: Röthel/K. Schmidt, Grundfragen der Organisation von Familienunternehmen, S. 149 (159 f.); Viskorf/*Wachter*, Familienunternehmen in der Nachfolgeplanung, Rn. 228.

Demgemäß ist es auch legitimierbar, wenn das Einsichtnahmerecht betreffend privatnützigen[1047] Stiftungen, insbesondere unternehmensverbundenen Familienstiftungen gänzlich gestrichen wird.[1048] Eine etwaige Differenzierung zwischen gemeinnützigen Stiftungen, an denen aufgrund der steuerlichen Privilegierung ein Informationsinteresse der Öffentlichkeit besteht, und rein privatnützigen (Familien-)Stiftungen, die nicht auf die Erfüllung gemeinnütziger Zwecke gerichtet sind, steht dem Gesetzgeber dabei durchaus offen, wie sich etwa bereits daran zeigt, dass rechtsfähige Stiftungen des öffentlichen Rechts gänzlich nicht ins Stiftungsregister eingetragen werden sollen[1049]. Auch in den bisherigen Landesstiftungsverzeichnissen sind Familienstiftungen von der Veröffentlichung teilweise ausgenommen, wie etwa in Bremen (§ 10 Abs. 2 LStiftG Bremen) und in Niedersachsen § 10 Abs. 1 S. 1 i. V. m § 4 Abs. 2 LStiftG Niedersachsen).

Will der Gesetzgeber nicht so weit gehen, so sollte er die berechtigten Anonymitätsinteressen wenigstens dergestalt berücksichtigen, indem er vorsieht,

---

1047 Für gemeinnützige Stiftungen, die ca. 90 % der Stiftungslandschaft in Deutschland ausmachen (vgl. für das Jahr 2023 *BDS*, https://t1p.de/i5skf), lässt sich ein Anderes vertreten, da an diesen *per se* ein öffentliches Interesse besteht und es für diese selbst von großer Bedeutung sein kann, transparent in Bezug auf die Stiftungsgestaltung zu agieren und in der Öffentlichkeit wahrgenommen zu werden, vgl. *F. Schmitt*, notar 2023, 31 (37);); *Burgard*, npoR 2024, 181 (184); s. a. *Sprecher*, in: Sprecher/v. Orelli, Familienstiftungen – neue Perspektiven, S. 149 (150). Freilich gibt es auch hier sicherlich Ausnahmen, etwa bei unternehmensverbundenen gemeinnützigen (Familien-)Stiftungen, die nicht auf Spenden angewiesen sind, sondern ihre gemeinnützigen Zwecke allein durch die Erträge der Unternehmensbeteiligung erfüllen und demgemäß auch nicht angewiesen sind, in der Öffentlichkeit in Erscheinung zu treten.

1048 Dafür plädiert *Markworth*, NZG 2021, 100 (109); *Hüttemann/Rawert*, ZIP 2021, Beilage zu Heft 33, S3 (S39) hielten eine Streichung ebenfalls für legitimierbar; **a. A.** und für die gänzliche Streichung der Beschränkungsmöglichkeiten *Arnold*, npoR 2021, 84 (88 f.); *Burgard*, ZStV 2021, 45 (49); *Burgard*, npoR 2024, 181 (184); Orth/Uhl/*Orth*, Stiftungsrechtsreform 2021, Rn. 283; Burgard/*Heimann*, StiftR, Vor 3 § 82b Rn. 16; die alle jedoch die gebotene Differenzierung zwischen gemein- und privatnützigen (Familien)Stiftungen (→ Fn. 1049) dabei nicht berücksichtigen.

1049 *Stolte*, BB 2021, 1026 (1029) m. V. a. BT-Drs. 19/28173, S. 124 f.; zur allgemein gebotenen Differenzierung zwischen gemein- und privatnützigen Stiftungen s. BeckOGK/*Jakob/Uhl*, 1.7.2022, BGB § 80 Rn. 187 ff.; vgl. auch schon *Mühlhäuser*, Publizität bei Stiftungen, S. 4; *Vinken*, in: Stifterverband, Zur Praxis von Familienstiftungen, S. 27 (36); *F. Schmitt*, notar 2023, 31 (37); *Sprecher*, in: Sprecher/v. Orelli, Familienstiftungen – neue Perspektiven, S. 149 (150); gegen eine Differenzierung aber Burgard/*Heimann*, StiftR, Vor 3 § 82b Rn. 16.

dass Personen, die Einblick gerade in die Stiftungssatzungen nehmen wollen, ihr *berechtigtes Interesse* darzulegen haben (vgl. insofern auch § 5 Abs. 4 S. 4 LStiftG Thüringen[1050]).[1051] Die Beschränkungsmöglichkeit gem. § 15 S. 2 Hs. 2 StiftRG sollte zwecks Wahrung der Anonymitätsinteressen auch dann bestehen bleiben.

Bleibt es gleichwohl bei der bisher vorgesehenen Fassung des § 15 StiftRG, so ist mit einem erheblich erhöhten Maß an Publizität für unternehmensverbundene Familienstiftungen zu rechnen.[1052] Bei anstehenden Stiftungserrichtungen rückt die Stiftungssatzungsgestaltung daher mehr denn je in den Fokus, denn anders als etwa bei Vereinen oder Kapitalgesellschaften wird eine Stiftungssatzung mit Blick auf den grds. Ewigkeitscharakter einer Stiftung und regelmäßig höheren Anforderungen i. d. R. seltener geändert.[1053] Nunmehr wird es diesbezüglich daher erforderlich sein, dass *„bei der Satzungsgestaltung zwischen den Erfordernissen einer hinreichend konkreten und umsetzbaren sowie den Stifterwillen klar abbildenden Stiftungssatzung auf der einen Seite und berechtigten Anonymitätsinteressen auf der anderen Seite abgewogen werden."*[1054] Der Stifter muss sich bei jedem Wort bzw. Satz überlegen, ob er im Zweifel damit einverstanden ist, dass jedermann Kenntnis davon erlangen könnte.

Bestehende Familienstiftungen mit ggf. detaillierten persönlichen oder wirtschaftlich relevanten Informationen (z. B. über Adressen, Namen von Destinatären, Hinweise auf nicht öffentlich bekannte Familienverhältnisse, designierte Organnachfolger, geplante letztwillige Zuwendungen, interne Verfügungsbeschränkungen[1055] oder das mit der Stiftung verbundene Familienunternehmen) enthält, deren Bekanntwerden dem Stifterwillen widersprechen könnte, sollten in ihren Stiftungssatzungen dahingehend prüfen, ob durch punktuelle Satzungsänderungen unter Berücksichtigung des mutmaßlichen Stifterwillens *„anonymisierende"* Formulierungen gewählt werden können.[1056] So ist Stifter etwa nicht

1050 Dieser lautet: *„Die Einsicht in die Stiftungssatzung ist jedem, der ein berechtigtes Interesse geltend macht, insoweit gestattet, wie dies zur Wahrnehmung dieses Interesses erforderlich ist."*

1051 So der Vorschlag des Bundesrates BT-Drs. 19/28173, S. 120; zustimmend *Stolte*, BB 2021, 1026 (1029); wohl auch *Schuck/Medinger*, ZEV 2021, 298 (303).

1052 Vgl. *Lorenz*, Ubg 2021, 386 (392).

1053 Vgl. BT-Drs. 19/28173, S. 35; *Lorenz/Mehren*, DStR 2021, 1774 (1779 f.); zu Satzungsänderungsmöglichkeiten → Teil 4 D I 2.

1054 *Lorenz*, Ubg 2021, 386 (392).

1055 *Gollan*, npoR 2021, 277 (284).

1056 *Lorenz/Mehren*, DStR 2021, 1774 (1780); *Gollan*, npoR 2021, 277 (284); *Schwalm*, ZEV 2021, 68 (74); *Wachter*, GmbHR 2020, R356 (R357) plädiert dafür, bei bereits bestehenden (Familien-)Stiftung sogar mit Blick auf den historischen und mutmaß-

gezwungen, die Destinatäre der Familienstiftung namentlich in der Stiftungssatzung zu benennen.[1057] Vielmehr kann er u. a. auch zum Schutz der Anonymität der einzelnen Familienmitglieder stattdessen Vorgaben in der Stiftungssatzung festlegen, nach denen der Stiftungsvorstand oder ein fakultatives Organ die Destinatäre erst noch bestimmen muss. Selbiges ist auch betreffend die Höhe und Zahlungsmodalitäten der Vergütung von Organmitgliedern möglich. Der Stifter muss diese nicht bereits im Detail in der Stiftungssatzung festlegen, sondern kann sie stattdessen einem Stiftungsorgan überlassen, das die Auszahlung festsetzt.[1058]

Konkrete Handlungsanweisungen, die nähere Ausgestaltung der Rechte und Pflichten von Organen oder sonstige nicht für die Öffentlichkeit bestimmte Informationen können im Übrigen in nicht-öffentlichen Neben- bzw. Geschäftsordnungen[1059] geregelt werden, weshalb diese ebenfalls vermehrt in den gestalterischen Fokus im Speziellen für Familienstiftungen rücken dürften.[1060]

Mit Blick darauf, dass allein die Stiftungssatzung und nicht das Stiftungsgeschäft eingereicht werden muss und damit dieses auch nicht frei einsehbar ist, können persönliche oder sonstige für den Stifter wichtige Informationen bereits im Stiftungsgeschäft näher geregelt werden, etwa etwaige Ausführungen zu den Destinatären oder Angaben zum Stiftungsvermögen[1061] und sonstige Aspekte wie z. B. Pflichtteilsverzichte, die nicht publik werden sollen.[1062]

---

lichen Stifterwillen „*– auch aus Gründen des Persönlichkeits- und Vertrauensschutzes – eine Ausnahme von der zwingenden Eintragung* [vorzusehen]".

1057 Hier und nachfolgend im Detail → Teil 4 G I.

1058 Vgl. etwa die Satzungsmuster bei MVHdB I GesR/*Hof*, Form. VIII. 3 S. 1540; BeckFormB ErbR/*Feick/Bregulla-Weber*, Form. H. III. 2. Anm. 7 sprechen insofern von einer „*Ermessensstiftung*"; zu dieser vgl. auch → Teil 4 G II.

1059 Zu deren Zulässigkeit *de lege lata* und auch nach der Reform → Teil 4 F III.

1060 *Pawlytta/Pfeiffer*, ZErb 2022, 255 (262); *Gollan*, npoR 2021, 277 (284) weist aber zutreffend darauf hin, dass diese grds. auch unter erleichterten Bedingungen abänderbar sind und dies deshalb durchaus im Konfliktfall nachteilig sein könnte. Zur Vermeidung dessen können jedoch auch entsprechende (hohe) Beschlussquoren oder Zustimmungsvorbehalte vorgesehen werden.

1061 Angaben hierzu sind in der Stiftungssatzung nicht mehr zwingend erforderlich s. § 81 Abs. 1 Nr. 1 BGB.

1062 Vgl. auch *Hüttemann/Rawert*, ZIP 2021, Beilage zu Heft 33, S3 (S37); BeckFormB ErbR/*Feick/Bregulla-Weber*, Form. H. III. 1. Anm. 12. Schauhoff/Kirchhain/*Mehren*, Gemeinnützigkeits-HdB, § 3 Rn. 19, 52 zufolge sollte hierbei aber darauf geachtet werden, dass das Stiftungsgeschäft nicht mit der Anerkennungsentscheidung – physisch – verbunden werde, da andernfalls das Stiftungsgeschäft als Bestandteil der Anerkennungsentscheidung Eingang in das Stiftungsregister finden könnte. In der Praxis und auch in den gängigen Formularbüchern wird aber i. d. R. im Stiftungs-

Summa summarum birgt das Jedermann-Einsichtnahmerecht – trotz der vorgesehenen Beschränkungsmöglichkeiten – eine im Besonderen mit Blick auf die Zielsetzungen des Stiftungsregisters unnötige Gefährdung intimer Informationen des Stifters und seiner Familie, die gerade aufgrund ihrer familiären Prägung auf Anonymität viel Wert legen und deshalb Konstruktionen wählen, die ihren berechtigten Anonymitätsinteressen entgegenkommen. Eine Einsichtnahmemöglichkeit in Stiftungsinterna ergibt bei den gemeinnützigen Stiftungen mit Blick auf ihr Allgemeinwohlorientierung wohl unstrittig einen Sinn, nicht jedoch bei den privatnützigen (Familien-)Stiftungen, bei welchen das Recht auf Privatsphäre des Stifters und der einzelnen Stiftungsbeteiligten sowie auch der Stiftung selbst berücksichtigt werden muss[1063]. Letztlich könnte auch die Attraktivität der unternehmensverbundenen Familienstiftung als Nachfolgeinstrument im Speziellen für Familienunternehmen als solches stark abnehmen.[1064] Im Übrigen gilt die im Rahmen des Transparenzregisters geäußerte Kritik[1065] in Bezug auf dessen Auswirkungen auf die unternehmensverbundenen Familienstiftungen erst recht auch für das Stiftungsregister, in dem sogar die Stiftungssatzung einzureichen und grds. von jedermann einzusehen sein wird.

---

geschäft nur auf die separat erstellte Stiftungssatzung als Anlage verwiesen (s. nur BeckOGK/*Lange*, 1.9.2024, BGB § 81 Rn. 27). Nur bei der Stiftungserrichtung von Todes wegen kommt es durchaus vor, dass die Stiftungssatzung im Testament steht und damit auch bereits mit dem Stiftungsgeschäft physisch zusammengetragen ist. In diesem Fall sollte es zulässig sein, eine (nachträglich) zumindest beglaubigte Kopie der Stiftungssatzung einzureichen.

1063 Vgl. i. Erg. auch BeckOGK/*Jakob/Uhl*, 1.7.2022, BGB § 80 Rn. 187 ff.; vgl. auch *Mühlhäuser*, Publizität bei Stiftungen, S. 4; *Vinken*, in: Stifterverband, Zur Praxis von Familienstiftungen, S. 27 (36); **a. A.** *Arnold*, npoR 2021, 84 (88 f.); *Burgard*, ZStV 2021, 45 (49); Orth/Uhl/*Orth*, Stiftungsrechtsreform 2021, Rn. 283; Burgard/*Heimann*, StiftR, Vor 3 § 82b Rn. 16

1064 I. Erg. auch *Markworth*, NZG 2021, 100 (109), nach dem *„über kurz oder lang sogar das vollständige Verschwinden dieser Rechtsform* [unternehmensverbundene Familienstiftung]" drohe; ähnlich (und für unternehmensverbundene Familienstiftungen entsprechend geltend) *Stolte*, BB 2021, 1026 (1029) („*[…] wird dies mit hoher Sicherheit dazu führen, dass potentielle Stifterinnen und Stifter mit ihrem gemeinnützigen Engagement auf andere Rechtsformen (gGmbH, Verein) oder in andere Rechtsordnungen, d. h. ins Ausland ausweichen.*").

1065 Dazu auch → Teil 3 B I 5 a aa.

ee) Verhältnis zum Transparenzregister

Durch die Einführung des Stiftungsregisters werden die Stiftungen jedoch nicht von Meldungen zum Transparenzregister befreit.[1066] Denn bisher ist gem. § 20a GwG allein für eingetragene Vereine eine Ausnahme vorgesehen. Ob eine solche Regelung für das künftige Stiftungsregister ebenfalls eingeführt wird, bleibt abzuwarten, ist aber im Hinblick auf den Zweck der Norm[1067] zu befürworten.[1068] Insofern ist es begrüßenswert, dass der Finanzausschuss des Deutschen Bundestages die Bundesregierung in seiner Beschlussempfehlung zu dem Entwurf eines Transparenzregister- und Finanzinformationsgesetzes zwecks Vermeidung von Doppelanmeldungen die Bundesregierung aufgefordert hat, in der nächsten Legislaturperiode zu prüfen, wie Doppelanmeldungen zu den Justizregistern und dem Transparenzregister – und damit auch hinsichtlich des Stiftungsregisters – und damit verbundene bürokratische Mehrfachbelastungen vermieden werden können.[1069] Die Bundesregierung will sich dessen bis zum Inkrafttreten des Stiftungsregisters annehmen.[1070]

Sollte eine § 20a GwG entsprechende Regelungen auch für Stiftungen geschaffen werden, so wird i. d. R. allein die Eintragung der Vorstandsmitglieder (§ 3 Abs. 3 Nr. 2 GwG) entfallen.[1071] Weiterhin eintragungspflichtig blieben indes wohl die für unternehmensverbundene Familienstiftung relevanten Fälle des § 3 Abs. 3 Nr.

1066 Eine noch angedachte Verknüpfung mit der Meldefiktion des § 20 Abs. 2 GwG a. F. ist mit dem Erstarken des Transparenzregisters zum Vollregister und des damit einhergehenden Wegfalls der Meldefiktion hinfällig geworden, s. → Teil 3 B I 5 a aa (a. E.).

1067 Nach BT-Drs. 19/30443, S. 67 bezweckt die Norm die *„Stärkung des Ehrenamtes und Verringerung der bürokratischen Belastung für Vereine“*. Nach *Strachwitz*, ZStV 2020, 212 (215) werden ca. *„80 % der rechtsfähigen Stiftungen bürgerlichen Rechts ehrenamtlich geführt“*, sodass das vorstehende Telos auch für eine Übertragung der Norm auf Stiftungen spricht; ebenso *Böttcher*, npoR 2021, 292 (296); BeckOGK/*G. Roth*, 30.6.2023, BGB § 80 Rn. 491 f.

1068 Eine entsprechende Verzahnung wird einhellig befürwortet, s. etwa *Böttcher*, npoR 2021, 292 (296); *Orth*, MDR 2021, 1304 Rn. 55; *Gollan*, npoR 2021, 277 (296); *Stolte*, BB 2021, 1026 (1029 f.); *Hüttemann/Rawert*, ZIP 2021, Beilage zu Heft 33, S3 (S40); BeckOGK/*G. Roth*, 30.6.2023, BGB § 80 Rn. 491.1 zieht andernfalls eine analoge Anwendung in Betracht.

1069 S. Bericht des Ausschusses für Recht und Verbraucherschutz (6. Ausschuss), BT-Drs. 19/31118, S. 8 m. V. a. BT-Drs. 19/30443, S. 66 f.; s. a. die Aufforderung des Bundesrates BT-Drs. 19/28173, S. 115 f. sowie BR-Drs. 143/1/21, S. 5.

1070 BT-Drs. 19/28173, S. 119 f.

1071 *Orth*, MDR 2021, 1225 Rn. 35.

3, Nr. 4 GwG, ein Teil der nach § 3 Abs. 3 Nr. 5 GwG zu erfassenden Personen und § 3 Abs. 3 Nr. 6 lit. a) GwG. Diese müssten weiterhin zum Transparenzregister gemeldet werden, da sich die erforderlichen Informationen nicht in Gänze dem Stiftungsregister entnehmen lassen werden.[1072]

Angemerkt sei noch, dass auch etwaige Eintragungspflichten in anderen Registern (z. B. Handelsregister, Lobbyregister[1073], Zuwendungsempfängerregister [§ 60b AO][1074]) nicht entfallen werden. Vor diesem Hintergrund werden der Compliance-Aufwand und die Compliance-Risiken für Stiftungen[1075], insbesondere für deren Vorstände, daher steigen[1076], weshalb die vorstehend erläuterte Empfehlung des Bundesrats[1077], eine einheitliche Plattform für Eintragungen von Stiftungen in Gestalt eines „*once-only-Prinzip[s]*" zu schaffen, auf jeden Fall weiterverfolgt werden sollte.

c) Legislatorische Empfehlung hinsichtlich der Berücksichtigung der Anonymitätsinteressen von Familienunternehmen und -stiftungen

Der Gesetzgeber kann und soll zwar weder im Transparenzregister noch im Stiftungsregister ein Sonderpublizitätsregime für Familienunternehmen resp. unternehmensverbundene Familienstiftungen schaffen. Er darf aber die Besonderheiten ebendieser, namentlich die familiäre Prägung, bei der Ausgestaltung

---

1072 Vgl. näher Orth/Uhl/*Orth*, Stiftungsrechtsreform 2021, Rn. 301 a. E.; *Schwalm*, ZEV 2021, 68 (73 f.). Dass sich einige Informationen bereits aus der einzureichenden Stiftungssatzung entnehmen lassen, dürfte wohl nicht ausreichend sein, da diese erst jeder einzelnen Satzung entnommen werden müssten, sodass ein automatischer Informationsaustausch schwerlich möglich wäre.

1073 In Kraft seit dem 1.1.2022, BGBl. 2021 I, S. 818 und zuletzt verschärft zum 1.1.2024, vgl. BT-Drs. 20/7346. Jenes dürfte primär sog. parteinahe bzw. politiknahe Stiftungen betreffen, dazu *J. Engel*, ZStV 2022, 132; vgl. auch *Wissenschaftliche Dienste des Bundestages*, WD 8–3000–046/23 v. 31.8.2023, S. 17 betreffend politiknahen Unternehmensstiftungen.

1074 BGBl. I 2020, S. 3096. Darin sind ab dem 1.1.2024 speziell gemeinnützige Stiftungen einzutragen, dazu *Hüttemann*, npoR 2021, 121.

1075 Zu Compliance bei Stiftungen eing. Richter/*Römer*, Stiftungsrecht, § 21 Rn. 1 ff.; *Mehren*, npoR 2020, 15; *Weber/M. Werner*, BB 2023, 1031; *Schockenhoff/Duttig*, ZIP 2024, 2433 (2435 ff.); zum strukturellen Compliance-Defizit bei Stiftungen instruktiv *Schwalm*, ZStV 2020, 52 (54).

1076 Ebenso *Gollan*, npoR 2021, 277 (284); vgl. auch *Böttcher*, npoR 2021, 292 (296).

1077 Vgl. BR-Drs. 143/1/21, S. 5.

des Publizitätsniveaus nicht gänzlich vernachlässigen.[1078] Dies gilt im Kontext von bereits bestehenden unternehmensverbundene Familienstiftung für die Eintragung ins Stiftungsregister im Besonderen. Denn die damit verbundene Publizität dürfte zumeist nicht dem (mutmaßlichen) Stifterwillen entsprechen. Viele Stifter legen – wie eingangs erörtert – gerade bei einer Stiftungskonstruktion ein großes Augenmerk auf die damit einhergehende Diskretion und hätten demgemäß ihre Stiftung nicht bzw. nicht so errichtet, wenn ihnen bekannt gewesen wäre, dass Stiftungssatzung eines Tages in einem grundsätzlich für jedermann einsehbaren Stiftungsregister online veröffentlicht werden wird.[1079] Insgesamt ist zu konstatieren, dass das jedermann-Einsichtnahmerecht bzgl. der Stiftungsdokumente, insbesondere der Stiftungssatzung, regelmäßig dem Bedürfnis des Stifters im Speziellen und eines Familienunternehmers im Allgemeinen nach Privatsphäre diametral entgegensteht. Dies sollte auch der Gesetzgeber beachten, zumal das Primat des Stifterwillens – das im Rahmen der Stiftungsrechtsreform in § 83 Abs. 2 BGB unlängst gesetzlich bekräftigt worden ist – eine herausragende Bedeutung im Stiftungsrecht hat.[1080]

Nach alldem ist nach hier vertretener Ansicht jedenfalls die Normierung der Darlegung eines „berechtigten Interesses" durch die Einsichtnehmenden – etwa in Anlehnung an § 12 Abs. 1 S. 1 GBO[1081] oder speziell in Bezug auf die hinterlegten Dokumente, insbesondere der Stiftungssatzung, an § 5 Abs. 4 S. 4 LStiftG Thüringen[1082], jedoch ergänzt um den Passus *„und schutzwürdige Interessen eines*

1078 Allg. *Bochmann*, in: Röthel/K. Schmidt, Grundfragen der Organisation von Familienunternehmen, S. 149 (151).

1079 *Wachter*, GmbHR 2020, R356 (R357).

1080 Zur Relevanz des Stifterwillens → Teil 3 C.

1081 Dieser lautet: *„Die Einsicht des Grundbuchs ist jedem gestattet, der ein berechtigtes Interesse darlegt."* Zu den Voraussetzungen und der Darlegung des berechtigten Interesses statt anderer BeckOK GBO/*Wilsch*, 54. Ed. 2.9.2024, § 12 Rn. 1 ff., 7 ff.; vgl. auch BGH, NZM 2020, 684 Rn. 9 ff. Auch das erforderliche berechtigte Interesse für die Einsicht in das Transparenzregister gem. § 23 Abs. 1 S. 1 Nr. 3 GwG a. F. (2017), sollte entsprechend § 12 GBO ausgelegt werden, s. BT-Drs. 18/11555, S. 133; dazu auch *Schaub*, DStR 2017, 1438 (1443).

1082 Dieser lautet: *„Die Einsicht in die Stiftungssatzung ist jedem, der ein berechtigtes Interesse geltend macht, insoweit gestattet, wie dies zur Wahrnehmung dieses Interesses erforderlich ist."*

Beteiligten[1083] *oder eines Dritten nicht entgegenstehen*"[1084] – sowohl im Rahmen des Transparenz- als auch Stiftungsregisters geboten.[1085] Zudem oder jedenfalls stattdessen sollten keine hohen Hürden hinsichtlich der Voraussetzungen für die Einschränkungsmöglichkeiten des § 15 S. 2 StiftRG bzw. § 23 Abs. 2 S. 1 GwG bestehen, insbesondere sollte bei bestehenden Stiftungen der Stifterwillen hinreichende Berücksichtigung finden.

In Bezug auf das Stiftungsregister wurde immerhin vom Rechtsausschuss des Bundestages aufgrund der berechtigten Anonymitätsinteressen des Stifters Folgendes angeregt: „*Deshalb soll ermöglicht werden, dass eine Einsichtnahme in bestimmte Eintragungsunterlagen oder Teile von Eintragungsunterlagen unterbleibt, insbesondere durch unbürokratische Schwärzungen. Die Einsicht in Eintragungsunterlagen soll einfach und unbürokratisch bei der Anmeldung, mit der solche Unterlagen vorgelegt werden, die sensible Daten enthalten, beschränkt werden können. In der Verordnung nach § 19 StiftRG-neu sollen entsprechende Vorschriften geschaffen werden.*"[1086] Es ist zu hoffen, dass dies bei der Umsetzung des § 19 StiftRG tatsächlich Berücksichtigung finden wird und damit jedenfalls die bisher vorgesehene „Schwärzungsmöglichkeit" – wie in der Gesetzesentwurfsbegründung verlautbart – in der Praxis auch „unbürokratisch" durchgeführt werden wird. Insofern bleibt abzuwarten, wie die Registerbehörden mit Schwärzungsanträgen konkret umgehen werden.

Letztlich sollte man sich gewahr werden, dass sich eine ausufernde Publizität gerade betreffend (Familien-)Stiftungen ungünstig auf die Bereitschaft von potentiellen vermögenden Personen resp. Unternehmern auswirken könnte, große Vermögenswerte, im Besonderen Unternehmensbeteiligungen, in eine (Familien-)Stiftung dauerhaft einzubringen.[1087] Der Gesetzgeber sollte deshalb

---

1083 In Bezug auf die Stiftung sind damit insbesondere Interessen der Stiftung (samt denen der Organmitglieder), des Stifters und der Destinatäre gemeint, vgl. zu den Stiftungsinteressierten MHdB GesR 7/*G. Roth*, § 96 Rn. 14.

1084 In Anlehnung an § 13 Abs. 2 S. 1 FamFG.

1085 Dafür auch Schauhoff/Mehren/*Schienke-Ohletz*, Stiftungsrecht nach der Reform, Kap. 4 Rn. 22. Auch vor dem Hintergrund der Entscheidung des EuGHs (BeckRS 2022, 32382 Rn. 42, 55 ff. – WM und Sovim SA/Luxembourg Business Registers) ist es zum Schutz personenbezogener Daten geboten, die Rechte auf Einsichtnahme durch jedermann in das Stiftungsregister einzuschränken.

1086 BT-Drs. 19/31118, S. 8; zu § 19 StiftRG s. BoKoStiftR/*Bartodziej/Kausträter*, StiftRG § 19 Rn. 1 ff., die eine Orientierung an die Handelsregisterverordnung empfehlen.

1087 Vgl. *M. Engel*, Die unternehmensverbundene Stiftung, S. 358; *Meinecke*, ZStV 2022, 212 (219) („*Diese Regelung* [Einsichtnahme und Informationen des Transparenzregisters] *ist derartig sachfern und praxisuntauglich, dass sie zumindest bei bekann-*

in Bezug auf das Verhältnis von Vertraulichkeit und Transparenz im Speziellen bei privatnützigen (Familien-)Stiftungen und Familienunternehmen versuchen, möglichst beide zu verwirklichen.[1088] Dass die Transparenzanforderungen auch Grenzen haben, zeigt dabei im Besonderen die Entscheidung des EuGH in der Rechtssache „WM und Sovim SA/Luxembourg Business Registers" betreffend das Transparenzregister,[1089] deren Entscheidungsgründe in Bezug auf den Schutz personenbezogener Daten der Betroffenen sich auf alle öffentlichen Register[1090] und somit auch auf das künftige Stiftungsregister übertragen lassen.

Nach alldem sei an dieser Stelle abermals an *Wernhard Möschels* Appell an den Gesetzgeber zu erinnern, dass „*bei einer angedachten Veränderung* [und freilich auch Neuschaffung] *eines Gesetzes der Betroffenheit von Familienunternehmen* [und entsprechend auch Familienstiftungen] *angemessen Rechnung*"[1091] getragen werden sollte.

II. Spezifische Risiken für Familienunternehmen

Neben den allgemeinen rechtsformspezifischen Risiken bestehen auch spezifische Risiken bzw. Vorbehalte gegenüber einer Stiftungskonstruktion im Besonderen bei Familienunternehmen[1092], die gemeinhin durch die enge Verzahnung von Familie und Unternehmen sowie besonders des Einflusses der Familie auf das Unternehmen geprägt sind.[1093]

---

terweise vermögenden Menschen ein massives Gegenargument gegen die Errichtung einer Familienstiftung in Deutschland darstellt.").

1088 Vgl. BeckOGK/*Jakob/Uhl*, 1.7.2022, BGB § 80 Rn. 191.

1089 EuGH, BeckRS 2022, 32382 – WM und Sovim SA/Luxembourg Business Registers.

1090 Vgl. auch *Rainer Kirchdörfer* zitiert nach F.A.Z. v. 23.11.2022, Nr. 273, S. 20 ("*Sie [die EuGH-Entscheidung] ist ein unmissverständliches Stoppschild gegenüber dem EU-Gesetzgeber im Umgang mit der informationellen Selbstbestimmung von Unternehmerinnen und Unternehmern.*"); vgl. auch bzgl. Stiftungsregister *Aiwanger*, ZEuP 2023, 1013 (1028).

1091 *Möschel*, ZRP 2011, 116 (120); ähnlich *Staake*, RFamU 2024, 214 (215); zu einem „*Familienunternehmen-Test für Deutschland und die EU*" zwecks „*Erfassung der spezifischen Auswirkungen gesetzlicher Regelungen auf Familiengesellschaften*" und der diesbezüglichen Sensibilisierung des Gesetzgebers, s. *Habersack*, ZIP 2020, 2093; diesen Vorschlag begrüßend *Staake*, RFamU 2022, 249.

1092 Hier und nachfolgend siehe auch Block et al./*May/Jeschke*, Die Familienstiftung, S. 10 ff.; *Stiftung Familienunternehmen*, Stiftungsunternehmen in Deutschland, S. 27 ff.; vgl. bündig betreffend adligen Unternehmerfamilien auch *v. Thunen*, FuS 2/2016, 49 (52).

1093 Siehe → Teil 3 B I.

1. Unumkehrbarkeit

Mit dem Entschluss der Errichtung einer unternehmensverbundenen Familienstiftung trennt der Familienunternehmer sich rechtlich betrachtet zum einen selbst endgültig[1094] von seinem Vermögen resp. der Unternehmensbeteiligung, und zum anderen hat auch seine Familie grundsätzlich keine Zugriffs- und Rückgängigmachungsmöglichkeiten mehr.[1095] Treffend in Hinblick auf die Folgen der Stiftungserrichtung bzw. das Schicksal der sich selbst Enteignenden daher das Reichsgericht: „*Die bei der Errichtung aus dem Vermögen des Stifters ausgesonderten und den Stiftungen zugewendeten Vermögensgegenstände wurden alle Bestandteile des Stiftungsvermögens, welches dem eigenen Vermögen des Stifters seitdem als ein neues, einem anderen Subjekte zustehendes, mithin fremdes Vermögen gegenübergetreten ist, und welches ebenso auch dem eigenem Vermögen der einzelnen Familienmitglieder als ein besonderes und selbstständiges Vermögen gegenübersteht.*“[1096] Dieser Umstand ist potentiellen Stiftern häufig nicht oder jedenfalls nicht in letzter Konsequenz bewusst.

Ein Rückgängigmachen einer Stiftungserrichtung nach deren Anerkennung ist von Gesetzes wegen nicht vorgesehen: Ein Widerrufsvorbehalt im Stiftungsgeschäft für die Zeit nach der Anerkennung der Stiftung ist unzulässig, wie sich zum einen aus einem Umkehrschluss zu § 81a S. 1 BGB (§ 81 Abs. 2 S. 1 BGB a. F.) ergibt, der nur einen Widerruf[1097] bis zur Anerkennung der Stiftung gestattet; zum anderen muss die Vermögenswidmung verbindlich erfolgen (vgl. § 81 Abs. 1 Nr. 2 BGB bzw. § 81 Abs. 1 S. 2 BGB a. F.), was ebenfalls einen nachträglichen Widerruf ausschließt.[1098] Treffend daher auch das BVerwG: „*[…] Insofern ist die*

1094 Siehe zum sog. Trennungs- und Erstarrungsprinzip im Stiftungsrecht → Teil 4 I.

1095 *Reimann*, DNotZ 2012, 250 (258); *Werder/Westrycil*, BB 2016, 1558 (1564); *Dannecker*, DStR 2020, 853 (864); Feick/*Hahn*, Stiftung, § 13 Rn. 2; Groll/Steiner/*Steiner*, ErbR-HdB, Rn. 16.46; *Lange*, in: Lange/Windthorst, Sicherung des Familieneinflusses, S. 95 (107) („*Der Schritt in die Stiftung ist praktisch unumkehrbar*“); *Boll*, Die uv. Familienstiftung, S. 87 („*Endgültigkeit des Vorgangs*“). Gleichwohl gibt es betreffend bestimmten Vermögensteilen durchaus die Möglichkeit, diese durch Widerrufs- bzw. Rückforderungsvorbehalte wieder zurückzuerlangen, dazu → Teil 5 B II 2.

1096 RGZ 54, 399 (400).

1097 Zum Widerruf des Stiftungsgeschäfts ausf. etwa BoKoStiftR/*Trappe*, BGB § 81a Rn. 1 ff.; BeckOGK/*Lange*, 1. 9. 2024, BGB § 81a Rn. 1 ff.

1098 Statt anderer *Dutta*, Warum Erbrecht?, S. 42 f.; *Dahlmanns*, RNotZ 2020, 417 (440); s. aber zur Möglichkeit von Widerrufs- bzw. Rückforderungsvorbehalten betreffend die Unternehmensbeteiligung → Teil 5 B II 2 a. bb.

Stiftung sozusagen ein ,Selbstläufer' nach der Art einer einmal ins Rollen gebrachten Kugel".[1099]

Gleichwohl ist zu beachten, dass es im Ermessen des Stifters liegt, wie starr die Unumkehrbarkeit sein soll. Es ist ihm erlaubt in der Stiftungssatzung die Auflösung der Familienstiftung durch die Organe und auch den Familiendestinatären explizit vorzusehen und/oder von bestimmten Voraussetzungen abhängig zu machen (vgl. nunmehr ausdrücklich § 87 BGB)[1100] und die Familie bzw. die Abkömmlinge als Anfallsberechtigte des Stiftungsvermögens zu bestimmen (vgl. § 87c BGB bzw. § 88 S. 1 BGB a. F.).[1101] Freilich löst die Auflösung der Familienstiftung zum einen Schenkung- und u. U. auch Ertragsteuern aus[1102], was im Einzelfall recht nachteilig sein kann und demgemäß nur *ultima ratio* in Betracht kommen

---

1099 BVerwGE 106, 177 (186); ähnlich Feick/*Godron*/*Thress*, Stiftung, § 29 Rn. 58 („*Einbahnstraße*"); ebenso *Schulte/Schulte*, ErbR 2018, 422 (431); *Schiffer/Pruns*, BB 2013, 2755 (2759).

1100 Zur Möglichkeit und den Anforderungen der Auflösung durch Organbeschluss eing. BeckOGK/*Lange*, 15.6.2023, BGB § 87 Rn. 65 ff.; *Muscheler*, Gesammelte Beiträge I, S. 309 (314 ff.); *Blumers*, DStR 2012, 1 (6); s. a. (betreffend die Auflösung einer unternehmensverbundenen Familienstiftung) LG Mainz, NZG 2002, 738. Im neuen Recht ist dies gesetzlich in §§ 87–87c BGB geregelt, speziell dazu und zur weiterhin bestehenden Möglichkeiten von abweichenden Auflösungsklauseln *Weitemeyer/Steffen*, ZIP 2023, 1617 (1619 ff.); Richter/*Richter*, Stiftungsrecht, § 9 Rn. 2; Burgard/*Burgard*, StiftR, § 87 Rn. 34 f.; *Burgard*, npoR 2023, 103 (108); jurisPK-BGB/*Otto*, § 87 Rn. 20; Schauhoff/Mehren/*Kirchhain*, Stiftungsrecht nach der Reform, Kap. 9 Rn. 70 f.; *Kögel/Neckenich*, FuS-Sonderausgabe 2023, 19 (24); **a. A.** (abschließende Regelungen) vornehmlich unter Rekurs auf BT-Drs. 19/28173, S. 69, 77 etwa *Uffmann*, ZIP 2022, 1367; Erman/*M. Wiese*, BGB § 87 Rn. 1; Henssler/Strohn/*Heuel*, GesR, BGB § 87 Rn. 1; BoKoStiftR/*Gantenbrink*, BGB § 87 Rn. 40 f.; speziell diesbezüglich zu den Gesetzesmaterialien *Orth*, ZStV 2023, 193.

1101 Vgl. auch Schiffer/*Schiffer*/*Pruns*, Die Stiftung in der Beraterpraxis, § 14 Rn. 50; *Hennerkes/Kirchdörfer*, FS P. May, S. 393 (418); Groll/Steiner/*Steiner*, ErbR-HdB, Rn. 16.46; *Blumers*, DStR 2012, 1 (6); *S. Viskorf/Löcherbach*, Unternehmeredition v. 20.03.2018 zufolge sei der einer Stiftung weitläufig zugesprochene Ewigkeitscharakter zwar statistischen Ursprungs, aber letztlich eine „*Chimäre*"; zutreffend insofern auch *Schulte/Schulte*, ErbR 2018, 422 (430 f.), denen nach die „*Flucht in die Familienstiftung […] umkehrbar*" sei; ähnlich May/Bartels/*Strick*/*Wrede*, Nachfolge in Familienunternehmen, S. 185 (189) („*Nicht unbedingt für die Ewigkeit*").

1102 *Hennerkes/Kirchdörfer*, FS P. May, S. 393 (418); im Detail zu anfallenden Steuern bei Auflösung einer Familienstiftung etwa Feick/*v. Löwe*, Stiftung, § 27 Rn. 1 ff.; *Blumers*, DStR 2012, 1 (6); *Dahlmanns*, RNotZ 2020, 417 (444 f.); Schlecht & Partner/Taylor Wessing/*Wigand*, Unternehmensnachfolge, S. 443 (447); allg. auch Richter/*Richter*, Stiftungsrecht, § 26 Rn. 1 ff.

dürfte.[1103] Zum anderen – und dies ist im hiesigen Kontext viel entscheidender – widerspricht die Auflösung der Familienstiftung regelmäßig ihrem Zweck generationenüberdauernd die Familienmitglieder zu versorgen und zugleich die Kontinuität des Familienunternehmens dauerhaft zu sichern. Demgemäß bedürfen derlei Vorgaben betreffend eines „Notausgangs" gründlicher Überlegungen seitens des Stifters und seiner Familie und sollten so gestaltet werden, dass sie nur *ultima ratio* zum Einsatz gelangen.

Da die Entscheidung für eine Stiftungserrichtung jedoch nicht „von heute auf morgen" getroffen wird bzw. werden sollte, sondern aus einer gründlichen Überlegung herrührt bzw. herrühren sollte[1104], wird die Endgültigkeit der Stiftungserrichtung im hiesigen Kontext keine allzu relevante Hürde darstellen. Der Familienunternehmer will mit einer unternehmensverbundenen Familienstiftung als Nachfolgeinstrument nämlich gerade eine generationenüberdauernde Gestaltung. Demgemäß eignen sich für die Ausstattung einer Familienstiftung i. d. R. Vermögensgegenstände, die der Stifter einerseits über Generationen hinweg erhalten wissen will und die andererseits dauerhaft sehr ertragreich sind, um daraus die Destinatäre aus dem Familienkreis langfristig versorgen zu können.[1105] Dafür sind besonders Unternehmensbeteiligungen an erfolgreichen Familienunternehmen prädestiniert.

Die grds. Unumkehrbarkeit der Stiftungserrichtung kann jedoch aus Sicht des Familienunternehmers, der das Familienunternehmen als „sein" Lebenswerk begreift und es auch Jahrzehnte unter erheblichen persönlichen Einsatz besonders geprägt hat,[1106] durchaus ein Hinderungsgrund betreffend die Stiftungserrichtung sein.[1107] Insofern bedarf ein Familienunternehmer der – wohl erstmalig – von *K.*

1103 *Sorg*, Die Familienstiftung, S. 214; Block et al./*May*/*Jeschke*, Die Familienstiftung, S. 10 (12); *Dannecker*, DStR 2020, 853 (864).

1104 Ebenso *Stiftung Familienunternehmen*, Stiftungsunternehmen in Deutschland, S. 33 („*[...] muss diese Entscheidung auf langfristigen Erwägungen beruhen [...]*").

1105 So explizit Hannes/*Müller*, FormB Vermögens- und Unternehmensnachfolge, C. 3.10 Rn. 3, S. 1263.

1106 *Kornau*, Stiftung als Unternehmensnachfolgerin, S. 214; siehe auch exemplarisch die erstmaligen Bedenken des Familienunternehmers *Ulrich Seier* (Seier Gruppe): „*Auf den ersten Blick schien es mir schwierig, mein Eigentum in die Hände einer Stiftung zulegen. Ich hatte dreißig Jahre lang hart dafür gearbeitet und wollte es nicht abgeben*", (https://t1p.de/s9izi).

1107 Vgl. *Reimann*, DNotZ 2012, 250 (258); zustimmend *Boll*, Die uv. Familienstiftung, S. 87; nach *Stiftung Familienunternehmen*, Stiftungsunternehmen in Deutschland, S. 37 ist dies oftmals der primäre Grund gegen eine Stiftungslösung; ebenso *Felden/Wirtz*, FuS 2014, 131 (136) („*Für viele Unternehmer ist dies* [die dauerhafte Vermö-

Jan Schiffer als „*Stiftungsreife*“[1108] bezeichneten Einsicht. Ferner resultiert aus der grundsätzlichen Unumkehrbarkeit der Familienstiftung, im Besonderen im Falle des Fungierens ebenjener als Unternehmensnachfolgeinstrument – das Erfordernis einer weitsichtigen Gestaltung, bei der der Familienunternehmer resp. Stifter ein durchdachtes und schlüssiges Gesamtkonzept für die langfristige Führung des Familienunternehmens unter Wahrung seines Charakters sowie der Berücksichtigung der Familieninteressen und des gewünschten Einflusses der Familie auf die Unternehmensführung erarbeiten sollte.[1109]

2. Enteignung der Familie bzw. einzelner Familienmitglieder

Etwaige vorhandene Abkömmlinge und sonstige Familienmitglieder[1110] bzw. potentielle Erben des Stifters könnten sich wegen der Übertragung der Unternehmensanteile auf die Familienstiftung und des damit grundsätzlich dauerhaften Verlustes des Eigentums am Vermögen bzw. am Unternehmen der Familie[1111] sowie der Nichtberücksichtigung ihrer Person „*enteignet*“ bzw. „*entmündigt*“ fühlen.[1112] Die Stiftungserrichtung kann im Besonderen als Vertrauensmangel des

---

gensweggabe] *die größte Hürde*“); vgl. auch *Schulte/Schulte*, ErbR 2018, 422 (431), nach denen die Stiftung „*für den mittelständischen Unternehmer zumeist nur zweite Wahl*“ sei.

1108 Dazu eing. Schiffer/*Schiffer*, Die Stiftung in der Beraterpraxis, § 14 Rn. 31 ff., 50 ff.

1109 Feick/*Godron/Thress*, Stiftung, § 29 Rn. 58.

1110 Angemerkt sei freilich, dass es keinen Anspruch eines (potentiellen) Erben auf ein Erbe oder einen bestimmten, über das Pflichtteilsrecht hinausgehenden Teil des Nachlasses gibt, da ein Erblasser (resp. Stifter) Zeit seines Lebens grds. frei über sein Vermögen (resp. den künftigen Nachlass) verfügen darf (vgl. § 2286 BGB), s. a. BGHZ 174, 346 (358) – Hohenzollern; AG Tübingen, BeckRS 2012, 23178; *Schmid*, Stiftungsrechtliche Zuwendungen, S. 22; *Jakob*, FS Coester-Waltjen, S. 123 (129); vgl. auch *Sanders*, NZG 2021, 1573 (1576); *Sanders/Bühring*, GmbHR 2022, 883 Rn. 33 m. w. N.

1111 Vgl. RGZ 54, 399 (400); plastisch auch die Aussage von *Helmut Schelling*, dem Mit-Gründer des Familienunternehmens *Vector Informatik GmbH*, das 2011 in eine Doppelstiftungskonstruktion überführt wurde: „*Man hat 20 oder 30 Jahre gearbeitet, um das Unternehmen aufzubauen und gibt alles her. […] Wenn man so will, hat man zwar über die Familienstiftung noch die Macht, aber es gehört einem nichts mehr und man kommt auch nicht mehr raus*“, zitiert nach *Przyklenk*, Unternehmensstiftungen sorgen für Kontinuität, DieNews v. 29.8.2019 (https://t1p.de/25dgt).

1112 Vgl. dazu Block et al./*May/Jeschke*, Die Familienstiftung, S. 9 (10 f.); *Schiffer*, FS Binz, S. 596 (599 ff.); Schiffer/*Schiffer/Pruns*, Die Stiftung in der Beraterpraxis, § 14 Rn. 46 ff.; *Jakob*, FS Coester-Waltjen, S. 123 (124); Groll/Steiner/*Steiner*, ErbR-HdB, Rn. 16.44; Feick/*Feick/Bregulla-Weber*, Stiftung, § 36 Rn. 25; *Stengel*, Stiftung und

Erblassers gegenüber der nachfolgenden Generation aufgefasst werden.[1113] All dies kann dazu führen, dass die Unternehmerfamilie einer Stiftungsgestaltung kritisch gegenübersteht.[1114]

Dem Gefühl der „*Enteignung*“ kann indes vorgebeugt werden, indem bereits frühzeitig die Familie bei der Gestaltung der Unternehmensnachfolge mittels einer unternehmensverbundenen Familienstiftung einbezogen wird.[1115] Eine Mitwirkung bei der gemeinsamen Gestaltung einer entsprechenden Familienverfassung kann insofern von großem Nutzen sein, indem „*ein stärkeres Band der Vertrauenserzeugung, der Überwindung der Entfremdung und gleichzeitig eine Sicherung der Nähe hergestellt werden*“ kann.[1116] Insbesondere kann die Identifikation der Familie mit einer solchen Nachfolgekonstruktion gestärkt und etwaige Missver-

---

Personengesellschaft, S. 145; *v. Oertzen/Reich*, DStR 2017, 1118 (1120); *Reimann*, ZEV 2018, 549 (556) („*[…] zu berücksichtigen ist, dass Stiftungen immer mit einer Art ‚Enteignung der Familie‘ verbunden sind*“); *Piltz*, DStR-Beih. 2024, 3 (22) („*[partielle] Selbst- und Familienenteignung*“); s. a. OLG Koblenz, NZG 2002, 135 (137); *Binz*, StbJb 1987/88, S. 145 (157) bezeichnet die Familienstiftung, mit Blick auf die Destinatär-Familienmitglieder, insofern indes plastisch als „*goldenen Käfig*“. Freilich ähnelt auch die Gesellschafterstellung in einem Familienunternehmen mit Blick auf die zahlreichen Beschränkungen zur Sicherung des Familieneinflusses oftmals einem „*goldenen Käfig*“, so zutreffend *Lange*, in: Lange/Windthorst, Sicherung des Familieneinflusses, S. 95 (111).

1113 *Junius-Morawe*, Zur Legitimität der Familienstiftung, S. 159 m. N.; s. hierzu den Fall des Familienunternehmens „*geobra Brandstätter Stiftung & Co. KG (Playmobil)*“, in dem dessen Gründer *Horst Brandstätter*, die Anteile seines Unternehmens auf die *Brandstätter Unternehmensstiftung* übertrug, weil er seinem Sohn die Leitung des Unternehmens nicht zutraute und weil er befürchtete, dass dieser zu vielen Veränderungen im Unternehmen vornehmen würde, s. *Block et al.*, Journal of Family Business Strategy 2020, S. 1 (4) m. V. a. https://t1p.de/fu6dv; vgl. auch *Fleischer*, ZIP 2022, 2045 (2054) m. w. N.

1114 Schiffer/*Schiffer/Pruns*, Die Stiftung in der Beraterpraxis, § 14 Rn. 46; BoKoStiftR/*Heuel/Meinecke*, Teil I 2.3 Rn. 23; vgl. auch *Jakob*, Trust & Trustees, 2020, 4 (5); *Wachter*, ErbR 2019, 755 (757).

1115 Dies deutlich anratend *Schiffer*, FS Binz, S. 596 (605); *Schiffer*, BBEV 2007, 214 (216); eing. *Fleschutz*, Die Stiftung als Nachfolgeinstrument, S. 341 ff.

1116 Vgl. *Kalss*, in: Bochmann et al., Werte in Familienunternehmen, S. 19 (26), nach der dies in Österreich vermehrt der Fall sei („*Gerade in Familienunternehmen mit Privatstiftungen nimmt daher der Einsatz und die Anwendung von Familienverfassungen in den letzten Jahren in Österreich deutlich zu.*“); aus deutscher Sicht näher Block et al./*v. Aue*, Die Familienstiftung, S. 67 ff.; vgl. auch May/Bartels/*Strick/Wrede*, Nachfolge in Familienunternehmen, S. 185 ff. (am Beispiel der Wrede Industrieholding GmbH & Co. KG, die frühzeitig als Familie die Überführung ihres Familienunter-

ständnissen bzw. Vorurteile können zudem von Beginn an ausgeräumt werden.[1117] Ferner können den Familienmitgliedern, die weiterhin im Familienunternehmen aktiv sein wollen, z. B. Positionen in den Organen der Familienstiftung offeriert werden.[1118] Zwar halten die Familienmitglieder keine vermögensmäßigen Beteiligungen mehr an dem stiftungsverbundenen Familienunternehmen[1119], jedoch profitieren die (sonstigen) Familienmitglieder i. d. R. aufgrund ihrer (gleichzeitigen) Destinatär-Rolle auch weiterhin von den Erträgen des Familienunternehmens[1120]. Die Familienmitglieder werden sich von der Familienstiftung wohl dann nicht „bedroht fühlen", je mehr ihre „*Macht- und Ertragsrechte […] denen eines Familiengesellschafters angeglichen werden*".[1121]

Bei Lichte betrachtet ist eine generelle bzw. pauschale Befürchtung einer Enteignung der Unternehmerfamilie insgesamt unbegründet[1122] – jedenfalls oder eher insbesondere dann, wenn die Familienstiftungslösung innerhalb der Unternehmerfamilie konsentiert wird.

---

nehmens in eine Familienstiftungskonstruktion vorbereiteten und anschließend umsetzten.).

1117 Solche ein Negativbeispiel illustriert aus jüngerer Zeit der Fall ALDI-NORD (OVG Schleswig, BeckRS 2022, 11137; BVerwG, NZG 2019, 867; OVG Schleswig, npoR 2018, 262 m. Anm. *Kraus*), indem es – pointiert gesagt – um das Verhältnis der Destinatärs-Familie und der Unternehmensvertreter im Stiftungsvorstand einer der drei Aldi-Stiftungen ging. Große Investitionen und wichtige Entscheidungen können von den drei Stiftungen nur einstimmig freigegeben werden. *Berthold Albrecht* hatte kurz vor seinem Tod den Einfluss der Familienerben auf die Geschicke des Aldi-Konzerns im Wege einer Satzungsänderung in einer der drei unternehmensverbundenen Familienstiftungen beschränkt, siehe zu den Hintergründen becklink 2023299, becklink 2012752 sowie becklink 2008557 (alle abrufbar unter www.beck-online.beck.de).

1118 Vgl. *Hüttemann*, DB 2017, 591 (597).

1119 *Oppel/Wittling*, RFamU 2022, 445; *Dannecker*, DStR 2023, 1057 (1058).

1120 Siehe auch *G. Roth*, in: Bochmann et al., Gewinn und Gemeinwohl, S. 133 (148 f.), nach dem „*sich* [wirtschaftlich betrachtet] *letztlich nur die Bezugsquelle*" ändert.

1121 *v. Oertzen/Reich*, DStR 2017, 1118 (1120); vgl. auch Block et al./*May/Jeschke*, Die Familienstiftung, S. 25 ff.; Feick/*Feick/Bregulla-Weber*, Stiftung, § 36 Rn. 25.

1122 Ebenso Schiffer/*Schiffer/Pruns*, Die Stiftung in der Beraterpraxis, § 14 Rn. 51; Block et al./*May/Jeschke*, Die Familienstiftung, S. 9 (10 f.).

3. *Verlust des Einflusses und des Unternehmergeistes der Familie sowie deren Bindung zum Familienunternehmen*

Oftmals wird mit der Übertragung der Unternehmensanteile auf eine Familienstiftung seitens der Unternehmerfamilie befürchtet, dass das Familienunternehmen gänzlich entfamilisiert und damit zum einen der Familieneinfluss[1123] sowie zum anderen der Unternehmergeist sowie deren Bindung zum Familienunternehmen verloren ginge.[1124]

Richtig ist, dass sich die Familie mit Übertragung der Unternehmensanteile auf eine Familienstiftung ihres unmittelbaren Einflusses auf das Management und die Strategie des Unternehmens begibt, da das Familienunternehmen fortan – formal betrachtet – im Eigentum der Familienstiftung steht und nicht unmittelbar mehr in demjenigen der Familie.[1125] *Kalss* konstatiert daher treffend, dass mit Übertragung der Anteile auf eine Stiftung der „*Verlust der unmittelbaren Eigentümerstellung und das Abschneiden der künftigen unmittelbaren Eigentümerstellung im Familienunternehmen*"[1126] einhergeht. Ebenjene „*mehr oder minder endgültigen Hergabe des Vermögens unterscheidet die Stiftung und die stiftungsbeteiligten Gesellschaften von anderen Unternehmensorganisationen*"[1127]. Dieser Umstand ist *prima vista* Folge der Wahl einer Stiftungskonstruktion, dessen sich der Stifter und seine Familie stets gewahr sein müssen. [1128] Dies kann einerseits vielfältige Vorteile haben, etwa mit Blick auf die Vermeidung von Erbstreitigkeiten, Machtkämpfen oder sonstigen Konflikte in der Familie. Andererseits kann die Übertragung der Unternehmensanteile auf die Familienstiftung auch nachteilig sein, wenn man etwa an die Situation denkt, dass die Familie gerade aufgrund der Stiftungskonstruktion ihre Bindung zum Unternehmen und ihren Einfluss verliert und damit das Familienunternehmen u. U. seinen Charakter. Der dauerhafte Ausschluss

---

1123 Zur Relevanz des Familieneinflusses im hiesigen Kontext → Teil 2 B.

1124 Block et al./*May/Jeschke*, Die Familienstiftung, S. 10 (13); vgl. auch *Schulte/Schulte*, ErbR 2018, 422 (431); *Eiling/Tiemann*, SB 2020, 195 (200); *Hueck*, RFamU 2023, 393 (397); *Lange*, in: Lange/Windthorst, Sicherung des Familieneinflusses, S. 95 (108).

1125 Vgl. RGZ 54, 399 (400); *Block et al.*, Journal of Family Business Strategy 2020, S. 1 (6); vgl. auch *Schulte/Schulte*, ErbR 2018, 422 (431); *Baum*, DStR 2024, 1614 (1618); *Pauli*, RFamU 2024, 68 (73); *Dannecker*, DStR 2023, 1057 (1058); *Hävelmann*, Stiftung & Co. KG, S. 76; *Windthorst*, in: Windthorst, Herausforderungen in Familienunternehmen, S. 111 (125).

1126 *Kalss*, in: Bochmann et al., Werte in Familienunternehmen, S. 19 (26).

1127 *Stengel*, Stiftung und Personengesellschaft, S. 145.

1128 Vgl. *Pauli*, RFamU 2024, 68 (71), nach dem die Errichtung einer Stiftung besonders deshalb „*wohl überlegt und sorgfältig umgesetzt sein muss.*"

des Familieneinflusses in der Familienstiftung kann zum einen den Zusammenhalt zwischen Familienstiftung und den Familien-Destinatären, aber auch zum anderen den Zusammenhalt innerhalb der Familie nachhaltig belasten, indem Konfliktsituationen geschaffen werden.[1129] Vor diesem Hintergrund ist, sobald eine Familienstiftung in den Gestaltungskanon der Unternehmensnachfolge einbezogen wird, die Frage die institutionelle Einbindung der Familie resp. die Frage des Familieneinflusses daher unbedingt zu klären und zu ordnen.[1130]

Ein Mitglied der Stifterfamilie hat als solches – auch im Falle einer Familienstiftung – nämlich weder ein Recht auf eine bestimmte Organisationsform oder Zwecksetzung der Familienstiftung, noch ein Recht auf Mitwirkung innerhalb der Familienstiftung (z. B. bei Satzungsänderungen oder sonstigen Beschlüssen), sofern der Stifter dies nicht explizit in der Stiftungssatzung vorgesehen hat.[1131] Auch als Destinatäre einer Familienstiftung haben die Familienmitglieder – wie freilich jedes andere Rechtssubjekt außerhalb der Stiftung – keine mitgliedschaftlichen Rechte; sie stehen von Gesetzes wegen in keinem rechtlichen *„gesellschafter- oder mitgliedschaftsähnlichen Verhältnis [...] zur Stiftung"* wie dies bei (echten) Mitgliedern von Personenverbänden der Fall ist.[1132] *Karsten Schmidt* beschreibt die

1129 Groll/Steiner/*Steiner*, ErbR-HdB, Rn. 16.46.

1130 Vgl. Groll/Steiner/*Steiner*, ErbR-HdB, Rn. 16.45 f.; *Hueck*, RFamU 2023, 391 (399); (in Bezug auf die österr. Privatstiftung) *Kalss/Dauner-Lieb*, GesRZ 2018, 261 (276).

1131 KG, Beschl. v. 13.5.1968 – 1 VA 2/67, WM 1968, 856 (857) = StiftRspr, Bd. I, 1980, S. 163 (165); MHdB GesR 7/*G. Roth*, § 101 Rn. 24; *Hävelmann*, Stiftung & Co. KG, S. 76; *Sanders*, in: Sanders/Thomsen, Enterprise Foundation Law, S. 25 (36).

1132 Vgl. etwa FG Hamburg, BeckRS 2021, 29619 Rn. 71 f.; BFH, DStR 2012, 281 (282); BAG, NJW 1991, 514 (515); Schiffer/*Schiffer/Pruns/Schürrmann*, Die Stiftung in der Beraterpraxis, § 3 Rn. 109. Das vormals starke Sonderrecht von berechtigten Familien-Destinatären einer preußischen Familienstiftung, das diese über das Institut des sog. Familienschlusses nach dem ehemaligen preußischen AGBGB (Art. 2 § 1 AGBGB) hinsichtlich Satzungsänderung oder Aufhebung der Familienstiftung hatten (dazu m. w. N. *Meyer zu Hörste*, Die Familienstiftung, S. 91 ff.; *Burgard*, Gestaltungsfreiheit im Stiftungsrecht, S. 354 f.), ist heute in dieser Art (vgl. aber § 10 Abs. 3 LStiftG Berlin – Anhörungsrecht der Familienmitglieder bei Satzungsänderung oder Auflösung einer Familienstiftung; dieser wurde im Rahmen der Anpassung des LStiftG [GVBl. 2024, Nr. 26, S. 429] nun gestrichen, s. Abgeordnetenhaus Berlin, Drs. 19/1386, S. 18) von Gesetzes wegen nicht mehr vorhanden, s. *Wernicke*, ZEV 2003, 301 (303). Gleichwohl kann z. B. einem „Familienorgan" ein statutarisches Auflösungsrecht zugesprochen werden, wobei ein entsprechender Beschluss stets der Genehmigung durch die Stiftungsaufsichtsbehörde bedarf, vgl. zu den Anforderungen und Grenzen Richter/*Richter*, Stiftungsrecht, § 9 Rn. 1 ff., 21 ff.; MHdB GesR 5/*Gummert*, § 117 Rn. 43 ff.; *Blumers*, DStR 2012, 1 (6); vgl. OLG

Einflussnahme des Stifters – was entsprechend auch für Destinatäre gilt – treffend wie folgt: *„Soweit die Stiftungsverfassung dem Stifter* [bzw. Familienmitgliedern oder sonstige Dritte] *noch Einfluß läßt ... ist dies ein Einfluß ‚über' die Stiftung, nicht ein mitgliedschaftlicher Einfluß ‚in' der Stiftung*"[1133]. Demgemäß handelt es sich bei Destinatären in der gesetzlichen Ausgangssituation im Wesentlichen um *„rechtlose Nutznießer des Stiftungsvermögens*"[1134], denen weder mitgliedschaftliche Rechte, insbesondere Wertrechte in Bezug auf die Erträge des Stiftungsvermögens, noch (effektive) Informations-, Einfluss- oder Kontrollrechte bzgl. der Amtsführung der Stiftungsorgane zu stehen. Ihnen kann einzig durch den Stifter vermittels der Stiftungssatzung Einfluss eingeräumt werden.[1135]

Insofern kann es zu einer Entfremdung und einer geringeren Identifikation der Familie mit dem Unternehmen kommen, da diese keine direkten Gesellschaftsanteile mehr am Familienunternehmen halten[1136] und von Gesetzes wegen allein aufgrund ihrer Familienzugehörigkeit bzw. einer etwaigen Destinatärsstellung auch nicht *per se* Einfluss auf die Familienstiftung erhalten.

Dem Stifter ist es freilich anheimgestellt, das Verhältnis zwischen Stiftung und Familienmitgliedern resp. Destinatären in der Stiftungssatzung individuell zu

---

Koblenz, NZG 2002, 135 (136 f.), dazu *Muscheler*, Gesammelte Beiträge I, S. 309 (314 ff.); ausdrücklich nun § 87 Abs. 1 S. 3 BGB, dazu näher *Uffmann*, ZIP 2022, 1367 (1369 ff.). Freilich wird das Ziel der dauerhaften Sicherung der Unternehmenskontinuität dadurch wieder den Nachkommen des Stifters überantwortet, die die Stiftung etwa nach Ableben des Stifters auflösen und so unmittelbar wieder Einfluss auf das Unternehmen nehmen könnten, kritisch insofern auch *Kerssenbrock*, Unternehmenserhaltung, S. 3.

1133 So *K. Schmidt*, GesR, S. 179, zitiert nach *Drüen*, Ubg 2019, 65 (67). Ähnlich auch BFH, DStR 2012, 281 (282) (*„[...] verfügt der Stifter ebenso wenig wie jedes andere Rechtssubjekt außerhalb der Stiftung über gesellschafter- oder mitgliedschaftsähnliche Befugnisse.*"). Zur Rechtsstellung des Stifters und seiner Einflussmöglichkeiten → Teil 5 B.

1134 *Rücker*, ZEV 2018, 451 m. V. a. BGHZ 99, 344 (350).

1135 Näher zur Rechtsstellung der Destinatären → Teil 4 G.

1136 Vgl. *Lange*, in: Lange/Windthorst, Sicherung des Familieneinflusses, S. 95 (108). Das Halten von eigenen Gesellschaftsanteilen am Familienunternehmen ist für Familiengesellschafter aus psychologischer Sicht wohl immer noch ein wichtiger Aspekt, so *IfD Allensbach*, Studie Verantwortungseigentum, 2021, S. 34; vgl. auch *Sanders*, NZG 2021, 1573 (1577), nach der die unternehmerische Motivation von Unternehmern u. a. auch aus der Tatsache herrührt, dass jene *„Anteile an einer Gesellschaft halten und Stimmrechte ausüben*".

gestalten.[1137] Regelmäßig sichert der Familienunternehmer resp. Stifter sich selbst und seiner Familie aber meist bereits zu Lebzeiten aufgrund einer entsprechend abgefassten Stiftungssatzung einen beherrschenden Einfluss auf die Familienstiftung[1138] und verschafft sich und den Seinen bei Lichte betrachtet auf diese Weise dann gleichwohl faktisch Einfluss, sodass man letztlich untechnisch auch von einer satzungsvermittelten „*gesellschafter- bzw. mitgliedschaftsähnlichen*"[1139] Stellung sprechen kann.[1140] Dieser beherrschende Einfluss soll dabei typischerweise im Falle seines Todes auf seine Abkömmlinge, andere Familienmitglieder oder vielleicht auch sonstige Vertraute übergehen.[1141] Zudem kann der Stifter in der Stiftungssatzung auch Leitlinien für die Unternehmensführung[1142] und auch für

---

1137 Vgl. *v. Löwe*, Familienstiftung und Nachfolgegestaltung, § 3 Rn. 29; *Schlüter/Stolte*, Stiftungsrecht, Kap. 1 Rn. 62; Schiffer/*Schiffer/Pruns*, Die Stiftung in der Beraterpraxis, § 11 Rn. 47.

1138 Vgl. zu entsprechenden Satzungsgestaltungen von Beteiligungsträgerstiftungen (jedoch vor dem Hintergrund kapitalmarktrechtlicher Implikationen) bündig *Hippeli*, ZStV 2014, 49; zu den Möglichkeiten und Grenzen der Sicherung des Stifter- und Familieneinflusses ausf. → Teil 5.

1139 Vgl. auch *Stengel*, Stiftung und Personengesellschaft, S. 106 mit dortiger Fn. 355. Hierbei ist sich jedoch gewahr zu werden, dass die Destinatäre, auch bei weitgehender Zuweisung von statutarischen Mitwirkungsrechten, stets an den Stifterwillen resp. Stiftungszweck gebunden sind, und daher – anders als etwa Vereinsmitglieder und GmbH-Gesellschafter – keinen autonomen Willen bilden dürfen. Dies gilt gemeinhin für Organmitglieder von Stiftungen, vgl. insofern auch *Thomsen*, The Danish Industrial Foundations, S. 16 („*Moreover, even if the founding family is still active, it does not exercise unfettered control, but it is bound by the charter and the law.*"). Wohl deshalb ist *Pauli*, RFamU 2024, 69 (73) der Ansicht, dass eine „*bloße Verfügungsbefugnis im Rahmen einer Organstellung bei der Stiftung […] regelmäßig keinen adäquaten Ersatz* [für den Verlust der Verfügungsmacht über das eingebrachte Vermögen]" bilden würde.

1140 Ähnlich auch *Richter/Gollan*, Die Familienstiftung als Option, S. 9 (18); vgl. auch *Burgard*, Gestaltungsfreiheit im Stiftungsrecht, S. 459, 469; in einer (jedoch nicht unternehmensverbundenen) Familienstiftung auch FG Schleswig-Holstein, DStRE 2009, 1429 (1432). Allg. wird im Kontext von Stiftungen oftmals in der steuerrechtlichen Literatur und Rspr. von einer „*gesellschafter- oder mitgliedschaftsähnlichen Verhältnis*" gesprochen, wenn es um die steuerrechtliche Beurteilung von Leistungen im Verhältnis von Rechtssubjekten geht, BFHE 235, 394; FG Hamburg, BeckRS 2021, 29619 Rn. 71 f.; FG Schleswig-Holstein, DStRE 2009, 1429 (1432). Zu sonstigen Ähnlichkeiten von Familienstiftungen und Familienunternehmen → Teil 4 A III 2.

1141 *Hippeli*, ZStV 2014, 49.

1142 Vgl. *Kornau*, Stiftung als Unternehmensnachfolgerin, S. 150 f.; *v. Oertzen/Reich*, DStR 2017, 1118 (1120 ff.); Sudhoff/*Stracke*, Familienunternehmen, § 36 Rn. 9, 12.

die Rolle der Familienmitglieder (z. B. in den Stiftungsorganen) selbst statuieren und so die Unternehmenskultur und den Unternehmergeist der Familie[1143] sowie ihre Werte in der unternehmensverbundenen Familienstiftung sichern. Im deutschen Stiftungsrecht gibt es insofern keine gesetzlichen[1144] Amtsinkompatibilitätsregelungen, sodass Familienmitglieder unstreitig zugleich Destinatäre als auch Vorstands- bzw. allgemein Organmitglieder sein können.[1145]

Durch die Involvierung der Familienmitglieder kann auch einem etwaigen Entfremdungs- und Enteignungsgefühl der Familienmitglieder entgegengewirkt werden. Denn auch wenn sie nicht (mehr) unmittelbar am Familienunternehmen beteiligt sind, können sie vermittels Sonderrechten und/oder Organpositionen auf Ebene der Familienstiftung oder des Unternehmens grundsätzlich noch beherrschenden Einfluss auf das Management und die Kontrolle des Familienunternehmens nehmen[1146]. Der familiäre Einfluss kann dabei gerade durch die Präsenz der Familienmitglieder in den Organen der Stiftung gewahrt werden. Der Stifter sowie seine Familie bleiben – trotz der eigentumsrechtlichen Trennung – auf diese Weise weiterhin mit dem Familienunternehmen verbunden.[1147] Den Grad

---

1143 Diesbezüglich konstatiert etwa der Familienunternehmer *Thomas Bruch*, der die Globus-Gruppe 2005 in eine Doppelstiftungskonstruktion überführt hat: *„Nach 15 Jahren kann ich heute sagen, dass diese Gefahr nicht eingetreten ist. Im Gegenteil: Das unternehmerische Element ist durch unser Modell eher gestärkt worden, im Sinne des Nachhaltigkeitsgedankens.*“, s. (https://t1p.de/s3jbq).

1144 Statutarische Regelungen sind aber möglich, vgl. OVG Schleswig, BeckRS 2022, 11137 Rn. 100; MHdB GesR 5/*Gummert*, § 92 Rn. 12; zu dabei zu berücksichtigenden Gestaltungsaspekten eing. *Jakob*, Schutz der Stiftung, S. 487 ff.; *Schauhoff*, in: VGR, GesR in der Diskussion 2018, S. 83 (94) weist insofern zutreffend darauf hin, dass *„die scharfe Trennung von wirtschaftlichen Begünstigungen und deren Ausschluss von jeglicher Aufsicht […] häufig zu erheblichem Streitpotential* [führe] *und* [deswegen] *regelmäßig nicht zu empfehlen* [sei]“. Dies dürfte gerade bei Familienunternehmen gelten, bei denen die Familienmitglieder weiterhin Einfluss auf die Geschicke des Unternehmens haben wollen.

1145 Siehe dazu → Teil 2 B.

1146 Ebenso etwa *Block et al.*, Journal of Family Business Strategy 2020, S. 1 f.; *Hävelmann*, Stiftung & Co. KG, S. 76; insoweit sprechen *Block/Kormann/Fathollahi*, FuS 2023, 52 (54) (freilich unjuristisch) davon, dass die Familie in einem solchen Fall *„ihr Eigentum nicht aufgibt*“.

1147 Kritisch zu dieser Möglichkeit (aber im Kontext von gemeinnützigen Stiftungen) *Striebing*, Legitimierung von Stiftungen, S. 367 (*„Die hier durchgeführte Satzungsanalyse impliziert, dass das rechtswissenschaftliche Paradigma von der ‚eigentümerlosen Stiftung‘ grundsätzlich auf den Prüfstand gestellt werden sollte. Wenn die Governance von mehr als der Hälfte der untersuchten Stiftungen auf ihre Financiers*

der Einflussnahme selbst, gibt dabei allein der Stifter vor. Insofern bestehen vielfältige Gestaltungsmöglichkeiten zur Steuerung der Einflussnahmemöglichkeiten der Familienmitglieder mittelbar über die Familienstiftung auf die Aktivitäten des Familienunternehmens[1148], auf welche in Teil 5 der Arbeit noch ausführlich eingegangen wird.[1149]

Mit anderen Worten: Die Familienstiftung kann insofern funktional eingesetzt werden, wodurch das Familienunternehmen als solches erhalten wird, indem es weiterhin der dauerhaften Nutzung der Familie zur Verfügung gestellt, jedoch der autonomen Verfügung durch die einzelnen Familienmitglieder entzogen wird. Gerade dieser Aspekt wird dem Vernehmen nach auch oftmals als Entlastung für die Familienmitglieder gesehen, da diese zwar die Möglichkeit in der Familienstiftung und auch im Familienunternehmen mitzuwirken erhalten, diese aber nicht zwingend wahrnehmen müssen, sondern sich auch auf ihre Destinatärsstellung zurückziehen können.

An der Einbeziehung der Familie wird der Stifter aber insbesondere dann interessiert sein, wenn das Familienunternehmen weiterhin als solches, d. h. unter Wahrung seines Charakters bestehen bleiben soll.[1150] Bei richtiger Ausgestaltung der Stiftungskonstruktion geht die Errichtung einer Familienstiftung daher nicht mit dem gänzlichen Kontrollverlust des Stifters und seiner Familie einher. Über die Familienstiftung kann der Familienunternehmer resp. die Stifterfamilie weiterhin die Kontrolle über das Familienunternehmen behalten und auch auf die Unternehmensführung Einfluss nehmen.[1151] Die unternehmensverbundene

und Gründer zugeschnitten ist, kann nicht von einer wirklichen Aufgabe von Eigentumsrechten gesprochen werden."). Nach hiesiger Auffassung ist dies aber im Kontext von Familienstiftungen anders zu werten, da die Familienstiftung hier den Familieneinfluss gerade mediatisieren soll. Rein rechtlich betrachtet, besteht gleichwohl ein Eigentumsverlust betreffend das eingebrachte Vermögen und auch die Famili enstiftung ist rechtlich betrachtet eigentümerlos.

1148 *Block et al.*, Journal of Family Business Strategy 2020, S. 1.

1149 Zu den Einflusssicherungsmöglichkeiten → Teil 5 B und C.

1150 Vgl. auch *Fleschutz*, Die Stiftung als Nachfolgeinstrument, S. 307.

1151 Ebenso etwa *Felden/Hack/Hoon*, Management von Familienunternehmen, S. 20 („*[…] determiniert sich der Familieneinfluss aus dem Eigentum* [der im Familieneinfluss stehenden Stiftung] *an dem Unternehmen*"); ähnlich *Kormann*, Governance des Familienunternehmens, S. 11 dortige Fn. 18) („*Familienstiftungen verändern nicht das grundsätzliche Eigentum der Familie und ermöglichen dieser* [weiterhin] *eine ähnliche Einflussnahme […].*"); vgl. auch *Haas*, BBV 2005, 29 („*Es ist aber auch möglich, geeignete Mitglieder aus dem familiären Umfeld die Geschäftsführung in der Stiftung und damit faktisch des Unternehmens übernehmen zu lassen*"); *v. Holt/*

Familienstiftung fungiert insofern als besonderes und generationenüberdauerndes Bindeglied zwischen der Familie und dem Familienunternehmen.[1152]

Vor diesem Hintergrund lässt sich festhalten, dass sich die bisherigen Gesellschafterrechte des Familienunternehmers resp. Stifters und der Familiengesellschafter in die satzungsmäßige Möglichkeit zur Einflussnahme auf die Organbesetzung und damit letztlich auf das Familienunternehmen selbst bis hin zur Unternehmens- und Ausschüttungspolitik, an der der Stifter und sonstige Familienmitglieder als Destinatäre, d. h. als Nutznießer der Stiftungsleistungen, auch finanziell partizipieren können, wandeln – prosaisch gesprochen „*so als gäbe es gar keine Stiftung*".[1153] Es findet wie bereits erwähnt – bei entsprechender Gestaltung lediglich eine Mediatisierung des Familieneinflusses statt.[1154] Zudem ist zu beachten, dass eine Stiftungskonstruktion nicht ausschließt, dass die Fami-

---

Koch, Stiftungssatzung, S. 50 („*Die Familie hat […] nur noch indirekt über die von ihr kontrollierte Stiftung Einfluss auf das Unternehmen […]*"); ähnlich *Schwarz*, BB 2001, 2381 (2385); *Block/Kormann/Fathollahi*, FuS 2023, 52 (54); vgl. auch Beckervordersandfort/*Plottek*, Gestaltungen zum Erhalt des Familienvermögens, § 10 Rn. 102, wonach durch entsprechende Organbesetzung und Satzungsgestaltung „*das Unternehmen in seinem Charakter und seinen Früchten als Familienunternehmen erhalten*" werden könne.

1152 Siehe zur Bindegliedfunktion der Familienstiftung → Teil 2 A I 1.

1153 So (recht apodiktisch) MHdB GesR 9/*Binz*/*Weinand*, § 45 Rn. 166; ähnlich MHdB GesR 9/*Bayer/Illhardt*, § 37 Rn. 84, wonach der Gründer resp. Stifter „*die Geschäfte der Familienunternehmung als Stiftungsvorstand (wie gehabt) weiterführen*" könne; ebenso Scherer/*R.-M. Hübner*, Unternehmensnachfolge, § 6 Rn. 94; *Schütte*, Transparente und intransparente Stiftungen, S. 164 f.; aus Binnensicht ähnlich die Empfindung des Familienunternehmers *Ulrich Seier*, der die Seier Unternehmensgruppe 2019 in der 4. Generation in eine unternehmensverbundene Familienstiftung überführt hat (https://t1p.de/s9izi): „*Für mich hat sich durch die Familienstiftung quasi nichts geändert. […] Irgendwann war ich überzeugt, als Stiftungsgründer nach wie vor alles machen zu können. So wie wir das umgesetzt haben, bin ich völlig frei in allen Entscheidungen.*" Ähnlich auch der Familienunternehmer *Thomas Bruch*, der die Globus-Gruppe 2005 in eine Doppelstiftungskonstruktion überführt hat: „*Meine unternehmerischen Aufgaben konnte ich in dieser Struktur uneingeschränkt weiterführen. Wir sehen uns weiter als Familienunternehmen, allerdings mit der Besonderheit, dass die Stimmrechte an der Globus Holding nicht einfach vererbt werden.*", s. (https://t1p.de/s3jbq).

1154 Siehe → Teil 3 B II 3 c. Vgl. insoweit auch die Nachweise in → Fn. 1151 und bereits *Plagemann*, AG 1962, 199 (203) („*Dann gibt man denjenigen, denen man den bestimmenden Einfluß auf die Stiftung zuerkennt, die Macht, die vor dem Stiftungsgeschäft der bisherige Eigentümer hatte.*"); vgl. auch *Block/Kormann/Fathollahi*, FuS 2023, 52 (54).

lienmitglieder auch unmittelbar auf Unternehmensebene später eine führende Position (etwa die Geschäftsführung) einnehmen können. Durch den so ermöglichten Erhalt des Familienunternehmenscharakters kommt es auch nach außen hin, insbesondere gegenüber den Mitarbeitenden, zu geringeren Veränderungen betreffend die Wahrnehmung des Unternehmens als Familienunternehmen.[1155] Dies ist mit Blick darauf, dass gerade die enge Bindung der Mitarbeiter zu dem Familienunternehmen auch eine Stärke von Familienunternehmen ist[1156], ein wichtiger Faktor. Ferner ist davon auszugehen, dass eine für die Mitarbeiter sichtbare Bindung der Familie an die Familienstiftung sich auch positiv auf deren Bindung an die Familienstiftung auswirkt.[1157]

Eine unternehmensverbundene Familienstiftung kann nach alldem auch bei Familienunternehmen ermöglichen, dass *„moderner Unternehmergeist und Stifterfreuden Hand in Hand“*[1158] gehen und auch die persönliche Bindung zwischen Familie, Familienstiftung und Unternehmen kann, insbesondere durch entsprechende statutarische Regelungen und Familiengremien sichergestellt wird[1159], wie die Stiftungserrichtungen namhafter Familienunternehmern der letzten Jahre beweisen. Dies zu gewährleisten, erfordert aber eine entsprechende Satzungsgestaltung, wobei die Schaffung einer ausgewogenen Balance zwischen Familien- und Fremdeinflüssen in den Stiftungsorganen sowie das Erfordernis eines über mehrere Generationen fortdauernden Interessenausgleichs zwischen den Destinatären besondere Berücksichtigung bedarf.[1160]

1155 *Fleschutz*, Die Stiftung als Nachfolgeinstrument, S. 311.

1156 Siehe → Teil 3 B II 1.

1157 *Fleschutz*, Die Stiftung als Nachfolgeinstrument, S. 320.

1158 *Jakob*, ZEV 2009, 165; vgl. auch *Eiling/Tiemann*, SB 2020, 195 (200).

1159 Vgl. *Köhler*, FS D. Ziegler, S. 357 (373) in Bezug auf die Robert Bosch Stiftung gGmbH; Fuhrmann/Wälzholz/*Wälzholz*, FormB GesR, Kap. 19, S. 1752; *Oppel*, FS 75 Jahre StB-Verband, S. 537 (540 f.); BoKoStiftR/*Schewe*, Teil I 2.5 Rn. 23 f.

1160 Vgl. *Otto*, HdB Stiftungspraxis, Teil 1 Rn. 34; BoKoStiftR/*Heuel/Meinecke*, Teil I 2.3 Rn. 23 f.; s. a. die Interviews mit *Reinhold Würth* und *Martin Herrenknecht* samt *Sohn Martin-Devid Herrenknecht* bei Block et al./*Block*, Die Familienstiftung, S. 164 ff. und S. 173 ff., die alle den besonderen Fokus betonen, der auf der Erstellung der Stiftungssatzung liegen sollte und sich weiterhin als Familienunternehmen sehen. Exemplarisch die Würth-Gruppe (*„Die Würth-Gruppe ist ein Familienunternehmen“*, s. https://t1p.de/4lo5e) sowie etwa die *Fuest-Familienstiftung*, die Geschäftsanteile an Rehabilitationskliniken und Senioreneinrichtungen hält und ebenjene auch führt (*„Die Fuest Familienstiftung ist ein solides und breit aufgestelltes und gesundes Familienunternehmen“*, s. https://t1p.de/06qhi), sehen sich explizit weiterhin als Familienunternehmen.

4. *Publizitätsrisiko*

An anderer Stelle wurde bereits ausgeführt, dass unternehmensverbundene Familienstiftungen und damit i. d. R. auch der Stifter und die Familienmitglieder einerseits aufgrund des Transparenzregisters und andererseits künftig auch im Speziellen wegen des zum 1.1.2026 in Betrieb gehenden Stiftungsregisters – samt der dadurch einhergehenden Möglichkeit der Einsichtnahme in die Stiftungssatzung für jedermann – vermehrter in die Öffentlichkeit geraten (werden).[1161] Dies ist bei der Wahl einer unternehmensverbundenen Familienstiftung künftig in die Entscheidungsfindung ein neuer und wichtiger Faktor sowie bei bereits bestehenden Familienstiftungen ein Grund zur Überprüfung der Stiftungssatzung und -struktur. Denn gerade eine Familienstiftungsstruktur bot bzw. bietet bisher noch im Vergleich zu anderen Konstruktionen weitgehende Diskretion hinsichtlich der Interna des Familienunternehmens und der Unternehmerfamilie. Insofern verhält es sich nämlich regelmäßig auch so, dass entsprechende Information über die Familie resp. das Familienunternehmen, die nicht für die Öffentlichkeit gedacht sind, auch bei Implementierung einer Familienstiftung in die Gesellschaftsstruktur weiterhin anonym bleiben sollen.[1162] Dies wird nach den derzeitigen (und wohl auch künftigen) gesetzlichen Regelungen des Transparenz- und im Speziellen des Stiftungsregisters nicht so weitgehend gewährleistet werden können wie bisher.

Doch erlauben auch hier frühzeitige Satzungsgestaltungen bzw. bei bestehenden Familienstiftungen auch Satzungsänderungen, eine den legitimen Diskretionsbedürfnissen der Familie entsprechende Vorbeugung. Im Übrigen sollten vor Scharfstellung des Stiftungsregisters am 1.1.2026 die Stiftungsvorstände vor dem Einreichen der Stiftungsdokumente beim Stiftungsregister, insbesondere der Stiftungssatzung, prüfen, inwieweit schutzwürdige Interessen des Stifters und seiner Familie von der öffentlichen Einsichtnahme betroffen sein können, und bei Notwendigkeit entsprechende Schwärzungen oder Einsichtnahmebeschränkungen bei den Stiftungsregisterbehörden beantragen. Möglich wäre es auch, entsprechende Passagen in der Stiftungssatzung bereits bestehender Stiftungen, die nicht zwingend notwendig sind, im Wege einer (ggf. einfachen) Satzungsänderung[1163] gänzlich zu streichen.

1161 Siehe → Teil 3 B I 5.

1162 Vgl. schon *Neuhoff*, in: Stifterverband, Zur Praxis von Familienstiftungen, S. 7 (8); *Lehleiter*, Die Familienstiftung, S. 199 f.

1163 Ebenso *Schwarz*, BB 2001, 2381 (2390). Zu Satzungsänderungsmöglichkeiten → Teil 4 D I 2.

III. Zwischenergebnis: Reduzierung der Risiken durch Gestaltung und Kommunikation mit der Familie

Es gilt Folgendes festzuhalten: Sämtliche vorstehend genannten Risiken verdeutlichen zunächst, dass der Familienunternehmer resp. Stifter sich bereits im Vorfeld einer Stiftungserrichtung mit den sich ggf. erst langfristig zutage tretenden potentiellen Risiken auseinandersetzen und zur Vermeidung resp. Minimierung dieser durch eine sorgfältige wie vorausschauende Satzungsgestaltung Vorsorge leisten muss.[1164] Der BGH selbst betonte schon früh die enorme Wichtigkeit der Satzung für das weitere Stiftungsleben: *„Auch die Stiftungssatzung gibt Vorschriften nicht nur für einen Einzelfall, sondern soll für die inneren und die äußeren Rechtsbeziehungen der Stiftung in der Gegenwart und in der Zukunft eine den besonderen Bedürfnissen der Stiftung angepaßte Grundlage geben.*"[1165] Das Stiftungsrecht erlaubt es insofern gerade im Rahmen der Unternehmensnachfolge von heterogenen Unternehmen, wie es speziell Familienunternehmen sind, individuelle, maßgeschneiderte Lösungsmodelle zu entwickeln.[1166]

Wie die unternehmensverbundene Familienstiftung im Einzelnen auszugestalten ist, obliegt daher allein dem Stifter (und seinem/n Berater/n), der Zweckmäßigkeitserwägungen anstellen und Sorge dafür tragen muss, dass seine und im Falle einer Familienstiftung die Interessen der Familie, die Familienbindung und ihr Einfluss auf das Familienunternehmen gewahrt bleiben.[1167] Dabei ist den Interessen der Familie und des Stiftungsvorstands bzw. der Geschäftsführung des beteiligten Familienunternehmens durch eine die verschiedenen Interessen berücksichtigende und ausgleichende Satzungsgestaltung gerecht werden. Es ist im Speziellen darauf zu achten, dass einerseits die Stifterfamilie nicht übermäßig

---

1164 So auch Jakob/*Studen*, Stiftung und Familie, S. 89 (97); vgl. *Ihle*, RNotZ 2009, 557 (568); *Wochner*, MittRhNotK 1994, 89 (93); *Hennerkes/May*, DB 1988, 483 (485); *v. Oertzen/Hannes*, F.A.Z. v. 11.04.2018, Nr. 84, S. 25; zur krisensicheren Gestaltung aus zivilrechtlicher Sicht *Hueck*, RFamU 2023, 393; *Gollan*, ErbR 2024, 658; aus steuerrechtlicher Sicht *Mehren*, RFamU 2023, 401.

1165 BGH, NJW 1957, 708.

1166 Vgl. Feick/*Ponath/Raddatz*, Stiftung, § 28 Rn. 31; *Gummert*, in: Die Stiftung – Jahreshefte zum Stiftungswesen, 6. Jahrgang, S. 75 (94); *Felden/Wirtz*, FuS 2014, 131 (136 f.); *Weninger*, ZUS 2012, 40 (43); treffend auch *O. Werner*, GmbHR 2003, 331 (339), nach dem sich ein Stifter eine „*maßgeschneiderte juristische Person*" schaffen könne; s. a. *Rawert*, ZGR 2018, 835 (854, 864 ff.), der dies zwar auch anerkennt, aber kritisch sieht.

1167 Zur Relevanz der Wahrung des Familieneinflusses im Rahmen einer Stiftungsgestaltung → Teil 1 C.

bevormundet oder zu Bittstellern degradiert wird, noch andererseits die Familienstiftung zum „*Selbstbedienungsladen*“[1168] für die externen Berater, den Vorstand oder gar die Destinatäre bzw. Familie selbst wird.[1169] In der richtigen Satzungsgestaltung liegt mithin die wichtigste Aufgabe des Stifters, seiner Berater und mit Blick auf ihre Beratungsaufgabe[1170] auch der Stiftungsbehörden.

Im Besonderen hat der Stifter bei der Satzungsgestaltung darauf zu achten, dass diese einerseits möglichst verbindlich für die nächsten Generationen ausgestaltet ist, andererseits aber doch hinreichend flexibel gehalten wird, damit das institutionelle Stiftungsmanagement späterer Generationen angemessen auf mögliche Veränderungen des unternehmerischen, familiären, politischen oder finanzwirtschaftlichen Umfeldes reagieren kann.[1171]

Dies bei der Gestaltung berücksichtigend, stehen im Ganzen gesehen sowohl die allgemeinen rechtsformbedingten als auch die speziell von Familienunternehmern vorgebrachten Risiken der Wahl einer unternehmensverbundenen Familienstiftung als Unternehmensnachfolgeinstrument *per se* nicht im Wege. Vielmehr kann die unternehmensverbundene Familienstiftung in diesem Zusammenhang eine generationenüberdauernde und erfolgreiche Weiterentwicklung des Familienunternehmens gewährleisten, bei der die Familie weiterhin – wenn auch mittelbar – den maßgeblichen Einfluss behält.[1172] Gerade die große Gestaltungsfreiheit im Stiftungsrecht hinsichtlich der Satzungsgestaltung im Vergleich zu anderen gesellschaftsrechtlichen Konstruktionen erlaubt es der Unternehmerfamilie dabei ihre „*Werte und unternehmerischen Ideen der Unternehmerfamilie dauerhaft […] i[m] Familienunternehmen, umzusetzen*“[1173]. Der im Grundsatz starre Charakter der Stiftung kann mit ebendieser Gestaltungsfreiheit des Stifters aufgewichen werden, indem durch entsprechende Satzungsgestaltung bestimmte Wesenszüge der Personalgesellschaft oder Kapitalgesellschaft eingefügt werden

1168 *Rawert*, ZEV 1999, 294 (296); *Verstl*, DStR 1997, 674 (679); *Dahlmanns*, RNotZ 2020, 417 (430).

1169 Statt anderer nur Hannes/*Müller*, FormB Vermögens- und Unternehmensnachfolge, C. 3.10 Rn. 6, S. 1264; vgl. auch *Otto*, HdB Stiftungspraxis, Teil 1 Rn. 34.

1170 S. dazu → Teil 4 H 1.

1171 Vgl. *Mercker*, in: Strachwitz/Mercker, Stiftungen, S. 328 (330, 333, 336); MAH ErbR/*Feick/Schwalm*, § 38 Rn. 21 („*größte Sorgfalt geboten*“).

1172 Zu den Einflusssicherungsmöglichkeiten → Teil 5.

1173 *Kalss*, FS G. D. Karth, S. 499 (513); vgl. auch *Delp*, Die Stiftung & Co. KG, S. 126 („*ausgiebiges Potential von Gestaltungsmöglichkeiten, welches sie [die Stiftung] geradezu für eine individuelle Rechtsformgestaltung prädestiniert*“).

können. Bei entsprechender Gestaltung kann *„die Stiftung fast schon als dynamisches Nachfolgemodell“*[1174] aufgefasst werden.

Es darf aber nicht verkannt werden, dass auch die beste Gestaltung nicht alle möglichen Risiken und Fehlentwicklungen vorhersehen und abwehren kann.[1175] Dies ist jedoch kein spezifisches Faktum einer unternehmensverbundenen Familienstiftung, sondern trifft letztlich auf alle Nachfolgeinstrumente zu. Da das Wissen über Stiftungen im Allgemeinen und der unternehmensverbundenen Familienstiftung im Besonderen womöglich nicht immer groß ist[1176], sollte sich ein diesbezüglich interessierter Familienunternehmer und auch seine Familie über die Grundstrukturen und Möglichkeiten sowie der Vor- und Nachteile einer Stiftungslösung informieren, insbesondere aber darüber, welche Effekte eine Stiftungslösung auf das Familienunternehmen und das künftige Verhältnis der Familie zu diesem haben kann.[1177] Entsprechendes gilt freilich in Bezug auf andere von der Stiftungskonstruktion ggf. betroffene Beteiligte wie etwa etwaige Gremien im Familienunternehmen oder die Mitarbeiter des Familienunternehmens.

In conrecto sollte mit Blick auf die vorstehend erläuterten spezifischen Risiken aus Sicht der Unternehmerfamilie die Stiftungslösung diesen frühzeitig kommuniziert und deren Vor- und Nachteile mit diesen diskutiert und sorgfältig

---

1174 *Heester*, Unternehmensnachfolge von Familienunternehmen, S. 104; ähnlich und diesen Umstand empirisch bestätigend *Fleschutz*, Die Stiftung als Nachfolgeinstrument, S. 374, nach der *„unternehmensverbundene Stiftungen keineswegs statische Gebilde sind, sondern […] auch sie einem kontinuierlichen Wandel unterliegen“*; ebenso *Köhler*, FS D. Ziegler, S. 357 (380), nach dem sich auch früh existierende stiftungsverbundene (Familien-)Unternehmen *„entgegen der langläufigen Meinung durchaus in einem Prozess des Werdens und Wandelns“* befanden.

1175 Deutlich auch NK-BGB/*Schiffer/Pruns*, § 81 Rn. 81 (*„[…] auch der intelligenteste und erfahrenste Stifter kann selbst mit einem idealen Berater nicht wirklich in die Zukunft blicken.“*).

1176 Vgl. *Hennerkes/Kirchdörfer*, Die Familie und ihr Unternehmen, S. 278; ebenso NK-BGB/*Schiffer/Pruns*, Vorb. §§ 80 ff. Rn. 1.

1177 Siehe betreffend den Prozessablauf und die Entscheidungsfindungsphase bei der Wahl einer unternehmensverbundenen Familienstiftung als Nachfolgeinstrument aus Binnensicht exemplarisch die Erfahrungen des Familienunternehmers *Ulrich Seier*, der die Seier Unternehmensgruppe 2019 in der 4. Generation in eine unternehmensverbundene Familienstiftung überführt hat (https://t1p.de/s9izi): *„Deshalb habe ich mich intensiv mit Familienstiftungen auseinandergesetzt. Ich habe viel gelesen und mit Fachleuten diskutiert. Und ich habe Familienstifter persönlich besucht und ihnen konkrete Fragen, vor allem auch nach ihrer Gefühlswelt, gestellt.“*

abgewogen werden. Dadurch ließen sich zum einen Streitigkeiten vermeiden und zum anderen etwaige Bedenken ausräumen.

C. Zeitpunkt zur Errichtung einer unternehmensverbundenen Familienstiftung

I. Grundlegendes zur Stiftungserrichtung

Von nicht zu unterschätzender Bedeutung für den Erfolg der Stiftungskonstruktion als Nachfolgeinstrument ist zum einen der Zeitpunkt, zu welchem der Stifter resp. Familienunternehmer die unternehmensverbundene Familienstiftung errichtet, sowie zum anderen allgemein die Errichtungsvoraussetzungen. Die Errichtung einer rechtsfähigen unternehmensverbundenen Familienstiftung erfolgt dabei – wie bei jeder anderen rechtsfähigen Stiftung – in zwei Schritten: Es bedarf erstens eines Stiftungsgeschäfts und zweitens der Anerkennung durch die zuständige Behörde des Landes, in dem die Stiftung ihren Sitz haben soll (vgl. § 80 Abs. 2 S. 1 BGB bzw. § 80 Abs. 1 BGB a. F.).[1178] An diesen Entstehungsvoraussetzungen hält auch das reformierte Stiftungsrecht inhaltlich fest (vgl. §§ 80 Abs. 2 S. 1, 81 Abs. 4, 82 BGB).[1179]

Nachfolgend soll daher in gebotener Kürze ein Überblick zur Stiftungserrichtung und den dabei zu beachtenden Aspekten gegeben werden. Insbesondere ist dabei auf das Schriftformerfordernis des Stiftungsgeschäfts bei Übertragung von GmbH-Anteilen und auch Grundstücken einzugehen, da sich der bisherige diesbezügliche Meinungsstreit durch die Stiftungsrechtsreform 2021 erledigt hat. Ferner wird ausführlich auf den richtigen Zeitpunkt zur Errichtung sowie abschließend noch auf gesellschaftsrechtlich zu berücksichtigende Aspekte hinsichtlich der Übertragung der Gesellschaftsanteile am Familienunternehmen auf die Familienstiftung eingegangen.

1178 BGHZ 70, 313 (321). Zur Stiftungserrichtung allg. statt vieler Richter/*Stumpf*, Stiftungsrecht, § 4 Rn. 1 ff.; *Lange*, ZStV 2022, 167; *Janitzki*, ErbR 2024, 2; *Stolte*, in: Die Stiftung – Jahreshefte zum Stiftungswesen, 15./16. Jahrgang, S. 23; zum Ablauf in der Praxis bündig *Dahlmanns*, RNotZ 2020, 417 (421); zu den Kosten im Falle einer Stiftungserrichtung unter Lebenden etwa Fuhrmann/Wälzholz/*Diehn*, FormB GesR, Kap. 19, S. 1742; zur Zulässigkeit einer Regelung im Stiftungsgeschäft betreffend die Übernahme der Errichtungskosten durch die Stiftung ausf. *Hüttemann*/*Rawert*, ZIP 2020, 245 (246 f.).

1179 BT-Drs. 19/28173, S. 46 ff.; vgl. auch *Lange*, ZStV 2022, 167 (168); näher Burgard/*Burgard*, StiftR, § 80 Rn. 97 ff.

1. *Stiftungsgeschäft*

Das für die Errichtung notwendige Stiftungsgeschäft kann sowohl unter Lebenden (§ 81 Abs. 1 BGB bzw. § 81 BGB a. F.)[1180] durch eine einseitige[1181], nicht empfangsbedürftige Willenserklärung als auch von Todes wegen (§§ 80 Abs. 2 S. 2, 81 Abs. 3 Hs. 2, Abs. 4 BGB bzw. §§ 83, 84 BGB a. F.)[1182] im Wege einer letztwilligen Verfügung (Testament oder Erbvertrag), vorgenommen werden.[1183] Das Stiftungsgeschäft, und zwar sowohl dasjenige von Todes wegen wie das unter Lebenden,[1184] besteht nach h. M. aus zwei Teilen (sog. Theorie der Zweiaktigkeit)[1185]: einerseits aus einem organisationsrechtlichen Teil (Schaffung der juristischen Person; Stiftungssatzung, §§ 81 Abs. 1 Nr. 1, 83 Abs. 1 BGB bzw. §§ 81 Abs. 1 S. 3, 85 BGB a. F.) und andererseits aus einem vermögensrechtlichen Teil (Widmung des Stiftungsvermögens; Ausstattungsversprechen, §§ 81 Abs. 1 Nr. 2, 82a BGB bzw. §§ 81 Abs. 1 S. 2, 82 BGB a. F.).

1180 Zur Möglichkeit der Stellvertretung bei Stiftungserrichtung sogleich unter → Teil 3 C II.

1181 Insofern muss ein verheirateter Stifter ggf. auch das Einwilligungserfordernis für einseitige Rechtsgeschäfte nach §§ 1365, 1367 BGB beachten, um keine Unwirksamkeit des (vermögensrechtlichen Teils und ggf. wegen § 139 BGB des gesamten) Stiftungsgeschäfts zu riskieren; s. dazu MHdB GesR 7/*G. Roth*, § 97 Rn. 2, 15.

1182 Wird eine Stiftung erst nach Ableben des Stifters als rechtsfähig anerkannt, so gilt sie gem. § 80 Abs. 2 S. 2 BGB (§ 84 BGB a. F.) indes (nur) für die Zuwendungen des Stifters als schon vor dessen Tod entstanden, s. KG, ZEV 2021, 692 Rn. 12. Deshalb ist die (rechtsfähige) Stiftung auch unstreitig erbfähig. § 80 Abs. 2 S. 2 BGB (§ 84 BGB a. F.) gelte dabei auch im Steuerrecht, mit der Folge, dass eine erst nach dem Tod des Stifters anerkannte Stiftung vom Zeitpunkt des Todes des Stifters an körperschaftsteuerpflichtig sei, doch greife dies nicht in Bezug auf eine etwaige Steuerbefreiung, so BFHE 265, 170 Rn. 14, 17; BFH, npoR 2020, 124 Rn. 11, 14; kritisch zu dieser Rspr. MüKoBGB/*Weitemeyer*, § 84 Rn. 3; *Weitemeyer*, FS H. Schack, S. 74 (82 ff.); s. a. *Wachter*, ErbR 2019, 755 (759 f.) m. w. N.; ausf. *Metz*, Das „Stiftungsvermögen" im Zeitraum zwischen Tod des Stifters und Anerkennung der Stiftung, S. 163 ff., 244 ff.

1183 Zu Unterschieden, Abgrenzung und ggf. Verbindung der beiden Errichtungsformen luzid BoKoStiftR/*Muscheler*, BGB § 81 Rn. 6 ff.

1184 Richter/*Stumpf*, Stiftungsrecht, § 4 Rn. 51.

1185 M. w. N. Staudinger/*Hüttemann*/*Rawert*, BGB § 81 Rn. 18; Erman/*M. Wiese*, BGB § 81 Rn. 2; MHdB GesR 5/*Mecking*, § 85 Rn. 3; s. a. VG München, BeckRS 2024, 3870 Rn. 64; OLG Karlsruhe, ZEV 2004, 470 (471); **a. A.** soweit ersichtlich nur BoKoStiftR/*Muscheler*, BGB § 81 Rn. 379 der für die Einaktigkeit der Stiftungserrichtung plädiert.

a) *Organisationsrechtlicher Teil*

Hinsichtlich des organisationsrechtlichen Teils obliegt es dem Stifter vornehmlich eine Stiftungssatzung vorzugeben, deren Mindestinhalt (Name, Sitz, Zweck und Bildung des Vorstands der Stiftung) in § 81 Abs. 1 Nr. 1 und 2 BGB[1186] (§ 81 Abs. 1 S. 3 BGB a. F.) normiert ist.[1187] Nach neuem Stiftungsrecht muss die Satzung freilich keine Bestimmungen mehr über das Vermögen der Stiftung enthalten, da die Vermögenswidmung bereits Bestandteil des Stiftungsgeschäfts (§ 81 Abs. 1 Nr. 2 BGB) ist und mit den §§ 83b und 83c BGB – jedenfalls nach Auffassung des Reformgesetzgebers – für jede Stiftung ausreichende Regelungen zum Stiftungsvermögen und seiner Verwaltung vorhanden seien, die nicht zwingend durch Satzungsbestimmungen ergänzt werden müssten (aber natürlich können).[1188] Aufgrund dessen, dass es sich lediglich um einen gesetzlich vorgegebenen Mindestinhalt handelt, steht es dem Stifter frei, weitere Inhalte (z. B. zur Beschlussfassung, zu Satzungsänderungsmöglichkeiten, zu fakultativen Organen etc.) – wie es in der Praxis, insbesondere bei unternehmensverbundenen (Familien-)Stiftungen durchaus üblich ist – in der Satzung zu regeln oder bestimmte Satzungsinhalte in einer Geschäftsordnung[1189] näher auszugestalten.[1190] Sofern dem Mindestinhalt des § 81 Abs. 1 Nr. 1 und 2 BGB (§ 81 Abs. 1 S. 3 BGB a. F.) seitens des Stifters nicht hinreichend nachgekommen worden ist und der Stifter bereits verstorben ist[1191], muss gem. § 81 Abs. 4 BGB (§§ 81 Abs. 1 S. 4, 83 S. 2–4 BGB a. F.) die zuständige Stiftungsbehörde der Stiftung vor ihrer Anerkennung eine Satzung geben oder eine unvollständige Satzung ergänzen, wobei sie – ausweislich

---

1186 In § 81 Abs. 2 BGB sind zusätzliche Mindestregelungen für die Satzung einer Verbrauchsstiftung genannt, BeckOGK/*G. Roth*, 1.9.2024, BGB § 81 Rn. 176 ff., 193 ff.

1187 Dieser (Soll-)Mindestinhalt gilt auch für das Stiftungsgeschäft von Todes wegen. Hierbei ist jedoch im Besonderen darauf zu achten, dass der Stiftungszweck in der letztwilligen Verfügung hinreichend konkret bestimmt ist, s. instruktiv VG Ansbach, BeckRS 2021, 9845 Rn. 25 ff. m. Anm. *Schwalm*, ZStV 2021, 215 (219 ff.), wo der Stiftungszweck nach zutreffender Ansicht des Gerichts im Testament zu weit gefasst und die Stiftung daher nicht anerkennungsfähig war; näher zur Bestimmtheit *Weitemeyer*, FS H. Schack, S. 74 (76 ff.).

1188 BT-Drs. 19/28173, S. 47.

1189 Zu deren Zulässigkeit *auch* im neuen Stiftungsrecht → Teil 4 G III.

1190 *M. Engel*, Die unternehmensverbundene Stiftung, S. 190; vgl. BeckFormB BHW/*Weidmann*, Form. I. 26. Anm. 25.

1191 Zu Lebzeiten kann der Stifter den Änderungswünschen der Stiftungsbehörde noch selbst nachkommen; s. zu den Vorteilen einer Stiftungserrichtung zu Lebzeiten → Teil 3 C II.

des Wortlauts der Norm – den ausdrücklichen oder hilfsweise den mutmaßlichen Stifterwillen berücksichtigen soll.[1192]

b) Vermögensrechtlicher Teil, insbesondere Höhe der Vermögensausstattung

Das Stiftungsgeschäft besteht hinsichtlich seines vermögensrechtlichen Teils aus der dauerhaften Zweckwidmung und dem Versprechen des Stifters, die Stiftung mit einem bestimmten Vermögen[1193] (z. B. Barvermögen, Immobilien oder auch Unternehmensbeteiligungen) auszustatten, vgl. §§ 82a, 81 Abs. 1 Nr. 2 BGB (§§ 82, 81 Abs. 1 S. 2 BGB a. F.).[1194] Im hiesigen Kontext besteht das Stiftungsvermögen – konkret das nicht zum Verbrauch bestimmte sog. Grundstockvermögen (vgl. § 83 Abs. 1 S. 1, Abs. 2 BGB)[1195] – der unternehmensverbundenen Familienstiftung i. d. R. aus Beteiligungen am Familienunternehmen, da diese gerade zum Erhalt des Familienunternehmens und Versorgung der Stifterfamilie errichtet wird.[1196]

1192 Näher dazu BoKoStiftR/*Schewe*, BGB § 81 Rn. 379 ff.; *Weitemeyer*, FS H. Schack, S. 74 (76 ff.); *Reimann*, ZEV 2023, 9 (11 f.); bzgl. des § 81 Abs. 4 BGB ist der Reformgesetzgeber der Ansicht, dass die Stiftungsbehörde dadurch etwa den Zweck in der Satzung umformulieren (ihr aber nicht einen gänzlichen neuen Zweck geben, s. zutreffend BoKoStiftR/*Schewe*, BGB § 81 Rn. 404) oder das Stiftungsgeschäft auch um andere zwingende Satzungsbestimmungen nach § 81 Abs. 1 Nr. 1 lit b)–d) BGB oder um andere erforderliche Satzungsbestimmungen ergänzen kann, zum Beispiel um sonstige Regelungen, die notwendig sind, um die satzungsmäßigen Voraussetzungen für eine Steuerbefreiung nach § 60 AO zu schaffen, BT-Drs. 19/28173, S. 50.

1193 Dazu → Teil 4 E.

1194 MHdB GesR 5/*Mecking*, § 85 Rn. 3; *Burgard*, Gestaltungsfreiheit im Stiftungsrecht, S. 79; zum Vermögenserwerb der Stiftung eing. *Muscheler*, Gesammelte Beiträge II, S. 99 ff.

1195 Dazu → Teil 4 E II 1 b aa.

1196 Vgl. Block et al./*Betzer*/*Bazhutov*, Die Familienstiftung, S. 51 (56) („*Übertragung von Unternehmensanteilen [bilden] typischerweise den Kern des Stiftungsvermögens*“); ebenso Wiese/*Meyer-Sandberg*, Unternehmensnachfolge, Rn. 13.98; *Mutter*, Vermögensmanagement für Familienunternehmer, S. 406; *Junius-Morawe*, Zur Legitimität der Familienstiftung, S. 126; *B. Müller*, Die privatnützige Stiftung zwischen Staatsaufsicht und Deregulierung, S. 51.

Eine gesetzliche Mindestvermögensausstattung ist im Stiftungsrecht, insbesondere aufgrund der Vielfalt möglicher Stiftungszwecke[1197], zwar nicht existent,[1198] jedoch müssen die Anforderungen des § 82 S. 1 BGB (§ 80 Abs. 2 S. 1 BGB a. F.), wonach *„die dauerhafte und nachhaltige Erfüllung des Stiftungszwecks gesichert erschein[en]"* muss, erfüllt werden (sog. Lebensfähigkeitsprognose).[1199] Für die entsprechende Prüfung ist seitens der Stiftungsbehörde primär das dauerhaft gebundene Grundstockvermögen zu berücksichtigen (sog. gewidmetes Vermögen, s. § 81 Abs. 1 Nr. 2, 83b Abs. 2 BGB), sekundär jedoch auch zukünftige Vermögenszuwendungen (Zustiftungen [§ 83b Abs. 2 Nr. 2 BGB] und sonstige Zuwendungen oder Spenden), wenn diese verbindlich zugesagt sind

---

1197 Laut *BDS*, Zahlen, Daten, Fakten zum Stiftungswesen, 2021, S. 16 wurden 2021 37 % der Stiftungen mit einem Anfangsvermögen von unter 100.000 € errichtet. Im Intervall zwischen 100.000 € und unter eine Million € lagen 46 % der Stiftungen. Insgesamt wurden 83 % der Stiftungen mit weniger als eine Million € Anfangsvermögen gegründet, dagegen nur rund 3 % mit mehr als 10 Millionen.

1198 Siehe nur VG Gießen, NZG 2013, 110 (110); MüKoBGB/*Weitemeyer*, § 80 Rn. 134; *Schlüter/Stolte*, Stiftungsrecht, Kap. 1 Rn. 50; *Burgard*, Gestaltungsfreiheit im Stiftungsrecht, S. 79; zur Frage, ob es eines Mindestaustattungskapitals bei Stiftungen bedürfe, ausf. MHdB GesR 5/*Schwake*, § 79 Rn. 211 ff. Speziell für unternehmensverbundene Stiftungen *Kirmse*, in: Mecking/Schulte, Grenzen der Instrumentalisierung von Stiftungen, S. 27 (32 ff.), nach der ein Mindestaustattungskapital (stiftungsrechtlich) durchaus begründbar sei; so auch *Trappe*, Unternehmensmitbestimmung, S. 185, 187 ff., nach dem eine Kapitalisierung zu verlangen sei, die zumindest dem Mindeststammkapital einer GmbH entspricht, also 25.000 €; *Weinmann*, Die uv. Stiftung, S. 249 (50.000 € oder 100.000€); gegen derlei Bestrebungen zu Recht MHdB GesR 5/*Schwake*, § 79 Rn. 216 m. w. N.; dies zwar für sinnvoll erachtend, aber i. Erg. zu Recht ablehnend *B. Müller*, Die privatnützige Stiftung zwischen Staatsaufsicht und Deregulierung, S. 146 f. Ein Vergleich mit den Kapitalgesellschaften und der Rekurs auf Gläubigerschutzaspekte verfängt bei der Stiftung ohnehin nicht, *„weil die Vermögens- bzw. Kapitalaufbringung und -erhaltung im Stiftungsrecht gerade keine dem Recht der Personen- und Kapitalgesellschaften entsprechende Gläubigerschutzfunktion [hat]"* (*Hüttemann/Rawert*, ZIP 2021, Beilage zu Heft 33, S3 [S31]). Für eine gesetzliche Mindestvermögensausstattung *de lege ferenda Burgard*, npoR 2024, 181 (183) (*„100.000 Euro für Verbrauchsstiftungen und 1 Mio. Euro für Stiftungen, die über ein zu erhaltendes Grundstockvermögen verfügen sollen"*).

1199 Im Detail zur Prognoseentscheidung der Anerkennungsbehörde etwa BoKoStiftR/*Fritz*, BGB § 81 Rn. 258 ff.; MüKoBGB/*Weitemeyer*, § 80 Rn. 130 ff.

oder zumindest die sehr hohe Wahrscheinlichkeit ihres Zuflusses besteht[1200]. Bei welcher Mindestausstattung dies der Fall sein soll, wird in der Stiftungspraxis unterschiedlich behandelt und hängt maßgeblich von der Größe der Stiftung und den zu erfüllenden Stiftungszweck ab.[1201] Es bedarf daher einer „*zweckadäquaten Vermögensausstattung*".[1202]

Von den Stiftungsbehörden wird *in praxi* faktisch eine Mindestvermögensausstattung von 50.000 € bis 100.000 € gefordert.[1203] Dem Vernehmen nach fordern heutzutage einige Stiftungsbehörden mit Blick auf das bestehende Niedrigzinsniveau sogar eine Mindestausstattung von mind. 200.000 €.[1204] Dies mag für (sehr) kleine Stiftungen (gerade noch) ausreichend sein, nicht jedoch – insbesondere

---

1200 Zur Zulässigkeit m. w. N. (auch zu vereinzelten Gegenansichten) MüKoBGB/*Weitemeyer*, § 81 Rn. 15 ff.; MHdB GesR 5/*Schwake*, § 79 Rn. 227 ff.; S/S/S/P/*Stumpf*, StiftR, § 80 Rn. 49; vgl. auch VG Gießen, NZG 2013, 110 (111).

1201 Siehe m. N. MHdB GesR 5/*Schwake*, § 79 Rn. 217, dem nach in der Literatur Zahlen zwischen 50.000 € und 2 Mio. € genannt werden; vgl. auch Grüneberg/*Ellenberger*, BGB § 82 Rn. 3. Da es hier um Prognosen geht, „*sind [diese] einer Aussage i.S.v. ‚richtig' oder ‚falsch'/‚wahr' oder ‚unwahr' und damit (verfahrensrechtlich gedacht) dem Beweis nicht zugänglich; man kann sie nur plausibilisieren*", so allg. in Bezug auf Prognoseentscheidungen erhellend *Krumm*, FR 2015, 481 (489).

1202 BeckOGK/*Lange*, 1.9.2024, BGB § 81 Rn. 113. Vgl. auch VG Gießen, NZG 2013, 110 (111); *Schwake*, NZG 2008, 248 (250); *Hof*, S&S 1/2003, 21 (24).

1203 Vgl. *Schwake*, NZG 2008, 248 (249); *Weiland*, Ursachen und Probleme der Stiftungsinsolvenz, S. 49; Wiese/*Meyer-Sandberg*, Unternehmensnachfolge, Rn. 13.107; (kritisch) *Rawert*, ZGR 2018, 835 (842 dortige Fn. 31) („*Mit Euro 50.000 bzw. Euro 100.000 ist man dabei*"). Beispielhaft für das Land NRW die Bezirksregierung Köln als Stiftungsbehörde (Der Weg zur Stiftung, 10/2020, S. 15, nachlesbar unter https://t1p.de/8geqj): „*Eine Mindesthöhe des Stiftungsvermögens ist weder vom BGB noch vom Stiftungsgesetz NRW vorgegeben. Eine Stiftung kann aber nur als rechtsfähig anerkannt werden, wenn sie über ein entsprechendes Anfangsvermögen verfügt. Grundsätzlich wird ein Mindestvermögen von 100.000 EURO als notwendig erachtet, damit eine Stiftung langfristig erfolgreich tätig sein kann*"; *Hüttemann/Rawert*, ZIP 2013, 2136 m. N. haben freilich darauf hingewiesen, dass dies *in praxi* regelmäßig nicht ausreichend ist, weshalb es viele „*notleidende Stiftungen*" gibt.

1204 Wachter/Heckschen/*Schick/Hemmen*, Praxis des HuGR, § 11 Rn. 627 zufolge würden auch – je nach Stiftungszweck – Mindestausstattungen von „*200.000,00 bis 500.000,00 EUR*" oder mehr seitens der Stiftungsbehörden gefordert; nach *Schewe/Hermes*, RFamU 2022, 158 (160) seien „*– grob verallgemeinert – gegenwärtig mindestens 300.000 €*" erforderlich.

mit Blick auf die laufenden Verwaltungskosten[1205] und die andauernde Niedrigzinsphase – für unternehmensverbundene Familienstiftungen.[1206] Bei einer Ausstattung mit ausreichenden Barvermögen sowie insbesondere Beteiligungen an Unternehmen dürfte die Frage einer Mindestvermögensausstattung zumeist nicht problematisch sein, da deren Wert in der Regel deutlich darüber liegt – dies gilt freilich nur, sofern eine hinreichende und nachhaltige Verbindung von Stiftung und Unternehmen gewährleistet und mit einer langfristigen Ertragskraft vermittels der Beteiligung zu rechnen ist.[1207]

Nach § 82 S. 1 BGB (§ 80 Abs. 2 S. 1 BGB a. F.) ist allein die Gewährleistung einer dauernden und nachhaltigen Erfüllung des Stiftungszwecks erforderlich, sodass es einer Einzelfallprüfung bedarf und sich demgemäß seitens der Stiftungsbehörden jede Forderung nach einer pauschalen Mindestvermögensausstattung verbietet.[1208] Im Besonderen bei unternehmensverbundenen (Familien-) Stiftungen ist primär die wirtschaftliche Leistungsfähigkeit (Werthaltigkeit und Ertragskraft) des beteiligten Unternehmens maßgebend und eine einzelfallbe-

---

1205 Vgl. dazu etwa Schauhoff/Kirchhain/*Mehren*, Gemeinnützigkeits-HdB, § 3 Rn. 104; Richter/*Godron*, Stiftungsrecht, § 7 Rn. 45.

1206 Nach *Dahlmanns*, RNotZ 2020, 417 (421) habe man sich diesbezüglich „*in der Praxis [...] eher an Mindestbeträgen von 1-2 Mio. EUR zu orientieren*“; dafür auch *Hüttemann/Rawert*, ZIP 2013, 2136 (2140); überholt insofern *Kirmse*, in: Mecking/Schulte, Grenzen der Instrumentalisierung von Stiftungen, S. 27 (39), nach der ein „Mindestkapital“ i. H. v. 50.000 € grds. auch für unternehmensverbundene Stiftungen angemessen sei, wobei sie jedoch darauf hinweist, dass stets eine Einzelfallprüfung stattfinden solle; ebenso überholt *Trappe*, Unternehmensmitbestimmung, S. 189 (mind. 25.000 €); zum Problem von unterkapitalisierten bzw. „*notleidenden*“ Stiftungen grdl. *Hüttemann/Rawert*, ZIP 2013, 2136. Mit dem StiftVereinhG 2021 wurden in § 85 Abs. 1 S. 2, 4 BGB (Zweckänderung und Umwandlung einer Ewigkeitsstiftung in eine Verbrauchsstiftung) und §§ 86, 86a BGB (Zu- und Zusammenlegung) Erleichterungen für notleidende Stiftungen geschaffen, vgl. BT-Drs. 19/28173, S. 66, 69 ff.; zu Satzungsänderungsmöglichkeiten → Teil 4 D I 2.

1207 *Wochner*, in: Bayer/Koch, Unternehmens- und Vermögensnachfolge, S. 141 (148); vgl. *Dahlmanns*, RNotZ 2020, 417 (421); ausf. *Burgard*, in: Die Stiftung – Jahreshefte zum Stiftungswesen, 3. Jahrgang, S. 31 (47 ff.).

1208 So schon VG Minden, Urt. v. 23.8.1989 – 10 K 2164/88, StiftRspr. Bd. IV, 1993, Nr. 144, S. 83 (86); Richter/*Godron*, Stiftungsrecht, § 7 Rn. 11; *Burgard*, NZG 2002, 697 (699), der eine andere Stiftungspraxis zu Recht als rechtswidrig erachtet; für Unzulässigkeit derlei Stiftungspraxis auch *Schwake*, NZG 2008, 248 (250, 252); MüKoBGB/*Weitemeyer*, § 81 Rn. 18; BeckOGK/*Lange*, 1.9.2024, BGB § 81 Rn. 111; kritisch auch *Tischer*, Aufsicht und Kontrolle, S. 138 f.

zogene Prognoseentscheidung zu treffen.[1209] Um eine solche treffen zu können, hat sich die Stiftungsbehörde im Anerkennungsverfahren alle erforderlichen Unterlagen vorlegen zu lassen, worunter man bei unternehmensverbundenen Stiftungen „*insbesondere die testierten Jahresabschlüsse der vergangenen drei Jahre sowie die Satzung bzw. den Gesellschaftsvertrag des Unternehmensträgers zu zählen haben*“ dürfte.[1210] Insofern sind, wie vorstehend erwähnt, auch etwaige verbindliche Abreden zu berücksichtigen, nach denen der Stiftung einmalige oder laufende Zuwendungen seitens des Familienunternehmens zustehen, sodass im Einzelfall auch eine *prima vista* zur Zweckerfüllung geringe Dotierung von der Anerkennungsbehörde als tragfähig erachtet werden kann. Die Ermittlung der wirtschaftlichen Leistungsfähigkeit des Unternehmens bereitet den Stiftungsbehörden in der Praxis im Übrigen aber wohl durchaus Schwierigkeiten.[1211] Bei fehlender Sachkunde betreffend der eingereichten (Unternehmens-)Unterlagen ist die Stiftungsbehörde jedoch nach allgemeinem Verwaltungsverfahrensrecht (vgl. § 25 Abs. 1 VwVfG) gehalten, einen Sachverständigen hinzuzuziehen, um ordnungsgemäß beurteilen zu können, ob eine dauernde und nachhaltige Erfüllung des Stiftungszwecks gesichert erscheint.[1212]

Ungeachtet dessen muss sich jeder Stifter ohnehin bewusst sein, dass eine angemessene Vermögensausstattung der Stiftung entscheidenden Einfluss auf die Arbeitsfähigkeit der Stiftung hat. Dies gilt insbesondere für operativ tätige, große unternehmensverbundene Familienstiftungen, weshalb bei diesen auch regelmä-

---

1209 Feick/*D. J. Fischer*, Stiftung, § 8 Rn. 4; Feick/*Ponath/Raddatz*, Stiftung, § 28 Rn. 5a (dortige Fn. 11); Wiese/*Meyer-Sandberg*, Unternehmensnachfolge, Rn. 13.107; *M. Engel*, Die unternehmensverbundene Stiftung, S. 206; *Kersten*, FS 45 Jahre DJT, S. 123 (128, 130); *Dahlmanns*, RNotZ 2020, 417 (421); ausf. *Burgard*, in: Die Stiftung – Jahreshefte zum Stiftungswesen, 3. Jahrgang, S. 31 (47 ff.).

1210 *Burgard*, in: Die Stiftung – Jahreshefte zum Stiftungswesen, 3. Jahrgang, S. 31 (51).

1211 *M. Engel*, Die unternehmensverbundene Stiftung, S. 206. So ist etwa die Übertragung eines Handelsgeschäfts oder der Anteile an einer Personengesellschaft, für dessen bzw. deren Schulden die Stiftung haftet (§ 25 HGB bzw. §§ 126 S. 1, 127 HGB), oder durch das Einbringen einer Unternehmensbeteiligung, die eine Konzernhaftung der Stiftung auslöst (§§ 302 ff. AktG), stiftungsrechtlich ausgeschlossen, da in diesen Fällen eine dauerhafte und nachhaltige Erfüllung des Stiftungszwecks nicht gesichert erscheint, s. *Dutta*, Warum Erbrecht?, S. 23. Insofern bedarf es einer genauen Prüfung des beteiligten Unternehmens bzw. der Werthaltigkeit der Unternehmensbeteiligungen durch die Stiftungsbehörden.

1212 *Burgard*, in: Die Stiftung – Jahreshefte zum Stiftungswesen, 3. Jahrgang, S. 31 (51).

ßig eine größere Ausstattung erforderlich sein dürfte.[1213] Demgemäß ist bei unternehmensverbundenen Familienstiftungen durchaus eine Mindestausstattung ab 200.000 € oder besser 500.000 € oder mehr empfehlenswert.[1214] Letztlich muss gewährleistet werden, dass der/die Stiftungszweck/e mit den Erträgen der unternehmensverbundenen Familienstiftung – notfalls auch ohne regelmäßige Gewinnausschüttung durch die Unternehmensbeteiligung – erfüllt werden können. Insofern bedarf es aber letztlich stets einer Einzelfallbetrachtung.

c) *Schriftform bei Stiftungsgeschäft unter Lebenden ausreichend*

Das Stiftungsgeschäft unter Lebenden bedarf gem. § 81 Abs. 3 Hs. 1 BGB (§ 81 Abs. 1 S. 1 BGB a. F.) grundsätzlich der Schriftform (§ 126 BGB).[1215] Die schriftlich abzufassende Stiftungsurkunde muss danach vom Stifter eigenhändig durch Namensunterschrift unterzeichnet werden.[1216]

Streit, der durch eine Entscheidung des OLG Köln[1217] im Jahr 2019 wieder neu befeuert wurde, herrschte hinsichtlich der Frage, ob das Schriftformerfordernis

---

1213 Vgl. Richter/*Godron*, Stiftungsrecht, § 7 Rn. 12; *Hof*, S&S 1/2003, 21 (24).

1214 Wachter/Heckschen/*Schick/Hemmen*, Praxis des HuGR, § 11 Rn. 627 empfehlen gerade bei einer Familienstiftung sogar grds. eine Mindestausstattung von „*5 bis 10 Mio. EUR*", es sei denn, diese könne sicher mit Zustiftungen rechnen; vgl. auch *Dahlmanns*, RNotZ 2020, 417 (421); Staudinger/*Hüttemann/Rawert*, BGB § 80 Rn. 28 zufolge halten Stiftungspraktiker eine effektive Verfolgung des Stiftungszwecks unter Berücksichtigung von Verwaltungskosten und Rücklagen sogar erst ab zehn Millionen Euro für möglich.

1215 Für das Stiftungsgeschäft von Todes wegen gelten die erbrechtlichen Formvorschriften über Testament bzw. Erbvertrag, s. → Teil 3 C II mit Fn. 1302.

1216 BeckOGK/*Lange*, 1.9.2024, BGB § 81 Rn. 164; vgl. *Flume*, BGB AT Bd. I/2, § 4 V. 3., S. 139.

1217 OLG Köln, ZStV 2020, 96 m. abl. Anm. *Lange*, das die Anwendbarkeit des § 311b Abs. 1 S. 1 BGB bei Übertragung von Grundeigentum auf eine Stiftung bejaht hat; zust. Anm. *Wachter*, BB 2019, 2705 (2706); dem folgend auch noch MHdB GesR 5/*Schwake*, § 79 Rn. 146; Grüneberg[82]/*Grüneberg*, BGB § 311b Rn. 16; NK-BGB/*Ring*, § 311b Rn. 4; Grüneberg[82]/*Ellenberger*, BGB § 81 Rn. 3; dafür auch jurisPK-BGB[9]/*Morsch*, § 81 Rn. 21; BeckOGK/*Schreindorfer*, 1.9.2024, BGB § 311b Rn. 108; MHdB GesR 5/*Helios/Friedrich*, § 95 Rn. 15; *Wochner*, in: Bayer/Koch, Unternehmens- und Vermögensnachfolge, S. 141 (143), anders aber noch *Wochner*, MittRhNotK 1994, 89 (95); *Wachter*, Stiftungen, B Rn. 12; *Weimar/Geitzhaus/Delp*, BB 1986, 1999 (2004 mit dortiger Fn. 89); *Schwarz*, DStR 2002, 1718 (1721) m. w. N.; die Entscheidung des OLG Köln (ZStV 2020, 96) ablehnend indes zu Recht *Schwalm/Thiele*, ZEV 2020,

des Stiftungsgeschäfts – dies ist zu trennen vom gesonderten Übertragungsakt auf die Stiftung (vgl. § 82a BGB bzw. § 82 BGB a. F.)[1218] – auch dann Vorrang genieße, wenn zum gewidmeten Vermögen ein Grundstück oder eine GmbH-Beteiligung gehört, oder ob die notarielle Beurkundung (analog § 311b BGB[1219] bzw. § 15 Abs. 4 S. 1 GmbHG) aufgrund des damit verfolgten Schutzzwecks auch für einseitige Rechtsgeschäfte – wie das Stiftungsgeschäft[1220] – erforderlich wäre.[1221]

Diese (ehemalige) Streitfrage hat gerade bei unternehmensverbundenen Familienstiftungen, denen üblicherweise Unternehmensbeteiligungen, aber nicht selten auch Grundstücke übertragen werden, hohe praktische Relevanz: Die analoge Anwendung der gesetzlichen Formvorschriften des § 311b Abs. 1 S. 1 BGB bzw. § 15 Abs. 4 S. 1 GmbHG auf das Stiftungsgeschäft hätte nämlich zur Folge, dass statt der Schriftform des § 126 BGB vielmehr die Form des § 128 BGB für das Stiftungsgeschäft resp. die Wirksamkeit des Zuwendungsversprechens erforderlich wäre. Würde man in solchen Fällen die notarielle Beurkundung für erforderlich erachten, diese jedoch fehlen, so wäre regelmäßig das ganze Stiftungsgeschäft formnichtig (§§ 125 S. 1, 139 BGB).[1222] Eine Heilung des nichtigen Stiftungsgeschäfts wäre nur gem. § 311b Abs. 1 S. 2 BGB bzw. bei Übertragung von GmbH-Anteilen gem. § 15 Abs. 3 GmbHG möglich.[1223] Die Anerkennung

---

523 (525 ff.); *R. Werner*, ZErb 2021, 131; *Strobel*, ZErb 2020, 397; *Pruns*, ErbR 2020, 163 (165 ff.); zur h. M. s. Nachweise in → Fn. 1233 .

1218 Staudinger/*Hüttemann/Rawert*, BGB § 81 Rn. 17; *Aumann*, DNotZ 2022, 894 (889 f.).

1219 *In concreto*: Das Versprechen zur Übertragung von Grundstücken (§ 311b Abs. 1 BGB), zur Übertragung des gegenwärtigen oder künftigen Vermögens insgesamt (§ 311b Abs. 2 BGB) oder eines Bruchteils davon (§ 311b Abs. 3 BGB), zur Übertragung des Nachlasses eines noch lebenden Dritten (§ 311b Abs. 4 BGB), s. *Lange*, ZStV 2022, 167 (168).

1220 Siehe → Teil 3 C I 1 a.

1221 Zum früheren Streitstand ausf. S/S/S/P/*Stumpf*, StiftR, § 81 Rn. 6; bündig *Wachter*, BB 2019, 2705; *F. Schmitt*, notar 2023, 31 (33 f.).

1222 LG Kiel, Beschl. v. 18.12.1994 – 3 T 400/94 -, juris Rn. 11; v. Campenhausen/Richter/*Hof*, StiftR-HdB, § 6 Rn. 65; *Schwalm/Thiele*, ZEV 2020, 523 (524); *Klein-Wiele/Wurmthaler*, FuS-Sonderausgabe 2023, 48 (50); vgl. allg. auch *Blunk*, RFamU 2022, 500 (502); zu den möglichen Konsequenzen weiterführend *R. Werner*, ZErb 2021, 131 (133 ff.).

1223 *Wochner*, in: Bayer/Koch, Unternehmens- und Vermögensnachfolge, S. 141 (144).

der Stiftung hat indes für Mängel des Stiftungsgeschäfts keine heilende Wirkung.[1224]

Im Zuge der Stiftungsrechtsreform 2021 ist der vorstehende Meinungsstreit jedoch endgültig geklärt.[1225] Ausweislich der amtlichen Begründung zum neuen § 81 Abs. 3 BGB[1226] bedarf das Stiftungsgeschäft allein der Schriftform i. S. d. § 126 BGB.[1227] Die speziellen Formerfordernisse der § 311b BGB und § 15 Abs. 4 S. 1 GmbHG sollen explizit nicht – insbesondere nicht analog – auf das Stiftungsgeschäft anzuwenden sein. Hierbei handelt es sich nicht lediglich um eine bloße Andeutung in der Gesetzesentwurfsbegründung, die bei der Ausle-

---

1224 Grdl. BVerwGE 29, 314 (316); BGHZ 70, 313 (321); *Wachter*, BB 2019, 2705 (2706); das unwirksame Stiftungsgeschäft hindert aber nach h. M. (i. Erg. BVerwGE 29, 314 [316]; AG Nürnberg, BeckRS 2024, 20805 Rn. 21 ff.; MüKoBGB/*Weitemeyer*, § 81 Rn. 2; Staudinger/*Hüttemann/Rawert*, BGB § 80 Rn. 6; Grüneberg/*Ellenberger*, BGB § 80 Rn. 2; **a. A.** *Muscheler*, Gesammelte Beiträge II, S. 19 [38 ff.]) nicht die Entstehung der Stiftung als solcher; zur Figur der *„fehlerhaften Stiftung"* aufgrund eines unwirksamen Stiftungsgeschäfts näher BeckOGK/*Lange*, 1.9.2024, BGB § 81 Rn. 157 f.; BeckOGK/*G. Roth*, 30.6.2023, BGB § 80 Rn. 305 m. w. N.; vgl. auch im Kontext von unzulässigerweise als korporative Stiftungen anerkannte Stiftungen *Uhl*, Kooperationen im Stiftungsrecht, S. 529 ff.; siehe aber diese Figur im Stiftungsrecht ablehnend BoKoStiftR/*Muscheler*, BGB § 81 Rn. 67 ff.

1225 Ebenso i. Erg. *R. Werner*, ZErb 2021, 131 (133) („*[…] Diskussion erledigt*"); *Hüttemann/Rawert*, ZIP 2021, Beilage zu Heft 33, S3 (S9) („*[…] abweichenden Ansichten sind damit endgültig überholt*"); *Lange*, ZStV 2022, 167 (168); *Schewe/Hermes*, RFamU 2022, 158 (160); *Demuth*, KÖSDI 2023, 23055 Rn. 17; *Sanders*, in: Sanders/Thomsen, Enterprise Foundation Law, S. 25 (43); Fuhrmann/Wälzholz/*Wälzholz*, FormB GesR, Kap. 19, Anm. 1 zu M.19.1, S. 1737; *Tegge*, Die Familienstiftung, S. 116. Ausf. zu den Argumenten gegen ein notarielles Beurkundungserfordernis statt anderer *Schwalm/Thiele*, ZEV 2020, 523 (524 ff.); anders und kritisch BeckOGK/*Tolksdorf*, 1.9.2024, BGB § 82a Rn. 7 ff. Eine notarielle Beurkundung gerade des Stiftungsgeschäfts gleichwohl i. d. R. für sinnvoll erachtend *Aumann*, DNotZ 2022, 894 (898 f.); *F. Schmitt*, notar 2023, 31 (34, 38); s.

1226 Dieser lautet: *„Das Stiftungsgeschäft bedarf der schriftlichen Form, wenn nicht in anderen Vorschriften ausdrücklich eine strengere Form* [für das Stiftungsgeschäft] *als die schriftliche Form vorgeschrieben ist, oder es muss in einer Verfügung von Todes wegen enthalten sein."*

1227 BT-Drs. 19/28173, S. 50.

gung durch den Rechtsanwender grundsätzlich nicht bindend[1228] ist.[1229] Jedoch wendet sich der Gesetzgeber ausdrücklich[1230] gegen die Entscheidung des OLG

1228 Vgl. *Arnold*, npoR 2022, 299 (305); ebenso Grüneberg/*Grüneberg*, BGB Einl. Rn. 45, wonach aber dadurch der Gesetzeszweck verdeutlicht werde und daher diese i. d. R. zu befolgen sei; zurückhaltender *Burgard*, FS Hadding, S. 325 (340) („*Sie geben lediglich einen ersten Anhaltspunkt für die Auslegung, sind aber keineswegs verbindlich*"). Nach wohl h. M. sollen diese jedenfalls bei der Auslegung des Gesetzes resp. der Norm berücksichtigt werden, näher zu Klarstellungen in den Gesetzesmaterialien *T. Frieling*, Gesetzesmaterialien und Wille des Gesetzgebers, S. 118 f.; *Seibert*, in: Fleischer, Mysterium „Gesetzesmaterialien", S. 110 (122 f.); allg. zur Bindungswirkung und Heranziehung von Gesetzesmaterialien bei der Auslegung *Fleischer*, in: Fleischer, Mysterium „Gesetzesmaterialien", S. 1 (19 f.); *T. Frieling*, Gesetzesmaterialien und Wille des Gesetzgebers, S. 54 f.; eing. *Sehl*, Was will der Gesetzgeber?, S. 21 ff., 51 ff., 85 ff.; vgl. auch schon BVerfGE 1, 299 (312) („*Der Entstehungsgeschichte einer Vorschrift kommt für deren Auslegung nur insofern Bedeutung zu, als sie die Richtigkeit einer nach den angegebenen Grundsätzen ermittelten Auslegung bestätigt oder Zweifel behebt, die auf dem angegebenen Weg allein nicht ausgeräumt werden können*"); zustimmend BGH, DNotZ 2023, 47 Rn. 14.

1229 Siehe zur Bedeutung der Gesetzesmaterialien für die Rechtsauslegung und -anwendung *Spitzlei*, JuS 2022, 315; luzid (und kritisch) *Burgard*, FS Hadding, S. 325 (337 ff.); ausf., insb. zur Argumentation mit Materialien bei der Auslegung des einfachen Bundesrechts *Wischmeyer*, JZ 2015, 957 (963 ff.); monographisch zum Ganzen *T. Frieling*, Gesetzesmaterialien und Wille des Gesetzgebers; *Sehl*, Was will der Gesetzgeber?; s. auch das Rspr.-Beispiel zur Heranziehung der Gesetzesmaterialien bei BGH, NZM 2022, 49 Rn. 32 ff.

1230 BT-Drs. 19/28173, S. 50; bekräftigend BT-Drs. 19/31118, S. 9 („*Auch wenn sich der Stifter im Stiftungsgeschäft zur Übertragung von Grundstücken oder Anteilen an einer GmbH verpflichtet, wird eine Beurkundung des Stiftungsgeschäfts nicht als erforderlich angesehen*"). Den Regelungsabsichten des Gesetzgebers resp. den Gesetzesmaterialien kommt gerade bei „jungen" Gesetzen ein besonders hohes Gewicht zu, s. *Spitzlei*, JuS 2022, 315 (318) m. V. a. BVerfGE 54, 277 (297); vgl. *Wischmeyer*, JZ 2015, 957 (965 f.); *T. Frieling*, Gesetzesmaterialien und Wille des Gesetzgebers, S. 61 m. w. N.; vgl. aus der Rspr. instruktiv auch BGH, NZM 2022, 49 Rn. 32 ff.

Köln[1231]. Insofern bekräftigt[1232] bzw. schließt sich der Gesetzgeber nämlich der bisherigen im Stiftungsrecht zutreffenden und herrschenden Literaturansicht und teilweise auch Rechtsprechung an, die eine analoge Anwendung im Besonderen des § 311b BGB und § 15 Abs. 4 S. 1 BGB ablehnt[1233], insbesondere aufgrund dessen, dass es sich beim Stiftungsgeschäft um ein einseitiges Rechtsgeschäft handelt und eine ausreichende Warn- und Kontrollfunktion durch die Anerkennungsbehörde sowie der i. d. R. professionellen Beratung durch einen Rechtsbeistand gewährleistet wird. Mithin bedarf das Stiftungsgeschäft

1231 OLG Köln, ZStV 2020, 96 m. abl. Anm. *Lange*. Zur Korrektur einer missbilligenden Rspr. durch den Gesetzgeber luzid BVerfGE 135, 1 Rn. 45: („*Allerdings ist der Gesetzgeber ebenfalls befugt, den Inhalt einer von ihm gesetzten Norm zu ändern oder klarstellend zu präzisieren und dabei gegebenenfalls eine Rechtsprechung zu korrigieren, mit der er nicht einverstanden ist.*“). Kritisch zu dieser gesetzgeberischen Entscheidung BeckOGK/*Tolksdorf*, 1.9.2024, BGB § 82a Rn. 7 ff.

1232 Schon bei der Stiftungsrechtsreform 2002 lag ihm dieses Verständnis zugrunde, vgl. BT-Drs. 14/8765, S. 9: „*Der Vorschlag des Absatzes 1 behält die angeordnete Schriftform für das Stiftungsgeschäft bei […]*“; vgl. dazu auch *Strobel*, ZErb 2020, 397 (398 f.).

1233 FG Schleswig-Holstein, DStRE 2012, 945 (947 f.) (bzgl. § 311b BGB); OLG Schleswig, DNotZ 1996, 770 (770 f.) (bzgl. § 311b BGB); in einem eher *obiter dictum* auch VG Stuttgart BeckRS 2013, 56753 unter Verweis auf LG Kiel, Beschl. v. 18.12.1994 - 3 T 400/94 -, juris (bzgl. § 311b BGB). Allg. für einen Vorrang des §§ 81 Abs. 1 S. 1, 126 BGB a. F. bzw. nun § 81 Abs. 3 Hs. 1 BGB: BeckOGK/*Lange*, 1.9.2024, BGB § 81 Rn. 166; MüKoBGB/*Weitemeyer*, § 81 Rn. 8; Staudinger/*Hüttemann*/*Rawert*, BGB § 81 Rn. 16; *Hüttemann*/*Rawert*, FS K. Schmidt, 2019, S. 543 (544); nunmehr unter Aufgabe seiner vorherigen Auffassung (so noch in der 43. Ed. 15.6.2017) auch BeckOK BGB/*Backert*/*J. Stürner*, 71. Ed. 1.5.2022, § 81 Rn. 2; BeckOGK/*Tolksdorf*, 1.9.2024, BGB § 82a Rn. 5 f.; S/S/S/P/*Stumpf*, StiftR, § 81 Rn. 6; Richter/*Godron*, Stiftungsrecht, § 7 Rn. 16; W/S/F/*O. Werner*, Die Stiftung, § 11 Rn. 58, 82; *Saenger*, GesR, § 11 Rn. 495; Schauhoff/Kirchhain/*Mehren*, Gemeinnützigkeits-HdB, § 3 Rn. 41; BeckFormB BHW/*Weidmann*, Form. I. 24. Anm. 10; *Muscheler*, Gesammelte Beiträge II, S. 99 (103); *Schwalm*/*Thiele*, ZEV 2020, 523 (525 ff., 527); *O. Werner*, in: Bayer/Koch, Unternehmens- und Vermögensnachfolge, S. 103 (131 f.); *R. Werner*, ZErb 2021, 131 (133 ff.); jew. m. w. N. Auch die Verfasser des BGB sahen wegen der (seinerzeit genannt noch) „*Genehmigung*“ durch die staatliche Stiftungsbehörde keine Notwendigkeit für eine notarielle Beurkundung und lehnten anderslautende Vorschläge (vgl. *Mugdan*, Bd. I, 1899, S. 661) explizit ab, s. *Mugdan*, Bd. I, 1899, S. 962; dazu auch LG Kiel, Beschl. v. 18.12.1994 – 3 T 400/94 -, juris Rn. 11; *Strobel*, ZErb 2020, 397 (398 f.); BoKoStiftR/*Janitzki*, BGB § 81 Rn. 354 f.; kritisch *Flume*, BGB AT Bd. I/2, § 4 V. 3., S. 140 (dortige Fn. 172).

als solches – auch und besonders im Falle des Versprechens der Einbringung von GmbH-Anteilen – *de jure* nicht der notariellen Beurkundung.[1234] Für eine analoge Anwendung des § 311b BGB und § 15 Abs. 3, Abs. 4 S. 1 GmbHG bleibt aufgrund der Klarheit und Aktualität des gesetzgeberischen Willens in diesem Punkt und daher mangels planwidriger Regelungslücke kein Raum[1235]; zumal sich der Gesetzgeber die aktuellen Gesetzesentwurfsbegründung zu eigen

---

1234 Dies so konstatierend auch *Hüttemann/Rawert*, ZIP 2021, Beilage zu Heft 33, S3 (S9); *Oppel*, NWB-EV 2021, 122 (127); *Winkler*, ZStV 2021, 121 (127); *Lorenz/Mehren*, DStR 2021, 1774 (1775); *R. Werner*, ErbR 2021, 482 (483); *Schewe/Hermes*, RFamU 2022, 158 (160); BeckOGK/*Lange*, 1.9.2024, BGB § 81 Rn. 207 ff.; BeckOGK/*Tolksdorf*, 1.9.2024, BGB § 82a Rn. 5; BoKoStiftR/*Muscheler*, BGB § 81 Rn. 88; BoKoStiftR/*Janitzki*, BGB § 81 Rn. 360; Orth/Uhl/*Uhl*, Stiftungsrechtsreform 2021, Rn. 202; *Sanders*, in: Sanders/Thomsen, Enterprise Foundation Law, S. 25 (43); Schauhoff/Kirchhain/*Mehren*, Gemeinnützigkeits-HdB, § 3 Rn. 41; *Saenger*, GesR, § 11 Rn. 495; (nun auch) Grüneberg/*Ellenberger*, BGB § 81 Rn. 3; P/W/W/*Schöpflin*, BGB § 81 Rn. 9; **a. A.**, aber unter Fehlinterpretation der Gesetzesmaterialien – soweit ersichtlich bisher nur – FormBiB-V/*Rohde*, GesR II, Teil 3 § 1 Rn. 19; kritisch zur Norm *Aumann*, DNotZ 2022, 894 (898 f.); *F. Schmitt*, notar 2023, 31 (34, 38); BeckOGK/*Schreindorfer*, 1.3.2024, BGB § 311b Rn. 108.1). Es ist zu erwarten, dass die noch in Bezug auf § 311b BGB anderslautenden Kommentierungen (siehe die Nachweise bei FG Schleswig-Holstein, DStRE 2012, 945 [947]; BeckOGK/*Schreindorfer*, 1.9.2024, BGB § 311b Rn. 108 [m. w. N. in dortiger Fn. 357], der nunmehr in Rn. 108.1 seine früher befürwortete planwidrige Regelungslücke und damit eine Analogie jedoch richtigerweise für nicht mehr haltbar hält), mit Blick auf den ausdrücklichen Willen des Gesetzgebers, dem sich wohl werden anschließen, so nun etwa Grüneberg/*Grüneberg*, BGB § 311b Rn. 16. Die einhellige Ansicht im GmbH-rechtlichen Schrifttum hält § 15 Abs. 4 S. 1 GmbHG seit jeher für nicht anwendbar, s. m. w. N. BeckOK GmbHG/*Wilhelmi*, 61. Ed. 1.3.2022, § 15 Rn. 130; Lutter/Hommelhoff/*Bayer*, GmbHG, § 15 Rn. 53; Scholz/*Seibt*, GmbHG, § 15 Rn. 48; auch schon *Wochner*, MittRhNotK 1994, 89 (95); *Flume*, BGB AT Bd. I/2, § 4 V. 3., S. 140.

1235 Wie hier bereits LG Kiel, Beschl. v. 18.12.1994 – 3 T 400/94 -, juris Rn. 11 („*Es ist daher kein Raum dafür, eine vom Gesetzgeber nicht gewollte Form im Wege der Analogie für die Wirksamkeit des Stiftungsgeschäftes (bei der Verpflichtung zur Grundstücksübertragung) zu fordern.*"); nunmehr einräumend auch BeckOGK/*Schreindorfer*, 1.3.2024, BGB § 311b Rn. 108.1. Vgl. insofern (aber in einem anderen Kontext): BVerfG, NJW 2012, 669 Rn. 51 („*Die maßgebliche gesetzgeberische Grundentscheidung, an die die Gerichte verfassungsrechtlich gebunden sind, trifft der nationale Gesetzgeber. Sie lässt sich unter anderem aus den Gesetzesmaterialien erschließen.*"); s. a. *Wischmeyer*, JZ 2015, 957 (964 ff.).

gemacht hat, in der sich explizit gegen zuletzt anderslautende obergerichtliche Auffassungen gerichtet und betont wird, dass der Gesetzgeber seit jeher von der einfachen Schriftform ausgeht. Anderslautende Entscheidungen dürften – jedenfalls im reformierten Stiftungsrecht ausdrücklich – insofern *contra legem* sein.[1236]

Eine strengere Form betreffend das Stiftungsgeschäft gilt mit Blick auf § 81 Abs. 3 Hs. 1 BGB nur dann, wenn eine gesetzliche Regelung an anderer Stelle – für das Stiftungsgeschäft – ausdrücklich (!) eine strengere Form vorsieht.[1237] So müsste etwa in § 311b BGB oder § 15 GmbHG ausdrücklich das Stiftungsgeschäft genannt werden. Dies ist bisher aber nicht der Fall. Diese bestehende „*Öffnungsklausel*" kann jedoch etwa durch Ergänzung der vorstehenden Normen dergestalt, dass das Formerfordernis auch für das Stiftungsgeschäft unter Lebenden gelte, den nach h. M. im stiftungsrechtlichen Schrifttum anerkannten Vorrang des einfachen Schriftformerfordernisses kurzerhand „*passé*" machen.[1238]

1236 Vgl. dazu *Würdinger*, FS H. Roth, S. 141 (145 dortige Fn. 30 m. V. a. *Rüßmann*, Contra-legem-Entscheidungen in der Zivilgerichtsbarkeit, in: FS Koch, 2014, S. 79 f.) („*Unter einer Contra-legem-Entscheidung versteht man eine Entscheidung, die ‚sowohl gegen das vom Gesetzgeber Gesagte als auch gegen das vom Gesetzgeber Gewollte verstößt*'"); vgl. insofern auch (aber in einem anderen Kontext) BGH, NZM 2022, 49 Rn. 87 („*Damit hat der Gesetzgeber (erneut) eine eindeutige Entscheidung getroffen. Diese darf der an Gesetz und Recht gebundene Richter (Art. 20 III GG) nicht aufgrund eigener rechtspolitischer Vorstellungen verändern und durch eine judikative Lösung ersetzen […]*"). Wie bereits angeführt, wollte der Gesetzgeber seit jeher keine notarielle Beurkundung des Stiftungsgeschäfts, s. nochmals *Mugdan*, 1899, Bd. I S. 962 sowie nun BT-Drs. 19/28173, S. 50; bekräftigend BT-Drs. 19/31118, S. 9 („*Auch wenn sich der Stifter im Stiftungsgeschäft zur Übertragung von Grundstücken oder Anteilen an einer GmbH verpflichtet, wird eine Beurkundung des Stiftungsgeschäfts nicht als erforderlich angesehen*").

1237 Nach der Gesetzesentwurfsbegründung (BT-Drs. 19/28173, S. 50) ist hinsichtlich der Anordnung einer strengeren Form, eine konkrete Bezugnahme auf das Stiftungsgeschäft erforderlich; wie hier auch BoKoStiftR/*Muscheler*, BGB § 81 Rn. 88; *F. Schmitt*, notar 2023, 31 (34); davon ausgehend auch *Schumann*, Familienstiftungen, S. 15. Gegenüber dieser „*Öffnungsklausel*" kritisch *Feick/Schwalm*, NZG 2021, 525 (529).

1238 *Feick/Schwalm*, NZG 2021, 525 (529). *Zimmermann/Raddatz*, NJW 2022, 517 Rn. 4 halten die gesetzliche Klarstellung insofern für wenig gelungen; ähnlich *Klein-Wiele/Wurmthaler*, FuS-Sonderausgabe 2023, 48 (50) („*missglückt*"); *Stolte*, in: Die Stiftung – Jahreshefte zum Stiftungswesen, 15./16. Jahrgang, S. 23 (34) („*nicht ausreichend klar*").

In den §§ 86–86h BGB, die ein eigenständiges Umwandlungsrecht der Stiftungen für Zulegungs- und Zusammenlegungsverträge vorsehen, hat der Gesetzgeber im Normtext ausdrücklich normiert, dass es für Zulegungs- und Zusammenlegungsverträge „*insbesondere*“[1239] in den Fällen des § 311b Abs. 1 und Abs. 3 BGB nicht der notariellen Beurkundung (§ 86d BGB) bedarf, sondern nur der schriftlichen Form.[1240] Derlei Klarstellung bereits im Normtext wäre für den Rechtsanwender freilich auch im Falle des § 81 Abs. 3 Hs. 1 BGB wünschenswert gewesen.[1241] Dies gilt besonders, auch um etwaige Umkehrschlüsse der Rechtsanwender zu vermeiden, für welchen sich die vorstehende Feststellung nicht bereits durch den Wortlaut des § 81 Abs. 3 Hs. 1 BGB ergibt, sondern in Gänze erst in Verbindung mit der Gesetzesentwurfsbegründung[1242]. Nimmt man aber auch bei der Anwendung des § 81 Abs. 3 Hs. 1 BGB die Gesetzesentwurfsbegründung in den Blick, verbieten sich unter Auslegung ebenjener Norm strengere Anforderungen als die Schriftform und damit im Speziellen anderslautende Entscheidungen wie die des OLG Köln.[1243] Eine Klarstellung nicht nur in der Gesetzesentwurfsbegründung, sondern ausdrücklich im Normtext wie etwa *Schwalm/Thiele*[1244] dies vorschlagen, wäre aber i. S. d. Rechtsklarheit gleichwohl begrüßenswert: „*Das Stiftungsgeschäft unter Lebenden bedarf der schriftlichen Form; strengere gesetzliche Formvorschriften finden keine Anwendung.*“ Nichtsdestotrotz dürfen nach dem Vorstehenden die Anerkennungsbehörden keine notarielle Beurkundung des Stiftungsgeschäfts zur zwingenden Voraussetzung

---

1239 Vgl. hierzu auch BT-Drs. 19/31118, S. 11, wonach durch das „insbesondere“ klargestellt werden soll, dass „*auch andere vergleichbare Beurkundungserfordernisse*“ nicht gelten.

1240 Dort ist dies insofern verständlich, da es sich bei diesen Normen um gänzlich neue handelt und daher nicht auf ein bereits bestehendes Verständnis rekurriert werden kann.

1241 Der PE 2020 (*Arnold et al.*, ZIP 2020, Beilage zu Heft 10, S3 [S7 f.]) sah dies mit § *81 Abs. 1 S. 1 Hs. 2 BGB-PE* vor („*[…]; § 311b findet keine Anwendung*“).

1242 Es kommt nicht selten vor, dass der Gesetzgeber etwaige Knappheiten des gewollten Ausdrucks in der Norm durch ausführliche Erläuterungen in der Gesetzesentwurfsbegründung, die er sich streng genommen zu eigen macht, ausgleichen will, s. *Seibert*, in: Fleischer, Mysterium „Gesetzesmaterialien“, S. 110 (120) mit treffender Beschreibung („*Der Knochen soll mit Fleisch versehen werden*“).

1243 So auch Orth/Uhl/*Uhl*, Stiftungsrechtsreform 2021, Rn. 202 a. E.

1244 *Schwalm/Thiele*, ZEV 2020, 523 (529); s. a. *Feick/Schwalm*, NZG 2021, 525 (529); dafür i. Erg. auch *Pruns*, ZErb 2021, 301 (303); *Zimmermann/Raddatz*, NJW 2022, 517 Rn. 4.

für die Anerkennung der Stiftung machen. Von der stiftungsrechtlichen Rechtspraxis, insbesondere den Anerkennungsbehörden[1245] und Gerichten, sollten in Bezug auf die Auslegung des § 81 Abs. 3 Hs. 1 BGB, die Gesetzesmaterialien besonders berücksichtigt werden. Insofern kann es im Rahmen des Anerkennungsverfahrens ggf. geboten sein, die Anerkennungsbehörde auf die vorstehende Intention des Gesetzgebers vorsorglich hinzuweisen. Demgemäß ist auch ein rechtlicher Berater oder Notar trotz des „Gebots des sichersten Weges“[1246] ob der eindeutigen Gesetzesentwurfsbegründung zum neuen § 81 Abs. 3 Hs. 1 BGB nicht angehalten, die notarielle Beurkundung des Stiftungsgeschäfts zwingend zu empfehlen.[1247]

Der Stifter kann das Stiftungsgeschäft aber auch freiwillig notariell beurkunden lassen (vgl. §§ 126 Abs. 4, 128 BGB). Eine freiwillige Beurkundung des lebzeitigen Stiftungsgeschäfts kann etwa mit Blick auf die Belehrungspflichten nach §§ 11, 17 BeurkG und der damit einhergehenden Einbindung weiteren rechtlichen Sachverstands des Notars[1248] oder im Hinblick auf die erschwerte Widerruflichkeit des Stiftungsgeschäfts durch Erben (§ 81a S. 3 Alt. 2 BGB bzw. § 81 Abs. 2 S. 3 Alt. 2 BGB a. F.)[1249] im Einzelfall vorteilhaft sein.[1250]

1245 Dies schien jedenfalls bis zum 30.6.2023 wohl nicht überall so gehandhabt worden zu sein, vgl. die ersten Praxiserfahrungen von nach Beschluss der Stiftungsrechtsreform 2021 *Schuck/Medinger*, npoR 2021, 284 (288); *Pawlytta/Pfeiffer*, ZErb 2022, 255 (256).

1246 Vgl. dazu z. B. BGH, NJW-RR 2008, 1235 Rn. 14.

1247 Auch *Theuffel-Werhahn*, RFamU 2022, 67 (70 mit dortiger Fn. 23) hält Empfehlungen zur notariellen Beurkundungen (so noch im Anschluss an die Entscheidung des OLG Köln [a. a. O.] etwa *Zimmermann/Raddatz*, NJW 2020, 517 [519]; *Dahlmanns*, RNotZ 2020, 417 [420]; *Strobel*, ZErb 2020, 397 [400]; jdf. bis zum 30.6.2023 dies ratend auch noch *Schwalm*, NotBZ 2022, 81 [85]; Schauhoff/Kirchhain/*Mehren*, Gemeinnützigkeits-HdB, § 3 Rn. 28) demgemäß auch nunmehr für *„überholt“*; **a. A.** für die Zeit nach der Reform noch *Aumann*, DNotZ 2022, 894 (898 f.); *Klein-Wiele/Wurmthaler*, FuS-Sonderausgabe 2023, 48 (50).

1248 Feick/*D. J. Fischer*, Stiftung, § 6 Rn. 11; *Aumann*, DNotZ 2022, 894 (899).

1249 Vgl. dazu BeckOGK/*Lange*, 1.9.2024, BGB § 81a Rn. 7 ff.

1250 *Schwalm*, NotBZ 2022, 121 (123); weitere ggf. nützliche Situationen bei *Aumann*, DNotZ 2022, 894 (899 f.).

2. *Anerkennung und Vermögensübertragungspflicht*

a) *Anerkennung durch die zuständige Landesstiftungsbehörde*

Zur juristischen Person und damit rechtsfähig[1251] wird die Stiftung erst[1252] mit

---

1251 Ihre Grundrechtssubjektivität wird ihr durch Art. 19 Abs. 3 GG vermittelt, dazu statt anderer m. w. N. MüKoBGB/*Weitemeyer*, § 80 Rn. 66; *Rawert*, JöR 65 (2017), 179 (200 ff.).

1252 Ob es davor eine sog. Vorstiftung, ähnlich der Vor-GmbH oder dem Vor-Verein, geben kann, ist umstritten: **Dagegen die vorherrschende Ansicht in Rspr. und Schrifttum**: BFHE 249, 159 Rn. 62 (zur Vorstiftung unter Lebenden); FG Schleswig-Holstein, ZStV 2010, 23 (24) mzustAnm. *A. Werner* (zur Vorstiftung unter Lebenden); OLG Düsseldorf, NZG 2020, 195 Rn. 14 (*obiter dictum* zur Vorstiftung unter Lebenden); OLG Braunschweig, ZEV 2020, 565 Rn. 27 (zur Vorstiftung von Todes wegen) m. krit. Anm. *Schwalm*, ZStV 2021, 10 (20 ff.); **allg. ablehnend:** MüKoBGB/*Weitemeyer*, § 81 Rn. 62; *Weitemeyer*, FS H. Schack, S. 74 (80); BeckOGK/*Lange*, 1.9.2024, BGB § 81 Rn. 153; BeckOK BGB/*Backert*/*J. Stürner*, 71. Ed. 1.5.2022, § 80 Rn. 57; Staudinger/*Hüttemann*/*Rawert*, BGB § 80 Rn. 51; Soergel/*Neuhoff*, BGB § 80 Rn. 16; P/W/W/*Schöpflin*, BGB § 80 Rn. 4; BoKoStiftR/*Andrick*, BGB § 82 Rn. 60; MVHdB I GesR/*Hof*, Form. VIII. 1 Anm. 3, S. 1452; v. Campenhausen/Richter/*Hof*, StiftR-HdB, § 6 Rn. 272; W/S/F/*A. Werner*, Die Stiftung, § 13 Rn. 59; *Hüttemann*, FS Spiegelberger, S. 1292 (1295 f.); *Krezer*, Die Stiftung von Todes wegen, S. 37; *Burgard*, Gestaltungsfreiheit im Stiftungsrecht, S. 87 ff.; *Neumann*, Die reine Unterhaltsstiftung, S. 51; *Volkholz*, Privatautonomie bei der Errichtung von Stiftungen, S. 43; *Mirbach*, Stiftungszweck und Gemeinwohlgefährdung, S. 65; *Dieckmann*, Gesamthand und juristische Person, S. 552 ff., 557, 562; *Stingl*, Vermögensverfall, S. 119 f; *Hilser*/*Wagner*/*Wunderlich*, RIW 2022, 796 (800); *Schiffer*/*Pruns*, GmbHR 2016, 742; *Ihle*, RNotZ 2009, 621 (639); *K. Schmidt*, GesR, § 7 II 2. b), S. 177; **dafür aber eine im Vordringen befindliche Auffassung:** OLG Köln, BeckRS 1999, 04898 Rn. 29; LG Heidelberg, NJW RR 1991, 969; wohl auch OLG Jena, BeckRS 2013, 6043 (unter II. 1. a.); Grüneberg/*Ellenberger*, BGB § 80 Rn. 2; MHdB GesR 5/*Beuthien*, § 77 Rn. 39; BoKoStiftR/*Muscheler*, BGB § 81 Rn. 118 ff., 123; MHdB GesR 5/*Schwake*, § 84 Rn. 11 ff.; *Feitsch*/*Linder*, ZStV 2018, 67 (76 dortige Fn. 98); BeckRA-HdB/*Feitsch*/*Linder*, § 45 Rn. 32; *Arndt*, Die Stiftung in Krise, S. 176 ff.; *Mogck*, Mobilität gemeinnütziger Stiftungen, S. 68 ff., 84 ff.; *Huh*, Verfassung und Binnenhaftung der Stiftung, S. 232 ff.; *Autenrieth*, FS Binz, S. 15 (16 ff.); *Eder*, ZStV 2013, 52; *R. Werner*, ZErb 2011, 237 (238 ff.); *Wachter*, DStR 2009, 2469 f., anders wohl noch *Wachter*, Stiftungen, B Rn. 85; *Delp*, Die Stiftung & Co. KG, S. 30 f.; W/S/F/*O. Werner*, Die Stiftung, § 11 Rn. 156; bzgl. der Vorstiftung von Todes wegen mit beachtlichen Argumenten *Schwalm*, ZStV 2021, 10 („*Die noch nicht anerkannte Stiftung von Todes wegen ist kein rechtliches Nullum, sondern ein beschränkt rechtsfähiges Gebilde eigener Art […]*"); zuvor ähnlich auch *Schewe*, Die Errichtung der rechtsfähigen

der anschließenden Anerkennung durch die zuständige[1253] Landesstiftungsbehörde.[1254] Die Eintragung der Stiftung im künftigen Bundesstiftungsregister hat insofern nur deklaratorische Wirkung und ändert hieran nichts.[1255] Mit Blick auf § 81a S. 2 und 3 BGB, § 356 Abs. 3 FamFG (§§ 81 Abs. 2 S. 2 und 3, 83 S. 1 BGB a. F.) besteht grds. ein Antragserfordernis in Bezug auf die Einleitung des Anerkennungsverfahrens.[1256] Formvorgaben gibt es dabei *de jure* nicht, sodass die Antragstellung formlos und damit auch mündlich erfolgen kann[1257], wobei in der Praxis die schriftliche Antragstellung aus (beweis-)praktischen Gründen und, da mit dem Antrag jedenfalls das Stiftungsgeschäft und Stiftungssatzung ohnehin in schriftlicher Form vorliegen müssen, der Regelfall sein dürfte[1258].

Bei der Stiftungserrichtung obliegt die Antragstellung dem Stifter, einem Bevollmächtigten (vgl. § 81a S. 3 BGB bzw. § 81 Abs. 2 S. 3 BGB a. F.) oder seinem Erben (§ 1922 BGB) und im Falle der Stiftungserrichtung von Todes wegen pri-

---

Stiftung von Todes wegen, S. 262 ff.; zuletzt ausf. *Metz*, Das „Stiftungsvermögen" im Zeitraum zwischen Tod des Stifters und Anerkennung der Stiftung, S. 122 ff., 151 ff. Das StiftVereinhG 2021 hat, obgleich der praktischen Relevanz dieser streitigen Frage, keine gesetzliche Regelung hervorgebracht, vgl. *Strachwitz*, ZStV 2020, 161 (163); Fuhrmann/Wälzholz/*Wälzholz*, FormB GesR, Kap. 19, Anm. 5 zu M.19.1, S. 1738.

1253 Beispielsweise sind in NRW nach § 2 Abs. 1 LStiftG NRW die Bezirksregierungen für die Anerkennung von Stiftungen zuständig.

1254 VG Dresden, NJ 2016, 480 (482); AG Nürnberg, BeckRS 2024, 20805 Rn. 21; MüKoBGB/*Weitemeyer*, § 81 Rn. 1; zum Umfang der Prüfung ausf. *Muscheler*, Gesammelte Beiträge II, S. 19 (29 ff.). Teilweise wird – jedenfalls begrifflich – noch zwischen der Anerkennungsbehörde als (präventive) Stiftungsaufsicht i. w. S. und der laufenden Stiftungsaufsicht i. e. S. nach Anerkennung der Stiftung unterschieden, s. *Hof*, S&S 1/2003, 21; vgl. auch *Rawert*, JöR 65 (2017), 179 (194); Burgard/*Hense*, StiftR, Anh § 82 Rn. 7.

1255 Siehe → Teil 3 B I 5 b aa.

1256 MHdB GesR 5/*Mecking*, § 88 Rn. 5; Richter/*Stumpf*, Stiftungsrecht, § 4 Rn. 131; zum Anerkennungsverfahren s. BeckOGK/*G. Roth*, 30.6.2023, BGB § 80 Rn. 231 ff.; *Otto*, HdB Stiftungspraxis, Teil 1 Rn. 87 ff. (aus Praktikersicht); im Detail H/R/W/*Backert*, Landesstiftungsrecht, Kap. 10 Rn. 10.10 ff.; zum möglichen Inhalt des Antrags vgl. *Wachter*, Stiftungen, B Rn. 89; v. Campenhausen/Richter/*Hof*, StiftR-HdB, § 6 Rn. 290.

1257 **Allg. M.**: H/R/W/*Backert*, Landesstiftungsrecht, Kap. 10 Rn. 10.22 ff.; BeckOGK/*G. Roth*, 30.6.2023, BGB § 80 Rn. 233; W/S/F/*Hörmann*, Die Stiftung, § 21 Rn. 49; *Hüttemann/Rawert*, FS K. Schmidt, 2019, S. 543 (544).

1258 Vgl. H/R/W/*Backert*, Landesstiftungsrecht, Kap. 10 Rn. 10.24; Schriftform empfiehlt aus Klarstellungsgründen auch v. Campenhausen/Richter/*Hof*, StiftR-HdB, § 6 Rn. 291.

mär den Erben oder dem Testamentsvollstrecker sowie subsidiär nach Mitteilung durch das Nachlassgericht der Stiftungsbehörde von Amts (vgl. § 356 Abs. 3 FamFG bzw. § 83 S. 1 BGB a. F.) wegen.[1259]

Die Anerkennung erfordert das Vorliegen der kumulativen Voraussetzungen der §§ 82, 81 Abs. 1–3 BGB (§§ 80 Abs. 2, 81 Abs. 1 BGB a. F.). Konkret: Das Stiftungsgeschäft muss den Anforderungen des § 81 Abs. 1–3 BGB[1260] (§ 81 Abs. 1 BGB a. F.) genügen (erste Anerkennungsvoraussetzung), die dauernde und nachhaltige Erfüllung des Stiftungszwecks muss gesichert erscheinen (zweite Anerkennungsvoraussetzung) und der Stiftungszweck darf das Gemeinwohl nicht gefährden (dritte Anerkennungsvoraussetzung).[1261] Hinsichtlich Letzterem steht *„der Stif-*

1259 BeckOGK/*G. Roth*, 30.6.2023, BGB § 80 Rn. 233, 238, 239 ff.; *Otto*, HdB Stiftungspraxis, Teil 1 Rn. 96; Orth/Uhl/*Orth*, Stiftungsrechtsreform 2021, Rn. 97; ausf. H/R/W/*Backert*, Landesstiftungsrecht, Kap. 10 Rn. 10.10 f.; zur Errichtung durch einen Testamentsvollstrecker siehe auch VG München, BeckRS 2024, 3870 Rn. 76; AG Nürnberg, BeckRS 2024, 20805 Rn. 17 ff.

1260 Nunmehr aber mit dem Zusatz, dass dieses Vermögen der Stiftung *„zu deren eigener Verfügung zu überlassen ist"*. Ausweislich der amtlichen Begründung soll damit klargestellt werden, dass der Stifter (wie bisher nach wohl h. M.) im Falle der Stiftungserrichtung von Todes wegen, keine Dauertestamentsvollstreckung über den Erbteil (gemeint ist wohl lediglich das Grundstockvermögen) der Stiftung anordnen kann, s. BT-Drs. 19/28173, S. 49; dazu kritisch *Gollan*, npoR 2021, 277 (278); *Ponath/Tolksdorf*, ZEV 2021, 605 (608); *Klein-Wiele*, FuS 2022, 219 f.; begrüßend hingegen *Lange*, ZStV 2022, 167 (169). Zum bisherigen Streitstand m. w. N. *Lange*, ZStV 2019, 85 (89 f.); MüKoBGB/*Weitemeyer*, § 83 Rn. 17; OLG Frankfurt a. M., ZEV 2011, 605 (607) m. Anm. *Reimann*; AG Nürnberg, BeckRS 2024, 20805 Rn. 17; s. a. BeckOGK/*Tolksdorf*, 1.9.2024, BGB § 81 Rn. 271 ff. m. w. N. (für die Zulässigkeit der Dauertestamentsvollstreckung – jdf. soweit dies nicht „gewidmetes Vermögen" i. S. d. § 81 Abs. 1 Nr. 2 bzw. § 83b Abs. 3 BGB betreffe). Um eine Stiftungserrichtung nicht scheitern zu lassen, soll im Zweifel eine vom Erblasser angeordnete Dauertestamentsvollstreckung in eine Abwicklungstestamentsvollstreckung umzudeuten sein, so etwa *Hüttemann/Rawert*, ZIP 2021, Beilage zu Heft 33, S3 (S8); im Anschluss auch Schauhoff/Mehren/*Schienke-Ohletz*, Stiftungsrecht nach der Reform, Kap. 3 Rn. 16; Schauhoff/Kirchhain/*Mehren*, Gemeinnützigkeits-HdB, § 3 Rn. 34.

1261 In Anlehnung an *Schwalm*, ZStV 2021, 215 (221); s. a. BT-Drs. 14/8765, S. 8; Burgard/*Burgard*, StiftR, § 82 Rn. 15; VG Berlin, BeckRS 2023, 41170 Rn. 24 ff.; zur Verfassungsgemäßheit der normierten Anerkennungsvoraussetzungen, insbesondere des Gemeinwohlvorbehalts eing. BVerwGE 172, 85 Rn. 30 ff. m. krit. Anm. *Arnold*, npoR 2022, 299 (303 ff.); **a. A.** bzgl. des Gemeinwohlvorbehalts etwa *Muscheler*, NJW 2003, 3161 (3164 f.); BoKoStiftR/*Muscheler*, BGB § 81 Rn. 160; *Rawert*, JöR 65 (2017), 179 (197); BeckOGK/*G. Roth*, 30.6.2023, BGB § 80 Rn. 301 f.; insgesamt kritisch *D. Reuter*, FS Hadding, S. 231 (234 ff.); zur Gemeinwohlgefährdung kürzlich

tungsbehörde weder ein Anerkennungsermessen noch eine behördliche Letztentscheidungsbefugnis für die ‚Anerkennungswürdigkeit' des Stiftungszwecks, sondern [§ 82 BGB bzw. § 80 Abs. 2 BGB a. F.] *verankert die freie Wahl des Stiftungszwecks durch den Stifter ohne Begrenzung auf eine etwaige Gemeinwohlorientierung*"[1262]. Bei der Frage der Gemeinwohlgefährdung ist im reformierten Stiftungsrecht eine Konkretisierung dahingehend erfolgt, dass nunmehr umfassend auf die Stiftung (an sich) und nicht nur primär auf den Stiftungszweck abzustellen ist.[1263] Bei Vorliegen der rechtlichen Voraussetzungen hat der Familienunternehmer resp. Stifter „*einen gebundenen Rechtsanspruch auf Anerkennung der Stiftung*"[1264] (vgl. § 82 S. 1 BGB bzw. § 80 Abs. 2 S. 1 BGB a. F.).

Die Anerkennung stellt rechtsdogmatisch insofern eine Art präventiv normatives Verbot mit Erlaubnisvorbehalt dar.[1265] Dieser Rechtscharakter qualifiziert

---

eing. *B. Beyer*, ZStV 2024, 123. Als vierte Voraussetzung kann mit *Reimann*, ZEV 2023, 9 (11) auch noch die Vereinbarkeit mit ungeschriebenen stiftungsrechtlichen Grundsätzen (z. B. das Verbot der Selbstzweckstiftung) aufgelistet werden. Bei derlei Verstößen liegt zumeist bereits kein Stiftungszweck vor, sodass dieser Punkt nach hiesiger Ansicht von der ersten Anerkennungsvoraussetzung erfasst ist.

1262 BVerwGE 172, 85 Rn. 30. Vgl. BT-Drs. 14/8765, S. 8; *Hof*, S&S 1/2003, 21 (24); *Oppel*, NWB-EV 2018, 137 (141). Bzgl. einzelner Satzungsregelungen bzw. der Stiftungsstruktur als solcher soll jedoch nach *Sieger/Bank*, NZG 2010, 641 (646) „*der Stiftungsbehörde bei der Anerkennung ein weiter Ermessensspielraum*" zu stehen; i. d. S. wohl auch *Kübler*, GS Walz, S. 375 (380). Dem ist insofern zuzustimmen als das „*Stiftungsrecht […] reines Praxisrecht*" (*Härtl*, Ist das Stiftungsrecht reformbedürftig?, S. 163; nach *Uhl*, npoR 2024, 60 [63] sogar „*reinsten Wassers*") und vieles mit den Stiftungsbehörden „*verhandelbar*" ist, s. Richter/*Richter*, Stiftungsrecht, § 11 Rn. 35 (dortige Fn. 70); *Schlüter*, Stiftungsrecht zwischen Privatautonomie und Gemeinwohlbindung, S. 326; *Richter/Sturm*, NZG 2005, 655 („*[…] zu konstatieren, dass das Stiftungsrecht wie ehedem Praxisrecht ist, weil unterschiedliche Bundesländer und Stiftungsbehörden unterschiedliche Maßstäbe bei der Anwendung und Auslegung der Normen zu Grunde legen*"). Zu einer weitgehenden Vereinheitlichung dürfte indes das StiftVereinhG 2021 führen – jedenfalls ist dies zu hoffen, ebenso *Uhl*, npoR 2024, 60 (63); im Hinblick auf die reformierten Landesstiftungsgesetze, die weiterhin teils recht verschiedene Regelungen enthalten, aber kritisch *Orth*, ZStV 2024, 3 (36).

1263 VG Berlin, BeckRS 2023, 41170 Rn. 26; näher → Teil 4 C I 1 a und Teil 4 D II 1.

1264 BVerwGE 172, 85 Rn. 19, s. a. BT-Drs. 14/8765, S. 7 f.; VG München, BeckRS 2024, 3870 Rn. 44; m. w. N. auch MüKoBGB/*Weitemeyer*, § 80 Rn. 107; Burgard/*Burgard*, StiftR, § 82 Rn. 14; *Reimann*, ZEV 2023, 9 (11).

1265 Zur grds. Verfassungsgemäßheit eines solchen „*präventiven Prüfungsverfahrens*", grdl. BVerfGE 20, 150 (155); vgl. auch VG Schwerin, BeckRS 2021, 35017 Rn. 20.

die behördliche Anerkennung als privatrechtsgestaltenden und gebundenen Verwaltungsakt i. S. d. § 35 S. 1 VwVfG.[1266] Die Anerkennungsentscheidung bedarf zu ihrer Wirksamkeit daher der Bekanntmachung, vgl. §§ 41 Abs. 1, 43 Abs. 1 LVwVfG. Nach h. M. im Stiftungsrecht ist richtiger Adressat der Bekanntmachung der Stifter (bzw. sein Bevollmächtigter), seine Erben oder sein Testamentsvollstrecker.[1267] Da die Stiftung erst mit wirksamer Anerkennung entsteht und es nach zutreffender h. M. keine Vorstiftung[1268] gibt, kann die Anerkennung weder der Stiftung selbst noch dem Stiftungsvorstand wirksam zugestellt werden – beide sind davor nämlich rechtlich nicht existent.[1269] Einige Landesstiftungsgesetze (§ 6

1266 Vgl. BVerwGE 172, 85 Rn. 26, 31 unter Verweisung auf BVerwGE 29, 314 (316); VG München, BeckRS 2024, 3870 Rn. 19, 44; VG Schwerin, BeckRS 2021, 35017 Rn. 12; VGH München, BeckRS 2006, 20426; VG Berlin, BeckRS 2023, 41170 Rn. 18; BT-Drs. 14/8765, S. 8; BeckOGK/*G. Roth*, 30.6.2023, BGB § 80 Rn. 246 m. w. N. Die Charakterisierung als Verwaltungsakt gilt ebenso für eine behördlich erteilte (oder versagte) Genehmigung bei Satzungsänderungen, s. OLG Hamm, NZG 2022, 676 Rn. 72; VGH Mannheim, NJW 1985, 1573 (1574); OVG Berlin, NVwZ-RR 2003, 323 (324); ausf. zur Rechtsnatur einer Satzungsänderungsgenehmigung *Schaub-Englert*, NVwZ 2023, 221.

1267 MüKoBGB/*Weitemeyer*, § 80 Rn. 117; Staudinger/*Hüttemann/Rawert*, BGB § 80 Rn. 13; Erman/*M. Wiese*, BGB § 82 Rn. 3; H/R/W/*Backert*, Landesstiftungsrecht, Kap. 10 Rn. 10.72 i.V.m. 10.36 ff.; Orth/Uhl/*Orth*, Stiftungsrechtsreform 2021, Rn. 98; vgl. auch OVG Münster, NJW 1959, 1700 (jdf. der Stifter).

1268 Siehe Nachweise in → Fn. 1252.

1269 BeckOGK/*G. Roth*, 30.6.2023, BGB § 80 Rn. 248; MüKoBGB/*Weitemeyer*, § 80 Rn. 117; Staudinger/*Hüttemann/Rawert*, BGB § 80 Rn. 13; BeckOK BGB/*Backert/J. Stürner*, 71. Ed. 1.5.2022, § 80 Rn. 56; MHdB GesR 5/*Schwarz van Berk/C. Fischer*, § 101 Rn. 20 f.; *Otto*, HdB Stiftungspraxis, Teil 1 Rn. 30; ausf. H/R/W/*Backert*, Landesstiftungsrecht, Kap. 10 Rn. 10.75 f.; **a. A.** (jdf. auch der Stiftungsvorstand): *Schlüter/Stolte*, Stiftungsrecht, Kap. 2 Rn. 113; MHdB GesR 5/*Mecking*, § 88 Rn. 10; v. Campenhausen/Richter/*Hof*, StiftR-HdB, § 6 Rn. 346, 348; *Burgard*, Gestaltungsfreiheit im Stiftungsrecht, S. 175. Die Stiftung selbst, vertreten durch ihren Vorstand, als richtige Adressatin erachtend: (unter der Prämisse der Existenz einer Vorstiftung) etwa *Huh*, Verfassung und Binnenhaftung der Stiftung, S. 201, 234 f. und *Schewe*, Die Errichtung der rechtsfähigen Stiftung von Todes wegen, S. 264 f.; dagegen zutreffend Andrick/Suerbaum/*Andrick*, StiftG NRW, § 2 Rn. 67 (mit dortiger Fn. 224); (unter Verneinung einer Vorstiftung) Soergel/*Neuhoff*, BGB § 80 Rn. 16, nach dem „*die Genehmigung [heute: Anerkennung] […] der Stiftung (de facto dem noch lebenden Stifter bzw dem Nachlassverwalter oder den im Stiftungsgeschäft vorgesehenen Organmitgliedern in der Gestalt des Vorsitzenden kundgetan wird*“; ohne nähere Begründung *Wachter*, Stiftungen, B Rn. 90 („*Stiftung und/oder Antragsteller*“). Bei einer Satzungsänderungsgenehmigung ist hingegen die (dann

Abs. 2 LStiftG Rh./Pf., § 5 Abs. 1 S. 1 LStiftG Sachsen; i. Erg. auch § 7 Abs. 2 LStiftG Thüringen) verlangen ausdrücklich die Zustellung an den Antragsteller. Dies wird regelmäßig der Stifter oder eine von ihm beauftragte Person (z. B. Rechtsanwalt oder Notar) sein.

b) *Vermögensübertragungspflicht*

Nach wirksamer Anerkennung erwirbt die unter Lebenden errichtete Stiftung gem. § 82a S. 1 BGB (§ 82 S. 1 BGB a. F.) gegen den Stifter einen schuldrechtlichen Anspruch auf Übertragung des ihr im Stiftungsgeschäft zugesicherten Vermögens.[1270] Insofern verhält es sich nämlich so, dass mit ihrer Anerkennung die Stiftung bei der Stiftungserrichtung unter Lebenden – auch wenn ihr bereits ein bestimmtes Vermögen zugesichert wird – nicht ohne weiteres Rechtsträgerin des Vermögens wird. Im Gegensatz zur Stiftungserrichtung von Todes wegen findet nämlich bei der Stiftungserrichtung unter Lebenden kein Rechtsübergang kraft Gesetzes statt.[1271] Nur Rechte, für deren Übertragung ein Abtretungsvertrag genügt, wie z. B. Gesellschaftsanteile, gehen *ipso jure* gem. § 82a S. 2 BGB (§ 82 S. 2 BGB a. F.) mit Anerkennung der Stiftung auf diese über. Im Übrigen hat der Stifter die zugesagte Vermögensausstattung einzeln nach den allgemeinen Vorschriften (etwa §§ 929 ff., 925, 873 BGB) auf die Stiftung zu übertragen.[1272] Das der Stiftung gestiftete Vermögen des Stifters geht mit erfolgter Übertragung sodann endgültig auf die Stiftung über und scheidet damit gleichzeitig aus dem Privatvermögen des Stifters aus.[1273]

Im Rahmen einer unternehmensverbundenen Familienstiftung bedeutet dies, dass der Stifter endgültig sein über die Geschäftsanteile am Familienunternehmen vermitteltes Eigentum an diesem aufgibt und die Familienstiftung zur neuen Ei-

---

bereits existente) Stiftung selbst Regelungsadressatin, s. nur *Schaub-Englert*, NVwZ 2023, 221 (223).

1270 MüKoBGB/*Weitemeyer*, § 82 Rn. 1; *Petersen*, JURA 2007, 277 (278); bündig zum Inhalt der Vermögenszusage *Kilian*, ZSt 2007, 174; zur diesbezüglichen Vermögenshaftung des Stifters bei Nichterfüllung, s. *Muscheler*, Gesammelte Beiträge II, S. 99 (107 ff.); *Burgard*, Gestaltungsfreiheit im Stiftungsrecht, S. 583 ff.

1271 Staudinger/*Hüttemann/Rawert*, BGB § 82 Rn. 2; BeckOGK/*Tolksdorf*, 1.9.2024, BGB § 82a Rn. 4; MüKoBGB/*Weitemeyer*, BGB § 82 Rn. 1.

1272 Staudinger/*Hüttemann/Rawert*, BGB § 82 Rn. 3 f.; BeckOGK/*Tolksdorf*, 1.9.2024, BGB § 82a Rn. 4; MüKoBGB/*Weitemeyer*, BGB § 82 Rn. 1 f.; *H.* Hübner/Berg, Ubg 2023, 180 (181).

1273 Vgl. schon RGZ 54, 399 (400).

gentümerin macht.[1274] Zulässig ist es aber, dass der Stifter das zu übertragende Vermögen zuvor mit Verbindlichkeiten oder Auflagen, wie etwa einem Nießbrauch, Abfindungszahlungen oder mit Rentenzahlungen zu seinen eigenen Gunsten oder zugunsten seiner Familienmitglieder belastet.[1275] Hieran ändert sich auch durch den neu gefassten § 81 Abs. 1 Nr. 2 BGB nichts, wonach das übertragene Vermögen der Stiftung explizit *„zu deren eigener Verfügung zu überlassen ist“*[1276]. Denn: In diesem Fall haftet dem übertragenem Vermögen als solches die (i. d. R. nur vermögensrechtliche) Belastung von vornherein an und mit ebendieser wird es zum Vermögen der Stiftung[1277], über welches sie dann auch „frei verfügen“ kann.[1278] Hierbei ist freilich weiterhin vorauszusetzen, dass mit „belastetem Vermögen“ gleichwohl realistischerweise Erträge erzielt werden, die in der Folge zweckentsprechend ver-

---

1274 Vgl. → Teil 3 B II 2 und 3.

1275 BFHE 185, 54; *RFHE* 32, 255; Schlecht & Partner/Taylor Wessing/*Sommer/Godron*, Unternehmensnachfolge, S. 425 (431); *Olbing*, ErbR 2022, 201 (204); *Ihle*, RNotZ 2009, 621 (629 ff.); *Muscheler*, Gesammelte Beiträge I, S. 317 (328 f.); ausf. Feick/*Hahn*, Stiftung, § 13 Rn. 7 ff., § 14 Rn. 2 ff.; *Löhnitz*, ZStV 2021, 74. Derlei vorbehaltene Rechte können indes etwa den Beginn der Abschmelzfrist des § 2325 Abs. 3 BGB hemmen, vgl. *Scherer/Pawlytta*, Jubiläumsschrift 10 Jahre DVEV, S. 127 (133 ff.) und die Nachweise in Fn. 1324.

1276 Damit soll ausweislich der Gesetzesentwurfsbegründung (lediglich) primär die Dauertestamentsvollstreckung ausgeschlossen werden, vgl. BT-Drs. 19/28173, S. 48 f.; *Orth*, MDR 2021, 1225 Rn. 20; *Uhl*, Ubg 2022, 551 (555). Die offene gelassene Frage von *Schiffer/Pruns/Schürmann*, Reform des Stiftungsrechts, § 3 Rn. 15, ob ggf. einem Dritten zugewiesene Rechte, Aufsichts- oder Zustimmungsbefugnisse hinsichtlich der Verwendung des Stiftungsvermögens statutarisch hierunter fallen würden, ist abzulehnen, da der Dritte sodann zum Organ der Stiftung wird und die Stiftung insofern weiterhin „frei verfügen“ kann, so zutreffend auch Burgard/*Burgard*, StiftR, § 81 Rn. 103; vgl. zur Organstellung derlei Dritter → Teil 5 B I.

1277 Explizit BFHE 185, 54, wonach derlei vorherige Belastungen des zu übertragenen Vermögens der Gestaltungsfreiheit des Stifters unterfällt: (*„[...] Auch solche negativen Vermögenswerte mindern von vornherein das der Stiftung zugewendete Vermögen; [...] Hier wie dort erhält die Stiftung von Anfang an für ihre satzungsmäßigen Zwecke nur ein um die jeweiligen Ansprüche Dritter ermäßigtes Vermögen.“*). Ebenso bereits *RFHE* 32, 255 (257), wonach derlei vorherige Belastungen resp. Verpflichtungen *„ein Opfer [darstellen], das gebracht werden [muß], um der Stiftung zum Entstehen zu verhelfen“*.

1278 Wie hier Burgard/*Burgard*, StiftR, § 81 Rn. 105; *Uhl*, Ubg 2022, 551 (555); kritisch und darin *„versteckte Anerkennungshindernisse“* befürchtend *Feick/Schwalm*, NZG 2021, 525 (532 f.); *Schwalm*, ZEV 2021, 68 (72); *Schwalm*, NotBZ 2022, 81 (84 f.); die Zulässigkeit bezweifelnd und diesbezüglich die Handhabung durch die Stiftungsbehörden abwartend auch *Lange*, ZStV 2022, 167 (169).

wendet werden können, um so der Lebensfähigkeitsprognose des § 82 S. 1 BGB (§ 80 Abs. 2 S. 1 BGB a. F.) gerecht zu werden.[1279]

Der Stifter ist im hiesigen Kontext nach Anerkennung der Familienstiftung i. d. R. neben einem zugesagten Barvermögen[1280] auch zur Übertragung der Geschäftsanteile am Familienunternehmen verpflichtet, sofern er diese bereits im Stiftungsgeschäft zugesagt hat.[1281] Bei einem Familienunternehmen in der weit verbreiteten Rechtsform einer GmbH folglich zur Abtretung der GmbH-Anteile.[1282] Hierbei ist § 82a S. 2 BGB (§ 82 S. 2 BGB a. F.) ggf. i. V. m. § 413 BGB zu berücksichtigen, wonach ausnahmsweise diese Rechte mit der Anerkennung, also von Gesetzes wegen (*cessio legis*)[1283], auf die Stiftung übergehen, sofern sich nicht aus dem Stiftungsgeschäft ein anderer Wille des Stifters ergibt. Eine notarielle Beurkundung des Abtretungsvertrags (d. h. des dinglichen Erfüllungsgeschäfts) gem. § 15 Abs. 3 GmbHG ist deshalb nicht erforderlich.[1284] Wenn die GmbH-Anteile gem. § 15

1279 *Uhl*, Ubg 2022, 551 (555); BeckOGK/*Lange*, 1.9.2024, BGB § 81 Rn. 109; näher *Löhnitz*, ZStV 2021, 74 (76).

1280 Dabei handelt es sich *in praxi* um die von den Stiftungsbehörden faktisch geforderte Mindestvermögensausstattung.

1281 Zur Zulässigkeit von Ersatzleistungen, wenn diese gleichwertig und für die Stiftung in gleicher Weise ertragsversprechend sind m. w. N. *Kilian*, ZSt 2007, 174 f.

1282 Bei der Übertragung von Aktien und Personengesellschaftsanteilen (Ausnahme hier regelmäßig GmbH & Co. KG) bestehen hingegen grds. keine (gesetzlichen) Pflichten zur notariellen Beurkundung, s. MHdB GesR 9/*Krause*/*Uwase*, § 52 Rn. 137 (mit dortiger Fn. 157).

1283 S/S/S/P/*Stumpf*, StiftR, § 82 Rn. 8; MüKoBGB/*Weitemeyer*, § 82 Rn. 2; NK-BGB/*Schiffer*/*Pruns*, § 82 Rn. 4; *Wachter*, Stiftungen, B Rn. 13.

1284 So zu Recht die **h. M.**: BeckOGK/*Tolksdorf*, 1.9.2024, BGB § 82a Rn. 10 f.; Burgard/*Burgard*, StiftR, § 82a Rn. 6; Staudinger/*Hüttemann*/*Rawert*, BGB § 82 Rn. 3; MüKoBGB/*Weitemeyer*, § 82 Rn. 2; Erman/*M. Wiese*, BGB § 81 Rn. 5 i. V. m. § 82a Rn. 3; BoKoStiftR/*Muscheler*, BGB § 81 Rn. 89; Richter/*Godron*, Stiftungsrecht, § 7 Rn. 15; W/S/F/*Saenger*, Die Stiftung, § 36 Rn. 41; Feick//*Hahn*, Stiftung, § 12 Rn. 3; *Klinkner*/*Wagener*, Die Familienstiftung, S. 5; Scholz/*Seibt*, GmbHG, § 15 Rn. 48; MüKoGmbHG/*Weller*/*Reichert*, § 15 Rn. 34 m. w. N. (formfreier Übergang des Geschäftsanteils beim Übergang kraft Gesetzes); *Zimmermann*, NJW 2011, 2931 (2932); *Pruns*, ErbR 2020, 163 (164) m. w. N.; vgl. auch *Burgard*, ZStV 2021, 1 (4); *Schwalm*, NotBZ 2022, 81 (85, 87); *Wochner*, MittRhNotK 1994, 89 (95); auch schon (wenngleich kritisch) *Flume*, BGB AT Bd. I/2, § 4 V. 3., S. 140; **a. A.** *Wachter*, BB 2019, 2705 (2706); *Wachter*, Stiftungen, B Rn. 12; MHdB GesR 5/*Helios*/*Friedrich*, § 95 Rn. 15; MVHdB I GesR/*Hof*, Form. VIII.1 Anm. 1, S. 1445; *Werkmüller*, ZEV 2018, 446 (448); wohl auch *Muscheler*, Gesammelte Beiträge II, S. 99 (103); zweifelnd Fuhrmann/Wälzholz/*Wälzholz*, FormB GesR, Kap. 19, Anm. 9 zu M.19.1, S. 1739; offenlassend *Aumann*,

Abs. 5 GmbHG – was bei Familienunternehmen regelmäßig der Fall ist[1285] – vinkuliert sind, bedarf es freilich noch der Zustimmung der Mitgesellschafter bzw. der Gesellschaft selbst.[1286]

Dem Stifter steht es gem. § 82a S. 2 BGB (§ 82 S. 2 BGB a. F.) jedoch frei, im Stiftungsgeschäft etwas Anderes als den *ipso jure*-Übergang von Rechten zu regeln. Er kann etwa anordnen, dass es eines Übertragungsakts nach Anerkennung der Stiftung bedarf oder die Übertragung unter einer Bedingung oder Befristung stellen.[1287]

Im Falle der Errichtung der unternehmensverbundenen Familienstiftung zu Lebzeiten kann der Stifter die Unternehmensbeteiligungen entweder unmittelbar durch das Stiftungsgeschäft auf die zu errichtende Stiftung übertragen oder aber erst später durch einen gesonderten Übertragungsakt auf die bereits errichtete Stiftung.[1288] Im ersteren Fall, d. h. der Übertragung der Geschäftsanteile im Wege eines Stiftungsgeschäfts, bedarf zum einen das Stiftungsgeschäft nicht der notariellen Beurkundung und zum anderen gehen – wie vorstehend erläutert – GmbH-Anteile entgegen § 15 Abs. 3 GmbHG automatisch auf die Stiftung über, ohne dass es eines gesonderten dinglichen Übertragungsakts bedarf. Anders gewendet: Weder das Verpflichtungsgeschäft (Stiftungsgeschäft) noch das Vollzugsgeschäft (Übertragung der GmbH-Anteile) ist wegen des Vonselbsterwerbs (§ 82a S. 2 BGB bzw. § 82 S. 2 BGB a. F.) beurkundungspflichtig. Es muss in diesem Fall nur die Gesellschafterliste (§§ 40, 16 GmbHG) berichtigt werden.[1289] Im letzteren Fall, d. h. wenn die GmbH-

DNotZ 2022, 894 (900) und MHdB GesR 9/*Lorz*, § 32 Rn. 38, die jedoch mangels diesbezüglicher Rspr. aus Vorsichtsgründen zur Beurkundung raten.

1285 Siehe → Teil 3 B II 1.

1286 Staudinger/*Hüttemann*/*Rawert*, BGB § 82 Rn. 3; NK-BGB/*Schiffer*/*Pruns*, § 82 Rn. 4; BeckOGK/*Lange*, 1.9.2024, BGB § 81 Rn. 210.1; Burgard/*Burgard*, StiftR, § 82a Rn. 6; MüKoBGB/*Weitemeyer*, § 82 Rn. 2; W/S/F/*Saenger*, Die Stiftung, § 36 Rn. 41; BoKoStiftR/*Janitzki*, BGB § 81 Rn. 365; *Muscheler*, Gesammelte Beiträge II, S. 99 (103). Nach Fuhrmann/Wälzholz/*Wälzholz*, FormB GesR, Kap. 19, Anm. 9 zu M.19.1, S. 1739 sei hier sodann auch eine notarielle Beurkundung des Übertragungsvorgangs gem. § 15 Abs. 4 GmbHG erforderlich; dafür auch *Bieniek*, GmbH-Stpr 2024, 77 (80); auch (aber nach § 15 Abs. 3 GmbHG); *Aumann*, DNotZ 2022, 894 (900). Dies ist aber wegen des Vonselbsterwerbs abzulehnen, ebenso i. Erg. Schauhoff/Mehren/*Schienke-Ohletz*, Stiftungsrecht nach der Reform, Kap. 3 Rn. 13.

1287 S/S/S/P/*Stumpf*, StiftR, § 82 Rn. 8.

1288 W/S/F/*Saenger*, Die Stiftung, § 36 Rn. 42.

1289 *Oppel*, NWB-EV 2021, 122 (127); BeckFormB ErbR/*Feick*/*Bregulla-Weber*, Form. H. III. 1. Anm. 11; *Schwalm*, NotBZ 2022, 81 (87), mit dem zutreffenden Hinweis, dass eine gesonderte Abtretung rechtlich unmöglich wäre und dementsprechend

Anteile nicht bereits im Stiftungsgeschäft der Stiftung versprochen wurden, sondern erst im Wege einer nachträglichen Zustiftung (vgl. § 83b Abs. 2 Nr. 2 BGB), bedarf die Abtretung von GmbH-Geschäftsanteilen gem. § 15 Abs. 3, 4 GmbHG stets der notariellen Beurkundung, da § 82a S. 2 BGB (§ 82 S. 2 BGB a. F.) bereits seinem Wortlaut nach hier nicht anwendbar ist, sondern nur für die Vermögensübertragung des gewidmeten Vermögens, d. h. bei der Erstausstattung.[1290]

Im Falle der Übertragung von Grundstücken bedarf es wegen der erforderlichen Auflassung gem. §§ 873, 925 BGB stets der notariellen Beurkundung ebendieser.[1291] Kostenrechtlich ist diesbezüglich weiterhin umstritten, ob die fehlende Beurkundungspflicht in Bezug auf das lebzeitige Stiftungsgeschäft in eine „*Gebührenfalle*“[1292] führt. Eine Ansicht vertritt, dass die isolierte Beurkundung der Auflassung (2,0 Gebühr nach Nr. 21100 KV GNotKG) teurer sei als die Beurkundung des Stiftungsgeschäfts (1,0 Gebühr nach Nr. 21200 KV GNotKG) mit sich daraufhin vollziehender Auflassung (0,5 Gebühr nach Nr. 21101 KV GNotKG), weshalb – jedenfalls im Einzelfall – zwecks Kostenersparnis sogleich die notarielle Beurkundung des Stiftungsgeschäfts vorgenommen werden sollte.[1293] Eine andere Auffassung vertritt indes, dass sich kein solcher Kostenvorteil in Höhe der Differenz ergebe, weil Nr. 21101 KV GNotKG nur den Gebührensatz aus Nr. 21100 KV GNotKG modifiziere, nicht aber den hier maßgeblichen aus Nr. 21200 KV GNotKG, sodass keine Kostenersparnis zu verzeichnen sei.[1294] Letztere Auffassung ist mit Blick darauf, dass das

---

sich die Beurkundung einer solchen Abtretung in der Annahme, dass § 15 Abs. 3 GmbHG einschlägig wäre, verbieten würde.

1290 *Schwalm*, NotBZ 2022, 81 (87); vgl. auch *Aumann*, DNotZ 2022, 894 (902).

1291 § 82a S. 2 BGB (§ 82 S. 2 BGB a. F.) greift hier nicht, grdl. BayObLG, NJW-RR 1987, 1418; BeckOGK/*Tolksdorf*, 1.9.2024, BGB § 82a Rn. 4.

1292 *Gollan*, npoR 2021, 277; zum nachfolgenden Meinungsstand auch *Schwalm*, NotBZ 2022, 121 (123); vgl. auch *Aumann*, DNotZ 2022, 894 (900); umfassend zu den Notarkosten für das Stiftungsgeschäft unter Lebenden (aus Notarsicht) *Heinze*, NotBZ 2023, 161 (162 ff.).

1293 Staudinger/*Hüttemann/Rawert*, BGB § 81 Rn. 17; Feick/*D. J. Fischer*, Stiftung, § 6 Rn. 11; v. Campenhausen/Richter/*Hof*, StiftR-HdB, § 6 Rn. 17; *Wachter*, BB 2019, 2705 (2706); *Gollan*, npoR 2021, 277; *A. Werner*, NotBZ 2009, 469 (480 mit dortiger Fn. 83); wohl auch Schiffer/*Schiffer/Pruns/Schürrmann*, Die Stiftung in der Beraterpraxis, § 3 Rn. 23; *Aumann*, DNotZ 2022, 894 (900); i. Erg. auch *Heinze*, NotBZ 2023, 161 (163 ff.).

1294 *Pruns*, ErbR 2020, 163 (166); *Schwalm/Thiele*, ZEV 2020, 523 (528); *Oppel*, NWB-EV 2021, 122 (127); *R. Werner*, ZErb 2021, 131 (133); für Kostenneutralität auch Feick/*Hahn*, Stiftung, § 12 Rn. 6; *Schlüter/Stolte*, Stiftungsrecht, Kap. 2 Rn. 33; v. Rechenberg/Thies/Wiechers/*Schauer*, HdB Familienunternehmen, S. 902; i. Erg.

Stiftungsgeschäft *de jure* allein der Schriftformbedarf bedarf, was nochmals vom Gesetzgeber im Zuge der Stiftungsrechtsform 2021 bekräftigt worden ist[1295], zu folgen. Die spätere notarielle Beurkundung der Auflassung muss deshalb kostenneutral sein. Die andere Auffassung würde hingegen mittelbar zu einem Zwang gegenüber dem Stifter führen, im Kosteninteresse das Stiftungsgeschäft notariell beurkunden zu lassen, obwohl das Gesetz den Stifter davon ausdrücklich freistellt.[1296]

Im Übrigen werden für die Anerkennung (privatnütziger[1297]) Familienstiftungen von der Stiftungsbehörde zumeist Gebühren erhoben.[1298] Diese fallen je nach Bundesland und des erforderlichen Aufwands unterschiedlich hoch aus, und richten sich i. d. R. nach der jeweiligen Gebührenverordnung (z. B. in NRW nach § 1 Abs. 1 i. V. m. dem Anhang Nr. 25.2 der Allg. VerwaltungsgebührenO NRW).[1299]

II. Errichtung zu Lebzeiten oder von Todes wegen?

Ein Familienunternehmer resp. Stifter muss sich entscheiden, ob er die unternehmensverbundene Familienstiftung bereits zu Lebzeiten (*inter vivos*) oder erst nach seinem Ableben von Todes wegen (*mortis causa*) errichten will.

Beides ist möglich: Eine Stiftungserrichtung ist ausweislich der §§ 80 Abs. 2 S. 2, 81 Abs. 3 Hs. 2, Abs. 4 BGB[1300] (§§ 83, 84 BGB a. F.) auch von Todes wegen, i. d.

---

auch OLG Schleswig, DNotZ 1996, 770 (772 f.); BoKoStiftR/*Janitzki*, BGB § 81 Rn. 363.

1295 Siehe dazu → Teil 3 C 1 c.

1296 Vgl. auch schon OLG Schleswig, DNotZ 1996, 770 (773).

1297 Die Anerkennung gemeinnütziger Stiftungen ist hingegen regelmäßig gebührenfrei, *Dahlmanns*, RNotZ 2020, 417 (421); Richter/*Stumpf*, Stiftungsrecht, § 1 Rn. 142; Schauhoff/Kirchhain/*Mehren*, Gemeinnützigkeits-HdB, § 3 Rn. 28.

1298 *v. Löwe*, Familienstiftung und Nachfolgegestaltung, § 5 Rn. 22; Richter/*Stumpf*, Stiftungsrecht, § 1 Rn. 142; *Demuth*, KÖSDI 2023, 23055 Rn. 19.

1299 Ein Gesamtüberblick findet sich bei *Barzen/Fritz/Leininger*, npoR 2024, 16; vgl. auch *Dahlmanns*, RNotZ 2020, 417 (421) („*[...] für Familienstiftungen wird eine Gebühr je nach Aufwand von bis zu 5.000,00 EUR erhoben*"); ebenso *Demuth*, KÖSDI 2023, 23055 Rn. 19. Daneben kommen im Speziellen bei unternehmensverbundenen Familienstiftungen aufgrund der notwendig erforderlichen maßgeschneiderten Gestaltung entsprechende Beratungskosten hinzu, vgl. *M. Frieling*, Die Familienstiftung als Gestaltungsinstrument, S. 32 („*zum Teil erhebliche Beratungshonorare*"); *v. Homeyer/M. Reiff*, npoR 2020, 224 (229); zu aktuellen Honorarfragen bei Stiftungsangelegenheiten aus Beratersicht *Schiffer/Pruns/Schürmann*, Die Reform des Stiftungsrechts, § 14 Rn. 38 ff.

1300 Nunmehr aber mit dem Zusatz, dass dieses Vermögen der Stiftung „*zu deren eigener Verfügung zu überlassen ist*". Ausweislich der amtlichen Begründung soll damit

R. im Wege eines Testaments (§§ 2247 ff. und §§ 2265 ff. BGB) oder Erbvertrages (§§ 2274 ff. BGB) möglich.[1301] Für diesen Fall gelten aufgrund dessen, dass der Erblasser resp. Stifter eine verbindliche Regelung über seinen Nachlass trifft, hinsichtlich des Stiftungsgeschäfts die erbrechtlichen (Form-)Vorschriften des BGB über letztwillige Verfügungen (§§ 2064 f. BGB).[1302] Dementsprechend handelt

---

klargestellt werden, dass der Stifter (wie bisher nach wohl h. M.) keine Dauertestamentsvollstreckung über den Erbteil (gemeint ist wohl lediglich das Grundstockvermögen) der Stiftung anordnen kann, s. BT-Drs. 19/28173, S. 49; dazu kritisch *Gollan*, npoR 2021, 277 (278); *Ponath/Tolksdorf*, ZEV 2021, 605 (608); *Klein-Wiele*, FuS 2022, 219 f.; begrüßend hingegen *Lange*, ZStV 2022, 167 (169). Zum bisherigen Streitstand m. w. N. *Lange*, ZStV 2019, 85 (89 f.); MüKoBGB/*Weitemeyer*, § 83 Rn. 17; OLG Frankfurt a. M., ZEV 2011, 605 (607) m. Anm. *Reimann*; AG Nürnberg, BeckRS 2024, 20805 Rn. 17; s. aber auch BeckOGK/*Tolksdorf*, 1.9.2024, BGB § 81 Rn. 271 ff. m. w. N. (für die Zulässigkeit der Dauertestamentsvollstreckung – jdf. soweit dies nicht „gewidmetes Vermögen" i. S. d. § 81 Abs. 1 Nr. 2 bzw. § 83b Abs. 3 BGB betreffe). Um eine Stiftungserrichtung nicht scheitern zu lassen, soll im Zweifel eine vom Erblasser angeordnete Dauertestamentsvollstreckung in eine Abwicklungstestamentsvollstreckung umzudeuten sein, so etwa *Hüttemann/Rawert*, ZIP 2021, Beilage zu Heft 33, S3 (S8); im Anschluss auch Schauhoff/Mehren/*Schienke-Ohletz*, Stiftungsrecht nach der Reform, Kap. 3 Rn. 16; Schauhoff/Kirchhain/*Mehren*, Gemeinnützigkeits-HdB, § 3 Rn. 34.

1301 Vgl. BGHZ 70, 313 (321); OLG Zweibrücken, NJW-RR 2000, 815 (817). Zur Stiftungserrichtung von Todes wegen etwa *Pauli*, RFamU 2024, 69; *Förster/Fast*, ZAP 2019, 307; *Lange*, ZStV 2019, 85; *Schiffer*, npoR 2018, 105; *G. Roth*, in: Bochmann et al., Gewinn und Gemeinwohl, S. 133 (144 ff.); speziell zur Familienstiftung von Todes wegen *Schewe*, in: Hereditare 9 (2019), S. 33 (51 ff.); *C. Müller*, ZStV 2023, 55; *v. Oertzen/Lindermann*, ZEV 2023, 803 (besonders zur vermächtnisweisen Errichtung und deren Steuerfolgen); monographisch zum Ganzen *Schewe*, Die Errichtung der rechtsfähigen Stiftung von Todes wegen, S. 83 ff.; *Krezer*, Die Stiftung von Todes wegen, S. 61 ff.; zuletzt *Metz*, Das „Stiftungsvermögen" im Zeitraum zwischen Tod des Stifters und Anerkennung der Stiftung, S. 24 ff.

1302 BT-Drs. 19/28173, S. 50; v. Campenhausen/Richter/*Hof*, StiftR-HdB, § 6 Rn. 70, 74, 106 ff.; *Reimann*, ZEV 2023, 9; dies gilt grds. auch für die Stiftungssatzung, aber str., näher MüKoBGB/*Weitemeyer*, § 83 Rn. 3; BeckOGK/*Tolksdorf*, 1.9.2024, BGB § 81 Rn. 221; *C. Müller*, ZStV 2023, 55 (57); *Pauli*, RFamU 2024, 69 (70 f.); zur notwendigen Einhaltung der Testamentsform aus der Rspr. LG Berlin, NJWE-FER 2000, 293; OLG Braunschweig, ZEV 2020, 565 Rn. 45 ff.; zur Auslegung eines Testaments betreffend die Errichtung einer Stiftung von Todes wegen instruktiv VG Ansbach, BeckRS 2021, 9845 Rn. 28 ff. m. Anm. *Schwalm*, ZStV 2021, 215 (219 ff.); OLG Zweibrücken, NJW-RR 2000, 815 (817 ff.); (bzgl. Zweifel über die Errichtung einer selbständigen oder einer unselbständigen Stiftung) OLG Hamm, FamRZ 2013, 71 (73 ff.); s. a. allg.

es sich bei der Stiftungserrichtung von Todes wegen – anders als bei derjenigen unter Lebenden[1303] – um ein höchstpersönliches Geschäft des Stifters, sodass eine Stellvertretung ausgeschlossen ist (vgl. auch §§ 2064 f. BGB).[1304]

Von der Errichtung einer unternehmensverbundenen Familienstiftung von Todes wegen ist jedoch u. a. aus folgenden Erwägungen abzuraten: Denklogisch kann der Stifter nach seinem Ableben nicht mehr aktiv Einfluss auf die Stiftung und deren Tätigkeit und damit auch nicht auf die Führung des verbundenen Familienunternehmens nehmen.[1305] Er kann z. B. bei Zweifelsfragen nicht gefragt werden, welchen konkreten Willen er mit der Errichtung der Stiftung verfolgen wollte, falls sich dieser nicht eindeutig aus dem Stiftungsgeschäft oder der Stiftungssatzung bestimmen lässt. Ungenauigkeiten können hier zur fehlenden Anerkennung der Stiftung durch die Stiftungsbehörden führen.[1306] Andernfalls kann

---

Krezer, Die Stiftung von Todes wegen, S. 86 ff.; speziell bei Involvierung eines Testamentsvollstreckers luzid *Reimann*, ZEV 2023, 9 (12 ff.); AG Nürnberg, BeckRS 2024, 20805 Rn. 17 ff.; OLG Braunschweig, ZEV 2020, 565 Rn. 50 ff.; siehe hierzu zuletzt auch den Streit zwischen der Ehefrau des verstorbenen Unternehmers/Stifters *Heinz Herrmann Thiele* und dem von ihm eingesetzten Testamentsvollstrecker hinsichtlich seiner Vergütung und der Errichtung einer Familienstiftung von Todes wegen, dazu *Iwersen/Votsmeier*, Streit um Milliarden-Erbe, HB-Online v. 23.02.2023 (https://t1p.de/f9dt9) und zum Streit über die Anerkennung VG München, BeckRS 2024, 3870 (Rn. 76 zur Auslegung des Testaments) m. zust. Anm. *Theuffel-Werhahn*, ZStV 2024, 135 (148 ff.), das die Klage der Ehefrau abgewiesen hat.

1303 Zur unstr. Zulässigkeit der Stellvertretung durch einen Bevollmächtigten (§§ 164 ff., 174, 180 BGB) s. nur BayObLG, NJW-RR 1991, 523 (524); m. w. N. MüKoBGB/*Weitemeyer*, § 81 Rn. 9; Staudinger/*Hüttemann/Rawert*, BGB § 81 Rn. 9; NK-BGB/*Schiffer/Pruns*, § 81 Rn. 4; Fuhrmann/Wälzholz/*Wälzholz*, FormB GesR, Kap. 19, Anm. 3 zu M.19.1, S. 1738; v. Campenhausen/Richter/*Hof*, StiftR-HdB, § 6 Rn. 9; allg. zur Stellvertretung im Stiftungsrecht *Hüttemann/Rawert*, FS K. Schmidt, 2019, S. 543 (544 ff.).

1304 LG Berlin, NJWE-FER 2000, 293 (294); MüKoBGB/*Weitemeyer*, § 83 Rn. 1; BeckOK BGB/*Backert/J. Stürner*, 71. Ed. 1.5.2022, § 83 Rn. 2; *Hüttemann/Rawert*, FS K. Schmidt, 2019, S. 543 (544); zur diesbezüglichen Höchstpersönlichkeit näher *Lange*, ZStV 2019, 85 (87 f.).

1305 *M. Engel*, Die unternehmensverbundene Stiftung, S. 197; *Dahlmanns*, RNotZ 2020, 417 (422 f.).

1306 S. etwa VG Ansbach, BeckRS 2021, 9845 Rn. 28 ff. m. Anm. *Schwalm*, ZStV 2021, 215 (219 ff.) (zu weiter und damit unbestimmter Stiftungszweck); deutlich *Reimann*, ZEV 2023, 9 („*zahlreiche Stiftungsgeschäfte von Todes wegen [weisen Mängel auf]*"); siehe auch m. z. N. zu Folgestreitigkeiten bei Stiftungserrichtungen von Todes wegen nur Fuhrmann/Wälzholz/*Wälzholz*, FormB GesR, Kap. 19, S. 1742 f., der deshalb zu Recht eher zur Errichtung unter Lebenden rät. Eine eingeschränkte Sicherheit betref-

die Stiftungsaufsichtsbehörde den wirklichen oder auch den mutmaßlichen Stifterwillen auch im Zuge der Behebung eines Mangels (vgl. § 81 Abs. 4 S. 2 BGB[1307] bzw. §§ 81 Abs. 1 S. 4, 83 S. 2 BGB a. F.) falsch auslegen bzw. fehlinterpretieren.[1308] Letztlich lassen sich auch häufige Fehler bei der Errichtung einer Stiftung von Todes wegen (wie z. B. fehlende Angaben zur Vermögenszuwendung, zum Sitz, zu den Organen und ihrer Bestellung, zur Rechtsform und zur Entstehung der Stiftung) schwerlich korrigieren.[1309]

Mit Blick auf die vorstehenden Nachteile der Errichtung von Todes wegen und der allgemeinen, potentiellen Risiken[1310], die mit der Regelung der Nachfolge, insbesondere vermittels einer Stiftungskonstruktion einhergehen, sollte im Besonderen eine unternehmensverbundene Familienstiftung nicht erst nach

---

fend die spätere Anerkennung könne sich der Stifter dadurch verschaffen, indem er zu Lebzeiten die Erteilung einer entsprechenden Zusage gem. § 38 VwVG – freilich unter dem Vorbehalt der gleichen Sach- und Rechtslage zum Todeszeitpunkt – bei der zuständigen Stiftungsbehörde beantragt, so *Dahlmanns*, RNotZ 2020, 417 (422); folgend auch BeckFormB ErbR/*Feick/Bregulla-Weber*, Form. H. II. 5. Anm. 6.

1307 Dass § 81 Abs. 4 S. 2 BGB weiterhin als Soll-Vorschrift in Bezug auf die Berücksichtigung des Stifterwillens ausgestaltet ist, erscheint nun durch § 83 Abs. 2 BGB noch widersprüchlicher. Auch in diesem Fall hat die Stiftungsbehörde selbstverständlich den historischen bzw. wohl eher den mutmaßlichen Stifterwillen stets zu beachten, vgl. nur MüKoBGB/*Weitemeyer*, § 83 Rn. 23; erhellend *Reimann*, ZEV 2023, 9 (11 f.); von derlei Verständnis geht aber wohl auch die Gesetzesentwurfsbegründung aus, BT-Drs. 19/28173, S. 50 („*[…]* ***ist*** *von der Stiftungsbehörde unter Berücksichtigung des wirklichen oder mutmaßlichen Stifterwillens […] zu ergänzen […]*“) (Hervorhebung durch Verfasser).

1308 Vgl. *Sorg*, Die Familienstiftung, S. 214; zur (problemanfälligen) Auslegung i. R. d. Stiftung von Todes wegen luzid *Reimann*, ZEV 2023, 9.

1309 *Förster/Fast*, ZAP 2019, 307 (311); vgl. *Kornau*, Stiftung als Unternehmensnachfolgerin, S. 213; *Schwalm*, ZStV 2021, 215 (225); s. auch das Praxisbeispiel bei *Fleschutz*, Die Stiftung als Nachfolgeinstrument, S. 346, wo die Übertragung der Gesellschaftsanteile von Todes wegen im Unternehmen zu Schwierigkeiten führte; zur steigenden praktischen Relevanz der Fehler- und Streitanfälligkeit der Stiftung von Todes wegen siehe die zahlreichen Rechtsprechungsnachweise bei *Schwalm*, ZStV 2021, 10 (11 mit dortiger Fn. 2); s. zu den „*zahlreichen Risiken*“ auch W/S/F/*O. Werner*, Die Stiftung, § 11 Rn. 96; monographisch zum Ganzen *Krezer*, Die Stiftung von Todes wegen, *passim*.

1310 Dazu bereits → Teil 2 B.

Ableben, sondern bereits zu Lebzeiten des Familienunternehmers resp. Stifters errichtet werden.[1311]

Die Stiftungserrichtung zu Lebzeiten erlaubt es dem Stifter, erste Erfahrungen mit „seiner" Stiftung zu sammeln, vermittels einer Organposition Einfluss auf diese zu nehmen und im Bedarfsfall auch korrigierend – etwa durch Satzungsänderungen oder personelle Änderungen in den Organen – auf diese und damit auch auf die Führung des Familienunternehmens einzugreifen. Die Errichtung zu Lebzeiten bietet insofern eine bessere Möglichkeit zur Gestaltung und ggf. Nachbesserung der Stiftungssatzung oder sonstiger Fehlentwicklungen.[1312] Eine frühe lebzeitige Errichtung der Stiftung kann besonders im unternehmerischen Kontext mit Blick auf § 2325 Abs. 3 S. 1, 2 BGB (10-Jahres-Abschmelzungsfrist) auch zu einer gewissen Begrenzung von Pflichtteilsergänzungsansprüchen neben etwaigen Erb- und Pflichtteilsverzichtsverträgen[1313] nützlich sein.[1314] Die Frist des § 2325 Abs. 3 S. 1 BGB beginnt grds. mit dem rechtlichen Leistungserfolg zu laufen, das bedeutet grds. frühestens mit Anerkennung der Stiftung durch die Stiftungsbehörde[1315], sofern das Vermögen von Gesetzes wegen mit Anerkennung der Stiftung übergeht, im Übrigen erst, wenn der Stifter seiner Übertragungspflicht

1311 Dies wird im Kontext mit unternehmensverbundenen (Familien-)Stiftungen beinahe einhellig empfohlen: z. B. MHdB GesR 5/*Schwake*, § 83 Rn. 10; NK-BGB/*Schiffer/Pruns*, § 83 Rn. 26 f.; Feick/*Ponath/Raddatz*, Stiftung, § 28 Rn. 21; *Fleisch*, S&S RS 04/2018, 1 (8); F/E/K/S/S, Modell unternehmensverbundene Stiftungen, S. 199; *Rawert*, ZGR 2018, 835 (842 dortige Fn. 31); *Hüttemann*, DB 2017, 591 (596); *Sorg*, Die Familienstiftung, S. 214; *Hueck*, RFamU 2023, 393 (395 f.); *M. Engel*, Die unternehmensverbundene Stiftung, S. 197; *Kornau*, Stiftung als Unternehmensnachfolgerin, S. 212 ff.; Schlecht & Partner/Taylor Wessing/*Wachter*, Unternehmensnachfolge, S. 291 (295); Wachter/Heckschen/*Schick/Hemmen*, Praxis des HuGR, § 11 Rn. 612; Hopt/Merkt/*Möritz*, VertrFormB, Form. II. F. 2 Anm. 4; *Wochner*, in: Bayer/Koch, Unternehmens- und Vermögensnachfolge, S. 141 (143); deutlich *Schiffer/Pruns*, BB 2013, 2755 (2756) („*Zur Regelung der Unternehmensnachfolge verbietet sich die Errichtung einer Stiftung von Todes wegen aber geradezu!*"); *Gollan*, ErbR 2016, 238 (243) („*Die Errichtung einer unternehmensverbundenen Stiftung kann die Risiken der Unternehmensnachfolge sogar erhöhen, wenn sie auf den Todeszeitpunkt geplant ist.*").

1312 Vgl. plastisch NK-BGB/*Schiffer/Pruns*, § 81 Rn. 81 („*Planen, ausprobieren und nachjustieren ist hier der Erfolgstrias* [einer nachhaltigen Satzungsgestaltung]").

1313 Dazu sogleich.

1314 MHdB GesR 9/*Lorz*, § 32 Rn. 35; siehe aber auch zu den Grenzen der sog. *asset protection* vermittels der Familienstiftung → Teil 3 A I 2 mit Fn. 687.

1315 Der Zeitpunkt der Stiftungserrichtung ergibt sich künftig aus dem Stiftungsregister, s. § 2 Nr. 3 StiftRG.

gem. § 82a S. 1 BGB (§ 82 S. 1 BGB a. F.) nachgekommen ist.[1316] Der tatsächliche Fristbeginn ist jedoch vor dem Hintergrund der sog. Genuss-Rspr. des BGH[1317], die in der Literatur überwiegend kritisiert und wohl abgelehnt wird[1318], nicht unumstritten. Jene Genuss-Rspr. des BGH geht nämlich über das Erfordernis des Eintritts des rechtlichen Leistungserfolgs hinaus und verlangt zusätzlich eine endgültige wirtschaftliche Ausgliederung des Vermögens bzw. einen „Genussverzicht", also neben dem rechtlichen auch einen wirtschaftlichen Leistungserfolg.[1319] Im Falle einer unternehmensverbundenen Familienstiftung nach hiesigem Verständnis, bei der sich der Stifter i. d. R. auch selbst einflussreiche Sonderrechte vorbehält[1320], könnte nach dieser Genuss-Rspr. des BGH, eine endgültige wirtschaftliche Ausgliederung des Vermögens bezweifelt und eine weiterhin bestehende „wesentliche Nutzung" des zugewendeten Vermögensgegenstandes seitens des Stifters angenommen werden.[1321] Diesbezügliche Rechtsprechung[1322] existiert soweit ersichtlich aber noch nicht. Einigkeit herrscht im Schrifttum zu Recht dahingehend, dass eine Hemmung des Fristlaufs nur in Betracht kommt, wenn sich der Stifter an dem zugewendeten Vermögensgegenstand selbst die „wesentliche Nutzung" vorbehält.[1323] Freilich: Die Mitgliedschaft des Stifters im Vorstand resp. anderen Organen als solche oder etwaige Sonderrechte allein sollen nach zutreffender und wohl h. M. hingegen keine Auswirkung auf den Fristlauf haben.[1324] Der

1316 *Pauli*, FamRZ 2012, 344 (346); *Schmid*, Stiftungsrechtliche Zuwendungen, S. 150 ff., 155; *R. Werner*, ZEV 2014, 66 (69) m. w. N.

1317 Grdl. BGHZ 98, 226 (233); BGHZ 125, 395 (398 f.); bestätigend BGHZ 211, 38 Rn. 10.

1318 Zur Kritik daran im Schrifttum s. m. z. N. BeckOGK/*Andreas Schindler*, 1.7.2024, BGB § 2325 Rn. 252; MüKoBGB/*Lange*, § 2325 Rn. 76; die Positionen luzid analysierend *B. Beyer*, ZStV 2023, 126 (129 ff.).

1319 BeckOK BGB/*Müller-Engels*, 71. Ed. 1.5.2024, § 2325 Rn. 48.

1320 Vgl. hierzu → Teil 5 B.

1321 Ebenso *Jakob*, FS O. Werner, S. 101 (110 f.).

1322 Zum Meinungsstand betreffend die vergleichbare sog. Vermögensopfertheorie in Österreich aber kürzlich OGH Wien, BeckRS 2024, 1662 Rn. 20 ff.; s. a. *Csoklich*, FS E. Lovrek, S. 51.

1323 Wann ein wesentlicher Nutzungsvorbehalt betreffend das Stiftungsvermögen gegeben sein soll (25 % / 50 % / 75 %), ist stark umstritten, s. m. w. N. *König*, Nachlassplanung, S. 31 ff., 156 ff.; *Cornelius*, ZErb 2006, 230 (232 ff.); *Werkmüller*, ZEV 2018, 446 f.

1324 Zum Ganzen ausf. statt aller *König*, Nachlassplanung, S. 156 ff. m. z. N.; *Schmid*, Stiftungsrechtliche Zuwendungen, S. 143 ff., 150 ff.; *Scherer/Pawlytta*, Jubiläumsschrift 10 Jahre DVEV, S. 127; bündig *Schewe*, in: Hereditare 9 (2019), S. 33 (59 ff.); *Cornelius*, ZErb 2006, 230 (232 ff.); *Schauer*, npoR 2018, 49 (52 f.); *Werkmüller*, ZEV 2018, 446 f.; bündig BeckOGK/*Jakob/Uhl*, 1.7.2022, BGB § 80 Rn. 116.1; BeckOGK/*Andreas*

sicherste Weg zum Schutze der Familienstiftung resp. des Familienvermögens vor Pflichtteils(ergänzungs)ansprüchen bleibt freilich – insbesondere mangels Rechtsprechung betreffend den vorstehend genannten Konstellationen – der Abschluss von entsprechenden Verzichtsverträgen (vgl. §§ 2346 ff. BGB)[1325] in Bezug auf alle stiftungsrechtlichen Zuwendungen.[1326] Diese sind im Zweifel sicherer, als sich auf den Beginn der Abschmelzungsfrist des § 2325 Abs. 3 S. 1 BGB zu verlassen. *Peter Rawert* zufolge sei in der Praxis ohnehin festzustellen, dass die Errichtung größerer Familienstiftungen oft mit Pflichtteilsverzichten oder ähnlichen Enthaf-

---

Schindler, 1.7.2024, BGB § 2325 Rn. 281 f.; zuletzt eing. und differenzierend *Schütte*, Transparente und intransparente Stiftungen, S. 179 ff., 186 ff., 361 ff., nach dem es zutreffenderweise letztlich stets auf den Einzelfall ankommt. Zu Besonderheiten gerade bei unternehmensverbundenen Familienstiftungen *Boll*, Die uv. Familienstiftung, S. 113 ff., 116, nach der die Abschmelzungsfrist – stets – mit der Anerkennung der Stiftung zu laufen beginnen soll, wenn die Zuwendung in das Grundstockvermögen fließt. Dies ist insofern überzeugend, als dass die Stiftung rechtliche und wirtschaftliche Eigentümerin wird und, auch wenn der Stifter sich eine Organposition oder Sonderrechte vorbehält, er stets an den Stiftungszweck und Stifterwillen gebunden ist, *ergo* nicht autonom über das übertragene Vermögen verfügen kann, so i. Erg. auch *Schmid*, Stiftungsrechtliche Zuwendungen, S. 151 ff. (plakativ: „*Das Stiftungsvermögen ist nicht mehr Teil des Stiftervermögens*"); vgl. auch *Jakob*, FS Coester-Waltjen, S. 123 (131 f.), nach dem richtigerweise die Frist nur gehemmt ist, wenn es durch „*echte Stifterrechte*" zur „*Durchbrechung des Trennungs- und Erstarrungsprinzips*" komme, was die Möglichkeit einer nachträglichen Willensbildung in der Stiftung seitens des Stifters voraussetze. Derlei (autonome) Stifterrechte sind im deutschen Stiftungsrecht aber nicht vorhanden und auch statutarisch nicht zulässig gestaltbar, s. nur *Jakob*, npoR 2016, 7 (10) sowie näher unter → Teil 5 B.

1325 Zur Gestaltung von Pflichtteilsverzichtsvertägen im Rahmen der Unternehmensnachfolge bei Familienunternehmen eing. *Becker/Hendricks*, RFamU 2022, 23; bündig auch *Dresler-Lenz/D. Lehmann*, BB 2023, 648 (652 ff.); monographisch *Lay*, Systembildung interfamiliärer Verträge, S. 87 ff., 160 ff.; zur grds. zwingenden persönlichen Teilnahme des Erblassers gem. § 2347 BGB bei der Beurkundung s. OLG Hamm, RFamU 2024, 188 Rn. 40 ff. m. Anm. *Becker*.

1326 *Jakob*, FS Coester-Waltjen, S. 123 (132); *R. Werner*, ZEV 2007, 560 (564); *Schwarz*, BB 2001, 2381 (2387); *Schauer*, npoR 2018, 49 (54); *B. Beyer*, ZStV 2023, 126 (133); *Kornau*, Stiftung als Unternehmensnachfolgerin, S. 192; *Boll*, Die uv. Familienstiftung, S. 117 f.; *König*, Nachlassplanung, S. 188 f.; *Schmid*, Stiftungsrechtliche Zuwendungen, S. 181; BeckOGK/*Jakob*/*Uhl*, 1.7.2022, BGB § 80 Rn. 117 m. w. N.; kürzlich eing. zur Frage, ob Leistungen an Destinatäre einer privatnützigen Stiftung in pflichtteilsrechtlicher Hinsicht als indirekte Zuwendung des Stifters an den Destinatär zu behandeln sind (rechtsvergleichend mit Liechtenstein und Österreich) *Löhmer*, ErbR 2024, 837.

tungsvereinbarungen einherginge.[1327] Demgemäß sollten die Familienmitglieder frühzeitig, bestenfalls vor Stiftungserrichtung, zum Abschluss von derlei Verzichtsverträgen bezogen auf das zu übertragende unternehmerische Vermögen im Interesse des Erhalts des Familienunternehmens und der wohlwollenden Begleitung der Stiftungslösung seitens der Familie durch eine vorzeitige Abfindung oder Einräumung einer günstigen bzw. bezahlten Stellung in der Stiftungssatzung[1328] angeregt werden. Insbesondere könnte die Destinatärszugehörigkeit statutarisch an den Nachweis eines Pflichtteilsverzichtsvertrags abhängig gemacht werden (sog. stiftungsrechtliche Pflichtteilsstrafklausel).[1329] Andernfalls sollte die Stiftung als Anspruchsgegnerin (gem. § 2329 BGB oder § 2325 BGB) für etwaige Pflichtteilsergänzungsansprüche rechtzeitig Rücklagen bilden, die nach Ablauf der 10-Jahres-Frist aufgelöst werden können. Auch in Bezug auf den Ehepartner sollte sein Einverständnis resp. seine Zustimmung zur Vermögensübertragung sowie ein (zumindest beschränkter) Pflichtteilsverzicht eingeholt werden, vgl. §§ 1365 Abs. 1[1330], 1375 Abs. 2 Nr. 1, Abs. 3 BGB[1331].

Auch steuerplanerische Erwägungen sprechen für eine Übertragung bereits zu Lebzeiten. Denn aufgrund dessen, dass der Zeitpunkt der Vermögensübertragung taggenau geplant werden kann und nicht von Zufälligkeiten des Todes abhängt,

---

1327 *Rawert*, ZGR 2018, 835 (857). Siehe aber auch *B. Beyer*, ZStV 2023, 126 (133), der zu Recht anmerkt, dass „*dieser Weg Herausforderungen praktischer Art mit sich bringt.*"

1328 *Rawert*, ZGR 2018, 835 (857); *Jakob*, FS Coester-Waltjen, S. 123 (132); vgl. auch *Rücker*, ZEV 2018, 451 (453).

1329 Vgl. dazu OLG Düsseldorf, BeckRS 2019, 41265 Rn. 18 („*Für die Familienstiftung sieht § 4 (1) der Satzung dementsprechend vor, dass Abkömmlinge des Stifters von der Begünstigung als Destinatäre ausgeschlossen werden können, wenn sie einen Pflichtteils- bzw. Pflichtteilsergänzungsanspruch geltend machen*"); *Richter/Gollan*, Die Familienstiftung als Option, S. 9 (15 f.); *Sabel/Schauer*, ZStV 2018, 81 (86); s. a. *Junius-Morawe*, Zur Legitimität der Familienstiftung, S. 164; allg. zu Pflichtteilsstrafklauseln *Worm*, RNotZ 2003, 535 (549 ff.).

1330 Zu dessen Anwendbarkeit vgl. W/S/F/*Hörmann*, Die Stiftung, § 21 Rn. 111 f.; BeckOGK/*G. Roth*, 30.6.2023, BGB § 80 Rn. 233; BeckRA-HdB/*Feitsch/Linder*, § 45 Rn. 1a; BeckFormB ErbR/*Feick/Bregulla-Weber*, Form. H. II. 1. Anm. 2; Hannes/*Müller*, FormB Vermögens- und Unternehmensnachfolge, C. 3.10 Rn. 17, S. 1266; v. Campenhausen/Richter/*Hof*, StiftR-HdB, § 6 Rn. 8.

1331 Zu deren Anwendbarkeit vgl. MüKoBGB/*E. Koch*, § 1375 Rn. 50; BeckOGK/*Jakob/Uhl*, 1.7.2022, BGB § 80 Rn. 117.2; Hannes/*Müller*, FormB Vermögens- und Unternehmensnachfolge, C. 3.10 Rn. 18, S. 1266 f.; *Blumers*, DStR 2012, 1 (3); *Dannecker*, DStR 2023, 1057 (1059 f.); eing. zu Zugewinnausgleichsansprüchen *Schmid*, Stiftungsrechtliche Zuwendungen, S. 185 ff.; s. a. *Jakob*, Schutz der Stiftung, S. 322 ff.; *Jakob*, FS Coester-Waltjen, S. 123 (126).

können die Steuerfolgen der Vermögensübertragung, insbesondere die (Ersatz-) Erbschaftsteuer sowie dabei gerade auch die Beanspruchung der Betriebsvermögensverschonungsreglungen nach den derzeitigen §§ 13a ff., 28a ErbStG, besser beurteilt und durch vorbereitende Gestaltungsmaßnahmen noch beeinflusst werden.[1332]

Das wohl stärkste Argument für eine Stiftungserrichtung zu Lebzeiten im unternehmerischen Kontext ist jedoch Folgende: Die Akzeptanz durch Familie und Mitarbeiter und die Einübung der Eigentümerfunktion bzw. Gesellschafterrolle der Stiftung im Familienunternehmen bedarf Zeit und sollte daher kein Bruch sein, noch dazu verstärkt durch den natürlichen Bruch beim Tod des Familienunternehmers.[1333] Besonders die Familie des Stifters kann sich mit der Stiftung und ihrer eigenen Rolle in dieser sowie der neuen Konstruktion des stiftungsverbundenen Familienunternehmens insgesamt vertraut machen kann.[1334] Der Familienunternehmer sichert sich so zudem die Gelegenheit, die Stiftung von Beginn an wesentlich mitzugestalten und dabei ihre Werte, Vorstellungen sowie Traditionen langfristig zu verwirklichen. Zugleich kann er auch über den Satzungstext hinaus die Stiftung deutlich prägen, insbesondere durch die Möglichkeit aktiv an Entscheidungen innerhalb der Stiftung teilzunehmen und etwa die Besetzung der Stiftungsorgane zu steuern.[1335] Dies ist gerade bei unternehmensverbundenen Familienstiftungen in der Anfangsphase durchaus von besonderer Bedeutung.[1336] Die Stiftungserrichtung zu Lebzeiten vermeidet ferner ein Schwebezustand hinsichtlich der Eigentümer- bzw. Gesellschafterrolle im Familienunternehmen für

---

1332 *Olbing*, ErbR 2022, 201 (202); *Feitsch/Linder*, ZStV 2018, 67 (70 f.); mit Blick auf mögliche steuerrechtliche Komplikationen einer Stiftungserrichtung von Todes wegen rät auch *Wachter*, ErbR 2019, 755 (760) zur Errichtung unter Lebenden.

1333 *Richter/Sturm*, ZErb 2006, 75 (76); zustimmend *Kornau*, Stiftung als Unternehmensnachfolgerin, S. 213; *Gollan*, ErbR 2016, 238 (243).

1334 Insofern wird bei Familienunternehmen gemeinhin zur Übertragung von Unternehmensbeteiligungen zu Lebzeiten geraten, um so bereits frühzeitig wirtschaftliche und unternehmerische Kompetenzen sowie Verantwortung an den Nachfolger (im hiesigen Kontext: die Familienstiftung) zu vermitteln, vgl. eing. MHdB GesR 9/*Krauß*, § 29 Rn. 1 ff., 22.

1335 *Schiffer*, npoR 2018, 105; vgl. Feick/*Ponath/Raddatz*, Stiftung, § 28 Rn. 21; Feick/*Hahn*, Stiftung, § 13 Rn. 1; zu weiteren Vorteilen bündig Schiffer/*Schiffer/Pruns/Schürmann*, Die Stiftung in der Beraterpraxis, § 3 Rn. 39 ff.

1336 *Freundl*, DStR 2004, 1509 (1510).

den Fall, dass es zu Komplikationen entweder bei der Stiftungserrichtung oder bei der Übertragung der Unternehmensanteile auf die Stiftung kommt.[1337]

In Bezug auf die Zusammenarbeit mit den Stiftungsaufsichtsbehörden ermöglicht eine Stiftungserrichtung zu Lebzeiten, dass diese sich im Rahmen der Stiftungserrichtung, insbesondere des – manchmal auch langwierigen – Anerkennungsprozesses und auch bei Satzungsänderungen oder bei sonstigen Rückfragen direkt an den Stifter wenden können *et vice versa*. Dies erlaubt es dem Stifter, in seinem Interesse den Anerkennungsprozess mitzugestalten und dabei sicherzustellen, dass seinem Willen Rechnung getragen wird; im Wege der Stiftungserrichtung von Todes wegen wäre ihm dies naturgemäß nicht dergestalt möglich.

Insgesamt lässt sich im Rahmen von unternehmensverbundenen Familienstiftungen, insbesondere mit Blick auf die Wahrung Unternehmensstabilität im Rahmen des Nachfolgeprozesses, ein klarer Vorrang der Stiftungserrichtung zu Lebzeiten attestieren. Diese ist in der Praxis demgemäß auch zu Recht der Regelfall.[1338]

Will der Stifter nicht bereits zu Lebzeiten sämtliche Unternehmensanteile auf die Familienstiftung übertragen (etwa aus finanziellen oder psychologischen Gründen), so kann er auch eine sog. Pilotstiftung errichten. Dabei errichtet er eine anfangs gering dotierte Familienstiftung und überträgt erst später sukzessive oder sogar erst von Todes wegen[1339] weitere Unternehmensanteile. Der Familienunternehmer empfindet die vorgezogene Nachfolge vermittels der Familien-

---

1337 *Richter/Sturm*, ZErb 2006, 75 (77); *M. Engel*, Die unternehmensverbundene Stiftung, S. 197; *Dahlmanns*, RNotZ 2020, 417 (423); Hopt/Merkt/*Möritz*, VertrFormB, Form. II. F. 2 Anm. 4.

1338 *M. Engel*, Die unternehmensverbundene Stiftung, S. 197 (mit dortiger Fn. 808); vgl. auch *Fleschutz*, Die Stiftung als Nachfolgeinstrument, S. 279, wonach 88 % der von ihr untersuchten 52 unternehmensverbundenen Stiftungen zu Lebzeiten errichtet wurden; nach *Dahlmanns*, RNotZ 2020, 417 (423) m. V. a. *BDS*, Stifterstudie 2015, S. 13 errichten gemeinhin 90 % der Stifter ihre Stiftung zu Lebzeiten; vgl. auch *BDS*, Zahlen, Daten, Fakten zum Stiftungswesen, 2021, S. 28 („*81,9 % zu Lebzeiten*"); *Krauß*, Vermögensnachfolge in der Praxis, Rn. 4255; **a. A.** wohl BoKoStiftR/*Muscheler*, BGB § 81 Rn. 118 (freilich unter vgl. Verweisung auf BGH, NJW-RR 2019, 1270 Rn. 13), nach dem (ohne nähere Nachweise) schätzungsweise „*mehr als die Hälfte aller Stiftungen durch Stiftungsgeschäft von Todes wegen gegründet*" würden und dies sei gerade auch bei „*großen Stiftungen mit erheblichen Firmenbeteiligungen*" der Fall. Entsprechend der vorstehenden Nachweise und Studien entspricht dies wohl indes nicht der Wirklichkeit, insbesondere in Bezug auf uv. (Familien-)Stiftungen.

1339 Hierbei sind aber wieder die vorstehenden Nachteile der Stiftung von Todes wegen gerade bei unternehmensverbundenen Stiftungen zu berücksichtigen, s. auch davon

stiftung auf diese Weise womöglich „*nicht allzu sehr als Selbstentäußerung und Degradierung*"[1340], sondern er kann vielmehr die erforderliche Stiftungsreife[1341] sammeln und die Tauglichkeit der Stiftungskonstruktion testen und innerhalb des Möglichen nachjustieren.[1342] Möglich ist es ferner, dass der Stifter etwa im Falle einer Familien-GmbH sich einen Mini-Anteil vorbehält, auf welchen jedoch die Stimmrechtsmehrheit sowie Gewinnbezugsrechte vereint sind, sodass ihm darüber ein beherrschender Einfluss im Unternehmen verbleibt.[1343]

III. Relevante gesellschaftsrechtliche Aspekte vor Übertragung der Gesellschaftsanteile

Vor der Ausstattung einer Familienstiftung mit Gesellschaftsanteilen bedarf es zunächst der Absicherung, dass keine gesellschaftsrechtlichen Hindernisse entgegenstehen.[1344] Insofern ist zu beachten, dass gerade Familienunternehmen typischerweise in ihren Gesellschaftsverträgen Klauseln (z. B. Vinkulierungs-, Zustimmungs-, Nachfolge- und Einziehungsklauseln oder Erwerbs- und Vorkaufsrechten) betreffend die Anteilsübertragung enthalten, um den Familieneinfluss zu sichern und das Eindringen Dritter zu verhindern.[1345] Deshalb ist sicherzustellen, dass der potentielle Stifter zunächst uneingeschränkt lebzeitig und/oder von Todes wegen frei über seine Gesellschaftsanteile verfügen kann und dem nicht etwaige gesetzliche oder gesellschaftsvertragliche Verfügungsbeschränkungen oder Nachfolgeklauseln entgegenstehen bzw. ein ggf. notwendiger Gesellschafterbeschluss

---

im Zweifel eher abratend *Gummert*, in: Die Stiftung – Jahreshefte zum Stiftungswesen, 6. Jahrgang, S. 75 (83).

1340 *Flämig*, DB-Beilage Nr. 22 zu Heft 45, 1978, 1 (7).

1341 Zur sog. „*Stiftungsreife*" grdl. Schiffer/*Schiffer*, Die Stiftung in der Beraterpraxis, § 14 Rn. 31 ff., 50 ff.

1342 Ausf. zur Errichtung einer sog. Pilotstiftung etwa *Kornau*, Stiftung als Unternehmensnachfolgerin, S. 215 ff.; s. a. *M. Engel*, Die unternehmensverbundene Stiftung, S. 199 ff.; *M. Fasselt*, Die Beteiligungsstiftung, S. 220 ff. (am Beispiel der Bertelsmann Stiftung).

1343 *M. Engel*, Die unternehmensverbundene Stiftung, S. 201.

1344 Vgl. auch *Werkmüller*, ZEV 2018, 446 (448); *Hueck*, RFamU 2023, 393 (394 f.); hierzu und zu sonstigen rechtlichen Vorfragen vgl. bündig *Feitsch/Linder*, ZStV 2018, 29 (32 ff.); *Bieniek*, GmbH-Stpr 2024, 77 (80).

1345 Siehe dazu bereits → Teil 2 B II 1; vgl. auch *Fleschutz*, Die Stiftung als Nachfolgeinstrument, S. 346 a. E.; *Werkmüller*, ZEV 2018, 446 (448); *Feitsch/Linder*, ZStV 2018, 29 (33 f.).

zuvor eingeholt wird[1346]. Bei Übertragung von kontrollrelevanten Aktienpaketen eines börsennotierten Familienunternehmens auf eine (Familien)Stiftung kann das Erfordernis eines Pflichtangebots nach §§ 29 Abs. 2, 35 WpÜG ausgelöst werden.[1347]

Besonders problembehaftet kann dabei die – wie zuvor ausgeführt, ohnehin nicht im unternehmerischen Kontext anzuratende – Stiftungserrichtung von Todes wegen sein: Im Speziellen bei einer qualifizierten Nachfolgeklausel ist zu prüfen, ob eine Familienstiftung als Nachfolgerin von Todes wegen die gesellschaftsvertragliche Qualifikation erfüllt, also bei Personengesellschaften (z. B. für den Fall einer Stiftung & Co. KG) überhaupt in die Gesellschaftsanteile nachfolgen darf und bei Kapitalgesellschaften (regelmäßig GmbH) die Gesellschaftsanteile sicher behalten kann. Denn ist der Erbe (*in concreto* die Familienstiftung) nicht qualifizierter Nachfolger und der qualifizierte Nachfolger (z. B. Abkömmling) nicht Erbe, scheidet bei Personenhandelsgesellschaften der Gesellschafter-Erblasser im Zeitpunkt seines Todes (§ 130 Abs. 1 Nr. 1, Abs. 3 HGB) bzw. scheiden bei Kapitalgesellschaften seine Erben ggf. mit Zwangsabtretung bzw. Einziehung aus der Gesellschaft aus[1348], was wirtschaftlich, einkommensteuerlich und erbschaftsteuerlich i. d. R. mit erheblichen Nachteilen verbunden ist.[1349]

1346 Zutreffend hierauf besonders hinweisend auch *Werkmüller*, ZEV 2018, 446 (448); *Feitsch/Linder*, ZStV 2018, 29 (34).

1347 Ausf. dazu und zu den Befreiungsmöglichkeiten nach §§ 36, 37 WpÜG etwa MHdB GesR 9/*Hippeli*, § 13 Rn. 67 ff. m. w. N.; allg. bündig *Fleischer/Maas*, AG 2021, 893 Rn. 18 ff.; beispielhaft *BaFin*, Befreiungsantrag nach §§ 36, 37 WpÜG v. 20.6.2022, DE000-5158703, S. 14 (https://t1p.de/a0q17).

1348 Zum gesetzlichen Regelungssystem der Nachfolge von Todes wegen in Personen- und Kapitalgesellschaftsanteilen statt anderer *Alles*, Der Tod des GmbH-Gesellschafters, S. 28 ff.; *Lübke*, Privatautonome Verhaltensvorgaben für Gesellschafter-Erben, S. 11 ff.; bündig *Dresler-Lenz/D. Lehmann*, BB 2023, 648 (649 ff.); allg. zu statutarischen Nachfolgeklauseln in Familienunternehmen ausf. MHdB GesR 9/*Holler*, § 30 Rn. 1 ff.

1349 M. w. N. zum vorstehenden BeckRA-HdB/*Feitsch/Linder*, § 45 Rn. 5 f. und *Feitsch/Linder*, ZStV 2018, 29 (35 ff.) dort auch bündig zu steuerrechtlichen Vorfragen; zu Letzterem allg. auch *Werkmüller*, ZEV 2018, 446 (449 f.).

Teil 4: Die rechtliche Verfassung der unternehmensverbundenen Familienstiftung im Lichte des reformierten Stiftungsrechts

Aktuell dürften von den 25.777 in Deutschland bestehenden Stiftungen[1350], sicherlich über rund 1.000 Familienstiftungen sein.[1351] Von den 637 Stiftungserrichtungen im Jahr 2023 waren dabei 268 Familienstiftungen.[1352] Die Anzahl an

---

1350 So der Gesamtbestand rechtsfähiger Stiftungen des bürgerlichen Rechts zum 31.12.2023 laut dem Bundesverband Deutscher Stiftungen (https://t1p.de/i5skf).

1351 Freilich werden konkret für Familienstiftungen in der Literatur unterschiedliche Zahlen (schätzungsweise) genannt: *Meyer zu Hörste*, Die Familienstiftung, S. 148 – **531**; *Sorg*, Die Familienstiftung, S. 47 – **470**; Soergel/*Neuhoff*, BGB Vor § 80 Rn. 49 – **400**; *Richter*, BBV 2004, 17 – **300–400**; *Köhler*, FS D. Ziegler, S. 357 (365) für das Jahr 2010 – **420**; *Saenger*, FS Kollhosser Bd. II, S. 591 (595) – **550**; *Freundl*, DStR 2004, 1509 – **550**; *Feick*, BB-Special 2006, 13 (17) – **600**; *Muscheler*, Gesammelte Beiträge I, S. 317 (321) – **679**; *Schiffer/Pruns*, BB 2013, 2755 (2758) – **500**; Abschlussbericht der Bund-Länder-Arbeitsgruppe Stiftungsrecht vom 19.10.2001, S. 45 – **535**; BeckOGK/*Jakob/Uhl*, 1.7.2022, BGB § 80 Rn. 558 – **500–700**; *Ambros Schindler*, S&S 01/2014, 22 – **600**; Moench/Weinmann/*Weinmann*, ErbStG, Stand: 81. EL. 05/2018, § 1 Rn. 6 unter Bezugnahme auf eine Erhebung der Finanzverwaltung im Jahr 2013 – *„mindestens **690**"*; *Heuer*, FS P. Kirchhof, S. 1287 (1294) – **700**; *Berndt/Götz*, Stiftung und Unternehmen, Vorwort, S. 5 – **1000**; *v. Löwe*, Familienstiftung und Nachfolgegestaltung, § 3 Rn. 37 – **700–1000**; *Lange*, ZStV 2015, 152 (153) – *„geschätzt knapp 1000"*; *BDS*, Zahlen, Daten, Fakten zum Stiftungswesen, 2021, S. 7 – listete in seiner Datenbank **1316** Familienstiftungen auf. *R. Werner*, ZEV 2006, 539, MHdB GesR 5/*Gummert*, § 81 Rn. 32 und *B. Müller*, Die privatnützige Stiftung zwischen Staatsaufsicht und Deregulierung, S. 27 gehen unter Verweisung auf *„Binz/Sorg, Die GmbH & Co. KG, 10. Aufl. 2005 bzw. 11. Aufl. 2010, § 25 Rn. 2"* von **1000** Familienstiftungen aus. An der von beiden zitierten Stelle ist indes die Rede von *„nur 100 Stiftung & Co. KGs"*, sodass jedenfalls deren Verweisung fehlgeht.

1352 *BDS*, Kennzahlen des Stiftungssektors 2000–2023, Stand 04/2024, S. 18 f. (https://t1p.de/3km0m), wonach in den letzten Jahren insgesamt ein stetiges Wachstum von Familienstiftungen zu beobachten sei. Im Jahr 2019 waren es bei 573 Stiftungserrichtungen noch 128 Familienstiftungen, s. ebd. Als *„ein wesentlicher ‚Treiber' für die Zunahme der Familienstiftungen* [werden] *die erbschaftsteuerlichen Gestaltungsmöglichkeiten"* genannt, so etwa *Orth*, DB 2024, 1771 m. w. N.; zu den steuerlichen Motiven s. bereits → Teil 3 A III.

unternehmensverbundenen Stiftungen wird überwiegend auf ca. 700 geschätzt[1353], dürfte indes aber weitaus höher liegen.[1354] Zumeist wird es sich um eine Kombination beider Stiftungstypen, also unternehmensverbundene Familienstiftungen[1355] handeln. Nach einer Studie von *Karin Fleschutz* aus dem Jahr 2007 handelt es sich bei 75 % der privatnützigen Stiftungen um unternehmensverbundene Familienstiftungen.[1356] Verlässliche Zahlen lassen sich – bisher – schwerlich eruieren. Dies ist – derzeit – vor allem auf das Fehlen eines bundeseinheitlichen Stiftungsregisters[1357], aber auch auf das Fehlen einer einheitlichen Definition der Begriffe „Familienstiftung“ und „unternehmensverbundene Stiftung“ sowie auf die Tatsache, dass viele Stiftungen, insbesondere Familienstiftungen im Zusam-

---

1353 Abschlussbericht der Bund-Länder-Arbeitsgruppe Stiftungsrecht vom 19.10.2001, S. 47 – *„mindestens **200**“*; *Schiffer/Pruns*, BB 2013, 2755 (2756) – ***„einige Hundert“***; *Heuel*, Entwicklung der Unternehmensträgerstiftung, S. 153 konnte eine Anzahl von **187** ermitteln; *Block/Kormann/Fathollahi*, FuS 2023, 52 (57) nennen in ihrer Studie eine Anzahl von **287**; *Hippeli*, in: Achleitner et al., Stiftungsunternehmen: Theorie und Praxis, S. 121 (124) – **400**; *Fleschutz*, Die Stiftung als Nachfolgeinstrument, S. 2 – **420**; *F/E/K/S/S*, Modell unternehmensverbundene Stiftung, S. 12 – **500–700**; *Fleisch*, S&S RS 04/2018, 1 (4) – **700**; *Franke/Draheim*, VfS 2015, 1 (11) – **740**; Roza/Bethmann/Meijs/v. Schnurbein/*Bothello et al.*, Handbook on Corporate Foundations, S. 73 – **500–1000**; *Bundesverband Deutscher Stiftungen*, Zahlen, Daten, Fakten zum Stiftungswesen, 2021, S. 7 – listete in seiner Datenbank **413** Beteiligungsträgerstiftungen und **1625** *„Corporate Foundations“* auf.

1354 Vgl. *Muscheler*, ErbR 2008, 134 (136); W/S/F/*Mecking*, Die Stiftung, § 4 Rn. 17; eine Studie aus 2009 geht von ca. **2000** Stiftungen mit Unternehmensbezug aus, wobei dort auch (hier nicht relevante) von Unternehmen selbst gegründete Stiftungen (sog. Unternehmensstiftungen) mit einbezogen worden sind, vgl. *Stolte*, StiftungsWelt 01/2011, S. 31 unter Verweisung auf *„Junck, Stiftungsengagement Deutscher Unternehmen, 2009“*. Dies gilt vor allem dann, wenn man auch gemeinnützige Stiftungen miteinbezieht, die Unternehmen in Gestalt von Krankenhäusern, Altersheimen oder Bildungseinrichtungen betreiben, vgl. *Burgard*, Gestaltungsfreiheit im Stiftungsrecht, S. 139 (dortige Fn. 152).

1355 Zum Begriff → Teil 4 A.

1356 *Fleschutz*, in: Sprengel/Ebermann, Statistiken zum Deutschen Stiftungswesen 2007, S. 101 (106). *Meyer zu Hörste*, Die Familienstiftung, S. 169 (mit Auflistung auf S. 206 ff.) gibt für Ende 1976 noch eine Zahl von 67 *„Unternehmensträgerfamilienstiftungen“* (darunter versteht er sowohl Unternehmensträger- als auch Beteiligungsträgerfamilienstiftungen) an.

1357 Vgl. *Hüttemann*, DB 2017, 591; *Hoffmann-Becking*, ZHR 178 (2014), 491; BeckHdB GmbH/*Braun/Siemers*, § 19 Rn. 73; dies wirds sich künftig durch das ab dem 1.1.2026 in Kraft tretenden Stiftungsregister wohl ändern, dazu → Teil 3 B I 5 b.

menhang mit Familienunternehmen[1358], hinsichtlich ihrer Existenz sowie Zwecke und Organisation sehr auf Diskretion bedacht sind, zurückzuführen.[1359] Die allgemein einsehbaren Stiftungsverzeichnisse der Länder helfen diesbezüglich nicht weiter, da sie teilweise noch immer uneinheitlich aufgebaut sind, keine konkreten Angaben über die Zusammensetzung des Stiftungsvermögens enthalten, teilweise wie in Bayern privatnützige resp. Familienstiftungen nicht (zwingend) erfassen und letztlich auch keine Richtigkeitsgewähr bieten[1360].

In den vergangenen Jahren und insbesondere aktuell rücken auch für Familienunternehmer unternehmensverbundene Familienstiftungen als Instrument zur Gestaltung einer zukunftssicheren Unternehmensnachfolge[1361] vermehrt ins Augenmerk.[1362] Namentlich die unternehmensverbundene Familienstiftung

---

1358 So schon *Strickrodt*, FamU 1971/72, S. 155 (157) („*[...] wird über diese [Stiftungen in und aus Familienunternehmen] auch nur sehr wenig und dann meistens ganz diskret in der Öffentlichkeit gesprochen*"); ähnlich *Neuhoff*, in: Stifterverband, Zur Praxis von Familienstiftungen, S. 7 (8); vgl. *M. Frieling*, FS Schneeloch, S. 3 (6). Dies hat sich teilweise heutzutage geändert, da einige Familienunternehmer die Regelung der Unternehmensnachfolge vermittels einer unternehmensverbundenen (Familien)Stiftung durchaus i. S. e. *Signaling* öffentlich bekannt machen, so z. B. *geobra Brandstätter, Gauselmann, Laverana, Schomburg, Seier, Stöer*, s. die jeweiligen Unternehmenswebseiten. Die konkrete Ausgestaltung und insb. Stiftungsinterna sollen aber i. d. R. weiterhin diskret bleiben, s. näher zum Diskretionswunsch bei Familienunternehmen und Familienstiftungen → Teil 3 B I 5.

1359 Für weitere Erschwernisse s. *Sorg*, Die Familienstiftung, S. 47 f.; die o.g. Zahlenwerte sind daher „*von vornherein in ihrer Bedeutung zu relativieren*", so *Muscheler*, Gesammelte Beiträge I, S. 317 (321).

1360 Vgl. *Beck*, Die Familienstiftung, S. 40; *Richter/Sturm*, NZG 2005, 655 (656); zum künftigen Stiftungsregister → Teil 3 B I 5 b).

1361 Vgl. auch den Untertitel eines aktuellen Sammelbands zur Familienstiftung (*Block et al.* [Hrsg.], Die Familienstiftung), worin jene treffend als ein „*Instrument zur Zukunftssicherung von Familienunternehmen*" charakterisiert wird.

1362 Nach *Stolte*, FuS 2015, 180 (186) stünde schätzungsweise jede zehnte Stiftungsgründung im Zusammenhang mit einer Unternehmensnachfolge; vgl. auch *Oppel*, ZEV 2020, 583 („*Stiftungen gehören zum Standard-Repertoire der Vermögens- und Unternehmensnachfolge*"); *Wachter*, FR 2017, 130 (131) („*Die Unternehmensnachfolge mittels Stiftungen ist seit vielen Jahren bewährt*"); ähnlich *Schauhoff*, FS Spiegelberger, S. 1341 (1349); MHdB GesR 9/*Lieder*/*T. Hoffmann*, § 1 Rn. 40; Hennerkes/Kirchdörfer/*Hennerkes/Schiffer*, HdB Familiengesellschaften, Rn. 38.49, S. 798; Westermann/Wertenbruch/*Heckschen*/*Redler*, PersGesR-HdB, 88. Lieferung 01.2024, I. Teil § 3 Rn. 82; *Schiffer*, ZEV 1999, 424 (426); *Eiling/Tiemann*, SB 2020, 195 (196); *Fleischer*, ZIP 2022, 2045 (2051); deskriptiver Überblick von Familienunternehmen in Stiftungshand bei Block et al./*Hirschmann*, Die Familienstiftung, S. 153 (154 ff.). Wobei

wurde von der Kautelarpraxis als probates Instrument zur Regelung von Unternehmensnachfolgen – *„vor allem im Zusammenhang mit der Sicherung der Familienherrschaft über Unternehmen“*[1363] – entdeckt. Jene Gestaltung ermöglicht – wie bereits ausgeführt – eine Perpetuierung resp. Verstetigung von Familienunternehmen über die Generationenfolge hinweg. Im Allgemeinen hat die Verbindung von Stiftung und Unternehmen eine mehr als 100-jährige Tradition in Deutschland.[1364] Daher ist es heute nicht unüblich, dass zu der Eigentümerstruktur eines deutschen[1365] Familienunternehmens häufig auch eine Stiftung, i. d. R. eine Familienstiftung, gehört.[1366]

---

dies jedenfalls für eine Beteiligungsträgerstiftung so festzustellen ist und nicht für eine Unternehmensträgerstiftung, die heute i. d. Z. nicht mehr vorkommt, s. → Teil 4 A II 1.

1363 *D. Reuter*, GS J. Eckert, S. 677 (679).

1364 Vgl. *Fleisch*, S&S RS 04/2018, 1 (2); *Fleschutz*, in: Sprengel/Ebermann, Statistiken zum Deutschen Stiftungswesen 2007, S. 101 (107); zur Entwicklung der unternehmensverbundenen Stiftungen in Deutschland seit dem 19. Jahrhundert luzid *Berndt*, Stiftung und Unternehmen, Rn. 1401 ff.; s. a. aus historischer Sicht *Pahlow*, ZUG 2019, 19 sowie für die Jahre 1950–2000 *Köhler*, FS D. Ziegler, S. 357. Zur internationalen Bedeutung unternehmensverbundener Stiftungen bündig *Fleischer*, ZIP 2022, 2045 (2048 ff.); s. a. die Beiträge in *Roza/Bethmann/Meijs/v. Schnurbein* (Hrsg.), Handbook on Corporate Foundations, Part II, S. 85 ff. sowie zuletzt *Sanders/Thomsen* (Hrsg.), Enterprise Foundation Law in a Comparative Perspective; speziell zu jüngeren Entwicklungen in Frankreich instruktiv *Fleischer/Chatard*, RIW 2023, 397.

1365 Aber auch in anderen europäischen Ländern wird die Stiftung vermehrt als Nachfolgeinstrument von Familienunternehmen eingesetzt (z. B. vom Ikea-Konzern oder den Carlsberg Brauereien), s. *Fleschutz*, Die Stiftung als Nachfolgeinstrument, S. 377 (mit dortiger Fn. 1506); vgl. auch *Hansmann/Thomsen*, Journal of Legal Analysis, Vol. 13, 2021, 172 (173); *Sanders/Thomsen*, in: Sanders/Thomsen, Enterprise Foundation Law, S. 221 (238 ff.); *Fleischer*, ZIP 2022, 2045 (2049 f.). So ist im Jahr 2023 in Polen ein Gesetz über Familienstiftung in Kraft getreten, mit Hilfe derer gerade die Unternehmensnachfolge in Familienunternehmen erleichtert werden soll, s. dazu samt deutscher Übersetzung *de Vries*, WiRO 2023, 152. Auch in der Schweiz gibt es gesetzgeberische Bestrebungen zur Reform und Liberalisierung der schweizerischen Familienstiftung, s. die Motion 22.4445 unter https://t1p.de/n7sqe; dazu *Jakob*, in: Sprecher/v. Orelli, Familienstiftungen – neue Perspektiven, S. 113 (124 ff.).
Jakob, in: Sprecher/v. Orelli, Familienstiftungen – neue Perspektiven, S. 113 (125).

1366 Überblick zu aktuellen Stiftungsstrukturen bei *v. Oertzen*, BB 2019, 2647; *Dannecker*, DStR 2023, 1057 (1064 ff.); auf die Zunahme von *„waghalsigen Stiftungskonstruk-*

Die Größe einer unternehmensverbundenen Familienstiftung reicht dabei von der kleinen Familienstiftung mit einer Beteiligung an einem kleineren Familienunternehmen bis hin zur Familienstiftung mit einer Mehrheitsbeteiligung an einem Großfamilienunternehmen.[1367] Genannt seien beispielhaft die Familienunternehmen *Aldi Nord Gruppe* (Jakobus-, Markus-, und Lukas-Familienstiftung[1368]), *Aldi Süd Gruppe* (Siepmann-Familienstiftung), *Seier Gruppe* (Ulrich Seier Familienstiftung), *bofrost* Dienstleistungs GmbH & Co. KG* (bofrost* Familienstiftung); *Carthago GmbH* (Karl-Heinz Schuler-Familienstiftung); *FIEGE Logistik Stiftung & Co. KG* (FIEGE Logistik Stiftung); *Fielmann AG* (Fielmann-Familienstiftung)[1369]; *Gauselmann AG* (Gauselmann-Familienstiftung); *Europa-Park GmbH & Co. Mack KG* (Franz-Mack-Stiftung) und auch die *Adolf Würth GmbH & Co. KG* (Carmen Würth-, Bettina Würth-, Marion Würth- und Markus Würth-Familienstiftung), bei denen alle oder jedenfalls die Mehrheit der Unternehmensanteile auf eine oder mehrere (privatnützige) Familienstiftungen übertragen worden sind.[1370] Zuletzt wurde ferner bekannt, dass der verstorbene Unternehmer *Heinz Hermann Thiele* hinsichtlich eines Großteils seines Milliardenvermögens (ca. 15 Milliarden €), bestehend u. a. aus Unternehmensbeteiligungen an der *Knorr-Bremse AG*, *Vossloh AG* sowie der *Lufthansa AG*, testamentarisch die Übertragung auf eine Familienstiftung verfügt hat, die im April 2023 errichtet und anerkannt worden ist.[1371] Die vorstehenden Beispiele

---

tionen" kritisch blickend *Feick/Schwalm*, NZG 2021, 1425; diesen zustimmend *B. Beyer*, ZStV 2023, 25 (28, 31).

1367 *Picot/Kamp*, in: Picot, HdB für Familien- und Mittelstandsunternehmen, S. 88 (103); vgl. *Köhler*, FS D. Ziegler, S. 357; *Bieniek*, GmbH-Stpr, 2024, 77.

1368 Vgl. dazu OVG Schleswig, BeckRS 2022, 11137 Rn. 88; OVG Schleswig, npoR 2018, 262 Rn. 2 m. Anm. *Kraus*; zur aktuellen Struktur mit Schaubildern *Bayer/Lieder/Hoffmann*, GmbHR 2024, 785 Rn. 18 ff.

1369 Dazu (aus Binnensicht) *Günther Fielmann*, FS Binz, S. 199 (201, 203); s. a. *König*, Nachlassplanung, S. 76 f.

1370 Vgl. mit weiteren Praxisbeispielen etwa bei MHdB GesR 5/*Gummert*, § 81 Rn. 38 und 62 ff.; *Krauß*, Vermögensnachfolge in der Praxis, Rn. 4254; *Muscheler*, Gesammelte Beiträge I, S. 317 (321 ff.); *König*, Nachlassplanung, S. 72 ff.; *Weinmann*, Die uv. Stiftung, S. 8 f.

1371 *Köhn*, Thiele vererbt Milliardenvermögen an eine Familienstiftung, F.A.Z v. 26.03.2021 (https://www.faz.net/-gqe-aa16w); *Fasse/Votsmeier*, Heinz Hermann Thiele Stiftung anerkannt, HB-online v. 11.4.2023 (https://t1p.de/4e72y); s. a. zum Streit über die Anerkennung VG München, BeckRS 2024, 3870 m. zust. Anm. *Theuffel-Werhahn*, ZStV 2024, 135 (148 ff.), das die Klage der Ehefrau des Stifters abgewiesen hat.

zeigen, dass auch in Deutschland „*[wohlhabende Unternehmer] geradezu der Motor des Stiftungswesens in einer modernen Gesellschaft*“[1372] sind und sich demgemäß „*die Liste der unternehmensverbundenen Stiftungen […] inzwischen wie ein Gotha der großen deutschen Familienunternehmen*“[1373] liest.

Nachfolgend sollen daher zuvörderst die Grundlagen einer unternehmensverbundenen Familienstiftung im Lichte des neuen Stiftungsrechts erläutert werden, wobei zum besseren Verständnis der Neuregelungen auch auf die alte Rechtslage im gebotenen Umfang eingegangen wird. Dabei ist zu berücksichtigen, dass diese im Prinzip nur eine spezielle Variante einer Stiftung bürgerlichen Rechts i. S. d. §§ 80 ff. BGB ist, mit der Besonderheit, dass die Stiftung – im konkreten Zusammenhang eine Familienstiftung – in einer Beziehung sowohl zu (mind.) einem Unternehmen – *in concreto* einem Familienunternehmen – als auch (mind.) einer Familie steht. Indes gelten die allgemeinen Grundsätze des Stiftungsrechts sowie die §§ 80 ff. BGB auch für die unternehmensverbundene Familienstiftung – freilich mit diversen, vornehmlich aufsichts- und steuerrechtlichen Besonderheiten – gleichermaßen.[1374]

Eine spezialgesetzliche Regelung i. S. e. „Rechts der unternehmensverbundenen Familienstiftung“[1375] hat die unternehmensverbundene Familienstiftung auch mit der Stiftungsrechtsreform 2021 nicht erfahren.[1376] Das BGB-Stiftungsrecht wurde jedoch um einige Regelungen[1377] erweitert, die gerade auch für unternehmensverbundene Familienstiftungen zu berücksichtigen sind und auf die deshalb besonders einzugehen ist.

1372 *Schlüter*, Stiftungsrecht zwischen Privatautonomie und Gemeinwohlbindung, S. 404 (i. Z. m. der Gründung von unternehmensverbundenen Stiftungen in Amerika in den 1960er-Jahren).

1373 MüKoBGB/*Weitemeyer*, § 80 Rn. 211.

1374 Vgl. Richter/*Richter*, Stiftungsrecht, § 10 Rn. 124; *Jakob*, Schutz der Stiftung, S. 78; *A. Werner*, NotBZ 2009, 469 (471).

1375 Vgl. schon *Ambros Schindler*, Familienstiftungen, S. 35. Für ein „Sonderrecht“ der uv. Stiftung samt Vorschlägen *de lege ferenda* kürzlich *Weinmann*, Die uv. Stiftung, S. 217 ff.

1376 Bereits 2001 hatte die damalige Bund-Länder-Arbeitsgruppe im Rahmen der Stiftungsrechtsreform 2002 den Bedarf für etwaige Sonderregelungen geprüft und verneint, vgl. Abschlussbericht der Bund-Länder-Arbeitsgruppe Stiftungsrecht vom 19.10.2001, S. 44 ff. In Polen ist im Mai 2023 hingegen ein eigenes Gesetz betreffend Familienstiftungen in Kraft getreten, dazu im Überblick samt deutscher Übersetzung *de Vries*, WiRO 2023, 152.

1377 Zum Stiftungsregister bereits ausf. → Teil 3 B I 5 b.

Demgemäß werden die grundlegenden Strukturmerkmale einer solchen Stiftung nachfolgend dargestellt, wobei im Rahmen dessen die Besonderheiten einer unternehmensverbundenen Familienstiftung gerade aus dem Blickwinkel von Familienunternehmen angesprochen werden.

A. Begriff und Erscheinungsformen der unternehmensverbundenen Familienstiftung

Zunächst bedarf es einer kurzen Erläuterung hinsichtlich dessen, was im Rahmen der vorliegenden Arbeit unter einer sog. unternehmensverbundenen Familienstiftung verstanden wird. Der vorstehende Begriff kann aufgeteilt werden in die Begriffe „unternehmensverbundene Stiftung" einerseits und „Familienstiftung" andererseits. Dem jedoch vorangestellt ist es opportun, im gebotenen Maß auf den Begriff der „Stiftung" an sich einzugehen. Obgleich sich die Stiftung mit Blick auf die Entwicklung der stetig steigenden Gründungszahlen in Deutschland[1378] immer weiterverbreitet, existierte bis zur Stiftungsrechtsreform 2021 für diese keine gesetzliche Definition. Nunmehr wurde die rechtsfähige Stiftung mit Inkrafttreten des neuen Stiftungsrechts am 1.7.2023 in § 80 Abs. 1 S. 1 BGB erstmalig legaldefiniert.

I. Stiftungsbegriff des BGB

Der Begriff der „Stiftung" ist *„schillernd"*[1379] und umfasst verschiedene rechtliche Gestaltungsformen.[1380] Im allgemeinen Sprachgebrauch versteht man unter dem Begriff der Stiftung zweierlei:[1381] Zum einen den Stiftungsvorgang, d. h. die

---

1378 Vgl. die Statistiken des *BDS*, (https://t1p.de/i5skf), wonach 637 rechtsfähige Stiftungen allein im Jahr 2023 errichtet wurden.

1379 *Schlüter/Stolte*, Stiftungsrecht, Kap. 1 Rn. 2; vgl. auch bereits RGZ 88, 335 (339) („*vieldeutige[n] Ausdruck ‘Stiftungen'*"); *Frommhold*, AcP 117 (1919), 87 (91).

1380 Allgemein wird terminologisch zwischen Stiftungsarten (rechtsfähige und nichtrechtsfähige, private und öffentliche Stiftung) unterschieden. Anhand von Strukturmerkmalen, insbesondere dem Stiftungszweck, findet weiter eine Unterteilung in einzelne Stiftungskategorien bzw. -typen (unternehmensverbundene Stiftung, Familienstiftung, Bürgerstiftung, kirchliche und kommunale Stiftungen) statt, vgl. zu den verschiedenen Erscheinungsformen etwa MHdB GesR 5/*Schwake*, § 79 Rn. 58 ff.; 99 ff.; S/S/S/P/*Stumpf*, StiftR, Einl. Rn. 10 ff.; bündig *E. Müller*, ZStV 2021, 167 (170).

1381 Vgl. MHdB GesR 5/*Beuthien*, § 77 Rn. 13; Richter/*v. Campenhausen/Stumpf*, Stiftungsrecht, § 1 Rn. 1; *Hennerkes/Binz/Sorg*, DB 1986, 2217.

Errichtung der Stiftung durch das Stiftungsrechtsgeschäft. Zum anderen das Stiftungsergebnis, d. h. die errichtete Stiftung.[1382] Nur bei Letzterem ist indes von einer Stiftung als Institution im Rechtssinne zusprechen.[1383]

Eine gesetzliche Definition des Stiftungsbegriffs[1384] ließ sich im alten Recht weder dem BGB[1385] noch den Landesstiftungsgesetzen[1386] entnehmen. Vielmehr begnügt(e) sich der (historische) Gesetzgeber[1387] damit, die Stiftung als Institution zu stipulieren und setzt den Stiftungsbegriff, welchen er historisch vorgefunden und normiert hat[1388], schlicht voraus.[1389]

1382 Zur Stiftungserrichtung → Teil 3 C I.

1383 *Ebersbach*, HdB des Deutschen Stiftungsrechts, S. 15.

1384 Siehe aber auch *R. Wagner*, GmbHR 2016, 858 (860), nach dessen Auffassung jedenfalls „*der Bedeutungsinhalt des Begriffs ‚Stiftung' (jedenfalls in erheblichen Teilen) gesetzlich definiert*" sei.

1385 Der historische Gesetzgeber hat noch bewusst auf eine Definition verzichtet, vgl. *Andrick/Suerbaum*, Stiftung und Aufsicht, § 2 Rn. 2; Soergel/*Neuhoff*, BGB Vor § 80 Rn. 1; dies wohl, um nicht in die Gesetzgebungskompetenz der Länder einzugreifen, so *Burgard*, Gestaltungsfreiheit im Stiftungsrecht, S. 26 unter Verweisung auf *Mugdan*, Bd. I, 1899, S. 664; Soergel/*Neuhoff*, BGB Vor § 80 Rn. 1 unter Verweisung auf Protokolle der Kommission für die zweite Lesung des Entwurfs des Bürgerlichen Gesetzbuchs, 1897, S. 596. Heute ist geklärt, dass der Bund nach Art. 74 Abs. 1 Nr. 1 GG (Bürgerliches Recht) die Gesetzgebungskompetenz über das Stiftungszivilrecht hat, vgl. BT-Drs. 19/28173, S. 32 f.; zu dessen Umfang allg. Staudinger/*Hüttemann/Rawert*, BGB Vorb. §§ 80 ff. Rn. 21 ff.; Richter/*Stumpf*, Stiftungsrecht, § 2 Rn. 11 ff.; s. a. ausf. hierzu und zur Kompetenzabgrenzung hinsichtlich der Länder *Achilles*, npoR 2023, 185.

1386 Diese enthalten nur Begriffsbestimmungen für spezielle Erscheinungsformen wie der kirchlichen Stiftung, kommunalen Stiftung oder der Familienstiftung, s. H/R/W/*D. Reuter*, Landesstiftungsrecht, Kap. 4 Rn. 4.1.

1387 Zur historischen Entwicklung der stiftungsrechtlichen Gesetzgebung eing. *Nissel*, FS O. Werner, S. 45 ff.; HKK-BGB/*Pennitz*, §§ 80–89 Rn. 6 ff.

1388 BeckOK BGB/*Backert*/*J. Stürner*, 71. Ed. 1.5.2022, § 80 Rn. 3; vgl. auch *Jakob*, Schutz der Stiftung, S. 72; zur historischen Entwicklung dieses Begriffs prägnant OLG Stuttgart, NJW 1964, 1231; vgl. auch *Mugdan*, Bd. I, 1899, S. 657 f.

1389 Zur Historie und Entwicklung des Stiftungswesens etwa Richter/*v. Campenhausen*, Stiftungsrecht, § 3 Rn. 1 ff. i. V. m. ebd./*Gollan*, § 3a Rn. 1 ff. (zur Stiftungsrechtsreform 2021); luzid aus historischer Perspektive *Borgolte*, in: Die Stiftung – Jahreshefte zum Stiftungswesen – 3. Jahrgang, S. 9 ff.; zur Abgrenzung von anderen – auch als „Stiftung" bezeichneten – Institutionen etwa *Saenger*, GesR, § 11 Rn. 478 ff.

Das seit dem 1.7.2023 geltende Stiftungsrecht sieht, wie eingangs erwähnt, in § 80 Abs. 1 S. 1 BGB eine Legaldefinition bzw. gesetzliche Umschreibung[1390] der Rechtsform der rechtsfähigen Stiftung des bürgerlichen Rechts vor.[1391] Eine Stiftung wird danach definiert als „*eine mit einem Vermögen zur dauernden und nachhaltigen Erfüllung eines vom Stifter vorgegebenen Zwecks ausgestattete mitgliederlose juristische Person.*"

Dieses juristische Begriffsverständnis, stimmt überwiegend auch mit dem der bisherigen h. M.[1392] überein[1393], die ebenfalls am Stiftungserfolg anknüpft.[1394]

1390 So BT-Drs. 19/28173, S. 45.

1391 Dies aufgrund der mannigfaltigen Erscheinungsformen von Stiftungen für nicht sinnvoll erachtend, noch MVHdB I GesR/*Hof*, Form. VIII. 0 Anm. 8, S. 1424 („*entbehrlich*"); deutlich ablehnend auch *Muscheler*, Gesammelte Beiträge II, S. 363 (364) („*Es gibt nicht den geringsten Bedarf für eine Definition der Rechtsform Stiftung*"); *Burgard*, NPLY 2019, S. 71 (87 f.); für eine Streichung *de lege ferenda* nun *Burgard*, npoR 2024, 181 (186). Der PE 2020 (*Arnold et al.*, ZIP 2020, Beilage zu Heft 10, S3 [S4]) vermeidet solch „*umstrittene dogmatische Festlegungen*"; Überblick zum PE bei *Weitemeyer*, NZG 2020, 569. Für eine klare Begriffsbestimmung, um eine rechtliche Einordnung der Stiftung zu begründen und dem großen Problem des Missbrauchs des guten Rufs der Stiftung vorzubeugen, zu Recht bereits W/S/F/*O. Werner*, Die Stiftung, § 1 Rn. 1; i. Erg. auch *E. Müller*, ZStV 2021, 167 (170 f.).

1392 Vgl. mit geringen unterschiedlichen Akzentuierungen zum sog. herrschenden **„formalen Stiftungsbegriff"** des BGB: BVerwGE 106, 177 (181); BayObLGZ 1972, 340 (342); FG Düsseldorf, BeckRS 2023, 9999 Rn. 60; Grüneberg/*Ellenberger*, BGB Vorb. § 80 Rn. 6; MüKoBGB/*Weitemeyer*, § 80 Rn. 1; Staudinger/*Hüttemann/Rawert*, BGB Vorb. §§ 80 ff. Rn. 1; s. a. BT-Drs. 14/8765, S. 10; zum sog. **„funktionalen Stiftungsbegriff"**, der die Stiftung primär als zweckgebundene Vermögensmasse unabhängig von der ihr zugrundeliegenden Rechtsform auffasst und daher auch Ersatzformen umfasst s. grdl. *Schlüter*, Stiftungsrecht zwischen Privatautonomie und Gemeinwohlbindung, S. 21 f., 220 ff.; *Schlüter/Stolte*, Stiftungsrecht, Kap. 4 Rn. 2 ff.; Staudinger/*Hüttemann/Rawert*, BGB Vorb. §§ 80 ff. Rn. 16 ff.; kritisch dazu MüKoBGB/*Weitemeyer*, § 80 Rn. 9 ff.; BeckOGK/*Jakob/Uhl*, 1.7.2022, BGB § 80 Rn. 210 f.; ablehnend *D. Reuter*, AcP 207 (2007), 1 (8 ff.); *S. Vogel*, Unternehmensverbundene Verbrauchsstiftung, S. 12 f.; jdf. national betrachtet auch *Jakob*, Schutz der Stiftung, S. 44, 72.

1393 BT-Drs. 19/28173, S. 29; *Hüttemann/Rawert*, ZIP 2021, Beilage zu Heft 33, S3 (S4) („*keine Änderung gegenüber der bisherigen Rechtslage*"); vgl. auch *E. Müller*, ZStV 2021, 167 (169 ff.).

1394 MHdB GesR 5/*Beuthien*, § 77 Rn. 13; BeckOK BGB/*Backert/J. Stürner*, 71. Ed. 1.5.2022, § 80 Rn. 3; *Schwake*, Kapital und Zweckerfüllung bei Unternehmensstiftungen, S. 1.

Nach dieser ist eine Stiftung des bürgerlichen Rechts i. S. d. §§ 80 ff. BGB eine mit Rechtsfähigkeit ausgestattete, nicht verbandsmäßig (d. h. körperschaftlich bzw. korporativ[1395]) organisierte, selbständige Institution, die einen vom Stifter bestimmten Zweck vermittels eines dazu gewidmeten Vermögens[1396] dauernd fördern soll. Sie ist zwar eine juristische Person und daher selbständige Trägerin von Rechten und Pflichten.[1397] Jedoch handelt sich bei ihr um eine verbandslose juristische Person, d. h. sie hat weder Mitglieder noch Gesellschafter oder andere Anteilseigner.[1398] Sie gehört sich als „*reine Verwaltungsorganisation*"[1399] gleichsam

---

1395 Zum Modell einer sog. „*korporativ verfassten Stiftung*" s. grdl. *Burgard*, Gestaltungsfreiheit im Stiftungsrecht, S. 349 ff., 655 ff.; in Grenzen auch *v. Hippel*, Grundprobleme von NGO, S. 391 ff.; 423 f., 638 f.; *Schlüter*, Stiftungsrecht zwischen Privatautonomie und Gemeinwohlbindung, S. 337 f.; s. gegen derlei Bestrebungen (besonders gegen *Burgard*) die geharnischte Kritik *Rawerts* in FS Priester, S. 647 ff. und *D. Reuter*, AcP 207 (2007), 1 (6 ff.); ablehnend zu Recht auch die **h. M.** m. w. N. Staudinger/*Hüttemann/Rawert,* BGB § 85 Rn. 11 ff.; MüKoBGB/*Weitemeyer*, § 85 Rn. 5 f.; BeckOGK/*Jakob/Picht/Kopp*, 1.9.2024, BGB § 83 Rn. 6; bestätigt wird dies i. Erg. auch durch den Reformgesetzgeber 2021, vgl. BT-Drs. 19/28173, S. 30 f., 45; vgl. im Anschluss nunmehr auch Burgard/*Burgard*, StiftR, Anh 2 § 84a Rn. 6a. Luzid zum Meinungsstand statt anderer *Uhl*, Kooperationen im Stiftungsrecht, S. 505 ff., 521 ff. (Meinungsstand) und S. 529 ff. (Rechtsfolgen solcher unzulässigerweise anerkannter Stiftungen); s. a. *Huh*, Verfassung und Binnenhaftung der Stiftung, S. 212 ff.; jew. m. w. N.

1396 Die Stiftung *hat* daher ein Vermögen, *ist* aber nicht ihr Vermögen selbst, insoweit erhellend *Schlüter*, Stiftungsrecht zwischen Privatautonomie und Gemeinwohlbindung, S. 557; *Dieckmann*, Gesamthand und juristische Person, S. 468 f.; MHdB GesR 5/*Beuthien*, § 77 Rn. 31 (dortige Fn. 134). § 80 Abs. 1 S. 1 BGB verdeutlicht nunmehr, dass es sich bei einer rechtsfähigen Stiftung um eine juristische Person handelt, die mit einem Vermögen ausgestattet wird und nicht selbst eines ist; vgl. bereits auch *Kübler/Assmann*, GesR, § 12 I. 1. a), S. 140.

1397 Vgl. BGHZ 99, 344 (349); 229, 299 Rn. 34 f.; BGH, NZG 2022, 763 Rn. 31; Erman/*M. Wiese*, BGB § 80 Rn. 2; MüKoBGB/*Weitemeyer*, § 80 Rn. 1; dies ist seit jeher auch für die Familienstiftung unzweifelhaft, s. nur *Frommhold,* AcP 117 (1919), 87 (115).

1398 Dies ist auch der Hauptunterschied zu den anderen körperschaftlich organisierten juristischen Personen des Privatrechts wie rechtsfähigen Vereinen, Kapitalgesellschaften und Genossenschaften, so auch BT-Drs. 19/28173, S. 45.

1399 So BGHZ 99, 344 (350); ähnlich bereits RGZ 61, 28 (34) („*[…] sie eine organisierte Verwaltung hat, ohne die eine solche Persönlichkeit nicht bestehen kann*").

selbst[1400] und hat dementsprechend auch kein personelles Substrat, das zur autonomen Willensbildung befugt ist.[1401] Die Stiftung kann insofern treffend als *„die juristische Person in ‚Reinkultur'"*[1402] bezeichnet werden.

Da die Bezeichnung „Stiftung" rechtlich nicht geschützt ist[1403], können nach noch überwiegender, aber nicht unumstrittener Auffassung[1404], auch Gesellschaften anderer Rechtsform in ihrer Firma diese Bezeichnung führen.[1405] Als

---

1400 Vgl. Erman/*M. Wiese*, BGB § 80 Rn. 2; *Eulerich*, Stiftungsverbundene Unternehmen, S. 47; *Schwarz*, BB 2001, 2381 (2382); FG Hamburg, BeckRS 2021, 29619 Rn. 72.

1401 Vgl. VG Sigmaringen, BeckRS 2020, 11026 Rn. 84 („*personales Substrat*" sei der Stiftung „*wesensfremd*"); (auch noch in früherer Edition zu lesen bei) BeckOGK/*Lange*, 15.6.2023, BGB § 81 Rn. 62; Soergel/*Neuhoff*, BGB Vor § 80 Rn. 17; *Ebersbach*, HdB des Deutschen Stiftungsrechts, S. 21; *M. Lehmann*, AcP 207 (2007), 225 (250); *Mirbach*, Stiftungszweck und Gemeinwohlgefährdung, S. 50; *Schmidt-Schmiedebach*, Stiftung und Governance Kodex, S. 94; ausf. *Dieckmann*, Gesamthand und juristische Person, S. 467 f.; 474, 553 f. m. w. N.; **a. A.** *Rittner*, FS Hüffer, S. 843 (850) („*Zweck*" als personelles Substrat); wohl auch *Strickrodt*, in: Verhandlungen des 44. DJT 1962, G 35, wonach man in der Stiftungsorganisation ein personelles Element erblicken könne; dagegen *Dieckmann*, Gesamthand und juristische Person, S. 474. Freilich kann jdf. bei einer Familienstiftung in Gestalt der Familie ein „*verbandsmäßiges Substrat*" erblickt werden, vgl. ähnlich MVHdB I GesR/*Hof*, Form. VIII. 3 Anm. 1, S. 1545; untechnisch auch OLG Hamm, BeckRS 2023, 16812 Rn. 3 („*Hinter der Stiftung stehen die Familienmitglieder bzw. Abkömmlinge […]*"); im steuerlichen Kontext auch FG Hessen, BeckRS 2021, 19291 Rn. 46 („*Bei einer Familienstiftung sind die Mitglieder der Familie als ‚hinter der Stiftung stehende' Personen anzusehen.*").

1402 So *Rittner*, FS Hüffer, S. 843 (850) unter Verweisung auf und Anlehnung an *Schönfeld*, AcP 136 (1932), 331 (341); wortgleich v. Campenhausen/Richter/*Hof*, StiftR-HdB, § 6 Rn. 192; *Wernicke*, ZEV 2003, 301 (302) („*Stiftung als juristische Person par excellence*").

1403 v. Campenhausen/Richter/*Hof*, StiftR-HdB, § 6 Rn. 149; zum Namensschutz vgl. *E. Müller*, ZStV 2021, 167 (170 f.); ausf. *Schäller*, Namensbildung und Namensschutz der anerkannten Stiftung, S. 218 ff.

1404 Zum Meinungsstand sogleich Fn. 1413.

1405 Über 1000 Unternehmen sollen – obwohl nicht in Rechtsform einer Stiftung errichtet – den Begriff „Stiftung" als Namensbestandteil in ihrer Firma verwenden, so *R. Wagner*, GmbHR 2016, 858 m. N.; *BDS*, Zahlen, Daten, Fakten zum Stiftungswesen, 2021, S. 6 – listete in seiner Datenbank **253** Stiftung e.V., **311** Stiftung (g)GmbH und **sieben** Stiftung (g)AG auf.

prominente Beispiele seien etwa die Robert Bosch Stiftung GmbH[1406] oder die Mahle Stiftung GmbH[1407] genannt. Bei diesen handelt es sich rechtlich betrachtet um (gemeinnützige) GmbHs.[1408] Derlei Gesellschaften sind keine rechtsfähigen Stiftungen i. S. d. §§ 80 ff. BGB, sondern fungieren rechtlich gesehen nur als sog. „*Ersatzformen*"[1409] der Stiftung (unselbständige Treuhandstiftung[1410], Stiftungs-

---

1406 Dazu https://www.bosch-stiftung.de/de/wer-wir-sind; zu dieser Gestaltung Feick/*Feick/Bregulla-Weber*, Stiftung, § 35 Rn. 2 ff.; *Kögel/Berg*, FuS 2011, 13; Spiegelberger/*Spiegelberger*, Unternehmensnachfolge, § 24 Rn. 17 f.; *Eulerich*, Stiftungsverbundene Unternehmen, S. 322 ff.; Bertelsmann Stiftung/*Löwer*, HdB Stiftungen, S. 402 (417 ff.).

1407 Dazu http://www.mahle-stiftung.de/die-stiftung-in-kuerze/; zu dieser Gestaltung *Vinken*, Die Stiftung als Trägerin von Unternehmen und Unternehmensanteilen, S. 157; *Eulerich*, Stiftungsverbundene Unternehmen, S. 355 ff.

1408 Vgl. etwa *Schlüter/Stolte*, Stiftungsrecht, Kap. 1 Rn. 78; *Fleisch*, S&S RS 04/2018, 1 (3). Zur gGmbH eing. Richter/*Godron*, Stiftungsrecht, § 18 Rn. 1 ff.; *Weitemeyer*, GmbHR 2021, 57; bündig zu den Charakteristika einer gGmbH auch *Berisha*, NZG 2022, 902 (903 f.) m. z. N.

1409 Dazu ausf. Hopt/Reuter/*K. Schmidt*, Stiftungsrecht in Europa, S. 175 ff.; *Saenger*, FS O. Werner, S. 165 ff.; Richter/*v. Campenhausen/Stumpf*, Stiftungsrecht, § 1 Rn. 34 f.; Schiffer/*Schiffer*, Die Stiftung in der Beraterpraxis, § 2 Rn. 78 ff.; kritisch gegenüber derlei Ersatzformen *D. Reuter*, AcP (207) 2007, 1.

1410 Nach dem BGH (ZEV 2015, 417 Rn. 20; ähnlich BGHZ 180, 144 Rn. 14 m. w. N.) versteht man darunter *„die Übertragung von Vermögenswerten auf eine natürliche oder juristische Person mit der Maßgabe, dass diese als ein vom übrigen Vermögen des Empfängers getrenntes wirtschaftliches Sondervermögen zu verwalten und zur Verfolgung der vom Stifter gesetzten Zwecke zu verwenden sind.*" Ausf. zur hier nicht weiter behandelten unselbständigen (bzw. synonym auch nichtrechtsfähigen (so [§ 1 Abs. 1 Nr. 5 KStG] oder fiduziarischen) Stiftung BeckOGK/*Geibel*, 15.6.2023, BGB § 80 Rn. 707 ff.; *Muscheler*, Gesammelte Beiträge II, S. 295 ff.; Hopt/Reuter/*K. Schmidt*, Stiftungsrecht in Europa, S. 175 (177 ff.); luzider Überblick zuletzt bei *Stolte*, BB 2023, 2755; *Krüsmann*, ZStV 2023, 201; *Kuhn*, ZEV 2020, 535. Ihre Anzahl wird auf bis zu **40.000** geschätzt, s. BeckOGK/*Jakob/Uhl*, 1.7.2022, BGB § 80 Rn. 197.1; *Gollan*, ErbR 2016, 238; *Stolte*, BB 2023, 2755 m. w. N. geht sogar von **über 50.000** aus; *BDS*, Zahlen, Daten, Fakten zum Stiftungswesen, 2021, S. 6 – listete in seiner Datenbank **5.898** nichtrechtsfähige Stiftungen auf.

körperschaft[1411], Stiftungsverein[1412]).[1413] Diese unterscheiden sich von der „echten" rechtsfähigen Stiftung des bürgerlichen Rechts hauptsächlich darin, dass es ihnen

---

1411 In der Praxis wird aufgrund der großen Freiheit bei der Satzungsgestaltung als Ersatzform i. d. R. eine (gemeinnützige) GmbH gewählt, vgl. mit Praxisbeispielen *Römer*, Die Eignung der GmbH als Rechtsform für Stiftungszwecke, S. 4, 128 ff.; *R. Wagner*, GmbHR 2016, 858 m. w. N.; zu weiteren Motiven *Schwintek*, Vorstandskontrolle, S. 46; *Rösner*, Konzernierung der Stiftung, S. 47.

1412 Ihre Anzahl wird auf ca. **150** geschätzt, so *Saenger*, GesR, § 11 Rn. 503f.; *BDS*, Zahlen, Daten, Fakten zum Stiftungswesen, 2021, S. 6 – listete in seiner Datenbank hingegen 253 Stiftung e.V. Hierzu zählen auch die sog. parteinahen Stiftungen i. S. v. § 11 Abs. 2 S. 3 PartG, die i. d. R. keine Stiftungen i. S. d. §§ 80 ff. BGB sind, sondern eingetragene Vereine (§ 21 BGB); kritisch zu derlei „*Etikettenschwindel*" *H. Prantl*, Süddeutsche Zeitung v. 30./31.1.2021, Nr. 24, S. 5 (https://t1p.de/jggy). Eine Ausnahme stellt allein die FDP-nahe „Friedrich-Naumann-Stiftung für die Freiheit" dar, vgl. https://www.freiheit.org/impressum.

1413 Dies ist so lange erlaubt, wie die Gesellschaft auch tatsächlich ein zweckgebundenes Vermögen ähnlich wie die Stiftung verwaltet und ihren Rechtsformzusatz angibt, sodass keine Täuschung oder Irreführung (§ 18 Abs. 2 HGB) vorliegt, vgl. zu den Anforderungen der „*Stiftungsähnlichkeit*" näher m. w. N. BeckOGK/*G. Roth*, 30.6.2023, BGB § 80 Rn. 775; S/S/S/P/*Stumpf*, StiftR, Vorb. Rn. 19; vgl. zur Zulässigkeit des Firmenbestandteils „Stiftung" bei einer Stiftungs-GmbH: OLG Stuttgart, NJW 1964, 1231 f.; vgl. m. w. N. *G. Roth*, Verbandszweck, S. 759 ff.; zur Zulässigkeit des Firmenbestandteils „Stiftung" bei einer Stiftungs-UG (haftungsbeschränkt): *Lieder/Becker*, NZG 2021, 357 (362 f.) m. w. N.; zur Zulässigkeit des Namensbestandteils „Stiftung" bei einem Verein: BayObLG, NJW 1973, 249; OLG Köln, NZG 1998, 35; OLG Frankfurt a. M., NJW-RR 2002, 176; OLGR Brandenburg 2004, 429; *Wochner*, Rpfleger 1999, 310 (311); ausf. dazu mit Praxisbeispielen auch *Schiffer*, SB 2017, 99; *Otterbach*, ZStV 2021, 181 (183 f.). **Gegen die Verwendung des Zusatzes „Stiftung" durch andere Rechtsformen aufgrund des Grundsatzes der Rechtsformklarheit und nunmehr wegen § 82c BGB** Staub/*Burgard*, HGB § 18 Rn. 74 i. V. m. Rn. 59 a. E.; ihm folgend BeckOK HGB/*Bömeke*, 43. Ed. 1.7.2024, § 18 Rn. 56; *Weinmann*, Die uv. Stiftung, S. 200; BeckOGK/*G. Roth*, 30.6.2023, BGB § 80 Rn. 776 (Bezeichnung als „Stiftung-GmbH", eine „eG-Stiftung" oder ein „Stiftungs-eV" unzulässig); ablehnend auch W/S/F/*O. Werner*, Die Stiftung, § 1 Rn. 2; *Saenger*, FS O. Werner, S. 165 (171 ff.); *Schäller*, Namensbildung und Namensschutz der anerkannten Stiftung, S. 243 ff., 266; Scholz/*Scheller*, GmbHG, § 4 Rn. 80 (insb. sei auch die Bezeichnung „Stiftung UG [haftungsbeschränkt]" unzulässig); kritisch bzgl. Verwendung speziell bei GmbH und e.V. auch *R. Wagner*, GmbHR 2016, 858. Zur unbeschränkten Haftung des handelnden Vertreters analog § 179 BGB bei fehlender, unrichtiger bzw. unklarer Rechtsformbezeichnung, s. stRspr. BGH, NZG 2007, 426 Rn. 14 ff.; NZG 2012, 989 Rn. 9 ff.; NZG 2022, 513 Rn. 22 ff. m. Anm. *de Raet* (letztere beide betreffend die UG).

zum einen an eigener Rechtspersönlichkeit fehlt, d. h. sie benötigen zum Handeln einen Rechtsträger. Zum anderen ist der in ihrer Satzung (resp. Gesellschaftsvertrag) verankerte „Stiftungszweck" nicht wie bei einer „echten" Stiftung grundsätzlich statisch, sondern steht letztlich zur Disposition der „Stiftungsbeteiligten" bzw. – zwecks besserer Abgrenzung – „*Gründer*"[1414], die eine Satzungsänderung und damit auch eine Änderung des „Stiftungszwecks" (letztlich jederzeit) durchführen können.[1415] Darüber hinaus unterliegen die „*Ersatzstiftungen*" im Unterschied zur rechtsfähigen Stiftung des bürgerlichen Rechts auch keiner staatlichen Aufsicht. Um stiftungsähnlich zu sein, sind für die Gestaltung der „*Ersatzstiftung*", in der Praxis bei Stiftungskörperschaften oftmals in Gestalt einer (gemeinnützigen) GmbH, freilich besonders die Festlegung des „Stiftungszwecks" als – vom Unternehmensgegenstand zu unterscheidenden[1416] – Gesellschaftszweck, die Anteilsvinkulierung (vgl. § 15 Abs. 5 GmbHG; § 68 Abs. 2 S. 1 AktG), die Erschwerung von Satzungsänderungen, der Ausschluss von Gewinnzugsberechtigten und von Abfindungsansprüchen der Gesellschafter oder Ansprüche auf den Liquidationserlös erforderlich.[1417] Obgleich die Ersatzformen zwar als Stiftungen im funktionalen Sinne aufgefasst werden können[1418], gelten die Vorschriften für rechtsfähige Stiftungen (§§ 80 ff. BGB und die Landesstiftungsgesetze) für diese indes weder

1414 So etwa *Schwintek*, Vorstandskontrolle, S. 46; ihm folgend auch *Rösner*, Konzernierung der Stiftung, S. 47.

1415 Richter/*Dutta*, Stiftungsrecht, § 5 Rn. 1; *v. Homeyer/M. Reiff*, npoR 2020, 224 (230); vgl. auch H/S/G/*A. Sigle*, GesR, § 22 Rn. 103; Hennerkes/Kirchdörfer/*Hennerkes/Schiffer*, HdB Familiengesellschaften, Rn. 38.20, S. 787.

1416 Vgl. dazu nur *K. Schmidt*, GesR, § 4. II. 3., S. 64; näher aus gesellschaftsrechtlicher (vornehmlich GmbH-rechtlicher) Sicht MüKoGmbHG/*Fleischer*, § 1 Rn. 6 ff.; *G. Roth*, Verbandszweck, S. 562 ff.; *Markus Geißler*, GmbHR 2021, 1023. Im Stiftungsrecht ist ebenfalls zwischen dem Stiftungszweck (Zielsetzung der Stiftung) und dem Stiftungsgegenstand (Art und Weise der Zweckverwirklichung, vgl. § 81 Abs. 1 Nr. 1 lit. a) BGB bzw. § 81 Abs. 1 S. 3 Nr. 3 BGB a. F.) zu unterscheiden, eing. dazu *Burgard*, Gestaltungsfreiheit im Stiftungsrecht, S. 113 ff.; *Burgard*, ZGR 2023, 849 (852 ff, 858 ff., 864 f.); *Hüttemann*, FS D. Reuter, S. 121 (123 ff.); vgl. bündig auch *Jörg*, SPWR 2022, 119 (123).

1417 H/S/G/*A. Sigle*, GesR, § 22 Rn. 103; Hennerkes/Kirchdörfer/*Hennerkes/Schiffer*, HdB Familiengesellschaften, Rn. 38.7, S. 782; eing. zur GmbH als Stiftungskörperschaft *Römer*, Die Eignung der GmbH als Rechtsform für Stiftungszwecke, S. 34 ff.; *O. Werner*, GmbHR 2003, 331; *Schlüter*, GmbHR 2002, 578; zum stiftungsartigen Verein s. grdl. *Strickrodt*, NJW 1964, 2085 (aber mit Blick auf die heute g. h. M. zu weitgehend in Bezug auf die Möglichkeiten „*satzungsgemäße[r] Bindungen*"); *Wochner*, Rpfleger 1999, 310; aus jüngerer Zeit *v. Hippel*, Grundprobleme von NGO, S. 383 ff.

1418 Vgl. Staudinger/*Hüttemann/Rawert*, BGB Vorb. §§ 80 ff. Rn. 319 m. w. N.

unmittelbar noch entsprechend.[1419] Vielmehr finden allein die Vorschriften des Schuld-, Sachen- und Erbrechts bzw. Vereins- und Gesellschaftsrechts Anwendung.[1420] Einem Stifter, der keinerlei staatliche Mitwirkung und Aufsicht wünscht, stehen folglich die im Vergleich zur selbständigen Stiftung zwar flexibleren, damit aber für einen generationenüberdauernden Erhalt unter Verstetigung des Stifterwillens weniger geeigneteren Ersatzformen der Stiftung[1421], insbesondere Stiftungskörperschaften, zur Verfügung, mit deren Hilfe Strukturmerkmale der selbständigen Stiftungen statutarisch nachgebildet werden können[1422]. Diese sog. Stiftungsersatzformen werden im Folgenden nicht weiter behandelt, da hier eine rechtsfähige unternehmensverbundene Familienstiftung im Fokus steht.

Das reformierte Stiftungsrecht sieht mit § 82c BGB[1423] i. V. m. § 20 Abs. 1 StiftRG einen verpflichtenden Rechtsformzusatz für vor der Reform bestehende und auch danach errichtete rechtsfähige Stiftungen des bürgerlichen Rechts vor.[1424] Stiftungen, die ins Stiftungsregister eingetragen sind, werden danach verpflichtet,

---

1419 H. M.: vgl. grdl. (bzgl. unselbständiger Stiftung) RGZ 88, 335 (338 f.); 105, 305 (306, 308); OVG Münster, npoR 2016, 257 Rn. 120 m. Anm. *Hüttemann/Rawert*; *Stolte*, BB 2023, 2755 (2757); *Krüsmann*, ZStV 2023, 201; vgl. NK-BGB/*Schiffer/Pruns*, Vorb. §§ 80 ff. Rn. 44; BeckOGK/*Geibel*, 15.6.2023, BGB § 80 Rn. 736; Staudinger/*Hüttemann/Rawert*, BGB Vorb. §§ 80 ff. Rn. 324, 399 m. w. N.; einzelne Analogien befürwortend indes Soergel/*Neuhoff*, BGB Vor § 80 Rn. 23c ff., 27, 30.

1420 Vgl. BGHZ 180, 144 Rn. 13; BGH, ZEV 2015, 417 Rn. 20; jurisPK-BGB[9]/*Morsch*, § 80 Rn. 3; BeckOGK/*Geibel*, 15.6.2023, BGB § 80 Rn. 736; MVHdB I GesR/*Hof*, Form. VIII. 6 Anm. 1, S. 1581; *Strobel*, JuS 2020, 1149 (1150).

1421 NK-BGB/*Schiffer/Pruns*, Vorb. §§ 80 ff. Rn. 37 sprechen insofern von *„Lösungen zweiter Klasse"*.

1422 BeckOGK/*G. Roth*, 30.6.2023, BGB § 80 Rn. 771; zum umgekehrten Versuch, durch den Einsatz einer selbständigen uv. Familienstiftung gesellschaftsrechtliche Strukturen einer Familiengesellschaft zu virtualisieren, s. *Rawert*, ZGR 2018, 835 (847 ff.); vgl. auch *Sabel/Schauer*, ZStV 2018, 81.

1423 Dazu eing. BoKoStiftR/*Mecking*, BGB § 82c Rn. 1 ff. Auch der PE sah in *§ 80b BGB-PE* einen Namenszusatz vor, jedoch allgemein nur für „eingetragene" Stiftungen, nicht auch speziell für die Verbrauchsstiftung, um wohl den Eindruck einer Stiftung „zweiter Klasse" zu vermeiden. Zudem sollte fakultativ die Möglichkeit bestehen, den Zusatz „gemeinnützige" voranzustellen, sofern die Stiftung ausschließlich und unmittelbar steuerbegünstigte Zwecke nach den §§ 51 bis 68 AO verfolgt hätte; vgl. auch *Weitemeyer*, NZG 2020, 569 (572 f.).

1424 Einen Namenszusatz für entbehrlich erachtend etwa *Strachwitz*, ZStV 2020, 212 (215); ebenso MVHdB I GesR/*Hof*, Form. VIII. 0 Anm. 8, S. 1424; **a. A.** (wohl) noch v. Campenhausen/Richter/*Hof*, StiftR-HdB, § 6 Rn. 149, wo derselbe *„ein[en] rechtliche[n] Schutz der Bezeichnung Stiftung de lege ferenda [für] sinnvoll"* erachtete.

ihren Namen mit dem Namenszusatz „*eingetragene Stiftung*“ zu führen, wenn sie auf unbestimmte Zeit errichtet wurden.[1425] Dieser Namenszusatz kann mit „*e. S.*“ abgekürzt werden. Eingetragene Verbrauchsstiftungen haben den Namenszusatz „*eingetragene Verbrauchsstiftung*“ zu führen, der mit „*e. VS.*“ abgekürzt werden kann.[1426] Der Namenszusatz muss nicht in der Stiftungssatzung genannt werden.[1427] Gleichwohl kann der Stifter eine entsprechende Regelung vorsehen und dabei bereits vorgeben, ob die Lang- oder Kurzfassung des Namenszusatzes verwendet werden soll.[1428] Mangels Vorgaben in § 82c BGB kann der Namenszusatz grds. nachgestellt, vorangestellt oder in den Namen integriert werden, solange die konkrete Namensnennung im Einzelfall keinen irreführenden Charakter aufweist.[1429] Insoweit besteht Gestaltungsfreiheit für die Stiftungen.[1430]

Die mit dem Namenszusatz bezweckte Abhilfe von Irreführung und rechtlicher Unsicherheit ist zu begrüßen, da auf diese Weise für den Rechtsverkehr nicht nur die Unterscheidung einer rechtsfähigen Stiftung i. S. d. §§ 80 ff. BGB von rechtsfähigen Stiftungen des öffentlichen Rechts und nichtrechtsfähigen Stiftungen[1431], sondern auch – für die Praxis relevanter – von einer bloßen Ersatzform bzw. „*Scheinstiftung*“[1432] erleichtert wird.[1433] Diese Scheinstiftungen treten im Rechtsverkehr und in der Öffentlichkeit (ggf. primär aus Marketing- oder Prestigegründen[1434]) häufig einfach mit dem Namenszusatz „Stiftung“ auf, ohne darauf

1425 Für einen Namenszusatz samt Stiftungsregister z. B. schon *Liermann*, ZRP 1970, 27.

1426 BT-Drs. 19/28173, S. 33, 94.

1427 BT-Drs. 19/28173, S. 83; s. a. *Gollan*, npoR 2021, 277 (283); *Hüttemann/Rawert*, ZIP 2021, Beilage zu Heft 33, S3 (S38).

1428 BoKoStiftR/*Mecking*, BGB § 82c Rn. 3.

1429 Vgl. in Bezug auf den im BGB ähnlich formulierten § 707a Abs. 2 S. 2 BGB betreffend den Namenszusatz bei einer im Gesellschaftsregister eingetragenen GbR (eGbR) ebenso und überzeugend *Wertenbruch*, GmbHR 2024, 673 Rn. 6 ff. m. w. N. auch zu gesellschaftsrechtlichen Parallelnormen; aus der obergerichtlichen Rspr. betreffend die GbR auch OLG Hamburg, GmbHR 2024, 702; OLG Köln, GmbHR 2024, 703; KG, BeckRS 2024, 25580; jew. m. N. auch zu vereinzelten Gegenansichten.

1430 Explizit BT-Drs. 19/28173, S. 83 („*Die Stiftungen können entscheiden, wie sie den Namenszusatz ihrem Namen anfügen.*“).

1431 So BT-Drs. 19/28173, S. 94.

1432 *v. Holt/Koch*, Stiftungssatzung, S. 56.

1433 Ähnlich auch *Weitemeyer*, FS K. J. Hopt, S. 1419 (1424); *Winkler*, ZStV 2021, 121 (122 dortige Fn. 10); i. Erg. NK-BGB/*Schiffer/Pruns*, Vorb. zu §§ 80 ff. Rn. 24; *Schiffer/Pruns/Schürmann*, Die Reform des Stiftungsrechts, § 5 Rn. 16; für eine gesetzliche Klarstellung auch schon *Saenger*, FS O. Werner, S. 165 (178); *Liermann*, ZRP 1970, 27.

1434 Vgl. insofern *Saenger*, FS O. Werner, S. 165: „*Der Begriff allein ist Gütesiegel.*“

hinzuweisen, dass sie von ihrer Rechtsnatur her keine rechtsfähigen Stiftungen i. S. d. §§ 80 ff. BGB sind.[1435] Der verpflichtende Namenszusatz dürfte gerade auch für potentielle Vertragspartner, für die es durchaus, insbesondere aus haftungsrechtlichen Gesichtspunkten, von Relevanz sein kann, welche Rechtsform ihr Gegenüber hat, von Vorteil sein. Außerdem würde ein nur der rechtsfähigen Stiftung vorbehaltener Namenszusatz insbesondere die Vergleichbarkeit von Studien[1436] unterstützen, die oftmals durch sog. Stiftungsersatzformen (vornehmlich Stiftungs-GmbHs) „verfälscht" sein können.

Es bleibt abzuwarten, ob der künftige Rechtsformzusatz Auswirkungen auf die Zulässigkeit resp. Eintragungsfähigkeit des Namenszusatzes „Stiftung" bei anderen Rechtsformen bzw. sog. Nennstiftungen, insbesondere Stiftungs-GmbHs, haben wird.[1437] Im Hinblick darauf, dass der Reformgesetzgeber den Begriff „Stiftung" nicht exklusiv der Stiftung i.S.d. der §§ 80 ff. BGB vorbehalten hat, sondern lediglich in § 80 Abs. 1 S. 1 BGB den Begriff der Stiftung umschrieben hat, ist davon auszugehen, dass die Nennstiftungen eine entsprechende Bezeichnung weiterhin führen dürfen.[1438] Gleichsam drängt sich jedoch die Frage auf, weshalb auch die Verbrauchsstiftung eine eigene Bezeichnung erhalten soll, ist sie doch ebenfalls eine rechtsfähige Stiftung i. S. d. §§ 80 ff. BGB – wenn auch nicht der

1435 Siehe auch *Schiffer/Pruns/Schürmann*, Die Reform des Stiftungsrechts, § 5 Rn. 16; kritisch bzgl. der oftmals „*beliebige[n] Verwendung des Begriffs ‚Stiftung'*" etwa *Pruns*, ErbR 2016, 696; bzgl. Verwendung speziell bei GmbH und e.V. auch *R. Wagner*, GmbHR 2016, 858.

1436 Vgl. hierzu *Fleischer*, ZIP 2022, 2045 (2046); s. zum ähnlichen Problem betreffend die Definition von Familienunternehmen *Fleischer*, in: F/R/S, Family Firms, S. 1 (7); *Sanders/Rolfes*, JURA 2022, 461.

1437 Vgl. auch *Hüttemann*, Gemeinnützigkeits- und SpendenR, Rn. 2.12, der zu Recht für eine Verschärfung der firmenrechtlichen Anforderungen für Scheinstiftungen plädiert; s. a. *E. Müller*, ZStV 2021, 167 (171); *Lange*, ZStV 2022, 167 (170); für die künftige Unzulässigkeit insb. aufgrund des § 82c BGB etwa Staub/*Burgard*, HGB § 18 Rn. 74, da der Begriff Stiftung nunmehr „*Teil eines gesetzlich vorgeschriebenen Rechtsformzusatzes*" sei; ihm folgend BeckOK HGB/*Bömeke*, 43. Ed. 1.7.2024, § 18 Rn. 56; BeckOGK/*G. Roth*, 30.6.2023, BGB § 80 Rn. 776 (Bezeichnung als „Stiftung-GmbH", eine „eG-Stiftung" oder ein „Stiftungs-eV" unzulässig).

1438 BoKoStiftR/*Mecking*, BGB § 82c Rn. 14 f.; i. Erg. MüKoBGB/*Weitemeyer*, § 80 Rn. 297.

Regelfall (vgl. § 80 Abs. 1 S. 2 BGB)[1439] – und keine Stiftung „zweiter Klasse".[1440] Ferner wurde es im Zuge des StiftVereinhG versäumt zu regeln, dass künftig bei Verfolgung ausschließlich und unmittelbar steuerbegünstigter Zwecke i. S. d. §§ 51–68 AO der Zusatz „g" hinzugefügt bzw. vorangestellt werden darf[1441], wie bei der gGmbH[1442], gUG[1443] und gAG[1444].[1445]

Die jede Stiftung prägenden und konstitutiven Strukturmerkmale sind nach dem vorstehenden juristischen, formalen Stiftungsbegriff der Stiftungszweck[1446],

---

1439 Zum Verhältnis der sog. Ewigkeitsstiftung und der Verbrauchsstiftung instruktiv VG Gelsenkirchen, ZStV 2018, 174 (LS. 1 sowie näher 177): „*'Ewigkeitsstiftung' und Verbrauchsstiftung sind Stiftungsformen, die selbständig nebeneinander und in keinem Rangverhältnis stehen. Der Verbrauchsstiftung kommt in Bezug auf die ‚Ewigkeitsstiftung' keine Reserve- und Auffangfunktion zu.*" Dies lässt sich auch § 85 Abs. 1 S. 4 BGB entnehmen, der die „Umwandlung" einer Ewigkeitsstiftung in eine Verbrauchsstiftung im Wege einer Satzungsänderung regelt, dazu → Teil 4 E I 2 b aa (1).

1440 Kritisch etwa *Burgard*, ZStV 2021, 45 (46) („*Für diese Diskriminierung gibt es keinen Grund*"); ebenso *Weitemeyer*, JEV 2021, 54 (57); Orth/Uhl/*Orth*, Stiftungsrechtsreform 2021, Rn. 463; *Janitzki*, ErbR 2024, 2 (6); BoKoStiftR/*Mecking*, BGB § 82c Rn. 10; i. Erg. *Schiffer/Pruns/Schürmann*, Die Reform des Stiftungsrechts, § 5 Rn. 17; s. a. *Demuth*, NWB-EV 2022, 259 (264), nach dem sich dadurch „*die Attraktivität von Verbrauchsstiftungen weiter schmälern [dürfte].*"

1441 *Orth*, MDR 2021, 1304 Rn. 2.

1442 Gem. § 4 S. 2 GmbHG (seit dem 29.3.2013 in Kraft, s. BGBl. 2013 I 556, dort Art. 12 Abs. 2) ausdrücklich zulässig; a. A. zuvor etwa noch OLG München, NZG 2007, 191.

1443 Zulässigkeit bestätigt durch BGH, npoR 2020, 313 Rn. 10 m. zust. Anm. *Burgard*; zuvor bereits h. M. Lutter/Hommelhoff/*Kleindiek*, GmbHG, § 5a Rn. 56 i. V. m. 39 m. N.; zur gUG auch *Lieder/Becker*, NZG 2021, 357 (359 ff.).

1444 Zur Zulässigkeit des Kürzels gAG s. *Hüttemann*, Gemeinnützigkeits- und SpendenR, Rn. 2.21; BeckOGK/*Drescher*, 1.2.2024, AktG § 4 Rn. 6; *Burgard*, npoR 2020, 313 (315); jew. m. w. N. auch zu noch vertretenen Gegenansichten.

1445 Der PE sieht in *§ 80b S. 2, 3 BGB-PE* eine an § 4 S. 2 GmbHG angelehnte Norm vor, nach der fakultativ die Möglichkeit bestehen soll, den Zusatz „gemeinnützige" oder die Abkürzung „g." voranzustellen, sofern die Stiftung (oder der eingetragene Verein, *§ 65 S. 3 BGB-PE*) ausschließlich und unmittelbar steuerbegünstigte Zwecke nach den §§ 51 bis 68 AO verfolgt, s. *Arnold et al.*, ZIP 2020, Beilage zu Heft 10, S3 (S6 ff.); vgl. *Weitemeyer*, NZG 2020, 569 (572 f.); *Burgard*, npoR 2020, 313 (315 f.); *Burgard*, ZStV 2021, 45 (46); befürwortend auch Orth/Uhl/*Orth*, Stiftungsrechtsreform 2021, Rn. 463.

1446 Dazu → Teil 4 D II.

das Stiftungsvermögen[1447] und die Stiftungsorganisation[1448].[1449] Auf diese Strukturmerkmale wird noch gesondert eingegangen.

Mit der Anerkennung seitens der zuständigen Stiftungsbehörde (vgl. § 80 Abs. 2 S. 1 BGB bzw. § 80 Abs. 1 BGB a. F.) erlangt die Stiftung als juristische Person erst ihre eigenständige Rechtsfähigkeit.[1450] Die rechtsfähige Stiftung bzw. das ihr gewidmete Vermögen ist fortan dem Zugriff außenstehender Dritter und grds. auch dem des Stifters[1451] selbst entzogen.[1452] Die Stiftung ist eine eigenständige Rechtsperson und vom Stifter als auch der Stifterfamilie losgelöst.[1453] Im deutschen Stiftungsrecht gilt insoweit das sog. Trennungs- und Erstarrungsprinzip, d. h. der Stifter trennt sich endgültig von seinem Vermögen[1454] und ihm sowie seinen Erben sowie sonstigen Stiftungsbeteiligten[1455] stehen nach der Errichtung der Stiftung keine rechtlichen Einflussmöglichkeiten mehr auf diese zu, soweit solche nicht in der Stiftungssatzung explizit vorbehalten worden sind.[1456] Ab die-

---

1447 Dazu → Teil 4 E.

1448 Dazu → Teil 4 F.

1449 Erman/*M. Wiese*, BGB § 80 Rn. 2; Hopt/Reuter/*Rawert*, Stiftungsrecht in Europa, S. 109 (112); *Jakob*, Schutz der Stiftung, S. 38.

1450 Zur Anerkennung bereits → Teil 3 C I 2.

1451 Zu den Möglichkeiten und Grenzen der Sicherung des Stiftereinflusses s. aber → Teil 5 B.

1452 BT-Drs. 19/28173, S. 29; OLG Hamm, NZG 2022, 676 Rn. 41; LG Stuttgart, BeckRS 2020, 50955 Rn. 28; OLG Köln, NZG 2019, 70 Rn. 39; zur Unverfügbarkeit der Stiftung gegenüber dem Wandel der Interessen und Ziele des Stifters nach ihrer Anerkennung luzid *Hof*, GS Walz, S. 233 ff.; MVHdB I GesR/*Hof*, Form. VIII.0 Anm. 7, S. 1421 ff.; vgl. auch Staudinger/*Hüttemann/Rawert*, BGB Vorb. §§ 80 ff. BGB Rn. 14.

1453 Vgl. schon RGZ 54, 399 (400).

1454 Vgl. dazu auch → Teil 3 B II 1–3.

1455 Zum freilich nicht feststehenden Begriff der Stiftungsbeteiligten luzid *Meinecke*, ZStV 2022, 172 (178): „*Die Bezeichnung ‚Stiftungsbeteiligte' ist eine Art Sammelbezeichnung für alle ‚Interessierten', die im übertragenen Sinne – und nur im übertragenen, denn Stiftungen ruhen, sich selbst gehörend, eigentümerlos in sich selbst – ‚Stakeholder' der Tätigkeit einer Stiftung sind.*"; ähnlich *v. Löwe*, Familienstiftung und Nachfolgegestaltung, § 10 Rn. 45. Demgemäß werden zu diesen insb. „*Mitglieder von Stiftungsorganen, Destinatäre, Stifter [sowie die] Stiftungsaufsichtsbehörde*" gezählt, so etwa MHdB GesR 7/*G. Roth*, § 96 Rn. 14.

1456 Vgl. ausdrücklich auch BT-Drs. 19/28173, S. 29, 31; OLG Hamm, NZG 2022, 676 Rn. 41; LG Stuttgart, BeckRS 2020, 50955 Rn. 29; VG Sigmaringen, BeckRS 2020, 11026 Rn. 71, 75; MüKoBGB/*Weitemeyer*, § 80 Rn. 2; *Jakob*, FS O. Werner, S. 101 f.; für eine Auflockerung des Erstarrungsprinzips im Wege eines nachträglichen Sat-

sem Zeitpunkt ist für sämtliche Stiftungsbeteiligten der historische oder hilfsweise der mutmaßliche Stifterwille zu beachten und handlungsleitend (§ 83 Abs. 2 BGB). Die Regelungen zum Zweck, Vermögen und Organisation der Stiftung sind folglich immer im Lichte des Stifterwillens zu betrachten und auszulegen, der gleichsam „*oberstes Prinzip des Stiftungsrechts*"[1457] ist.[1458] Die primäre Funktion der Stiftung ist daher die Manifestierung des historischen Stifterwillens über den Tod des Stifters hinaus.[1459] Dementsprechend ist es von äußerster Wichtigkeit, dass der Stifter[1460] im Stiftungsgeschäft und in der Stiftungssatzung geeignete und klare Regelungen hinsichtlich der Ausgestaltung der Stiftung trifft, um so bei Zweifelsfragen hinreichende Auslegungs- und Rechtssicherheit zu gewährleisten.

---

zungsänderungsrechts des lebenden Stifters *de lege ferenda Weitemeyer*, in: Bumke/Röthel, Autonomie im Recht, S. 201 (215 ff.); *Jakob*, in: Bumke/Röthel, Autonomie im Recht, S. 225 (234 ff.); jew. m. w. N.; gegen derlei Bestrebungen ausdrücklich nun BT-Drs. 19/28173, S. 31.

1457 BGHZ 99, 344 (350).

1458 Näher zur Bedeutung des Stifterwillens → Teil 4 C.

1459 Vgl. nur BVerfGE 46, 73 (85) („*Das eigentümliche einer Stiftung ist, daß der Stifterwille für die Stiftung dauernd konstitutiv bleibt*"); *Werkmüller*, ZEV 2015, 522 (524); **a. A.** freilich *Burgard*, Gestaltungsfreiheit im Stiftungsrecht, S. 668 f., unter der Prämisse einer korporativ verfassten Stiftung würde sich die Willensbildung der Stiftung „*nicht stiftungstypisch als Instrument zur Verewigung des Stifterwillens*", sondern als eine „*von dem Willen der Beteiligten getragene Interessengemeinschaft*" darstellen. Dieser Mindermeinung wurde mit der Stiftungsrechtsreform 2021 der Boden entzogen, vgl. BT-Drs. 19/28173, S. 30 f., 45; dies nunmehr auch anerkennend, aber gleichwohl für unrichtig erachtend Burgard/*Burgard*, StiftR, Anh 2 § 84a Rn. 6a.

1460 Dem Stifter obliegt jdf. bis zur Anerkennung der Stiftung als Ausfluss seiner Stifterfreiheit die Ausgestaltung der Stiftungsautonomie, s. *Burgard*, Gestaltungsfreiheit im Stiftungsrecht, S. 36 f.; vgl. auch *O. Werner*, in: Hager, Entwicklungstendenzen im Stiftungsrecht, S. 49 (56 f.); eing. zur Stifterfreiheit und Stiftungsautonomie *Weitemeyer*, in: Bumke/Röthel, Autonomie im Recht, S. 201; *Jakob*, in: Bumke/Röthel, Autonomie im Recht, S. 225; zu den Möglichkeiten und Grenzen der Gestaltungsfreiheit des Stifters eing. → Teil 5 B.

II. Unternehmensverbundene Stiftung

Die dem BGB und anderen Gesetzen fremde[1461] Begriffsbildung „unternehmensverbundene Stiftung“[1462] hat sich mittlerweile weitläufig sowohl im Schrifttum als auch in der Praxis als Oberbegriff für Stiftungen mit Unternehmensbezug etabliert.[1463] Dabei wird weiter – je nachdem wie eng die Beziehung der Stiftung bzw. des Stiftungsvermögens zum Unternehmen ist – zwischen einer sog. „Unternehmensträgerstiftung“ und einer sog. „Beteiligungsträgerstiftung“[1464] differen-

1461 Anders etwa das schwedische Recht, wo zumindest die sog. *„erwerbswirtschaftliche Stiftung“* gesetzlich umschrieben ist, dazu ausf. *Hushahn*, Unternehmensverbundene Stiftungen, S. 41 ff. Auch in Dänemark existiert ein eigenes Gesetz für sog. gewerbliche Stiftungen, s. dazu *Thomsen*, The Danish Industrial Foundations, S. 45 ff.; zuletzt *Thomsen/Kavadis*, Enterprise Foundations, S. 37 ff.

1462 Ausf. zum Begriff siehe nur MHdB GesR 5/*Gummert*, § 81 Rn. 4 f.; *Fleisch*, S&S RS 04/2018, 1 (3); *Muscheler*, ErbR 2008, 134; *Kirmse*, in: FDS, Die uv. Stiftung, S. 69 (70 f.) jew. m. w. N. auch zu anderen (teils synonymen) Bezeichnungen wie etwa Unternehmensträgerstiftung, Unternehmensstiftung, stiftungsverbundene Unternehmen, gewerbliche, unternehmenstragende oder unternehmensbezogene Stiftung; Praxisbeispiele bei MHdB GesR 5/*Gummert*, § 81 Rn. 38, 62 ff.; *Muscheler*, Gesammelte Beiträge I, S. 317 (321 ff.); *Hosseini-Görge*, Foundation owned firms, S. 144 ff.

1463 Siehe etwa MHdB GesR 5/*Gummert*, § 81 Rn. 5; Staudinger/*Hüttemann/Rawert*, BGB Vorb. §§ 80 ff. Rn. 193; *M. Engel*, Die unternehmensverbundene Stiftung, S. 40; *Brandmüller/Klinger*, Unternehmensverbundene Stiftungen, S. 8; *Meinecke*, Stiftungen, S. 67 f.; *König*, Nachlassplanung, S. 87; *Boll*, Die uv. Familienstiftung, S. 40; *Weinmann*, Die uv. Stiftung, S. 125; *Rawert*, Die Genehmigungsfähigkeit der unternehmensverbundenen Stiftung, S. 24; *Fleisch*, S&S RS 04/2018, 1 (3); *Hoffmann-Becking*, ZHR (178) 2014, 491 (492); *Krumm*, JA 2010, 849 (850); *Muscheler*, ErbR 2008, 134; *Lindner*, DSWR 2005, 245; *Hennerkes/Binz/Sorg*, DB 1986, 2217; nach *Hüffer*, GS Tettinger, S. 449 (453) sei dieser Begriff indes *„etwas konzernlastig“* und daher der Begriff der *„unternehmensnahen Stiftung“* vorzuziehen; dagegen aber zutreffend *Rösner*, Konzernierung der Stiftung, S. 79 f.

1464 Diesen Begriff verwendet etwa auch BFHE 264, 129 Rn. 19, 30.

ziert.[1465] *Tertium non datur.*[1466] Eine eigenständige rechtliche Bedeutung weisen die vorstehenden oder andere in der Literatur[1467] verwendete Bezeichnungen indes nicht auf.[1468] Bei einer unternehmensverbundenen Stiftung handelt es sich nämlich nur um einen Anwendungsfall der „normalen" rechtsfähigen Stiftung bürgerlichen Rechts.[1469]

Die Unternehmensverbundenheit folgt zum einen aus dem Umstand, dass sich das Stiftungsvermögen gänzlich aus einem Unternehmen (Unternehmen in der Rechtsform der Stiftung) oder jedenfalls aus Unternehmensbeteiligungen (Stiftung als Mehrheits- oder Minderheitsgesellschafterin einer oder mehrerer Personen- oder Kapitalgesellschaften) zusammensetzt. Zum anderen kann auch der Stiftungszweck mit dem Unternehmen verknüpft sein, wobei dann zu unterscheiden ist, ob das Unternehmen bzw. die Unternehmensbeteiligung der Stiftung als

---

1465 Grüneberg/*Ellenberger*, BGB § 80 Rn. 8; W/S/F/*Saenger*, Die Stiftung, § 36 Rn. 2; *Muscheler*, ErbR 2008, 134 (135); *Hippeli*, ZStV 2014, 49; *Rawert*, Die Genehmigungsfähigkeit der unternehmensverbundenen Stiftung, S. 27; s. a. *K. Schmidt*, GesR, § 7 I 1. b) bb), S. 175; IDW RS FAB 5 Rn. 8. Im (älteren) Schrifttum ist die Unterscheidung zwischen unmittelbarer und mittelbarer Unternehmensträgerstiftung verbreitet, vgl. *Goerdeler*, FS Heinsius, S. 169 (172); gegen eine solche Unterscheidung ausdrücklich *Kronke*, Stiftungstypus, S. 196. Hat die Stiftung beherrschenden Einfluss i. S. d. § 17 Abs. 1 AktG auf einen Unternehmensträger wird eine solche Stiftung auch als *Holdingstiftung* (Unterfall einer Beteiligungsträgerstiftung) bezeichnet, s. *Burgard*, Gestaltungsfreiheit im Stiftungsrecht, S. 31; *Schwake*, Kapital und Zweckerfüllung bei Unternehmensstiftungen, S. 7.

1466 Freilich kann eine Stiftung sowohl Unternehmensträger- als auch Beteiligungsträgerstiftung sein (*Fritsche/Kilian*, S&S RS 03/2008, 1 [3]), doch ist ein solcher Fall – soweit ersichtlich – bislang nicht vorgekommen. Um eine besondere Variante der unternehmensverbundenen Stiftung handelt es sich dabei freilich nicht.

1467 Siehe → Fn. 1462.

1468 Staudinger/*Hüttemann/Rawert*, BGB Vorb. §§ 80 ff. Rn. 193; MHdB GesR 5/*Gummert*, § 81 Rn. 6; *Rawert*, Die Genehmigungsfähigkeit der unternehmensverbundenen Stiftung, S. 22; *Muscheler*, ErbR 2008, 134. Eine nähere Auseinandersetzung mit diesem „*unnötige[n] Begriffswirrwarr*" (so *Fleisch*, S&S RS 04/2018, 1 [3]) ist demgemäß nicht gewinnbringend.

1469 Statt vieler Richter/*Richter*, Stiftungsrecht, § 10 Rn. 1; *Muscheler*, ErbR 2008, 134; *Weinmann*, Die uv. Stiftung, S. 126; zweifelnd *Liermann*, ZRP 1970, 27 (28) („*Ist sie* [die Unternehmensträgerstiftung] *nicht viel eher eine Institution des Wirtschaftslebens, die sich äußerlich der Rechtsform der Stiftung bedient, ohne mit ihr, der aus der pia causa herausgewachsenen klassischen Stiftung, innerlich die geringste Verwandtschaft zu haben. Sie zieht das Kleid einer Stiftung an, ohne in Wirklichkeit eine Stiftung zu sein.*").

sog. Zweckverwirklichungsbetrieb (Selbstzweckbetrieb), d. h. das Unternehmen dient unmittelbar der Verfolgung des Stiftungszwecks (z. B. Krankenhäuser, Altenheime oder Museen) oder als sog. Dotationsquelle[1470], d. h. der Stiftungszweck wird mittelbar durch Erzielung von Einnahmen durch das Unternehmen erfüllt, dient.[1471] Letzteres wird im Falle einer unternehmensverbundenen Familienstiftung auch der Regelfall sein.

Eine Gewinnerzielungsabsicht wird im Rahmen der unternehmerischen Betätigung nicht verlangt[1472], sodass auch sog. Anstaltsträgerstiftungen[1473], die primär karitative Zwecke verfolgen, zu den unternehmensverbundenen Stiftungen gezählt werden können.[1474]

In der Stiftungspraxis haben sich weitere besondere Anwendungs- bzw. Erscheinungsformen unternehmensverbundener (Familien-)Stiftungen etabliert, wobei die Gestaltungsmöglichkeiten einer unternehmensverbundenen Familienstiftung „*schier unendlich*“[1475] sind.[1476] Zu nennen sind hier aber besonders die

---

1470 BFH/NV, 2010, 898 = BeckRS 2009, 25015985 Rn. 18.

1471 Vgl. grdl. bereits *Trops*, AG 1970, 367; *Trops*, ZRP 1971, 227 (228); Richter/*v. Campenhausen/Stumpf*, Stiftungsrecht, § 1 Rn. 31; BeckOK BGB/*Backert/J. Stürner*, 71. Ed. 1.5.2022, § 80 Rn. 18; Staudinger/*Hüttemann/Rawert*, BGB Vorb. §§ 80 ff. Rn. 203 ff. jew. m. w. N.; *D. Reuter* will Stiftungszweck bzgl. des Unternehmens nur hierauf beschränken: *D. Reuter*, DWiR 1991, 192 (199); *D. Reuter*, ZGR 1991, 467 (484 f.).

1472 MHdB GesR 5/*Schwake*, § 79 Rn. 118; *Ihle*, RNotZ 2009, 557 (563); *Goerdeler/Ulmer*, AG 1963, 328 (329).

1473 Dazu etwa *Strachwitz*, in: Achleitner et al., Stiftungsunternehmen: Theorie und Praxis, S. 21 (26 ff.).

1474 *Schwake*, Kapital und Zweckerfüllung bei Unternehmensstiftungen, S. 4; *Ihle*, RNotZ 2009, 557 (563); die allg. Zuordnung von Anstaltsträgerstiftungen zu den unternehmensverbundenen Stiftungen wird indes auch angezweifelt, vgl. *Neuhoff*, FS O. Werner, S. 146 (151); *Fleisch*, S&S RS 04/2018, 1 (4) bezeichnet diese als „*Stiftungen sui generis*“; unterscheidend auch *M. Engel*, Die unternehmensverbundene Stiftung, S. 38 f.

1475 *Fleisch*, S&S RS 04/2018, 1 (7); ähnlich Richter/*Richter*, Stiftungsrecht, § 10 Rn. 17.

1476 Prägnanter Überblick zu den verschiedenen Gestaltungsvarianten bei *Fleisch/Stolte*, in: F/E/K/S/S, Modell unternehmensverbundene Stiftungen, S. 147 ff.; *Fleisch*, S&S RS 04/2018, 1 (15 ff.); *Fleischer*, ZIP 2022, 2045 (2052 ff.) zu den Vor- und Nachteilen verschiedener uv. Stiftungskonstruktionen ausf. Feick/*Feick/Bregulla-Weber*, Stiftung, § 36 Rn. 1 ff.; zur uv. Verbrauchsstiftung eing. *S. Vogel*, Unternehmensverbundene Verbrauchsstiftung, S. 154 ff.

(Familien-)Stiftung & Co. KG[1477] und die sog. Doppel(familien)stiftung[1478], die beide als Unterfälle der Beteiligungsträgerstiftung einzuordnen sind.[1479]

Von unternehmensverbundenen Stiftungen im hier verstandenen Sinn zu unterscheiden, sind freilich die in der Praxis zunehmend vorkommenden sog. (i. d. R. gemeinnützigen) Unternehmensstiftungen, die von Unternehmen selbst vornehmlich als CSR-Instrument zur Verfolgung gemeinnütziger Aufgaben errichtet und ausgestattet werden[1480], dabei aber weder selbst ein Unternehmen betreiben noch eine Beteiligung an dem stiftenden Unternehmen halten.[1481]

Ebenfalls zu unterscheiden sind die zuvor erwähnten „Ersatzformen" der Stiftungen, die vielmehr als „unechte unternehmensverbundene Stiftungen"[1482] zu bezeichnen sind und Stiftungen mit sonstigem Unternehmensbezug, d. h. etwa derlei Stiftungen, die statutarisch oder vertraglich – in welcher Form auch immer – mit einem Unternehmen verbunden sind oder solche als Destinatäre haben.

Da Untersuchungsgegenstand der hiesigen Arbeit Familienunternehmen und Familienstiftungen sind, werden auch sog. reine Unternehmens(beteiligungsträger)stiftungen ausgelassen, bei denen es sich um privatnützige Stiftungen handelt, deren Erträge keiner Familie zugutekommen.[1483]

1477 Dazu → Teil 4 A V 1.

1478 Dazu → Teil 4 A V 2.

1479 Vgl. Westermann/Wertenbruch/*Heckschen*/*Redler*, PersGesR-HdB, 88. Lieferung 01.2024, I. Teil § 3 Rn. 85b, 85e.

1480 Als Beispiel seien folgende von großen deutschen Unternehmen gegründete gemeinnützige Stiftungen genannt: BMW Foundation Herbert Quandt, Daimler und Benz Stiftung, Deutsche Telekom Stiftung, Siemens Stiftung, s. *Wanka*, Juristische Personen und ihre Organe als Vorstand der Stiftung, S. 2 (dortige Fn. 9 f.). vgl. mit Beispielen auch *M. Engel*, Die unternehmensverbundene Stiftung, S. 42.

1481 *Hoffmann-Becking*, ZHR 178 (2014), 491 (492); Wiese/*Meyer-Sandberg*, Unternehmensnachfolge, Rn. 13.57.

1482 In Anlehnung an *Vinken*, Die Stiftung als Trägerin von Unternehmen und Unternehmensanteilen, S. 152.

1483 Um eine solche handelt es sich etwa bei der Unternehmensbeteiligungsträgerstiftung *WALA Stiftung*; s. dazu auch bündig *Döring*, Die Stiftung als Finanzierungsinstrument, S. 206 f.

1. *Unternehmensträgerstiftung*

Die engste Verknüpfung eines Unternehmens mit einer Stiftung liegt in der Wahl der Stiftung als eigenständige Rechtsform des Unternehmens.[1484] D. h. Rechtsträger und damit Zuordnungssubjekt von Rechten und Pflichten sowie unmittelbare Betreiberin des Unternehmens ist im Falle einer Unternehmensträgerstiftung die Stiftung als juristische Person selbst. Das Unternehmen ist integraler Bestandteil der Stiftung, sodass Stiftung und Unternehmen insofern eine rechtliche Einheit bilden.[1485] Sie sind mit anderen Worten identisch.[1486] Es ist keine Personenhandels- oder Kapitalgesellschaft dazwischengeschalteten. Das Unternehmen wird folglich durch die (Familien-)Stiftung unmittelbar selbst geführt.[1487] Dementsprechend gelten für Unternehmensträgerstiftungen neben den stiftungsrechtlichen Regelungen auch die allgemeinen unternehmensrechtlichen Regelungen (z. B.

1484 Ausf. dazu *M. Engel*, Die unternehmensverbundene Stiftung, S. 123 ff.; Feick/*Godron/Thress*, Stiftung, § 32 Rn. 1 ff., zu den Vor- und Nachteilen als Nachfolgeinstrument ebd. Rn. 14 ff.; zur Entwicklung der Unternehmensträgerstiftung bis zur Jahrtausendwende ausf. *Heuel*, Entwicklung der Unternehmensträgerstiftung, mit Beispielen auf S. 187 ff.

1485 *Brandmüller/Klinger*, Unternehmensverbundene Stiftungen, S. 93; Götz/Pach-Hanssenheimb/*Götz*, HdB Stiftung, Rn. 28; *Binz*, StbJb 1987/88, S. 145 (153); *Hennerkes/Binz/Sorg*, DB 1986, 2217 (2220); *Flämig*, DB-Beilage Nr. 22 zu Heft 45, 1978, 1 (5) mit vergleichendem Verweis auf RG, JW 1929, 3056.

1486 *Ebersbach*, HdB des Deutschen Stiftungsrechts, S. 34; *M. Fasselt*, Die Beteiligungsstiftung, S. 21; *Höfner-Byok*, Die Stiftung & Co. KG, S. 23. Abzugrenzen ist zur Beteiligungsträgerstiftung (→ Teil 4 A II 2), die Alleingesellschafterin eines Unternehmens ist. Die Stiftung ist dabei nur Gesellschafterin und das Unternehmen wird weiterhin unter der Rechtsform der Gesellschaft geführt, s. Feick/*Godron/Thress*, Stiftung, § 29 Rn. 20 (dortige Fn. 42), 64. **Freilich kann etwa eine Stiftung & Co. KG** (Beteiligungsträgerstiftung, dazu → Teil 4 A V 1) *ipso jure* zur Unternehmensträgerstiftung werden, wenn der letzte Kommanditist ausscheidet, neben der Stiftung kein weiterer Gesellschafter vorhanden ist und statutarisch für diesen Fall nicht ein anderes geregelt ist. Denn beim Ausscheiden des letzten Kommanditisten wird die KG automatisch aufgelöst und das Gesellschaftsvermögen geht im Wege der Gesamtrechtsnachfolge (§§ 161 Abs. 2, § 105 Abs. 3 HGB i. V. m. § 712a Abs. 1 BGB n. F.; vgl. für GbR zuvor schon BGH, NZG 2011, 828 Rn. 10; NZG 2008, 704 Rn. 9) auf die Komplementär-Stiftung über, die fortan als Einzelkauffrau Träger des Unternehmens, *ergo* Unternehmensträgerstiftung wäre; darauf hinweisend auch *Kornau*, Stiftung als Unternehmensnachfolgerin, S. 258 (dortige Fn. 820) sowie S. 260 f. (mit dortiger Fn. 829).

1487 Übersicht zu möglichen Organisationsstrukturen einer Unternehmensträgerstiftung bei *Flämig*, DB-Beilage Nr. 22 zu Heft 45, 1978, 1 (5).

Handels-, Gesellschafts- und Arbeitsrecht). Eine Unternehmensträgerstiftung kann und wird bei Betreiben eines Unternehmens i. d. R. selbst Kauffrau kraft Gewerbebetriebs (§ 1 HGB) sein und ist damit auch gem. § 33 Abs. 1 HGB im Handelsregister einzutragen[1488] sowie gem. § 238 Abs. 1 S. 1 HGB buchführungspflichtig[1489].

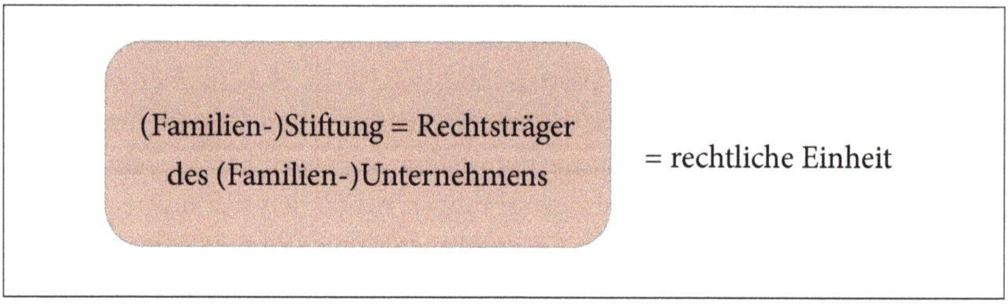

Abbildung 1: Unternehmensträgerstiftung (Eigene Darstellung)

Die wohl bekannteste und am längsten als solche existierende Stiftung war die Carl-Zeiss-Stiftung[1490], die jedoch 2004 – wie bereits auch frühere Unternehmensträgerstiftungen[1491] – in eine Beteiligungsträgerstiftung umgewandelt wurde.[1492] Heutzutage existieren – soweit ersichtlich – keine Unternehmensträgerstiftungen

---

1488 Dazu *Schwenn*, npoR 2021, 93.

1489 BeckBil-Komm/*Störk/Lewe*, HGB § 238 Rn. 48; Götz/Pach-Hanssenheimb/*Götz*, HdB Stiftung, Rn. 28.

1490 Siehe hierzu allg. nur die Beiträge in der Jubiläumsfestschrift zum 125-jährigen Geburtstag der Carl-Zeiss-Stiftung bei *Plumpe* (Hrsg.), Eine Vision – zwei Unternehmen; sehr luzid zur Bedeutung und Funktion der Carl-Zeiss-Stiftung in den Diskursen um die Unternehmensträgerstiftung *Pahlow*, ZUG 2019, 19; bezogen auf die Jahre 1889–1933 ausf. Aufarbeitung bei *Steinfeld*, Unternehmen ohne Eigentümer, *passim*; zu ihrer aktuellen inneren Organisation s. *Kormann/Kaschke*, RFamU 2023, 449 (453 ff.); *K. Herberger*, in: Achleitner et al., Stiftungsunternehmen: Theorie und Praxis, S. 181 (199 ff.). Zu den Gründen der Umgestaltung der Carl-Zeiss-Stiftung eing. Plumpe/*Kleinschmidt*, Eine Vision – zwei Unternehmen, S. 331 ff.; *Pahlow*, ZUG 2019, 19 (36 f.); s. a. knapper *Fleschutz*, Die Stiftung als Nachfolgeinstrument, S. 138 f.; vgl. auch OLG Stuttgart, BeckRS 2007, 8227.

1491 Vgl. Feick/*Ponath/Raddatz*, Stiftung, § 28 Rn. 15.

1492 *Hoffmann-Becking*, ZHR 178 (2014), 491; MHdB GesR 5/*Gummert*, § 81 Rn. 63; s. a. OLG Stuttgart, BeckRS 2007, 8227; für eine Gegenüberstellung der alten und neuen Struktur s. Plumpe/*Kleinschmidt*, Eine Vision – zwei Unternehmen, S. 331 (350); allg. zur Zulässigkeit und den Voraussetzungen solcher Umwandlungen s.

mehr, die ein privatnütziges (Familien-)Unternehmen betreiben.[1493] Allerdings finden sich im gemeinnützigen Bereich einige Unternehmensträgerstiftungen in Gestalt von Anstaltsträgerstiftungen, die als Zweckverwirklichungsbetrieb etwa Sparkassen, Krankenhäuser oder Pflegeheime betreiben.[1494] Außerhalb dieses Gemeinnützigkeitsbereichs vermochte sich die Unternehmensträgerstiftung als Unternehmensform bzw. als Nachfolgeinstrument aus vielerlei praktischen Gründen[1495] nicht durchzusetzen.[1496]

Ihle, RNotZ 2009, 557 (565) mit Formulierungsvorschlag; *Schwarz*, BB 2001, 2381 (2388 f.).

1493 Vgl. Berndt/Götz/*Berndt*, Stiftung und Unternehmen, Rn. 1726; *Sanders*, in: Sanders/Thomsen, Enterprise Foundation Law, S. 25 (34 f.); *Kirchdörfer/Kögel*, FS Möschel, S. 181 (193); *R. Werner*, ZEV 2006, 539 (540); *Wochner*, MittRhNotK 1994, 89 (92 f.); *Ihle*, RNotZ 2009, 557 (563); **a. A.** aber ohne nähere Belege wohl *Windthorst*, in: Windthorst, Herausforderungen in Familienunternehmen, S. 111 (117), dem nach rund 1/3 der unternehmensverbundenen Familienstiftungen als Unternehmensträgerstiftung ausgestaltet seien.

1494 Vgl. nur *Schwake*, Kapital und Zweckerfüllung bei Unternehmensstiftungen, S. 6; *Burgard*, Gestaltungsfreiheit im Stiftungsrecht, S. 139 (dortige Fn. 152); Bergschneider/*Theuffel-Werhahn*, FamVermR, Rn. 11.53 (dortige Fn. 165); *Ihle*, RNotZ 2009, 557 (563).

1495 Genannt werden die Starrheit der Stiftung als Unternehmensträger und die damit einhergehende mangelnde Flexibilität sich den wandelnden Marktverhältnissen anzupassen, Finanzierungsprobleme sowie die persönliche Haftung der Stiftung, vgl. m. w. N. BoKoStiftR/*Heuel/Meinecke*, Teil I 2.3 Rn. 52 ff.; *M. Engel*, Die unternehmensverbundene Stiftung, S. 125 ff.; *Fleschutz*, Die Stiftung als Nachfolgeinstrument, S. 105 ff. *Dahlmanns*, RNotZ 2020, 417 (424) merkt zudem an, dass Geschäftspartner, insbesondere Kreditinstitute, kaum Erfahrungen mit Stiftungen hätten und ihnen deswegen skeptisch gegenüberstünden. Zu den Vor- und Nachteilen der Unternehmensträgerstiftung ausf. auch Feick/*Godron/Thress*, Stiftung, § 32 Rn. 14 ff.

1496 Statt vieler jurisPK-BGB[9]/*Morsch*, § 80 Rn. 9; *v. Löwe*, Familienstiftung und Nachfolgegestaltung, § 3 Rn. 42; *Hennerkes/Binz/Sorg*, DB 1986, 2217 (2220); Schlecht & Partner/Taylor Wessing/*Wigand*, Unternehmensnachfolge, S. 443 (445); *Ihle*, RNotZ 2009, 557 (563); gänzlich davon abratend Feick/*Feick/Bregulla-Weber*, Stiftung, § 36 Rn. 23; als Rechtsform bzw. Unternehmensträger für ungeeignet erachtend schon *Goerdeler*, FS Heinsius, S. 169 (177); *Sorg*, Die Familienstiftung, S. 211; nach *T. Fasselt*, Nachfolge, II/Rn. 232, S. 224, Rn. 247, S. 231 bedeute die gänzliche Einbringung des Familienunternehmens in eine Unternehmensträgerstiftung gleichzeitig sein Ende und käme daher als Nachfolgeinstrument nicht in Betracht. Anderes gelte hingegen für eine Beteiligungsträgerstiftung.

Aufgrund der mangelnden praktischen Relevanz[1497] und, da Untersuchungsgegenstand dieser Arbeit, der in der Praxis weitaus häufiger vorkommende Fall einer unternehmensverbundene Familienstiftung in Gestalt einer Beteiligungsträgerstiftung ist, wird nachfolgend nicht näher auf die als eigenständige Unternehmensform ohnehin ungeeignete[1498] Unternehmensträgerstiftung eingegangen.[1499]

2. *Beteiligungsträgerstiftung*

In der heutigen Rechtswirklichkeit der Regelfall[1500] und hier im Fokus stehend ist hingegen die zweite Haupterscheinungsform der unternehmensverbundenen Familienstiftung: Die sog. Beteiligungsträgerstiftung.[1501] Bei dieser Gestaltung hat

---

1497 So ausdrücklich *R. Werner*, ZEV 2006, 539 (540); vgl. auch *Hennerkes/Kirchdörfer*, Die Familie und ihr Unternehmen, S. 279; *Tegge*, Die Familienstiftung, S. 89; *Schewe/Hermes*, RFamU 2022, 158 (159); bereits auch *Vinken*, Die Stiftung als Trägerin von Unternehmen und Unternehmensanteilen, S. 71. *Ambros Schindler*, S&S 01/2014, 22 weist insofern zutreffend darauf hin, dass „*diese nur noch in theoretischen wissenschaftlichen Abhandlungen breiten Raum einnehmen*".

1498 Darauf hinweisend auch BT-Drs. 12/6699, S. 116; vgl. *Hennrichs*, FS Henssler, S. 923 (939 mit dortiger Fn. 47) sowie die Nachweise in → Fn. 1495-1497.

1499 Zur Ausgestaltung einer Unternehmensträgerstiftung als Nachfolgeinstrument siehe aber *Brandmüller/Klinger*, Unternehmensverbundene Stiftungen, S. 93 ff.; ausf. *Fritsche/Kilian*, S&S RS 03/2008, 1 (5 ff.); noch immer instruktiv (aber kritisch) *Goerdeler*, ZHR 113 (1950), 145.

1500 *Stiftung Familienunternehmen*, Stiftungsunternehmen in Deutschland, S. 7; Götz/Pach-Hanssenheimb/*Götz*, HdB Stiftung, Rn. 52; BeckOGK/*Jakob*/*Uhl*, 1.7.2022, BGB § 80 Rn. 504; v. Rechenberg/Thies/Wiechers/*Schauer*, HdB Familienunternehmen, S. 913; *Schewe/Hermes*, RFamU 2022, 158 (159) („*Regelfall*"); *v. Oertzen/Reich*, DStR 2017, 1118 (1122) („*in der Praxis häufigste Fall*"); *Felden/Wirtz*, FuS 2014, 131 (134) („*ca. 90 %*"); auch bei *Fleschutz*, Die Stiftung als Nachfolgeinstrument, S. 83 waren 91 % der von ihr untersuchten 52 unternehmensverbundenen Stiftungen als Beteiligungsträgerstiftungen und nur 7 % als Ersatzformen sowie 2 % als Unternehmensträgerstiftungen ausgestaltet; bei *Lehleiter*, Die Familienstiftung, S. 202 waren ebenfalls 84 % seiner 25 befragten unternehmensverbundenen Familienstiftungen als Beteiligungsträgerstiftung ausgestaltet; nach *Windthorst*, in: Windthorst, Herausforderungen in Familienunternehmen, S. 111 (117) (ohne Belege) seien rund ¾ der unternehmensverbundenen Familienstiftungen als Beteiligungsträgerstiftung ausgestaltet; MHdB GesR 5/*Gummert*, § 81 Rn. 86 zufolge gebe es heute nur noch die Variante der Beteiligungsträgerstiftungen; vgl. im Übrigen die zahlreichen Nachweise → Fn. 474.

1501 Eing. dazu *M. Engel*, Die unternehmensverbundene Stiftung, S. 130 ff.; s. a. *Kronke*, in: IDW Stiftungen, S. 187; *M. Fasselt*, Die Beteiligungsstiftung (jedoch primär auf eine gemeinnützige Beteiligungsträgerstiftung bezogen).

das Familienunternehmen nicht die Rechtsform der Stiftung, sondern es behält weiterhin seinen Rechtsträger (i. d. R. Personenhandels- oder Kapitalgesellschaft). Die Stiftung wird insofern in die Unternehmensstruktur integriert, als ihr – genauer gesagt ihrem Stiftungsvermögen – Beteiligungen[1502] an dem Familienunternehmen übertragen werden, d. h. etwa GmbH-Anteile oder Aktien an einer AG. Mit anderen Worten: Eine rechtliche Einheit wie bei der Unternehmensträgerstiftung besteht nicht, sondern die Stiftung fungiert je nach Rechtsform des Familienunternehmens als Allein-, Mehrheits- oder lediglich als Minderheitsgesellschafterin des Familienunternehmens.[1503] Das Familienunternehmen selbst bleibt in der für die Öffentlichkeit bekannten und vertrauten Rechtsform; lediglich die Gesellschafterstruktur ändert sich.

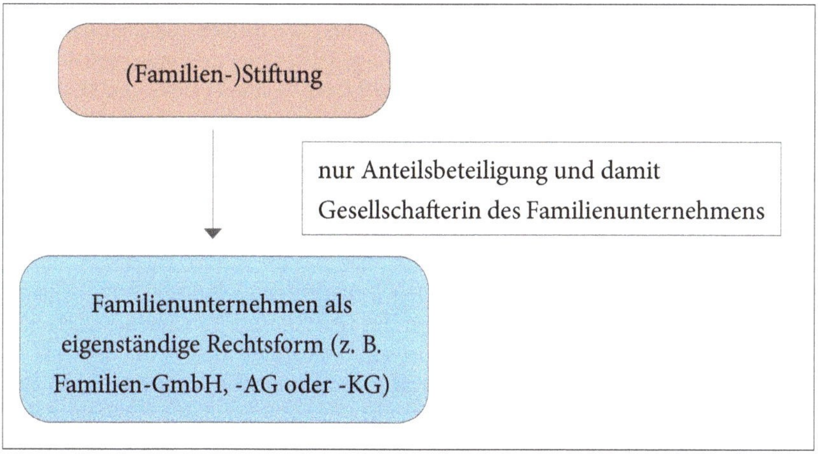

Abbildung 2: Beteiligungsträgerstiftung (Eigene Darstellung)

Eine Beteiligung der Stiftung ist praktisch an jeder denkbaren Gesellschaftsform, d. h. sowohl Personengesellschaft (GbR, OHG, KG)[1504] als auch Kapitalge-

1502 Vgl. auch die Legaldefinition in § 271 Abs. 1 S. 1 HGB.

1503 *M. Engel*, Die unternehmensverbundene Stiftung, S. 41; *Rawert*, Die Genehmigungsfähigkeit der unternehmensverbundenen Stiftung, S. 153; *Ihle*, RNotZ 2009, 557 (563).

1504 BeckOGK/*Sanders*, 1.7.2024, HGB § 105 Rn. 351; MüKoBGB/*C. Schäfer*, § 705 Rn. 80; grdl. *Stengel*, Stiftung und Personengesellschaft, *passim*. Die (grds. zulässige) Beteiligung einer Stiftung als Gesellschafterin einer GbR oder OHG kommt dabei in der Praxis heutzutage soweit ersichtlich kaum noch vor, vgl. Götz/Pach-

sellschaft (GmbH, AG, KGaA, SE[1505]), möglich.[1506] Die Verbindungsmöglichkeiten sind insofern mannigfaltig.[1507] Die Einflussmöglichkeiten der Stiftung auf die Gesellschaft bestimmen sich dabei grds. nach den mit den Geschäftsanteilen verbundenen Mitgliedschaftsrechten[1508], wobei auch hier gilt, dass die Gestaltungs-

---

Hanssenheimb/*Götz*, HdB Stiftung, Rn. 53; zu den Gründen etwa *Lehleiter*, Die Familienstiftung, S. 60; *M. Fasselt*, Die Beteiligungsstiftung, S. 130; kritisch und davon abratend auch *Kersten*, FS 45 Jahre DJT, S. 123 (140 f.); *Flämig*, DB-Beilage Nr. 22 zu Heft 45, 1978, 1 (6). *Gräb*, Rechtsformwahl in Familienunternehmungen, S. 302 sowie *Meyer zu Hörste*, Die Familienstiftung, S. 172 (dortige Fn. 3) nennen als Beispiel einer Familienstiftung & OHG etwa die *Bauknecht OHG*, an der die drei *Bauknecht Familienstiftungen* (Gert-Bauknecht-, Gottlob-Bauknecht- und Günter-Bauknecht-Stiftung) als unbeschränkt haftende Gesellschafter beteiligt waren; genannt werden kann auch die *WALA Stiftung*, der bei ihrer Errichtung von den Stiftern deren Anteile an der *WALA Heilmittel Dr. R. Hauschka OHG* zum 31.12.1986 in vollem Umfang übertragen wurden, s. § 2 der Stiftungssatzung (https://t1p.de/qxqjy). Bzgl. der Beteiligung einer privatnützigen Stiftung an einer (rechtsfähigen) GbR aus jüngerer Zeit s. etwa den Fall FG Berlin-Brandenburg, BeckRS 2024, 15130 Rn. 9, 18, 40. Eine Beteiligung an einer KG in Form einer sog. Stiftung & Co. KG ist indes, insbesondere zwecks Vermeidung von Mitbestimmung, durchaus verbreitet → Teil 4 A V 1.

1505 Beispielhaft sei das Familienunternehmen OHB SE (Raumfahrt- und Technologiekonzern) mit Sitz in Bremen genannt. Im Jahr 2022 hat die Unternehmerfamilie *Fuchs* ihre direkt und indirekt gehaltenen Aktien (insg. 69,72 %) an der OHB SE vollständig in die neu gegründete *Fuchs – Familienstiftung* eingebracht, um eine langfristige Bindung des unternehmerischen Familienvermögens zu gewährleisten. Deshalb sei statutarisch vorgesehen, dass bei allen Entscheidungen der Stiftung zentraler Maßstab die Sicherung, die Erhaltung und die Fortführung des OHB-Konzerns sein solle. Als Vorsitzender der Familienstiftung kontrolliere *Marco Fuchs* weiterhin den OHB-Konzern. Dazu näher https://t1p.de/lyq4x.

1506 MüKoBGB/*Weitemeyer*, § 80 Rn. 201; MHdB GesR 5/*Gummert*, § 81 Rn. 67; *v. Löwe*, Familienstiftung und Nachfolgegestaltung, § 3 Rn. 43; *Schiffer*, ZEV 1999, 424, (425); *Kronke*, in: IDW Stiftungen, S. 187 (190, 193). In der Praxis wird es sich zumeist um eine Kapitalgesellschaft handeln, vgl. etwa *Kübler/Assmann*, GesR, § 12 I. 2.b), S. 141; *Fleschutz*, Die Stiftung als Nachfolgeinstrument, S. 86 (dortige Fn. 531), wonach bei 73 % der von ihr untersuchten 52 uv. Stiftungen eine Kapitalgesellschaft als Beteiligungsunternehmen fungierte.

1507 Übersicht zu verschiedenen Verbindungsmöglichkeiten abhängig von der Rechtsform des Unternehmens bei *Flämig*, DB-Beilage Nr. 22 zu Heft 45, 1978, 1 (5) sowie in Anlehnung an diesen *Lehleiter*, Die Familienstiftung, S. 58; s. a. *Fleisch*, S&S RS 04/2018, 1 (13 ff.).

1508 Wiese/*Meyer-Sandberg*, Unternehmensnachfolge, Rn. 13.101.

möglichkeiten bei Personengesellschaften und der GmbH größer sind als bei der dem Grundsatz der Satzungsstrenge (§ 23 Abs. 5 S. 1 AktG) unterliegenden AG. Welche Beteiligungsform am geeignetsten ist, hängt dabei von den Motiven und Zielen[1509] ab, die der Familienunternehmer mit der Errichtung der Stiftung konkret verfolgen will. In der Praxis werden oftmals aufgrund der weiten Gestaltungsfreiheit eine GmbH[1510], aber auch eine KG oder – in eher selteneren Fällen – eine AG mit einer Familienstiftung verbunden.

Auf eine konkrete Beteiligungshöhe, den Grad des Einflusses der Stiftung auf das Unternehmen oder auf ihre Rolle (bei einer Personengesellschaft etwa Komplementärin oder Kommanditistin) im Unternehmen kommt es für die Begriffsprägung an sich grundsätzlich nicht an.[1511] Ein lediglich allgemeiner Bezug der Stiftung zum Unternehmen ist nach hier vertretener Ansicht indes nicht ausreichend. Die Stiftung muss schon dergestalt mit dem Unternehmen verbunden sein, dass sie über die Beteiligung resp. über ihre Gesellschafterstellung im Unternehmen in einem gestaltenden Umfang Einfluss innehat und auch ausüben kann.[1512] Obgleich die Unternehmensbeteiligungen von Familienstiftungen *in*

1509 Zu diesen → Teil 3 A I–III.

1510 Siehe bspw. BeckOGK/*Jakob*/*Uhl*, 1.7.2022, BGB § 80 Rn. 506, nach denen *in praxi* die GmbH als Rechtsform des stiftungsverbundenen Unternehmens dominiert; ebenso bereits *Flämig*, DB-Beilage Nr. 22 zu Heft 45, 1978, 1 (6), nach dem sich „*Stiftung und GmbH miteinander optimal kombinieren und organisieren*" lassen, weshalb „*die Verknüpfung von Stiftung und GmbH in der Stiftungswirklichkeit auch häufig anzutreffen*" sei. Zur Stiftung als GmbH-Gesellschafterin im Überblick kürzlich *Bieniek*, GmbH-Stpr 2024, 77.

1511 Vgl. *Rawert*, Die Genehmigungsfähigkeit der unternehmensverbundenen Stiftung, S. 153; *Fleschutz*, Die Stiftung als Nachfolgeinstrument, S. 66; *Klinkner*/*Buß*/*Ens*, in: Achleitner et al., Stiftungsunternehmen: Theorie und Praxis, S. 141 (147); *M. Fasselt*, Die Beteiligungsstiftung, S. 22; *Fritsche*/*Kilian*, S&S RS 03/2008, 1 (3); *Weinmann*, Die uv. Stiftung, S. 130.

1512 Ebenso Richter/*Richter*, Stiftungsrecht, § 10 Rn. 4; MHdB GesR 5/*Gummert*, § 81 Rn. 5; *Schlüter*/*Stolte*, Stiftungsrecht, Kap. 1 Rn. 74 (dortige Fn. 115); *Thomsen*/*Kavadis*, Enterprise Foundations, S. 10 („*controlling influence in a business company*"); nach *Hippeli*, in: Achleitner et al., Stiftungsunternehmen: Theorie und Praxis, S. 121 (124 f.) könne in rechtlicher Hinsicht erst bei einer Kapitalbeteiligung von mind. 25 % (samt entsprechendem Stimmrechtspotential) tatsächlich von einer unternehmensverbundenen Stiftung (bzw. Beteiligungsträgerstiftung) gesprochen werden; mind. 25 % fordernd auch *Härtl*, Ist das Stiftungsrecht reformbedürftig?, S. 122; *Gierhake*, Vermögensnachfolge und Vermögensschutz, S. 2 (dortige Fn. 10), 278; zum weiteren Meinungsspektrum m. w. N. *Fleischer*, ZIP 2022, 2045 (2046); s. a. *Fleisch*, in: F/E/K/S/S, Modell unternehmensverbundene Stiftungen, S. 33 f., der

praxi mannigfaltig ausgestaltet sind, haben jedenfalls derlei Familienstiftungen, die als Nachfolgefolgeinstrument eingesetzt werden, freilich gemeinsam, dass die Beteiligungen i. d. R. maßgeblich sind, also den unternehmensverbundenen Familienstiftungen maßgeblichen Einfluss auf das Familienunternehmen geben, und zwar insbesondere durch die entsprechende Ausübung von Gesellschafterrechten.

Da Stiftung und Familienunternehmen sich selbständig gegenüberstehen, folgt die Stiftung vornehmlich den Regelungen des Stiftungsrechts und das Familienunternehmen als solches denen des Gesellschaftsrechts.[1513] Als Gesellschafterin des Familienunternehmens hat die Stiftung aber auch dessen geltenden Normen (z. B. BGB, HGB, GmbHG, AktG u. a.) zu beachten.[1514] Aus dem Vorstehenden folgt auch, dass der gegenüber der Unternehmensträgerstiftung häufig ins Feld geführte und durchaus treffende Einwand der Inflexibilität, bei der Beteiligungsträgerstiftung nicht im selben Maße Platz greift.[1515] Auf Ebene des Unternehmens können nämlich grundsätzlich weiterhin flexible Entscheidungen getroffen werden, wobei freilich die Verzahnung zwischen Stiftungssatzung und Gesellschaftsvertrag zu beachten ist. Durch die Ausgestaltung als Beteiligungsträgerstiftung ist ferner hinsichtlich des nach außen operierenden Familienunternehmens, „*die Rechtsformsicherheit und der Verkehrsschutz gewährleistet*".[1516] Im Übrigen muss die konkrete Beziehung zwischen der Familienstiftung und dem Familienunternehmen in der Stiftungssatzung und in dem Gesellschaftsvertrag geregelt und aufeinander abgestimmt werden.[1517] Die Beteiligungsträgerstiftung ist folglich in

---

selbst jedenfalls mind. 20 % der Kapitalanteile oder Gewinn- oder Stimmrechte als nötig erachtet oder wenn mind. 20 % der Stiftungseinnahmen aus der Unternehmensbeteiligung herrühren; das „*Halten von mindestens 20 % der Eigentumsrechte*" verlangt *Dittmer*, S&S 04/2022, 25; nach den *FAQ des BVA*, in der Fassung vom 5.5.2023, Teil 1 Abschnitt B. IV. Rechtsfähige Stiftungen, Frage 9, S. 25 (https://t1p.de/vysws) bedarf es einer mehr als 25 %-Beteiligung, um von einer Einflussnahme der Stiftung auf ein verbundenes Unternehmen i. S. d. § 3 Abs. 2 S. 1 GwG auszugehen.

1513 Vgl. *M. Engel*, Die unternehmensverbundene Stiftung, S. 41; *Ebersbach*, HdB des Deutschen Stiftungsrechts, S. 33; *Stolte*, FuS 2015, 180 (186 f.)

1514 Vgl. auch *Bieniek*, GmbH-Stpr 2024, 77 (78 ff.).

1515 Vgl. Feick/*Godron*/*Thress*, Stiftung, § 29 Rn. 100, 113; *Boll*, Die uv. Familienstiftung, S. 80; *Schiffer*, FS Binz, S. 596 (600); *Ihle*, RNotZ 2009, 557 (568); *Kirchdörfer*/*Kögel*, FS Möschel, S. 181 (193, 196); *Schiffer*/*Pruns*, BB 2013, 2755 (2756); *Fleisch*, S&S RS 04/2018, 1 (10).

1516 So zutreffend *Richter*, zitiert nach *Schauer*, npoR 2012, 220 (222).

1517 *Ebersbach*, HdB des Deutschen Stiftungsrechts, S. 33.

der Praxis zu Recht der vorzugswürdigere Anwendungsfall der unternehmensverbundenen (Familien-)Stiftung.

III. Familienstiftung

1. Grundlegendes

Eine Familienstiftung[1518] stellt ebenfalls keine eigenständige Rechtsform dar, sondern ist lediglich ein besonderer Anwendungsfall der selbständigen Stiftung des

---

1518 Ausf. hierzu aus der mannigfaltigen Literatur etwa: *Dahlmanns*, RNotZ 2020, 417; *Schewe*, in: Hereditare 9 (2019), S. 33; *O. Werner*, ZStV 2018, 203 (Teil 1); *O. Werner*, ZStV 2019, 7 (Teil 2); *Feitsch/Linder*, ZStV 2018, 29 (Teil 1); *Feitsch/Linder*, ZStV 2018, 67 (Teil 2); *Oppel*, NWB-EV 2018, 57 (Teil 1) und 137 (Teil 2); *Oppel*, FS 75 Jahre StB-Verband, S. 537; *Meinecke*, ZStV 2022, 212; *Klinkner/Buß/Ens*, in: Achleitner et al., Stiftungsunternehmen: Theorie und Praxis, S. 141; *Hennerkes/Kirchdörfer*, FS P. May, S. 393 (400 ff.); *Werder/Wystrcil*, BB 2016, 1558; *Feldner/Stoklassa*, ErbStB 2014, 201 (Teil 1) und 227 (Teil 2); *Muscheler*, Gesammelte Beiträge I, S. 317; *Schiffer*, FS Binz, S. 596 ff.; *Zensus/Schmitz*, NJW 2012, 1323; *Pauli*, FamRZ 2012, 344; *Blumers*, DStR 2012, 1; *R. Werner*, NWB-EV 2019, 271; *R. Werner*, NWB-EV 2012, 331; *Heuser/Frye*, BB 2011, 983; *Hennerkes/Kögel*, FS Rödl, S. 281 ff.; *Spiegelberger*, ErbStB 2005, 43; *Mercker*, in: Strachwitz/Mercker, Stiftungen, S. 328 ff.; *Binz*, StbJb 1987/88, S. 145; *Frommhold*, AcP 117 (1919), 87; *v. Scheurl*, AcP 77 (1891), 243; monographisch *Block/May/Betzer/v. Aue*, Die Familienstiftung; *v. Löwe*, Familienstiftung und Nachfolgegestaltung; *Richter/Gollan*, Die Familienstiftung als Option, S. 9; *Boll*, Die uv. Familienstiftung; *Oppel*, Die österreichische Privatstiftung und die deutsche Familienstiftung; *Deischl*, Familie und Stiftung; *Sorg*, Die Familienstiftung; grdl. *Meyer zu Hörste*, Die Familienstiftung; vornehmlich aus betriebswirtschaftlicher Sicht: *Ambros Schindler*, Familienstiftungen; *Lehleiter*, Die Familienstiftung, S. 40 ff.; zuletzt *Schumann*, Familienstiftungen, S. 181 ff.; zum „*Phänomen der Familienstiftung*" als Erkenntnisobjekt der BWL *Kraft*, FS Kußmaul, S. 605; aus steuerplanerischer Perspektive *M. Frieling*, Die Familienstiftung als Gestaltungsinstrument, S. 7 ff., 54 ff., 119 ff.; bündig *M. Frieling*, DB 2017, 317; (speziell zur steuerlichen Vorteilhaftigkeit der Errichtung einer uv. Familienstiftung) *M. Frieling*, FS Schneeloch, S. 3 (9 ff.); (bzgl. Immobilien-Familienstiftung) *Klinkner/Wagener*, Die Familienstiftung, S. 129 ff. und (kritisch) *Kutac/Schewe*, FR 2022, 831; aus rechtsvergleichender Perspektive (Deutschland, Österreich, Liechtenstein, Schweiz) *Beck*, Die Familienstiftung, *passim*; (Deutschland, Österreich, Liechtenstein) *Gierhake*, Vermögensnachfolge und Vermögensschutz, *passim*; (Liechtenstein, Deutschland) *Tegge*, Die Familienstiftung, *passim* und *Vieregge*, Die deutsche und die liechtensteinische Stiftung, *passim*; luzider Überblick zur historischen Entwicklung bei *Oppel*, Die österreichische Privatstiftung und die deutsche Familienstiftung, S. 24 ff.; *Schmitt*, Familienstiftungen

bürgerlichen Rechts.[1519] Obgleich die Familienstiftung als solche auf eine über 500 Jahre lange Tradition zurückblicken kann[1520], existiert eine (bundes-)einheitliche Definition[1521] nicht und der Begriff der Familienstiftung wird im BGB auch nicht genannt.[1522] Er wird lediglich in § 13a Abs. 9 S. 1 Nr. 2 ErbStG[1523] ausdrücklich verwendet, jedoch nicht definiert. Die Begriffsbestimmungen in den Landesstiftungsgesetzen[1524] (z. B. § 13 Abs. 2 StiftG Bbg, § 19 S. 1 StiftG

---

im neuen ErbStG, S. 23 ff.; *Binz*, StbJb 1987/88, S. 145 (151 ff.); *O. Werner*, ZStV 2018, 203 (205); grdl. *Frommhold,* AcP 117 (1919), 87 (133 ff.); interessant (zwar im Kontext der schweizerischen Familienstiftung) auch *Fasel*, in: Sprecher/v. Orelli, Familienstiftungen – neue Perspektiven, S. 9 (10 ff.); eing. zur Legitimität der deutschen Familienstiftung *Junius-Morawe*, Zur Legitimität der Familienstiftung, S. 77 ff., 178 ff., 219 ff.; s. a. für die Schweiz: Jakob/*v. Orelli*, Stiftung und Familie, S. 81 (84 ff.); kürzlich umfassend zur schweizerischen Familienstiftung und diesbezügliche Reformbestrebungen die Beiträge in Sprecher/v. Orelli (Hrsg.), Familienstiftungen – neue Perspektiven (abrufbar unter https://t1p.de/s7i0x), insbesondere zum legitimen Einsatz *Jakob*, a. a. O., S. 113 (125).

1519 BGHZ 99, 344 (353) („*besondere Ausprägung der privaten Stiftung*"); FG Hamburg, BeckRS 2021, 29619 Rn. 50 („*Sonderform der rechtsfähigen Stiftung des Privatrechts*"); Richter/*Richter*, Stiftungsrecht, § 11 Rn. 2; *Pauli*, FamRZ 2012, 344 (345); *Hennerkes/Binz/Sorg*, DB 1986, 2217 (2218); ebenso schon *Frommhold,* AcP 117 (1919), 87 (132) („*Unterart der Stiftung*"); vgl. *Mugdan*, Bd. I, 1899, S. 25 („*Familienstiftungen unterscheiden sich von anderen Stiftungen lediglich dadurch, daß sie den Vortheil von Angehörigen einer bestimmten Familie bezwecken. Sie unterstehen demgemäß begrifflich den allgemeinen Vorschriften über Stiftungen*").

1520 *Sorg*, Die Familienstiftung, S. 216.

1521 Zu den verschieden vertretenen Definitionsansätzen zuletzt zusammenfassend statt anderer nur *Tegge*, Die Familienstiftung, S. 46 ff. m. z. N.

1522 MHdB GesR 5/*Gummert*, § 80 Rn. 3; *v. Löwe*, Familienstiftung und Nachfolgegestaltung, § 3 Rn. 35; *Tegge*, Die Familienstiftung, S. 46 m. w. N.; *Oppel*, NWB-EV 2018, 57 (58); *Heuser/Frye*, BB 2011, 983.

1523 Dazu *Wachter*, NZG 2016, 1168 (1172); *Lederer*, Vorab-Abschlag, S. 245 ff.

1524 Zu diesen näher z. B. H/R/W/*Richter/Gollan*, Landesstiftungsrecht, Rn. 30.14 ff.; 31.21 ff.; bündig *Tegge*, Die Familienstiftung, S. 49 f.

S-H) und im Steuerrecht[1525] (z. B. §§ 1 Abs. 1 Nr. 4, 15 Abs. 2 S. 1 ErbStG[1526], § 15 Abs. 2 AStG[1527]) sind nicht verallgemeinerungsfähig, sondern vielmehr jeweils nach Maßgabe des Regelungszwecks der konkreten Norm und des jeweiligen Gesetzes zu verstehen.[1528] Die entsprechenden Begriffsbestimmungen können daher keine rechtsgebietsübergreifende Geltung für sich beanspruchen.[1529] Aus den unterschiedlichen Normzwecken ist in diesem Fall eine Durchbrechung des

1525 Vgl. zur steuerrechtlichen Beurteilung einer Stiftung als Familienstiftung (i. S. d. § 1 Abs. 1 Nr. 4 ErbStG) BFH, BeckRS 2009, 25015985 Rn. 14 ff.; FG Niedersachsen, BeckRS 2022, 20554 Rn. 33 ff.; s. a. T/G/J/G/*Jülicher*, 66. EL 07/2023, ErbStG § 1 Rn. 44 ff.; BeckOK ErbStG/*Erkis*, 25. Ed. 1.10.2024, § 1 Rn. 43 ff.; zusammenfassend zu den steuerrechtlichen Definitionen m. w. N. *Schmitt*, Familienstiftungen im neuen ErbStG, S. 9 ff.; *Tegge*, Die Familienstiftung, S. 47 f.

1526 Hier wird lediglich ein Steuertatbestand umschrieben, der eine Verbindung zwischen Stiftungen und Familien voraussetzt, s. *Schewe*, in: Hereditare 9 (2019), S. 33 (34); näher zu diesen statt anderer F/P/W/*Kobor*, ErbStG § 1 Rn. 50 ff.; F/P/W/*Längle/Schiffer*, ErbStG § 15 Rn. 50 ff.

1527 Speziell zu § 15 AStG instruktiv und besonders zu dessen Unionalenvereinbarkeit und EU-konformen Auslegung FG Hessen, BeckRS 2022, 30023 Rn. 68 ff.; zu Änderungen in der Zurechnungs- und in der Hinzurechnungsbesteuerung durch das Gesetz zur Umsetzung der Anti-Steuervermeidungsrichtlinie v. 25.6.2021, BGBl. I 2021, S. 2035, s. überblicksartig *Zöller/Gläser*, ISR 2021, 305; zu den Auswirkungen des kürzlichen BMF-Schreibens, Außensteuererlass v. 22.12.2023 – IV B 5 – S 1340/23/10001:001, DOK 2023/1175923, BeckVerw 632010 auf § 15 AStG, s. *Tischendorf*, IStR 2024, 289; *Kühn/Hillers*, Ubg 2024, 256.

1528 Vgl. Richter/*Richter*, Stiftungsrecht, § 11 Rn. 3; *Brandmüller/Klinger*, Unternehmensverbundene Stiftungen, S. 122; *Tegge*, Die Familienstiftung, S. 53; NK-GemnR/*A. Werner*, Teil 1 Nr. 3.2 Stiftungen Rn. 48; *Schewe*, in: Hereditare 9 (2019), S. 33 (34); *Fleisch*, npoR 2022, 74 (75); s. aber *O. Werner*, ZStV 2018, 203 (204), wonach „*in allen Gesetzen [eine] einheitliche Definition und Kriterienfestlegung für den Begriff der Familienstiftung*“ bestünde, wobei aber „*lediglich bei der Subsumtion unter die einzelne Rechtsnorm […] ggf. durch Auslegung festzustellen [sei], ob die spezielle Zweckbestimmung in einer Familienstiftung von der jeweiligen Rechtsnorm erfasst werden soll*“. Nach dem *VG Gera*, ZStV 2018, 209 (Ls.) sind die Kriterien einer Familienstiftung allein am wirtschaftlichen Vorteil der Familienstiftung zu orientieren.

1529 Vgl. aber BeckOK ErbStG/*Erkis*, 25. Ed. 1.10.2024, § 1 Rn. 43, nach dem die „*Begriffsbestimmung* [des § 1 Abs. 1 Nr. 4 ErbStG („wesentlich im Interesse einer Familie oder bestimmter Familien errichtet“)] *auch dem allgemeinen Verständnis des Begriffs ‚Familienstiftung‘ im Zivil- und Steuerrecht*“ entspreche; in diesem Sinne wohl auch *O. Werner*, ZStV 2018, 203 (204).

Grundsatzes der Einheit der Rechtsordnung[1530] gerechtfertigt.[1531] Insofern ist nämlich bei Heranziehung des Grundsatzes der Einheit der Rechtsordnung zu berücksichtigen, dass die Rechtsordnung schon grundsätzlich nach Sachbereichen differenziert und dabei die jeweiligen Regelungen (unterschiedlichen) Zielsetzungen haben[1532], sodass eine einheitliche Begriffsauslegung in verschiedenen Gesetzen grundsätzlich verlangt, dass die Wertungen, die dem Begriff zugrunde liegen, auch jeweils dieselben sind.[1533] Demgemäß führt die zivilrechtliche und stiftungsaufsichtsrechtliche Einordnung als Familienstiftung mangels einer alle Rechtsgebiete betreffenden einheitlichen Definition nicht *per se* zur Qualifikation als Familienstiftung im steuerrechtlichen Sinne – *et vice versa*.[1534]

Wann nach den landesrechtlichen und steuerrechtlichen Normen eine Familienstiftung vorliegt, hängt maßgeblich von dem Grad der Familienbegünstigung ab, wobei insoweit nicht die tatsächliche Ausschüttung entscheidend ist, sondern nur die Bezugsberechtigung.[1535]

1530 Zur Bedeutung und Reichweite des Grundsatzes der Einheit der Rechtsordnung (wohl ein Unterfall der systematischen Auslegung) aus jüngerer Zeit allg. *J. F. Lindner*, in: Hellwege/Soniewicka, Die Einheit der Rechtsordnung, S. 15; *Möllers*, Juristische Methodenlehre, § 4 Rn. 94, 129 ff.; *Rüthers/C. Fischer/Birk*, Rechtstheorie, § 22 Rn. 774 ff.; aus der Rspr. BGH, NZM 2022, 49 Rn. 73.

1531 So *Schmitt*, Familienstiftungen im neuen ErbStG, S. 22 unter Verweisung auf *Jülicher*, StuW 1995, 71 (74).

1532 BGH, NZM 2022, 49 Rn. 73.

1533 Vgl. *Möllers*, Juristische Methodenlehre, § 4 Rn. 129.

1534 Vgl. auch D/H/R/*Griesel*, PraxisKo-ErbStG, § 1 Rn. 14. **A. A.** wohl nur MVHdB I GesR/*Hof*, Form. VIII.3 Anm. 2 a. E., S. 1545, wonach eine nach Landesrecht als Familienstiftung anerkannte Stiftung, auch für das Steuerrecht *per se* als solche zu behandeln sei.

1535 Dazu s. die Übersicht bei Richter/*Richter*, Stiftungsrecht, § 11 Rn. 6. Im Allgemeinen soll bei einer Begünstigungsquote der Familie von über 50 % stets (steuerrechtlich) eine Familienstiftung vorliegen, *s. R. Werner*, NWB-EV 2019, 271 (272); ebenso *Olbing*, DB 2018, 2897 (2900); wohl auch *Gesmann-Nuissl*, BB-Special 2006, 2 (8); es werden aber auch mind. 75 % gefordert (sog. Löwenanteilstheorie): *Sorg*, Die Familienstiftung, S. 90; *Mercker*, in: Strachwitz/Mercker, Stiftungen, S. 328; NK-BGB/*Schiffer/Pruns*, § 80 Rn. 89; *Deischl*, Familie und Stiftung, S. 125; Hennerkes/Kirchdörfer/*Hennerkes/Schiffer*, HdB Familiengesellschaften, Rn. 38.11, S. 784; *Hennerkes/Binz/Sorg*, DB 1986, 2217 (2218); *Trißler*, Familienstiftungen und Family Trust, S. 18. Liegt die Bezugs- oder Anfallsberechtigung indes unter Berücksichtigung aller Vermögensvorteile bei max. 25 %, ist (steuerrechtlich) auch bei familiärem Einfluss in der Stiftung (jdf. aus Sicht der Finanzverwaltung, vgl. R E 1.2 Abs. 2 S. 2 ErbStR 2019) nicht von einer Familienstiftung auszugehen, vgl. *Reich*, DStR 2020,

Die Bezeichnung der Stiftung durch den Stifter als Familienstiftung als auch die Errichtung, Kontrolle oder besondere Beeinflussung der Stiftung durch eine oder mehrere Familien ist für die rechtliche Klassifizierung als solche indes nach jedweder Definition nicht entscheidend.[1536] Insofern ist auch eine Besetzung der Organe der Familienstiftung mit Familienmitgliedern keine notwendige Bedingung, kann jedoch als hinreichendes Kriterium für das Vorliegen einer Familienstiftung herangezogen werden.[1537] Im hiesigen Kontext werden die Organe (Vorstand, Aufsichtsrat oder Familienrat) freilich ohnehin zwecks Sicherung des Familieneinflusses (jedenfalls auch) mit Familienmitgliedern besetzt sein.

Eine Familienstiftung im stiftungszivilrechtlichen Sinne[1538] zeichnet sich vornehmlich durch ihren besonderen, familiengeprägten Stiftungszweck als auch durch ihre Destinatäre[1539], die i. d. R. aus Familienmitgliedern bestehen, aus.[1540]

---

265 (267); *R. Werner*, ZEV 2020, 529 (533). Zum vertretenen Meinungsspektrum ausf. *Schmitt*, Familienstiftungen im neuen ErbStG, S. 9 ff., 18 m. w. N., der selbst für die Löwenanteilstheorie (75 %) plädiert.

1536 *Muscheler*, Gesammelte Beiträge I, S. 317 (318); Richter/*Richter*, Stiftungsrecht, § 11 Rn. 3 f.; *Tegge*, Die Familienstiftung, S. 51; *Fleisch*, npoR 2022, 74 (76). Besonders im Steuerrecht kommt dem Familieneinfluss in der Stiftung indes indizielle Bedeutung zu, vgl. R E 1.2 Abs. 2 S. 3 ErbStR 2019.

1537 *Deischl*, Familie und Stiftung, S. 13; vgl. BFHE 185, 58; nach *Muscheler*, Gesammelte Beiträge I, S. 317 (319), aber notwendig, wenn die Familie nicht überwiegend begünstigt wird; nach W/S/F/*O. Werner*, Die Stiftung, § 1 Rn. 33 unter Verweisung auf *Otto*, HdB Stiftungspraxis, Teil 1 Rn. 30 sei das primäre „*Kriterium einer Familienstiftung die dauerhafte Sicherung des Familieneinflusses auf die Führung.*"

1538 Eine wohl umfassende zivilrechtliche Definition schlägt etwa *Muscheler*, Gesammelte Beiträge I, S. 317 (318 f.) vor: „*Familienstiftungen sind […] von wem auch immer errichtete rechtlich selbständige Stiftungen, die nach Stiftungsgeschäft oder Stiftungssatzung ausschließlich oder überwiegend dem materiellen oder immateriellen Interesse (beziehungsweise Wohl) der Mitglieder einer oder mehrerer bestimmter Familien dienen.*"

1539 Dazu → Teil 4 G.

1540 Vgl. *Pauli*, FamRZ 2012, 344 (345); *Sorg*, Die Familienstiftung, S. 54; Henssler/Strohn/*Schlüter*, 5GesR, BGB § 80 Rn. 3; Schiffer/*Schiffer*/*Pruns*/*Schürrmann*, Die Stiftung in der Beraterpraxis, § 3 Rn. 103; *Mercker*, in: Strachwitz/Mercker, Stiftungen, S. 328 (330); *Boll*, Die uv. Familienstiftung, S. 15; Feick/*Godron*, Stiftung, § 29 Rn. 3; vgl. auch BFH/NV, 2010, 898 = BeckRS 2009, 25015985 Rn. 14 sowie schon *Mugdan*, Bd. I, 1899, S. 25 („*Familienstiftungen unterscheiden sich von anderen Stiftungen lediglich dadurch, daß sie den Vortheil von Angehörigen einer bestimmten Familie bezwecken. Sie unterstehen demgemäß begrifflich den allgemeinen Vorschriften über Stiftungen.*").

Zweck einer Familienstiftung ist – wie der Wortsinn bereits andeutet – u. a. ausschließlich oder überwiegend die Wahrung der Interessen und die (finanzielle) Förderung und Versorgung einer oder mehrerer bestimmter Familien.[1541] Dem BFH zufolge bestünde das Wesen einer Familienstiftung darin, *„es den Familien zu ermöglichen, das Stiftungsvermögen, soweit es einer Nutzung zu privaten Zwecken zugänglich ist, zu nutzen und die Stiftungserträge aus dem gebundenen Vermögen an sich zu ziehen"*.[1542] *„Die Errichtung einer Familienstiftung soll typischerweise familienrechtlich die finanzielle Versorgung nachfolgender Generationen sicherstellen."*[1543] Es können daneben aber auch weitere Zwecke (z. B. die Fortführung und der Erhalt des Familienunternehmens oder auch gemeinnützige Zwecke[1544]) verfolgt werden.[1545]

In der Praxis ist der Stiftungszweck – besonders für den Fall, dass die Familienstiftung als Nachfolgeinstrument fungieren soll – üblicherweise darauf ausgerichtet, dem Interesse der Familie zu dienen und in der Verfolgung dieses Ziels gleichzeitig das Fortbestehen des Familienunternehmens zu sichern sowie die Familienangehörigen zu unterstützen. Daneben sind jedoch auch weitere ideelle Zwecke möglich. Der familiäre Zweck sollte dabei aber so genau wie möglich formuliert sein, damit eine zweifelsfreie Einordnung als Familienstiftung möglich ist. Dies ist deshalb erforderlich, da mit der Charakterisierung als Familienstiftung sich Besonderheiten sowohl im Stiftungszivilrecht (bzgl. der Stiftungsaufsicht) als

---

1541 Vgl. BGHZ 99, 344 (353); OLG Karlsruhe, ZEV 2004, 470 (472); FG Niedersachsen, BeckRS 2022, 20554 Rn. 34; BeckOGK/*Jakob/Uhl*, 1.7.2022, BGB § 80 Rn. 559 ff. m. w. N. auch zu den i. Erg. ähnlichen landesstiftungsrechtlichen Definitionen; *Brill*, GWR 2012, 264; *Demuth*, KÖSDI 2018, 20909 Rn. 2; ausf. zu den Begriffsdefinitionen in den Landesstiftungsgesetzen → Fn. 1524 und in den Steuergesetzen → Fn. 1525; zusammenfassend auch *Muscheler*, Gesammelte Beiträge I, S. 317 (317 ff.); *Pauli*, FamRZ 2012, 344 (345); eing. zum Begriff der Familienstiftung und dabei besonders die Förderung des Familieninteresses betonend *O. Werner*, ZStV 2018, 203 (207 ff.).

1542 BFHE 185, 58.

1543 BFH, DStR 2024, 1296 Rn. 16 m. Anm. *Kugelmüller-Pugh*.

1544 Insoweit schließen sich Familienstiftung und gemeinnützige Zweckverfolgung nicht notwendigerweise wechselseitig aus. Eine Familienstiftung kann in Gestalt einer gemischten Familienstiftung (→ Teil 4 A V 3) auch gemeinnützige Zwecke verfolgen, ohne dabei jedoch gemeinnützigkeitsrechtlich privilegiert (§§ 51 ff. AO) oder belastet (Ersatzerbschaftsteuer) zu sein.

1545 Vgl. bereits *Frommhold*, AcP 117 (1919), 87 (101, 103 ff.); s. a. *Muscheler*, Gesammelte Beiträge I, S. 317 (319).

auch besonders steuerrechtlich[1546] (z. B. Ersatzerbschaftsteuer[1547] gem. § 1 Abs. 1 Nr. 4 i. V. m. § 2 Abs. 1 Nr. 2, § 9 Abs. 1 Nr. 4 ErbStG) ergeben.[1548]

Der Kreis, der zur Familie zählenden Personen, ist wie auch beim Begriff des Familienunternehmens[1549] – in Anlehnung an § 1 Abs. 1 Nr. 1 S. 3 DrittelbG i. V. m. § 15 Abs. 1 Nr. 2 bis 8, Abs. 2 AO – weit zu verstehen. Nach allgemeiner Ansicht im Stiftungsrecht fallen jedenfalls alle aufgrund Ehe, Verwandtschaft oder auch Schwägerschaft verbundenen Personen hierunter.[1550] In der Satzung einer

---

1546 Zur steuerrechtlichen Behandlung einer Familienstiftung umfassend zuletzt *Schumann*, Familienstiftungen, S. 93 ff.; *Schienke-Ohletz/Mehren*, ZStV 2022, 1 (2 ff.); *Härtling/Tolksdorf*, IStR 2023, 717; *Kußmaul/Schumann*, Ubg 2020, 393; *Kraft*, DStR 2016, 2825; *v. Löwe*, FS Spiegelberger, S. 1370; *Klinkner/Wagener*, Die Familienstiftung, S. 10 ff.; speziell im ErbStG etwa *Schmitt*, Familienstiftungen im neuen ErbStG, S. 9 ff., 51 ff.; *Delarber/Klauck/Schumann*, FS Kußmaul, S. 617 (622 ff.); *M. Frieling*, FS Schneeloch, S. 3 (8 ff.); allg. zu steuerrechtlichen Aspekten von Stiftungen *Schild*, FS Zitzelsberger, S. 115; *Halaczinsky*, ZErb 2015, 193; *Gierhake*, Vermögensnachfolge und Vermögensschutz, S. 101 ff.; speziell zum Ort der Geschäftsleitung i. S. d. § 10 AO (in- und ausländischer) Familienstiftungen kürzlich *Kraft*, DStR 2024, 2154; für eine Reform des Stiftungssteuerrechts aus Anlass der Stiftungszivilrechtsreform *Schneider/Droll*, UVR 2023, 364; zu einem luziden steuerlichen Vergleich zwischen einer Stiftungs-Holding und einer GmbH-Holding s. *Loritz/Weinmann*, DB 2022, 2890. Ein steuerliches Einlagekonto (§ 27 Abs. 1, Abs. 7 KStG) kann eine rechtsfähige (Familien-)Stiftung *de lege lata* nicht führen, so – entgegen der (bisher) h. M. – BFH, RFamU 2023, 529 Rn.13 ff. mit Anm. *Ferrenberg/Pritzl*; s. a. *Zimmermann/Raddatz*, NJW 2024, 2058 Rn. 30 ff.; ausf. kürzlich *Orth*, DB 2024, 1771; zur Reaktion der Finanzverwaltung s. BMF, Schr. v. 24.4.2024 – IV C 2 – S2204/24/10001:001, DOK 2024/0275251 = DStR 2024, 1012; kritisch dazu *Kraft*, Ubg 2024, 319.

1547 Dieser Begriff wird von der Finanzverwaltung und etwa BVerfGE 63, 312; BFHE 257, 341; FG Niedersachsen, BeckRS 2022, 20554 Rn. 33; *Theuffel-Werhahn*, ZEV 2017, 17 (19); *Orth*, DB 2018, 2588 verwendet. Weit verbreitet ist aber auch die Bezeichnung als „*Erbersatzsteuer*", so z. B. BVerfG, ZEV 2012, 51; W/S/F/*Oellerich*, Die Stiftung, § 39 Rn. 56; *v. Löwe/du Roi Droege*, ZEV 2006, 530; *Dutta*, Warum Erbrecht?, S. 108; uneinheitlich bzw. synonym verwendend etwa D/H/R/*Griesel*, PraxisKo-ErbStG, § 1 Rn. 1, 6 f. Im ErbStG selbst oder in einem sonstigen (Steuer-)Gesetz findet sich keinerlei Begriffsbezeichnung für diesen Steuertatbestand, ebenso *Wachter*, DB 2023, 17 (dortige Fn. 1).

1548 Vgl. *Fleisch/Stolte*, in: F/E/K/S/S, Modell unternehmensverbundene Stiftungen, S. 62; *Schewe*, in: Hereditare 9 (2019), S. 33 (38); ausf. *Boll*, Die uv. Familienstiftung, S. 150 ff.

1549 Dazu → Teil 2 A I 1.

1550 Staudinger/*Hüttemann/Rawert*, BGB Vorb. §§ 80 ff. Rn. 258 m. w. N.; MüKoBGB/*Weitemeyer*, § 80 Rn. 180; *v. Löwe*, Familienstiftung und Nachfolgegestaltung, § 3

Familienstiftung werden typischerweise auch primär Familienangehörige und der Stifter selbst als Destinatäre bestimmt.[1551] Der Stifter kann jedoch den Begriff „Familienangehöriger" und damit den Kreis der Destinatäre näher spezifizieren[1552] und so auch (zusätzlich) Nicht-Familienmitglieder (z. B. Freunde und Bekannte des Stifters) begünstigen, sofern die Stiftung dadurch nicht ihren Charakter als Familienstiftung verliert[1553].

Obgleich des familiären Bezugs kann sich eine Familienstiftung als Grundrechtssubjekt nach h. M. nicht auf Art. 6 Abs. 1 GG berufen, denn dieses Grundrecht gilt nur für natürliche Personen[1554] und ist auch nach Art. 19 Abs. 3 GG nicht auf juristische Personen wie die Familienstiftung anwendbar[1555]. Im Hinblick auf

---

Rn. 34; *Boll*, Die uv. Familienstiftung, S. 15; grdl. *Frommhold*, AcP 117 (1919), 87 (92 ff.); MAH ErbR/*v. Sothen/Kotzenberg/Claussen*, § 36 Rn. 114 zählen auch eingetragene Lebenspartnerschaften dazu. Freilich ist auch in diesem Zusammenhang bei der Auslegung des Begriffs der Familie der gesellschaftliche Wandel im familiären Bereich zu berücksichtigen → Teil 2 A I 1. Im ErbStG wird auf die ähnliche und ebenfalls weite Definition des § 15 AO abgestellt, *Schmitt*, Familienstiftungen im neuen ErbStG, S. 21 m. N.; vgl. FG Niedersachsen, BeckRS 2022, 20554 Rn. 33.

1551 *Beck*, Die Familienstiftung, S. 47; *Dannecker*, DStR 2023, 1057 (1058); *R. Werner*, NWB-EV 2019, 271 (272); mit Blick auf das sich wandelnde Verständnis des Familienbegriffs (→ Teil 2 A I 1), sollte der Stifter diesbezüglich eine klare Regelung in der Stiftungssatzung treffen, wer zur „Stifterfamilie" zählt.

1552 Vgl. Wachter/Heckschen/*Schick/Hemmen*, Praxis des HuGR, § 11 Rn. 621; ausf. zu den Destinatären → Teil 4 G I.

1553 *Frommhold*, AcP 117 (1919), 87 (99 f.); *Ebersbach*, HdB des Deutschen Stiftungsrechts, S. 30; ebenso *Andrick/Suerbaum*, Stiftung und Aufsicht, § 3 Rn. 25; MHdB GesR 5/*Gummert*, § 80 Rn. 23; Staudinger/*Hüttemann/Rawert*, BGB Vorb. §§ 80 ff. Rn. 259; weitergehender, d. h. keinerlei Familienbezug fordernd (aber bezogen auf die schweizerische Familienstiftung) *Jakob*, npoR 2020, 239 (249), nach dem „*die Familienstiftung als Mittel der privatnützigen Vermögensperpetuierung allgemein der Begünstigung von ‚Privatpersonen' offen stehen*" sollte; gegen derlei Gestaltung aber *Meyer zu Hörste*, Die Familienstiftung, S. 49 m. w. N. Bei nachträglichen Änderungen des Destinatärkreises besteht die Gefahr, dass das Finanzamt den Vorgang als Errichtung einer neuen Familienstiftung behandelt (R E 1.2 Abs. 4 S. 2 ErbStR 2019), s. zu den dabei zu berücksichtigenden steuerrechtlichen Folgen, wenn sich durch nachträgliche Satzungsänderung der Charakter der Familienstiftung ändert, näher Richter/*Richter*, Stiftungsrecht, § 11 Rn. 117 ff.; *Schienke-Ohletz/Mehren*, ZStV 2022, 1 (8).

1554 BVerfGE 13, 290 (297 f.); **a. A.** v. Campenhausen/Richter/*Hof*, StiftR-HdB, § 4 Rn. 192.

1555 Vgl. m. w. N. Staudinger/*Hüttemann/Rawert*, BGB Vorb. §§ 80 ff. Rn. 53 (m. V. a. BVerfGE 13, 290 (297), nach dem 1. LS der Entscheidung können nur natürliche

die Steuerung des Destinatärkreises gilt es insoweit auch zu berücksichtigen, dass die an anderer Stelle erwähnten, typischerweise bei Familienunternehmen vorhandenen Klauseln (etwa Vinkulierungs- und Nachfolgeklauseln, Kündigungsbeschränkungen oder Abfindungsregelungen, Andienungs- und Vorkaufsrechte etc.)[1556] zur Sicherung des Unternehmenserhalts in Familienhand sowie Steuerung des Gesellschafterkreises in einer Familienstiftung aufgrund ihrer Mitgliederlosigkeit obsolet sind[1557].

Die Familienstiftung gilt gemeinhin als „*Prototyp*"[1558] der privatnützigen Stiftung[1559], denn sie verfolgt – wie bereits erwähnt – zum einen i. d. R. nicht philanthropische bzw. gemeinnützige, sondern private und wirtschaftliche, d. h. privatnützige Zwecke und zum anderen wird nicht die Allgemeinheit[1560] begünstigt, sondern ein bestimmter Personenkreis.[1561] Plakativ gesagt: Es handelt sich um eine Stiftung „*für*" eine – nicht unbedingt die eigene – Familie.[1562] Ohne eine

---

Personen aus Art. 6 Abs. 1 GG ein Grundrecht herleiten, vgl. dazu und zu weiteren menschenbezogenen Grundrechten auch Dreier/*Kaufhold*, GG Art. 19 Abs. 3 Rn. 101); W/S/F/*O. Werner*, Die Stiftung, § 1 Rn. 42; *Rawert*, JöR 65 (2017), 179 (203 f.); *Sorg*, Die Familienstiftung, S. 85 (mit dortiger Fn. 75); hingegen differenzierend nach dem Schwerpunkt der Stiftungstätigkeit – Familienbindung oder Vermögensbindung v. Campenhausen/Richter/*Hof*, StiftR-HdB, § 4 Rn. 192 f., dort auch m. N. in dortiger Fn. 382 und 386 zu vereinzelt gebliebenen Minderansichten.

1556 Dazu → Teil 3 B II 1.

1557 *Sabel/Schauer*, ZStV 2018, 81 (82 f.); *Rawert*, ZGR 2018, 835 (855).

1558 Staudinger/*Hüttemann/Rawert*, BGB Vorb. §§ 80 ff. Rn. 178; BeckOK BGB/*Backert/J. Stürner*, 71. Ed. 1.5.2022, § 80 Rn. 15; Richter/*v. Campenhausen/Stumpf*, Stiftungsrecht, § 1 Rn. 27; ähnlich auch *R. Werner*, ZEV 2012, 244 („*klassischer Anwendungsfall*").

1559 Daneben existieren auch synonyme Bezeichnungen wie „*private Stiftung*", „*Privatstiftung*", „*privat-rechtliche Stiftung*", vgl. *B. Müller*, Die privatnützige Stiftung zwischen Staatsaufsicht und Deregulierung, S. 41 m. N. Durch die Bezeichnung „*privatnützige Stiftung*" wird jedoch die besondere Zweckrichtung am deutlichsten hervorgehoben, sodass diese präziser ist, vgl. zutreffend Richter/*v. Campenhausen/Stumpf*, Stiftungsrecht, § 1 Rn. 18; *B. Müller*, Die privatnützige Stiftung zwischen Staatsaufsicht und Deregulierung, S. 42.

1560 Zu den Anforderungen an die Förderung der Allgemeinheit gem. § 52 Abs. 1 S. 2 AO s. BFH, DStR 2022, 1718 Rn. 13 ff.

1561 Vgl. W/S/F/*Saenger*, Die Stiftung, § 38 Rn. 1; *Pauli*, in: Die Stiftung – Jahreshefte zum Stiftungswesen, 3. Jahrgang, S. 159 (162); *Tegge*, Die Familienstiftung, S. 57 („*vornehmlich privatnützig*"); *Frommhold*, AcP 117 (1919), 87 (101 f.); vgl. auch BFH, npoR 2017, 209 Rn. 30 f.

1562 *Sorg*, Die Familienstiftung, S. 28; MHdB GesR 5/*Gummert*, § 80 Rn. 23.

Familie bzw. familiären Bezug kann es demgemäß nach allen vertretenen Definitionen keine Familienstiftung geben.[1563]

Um die als Destinatäre eingesetzten Familienmitglieder[1564] mit laufenden Zuwendungen zu versorgen, muss die Familienstiftung Erträge erwirtschaften. Dabei ist aber anzumerken, dass es sich im Stiftungszivilrecht nicht ausschließlich um materielle Unterstützungsleistungen handeln muss, sondern es genügt auch ein immaterieller bzw. ideeller Vorteil.[1565] Die Ausschüttungen der Stiftungsleistungen an die Destinatäre einer Familienstiftung müssen dabei nach h. M. nicht notwendig an sachlichen Bedingungen (z. B. Ausbildung, Bedürftigkeit, wirtschaftliche oder gesundheitliche Notlage etc.) geknüpft sein, sondern können auch bedingungs- bzw. voraussetzungslos erfolgen.[1566] Als Beispiel kann

---

1563 Vgl. *Oppel*, Die österreichische Privatstiftung und die deutsche Familienstiftung, S. 14; *Schmitt*, Familienstiftungen im neuen ErbStG, S. 22; *Tegge*, Die Familienstiftung, S. 51; jew. m. w. N.

1564 Zu sog. agnatischen Familienstiftungen, bei denen eine Begünstigung nur für die männliche Linie vorgesehen wurde, kritisch *Grziwotz*, FamRZ 2005, 581; BGHZ 70, 313 (324 ff.) ließ die Frage, ob ein genereller Ausschluss aller weiblichen zugunsten der männlichen Abkömmlinge (wegen § 138 Abs. 1 BGB) unzulässig sei, ausdrücklich offen. Er hielt aber jedenfalls die Bevorzugung eines erstgeborenen männlichen Nachkommens für zulässig; allg. zur Vereinbarkeit derlei Satzungsklauseln mit Art. 3 Abs. 2 und 3 GG *Weitemeyer/Wrede*, npoR 2018, 3 (6 ff.); angesichts EGMR, ZStV 2023, 12 = npoR 2023, 293 = (dt. Übersetzung) NLMR 2022, 351 Rn. 136 ff. – *Dimici/Türkei* (dazu die luzide Anm. von *Reibetanz*, npoR 2023, 293 (297 ff.) und *Röthel*, ZEuP 2024, 208 (210 ff.) dürfte dies wohl nunmehr auch im deutschen Recht nicht haltbar sein, s. näher → Teil 4 G I.

1565 Richter/*Richter*, Stiftungsrecht, § 11 Rn. 3; H/R/W/*Richter/Gollan*, Landesstiftungsrecht, Rn. 30.17; MHdB GesR 5/*Gummert*, § 80 Rn. 24; mit Beispielen *O. Werner*, ZStV 2019, 7 (9, 12 f.); *Deischl*, Familie und Stiftung, S. 13; steuerrechtlich ist indes auf das reine – nicht notwendig in Geld bezifferbare – Vermögensinteresse, d. h. materielle Begünstigung, abzustellen, vgl. *Sorg*, Die Familienstiftung, S. 28; *Schmitt*, Familienstiftungen im neuen ErbStG, S. 22; FG Niedersachsen, BeckRS 2022, 20554 Rn. 34.

1566 BeckOGK/*Jakob/Uhl*, 1.7.2022, BGB § 80 Rn. 562; Staudinger/*Hüttemann/Rawert*, BGB Vorb. §§ 80 ff. Rn. 265 f.; *Burgard*, Gestaltungsfreiheit im Stiftungsrecht, S. 127 ff.; Burgard/*Burgard*, StiftR, § 82 Rn. 42; *v. Löwe*, Familienstiftung und Nachfolgegestaltung, § 3 Rn. 28; *Beck*, Die Familienstiftung, S. 48; *Trißler*, Familienstiftungen und Family Trust, S. 22 ff.; *Deischl*, Familie und Stiftung, S. 117, 127; *Oppel*, NWB-EV 2018, 137 (138); *Tielmann*, NJW 2013, 2934; s. a. *Dutta*, Warum Erbrecht?, S. 36 f., 81 f. mit Rechtsvergleich auf S. 78 ff.; jew. m. w. N.; **a. A.** *Neumann*, Die reine Unterhaltsstiftung, S. 87 ff. m. w. N., der sich für die Unzulässigkeit sog. reiner Unterhaltsstiftungen, d. h. Stiftungen, die ihre Leistungen nicht von solchen

etwa die (anerkannte) deutsche Familienstiftung „*Rigmarole Foundation 2023*“ genannt werden, deren Stiftungszweck „*die anlass- und bedarfsunabhängige Förderung der Stifterin, ihrer leiblichen und gesetzlichen Abkömmlinge und des in gültiger Ehe lebenden Ehepartners oder der in gültiger Ehe lebenden Ehepartnerin der Stifterin*“[1567] ist.

Die Ergebnisverwendung seitens der Familienstiftung ist grundsätzlich frei gestaltbar, sodass mit Blick auf die Sicherung der Versorgung künftiger Generationen oder auch zwecks frühzeitiger Vorsorge für die Ersatzerbschaftsteuer die vom Familienunternehmen an sie ausgeschütteten Erträge für einen gewissen Zeitraum ganz oder teilweise thesauriert werden können.[1568] Dabei sind freilich die stiftungsrechtlichen Grenzen für die (längerfristige) Thesaurierung der Stiftungserträge mit Blick auf eine Qualifikation als (unzulässige) Selbstzweckstif-

---

Merkmalen in der Person des Begünstigten abhängig machen, die zumindest mittelbar einen Gemeinwohlbezug der Stiftungsleistung herstellen, ausspricht; ebenso *Mirbach*, Stiftungszweck und Gemeinwohlgefährdung, S. 234 ff.; wohl auch *Kübler/Assmann*, GesR, § 12 III. 3., S. 144; kritisch zu voraussetzungslosen Familienstiftungen, aber diese *de jure* letztlich für zulässig erachtend, auch MüKoBGB/*Weitemeyer*, § 80 Rn. 186; *Weitemeyer*, GesRZ 2023, 237 (240); Staudinger/*Hüttemann/Rawert*, BGB Vorb. §§ 80 ff. Rn. 267 ff.; *Kronke*, Stiftungstypus, S. 60 ff.; *Rawert*, ZGR 2018, 835 (838 f.); *D. Reuter*, AcP 207 (2007), 1 (22 f.); jew. m. w. N. In der Schweiz sind reine (voraussetzungslose) reine Unterhaltsstiftungen zugunsten der Familie wohl gem. Art. 335 Abs. 1 ZGB verboten (vgl. hierzu auch BGE 108 II 393 [395 f.]; *Jakob*, FS Coester-Waltjen, S. 123 (133); LG Berlin, BeckRS 2019, 33840 Rn. 21 (*in casu* offenlassend); sowie zuletzt drei Urteile des schweizerischen Bundesverwaltungsgerichts aus 2021 [B-1749/2020; B-951/2020; B-5100/2020], wo ein Verstoß gegen Art. 335 Abs. 1 ZGB angenommen und eine Handelsregistereintragung abgelehnt wurde; s. kritisch zur Entscheidung B-951/2020 *Jakob/Humbel*, npoR 2022, 119. In Liechtenstein sind jene hingegen gem. Art. 552 § 2 PGR zulässig, s. zu beiden Rechtsordnungen näher BeckOGK/*Jakob/Uhl*, 1.7.2022, BGB § 80 Rn. 135.1; *Neumann*, Die reine Unterhaltsstiftung, S. 245, 247; jew. m. N. Speziell zum schweizerischen Stiftungsrecht zuletzt *Jakob*, in: Sanders/Thomsen, Enterprise Foundation Law, S. 83 sowie kürzlich umfassend zur schweizerischen Familienstiftung und diesbezügliche Reformbestrebungen die Beiträge in *Sprecher/v. Orelli* (Hrsg.), Familienstiftungen – neue Perspektiven (abrufbar unter https://t1p.de/s7i0x).

1567 *Stiftungsverzeichnis Land Brandenburg*, Stand 14.9.2023, Verzeichnis 311, Az.: 745-20-7311 (abrufbar unter https://t1p.de/e4cdt).

1568 Vgl. H/S/G/*A. Sigle*, GesR, § 22 Rn. 128 sowie näher auch → Teil 4 D II 3.

tung[1569] bzw. das sog. Admassierungsverbot zu beachten sind.[1570] Letzteres Verbot dürfte jedoch mit Blick auf § 83b Abs. 2 Nr. 3 BGB[1571], wonach die Stiftung bereits vorhandenes sonstiges Vermögen nachträglich zu Grundstockvermögen bestimmen kann, nun nicht mehr besonders relevant sein. Vielmehr ist eine zu hohe Thesaurierung am Maßstab des Verbots der Selbstzweckstiftung[1572] zu messen.[1573]

Die Familienstiftung ist grundsätzlich auch ein nicht-privilegiertes Steuersubjekt, sodass Zuwendungen an die Familienstiftung etwa der Schenkung- und Erbschaftsteuer unterliegen, wobei aufgrund des Errichtungssteuerklassenprivilegs des § 15 Abs. 2 S. 1 ErbStG[1574] bei Errichtung der Familienstiftung die (vorteilhaftere) Steuerklasse I zur Anwendung kommt.[1575] Dies gilt nach § 15 Abs. 2 S. 1 ErbStG aber nur, wenn der Stifter sich, seine Abkömmlinge, Urenkel[1576] und seinen eigenen Ehegatten bzw. einen sonstigen „entfernt Berechtigten" begünstigt.[1577] Die vorstehenden Beschränkungen gelten ebenfalls für die Anfallsberechtigten (§ 87c Abs. 1 S. 1 BGB bzw. § 88 S. 1 BGB a. F.) der Familienstiftung.[1578] Spätere, d. h. solche Zuwendungen oder Zustiftungen (§ 83b Abs. 2 Nr. 2 BGB), die erst nach Errichtung der Familienstiftung erfolgen, gleich ob sie vom Stifter selbst oder von Dritten kommen, unterliegen hingegen der Steuerklasse III.[1579]

1569 Instruktiv OVG Münster, npoR 2013, 73 Rn. 37 („*Die Absicht der reinen Vermögensakkumulation ohne die gleichzeitige Klarstellung dessen, was mit diesem Vermögen zu tun sei würde* [sic!] *zu einer vom Gesetz nicht vorgesehenen reinen Selbstzweckstiftung führen*"); näher zur sog. Selbstzweckstiftung → Teil 3 B I.

1570 Vgl. näher zum sog. Admassierungsverbot statt vieler m. w. N. MüKoBGB/*Weitemeyer*, § 85 Rn. 25; MHdB GesR 5/*Helios/Friedrich*, § 96 Rn. 9.

1571 Dazu → Teil 4 E II 1 b aa.

1572 Dazu → Teil 4 B I.

1573 Vgl. hierzu auch *Schütte*, Transparente und intransparente Stiftungen, S. 124 ff. unter Verweisung auf *Hüttemann/Rawert*, ZIP 2021, Beilage zu Heft 33, S3 (S14).

1574 Dazu kürzlich BFH, DStR 2024, 1296 Rn. 9 ff. m. Anm. *Kugelmüller-Pugh*; s. auch R E 15.2 ErbStR 2019; F/P/W/*Längle/Schiffer*, ErbStG § 15 Rn. 50 ff.

1575 Statt vieler m. w. N. *v. Oertzen/Reich*, DStR 2019, 317, die überzeugend dafür plädieren die Steuerklasse I auch bei Errichtung der Familienstiftung durch mehrere Stifter anzuwenden.

1576 BFH, DStR 2024, 1296 Rn. 10 m. Anm. *Kugelmüller-Pugh*, wonach es unerheblich ist, dass eine Urenkelgeneration bei Errichtung der Stiftung noch nicht geboren ist.

1577 Zur Bestimmung des „entferntesten Berechtigten" i. S. d. Norm, ist maßgeblich, wer nach der Stiftungssatzung potentiell Vermögensvorteile erhalten kann, m. w. N. BFH, DStR 2024, 1296 Rn. 15 m. Anm. *Kugelmüller-Pugh*.

1578 R E 15.2 Abs. 1 S. 3 ErbStR 2019.

1579 R E 15.2 Abs. 3 ErbStR 2019.

Als besonderes Steuersubjekt unterliegt die rechtsfähige[1580] Familienstiftung[1581], die ihre Geschäftsleitung oder ihren Sitz im Inland hat (§ 2 Abs. 1 Nr. 2 ErbStG)[1582], zudem der zuvor bereits erwähnten Ersatzerbschaftsteuer (vgl. § 1 Abs. 1 Nr. 4 i. V. m. § 2 Abs. 1 Nr. 2, § 9 Abs. 1 Nr. 4 ErbStG)[1583]. Mit Einführung dieser besonderen

---

1580 Unselbstständige bzw. nichtrechtsfähige Familienstiftungen sind nicht erfasst: BFHE 257, 341 Rn. 8 ff.; FG Niedersachsen, BeckRS 2022, 20554 Rn. 33; dazu BeckOK ErbStG/*Erkis*, 25. Ed. 1.10.2024, § 1 Rn. 57 f. m. w. N.; **a. A.** etwa *Heinrich Hübner/Currle/Schenk*, DStR 2013, 1966 (1971); auch *Schmitt*, ZStV 2019, 47 (48 ff.) für den Fall, dass Stiftungsträger eine selbständige Stiftung oder eine Körperschaft des öffentlichen Rechts ist; kritisch zur Nichterfassung MüKoBGB/*Weitemeyer*, § 80 Rn. 333. Nicht erfasst sind im Übrigen auch alle sonstigen privatnützigen (rechtsfähigen) Stiftungen, s. kritisch *Muscheler*, Gesammelte Beiträge I, S. 317 (320 mit Fn. 15). Zum Anwendungsbereich insgesamt *Wachter*, DB 2023, 17 (18 ff.).

1581 Die Ersatzerbschaftsteuer trifft daneben auch Familienvereine (§ 1 Abs. 1 Nr. 4 Hs. 2 ErbStG). Dies sei aus Gründen der Steuergerechtigkeit geboten, so BT-Drs. 6/3418, S. 64. Diese haben jedoch bisher keine praktische Relevanz gezeigt, sodass es auch keine Rechtsprechung hierzu gibt, s. BeckOK ErbStG/*Erkis*, 25. Ed. 1.10.2024, § 1 Rn. 62; Moench/Weinmann/*Weinmann*, ErbStG, Stand: 81. EL. 05/2018, § 1 Rn. 19; *Haaf*, Der Schutz des Familienvermögens im Erbschaftsteuerrecht, S. 201; zu Verbindungsmöglichkeiten von Familienverein und Stiftung luzid *Hügel*, FS O. Werner, S. 179 (181 ff.).

1582 Näher hierzu mit Fallgruppenüberblick *Wachter*, DB 2023, 17 (20 f.). Dies gilt auch, wenn die ausländische rechtsfähige Familienstiftung inländisches Vermögen hält, s. m. w. N. BeckOK ErbStG/*Erkis*, 25. Ed. 1.10.2024, § 1 Rn. 60; *Wachter*, FR 2017, 130 (135). Befindet sich die Geschäftsleitung (§ 10 AO) einer im Ausland – rechtsfähigen – Familienstiftung im Inland, soll sie der Ersatzerbschaftsteuer unterliegen, so für den Fall einer schweizerischen Familienstiftung FG Niedersachsen, BeckRS 2022, 20554 Rn. 36 ff. – Revision beim BFH eingelegt unter Az. II R 30/22; dazu mit überzeugender Begründung ablehnend, da es sich *in casu* nicht um eine „rechtsfähige" Stiftung gehandelt habe, *Wachter*, DB 2023, 17 (21 ff.); allg. zur Besteuerung ausländischer Familienstiftungen im Rechtsvergleich zur deutschen Familienstiftung eing. *Schienke-Ohletz/Mehren*, ZStV 2022, 51; *Härtling/Tolksdorf*, IStR 2023, 717; speziell zum Ort der Geschäftsleitung i. S. d. § 10 AO (in- und ausländischer) Familienstiftungen kürzlich *Kraft*, DStR 2024, 2154.

1583 Eingeführt im Zuge der Erbschaftsteuerreform 1974 durch Gesetz vom 17.4.1974, BGBl. I 1974, S. 933, BStBl. I 1974, S. 216 und erstmals zum 1.1.1984 erhoben. Zu den Besonderheiten eing. etwa Richter/Wachter/*Wachter*, HdB Int. StiftR, § 22 Rn. 1 ff.; ausf. *Wachter*, DB 2023, 17; bündig FG Niedersachsen, BeckRS 2022, 20554 Rn. 33 ff.; zu Rechtstatsachen aktuell *Härtling/Tolksdorf*, IStR 2023, 717 (719); BeckOK ErbStG/*Erkis*, 25. Ed. 1.10.2024, § 1 Rn. 31. Eine Ersatzerbschaftsteuer gibt es auch in ausländischen Rechtsordnungen, s. *Dutta*, Warum Erbrecht?, S. 108 m. N. In Ös-

Einzelsteuer bzw. *„echte[n] Vermögensteuer“*[1584] speziell für Familienstiftungen im Jahre 1974 beabsichtigte der Gesetzgeber zu verhindern, dass das gebundene Stiftungsvermögen aufgrund der Mitgliederlosigkeit einer Familienstiftung[1585] über Generationen hinweg der Erbschaftsteuer entzogen wird. Konkret: Der Perpetuierung allzu großer Vermögensmassen in Familienstiftungen sollte entgegengewirkt und die Errichtung einer Familienstiftung aus rein steuerrechtlichen Motiven sollte damit auch zurückgedrängt werden.[1586] Zu diesem Zweck wird fingiert, dass das Vermögen der Familienstiftung im Abstand von 30 Jahren[1587] einer nächsten, aus zwei Kindern bestehenden Generation anfällt.[1588] Ohne die Ersatzerbschaftsteuer wären Familienstiftungen nach Ansicht des Gesetzgebers andernfalls systemwidrig begünstigt worden.[1589] Das BVerfG hat die vorstehenden

---

terreich, Liechtenstein und der Schweiz aber z. B. nicht, s. *v. Löwe*, Familienstiftung und Nachfolgegestaltung, § 6 Rn. 84.

1584 So *Dutta*, Warum Erbrecht?, S. 108; ebenso *Haaf*, Der Schutz des Familienvermögens im Erbschaftsteuerrecht, S. 210 f., 286 m. w. N.; s. a. *Flämig*, DB-Beilage Nr. 22 zu Heft 45, 1978, 1 (10) (*„Quasi-Vermögensteuer“*).

1585 Im Unterschied zu Familiengesellschaften hat sie deshalb auch keine Gesellschafter, deren Anteile der Besteuerung unterworfen werden könnten, ebenso *Wachter*, DB 2023, 17.

1586 *v. Löwe/du Roi Droege*, ZEV 2006, 530 (532) unter vgl. Verweisung auf BMF-Fin. Nachr. Nr. 24/1974, S. 22; BT-PlPr. 7/69, S. 4119 f. (*Funcke*).

1587 Mit Blick auf erhöhter Lebenserwartung und späterer Familiengründung wird im Schrifttum (durchaus zu Recht) für eine Anpassung des Besteuerungszeitraums plädiert, s. z. B. *v. Löwe/du Roi Droege*, ZEV 2006, 530 (532); *Dutta*, Warum Erbrecht?, S. 299 m. w. N. *Kutac/Schewe*, FR 2022, 831 (841 mit dortiger Fn. 83) nehmen an, dass mit Blick darauf, dass laut des Statistischen Bundesamts Frauen im Jahr 2020 bei der Geburt ihres ersten Kindes im Schnitt 30,2 Jahre alt waren, durchaus angenommen werden könnte, dass auch GmbH-Anteile alle 30 Jahre auf die nächste Generation übertragen und damit der Erbschaftsteuer unterliegen dürften. Insofern könne von einem (erbschaftsteuerlichen) Gleichlauf von Stiftung und GmbH ausgegangen werden.

1588 BFHE 185, 58.

1589 BT-Drs. 7/1333, S. 3 f.; vgl. auch BT-Drs. 6/3418, S. 64; BVerfGE 63, 312 (330); BeckOK ErbStG/*Erkis*, 25. Ed. 1.10.2024, § 1 Rn. 33; *Kußmaul/Schumann*, Ubg 2020, 393 (394) m. w. N.; **kritisch** *Isfort*, DB 2017, M26, nach dem *„Familienstiftungen [dadurch] über Gebühr belastet und steuerlich diskriminiert“* würden; kritisch bereits *Meyer zu Hörste*, Die Familienstiftung, S. 126 ff.; auch Richter/Wachter/*Wachter*, HdB Int. StiftR, § 22 Rn. 199 ff., 214 ff.; *Schmitt*, Familienstiftungen im neuen ErbStG, S. 60 ff., der diese als *„Fremdkörper“* im ErbStG ansieht; ebenso *Wachter*, FR 2017, 130 (134 f.); ähnlich *Haaf*, Der Schutz des Familienvermögens im Erbschaftsteuerrecht, S. 270 (*„steht […] im Widerspruch zum derzeit geltenden*

Beweggründe zur Einführung der Familienstiftung seitens des Gesetzgebers als unter seiner „*politischen Gestaltungsfreiheit*" fallend sanktioniert und insgesamt die Verfassungsmäßigkeit, insbesondere mit Artt. 3 Abs. 1, 14 GG, der Ersatzerbschaftsteuer bereits zwei Mal bestätigt.[1590] An dieser Rechtslage betreffend die Ersatzerbschaftsteuer ändert sich durch die Stiftungsrechtsreform 2021 nichts und auch künftig ist etwa keine Abschaffung durch den Gesetzgeber zu erwarten.[1591]

Diesbezüglich gilt es jedoch zu beachten, dass das gesamte erbschaft- und schenkungsteuerrechtliche Verschonungssystem der §§ 13a[1592], 13b, 13c, 13d ErbStG (vgl. §§ 13a Abs. 11, 13c Abs. 3, § 13d Abs. 4 ErbStG) und insbesondere

---

System der Erbschaftsteuer"); weitere Nachweise zur rechtspolitischen Kritik an der Ersatzerbschaftsteuer bei *Dutta*, Warum Erbrecht?, S. 296 (mit dortiger Fn. 1179); *Wachter*, DB 2023, 17 (mit dortigen Fn. 11 f.); s. a. die zitierten, recht polemischen Äußerungen betreffend die Einführung der Ersatzerbschaftsteuer bei *Flämig*, DB-Beilage Nr. 22 zu Heft 45, 1978, 1 (10 f.), der in dortiger Fn. 115 (unter Verweisung auf *o. A.*, Zweifel an der Verwirklichung der Steuerreform, FAZ. v. 21.12.1973) zudem vermutete, dass das gesetzespolitische Ziel bei der Einführung der Ersatzerbschaftsteuer anscheinend auch die Unternehmensträgerstiftung gewesen sei, denn anders seien die Bemerkungen etwa des damaligen Senators der Finanzen *Wilms*, dass in Familienstiftungen „*eine ungeheure Vermögensakkumulation stattfinde*", nicht zu verstehen. Für eine gänzliche Abschaffung zuletzt *Haaf*, Der Schutz des Familienvermögens im Erbschaftsteuerrecht, S. 270 f., 273, 275, 286 mit Reformvorschlag dahin, dass lediglich die Vermögenszugänge an die Destinatäre – ohne weitere ertragsteuerliche Berücksichtigung – der Erbschaftsteuer unterworfen werden.

1590 BVerfGE 63, 312 (323 ff.); bestätigt durch BVerfG, ZEV 2012, 51 (Nichtannahmebeschluss); BFHE 257, 341 Rn. 9; s. a. BeckOK ErbStG/*Erkis*, 25. Ed. 1.10.2024, § 1 Rn. 32 f.; **a. A.** etwa m. w. N. *Schmitt*, Familienstiftungen im neuen ErbStG, S. 63 ff., 245; auch schon *Kerssenbrock*, Unternehmenserhaltung, S. 173 f.; *Sorg*, Die Familienstiftung, S. 79 ff.; wohl auch *Haaf*, Der Schutz des Familienvermögens im Erbschaftsteuerrecht, S. 273.

1591 Vgl. etwa *Wachter*, DB 2023, 17 (17, 19).

1592 Bei der Gewährung eines Vorwegabschlags gem. § 13a Abs. 9 S. 1 ErbStG ist zu berücksichtigen, dass nur die Gesellschaftsverträge/Satzungen der von der Familienstiftung unmittelbar gehaltenen Gesellschaften die entsprechenden Entnahme-, Verfügungs- und Abfindungsbeschränkungen enthalten müssen, nicht die Stiftungssatzung, so zutreffend T/G/J/G/*Jülicher*, 68. EL 03/2024, ErbStG § 13a Rn. 527; OLS/*Stalleiken*, ErbStG § 13a Rn. 224; BeckOK ErbStG/*Claussen/Thonemann-Micker*, 25. Ed. 1.10.2024, § 13a Rn. 485, 583; s. a. *Schmitt*, Familienstiftungen im neuen ErbStG, S. 143; *Wachter*, FR 2017, 130 (136); **a. A.** aber wohl noch *Wachter*, NZG 2016, 1168 (1171), nach dem „*die Stiftungssatzung [...] nur die Ausschüttungen beschränken [müsse]*".

auch §§ 28, 28a ErbStG (vgl. §§ 28 Abs. 2, 28a Abs. 7 ErbStG) entsprechend[1593] auf eine Familienstiftung anwendbar ist[1594], sodass die Ersatzerbschaftsteuer im Einzelfall und bei frühzeitiger Planung auf null Euro reduziert werden kann.[1595] Eingedenk dessen stellt die Ersatzerbschaftsteuer auch keinen gravierenden Nachteil, sondern im Einzelfall durchaus auch einen Vorteil einer Familienstiftung als Vehikel zur steueroptimierten Unternehmensnachfolgegestaltung dar, zumal sie auch im Gegensatz zu einem natürlichen Erbgang[1596] vorhersehbar und damit auch kalkulierbar ist[1597] – *„für die Unternehmensplanung* [ist dies] *ein ganz*

1593 Zur entsprechenden Anwendbarkeit der Regelungen s. näher BeckOK ErbStG/*Claussen/Thonemann-Micker*, 25. Ed. 1.10.2024, § 13a Rn. 580 ff.; F/P/W/*Wachter*, ErbStG § 13a Rn. 779; T/G/J/G/*Jülicher*, 68. EL 03/2024, ErbStG § 13a Rn. 526 f.

1594 R E 13a.22 S. 1, 28a.6 S. 1 ErbStR 2019; vgl. auch *v. Löwe*, Familienstiftung und Nachfolgegestaltung, § 6 Rn. 32; *Reich*, DStR 2020, 265 (267); *M. Frieling*, FS Schneeloch, S. 3 (8 ff.); umfassend und mit Rechenbeispielen *Schmitt*, Familienstiftungen im neuen ErbStG, S. 105 ff., 126 ff. sowie speziell zur Verschonungsbedarfsprüfung gem. § 28a ErbStG, *ebd.*, S. 166 ff.; ausf. zuletzt *Schumann*, Familienstiftungen, S. 217 ff., (zu § 28a ErbStG) 316 ff.; s. a. aber knapper und auch mit Fallbeispiel *Delarber/Klauck/Schumann*, FS Kußmaul, S. 617 (622 ff.); zu aktuellen, vornehmlich steueroptimierten, Stiftungsstrukturen bündig *von Oertzen*, BB 2019, 2647; *Dannecker*, DStR 2023, 1057 (1064 ff.).

1595 Siehe das Beispiel bei *Schmitt*, Familienstiftungen im neuen ErbStG, S. 168; vgl. *Rawert*, ZGR 2018, 835 (842); *M. Frieling*, FS Schneeloch, S. 3 (21); s. a. die Praxiserfahrung von *Detlev Heinsius* im Interview mit dem Familienunternehmer *Ulrich Seier*, der die Seier Unternehmensgruppe 2019 in der 4. Generation vermittels der Verschonungsbedarfsprüfung nach § 28a ErbStG erbschaftsteuerfrei in eine unternehmensverbundene Familienstiftung überführt hat (https://t1p.de/s9izi). Bei einer nicht leistbaren Zahlung (insbesondere betreffend die Ersatzerbschaftsteuer) und damit drohender Insolvenz und Auflösung der Familienstiftung, könnte im Einzelfall eine Lösung über die gesetzlich vorgesehenen – jedoch im Ermessen der Finanzverwaltung liegenden – Billigkeitsregelungen (§ 163 AO [Festsetzungsverfahren] bzw. § 227 AO [Erhebungsverfahren]) gefunden werden; s. aber zu den engen Voraussetzungen BFHE 262, 114 Rn. 30 ff.

1596 Insofern gilt das alte Sprichwort: *„Mors certa, hora incerta"*.

1597 Ebenso etwa *Schiffer*, FS Binz, S. 596 (612); *Reich*, DStR 2020, 265 (267); *R. Werner*, ZEV 2020, 529 (533); *Deischl*, Familie und Stiftung, S. 159; Block et al./*May/Jeschke*, Die Familienstiftung, S. 9 (15 f.); Moench/Weinmann/*Weinmann*, ErbStG, Stand: 81. EL. 05/2018, § 1 Rn. 24; für den Einzelfall auch *Trißler*, Familienstiftungen und Family Trust, S. 108; *Loritz/Weinmann*, DB 2022, 2890 (2894); zu Vorbehalten ggü. der Ersatzerbschaftsteuer aber → Teil 3 B I 4.

wesentlicher Vorteil"[1598]. Zudem ist ihr zugutezuhalten, dass sie bei entfernteren Verwandtschaftsverhältnissen oder einer geringeren Kinderanzahl eine größere erbschaftsteuerrechtliche Attraktivität wegen höherer Freibeträge und der günstigeren Steuerklasse I bietet.[1599] Die Besteuerung wird nämlich unter Berücksichtigung des zweifachen Freibetrags für Kinder i. S. d. § 16 Abs. 1 Nr. 2 ErbStG i. H. v. zwei Mal 400.000 € sowie mit der Steuerklasse I gem. § 15 Abs. 2 S. 3 ErbStG durchgeführt. Es kann zudem einerseits schon früh begonnen werden, das Vermögen derart zu strukturieren, dass zum Fälligkeitszeitpunkt der Ersatzerbschaftsteuer die Steuerlast bestmöglich minimiert wird, z. B. durch Vornahme größerer Investitionen und von Leistungen an Destinatäre.[1600] Andererseits kann für die Zahlung der Ersatzerbschaftsteuer auf Ebene der Familienstiftung auch wie vorstehend erwähnt vorsorglich Vermögen angespart werden[1601] und zudem mit der Finanzbehörde anstelle einer Einmalzahlung eine Ratenzahlung zu je 30 gleichen jährlichen Teilbeträgen mit einem Zinssatz von 5,5 % vereinbart werden (vgl. § 24 ErbStG).[1602] Neben der Verrentung gem. § 24 ErbStG existiert zudem die Möglichkeit der Stundung gem. § 28 ErbStG[1603] – es besteht insoweit ein Wahlrecht. Übt die Familienstiftung ihr Wahlrecht zwischen Stundung und Verrentung aus, ist sie freilich daran gebunden.[1604] Es gilt ferner zu beachten, dass die Ersatzerbschaftsteuer gem. § 20 Abs. 1 S. 1 i. V. m. § 1 Abs. 1 Nr. 4 ErbStG allein von der Familienstiftung (als Steuerschuldnerin) und nicht vom verbundenem

1598 *D. Reuter*, GS J. Eckert, S. 677 (686); zurückhaltender *Loritz/Weinmann*, DB 2022, 2890 (2894).

1599 *Tielmann*, NJW 2013, 2934 f.; *Kußmaul/Schumann*, Ubg 2020, 393 (395); relativierend indes *v. Löwe*, FS Spiegelberger, S. 1370 (1384).

1600 *Schienke-Ohletz/Mehren*, ZStV 2022, 1 (5).

1601 Verschiedene Möglichkeiten zur bilanziellen Vorsorge für die Ersatzerbschaftsteuer (Rücklagenbildung in Form einer Verbindlichkeitsrückstellung, einer Aufwandsrückstellung, einer Verbindlichkeit oder einer zweckgebundenen Ergebnisrücklage) beleuchtet *Orth*, DB 2018, 2588 (2590 ff.).

1602 Zur Zinshöhe des § 24 S. 2 ErbStG vor dem Hintergrund der anhaltenden Niedrigzinsphase kritisch *v. Oertzen/Junius-Morawe*, ZEV 2019, 403 mit entsprechenden Beratungshinweisen.

1603 Die Beantragung einer Stundung (§ 28 Abs. 2 ErbStG) ist zwar möglich, aber in der Praxis wohl selten einschlägig und aufgrund des Zinssatzes von 6 % ohnehin ungünstiger als die Verrentung der Steuerschuld, s. Richter/Wachter/*Wachter*, HdB Int. StiftR, § 22 Rn. 22.

1604 So BeckOK ErbStG/*Hamacher/Liebernickel*, 25. Ed. 1.10.2024, § 28 Rn. 30.

Familienunternehmen zu tragen ist. Die Liquidität des Familienunternehmens wird daher durch die Ersatzerbschaftsteuer nicht (unmittelbar) angegriffen.[1605]

Im Zuge des Jahressteuergesetz 2020[1606] wurden die steuerrechtlichen Anzeige- und Steuererklärungspflichten von Familienstiftungen ausdrücklich und insoweit klarstellend[1607] normiert. § 30 Abs. 5 S. 1 ErbStG schreibt nunmehr ausdrücklich vor, dass von der Familienstiftung (§ 30 Abs. 1 i. V. m. § 1 Abs. 1 Nr. 4 ErbStG) binnen einer Frist von drei Monaten nach dem Zeitpunkt des ersten Übergangs von Vermögen auf die Familienstiftung der Vermögensübergang dem Finanzamt schriftlich anzuzeigen[1608] ist. Mit § 31 Abs. 1 S. 3 ErbStG wird ferner klargestellt, dass die Pflicht zur Abgabe der Steuererklärung auch in Fällen der Ersatzerbschaftsteuer, also gerade beim Einsatz von Familienstiftungen, gilt.[1609] Das zuständige Finanzamt, das nunmehr nach § 35 Abs. 4 i. V. m. § 20 Abs. 1 u. 2 ErbStG zu bestimmen ist, kann die Steuererklärung dabei von der Familienstiftung sowie von jedem Mitglied, der die Stiftung prägenden Familie[1610], verlangen. Dieses Nachjustieren macht abermals deutlich, dass der Gesetzgeber die Familienstiftung als aktuell vermehrt genutztes Nachfolgeinstrument – zu Recht – anerkannt hat.[1611]

1605 Vgl. auch *O. Werner*, in: Bayer/Koch, Unternehmens- und Vermögensnachfolge, S. 103 (123).

1606 BGBl. I 2020, S. 3096; dazu *Christopeit*, ErbR 2021, 391 (394 f.).

1607 Zuvor wurde diese von der Finanzverwaltung auch ohne ausdrückliche Normierung angenommen, so *Meincke/Hannes/Holtz*, ErbStG § 30 Rn. 15 m. V. a. R E 1.2 I 4 ErbStR.

1608 Zum Inhalt der Anzeige siehe den Katalog gem. § 30 Abs. 5 S. 2 Nr. 1–4 ErbStG.

1609 BT-Drs. 19/22850, S. 178; vgl. BeckOK ErbStG/*Baldauf*, 25. Ed. 1.10.2024, § 31 Rn. 18.

1610 Besonders Destinatäre ohne statutarische Rechte haben kaum die Möglichkeit, sich entsprechend erforderliche Informationen von der Stiftung zu besorgen (→ Teil 4 G II mit Fn. 2825), sodass die Inanspruchnahme eines Familienmitglieds für die Erklärungspflicht deshalb wohl nachrangig sein und einen nicht geringfügigen Begründungsaufwand seitens der Finanzbehörde erfordern dürfte, s. kritisch und zu Recht dies zu weitgehend erachtend T/G/J/G/*Jülicher*, 67. EL 11/2023, ErbStG § 31 Rn. 11; vgl. auch D/H/R/*Volquardsen*, PraxisKo-ErbStG, § 31 Rn. 3.

1611 Dies ebenfalls begrüßend *Christopeit*, ErbR 2021, 391 (395) („*Insgesamt ist es zu begrüßen, dass die Familienstiftungen einen mit Rechtsklarheit ausgestatteten Stellenwert in der Nachfolgeplanung erhalten und so auch beim Gesetzgeber den Anschein einer nicht vorwerfbar-missbräuchlichen Gestaltung verloren haben sollten.*“).

2. *Die Familienstiftung speziell im unternehmerischen Kontext*

Insbesondere im (Familien-)Unternehmensbereich nimmt die Bedeutung und Anzahl von Familienstiftungen vermehrt zu.[1612] Schon *Markus Heuel* konstatierte, dass man „*bei den an einem Unternehmen beteiligten Familienstiftungen bereits von einer längeren Tradition sprechen*" könne.[1613] Die Erträge der Familienstiftung werden dabei *in praxi* meistens durch die ihrem Vermögen gewidmeten Beteiligungen am (Familien-)Unternehmen erwirtschaftet, sodass dann von einer sog. unternehmensverbundenen Familienstiftung[1614] in Gestalt einer Beteiligungsträgerstiftung[1615] gesprochen wird.[1616] Nach einer Studie von *Karin Fleschutz* soll es sich bei 75 % der privatnützigen Stiftungen in Deutschland um unternehmensverbundene Familienstiftungen handeln.[1617] Dass es sich bei der

---

1612 Erman/*M. Wiese*, BGB Vorb. § 80 Rn. 18; Picot/*Picot*, Unternehmenskauf und Restrukturierung, § 7 Rn. 298; *Oppel*, FS 75 Jahre StB-Verband, S. 537 (539); Hennerkes/Kirchdörfer/*Hennerkes/Schiffer*, HdB Familiengesellschaften, Rn. 38.13, S. 784; F/P/W/*Wachter*, ErbStG § 13a Rn. 647; Hannes/*Müller*, FormB Vermögens- und Unternehmensnachfolge, C. 3.10 Rn. 6, S. 1264; *O. Werner*, in: Bayer/Koch, Unternehmens- und Vermögensnachfolge, S. 103 (136); *Weitemeyer*, GesRZ 2023, 237; *Schiffer*, ErbR 2008, 94 (97); *Kraft*, DStR 2016, 2825 (2826); *Schimpfky*, ZEV 2015, 456; *Müller/Schubert*, DStR 2000, 1289 (1290); *Vinken*, in: Stifterverband, Zur Praxis von Familienstiftungen, S. 27 (31); zahlr. Praxisbeispiele bei MHdB GesR 5/*Gummert*, § 81 Rn. 38.

1613 *Heuel*, Entwicklung der Unternehmensträgerstiftung, S. 149; vgl. auch *Härtling/Tolksdorf*, IStR 2023, 717 (719) („*lange Tradition*").

1614 Zu diesem Begriff s. etwa W/S/F/*Saenger*, Die Stiftung, § 38 Rn. 13; Picot/*Picot*, Unternehmenskauf und Restrukturierung, § 7 Rn. 298; *Muscheler*, Gesammelte Beiträge I, S. 317 (319); *Boll*, Die uv. Familienstiftung, S. 40 f.; *Schumann*, Familienstiftungen, S. 208; *Brill*, GWR 2012, 364 (365); *Schwarz*, BB 2001, 2381 (2387); *Nietzer/Stadie*, NJW 2000, 3457 (3458); *Spiegelberger*, ErbStB 2005, 43 (44); vereinzelt wird auch der Begriff „*familienverbundene Unternehmensstiftung*" (so z. B. *Neumann*, Die reine Unterhaltstiftung, S. 199) oder „*unternehmensbezogene Familienstiftung*" (so z. B. *Ambros Schindler*, Familienstiftungen, S. 21; *Ihle*, RNotZ 2009, 621 [631]; *Rösner*, Konzernierung der Stiftung, S. 158) verwendet.

1615 Dazu → Teil 3 A II 2.

1616 *Hennerkes/Kirchdörfer*, FS P. May, S. 393 (405); *Schiffer*, FS Binz, S. 596 (601); *Hoffmann-Becking*, ZHR (178) 2014, 491 (492); *Meinecke*, ZStV 2022, 212 (213); *Schewe/Hermes*, RFamU 2022, 158 f.

1617 *Fleschutz*, in: Sprengel/Ebermann, Statistiken zum Deutschen Stiftungswesen 2007, S. 101 (106); vgl. auch Westermann/Wertenbruch/*Blaum*, PersGesR-HdB, 83. Lieferung 04.2022, I. Teil § 57 Rn. 3824 (bzgl. Stiftung & Co. KG).

Familienstiftung um eine unternehmensverbundene Familienstiftung handelt, kann in der Stiftungssatzung auch explizit klargestellt werden.

Die Rolle der Familienstiftung im Familienunternehmen kann dabei je nach Intention des Stifters eine unterschiedliche sein. Sie kann im Familienunternehmen als reine Dotationsquelle, als Familientreuhänder oder als Führungsinstrument fungieren, wobei in der Praxis die vorstehenden Rollen zumeist miteinander kombiniert werden.[1618] Welche Funktion die Familienstiftung im konkreten Fall einnimmt, hängt dabei aber allein von der Intention des Stifters ab. Gerade in dem Einsatz als Familientreuhänder, soll sie etwa vorrangig dafür Sorge tragen, dass bei einer Unternehmensbeteiligung die Beteiligungsrechte i. S. d. Stifters und der Stifterfamilie ausgeübt werden und dass die Beteiligung (wenn auch mittelbar) der Familie verbleibt bzw. dieser weiterhin zugutekommt. Um eine diesbezügliche Satzungsauslegung zu vereinfachen, kann der Stifter bei Stiftungserrichtung die Grundsätze der Familien- bzw. Unternehmenstradition sowie seine Vorstellungen zur Unternehmensführung und der Stiftungsarbeit auch in einem formlosen Schreiben[1619], einer Präambel oder unmittelbar in der Stiftungssatzung niederschreiben[1620].

Die Familienstiftung als Beteiligungsträgerin ist, vertreten durch ihren Vorstand, Gesellschafterin des Familienunternehmens. Daher obliegen auch die Rechte und Pflichten einer Gesellschafterin ebendieser.[1621] Sie hat aber in dieser Eigenschaft umgekehrt auch die für die Beteiligungsgesellschaft geltenden Normen zu beachten. Bei der Familienstiftung handelt es sich i. d. R. um einen sog.

1618 *Hennerkes/Binz/Sorg*, DB 1986, 2217 (2220); *Binz*, StbJb 1987/88, S. 145 (156 ff.); Wiesehahn/*Schiffer*, Unternehmensnachfolge, S. 169; eing. zu diesen drei Einsatzmöglichkeiten auch *Hennerkes/Kögel*, FS Rödl, S. 281 (284 ff.); *Kornau*, Stiftung als Unternehmensnachfolgerin, S. 244 ff.; *Auwera*, Die Doppelstiftung, S. 46 ff.; *Hävelmann*, Stiftung & Co. KG, S. 82 ff.

1619 Dies bietet sich insbesondere deshalb an, da sich – je nach Umfang – entsprechende Vorgaben nicht in der Satzung verrechtlichen lassen, ohne diese zu überfrachten, ebenso Hopt/Merkt/*Möritz*, VertrFormB, Form. II. F. 2 Anm. 14. Zur Berücksichtigung derlei Stifterschreiben bei der Ermittlung des (mutmaßlichen) Stifterwillens eing. → Teil 4 C.

1620 Feick/*Ponath/Raddatz*, Stiftung, § 28 Rn. 32; Feick/*Godron/Thress*, Stiftung, § 29 Rn. 121; Sudhoff/*Stracke*, Familienunternehmen, § 36 Rn. 9, 12.

1621 Vgl. Feick/*Godron/Thress*, Stiftung, § 29 Rn. 64; v. Rechenberg/Thies/Wiechers/*Schauer*, HdB Familienunternehmen, S. 907; Scherer/*Biermann/Koslowski*, Unternehmensnachfolge, § 9 Rn. 32.

Kerngesellschafter bzw. „*strategischen Gesellschafter*“[1622], d. h. um einen Gesellschafter, der am langfristigen Bestehen des Unternehmens und der Steigerung seines Unternehmenswertes interessiert ist und daher auch auf die Strategie der Unternehmensführung Einfluss nehmen will und eine maßgeblich „*kontinuitätsfördernde Rolle*“[1623] einnimmt.[1624] Auf kurzfristige Gewinnmaximierung ist die Familienstiftung als Gesellschafterin hingegen nicht primär bedacht. Insofern ähneln Familienstiftungen bzw. deren Organe[1625] und Destinatäre[1626] auch in vielfacherweise Familienunternehmen bzw. den Familiengesellschaftern (*et vice versa*).[1627] Diese Ähnlichkeit kann insbesondere auch damit erklärt werden, dass – wie bereits eingangs erläutert – unternehmensverbundene Familienstiftung regelmäßig aus Familienunternehmen hervorgehen und die Gesamtkonstruktion einer unternehmensverbundenen Familienstiftung neben der Familienförderung

---

1622 Zum Begriff s. *Kalss*, FS G. D. Karth, S. 499 (503); ähnlich *Eiselsberg*, ecolex 2007, 3 (4) („*stabilisierende*[r] *Gesellschafter*“); *v. Oertzen/Reich*, DStR 2017, 1118 (1123).

1623 KölnerHdB-HGR/*Demuth/Schellenberg*, Kap. 26 Rn. 184.

1624 Vgl. *Thomsen/Kavadis*, Enterprise Foundations, S. 19 („*The structure seems likely to further encourage the long-termism and financial conservatism observed in many family businesses.*“).

1625 Dabei darf nicht verkannt werden, dass die Familienstiftung resp. deren Organe, d. h. ggf. auch der Stifter oder Familienmitglieder als Organmitglieder, nicht wie ein Gesellschafter grds. frei agieren können, sondern bei ihrem Stiftungshandeln stets den (historischen oder mutmaßlichen) Stifterwillen (vgl. § 83 Abs. 2 BGB) berücksichtigen müssen, weshalb insofern ein qualitativer Unterschied besteht, vgl. *Gierhake*, Vermögensnachfolge und Vermögensschutz, S. 67; näher hierzu → Teil 5 B I.

1626 Vgl. hierzu (betreffend das deutsche Stiftungskollisionsrecht) BGH, NZG 2016, 1187 Rn. 14, wonach das Verhältnis der Destinatäre zur Stiftung mit demjenigen von Gesellschaftern zur Gesellschaft jedenfalls mit Blick auf die Ausschüttungserwartung vergleichbar seien.

1627 Vgl. *Kalss*, FS G. D. Karth, S. 499; *Weninger*, ZUS 2012, 40 (44); vgl. auch *H. Wiedemann*, GesR Bd. I, 1980, § 2 II 2 b), S. 121 („*stiftungsähnliche Charakter der Familienunternehmung*“); s. a. *Krämer*, Sonderrecht der Familiengesellschaften, S. 169, 191, 237 m. w. N.; zu Gemeinsamkeiten von uv. (Familien-)Stiftungen und Familienunternehmen näher *Bruttel/Probst/Schweinsberger*, FuS 2015, 138 (139); *Felden/Hack/Hoon*, Management von Familienunternehmen, S. 178; vgl. *v. Lucius*, FS Binz, S. 418 (422, 424); s. a. → Teil 2 A II 1; differenzierend je nach Ausgestaltung der Verbindung von Stiftung und Familienunternehmen auch *Hosseini-Görge*, Foundation owned firms, S. 31 ff.

auch an dem langfristigen Erhalt des Familienunternehmens angelegt ist.[1628] Der bei Familienunternehmen zu konstatierende Treuhandgedanke[1629] entspricht auch der Familienstiftungskonstruktion.[1630] Zudem hat sie besonders die Interessen der Unternehmerfamilie zum Gegenstand.[1631] Insofern besteht i. d. R. auch ein Interessengleichlauf zwischen der familienbeeinflussten Familienstiftung als Gesellschafterin und dem Familienunternehmen.[1632]

Da die Familienstiftungskonstruktion auch die Versorgung der Unternehmerfamilie gewährleisten soll, wird hier davon ausgegangen, dass es sich regelmäßig um eine privatnützige Familienstiftung mit einer Familienbegünstigung von mehr als ein Drittel der Stiftungseinkünfte handeln soll.[1633] Ferner beschränkt § 58 Nr. 6 AO die Unterhaltsleistung auf die *„nächsten Angehörigen“*, worunter der Stifter, seine Abkömmlinge und schließlich nur noch deren nächsten Abkömmlinge fallen, sodass eine dauerhafte Versorgung der Familie über die vorstehenden drei Generationen i. d. R. nicht vorgesehen ist.[1634] Erbschaft- und schenkungsteuerrechtlich ist ferner zu beachten, dass bei Aufnahme einer § 58 Nr. 6 AO entsprechenden Regelung in der Stiftungssatzung, man sich die Möglichkeit, eine Schenkung bzw. Erbschaft innerhalb von 24 Monaten der gemeinnützigen

1628 Vgl. auch *Block et al.*, Journal of Family Business Strategy 2020, S. 1 (5); vgl. auch *Thomsen/Kavadis*, Enterprise Foundations, S. 19, 90.

1629 Dazu → Teil 2 A II 1.

1630 *Demuth*, KÖSDI 2023, 23055 Rn. 4; May/Bartels/*Jeschke/Siehmer*, Nachfolge in Familienunternehmen, S. 167 (180); vgl. insoweit auch *v. Scheurl*, AcP 77 (1891), 243 (247).

1631 Explizit *Blumers*, Ubg 2022, 47 (48).

1632 Näher *Auwera*, Die Doppelstiftung, S. 194 ff.; vgl. *Block et al.*, Journal of Family Business Strategy 2020, S. 1 (5 f.); vgl. auch empirisch *Bruttel/Probst/Schweinsberg*, FuS 2012, 226 (228), denen nach *„[d]ie Stiftungen als ‚dominant owner‘ […] ein ausgeprägtes Interesse an den Entwicklungen in ‚ihrem‘ Unternehmen haben“* würden. Größere Interessendivergenzen seien hingegen bei unternehmensverbundenen gemeinnützigen Stiftungen zu erwarten, so *Block et al.*, Journal of Family Business Strategy 2020, S. 1 (5 f.); siehe aber auch S/S/S/P/*Stumpf*, StiftR, § 80 Rn. 44, der zutreffend darauf hinweist, dass allg. bei einer unternehmensverbundenen Stiftung, *„die neben der Verwaltung des Unternehmens anderweitige Zwecke verfolgt, ein natürliches Interesse am nachhaltigen Erfolg des Unternehmens“* besteht.

1633 Zivilrechtlich ist sie ohnehin nur in diesem Fall als Familienstiftung anzuerkennen, da eine gänzliche oder überwiegende Familienförderung erforderlich ist, s. a. H/R/W/*Richter/Gollan*, Landesstiftungsrecht, Rn. 30.18.

1634 Jakob/*Hüttemann*, Universum Stiftung, S. 29 (42); *Schlüter/Stolte*, Stiftungsrecht, Kap. 7 Rn. 53; *Sanders*, in: Sanders/Thomsen, Enterprise Foundation Law, S. 25 (36); vgl. auch Nr. 12 S. 2 AEAO zu § 58 Nr. 6 AO.

Stiftung zuzuwenden, um sich eine etwaige ursprüngliche Schenkung- bzw. Erbschaftsteuer erstatten zu lassen, abschneidet (vgl. § 29 Abs. 1 Nr. 4 S. 2 ErbStG).[1635]

Für Familienunternehmer, die eine Verstetigung ihres Unternehmens bei gleichzeitiger Wahrung des Charakters als Familienunternehmen anstreben, ist eine gemeinnützige Stiftung i. d. R. allein ohnehin nicht empfehlenswert, da der primäre Preis für die Erlangung des Status der Gemeinnützigkeit in der Einschränkung der Gestaltungsfreiheit des Stifters und damit letztlich im Verlust von Einflussmöglichkeiten der Familie zu ihren Gunsten auf die Stiftung besteht.[1636] Das primäre Ziel der Sicherung der Unternehmenskontinuität unter Wahrung des maßgeblichen Einflusses der Familie auf das Familienunternehmen vermittels einer gemeinnützigen Familienstiftung und des damit einhergehenden Einflusses der Familienstiftung auf die Geschäftsführung des Familienunternehmens kollidiert i. d. R. mit den gemeinnützigkeitsrechtlichen Geboten der Selbstlosigkeit

---

1635 Darauf explizit hinweisend Hannes/*Müller*, FormB Vermögens- und Unternehmensnachfolge, C. 3.01 Rn. 63, S. 1160; zur Ratio des § 29 ErbStG S/S/S/P/*Pauli*, StiftR, Teil E, Stiftungssteuerrecht, ErbStG § 29 Rn. 3 f.

1636 Vgl. *Rawert*, DNotZ 2008, 5 (6); *Mock/Schauhoff*, ZGR-Sonderheft 24 (2021), 817 (818); *Wissenschaftliche Dienste des Bundestages*, WD 4–3000–145/19 v. 8.11.2019, S. 13; Spiegelberger/*Spiegelberger*, Unternehmensnachfolge, § 24 Rn. 90. Vgl. auch *Hennerkes/Binz/Sorg*, DB 1986, 2217 (2219); S/B/K/G/W/*Kormann*, Familienunternehmen, Kap. 1 Rn. 116 empfiehlt eine gemeinnützige Familienstiftung als Gesellschafterin eines Familienunternehmens gesellschaftsvertraglich auszuschließen, da die Verfolgung des gemeinnützigen Stiftungszwecks i. d. R. mit dem Unternehmensinteresse konfligiere; dies explizit bezweifelnd aber Richter/*Richter*, Stiftungsrecht, § 10 Rn. 73 (dortige Fn. 63); nach *Binz*, StbJb 1987/88, S. 145 (151) käme eine gemeinnützige Stiftung höchstens in Kombination mit einer Familienstiftung als sog. Doppelstiftung für Familienunternehmen in Betracht; ähnlich Sudhoff/*Stracke*, Familienunternehmen, § 36 Rn. 7; *Theuffel-Werhahn*, ZStV 2015, 169; gänzlich von einer gemeinnützigen Stiftung als Unternehmensnachfolgeinstrument abratend *Eiling/Tiemann*, SB 2020, 195 (196); *Söffing/Thoma*, ErbStB 2005, 315 (316); *Gollan*, ErbR 2016, 238 (240); *Kracht*, GStB 2007, 296; *Hävelmann*, Stiftung & Co. KG, S. 72; i. Erg. *Gierhake*, Vermögensnachfolge und Vermögensschutz, S. 278 f., 297; eing. zur gemeinnützigen Stiftung als Unternehmensnachfolgemodell etwa *Kußmaul/Schumann*, Ubg 2020, 326; *Kornau*, Stiftung als Unternehmensnachfolgerin, S. 261 ff.; Schlecht & Partner/Taylor Wessing/*Sommer/Godron*, Unternehmensnachfolge, S. 425; zum „*Mehrwert [gemeinnütziger uv. Stiftungen] für die Gesellschaft*" s. *Dittmer*, S&S 04/2022, 25 f.; speziell zu den steuerrechtlichen Aspekten *Schienke-Ohletz*, BB 2018, 2012; *Alber/Seemann*, FuS 2022, 128 (mit Vergleich zur gGmbH); bei Beteiligung an einer AG eing. *H. Hübner/Berg*, Ubg 2023, 180.

(§ 55 AO) und der Förderung der Allgemeinheit (§ 51 AO).[1637] Der Stiftungszweck einer gemeinnützigen Stiftung sieht insofern auch zwingend die Förderung der Allgemeinheit und gerade nicht eine privatnützige Förderung von Individuen vor.[1638] Die Mittel der gemeinnützigen Stiftung, d. h. die Erträge aus deren Vermögen, dürfen grds. mit Blick auf §§ 55, 56 AO nur für gemeinnützige Zwecke verwendet werden.[1639] Die indes vorhandene 1/3-Grenze des § 58 Nr. 6 AO in Bezug auf die Ausschüttungen an die Destinatäre der gemeinnützigen Familienstiftung – in der Praxis wohl weitgehend bedeutungslos[1640] – wird ferner für eine weitreichende Absicherung der Stifterfamilie nicht immer ausreichend[1641] und daher kaum mit dem Interesse des Stifters als auch der Stifterfamilie zu vereinbaren sein.[1642] Hinzukommt, dass Leistungen nach § 58 Nr. 6 AO notwendig (i. S. e. *„entsprechenden wirtschaftlichen Bedürftigkeit des Leistungsempfängers“*) sein müssen, um in angemessener Weise den Stifter und seine nächsten Angehörigen zu unterhalten.[1643] Die Bestimmung der Angemessenheit und Bedürftigkeit liegt dabei im Ermessen der Finanzbehörde und kann daher im Einzelfall zu unerwünschten Ergebnissen führen.[1644] Ferner ist zu beachten, dass die mit der Gemeinnützig-

---

1637 Vgl. NK-GemnR/*A. Werner*, Teil 1 3.2 Stiftungen Rn. 39; *Windthorst*, in: Windthorst, Herausforderungen in Familienunternehmen, S. 111 (115); *Olbing*, ErbR 2022, 201 (204); *Hävelmann*, Stiftung & Co. KG, S. 72. Ferner darf der administrative Aufwand, insbesondere aufgrund der gemeinnützigkeitsrechtlichen Vorgaben, einer gemeinnützigen Stiftung nicht unterschätzt werden, s. *Heuel/Ens*, S&S RS 06/2021, 1 (5).

1638 *Schwalm*, ZStV 2020, 146 (149).

1639 Siehe auch m. N. *Schienke-Ohletz/Mehren*, ZStV 2022, 1 (2) mit Hinweis darauf, dass eine weitergehende Partizipation der Familie an den Erträgen der gemeinnützigen Stiftung ggf. über ein an den Erträgen des Stiftungsvermögens vorbehaltenen Nießbrauchsrecht zugunsten des Stifters oder einer Gesellschaft in Betracht komme; s. dazu auch → Fn. 1657.

1640 So etwa explizit *Rawert*, ZGR 2018, 835 (840 dortige Fn. 24).

1641 *Windthorst*, in: Windthorst, Herausforderungen in Familienunternehmen, S. 111 (115).

1642 *Schewe/Hermes*, RFamU 2022, 158 (160).

1643 Heute wohl überwiegende Ansicht: stellvertretend m. w. N. *Hüttemann*, Gemeinnützigkeits- und SpendenR, Rn. 4.28; Hannes/*Müller*, FormB Vermögens- und Unternehmensnachfolge, C. 3.01 Rn. 63, S. 1160; zum Meinungsstand (jedoch noch im Rahmen des wortgleichen § 58 Nr. 5 AO) ausf. *Kirchhain*, Gemeinnützige Familienstiftungen, S. 218 ff., 221.

1644 *T. Horvath*, Stiftungen als Instrument der Unternehmensnachfolge, S. 60; in der Praxis verfahre die Finanzverwaltung dabei äußerst restriktiv, so v. Oertzen/Ponath/*Ponath*, Asset Protection, § 5 Rn. 41; *Alber/Seemann*, FuS 2022, 128 (130).

keit einhergehenden Steuerbefreiungen in Gänze nur solange gegeben sind, wie die gemeinnützige Stiftung keinen relevanten Einfluss auf die Geschäftsführung des verbundenen Unternehmens nimmt, da dann ein *„wirtschaftlicher Geschäftsbetrieb“* (§§ 14, 64 AO) vorliegen könnte, der trotz der Gemeinnützigkeit der Stiftung u. a. zu einer partiellen Körperschaft- und Gewerbesteuerpflicht führen würde oder gar gänzlich zum Verlust des Gemeinnützigkeitsstatus der Stiftung.[1645]

In der Praxis wird die gemeinnützige (Familien-)Stiftung u. a. aus den vorstehenden Gründen zum Zwecke der Unternehmensnachfolge bei Familienunternehmen – jedenfalls bei existierenden, fähigen und willigen Familienmitgliedern – ohnehin selten empfohlen und umgesetzt.[1646] Ob unternehmensverbundene gemeinnützige Stiftungen zudem auch eine schlechtere Performance als unternehmensverbundene Familienstiftungen gerade als Nachfolgeinstrument für

---

1645 Vgl. BFH/NV 2011, 312; BFHE 103, 56; *Heinzelmann*, Die Stiftung im Konzern, S. 201; *Wehrheim/Gehrke*, StuW 2005, 234 (237); Feick/*Godron/Thress*, Stiftung, § 30 Rn. 28; BeckHdB GmbH/*Braun/Siemers*, § 19 Rn. 79; Schauhoff/Kirchhain/*Mehren*, Gemeinnützigkeits-HdB, § 3 Rn. 131; ausf. hierzu *Kraus/Mehren*, DStR 2020, 1593; bei Beteiligung an einer AG eing. *H. Hübner/Berg*, Ubg 2023, 180 (181 ff.).

1646 Hennerkes/Kirchdörfer/*Lorz*, HdB Familiengesellschaften, Rn. 35.103, S. 748; *Breyer*, PU 10/2020, 1 (2); *R. Werner*, ZEV 2006, 539 (544) (*„grundsätzlich ungeeignet“*); *Schewe/Hermes*, RFamU 2022, 158 (160); vgl. *Reimann*, DNotZ 2012, 250 (268); eing. zu den *„vielen Hürden und Einschränkungen“* Feick/*Godron/Thress*, Stiftung, § 30 Rn. 10 ff.; *Gollan*, ErbR 2016, 238 (240) m. N. sieht den Grund vornehmlich einerseits in der Auslegungsbedürftigkeit der „Angemessenheit“ des Unterhalts und andererseits in der restriktiven Handhabung durch die Finanzverwaltung; ähnlich auch *Hüttemann*, in: Röthel/K. Schmidt, Familienunternehmen im Wandel, S. 43 (56); ebenso *Gierhake*, Vermögensnachfolge und Vermögensschutz, S. 278 f., 297, der im Besonderen die uneingeschränkte staatliche Stiftungsaufsicht und auch die Finanzaufsicht) und die engen Gestaltungsmöglichkeiten für Stifter bei gemeinnützigen Stiftungen anführt. Gemeinnützige Stiftungen kämen eher für die Verwaltung von Immobilien und liquidem Vermögen in Betracht, weniger für das Halten und Verwalten von Unternehmensbeteiligungen, für welche privatnützige Stiftungen geeigneter seien. Auch § 13a Abs. 9 S. 1 Nr. 2 ErbStG, wonach der Vorweg-Abschlag u. a. nur bei Verfügungen zugunsten von Familienstiftungen und nicht auch gemeinnützigen Stiftungen zulässig ist, zeigt, dass der Gesetzgeber gemeinnützige Stiftungen *„nicht als typischen [Gesellschafter ansieht], den ein Familienunternehmen in seinen Kreisen zählt“*, s. *Schmitt*, Familienstiftungen im neuen ErbStG, S. 148 f. Zu Zielkonflikten zwischen gemeinnütziger Stiftung und Unternehmen s. etwa Groll/Steiner/*Steiner*, ErbR-HdB, Rn. 16.65; *Kormann/Kaschke*, RFamU 2023, 449 (450).

Familienunternehmen aufweisen, harrt indes noch weiterer, empirischer Untersuchungen.[1647]

Aufgrund des Vorstehenden wird die gemeinnützige Familienstiftung[1648] bzw. treffender gemeinnützige Stiftung mit Familienbeteiligung[1649] (§ 58 Nr. 6 AO) als alternative Gestaltungsmöglichkeit im hiesigen Kontext nicht weiter behandelt.[1650] Eine solche bzw. eine reine gemeinnützige Stiftung kann freilich dann in Betracht kommen, wenn der Stifter alleinstehend und kinderlos ist, keine willigen und fähigen Nachfolger hat oder Familienangehörige nur angemessen i. S. d. § 58 Nr. 6 AO oder gar nicht in den Genuss einer Destinatärsstellung kommen sollen.[1651] Insbesondere, wenn der Stifter keinerlei Erben hat, würde sein Vermögen andernfalls auf den Staat (§ 1936 BGB) übergehen.[1652]

1647 Vgl. eine bessere Perfomance von Familienstiftungen annehmend m. w. N. *Block et al.*, Journal of Family Business Strategy 2020, S. 1 (2, 5 f.); *Hosseini-Görge*, Foundation owned firms, S. 41, 50 f.; *Block/Kormann/Fathollahi*, FuS 2023, 52 (58); **a. A.** aber etwa *Mühlbauer*, Stiftungsverbundene Unternehmen und Agency-Theorie, S. 141 sowie *Franke/Draheim*, VfS 2015, 1 (28), die dies in ihren Untersuchungen indes nicht feststellen konnten. *Thomsen/Kavadis*, Enterprise Foundations, S. 91 zufolge, seien jedenfalls in Bezug auf „*financial performance or sustainability ratings*" zwischen gemeinnützigen und privatnützigen unternehmensverbundenen Stiftungen keine signifikanten Unterschiede zu konstatieren. Gleichwohl betonen sie zu Recht, dass es diesbezüglich breitere Untersuchungen bedarf.

1648 Dazu etwa *Hüttemann*, GS Schindhelm, S. 377; *Richter/Sturm*, ZErb 2006, 75 (78 ff.); *Schauhoff*, DB 1996, 1693; bündig *Auwera*, Die Doppelstiftung, S. 46; monographisch *Kirchhain*, Gemeinnützige Familienstiftungen, *passim*; zur Abgrenzung der privatnützigen von der gemeinnützigen (Familien-)Stiftung s. nur Feick/*Feick*, Stiftung, § 2 Rn. 1 ff. Nicht gemeint ist hier eine nicht die Voraussetzungen der §§ 51 AO erfüllende Familienstiftung in Gestalt einer gemischten Stiftung, die neben privat- auch gemeinnützige Zwecke verfolgt, dazu → Teil 4 A V 3.

1649 Genau genommen handelt es sich nämlich nicht um eine (privatnützige) Familienstiftung, so *Schlüter/Stolte*, Stiftungsrecht, Kap. 1 Rn. 60; *Schmitt*, Familienstiftungen im neuen ErbStG, S. 5 m. w. N. Gleichwohl ist der Begriff der gemeinnützigen Familienstiftung gängig, vgl. vorstehende Fn. 1648 sowie *Wochner*, in: Bayer/Koch, Unternehmens- und Vermögensnachfolge, S. 141 (154, 165); *Schwarz*, BB 2001, 2381 (2388).

1650 Die Kombination einer gemeinnützigen (Familien-)Stiftung mit einer Familienstiftung (sog. Doppelstiftung) wird indes erörtert, dazu → Teil 4 A V 2.

1651 Vgl. *König*, Nachlassplanung, S. 101; zu gemeinnützigen Stiftungen als Prinzipal empirisch zuletzt *Kormann/Kaschke*, RFamU 2023, 449.

1652 *v. Löwe*, Familienstiftung und Nachfolgegestaltung, § 3 Rn. 31.

Beabsichtigt der Stifter resp. Familienunternehmer auch die Verfolgung gemeinnützige Zwecke, so kann er dies allein oder gemeinsam mit dem Familienunternehmen auch und häufig effektiver im Rahmen einer separaten gemeinnützigen Stiftung, die etwa Begünstigte der Familienstiftung sein kann[1653], realisieren. Andernfalls kann er auch eine unternehmensverbundene (Familien-)Doppelstiftung oder auch gemischte Familienstiftung[1654] heranziehen.[1655]

Soll indes in erster Linie der Familieneinfluss fortgesetzt, das Familienunternehmen erhalten und der Wille des Stifters dabei langfristig bewahrt sowie die Familie über Generationen hinweg versorgt werden, so ist vielmehr die reine privatnützige unternehmensverbundene Familienstiftung als Nachfolgeinstrument heranzuziehen.[1656] Diese bietet einen größeren Gestaltungsspielraum für den Stifter, wohingegen die Gestaltungsmöglichkeit bei einer gemeinnützigen Stiftung die Satzung nach eigenen Vorstellungen, insbesondere im Interesse der Familie, zu gestalten, durch die §§ 51 ff. AO stark eingegrenzt sind. Insbesondere bedeutet die Vermögensübertragung auf eine gemeinnützige Stiftung, dass das Vermögen und die zukünftigen Erträge daraus grundsätzlich[1657] nicht mehr dem

---

1653 *Eiling/Tiemann*, SB 2020, 195 (197); zur Einsetzung einer gemeinnützigen Stiftung für den Fall des Aussterbens der Familie als weitere Destinatärin und/oder Anfallsberechtigte einer Familienstiftung eing. *Reich*, DStR 2019, 1341.

1654 Wobei hierbei i. d. R. die Erlangung eines gemeinnützigkeitsrechtlichen Status i. S. d. §§ 51 ff. AO nicht möglich sein wird, vgl. → Teil 4 A V 3.

1655 Vgl. *Windthorst*, in: Windthorst, Herausforderungen in Familienunternehmen, S. 111 (125); NK-GemnR/*A. Werner*, Teil 1 3.2 Stiftungen Rn. 37 f.; *Breyer*, PU 10/2020, 1 (2); zu diesen Gestaltungsmöglichkeiten näher → Teil 4 A V 2 und 3.

1656 Vgl. auch *Heuel/Ens*, S&S RS 06/2021, 1 (5); *R. Werner*, ZEV 2006, 539 (544).

1657 Eine weitergehende Partizipation der Familie an den Erträgen der gemeinnützigen Stiftung ist etwa dadurch möglich, dass die Schenkung (Vermögensübertragung) unter eine Auflage (z. B. Rentenzahlung) gestellt, der Vermögensgegenstand – sofern möglich – mit einer dinglichen Belastung (Nießbrauch, Wohnrecht etc.) belastet wird und schließlich können die Familienmitglieder entgeltlich in der gemeinnützigen Stiftung beschäftigt werden, vgl. *Olbing*, ErbR 2022, 201 (204); *Ihle*, RNotZ 2009, 621 (629 ff.); *Muscheler*, Gesammelte Beiträge I, S. 317 (328 f.); speziell zur Übertragung von mit Nießbrauch belasteten Vermögen auf eine gemeinnützige Stiftung ausf. *Löhnitz*, ZStV 2021, 74; *Lothmann*, SB 2024, 137; vgl. auch Nr. 13, Nr. 16 AEAO zu § 55 Abs. 1 Nr. 1 AO; Wachter/Heckschen/*Schick/Hemmen*, Praxis des HuGR, § 11 Rn. 665 und *Lothmann*, SB 2024, 137 raten derlei Vorbehalte vorab mit der Finanzverwaltung im Wege einer verbindlichen Auskunft (§ 89 Abs. 2 AO) abzusprechen, da jenes mit Blick auf § 55 Abs. 1 Nr. 1 AO Nr. 16 S. 4–6 – entgegen BFHE 185, 54 – § 58 Nr. 6 AO auch bei Leistungen aufgrund eines Vorbehalts anwendet; vgl. dazu auch *Muscheler*, Gesammelte Beiträge I, S. 317 (329 dortige Fn.

Stifter und seiner Familie zur Verfügung stehen. Nicht verschwiegen werden soll aber, dass es gleichwohl auch gemeinnützige Familienstiftungen gibt, die gerade *„als Instrument der Kontinuitätssicherung [des Familienunternehmens]“* fungieren sollen und dies *„als von der Gründerfamilie geprägtes Unternehmen“* sowie mit einer entsprechenden durchaus auch auf die Einflusswahrung der Familie gerichteter Stiftungssatzung ausgestattet sind[1658], wobei jedoch der gemeinnützige Stiftungszweck stets im Fokus steht.

Neben den hier im Fokus stehenden unternehmensverbundenen Familienstiftungen existieren in der Stiftungspraxis auch die Erscheinungsformen der reinen Unternehmensstiftung und Familienstiftung.[1659] So gibt es Familienstiftungen, deren Vermögen keine unmittelbare oder mittelbare Beteiligung an einem (Familien-)Unternehmen enthält[1660], und umgekehrt gibt es auch Unternehmensstiftungen ohne Familienbezug[1661].

---

35). Allg. zur verbindlichen Auskunft und Unternehmensnachfolgeplanung *Lorenz/Claussen*, RFamU 2024, 167.

1658 So etwa die gemeinnützige *Gerhard und Ilse Schick Stiftung*, s. dazu *BaFin*, Befreiungsantrag nach §§ 36, 37 WpÜG v. 20.6.2022, DE000-5158703 (https://t1p.de/a0q17); vgl. aber zu steuerrechtlichen Erwägungen aufgrund derer man von einem zu starken Familieneinfluss in einer gemeinnützigen Familienstiftung weitestgehend absehen sollte, s. bündig *Olbing*, ErbR 2022, 201 (204 f.).

1659 *Schewe/Hermes*, RFamU 2022, 158 f.

1660 So wird eine Familienstiftung etwa als *Asset-Protection*-Gestaltungsmittel insbesondere für Immobilienvermögen (z. B. Familienheim) verwendet, s. dazu *Winheller/Piekarek*, ZStV 2018, 153; *R. Werner*, ZStV 2014, 66; *Rosenberger*, RNotZ 2020, 357 (370 ff.); v. Oertzen/Ponath/*v. Oertzen*, Asset Protection, § 4 Rn. 89 f., 132 ff.; für eine betriebswirtschaftliche Steuerwirkungsanalyse betreffend die unentgeltliche und entgeltliche Übertragung von Immobilienvermögen auf eine Familienstiftung im Vergleich zu einer Immobilien-GmbH s. *Kutac/Schewe*, FR 2022, 831.

1661 Z. B. die (rein privatnützige) Unternehmensstiftung *WALA Stiftung* in Bad Boll/Eckwälden, dazu bündig *Döring*, Die Stiftung als Finanzierungsinstrument, S. 206 f. Da hierbei die Stiftung nicht im wesentlichen Interesse einer Familie oder bestimmter Familien errichtet wird und es sich deshalb nicht um eine Familienstiftung im steuerrechtlichen Sinne handelt, unterliegt eine Unternehmensstiftung ohne Familienbegünstigung auch nicht der Ersatzerbschaftsteuer (vgl. *Heuel/Ens*, S&S RS 06/2021, 1 [9]), jedoch unterliegt sie – jedenfalls in den Bundesländern, in denen die Stiftungsaufsicht nur bei Familienstiftungen eingeschränkt ist – der uneingeschränkten Stiftungsaufsicht, s. W/S/F/*Schulte/Risch*, Die Stiftung, § 47 Rn. 40 m. w. N.

3. *Zwischenergebnis*

Fassen wir zusammen: Bei einer unternehmensverbundenen Familienstiftung im Sinne dieser Arbeit handelt es sich um eine von einem Familienunternehmer gegründete Familienstiftung zwecks vornehmlicher Versorgung der Familie und Erhalt des Familienunternehmens unter Wahrung seines Familienunternehmenscharakters. Gleichwohl können daneben noch weitere Zwecke wie die Förderung von Forschung und Wissenschaft oder auch die Arbeitnehmerunterstützung verfolgt werden. Die Destinatäre sind dabei zumeist überwiegend Familienmitglieder.

Der Familienunternehmer überträgt i. d. R. die Mehrheit der Unternehmensanteile auf die Familienstiftung, sodass eine unternehmensverbundene Familienstiftung in Gestalt einer Beteiligungsträgerstiftung vorliegt. Im Rahmen der vorliegenden Arbeit ist daher, sofern der Begriff der unternehmensverbundenen Familienstiftung verwendet wird oder bereits wurde, allein die Variante der Beteiligungsträgerstiftung gemeint, bei der der Stifter und seine Familie einen statutarisch vermittelten, maßgeblichen Einfluss haben. Dieser Familieneinfluss auf die Familienstiftung ist dabei ausschlaggebend, weniger die Bezugs-/Anfallsberechtigung der Familienmitglieder.[1662] Insofern bietet sich in Anlehnung an *Ambros Schindler*[1663] folgende Umschreibung an: Die unternehmensverbundene Familienstiftung im Kontext der Familienunternehmensnachfolge ist eine Anwendungsvariante der rechtsfähigen Stiftung bürgerlichen Rechts, die sich durch eine auf Dauer ausgerichtete vermögens- und unternehmenszweckgebundene Organisation auszeichnet, bei der der Stifter und seine Familie maßgeblichen Einfluss auf die Familienstiftung und damit mittelbar auf das mit ihr über ihre Gesellschaftsbeteiligung verbundene Familienunternehmen haben, wobei sie – wenn auch nicht zwingend – mehr als die Hälfte bezugs-/anfallberechtigt sein können.

IV. Weitere besondere Erscheinungsformen unternehmensverbundener Familienstiftungen

Besonders seit der Erbschaftsteuerreform 2016 kann eine unternehmensverbundene Familienstiftung bei geschickter kautelarjuristischer Ausgestaltung im Einzelfall speziell für (große) Familienunternehmen steuerrechtlich vorteilhaft sein,

---

1662 Ebenso W/S/F/O. *Werner*, Die Stiftung, § 1 Rn. 33 m. V. a. *Otto*, HdB Stiftungspraxis, Teil 1 Rn. 30.

1663 *Ambros Schindler*, Familienstiftungen, S. 24.

weshalb sie seither auch an Bedeutung gewonnen hat.[1664] Vornehmlich, aber nicht allein aus steuerrechtlichen Motiven[1665] wurden daher weitere besondere Kombinationen unternehmensverbundener Familienstiftungen konzipiert. Dennoch gilt es eingedenk des Umstands, dass das Steuerrecht stetigen Veränderungen unterliegt, zu berücksichtigen, dass eine Stiftung nie – allein – aus steuerrechtlichen Motiven heraus gegründet werden sollte.[1666]

Bei der Errichtung einer Stiftung sowie deren Verbindung mit einem Familienunternehmen überlässt das Gesetz dem Stifter einen großen Gestaltungsspielraum, sodass sich in der Praxis vielfältige unternehmensverbundene Stiftungskonstruktionen entwickelt haben.[1667]

Nachfolgend werden zum einen zwei in der Praxis heute wohl am häufigsten anzutreffenden Erscheinungsformen unternehmensverbundener Familienstiftungen erörtert. Dies sind namentlich die Familienstiftung & Co. KG sowie die sog. Doppelfamilienstiftung. Zum anderen aber auch auf die in letzter Zeit vermehrt vorgeschlagene sog. gemischte Familienstiftung und die sog. Stammesfamilienstiftung eingegangen. Die konkrete Gestaltung ist dabei aber letztlich an den Bedürfnissen des Familienunternehmens zu orientieren und hängt zudem

---

1664 Vgl. MHdB GesR 5/*Gummert*, § 80 Rn. 11; BeckOK ErbStG/*Erkis*, 25. Ed. 1.10.2024, § 1 Rn. 40; näher *v. Oertzen*, BB 2019, 2647; *v. Oertzen/Reich*, Ubg 2015, 629 (damals noch zum ErbStG-RegE); *Wachter*, FR 2017, 69 (Teil 1) und 130 (Teil 2); *Dannecker*, DStR 2023, 1057 (1060 f.); vgl. auch *Demuth*, KÖSDI 2018, 20909 Rn. 10, 22 ff.; zurückhaltender *Theuffel-Werhahn*, ZEV 2017, 17; zusammenfassend Scherer/ *Biermann/Koslowski*, Unternehmensnachfolge, § 9 Rn. 80 ff.; ausf. *Schmitt*, Familienstiftungen im neuen ErbStG, S. 105 ff.

1665 Kritisch zu den Einflüssen des Steuerrechts auf das Gesellschaftsrecht *H. Wiedemann*, GesR, Bd. I, S. 23, der das Steuerrecht als *„unerwünschte Rechtsquelle des Gesellschaftsrechts"* ansieht; bezogen auf die *„Vertragsgestaltungspraxis"* auch kritisch *K. Schmidt*, GesR, § 1 II. 6. c), S. 23.

1666 Vgl. nur *v. Oertzen*, BB 2019, 2647 (2654); *Hannes/v. Oertzen*, „Die Familienstiftung ist kein Steuersparmodell", F.A.Z. v. 4.4.2018 (https://t1p.de/54pr0); *Hüttemann*, in: Röthel/K. Schmidt, Familienunternehmen im Wandel, S. 43 (58); *Schiffer/Pruns*, BB 2013, 2755 (2758); deutlich und zutreffend auch *Loritz/Weinmann*, DB 2022, 2890, nach denen *„steuerliche Gründe allein keinesfalls die Wahl einer unternehmensverbundenen Stiftung rechtfertigen, sondern diese vielmehr in gesellschaftsrechtlichen Erwägungen zu suchen sind"*.

1667 Zu aktuellen (steueroptimierten) Stiftungsstrukturen, insb. im Zusammenhang mit Familienstiftungen eing. *v. Oertzen*, BB 2019, 2647; s. a. *Blusz*, DStR 2017, 1016; kritisch zur stiftungsrechtlichen Kautelarpraxis *Rawert*, ZEV 1999, 294 (295); *K. Schmidt*, ZHR (166) 2002, 145 (148 f.).

besonders von der Motivation und den Zielen[1668] des Stifters und seiner Familie im Einzelfall ab.

1. *Familienstiftung & Co. KG*

a) *Grundlegendes*

Bei einer Familienstiftung & Co. KG[1669] als besondere Ausprägung[1670] einer regulären Stiftung & Co. KG[1671], von denen Anfang 2021 insgesamt 124 in den deutschen Handelsregistern eingetragen waren[1672], handelt es sich, wie auch bei der bekann-

---

1668 Dazu → Teil 3 A.

1669 Diesen Begriff verwenden etwa *Nietzer/Stadie*, NJW 2000, 3457; *Schiffer*, ZSt 2003, 252 (253); *Werkmüller*, ZEV 2015, 522; *Boll*, Die uv. Familienstiftung, S. 42; *Schumann*, Familienstiftungen, S. 214; Block et al./*Klinkner/Ens/Buß*, Die Familienstiftung, S. 79 (95).

1670 Die Gestaltungsvarianten sind jedoch vielfältig: zur Doppelstiftung & Co. KG MAH PersGesR/*Müller*, § 1 Rn. 144 ff.; zur Stiftung & Co. KGaA (z. B. CEWE Stiftung & Co. KGaA) Block et al./*Klinkner/Ens/Buß*, Die Familienstiftung, S. 79 (98 ff.); *Pauli*, ZErb 2010, 66; *Wehrheim/Gehrke*, StuW 2005, 234; zur Verbrauchstiftung & Co. KG *S. Vogel*, Unternehmensverbundene Verbrauchsstiftung, S. 179 ff.

1671 Grdl. *Henkel-Hoffmann*, Die Stiftung im Umfeld wirtschaftlicher Tätigkeit; *Delp*, Die Stiftung & Co. KG; *Höfner-Byok*, Die Stiftung & Co. KG; *Stengel*, Stiftung und Personengesellschaft, S. 44 ff., 81 ff.; *Weimar/Geitzhaus/Delp*, BB 1986, 1999; *Hennerkes/Binz/Sorg*, DB 1986, 2269; aus dem jüngeren Schrifttum MHdB GesR 5/*Gummert*, § 82; Feick/*Pawlytta/Pfeiffer*, Stiftung, § 31; *Hävelmann*, Stiftung & Co. KG, S. 87 ff.; *Oertel*, Die Zulässigkeit der Stiftung & Co. KG, *passim*; *Binz/Sorg*, Die GmbH & Co. KG, § 23 Rn. 1 ff.; Hesselmann/Mueller-Thuns/*Lüke*, HdB GmbH & Co. KG, Rn. 2.533 ff.; *Theuffel-Werhahn*, ZStV 2022, 43; *R. Werner*, NWB 2020, 2256; *Bisle*, NWB-EV 2017, 356. *K. Schmidt* (GesR, § 7 II. 3., S. 180) sah in ihr noch eine *„absonderliche Schwester der GmbH & Co. KG"*. Zu einer typischen Satzungsgestaltung einer Stiftung & Co. KG siehe *Schwintek*, Vorstandskontrolle, S. 79 f.; *Oertel*, Die Zulässigkeit der Stiftung & Co. KG, S. 91 f.; beide in Anlehnung an die Mustersatzung von *Höfner-Byok*, Die Stiftung & Co. KG, S. 185 ff.; siehe auch die luziden Hinweise hinsichtlich der Gestaltung von Stiftungssatzung und Gesellschaftsvertrag der KG bei MVHdB I GesR/*Hof*, Form. VIII. 2 Anm. 7, S. 1532 f.

1672 So *Lieder/Hoffmann*, NZG 2021, 1045 (1050). MHdB GesR 5/*Gummert*, § 82 Rn. 12 m. N. geht deutschlandweit von rund 86 Stiftungen & Co. KG (am 09.10.2018) aus; im Schrifttum wird im Übrigen davon ausgegangen, dass rund 100 Stiftung & Co. KG in Deutschland existieren sollen, so *Binz/Sorg*, Die GmbH & Co. KG, § 23 Rn. 2; *Wachter*, Stiftungen, S. 128; ebenso nach eigener Recherche am 27.1.2022 *Theuffel-Werhahn*, ZStV 2022, 43 (mit dortiger Fn. 1); bereits auch *Hennerkes/Binz/Sorg*, DB

teren und viel häufiger auftretenden GmbH & Co. KG[1673], um eine klassische KG i. S. d. §§ 161 ff. HGB[1674] in Gestalt einer sog. Grundtypenvermischung[1675] von (inländischer[1676]) Familienstiftung[1677] und Personenhandelsgesellschaft resp. KG. Einzige persönlich haftende Gesellschafterin (Komplementärin) der KG ist in dieser Konstellation eine rechtsfähige Familienstiftung[1678], die – vermittels ihres Vorstands[1679] – allein zur Geschäftsführung und Vertretung der KG berechtigt und verpflichtet ist; ihr obliegt grds. die Unternehmensleitung (vgl. §§ 164, 170 HGB).

1986, 2269; *Hennerkes/Schiffer/Fuchs*, BB 1995, 209 (213); *Heuel*, Entwicklung der Unternehmensträgerstiftung, S. 153 nennt hingegen im Jahr 2000 deutschlandweit noch eine Zahl von 30 Komplementär-Stiftungen; *H. Zimmermann*, ZRP 1975, 300 (301) zählte zum 1.2.1975 allein in NRW rund 31 Familienstiftungen & Co. KG.

1673 So fungierten bei einer stichprobeartigen Untersuchung *Kornblums* von 44.000 KG bei ca. 90 % Kapitalgesellschaften – vornehmlich eine GmbH – als Komplementärin der KG, s. *Kornblum*, GmbHR 2018, 669 (675); vgl. auch *Bayer/Lieder/Hoffmann*, GmbHR 2024, 785 Rn. 39; *Lieder/Hoffmann*, NZG 2021, 1045 (1048 ff.) am Beispiel des Registerbezirks Hamm. Für eine strukturelle Gegenüberstellung von Stiftung & Co. KG und GmbH & Co. KG s. *Höfner-Byok*, Die Stiftung & Co. KG, S. 114 ff.; *Henkel-Hoffmann*, Die Stiftung im Umfeld wirtschaftlicher Tätigkeit, S. 101 ff., 228 ff.; s. a. *Brandmüller/Klinger*, Unternehmensverbundene Stiftungen, S. 114 ff.; zu den Vor- und Nachteilen bündig *Muscheler*, ErbR 2008, 134 (141 ff.).

1674 Zu den punktuellen Änderungen des KG-Rechts durch das MoPeG im Überblick *Wertenbruch*, JZ 2023, 78 (85); ausf. *Fleischer*, DStR 2021, 483.

1675 *Burgard*, Gestaltungsfreiheit im Stiftungsrecht, S. 31; *M. Fasselt*, Die Beteiligungsstiftung, S. 127; *Ihle*, RNotZ 2009, 621 (639); allg. zur Grundtypenvermischung *K. Schmidt*, GesR, § 5 III. 1. c., S. 111 ff.

1676 Zur sog. „*Auslandsstiftung & Co. KG*" kürzlich *Schwalm/Schwind*, DStR 2024, 563.

1677 *Oberdiek*, Stiftung & Co. KG, S. 2 bezeichnet die Komplementär-Stiftung neuerdings als „*Gestions-Stiftung*".

1678 Dies ist in der Praxis auch der wohl häufigste Fall und empfiehlt sich auch aufgrund der i. d. R. eingeschränkten Stiftungsaufsicht über Familienstiftungen (dazu → Teil 4 H II), vgl. Schiffer/*Schiffer/Pruns*, Die Stiftung in der Beraterpraxis, § 11 Rn. 60; *Schiffer/Pruns*, BB 2013, 2755 (2761); Westermann/Wertenbruch/*Blaum*, PersGesR-HdB, 83. Lieferung 04.2022, I. Teil § 57 Rn. 3824; Feick/*Pawlytta/Pfeiffer*, Stiftung, § 31 Rn. 25; *Wachter*, Stiftungen, C Rn. 15; *Seibt*, ZIP 2011, 249 (252); *Muscheler*, ErbR 2008, 174 (179); *Hennerkes/Binz/Sorg*, DB 1986, 2269; in der Firma der KG ist dabei mit Blick auf § 19 Abs. 2 HGB kenntlich zu machen, dass die Komplementärin eine (Familien-)Stiftung ist, näher zum Firmenrecht MHdB GesR 5/*Gummert*, § 82 Rn. 36 ff.

1679 Zur Sonderkonstellation der Einheits-Stiftung & Co. KG ausf. kürzlich *Oberdiek*, Stiftung & Co. KG, S. 87 ff. Damit ist in Anlehnung an eine Einheits-GmbH & Co. KG die Konstellation gemeint, dass die Komplementär-Stiftung einzige Komple-

Aufgrund der mit der Übernahme der Komplementärstellung einhergehenden unbeschränkten und persönlichen Haftung der Familienstiftung und damit der Gefährdung des Stiftungsvermögens soll es nach überwiegender Auffassung in der Stiftungssatzung[1680] einer expliziten Ermächtigung seitens des Stifters bedürfen.[1681]

Da das Familienunternehmen weiterhin unter der Rechtsform einer KG betrieben wird, während die Familienstiftung an diesem als Gesellschafterin (Komplementärin) lediglich mittelbar beteiligt ist, ist die Komplementär-Familienstiftung (& Co. KG) stiftungsrechtlich dem Typus der Beteiligungsträgerstiftung zuzuordnen.[1682] Als Kommanditisten fungieren i. d. R. Familienmitglieder[1683], die zugleich

---

mentärin ist und die KG (als juristische Person zulässigerweise s. → Teil 4 F I 1) wiederum ihr einziger Vorstand.

1680 In vielen Stiftungssatzungen wird dies bereits beim Stiftungszweck geregelt: „*Zweck der Stiftung ist die Beteiligung als Gesellschafterin, gegebenenfalls auch als Komplementärin mit oder ohne Geschäftsführungsrechten und -pflichten, an Gesellschaften, insbesondere Kommanditgesellschaften, des Familienunternehmens. Stiftungszweck ist namentlich die Sicherung des Bestands und der weitere Ausbau der jeweiligen Gesellschaft und der gesamten Familienunternehmensgruppe*“, so in Anlehnung an den Stiftungszweck der Xi-Komplementärstiftung des Unternehmens PreZero Stiftung & Co. KG, s. dazu *Landesdirektion Sachsen*, Übersicht über die im Stiftungsverzeichnis bei der Landesdirektion Sachsen eingetragenen rechtsfähigen Stiftungen – Dienststelle Dresden, Stand 12.12.2023 [https://t1p.de/a2z0n])

1681 *Stengel*, Stiftung und Personengesellschaft, S. 57 f., 157; *v. Löwe*, Familienstiftung und Nachfolgegestaltung, § 3 Rn. 43; *Schmitt*, Familienstiftungen im neuen ErbStG, S. 48; *Wachter*, Stiftungen, C Rn. 15; *Ihle*, RNotZ 2009, 557 (564); Hopt/Merkt/*Möritz*, VertrFormB, Form. II. F. 2 Anm. 9; vgl. auch Westermann/Wertenbruch/*Blaum*, PersGesR-HdB, 83. Lieferung 04.2022, I. Teil § 57 Rn. 3835 m. w. N.; vgl. auch W/S/F/*Saenger*, Die Stiftung, § 36 Rn. 73 (jedenfalls zur Klarstellung); **a. A.** *Uhl*, Kooperationen im Stiftungsrecht, S. 171 f.

1682 So auch MHdB GesR 5/*Schwake*, § 79 Rn. 122; *Meinecke*, Stiftungen, S. 107; *S. Vogel*, Unternehmensverbundene Verbrauchsstiftung, S. 116; *Wochner*, in: Bayer/Koch, Unternehmens- und Vermögensnachfolge, S. 141 (154); Riedel/*Plottek*/*Riedel*, Unternehmensnachfolge-HdB, § 13 Rn. 82; *Wehrheim*/*Gehrke*, StuW 2005, 234 (237); **a. A.** v. Campenhausen/Richter/*Hof*, StiftR-HdB, § 11a Rn. 40, demnach diese aufgrund der hohen Einflussnahmemöglichkeit der Stiftung auf die KG eher eine „*Variante der Unternehmensträgerstiftung*“ sei.

1683 *Brandmüller*/*Klinger*, Unternehmensverbundene Stiftungen, S. 102; nach einer empirischen Untersuchung von *Höfner-Byok*, Die Stiftung & Co. KG, S. 83 war dies bei 95 % der untersuchten 52 Stiftungen & Co. KG der Fall. Diesbezüglich ist zu beachten, dass seit dem Wegfall des § 162 Abs. 2 HGB a. F. zum 1.8.2022 durch das DiRUG (BGBl. I, S. 3338), wonach bei öffentlichen Bekanntmachungen keine Angaben zu den Kommanditisten zu machen waren (kritisch hierzu *Burgard*, FS Hadding, S.

auch die Destinatäre der Familienstiftung sind.[1684] Freilich – was in der Praxis eher selten vorkommt[1685] – kann auch die Familienstiftung selbst die Rolle einer Kommanditistin einnehmen.[1686] Für den Familienunternehmer existieren drei Möglichkeiten eine Familienstiftung & Co. KG zu konstruieren[1687]:

Die erste Möglichkeit besteht darin, das Familienunternehmen als Einzelunternehmen in eine (neue) Familienstiftung & Co. KG einzubringen. Die zweite Möglichkeit besteht darin, die Familienstiftung als Komplementärin in das bereits bestehende Unternehmen eintreten zu lassen. Schließlich besteht noch die dritte Möglichkeit, das als Kapitalgesellschaft organisierte Familienunternehmen

---

325 [329]), öffentliche Bekanntmachungen künftig auch Angaben zu den Kommanditisten beinhalten (vgl. näher BeckOK HGB/*T. Beyer*, 43. Ed. 1.7.2024, § 162 Rn. 36 i. V. m. Rn. 2 f.). Dies führt zu einer erhöhten Transparenz der Kommanditisten und ist insofern gerade bei Familienunternehmen durchaus von Relevanz, deren Kommanditisten z. B. minderjährig sind.

1684 *Dahlmanns*, RNotZ 2020, 417 (428); *Neumann*, Die reine Unterhaltstiftung, S. 209; zur Beteiligung speziell minderjähriger Familienmitglieder an KGs und in Stiftungen eing. *Lüdecke*, Minderjährige als Vermögensnachfolger, S. 37 ff. (KG), 167 ff. (Stiftung).

1685 S. nur *v. Löwe*, Familienstiftung und Nachfolgegestaltung, § 3 Rn. 43 m. N. Kürzlich haben sich freilich 1.300 Immobilien-GbR, an denen die ALDI Nord-Familienstiftungen beteiligt waren, in Immobilien-KGs umgewandelt, deren Kommanditistinnen nun ebenfalls die ALDI Nord-Familienstiftungen sind, s. zur aktuellen Struktur mit Schaubildern und den Hintergründen (wohl Vermeidung der Eintragung in das GbR-Register) *Bayer/Lieder/Hoffmann*, GmbHR 2024, 785 Rn. 18 ff.

1686 Aufgrund der beschränkten Kommanditistenhaftung bedarf es hierfür grds. auch keiner statutarischen Öffnungsklausel. Zur grds. Zulässigkeit grdl. KG, Beschl. v. 4.2.1972 – 1 VA 1/69, StiftRspr. Bd. II, 1982, Nr. 61, S. 68 (70); vgl. BFHE 274, 450 Rn. 23. In diesem Fall sollte zwecks sinnvollen Einsatzes als Nachfolgeinstrument ihr Einfluss im Gesellschaftsvertrag der KG derart abgesichert werden sollte, dass sie über die Stimmenmehrheit in der Gesellschafterversammlung verfügt und die Übertragung oder Kündigung anderer Gesellschaftsanteile oder sonstige wesentliche Entscheidungen des Komplementärs nur mit vorheriger Zustimmung der Stiftung möglich ist und/oder ihr gesellschaftsvertraglich eine Übernahmeoption (Vorkaufsrecht) eingeräumt wird, s. *Götz*, NWB 2001, 215 (223), vgl. auch v. Campenhausen/Richter/*Hof*, StiftR-HdB, § 11a Rn. 46 f.

1687 *Brandmüller/Klinger*, Unternehmensverbundene Stiftungen, S. 103; MHdB GesR 5/*Gummert*, § 112 Rn. 1; *Delp*, Die Stiftung & Co. KG, S. 46; bündig Westermann/Wertenbruch/*Blaum*, PersGesR-HdB, 83. Lieferung 04.2022, I. Teil § 57 Rn. 3837 f.; *R. Werner*, NWB 2020, 2256 (2260); ausf. *M. Engel*, Die unternehmensverbundene Stiftung, S. 222 ff.; zur steuerlichen Behandlung der Gründung einer Stiftung & Co. KG bündig *Schulze zur Wiesche*, DStZ 2023, 143.

(i. d. R. GmbH) in eine Familienstiftung & Co. KG i. d. R. im Wege des Formwechsels (§§ 190 ff., 228 ff. UmwG) umzuwandeln. Mit Blick darauf, dass eine Vorstiftung nach immer noch zutreffender und vorherrschender Ansicht nicht existiert[1688], ist zu beachten, dass die Familienstiftung in jedem Fall vorher zu errichten ist und von der Stiftungsbehörde erst anerkannt sein muss, damit sie als Gesellschafterin der KG fungieren kann.[1689] Abzugrenzen ist die (Familien-)Stiftung & Co. KG von einer GmbH & Co. KG, bei der die Stiftung (alle) Geschäftsanteile einer GmbH hält, die sich ihrerseits als einzige Komplementärin an einer Kommanditgesellschaft beteiligt und deren einzige Kommanditistin wiederum die Stiftung ist (sog. stiftungsbeteiligte KG bzw. GmbH & Co. KG).[1690]

Praxisbeispiele sind u. a. große, namhafte Familienunternehmen[1691], wie die Lidl Stiftung & Co. KG[1692], Diehl Stiftung & Co. KG[1693], Vorwerk Deutschland Stiftung & Co. KG oder auch die Fiege Logistik Stiftung & Co. KG.[1694] Bei diesen Familienunternehmen in Gestalt der Familienstiftung & Co. KG fungiert die Familienstiftung in ihrer Gesellschafterrolle als stabiler Gesellschafter und Führungsinstrument, um so sicherzustellen, dass die Unternehmensführung ge-

1688 Siehe die Nachweise in Fn. 1252.

1689 *Binz/Sorg*, Die GmbH & Co. KG, § 23 Rn. 27; Feick/*Pawlytta/Pfeiffer*, Stiftung, § 31 Rn. 33; MHdB GesR 5/*Gummert*, § 82 Rn. 17 f. jew. m. w. N.

1690 MHdB GesR 5/*Gummert*, § 82 Rn. 3; *Wochner*, MittRhNotK 1994, 89 (94); als Beispiel s. BFHE 274, 450 Rn. 4 f.

1691 *K. Schmidt*, GesR, § 7 II. 3., S. 180.

1692 Freilich liegen die primären Ziele der als Komplementärin fungierenden *LD-Stiftung* hier allein in der Bestandssicherung und dem Wachstum der *Schwarz-Gruppe* (zur Struktur s. Spiegelberger/*Spiegelberger*, Unternehmensnachfolge, § 24 Rn. 197), familiäre Ziele werden nicht verfolgt, so *Kaufmann*, Stiftung und Konflikt, S. 55 unter Verweisung auf deren Stiftungszweck (dazu *Landesdirektion Sachsen*, Übersicht über die im Stiftungsverzeichnis bei der Landesdirektion Sachsen eingetragenen rechtsfähigen Stiftungen – Dienststelle Dresden, Stand 12.12.2023 [https://t1p.de/a2z0n]).

1693 Speziell zur rechtlichen Gestaltung Schlecht & Partner/Taylor Wessing/*Sommer/Wagner*, Unternehmensnachfolge, S. 489.

1694 Vgl. *Seibt*, ZIP 2011, 249 (251 f.); BeckFormB ErbR/*Feick/Bregulla-Weber*, Form. H. III. 4. Anm. 1.; weitere Praxisbeispiele von Stiftung & Co. KGs bei *König*, Nachlassplanung, S. 89 (dortige Fn. 183); *Theuffel-Werhahn*, ZStV 2022, 43; *Kaufmann*, Stiftung und Konflikt, S. 51. Die Praxisbeispiele sowie ein Blick in das seit dem 1.8.2022 für jedermann frei einsehbare (online) Handelsregister zeigen zugleich, dass die Eintragung einer Stiftung als Komplementärin seitens der Handelsregister für unproblematisch erachtet wird, vgl. auch Westermann/Wertenbruch/*Blaum*, PersGesR-HdB, 83. Lieferung 04.2022, I. Teil § 57 Rn. 3831.

nerationsübergreifend im Sinne des Stifters ausgeübt wird und das Familienunternehmen langfristig Bestand hat.

Der besondere Unterschied bzw. Vorteil zu einer GmbH & Co. KG liegt für Familienunternehmen einerseits darin, dass unabhängig von der Mitarbeiterzahl keine Unternehmensmitbestimmung stattfindet[1695], denn sowohl die KG (weil Personengesellschaft) als auch die Stiftung als Komplementärin (weil keine Rechtsform i. S. d. § 1 MitbestG, § 1 Abs. 1 DrittelbG oder MontanMitbestG, MitbestErgG und – bei Auslandsbezug – SEBG) sind mitbestimmungsfrei.[1696] Eine Mitbestimmung durch Arbeitnehmer in der Rechtsform Stiftung würde

---

1695 Gerade Familienunternehmen stehen unternehmerischer Mitbestimmung kritisch gegenüber (s. *Brock*, GmbHR 2019, 101; *Hennerkes/May*, DB 1988, 483 [485]) und sind daher regelmäßig darauf bedacht, eine Mitbestimmung auf Unternehmensebene zu vermeiden, so S/B/K/G/W/*Kormann*, Familienunternehmen, Kap. 1 Rn. 170; vgl. *Uffmann*, AG 2022, 427 Rn. 3; vgl. aber auch *W. Sigle*, FS Peltzer, S. 539 (547) zur möglichen Vorteilhaftigkeit der Mitbestimmung auch bei Familienunternehmen. Im Besonderen große Einkaufsketten (Aldi, Edeka, Kaufland, Lidl, Norma) mit zehntausenden Arbeitnehmern nutzen eine Stiftung & Co. KG-Konstruktion, um wohl die Unternehmensmitbestimmung zu vermeiden, s. kritisch *Hans-Böckler-Stiftung*, Wie Firmen die Mitbestimmung aushebeln, Homepage-Beitrag 06/2016 (https://t1p.de/xemxk); für eine entsprechende Anwendung des Mitbestimmungsrechts bereits *de lege lata* aber *Trappe*, Unternehmensmitbestimmung, S. 168 ff., 191 f.; dafür auch MüKoBGB/*Weitemeyer*, § 80 Rn. 228; ein aktueller Vorschlag der Fraktion *Bündnis 90/Die Grünen* auch Stiftungen, die Erwerbszwecke verfolgen, explizit in den Geltungsbereich der Unternehmensmitbestimmung einzubeziehen (BT-Drs. 19/27828) blieb erfolglos; ebenfalls erfolglos ein entsprechender Entschließungsantrag der selbigen Fraktion im Rahmen des StiftVereinhG (BT-Drs. 19/31118, S. 6). Anders ist dies etwa in Dänemark. Dort haben die Arbeitnehmer sowohl in der Stiftung als auch in den beteiligten Unternehmen Anspruch auf Vertretung in den jeweiligen Aufsichtsgremien, s. *Hansmann/Thomsen*, Journal of Legal Analysis, Vol. 13, 2021, 172 (194). Zur grds. Unvereinbarkeit [jdf. für kirchliche uv. Bestandsstiftungen] des jüngst eingeführten § 6b des Kirchengesetzes über Mitarbeitervertretungen in der Evangelischen Kirche in Deutschland (MVG-EKD), wonach „*in allen diakonischen Einrichtungen* [– also auch in solchen in Stiftungsform –] *ab* [einer Größe von 500 Mitarbeitern] *eine Vertretung der Mitarbeiter an den Aufgaben eines in einer solchen Einrichtung gebildeten Aufsichtsorgans zu beteiligen ist*“, mit dem auch für diese geltenden weltlichen Stiftungsrecht des BGB ausf. und luzid dazu *Achilles*, ZevKR 68 (2024), 22.

1696 *Bayer*, NJW 2016, 1930 (1933); *Seibt*, ZIP 2011, 249 (251 f.); W/S/F/*C. Fischer*, Die Stiftung, § 22 Rn. 52; ausf. S/S/S/P/*Pauli*, StiftR, Teil F, Rn. 44 ff.; *Oberdiek*, Stiftung & Co. KG, S. 180 ff.; nach *Götze/Winzer/Arnold*, ZIP 2009, 245 (247) sei die Stiftung & Co. KG daher sogar „*mitbestimmungsrechtlich ideal*“; zur möglichen betrieblichen

freilich Friktionen im Hinblick darauf hervorrufen, dass eine Stiftung keine Anteilseigner hat bzw. – wie dies § 80 Abs. 1 S. 1 BGB explizit vorgibt – mitgliederlos ist. Konsequenz dessen ist, dass eine Willensbildung durch Vertreter einer Kapitaleignerseite in der Stiftung deshalb zwangsläufig entfällt und ein (autonomes) Mitbestimmen von Arbeitnehmern nicht möglich ist.[1697] Die Stiftung wird vielmehr von dem Stifter und durch seinem in der Stiftungssatzung verobjektivierten Willen und dem Stiftungszweck bestimmt.[1698]

Andererseits ist aufgrund der Mitgliederlosigkeit der Stiftung auch eine Durchgriffhaftung grds. nicht möglich.[1699] Den Gläubigern der KG haftet primär nur die Familienstiftung mit ihrem gesamten[1700] Stiftungsvermögen als Komplementärin gem. §§ 161 Abs. 2, 126 ff. HGB unbeschränkt.[1701] Die Familien-Kommanditisten sind – sofern sie ihre Einlage geleistet haben – von ihrer Haftung gem. § 171 Abs.

Mitbestimmung, insbesondere nach Maßgabe des BetrVG, s. *Breitkopf*, S&S RS, 5/2020, 1 (18 ff.).

1697 Vgl. *Stengel*, Stiftung und Personengesellschaft, S. 69 f.; ausf. *Achilles*, ZevKR 68 (2024), 22 (27 ff.); i. Erg. auch *Oberdiek*, Stiftung & Co. KG, S. 184 f.; **a. A.** *Trappe*, Unternehmensmitbestimmung, S. 168 ff., 191 f.

1698 Arbeitnehmervertreter in den Stiftungsorganen wären demgemäß ohnehin an den Stifterwillen gebunden, darauf zu Recht hinweisend schon *Wiederhold*, Stiftung und Unternehmen, S. 114 f.; vgl. eing. auch *Achilles*, ZevKR 68 (2024), 22 (30 ff., 33 ff.).

1699 Vgl. die wohl überwiegende Ansicht *Weimar/Geitzhaus/Delp*, BB 1986, 1999 (2006); *Hennerkes/May*, DB 1988, 483 (488) („*denkgesetzlich ausgeschlossen*"); wortgleich *Verstl*, DStR 1997, 674 (676); *Delp*, Die Stiftung & Co. KG, S. 43; *Hävelmann*, Stiftung & Co. KG, S. 99; W/S/F/*Saenger*, Die Stiftung, § 36 Rn. 66; *Wehrheim/Gehrke*, StuW 2005, 234 (238); *Ihle*, RNotZ 2009, 557 (572); *Nietzer/Stadie*, NJW 2000, 3457 (3460); *Muscheler*, ErbR 2008, 134 (139); *R. Werner*, NWB 2020, 2256 (2259); zurückhaltender und eine Durchgriffshaftung für nicht unvorstellbar erachtend aber MHdB GesR 5/*Gummert*, § 82 Rn. 2, *Stengel*, Stiftung und Personengesellschaft, S. 99 ff., 116; auch *Theuffel-Werhahn*, ZStV 2022, 43 (45 f.), wobei dies jedoch „*rechtstatsächlich ohnehin [selten]*" in Betracht kommen werde; diesen „Haftungsvorteil" relativierend auch Feick/*Pawlytta/Pfeiffer*, Stiftung, § 31 Rn. 9 ff., 19.

1700 Der stiftungsrechtliche Vermögenserhaltungsgrundsatz kann einer Inanspruchnahme im Außenverhältnis nicht entgegengehalten werden, vgl. W/S/F/*C. Fischer*, Die Stiftung, § 22 Rn. 55; vgl. auch *Weiland*, Ursachen und Probleme der Stiftungsinsolvenz, S. 116; *Krauß*, Vermögensnachfolge in der Praxis, Rn. 4494; zur grds. stiftungsinternen Wirkung des Vermögenserhaltungsgrundsatzes erhellend *Jakob*, Schutz der Stiftung, S. 315; W/S/F/*C. Fischer*, Die Stiftung, § 22 Rn. 55 m. w. N.

1701 Westermann/Wertenbruch/*Blaum*, PersGesR-HdB, 83. Lieferung 04.2022, I. Teil § 57 Rn. 3848; *Boll*, Die uv. Familienstiftung, S. 42; *Werkmüller*, ZEV 2015, 522 (523) („*[Familienstiftung als] Vollhafterin der KG*").

1 Hs. 2 HGB befreit. Ferner unterliegt die Familienstiftung resp. ihr Vorstand und damit die Geschäftsführung des Familienunternehmens – anders als eine GmbH – keinen Gesellschafterbeschlüssen. Deshalb unterliegt die Familienstiftung als solche auch bei etwaiger Beteiligung familienfremder Dritter an der KG einem erhöhten Maß an Unabhängigkeit; ihr Vorstand kann nicht durch Gesellschafterbeschlüsse zu einem bestimmten Verhalten beeinflusst werden.[1702]

In erbschaft- und schenkungsteuer- sowie ertragsteuerrechtlicher Hinsicht ist zu beachten, dass nach h. M. eine vermögensverwaltende Stiftung & Co. KG, bei der die Stiftung als einziger Komplementär zur Geschäftsführung befugt ist, grundsätzlich keine gewerblich geprägte Personengesellschaft i. S. v. § 15 Abs. 3 Nr. 2 EStG darstellt.[1703] Diese Feststellung ist insbesondere aus erbschaft- und schenkungsteuerrechtlicher Sicht für die Frage relevant, ob ein Anteil an einer nicht originär gewerblich tätigen (vermögensverwaltenden) Stiftung & Co. KG aufgrund gewerblicher Prägung als Betriebsvermögen zu qualifizieren ist[1704] und damit potentiell unter die erbschaftsteuerrechtliche Begünstigung nach §§ 13a, 13b ErbStG fällt oder die Vermögensgegenstände und Schulden der Stiftung & Co. KG nach § 10 Abs. 1 S. 4 ErbStG transparent zu beurteilen sind. Ist in Erb- oder Schenkungsfällen eine Wertfeststellung für das Stiftungsvermögen oder einen Anteil erforderlich, weil deren Werte für die Besteuerung von Bedeutung sind, ist der nur auf Betriebsvermögen anwendbare § 151 Abs. 1 S. 1 Nr. 2 BewG mangels Anwendbarkeit des § 15 Abs. 3 Nr. 2 EStG nicht einschlägig, sondern § 151 Abs. 1 S. 1 Nr. 4 BewG.[1705] Aus ertragsteuerrechtlicher Sicht entscheidet die Abgrenzung zwischen gewerblich geprägter und vermögensverwaltender Personengesellschaft darüber, ob ein Mitunternehmeranteil steuerneutral nach § 6 Abs.

1702 Vgl. *Schmitt*, Familienstiftungen im neuen ErbStG, S. 48; Riedel/*Plottek*/*Riedel*, Unternehmensnachfolge-HdB, § 13 Rn. 83; Hesselmann/Mueller-Thuns/*Lüke*, HdB GmbH & Co. KG, Rn. 2.550; *Uffmann*/*Thönißen*, RFamU 2022, 345 (354).

1703 M. w. N. aus Rspr. und Literatur sowie ausf. Begründung FG Münster, ZEV 2020, 581 Rn. 36 ff. m. zust. Anm. *Oppel* und *Cloer/Kutac*, DStRK 2020, 306; bestätigt durch BFH, NZG 2022, 1257 Rn. 20 ff., 29 – Verfassungsbeschwerde beim BVerfG unter Az. 1 BvR 1560/22 anhängig – m. zust. Anm. *Lorenz*, ZEV 2022, 544 (547 f.); *Udwari*, GWR 2022, 262; *R. Werner*, NZG 2022, 1244; vgl. auch zuvor MüKoBGB/*Weitemeyer*, § 80 Rn. 332 a. E.

1704 Hierfür bedarf es der Gewerblichkeit, die sich bei Fehlen eines originären Gewerbebetriebs nur durch die gewerbliche Prägung erreichen lässt, s. *Cloer/Kutac*, DStRK 2020, 306; vgl. auch *Udwari*, GWR 2022, 262.

1705 BFH, NZG 2022, 1257 Rn. 20 ff., 29.

3 EStG[1706] zum Buchwert übertragen werden kann, oder ob eine unentgeltliche Übertragung der einzelnen Vermögensgegenstände des Gesamthandsvermögens unter Berücksichtigung der Transparenzbetrachtung nach § 39 Abs. 2 Nr. 2 AO im Privatvermögen stattfindet.[1707] Nach der nunmehr wohl h. M.[1708] ist jedenfalls eine vermögensverwaltende Stiftung & Co. KG nicht nur ertragsteuerlich (§ 39 Abs. 2 Nr. 2 AO), sondern auch erbschaftsteuerlich (§ 10 Abs. 1 S. 4 ErbStG) transparent zu behandeln. Eine im Einzelfall erwünschte gewerbliche Prägung i. S. v. § 15 Abs. 3 Nr. 2 EStG vor allem zwecks Eingreifens der steuerlichen Begünstigungen für Betriebsvermögen nach den §§ 13a ff., 28a ErbStG kann etwa dadurch konstruiert werden, dass eine Familienstiftung zu 100 % an eine GmbH[1709] beteiligt wird, die wiederum als alleingeschäftsführungsbefugte Komplementärin der GmbH & Co. KG fungiert.[1710] Handelt es sich um eine rechtsfähige Familienstiftung, so unterliegt ferner – nur – das Vermögen der Komplementär-Familienstiftung der Ersatzerbschaftsteuer gem. § 1 Abs. 1 Nr. 4 ErbStG[1711], aber nicht dasjenige der KG.[1712]

Eine Familienstiftung & Co. KG erlaubt es dem Stifter resp. Familienunternehmer weitgehend die Rolle der Familienmitglieder und damit einhergehend den Familieneinfluss nach seinem Belieben zu regeln: Ist er darauf bedacht, den Familieneinfluss und damit das Familienunternehmen weiterhin als solches zu erhalten, wird er dafür Sorge tragen müssen, dass die Familienmitglieder hinsichtlich der in der Praxis durchaus oft einem Familienfremden anvertrauten Geschäftsführung[1713] (d. h. hier einem ggf. mit familienfremden besetzten Stiftungsvorstand) ein maßgebliches Mitspracherecht haben. Insofern besteht im

---

1706 Zur Übertragung von Mitunternehmeranteilen auf Familienstiftungen eing. *Grosse*, FR 2021, 105; s. a. *Werkmüller*, ZEV 2018, 446 (449); Groll/Steiner/*Steiner*, ErbR-HdB, Rn. 16.69a; FG Rheinland/Pfalz, BeckRS 2023, 31380 Rn. 61 ff.

1707 *L. Riedel*, GmbHR 2020, 717 (720) (dort dürfte auch § 39 Abs. 2 Nr. 2 AO gemeint sein, nicht „*§ 39 Abs. 1 Nr. 2 AO*", da ein solcher nicht existiert).

1708 S. Nachweise in → Fn. 1703

1709 Da es sich um eine uv. Familienstiftung handelt, liegt kein Fall der sog. (verdeckten) Unternehmensselbstzweckstiftung vor, vgl. ausf. → Teil 4 B I.

1710 Siehe hierauf zutreffend hinweisend *Oppel*, ZEV 2020, 583 (584); zustimmend *Cloer/Kutac*, DStRK 2020, 306; s. a. für weitere Gestaltungsmöglichkeiten *Udwari*, GWR 2022, 262; *Lorenz*, ZEV 2022, 544 (548); *R. Werner*, NZG 2022, 1244 (1246).

1711 Dazu bereits eing. → Teil 4 A III 1 a. E.

1712 Im Umkehrschluss unterliegt eine herkömmliche „Stiftung & Co. KG" gänzlich keiner Ersatzerbschaftsteuer, s. statt anderer nur *Wachter*, DB 2023, 17 (20).

1713 Vgl. *Bisle*, NWB-EV 2017, 356; *Hennerkes/Kirchdörfer*, FS P. May, S. 393 (404); zur Fremdgeschäftsführung in Familienunternehmen s. a. → Teil 2 A I 1.

Rahmen einer KG die Möglichkeit, die Familienmitglieder unmittelbar oder mittelbar am Familienunternehmen zu beteiligen. Sie können einerseits – wie üblich – als Kommanditisten, denen gem. §§ 167 HGB wesentliche Vermögensrechte, aber auch (wenngleich eingeschränkte) Informations- und Kontrollrechte (vgl. § 166 HGB) zu stehen, unmittelbar beteiligt werden. Andererseits kann der Stifter seiner Meinung nach für die Geschäftsführung geeignete Familienmitglieder auch – ggf. neben einer Kommanditistenstellung[1714] – über Positionen in der Familienstiftung (z. B. in einem fakultativen Stiftungsrat) zwar mittelbar, aber mit weitergehenden Einflussmöglichkeiten beteiligen.[1715] Auch in der Rolle als Nur-Destinatäre und ggf. zugleich Kommanditisten kann der Stifter den Familienmitgliedern in der Satzung der Familienstiftung etwa Benennungsrechte zuschreiben und auf diese Weise den Familieneinfluss langfristig sichern.[1716] Soll der Familienunternehmenscharakter gewahrt werden, ist ferner der Kreis möglicher Kommanditisten vornehmlich (im Wege einer Soll-Vorschrift[1717]) in der Stiftungssatzung oder im Gesellschaftsvertrag auf Familienmitglieder zu begrenzen.[1718] Der Gefahr der Zersplitterung durch den Verkauf von Kommanditanteilen kann – was bei Familienunternehmen ohnehin regelmäßig vorgesehen ist – ferner durch zusätzliche (schuldrechtliche) Vinkulierung der Kommanditanteile entgegengewirkt werden.[1719]

1714 Von einer gleichzeitigen Einsetzung als Vorstandsmitglied der Familienstiftung und Kommanditist der KG aufgrund einer möglichen Interessenkollision abratend *Werkmüller*, ZEV 2015, 522 (524). Die Kommanditisten könnten vielmehr „*im ‚Familienrat' (= Kuratorium der Stiftung) eine wichtige, beratende Rolle spielen*".

1715 *Delp*, Die Stiftung & Co. KG, S. 115, 117.

1716 *Henkel-Hoffmann*, Die Stiftung im Umfeld wirtschaftlicher Tätigkeit, S. 198 ff. mit weiteren Gestaltungsmöglichkeiten; *Mühlbauer*, Stiftungsverbundene Unternehmen und Agency-Theorie, S. 96.

1717 Andernfalls könnte es für den Fall, dass keine Familienmitglieder vorhanden sind, zu einem Besetzungsvakuum kommen; zu entsprechenden Soll-Vorschriften in Stiftungssatzungen s. instruktiv *Schiffer*, SB 2016, 61.

1718 Vgl. Schlecht & Partner/Taylor Wessing/*Sommer/Wagner*, Unternehmensnachfolge, S. 489 (497 f.); *Hävelmann*, Stiftung & Co. KG, S. 93 f.

1719 Vgl. (im Kontext einer Familienstiftung als Kommanditistin einer KG) OLG Hamm, BeckRS 2023, 16810, wo im Fall Familienstamm A entgegen einer Vinkulierungsklausel und dem Willen des Familienstamms B seine Beteiligung am Familienunternehmen an einen familienfremden Finanzinvestor (lukrativ) veräußern wollte. Das OLG Hamm wertete dies zu Recht als Verstoß gegen die Vinkulierungsklausel und konstatierte auch einen Treuepflichtverstoß des Familienstamms A. Vgl. auch die Parallelentscheidung OLG Hamm, BeckRS 2023, 16812.

Aufgrund dieser durchaus weiten Möglichkeiten der Beteiligung der Familienmitglieder am Familienunternehmen kommt die Familienstiftung & Co. KG dem Charakter eines Familienunternehmens sehr nah, bei der die Verbindung von Familie und Unternehmen weiterhin vorhanden ist[1720], indem sich die Familienmitglieder etwa zu Gesellschafterversammlungen treffen, um sich über das Unternehmen auszutauschen und in Abhängigkeit von den konkreten Regelungen im Gesellschaftsvertrag bestimmte Entscheidungen gemeinsam zu treffen. Aufgrund dessen, dass trotz der Integration der Familienstiftung die Familie – sei es mittelbar über die Familienstiftung oder unmittelbar über die Stellung in der KG – weiterhin in die Geschäftsführung eingebunden werden und damit maßgeblichen Einfluss haben kann, vermittelt die Familienstiftung & Co. KG der Familie das Gefühl, es noch mit einem „echten" Familienunternehmen zu tun zu haben.[1721] Insbesondere als Kommanditisten halten die Familienmitglieder weiterhin auch tatsächlich Eigentum am Familienunternehmen.[1722] Aus psychologischer Sicht kommt es daher auch sicherlich weniger dazu, dass die Stiftungslösung als Nachfolgeinstrument als Ausdruck mangelnden Vertrauens seitens des Stifters gegenüber den Familienmitgliedern aufgefasst wird.[1723] Insofern bietet sich die Familienstiftung & Co. KG nicht nur für den – in Beraterkreisen oftmals propagierten – Fall an, dass der Familieneinfluss auf die Unternehmensleitung weitgehend entzogen werden soll[1724], sondern auch und besonders für den umgekehrten Fall, dass der Familieneinfluss auf das Unternehmen langfristig gesichert werden soll.[1725]

Gerade dann, wenn der Familienunternehmer resp. der Stifter den Charakter des Familienunternehmens langfristig erhalten und die Verfügungsmacht sowie Unternehmenssubstanz deshalb weiterhin in den Händen der Familie belassen, aber zugleich die Unternehmensleitung unabhängig von den nachfolgenden Ge-

---

1720 Dazu → Teil 2 A II 1.

1721 Vgl. Feick/*Pawlytta/Pfeiffer*, Stiftung, § 31 Rn. 18; ihm folgend Scherer/*Biermann/Koslowski*, Unternehmensnachfolge, § 9 Rn. 44; *R. Werner*, NWB 2020, 2256 (2258); ähnlich auch *Dahlmanns*, RNotZ 2020, 417 (429); *Bisle*, NWB-EV 2017, 356 (358); **a. A.** aber bezogen auf eine gemeinnützige Stiftung als Komplementärin S/B/K/G/W/*Kormann*, Familienunternehmen, Kap. 1 Rn. 115.

1722 v. Rechenberg/Thies/Wiechers/*Schauer*, HdB Familienunternehmen, S. 939.

1723 Vgl. dazu bereits → Teil 3 B II 2. und 3.

1724 So aber etwa statt anderer *Boll*, Die uv. Familienstiftung, S. 43 unter Verweisung auf *Zensus/Schmitz*, NJW 2012, 1323 (1324); m. w. N. auch *Theuffel-Werhahn*, ZStV 2022, 43 a. E.; *Schulte/Schulte*, ErbR 2018, 422 (431); wohl auch Riedel/*Plottek/Riedel*, Unternehmensnachfolge-HdB, § 13 Rn. 83.

1725 So etwa auch *Reimann*, DNotZ 2012, 250 (267).

nerationen einem qualifizierten Fremdmanagement anvertrauen will, ist der Einsatz einer Familienstiftung als Führungsinstrument des Familienunternehmens besonders empfehlenswert, wobei der *„gestalterische Fokus“*[1726] dann verstärkt auf die Sicherung des Familieneinflusses zu legen ist.[1727]

Man muss sich gleichwohl vor Augen führen, dass es sich bei der Familienstiftung & Co. KG weiterhin um eine Personengesellschaft in Form einer KG handelt. Diese Konstruktion könnte daher grds. durch einen Gesellschafterbeschluss auch wieder aufgelöst bzw. anders gewendet, die Familienstiftung als Gesellschafterin wieder ausgeschlossen werden.[1728] Dies gilt es im hiesigen Kontext statutarisch bestmöglich zu erschweren. Der Familienstiftung ist demgemäß im Gesellschaftsvertrag der KG eine starke Gesellschafterstellung einzuräumen, um die Unternehmenskontinuität und insbesondere den Charakter als Familienunternehmen zu wahren und damit zugleich ihren Stiftungszweck erfüllen zu können.[1729] Entsprechend sollte im Besonderen bestimmt werden, dass Änderungen des Gesellschaftsvertrages der KG jedenfalls in wesentlichen bzw. wichtigen Fällen der Zustimmung der Familienstiftung bedürfen.[1730] Die Entscheidung über die Zustimmung hat die Familienstiftung resp. der für sie handelnde Stiftungsvorstand jedoch am Stifterwillen und Stiftungszweck ausrichten, der aber gerade

---

1726 Wiese/*Bochmann*, Unternehmensnachfolge, Rn. 4.272.

1727 Vgl. i. Erg. MHdB GesR 5/*Schwake*, § 79 Rn. 90; *Nietzer/Stadie*, NJW 2000, 3457 (3461); Schlecht & Partner/Taylor Wessing/*Sommer/Wagner*, Unternehmensnachfolge, S. 489 (497 f.); *Werkmüller*, ZEV 2015, 522 (525); *Dahlmanns*, RNotZ 2020, 417 (428); *Bisle*, NWB-EV 2017, 356; **a. A.** wohl *Lange*, in: Lange/Windthorst, Sicherung des Familieneinflusses, S. 95 (105).

1728 Vgl. nur Hesselmann/Mueller-Thuns/*Lüke*, HdB GmbH & Co. KG, Rn. 2.545; vgl. auch das von *Heuel*, Entwicklung der Unternehmensträgerstiftung, S. 155 f. angeführte Negativbeispiel der *„adidas Stiftung & Co. KG“*, die auf Beschluss der Familienstämme als Kommanditisten der KG 1989 in eine AG umgewandelt wurde.

1729 Vgl. *Binz/Sorg*, Die GmbH & Co. KG, § 23 Rn. 39; *Höfner-Byok*, Die Stiftung & Co. KG, S. 172; *Henkel-Hoffmann*, Die Stiftung im Umfeld wirtschaftlicher Tätigkeit, S. 46; Schiffer/*Schiffer/Pruns*, Die Stiftung in der Beraterpraxis, § 11 Rn. 57; *Mutter*, Vermögensmanagement für Familienunternehmer, S. 350; *Werkmüller*, ZEV 2015, 522 (523 f.); *R. Werner*, NWB 2020, 2256 (2260); *Bisle*, NWB-EV 2017, 356 (358); zu hierbei zu beachtenden Gestaltungsaspekte betreffend die Stiftungssatzung und den Gesellschaftsvertrag bündig MVHdB I GesR/*Hof*, Form. VIII. 2 Anm. 7, S. 1532 f.; *Hof*, DStR 1992, 1587 (1589 f.); zu besonderen Aspekten betreffend die *Governance* einer Stiftung & Co. KG eing. *Oberdiek*, Stiftung & Co. KG, S. 151 ff., 173 ff.

1730 *Binz/Sorg*, Die GmbH & Co. KG, § 23 Rn. 39.

auch den Unternehmenserhalt als Familienunternehmen umfasst.[1731] Die Zustimmung zur Änderung des Gesellschaftsvertrags mit der Folge, dass Dritte in die Gesellschaft eindringen können, wird daher regelmäßig zu verweigern sein. Eine weitere Stärkung der Stiftungsposition kann durch die Übertragung eines Teils der Geschäftsanteile mit einem überdimensionalen Mehrfachstimmrecht, einschließlich eines Benennungsrechts für die Geschäftsführer, auf die Stiftung, erreicht werden.[1732]

Um die damit zwangsläufig verbundene Schwerfälligkeit der Familienstiftung & Co. KG bei Anpassungsprozessen auszugleichen, sollte den Stiftungsorganen und den Kommanditisten die Möglichkeit eingeräumt werden, die Stiftungssatzung etwa veränderten Verhältnissen in bestimmtem Rahmen anzupassen und notwendige Veränderungen im Bereich der Familienstiftung & Co. KG durchzuführen.[1733] Zur Erhaltung des Unternehmensbestands und zwecks Überfremdungsschutzes sollte ferner vereinbart werden, dass der Familienstiftung bezogen auf ausscheidende Mitgesellschafter stets ein Vorkaufsrecht hinsichtlich deren Gesellschaftsanteile eingeräumt wird.[1734] Derlei Regelungen zugunsten der Familie sind in Familienunternehmen wie bereits erörtert ohnehin üblich, sodass insoweit die Familienstiftung wie eine weitere Familiengesellschafterin angesehen werden könnte.

Die Zulässigkeit einer Stiftung & Co. KG ist jedenfalls in Gestalt einer bloßen Funktionsstiftung bzw. reinen Verwaltungsstiftung, d. h., wenn sich der Zweck der Stiftung allein in der Übernahme der Komplementärstellung oder in der Fortführung des Unternehmens erschöpft und es deshalb an der Mittel-Zweck-Relation mangele, auch heute noch umstritten[1735], obgleich derlei Stiftungskonstruktionen

---

1731 Schlecht & Partner/Taylor Wessing/*Sommer/Wagner*, Unternehmensnachfolge, S. 489 (498).

1732 *Nietzer/Stadie*, NJW 2000, 3457 (3460); *Theuffel-Werhahn*, ZStV 2022, 43 (44); zur grds. Zulässigkeit von Mehrfachstimmrechten in der KG BGHZ 20, 363 (369 f.); *Grever*, RNotZ 2019, 1 (4 f.).

1733 *Binz/Sorg*, Die GmbH & Co. KG, § 23 Rn. 40; *Mutter*, Vermögensmanagement für Familienunternehmer, S. 350; *Hävelmann*, Stiftung & Co. KG, S. 105 m. w. N.

1734 *Götz*, NWB 2001, 215 (225).

1735 Gegen die Zulässigkeit derlei Gestaltungen mangels Bedürfnisses eines Vermögens etwa: MüKoBGB/*Weitemeyer*, § 80 Rn. 205, 221, § 81 Rn. 13; Staudinger/*Hüttemann/Rawert*, BGB Vorb. §§ 80 ff. Rn. 212; BeckOK BGB/*Backert/J. Stürner*, 71. Ed. 1.5.2022, § 80 Rn. 21; Richter/*Dutta*, Stiftungsrecht, § 5 Rn. 17; bzgl. reinen Funktionsträgerstiftungen nun wohl auch BT-Drs. 19/28173, S. 46; mit anderer Begründung auch *Schwintek*, Vorstandskontrolle, S. 81 f., demnach es hier bereits eines „*echten Stiftungszwecks*" entbehre; ebenso *Kersten*, FS 45 Jahre DJT, S. 123

in der Praxis wohl nicht vorhanden[1736] und diese damit weitgehend ein theoretischer Fall sein dürften.[1737]

Die grundsätzliche Zulässigkeit der Stiftung & Co. KG (konkret die Komplementär- und Kommanditistenfähigkeit einer Stiftung) wird jedoch nach heute überwiegender Ansicht bejaht.[1738] Insbesondere im Falle einer Familienstiftung & Co. KG liegt eine nicht nur in der Übernahme der Stellung als Komplementärin der KG erschöpfende Funktion der Familienstiftung vor, was möglicherweise „rechtsmissbräuchlich"[1739] oder mit dem stiftungsrechtlichen Verbot der sog. (Unternehmens-)Selbstzweckstiftung bzw. reinen Funktionsstiftung konf-

---

(143); *Kronke*, in: IDW Stiftungen, S. 187 (191) und *Wochner*, in: Bayer/Koch, Unternehmens- und Vermögensnachfolge, S. 141 (159), wenn die Stiftung nur die Führung der KG übernehmen soll; kritisch auch *K. Schmidt*, GesR, § 7 II. 3., S. 180 sowie § 56 VII. 3., S. 1663 f.; *K. Schmidt*, ZHR 166 (2002), 145 (147 f.); *K. Schmidt*, DB 1987, 261 (262 f.).

1736 *Schuck/Medinger*, ZEV 2021, 298 (299); *Lorenz/Mehren*, DStR 2021, 1774 (1775).

1737 Ebenso *Schiffer/Pruns/Schürmann*, Die Reform des Stiftungsrechts, § 2 Rn. 10 („*theoretisches Gedankenkonstrukt*").

1738 Umfassend zur stiftungs- und gesellschaftsrechtlichen Zulässigkeit *Oertel*, Die Zulässigkeit der Stiftung & Co. KG, S. 87 ff., 195, 201 (stiftungsrechtlich), 241 ff. (gesellschaftsrechtlich); *Neumann*, Die reine Unterhaltstiftung, S. 228 ff.; *Höfner-Byok*, Die Stiftung & Co. KG, S. 35 ff.; *Stengel*, Stiftung und Personengesellschaft, S. 26 ff., 42 ff., 75 f., 157; m. w. N. auch *Burgard*, Gestaltungsfreiheit im Stiftungsrecht, S. 685 ff.; Richter/*Richter*, Stiftungsrecht, § 10 Rn. 80 ff.; Feick/*Pawlytta/Pfeiffer*, Stiftung, § 31 Rn. 22 ff.; Westermann/Wertenbruch/*Blaum*, PersGesR-HdB, 83. Lieferung 04.2022, I. Teil § 57 Rn. 3831 ff.; *Muscheler*, ErbR 2008, 174 (179); *Schwarz*, ZEV 2003, 306 (313); *Theuffel-Werhahn*, ZStV 2022, 43 (48 ff.); *R. Werner*, NZG 2022, 1244 (1246 f.); zuletzt *Oberdiek*, Stiftung & Co. KG, S. 11 ff. In der Rspr. wurde einer KG mit einer Stiftung als Komplementärin bisher jedenfalls die Rechts- und Parteifähigkeit nicht abgesprochen, vgl. etwa zuletzt BFH, NZG 2022, 1257; FG Münster, ZEV 2020, 581; s. a. BGHSt 59, 183; LG Dortmund, ZIP 2010, 2152 – Edeka.

1739 So etwa explizit Soergel/*Neuhoff*, BGB Vor § 80 Rn. 70; *Sorg*, Die Familienstiftung, S. 48 (dortige Fn. 29); nach *K. Schmidt*, DB 1987, 261 (262 f.) sei die Stiftung & Co. KG eine „*[Mißbildung]*", „*mit der dem „Stiftungsgedanken Gewalt angetan*" werde; ihm explizit zustimmend *Goerdeler*, FS Heinsius, S. 169 (175); wohl auch MüKoBGB/*Weitemeyer*, § 80 Rn. 221, der nach insgesamt „*ein legitimes Bedürfnis für die Stiftung & Co. KG […] nicht ersichtlich [sei]*". *Weitemeyer* verwechselt aber insofern Legitimität mit Legalität, kritisch daher zu Recht auch *Schiffer/Pruns/Schürmann*, Die Reform des Stiftungsrechts, § 2 Rn. 13, nach denen ein „*legitimes Bedürfnis*" kein Zulässigkeitskriterium für eine Rechtsform ist; diesen zustimmend auch BoKoStiftR/*Heuel/Meinecke*, Teil I 2.3 Rn. 123; **a. A.** auch *Burgard*, Gestaltungsfreiheit im Stiftungsrecht, S. 146, der die Kritik an der Stiftung & Co. KG als „*bloße juris-*

ligieren würde[1740], sondern diese hat i. d. R. den (weiteren) Zweck die Familienangehörigen zu versorgen und zugleich das Familienunternehmen im Interesse des Stifters bzw. der Stifterfamilie zu führen sowie als Familienunternehmen zu erhalten.[1741] Die Familienstiftung & Co. KG verfolgt daher durch die zusätzliche Familien(unternehmens)komponente des Stiftungszwecks ohnehin einen über das bloße Innehaben der Komplementärstellung und damit der Perpetuierung ihrer selbst hinausgehenden Zweck.[1742] Darüber hinaus gehende grundsätzliche Bedenken (etwa die Unvereinbarkeit der persönlichen Haftung mit dem Vermögenserhaltungsgrundsatz[1743], Publizitätsdefizite[1744], Umgehung[1745] von Mitbestimmungsregelungen[1746], Gläubigerbenachteiligungen durch Umgehung

---

tische Rabulistik" ansieht. Die vorstehenden kritischen Ansichten betreffend die Stiftung & Co. KG dürften heute freilich mit Recht als überholt anzusehen sein.

1740 Vgl. nur die Nachweise in Fn. 623.

1741 Statt anderer nur *Seibt*, ZIP 2011, 249 (252) mit weiteren Beispielen zulässiger Stiftungszwecke einer Komplementär-Stiftung; s. a. *Hennerkes/May*, DB 1988, 483 (488); zu einem Formulierungsvorschlag bzgl. des Stiftungszwecks s. etwa auch *Bisle*, NWB-EV 2017, 356 (357); BeckFormB ErbR/*Feick/Bregulla-Weber*, Form. H. III. 5. Anm. 5.

1742 Vgl. *Nietzer/Stadie*, NJW 2000, 3457 (3459); *Hennerkes/Binz/Sorg*, DB 1986, 2269; *Seibt*, ZIP 2011, 249 (252); s. a. *Meinecke*, Stiftungen, S. 114 f.; *Beckmann*, Die Änderung der Stiftungssatzung, S. 208.

1743 Jedenfalls seit der Einführung der Verbrauchsstiftung gem. § 80 Abs. 2 BGB a. F. im Jahre 2013 verfängt dieser Einwand nicht mehr, vgl. *Brandmüller/Klinger*, Unternehmensverbundene Stiftungen, S. 102 (dortige Fn. 384).

1744 Seit Einführung des § 264a HGB im Wege des Gesetzes zur Umsetzung der Kapitalgesellschaften & Co.-Richtlinie (KapCoRiLiG), BGBl. I 2000, S. 154, unterfällt auch die Stiftung & Co. KG den Publizitätspflichten (§§ 325 ff. HGB), womit der Gesetzgeber gerade auch diese Konstruktion erfassen wollte (vgl. BT-Drs. 14/1806, S. 18; Hopt/*Merkt*, HGB § 264a Rn. 1; BeckOGK/*Fehrenbacher*, 1.9.2023, HGB § 264a Rn. 15, 17) und damit die – grundsätzliche – Zulässigkeit der Stiftung & Co. KG auch bestätigt hat.

1745 Nach stRspr. des BGH (NJW 2006, 1066 Rn. 13 m. N.) liegt „*eine Gesetzesumgehung […] dann vor, wenn die Gestaltung eines Rechtsgeschäfts objektiv den Zweck hat, den Eintritt einer Rechtsfolge zu verhindern, die das Gesetz für derartige Geschäfte vorsieht; eine Umgehungsabsicht ist nicht erforderlich*". Die Mitbestimmungsgesetze erfassen die Stiftung aber – wie zuvor erläutert – bewusst nicht, sodass insoweit durch eine Stiftung & Co. KG keine Gesetzesumgehung im vorgenannten Sinne anzunehmen ist.

1746 Diesbezüglich weist *Oertel*, Die Zulässigkeit der Stiftung & Co. KG, S. 293 m. N. darauf hin, dass „*selbst wenn man eine Umgehung des Mitbestimmungsregimes annehmen wollte, […] dies nicht zur Unzulässigkeit respektive Nichtigkeit dieser Gestal-*

handels- und gesellschaftsrechtlicher Bestimmungen)[1747] konnten sich nach überwiegender Ansicht zu Recht nicht durchsetzen.[1748] Es ist daher von der grundsätzlichen und unbestrittenen Zulässigkeit – im hiesigen Kontext jedenfalls – einer Familienstiftung & Co. KG auszugehen, bei der die Familienstiftung, wie oben erwähnt, mehrere Zwecke verfolgt.

b) (Un-)Zulässigkeit nach der Stiftungsrechtsreform 2021

Im Zuge der Stiftungsrechtsreform 2021 könnte durch eine – geradezu beiläufige – Formulierung in der Regierungsentwurfsbegründung die grundsätzliche Zulässigkeit der Stiftung & Co. KG in Zweifel gezogen werden. In der Regierungsentwurfsbegründung zum Stiftungsbegriff des § 80 Abs. 1 S. 1 BGB[1749] werden nämlich erstmalig diesbezügliche Vorbehalte geäußert, wenn darin Folgendes ausgeführt wird: „*Aus dieser für die Stiftung typischen Verknüpfung von Zweck und Vermögen folgt, dass als Stiftungszweck nur ein solcher Zweck in Betracht kommt, der sich durch Nutzung eines Vermögens erfüllen lässt. Der Zweck einer Stiftung kann sich nicht in der Erhaltung des eigenen Vermögens erschöpfen. Auch wenn für die Erfüllung eines Zwecks die Nutzung eines Vermögens nicht erforderlich ist, wie etwa für die Übernahme der Komplementärstellung in einer Personenhandelsgesellschaft (‚Stiftung und Co. KG'), kann dieser Zweck nicht in der Rechtsform der Stiftung verfolgt werden.*" Weitergehende Erläuterungen diesbezüglich, insbesondere welche konkreten Rechtsfolgen daraus abzuleiten seien, finden sich in der Regierungsentwurfsbegründung nicht.[1750]

---

tung führen [würde]. Denn nach überwiegender Ansicht führt ein Umgehungsgeschäft grundsätzlich zur Anwendung der umgangenen Vorschrift im Wege der Analogie oder Rechtsfortbildung."; vgl. insoweit im Steuerrecht explizit § 42 Abs. 1 AO. Die Rechtsfolge von Umgehungsgeschäften, insbesondere betreffend gesetzliche Normen, ist aber immer noch stark umstritten, s. nur m. w. N. MüKoBGB/*Armbrüster*, § 134 Rn. 18 ff.; *Stodolkowitz*, JuS 2019, 1144 (1145 ff.).

1747 Ausf. zu den stiftungs- als auch gesellschaftsrechtlichen vorgebrachten Einwänden *Höfner-Byok*, Die Stiftung & Co. KG, S. 35 ff.; *Oertel*, Die Zulässigkeit der Stiftung & Co. KG, S. 87 ff., 241 ff.; *Burgard*, Gestaltungsfreiheit im Stiftungsrecht, S. 686 ff.; *Neumann*, Die reine Unterhaltstiftung, S. 228 ff.; zusammenfassend auch *Muscheler*, ErbR 2008, 174 (179).

1748 Vgl. nur die Nachweise in Fn. 623; die Anerkennungspraxis sowie die Rspr. geht wohl ebenfalls stillschweigend davon aus, vgl. etwa BFH, NZG 2022, 1257 Rn. 1 ff. (Familienstiftung & Co. KG).

1749 BT-Drs. 19/28173, S. 46; kritisch dazu *Schiffer/Pruns/Schürmann*, Die Reform des Stiftungsrechts, § 2 Rn. 9 ff.

1750 *Theuffel-Werhahn*, ZStV 2022, 43 (47).

Dass durch die Hintertür der Gesetzesentwurfsbegründung[1751] nunmehr ein gänzliches Verbot der Stiftung & Co. KG zu schlussfolgern ist[1752], ist freilich abzulehnen. Insofern ist sich zunächst zu vergegenwärtigen, dass Ausführungen in der Gesetzesentwurfsbegründung *per se „nicht verbindlich sind, sondern nur Mittel der Auslegung sind und hinter bedeutenden systematisch-teleologischen Erwägungen zurückstehen müssen*"[1753]. Entsprechend sind folgende Erwägungen anzuführen: Zunächst wird in der Gesetzesentwurfsbegründung verkannt, dass die „*Übernahme der Komplementärstellung in einer Personenhandelsgesellschaft*" gerade eines auskömmlichen Vermögens der Stiftung für die Erfüllung des Stiftungszwecks bedarf.[1754] Der Zweck der Stiftung als Komplementärin liegt nämlich

---

1751 Vgl. – jedoch in einem anderen Kontext – treffend *Arnold*, npoR 2022, 299 (305 mit Zitat von *Canaris*, HandelsR, § 5 Rn. 52 zu § 15 Abs. 3 BGB) („*Auch hier geht es nicht an, ‚Torheiten der Ministerialbürokratie auf dem Umweg über die Gesetzesbegründung zum geltenden Recht zu erheben*'").

1752 Vgl. vor dem Inkrafttreten der Stiftungsrechtsreform 2021 *Pruns*, ZErb 2021, 301 (302) („*Tatsächlich hört man bereits von manchen Stiftungsaufsichten, dass mit der Umsetzung der Stiftungsrechtsreform auch das Ende der Stiftung & Co. KG gekommen sei*"); derlei Missverständnis seitens der Stiftungsbehörden befürchtet auch *Burgard*, npoR 2021, 1; *Burgard*, npoR 2021, 78 (79); *R. Werner*, ErbR 2021, 482 f.; gespannt auf die Praxis der Stiftungsbehörden blickend *Lange*, ZStV 2022, 167. *Uffmann/Thönißen*, RFamU 2022, 345 (354) sprechen in Bezug auf die Zulässigkeit sogar von einem „*beträchtlichen Unsicherheitsfaktor*"; ähnlich Götz/Pach-Hanssenheimb/*Götz*, HdB Stiftung, Rn. 60/1, nach dem die Anerkennung einer Stiftung & Co. KG nun „*schwer werden*" könne; zuletzt auch noch *Zimmermann/Raddatz*, NJW 2024, 2085 Rn. 4 („*Damit steht die Rechtsform der Stiftung & Co. KG möglicherweise vor dem Aus*").

1753 *Arnold*, npoR 2022, 299 (305); zur Bedeutung der Gesetzesmaterialien s. bereits → Fn. 1229.

1754 *Theuffel-Werhahn*, ZStV 2022, 43 (48); zustimmend *Uhl*, Ubg 2022, 551 (553); Hesselmann/Mueller-Thuns/*Lüke*, HdB GmbH & Co. KG, Rn. 2.536 f. Dies verkennt etwa auch MüKoBGB/*Weitemeyer*, § 80 Rn. 205. *Oertel*, Die Zulässigkeit der Stiftung & Co. KG, S. 195 ff., 201 hält mit überzeugenden Gründen selbst eine Stiftung für zulässig, deren Zweck nicht unmittelbar ein Vermögen voraussetzt. Vielmehr sei es ausreichend, wenn das Stiftungsvermögen eine lediglich mittelbar dienende Funktion habe, indem es die Handlungsfähigkeit der Stiftung an sich sicherstelle und so die Erfüllung des Stiftungszwecks sichere; ähnlich auch MHdB GesR 5/*Beuthien*, § 77 Rn. 36. Vgl. in diese Richtung nun auch BT-Drs. 19/28173, S. 57, wonach das „*Grundstockvermögen aus Vermögensgegenständen zusammengesetzt sein muss, die entweder unmittelbar zur Erfüllung des Stiftungszwecks gebraucht werden können oder die Erträge erbringen können, mit denen der Stiftungszweck erfüllt werden kann.*

üblicherweise – neben ihrer Unternehmensführungsfunktion[1755] und im Falle der Familienstiftung auch der Förderung der Familie – zudem gerade darin, im Bedarfsfall unbeschränkt mit dem Stiftungsvermögen für die Verbindlichkeiten der KG einzustehen[1756]; Stiftungszweck ist daher regelmäßig nicht nur die Funktion, persönlich haftende Gesellschafterin zu sein.[1757] Darüber hinaus kann die Stiftung als Komplementärin auch vermögensmäßig an einer KG beteiligt sein und in diesem Falle neben der i. d. R. bestehenden Haftungsvergütung[1758] einen Gewinnanteil erhalten[1759] oder ihr Vermögen – eine angemessene Besicherung vorausgesetzt – der KG zur Nutzung überlassen (z. B. in Form eines Darlehens).[1760] Blickt man insofern nun auf § 83c Abs. 1 S. 2 BGB, wonach der „*Stiftungszweck mit den Nutzungen des Grundstockvermögens zu erfüllen ist*", kann die Aussage des Reformgebers, eine Stiftung & Co. KG bedürfe keines Vermögens, nicht richtig sein. Denn nach § 100 BGB gehören zu den Nutzungen eines Rechts die „*Vorteile, welche der Gebrauch […] des Rechts gewährt*", also auch die Gebrauchsvorteile der mit der Übernahme der Komplementärstellung (Halten des Gesellschaftsanteils) einhergehenden Rechte, namentlich der Gesellschafterrechte in der KG[1761]; nicht nur etwaige Erträge. U. a. mit ebendiesen Nutzungen sind die Zwecke der Kom-

Alle Nutzungen des Stiftungsvermögens müssen unmittelbar oder mittelbar zur Erfüllung des Stiftungszwecks verwendet werden."

1755 Dies betonen zu Recht auch MHdB GesR 5/*Beuthien*, § 77 Rn. 36 und *Muscheler*, ErbR 2018, 174 (179 f.).

1756 *Ponath/Tolksdorf*, ZEV 2021, 605 (606), *Theuffel-Werhahn*, ZStV 2022, 43 (48); Hesselmann/Mueller-Thuns/*Lüke*, HdB GmbH & Co. KG, Rn. 2.536 f.; *Weinmann*, Die uv. Stiftung, S. 137. Diesen Aspekt mangels eines gesetzlichen Mindestvermögens für Stiftungen für nicht beachtenswert haltend MüKoBGB/*Weitemeyer*, § 81 Rn. 14. Dabei ist jedoch zu berücksichtigen, dass die Anerkennungsbehörden im Besonderen bei Stiftungen als Komplementärin eine faktische Mindestvermögensausstattung (s. dazu bereits → Teil 3 C I 1 b) fordern werden, wobei sich die Höhe an den zu erwartenden Haftungsrisiken für die Stiftungen richten wird; *Burgard*, in: Die Stiftung – Jahreshefte zum Stiftungswesen, 3. Jahrgang, S. 31 (50) schlägt insofern vor, „*dass die Stiftung – abseits ihrer Beteiligung an der KG – wenigstens über ein Vermögen i.H.v. 5 % der Verbindlichkeiten der KG verfügen muss*", damit sie anerkennungsfähig sei.

1757 MHdB GesR 5/*Beuthien*, § 77 Rn. 36 i. V. m. Rn. 32 (dortige Fn. 140); zustimmend Schauhoff/Mehren/*Schienke-Ohletz*, Stiftungsrecht nach der Reform, Kap. 3 Rn. 5; vgl. auch *Uhl*, Ubg 2022, 551 (553).

1758 Richter/*Richter*, Stiftungsrecht, § 10 Rn. 85; s. a. MHdB GesR 5/*Gummert*, § 82 Rn. 8.

1759 *Oppel*, NWB-EV 2021, 122 (125).

1760 *Theuffel-Werhahn*, ZStV 2022, 43 (49).

1761 *Pruns*, ZErb 2021, 301 (302).

plementärstiftung, wozu im Besonderen auch die Führung des Unternehmens gehört, zu erfüllen. Insoweit lässt sich auch die entsprechende Gesetzesentwurfsbegründung zu § 83 Abs. 1 S. 2 BGB heranziehen: „*Nach § 83 Absatz 1 Satz 2 BGB-neu ist der Stiftungszweck mit den Nutzungen des Grundstockvermögens zu erfüllen, das heißt nach § 100 BGB entweder durch die Früchte, insbesondere Erträge, die aus den Vermögensgegenständen gezogen sind und die Gebrauchsvorteile, die die Vermögensgegenstände gewähren.*“[1762]

Namentlich *Matthias Pruns*[1763] weist zudem zu Recht darauf hin, dass dem Erb- und Stiftungsrecht der gleiche Vermögensbegriff zugrunde liegt, wie sich etwa § 81 Abs. 3 Hs. 2 BGB (§ 83 BGB a. F.) entnehmen lässt. Im Erbrecht ist aber heutzutage unstreitig anerkannt, dass der Gesellschaftsanteil an einer Personengesellschaft, d. h. auch und gerade die Komplementärstellung in einer KG, Nachlassbestandteil und deswegen auch Vermögen i. S. v. § 1922 Abs. 1 BGB ist.[1764] Schon *Ulrich Burgard* und ihm folgend *Hagen Hof* weisen zu Recht darauf hin, dass die Mitverwaltungsrechte oder Gesellschaftsanteile, über die eine Stiftungen als Komplementärin bzw. Kommanditistin notwendigerweise verfügen muss, Vermögenswerte darstellen.[1765] Entsprechendes gilt auch im Schenkungsrecht, wo ein Gesellschaftsanteil resp. die Stellung als Gesellschafter einer Personen- oder Kapitalgesellschaft unstreitig ein Vermögenswert zugeschrieben wird,

---

1762 BT-Drs. 19/28173, S. 57.

1763 *Pruns*, ZErb 2021, 301 (302) m. w. N.; ihm folgend *Theuffel-Werhahn*, ZStV 2022, 43 (49); *Uhl*, Ubg 2022, 551 (553); s. a. *Schiffer/Pruns/Schürmann*, Die Reform des Stiftungsrechts, § 2 Rn. 11 f.

1764 *Pruns*, ZErb 2021, 301 (302) m. V. a. BGHZ 22, 186 (191); s. a. m. w. N. MüKoHGB/*K. Schmidt/Fleischer*, § 139 Rn. 13; Henssler/Strohn/*Klöhn*, GesR, HGB § 131 Rn. 18. Im Allgemeinen gilt heute der „*[mitgliedschaftliche] Gesellschaftsanteil als [ein verfügbares] Wirtschaftsgut*“ (*K. Schmidt*, AcP 209 [2009], 181 [196]), der daher rechtsgeschäftlich veräußert werden als auch im Wege der erbrechtlichen Rechtsnachfolge auf Erben übergehen kann, vgl. BGHZ 77, 392; *K. Schmidt*, AcP 209 (2009), 181 (195 f.); eing. zur Vererblichkeit von Anteilen an Personen- und Kapitalgesellschaften MüKoBGB/*Leipold*, § 1922 Rn. 111 ff., 119 ff.; *Alles*, Der Tod des GmbH-Gesellschafters, S. 9 ff.

1765 *Burgard*, Gestaltungsfreiheit im Stiftungsrecht, S. 146; MVHdB I GesR/*Hof*, Form. VIII. 2 Anm. 7, S. 1532; sympathisierend auch BeckOGK/*Jakob/Uhl*, 1.7.2022, BGB § 80 Rn. 518; **a. A.** MüKoBGB/*Weitemeyer*, § 81 Rn. 13 („*Solche Verwaltungsrechte haben keinen Vermögenswert*“); zustimmend etwa Richter/*Dutta*, Stiftungsrecht, § 5 Rn. 17.

weshalb dieser Gegenstand einer Schenkung i. S. d. § 516 BGB sein kann.[1766] Die vorstehende Passage in der Gesetzesentwurfsbegründung zum Stiftungsbegriff führt demgemäß unnötig zu Friktionen in Bezug auf den – freilich unstreitig parallel laufenden – Vermögensbegriff im Stiftungs-, Schenkungs- und Erbrecht.

Ein etwaiges Verbot der Stiftung & Co. KG dürfte sich weiterhin überhaupt nur auf die – wie oben bereits ausgeführt – nach derzeit h. M. unzulässigen bloßen Funktions- bzw. Verwaltungsstiftungen beziehen.[1767] Dafür spricht auch, dass sich die Gesetzesentwurfsbegründung wohl allein auf Stiftungen bezieht, deren Zweck sich (allein) *„in der Erhaltung des eigenen Vermögens"* erschöpft.[1768] Die (kryptische[1769]) Äußerung des Reformgesetzgebers und ausdrückliche Nennung der Stiftung & Co. KG ist insoweit zu undifferenziert erfolgt und daher schlicht missverständlich. Nochmals: Sie ist vielmehr bloß dahingehend zu verstehen, dass reine Selbstzweckstiftungen bzw. im hiesigen Kontext Funktions- bzw. Verwaltungsstiftungen auch – wie nach immer noch herrschender Auffassung[1770] – weiterhin nicht anerkennungsfähig sein sollen. Andernfalls hätte er ein ausdrückliches Verbot der Stiftung & Co. KG – wie etwa in Österreich und Liech-

1766 Vgl. MüKoBGB/*J. Koch*, § 516 Rn. 91; BeckOGK/*Sanders*, 1.7.2024, HGB § 105 Rn. 93; *Reimann*, FS Otte, S. 285 (304); bzgl. KG-Anteil grdl. BGHZ 112, 40 (45).

1767 *Markworth*, NZG 2021, 100 (107); *Oppel*, NWB-EV 2021, 122 (126); *Feick/Schwalm*, NZG 2021, 525 (532); *Schwalm*, NotBZ 2022, 81 (87); *Lorenz*, ZEV 2022, 544 (547); *R. Werner*, NZG 2022, 1244 (1247); Schauhoff/Mehren/*Schienke-Ohletz*, Stiftungsrecht nach der Reform, Kap. 3 Rn. 5; *Stolte*, in: Die Stiftung – Jahreshefte zum Stiftungswesen, 15./16. Jahrgang, S. 23 (28); i. Erg. *Ponath/Tolksdorf*, ZEV 2021, 605 (606); *Breyer*, FuS 2022, 18 (19 f.); *Uhl*, Ubg 2022, 551 (553); Hesselmann/Mueller-Thuns/*Lüke*, HdB GmbH & Co. KG, Rn. 2.533, 2.538; Westermann/Wertenbruch/*Blaum*, PersGesR-HdB, 83. Lieferung 04.2022, I. Teil § 57 Rn. 3834; insoweit wohl auch MüKoBGB/*Weitemeyer*, § 81 Rn. 13; *Schwalm*, ZEV 2021, 68 (72) rät dazu – wie bisher in der Praxis ohnehin üblich – *„unter Wahrung der Zweckwahrheit vorsorglich ein[en] weitere[n] (Neben-)Zweck der Komplementärstiftung"* aufzunehmen; ebenso *Lange*, ZStV 2022, 167; *Lorenz*, ZEV 2022, 544 (547). Dies ist bei einer Familienstiftung & Co. KG aber wie erläutert grundsätzlich mit der Familien- und Unternehmenskomponente gegeben. Selbiges gilt auch für die sonstigen in der Praxis vorkommenden Stiftung & Co. KGs, die neben der vom Stifter vorgegebenen Komplementärfunktion mind. einen anderen Zweck verfolgen, s. nur *Schiffer/Pruns/Schürmann*, Die Reform des Stiftungsrechts, § 2 Rn. 13 a. E. (*„typischer Gestaltungsansatz in der Praxis"*).

1768 BT-Drs. 19/28173, S. 46; so auch (noch zum DiskE v. 27.2.2018) MHdB GesR 5/*Schwake*, § 79 Rn. 90 a. E.

1769 Vgl. *R. Werner*, NZG 2022, 1244 (1247).

1770 Siehe → Fn. 1906.

tenstein[1771] – normieren müssen.[1772] Im reformierten Gesetzestext findet sich ein solches explizites Verbot aber nicht. Ein solches ausdrückliches Verbot wäre vor allem vor dem Hintergrund der heutigen Existenz von rund 100 bedeutenden und großen Stiftung & Co. KGs nötig gewesen.[1773] Zumal der Gesetzgeber einerseits im Rahmen des Kapitalgesellschaften &-Co.-Richtlinie-Gesetz vom 24.2.2000[1774] die Stiftung & Co. KG explizit mitaufgenommen hat und zum anderen ist im Umwandlungsgesetz (s. §§ 135 Abs. 1 S. 1, 125 S. 1, 40 Abs. 1 UmwG) vorgesehen, dass ein von einer Stiftung betriebenes Unternehmen ausgegliedert werden kann, wobei im Ausgliederungsvertrag vereinbart werden muss, ob der Stiftung in der übernehmenden Gesellschaft die Stellung eines persönlich haftenden Gesellschafters (Komplementärs) oder eines Kommanditisten eingeräumt wird.[1775] Mit diesen beide gesetzgeberischen Regelungen hat der Gesetzgeber selbst die Stiftung & Co. KG als zulässige Rechtsformenkombination sanktioniert.[1776] Im hiesigen Kontext bleibt nach alldem festzuhalten, dass eine Familienstiftung & Co. KG, bei der die Familienstiftung nach dem Willen des Stifters neben der Komplementär-

---

1771 Siehe für die österreichische Privatstiftung den § 1 Abs. 2 Nr. 1 PSG sowie Art. 552 § 1 Abs. 2 S. 1 PGR bei der liechtensteinischen Stiftung, demnach eine Stiftung & Co. KG unzulässig ist, vgl. *v. Löwe*, Familienstiftung und Nachfolgegestaltung, § 8 Rn. 24 ff. (zu Österreich) und § 10 Rn. 19 ff. (zu Liechtenstein); auch in der Schweiz, Tschechien, Frankreich und China wird die Stellung einer Stiftung als Komplementärin bereits gesetzlich ausgeschlossen, vgl. m. w. N. *Weitemeyer*, AcP 217 (2017), 431 (440); *Weitemeyer* (JEV 2021, 54 [56] und GesRZ 2023, 237 [242]) hält ein entsprechendes gesetzliches Verbot auch in Deutschland für vorzugswürdig. Ähnliche Gesetzgebungsinitiativen in Deutschland konnten sich bisher jedoch nicht durchsetzen, vgl. etwa § 81 des Gesetzentwurfs von *Bündnis 90/Die Grünen*, BT-Drs. 13/9320, S. 3 sowie § 81 des Gesetzentwurfs der FDP, BT-Drs. 14/336, S. 2; zu den Entwürfen s. etwa *Nissel*, FS O. Werner, S. 45 (50 ff.).

1772 So auch *Burgard*, npoR 2021, 1, *Oppel*, NWB-EV 2021, 122 (126); *Ponath/Tolksdorf*, ZEV 2021, 605 (606); *Sanders*, in: Sanders/Thomsen, Enterprise Foundation Law, S. 25 (42).

1773 Diese würden ohnehin aus verfassungsrechtlichen Gründen Bestandsschutz genießen (*Theuffel-Werhahn*, ZStV 2022, 43 [50]) und zudem findet § 80 BGB n. F. auch nach Inkrafttreten der Stiftungsrechtsreform gem. Art. 229 § 59 EGBGB n. F. (hierzu ausf. BoKoStiftR/*Bartodziej*, Art. 229 § 59 EGBGB Rn. 1 ff.) keine Anwendung auf Bestandsstiftungen, s. a. *Ponath/Tolksdorf*, ZEV 2021, 605 (606); BoKoStiftR/*Bartodziej*, Art. 229 § 59 EGBGB Rn. 7 f.

1774 BGBl. I 2000, S. 154.

1775 Lutter/*G. Seyfarth*, UmwG, § 161 Rn. 35.

1776 W/S/F/*Saenger*, Die Stiftung, § 36 Rn. 74; weitere Nachweise zur Zulässigkeit → Fn. 1744.

funktion in der KG regelmäßig auch andere Zwecke (z. B. Familienversorgung und Unternehmenserhalt) verfolgt, auch nach neuem Stiftungsrecht zulässig und anerkennungsfähig ist.

c) *Künftig verstärktes Instrument zur Vermeidung von unternehmerischer Mitbestimmung gerade bei Familienunternehmen?*

Die Konstruktion einer Familienstiftung & Co. KG könnte künftig verstärkt das Interesse von Familienunternehmen wecken, die oftmals aufgrund ihrer Angst vor Verwässerung des Familieneinflusses – einem Wesensmerkmal von Familienunternehmen[1777] – durch die Beteiligung von Arbeitnehmern in der Unternehmensführung, einer unternehmerischen Mitbestimmung kritisch – ja sogar ablehnend – gegenüberstehen[1778] und die gerade deshalb vielfach eine Struktur anstreben, die die unternehmerische Mitbestimmung weitestgehend vermeidet. Mit Blick darauf, dass der Umfang der unternehmerischen Mitbestimmung in Deutschland nicht rechtsformneutral ausgestaltet ist, ist die Frage, inwieweit eine Rechtsform der unternehmerischen Mitbestimmung unterliegt, für Familienunternehmer, insbesondere denjenigen, zu deren oberstes Gebot die Sicherung des Familieneinflusses zählt[1779], als Entscheidungskriterium bei der Rechtsformwahl von besonderer Bedeutung.[1780] Deshalb rücken gerade Konstruktionen wie die weitestgehend mitbestimmungsfreie Familienstiftung & Co. KG bzw. die unternehmensverbundene Familienstiftung als (Beteiligungs-)Holding[1781] wohl künftig

---

1777 Dazu → Teil 3 B II 2 und 3.

1778 Vgl. *Brock*, GmbHR 2019, 101; *Uffmann*, AG 2022, 427 Rn. 3; *Schiffers*, GmbHR 2022, 526 Rn. 42; S/B/K/G/W/*Kormann*, Familienunternehmen, Kap. 1 Rn. 170; *Hennerkes/May*, DB 1988, 483 (485) meinen gar, dass „*[w]enig […] von mittelständischen Familienunternehmen mehr gefürchtet [würde] als die unternehmerische Mitbestimmung der Arbeitnehmer*"; s. a. deutlich *Uffmann/Thönißen*, RFamU 2022, 345 (348), wonach Mitbestimmung „*strukturell ein ‚Gegenspieler' für den Unternehmenstypus Familienunternehmen*" darstellt, da damit eine Einflussnahme Dritter einhergeht.

1779 *Kruse/Domning/Frechen*, DStR 2017, 2440 (2442); näher → Teil 2 B.

1780 *Uffmann/Thönißen*, RFamU 2022, 345 (347 f.); *Uffmann*, AG 2022, 427 Rn. 3; zur Bedeutung der Unternehmensmitbestimmung für Familienunternehmen bündig *Begemann*, Die SE & Co. KGaA, S. 27 ff.; s. a. ausf. MHdB GesR 9/*Blaum*, § 12 Rn. 1 ff.

1781 Zur (Familien-)Stiftung als Holding ausf. Scherer/*R.-M. Hübner*, Unternehmensnachfolge, § 6 Rn. 90 ff.; MHdB GesR 9/*Bayer/Illhardt*, § 37 Rn. 73 ff.; BoKoStiftR/*Heuel/Meinecke*, Teil I 2.3 Rn. 113 ff.; grdl. *Hüffer*, GS Tettinger, S. 449; Vergleichsbetrachtung zwischen gesellschaftsrechtlicher Familienholding und Familienstif-

vermehrt in den Auswahlkreis möglicher Rechtsformgestaltungen von Familienunternehmen und das Beratungsrepertoire entsprechender Wirtschaftskanzleien bzw. auf Familienunternehmen spezialisierte Rechtsberater.

Die Stärkung der Unternehmensmitbestimmung steht dabei nach dem Koalitionsvertrag bei der neuen „Ampel"-Regierung bestehend aus *SPD, BÜNDNIS 90/DIE GRÜNEN* und *FDP* auf der Agenda.[1782] Konkret: Die bestehenden nationalen Regelungen sollen bewahrt und die missbräuchliche Umgehung geltenden Mitbestimmungsrechts verhindert werden. Die Bundesregierung beabsichtigt, sich dafür einzusetzen, dass die Unternehmensmitbestimmung weiterentwickelt wird, sodass es nicht mehr zur vollständigen Mitbestimmungsvermeidung beim Zuwachs von SE-Gesellschaften (sog. Einfriereffekt[1783]) kommen soll. Die (nationale) Abschaffung des Einfriereffekts wird im Besonderen mit Blick darauf, dass das derzeit in Deutschland vorgesehene Modell der SE-Mitbestimmung sowohl in Erwägungsgrund 18 der RL 2001/86/EG als auch in Art. 13 Abs. 2 der RL 2001/86/EG angelegt ist, freilich zu Recht für schwerlich umsetzbar gehalten.[1784]

---

tungs-Holding bei *Sabel/Schauer*, ZStV 2018, 81; zur Möglichkeit der Einordung der Familienstiftung in derlei Fällen als Finanzunternehmen i. S. d. § 8b Abs. 7 S. 2 KStG BFH, BeckRS 2024, 31054 Rn. 27 ff.

1782 *Koalitionsvertrag von SPD, BÜNDNIS 90/DIE GRÜNEN und FDP*, 2021, S. 72 (https://t1p.de/4eems); s. zu den mitbestimmungsrechtlichen Aspekten eing. *Uffmann*, AG 2022, 427 mit Erörterung möglicher Reformvorschläge; *Mohamed*, ZIP 2022, 305; *Mückl/Blunck*, DB 2022, 735; *Hirte*, FS Henssler, S. 945 (950 ff.); speziell im Kontext der Familienunternehmen *Uffmann/Thönißen*, RFamU 2022, 345.

1783 Dazu statt anderer m. w. N. *Mückl/Blunck*, DB 2022, 735 (736 f.); *Mohamed*, ZIP 2022, 305 (306 f.); *Uffmann*, AG 2022, 427 Rn. 36; zu Gestaltungsmöglichkeiten vermittels einer SE zuletzt *R. Werner*, NZG 2022, 541 (542 ff.); kritisch *Nagel*, ZIP 2022, 208.

1784 M. w. N. *Mückl/Blunck*, DB 2022, 735 (737 f.); *Mohamed*, ZIP 2022, 305 (307); *Behme*, LRZ 2022, Rn. 594 (606); ausf. zu den Umsetzungschancen aus unionaler sowie nationaler Ebene *Uffmann*, AG 2022, 427 Rn. 39 ff.; für ein gänzliches Überdenken der deutschen Mitbestimmung im Zuge des Koalitionsvorhabens neuerdings *Thomale*, NZG 2022, 1, der unter Verweisung auf *Addison/Schnabel*, Worker Directors, 2009 anführt, dass Studien zufolge das deutsche Mitbestimmungsmodell keinen Beweis erbracht habe, dass es individuelle oder gesamtgesellschaftliche Wohlfahrtsgewinne erziele; für eine weitgehende Abschaffung etwa schon *Adams*, ZIP 2006, 1561; **a. A.** etwa *Uffmann*, AG 2022, 427 Rn. 7 m. w. N., die dafür plädiert die *„Mitbestimmung als zentralen Baustein der sozialen Marktwirtschaft mit seiner integrativen Wirkung zukunftsfähig zu machen"* und insofern attraktiver zu gestalten. Dabei sollten richtigerweise die Besonderheiten von Familienunternehmen jedoch berücksichtigt werden, vgl. *Uffmann/Thönißen*, RFamU 2022, 345 (348).

Ferner soll die Konzernzurechnung aus dem MitbestG auf das DrittelbG übertragen werden, sofern faktisch eine echte Beherrschung vorliegt. Die Änderung der nationalen Regelungen betreffend die Konzernzurechnung im DrittelbG (entsprechend § 5 MitbestG[1785]) hätte zur Folge, dass künftig – entgegen der bisher h. M. im Schrifttum[1786] – auch nach dem DrittelbG die faktische Beherrschung der Tochtergesellschaft (d. h. ohne Eingliederungen oder Beherrschungsverträge) für die Zurechnung der Arbeitnehmer ausreichen würde, weshalb zahlreiche Holdings von Unternehmensgruppen resp. Konzerngestaltungen (z. B. mit einer bisher mitbestimmungsfreien Familienholding-GmbH als Konzernspitze) mit mehr als 500 und weniger als 2.000 relevanten Arbeitnehmer erstmals einen mitbestimmten Aufsichtsrat bilden müssten.[1787] Eine etwaige künftige Neujustierung der Unternehmensmitbestimmung und der damit einhergehende Zwang, einen Aufsichtsrat mit gesetzlich festgelegtem zwingenden Kompetenzen auch auf Holding-Ebene einzurichten und diesem auch mit familienfremden Arbeitnehmervertretern besetzen zu müssen, könnte die langjährig erprobte und austarierte Unternehmensstruktur (sog. *Family Business Governance*[1788]) eines bisher mitbestimmungsfreien Familienunternehmens enorm aus dem Gleichgewicht bringen, insbesondere, wenn diese erstmalig einen mitbestimmten Aufsichtsrat etablieren oder einen bestehenden umgestalten müssten.[1789] Da es sich beim DrittelbG um rein nationales Recht handelt, ist eine diesbezügliche baldige Umsetzung durch den Gesetzgeber einfacher umzusetzen, insbesondere mit Blick auf die Mehrheitsverhältnisse im aktuellen 20. Deutschen Bundestag.[1790]

Vor diesem Hintergrund und mit Blick darauf, dass Mitbestimmungsaspekte für die Wahl der Rechtsform bzw. die Struktur eines Familienunternehmens ohnehin oftmals leitend sind[1791], dürfte im Besonderen die Familienstiftung &

1785 Zur Konzernzurechnung im Mitbestimmungsrecht und dessen Telos *Seibt*, ZIP 2008, 1301 (1302 ff.) m. w. N.

1786 M. z. N. *Mohamed*, ZIP 2022, 305 (306 mit dortiger Fn. 9); *Mückl/Blunck*, DB 2022, 735 (735 f.).

1787 Zu Familien-GmbHs und einem Aufsichtsrat nach dem DrittelbG eing. *Brock*, GmbHR 2019, 101.

1788 Vgl. dazu → Teil 5 C III.

1789 Vgl. *Uffmann*, AG 2022, 427 Rn. 54; *Uffmann/Thönißen*, RFamU 2022, 345 (351 f.); *R. Werner*, NZG 2022, 541.

1790 *Mückl/Blunck*, DB 2022, 735 (737); *Behme*, LRZ 2022, Rn. 594 (603) mit eigenem Regelungsvorschlag; eing. zu den Umsetzungschancen *Uffmann*, AG 2022, 427 Rn. 50 ff.

1791 MHdB GesR 9/*Lieder/T. Hofmann*, § 1 Rn. 29 m. V. a. *Institut für Familienunternehmen e. V. Stuttgart (Hrsg.)*, Studie Familienunternehmen 2014 Ergebnisse, 2015; s. a. MHdB GesR 9/*Blaum*, § 12 Rn. 15; *Uffmann/Thönißen*, RFamU 2022, 345 (347 f.).

Co. KG oder gemeinhin die Familienstiftung als Beteiligungsträger-Holding[1792], in der der Familieneinfluss gebündelt wird, in den Fokus von Unternehmensgestaltungen zur Vermeidung von unerwünschter Unternehmensmitbestimmung geraten. Speziell der Einsatz einer Familienbeteiligungsträgerstiftung als Holding[1793] kann dazu führen, dass trotz einer steigenden Anzahl von Mitarbeitern auf Stiftungsebene kein Aufsichtsrat einzurichten bzw. eine paritätische Besetzung eines etwaigen Aufsichtsrats nicht erforderlich ist.

So hat dem Vernehmen nach etwa die *Aldi Süd Gruppe* eine Struktur von 30 operativen GmbH & Co. KGs etabliert, deren Gesellschaftsanteile durch die *Siepmann-Familienstiftung* gehalten werden. Da jede GmbH & Co. KG nur etwa 1.500 bis 1.700 Mitarbeiter beschäftigt, ist eine Mitbestimmung auf Ebene der Gesellschaft ausgeschlossen.[1794] Die Mitarbeiter können auch nicht nach § 4 oder § 5 MitbestG der Familienstiftung zugerechnet werden, da die Regelungen über die Mitbestimmung – wie bereits erläutert – nicht auf eine Stiftung anwendbar sind.[1795]

Dies würde auch bei einer etwaigen Änderung der nationalen Regelungen betreffend die Konzernzurechnung im DrittelbG (entsprechend § 5 MitbestG) gelten, solange die Stiftung (& Co. KG) nicht explizit und – unter Beachtung der Stiftungsautonomie – in den Anwendungsbereich des DrittelbG oder MitbestG aufgenommen würde.[1796] *Katharina Uffmann* weist insofern zutreffend darauf hin, dass „*die Stiftung bzw. Stiftung & Co. KG mit Geschäftsbetrieb nicht einfach durch Aufnahme in den Katalog der mitbestimmungspflichtigen Unternehmen erfasst werden [könne]. Vielmehr [müsse] sichergestellt werden, dass sich die Mitbestimmung der Arbeitnehmervertreter ausschließlich auf die unternehmerischen Entscheidungen bezieht, da sich eine darüberhinausgehende Einflussnahme*

1792 Zur (Familien-)Stiftung als Holding s. die Nachweise in → Fn. 1781.

1793 Zu beachten ist freilich, dass ein in der Rechtsform einer Kapitalgesellschaft geführtes Unternehmen nicht von der Mitbestimmung *per se* befreit ist, nur, weil die (sämtlichen) Gesellschaftsanteile von einer Beteiligungsträgerstiftung gehalten werden, da für das Unternehmen als solches die allgemeinen Mitbestimmungsregelungen gelten, ohne Rücksicht auf die Stiftung als Gesellschafterin, s. *Ihle*, RNotZ 2009, 621 (640 dortige Fn. 346); *Lehleiter*, Die Familienstiftung, S. 54; *Kronke*, Stiftungstypus, S. 354.

1794 *Dahlmanns*, RNotZ 2020, 417 (425); *Muscheler*, ErbR 2008, 134 (137).

1795 Vgl. *Dahlmanns*, RNotZ 2020, 417 (425); *Muscheler*, ErbR 2008, 134 (140, 142); *Mückl/Blunck*, DB 2022, 735 (736 mit dortiger Fn. 19); *W. Sigle*, FS Peltzer, S. 539 (542, 548); *Achilles*, ZevKR 68 (2024), 22 (24).

1796 Vgl. *Thomale*, NZG 2022, 1; *Uffmann*, AG 2022, 427 Rn. 11.

auf den Stiftungszweck und das Stiftungsvermögen nicht legitimieren [ließe]."[1797] Von einer entsprechenden Erfassung der Stiftung (& Co. KG) ist aber wohl auch künftig nicht auszugehen.[1798] Die Koalitionäre wollen nämlich an den bestehenden nationalen Regelungen festhalten und nur „*missbräuchliche Umgehungen*" des geltenden Mitbestimmungsrechts verhindern. Dabei ist *prima vista* davon auszugehen, dass sich die „*missbräuchliche Umgehung*" nur auf den im Koalitionsvertrag nachfolgend genannten Einfrierungseffekt im Falle einer SE bezieht.[1799] Ohnehin handelt es sich – wie zuvor erörtert – im Besonderen bei der Familienstiftung & Co. KG um keine missbräuchliche Rechtsform, auch wenn sie die Vermeidung von Unternehmensmitbestimmung *de lege lata* ermöglicht.[1800] Dabei sei freilich darauf hingewiesen, dass es dem Stifter freisteht, Mitbestimmung im selbstbestimmten Umfang auch in den Stiftungsorganen, insbesondere im Stiftungsvorstand (und damit mittelbar auch in der Anteilseignerversammlung des stiftungsverbundenen Unternehmens), vorzusehen.[1801] Aber auch dabei haben die Arbeitnehmervertreter als Stiftungsorganmitglieder den Primat des Stifterwillens stets zu beachten.[1802]

Dennoch bleibt abzuwarten, wie die amtierende Bundesregierung ihre Pläne umsetzen will, was konkret mit der Verhinderung „*missbräuchlicher Umgehungen*"

1797 *Uffmann*, AG 2022, 427 Rn. 11; ausf. zu den diesbezüglichen Friktionen *Achilles*, ZevKR 68 (2024), 22 (27 ff.); s. a. zur Unvereinbarkeit einer autonomen Mitbestimmung auf Stiftungsebene, insb. im Hinblick auf den Primat des Stifterwillens bündig → Teil 4 A IV 1 a.

1798 Ein aktueller Vorschlag der Fraktion *Bündnis 90/Die Grünen* auch Stiftungen, die Erwerbszwecke verfolgen, in den Geltungsbereich der Unternehmensmitbestimmung einzubeziehen (BT-Drs. 19/27828) blieb erfolglos; ebenfalls erfolglos blieb ein entsprechender Entschließungsantrag der gleichen Fraktion im Rahmen des StiftVereinhG (BT-Drs. 19/31118, S. 6); vgl. dazu auch *Achilles*, ZevKR 68 (2024), 22 (23 f.).

1799 So i. Erg. auch *Uffmann*, AG 2022, 427 Rn. 11; anders *Hirte*, FS Henssler, S. 945 (953), nach dem „*– wenn gleich nicht ausdrücklich gemeint – [auch] unternehmenstragende Stiftungen*" gemeint seien.

1800 Vgl. zur Legitimität und Legalität des Einsatzes insofern exemplarisch LG Dortmund, ZIP 2010, 2152 – Edeka; dazu *Seibt*, ZIP 2011, 249 (251 ff.); vgl. auch *W. Sigle*, FS Peltzer, S. 539 (548); *Bayer*, NJW 2016, 1930 (1933); eing. *Oertel*, Die Zulässigkeit der Stiftung & Co. KG, S. 291 ff. Entsprechendes gilt auch grds. für die SE (vgl. *Mohamed*, ZIP 2022, 305 [306]) sowie grds. auch für andere mitbestimmungsorientierte Rechtsformgestaltungen, s. zutreffend *Uffmann/Thönißen*, RFamU 2022, 345 (348).

1801 Vgl. S/S/S/P/*Stumpf*, StiftR, § 80 Rn. 58; *Kronke*, Stiftungstypus, S. 354; *Achilles*, ZevKR 68 (2024), 22 (32 f.).

1802 *Achilles*, ZevKR 68 (2024), 22 (33 ff.); s. a. → Teil 4 A IV 1 a.

gemeint sein soll und ob bereits bestehende Gestaltungen einen Bestandsschutz[1803] genießen werden.[1804] Diesbezüglich wird insofern zutreffend darauf hingewiesen, dass durch die Regierungsinitiative auch ein Fehlanreiz zur Verlagerung von Arbeitsplätzen ins Ausland erzeugt werden könnte, da Auslandsbelegschaften für die Ermittlung der Schwellenwerte nach derzeit g. h. M. in Rechtsprechung und Schrifttum[1805] nicht berücksichtigt werden.[1806] Dem Koalitionsvertrag ist diesbezüglich nicht zu entnehmen, dass daran etwas geändert werden soll.

Die Regierungsinitiative hat jedenfalls in der Beratungspraxis bereits dazu geführt, dass sich größere Familienunternehmen, insbesondere in der Rechtsform einer SE[1807], wieder verstärkt mit der Mitbestimmung und mit Vermeidungsstrategien beschäftigen[1808] und dabei wird bzw. sollte sicherlich auch eine Stiftungskonstruktion in deren Entscheidungskalkül einzubeziehen sein. Gleichwohl sei angemerkt, dass eine Stiftungskonstruktion aufgrund der damit einhergehenden beachtlichen Folgen[1809] niemals – allein – aus mitbestimmungsrechtlichen Gründen gewählt werden sollte.

2. *Doppelfamilienstiftung*

Ein besonderes Konstrukt der Kautelarjurisprudenz zum Zwecke der optimalen Steuergestaltung und keine eigene Anwendungsvariante der rechtsfähigen

---

1803 Vgl. bzgl. der SE *Mohamed*, ZIP 2022, 305 (307 f.); *Uffmann*, AG 2022, 427 Rn. 37.

1804 Vgl. auch *Uffmann*, AG 2022, 427 Rn. 11. Insofern könnte der in der letzten Legislaturperiode nicht weiter verfolgte Vorschlag der Fraktion *Bündnis 90/Die Grünen* auch Stiftungen, die Erwerbszwecke verfolgen, in den Geltungsbereich der Unternehmensmitbestimmung einzubeziehen (BT-Drs. 19/27828; dafür auch *Trappe*, Unternehmensmitbestimmung, S. 191; MüKoBGB/*Weitemeyer*, § 80 Rn. 228), nunmehr größeren Anklang finden.

1805 Zum sog. Territorialitätsprinzip nur LG Hamburg BeckRS 2018, 24948 Rn. 10 ff.; MüKoAktG/*Annuß*, MitbestG § 3 Rn. 10 ff.; jew. m. z. N.

1806 *Behme*, LRZ 2022, Rn. 594 (601); davor warnend bereits auch *Bayer*, NJW 2016, 1930 (1934).

1807 98 % der SE mit mehr als 2.000 Arbeitnehmern ohne Mitbestimmung sind in Familienhand, so *Uffmann*, AG 2022, 427 Rn. 3 (dortige Fn. 6) m. V. a. eine Studie der Hans-Böckler-Stiftung aus 2021 (https://t1p.de/m4ww4); zur Mitbestimmung und Familienunternehmen eing. *Uffmann/Thönißen*, RFamU 2022, 345.

1808 *Hannes/Reich*, ZEV 2022, 139 (140); *Uffmann*, AG 2022, 427 Rn. 37. Allg. zu Vermeidungsmöglichkeiten H/S/G/*Simon/Rein*, GesR, § 16 Rn. 63 ff.; im Kontext der Familienunternehmen *Uffmann/Thönißen*, RFamU 2022, 345; vgl. zu zukünftigen Gestaltungsmöglichkeiten *Mückl/Blunck*, DB 2022, 735 (738 ff.).

1809 Zu den potenziellen Motiven → Teil 3 A; zu den Risiken → Teil 3 B.

Stiftung des bürgerlichen Rechts stellt die sog. (unternehmensverbundene) „*Doppelfamilienstiftung*"[1810] bzw. verbreiteter bezeichnet als Doppelstiftung[1811] dar.[1812] Als Praxisbeispiele für eine (echte) Doppelstiftungskonstruktion aus jüngerer Zeit können etwa der Bio-Lebensmittelhersteller *Alnatura Produktions- und Handels GmbH*[1813], die Einzelhandelskette *Globus*[1814], die Herstellerin von Software-Werkzeugen und –Komponenten *Vector Informatik GmbH*[1815] oder die Möbelkette *Poco-Domäne*[1816] genannt werden.[1817]

Die Doppelstiftungskonstruktion verbindet die Vorzüge der gemeinnützigen mit denen der privatnützigen Familienstiftung. Beide Stiftungen sind selbständig und halten als sog. Beteiligungsträgerstiftungen Geschäftsanteile am Familienunternehmen und sind daher beide Gesellschafter des Familienunternehmens.

Die Besonderheit liegt indes bei der zumeist disquotalen (bzw. inkongruenten) Verteilung der Geschäftsanteile[1818]. Die privatnützige Familienstiftung

---

1810 Begriff nach *Schiffer*, FS Spiegelberger, S. 1358 (1368).

1811 Hierbei werden eine „reine" gemeinnützige Stiftung und eine privatnützige Familienstiftung (oder auch Familiengesellschaft) an einer Gesellschaft (zumeist GmbH) beteiligt.

1812 Allg. dazu: Feick/*Godron*/*Thress*, Stiftung, § 30; *Reich*, DStR 2020, 265; *Dahlmanns*, RNotZ 2020, 417 (427 f.); *P. Windeknecht*, NWB 2021, 1326; *Schwink*, S&S 2/2016, 30; *Theuffel-Werhahn*, ZStV 2015, 169 (Teil 1) und 201 (Teil 2); *R. Werner*, ZEV 2012, 244; *Kögel*/*Berg*, FuS 2011, 13 (am Beispiel des Robert Bosch Stiftung gGmbH-Modells); *Ihle*, RNotZ 2009, 621 (634 ff.); *Schiffer*, BBEV 2007, 214; *Schnitger*, ZEV 2001, 104; *Binz*/*Sorg*, ZEV 2005, 520 (speziell zu steuerrechtlichen Aspekten); monographisch *Schuck*, Die Doppelstiftung, S. 51 ff.; *Auwera*, Die Doppelstiftung, S. 51 ff.; grdl. *Syrbe*, Die Doppelstiftung; kritisch zur Doppelstiftung etwa MüKoBGB/*Weitemeyer*, § 80 Rn. 210; *Rawert* FS Crezelius, S. 87 (96); *Rawert*, ZEV 1999, 294 (296).

1813 S. dazu (https://t1p.de/1y8by).

1814 S. dazu (https://t1p.de/s3jbq).

1815 S. *o. V.*, DieNews v. 29.8.2019 (https://t1p.de/25dgt); s. a. *Stiftung Familienunternehmen*, Stiftungsunternehmen in Deutschland, S. 46 f.

1816 S. *o. V.*, DieNews v. 21.3.2011 (https://t1p.de/xvbac).

1817 Weitere Beispiele z. B. bei *Schuck*, Die Doppelstiftung, S. 57 ff.

1818 Ausf. zur disquotalen Ausgestaltung von Stimm- und Gewinnbezugsrechten *Grever*, RNotZ 2019, 1; speziell zur disquotalen Gewinnverwendung und -verteilung *Birkenmaier*/*Obser*, GmbHR 2022, 850; zur steuerrechtlichen Zulässigkeit BFHE 274, 457 Rn. 14 ff. (bzgl. inkongruenter Gewinnverwendung) sowie (bzgl. inkongruenter Gewinnausschüttung) BFH, DStR 2022, 2606 Rn. 37 ff. und *BMF*, Schr. v. 4.9.2024 – IV C 2 – S 2742/19/10004:003, DOK 2024/0721520 = DStR 2024, 2125.

hält üblicherweise die Mehrheit der stimmrechtsberechtigten Geschäftsanteile am Familienunternehmen und sichert der Unternehmerfamilie auf diese Weise dauerhaft den Einfluss auf die unternehmerischen Entscheidungen. Die daneben bestehende gemeinnützige Familienstiftung (vgl. § 58 Nr. 6 AO) erhält den Großteil der Ausschüttungen des Familienunternehmens, die sie i. H. v. 2/3 zur Verfolgung ihrer steuerbegünstigten Zwecke und i. H. v. 1/3 zur Unterstützung der Unternehmerfamilie einsetzen kann. Mit anderen Worten: Die gemeinnützige Familienstiftung ist überwiegend am Kapital des Familienunternehmens beteiligt, um so weitestgehend steuerrechtliche Vorteile[1819] geltend zu machen. Durch die größere Kapitalbeteiligung der gemeinnützigen Familienstiftung soll im Besonderen die Steuerbefreiung nach § 13 Abs. 1 Nr. 16 b) ErbStG abgesichert und die Ertragsteuer auf die Ausschüttungen bzw. Einnahmen möglichst gering gehalten werden.[1820] Bei der privaten Familienstiftung verhält es sich spiegelbildlich, d. h. ihr werden überwiegend die Stimmrechtsanteile übertragen, während sie nur marginal am Kapital des Familienunternehmens beteiligt wird.[1821] Dies führt letztlich dazu, dass der Familienstiftung die Führung des Familienunternehmens zukommt.[1822]

Aufgrund der großen Gestaltungsfreiheit im Recht der GmbH, insbesondere hinsichtlich der Ausgestaltung der Gesellschafterstellung und deren Geschäftsanteile, bietet sich für das Doppelfamilienstiftungsmodell als Beteiligungsgesellschaft i. d. R. ein Familienunternehmen an, dessen Rechtsträger eine GmbH

1819 Vgl. m. w. N. *König*, Nachlassplanung, S. 112; zusammenfassend *Reich*, DStR 2020, 265 (266): „*So unterliegt die Stiftungserrichtung* [der gemeinnützigen Stiftung] *weder der Erbschaft- und Schenkungsteuer noch der Ersatzsteuer noch unterliegt sie im Rahmen der laufenden Besteuerung der Körperschaft, Gewerbe- oder Grundsteuer (§ 13 Abs. 1 Nr. 16 a) ErbStG, § 5 Abs. 1 Nr. 9 KStG, § 3 Nr. 6 GewStG, § 3 Abs. 1 Nr. 3 b) GrStG).*“

1820 *Reich*, DStR 2020, 265; *R. Werner*, ZEV 2020, 529 (534).

1821 Vgl. *Reich*, DStR 2020, 265.

1822 *Hennerkes/Kirchdörfer*, Die Familie und ihr Unternehmen, S. 302; *P. Windeknecht*, NWB 2021, 1326 (1328); vgl. *Theuffel-Werhahn*, ZStV 2015, 169 (171).

ist.[1823] Es kommt aber grds. jede Personenhandels- oder Kapitalgesellschaft in Betracht.[1824]

Verbreitet ist folgendes Gestaltungsbeispiel:[1825] Ein Stifter überträgt 90 % der Kapitalanteile einer Familien-GmbH auf eine gemeinnützige Stiftung (bzw. eine gemeinnützige Familienstiftung i. S. d § 58 Nr. 6 AO). Die verbleibenden 10 % überträgt er auf eine nicht gemeinnützige Familienstiftung. Die gemeinnützige Stiftung erhält 10 %, die Familienstiftung 90 % der Stimmrechte.[1826] Ferner wird üblicherweise auch eine paritätische oder auch disquotale Gewinnausschüttung[1827] vereinbart. Bei der Ausgestaltung einer Doppelfamilienstiftung ist im Besonderen darauf zu achten, dass die Beteiligungsquoten und die Gewinnbezugsrechte beider Stiftungen so austariert werden, dass die Interessen des Unternehmens und der Familie optimal berücksichtigt werden.[1828] In Bezug auf das Familienunternehmen decken sich die Interessen beider Familienstiftungen jedenfalls dahingehend, dass beide nachhaltige Erträge aus dem Unternehmen erzielen wollen.[1829]

Hinsichtlich der Organe der beiden Familienstiftungen herrscht i. d. R. Personalunion.[1830] Eine personelle Verflechtung bietet sich insbesondere dann an, wenn

---

1823 Vgl. Feick/*Godron/Thress*, Stiftung, § 30 Rn. 5, 96; *M. Engel*, Die unternehmensverbundene Stiftung, S. 239; *Schuck*, Die Doppelstiftung, S. 52; *Schnitger*, ZEV 2001, 104 (105); ausf. zur Rechtsform der Beteiligungsgesellschaft *Ihle*, RNotZ 2009, 621 (635 ff.); *R. Werner*, ZEV 2012, 244 (245 f.). Die Integration einer Doppelstiftung ist, insbesondere bei einer AG mit Blick auf § 23 Abs. 5 S. 1 AktG (sog. Satzungsstrenge) sowie auch des Gleichbehandlungsgebotes (§ 53a AktG) schwieriger, s. Bergschneider/*Theuffel-Werhahn*, FamVermR, Rn. 11.237; *Richter/Sturm*, ZErb 2006, 75 (77); *Schiffer*, BBEV 2007, 214 (215); jew. m. w. N.

1824 BeckOGK/*Jakob/Uhl*, 1.7.2022, BGB § 80 Rn. 540; *Ihle*, RNotZ 2009, 621 (635); *Schiffer*, BBEV 2007, 214; Personengesellschaften als Rechtsträger gehen jedoch mit steuerrechtlichen Nachteilen einher, dazu eing. *Binz/Sorg*, ZEV 2005, 520 (521 f.).

1825 Beispiel in Anlehnung u. a. an *Brill*, GWR 2012, 364 (366); *Schnitger*, ZEV 2001, 104 (105); *Theuffel-Werhahn*, ZStV 2015, 169 (172); *Hennerkes/Kirchdörfer*, Die Familie und ihr Unternehmen, S. 302; *Freundl*, DStR 2004, 1509 (1513); *Schwink*, S&S 2/2016, 30.

1826 Die Ausgestaltung der Stimmrechtsverteilung ist bei einer GmbH gem. §§ 45 Abs. Abs. 1, 47 Abs. 2 GmbHG weitestgehend frei gestaltbar, s. *Grever*, RNotZ 2019, 1 (2 ff.).

1827 Dies ist in einer GmbH nach § 29 Abs. 3 S. 2 GmbHG explizit erlaubt, s. a. *Grever*, RNotZ 2019, 1 (6 f.); *Birkenmaier/Obser*, GmbHR 2022, 850 Rn. 6.

1828 *Binz/Sorg*, ZEV 2005, 520; ebenso *Theuffel-Werhahn*, ZStV 2015, 169 (173).

1829 *Muscheler*, ErbR 2008, 134 (136); Richter/*Richter*, Stiftungsrecht, § 10 Rn. 193.

1830 Vgl. Schiffer/*Schiffer/Pruns*, Die Stiftung in der Beraterpraxis, § 11 Rn. 65; *Muscheler*, ErbR 2008, 134 (136); kritisch zu dieser personellen Verflechtung *Rawert*, ZEV 1999,

die Doppelfamilienstiftung einheitlich von der Familie geleitet werden soll, um auf diese Weise den Familieneinfluss weitestgehend zu sichern.[1831] Die konkrete Gestaltung und die Höhe der jeweiligen Beteiligung der Stiftungen werden einerseits maßgeblich davon abhängen, inwieweit der Stifter seine Familie absichern und wie viel Einfluss er ihr auf das Familienunternehmen gewähren möchte. Andererseits ist es auch relevant, wie die bzw. welche gemeinnützigen Zwecke durch die steuerbegünstigte Familienstiftung verfolgt werden sollen.[1832] Die konkrete Ausgestaltung eines Doppelstiftungsmodells unterliegt insgesamt zahlreichen Modifikations- und Gestaltungsmöglichkeiten, sodass im Besonderen die Beteiligungs- und Stimmrechtsverhältnisse zwischen der gemeinnützigen einerseits und der privatnützigen Familienstiftung andererseits geradezu beliebig verändert werden können.[1833] Freilich sollten allzu extreme Gestaltungen vermieden werden, um nicht in die Nähe des Gestaltungsmissbrauchs nach § 42 AO zu gelangen.[1834]

Die Organe der gemeinnützigen Familienstiftung können sich ganz auf die gemeinnützige Zweckverfolgung konzentrieren, ohne unternehmerisch tätig zu sein. Dies könnte nämlich dazu führen, dass die gemeinnützige Familienstiftung i. d. R. einen steuerpflichtigen wirtschaftlichen Geschäftsbetrieb i. S. d. §§ 14, 64

---

294 (296). Diese sind dann zu Recht bedenklich, wenn die Unabhängigkeit, insbesondere der Aufsichtsorgane, gefährdet wird, s. Block et al./*Block*/*Kammerlander*, Die Familienstiftung, S. 35 (47).

1831 Vgl. *v. Holt*/*Koch*, Stiftungssatzung, S. 52; Block et al./*Block*/*Kammerlander*, Die Familienstiftung, S. 35 (46 f.); s. a. Jakob/*Hüttemann*, Universum Stiftung, S. 29 (45) jedenfalls für den Fall, dass die Zwecke und Mittelverwendungen beider Stiftungen ordnungsgemäß eingehalten werden.

1832 Vgl. *Freundl*, DStR 2004, 1509 (1514).

1833 *Kögel*/*Berg*, FuS 2011, 13 (14).

1834 Dazu näher *Schuck*, Die Doppelstiftung, S. 266 ff.; *Auwera*, Die Doppelstiftung, S. 264 ff.; MAH ErbR/*Feick*/*Schwalm*, § 38 Rn. 34; *Schnitger*, ZEV 2001, 104 (106); *Theuffel-Werhahn*, ZStV 2015, 201 (204 f.). In der Praxis sollte insofern bei der Finanzbehörde im Rahmen eines (kostenpflichtigen) Antrages auf verbindliche Auskunft (§ 89 Abs. 2 AO) die steuerrechtliche Konformität abgefragt werden, s. *Theuffel-Werhahn*, ZStV 2015, 201 (209) m. w. N. Derlei Anträge sollen seitens des Finanzamts aber *in praxi* zumeist abgelehnt werden, so (bzgl. disquotaler Gewinnverwendung und -verteilung) *Birkenmaier*/*Obser*, GmbHR 2022, 850 Rn. 62 u. a. m. V. a. Nr. 3.5.4. AEAO zu § 89 AO. Allg. zur verbindlichen Auskunft und Unternehmensnachfolgeplanung instruktiv *Lorenz*/*Claussen*, RFamU 2024, 167; speziell zu den formellen Antragsvoraussetzungen aus Sicht eines in der Finanzverwaltung Tätigen, s. *H. Hübner*, Ubg 2024, 150 (Teil 1) und 205 (Teil 2); zu ihrer Bindungswirkung (§ 2 StAuskV) kürzlich FG Berlin-Brandenburg, BeckRS 2023, 46341 Rn. 46 ff.

AO unterhielte, weshalb sie in Gänze oder jedenfalls teilweise ihre steuerrechtliche Privilegierung verlöre.[1835] Zur Vermeidung desselben in Bezug auf die privatnützige Familienstiftung kann auch eine Holding-GmbH zwischengeschaltet werden, an der die Stiftungen beteiligt sind.[1836]

Das operative Management des Familienunternehmens übernehmen die mit Familienmitgliedern besetzten Organe[1837] der am Familienunternehmen stimmmehrheitlich beteiligten Familienstiftung. Diese fungiert dabei als Führungsinstrument des Familienunternehmens[1838], wobei die eigentliche Unternehmensführung aber weiterhin mittelbar in den Händen der Familie liegt. So wird gewährleistet, dass der Familieneinfluss auf das Familienunternehmen vermittels der privatnützigen Familienstiftung gewahrt wird.[1839] Für eine zukunftssichere Gestaltung ist es aber vonnöten, dass der privatnützigen Familienstiftung im Gesellschaftsvertrag des Familienunternehmens eine starke Position eingeräumt wird.[1840]

Steuerrechtlich bietet die Doppelfamilienstiftung den Vorteil, dass maßgebliche Kapitalanteile erb- und schenkungsteuerfrei auf die steuerprivilegierte, gemeinnützige Familienstiftung übertragen werden können (vgl. § 13 Abs. 1 Nr. 16b ErbStG). Auch in Bezug auf die Ersatzerbschaftsteuer (§ 1 Abs. 1 Nr. 4 ErbStG) betreffend die privatnützige Familienstiftung hat die Doppelfamilienstiftung den Vorteil, dass diese stark gemindert werden kann.[1841] Für die privatnützige Familienstiftung ist die Ersatzerbschaftsteuer aufgrund ihrer geringen Kapitalbeteiligung nämlich überschaubar. Eine Zurechnung des Vermögens der gemeinnützigen auf die privatnützige Familienstiftung im Rahmen einer Gesamtbetrachtung ist

---

1835 S. Nachweise → Fn. 1645. Im Detail zu den Anforderungen der Klassifizierung als wirtschaftlicher Geschäftsbetrieb luzid *Kraus/Mehren*, DStR 2020, 1593; speziell bei Beteiligung an einer AG eing. *H. Hübner/Berg*, Ubg 2023, 180 (181 ff.).

1836 *Dahlmanns*, RNotZ 2020, 417 (427). Diese Gestaltung bietet sich im Besonderen an, wenn mehrere Familien am Familienunternehmen beteiligt sind, da der (gemeinsame) Familieneinfluss in der Management-GmbH einfacher gebündelt werden kann.

1837 Dies ist auch nötig, da „*eine Kontrolle durch die Familienstiftung […] nicht zwingend gleichbedeutend mit einer Kontrolle durch die Familie selbst*“ ist, darauf zutreffend hinweisend Feick/*Godron/Thress*, Stiftung, § 30 Rn. 50.

1838 *Schnitger*, ZEV 2001, 104 (105); zu Satzungsgestaltungsaspekten der Familienstiftung s. *Auwera*, Die Doppelstiftung, S. 204 ff.

1839 Vgl. *R. Werner*, ZEV 2012, 244; *Ihle*, RNotZ 2009, 621 (635); *Schiffer*, BBEV 2007, 214; *Jakob*, Trust & Trustees, 2020, 4 (6).

1840 Zu den gesellschaftsrechtlichen Möglichkeiten → Teil 5 E.

1841 Vgl. näher Feick/*Godron/Thress*, Stiftung, § 30 Rn. 39 ff.

insofern auch nicht möglich.[1842] Die gemeinnützige Familienstiftung ist grds. vollumfänglich steuerprivilegiert[1843] und unterliegt auch nicht der Ersatzerbschaftsteuer.[1844] Allein die Ausschüttungen an die Destinatäre sind voll steuerbar.[1845] Diese – vor allem aufgrund der disquotalen Gesellschafterrechteverteilung bedingten – steuerlichen Vorteile einer Doppelstiftungskonstruktion haben durch die Einführung des § 97 Abs. 1b S. 4 BewG im Jahre 2015[1846] an Bedeutung eingebüßt.[1847] Nach dessen Satz 4 ist nunmehr ausdrücklich – vorbehaltlich des § 9 Abs. 2 und 3 BewG – die disquotale Verteilung des Gewinnbezugsrechts bei der Ermittlung des Wertes der Anteile zu berücksichtigen, sodass sich der Wert eines Anteils an einer Kapitalgesellschaft nicht mehr nur nach dem Verhältnis des Anteils am Nennkapital der Gesellschaft zum gemeinen Wert des Betriebsvermögens der Kapitalgesellschaft richtet.[1848] Dies hat also bei der oben beschrieben Gestaltung zur Folge, dass die erbschaftsteuerliche Bemessungsgrundlage hinsichtlich des Vermögens der privatnützigen Stiftung von dem niedrigen Niveau der Vermögensbeteiligung auf das der Gewinnbeteiligung angehoben und damit der erbschaftsteuerliche Vorteil der Doppelstiftungskonstruktion ggf. aufgehoben werden würde.[1849] Sofern die Sicherung des Familieneinflusses auf das Familienunternehmen im Vordergrund steht, kann der vorstehende Nachteil jedoch dadurch verhindert werden, dass die Familienstiftung nur ein überproportionales

1842 Richter/Wachter/*Wachter*, HdB Int. StiftR, § 22 Rn. 59.

1843 Dies ist wie bereits erläutert (→ Teil 4 A III 2) der Fall, wenn die Familienbegünstigung nicht mehr als ein Drittel (sog. Drittelprivileg gem. § 58 Nr. 6 AO) beträgt.

1844 Richter/Wachter/*Wachter*, HdB Int. StiftR, § 22 Rn. 60. Dabei könne man Jakob zur Folge durchaus die Frage aufwerfen, weshalb im Falle des Doppelstiftungsmodells die Übertragung der Beteiligungen am Familienunternehmen steuerfrei sein soll, wenn die Familie gerade dadurch ihren Einfluss im Familienunternehmen zu behalten beansprucht. Sie könnte Einfluss auf die Dividendenausschüttungen seitens des Familienunternehmens an die gemeinnützige Stiftung nehmen. So könnte sie mehr Steuern einsparen, als Dividenden in die gemeinnützige Stiftung fließen. Vgl. hierzu *Jakob*, Trust & Trustees, 2020, 4 (6 f.).

1845 Richter/Wachter/*Richter*, HdB Int. StiftR, Länderbericht Deutschland Rn. 217.

1846 BGBl. I 2015, S. 1834.

1847 B/R/H/R/*Pauli*, TV-HdB, § 5 Rn. 315 f.; Block et al./*Thonemann-Micker*, Die Familienstiftung, S. 123 (140 f.); *Heuel/Ens*, S&S RS 06/2021, 1 (8 f.).

1848 Vgl. z. B. FG Münster, DStRE 2020, 1235 Rn. 49 ff. (bei „*besonders stark disquotal ausgestalteten Beteiligungsrechten*"); s. a. *P. Windeknecht*, NWB 2021, 1326 (1331).

1849 B/R/H/R/*Pauli*, TV-HdB, § 5 Rn. 316; Block et al./*Thonemann-Micker*, Die Familienstiftung, S. 123 (141); *Heuel/Ens*, S&S RS 06/2021, 1 (8 f.).

persönliches[1850] Stimmrecht erhält, nicht aber eine überproportionale Gewinnbezugsberechtigung. Ein übergewichtiges persönliches Stimmrecht hat insofern gem. § 97 Abs. 1b S. 4 BewG i. V. m. § 9 Abs. 2 S. 3 BewG keine Auswirkung auf die Bewertung der Anteile, da es sich insoweit um *„ungewöhnliche oder persönliche Verhältnisse"* i. S. d. § 9 Abs. 2 S. 3 BewG handeln dürfte.[1851] Entsprechendes dürfte auch für die disquotale Gewinnbezugsberechtigung zu gelten haben.[1852]

In Bezug auf die Stiftungsaufsicht ist zu konstatieren, dass diese auf das Familienunternehmen keinen unmittelbaren Einfluss nehmen kann, da dieses einerseits von einem anderen Rechtsträger (i. d. R. GmbH) getragen wird und zum anderen die private Familienstiftung zumeist nur einer eingeschränkten Aufsicht unterliegt.[1853]

Die Konstruktion einer Doppel(familien)stiftung ist nach überwiegender Ansicht im Grundsatz sowohl gesellschafts- als auch stiftungsrechtlich zulässig.[1854]

Insgesamt kann der Familienunternehmer resp. Stifter bei richtiger Gestaltung mit der Doppelfamilienstiftung einerseits die Unternehmenskontinuität unter Wahrung des Familieneinflusses und somit des Charakters als Familienunter-

---

1850 Personenbezogene resp. persönliche Sonderrechte gelten – anders als anteilsbezogene Rechte – nur für den konkreten Inhaber des Anteils, vgl. hierzu FG Münster, DStRE 2020, 1235 Rn. 51; *Grever*, RNotZ 2019, 1 (14); eing. *Kotzenberg/A. Geißler*, Ubg 2018, 448 (454 f.).

1851 So *Heuel/Ens*, S&S RS 06/2021, 1 (9) unter Verweisung auf *Grever*, RNotZ 2019, 1 (14); vgl. auch Rössler/Troll/*Halaczinsky*, 38. EL April 2024, BewG § 9 Rn. 37a i.V.m. § 97 Rn. 36; R B 97.6 Abs. 2 i.V.m. 9.2 ErbStR 2019; sofern es sich um persönliche Sonderrechte handelt, wohl auch FG Münster, DStRE 2020, 1235 Rn. 51 ff., das dies nur bei anteilsbezogenen Rechten ablehnt; ebenso schon *Kotzenberg/A. Geißler*, Ubg 2018, 448 (454 f.).

1852 Vgl. Gleich lautende Erlasse der obersten Finanzbehörden der Länder v. 2.3.2016 – S. 3102, BStBl. I 2016, S. 246; *Grever*, RNotZ 2019, 1 (14).

1853 *Brill*, GWR 2012, 364 (366); zur eingeschränkten Aufsicht → Teil 4 H 2.

1854 Siehe nur BeckOGK/*Jakob/Uhl*, 1.7.2022, BGB § 80 Rn. 544 f. (gesellschaftsrechtliche Aspekte), 546 ff. (stiftungsrechtliche Aspekte); *Schuck*, Die Doppelstiftung, S. 61 ff.; *Kögel/Berg*, FuS 2011, 13 (17 f.); jew. m. w. N.; die Anerkennungspraxis und die Rspr. gehen wohl ebenfalls stillschweigend davon aus, BGH, ZIP 2021, 370 Rn. 2 sowie im Nachgang OLG Düsseldorf, BeckRS 2021, 53479 Rn. 26 ff., wo es um die Rechtsanwalts- und Steuerberaterhaftung in Bezug auf die Errichtung eines Doppelstiftungsmodells ging; **a. A.** Soergel/*Neuhoff*, BGB Vor § 80 Rn. 70; kritisch und entsprechende Gestaltungen i. d. R. als verbotene (verdeckte) Selbstzweckstiftung erachtend MüKoBGB/*Weitemeyer*, § 80 Rn. 210 f.; *Rawert*, FS Crezelius, S. 87 (96); *Rawert*, ZEV 1999, 294 (296); zum Verbot der (Unternehmens-)Selbstzweckstiftung siehe → Teil 4 B.

nehmen sichern. Dabei kann die Familie bestmöglich, d. h. sowohl über die gemeinnützige als auch über die privatnützige Familienstiftung, versorgt werden. Im Besonderen der Familieneinfluss kann durch den Stifter in der Stiftungssatzung und über die Besetzung der Gremien oder über eine eingesetzte Management-GmbH in seinem Sinne gesteuert werden.[1855] Andererseits erlaubt sie ihm vermittels der gemeinnützigen Familienstiftung auch die steuerbegünstigte Förderung gemeinnütziger Zwecke. Auf diese Art kann er Gutes mit Nützlichem verbinden.[1856] Mit anderen Worten: Die vermittels der gemeinnützigen Familienstiftung möglichen Steuervorteile werden mit der Unternehmensführung durch die Familie des Stifters vermittels der privatnützigen Familienstiftung verbunden. Für diese Zwecke ist es aber erforderlich, dass der Gemeinnützigkeitsstatus durch eine personenidentische Besetzung der gemeinnützigen und privatnützigen Familienstiftung nicht gefährdet wird. Sofern Familienmitglieder durch ihre Tätigkeit für die Familienstiftung langfristig Einfluss auf das Unternehmen behalten sollen, müssen die Organe der gemeinnützigen Stiftung daher auch mit familienfremden Personen besetzt werden.[1857]

Eine Doppelfamilienstiftung bietet sich aber letztlich nur für denjenigen Familienunternehmer an, der im Rahmen der Unternehmensnachfolge nicht nur das Familienunternehmen als solches erhalten, den Familieneinfluss sichern und die Familie versorgen will, sondern zusätzlich auch unbedingt gemeinnützige Zwecke i. S. d. der AO fördern will. Nichtsdestotrotz muss man sich gewahr werden, dass es sich bei dem Doppelfamilienstiftungsmodell um ein sehr komplexes und beratungsintensives Nachfolgegestaltungsinstrument handelt. Man denke nur daran, dass aufgrund der beiden beteiligten Stiftungen und des Unternehmens jeweils drei Satzungen, die aufeinander abgestimmt werden müssen, und drei Vertretungs- und ggf. Aufsichtsorgane vorhanden sind.[1858] Die Organe der Familienstiftungen und des Familienunternehmens dürften in der Praxis – freilich innerhalb der zuvor genannten Gemeinnützigkeitsgrenzen – (teil-)personenidentisch besetzt sein. Dies erleichtert zwar die Unternehmensführung, aber bedingt bei den Organen zugleich Interessenkonflikte zwischen dem Ausschüttungsinteresse der Anteilseigener (d. h. der Stiftungen) und dem Interesse des Unternehmens an

1855 *Otto*, HdB Stiftungspraxis, Teil 1 Rn. 501; vgl. auch *Schiffer*, BBEV 2007, 214.
1856 Ähnlich Schiffer/*Schiffer/Pruns*, Die Stiftung in der Beraterpraxis, § 11 Rn. 65.
1857 *Pauli*, in: Die Stiftung – Jahreshefte zum Stiftungswesen, 3. Jahrgang, S. 159 (177).
1858 Vgl. nur die Mustersatzungen bei Hannes/*Müller*, FormB Vermögens- und Unternehmensnachfolge, C. 3.20, S. 1286 ff.; s. a. Groll/Steiner/*Steiner*, ErbR-HdB, Rn. 16.51, 16.55 („*relativ aufwendige und komplizierte Gestaltung*").

einer möglichst hohen Eigenkapitalausstattung.[1859] Auch ist das Doppelstiftungsmodell mit steuerrechtlichen Risiken, die nicht zu unterschätzen sind[1860], und einem aufgrund der komplexen Struktur durchaus hohen Verwaltungs- und Beratungsaufwand und entsprechenden Kosten verbunden.[1861]

3. *Gemischte Familienstiftung*

Neuerdings wird vermehrt eine sog. gemischte (Familien-)Stiftung[1862] als Gestaltungsalternative zu Doppelstiftungsmodellen und rein privatnützigen Familienstiftungen diskutiert.[1863] Hierbei handelt es sich um eine einzige Stiftung, die jedoch mehr als einen Zweck verfolgt, d. h. es können von der gemischten Stiftung simultan gemeinnützige als auch privatnützige Zwecke verfolgt werden (sog. gemischte Stiftung i. e. S.).[1864] Von gemischten Stiftungen i. w. S. spricht man indes,

---

1859 *Wochner*, in: Bayer/Koch, Unternehmens- und Vermögensnachfolge, S. 141 (155); vgl. Groll/Steiner/*Steiner*, ErbR-HdB, Rn. 16.65; BoKoStiftR/*Heuel/Meinecke*, Teil I 2.3 Rn. 133.

1860 *Reich*, DStR 2020, 265; *R. Werner*, ZEV 2020, 529 (534); *Schiffer*, BBEV 2007, 214 (217); *Fleisch*, npoR 2022, 74 (77); Groll/Steiner/*Steiner*, ErbR-HdB, Rn. 16.51.

1861 Demgemäß bietet sich eine Doppelstiftungskonstruktion eher bei großen, erfolgreichen Familienunternehmen an, vgl. etwa Hannes/*Müller*, FormB Vermögens- und Unternehmensnachfolge, C. 3.20 Rn. 5, S. 1315; *Demuth*, KÖSDI 2023, 23055 Rn. 13; *Theuffel-Werhahn*, ZStV 2015, 201 (209); Groll/Steiner/*Steiner*, ErbR-HdB, Rn. 16.51, 16.55.

1862 Der Begriff findet sich schon bei *Ebersbach*, HdB des Deutschen Stiftungsrechts, S. 80 und bereits bei *Frommhold*, AcP 117 (1919), 87 (103 ff.). Dabei handelt es sich freilich nicht um einen feststehenden Rechtsbegriff, s. Staudinger/*Hüttemann/Rawert*, BGB Vorb. §§ 80 ff. Rn. 201.

1863 Dazu (und auch zu den Vorteilen gegenüber einer Doppelstiftung) Jakob/*Hüttemann*, Universum Stiftung, S. 29 ff.; *Reich*, DStR 2020, 265; *R. Werner*, ZEV 2020, 529; *Dahlmanns*, RNotZ 2020, 417 (427); *P. Windeknecht*, NWB 2021, 1326 (1331 f.); *Jakob*, Trust & Trustees, 2020, 4 (7); speziell im Rahmen von Beteiligungsträgerstiftungen *Fleisch*, npoR 2022, 74 (76 ff.); *Heuel/Ens*, S&S RS 06/2021, 1 (2 ff.); BoKoStiftR/*Heuel/Meinecke*, Teil I 2.3 Rn. 140 ff.

1864 *Fleisch*, npoR 2022, 74 und *Fleisch*, S&S RS 04/2018, 1 (7) spricht insofern auch von „*hybride*[n] *Stiftungen*“. Der Begriff Hybridstiftung wird aber i. d. R. für die Kombination von Ewigkeits- und Verbrauchsstiftung verwendet, s. etwa *Pauli*, ZStV 2019, 41 (46); BeckOGK/*G. Roth*, 30.6.2023, BGB § 80 Rn. 281 (mit dortiger Fn. 1219). Gänzlich andere Bezeichnung bei *Heuel/Ens*, S&S RS 06/2021, 1 (9) („*Allzweckstiftung*“).

wenn eine gemeinnützige Stiftung verschiedene gemeinnützige Zwecke oder eine privatnützige Stiftung verschiedene privatnützige Zwecke verfolgt.[1865]

Eine gemischte Stiftung bzw. konkret die Verfolgung mehrerer, gleichberechtigter[1866] Zwecke durch eine Stiftung ist nach einhelliger stiftungsrechtlicher Auffassung dem Grunde nach zulässig.[1867] Umstritten ist indes die Frage, ob der Stifter wegen des Bestimmtheitsgebots[1868] das Verhältnis der Stiftungszwecke untereinander in der Stiftungssatzung verbindlich vorgeben muss, oder ob er die Entscheidung darüber, ob und mit welcher Gewichtung bzw. Reihenfolge die einzelnen Zwecke tatsächlich verfolgt werden, der pflichtgemäßen Entscheidung des Stiftungsvorstands überlassen darf.[1869]

Im hiesigen Kontext wird i. d. R. eine gemischte (Familien-)Stiftung i. w. S. vorliegen, da mit dem Erhalt des Familienunternehmens und seines Charakters sowie der Versorgung der Familie mehrere privatnützige Zwecke verfolgt werden. In der Praxis dürfte jedoch der Hauptanwendungsfall darin liegen, dass neben den vorstehenden Zwecken zugleich auch gemeinnützige Zwecke in den Zweckkatalog der Stiftungssatzung mit aufgenommen werden, sodass eine gemischte

---

1865 Zu diesen Begrifflichkeiten Jakob/*Hüttemann*, Universum Stiftung, S. 30 f.; *R. Werner*, ZEV 2020, 529 f. In Lichtenstein existiert mit Art. 552 § 2 Abs. 4 Nr. 2 PGR eine gesetzliche Definition der gemischten Familienstiftung: „*2. gemischte Familienstiftungen; dies sind Stiftungen, die überwiegend den Zweck einer reinen Familienstiftung verfolgen, ergänzend hierzu aber auch gemeinnützigen oder anderen privatnützigen Zwecken dienen.*"

1866 Dieses Merkmal grenzt die gemischte Stiftung von der sog. Sukzessivstiftung ab, bei der der Stifter zwar mehrere Zwecke vorgibt, diese aber nicht gleichzeitig, sondern nachgeschaltet und sich ablösend verfolgt werden sollen, vgl. Jakob/*Hüttemann*, Universum Stiftung, S. 29 (32 f.); *R. Werner*, ZEV 2020, 529 (530).

1867 MüKoBGB/*Weitemeyer*, § 81 Rn. 36; MHdB GesR 5/*Schwake*, § 79 Rn. 165; Staudinger/*Hüttemann/Rawert*, BGB Vorb. §§ 80 ff. Rn. 203; *Schlüter/Stolte*, Stiftungsrecht, Kap. 2 Rn. 49; Jakob/*Hüttemann*, Universum Stiftung, S. 29 (37); *Reich*, DStR 2020, 265 m. w. N.; vgl. auch § 4 Abs. 3 S. 2 LStiftG Rh./Pf. („*Bei gemischten Zwecken […]*") sowie § 56 AO („*[…] satzungsmäßigen Zwecke verfolgt.*"); s. a. auch schon RGZ 161, 288 (292 f.).

1868 Dazu MüKoBGB/*Weitemeyer*, § 81 Rn. 35 m. w. N.

1869 Eine konkrete satzungsmäßige Regelung für notwendig erachtend: MüKoBGB/*Weitemeyer*, § 81 Rn. 36; Staudinger/*Hüttemann/Rawert*, BGB § 81 Rn. 48; Jakob/*Hüttemann*, Universum Stiftung, S. 29 (34 f.); *Mirbach*, Stiftungszweck und Gemeinwohlgefährdung, S. 37; mit Blick auf die Satzungsautonomie des Stifters überzeugender die **a. A.**: Richter/*Dutta*, Stiftungsrecht, § 5 Rn. 12; MHdB GesR 5/*Schwake*, § 79 Rn. 165; Schiffer/*Schiffer*, Die Stiftung in der Beraterpraxis, § 9 Rn. 28 f.; *Burgard*, Gestaltungsfreiheit im Stiftungsrecht, S. 121; *R. Werner*, ZEV 2020, 529 (530).

(Familien-)Stiftungen i. e. S. angestrebt wird.[1870] Gerade im letzteren Fall sollen die Eigenschaften einer Familienstiftung und einer gemeinnützigen Stiftung mit der gemischten Stiftung vereint werden.

Letztlich sollen mit einer gemischten Stiftung die Nachteile einer Doppelstiftung, d. h. namentlich die eine gemeinnützige Stiftung einschränkenden Fesseln der AO[1871], die Ersatzerbschaftsteuer für eine Familienstiftung sowie die notwendige und komplexe Doppelstruktur vermieden werden.[1872] Andererseits ist aber auch zu berücksichtigen, dass eine gemischte (Familien-)Stiftung regelmäßig nicht von der in einigen Bundesländern vorgesehenen, eingeschränkten Stiftungsaufsicht erfasst sein wird, da jener eingeschränkten Stiftungsaufsicht teilweise nur reine Familienstiftungen unterliegen.[1873]

Hierbei ist insbesondere anzumerken, dass die Einordnung der gemischten Stiftung als Familienstiftung oder Nicht-Familienstiftung im steuerrechtlichen Sinne nicht eindeutig ist, sondern letztlich von der konkreten Ausgestaltung, im Besonderen der Auffassung der Finanzverwaltung[1874], abhängt.[1875] Vor diesem Hintergrund wird die gemischte Stiftung auch teilweise speziell als Mittel zur

---

1870 So wurde der Kosmetikhersteller *Laverana* in eine gemischte Familienstiftung i. e. S. überführt, deren Satzung als Stiftungszwecke die Versorgung der Stifterfamilie, die gemeinnützige Förderung von Wissenschaft und Forschung sowie die Förderung von sozialen Einrichtungen für Betriebsangehörige und deren Familien vorsieht, s. *Dworschak*, Laverana – Stiftungslösung als nachhaltiges Zeichen, in: Die Stiftung v. 06.12.2021 (https://t1p.de/62fry); vgl. zu derlei Konstruktionen näher *Fleisch*, npoR 2022, 74 (75 ff.).

1871 Es ist ohnehin problematisch, ob bzw. bis zu welchen Grenzen (vgl. z. B. § 58 Nr. 6 AO) eine gemischte Stiftung steuerrechtliche als gemeinnützig anerkannt werden kann, dazu näher *R. Werner*, ZEV 2020, 529 (530 ff.); i. d. R. wird dies abzulehnen sein, s. *Demuth*, KÖSDI 2023, 23055 Rn. 14. Vgl. allg. zur Versagung der Steuerbegünstigung, wenn eine Körperschaft zum Teil gemeinnützigen, zum Teil nicht gemeinnützigen Zwecken dient, BFHE 258, 124 Rn. 33; bestätigt durch BFHE 277, 67 Rn. 23.

1872 *Heuel/Ens*, S&S RS 06/2021, 1 (9 f.); vgl. Schauhoff/Mehren/*Fleisch*, Stiftungsrecht nach der Reform, Kap. 2 Rn. 27 f.; *Demuth*, KÖSDI 2023, 23055 Rn. 14.

1873 Dazu näher → Teil 4 H 2. Zu den stiftungsrechtlichen Statusfeststellungsverfahren in manchen Landesstiftungsgesetzen (z. B. § 3 LStiftG NRW) bei Zweifeln über die Rechtsnatur oder Art der Stiftung s. H/R/W/*D. Reuter*, Landesstiftungsrecht, Kap. 4 Rn. 4.31 ff.; S/S/S/P/*Suerbaum*, StiftR, Teil C, Landesstiftungsrecht Rn. 340 ff.; MHdB GesR 7/*G. Roth*, § 97 Rn. 27 ff.

1874 Siehe zum Meinungsstand und den Anforderungen der Finanzverwaltung Fn. 1535.

1875 Vgl. BeckOK ErbStG/*Erkis*, 25. Ed. 1.10.2024, § 1 Rn. 45.

Vermeidung der Ersatzerbschaftsteuer als untauglich angesehen.[1876] Sofern der Stifter sich und seiner Familie einen beherrschenden Einfluss in der Stiftung sichert, insbesondere auf deren Geschäftsführung, und zugleich Familienmitglieder als Bezugs- oder Anfallsberechtigte (i. H. v. mehr als 25 %) vorsieht, erscheint die Einordnung als Nicht-Familienstiftung fernliegend.

Entscheidet man sich gleichwohl für eine gemischte Stiftung, empfiehlt es sich unter dem Aspekt der *Foundation Governance* eine diesbezügliche Regelung bzw. Klarstellung in der Stiftungssatzung aufzunehmen, um etwaigen Fehlentwicklungen hinsichtlich der Zweckverfolgung vorzubeugen.[1877] Eine gemischte Stiftung i. e. S. empfiehlt sich für eine Unternehmensnachfolge vermittels einer unternehmensverbundenen Familienstiftung nach hiesigen Verständnis nicht, da die Verfolgung der gemeinnützigen Zwecke mit der verfolgten Familienförderung sowie Erhaltung und Führung des Familienunternehmens konfligieren könnte. Dies ließe sich ggf. durch eine statutarische Prioritätenverteilung vermeiden. Aus *Governance*-Sicht kann die Verfolgung verschiedener Zwecke in einer Stiftung, freilich das Risiko von Interessenkonflikten zwischen den Stiftungsbeteiligten erhöhen.[1878] Indes bietet es sich m. E. eher an, sofern der Familienunternehmer auch gemeinnützige Zwecke verfolgen will, eine separate gemeinnützige Stiftung (als *CSR*-Instrument) zu gründen[1879], die Zuwendungen vom Familienunternehmen erhält. So vermeidet man insgesamt etwaige Konflikte hinsichtlich der Zweckverfolgung.

4. *Stammesfamilienstiftung*

Sind an dem Familienunternehmen mehrere Familienstämme beteiligt, so besteht auch die Möglichkeit, dass mehrere Gesellschafter eines Familienstamms

1876 So *Dutta*, Warum Erbrecht?, S. 111 f.; in der Praxis unternehmensverbundener Stiftungen seien gemischte (Familien-)Stiftungen i. e. S. gerade als Nachfolgevehikel indes keine Seltenheit, so *Fleisch*, npoR 2022, 74 (76) mit Beispielen.

1877 Vgl. Staudinger/*Hüttemann/Rawert*, BGB Vorb. §§ 80 ff. Rn. 203; zum Problem mit dem Stiftungsaufsichtsrecht ebd., Rn. 204.

1878 Näher *Jakob*, Trust & Trustees, 2020, 4 (7).

1879 Im Besonderen in der Schweiz ist dieser Weg verbreitet, s. *Jakob*, Trust & Trustees, 2020, 4 (8); auch für deutsche Familienunternehmen rückt die Nutzung von (gemeinnützigen) Stiftungen als CSR-Instrument jedoch in den Vordergrund, s. *Felden/Wirtz*, FuS 2014, 131 (134); *Wanka*, Juristische Personen und ihre Organe als Vorstand der Stiftung, S. 2.

gemeinsam[1880] eine Familienstiftung (sog. Stammesfamilienstiftung) errichten.[1881] Eine solche Stammesfamilienstiftung hat insofern nicht verschiedene (einzelne) Stifterwillen, sondern nur den (gemeinsamen) im Stiftungsgeschäft verobjektivierten Stifterwillen. Anders gewendet, werden verschiedene Stifterwillen durch das Stiftungsgeschäft und die Stiftungssatzung zu dem rechtlich maßgebenden einheitlichen Stifterwillen (i. S. d. § 83 Abs. 2 BGB) aggregiert.[1882] Mehrere Stifter können insofern auch einen Stiftungszweck in ihrem jeweiligen eigenen Interesse und damit insgesamt mehrere Stiftungszwecke festlegen, mit der Folge, dass in einer Familienstiftung auch mehrere Stifter jeweils den gesonderten Stiftungszweck bestimmen können, dass jeweils sie selbst und ihre eigenen Abkömmlinge/Ehepartner gefördert werden sollen.[1883]

In der Stiftungssatzung kann ferner geregelt werden, welcher Familienstamm für welche Entscheidungen in der Familienstiftung zuständig sein soll. Die Stifter können beispielsweise das Stiftungsvermögen in der Stiftungssatzung in mehrere Stiftungsuntervermögen bzw. Sondervermögen unterteilen (vgl. auch § 83b BGB) und deren Verwaltung bestimmten Vorstandsmitgliedern überantworten.[1884] Die insofern einzelgeschäftsführungsbefugten Vorstandsmitglieder der jeweiligen Familienstämme erhielten so die Möglichkeit zur eigenständigen Verwaltung. Diese Gestaltung hat besonders den Vorteil, dass jeder Stifter in seiner neuen Rolle als Stiftungsvorstand die von ihm gestifteten Geschäftsanteile auch unter dem Dach der gemeinsamen Stammesfamilienstiftung im Wesentlichen wie bisher verwalten kann, sodass eine gewisse Identifikation mit der Stammesfamilienstiftung erzeugt wird.[1885] Freilich kann die Verwaltungsbefugnis aber auch auf die

---

1880 Zur allg. Zulässigkeit der Errichtung einer Stiftung durch mehrere Stifter s. grdl. BGHZ 70, 313 (322); MüKoBGB/*Weitemeyer*, § 81 Rn. 7; *v. Oertzen/Reich*, DStR 2019, 317 (318) m. w. N.

1881 Hierzu ausf. *v. Oertzen/Reich*, DStR 2019, 317 (insb. zu steuerrechtlichen Aspekten); *Breyer*, PU 10/2020, 1. Abzugrenzen ist diese Konstellation, von derjenigen, bei der von jedem Stamm eine eigene Familienstiftung errichtet und so ein Unternehmen dann von mehreren Familienstiftungen getragen wird wie bspw. der Würth-Konzern, der von fünf Familienstiftungen getragen wird, s. *Schewe/Hermes*, RFamU 2022, 158 (dortige Fn. 23).

1882 MüKoBGB/*Weitemeyer*, § 80 Rn. 231.

1883 *v. Oertzen/Reich*, DStR 2019, 317 (319).

1884 *v. Oertzen/Reich*, DStR 2019, 317 (319 f.) m. w. N.; vgl. *Rawert*, DNotZ 2008, 5 (13 f.).

1885 *Breyer*, PU 10/2020, 1 (7).

Verwendung der auf die Gewinnausschüttungen entfallenden Stiftungserträge beschränkt werden.[1886]

Handelt es sich bei dem Beteiligungsunternehmen um eine GmbH & Co. KG und nimmt die Stammesfamilienstiftung die Rolle der Kommanditistin ein, sind wegen der Einheitlichkeit der Kommanditbeteiligung dazu ggf. ergänzende Regelungen auf Gesellschaftsebene erforderlich (z. B. Unterteilung des Entnahmekontos in mehrere Unterkonten).[1887] Die Stammesfamilienstiftung erlaubt es u. a. auch, dass bei Aussterben eines Familienzweigs die Stiftung nicht aufgelöst wird, sondern mit den Angehörigen der anderen Zweige als Destinatäre fortbesteht.

B. Grundsätzliches zur Zulässigkeit unternehmensverbundener Familienstiftungen

Im deutschen Stiftungsrecht[1888] mangelt es an einer gesetzlichen Regelung sowohl zu wirtschaftlich tätigen, unternehmensverbundenen Stiftungen als auch zu Familienstiftungen. Im Folgenden soll die jahrzehntelange, kontroverse Diskussion über die allgemeine Zulässigkeit und Anerkennungsfähigkeit einer unternehmensverbundenen Stiftung und einer Familienstiftung nicht erneut in ihrer ganzen Breite aufgegriffen werden.[1889] Dies wurde andernorts bereits ausführlich behandelt.[1890] Beide Erscheinungsformen und auch in Kombination, d. h. in Ge-

1886 *v. Oertzen/Reich*, DStR 2019, 317 (319) mit Beispiel.

1887 *Breyer*, PU 10/2020, 1 (7); allg. zur Geltung des Grundsatzes der Einheitlichkeit der Mitgliedschaft im Personengesellschaftsrecht (auch nach dem MoPeG) s. nur m. z. N. BGH, GmbHR 2024, 582 Rn. 10, 14 m. Anm. *Wertenbruch*.

1888 Anders etwa in Österreich, Schweiz und Liechtenstein, s. nur Richter/*Jakob*, Stiftungsrecht, § 30 Rn. 77 f., 79 f.

1889 Zum längst überholten Streitstand instruktiv W/S/F/*Saenger*, Die Stiftung, § 38 Rn. 4 ff.; MHdB GesR 5/*Gummert*, § 80 Rn. 20 f., § 81 Rn. 10 ff.; *Muscheler*, ErbR 2008, 174 (175 ff.) m. w. N.

1890 Siehe **zu den Vorbehalten in Bezug auf die Familienstiftung** (Nähe zum Fideikommiss, Verstoß gegen das Verbot überlanger Nachlassbindung sowie wirtschafts- und ordnungspolitische Bedenken): aus der jüngeren Literatur statt anderer Staudinger/*Hüttemann/Rawert*, BGB Vorb. §§ 80 ff. Rn. 264 ff.; *Oppel*, Die österreichische Privatstiftung und die deutsche Familienstiftung, S. 56 ff.; *Burgard*, Gestaltungsfreiheit im Stiftungsrecht, S. 127 ff.; ausf. *Deischl*, Familie und Stiftung, S. 25 ff., 62 ff., 80 ff., 93 ff.; eing. zur Legitimität der Familienstiftung *de lege lata Junius-Morawe*, Zur Legitimität der Familienstiftung, S. 77 ff., 178 ff., 219 ff.; speziell zur Unterscheidung zwischen einem Familienfideikommiss und einer Familienstiftung aus der Rspr. etwa explizit OLG München, MittBayNot 2004, 434 (435) und schon RGZ 61, 28 (34 ff.); insofern plastisch und auch zutreffend *Kronke*, Stiftungstypus, S. 198 („*Stif-*

stalt einer unternehmensverbundenen Familienstiftung, sind heute nach ganz überwiegender Auffassung im Stiftungsrecht vor dem Hintergrund des Grundsatzes der gemeinwohlkonformen Allzweckstiftung grundsätzlich zulässig.[1891]

Es sei jedoch im gebotenen Umfang auf das im Kontext von unternehmensverbundenen privatnützigen (Familien-)Stiftungen als Instrument zur Unternehmensnachfolge oftmals vorgebrachte Postulat der „Unternehmensselbstzweckstiftung" eingegangen. Denn jüngst wurde dieses auch im Zusammenhang mit der Stiftungsrechtsreform 2021[1892] und des Vorschlags für eine GmbH mit gebundenem Vermögen (GmbH-gebV)[1893] wieder virulent.[1894] Im Besonderen

---

tungen sind eben keine Fideikommisse"); *H. Westermann*, FS Bartholomeyczik, S. 395 (413 f.); **a. A.** stellvertretend *D. Reuter*, GS J. Eckert, S. 677; **zu den Vorbehalten in Bezug auf unternehmensverbundene Stiftungen** (Analogie zu §§ 21, 22 BGB, Verbot der Unternehmensselbstzweckstiftung sowie wirtschafts- und ordnungspolitische Bedenken): statt anderer aus der jüngeren Literatur etwa Richter/*Richter*, Stiftungsrecht, § 10 Rn. 129 ff.; MHdB GesR 5/*Gummert*, § 81 Rn. 16 ff.; Staudinger/*Hüttemann/Rawert*, BGB Vorb. §§ 80 ff. Rn. 214 ff.; *Meinecke*, Stiftungen, S. 74 ff.; *Neumann*, Die reine Unterhaltsstiftung, S. 206 ff.; *Burgard*, Gestaltungsfreiheit im Stiftungsrecht, S. 136 ff.

1891 Dazu sogleich unter → Teil 4 B II.

1892 So wird im PE 2020 erneut für „*eine gesetzliche Einhegung von Familien- und Unternehmensstiftungen*" plädiert, *Arnold et al.*, ZIP 2020, Beilage zu Heft 10, S3; s. a. *Weitemeyer*, NZG 2020, 569 (580); *Rawert*, ZGR 2018, 835 (864 f.); zuletzt für überlegenswert erachtend *Hennrichs*, FS Henssler, S. 923 (942 ff,). Das StiftVereinhG v. 16.7.2021 ist derlei Bestrebungen zu Recht nicht gefolgt und geht weiterhin von der gemeinwohlkonformen Allzweckstiftung aus.

1893 *Sanders/Dauner-Lieb/v. Freeden/Kempny/Möslein/Veil*, Entwurf eines Gesetzes für die Gesellschaft mit beschränkter Haftung mit gebundenem Vermögen (GmbH-gebV), 2021 (abrufbar unter: https://t1p.de/e4iat); Überblick dazu bei *Sanders et al.*, GmbHR 2021, 285; s. a. *Sanders*, NZG 2021, 1357; *Fleischer*, ZIP 2022, 345; *Rolfes/Berisha*, GmbHR 2022, 23 Rn. 4 ff.; die Diskussion zusammenfassend *Hennrichs*, FS Henssler, S. 927 (929 ff.); jew. m. z. N. zur entsprechenden (auch sehr kritischen) Literatur; umf. *M. Reiff*, Verantwortungseigentum, *passim*; *Preis*, Vermögensbindung, *passim*. Im September 2024 ist ein neuer bzw. weiterentwickelter Gesetzesentwurf für eine sog. Gesellschaft mit gebundenem Vermögen erschienen, s. *Sanders/Dauner-Lieb/Kempny/Möslein/Neitzel/Teichmann*, Gesetz zur Einführung einer Gesellschaft mit gebundenem Vermögen, 2024 (abrufbar unter: https://t1p.de/3gs63), dazu im Überblick *Sanders/Neitzel/Dauner-Lieb/Kempny/Möslein/Teichmann*, NZG 2024, 1199.

1894 Darin eine Selbst- bzw. Keinzweckorganisation erblickend etwa *Weitemeyer*, FS K. J. Hopt, S. 1419 (1422 ff.); *Arnold et al.*, NZG 2020, 1321 (1323); *Burgard*, ZStV 2021, 1 (3); *Burgard*, ZGR 2023, 849 (881, 885 f.); *Feick/Schwalm*, NZG 2021, 525

sollte die Diskussion um die GmbH-gebV zum Anlass genommen werden, das Verbot der Unternehmensselbstzweckstiftung bzw. das Festhalten daran gänzlich zu überdenken.[1895]

Hingewiesen sei darauf, dass das Verbot der Unternehmensselbstzweckstiftung für unternehmensverbundene gemeinnützige Stiftungen grds. nicht ein-

---

(531); **a. A.** zu Recht *Sanders*, NZG 2021, 1573 (1576 f.); ausf. und überzeugend *Preis*, Vermögensbindung, S. 119 ff.; i. Erg. wohl auch *Bachmann*, NZG 2022, 1417. Insofern sei jedenfalls angemerkt, dass die GmbH-gebV wie auch eine normale GmbH – sie ist eben keine Stiftung (!) – grds. zu jedem beliebigen Zweck gegründet werden kann, weshalb der Vergleich mit dem aus dem Stiftungsrecht herrührenden Verbot der (Unternehmens-)Selbstzweckstiftung hinkt, vgl. zur Nichtgeltung und Übertragbarkeit dieses Verbots allg. bezogen auf die (Stiftungs-) GmbH BoKoStiftR/*Heuel/Meinecke*, Teil I 2.3 Rn. 153; *Preis*, Vermögensbindung, S. 122 f. Zutreffend im Allgemeinen auch (rechtlich betrachtet!) *M. Reiff*, NZG 2023, 770 (771 f.), wonach „*Verantwortungseigentum keinerlei genuin stiftungsrechtliche Elemente*" aufweist. Dazu im Anschluss vertiefend *M. Reiff*, Verantwortungseigentum, S. 413 ff.

1895 Vgl. allg. *Fleischer*, ZIP 2022, 345 (350) („*Andererseits mag durch die Existenz der GmbH-gebV ein Druckpunkt entstehen, der dazu anregt, überholte Strukturen bei anderen Organisationsformen zu überdenken und sie zu modernisieren, etwa im Stiftungsrecht.*"); ähnlich auch *Markworth*, NZG 2021, 100 (107); vgl. *Janitzki*, ErbR 2024, 2 (3 f.); eing. *Hennrichs*, FS Henssler, S. 927 (929, 939 ff.). Nach Orth/Uhl/*Uhl*, Stiftungsrechtsreform 2021, Rn. 51 (dortige Fn. 98) werde die „*weitere Entwicklung dieser Diskussion* [betreffend die Unternehmensselbstzweckstiftung]" im Besonderen auch von der Einführung einer GmbH-gebV abhängen. Im Rahmen der Diskussion um die GmbH-gebV bzw. Verantwortungseigentum wurde insgesamt auch für eine Öffnung bzw. Verbesserung des Stiftungsrechts im Zuge der Stiftungsrechtsreform 2021 für derlei Vorhaben vorgeschlagen, vgl. (mit ausf. Vorschlag zur Umsetzung in Stiftungsform) *Burgard*, ZStV 2021, 1; i. Erg. auch *Habersack*, GmbHR 2020, 992 Rn. 19; *Markworth*, NZG 2021, 100; *Loritz/Weinmann*, DStR 2021, 2205 (2211); *Weitemeyer/Weißenberger/Wiese*, GmbHR 2021, 1069 (1078); s. a. *Fraktion Bündnis 90/Die Grünen* in ihrem Entschließungsantrag zum StiftVereinhG, BT-Drs. 19/31118, S. 6; schon *Kersten*, FS 45 Jahre DJT, S. 123 (131 f.) plädierte für eine Öffnung des Stiftungsrechts für unternehmerische Zwecke, um gerade Stiftungsersatzformen zu vermeiden; zurückhaltender aber *Weitemeyer*, GesRZ 2023, 237 (244). Zur diesbezüglichen Ungeeignet- bzw. Problemhaftigkeit des deutschen Stiftungsrechts zur Umsetzung von Verantwortungseigentum *de lege lata* luzid nur *M. Reiff*, Verantwortungseigentum, S. 122 ff. m. z. N. Für einen Vorschlag vermittels liechtensteinischen Stiftungen s. *Jörg*, SPWR 2022, 119.

schlägig ist.[1896] Diese müssen nämlich einen eigenständigen gemeinnützigen Zweck i. S. d. §§ 52 ff. AO verfolgen und sind zudem *per se* fremdnützig, da ihre Tätigkeit darauf ausgerichtet sein muss, die Allgemeinheit zu fördern (vgl. § 52 Abs. 1 S. 1 AO).[1897]

I. Verbot der Unternehmensselbstzweckstiftung

Die Unternehmensselbstzweckstiftung ist ein Sonderfall der Selbstzweckstiftung und wird im Speziellen im Rahmen von unternehmensverbundenen privatnützigen (Familien)Stiftungen diskutiert. Beide sind gesetzlich freilich nicht explizit geregelt.[1898] Liege eine (Unternehmens-)Selbstzweckstiftung vor, sei die entsprechende Stiftung mangels eines zulässigen Zwecks bereits nicht anerkennungsfähig oder im Fall der bereits bestehenden Stiftung, eine Zweckänderung gem. §§ 85 Abs. 1 S.1 Nr. 1, 85a BGB oder Aufhebung der Stiftung nach § 87a BGB (§ 87 BGB a. F.) notwendig.[1899]

Unter einer Selbstzweckstiftung versteht man zunächst gemeinhin eine Stiftung, die keinen anderen Zweck verfolgt als die Erhaltung der eigenen Existenz

---

1896 M. w. N. nur *Schöning*, Privatnützige Stiftungen, S. 149 f.; Feick/*Ponath/Raddatz*, Stiftung, § 28 Rn. 8; Westermann/Wertenbruch/*Blaum*, PersGesR-HdB, 83. Lieferung 04.2022, I. Teil § 57 Rn. 3833. Entsprechendes gilt auch für Stiftungen in Gestalt von sog. Zweckverwirklichungsbetrieben, deren Wertschöpfung in diesen Fällen ideeller Natur ist und/oder in der Bedarfsdeckung besteht und die Wertverteilung an die Allgemeinheit erfolgt, s. Burgard/*Burgard*, StiftR, § 80 Rn. 47.

1897 Gerade hierin bestehe *Heuel*, Entwicklung der Unternehmensträgerstiftung, S. 180 zufolge *„ein beachtlicher Unterschied zwischen der Unternehmensselbstzweckstiftung und gemeinnützigen Unternehmensträgerstiftungen […]“*.

1898 Namentlich *Rawert* machte im Rahmen der Stiftungsrechtsreform 2002 einen Vorschlag zur gesetzlichen Normierung der Unternehmensselbstzweckstiftung, der jedoch kaum beachtet worden ist, vgl. *Rawert*, FS K. Schmidt, 2009, S. 1323 (1330 dortige Fn. 31 m. V. a. BT-Drs. 14/0066 v. 15.12.1999, S. 26) („*Der Betrieb eines wirtschaftlichen Geschäftsbetriebs selbst ist kein zulässiger Stiftungszweck.*“); befürwortend aber etwa *Heuel*, Entwicklung der Unternehmensträgerstiftung, S. 179 f. In Liechtenstein wurde in Art. 552 § 1 Abs. 1 PGR der Passus *„nach außen gerichteten* [Zweck]“ im Zuge der Totalrevision des liechtensteinischen Stiftungsrechts im Jahr 2009 eingefügt, womit seither unmittelbar das Verbot der Selbstzweckstiftung zum Ausdruck gebracht werde, so *Jörg*, SPWR 2022, 119 (125) m. N. Zu vertretenen Ansichten betreffend die – jedenfalls mittelbare – gesetzliche Anknüpfung im deutschen Stiftungsrecht sogleich.

1899 Ausf. *Rawert*, FS Crezelius, S. 87 (97 ff.); MüKoBGB/*Weitemeyer*, § 80 Rn. 213; s. a. m. w. N. *Oppel*, Die österreichische Privatstiftung und die deutsche Familienstiftung, S. 81; *Tegge*, Die Familienstiftung, S. 75.

und der Perpetuierung ihres angesammelten Vermögens. Sie dient somit nur dem Zweck, stiftungseigenes Vermögen zu erhalten, verwalten, anzulegen sowie zu verbessern und zu vermehren, um die Erträgnisse aus den eigenen Vermögenswerten wiederum zum ausschließlichen Eigennutz der Stiftung zu thesaurieren und letztlich das Stiftungsvermögen zu verstetigen.[1900] In der Praxis kommt eine solche reine Selbstzweckstiftung aber dem Vernehmen nach nicht vor.[1901] Die dogmatische Grundlage des stiftungsrechtlichen Verbots der Selbstzweckstiftung wird dabei freilich nicht einheitlich beurteilt. So wird in der Literatur auf das *„'Wesen' oder ‚Begriff' der Stiftung bzw. §§ 80 Abs. 2 Satz 1, 81 Abs. 1 Satz 2 oder § 87 Abs. 2 BGB [a. F.]"* rekurriert.[1902] Es mangele ihr an der erforderlichen Fremd-

1900 So statt vieler prägnant *Walch*, ZfS 2021, 35 (36); vgl. auch v. Campenhausen/Richter/*Hof*, StiftR-HdB, § 7 Rn. 61; BeckOGK/*Jakob/Uhl*, 1.7.2022, BGB § 80 Rn. 166; Burgard/*Burgard*, StiftR, § 80 Rn. 45; jew. m. w. N.

1901 So etwa Burgard/*Burgard*, StiftR, § 80 Rn. 5 („*Echte Selbstzweckstiftungen kommen praktisch nicht vor*"); *Burgard*, Gestaltungsfreiheit im Stiftungsrecht, S. 135 („*theoretisches Konstrukt*"); v. Campenhausen/Richter/*Hof*, StiftR-HdB, § 7 Rn. 61 („*ohne Bedeutung für die Praxis*"); vgl. auch *Rösner*, Konzernierung der Stiftung, S. 46; Richter/*Richter*, Stiftungsrecht, § 10 Rn. 133a; *G. Roth*, in: Bochmann et al., Gewinn und Gemeinwohl, S. 133 (146).

1902 *Rawert*, FS Crezelius, S. 87 (92) mit Nachweisen in den dortigen Fn. 7 und 18; s. a. bündig *Tegge*, Die Familienstiftung, S. 73 f.; speziell zur Heranziehung des § 87 Abs. 2 BGB zuletzt *Schiffer/Pruns*, ZStV 2012, 1 (5), die aus der Norm folgern, dass durch die Erfüllung des Stiftungszwecks die Erträge bzw. Vorteile, die eine Stiftung erwirtschaftet, einem von ihr verschiedenen Personenkreis zustattenkommen müssen; zuvor auch *Volkholz*, Privatautonomie bei der Errichtung von Stiftungen, S. 233 f. m. w. N. Mit dem Wegfall der Vorschrift im Zuge der Stiftungsrechtsreform 2021 könnte insofern wohl auf die §§ 86 Nr. 4, 86a Nr. 3, 86c Abs. 1 S. 2, 87c Abs. 1 BGB Bezug genommen werden. *Dylla*, Die Weisungsfunktion des Stiftungszwecks, S. 116 will neben den §§ 80 Abs. 2 S. 1, 81 Abs. 1 S. 2 BGB a. F. die von ihm postulierte Weisungsfunktion des Stiftungszwecks heranziehen.

nützigkeit[1903] des Stiftungszwecks (vgl. § 80 Abs. 1 S. 1 BGB bzw. § 81 Abs. 1 S. 2 BGB a. F.)[1904] oder letztlich gänzlich an einem stiftungsrechtlichen Zweck[1905].

Nach nahezu einhelliger Ansicht im Stiftungsrecht ist die Selbstzweckstiftung – ungeachtet der unterschiedlichen dogmatischen Anknüpfung – unzulässig.[1906]

1903 Mangels Fremdnützigkeit sowie der Verhinderung eines „vollstreckungsimmunen Sondervermögens“ des Stifters sei auch die sog. **Stiftung (mit Blick auf § 58 Nr. 6 AO konkret: nur) für den Stifter** nach h. M. unzulässig, s. stellvertretend m. w. N. Staudinger/*Hüttemann/Rawert*, BGB Vorb. §§ 80 ff. Rn. 8; MüKoBGB/*Weitemeyer*, § 80 Rn. 126; BeckOK BGB/*Backert/J. Stürner*, 71. Ed. 1.5.2022, § 80 Rn. 6; Richter/*Dutta*, Stiftungsrecht, § 5 Rn. 18 f.; *Dutta*, RabelsZ 77 (2013), 828 (838 f.); *Jakob*, Schutz der Stiftung, S. 51 f.; *v. Hippel*, Grundprobleme von NGO, S. 430 ff.; i. Erg. v. Campenhausen/Richter/*Hof*, StiftR-HdB, § 7 Rn. 60, der aber das Erfordernis einer Fremdnützigkeit des Stiftungszwecks ablehnt. Es ist jedoch ausreichend, wenn es nur einen weiteren Begünstigten neben dem Stifter gibt, um nicht diesem Verbot zu unterfallen, luzid *Muscheler*, Gesammelte Beiträge I, S. 245 (248) („*Unzulässig ist nach ihm* [Begriff der Fremdnützigkeit] *nur die dauerhafte Erbringung direkter und unmittelbarer Leistungen an den Stifter als Hauptzweck der Stiftung*“). Insbesondere im Falle einer Familienstiftung liegt begriffs- und zweckbedingt keine Stiftung – nur – für den Stifter vor. Für die gänzliche Zulässigkeit der Stiftung – auch nur – für den Stifter überzeugend und m. w. N. eine im Vordringen befindliche Ansicht: *Burgard*, Gestaltungsfreiheit im Stiftungsrecht, S. 132 ff.; Burgard/*Burgard*, StiftR, § 82 Rn. 41; *Döring*, Die Stiftung als Finanzierungsinstrument, S. 143 ff.; *Oertel*, Die Zulässigkeit der Stiftung & Co. KG, S. 201 ff., 207; *v. Oertzen/Hosser*, ZEV 2010, 168 (170); *Kronke*, Stiftungstypus, S. 140, 225; wohl auch NK-BGB/*Schiffer/Pruns*, § 80 Rn. 68 ff.; Schiffer/*Schiffer/Pruns/Schürrmann*, Die Stiftung in der Beraterpraxis, § 3 Rn. 104 ff., wonach dieses „Verbot“ in der Praxis jedenfalls bei Familienstiftungen keine Rolle spiele; MHdB GesR 5/*Beuthien*, § 77 Rn. 29; jdf. nicht monierend BFH, DStR 2012, 281 (282) („*Bestimmt der Stifter, dass die Stiftung ihr Einkommen ausschließlich zu seinen Gunsten verwenden darf […]*“); differenzierend und für eine anhand des § 138 BGB orientierten Einzelfallprüfung plädierend *Oppel*, Die österreichische Privatstiftung und die deutsche Familienstiftung, S. 70 ff.

1904 BeckOGK/*G. Roth*, 30.6.2023, BGB § 80 Rn. 254; MüKoBGB/*Weitemeyer*, § 80 Rn. 126; Richter/*Dutta*, Stiftungsrecht, § 5 Rn. 18 f.; vgl. MHdB GesR 5/*Schwake*, § 79 Rn. 39; BeckOGK/*Jakob/Uhl*, 1.7.2022, BGB § 80 Rn. 133; *Hushahn*, Unternehmensverbundene Stiftungen, S. 91, 127 f.; *Volkholz*, Privatautonomie bei der Errichtung von Stiftungen, S. 233.

1905 *Rawert*, FS Crezelius, S. 87 (99); MüKoBGB/*Weitemeyer*, § 81 Rn. 14; v. Campenhausen/Richter/*Hof*, StiftR-HdB, § 6 Rn. 339 („*Es fehlt hier schlicht an einem Stiftungszweck*“).

1906 Jew. m. w. N.: *Rawert*, FS Crezelius, S. 87, nach dem das Verbot der Selbstzweckstiftung „*zu den festen Dogmen des deutschen Stiftungsrechts gehört*“; BeckOGK/*Jakob/Uhl*, 1.7.2022, BGB § 80 Rn. 133; BeckOK BGB/*Backert/J. Stürner*, 71. Ed. 1.5.2022,

Davon geht auch der Reformgesetzgeber 2021 aus, wenn er im Rahmen der Begründung zur Legaldefinition der Stiftung in § 80 Abs. 1 S. 1 BGB ausführt, dass *„der Zweck einer Stiftung [...] sich nicht in der Erhaltung des eigenen Vermögens erschöpfen“* könne.[1907] Dem ist – sofern diese überhaupt jemals *in praxi* vorkommen sollte – insoweit auch beizupflichten.

Die (Un-)Zulässigkeit einer sog. Unternehmensselbstzweckstiftung wird hingegen in der Literatur kontrovers diskutiert. Eine Unternehmensselbstzweckstiftung meint eine Stiftung, *„die ausschließlich der Verwaltung und dem Erhalt eines bestimmten Unternehmens mit der Folge dien[t], dass die von dem Unternehmen erwirtschafteten Erträge nur diese[m] selbst zugutekommen“*[1908]. In der (deutschen)

---

§ 80 Rn. 6; Erman/*M. Wiese*, BGB § 81 Rn. 16; MüKoBGB/*Weitemeyer*, § 80 Rn. 127; Staudinger/*Hüttemann/Rawert*, BGB Vorb. §§ 80 ff. Rn. 9; MHdB GesR 5/*Schwake*, § 79 Rn. 39; *Mirbach*, Stiftungszweck und Gemeinwohlgefährdung, S. 93; *Hushahn*, Unternehmensverbundene Stiftungen, S. 91; *Tegge*, Die Familienstiftung, S. 73 m. z. N.; im Grundsatz auch *Burgard*, Gestaltungsfreiheit im Stiftungsrecht, S. 154; *Burgard*, ZGR 2023, 849 (881 ff.); vgl. *Arnold et al.*, NZG 2020, 1321 (1323); *Dutta*, RabelsZ 77 (2013), 828 (837); vgl. aus der Rspr.: OVG Münster, npoR 2013, 73 Rn. 37 („*Die Absicht der reinen Vermögensakkumulation ohne die gleichzeitige Klarstellung dessen, was mit diesem Vermögen zu tun sei würde* [sic!] *zu einer vom Gesetz nicht vorgesehenen reinen Selbstzweckstiftung führen*“; vgl. auch BFH, npoR 2010, 52 (53) („*Denn der Erhalt und die Weiterentwicklung des Stiftungsvermögens stellen noch keinen Stiftungszweck dar*“); vgl. (freilich i. Zh. m. der Stiftung & Co. KG) auch Abschlussbericht der Bund-Länder-Arbeitsgruppe Stiftungsrecht vom 19.10.2001, S. 38 sowie aktuell BT-Drs. 19/28173, S. 46; **a. A. soweit ersichtlich** *Schewe*, Die Errichtung der rechtsfähigen Stiftung von Todes wegen, S. 106 f.; wohl auch MHdB GesR 5/*Beuthien*, § 77 Rn. 31; **sehr kritisch zuletzt** *Markworth*, NZG 2021, 100 (107) („*Das Verbot von Selbstzweckstiftungen sollte [...] noch einmal grundlegend überdacht werden*“); es gilt auch in den Nachbarjurisdiktionen von Österreich, Liechtenstein und Schweiz s. m. N. nur MHdB GesR 5/*Jakob*, § 119 Rn. 33, sowie auch in den *common law* geprägten Rechtsordnungen, in denen der sog. „*trust*“ der „*rule against accumulation*“ unterliegt, die i. Erg. eine Selbstzweckstiftung verbietet, s. *Dutta*, RabelsZ 77 (2013), 828 (837).

1907 BT-Drs. 19/28173, S. 46; vgl. auch *R. Werner*, ErbR 2021, 482; *Weitemeyer*, GesRZ 2023, 237 (241); näher zu dieser Aussage i. Zh. m. der Zulässigkeit einer Stiftung & Co. KG → Teil 4 A V 1.

1908 *Burgard*, Gestaltungsfreiheit im Stiftungsrecht, S. 148 f.; vgl. auch Burgard/*Burgard*, StiftR, § 80 Rn. 47; MüKoBGB/*Weitemeyer*, § 80 Rn. 206; Staudinger/*Hüttemann/Rawert*, BGB Vorb. §§ 80 ff. Rn. 225; *Wohlgenannt*, Verbot von Selbstzweckstiftungen in Österreich und Liechtenstein, S. 46.

Literatur wird dabei ferner zwischen der sog. offenen und verdeckten Unternehmensselbstzweckstiftung differenziert.[1909]

Eine offene Unternehmensselbstzweckstiftung liege vor, wenn der Unternehmenserhalt ausdrücklich als (alleiniger) (Haupt-)Zweck der Stiftung statuiert wird. Dieser Fall kommt aber in der Praxis kaum vor.[1910] Relevanter und *„der wahre Schauplatz der [diesbezüglichen] Debatte*" ist vielmehr die sog. verdeckte Unternehmensselbstzweckstiftung.[1911] Eine solche soll vorliegen, wenn neben dem Zweck des Unternehmenserhalts irgendein sonstiger gemeinnütziger oder privatnütziger Stiftungszweck vorgesehen wird, der aber nur den eigentlichen und primären Zweck des Unternehmenserhalts verschleiern soll. Anders gewendet verfolgt der Stifter das unausgesprochene Gestaltungsziel, das Unternehmen, um jeden Preis zu erhalten.[1912] Hauptindizien für eine solche verdeckte Unternehmensselbstzweckstiftung seien dabei zum einen die Bindung einer Stiftung mit nicht unternehmensbezogenem Zweck an ein bestimmtes Unternehmen (z. B. durch strikte Vermögensgegenstandsbindungsklauseln) und zum anderen die rechtliche oder faktische Identität zwischen den Stiftungsorganen und der Unternehmensleitung. Im Besonderen bei unternehmensverbundenen Familienstiftungen treten nach *Rawert* und *Hüttemann* folgende (widerlegliche) Indizien hinzu[1913]:

1909 Staudinger/*Hüttemann/Rawert*, BGB Vorb. §§ 80 ff. Rn. 225 ff.; MüKoBGB/*Weitemeyer*, § 80 Rn. 206; BeckOGK/*Jakob/Uhl*, 1.7.2022, BGB § 80 Rn. 507 ff.; grdl. *Rawert*, NPLY 2003, S. 1 (6 ff.); zum Meinungsstand m. w. N. ausf. *Hushahn*, Unternehmensverbundene Stiftungen, S. 91 ff.; zuletzt auch *Weinmann*, Die uv. Stiftung, S. 141 ff.

1910 Staudinger/*Hüttemann/Rawert*, BGB Vorb. §§ 80 ff. Rn. 225; MüKoBGB/*Weitemeyer*, § 80 Rn. 210; MHdB GesR 5/*Gummert*, § 81 Rn. 22; *Burgard*, Gestaltungsfreiheit im Stiftungsrecht, S. 151; *Fleisch*, S&S RS 04/2018, 1 (12); siehe aber auch z. B. die (rein privatnützige) Unternehmensstiftung *WALA Stiftung* in Bad Boll/Eckwälden und deren § 2 (Stiftungszweck) der Stiftungssatzung, dazu bündig *Döring*, Die Stiftung als Finanzierungsinstrument, S. 206 f.; Henssler/Strohn/*Heuel*, GesR, BGB Vorb. § 80 Rn. 10 („*Ausnahmefall*").

1911 *Rawert*, FS Crezelius, S. 87 (91); kritisch dazu S/S/S/P/*Stumpf*, StiftR, § 80 Rn. 44; BoKoStiftR/*Heuel/Meinecke*, Teil I 2.3 Rn. 66; deutlich ablehnend v. Campenhausen/Richter/*Hof*, StiftR-HdB, § 11a Rn. 33 i. V. m. dortiger Fn. 47.

1912 Staudinger/*Hüttemann/Rawert*, BGB Vorb. §§ 80 ff. Rn. 226, 228; vgl. auch MüKoBGB/*Weitemeyer*, § 80 Rn. 210.

1913 *Rawert*, FS Crezelius, S. 87 (96 f.); s. näher statt aller Staudinger/*Hüttemann/Rawert*, BGB Vorb. §§ 80 ff. Rn. 229 ff.; MüKoBGB/*Weitemeyer*, § 80 Rn. 210 ff.; grdl. *Rawert*, NPLY 2003, S. 1 (10 ff.); *Muscheler*, ErbR 2008, 174 (176) spricht insofern auch vom „*Verbot der verdeckten Selbstzweckstiftung mit Indizienlösung*"; kritisch

- Die Destinatäre der Stiftung haben keinen einklagbaren Anspruch auf Stiftungsleistungen.
- Die Stiftung hat über einen längeren Zeitraum keine oder nur vernachlässigenswerte Ausschüttungen geleistet.
- Die Zulässigkeit von Leistungen an die Destinatäre ist nach der Verfassung der Stiftung an Bedingungen geknüpft, deren Eintritt unwahrscheinlich oder – rein praktisch betrachtet – sogar ausgeschlossen ist.
- Die Destinatäre sind in den Organen der Stiftung nicht vertreten. Sie leiden deshalb an einem Informationsdefizit.
- Gesellschaftsverträge von Unternehmen, an denen die Stiftung beteiligt ist, enthalten Thesaurierungsklauseln, die den Zugriff der Stiftung auf Erträge des Unternehmens abseits des üblichen Selbstfinanzierungsbedarfes beschränken. Gleiches gilt – auch ohne entsprechende Vorgaben in Gesellschaftsverträgen – bei einer über einen längeren Zeitraum anhaltenden Ausschüttungspolitik mit vergleichbarem Effekt.

Inwieweit eine unternehmensverbundene Stiftung eine verbotene Unternehmensselbstzweckstiftung – sofern man diese überhaupt anerkennt – darstellen würde, müsste demnach letztlich einzelfallbezogen anhand der vorstehenden Indizien entschieden werden. Gleichwohl konnte sich die vorstehend differenzierende Auffassung soweit ersichtlich bisher weder in der Literatur noch in der Stiftungspraxis[1914] durchsetzen.[1915] Insofern ist diesbezüglich auch den Worten *Hagen Hof*'s

---

dazu Burgard/*Burgard*, StiftR, § 80 Rn. 51; deutlicher *Burgard*, ZGR 2023, 849 (882); S/S/S/P/*Stumpf*, StiftR, § 80 Rn. 44; v. Campenhausen/Richter/*Hof*, StiftR-HdB, § 11a Rn. 33 i. V. m. dortiger Fn. 47.

1914 *Weitemeyer*, ZGR 2019, 238 (245) konstatiert insofern zu Recht, dass jene in der Praxis ohnehin „*schwer [nachweisbar]*" ist; ähnlich *Weitemeyer*, GesRZ 2023, 237 (241) („*[Es] besteht eine erhebliche Ungewissheit, wann eine verdeckte Selbstzweckstiftung vorliegt [...]*"); **a. A.** *Rawert*, NPLY 2003, S. 1 (13), nach dem die Stiftungsbehörden „*das Vorliegen einer institutionalisierten Bindung zwischen Unternehmen und Stiftung im Anerkennungsverfahren leicht prüfen*" könnten.

1915 Vgl. i. Erg. auch BeckOGK/*Jakob/Uhl*, 1.7.2022, BGB § 80 Rn. 510 ff.; S/S/S/P/*Stumpf*, StiftR, Teil A Einl. Rn. 18; (speziell bzgl. verdeckten Unternehmensselbstzweckstiftungen) Burgard/*Burgard*, StiftR, § 80 Rn. 50; Jakob/v. Orelli/*Rawert*, Der Stifterwille, S. 103 [114]), einer der prominentesten Kritiker, räumt dies nunmehr (ernüchternd) ein: „*Tatsächlich ist die Kontroverse vornehmlich akademischer Natur. Die Stiftungspraxis ignoriert sie weitgehend.*"; vgl. insofern auch *Gummert*, in: Die Stiftung – Jahreshefte zum Stiftungswesen, 6. Jahrgang, S. 75 (91), nach dem „*das Verbot der Unternehmensselbstzweckstiftung, so an diesem Verbot festgehalten wird, der Zulässigkeit der unternehmensverbundenen Stiftung in nahezu keiner der denk-*

uneingeschränkt zuzustimmen: „*[…] die Errichtung einer […] Unternehmensselbstzweckstiftung [ist] Ausdruck der grundgesetzlich geschützten Stifterfreiheit und [darf] nicht auf derlei Umwegen [gemeint ist das Konstrukt der verdeckten Unternehmensselbstzweckstiftung] ausgehebelt werden […]. Die juristische Dogmatik ist kein Spielzeugkasten mit dem sich Rechtsansichten, die der Gesetzgeber nicht akzeptiert hat, nachträglich wieder zur Geltung bringen lassen.*“[1916]

Die deutlich herrschende Auffassung[1917] im stiftungsrechtlichen Schrifttum hält – mit unterschiedlichen Nuancen – unternehmensverbundene (Familien-)

baren Konstellationen entgegensteht“; *Hävelmann*, Stiftung & Co. KG, S. 80 nimmt sogar an, dass gänzlich „[d]*ie Diskussion über die Unzulässigkeit von Unternehmensselbstzweckstiftungen* [seit der Stiftungsrechtsreform 2002] *nunmehr hinfällig*“ sei.

1916 v. Campenhausen/Richter/*Hof*, StiftR-HdB, § 11a Rn. 33 i. V. m. dortiger Fn. 47. Bzgl. der verdeckten Unternehmensselbstzweckstiftung ähnlich auch *Ihle*, RNotZ 2009, 621 (623).

1917 **Die Unternehmensselbstzweckstiftung vom Verbot der Selbstzweckstiftung ausnehmend insofern (mit teilw. unterschiedlichen Nuancen) eine zu Recht im Vordringen befindliche Auffassung**: NK-BGB/*Schiffer/Pruns*, § 80 Rn. 53 ff.; *Schiffer/Pruns*, ZStV 2012, 1; *Schiffer*, ZSt 2003, 252 (253); *Blumers*, DB 2019, 2426 (2426, 2429); *Markworth*, NZG 2021, 100 (107 f.); *Ihle*, RNotZ 2009, 621 (622 f.); *Sanders*, NZG 2021, 1573 (1577); MVHdB I GesR/*Hof*, Form. VIII. 1 Anm. 3, S. 1450; v. Campenhausen/Richter/*Hof*, StiftR-HdB, § 6 Rn. 340, § 7 Rn. 63 f., § 11a Rn. 33 („*Errichtung einer […] Unternehmensselbstzweckstiftung [ist] Ausdruck der grundgesetzlich geschützten Stifterfreiheit*“); *v. Hippel*, Grundprobleme von NGO, S. 146 sieht hierin mit Recht eine „*Überdehnung*“ des Verbots der Selbstzweckstiftung; MHdB GesR 5/*Beuthien*, § 77 Rn. 31 f.; *Fleisch/Stolte*, in: F/E/K/S/S, Modell unternehmensverbundene Stiftungen, S. 66 ff.; Schauhoff/Mehren/*Fleisch*, Stiftungsrecht nach der Reform, Kap. 2 Rn. 31; *Döring*, Die Stiftung als Finanzierungsinstrument, S. 138 ff.; *Schwake*, Kapital und Zweckerfüllung bei Unternehmensstiftungen, S. 151 ff.; *Schewe*, Die Errichtung der rechtsfähigen Stiftung von Todes wegen, S. 106 ff.; *Syrbe*, Die Doppelstiftung, S. 43 ff.; *Hävelmann*, Stiftung & Co. KG, S. 80 f.; ausf. und mit überzeugender Begründung auch *Oertel*, Die Zulässigkeit der Stiftung & Co. KG, S. 104 ff., 195; *Weinmann*, Die uv. Stiftung, S. 148 ff., 153; wohl auch Richter/*Richter*, Stiftungsrecht, § 10 Rn. 133 f.; *Kerssenbrock*, Unternehmenserhaltung, S. 58 f.; *Trops*, AG 1970, 367 (368 f.); in Bezug auch auf die verdeckte Unternehmensselbstzweckstiftung *Arndt*, Die Stiftung in Krise, S. 61; *J. Stürner*, Geschäftsleitung, S. 106 f.; differenzierend auch noch *Burgard*, Gestaltungsfreiheit im Stiftungsrecht, S. 147 ff., insbesondere S. 153, 155; *Burgard*, in: Die Stiftung – Jahreshefte zum Stiftungswesen, 3. Jahrgang, S. 31 (36, 45); deutlicher *Burgard*, NZG 2002, 697 (700) („*Insbesondere sog. Unternehmensselbstzweckstiftungen sind […] regelmäßig anerkennungsfähig.*“); *Burgard*, npoR 2019, 106 (107); wobei nunmehr *Burgard* zufolge dies nur für gemeinnützige Stiftungen gelten solle, so derselbe seine frühere Auffassung

Stiftungen zumindest im Regelfall, d. h., wenn sie – nicht ausschließlich – den Erhalt und die Fortführung eines Unternehmens bezweckt, demgemäß zu Recht für zulässig. Ohnehin ist die Annahme, dass mit dem Erhalt und der Fortführung eines Unternehmens ein einziger Stiftungszweck verfolgt würde, zweifelhaft, gehen doch mit der Führung eines Unternehmens – auch und gerade durch Implementierung einer Stiftung – weitere Aspekte bzw. Zwecke wie der Erhalt des Unternehmens als „*lebende[n] Organismus*“[1918] und seiner Arbeitsplätze und damit ein Beitrag zur allgemeinen Volkswirtschaft[1919] einher.[1920] Insofern ist sogar

---

präzisierend in *Arnold et al.*, NZG 2020, 1321 (1323 dortige Fn. 47) und *Burgard*, ZStV 2021, 1 (8) bzw., wenn die (privatnützige) Stiftungen „*einen anderen, nicht unternehmensbezogenen Hauptzweck (z.B. Unterstützung von Familienmitgliedern oder Förderung von Arbeitnehmern) haben, an den die Wertschöpfung verteilt wird*“, so zuletzt Burgard/*Burgard*, StiftR, § 80 Rn. 49; vgl. auch *Burgard*, ZGR 2023, 849 (883); bereits *Schwarz*, BB 2001, 2381 (2382) bezeichnete das Verbot der Unternehmensselbstzweckstiftung zurückhaltend als „*(noch) [herrschende] Meinung*“; nach *Geck*, ZEV 2015, 401 (402) werde die Unternehmensselbstzweckstiftung „*von der anscheinend hM für zulässig erachtet*“, wobei er dennoch eine vorherige Rücksprache mit der Stiftungsaufsicht empfiehlt; vgl. insofern, jedoch ohne Nachweise, auch *Wochner*, in: Bayer/Koch, Unternehmens- und Vermögensnachfolge, S. 141 (153) („*Sieht man aber den Betrieb eines Unternehmens mit der h. M. als zulässigen Stiftungszweck an, stellt sich die Frage nicht, da der Stiftungszweck solange verfolgt wird, wie das Unternehmen besteht*“). Auch im österreichischen Schrifttum wird das Verbot der (Unternehmens-)Selbstzweckstiftung vermehrt hinterfragt, siehe stellvertretend *C. Nowotny*, ZfS 2006, 4 („*Mythos des Verbots der Selbstzweckstiftung*“); weiterführend mit Darstellung des Meinungsstands: *Wohlgenannt*, Verbot von Selbstzweckstiftungen in Österreich und Liechtenstein, S. 42 ff., 52 ff., 85; *Attlmayr*, ZfS 2010, 45 (45 f., 49 f.); zuletzt *Walch*, ZfS 2021, 35; s. a. MHdB GesR 5/*Jakob*, § 119 Rn. 35 m. N., nach dem in Österreich (und auch Liechtenstein) „*die unternehmerische Verbindung von Stiftungen und Unternehmen – trotz des Verbots der Selbstzweckstiftung – grundsätzlich zugelassen*“ sei.

1918 *Pauli*, ZEV 2012, 461 (463). Illustrativ diesbezüglich auch das auf den Familienunternehmer *Reinhold Würth* zurückgehende Zitat: „*Jedes Unternehmen ist ein soziologisches Gebilde und unterliegt – wie der lebende Organismus – dem Werden, dem Sein und dem Vergehen.*“

1919 Zur besonderen Bedeutung von unternehmensverbundenen (Familien-)Stiftungen für die Volkswirtschaft s. *Fleschutz*, in: Sprengel/Ebermann, Statistiken zum Deutschen Stiftungswesen 2007, S. 101 (109); näher *Fleisch*, in: F/E/K/S/S, Modell unternehmensverbundene Stiftungen, S. 25 ff.; vgl. auch zuletzt *Stiftung Familienunternehmen*, Stiftungsunternehmen in Deutschland, S. 38.

1920 S/S/S/P/*Stumpf*, StiftR, § 80 Rn. 44 (dortige Fn. 71 m. V. a. v. Campenhausen/Richter/*Hof*, StiftR-HdB, 4. Aufl. 2014, § 7 Rn. 59 [gemeint sein dürfte Rn. 63]; *Sanders*,

auch eine Fremdnützigkeit des Stiftungszwecks einer unternehmensverbundenen Stiftung grds. zu bejahen. Mit Recht konstatiert *Mathias Walch* insofern, dass gerade in der Funktion einer unternehmensverbundenen Stiftung, d. h. unter anderem der Sicherung von Arbeitsplätzen und positiven Wirkung für die Arbeitnehmer vermittels einer Stiftung, auch „[ein bedeutender Unterschied] *zur ‚gewöhnlichen' Selbstzweckstiftung*" zu sehen ist.[1921] Nimmt man die Bedeutung des Stifterwillens als oberste Maxime des Stiftungsrechts ernst, so ist freilich auch *Volker Beuthiens* Argumentation[1922] darin beizupflichten, dass auch im Falle der unternehmensverbundenen Stiftung, das Unternehmen Mittel der Zweckverfolgung ist.[1923] Nicht einzig die Stiftung als solche soll nach dem entsprechenden Willen des Stifters erhalten werden, sondern die Stiftung soll das Unternehmen erhalten, aber auch fortführen (!), sodass eine unternehmensverbundene Stiftung bereits dadurch einen über ihren Selbsterhalt weiteren, nicht verbotenen oder das Gemeinwohl gefährdenden Zweck verfolgt.[1924]

Eine Unternehmensselbstzweckstiftung liegt im Besonderen nicht im Falle einer unternehmensverbundenen Familienstiftung als Instrument der Unternehmensnachfolge für Familienunternehmen vor: Das Verbot der Unternehmensselbstzweckstiftung steht dieser nicht entgegen, da mit dem Zweck der Familienstiftung (ausschließliche oder überwiegende Wahrung der Interessen und (finanzielle) Förderung und Versorgung einer oder mehrerer bestimmter Familien) und dem weiteren Zweck des Erhalts und Fortführung des Familienunternehmens stets außerhalb des alleinigen Vermögenserhalts liegende Zwecke

NZG 2021, 1573 (1577); *Müller/Schubert*, DStR 2000, 1289 (1290); *Weinmann*, Die uv. Stiftung, S. 150 f.; vgl. auch *Ebersbach*, HdB des Deutschen Stiftungsrechts, S. 163; nach *Trops*, AG 1970, 367 (368 f.) sowie *Trops*, ZRP 1971, 227 (229) sei eine Unternehmensselbstzweckstiftung wohl gänzlich nicht denkbar, da eine Stiftung immer eine *„Leistung"* für jemanden erbringe; näher zum Erhalt und Fortführung des Unternehmens und damit einhergehender Arbeitsplatzsicherung als grds. förderungswürdige bzw. jdf. gemeinwohlkonforme Stiftungszwecke sogleich → Teil 4 B II.

1921 *Walch*, ZfS 2021, 35 (37).

1922 Er selbst sieht insb. die Arbeitsplatzsicherung nur als Reflexwirkung der Stiftungstätigkeit, die zur Rechtfertigung der Zulässigkeit der Unternehmensselbstzweckstiftung nicht (zusätzlich) bemüht werden muss, MHdB GesR 5/*Beuthien*, § 77 Rn. 31 f.

1923 MHdB GesR 5/*Beuthien*, § 77 Rn. 32; i. Erg. auch *Markworth*, NZG 2021, 100 (107 f.); **a. A.** etwa MüKoBGB/*Weitemeyer*, § 80 Rn. 207 m. w. N.

1924 MHdB GesR 5/*Beuthien*, § 77 Rn. 32.

vorhanden sind.[1925] Die unternehmensverbundene Familienstiftung hat im Besonderen nicht ihren Selbsterhalt zum Zweck, sondern zugleich den Erhalt des Familienunternehmens auch und gerade zwecks Förderung der Stifterfamilie. Ebendieser und auch ggf. anderen Destinatäre (etwa dem Unternehmen selbst im Wege der Reinvestition) kommen die Erträge der Stiftung zustatten. Sie ist insgesamt eindeutig fremdnützig. So hält insofern selbst *Anatol Dutta*, der derlei Perpetuierungsmöglichkeiten kritisch gegenübersteht und diese für nicht „legitim" erachtet, fest: „*Bei Familienunternehmen stellt dieses Verbot der Selbstzweckstiftung allerdings meist kein Problem dar. Das Stiftungsvermögen – das Unternehmen – soll hier nicht als Selbstzweck perpetuiert werden, sondern zugunsten einer Familie, die nicht nur in die Unternehmensführung eingebunden, sondern auch aus den Erträgen unterhalten werden soll*"[1926].

Insoweit kann ohnehin durch eine umsichtige Satzungsgestaltung, insbesondere hinsichtlich des Stiftungszwecks (z. B. in dem die Verwendung der Erträge der Unternehmensbeteiligung im Interesse der Familie und/oder auch zu gemeinnützigen Zwecken festgelegt wird), das Problem der (Unternehmens-)Selbstzweck-

---

1925 MHdB GesR 5/*Schwake*, § 79 Rn. 40, 42; MHdB GesR 5/*Gummert*, § 81 Rn. 40; *v. Löwe*, Familienstiftung und Nachfolgegestaltung, § 3 Rn. 46; *König*, Nachlassplanung, S. 94 f.; *Boll*, Die uv. Familienstiftung, S. 51; vgl. auch *Ambros Schindler*, Familienstiftungen, S. 29; *Trappe*, Unternehmensmitbestimmung, S. 139; *Schumann*, Familienstiftungen, S. 23; *Tegge*, Die Familienstiftung, S. 88; *Weinmann*, Die uv. Stiftung, S. 147 f.; BeckFormB ErbR/*Feick/Bregulla-Weber*, Form. H. II. 2. Anm. 3; *Schewe/Hermes*, RFamU 2022, 158 (160); *Müller/Schubert*, DStR 2000, 1289 (1290); Schiffer/*Schiffer*, Die Stiftung in der Beraterpraxis, § 2 Rn. 40; *Schiffer*, ZEV 1999, 424 (426); i. Erg. wohl auch BeckOGK/*Jakob/Uhl*, 1.7.2022, BGB § 80 Rn. 512 ff., 515, sofern – wie hier mit dem familiären Zweck – „*ein realer und eigenständiger Zweck neben der Unternehmenserhaltung gesetzt*" wird; ebenso insofern *Rawert*, FS Crezelius, S. 87 (94), sofern keine sog. verdeckte Selbstzweckstiftung vorliege; auch W/S/F/*Saenger*, Die Stiftung, § 36 Rn. 25 f., sofern Fremdnützigkeit gewährleistet sei, indem etwa „*die Erträge des Unternehmens über die Stiftung letztlich meist einem Familienangehörigen des Stifters oder anderen Destinatär zukommen*" und nicht nur dem Stifter selbst. Vgl. implizit OVG Schleswig, BeckRS 2022, 11137 Rn. 3, 91, 141, das mehrfach zur Auslegung der Satzungsregelungen auf die Unternehmensbeteiligung der Familienstiftung rekurriert, s. Rn. 141: „*[…] Dies ist insbesondere vor dem Hintergrund relevant, dass Zweck der Antragstellerin* [Familienstiftung] *auch die Förderung der Unternehmensgruppe … durch Sicherung und Fortentwicklung der Vermögens- und Ertragskraft ist*").

1926 *Dutta*, in: Bochmann et al., Werte in Familienunternehmen, S. 9 (12); ähnlich MHdB GesR 5/*Gummert*, § 81 Rn. 40; *Tegge*, Die Familienstiftung, S. 88; Hesselmann/Mueller-Thuns/*Lüke*, HdB GmbH & Co. KG, Rn. 2.538, 2.540.

stiftung in der Praxis gelöst und die notwendige staatliche Anerkennung durch die Stiftungsbehörde erreicht werden.[1927] In der Praxis wird insofern gemeinhin zur „*gemeinwohlkonformen Mehrzweckstiftung*“ geraten, die nicht allein auf Unternehmensführung oder Vermögensverwaltung ausgerichtet ist, sondern neben solchen Aufgaben andere Stiftungszwecke (tatsächlich) verfolgt.[1928] Verwirklicht eine Stiftung gerade vermittels ihrer Unternehmensbeteiligung an unternehmenstragenden Gesellschaften ihre Stiftungszwecke (z. B. Erhalt und Führung des Familienunternehmens, Einflusssicherung und langfristige Versorgung der Familie), so liegt keine Unternehmensselbstzweckstiftung vor.[1929]

Wird die unternehmensverbundene Familienstiftung unter Wahrung des Familieneinflusses und des Charakters des Familienunternehmens als Nachfolgeinstrument eingesetzt, so liegen auch die vorstehend genannten Indizien für eine sog. verdeckte Unternehmensselbstzweckstiftung i. d. R. nicht vor bzw. werden widerlegt sein.[1930] Ohnehin stehen derlei Regelungen nicht im Interesse eines im

---

1927 Vgl. etwa Richter/*Richter*, Stiftungsrecht, § 10 Rn. 134, nach dem es eine bloße „*Formulierungsaufgabe bezüglich des Stiftungszwecks*“ sei; ebenso jew. m. w. N. auch *Künnemann*, Die Stiftung im System des Unterordnungs-Konzerns, S. 78; NK-GemnR/*A. Werner*, Teil 1 3.2 Stiftungen Rn. 43; *Meinecke*, Stiftungen, S. 83; *v. Homeyer/M. Reiff*, npoR 2020, 224 (229); *Sanders*, ZRP 2020, 140 (142); *Kirchdörfer/Kögel*, FS Möschel, S. 181 (196); *Nietsch*, FuS 2016, 213 (219); auch W/S/F/*Saenger*, Die Stiftung, § 5 Rn. 44, aber einschränkend *ders.*, a. a. O § 36 Rn. 25; i. Erg. wohl Staudinger/*Hüttemann/Rawert*, BGB Vorb. §§ 80 ff. Rn. 239 („*Tatsächlich legitimiert die Stifterfreiheit […] sogar unternehmensbezogene Zwecke […]. Voraussetzung ist allerdings, dass diese in der Stiftungssatzung ausdrücklich normiert werden. Das gilt für alle Formen der unternehmensverbundenen Stiftungen […]*“); nach *Rawert*, FS Crezelius, S. 87 (93), seien „*denkbare Stiftungsleistungen [resp. Zwecke], die über bloße Reflexwirkungen hinausgehen, beispielsweise die Ausbildung von jungen Arbeitnehmerinnen und Arbeitnehmern jenseits des Eigenbedarfes, die Forschung und Entwicklung jenseits der bloßen Verwertbarkeit für Eigenprodukte oder die Gewährung besonderer Sozialleistungen für Mitarbeiter und deren Angehörige*“.

1928 v. Campenhausen/Richter/*Hof*, StiftR-HdB, § 7 Rn. 67; ähnlich *Kaufmann*, Stiftung und Konflikt, S. 53 („*Vielzweckstiftung*“). MVHdB I GesR/*Hof*, Form. VIII. 2 Anm. 7, S. 1529 m. N., wonach deshalb der Streit um die Unternehmensselbstzweckstiftung in der Praxis an Bedeutung verliere; siehe auch die zulässigen Zweckbeispiele von unternehmensverbundenen Familienstiftung unter → Teil 4 D II 2.

1929 So auch Orth/Uhl/*Uhl*, Stiftungsrechtsreform 2021, Rn. 51; i. Erg. auch MHdB GesR 5/*Beuthien*, § 77 Rn. 32.

1930 Vgl. Burgard/*Burgard*, StiftR, § 80 Rn. 51; i. Erg. auch Schauhoff/Mehren/*Fleisch*, Stiftungsrecht nach der Reform, Kap. 2 Rn. 38. Derlei uv. Familienstiftungen dürfte wohl auch *Rawert* (NPLY 2003, S. 1 [15]) für zulässig halten, wenn er ausführt:

hiesigen Kontext betrachteten Familienunternehmer resp. Stifters.[1931] Insbesondere eine etwaige explizite Vermögensgegenstandsklausel steht dem nicht entgegen, da auch in diesem Fall die Stiftungsorgane nach hier vertretender und wohl überwiegender Auffassung im Stiftungsrecht gehalten sind, sich *ultima ratio* zum Wohle der Stiftung und ihrer Existenzsicherung von der Unternehmensbeteiligung zu trennen.[1932]

II. Grundsätzlich uneingeschränkte Zulässigkeit

Im Übrigen fußen sonstige heute ggf. noch angeführten, abweichenden Auffassungen hinsichtlich der Zulässigkeit sowohl der unternehmensverbundenen Stiftung als auch der Familienstiftung *de lege lata* auf keiner tragfähigen rechtlichen Grundlage und sind zudem spätestens[1933] seit der Neufassung des § 80 Abs. 2 BGB im Zuge der Stiftungsrechtsreform 2002[1934], wonach jeder mit dem

---

„Unternehmensbezogene, aber nicht auf reinen Selbsterhalt zielende Zwecke hingegen sind zulässig. Voraussetzung ist jedoch, dass sie offengelegt werden. Ihre ‚idealistische Überhöhung' durch nur vorgeblich verfolgte fremdnützige Zwecke ist unzulässig.“

1931 An der Existenz in der Praxis insofern zweifelnd auch *Fleisch*, S&S RS 04/2018, 1 (13); *Fleisch/Stolte*, in: F/E/K/S/S, Modell unternehmensverbundene Stiftungen, S. 49; nach zutreffender Auffassung von *Burgard*, in: Die Stiftung – Jahreshefte zum Stiftungswesen, 3. Jahrgang, S. 31 (45) seien sog. verdeckte Unternehmensselbstzweckstiftungen ohnehin keine Selbstzweckstiftungen, da *„ihr Zweck […] nicht nur auf die Verwaltung und Erhaltung ihres Vermögens, sondern auf einen anderweitigen Zweck gerichtet“* sei; vgl. auch *Burgard*, Gestaltungsfreiheit im Stiftungsrecht, S. 155; Burgard/*Burgard*, StiftR, § 80 Rn. 50 a. E. m. w. N.; Schauhoff/Mehren/*Fleisch*, Stiftungsrecht nach der Reform, Kap. 2 Rn. 31 weist zutreffend darauf hin, dass insofern von der Gegenauffassung oftmals das *„Motiv des Stiftenden mit dem davon zu unterscheidenden satzungsmäßigen Zweck der Stiftung [vermischt wird]“*; zur Unterscheidung zwischen Motiven des Stifters und dem/den Stiftungszweck/en bereits → Teil 3 A.

1932 Vgl. Nachweise bei Fn. 509.

1933 Die grds. Zulässigkeit speziell der Familienstiftung stand schon für die Verfasser des BGB außer Frage, s. *Flume*, BGB AT Bd. I/2, § 4 V. 2., S. 137 m. V. a. Prot. I, 888 = *Mugdan*, Bd. I, 1899, S. 660; *Mugdan*, Bd. I, 1899, S. 25; vgl. auch *Burgard*, Gestaltungsfreiheit im Stiftungsrecht, S. 131 (dortige Fn. 111): *„Die Zulässigkeit von (Familien-)Stiftungen […] war den Gesetzesverfassern […] selbstverständlich.“*

1934 Gesetz zur Modernisierung des Stiftungsrechts v. 15.7.2002, BGBl. I 2002, S. 2634; dazu eing. etwa *Schwarz*, DStR 2002, 1718 (Teil 1) und 1767 (Teil 2); *Andrick/Suerbaum*, NJW 2002, 2905; *Burgard*, NZG 2002, 697; kritisch *Hüttemann*, ZHR (167) 2003, 35; *K. Schmidt*, ZHR (166) 2002, 145; umfassend *Volkholz*, Privatautonomie bei der Errichtung von Stiftungen, *passim*; s. a. *Hof*, in: Die Stiftung –

Gemeinwohl[1935] konforme bzw. das Gemeinwohl nicht gefährdende[1936] Stiftungszweck zulässig ist[1937], unhaltbar geworden. Wurde die Zulässigkeit von unternehmensverbundenen Stiftungen und Familienstiftungen zuletzt noch von der Bund-Länder-Arbeitsgruppe 2002 diskutiert und bejaht[1938], wurde dies im Zuge der anschließenden Modernisierung des Stiftungsrechts im Jahre 2002 vom Gesetzgeber gar nicht mehr aufgegriffen.[1939] Damals wurden insbesondere Geset-

---

Jahreshefte zum Stiftungswesen, 7. Jahrgang, S. 33 (35 ff.). Schon die Verfasser des BGB erteilten Bestrebungen, die Anerkennungsfähigkeit von Familienstiftungen einzuschränken, eine Absage, s. *Mugdan*, Bd. I, 1899, S. 660: *„Einer Anregung [...] vom Erfordernisse der Staatsgenehmigung zu Gunsten der Familienstiftungen, [...], eine Ausnahme oder doch einen Vorbehalt [...] zu machen, wurde keine weitere Folge gegeben.“*

1935 Dazu → Teil 4 C I 1 a und Teil 4 D II 1.

1936 Dieses Begriffsverständnis sei treffender, da der Begriff der Gemeinwohlkonformität eine Gemeinwohlförderung impliziere, so *Andrick/Suerbaum*, Stiftung und Aufsicht, § 2 Rn. 9; zustimmend Berndt/Götz/*Berndt*, Stiftung und Unternehmen, Rn. 64.

1937 Seit der Stiftungsrechtsreform 2002 sei deshalb *„die Gestaltungsfreiheit künftiger Stifter [...] nahezu grenzenlos“*, so damals konstatierend *Burgard*, NZG 2002, 697 (700); vgl. auch *Weitemeyer*, in: Bumke/Röthel, Autonomie im Recht, S. 201 (205) (*„[...] das dem Stifter volle Privatautonomie gewährte“*); *T. Horvath*, Stiftungen als Instrument der Unternehmensnachfolge, S. 62 (*„[...] sind der Zulässigkeit privatnütziger und unternehmensbezogener Stiftungszwecke kaum mehr Grenzen gesetzt“*).

1938 Abschlussbericht der Bund-Länder-Arbeitsgruppe Stiftungsrecht vom 19.10.2001, S. 51 f.

1939 *Hüttemann*, ZHR (167) 2003, 35 (63) zieht daraus indes den Schluss, dass die Klärung weiterer Einzelheiten hinsichtlich deren Zulässigkeit weiterhin Wissenschaft und Praxis überlassen sein sollte; zustimmend etwa *Schöning*, Privatnützige Stiftungen, S. 141; *Schlüter*, in: Strachwitz/Mercker, Stiftungen, S. 315 (318); *Rawert*, FS Crezelius, S. 87 (92) (*„Das Schweigen des Gesetzgebers zur unternehmensverbundenen Stiftung und zur Familienstiftung bedeutet de lege lata lediglich, dass sich die Anerkennungsfähigkeit solcher Stiftungen ausschließlich an den im übrigen anerkannten Regeln des Stiftungsrechts* [insbesondere dem Verbot der Selbstzweckstiftung] *zu orientieren hat“*). *Schiffer*, Jubiläumsschrift 10 Jahre DVEV, S. 153 (163) sieht darin hingegen *„ein sehr beredtes Schweigen“*; ebenso *Schwarz*, DStR 2002, 1767; Grüneberg/*Ellenberger*, BGB § 80 Rn. 8, 9; i. Erg. *Hüffer*, GS Tettinger, S. 449 (456 f.); *Fleisch/Stolte*, in: F/E/K/S/S, Modell unternehmensverbundene Stiftungen, S. 66 (*„bewusste und klare Entscheidung“*); zweifelnd aber noch *Schlüter/Stolte*, Stiftungsrecht, Kap. 1 Rn. 76. Jedenfalls muss dem Gesetzgeber die Diskussion um die Familienstiftungen und unternehmensverbundenen Stiftungen bekannt gewesen sein, und dennoch hat er keine Beschränkung vorgenommen, vgl. Richter/*Dutta*, Stiftungsrecht, § 5 Rn. 31.

zesvorschläge, die eine Einhegung von unternehmensverbundenen Stiftungen und Familienstiftungen vorsahen, im Rahmen des Gesetzgebungsverfahrens ausdrücklich abgelehnt.[1940]

Im Rahmen der Stiftungsrechtsreform 2021 wurde die grundsätzliche Zulässigkeit von unternehmensverbundenen Stiftungen und Familienstiftungen seitens des Gesetzgebers überhaupt nicht mehr infrage gestellt.[1941]

Vielmehr erkennt der Gesetzgeber seit jeher[1942] und insbesondere durch gesetzliche Normen, wie die §§ 161 ff. UmwG, die die Ausgliederung eines von einer rechtsfähigen Stiftung betriebenen Unternehmens regeln[1943], ausdrücklich die Möglichkeit an, dass eine Stiftung (sogar) Unternehmensträgerin sein kann und damit auch zwangsläufig die grundsätzliche Zulässigkeit der sog. (unmittelbaren)

Hierbei wird nicht verkannt, dass auch eine uv. Familienstiftung im Einklang mit dem geschriebenen und ungeschriebenen Stiftungsrechtsgrundsätzen stehen muss. Vielmehr soll hier klargestellt werden, dass diese grundsätzlich zulässig sind.

1940 Siehe etwa § 81 des Gesetzentwurfs von *Bündnis 90/Die Grünen*, BT-Drs. 13/9320, S. 3 sowie § 81 des Gesetzentwurfs der FDP, BT-Drs. 14/336, S. 2; vgl. hierzu nur *Hüffer*, GS Tettinger, S. 449 (457).

1941 Vgl. auch *P. Windeknecht*, NWB 2021, 1326 (1328); BoKoStiftR/*Heuel/Meinecke*, Teil I 2.3 Rn. 62, 64; die Fraktion *Bündnis 90/Die Grünen* monierte in ihrem Entschließungsantrag, dass unternehmensverbundene Stiftungen gänzlich in der Stiftungsrechtsreform 2021 nicht behandelt worden sind, s. BT-Drs. 19/31118, S. 6.

1942 Dass Stiftungen wirtschaftlich tätig sein können, ist dem Gesetzgeber spätestens seit der Carl-Zeiss-Stiftung (von 1889 bzw. 1891 [Jahr der Übertragung der optischen Werkstätte der Firma Carl-Zeiss an die bestehende Stiftung]) bekannt, vgl. Soergel/*Neuhoff*, BGB Vor § 80 Rn. 65; HKK-BGB/*Pennitz*, §§ 80–89 Rn. 34 (mit Fn. 186). Allg. zur Carl-Zeiss-Stiftung s. die Nachweise in → Fn. 1490.

1943 Ausf. dazu z. B. Lutter/*G. Seyfarth*, UmwG, § 161 Rn. 1 ff., 43; monographisch *Staiber*, Ausgliederung von Stiftungsbetrieben, S. 47 ff. Freilich wird die Stiftung ansonsten im UmwG durchweg ausgeschlossen, vgl. §§ 1, 3, 124 Abs. 1, 175, 191 UmwG, vgl. auch *Hilser/Wagner/Wunderlich*, RIW 2022, 796 (805). Gleiches gilt auch für das UmwStG, s. FG Rheinland/Pfalz, BeckRS 2023, 31380 Rn. 62. Dies gilt auch nach der Stiftungsrechtsreform 2021 (s. Lutter/*G. Seyfarth*, UmwG, § 161 Rn. 1, 5), insbesondere sind die Regelungen zur Zu- und Zusammenlegung von Stiftungen trotz anderslautender Forderungen im BGB normiert worden und nicht im UmwG, kritisch dazu etwa *Aumann*, DNotZ 2022, 894 (897 f.) m. w. N. Eine relevante Änderung wird sich aber wohl durch das künftige Stiftungsregister zum 1.1.2026 ergeben, da es deshalb – entgegen der bislang h. M. – im Umwandlungsrecht nicht mehr erforderlich sein wird, dass die (Unternehmensträger-)Stiftung mit ihrer Firma im Handelsregister eingetragen sein muss, s. Lutter/*G. Seyfarth*, UmwG, § 161 Rn. 8, 17 ff.

Unternehmensträgerstiftung.[1944] § 33 HGB, der nach allgemeiner Ansicht auch für wirtschaftlich tätige Unternehmensträgerstiftungen gilt[1945], sowie auch mit § 3 Abs. 1 Nr. 4 PublG, der das Betreiben eines Gewerbes durch die Stiftung voraussetzt[1946], zeigt ebenfalls, dass eine Stiftung selbst unternehmerisch tätig werden kann.[1947] Dieses gesetzgeberische Bekenntnis wird auch durch steuerrechtliche Normen wie die Ersatzerbschaftsteuer für Familienstiftungen gem. § 1 Abs. 1 Nr. 4 ErbStG und insbesondere § 13a Abs. 9 S. 1 Nr. 2 ErbStG deutlich, wo vorausgesetzt wird, dass speziell eine Familienstiftung Gesellschaftsanteile an einem (Familien-)Unternehmen halten kann, womit gerade unternehmensverbundene Familien(beteiligungsträger)stiftungen angesprochen sind.[1948] Nach § 58 Nr. 6 AO können selbst gemeinnützige Stiftungen einen Teil, jedoch höchstens ein Drittel ihres Einkommens an Familienmitglieder auskehren, sodass selbst gemeinnützige (unternehmensverbundene) Familienstiftungen anerkannt und steuerrechtlich unschädlich sind.[1949] Übersteigen die Unterhaltsleistungen die vorstehende Grenze, ist *e contrario* dennoch von einer zulässigen (indessen nicht steuerbe-

---

1944 Ebenso *Schäller*, Namensbildung und Namensschutz der anerkannten Stiftung, S. 188; vgl. auch *Burgard*, Gestaltungsfreiheit im Stiftungsrecht, S. 139 (sowie dortige Fn. 151); vgl. auch § 6 Abs. 2 StiftG-Bbg, der eine Unternehmensträgerstiftung ebenfalls voraussetzt: („*[…]im Falle des Betreibens eines erwerbswirtschaftlichen Unternehmens […]*"), s. dazu auch *Schiffer/Pruns*, BB 2013, 2755 (2756); vgl. auch im Kontext des UmwG BT-Drs. 12/6699, S. 116, obgleich dort moniert wird, dass eine Stiftung als Unternehmensträger nicht **geeignet (!)** sei: „*Diese Rechtsform* [Stiftung] *war vom Gesetzgeber ursprünglich nicht als Träger von Unternehmen gedacht. Ihre Eignung hierfür begegnet den gleichen Bedenken, wie sie zu § 3 Abs. 2 Nr. 1 gegen die Berücksichtigung wirtschaftlicher Vereine als übernehmender Rechtsträger dargelegt worden sind.*", dazu auch Lutter/*G. Seyfarth*, UmwG, § 161 Rn. 7. Die Frage der Eignung ist aber von der Frage der Zulässigkeit zu trennen (vgl. *Kronke*, Stiftungstypus, S. 197; *H. Westermann*, FS Bartholomeyczik, S. 395 [412]). Letzteres wird in der vorstehenden Gesetzesentwurfsbegründung zum UmwG freilich nicht angesprochen.

1945 MüKoHGB/*Krafka*, § 33 Rn. 2; Staudinger/*Hüttemann/Rawert*, BGB Vorb. §§ 80 ff. Rn. 243.

1946 Vgl. dazu HK-PublG/*Staake*, § 3 Rn. 37.

1947 Ebenso bereits *Kunze*, FS Barz, S. 171 (179).

1948 Vgl. *Blumers*, DB 2019, 2426; vgl. (in Bezug auf § 1 Abs. 1 Nr. 4 ErbStG) auch *B. Hofmann*, Die rules against perpetuities im deutschen Erbrecht, S. 47; *v. Trotz zu Solz*, Erbrechtslose Sondervermögen, S. 133 („*eindeutiges Zeichen für die Zulässigkeit der Familienstiftung*").

1949 Statt anderer nur *Schwarz*, BB 2001, 2381 (2387 f.).

günstigten) privatnützigen Familienstiftung auszugehen.[1950] Entsprechendes lässt sich auch § 57 Abs. 4 AO entnehmen, wonach eine gemeinnützige Stiftung ihre steuerbegünstigten Zwecke auch dann unmittelbar im Sinne des § 57 Abs. 1 S. 1 AO verfolgt, wenn sie ausschließlich Anteile an steuerbegünstigten Kapitalgesellschaften hält und verwaltet, also als sog. Holding-Stiftung fungiert.[1951] Mithin geht eine Vielzahl gesetzlicher Normen von der Existenz unternehmensverbundener (Familien-)Stiftungen aus.[1952]

Nach alldem ist zu konstatieren, dass heute mit der nahezu einhelligen stiftungsrechtlichen Auffassung[1953] eine unternehmensverbundene Familienstiftung speziell in Gestalt einer Beteiligungsträgerstiftung grundsätzlich zulässig ist, soweit sie die Anerkennungsvoraussetzungen erfüllt, insbesondere gemeinwohlkonform i. S. d. § 82 S. 1 BGB (§ 80 Abs. 2 S. 1 BGB a. F.) ist sowie eine dauernde und nachhaltige Erfüllung des Stiftungszwecks gesichert erscheint. *„Die vom Stiftungs- und Erbrecht eingeräumte Möglichkeit einer dauerhaften Vermögensperpetuierung“*[1954]

1950 Vgl. auch *Müller/Schubert*, DStR 2000, 1289 (1291).

1951 S. dazu BeckOGK/*G. Roth*, 30.6.2023, BGB § 80 Rn. 394.14 ff. m. w. N.

1952 Richter/*Dutta*, Stiftungsrecht, § 5 Rn. 31 zufolge seien derlei Normen bzw. *„gesetzgeberischen Aussagen“* auf jeden Fall *„Indizien für eine Zulässigkeit der Familienstiftung“*.

1953 Vgl. jew. m. w. N. BeckOGK/*Jakob/Uhl*, 1.7.2022, BGB § 80 Rn. 563; Grüneberg/*Ellenberger*, BGB § 80 Rn. 8, 9; MHdB GesR 5/*Gummert*, § 81 Rn. 39; Richter/*Richter*, Stiftungsrecht, § 10 Rn. 131, 133a; *v. Löwe*, Familienstiftung und Nachfolgegestaltung, § 3 Rn. 44; *Brandmüller/Klinger*, Unternehmensverbundene Stiftungen, S. 8, 21; Berndt/Götz/*Berndt*, Stiftung und Unternehmen, Rn. 64, 76; *Mercker*, in: Strachwitz/Mercker, Stiftungen, S. 328 (333); *Schlüter*, Stiftungsrecht zwischen Privatautonomie und Gemeinwohlbindung, S. 327 f.; *Hennerkes/Kögel*, FS Rödl, S. 281 (283); *Schmitt*, Familienstiftungen im neuen ErbStG, S. 26; *König*, Nachlassplanung, S. 94; *Schunk*, Die Doppelstiftung, S. 98; *Fletscher/Lunemann*, FS Heidel, S. 29 (44 f.) s. a. (vornehmlich zur Familienstiftung) m. z. N. *Dutta*, Warum Erbrecht?, S. 36 f. (mit Fn. 122), 81 f.; deutlich *Schiffer*, Jubiläumsschrift 10 Jahre DVEV, S. 153 (165), nach dem seit der Stiftungsrechtsreform 2002 die Zulässigkeitsfrage an sich *„rechtlich und praktisch obsolet“* geworden sei; ähnlich MVHdB I GesR/*Hof*, Form. VIII. 2 Anm. 7, S. 1528; *Schwarz*, DStR 2002, 1767 f.; *Tegge*, Die Familienstiftung, S. 61, 88; s. a. die zahlreichen Nachweise in Fn. 1518 und Fn. 474.

1954 BVerwGE 172, 85 Rn. 27; vgl. auch BVerfGE 37, 328 (336) sah (in Abgrenzung zum Familienfideikommiss) in der Familienstiftung *„eine neue zulässige Form der Gebundenheit“* des Familienvermögens; bestätigend BFHE 185, 58 = DStR 1998, 331 (333). Namentlich *D. Reuter* (Perpetuierung von Unternehmen, S. 103 ff., 112; *D. Reuter*, GS J. Eckert, S. 677) sah in der Errichtung einer Familienstiftung freilich

vermittels einer unternehmensverbundenen Familienstiftung steht dabei nicht *per se* im Konflikt mit dem Gemeinwohl.[1955]

Mit Blick auf die hohe Relevanz für die Volkswirtschaft, aber auch der schwierigen Nachfolgesituation in Familienunternehmen und der damit einhergehenden Gefährdung von zahlreichen Arbeitsplätzen[1956] ist nach hier vertretener Auffassung vielmehr davon auszugehen, dass die Verstetigung und Fortführung im Speziellen von Familienunternehmen vermittels einer Stiftungskonstruktion wegen der im Einzelfall mit einhergehenden und überwiegenden positiven Effekte (u. a. Erhaltung von Arbeitsplätzen, Sicherung der Infrastruktur am Unternehmenssitz) für das Allgemeinwohl förderlich ist[1957], obgleich die Stiftung resp. ihr Zweck dem Gemeinwohl an sich freilich nicht dienen braucht, um gemeinwohlkonform

---

eine Umgehung des Familienfideikommisses, da i. Erg. kein Unterschied zwischen den beiden Rechtsinstituten ersichtlich sei; explizit dagegen insb. betreffend unternehmensverbundenen Familienstiftungen zu Recht etwa *Michalski*, Perpetuierung von Unternehmen, S. 111 ff.; *Burgard*, Gestaltungsfreiheit im Stiftungsrecht, S. 128 f.; vgl. auch *Kronke*, Stiftungstypus, S. 198; *H. Westermann*, FS Bartholomeyczik, S. 395 (413 f.); luzid auch W/S/F/*C. Fischer/Nissel*, Die Stiftung, § 7 Rn. 40 („*Insofern kann Stiftungsvermögen nicht familiär gebunden sein, vielmehr ist es* [hier also das urspr. Familienvermögen] *an die Stiftung gebunden und dem Stiftungszweck dauerhaft gewidmet*") zur Unterscheidung zwischen einem Familienfideikommiss und einer Familienstiftung aus der Rspr. etwa explizit OLG München, MittBayNot 2004, 434 (435) und schon RGZ 61, 28 (34 ff.).

1955 Vgl. auch *O. Werner*, in: Bayer/Koch, Unternehmens- und Vermögensnachfolge, S. 103 (129).

1956 Siehe dazu bereits → Teil 3 B II 3 a. Gerade in dieser Funktion, d. h. der Sicherung von Arbeitsplätzen und positiven Wirkung für die Arbeitnehmer vermittels der unternehmensverbundenen Familienstiftung, ist auch „*[ein bedeutender Unterschied] zur ‚gewöhnlichen' Selbstzweckstiftung*" zu sehen, vgl. zutreffend *Walch*, ZfS 2021, 35 (37); i. Erg. auch *Schiffer/Pruns/Schürmann*, Die Reform des Stiftungsrechts, § 2 Rn. 6. So wird das Ziel der Arbeitsplatzsicherung durch eine unternehmensverbundene Familienstiftung oftmals auch als Beweggrund gerade für die Stiftungskonstruktion genannt, so etwa im Falle der „*Albert Schomburg Unternehmens- und Familienstiftung*", der Mehrheitsgesellschafterin des Familienunternehmens Schomburg GmbH & Co. KG, vgl. *Engelhardt*, Anteile an der Schomburg-Gruppe in Stiftung umgewandelt, (https://t1p.de/qfczp).

1957 Vgl. (jedoch im Kontext der erbschaft-/schenkungsteuerrechtlichen Betriebsvermögensverschonung) auch BVerfGE 138, 136 Rn. 163, wonach die Sicherung von Arbeitsplätzen durch Erhalt von (Familien-)Unternehmen ein „*Gemeinwohlziel*" mit einem „*hohen Stellenwert*" sei; ähnlich *Spiegelberger*, Unternehmensnachfolge, 2. Aufl. 2009, § 17 Rn. 5; kritisch, sofern die Fortführung durch Erben privilegiert werde *D. Reuter*, in: Bumke/Röthel, Autonomie im Recht, S. 118 (139 f.); allg. zur

zu sein.[1958] Der Erhalt des Unternehmens über die Stiftungskonstruktion kann insofern auch gerade gegenüber dem Übergang an eine größere Zahl von zur Unternehmensführung nur bedingt geeigneten Erben, dem Verkauf oder gar der Liquidation des Familienunternehmens für die (weitere) Teilnahme ebendieses am Wirtschaftsverkehr förderlich sein.[1959] Letztlich ist einer unternehmensverbundene Familienstiftung eine (positive) Gemeinwohlwirkung nicht abzusprechen[1960], was etwa durch die teilweise seit Jahrzehnten bestehenden Stiftungskonstruktionen im Familienunternehmensbereich geschlossen werden kann. *Peter Härtl* zufolge wurden vor diesem Hintergrund bereits vor der Stiftungsrechtsreform 2002 aus „*Arbeitsplatzsicherungsgründen*" bei Unternehmen mit Nachfolgeproblemen sogar Stiftungen als sog. Fortführungsstiftungen genehmigt bzw. anerkannt, die allein den Erhalt und die Fortführung des Unternehmens bezweckten.[1961]

Frage, ob „*das (mittelständische) Familienunternehmen als schutzwürdiges Gut*" zu erachten ist, *Dutta*, Warum Erbrecht?, S. 519 ff.

1958 Der Erhalt eines Familienunternehmens vermittels einer Familienstiftung ist insofern jedenfalls gemeinwohlkonform, vgl. auch W/S/F/*C. Fischer/Nissel*, Die Stiftung, § 7 Rn. 38, 41. Auch der Bericht der interministeriellen Arbeitsgruppe „Stiftungsrecht" von 1976 konstatierte zum einen, dass „*[die] Erhaltung des Unternehmens als ganzes* [durch eine Familienstiftung] *letztlich auch der Allgemeinheit* [diene], *weil Arbeitsplätze gesichert werden*" würden, und zum anderen damals schon, dass „*ein praktisches Bedürfnis nach Unternehmensträger-Stiftungen*" (gemeint sind sowohl Unternehmensträger- als auch Beteiligungsträgerstiftungen) sowie auch Familienstiftungen bestünde, s. *Hauer/Pilgram/v. Pölnitz-Egloffstein* (Hrsg.), Deutsches Stiftungswesen 1966–1976, S. 361 (393 f., 396); s. a. *Hof*, in: Die Stiftung – Jahreshefte zum Stiftungswesen, 7. Jahrgang, 33 (60) („*Überdies kann eine Stiftung, die auf den Fortbestand eines Unternehmens und seiner Mitarbeiter und deren Angehörigen ausgerichtet ist, durch dessen Bedeutung als Wirtschaftsfaktor und durch den damit verbundenen Erhalt von Arbeitsplätzen in der Region das Gemeinwohl mittelbar und unmittelbar in beträchtlichem Maße fördern*"); deutlich auch *Kersten*, FS 45 Jahre DJT, S. 123 (130) („*[...] weil die Erhaltung und gesicherte Fortführung eines Unternehmens und eine in erster Linie darauf ausgerichtete Stiftung für sich allein sinnvoll und nützlich ist und damit letztlich einen würdigen Zweck beinhaltet*"); ebenso *Leisner*, Deutsches Stiftungswesen 1966–1976, S. 109 (122 f.).

1959 *Goerdeler/Ulmer*, AG 1963, 292 (297); vgl. auch *Leisner*, Deutsches Stiftungswesen 1966–1976, S. 109 (122 f.).

1960 *Henle*, AG 1975, 85.

1961 *Härtl*, Ist das Stiftungsrecht reformbedürftig?, S. 122 f. m. N.; s. a. *Heuel*, Entwicklung der Unternehmensträgerstiftung, S. 145 f.; zu den Gründen luzid auch *Köhler*, FS D. Ziegler, S. 357 (379 f.); beispielhaft kann heutzutage etwa noch die (rein privatnützige) Unternehmensstiftung *WALA Stiftung* in Bad Boll/Eckwälden genannt werden.

Eine zum Erhalt eines Familienunternehmens samt desen Charakters eingesetzte unternehmensverbundene Familienstiftung stellt demgemäß auch mitnichten eine unzulässige Unternehmensselbstzweckstiftung dar, sondern sie verfolgt mitunter – neben ihrem familiären Familienzweck – insbesondere wegen ihrer arbeitsplatzerzeugenden und -erhaltenden Wirkung[1962] in der Rechts- und Wirtschaftspraxis ein sogar im öffentlichen Interesse[1963] liegendes Ziel, das über den bloßen Selbsterhalt hinausgeht.[1964]

1962 Die mit dem Erhalt des Unternehmens einhergehende Arbeitsplatzsicherung nur als unbeachtliche Reflexwirkung der Stiftungstätigkeit erachtend etwa BeckOK BGB/*Backert/J. Stürner*, 71. Ed. 1.5.2022, § 80 Rn. 19; MüKoBGB/*Weitemeyer*, § 80 Rn. 119, 207; Staudinger/*Hüttemann/Rawert*, BGB Vorb. §§ 80 ff. Rn. 225; *Rawert*, FS Crezelius, S. 87 (93); MHdB GesR 5/*Gummert*, § 81 Rn. 13; *Meinecke*, Stiftungen, S. 81 f., 114; *Oppel*, Die österreichische Privatstiftung und die deutsche Familienstiftung, S. 77; *Steuck*, Die Stiftung als Rechtsform für wirtschaftliche Unternehmen, S. 69, nach dem der Rekurs auf die Arbeitsplatzsicherung „*als ein Versuch zu werten* [sei], *die Grundidee allen Wirtschaftens in ein Stiftungsrecht einzubauen*“; *Wochner*, in: Bayer/Koch, Unternehmens- und Vermögensnachfolge, S. 141 (147); insoweit auch *Muscheler*, ErbR 2008, 174 (177); i. Erg. auch W/S/F/*Saenger*, Die Stiftung, § 36 Rn. 24 f.; differenzierend BeckOGK/*Jakob/Uhl*, 1.7.2022, BGB § 80 Rn. 508 f.

1963 Vgl. *v. Trotz zu Solz*, Erbrechtslose Sondervermögen, S. 146 („*Die Einbringung besonders erheblicher Unternehmensvermögen in eine Stiftungsform* [gemeint sind Familienstiftungen] *stellt sich vielmehr als ein gesellschaftspolitisches Modell dar, welches auch in Zukunft wegen der Erhaltung der Unternehmenssubstanz im öffentlichen Interesse liegen wird*“).

1964 Ebenso (mit teils verschiedenen Nuancen) etwa Schiffer/*Schiffer*, Die Stiftung in der Beraterpraxis, § 2 Rn. 40; *Schiffer*, ZSt 2003, 252 (253); NK-BGB/*Schiffer/Pruns*, § 80 Rn. 97; *Schiffer/Pruns/Schürmann*, Die Reform des Stiftungsrechts, § 2 Rn. 6; v. Campenhausen/Richter/*Hof*, StiftR-HdB, § 7 Rn. 63 f.; MVHdB I GesR/*Hof*, Form. VIII. 2 Anm. 7, S. 1529; W/S/F/*C. Fischer/Nissel*, Die Stiftung, § 7 Rn. 5; MHdB GesR 5/*Schwake*, § 79 Rn. 40; *Kersten*, FS 45 Jahre DJT, S. 123 (130); *Döring*, Die Stiftung als Finanzierungsinstrument für Unternehmen, S. 140 f.; *Pluskat*, DStR 2002, 915 (920); *Nietzer/Stadie*, NJW 2000, 3457 (3459); i. Erg. auch *Markworth*, NZG 2021, 100 (107); *Sanders*, NZG 2021, 1573 (1577); *Kerssenbrock*, Unternehmenserhaltung, S. 58 f.; *Flämig*, DB-Beilage Nr. 22 zu Heft 45, 1978, 1 (12); vgl. auch *Walch*, ZfS 2021, 35 (37); mit Bezug zu „*organisationstheoretischen Grundlagen*“ auch Richter/*Richter*, Stiftungsrecht, § 10 Rn. 133 f.

Letztlich lässt auch die Rechtswirklichkeit[1965] und die Rechtsprechungspraxis[1966] an der Existenz und auch der Zulässigkeit unternehmensverbundener (Familien-)Stiftungen keine Zweifel mehr zu. Insbesondere ist eine unternehmensverbundene Familienstiftung in Gestalt einer Beteiligungsträgerstiftung im heutigen Rechtsleben ohnehin, vor allem als Instrument der Unternehmensnachfolge bei Familienunternehmen, eine – wenn auch im Vergleich zu anderen

---

1965 Es ist von aktuell rund 1000 inländischen unternehmensverbundenen Familienstiftungen auszugehen; zur heutigen Anerkennungspraxis s. MHdB GesR 5/*Gummert*, § 81 Rn. 32 ff.; Richter/*Richter*, Stiftungsrecht, § 11 Rn. 169 ff.; zur (heute überholten) länderabhängigen, unterschiedlichen „*Genehmigungspraxis*" vor der Stiftungsrechtsreform 2002 kritisch *Hennerkes/Schiffer/Fuchs*, BB 1995, 209; s. a. *Härtl*, Ist das Stiftungsrecht reformbedürftig?, S. 122 ff. So sahen einzelne Landesstiftungsgesetze ausdrückliche Einschränkungen ggü. Familienstiftungen und unternehmensverbundenen Stiftungen vor, die jedoch spätestens mit Inkrafttreten der Stiftungsrechtsreform 2002 am 1.9.2002 unwirksam und daher gestrichen wurden, vgl. m. N. *Wehrheim/Gehrke*, StuW 2005, 234 (235 mit dortiger Fn. 9); *Schöning*, Privatnützige Stiftungen, S. 147, 154; ausf. dazu *Schwarz*, ZEV 2003, 306.

1966 Unternehmensverbundene (Familien-)Stiftungen sind – wenn auch nicht allzu häufig – in gerichtlichen – oft steuerlichen – Verfahren involviert, sodass die (höchsten) Gerichte jedenfalls von deren Parteifähigkeit ausgehen: z. B. KG, Beschl. v. 13.5.1968 – 1 VA 2/67, WM 1968, 856 = StiftRspr, Bd. I, 1980, S. 163; OLG Koblenz, NZG 2002, 135; LG Mainz, NZG 2002, 738; BGHSt 59, 183 (Stiftung & Co. KG); OVG Schleswig, BeckRS 2022, 11137, insb. Rn. 88, 91; FG Mecklenburg-Vorpommern, EFG 2023, 990; BFHE 274, 450; BFH, NZG 2022, 1257 (Stiftung & Co. KG); BVerwG, NZG 2019, 867; FG Sachsen, BeckRS 2020, 48247; OVG Schleswig, npoR 2018, 262 m. Anm. *Kraus*; allg. zur Behandlung von Stiftungen in der Rspr. *Lingelbach*, in: Strachwitz/Mercker, Stiftungen, S. 298; speziell in der jüngeren BGH-Rspr. *Herrmann*, FS 100 Jahre FL-OGH, S. 29.

Gesellschaftsformen zahlenmäßig recht geringe – „*Normalerscheinung*"[1967].[1968] Und deren Einsatz als Nachfolgeinstrument, gerade in Anbetracht der Nachfolgeproblematik von Familienunternehmen, ist auch künftig wirtschafts- und gesellschaftspolitisch begrüßenswert.[1969]

Insofern sei hier auch auf Polen hingewiesen, wo im Mai 2023 ein eigenes Gesetz betreffend Familienstiftungen in Kraft getreten ist, das „*als Antwort auf*

1967 Richter/*Richter*, Stiftungsrecht, § 10 Rn. 19; *Richter*, BBV 2004, 17; ebenso schon früher *Tiling*, FamRZ 1996, 1399 (1400); *Schiffer*, ZEV 1999, 424 (425) unter Verweisung auf *Seifart/v. Campenhausen/Pöllath, Handb. des Stiftungsrechts, 2. Aufl. 1999, § 13 Rn. 18*; ähnlich auch *Fleschutz*, Die Stiftung als Nachfolgeinstrument, S. 79 („*Normalerscheinung bei der Organisation von Unternehmen*"); *Jakob*, Schutz der Stiftung, S. 79 *(„[…] empirisch zur Normalität gehört […]*"); kritisch zu diesem Argument *Rawert*, ZEV 1999, 424: „*Das ist eine petitio principii, mit der man jeder Rechtsfortbildung de lege lata […] die Berechtigung absprechen kann*"; ähnlich insoweit auch MHdB GesR 5/*Gummert*, § 81 Rn. 28. Dem ist jedoch entgegenzuhalten, dass gerade im Stiftungsrecht die Stiftungspraxis, bei der schon lange ein „*Trend zur Verwirtschaftlichung des Stiftungswesens*" (so schon Soergel/*Neuhoff*, BGB Vor § 80 Rn. 3, 75; *M. Fasselt*, Die Beteiligungsstiftung, S. 232; vgl. auch *Härtl*, Ist das Stiftungsrecht reformbedürftig?, S. 162) festzustellen ist, nicht außenvorgelassen werden darf; vgl. zur aktuell steigenden Bedeutung von (Familien-)Stiftungen im unternehmerischen Kontext und gerade als Nachfolgeinstrument für Familienunternehmen statt anderer nur *Markworth*, NZG 2021, 100 (107 f.); *Theuffel-Werhahn*, RFamU 2022, 67; *Köhler*, FS D. Ziegler, S. 357; *Stiftung Familienunternehmen*, Stiftungsunternehmen in Deutschland, *passim*; *Habersack/P. Horváth/Kirchdörfer*, „Stiftungsunternehmen bringen Eigentum und Verantwortung zusammen", F.A.Z. v. 19.03.2021, Nr. 66, S. 16.

1968 Bei Familienstiftungen als unmittelbarer Unternehmensträger handelt es sich nach *Rawert*, ZGR 2018, 835 (865) höchstens um ein „*Randphänomen*"; nach (jedoch ohne nähere Belege) *Windthorst*, in: Windthorst, Herausforderungen in Familienunternehmen, S. 111 (117) seien rund 1/3 der unternehmensverbundenen Familienstiftungen als Unternehmens<u>träger</u>stiftung ausgestaltet; bei *Fleschutz*, Die Stiftung als Nachfolgeinstrument, S. 83 waren 91 % der von ihr untersuchten 52 unternehmensverbundenen Stiftungen als Beteiligungsträgerstiftungen ausgestaltet. Insgesamt ist aber zu erkennen, dass es sich bei einer uv. Familienstiftung nicht um ein „*Massenphänomen*" handelt, s. zutreffend *Härtling/Tolksdorf*, IStR 2023, 717 (719).

1969 Hannes/*Müller*, FormB Vermögens- und Unternehmensnachfolge, C. 3.20 Rn. 1, S. 1314; vgl. i. Erg. auch *Markworth*, NZG 2021, 100 (107 f.); *Stiftung Familienunternehmen*, Stiftungsunternehmen in Deutschland, *passim*; *Habersack/P. Horváth/Kirchdörfer*, „Stiftungsunternehmen bringen Eigentum und Verantwortung zusammen", F.A.Z. v. 19.03.2021, Nr. 66, S. 16.

die Forderung von Familienunternehmen geschaffen [wurde], eine neue Institution in das polnische Rechtssystem einzuführen, um die Mehrgenerationen-Nachfolge zu erleichtern und geschäftliche und private Interessen in Einklang zu bringen"[1970]. Ferner gibt es jüngst auch in der Schweiz gesetzgeberische Bestrebungen die schweizerische Familienstiftung zu liberalisieren[1971], wobei *Dominique Jakob* diesbezüglich treffend anmerkt: „*Es geht auch nicht nur um Vehikel für die Superreichen, sondern um eine sinnvoll strukturierte Überlassung des Nachlasses an die nächste Generation, Unternehmensnachfolge und den Erhalt familiärer Werte und Tradition, […]*".[1972]

Karsten Schmidts Sorge, es käme durch unternehmensverbundene Stiftungen zu einem „*Stiftungs-Dorado*"[1973], weshalb die Stiftung zur „*Discount-Rechtsform*"[1974] verkomme, hat sich bis *dato* nicht bewahrheitet.[1975] Ebenfalls bisher nicht bewahrheitet hat sich die Befürchtung namentlich *Dieter Reuters*[1976] und zuletzt auch *Peter Rawerts*[1977], dass es auch in Deutschland zu einer übermäßigen Vermehrung

---

1970 Dazu im Überblick samt deutscher Übersetzung *de Vries*, WiRO 2023, 152.

1971 S. die Motion 22.4445 unter https://t1p.de/n7sqe; *Jakob*, in: Sprecher/v. Orelli, Familienstiftungen – neue Perspektiven, S. 113 (124 ff.).

1972 *Jakob*, in: Sprecher/v. Orelli, Familienstiftungen – neue Perspektiven, S. 113 (125).

1973 Polemisch *K. Schmidt*, ZHR 166 (2002), 145.

1974 *K. Schmidt*, ZHR 166 (2002), 145 (148).

1975 Weniger kritisch nunmehr wohl auch *K. Schmidt* selbst: „*Er* [K. Schmidt] *sehe die Tendenz, dass die Stiftung zunehmend dem Unternehmen diene, nicht als kritisch an, sondern begrüße diese Entwicklung*", zitiert nach *Schauer*, npoR 2012, 220 (223).

1976 Vgl. *D. Reuter*, Perpetuierung von Unternehmen, S. 75, 103 ff., 253 ff., 446 ff.; dagegen schon *Burgard*, Gestaltungsfreiheit im Stiftungsrecht, S. 150.

1977 *Rawert*, ZGR 2018, 835 (865), der vor österreichischen Verhältnisse warnt, wo mehr als 5.000 Privatstiftungen unmittelbar an Unternehmen beteiligt seien und sogar 80 der größten 100 Unternehmen von Privatstiftungen kontrolliert würden; kritisch zu dieser „*neofeudalistische[n] Entwicklung*" auch *Burgard*, ZStV 2021, 1 (8); *Arnold et al.*, NZG 2020, 1321 (1325). Dass dieser Zustand sich tatsächlich negativ auf die Wirtschaft Österreichs auswirken würde, belegen sie indes nicht, s. vielmehr *Kalss*, ZVglRWiss 117 (2018), 221 (232 f.): „*Die Privatstiftung hat in der österreichischen Rechts- und Wirtschaftsordnung eine hohe Akzeptanz und Verbreitung gefunden. Sie findet gerade für Familienunternehmen eine breite Anwendung. Rund 2/3 aller größeren österreichischen Familienunternehmen haben eine Privatstiftung in der Unternehmensgruppe.*" In **Dänemark** verhält es sich ähnlich, s. *Hansmann/Thomsen*, Journal of Legal Analysis, Vol. 13, 2021, 172 (173): „*In Denmark, where they are particularly numerous, industrial foundations control a quarter of the country's 100 largest corporations and 60 percent of its stock market capitalization. These companies operate in a broad range of industries and include […] internationally prominent com-*

von Unternehmensvermögen in Stiftungshand und damit der sog. toten Hand kommen würde.[1978] Dies sei wirtschaftspolitisch, eingedenk des Entzugs dieses Vermögens aus dem Wirtschaftskreislauf bzw. einer Vermögenskonzentration in Stiftungshand[1979], so jedenfalls die Annahme, rechtspolitisch bedenklich.[1980]

---

panies […]." Indes schon der *Bericht der Studienkommission des DJT-Stiftungsrecht*, Vorschläge, 1968, S. 47 entschied sich dahin, dass „*keine grundsätzlichen Bedenken*" bestehen, ein Rechtsinstitut [die Familienstiftung] zur „*Verewigung von Vermögen*" zur Verfügung zu stellen.

1978 Dies ebenfalls so konstatierend schon *Pluskat*, DStR 2002, 915 (921); vgl. auch (i. Zh. mit der Rechtslage in Amerika der 60er Jahre) *Schlüter*, Stiftungsrecht zwischen Privatautonomie und Gemeinwohlbindung, S. 403. Siehe insofern aber auch die treffende Einschätzung von *Saenger/Arndt*, ZRP 2000, 13 (19): „*Dazu sei aber nur angemerkt, dass die Akkumulation von Vermögen in privater Hand eine für unsere Wirtschaftsordnung charakteristische Erscheinungsform darstellt, die zu beschränken auf demokratischer Basis nicht allein deshalb möglich ist, weil sie politisch als ‚unerwünscht' betrachtet wird.*" Vgl. insofern auch *Kronke*, Stiftungstypus, S. 221, wonach zwar auch „*die Väter des BGB*" eine „*nachweisbare Aversion gegen allein privatnützige Vermögensverewigung zu Lasten gesamtgesellschaftlicher Interessen*" hatten, diese Aversion habe sich aber „*nur stellenweise und gerade nicht im deutschen Reichs- (jetzt Bundes-)Recht zu einem Verbot verdichtet*".

1979 Kritisch insofern auch die Verfasser des BGB, jedoch bezogen auf den Fall, dass eine Stiftungserrichtung ohne staatliche Mitwirkung aus „*freier Privatwillkür*" und auch „*für bestimmte, vielleicht ganz unnütze oder doch minderwerthige Zwecke*" ermöglicht würde, s. *Mugdan*, Bd. I, 1899, S. 961 f.; *H. Westermann*, FS Bartholomeyczik, S. 395 (412) zufolge würde (insbesondere) einer übermäßigen Vermögenskonzentration bereits „*durch das Erfordernis einer staatlichen Genehmigung*" (heute: Anerkennung) ausreichend entgegengewirkt.

1980 Zur Relativierung solcher Befürchtungen s. *Oertel*, Die Zulässigkeit der Stiftung & Co. KG, S. 192 ff.; vgl. auch *Burgard*, Gestaltungsfreiheit im Stiftungsrecht, S. 18 ff.; *Lehleiter*, Die Familienstiftung, S. 110 ff.; *Goerdeler/Ulmer*, AG 1963, 292 (297); vgl. auch *Breyer*, FS R. Stürner Bd. 2, S. 1885 (1901) („*[…] mit Familienunternehmen und – gewissermaßen als ihre Perpetuierung – Stiftungsunternehmen mit ihrem geduldigen und persönlich verantworteten Kapital Träger einer spezifischen Wirtschaftskultur sind, mit denen Deutschland gute Erfahrungen gemacht hat*"). Für eine künftige Stärkung der „*unternehmensrechtliche[n] Rolle der Stiftung*" zu Recht *Markworth*, NZG 2021, 100; ebenso *Stiftung Familienunternehmen*, Stiftungsunternehmen in Deutschland, *passim*; *Habersack/P. Horváth/Kirchdörfer*, „Stiftungsunternehmen bringen Eigentum und Verantwortung zusammen", F.A.Z. v. 19.03.2021, Nr. 66, S. 16; s. a. *Heester*, Unternehmensnachfolge von Familienunternehmen, S. 104, nach dem der Stiftung *de lege ferenda* unter Wahrung ihrer langfristigen Beständigkeit „*mehr unternehmerische Flexibilität*" eingeräumt werden sollte; dafür schon *Kersten*, FS 45 Jahre DJT, S. 123 (124).

Entsprechende empirische Erkenntnisse, die derlei Befürchtungen belegen würden, existieren bisher – soweit ersichtlich – nicht.[1981] Im Speziellen betreffend die Vermögenskonzentration in (Familien-)Stiftungshand weist *Andreas Richter* auf Folgendes mit Recht hin: *„Familien-Großvermögen gibt es viel öfter außerhalb von Familienstiftungen als in ihnen, und die Beurteilung eines solchen Großvermögens sollte sich durch die Übertragung auf eine Stiftung ebenso wenig verändern wie die Beurteilung einer Stiftung durch die Erlangung eines mehr oder weniger großen Vermögens.*"[1982]

Mit Blick auf den seit Jahren anhaltenden – freilich im Vergleich zu anderen Gesellschaftsformen gemäßigten – Stiftungsboom, lässt sich jedoch keine negative Auswirkung unternehmensverbundener (Familien)Stiftungen auf das Wirtschaftsleben im Allgemeinen[1983] und das Stiftungswesen im Besonderen konstatieren.[1984] Hierbei ist auch zu berücksichtigen, dass stiftungsverbundene Unternehmen sich dem Wettbewerb am Markt stellen müssen und sich somit ebenfalls in die Wettbewerbsordnung eingliedern.[1985] Das stiftungsverbundene Unternehmen muss sich insofern *„genau wie andere Unternehmen auch, bemühen*

1981 Vgl. *Schauhoff*, in: VGR, GesR in der Diskussion 2018, S. 83 (86 mit dortiger Fn. 13) (*„Im Übrigen sind die perpetuierten Befürchtungen vor der Herrschaft der toten Hand empirisch nicht belegt*"); auf eine zur Klärung derlei Fragen erforderliche empirische Untersuchung verwies bereits *Kronke*, Stiftungstypus, S. 223.

1982 Richter/*Richter*, Stiftungsrecht, § 11 Rn. 7.

1983 Zur jedenfalls nicht nachteiligeren Performance von uv. Stiftungen im Vergleich zu sonstigen Familienunternehmen und börsennotierten Unternehmen → Fn. 563.

1984 So aber die Befürchtungen z. B. von *K. Schmidt*, ZHR (166) 2002, 145 (148); *Rawert*, ZGR 2018, 835 (866); kritisch jedenfalls in Bezug auf die Unternehmenslandschaft und Generationengerechtigkeit *Weitemeyer*, in: Jung, Stärkung des Stiftungswesens, S. 107 (185). Wie hier indes auch schon *Kersten*, FS 45 Jahre DJT, S. 123 (129); *Schwintek*, ZRP 1999, 25 (29); ebenso i. Erg. auch *Markworth*, NZG 2021, 100 (101 f.); vgl. auch allg. *Hüttemann*, DB 2017, 591 (594) unter Verweisung auf *Dutta*, RabelsZ 77 (2013), 828, welchem zufolge *„weltweit eine zunehmende Offenheit für ‚privatnützige' Stiftungen festzustellen*" sei; vgl. insofern auch *Weitemeyer*, in: Jung, Stärkung des Stiftungswesens, S. 107 (148) sowie speziell für das tschechische Stiftungsrecht, dass seit 2014 auch für privatnützige Zwecke vermehrt genutzt wird, *Ronovská/Dobrovolná*, FS M. Schauer, S. 449 (451) (*„Heute dienen Stiftungen immer häufiger in erster Linie als Instrumente der Vermögensverwaltung und nicht (wie noch bis Ende 2013) nur als ‚Erfüllungsgehilfen des Staates' bei der Erbringung öffentlicher Dienstleistungen*").

1985 Eine etwaige *„Privilegierung der Stiftung* [bzw. stiftungsverbundener Unternehmen] *im Wettbewerb*" ist nicht zu konstatieren, s. nur luzid *Stengel*, Stiftung und Personengesellschaft, S. 37 f.; *Lehleiter*, Die Familienstiftung, S. 110.

unter Berücksichtigung der ihm sonst vorgegebenen Ziele" ausreichend Gewinn zu erzielen und am Markt erfolgreich zu bestehen.[1986] Dem deutschen Fiskus bleibt das stiftungsverbundene (Familien-)Unternehmen insofern auch weiterhin und nachhaltig als Steuersubjekt (neben der Stiftung) erhalten[1987] und dies ggf. gerade aufgrund der Stiftungskonstruktion[1988]. Die vorstehend geäußerte Kritik stellt sich daher bei Lichte betrachtet auch eher eine Mutmaßung als eine Gewissheit dar, wie etwa der Rechtsvergleich mit Dänemark[1989] und Österreich[1990] zeigt, in welchen unternehmensverbundene Stiftungen weit verbreitet sind und eine bedeutende Rolle im Gesellschafts- als auch Wirtschaftsleben einnehmen – soweit ersichtlich auch ohne negative Auswirkungen. Sie werden gerade auch von Familienunternehmen – den auch dortigem Rückgrat der Wirtschaft[1991] – eingesetzt.[1992]

1986 *Lehleiter*, Die Familienstiftung, S. 110 unter Verweisung auf sowie Zitat von *v. Werthern*, Unternehmensverfassungsrecht und Stiftung, 1986, S. 145 f.

1987 Darauf zutreffend hinweisend *Nietzer/Stadie*, NJW 2000, 3457 (3459); *Döring*, Die Stiftung als Finanzierungsinstrument für Unternehmen, S. 140.

1988 Vgl. Jakob/*v. Orelli*, Stiftung und Familie, S. 81 (85 a. E.).

1989 Dazu statt anderer grdl. *Thomsen*, The Danish Industrial Foundations; zuletzt *Feldthusen*, in: Sanders/Thomsen, Enterprise Foundation Law, S. 129; *Thomsen/Kavadis*, Enterprise Foundation; *Hansmann/Thomsen*, Journal of Legal Analysis, Vol. 13, 2021, 172 (173 f.); immer noch instruktiv auch Hopt/Reuter/*Hansen*, Stiftungsrecht in Europa, S. 287 ff.; vgl. auch Fn. 1977.

1990 Zur österreichischen Privatstiftung als Gestaltungsinstrument für Familienunternehmen eing. *Kalss*, ZVglRWiss 117 (2018), 221 (229 ff.); *Kalss*, FS G. D. Karth, S. 499; *Weninger*, ZUS 2012, 40; Feick/*Steegmüller*, Stiftung, § 37 Rn. 1 ff.; s. a. bündig *Kalss*, ZStV 2021, 128; *Kalss*, in: Sanders/Thomsen, Enterprise Foundation Law, S. 61; zu deren „*außergewöhnlichen Schöpfungsgeschichte und [wechselvollen] Entwicklung*" *Pendl*, GesRZ 2022, 191; für eine Vergleichsbetrachtung von deutschen und österreichischen uv. Stiftungen s. *Weitemeyer*, GesRZ 2023, 237.

1991 In Österreich sollen ca. 70 %–90 % aller bestehenden Unternehmen Familienunternehmen sein, so *Kalss/Probst*, Familienunternehmen, Rn. 2/54; *Weninger*, ZUS 2012, 40. In Dänemark geht man auch von ca. 89 % aus, s. m. N. *Boyd/Dyhr Ulrich*, International Journal of Globalisation and Small Business, 2014, Vol. 6 No. 1, 15 (16).

1992 Dabei soll nicht verschwiegen werden, dass – anders als in Deutschland – die dortigen Jurisdiktionen zum einen „*die Familienstiftung, zeitlich begrenzen, vor allem ihre Verbindlichkeit auf Zeitgenossen des Stifters und die nachfolgende Generation beschränken*" (s. *Dutta*, RabelsZ 77 [2013], 828 [836] m. w. N.) sowie die Einflusssicherungsmöglichkeiten der Stifterfamilie in der Stiftung durch Amtsinkompatibilitätsvorschriften einschränken. Die Sicherung des Einflusses der Destinatäre resp. der Stifterfamilie durch deren Einbindung in die Stiftungsorgane ist daher dort nur eingeschränkt möglich. Zu den Einschränkungen betreffend die Stifterfamilie

David Markworth weist insofern ferner mit Recht darauf hin, dass „*sich die Ausrichtung auf den Erhalt eines Unternehmens aus heutiger Sicht ohnehin kaum noch als kritikwürdige Unternehmensperpetuierung diffamieren [ließe], wenn damit etwa mittelbar eine langfristige Beschäftigung von Arbeitnehmern und deren angemessene Entlohnung oder die Stärkung eines deutschen Traditionsunternehmens [einherginge].*“[1993] Diese Wandlung der gesellschaftlichen Gegebenheiten

---

bei dän. Stiftungen s. *Thomsen*, The Danish Industrial Foundations, S. 56. Für Österreich plädiert namentlich *Kalss* für eine stärkere Öffnung der österreichischen Privatstiftung hinsichtlich der Einflussnahmemöglichkeiten der Stifterfamilie, s. *Kalss*, ZVglRWiss 117 (2018), 221 (229 ff.); *Kalss*, FS G. D. Karth, S. 499; *Kalss*, in: Sanders/Thomsen, Enterprise Foundation Law, S. 61 (80 ff.).

1993 *Markworth*, NZG 2021, 100 (107); i. Erg. auch *Nietzer/Stadie*, NJW 2000, 3457 (3459) („*Zudem hat eine Unternehmerfamilie ein verständliches und nachvollziehbares Motiv, den einmal erreichten Lebensstandard und das dazugehörige Vermögen zu sichern. […] Auch die Belegschaft hat ein berechtigtes Interesse daran, dass sie ihre Arbeitsplätze nicht auf Grund von Streitereien um die Erbauseinandersetzung und um die Unternehmensnachfolge verliert.*“); *Breyer*, FS R. Stürner Bd. 2, S. 1885 (1901) („*[…] mit Familienunternehmen und – gewissermaßen als ihre Perpetuierung – Stiftungsunternehmen mit ihrem geduldigen und persönlich verantworteten Kapital Träger einer spezifischen Wirtschaftskultur sind, mit denen Deutschland gute Erfahrungen gemacht hat*“); vgl. auch *v. Trotz zu Solz*, Erbrechtslose Sondervermögen, S. 146 („*Die Einbringung besonders erheblicher Unternehmensvermögen in eine Stiftungsform* [gemeint sind Familienstiftungen] *stellt sich vielmehr als ein gesellschaftspolitisches Modell dar, welches auch in Zukunft wegen der Erhaltung der Unternehmenssubstanz im öffentlichen Interesse liegen wird*“); nach *Neuhoff*, Unternehmenskapital für Stiftungen, S. 56 kann insbesondere in dem Ziel der „*Festigung bestehender Machtverhältnisse*“ durch eine Stiftungserrichtung „*kein Negativum*“ erblickt werden; s. a. *O. Werner*, in: Mecking/Schulte, Grenzen der Instrumentalisierung von Stiftungen, S. 15 (16), nach dem „*auf jeden Fall um den Erhalt der privatautonomen Gestaltung solcher Stiftungsarten* [gemeint sind unternehmensverbundene [Familien-]Stiftungen] *zu kämpfen*“ sei; vgl. schon *Kersten*, FS 45 Jahre DJT, S. 123 (124 f.); *Flämig*, DB-Beilage Nr. 22 zu Heft 45, 1978, 1 (12). Gleichwohl erscheinen derlei berechtigte Anliegen auch heute noch durchaus „*verpönt*“ zu sein, s. Jakob/*Jakob*, Stiftung und Familie, S. 61 (64) („*Privatnützige Stiftungen sind für Anliegen geeignet, die im heutigen Rechtsumfeld zunehmend als ‚verpönt‘ erscheinen, wie etwa zur Perpetuierung von Vermögen, zum Erhalt eines (Familien-) Unternehmens oder schlicht zum Schutz des Vermögens […]*“); kritisch aber z. B. Jakob/v. Orelli/*Rawert*, Der Stifterwille, S. 103 (124); *Rawert*, ZGR 2018, 835 (864 f.); MüKoBGB/*Weitemeyer*, § 80 Rn. 119, 189; vgl. auch *D. Reuter*, GS J. Eckert, S. 667 (693); *Steuck*, Die Stiftung als Rechtsform für wirtschaftliche Unternehmen, S. 68 f.; zuletzt *Dutta*, in: Bochmann et al., Werte in Familienunternehmen, S. 9 (11 f.), der sich freilich

sollte bei der allein relevanten Bestimmung der Gemeinwohlverträglichkeit des Stiftungszwecks, dessen Bestimmung den rechtspolitischen Zielvorstellungen der Gesellschaft und deren stetigem Wandel unterliegt,[1994] verstärkt Berücksichtigung finden. Im Besonderen sollte insofern *Dominique Jakob* folgend *„das verpönte Bild der Familienstiftung relativiert und erkannt werden, dass Familienstiftungen sinnvolle Instrumente sein können, um Vermögen* [– vor allem auch Familienunternehmen –] *nachhaltig zu strukturieren und familiäre Werte zu bewahren […]*“[1995]. Die befürchtete negative Wirkung bzw. die Bedenken betreffend die Herrschaft der toten bzw. kalten Hand im Kontext von unternehmensverbundenen (Famili-enStiftungen kann freilich durch entsprechende Satzungsgestaltung, bei der den ehemaligen Eigentümern sowohl Rechte in finanzieller Hinsicht als auch gewisse Entscheidungsbefugnisse in der Familienstiftung eingeräumt werden, weitgehend ausgeräumt werden.[1996] Dadurch herrscht – um in diesem Bild zu bleiben – weiterhin die lebende bzw. warme Hand.

Ob unternehmensverbundenen Familienstiftungen rechts- und ordnungspolitisch gewollt sind oder nicht[1997], ändert an deren rechtlicher Zulässigkeit freilich

---

„gegen eine Vermögensperpetuierung […] allgemein und in Familienunternehmen […]“ ausspricht; kritisch wohl auch *Bochmann/Weig*, RFamU 2022, 539 (548).

1994 *Schlüter*, Stiftungsrecht zwischen Privatautonomie und Gemeinwohlbindung, S. 567; vgl. zur Berücksichtigung des gesellschaftlichen Wandels bei der Gesetzesauslegung schon RGZ 113, 413 (418) – Rundfunk: *„Je rascher und stärker sich das Verkehrsleben wandelt, desto weniger taugt eine Begründung, die vor der Zeit solcher Wandlungen liegt, zum Behelfe der Gesetzesauslegung*“.

1995 *Jakob*, npoR 2016, 7 (8) (Ergänzung in Eckklammern durch Verfasser). Vgl. auch *Jakob*, FS Coester-Waltjen, S. 123 (136 ff.); *Jakob*, in: Sprecher/v. Orelli, Familienstiftungen – neue Perspektiven, S. 113 (125). Siehe auch im Kontext der 2020 neu eingefügten Anzeige- und Steuererklärungspflichten von Familienstiftungen *Christopeit*, ErbR 2021, 391 (395) (*„Insgesamt ist es zu begrüßen, dass die Familienstiftungen einen mit Rechtsklarheit ausgestatteten Stellenwert in der Nachfolgeplanung erhalten und so auch beim Gesetzgeber den Anschein einer nicht vorwerfbar-missbräuchlichen Gestaltung verloren haben sollten.*“).

1996 Vgl. *Plagemann*, AG 1962, 199 (203); zu den Einflusssicherungsmöglichkeiten im Detail → Teil 5.

1997 Eing. dazu statt vieler Staudinger/*Hüttemann/Rawert*, BGB Vorb. §§ 80 ff. Rn. 214 ff. (zur unternehmensverbundenen Stiftung) und Rn. 264 ff. (zur Familienstiftung) m. w. N.; instruktive Darstellung des Meinungsstands und überzeugende Widerlegung der Einwände bei *Burgard*, Gestaltungsfreiheit im Stiftungsrecht, S. 136 ff.; grdl. zu solchen Bedenken hinsichtlich der durch Stiftungsgestaltungen vornehmlich bezweckten Perpetuierung von Unternehmen *D. Reuter*, Perpetuierung von Unternehmen, S. 87 ff., 103 ff., 129 ff. sowie 257 ff.; in Bezug auf die dadurch eröffnete

nichts.[1998] Insoweit müssen sich Vertreter, die derlei Ordnungsziele für ihre Begründungen anführen, die nicht Gesetz geworden sind, letztlich auch mit Blick auf die Rechtswirklichkeit durchaus einem Ideologievorwurf stellen.[1999] Zumal ein gegenüber unternehmensverbundenen Familienstiftungen – und freilich auch sonstigen zur Verstetigung von Familienunternehmen geeigneten Konstruktionen – *„tendierendes Misstrauen [nur gerechtfertigt wäre], wenn die Beobachtungen der rechtlichen und wirtschaftlichen Wirklichkeit dazu Anlass böten“*[2000]; dies tun sie aber wie vorstehend erörtert bisher nicht. Derlei kritische Ansichten laufen ferner klar dem Willen des Gesetzgebers zuwider, der das deutsche Stiftungsrecht explizit nicht auf gemeinnützige Zwecke beschränkt hat, sondern auch gerade privatnützige Zwecke zulässt.[2001] Und, ob sich ein Familienunternehmer für eine unternehmensverbundene Familienstiftung als Unternehmensnachfolgemodell entscheidet und seiner Familie dabei gar keine oder nur mittelbar Einflussmöglichkeiten auf diese eröffnet, ist höchstens eine persönliche und ggf. moralische

---

Möglichkeit der *„privaten Erbrechtsetzung“* kritisch auch *Dutta*, Warum Erbrecht?, *passim*; *Dutta*, in: Bochmann et al., Werte in Familienunternehmen, S. 9 (11 f.); zusammenfassend auch *Neumann*, Die reine Unterhaltsstiftung, S. 209 ff.; luzid aus rechtshistorischer Perspektive analysieren *Pahlow*, ZUG 2019, 19 (31 ff.).

1998 Nach zutreffender Ansicht von *Schwarz*, DStR 2002, 1767 (1771) sind seit der Stiftungsrechtsreform 2002 *„die grundsätzlichen Bedenken des stiftungsrechtlichen Schrifttums gegen die Familien- und Unternehmensstiftung* ***rechtspolitische Desiderata***“ (Hervorhebung durch Verfasser); zustimmend etwa MHdB GesR 5/*Schwake*, § 79 Rn. 35; plastisch auch *Theuffel-Werhahn*, ZStV 2015, 169 (176) (*„stiftungszivilrechtliches Biedermeier“*); vgl. auch Nachweise in Fn. 2004; diese Feststellung von *Schwarz* war schon damals richtig und gilt erst recht nach der Stiftungsrechtsreform 2021.

1999 Vgl. (jedoch in einem anderen Zusammenhang) *K. Schmidt*, GesR, § 5 III. 2. b), S. 117; im hiesigen Kontext vgl. auch *Tiling*, FamRZ 1996, 1399 (*„Angeblich soll dadurch* [Verbot von Familienunterhaltsstiftungen] *eine steigende Konzentration großer Vermögen in wenigen Händen verhindert werden. Das ist eine Ideologie, […]*“); schon *Flämig*, DB-Beilage Nr. 22 zu Heft 45, 1978, 1 (12) konstatierte zutreffend, dass *„ordnungspolitisch zu vorschnell ein Verdammungsurteil über Unternehmensträgerstiftungen, auch über Familienstiftungen, denen oftmals ein sowohl eigen- als auch fremdnütziger Charakter eigen ist, gefällt wird.“*

2000 Vgl. so zutreffend bereits *Baur*, FS Vischer, S. 515 (525).

2001 BT-Drs. 14/8765, S. 9; wie hier auch MVHdB I GesR/*Hof*, Form. VIII. 1 Anm. 3, S. 1451, wonach *„der Versuch, dies durch die Hintertür der Kommentierung zu korrigieren, […] klar am Willen des Gesetzgebers vorbei [ginge]“*.

Frage, die jeder Familienunternehmer individuell zu beantworten hat[2002]; aus rechtlicher Sicht ist ihm dies wie vorstehend erläutert *de jure* grundsätzlich nicht verwehrt.

Eine weitere Auseinandersetzung hinsichtlich deren Zulässigkeit einer unternehmensverbundenen Familienstiftung dürfte vor dem oben genannten Hintergrund heutzutage freilich zu Recht „*nur noch von akademischem Interesse sein*"[2003], jedoch für den Rechtspraktiker und potentiellen Stifter obsolet.[2004] Die auch heute noch von Teilen des Schrifttums[2005] geäußerte Skepsis, mag sie letztlich auch unbegründet sein, könnte jedoch manchen Familienunternehmer resp. potentiellen Unternehmer-Stifter[2006] davon abhalten, gerade eine unternehmensverbundene Familienstiftung als Nachfolgeinstrument in Betracht zu ziehen.[2007] Deshalb wäre

---

2002 Dabei ist sich auch zu vergegenwärtigen, dass auch die Erben eines Familienunternehmers kein Recht oder einen Anspruch darauf haben, das Familienunternehmen zur freien Verfügung vererbt zubekommen oder überhaupt etwas zu erben, vgl. etwa *Jakob*, FS Coester-Waltjen, S. 123 (129); *Sanders/Bühring*, GmbHR 2022, 889 Rn. 33 m. w. N.

2003 So bereits resümierend auch *Binz*, StbJb 1987/88, S. 145 (153); Soergel/*Neuhoff*, BGB Vor § 80 Rn. 72 (bezogen auf die Unternehmensträgerstiftung); selbst *Rawert* (Jakob/v. Orelli/*Rawert*, Der Stifterwille, S. 103 (114)), einer der prominentesten Kritiker, räumt dies nunmehr (ernüchternd) ein: „*Tatsächlich ist die Kontroverse vornehmlich akademischer Natur. Die Stiftungspraxis ignoriert sie weitgehend.*"

2004 Vgl. deutlich MVHdB I GesR/*Hof*, Form. VIII. 2 Anm. 7, S. 1528 („*jahrelange Streit der Dogmatiker* […] *überholt*") sowie S. 1529 („*dogmatische Streit* […] *keine Bedeutung mehr*"); *Spiegelberger*, ErbStB 2005, 43 (45 f.); zuletzt *Schmitt*, Familienstiftungen im neuen ErbStG, S. 26 („*Dieser Streit* [bzgl. der Zulässigkeit der Familienstiftung] *hat sich jedoch erledigt* […]").

2005 Für „*eine gesetzliche Einhegung von Familien- und Unternehmensstiftungen*" (im Rahmen der Stiftungsrechtsreform 2021 erfolglos) plädierend zuletzt *Arnold et al.*, ZIP 2020, Beilage zu Heft 10, S3; s. a. *Weitemeyer*, NZG 2020, 569 (580); *Hennrichs*, FS Henssler, S. 923 (942 ff.), dem nach dies jdf. überlegenswert sei; s. a. die Nachweise in Fn. 2013.

2006 Gerade die Unternehmer-Stifter sind für ein Blühen der Stiftungslandschaft von großer Bedeutung, weshalb ihnen gegenüber zu Recht „*Augenmaß und Gelassenheit bei rechtsdogmatischen Grundsatzfragen und ein Vertrauensvorschuss*" zu gewähren ist, so Richter/*Richter*, Stiftungsrecht, § 10 Rn. 2b.

2007 Vgl. treffend auch *Markworth*, NZG 2021, 100 (107): „*In der Folge hat es [das Verbot der Selbstzweckstiftung] sich zu einem Schreckensbild entwickelt, das geeignet ist, grundlose Bedenken gegenüber einem Einsatz von Stiftungen als Unternehmensträger zu schüren.*"; vgl. in Bezug auf den unberechtigten Vorwurf der Bevormundung nachfolgender Generationen (so allen voran [die Kommentarmeinung *D. Reuters* fortführend] MüKoBGB/*Weitemeyer*, § 80 Rn. 58, 192; s. a. *D. Reuter*, GS J. Eckert,

eine ausdrückliche gesetzgeberische Regelung[2008] hinsichtlich der Zulässigkeit unternehmensverbundener Familienstiftungen – jedenfalls in Form der Beteiligungsträgerstiftung – oder eine (höchst)richterliche Entscheidung[2009] zum Zwecke der Rechtssicherheit und -klarheit wünschenswert, um unternehmensverbundenen Familienstiftungen den Makel rechtlicher bzw. rechtspolitischer Bedenken zu nehmen.[2010]

Ein Verbot unternehmensverbundener (Familien-)Stiftungen und/oder deren besonderer Erscheinungsformen[2011] kommt demgemäß höchstens *de lege ferenda* und nur durch ausdrückliche gesetzliche Normierung in Betracht, wofür es freilich aufgrund der durch Art. 2 Abs. 1 GG geschützten Stifterfreiheit der Le-

---

S. 677 [690]; *D. Reuter*, Perpetuierung von Unternehmen, S. 103 ff., 253 ff., 446 ff.; *Kübler*, GS Walz, S. 373 (379, 381 f., 383); insoweit dies aber zu Recht relativierend und differenzierend *Dutta*, Warum Erbrecht?, S. 323 ff.) auch allg. MVHdB I GesR/*Hof*, Form. VIII. 3 Anm. 1, S. 1544 i. V. m. VIII. 0 Anm. 2, der zu Recht darauf hinweist, dass der Stifter mit einer Familienstiftung lediglich seine eigenen Vermögensrechte wahrnimmt und mit dieser vielmehr auch die Familienbindung zu stärken versucht, weshalb die Familienstiftung (rechtspolitisch) nicht diskreditiert, sondern gefördert werden sollte; vgl. ähnlich auch BeckOGK/*Tolksdorf*, 1.9.2024, BGB § 82a Rn. 33.1 i. V. m. Rn. 33.4; *Meinecke*, Stiftungen, S. 95 ff.

2008 Vgl. etwa für die österreichische Privatstiftung den § 1 Abs. 2 Nr. 1 PSG, demnach eine Unternehmensträgerstiftung als auch eine Stiftung & Co. KG unzulässig sind, aber eine Beteiligungsträgerstiftung unter gewissen Voraussetzungen zulässig; ähnlich verhält es sich gem. Art. 552 § 1 Abs. 2 S. 1 PGR im liechtensteinischen Stiftungsrecht; vgl. *v. Löwe*, Familienstiftung und Nachfolgegestaltung, § 8 Rn. 24 ff. (zu Österreich) und § 10 Rn. 19 ff. (zu Liechtenstein). Im Zuge der aktuellen Reform des deutschen Stiftungsrechts hat der Gesetzgeber jedoch keine speziellen Regelungen in Bezug auf unternehmensverbundene (Familien-)Stiftungen vorgesehen.

2009 Vgl. etwa in der Schweiz 2001 durch das dortige Bundesgericht: BGE 127 III 337 (341 unter E 2c f.); näher dazu *v. Löwe*, Familienstiftung und Nachfolgegestaltung, § 9 Rn. 43. Die hiesige Rspr. (s. Fn. 1966) behandelt zwar durchaus Streitigkeiten unternehmensverbundener (Familien-)Stiftungen, aber bisher ging es nie um die Zulässigkeit an sich. Diese wird wohl faktisch unterstellt: explizit etwa FG Niedersachsen, BeckRS 2021, 18970 Rn. 25: „*Bei der Gründung von* [unternehmensverbundenen] *Familienstiftungen handelt es sich um eine zulässige steuerliche Gestaltung, die darauf zielt, nachfolgende Generationen am Familienvermögen zu beteiligen.*“

2010 Ebenso *Markworth*, NZG 2021, 100 (107 f.); vgl. auch *Kirchdörfer/Kögel*, FS Möschel, S. 181 (196 f.); vgl. auch schon *Strickrodt*, NJW 1964, 2085 (2088), der betreffend die weitere Entwicklung des Stiftungswesens mit Recht konstatierte, dass „*eine Perhorreszierung unternehmensmäßiger Betätigung*“ von Stiftungen fehl am Platze sei.

2011 Familienstiftung & Co. KG, Doppelfamilienstiftung, gemischte Familienstiftung, Stammesfamilienstiftung näher → Teil 4 A IV.

gitimation durch ein schützenswertes Ziel bedürfte.[2012] Ein gesetzliches Verbot ist mit Blick auf die jüngste Modernisierung des Stiftungszivilrechts 2021 erst einmal und wohl auch künftig seitens des Gesetzgebers nicht beabsichtigt, was abermals verdeutlicht, dass dieser – wenn auch nicht ausdrücklich – unternehmensverbundene Familienstiftungen grundsätzlich für uneingeschränkt zulässig erachtet. Anderslautende Vorschläge[2013] vermochten sich auch im Zuge der aktuellen Reform des Stiftungsrechts 2021 – freilich zu Recht – nicht durchzusetzen. Die kritische „*Bastion*“[2014] war bereits nach der Reform des Stiftungsrechts 2002 und ist nun nach der erneuten Stiftungsrechtsreform 2021 – freilich erst recht – nicht mehr zu halten.

Sowohl *de lege lata* als auch *de lege ferenda* lassen sich sicherlich Wege finden, insbesondere einen befürchteten Missbrauch auszuschließen, wobei der Einsatz einer unternehmensverbundenen Familienstiftung gerade als Unternehmensnachfolgeinstrument an sich keinen Rechtsformmissbrauch darstellt[2015]. Die

---

2012 Vgl. *Volkholz*, Privatautonomie bei der Errichtung von Stiftungen, S. 268, der selbst eine „*konkrete gesetzliche Ausformulierung zulässiger und unzulässiger Stiftungstypen*“ befürwortet, ebd. S. 445, 463 f.

2013 So *Arnold et al.*, ZIP 2020, Beilage zu Heft 10, S3 (S4); *Rawert*, ZGR 2018, 835 (864 f.), der an den Gesetzgeber appelliert, privatnützige Stiftungen am besten gänzlich zu verbieten; **a. A.** aber *derselbe* noch laut *Schauer*, npoR 2012, 220 (221): „*Notar Prof. Dr. Peter Rawert, Hamburg, merkte an, dass ein Verbot der Neuerrichtung privatnütziger Stiftungen nicht wünschenswert sei*“; *de lege ferenda* ein Verbot oder eine Einschränkung privatnütziger Stiftungen für zulässig und erwägenswert erachtend auch MüKoBGB/*Weitemeyer*, § 80 Rn. 119, 189; zuvor schon Gesetzentwurf von *Bündnis 90/Die Grünen*, BT-Drs. 13/9320 vom 27.11.1997.

2014 *K. Schmidt*, GesR, § 7 II. 3., S. 180 (in Bezug auf die Unzulässigkeit von „*Komplementär-Stiftung[en]*“ und „*selbstnützige[n] Unternehmensstiftung[en]*“).

2015 *Burgard*, Gestaltungsfreiheit im Stiftungsrecht, S. 69, 136 zufolge gebe „*es sowas wie einen ‚Rechtsformmissbrauch‘ [ohnehin] nicht*“ (speziell bezogen auf [unternehmensverbundene] Stiftungen), sehr kritisch dazu *D. Reuter*, AcP 207 (2007), 1 (26); *Pluskat*, DStR 2002, 915 (920) („*Die Verwendung einer unternehmensverbundenen Stiftung bedeutet also gar keinen Missbrauch des Stiftungsrechts […]*“); vgl. auch *Schwarz*, ZEV 2003, 306 (311) („*In einer rechtlich zulässigen Gestaltungsweise kann aber nicht ein grundsätzlich rechtsmissbräuchliches Verhalten gesehen werden*“); *Kögel/Berg*, FuS 2011, 13 (17) („*Durch das Gesetz zur Modernisierung des Stiftungsrechts aus dem Jahre 2002 wurde vom Gesetzgeber klargestellt, dass unternehmensverbundene Stiftungen grundsätzlich zulässig sind und keinen Missbrauch der Rechtsform Stiftung darstellen*“); im Kontext der 2020 neu eingefügten Anzeige- und Steuererklärungspflichten von Familienstiftungen *Christopeit*, ErbR 2021, 391 (395) („*Insgesamt ist es zu begrüßen, dass die Familienstiftungen einen mit Rechtsklarheit ausgestatteten*

Möglichkeit, nicht nur Fortbestand und Einheit von Familienunternehmen als solches, sondern auch Arbeitsplätze und die finanzielle Versorgung späterer Generationen zu erhalten und zu verstetigen, sollte nicht durch diesbezüglich hinderliche, ungeschriebene sowie gerade für die heutige Zeit unpassende Verbote, wie das der Unternehmensselbstzweckstiftung, verbaut werden.[2016] Dies gilt nach hier vertretener Auffassung generell bei unternehmensverbundenen Stiftungen, auch wenn sie keinen weiteren familiären Zweck verfolgen, sondern allein den Erhalt und Fortführung eines Unternehmens bezwecken. Da es sich nämlich bei einem Unternehmen um einen lebenden Organismus handelt, werden stets über den reinen Unternehmenserhalt weitere Zwecke (allen voran die Sicherung von Arbeitsplätzen) nach außen hin verfolgt, weshalb keine unzulässige (Unternehmens-)Selbstzweckstiftung vorliegt.

III. Zwischenergebnis und Praxisempfehlung für die Anerkennung

Eine unternehmensverbundene Familienstiftung ist – sofern sie die Voraussetzungen des §§ 82, 81 Abs. 1–3 BGB (§§ 80 Abs. 2, 81 Abs. 1 BGB a. F.) erfüllt und nicht das Gemeinwohl gefährdet[2017] – zulässig und als rechtsfähig anzuerkennen. Der Stiftungsbehörde steht dabei „*weder ein Anerkennungsermessen noch eine behördliche Letztentscheidungsbefugnis für die ‚Anerkennungswürdigkeit' des*

Stellenwert in der Nachfolgeplanung erhalten und so auch beim Gesetzgeber den Anschein einer nicht vorwerfbar-missbräuchlichen Gestaltung verloren haben sollten.“); auch *O. Werner*, in: Mecking/Schulte, Grenzen der Instrumentalisierung von Stiftungen, S. 15 (16). Ohnehin würde ein etwaiges Missbrauchspotential als Rechtfertigung für die Unzulässigkeit einer Rechtsform(-gestaltung) allein kein tragfähiges Argument sein. Vielmehr muss im Einzelfall das geltende Recht angewandt und bei tatsächlichen Verstößen etwa – im hiesigen Kontext – die Stiftung *ultima ratio* auch aufgehoben werden, vgl. *Schiffer*, ZSt 2003, 252 (253); vgl. auch *Steuck*, Die Stiftung als Rechtsform für wirtschaftliche Unternehmen, S. 89 a. E. Vgl. im Kontext des Steuerrechts auch FG Niedersachsen, BeckRS 2021, 18970 Rn. 25: „*Bei der Gründung von* [unternehmensverbundenen] *Familienstiftungen handelt es sich um eine zulässige steuerliche Gestaltung, die darauf zielt, nachfolgende Generationen am Familienvermögen zu beteiligen.*“

2016 Vgl. (zwar betreffend andere Restriktionen des schweizerischen Stiftungsrechts) zur Legitimität des Einsatzes von (uv.) Familienstiftungen treffend *Jakob*, in: Sprecher/v. Orelli, Familienstiftungen – neue Perspektiven, S. 113 (125) („*Es geht auch nicht nur um Vehikel für die Superreichen, sondern um eine sinnvoll strukturierte Überlassung des Nachlasses an die nächste Generation, Unternehmensnachfolge und den Erhalt familiärer Werte und Tradition, […]*“).

2017 Siehe dazu → Teil 3 C 2 a.

Stiftungszwecks“[2018] zu. Insofern hat der Familienunternehmer resp. Stifter grundsätzlich „*einen gebundenen Rechtsanspruch auf Anerkennung der Stiftung*“[2019].

Mit Blick auf die noch vorherrschende Auffassung im stiftungsrechtlichen Schrifttum und wohl auch der Behördenpraxis betreffend das – heute m. E. freilich überkommene – Dogma des Verbots der Unternehmensselbstzweckstiftung[2020] ist der Praxis aber (jedenfalls noch) zu empfehlen, sicherheitshalber weiterhin von deren Unzulässigkeit auszugehen, bis eine höchstrichterliche Entscheidung[2021] vorliegt oder der Gesetzgeber die Frage ausdrücklich geklärt hat. Im letzteren Fall könnte der Gesetzgeber dann ggf. auch spezielle Regelungen (z. B. betreffend das Kontrolldefizit, die Mitbestimmung und sonstiger handels- und gesellschafts- sowie steuerrechtlicher Aspekte) für unternehmensverbundene (Familien-)Stiftungen schaffen.[2022] Dadurch könnte die unternehmensverbundene (Familien-)Stiftung allgemein näher in den Fokus auch der Gesellschaftsrechtswissenschaft gestellt werden, aus welchem sie bisher in Deutschland[2023] weitestgehend ausgeklammert wird[2024]. So existiert etwa in Dänemark ein eigenes Gesetz für sog.

2018 BVerwGE 172, 85 Rn. 30.

2019 BVerwGE 172, 85 Rn. 19, s. a. BT-Drs. 14/8765, S. 7 f.; m. w. N. auch BeckOGK/*G. Roth*, 30.6.2023, BGB § 80 Rn. 254; MüKoBGB/*Weitemeyer*, § 80 Rn. 107.

2020 Nur dieses und nicht das allgemeine Verbot der Selbstzweckstiftung ist gemeint.

2021 So entschied das Bundesgericht in der Schweiz 2001 (BGE 127 III 337 [341 unter E 2c f.]), dass der Unternehmenserhalt einen zulässigen Stiftungs(teil)zweck darstellt. Gleichwohl gibt es auch in der schweizerischen Stiftungsliteratur noch vereinzelte Stimmen, die weiterhin gegen die Zulässigkeit der Unternehmensstiftung mit wirtschaftlichem Zweck plädieren, Hopt/Reuter/*Riemer*, Stiftungsrecht in Europa, S. 511 (517, 519); explizit dagegen mit überzeugender Begründung *Kronke*, Stiftungstypus, S. 223 f.

2022 *Wiederhold*, Stiftung und Unternehmen, S. 122 appellierte an den Gesetzgeber sogar „*einen Stiftungstyp ‚Unternehmensträger-Stiftung‘ den ‚unternehmensrechtlichen Anforderungen‘ entsprechend auszugestalten*“.

2023 Anders ist dies etwa in Österreich, Schweiz und Dänemark, wo die unternehmensverbundene Stiftung fester Bestandteil auch des (Kapital-)Gesellschaftsrechts ist, m. N. *Fleischer*, ZIP 2022, 2045 (2055, 2056).

2024 Auf diesen Umstand hinweisend und für eine stärkere Einbeziehung in das Gesellschaftsrecht plädierend *Fleischer*, ZIP 2022, 2045 (2056); vgl. (jedoch zurückhaltender) auch bereits *Bericht der Studienkommission des DJT-Stiftungsrecht*, Vorschläge, 1968, S. 44, der jedoch jedenfalls Sondervorschriften in enger Anlehnung an die Vorschriften des Gesellschaftsrechts für durchaus erforderlich erachtete; zu einem „*Neuen Unternehmensrecht*“ unter Einbeziehung von unternehmensverbundenen Stiftungen s. bereits die luziden (aber primär auf gemeinnützige Stiftungen bezogenen) Überlegungen von *Kronke*, Stiftungstypus, S. 226 f., 291 ff.

gewerbliche Stiftungen, das explizit zwecks Verhinderung der Umgehung der aktienrechtlichen und GmbH-rechtlichen Normativbestimmungen geschaffen wurde.[2025] Auch auf EU-Ebene gibt es seit Juli 2023 mit dem „*ELI Project on Enterprise Foundations in Europe*“ ein entsprechendes Forschungsvorhaben, mit Hilfe dessen im Wege eines Rechtsvergleiches der verschiedenen Stiftungsrechte in Europa, sogar ein Recht der unternehmensverbundenen Stiftung konzipiert werden soll.[2026]

Wie bereits aufgezeigt[2027], liegt im Falle einer unternehmensverbundenen Familienstiftung jedoch regelmäßig keine Unternehmensselbstzweckstiftung vor.[2028] Konkret: Eine unternehmensverbundene Familienstiftung, die als Stiftungszwecke den Erhalt und die Förderung des Familienunternehmens und seines Charakters sowie die Versorgung der Familienangehörigen hat, ist gegen den Vorwurf der Unternehmensselbstzweckstiftung nach hier vertretener Auffassung immun.[2029] So zeigt auch die heutige Praxis, dass die Stiftungsbehörden unternehmensverbundenen (Familien-)Stiftungen auch vor dem Hintergrund des Verbots der Unternehmensselbstzweckstiftung[2030] grundsätzlich aufgeschlossen

---

2025 Näher zum Bedarf gesetzlicher Regelungen betreffend unternehmensverbundenen Stiftungen MüKoBGB/*Weitemeyer*, § 80 Rn. 217; bündig *Hennrichs*, FS Henssler, S. 923 (941 ff.); im Rahmen einer Vergleichsbetrachtung zur österreichischen Privatstiftung luzid *Weitemeyer*, GesRZ 2023, 237; s. a. Jakob/v. Orelli/*Rawert*, Der Stifterwille, S. 103 (114); *Fleischer*, ZIP 2022, 2045 (2055); zu Mitbestimmungsregelungen ausf. *Trappe*, Unternehmensmitbestimmung, S. 102 ff., 146 ff., 168 ff., 191; s. a. die Vorschläge in *§§ 85 Abs. 3, 87b Abs. 4 BGB-PE* bei *Arnold et al.*, ZIP 2020, Beilage zu Heft 10, S3.

2026 Zu diesem Projekt näher https://t1p.de/peoc5.

2027 Siehe → Teil 4 B I–II.

2028 Auch liegt keine – nach immer noch h. M. verbotene – Stiftung (nur) für den Stifter vor.

2029 Vgl. auch MHdB GesR 5/*Gummert*, § 81 Rn. 40 („*Der typische Zweck der unternehmensverbundenen Familienstiftung dürfte, da sie zugunsten der Angehörigen einer Familie errichtet wird, geeignet sein, zu belegen, dass es sich bei ihr nicht um eine (ggf. unzulässige) Unternehmensselbstzweckstiftung handelt*“); ähnlich *Dutta*, in: Bochmann et al., Werte in Familienunternehmen, S. 9 (12); *Boll*, Die uv. Familienstiftung, S. 61.

2030 Hierbei darf man mit Blick auf den Personalmangel und ggf. der fachlichen Qualifikation durchaus bezweifeln, dass sich Mitarbeiter der Stiftungsbehörden im Detail mit dem Inhalt und Grenzen der Unternehmensselbstzweckstiftung, insbesondere den Indizien für eine verdeckte Unternehmensselbstzweckstiftung auskennen (*Weitemeyer*, ZGR 2019, 238 [245] konstatiert insofern zutreffend, dass jene in der Praxis ohnehin „*schwer [nachweisbar]*“ ist; vgl. allg. zu deren oftmals bestehenden

gegenüberstehen.[2031] Nichtsdestotrotz wäre m. E. die gänzliche Aufgabe dieses Verbots für das Stiftungsrecht und die Attraktivität des Stiftungswesens – im Besonderen mit Blick auf den legitimen Wunsch der Praxis, Familienunternehmen vermittels Stiftungskonstruktionen generationenüberdauernd zu erhalten – auch künftig begrüßenswert.[2032]

Um Diskussionen betreffend das Verbot der Unternehmensselbstzweckstiftung mit den Stiftungsaufsichtsbehörden zu vermeiden bzw. nicht zu provozieren[2033],

---

Unkenntnis, insbesondere bzgl. übergesetzlichen Stiftungsgrundsätzen H/R/W/*Jakob*, Landesstiftungsrecht, Kap. 5 Rn. 5.14; *Hof*, S&S 3/2003, 22 [23]) und im Zweifel einen diesbezüglichen Rechtsstreit erst gar nicht provozieren wollen. So verwundert es auch nicht, dass es bis heute keine explizite Rspr. betreffend die (Un-) Zulässigkeit von Unternehmensselbstzweckstiftungen gibt. **A. A.** aber *Rawert*, NPLY 2003, S. 1 (13), nach dem die Stiftungsbehörden „*das Vorliegen einer institutionalisierten Bindung zwischen Unternehmen und Stiftung im Anerkennungsverfahren leicht prüfen*" könnten.

2031 Vgl. BeckOGK/*Jakob*/*Uhl*, 1.7.2022, BGB § 80 Rn. 511; zur heutigen Anerkennungspraxis s. a. MHdB GesR 5/*Gummert*, § 81 Rn. 32 ff.; Richter/*Richter*, Stiftungsrecht, § 10 Rn. 169 ff.; selbst *Rawert* (Jakob/v. Orelli/*Rawert*, Der Stifterwille, S. 103 (114)), einer der prominentesten Kritiker, räumt dies nunmehr (ernüchternd) ein: „*[…] Tatsächlich ist die Kontroverse* [bzgl. Unternehmensselbstzweckstiftungen] *vornehmlich akademischer Natur. Die Stiftungspraxis ignoriert sie weitgehend.*"; aus Praktikersicht konstatieren auch *v. Oertzen*/*Reich*, DStR 2017, 1118 (1119): „*[…], wobei diese Schranken* [Verbot der Selbstzweckstiftung und Stiftung für den Stifter] *in der Praxis jedenfalls keine Rolle spielen.*"

2032 I. Erg. auch *Markworth*, NZG 2021, 100 (107 f.); *Kirchdörfer*/*Kögel*, FS Möschel, S. 181 (196 f.).

2033 Dies gilt, zumal in der stiftungsrechtlichen Literatur auch ausdrücklich gegenteiliges vertreten wird, so etwa unter allg. Verweis auf das Verbot der Selbstzweckstiftung explizit MüKoBGB/*Weitemeyer*, § 81 Rn. 14 (*Die Notwendigkeit eines Zwecks, dessen Erfüllung ein Vermögen voraussetzt, steht auch Stiftungen entgegen, die den Zweck der Unternehmensführung oder -sicherung im Geist des Gründers offen oder verdeckt neben einem gemeinnützigen oder privatnützigen Zweck verfolgen. Das Vorhandensein eines zulässigen Zwecks kann die Unzulässigkeit des weiteren Zwecks nicht heilen. Beharrt der Stifter auf dem weiteren Zweck, so ist die Stiftung nicht anerkennungsfähig*"); s. a. Feick/*Godron*/*Thress*, Stiftung, § 29 Rn. 102, wonach „*die Kontinuität des Unternehmens als ausdrücklicher Stiftungszweck schlechthin unzulässig [und] damit auch keinen zulässigen Sekundärzweck einer Familienstiftung [darstellen würde]*". Es sei jedoch zulässig „*den Betrieb des Unternehmens als Mittel zur Erfüllung des Stiftungszwecks*" festzuschreiben und so die Erfüllung des Stiftungszwecks zu konkretisieren. M. E. handelt es sich – jedenfalls im hiesigen Kontext – dabei jedoch – in Anlehnung an *Burgard*, Gestaltungsfreiheit im Stiftungsrecht, S. 146 – um eine

kann es *in praxi* – obgleich nach hier vertretener und überwiegender Auffassung im Stiftungsrecht auch eine Aufnahme als (weiterer) Stiftungszweck zulässig ist – ratsam sein, den Erhalt des Familienunternehmens und seines Charakters nicht ausdrücklich als (weiteren) Stiftungszweck[2034] neben der Familienförderung aufzunehmen, weil daraus, insbesondere mit Blick auf eine missverständliche Formulierung in der Gesetzesentwurfsbegründung zur Stiftungsrechtsreform[2035],

---

„*bloße juristische Rabulistik*“ bzw. unnötige Gestaltung; vgl. auch Richter/*Richter*, Stiftungsrecht, § 10 Rn. 132a.

2034 Aber auch dies ist in Satzungsvorschlägen zu finden, so etwa bei BeckFormB ErbR/*Feick/Bregulla-Weber*, Form. H. III. 5. Anm. 5 („*Zweck der Stiftung ist […] sowie diese Unternehmensgruppe als Familienunternehmen langfristig zu erhalten*“) und Form. H. II. 2. Anm. 3 („*Sollen Unternehmensbeteiligungen in die Familienstiftung eingebracht werden, wird weiterer Zweck regelmäßig der Erhalt und die Förderung dieser Unternehmen sein.*“); *Haas*, BBV 2005, 29 (32) (bzgl. Familien(beteiligungs)trägerstiftung); vgl. auch v. Campenhausen/Richter/*Hof*, StiftR-HdB, § 7 Rn. 3 (dortige Fn. 10: „*[…] ist die Vermögensperpetuierung nicht nur als Motiv, sondern auch als [Neben-] Zweck der Stiftung rechtlich zulässig*“); auch noch Westermann/Wertenbruch/*Blaum*, PersGesR-HdB, 83. Lieferung 04.2022, I. Teil § 57 Rn. 3832 („*Die Stiftung kann aber auch Förderung und Erhalt eines bestimmten Unternehmens bezwecken*“); *T. Horvath*, Stiftungen als Instrument der Unternehmensnachfolge, S. 144 („*Sowohl die Führung eines Unternehmens als auch die Unterstützung von Familieninteressen und Familienangehörigen sind zulässige Zwecksetzungen für Stiftungen*“); *Boll*, Die uv. Familienstiftung, S. 50 („*Das Unternehmen kann jedoch auch in den Stiftungszweck mit aufgenommen werden*“); *Naumann zu Grünberg*, ZEV 2012, 569 (570) („*Stiftungszweck kann also auch die Beteiligung oder Führung eines Unternehmens sein*“); *Gummert*, in: Die Stiftung – Jahreshefte zum Stiftungswesen, 6. Jahrgang, S. 75 (85) („*Soll das Unternehmen erhalten bleiben, empfiehlt es sich, dies ausdrücklich als weiteren Stiftungszweck anzugeben […]*“); Scherer/*Biermann/Koslowski*, Unternehmensnachfolge, § 9 Rn. 31 („*Der Stiftungszweck kann aber auch – wegen des Verbots der ‚Selbstzweckstiftung' indes lediglich teilweise – auch die Fortführung des Unternehmens vorsehen*“); i. Erg. auch NK-BGB/*Schiffer/Pruns*, § 80 Rn. 66, 97; *Brandmüller/Klinger*, Unternehmensverbundene Stiftungen, S. 35; wohl Staudinger/*Hüttemann/Rawert*, BGB Vorb. §§ 80 ff. Rn. 239 („*Tatsächlich legitimiert die Stifterfreiheit […] sogar unternehmensbezogene Zwecke […]. Voraussetzung ist allerdings, dass diese in der Stiftungssatzung ausdrücklich normiert werden. Das gilt für alle Formen der unternehmensverbundenen Stiftungen […]*“); vgl. auch *Seibt*, ZIP 2011, 249 (252) sowie die Satzungsbeispiele zwei uv.Familienstiftungen unter → Teil 4 D II 2.

2035 BT-Drs. 19/28173, S. 46, wo fälschlicherweise suggeriert wird, dass eine Stiftung & Co. KG unzulässig sei. Dass dem nicht so ist, wurde eing. im Rahmen der Familienstiftung & Co. KG begründet → Teil 4 A IV 1 b.

wieder darauf geschlossen werden könnte, dass vorrangiger Zweck der Unternehmenserhalt sei, sodass eine (verdeckte) Unternehmensselbstzweckstiftung angenommen werden könnte[2036]. Es bietet sich insofern vielmehr an, im Rahmen sonstiger Satzungsregelungen, z. B. zur Zweckerfüllung[2037] oder zur Stiftungsvermögensverwaltung, den Unternehmenserhalt klarzustellen und flankierend in der Präambel[2038] der Familienstiftung die Bedeutung des Familienunternehmens hervorzuheben. Insbesondere durch Letztere können vornehmlich die Motive und Ziele des Stifters, die bei einer künftigen Auslegung und Anpassung der Stiftungssatzung oder -zwecks der Familienstiftung sowie bei Handlungen in Bezug auf die Unternehmensbeteiligung als Teil des Stiftungsvermögens eine maßgebende Rolle spielen, näher erläutert werden. An den statutarischen Vorgaben sowohl im Stiftungsgeschäft als auch der Stiftungssatzung samt Präambel seitens des Stifters sind die Stiftungsorgane und auch die Stiftungsbehörde sodann gebunden (vgl. § 83 Abs. 2 BGB).[2039] Das Verbot der Unternehmensselbstzweckstiftung wird nämlich grds. erst dann relevant, wenn es sich bei der Unternehmensbeteiligung nicht wie vorstehend um eine primäre Dotationsquelle der Familienstiftung, sondern zugleich um einen Bestandteil des Stiftungszwecks handelt.[2040] Eine entsprechende statutarische Regelung kann beispielsweise so aussehen: „*Das Grundstockvermögen besteht aus dem Geschäftsanteil des Stifters an der Familien-[…] (Beteiligungsgesellschaft). Der Vorstand hat hierbei die Aufgabe, kraft ihrer Beteiligung an der Familien-GmbH für deren wirtschaftliche Sicherung,*

2036 Vgl. (für das öPSG) ähnlich *Briem*, in: Kalss, Aktuelle Fragen des Stiftungsrechts, S. 61 (92).

2037 Vgl. etwa OVG Schleswig, BeckRS 2022, 11137 Rn. 3, 61, 91, 141 betreffend die unternehmensverbundene Jakobus-Familienstiftung (Aldi-Nord), insb. Rn. 3 („*Zur Erfüllung des Stiftungszwecks [Förderung der Destinatäre durch laufende und einmalige Zuwendungen] hat die Stiftung für die Förderung der Unternehmensgruppe …, insbesondere durch Sicherung und Fortentwicklung ihrer Vermögens- und Ertragskraft Sorge zu tragen.*“); derlei Gestaltung für vorzugswürdig erachtend auch *Boll*, Die uv. Familienstiftung, S. 56.

2038 Zur Berücksichtigung einer solchen bei der Satzungsauslegung z. B. OLG Koblenz, NZG 2002, 135 (136) (Präambel einer uv. Familienstiftung); LG Schwerin, npoR 2022, 205 Rn. 37 (Präambel einer uv. Stiftung in öffentlicher Hand); Feick/*D. J. Fischer*, Stiftung, § 7 Rn. 3; v. Campenhausen/Richter/*Hof*, StiftR-HdB, § 6 Rn. 125; *Janitzki*, ErbR 2024, 2 (5).

2039 *O. Werner*, in: Bayer/Koch, Unternehmens- und Vermögensnachfolge, S. 103 (130); vgl. Feick/*Godron*/*Thress*, Stiftung, § 29 Rn. 121.

2040 Ebenso *Dylla*, Die Weisungsfunktion des Stiftungszwecks, S. 146; i. Erg. auch Feick/*Godron*/*Thress*, Stiftung, § 29 Rn. 102.

Fortbestand und Wachstum zu sorgen, sowie den Charakter der Familien-[...] als Familienunternehmen zu erhalten.“[2041]

Ferner ist auch Folgendes zu berücksichtigen, wenn die Unternehmenserhaltung selbst als ein (weiterer) Zweck der Familienstiftung statuiert wird: Im Falle einer etwaigen Trennung von den Unternehmensbeteiligungen oder wenn das Unternehmen nicht genügend Erträge zur Zweckerfüllung erbringt, bedeutet dies, dass sich einer der Stiftungsteilzwecke nicht mehr – jedenfalls nicht mehr wie ursprünglich vorgesehen – realisieren lässt. Gegebenenfalls muss dann zusammen mit einem Verkauf des Unternehmens eine Zweckmodifikation der Stiftung erfolgen.[2042] Dieser Schritt könnte durch die zuvor erläuterte Gestaltungsmöglichkeit vermieden werden.

Letztendlich ist daran zu erinnern, dass es sich beim deutschen Stiftungsrecht vornehmlich um reines Praxisrecht handelt und die Errichtung einer Stiftung, im Speziellen die Festlegung des konkreten Stiftungszwecks, weitgehend eine Verhandlungssache zwischen der Stiftungsbehörde und dem Stifter ist.[2043] Dies gilt in Bezug auf die Stiftungszweckfestlegung und die konkrete Zulässigkeit einer unternehmensverbundenen Familienstiftung auch unter Geltung des neuen Stiftungszivilrechts im Zuge der Stiftungszivilrechtsreform 2021. Deshalb gilt es gerade bei Stiftungskonstruktion im unternehmerischen Kontext zum Schutz des Unternehmens sämtliche Zulässigkeits- und Anerkennungsfragen vorab mit der Stiftungsbehörde (und ggf. dem Finanzamt) zu klären, da bei diesbezüglich auftretenden Problemen schlimmstenfalls die Handlungsfähigkeit und Kontrolle des betroffenen Familienunternehmens gefährdet werden kann.[2044]

2041 Nach Dorsel/*Eickelberg/Ihle*, Kölner FormB ErbR, Kap. 13 Rn. 148; vgl. auch Feick/*Godron/Thress*, Stiftung, § 29 Rn. 102.

2042 Jakob/v. Orelli/*Picht*, Der Stifterwille, S. 199 (222); zu Änderungen des Stiftungszwecks → Teil 4 D I 2.

2043 *Hüttemann*, ZHR 167 (2003), 35 (40); *Schlüter*, Stiftungsrecht zwischen Privatautonomie und Gemeinwohlbindung, S. 326, 331; *Härtl*, Ist das Stiftungsrecht reformbedürftig?, S. 163; s. a. Richter/*Richter*, Stiftungsrecht, § 11 Rn. 35 (dortige Fn. 70); *Richter/Sturm*, NZG 2005, 655; *Uhl*, npoR 2024, 60 (63); zur „Kommunikation“ zwischen Stifter und Stiftungsbehörde bei Streitigkeiten im Rahmen der Stiftungserrichtung instruktiv Schiffer/*Schiffer/Pruns/Schürmann*, Die Stiftung in der Beraterpraxis, § 3 Rn. 10 f.

2044 Deutlich Richter/*Richter*, Stiftungsrecht, § 10 Rn. 170 f.; dazu schon ratend bereits *Flämig*, DB-Beilage Nr. 22 zu Heft 45, 1978, 1 (4 f.).

C. Die besondere Bedeutung des Stifterwillens

Der Wille des Stifters – im hiesigen Kontext also des Familienunternehmers – hat im Stiftungsrecht und im Speziellen für die Stiftung an sich eine herausragende, wenn nicht gar eine existentielle Bedeutung.[2045] So konstatiert *Olaf Werner* treffend: „*Entstehung und Leben einer Stiftung beruhen auf dem Willen des Stifters; ohne Stifterwille keine Stiftung.*“[2046] Entsprechend hatte die Maßgeblichkeit des Stifterwillens bereits im alten Recht in §§ 82 S. 2, 83 S. 2 und § 87 S. 2 BGB a. F. sowie auch in einigen Landesstiftungsgesetzen[2047] eine normative Berücksichtigung gefunden.[2048]

Der Stifterwille ist unstreitig „*die oberste Richtschnur bei der Handhabung des Gesetzes*“[2049] und des stiftungsrechtlichen Handelns aller Organe bzw. Organmitglieder und sonstigen Stiftungsbeteiligten[2050] wie etwa der Stiftungsaufsicht und auch des Stifters selbst, sofern er Organ oder Organmitglied ist bzw. in sonstiger Weise etwa durch Sonderrechte Einfluss auf die Stiftung nehmen kann[2051]. Dies ist mit Blick darauf, dass die Stiftung auf der Willensfreiheit des Stifters beruht und gerade die Durchsetzung seines bei Stiftungserrichtung gefassten Willens sichern soll[2052], nur folgerichtig.[2053] Aufgrund dieser herausgehobenen Bedeutung

---

2045 Siehe nur grdl. m. w. N. BGHZ 99, 344 (348); BVerfGE 46, 73 (85); s. a. BVerwGE 172, 85 Rn. 23; BSG, DStR 2021, 2649 Rn. 24; VG Gelsenkirchen, ZStV 2018, 174 (176); ausf. zur Bedeutung des Stifterwillens: H/R/W/*Jakob*, Landesstiftungsrecht, Kap. 5 Rn. 5.3 ff.; v. Campenhausen/Richter/*Hof*, StiftR-HdB, § 7 Rn. 7 ff.; speziell zum künftigen Recht *Winkler*, FS A. Reuter, S. 571; *Hüttemann/Rawert*, AcP 222 (2022), 301; *Uhl*, npoR 2024, 60.

2046 *O. Werner*, in: Wehnert, Beiträge zum Zivil- und Zivilprozessrecht, S. 217.

2047 So etwa noch Art. 2 Abs. 1 des LStiftG Bayern a. F.: „*Die Achtung vor dem Stifterwillen ist oberste Richtschnur bei der Handhabung dieses Gesetzes.*“ Derlei Bekundungen in den LStiftG wurden nunmehr im Hinblick auf die bundeseinheitliche Regelung in § 83 Abs. 2 BGB zu Recht gestrichen.

2048 *Hüttemann/Rawert*, AcP 222 (2022), 301 (304).

2049 *Pée*, in: Verhandlungen des 44. DJT 1962, G 40; vgl. m. w. N. BGHZ 99, 344 (348) („*Oberstes Prinzip des Stiftungsrechts ist der Stifterwille*“); *O. Werner*, in: Wehnert, Beiträge zum Zivil- und Zivilprozessrecht, S. 217 (219).

2050 Vgl. grdl. BGHZ 99, 344 (348); BVerfGE 46, 73 (85); BSG, DStR 2021, 2649 Rn. 24; Erman/*M. Wiese*, BGB Vorb. § 80 Rn. 1; Soergel/*Neuhoff*, BGB Vor § 87 Rn. 14; *Schlüter/Stolte*, Stiftungsrecht, Kap. 1 Rn. 62; *O. Werner*, ZStV 2023, 205 (207).

2051 Vgl. BFH, DStR 2012, 281 (282); OLG Köln, NZG 2019, 70 Rn. 39 ff.; MüKoBGB/*Weitemeyer*, § 85 Rn. 36; Richter/*Godron*/*Gollan*, Stiftungsrecht, § 6 Rn. 104 f.

2052 *O. Werner*, in: Wehnert, Beiträge zum Zivil- und Zivilprozessrecht, S. 217 (230).

2053 Näher hierzu → Teil 5 B II 1.

des Stifterwillens hat die gesamte Rechtsordnung zu gewährleisten, dass sich der Stifterwille so weit wie möglich durchsetzen kann.[2054] Dabei gilt, dass die Maßgeblichkeit des Stifterwillens allein dem Schutz der Stiftung selbst dient, nicht dem des Stifters.[2055]

Ab dem Zeitpunkt der Anerkennung[2056] der Stiftung hat der Stifter demgemäß mit Blick auf die Unverfügbarkeit einer Stiftung[2057] grds. auf die Satzung, Geschäftstätigkeit und den Bestand der Stiftung keinen Einfluss mehr (sog. Trennungs- und Erstarrungsprinzip), sofern er keine statutarischen Sonderregelungen getroffen hat.[2058] Vielmehr ist bei der Auslegung jedweder Stiftungstätigkeit stets primär auf den in dem Stiftungsgeschäft und der Stiftungssatzung niedergelegten, verobjektivierten (historischen) oder sekundär auf den mutmaßlichen Stifterwillen[2059] abzustellen.[2060] Insofern besteht ein – bedeutender qualitativer Unterschied – zu

---

2054 BVerwG, NZG 2019, 867 Rn. 32; OVG Schleswig, BeckRS 2022, 11137 Rn. 125.

2055 Deutlich Burgard/*Burgard/Heimann*, StiftR, Anh. 2 § 84a Rn. 5.

2056 Freilich ist der Stifterwillen auch schon im Rahmen des Anerkennungsverfahrens (z. B. bei § 81 Abs. 4 BGB bzw. § 83 S. 2 BGB a. F.) von der Stiftungsbehörde zu beachten, s. *Hüttemann/Rawert*, ZIP 2021, Beilage zu Heft 33, S3 (S11); BeckOGK/*Jakob/Picht/Kopp*, 1.9.2024, BGB § 83 Rn. 3; speziell im Rahmen der Errichtung einer Stiftung von Todes wegen prägnant *Reimann*, ZEV 2023, 9 (11 f.).

2057 Grdl. zur Unverfügbarkeit der Stiftung gegenüber dem Wandel der Interessen und Ziele des Stifters sowie sonstiger Stiftungsbeteiligter nach ihrer Anerkennung *Hof*, GS Walz, S. 233 (234 ff.); MVHdB I GesR/*Hof*, Form. VIII.0 Anm. 7, S. 1421 ff.; vgl. auch Staudinger/*Hüttemann/Rawert,* BGB Vorb. §§ 80 ff. BGB Rn. 14; OLG Köln, NZG 2019, 70 Rn. 39.

2058 Derlei Regelungen sollten jedoch konsequent durchdacht sein, damit es nicht zu späteren unbewussten Regelungslücken kommt, siehe dazu anschaulich den Fall des OLG Köln, NZG 2019, 70, dazu *Hushahn*, npoR 2018, 169 sowie (noch zur Vorinstanz) *Hippeli*, jurisPR-HaGesR 12/2017 Anm. 5 (lückenhafte Satzungsgestaltung betreffend die Vorstandsbestellung durch den Stifter); exemplarisch auch OVG Schleswig, BeckRS 2022, 11137 Rn. 65 ff. (Auslegung der Organbestellungsregelungen).

2059 In Rspr. und Literatur existiert freilich neben den geläufigen Bezeichnungen „historisch" und „mutmaßlich" eine Vielfalt weiterer – letztlich synonymer – Bezeichnungen, s. eing. m. N. *Hüttemann/Rawert*, AcP 222 (2022), 301 (315 ff.).

2060 BT-Drs. 19/28173, S. 29; BGHZ 99, 344 (348); OLG Köln, NZG 2019, 70 Rn. 45; OLG Frankfurt a.M., NZG 2010, 1034 (1035); OVG Schleswig, BeckRS 2022, 11137 Rn. 96; VG Sigmaringen, BeckRS 2020, 11026 Rn. 84; MHdB GesR 5/*Schwake*, § 79 Rn. 15; BeckOGK/*Jakob/Picht/Kopp*, 1.9.2024, BGB § 83 Rn. 3; jew. m. w. N.; **a. A.** wohl *D. Reuter*, NZG 2005, 649 (654), dem nach jdf. im Rahmen der Vermögensverwaltung *„der entscheidende Maßstab nicht der Stifterwille, sondern der Stiftungszweck"* sei; ihm diesbezüglich folgend auch MüKoBGB/*Weitemeyer*, § 85 Rn.

einer Gesellschafterstellung in einer korporativen Gesellschaftsform.[2061] Der Stifterwille findet mithin seine „*Materialisierung*" bzw. seinen Niederschlag im Stiftungsgeschäft und der Stiftungssatzung.[2062] Neben dem Stiftungsgeschäft ist die Stiftungssatzung „*die primäre Erkenntnisquelle zur Erforschung*" des historischen Stifterwillens.[2063] Der aktuelle, subjektive Wille des Stifters ist danach nicht mehr zu berücksichtigen[2064], sondern es ist auch bei einer Befragung – etwa im Rahmen einer Anhörung durch die Stiftungsbehörden – des noch lebenden Stifters auf seinen Willen zur Zeit der Stiftungserrichtung abzustellen[2065].

Treffend hielt daher schon die Bund-Länder-Arbeitsgruppe „Stiftungsrecht" 2001 zur Bedeutung des historischen Stifterwillens für die Auslegung des Stiftungsrechts fest: „*Im Übrigen ist das gesamte Stiftungsrecht darauf angelegt, den bei der Errichtung manifestierten Willen des Stifters zu perpetuieren.*"[2066]

Der Stifterwille ist letztlich Garant und Maßstab der Autonomie der Stiftung[2067], da dieser das gesamte Stiftungsleben und im Besonderen den Stiftungszweck bestimmt, der wiederum aus dem Stifterwillen heraus auszulegen und zu verstehen ist.[2068] Der Stifterwille ist im Allgemeinen für die Auslegung des Stiftungsgeschäfts und der Stiftungssatzung, aber auch für die Zulässigkeit späterer Satzungsanpas-

---

24 m. w. N.; dagegen aber zu Recht *Schiffer/Schürmann*, ZStV 2019, 1 (4); *Burgard*, Gestaltungsfreiheit im Stiftungsrecht, S. 189 ff. Der Stiftungszweck ist nämlich der verobjektivierte Stifterwille und kein *aliud*.

2061 Vgl. *Gierhake*, Vermögensnachfolge und Vermögensschutz, S. 67; *Aumann*, DNotZ 2022, 894 (896); vgl. insofern auch *Thomsen*, The Danish Industrial Foundations, S. 16 („*Moreover, even if the founding family is still active, it does not exercise unfettered control, but it is bound by the charter and the law.*").

2062 *Winkler*, FS A. Reuter, S. 571 (587); zur Maßgeblichkeit der Stiftungssatzung als Ausdruck des Stifterwillens für die Stiftungsorgane instruktiv LG Paderborn, BeckRS 2021, 57769 Rn. 7 ff., wonach die Stiftungssatzung stets maßgeblich bleibt, auch wenn jene von den Organen bzw. Organmitgliedern regelmäßig nicht beachtet worden ist; dazu auch *B. Beyer*, ZStV 2023, 25 (30).

2063 *Hüttemann/Rawert*, AcP 222 (2022), 301 (308).

2064 OLG Köln NZG 2019, 70 Rn. 45 f.; *Jeß*, Das Verhältnis des lebenden Stifters zur Stiftung, S. 41; Schlecht & Partner/Taylor Wessing/*Wachter*, Unternehmensnachfolge, S. 291 (299); *Hof*, S&S 1/2003, 21 (23).

2065 *O. Werner*, in: Wehnert, Beiträge zum Zivil- und Zivilprozessrecht, S. 217 (224, 226); *v. Orelli*, Zur Auslegung des Stifterwillens, S. 125.

2066 Abschlussbericht der Bund-Länder-Arbeitsgruppe Stiftungsrecht vom 19.10.2001, S. 42.

2067 v. Campenhausen/Richter/*Hof*, StiftR-HdB, § 7 Rn. 2.

2068 Vgl. VGH Kassel, ZStV 2020, 131 (133); MHdB GesR 5/*Schwake*, § 79 Rn. 15, 28; *O. Werner*, in: Bayer/Koch, Unternehmens- und Vermögensnachfolge, S. 103 (117).

sungen und Strukturveränderungen von vorrangiger Bedeutung.[2069] Er dient auch zugleich dem „*Schutz der Stiftung vor einer ‚stifterwillensfremden' Usurpation der Stiftung*"[2070] und das – wie eingangs erwähnt – auch vor dem Stifter selbst.

Diese vorstehend verdeutlichte Maßgeblichkeit des Stifterwillens für das Handeln der Stiftungsbeteiligten (Stiftungsorgane als auch Stiftungsaufsicht) wurde mit § 83 Abs. 2 BGB bundesgesetzlich[2071] bekräftigt: „*Die Stiftungsorgane haben bei ihrer Tätigkeit für die Stiftung und die zuständigen Behörden haben bei der Aufsicht über die Stiftung den bei der Errichtung der Stiftung zum Ausdruck gekommenen Willen, hilfsweise den mutmaßlichen Willen des Stifters zu beachten*".[2072] Der individuelle (historische) Stifterwille ist und bleibt damit „*das Herrschaftsinstrument*" in der Stiftung.[2073] Vornehmlich deshalb ist § 83 Abs. 2 BGB auch nicht dispositiv.[2074]

Damit wird zugleich festgehalten, dass es sich bei der Beachtung des Stifterwillens um eine „Pflicht" („*haben […] zu beachten*") handelt und nicht wie manche Landesstiftungsgesetze den Eindruck erwecken, um eine Soll-Vorgabe.[2075] Sofern auch noch in den Bundesnormen an mancher Stelle „*soll die Behörde den wirklichen, hilfsweise mutmaßlichen Willen des Stifters beachten*" (so etwa § 81 Abs. 4 S. 2 BGB) ist dennoch mit Blick auf den unbestrittenen Primat des Stifterwillens davon ausgehen, dass die Stiftungsbehörde ihre Maßnahmen unter Berücksichtigung des wirklichen oder mutmaßlichen Stifterwillens durchzuführen „hat".[2076] Insofern kann die gesetzliche Normierung des Vorrangs des Stifterwillens in § 83 Abs. 2 BGB auch für die Praxis von großer Bedeutung sein, da – jedenfalls *Jakob* zufolge – im Rahmen der Anerkennungs- und Aufsichtspraxis durchaus

2069 BGHZ 99, 344 (348); *Hüttemann/Rawert*, ZIP 2021, Beilage zu Heft 33, S3 (S11).

2070 *Feick/Schwalm*, NZG 2021, 525 (526).

2071 Bisher fanden sich entsprechende Normen lediglich in den Landesstiftungsgesetzen (z. B. Art. 2 Abs. 1 BayStG a. F.; §§ 4, 8 Abs. 1 LStiftG NRW a. F.), vgl. auch Orth/Uhl/*Uhl*, Stiftungsrechtsreform 2021, Rn. 226 m. N.

2072 Ausf. zur Ermittlung und Auslegung des (ausdrücklichen und mutmaßlichen) Stifterwillens nach § 83 BGB *Hüttemann/Rawert*, AcP 222 (2022), 301 (307 ff.); s. a. *Winkler*, FS A. Reuter, S. 571 (585 ff.).

2073 So *Schauhoff* zitiert nach *Janitzki*, ErbR 2023, 254 (258) mit Verweis in dortiger Fn. 30 auf *Schauhoff*, in: Sitzung des Ausschusses für Recht und Verbraucherschutz vom 5.5.2021, Protokoll-Nr. 19/150, S. 18; *O. Werner*, ZStV 2023, 205 (207).

2074 *Burgard*, npoR 2023, 103 (105); BoKoStiftR/*Muscheler*, BGB § 81 Rn. 112.

2075 Orth/Uhl/*Uhl*, Stiftungsrechtsreform 2021, Rn. 239.

2076 In diesem Sinne auch BT-Drs. 19/28173, S. 50; Grüneberg/*Ellenberger*, BGB § 81 Rn. 13; vgl. auch *Wachter*, GmbHR 2020, R356 f. der zutreffend anmerkt, dass der Stifterwille „*von den Organen und Behörden nicht nur zu ‚beachten', sondern für diese unbedingt maßgebend ist*".

festzustellen sei, dass nicht bei allen Handlungsträgern das Bewusstsein verankert wäre, dass neben den positivrechtlichen Regelungen im BGB und der Landesstiftungsgesetze[2077] auch allgemeine, übergesetzliche Grundsätze des Stiftungsrechts bestehen.[2078] Die bundesgesetzliche Normierung des Vorrangs des Stifterwillens bekräftigt auch die „*Regelungsfreiheit des Stifters*"[2079] im Stiftungsrecht und damit auch im Rahmen der Gestaltung seiner Stiftung innerhalb der gesetzlichen und übergesetzlichen Vorgaben des Stiftungsrechts.

Anders als dies noch *§ 83 Abs. 3 BGB-RefE*[2080] vorsah, wird nun ausdrücklich klargestellt, dass dabei neben dem historischen Stifterwillen[2081] auch – wie bisher allgemein anerkannt[2082] – hilfsweise, d. h., wenn sich der Satzung kein konkreter Wille entnehmen lässt, der *mutmaßliche Stifterwille*[2083] zu berücksichtigen ist. Der bei Errichtung der Stiftung zum Ausdruck gekommene (ausdrückliche) Stifterwille sei dabei regelmäßig der Stifterwille, der im Stiftungsgeschäft und auch in der Stiftungssatzung zum Ausdruck gekommen ist. Insofern wird nochmals gesetzlich die Unbeachtlichkeit des subjektiven resp. aktuellen Stifterwillens klargestellt.[2084] Wenn sich aus dem Stiftungsgeschäft ein Stifterwille nicht eindeutig ergebe, könnten aber auch andere Dokumente, die im Zusammenhang mit der Errichtung der Stiftung erstellt wurden, zur Ermittlung des (mutmaßlichen) Stifterwillens herangezogen werden.[2085] Dies entspricht freilich den vorstehenden

2077 So war der Vorrang des Stifterwillens etwa in den Landesstiftungsgesetzen von Berlin und Schleswig-Holstein nicht ausdrücklich normiert, vgl. dazu auch *Hof*, in: Die Stiftung – Jahreshefte zum Stiftungswesen, 7. Jahrgang, S. 33 (47).

2078 So H/R/W/*Jakob*, Landesstiftungsrecht, Kap. 5 Rn. 5.14; vgl. auch *Hof*, S&S 3/2003, 22 (23).

2079 *Hof*, in: Die Stiftung – Jahreshefte zum Stiftungswesen, 7. Jahrgang, S. 33 (47).

2080 Kritisch dazu etwa *Arnold et al.*, npoR 2020, 294; *Burgard*, npoR 2021, 1 (3); *Mehren/Lorenz*, DStR 2020, 2547 (2551).

2081 Zur Bedeutung des historischen Stifterwillens im „*Spannungsfeld zwischen Kontinuität und Wandel*" instruktiv *Winkler*, FS A. Reuter, S. 571. (575 ff.).

2082 Vgl. nur BGHZ 99, 344 (348); Staudinger/*Hüttemann/Rawert*, BGB § 85 Rn. 4; W/S/F/*O. Werner*, Die Stiftung, § 11 Rn. 67.

2083 Zur Heranziehung des mutmaßlichen Stifterwillens bei der Auslegung der Stiftungssatzung ausf. *Schick*, Das Argument des „mutmaßlichen Stifterwillens", S. 128 ff.; speziell im Kontext des neu normierten § 83 BGB *Winkler*, FS A. Reuter, S. 571 (594 f.); *Hüttemann/Rawert*, AcP 222 (2022), 301 (323 ff., 325 ff.); Schauhoff/Mehren/*Kampermann*, Stiftungsrecht nach der Reform, Kap. 5 Rn. 16 ff.

2084 Vgl. auch *Hüttemann/Rawert*, AcP 222 (2022), 301 (311); *Winkler*, FS A. Reuter, S. 571 (589).

2085 BT-Drs. 19/28173, S. 52; Schauhoff/Kirchhain/*Mehren*, Gemeinnützigkeits-HdB, § 3 Rn. 77.

Erläuterungen auf Grundlage der h. M. im Stiftungsrecht.[2086] Obgleich die Bezugnahme in der Gesetzesentwurfsbegründung auf „Dokumente" zur Annahme verleiten könnte, dass nur schriftliche Erklärungen des Stifters (z. B. Stifterbriefe, Stiftertestamente, Memoranden) gemeint seien, ist mit *Hüttemann/Rawert* richtigerweise davon auszugehen, dass „*es für die im Anerkennungsverfahren relevante Erklärungen des Stifters nicht ausschließlich darauf ankommen [kann], in welcher Form er sie abgegeben hat. Mit Blick auf das Gebot der „objektiven" Auslegung und den Normcharakter des Stiftungsgeschäfts ist vielmehr lediglich ausschlaggebend, dass die Äußerungen hinreichend dokumentiert und somit zugänglich sind. Man wird es daher auch zulassen müssen, behördliche Aktenvermerke aus dem Gründungsstadium in den Auslegungsprozess einzubeziehen, sofern an der Richtigkeit ihres Inhaltes keine begründeten Zweifel bestehen.*"[2087] Dementsprechend dürften auch Tonaufzeichnungen des Stifters darunter fallen.

Unter dem sekundär, d. h. – wie sich auch durch das Wort „*hilfsweise*" in § 83 Abs. 2 BGB entnehmen lässt – nur im Falle der Lückenhaftigkeit des ausdrücklichen Stifterwillens[2088], heranzuziehenden mutmaßlichen Stifterwillen sei Nach der Begründung zum Gesetzesentwurf ferner, der Wille zu verstehen, der „*dem (objektiv wohlverstandenen) Interesse der Stiftung*" entspreche.[2089] Dem Wortlaut des § 83 Abs. 2 BGB selbst lässt sich ein Abstellen auf ein (objektives) Interesse der Stiftung nicht entnehmen. Bisher wird unter dem mutmaßlichen Stifterwillen indes der Wille verstanden, den der „Stifter" bei Stiftungserrichtung vermutlich gehabt hätte, wenn er zum damaligen Zeitpunkt über eine bestimmte Fragestellung bzw. einen bestimmten regelungsbedürftigen Sachverhalt entschieden hätte,

---

2086 So auch *Hüttemann/Rawert*, AcP 222 (2022), 301 (309).

2087 *Hüttemann/Rawert*, AcP 222 (2022), 301 (312).

2088 Vgl. schon BGH, NJW 1994, 184 (185 f.); deutlich *B. Beyer*, ZStV 2023, 25 (30) m. V. a. VG Gelsenkirchen, ZStV 2018, 174 („*Ein eindeutiger Stifterwille lässt auch keinen Raum für den mutmaßlichen Stifterwillen*"); näher *Hüttemann/Rawert*, AcP 222 (2022), 301 (323 ff.) mit Unterscheidung zwischen anfänglicher und nachträglicher Lückenhaftigkeit; *v. Orelli*, Zur Auslegung des Stifterwillens, S. 144 f. mit Anwendungsfällen; luzider Anwendungsfall betreffend des Abweichens von satzungsgemäßen Vorbedingungen bei Ertragsüberschüssen in einer Familienstiftung auch bei *O. Werner*, ZStV 2023, 205 (208 ff.).

2089 BT-Drs. 19/28173, S. 52, 56. Diese Definition für die Praxis für unbrauchbar haltend *Feick/Schwalm*, NZG 2021, 525 (526); kritisch auch *Hüttemann/Rawert*, ZIP 2021, Beilage zu Heft 33, S3 (S11); *Schwalm*, NotBZ 2022, 81 (88); Orth/Uhl/*Uhl*, Stiftungsrechtsreform 2021, Rn. 242.

um den Stiftungszweck bestmöglich zu verwirklichen.[2090] Dass diese Entscheidung grundsätzlich im Interesse der Stiftung zu sein hat, dürfte insofern selbstverständlich sein[2091], sodass es beim bisherigen Verständnis des mutmaßlichen Stifterwillens bleibt.[2092] Ohnehin verhält es sich so, dass die Stiftung dasjenige Interesse besitzt, das der Stifter im Stiftungsgeschäft und in der Stiftungssatzung formuliert und damit der Stiftung als den maßgeblichen Teil ihrer Verfassung zugeschrieben hat. Das Interesse der Stiftung besteht also bei Lichte betrachtet in demjenigen des Stifters, wie er es zum Zeitpunkt der Vornahme des Stiftungsgeschäfts erklärt hat.[2093]

Die Wiederaufnahme der hilfsweisen Berücksichtigung des mutmaßlichen Stifterwillens im Zuge des *RegE v. 3.2.2021* ist im Übrigen aus Klarstellungsgründen und zwecks Vermeidung von Missverständnissen zu begrüßen.[2094] Dies gilt auch deswegen, weil die Ermittlung des historischen Stifterwillens in der Praxis durchaus schwierig sein kann, insbesondere wenn der Stifter bereits verstorben ist.[2095] Zudem stellt gerade der mutmaßliche Stifterwille i. d. R. die notwendige Bindung zwischen dem Willen des Stifters und der Stiftungstätigkeit durch die

---

2090 Vgl. *Mehren/Lorenz*, DStR 2020, 2547 (2551); *O. Werner*, in: Wehnert, Beiträge zum Zivil- und Zivilprozessrecht, S. 217 (225); H/R/W/*Jakob*, Landesstiftungsrecht, Kap. 5 Rn. 5.38; Orth/Uhl/*Uhl*, Stiftungsrechtsreform 2021, Rn. 231; in der Praxis bereitet die Bestimmung dessen oftmals Schwierigkeiten, s. näher *Schiffer/Pruns/Schürmann*, Die Reform des Stiftungsrechts, § 6 Rn. 9 ff.; vgl. zur Ermittlung des mutmaßlichen Stifterwillens Schauhoff/Kirchhain/*Mehren*, Gemeinnützigkeits-HdB, § 3 Rn. 77, 83.

2091 *Feick/Schwalm*, NZG 2021, 525 (527); vgl. insofern erhellend auch *Hof*, ZStV 2012, 54 (55 dortige Fn. 22): „*Entscheidend* [bei der Tätigkeit der Stiftungsorgane] *ist das Interesse der Stiftung, das unter Berücksichtigung der Formulierung des Stifterwillens zu bestimmen ist.*"

2092 Vgl. *Hüttemann/Rawert*, AcP 222 (2022), 301 (326); wohl auch *Schiffer/Pruns/Schürmann*, Die Reform des Stiftungsrechts, § 6 Rn. 4.

2093 *Schick*, Das Argument des „mutmaßlichen Stifterwillens", S. 118; vgl. auch *Hof*, ZStV 2012, 54 (57): „*[…] auf die in der Satzung zum Ausdruck gebrachten Interessen des Stifters und die damit gleichlaufenden Interessen der Stiftung […]*". Gleichwohl können das objektive Interesse der Stiftung und der (subjektive) Wille des Stifters – der freilich nach Stiftungserrichtung nicht mehr zu berücksichtigen ist – divergieren, z. B. dann, wenn ein Stifter bewusst „*gewisse Gefährdungen des Fortbestands seiner Stiftung in Kauf genommen hat*", darauf hinweisend *Hüttemann/Rawert*, ZIP 2021, Beilage zu Heft 33, S3 (S11); zustimmend *Schwalm*, NotBZ 2022, 81 (88).

2094 Vgl. auch *Lorenz/Mehren*, DStR 2021, 1774 (1775).

2095 Siehe *Sanders/Berisha*, ZStV 2021, 50 (56); vgl. auch *Schauhoff*, npoR 2016, 2 (4).

Stiftungsorgane in Situationen sicher, für die das Stiftungsgeschäft oder die Stiftungssatzung keine unmittelbaren bzw. eindeutigen Anordnungen bereithält.[2096]

Letztlich wird dieses bereits seit jeher aus dem Stiftungsbegriff selbst[2097] und – wie zuvor erwähnt – diversen früheren Normen in den Landesstiftungsgesetzen (z. B. §§ 4, 8 Abs. 1 StiftG NRW a. F.)[2098] und § 87 Abs. 2 Hs. 1 BGB a. F. eigentlich abzuleitende Verständnis der Maßgeblichkeit des Stifterwillens für das Stiftungsleben erfreulicherweise im BGB *expressis verbis* normiert und zugleich daraufhin konkretisiert, dass es für alle Stiftungsbeteiligten gilt. Dies ist insbesondere vor dem Hintergrund, dass gerade die besondere Beachtung des Stifterwillens für potentielle Stifter einen wesentlichen Aspekt der Attraktivität und Wahl einer Stiftung darstellt[2099], zu begrüßen. § 83 Abs. 2 BGB stellt damit als Ausdruck des Primats des Stifterwillens die „*Zentralnorm des Stiftungsrechts*“ dar, die auf alle Bereiche des Stiftungsrechts ausstrahlt und so dem Erhalt des ursprünglichen Stifterwillens in seinen Kernaussagen dient.[2100]

Damit und mit Blick auf die explizite Verankerung des Grundsatzes der Mitgliederlosigkeit in § 80 Abs. 1 Satz 1 BGB sowie der gesetzlichen Normierung des Primats des Stifterwillens in § 83 Abs. 2 BGB wird jedoch auch (freilich vereinzelt gebliebenen) Bestrebungen[2101] sog. korporative (Willensbildungs-)Elemente[2102] im Stiftungsrecht, d. h. die Möglichkeit privatautonomer, nachträglicher Willens-

2096 *Schick*, Das Argument des „mutmaßlichen Stifterwillens“, S. 18.

2097 H/R/W/*Jakob*, Landesstiftungsrecht, Kap. 5 Rn. 5.9; zustimmend *Hüttemann/Rawert*, AcP 222 (2022), 301 (305).

2098 H/R/W/*Jakob*, Landesstiftungsrecht, Kap. 5 Rn. 5.9 und 5.11.

2099 *Hof*, S&S 3/2003, 22 (23).

2100 *B. Beyer*, ZStV 2021, 161 (164) m. V. a. *Schwalm*, ZEV 2021, 68 (71); ähnlich *Uhl*, npoR 2024, 60.

2101 Etwa *Burgard*, Gestaltungsfreiheit im Stiftungsrecht, S. 349 ff., 655 ff.; in Grenzen auch *v. Hippel*, Grundprobleme von NGO, S. 391 ff.; 423 f., 638 f.; *Fritsche*, ZSt 2009, 21 ff.; s. dagegen, insbesondere gegen *Burgard*, die geharnischte Kritik *Rawerts* in FS Priester, S. 647; *Rawert*, ZGR 2018, 835 (848 ff.) und *D. Reuter*, AcP 207 (2007), 1 (6 ff.) sowie *Uhl*, Kooperationen im Stiftungsrecht, S. 505 ff., 521 ff.; korporative Elemente im Stiftungsrecht ablehnend auch die h. M. im Stiftungsrecht m. w. N. Staudinger/*Hüttemann/Rawert*, BGB § 85 Rn. 11 ff.; MüKoBGB/*Weitemeyer*, § 85 Rn. 5; BeckOGK/*Jakob/Picht/Kopp*, 1.9.2024, BGB § 83 Rn. 6; bestätigt wird dies i. Erg. durch den Reformgesetzgeber 2021, vgl. BT-Drs. 19/28173, S. 30 f.

2102 Insofern ist klarzustellen, dass eine Stiftung zwar „körperschaftsähnlich“ organisiert werden kann, deren Organe aber nur im Rahmen und nicht anstelle des Stifterwillens einen autonomen Willen bilden dürfen, vgl. auch erhellend *Uhl*, Kooperationen im Stiftungsrecht, S. 524.

bildungen durch den Stifter, Organe oder Dritte[2103], einzuführen, eine deutliche Absage erteilt.[2104] Vielmehr ist allein der durch das Stiftungsgeschäft und die Stiftungssatzung sowie im Besonderen Stiftungszweck verobjektivierte Stifterwille der Dreh- und Angelpunkt für sämtliche Stiftungsbeteiligte, an dem sich deren gesamtes Verhalten als verbindliche Richtschnur auszurichten hat.

Anzumerken ist jedoch, dass nach der Begründung zum Gesetzesentwurf zu § 83 Abs. 2 BGB hinsichtlich des mutmaßlichen Stifterwillens nicht konkret angegeben wird, auf welchen Zeitpunkt es für die Auslegung des mutmaßlichen Stifterwillens ankommt. Für den historischen Stifterwillen soll es ausweislich des § 83 Abs. 2 BGB – wie bisher allgemein anerkannt – auf den Zeitpunkt der Stiftungserrichtung ankommen.[2105] Ob der Zeitpunkt der Stiftungserrichtung oder eventuell der Zeitpunkt der konkreten Handlung der Stiftungsbeteiligten für die Beurteilung des mutmaßlichen Stifterwillens maßgeblich ist, wird vom Reformgesetzgeber indes offengelassen.[2106] Hierbei ist jedoch dafür zu plädieren, dass auch für den mutmaßlichen Stifterwillen grds. auf den Zeitpunkt der Stiftungserrichtung abzustellen ist, da andernfalls eine nach einhelliger Auffassung bei der Auslegung der Stiftungssatzung unzulässige Zugrundelegung des subjektiven Stifterwillens droht. Dafür spricht auch, dass der Reformgesetzgeber *„das Stiftungsrecht nicht grundlegend [ändern], insbesondere die Rechtsform der Stiftung nicht umgestalte[n] [wollte]*"[2107]. Freilich sind bei der Ermittlung des mutmaßlichen Stifterwillens auch nachträgliche Entwicklungen zu berücksichtigen.[2108] Dies gilt insbesondere dann, wenn sich die tatsächlichen und rechtlichen Verhältnisse so wesentlich geändert haben, dass ein einfaches „Fortdenken" des ausdrücklichen Stifterwillens ausscheidet. Eine Anpassung der Satzung an eine später geänderte Rechtslage kann demgemäß stets nur nach Maßgabe des aktuell geltenden

---

2103 Vgl. dazu näher im Rahmen von Satzungsänderungsmöglichkeiten → Teil 4 D I 2.

2104 Ebenso *Oppel*, NWB-EV 2021, 122 (126); *Feick/Schwalm*, NZG 2021, 525 (526); *Rawert*, ZGR 2018, 835 (dortige Fn. 103 i. V. m. Fn. 58); *Burgard*, npoR 2023, 103 (105).

2105 Ebenso etwa *Hüttemann/Rawert*, AcP 222 (2022), 301 (326).

2106 Darauf hinweisend auch *Feick/Schwalm*, NZG 2021, 525 (526), die insofern für eine gesetzgeberische Klarstellung plädieren.

2107 BT-Drs. 19/28173, S. 29. Vgl. auch *Schiffer/Pruns/Schürmann*, Die Reform des Stiftungsrechts, § 6 Rn. 5; ebenso Orth/Uhl/*Uhl*, Stiftungsrechtsreform 2021, Rn. 240.

2108 *Hüttemann/Rawert*, AcP 222 (2022), 301 (326); vgl. MüKoBGB/*Weitemeyer*, § 85 Rn. 18; W/S/F/*O. Werner*, Die Stiftung, § 11 Rn. 67; zur damit einhergehenden „*Korrekturfunktion*" des mutmaßlichen Stifterwillens eing. *Schick*, Das Argument des „mutmaßlichen Stifterwillens", S. 245 ff.

Rechts erfolgen.[2109] Im Rahmen der Stiftungsrechtsreform 2021 heißt es in der Gesetzesentwurfsbegründung zu Recht, dass Gesetzesänderungen, insbesondere Änderungen des Stiftungsrechts „*wesentliche Veränderungen der Verhältnisse*“ darstellen.[2110]

Von dem Vorstehenden zu unterscheiden, ist jedoch der in der Praxis durchaus vorkommende Fall, dass der Stifter (auch Jahre) nach der Stiftungserrichtung seinen damaligen, historischen Stifterwillen mündlich oder schriftlich lediglich näher konkretisiert. Derlei (ggf. spätere) „*Willenskonkretisierungen*“ sind bei der Auslegung des mutmaßlichen Stifterwillens in Anlehnung an die erbrechtlichen Grundsätze für die Auslegung von Testamenten (sog. Andeutungstheorie[2111]) jedenfalls als „*Erkenntnisquelle*“[2112] oder „*als Auslegungshilfe bei Unklarheiten*“[2113] zu berücksichtigen.[2114] Dies entspreche auch der Behandlung von (nach manchen in

---

2109 *Hüttemann/Rawert*, AcP 222 (2022), 301 (326).

2110 BT-Drs. 19/28173, S. 67.

2111 Danach muss der aus Umständen außerhalb der Urkunde (hier bezogen auf Stiftungsgeschäft und Satzung) ermittelte Wille in der Urkunde zumindest einen, wenn auch unvollständigen Ausdruck, gefunden haben, allg. dazu zuletzt BGH, ZEV 2019, 477 Rn. 15 ff.; instruktiv OLG Hamm, JZ 2021, 413 Rn. 105 ff. m. zust. Anm. *Otte*; Grüneberg/*Ellenberger*, BGB § 133 Rn. 19; BeckOGK/*Gierl*, 1.3.2024, § 2084 Rn. 19 ff.; zur grds. Heranziehung auch im Stiftungsrecht m. w. N. Schauhoff/Mehren/*Kampermann*, Stiftungsrecht nach der Reform, Kap. 5 Rn. 24; Schiffer/*Schiffer/Pruns/Schürmann*, Die Stiftung in der Beraterpraxis, § 3 Rn. 57; vgl. auch LG Duisburg, BeckRS 2008, 11345 Rn. 11.

2112 So in Bezug auf das ehemalige Anhörungserfordernis gem. § 5 Abs. 2 S. 2 StiftG NRW a. F., Andrick/Suerbaum/*Suerbaum*, StiftG NRW, § 6 Rn. 30; im Rahmen der Zweckänderung gem. § 87 BGB a. F. auch *Ebersbach*, HdB des Deutschen Stiftungsrechts, S. 138 f.; **a. A.** etwa *A. Werner*, Die Zustiftung, S. 89; v. Campenhausen/Richter/*Hof*, StiftR-HdB, § 7 Rn. 25 ff., nach dem immer nur die Erklärungen des Stifters, die zum Zeitpunkt der Stiftungserrichtung erstellt wurden, berücksichtigt werden sollten.

2113 Jakob/v. Orelli/*v. Orelli*, Der Stifterwille, S. 125 (134).

2114 Vgl. wie im hiesigen Sinne auch BeckOGK/*Lange*, 1.9.2024, BGB § 81 Rn. 22, wonach „*spätere Willensbekundungen nur als Hinweise auf den ursprünglichen Stifterwillen herangezogen werden können*“; Henssler/Strohn/*Heuel*, GesR, BGB § 83 Rn. 6; *Rücker*, ZEV 2018, 451 (454); *Reimann*, ZEV 2023, 9 (13); i. Erg. wohl auch Schauhoff/Mehren/*Schienke-Ohletz*, Stiftungsrecht nach der Reform, Kap. 3 Rn. 8; zu nachträglichen Erklärungen des Stifters eing. *v. Orelli*, Zur Auslegung des Stifterwillens, S. 124 ff., 133, 141 ff. Betreffend die Anhörung des lebenden Stifters messen Staudinger/*Hüttemann/Rawert*, BGB Vorb. §§ 80 ff. Rn. 150 seinen Äußerungen jedenfalls indizielle Wirkung bei der Ermittlung des objektiven Stifterwillens bei; zu weitgehend *Voll/Störle*, BayStiftG, Anm. 1 zu Art. 2, wonach (wohl) allgemein

bislang nicht novellierten LStiftG bestehenden) landesstiftungsrechtlichen Anhörungsrechten des Stifters, welchen ebenfalls im Einzelfall bei der Auslegung des Stifterwillens jedenfalls indizielle Wirkung für einen bereits bei Errichtung der Stiftung bestehenden Willen angemaßt wird.[2115] Es muss jedoch gewährleistet sein, dass nicht ein neugebildeter, subjektiver Stifterwille zugrunde gelegt wird. Deshalb wird man freilich klarstellenden späteren Äußerungen des Stifters nur insoweit Bedeutung beimessen können, als keine Umstände vorliegen, aus denen sich ergibt, dass der Stifter im Zeitpunkt der Stiftungserrichtung tatsächlich etwas Abweichendes als das später von ihm Verlautbarte bzw. Erinnerte gewollt hat.[2116] Da dies in der Praxis durchaus schwierig abzugrenzen bzw. zu beweisen sein wird, sollte im Besonderen darauf geachtet werden, dass der Stifter seinen Willen bereits bei Errichtung der Stiftung hinreichend konkret und im Speziellen schriftlich[2117] oder visuell[2118] festhält.

Besonders bei unternehmensverbundenen Familienstiftungen, die gerade mit Blick auf den Erhalt des Familienunternehmens errichtet wurden, liegt mit dem Primat des Stifterwillens ein großer Vorteil gegenüber den erbrechtlichen und gesellschaftsrechtlichen Unternehmensnachfolgemöglichkeiten.[2119] Hat also der Stifter in der Stiftungssatzung bestimmte Vorgaben für die Führung, den Erhalt und die Nichtveräußerung des Unternehmens gemacht, kann sich die Stiftung resp. ihre Organe nicht darüber hinwegsetzen.[2120] Die Stiftungsautonomie ist durch das Satzungsrecht insofern eingeschränkt.[2121] Ihr sind Verfügungen und Maßnahmen intern sowie extern nicht gestattet, die dem Stifterwillen (und als dessen „*ultima-*

mündliche oder schriftliche Willensäußerungen des Stifters auch nach Stiftungserrichtung herangezogen werden könnten, sofern die Errichtungsdokumente keine ausreichenden Anhaltspunkte böten; diese Meinung ablehnend auch v. Campenhausen/Richter/*Hof*, StiftR-HdB, § 7 Rn. 25.

2115 Vgl. *Hüttemann/Rawert*, AcP 222 (2022), 301 (320); Schauhoff/Mehren/*Kampermann*, Stiftungsrecht nach der Reform, Kap. 5 Rn. 23.

2116 So explizit einschränkend *Rücker*, ZEV 2018, 451 (454).

2117 *Kögel/Neckenich*, FuS-Sonderausgabe 2023, 19 (20) nennen z. B. Äußerungen des Stifters in einem niedergelegten Testament, in dem Schriftverkehr mit der Anerkennungsbehörde, in Gesprächsprotokollen mit Beratern oder einem gesonderten Stifterbrief.

2118 Z. B. Videoaufnahmen.

2119 Vgl. bereits → Teil 3 B II c.

2120 Vgl. *O. Werner*, in: Bayer/Koch, Unternehmens- und Vermögensnachfolge, S. 103 (130).

2121 OVG Schleswig, BeckRS 2022, 11137 Rn. 151 (explizit betreffend eine uv. Familienstiftung).

tiver Ausdruck"[2122] selbstverständlich auch dem Stiftungszweck) widersprechen. Dies bedeutet die endgültige Absicherung des Stifterwillens auch nach Ableben des Stifters.[2123] Ordnet also der Stifter resp. der Familienunternehmer den Erhalt des Familienunternehmens und seines Charakters sowie die Förderung seiner Familie an, ist dies für die Stiftung resp. ihre Organe bindend, was diese sodann bei ihren Beschlussfassungen zu beachten haben.

Damit der Wille des Stifters stets das oberste Gebot bleibt, sollte dieser durch ein Kontrollorgan, insbesondere wegen der ggf. eingeschränkten Stiftungsaufsicht über Familienstiftungen, hinreichend kontrolliert und durchgesetzt werden. Besonders in Bezug auf Satzungsänderungen, die den Familienunternehmenscharakter der Stiftungskonstruktion, auf dessen Gewährleistung die Familienstiftung gerade ausgelegt ist, gefährden könnte, stellt die auch die Stiftungsaufsicht einen Schutzschutzschild dar, als sie die Durchsetzung des in der Stiftungssatzung niedergeschriebene Willen zu gewährleisten hat.[2124]

Der Familienunternehmer resp. Stifter hat ferner dafür Sorge zu tragen, dass sein Stifterwille hinreichend konkretisiert zum Ausdruck kommt. Insofern bietet sich auch eine neben der Satzung eine ihrer vorangestellten Präambel an, in der der Stifter seine Motive als auch seine Vision ausführlich erläutert, um so den Stiftungsbeteiligten auch nach seinem Ableben eine Handreichung zur Deutung seines Willens und damit zur Auslegung der Stiftungssatzung zu geben.[2125] Ferner ist eine verschriftlichte Dokumentation des tatsächlichen, historischen Stifterwillens – im Gegensatz zum mutmaßlichen Stifterwillen – so effektiv nachweisbar, was potentiellen Streitigkeiten spürbar vorbeugen kann.[2126]

Gleichwohl hat der Stifter bei der Satzungsgestaltung zu beachten, dass er aus der Sicht des Zeitpunkts der Errichtung der Stiftung seinen Willen festlegen und der Stiftung damit eine verbindliche Verfassung vorgeben muss, aber zugleich

---

2122 *Meinecke*, Stiftungen, S. 35.

2123 Vgl. *O. Werner*, in: Bayer/Koch, Unternehmens- und Vermögensnachfolge, S. 103 (130).

2124 So auch Schlecht & Partner/Taylor Wessing/*Sommer/Wagner*, Unternehmensnachfolge, S. 489 (495).

2125 Vgl. *v. Holt/Koch*, Stiftungssatzung, S. 15 f.; *D. J. Fischer/Ihle*, DStR 2008, 1692; *Schwalm*, ZStV 2021, 215 (225) spricht plastisch auch von einem „*Erzählwerk*"; zur Berücksichtigung einer solchen bei der Satzungsauslegung z. B. OLG Koblenz, NZG 2002, 135 (136) (Präambel einer uv. Familienstiftung); LG Schwerin, npoR 2022, 205 Rn. 37 (Präambel einer uv. Stiftung in öffentlicher Hand); Feick/*D. J. Fischer*, Stiftung, § 7 Rn. 3; v. Campenhausen/Richter/*Hof*, StiftR-HdB, § 6 Rn. 125.

2126 *Schwalm*, ZStV 2021, 215 (225).

muss er darauf achten, dass – gerade im unternehmerischen Kontext – die Stiftung resp. die Stiftungssatzung auf Dauer bestehen und daher hinreichend „*entwicklungsoffen*" bleibt.[2127] Insofern sind Satzungsänderungsmöglichkeiten von besonderem Interesse, dies es der Stiftung erlauben, auf veränderte Umstände etwa in der Familie oder des stiftungsverbundenen Familienunternehmens zu reagieren. Im hiesigen Kontext hat er ferner im Besonderen zugleich vorzusehen, welchen Einfluss die Familie in der Stiftung und auch in Bezug auf Satzungsänderungen haben soll. Jegliche Regelung in der Stiftungssatzung, die den Familieneinfluss gewährleisten soll, ist sodann Ausfluss des Stifterwillens. Dieser Umstand ist bei der Auslegung der Stiftungssatzung anhand des Stifterwillens folglich stets zu berücksichtigen, sodass daran sowohl familiär besetzte als auch im Besonderen mit familienfremden Dritten besetzte Stiftungsorgane sowie auch die Stiftungsaufsichtsbehörde daran gebunden sind. Insgesamt ist im hiesigen Kontext der Stifterwille auf den Erhalt des Familienunternehmens sowie der Förderung der Familie des Stifters durch eine familienbeeinflusste Familienstiftung ausgelegt. Dies gilt es stets bei der Auslegung des Stifterwillens zu berücksichtigen.

D. Stiftungssatzung und Stiftungszweck

Dreh- und Angelpunkt der Sicherung des Familieneinflusses in einer unternehmensverbundenen Familienstiftung ist die Stiftungssatzung und der darin enthaltene Stiftungszweck, sodass nachfolgenden auf die wesentlichen Aspekte ebenjener Begriffe einzugehen ist. Da der Gesetzgeber im Zuge der Stiftungsrechtsreform 2021 insbesondere in Bezug auf Satzungs- und Zweckänderungen erstmalig bundeseinheitliche Regelungen vorgesehen hat, werden diese nachfolgend ausführlich in den Blick genommen, insbesondere im Hinblick darauf, welche Möglichkeiten und Grenzen nunmehr bestehen.

I. Stiftungssatzung

1. Grundlegendes

Die Stiftungssatzung ist integraler Bestandteil des Stiftungsgeschäfts (vgl. §§ 81 Abs. 1 Nr. 1, 83 Abs. 1 BGB bzw. §§ 80 Abs. 2, 81 Abs. 1 S. 3 BGB a. F.) und ge-

2127 Vgl. statt anderer nur *Hüttemann*, DB 2017, 591 (595); vgl. auch *v. Oertzen/Reich*, DStR 2017, 1118 (1124); *Uhl*, npoR 2024, 60.

nießt Normcharakter.[2128] Neben dem Stiftungsgeschäft und dem Bundes- und Landesrecht (vgl. § 83 Abs. 1 BGB bzw. § 85 BGB a. F.) ist die Stiftungssatzung das maßgebende Statut für die Handhabung der Stiftung.[2129] Dieser hohe Stellenwert der Stiftungssatzung wurde mit Aufnahme der Worte „*insbesondere der Stiftungssatzung*" in § 83 Abs. 1 BGB nunmehr auch gesetzlich bekräftigt.

In der Stiftungssatzung legt der Stifter die organisatorischen Strukturen der Stiftung fest und damit den Grundstein für ihren dauerhaften Bestand und einer effektiven Verwirklichung des von ihm vorgegebenen Stiftungszwecks.[2130] Die Mindestregelungen[2131] der Satzung einer (Ewigkeits-)Stiftung[2132] lassen sich dem § 81 Abs. 1 Nr. 1 lit. a)–d) BGB (ähnlich § 81 Abs. 1 S. 3 Nr. 1–5 BGB a. F.) entnehmen, wobei deren inhaltliche Ausgestaltung grundsätzlich im Belieben des Stifters steht.[2133] Die Stiftungssatzung muss demnach neben Regelungen zum Namen[2134]

2128 Staudinger/*Hüttemann/Rawert*, BGB § 85 Rn. 7; BeckOK BGB/*Backert*, 70. Ed. 1.5.2022, § 85 Rn. 2; MüKoBGB/*Weitemeyer*, § 85 Rn. 18 m. V. a. BGH, WM 1976, 869 (871). Ihre Auslegung durch die Tatsachengerichte ist insofern auch revisibel, s. m. z. N. Schauhoff/Kirchhain/*Mehren*, Gemeinnützigkeits-HdB, § 3 Rn. 80.

2129 Vgl. *Heinzelmann*, Die Stiftung im Konzern, S. 30 („*Aufgaben und Organisationsplan der Stiftung*"). Zur stiftungsrechtsspezifischen Auslegung einer Stiftungssatzung BeckFormB ErbR/*Feick/Bregulla-Weber*, Form. H. III. 1. Anm. 1; BoKoStiftR/*Heuel*, BGB § 83 Rn. 25 ff.; BeckOGK/*Lange*, 1.9.2024, BGB § 81 Rn. 19, 22.

2130 *Rösner*, Konzernierung der Stiftung, S. 36.

2131 Soll die Stiftung gemeinnützig sein, so sind daneben weitere spezielle Regelungen in der Satzung erforderlich, vgl. § 60 AO sowie Anlage 1 (zu § 60 AO). Dabei muss die Mustersatzung nach der Anlage 1 zu § 60 AO nach zutreffender Ansicht nicht wortwörtlich übernommen werden, vgl. FG Hessen, BeckRS 2017, 126701 Rn. 29; FG Hessen, DStRE 2020, 1432 Rn. 34; FG Düsseldorf DStRE 2020, 77 Rn. 23; m. w. N. v. Campenhausen/Richter/*Hof*, StiftR-HdB, § 7 Rn. 11; *Weitemeyer*, GmbHR 2021, 57 Rn. 11 m. N. zu Gegenansichten; s. a. *Berisha*, NZG 2022, 902 (dortige Fn. 19); offengelassen BFHE 273, 415 Rn. 39; 277, 67 Rn. 24; näher zum Meinungsstand BeckOGK/*G. Roth*, 30.6.2023, BGB § 80 Rn. 399.1; Gestaltungshinweise bei *Röcken*, ZStV 2018, 225.

2132 § 81 Abs. 2 BGB sieht für die Verbrauchsstiftung noch weitere Mindestregelungen vor, dazu BeckOGK/*G. Roth*, 1.9.2024, BGB § 81 Rn. 176 ff, 193 ff.

2133 Vgl. BGHZ 99, 344 (350); BGHZ 213, 179 Rn. 22; zur Gestaltungsfreiheit des Stifters näher → Teil 5 B.

2134 Ausf. dazu *Schäller*, Namensbildung und Namensschutz der anerkannten Stiftung, S. 53 ff., 189 ff. (bzgl. Unternehmensträgerstiftung), 209 ff. (bzgl. Beteiligungsträgerstiftung); im Kontext von unternehmensverbundenen Stiftung knapp auch *Fleisch/Stolte*, in: F/E/K/S/S, Modell unternehmensverbundene Stiftungen, S. 60. Zu einem interessanten Fall betreffend das Namensrecht einer Stiftung im Rahmen einer Klage eines Familienmitglieds eines Stifters gegen die Verwendung des Vor- und Nachna-

und Sitz der Stiftung[2135] auch Regelungen zum Zweck und auch zur Bildung eines Vorstands, der gleichsam notwendiger und einzig zwingender Bestandteil der Stiftungsorganisation ist, enthalten. Nach neuem Recht muss die Satzung indes keine Bestimmung mehr über das Vermögen der Stiftung enthalten (so noch § 81 Abs. 1 S. 3 Nr. 4 BGB a. F.), da die Vermögenswidmung bereits Bestandteil des Stiftungsgeschäfts (§ 81 Abs. 1 Nr. 2 BGB) ist und mit den §§ 83b und 83c BGB nach Auffassung des Gesetzgebers für jede Stiftung ausreichende Regelungen zum Stiftungsvermögen und seiner Verwaltung vorhanden sind, die nicht zwingend durch Satzungsbestimmungen ergänzt werden müssen.[2136] Das Stiftungsvermögen stellt insofern auch keine eintragungspflichtige Tatsache betreffend das Stiftungsregister dar (vgl. § 2 StiftRG).[2137]

Wie bereits an anderer Stelle erläutert, muss gerade bei unternehmensverbundenen Familienstiftungen aufgrund ihrer durchaus komplexen Strukturen und ihres Ewigkeitscharakters ein besonderer gestalterischer Fokus betreffend die Stiftungssatzung gelegt werden.[2138] Dies gilt ohnehin, wenn der Stifter – wie im hiesigen Kontext – die Familienstiftung zur Fortführung des Familienunternehmens einsetzen möchte. Zu Recht mahnen *v. Oertzen/Reich* insoweit Folgendes an: „*Der Erfolg bzw. Misserfolg der [unternehmensverbundenen] Familienstiftung und auch des Familienunternehmens hängt in den nachfolgenden Jahrzehnten*

---

mens des Stifters durch eine (*in casu* gemeinnützige) Stiftung s. *Theuffel-Werhahn/Mühlendiek*, ZStV 2023, 45.

2135 Eing. hierzu *Arnold*, FS H. Schack, S. 3; zur Wahl des Stiftungssitzes luzid *Lorenz/Meyers*, DStR 2023, 2013; s. speziell zu den Anforderungen an die Angabe einer ladungsfähigen Anschrift einer Stiftung, die auch für das künftige Stiftungsregister von Relevanz ist (vgl. § 10 Abs. 1 S. 1 Nr. 2 StiftRG) BGH, NZG 2022, 763 Rn. 29 ff. Der Satzungssitz muss sich auch nach der Stiftungsrechtsreform nach zutreffender und auch bisheriger Auffassung im Inland befinden, s. *Hilser/Wagner/Wunderlich*, RIW 2022, 796 (805) m. z. N.

2136 BT-Drs. 19/28173, S. 47.

2137 S. aber zur möglichen Kenntnisnahme über das Stiftungsvermögen vermittels der Einsichtnahmemöglichkeit in die Stiftungssatzung nach § 15 StiftRG → Teil 3 B I 5 b bb.

2138 Ohnehin sollte die Stiftungssatzung in der Praxis gerade bei größeren Stiftungen nicht allein auf den gesetzlichen Mindestanforderungen beschränkt bleiben, so z. B. *Hüttemann*, ZHR (167) 2003, 35 (50); *Rawert*, NPLY 2019, S. 97 (112); *Schauhoff/Mehren*, NJW 2021, 2993 Rn. 15; MAH ErbR/*Feick/Schwalm*, § 38 Rn. 40. Dies gilt besonders für unternehmensverbundene Stiftungen, vgl. Berndt/Götz/*Berndt*, Stiftung und Unternehmen, Rn. 279; siehe auch den Beispielskatalog bei v. Campenhausen/Richter/*Hof*, StiftR-HdB, § 6 Rn. 199; MVHdB I GesR/*Hof*, Form. VIII. 1 Anm. 2, S. 1447; s. a. die gängigen Formularbücher.

bzw. sogar Jahrhunderten ganz entscheidend von der Satzung der [unternehmensverbundenen] Familienstiftung ab.“[2139] Insofern ist zu berücksichtigen, dass die Satzungsgestaltung der unternehmensverbundenen Familienstiftung unmittelbar auch Auswirkungen auf das mit ihr verbundene Unternehmen hat, weshalb entsprechende Fehler bei der Satzungsgestaltung der Familienstiftung unternehmensgefährdend sein können.[2140] Dem Familienunternehmer resp. Stifter und auch seinen Beratern wird deshalb gerade bei der Gestaltung der Stiftungssatzung einer unternehmensverbundenen Familienstiftung, mit der eine generationenüberdauernde Unternehmensnachfolge geregelt werden soll, deshalb ein großer Weitblick abverlangt.

2. *Satzungsänderungsmöglichkeiten*

Selbstverständlich können aber nicht alle Eventualitäten vorhergesehen werden, sodass auch hier im Laufe der Jahre Satzungs- und Zweckänderungen, etwa aufgrund veränderter tatsächlicher, rechtlicher oder wirtschaftlicher Rahmenbedingungen, erforderlich sein können.[2141] Dies gilt im Speziellen für unternehmensverbundene (Familien-)Stiftungen, die grundsätzlich für die Ewigkeit ausgelegt sind.[2142] Anpassungen an spezifischen Herausforderungen, die im Lebenszyklus der unternehmensverbundenen Familienstiftung etwa durch Umstände in der Familie[2143] oder auch des Familienunternehmens als solches[2144] auftreten, sind notwendig, um das dauerhafte Bestehen der Familienstiftung resp. des Familienunternehmens und damit die langfristige Erfüllung des Stifterwillens zu ermöglichen.[2145]

Veränderte Umstände können dabei etwa dazu führen, dass Stiftungsgremien verkleinert oder gänzlich abgeschafft werden müssen, die Voraussetzungen für die

---

2139 So *v. Oertzen/Reich*, DStR 2017, 1118 (1124); vgl. ähnlich *Hippeli*, ZStV 2014, 49.

2140 *Meinecke*, Stiftungen, S. 34.

2141 W/S/F/*O. Werner*, Die Stiftung, § 11 Rn. 144; BeckOGK/*Lange*, 1.9.2024, BGB § 81 Rn. 149; *A. Werner*, ZStV 2012, 189; *Schienke-Ohletz/Junius-Morawe*, BB 2021, 1886; eing. *S. Hahn*, Die organschaftliche Änderung der Stiftungssatzung, S. 99 ff.

2142 NK-BGB/*Schiffer/Pruns*, § 85 Rn. 4; *Oppel*, FS 75 Jahre StB-Verband, S. 537 (545); vgl. zur notwendigen Flexibilität der Stiftungssatzung auch → Teil 3 B I 1.

2143 Etwa durch die Geburt/Adoption eines Kindes, Scheidung, Wiederheirat, Versterben von Familienangehörigen etc.

2144 Etwa durch Änderung der Gesellschaftsform, des Gesellschafterkreises, Sitzverlegung, Kapitalerhöhung, angestrebter Börsengang, Insolvenz etc.

2145 Vgl. auch *Fleschutz*, Die Stiftung als Nachfolgeinstrument, S. 374 a. E.; *Schurr*, FS 100 Jahre FL-OGH, S. 103 (105).

Mitgliedschaft in den Gremien (insbesondere wenn sich Voraussetzungen für eine Mitgliedschaft kraft Amtes oder Zugehörigkeit ändern, beispielsweise weil ein entsprechendes Familienmitglied oder eine dritte Person, nicht mehr verfügbar ist) geändert werden oder schließlich Vorgaben betreffend die Verwaltung und Erhaltung des Stiftungsvermögens an die aktuellen wirtschaftlichen Verhältnisse angepasst werden müssen. Speziell bei Familienstiftungen sollte auch der Fall bedacht werden, dass die Familien-Destinatäre aussterben, weshalb für eine damit ggf. erforderliche Satzungsänderung betreffend den Destinatärskreis[2146] und/oder Zweckänderung der Familienstiftung – etwa in eine gemeinnützige Stiftung[2147] – bereits in der Stiftungssatzung Vorkehrungen getroffen werden sollten[2148].

Gemeinhin müssen Satzungsänderungen immer mit dem ausdrücklichen oder mutmaßlichen Stifterwillen im Einklang stehen (§ 83 Abs. 2 BGB)[2149] und bedürfen zudem gem. § 85a Abs. 1 S. 2 BGB stets der Genehmigung durch die Stiftungsaufsichtsbehörden.[2150] Letzteres gilt ebenfalls für Familienstiftungen, auch wenn bei diesen die Stiftungsaufsicht nur eingeschränkt oder gar nicht stattfindet.[2151] Dies ergibt sich bereits aus der Systematik der Landesstiftungsgesetze, zudem wären andernfalls Familienstiftungen gänzlich gegenüber ihren Organen schutzlos gestellt.[2152] Einige Landesstiftungsgesetze sahen im alten Recht auch

2146 *Oppel*, Die österreichische Privatstiftung und die deutsche Familienstiftung, S. 124; Wachter/Heckschen/*Schick/Hemmen*, Praxis des HuGR, § 11 Rn. 658; siehe aber zu den dabei zu berücksichtigenden steuerrechtlichen Folgen, wenn sich dadurch der Charakter der Familienstiftung ändert, näher Richter/*Richter*, Stiftungsrecht, § 11 Rn. 117 ff.; *Schienke-Ohletz/Mehren*, ZStV 2022, 1 (8).

2147 Zur Einsetzung einer gemeinnützigen Stiftung für den Fall des Aussterbens der Familie als weitere Destinatärin und/oder Anfallsberechtigte einer Familienstiftung sowie „Umwandlung" einer Familienstiftung in eine gemeinnützige Stiftung im Wege einer Satzungsänderung eing. *Reich*, DStR 2019, 1341; *O. Werner*, in: Wehnert, Beiträge zum Stiftungs- und Erbrecht, S. 351. Die „Umwandlung" in eine gemeinnützige Stiftung ist dabei gem. § 13 Abs. 1 Nr. 16b erbschaft- und schenkungsteuerfrei möglich, s. a. R E 1.2 Abs. 5 ErbStR 2019; MHdB GesR 5/*Gummert*, § 80 Rn. 155.

2148 MVHdB I GesR/*Hof*, Form. VIII. 3 Anm. 32, S. 1556.

2149 Grdl. zur Beachtlichkeit des Stifterwillens bei Satzungsänderungen BGH, BeckRS 1976, 31114748; BGHZ 99, 344 (348 f.); im Anschluss daran zuletzt BVerwG, NZG 2019, 867 Rn. 36; OLG Hamm, NZG 2022, 676 Rn. 67; s. a. *A. Werner*, ZStV 2012, 189 (191); *Ihle*, RNotZ 2009, 557 (567 f.); *v. Oertzen/Reich*, DStR 2017, 1118 (1119); jew. m. w. N. aus dem Schrifttum.

2150 Ausf. zu Satzungsänderungen → Teil 4 D I 2.

2151 Zur Aufsicht über Familienstiftungen → Teil 4 H II.

2152 *Oppel*, Die österreichische Privatstiftung und die deutsche Familienstiftung, S. 127.

die Möglichkeit vor, dass Satzungsänderungen von der Zustimmung des Stifters abhängig gemacht werden konnten[2153]. Derlei Regelungen sind mit Blick auf die abschließenden §§ 85, 85a BGB verdrängt worden und die Landesstiftungsgesetze dahingehend bereinigt worden.[2154] Einen „*ungeschriebene[n] allgemeine[n] Grundsatz des Stiftungsrechts [...]*", dass die Änderung der Stiftungssatzung durch Stiftungsorgane von der Zustimmung des noch lebenden Stifters abhinge oder jedenfalls der noch lebende Stifter vor einer Genehmigung der Satzung gehört werden müsse[2155], existierte im alten und auch im neuen Recht nicht; ohnehin würde ein derartiges nicht bundesgesetzlich normiertes Zustimmungsrecht zu deutlichen Friktionen mit dem stiftungsrechtlichen Trennungsgebot und der Autonomie der Stiftung führen und ist daher nur im Falle einer gesetzlichen oder statutarischen Regelung zulässig. Demgemäß sehen auch §§ 85, 85a BGB und §§ 86 ff., 87 ff. BGB keine entsprechenden Zustimmungs- bzw. Anhörungsrechte[2156] für den Stifter bei Satzungs- und Strukturänderungen vor. Unbenommen bleibt es dem Stifter jedoch, derlei Zustimmungs- und Anhörungsvorbehalte statutarisch vorzusehen[2157], was sich aus der diesbezüglichen Gestaltungsfreiheit des Stifters nach § 85 Abs. 4 S. 1 Alt. 2 BGB ergibt.

Im Hinblick auf den angestrebten Ewigkeitscharakter und aufgrund der durchaus hohen Hürden treten Satzungsänderungen bei Stiftungen *in praxi* daher i. d. R. seltener auf als bei anderen (korporativ verfassten) Gesellschaftsformen[2158], bei denen die Gesellschafter ihren Gesellschaftsvertrag resp. Satzung letztlich – freilich ggf. je nach den konkreten statutarischen Anforderungen – nach eigenem Belieben jederzeit ändern können.

Bei der Stiftung sind Satzungsänderung im Übrigen nur zulässig, wenn eine Auslegung der Satzung nicht weiter hilft[2159] und sie entweder durch Satzung oder

---

2153 MHdB GesR 9/*Lorz*, § 32 Rn. 53; W/S/F/*Schulte/Risch*, Die Stiftung, § 47 Rn. 17; *Saenger*, ZStV 2012, 94 (101); *A. Werner*, ZStV 2012, 189 (191); jew. m. N.

2154 Die entsprechenden landesstiftungsrechtlichen Regelungen wurden auch bereits im alten Recht für sehr bedenklich und verschiedenerseits auch für unzulässig erachtet, vgl. *Saenger*, ZStV 2012, 94 (101); Staudinger/*Hüttemann/Rawert*, BGB § 85 Rn. 35.

2155 So *Muscheler*, Gesammelte Beiträge II, S. 263 (276).

2156 Auch im neuen Stiftungsrecht lässt sich ein Anhörungsrecht, insb. bei Satzungsänderungen, nicht aus § 28 VwVfG ableiten, s. überzeugend BeckOGK/*Lange*, 1. 1.2024, BGB § 85 Rn. 6; Burgard/*Burgard*, StiftR, § 85a Rn. 34; **a. A.** *Hüttemann/Rawert*, ZIP 2021, Beilage zu Heft 33, S3 (S26).

2157 Vgl. hier nur v. Campenhausen/Richter/*Hof*, StiftR-HdB, § 6 Rn. 204; *Sieger/Bank*, NZG 2010, 641 (643); *Rawert*, DNotZ 2008, 5 (12).

2158 Vgl. BT-Drs. 19/28173, S. 35; *Lorenz/Mehren*, DStR 2021, 1774 (1779 f.).

2159 *A. Werner*, ZStV 2012, 189; v. Campenhausen/Richter/*Hof*, StiftR-HdB, § 6 Rn. 211.

durch Gesetz gestattet werden, wobei primär auf eine etwaige Satzungsregelung und sekundär auf das Gesetzesrecht zu rekurrieren ist.[2160] Hat der Stifter jedoch explizit Änderungsmöglichkeiten betreffend einzelner Satzungsbestimmungen ausgeschlossen, so gilt es diese Anordnung – mit Blick auf den Primat des Stifterwillens als oberste Richtschnur jeglichen stiftungsrechtlichen Handelns – zu beachten.[2161] Möglich bleibt dann allein ein Eingreifen durch die Stiftungsaufsicht.

Nachfolgend sollen auf die Möglichkeiten der Satzungsänderungen primär durch die Stiftungsorgane im gebotenen Umfang und zum besseren Verständnis zuerst nach altem und anschließend nach neuem Recht eingegangen werden. Dabei liegt das Augenmerk auf die neuen bundeseinheitlichen Regelungen zu Satzungsänderungen gem. §§ 85, 85a BGB, die eine wesentliche Neuerung der Stiftungsrechtsreform 2021 darstellen.[2162] Bei den Vorgaben betreffend Satzungsänderungen (einschließlich Strukturänderungen in Gestalt der Zu- und Zusammenlegung[2163] sowie Auflösung[2164]) handelt es sich insofern um *„genuin zivilrechtliche Tatbestände"*, sodass diese durch das StiftVereinhG 2021 bundeseinheitlich und abschließend im BGB geregelt wurden.[2165] Dies ist mit Blick auf die entsprechenden, derzeitigen sehr fragmentarischen Rechtsgrundlagen (BGB, LStiftG, Satzung) zu begrüßen.[2166] Insofern treffend *Dominique Jakob*: *„Ist der Rechtsrahmen eindeutig, auf den sich die Stifter einlassen, können sie selbst den Handlungsrahmen für die Stiftungsorgane klarer setzen und diese können ihre Verantwortlichkeit wahrnehmen."*[2167] Mit dem Inkrafttreten der Neuregelungen zum 1.7.2023 sind die entsprechenden landesstiftungsrechtlichen Regelungen, deren

2160 *A. Werner*, ZStV 2012, 189; Schauhoff/Mehren/*Kirchhain*, Stiftungsrecht nach der Reform, Kap. 9 Rn. 13.

2161 MHdB GesR 5/*Mecking*, § 89 Rn. 13; v. Campenhausen/Richter/*Hof*, StiftR-HdB, § 6 Rn. 214.

2162 *Pawlytta/Pfeiffer*, ZErb 2022, 255 sprechen gar vom *„Herzstück"* der Reform.

2163 Zur recht fragmentarischen Rechtslage nach altem Recht statt aller m. w. N. *Schauer*, ZEV 2017, 613.

2164 Zur recht fragmentarischen Rechtslage nach altem Recht statt aller m. w. N. W/S/F/*Gantenbrink*, Die Stiftung, § 23 (seitens der Stiftungsaufsichtsbehörde) und W/S/F/*Schwintek*, Die Stiftung, § 24 (durch Organbeschluss); *Uffmann*, ZIP 2022, 1367 f.

2165 BeckOK BGB/*Backert*, 70. Ed. 1.5.2022, § 85 Rn. 4.1 a. E.; *Hüttemann/Rawert*, AcP 222 (2022), 301 (305 dortige Fn. 21, 332).

2166 Zurückhaltender *Schiffer/Pruns/Schürmann*, Die Reform des Stiftungsrechts, § 9 Rn. 11, die eine Verlagerung der *„Diskussionsfälle"* auf die Voraussetzungen der Neuregelungen und damit dem künftigen Recht einen geringen Vorteil in Bezug auf die Klarheit attestieren.

2167 *Jakob*, npoR 2016, 2 (7).

kompetenzrechtliche Zulässigkeit betreffend einzelnen Ermächtigungen zuvor ohnehin nicht unumstritten war[2168], demgemäß entfallen und die jeweiligen Landesstiftungsgesetze entsprechend bereinigt worden.

a) Rechtszersplitterung im alten Recht

Mit Blick auf die künftige bundeseinheitliche gesetzliche Normierung der Satzungsänderungsmöglichkeiten soll nachfolgend in gebotener Kürze die Rechtslage nach altem Recht erläutert werden, wobei der Fokus im hiesigen Kontext auf die interessantere und zuvor nur in einigen Landesstiftungsgesetzen[2169] explizit geregelte Möglichkeit der organschaftlichen Satzungsänderung[2170] gelegt wird. Eine zentrale Frage bei der Gestaltung einer unternehmensverbundenen Familienstiftung als Nachfolgeinstrument ist wohl ohnehin die Frage, welche Befugnisse den Organen einer Familienstiftung im Hinblick auf nachträgliche Satzungsänderungen eingeräumt werden können, um so im Besonderen den Familienmitgliedern nachhaltigen Einfluss auf die Stiftung zu sichern.[2171]

Das BGB enthielt – zuvor – keine spezielle Regelung über die Zulässigkeit und Voraussetzungen für Änderungen der Stiftungssatzung als solcher durch die Stiftungsorgane. Allein § 87 BGB a. F. sah die Zweckänderung bzw. die Aufhebung der Stiftung durch die zuständige Stiftungsbehörde vor (behördliche Satzungsänderung), wenn seine Erfüllung unmöglich wird oder das Gemeinwohl gefährdet, wobei sie den Stifterwillen zu berücksichtigen (§ 87 Abs. 2 S. 1 BGB a. F.) und zuvor der Vorstand der Stiftung anzuhören hatte (§ 87 Abs. 3 BGB a. F.) hatte.[2172]

2168 Vgl. etwa einerseits MüKoBGB/*Weitemeyer*, § 85 Rn. 7 ff.; Staudinger/*Hüttemann/Rawert*, BGB § 85 Rn. 16 ff.; andererseits *Winkler*, ZStV 2017, 165 (mit dortiger Fn. 4 und 5).

2169 Eine tabellarische Übersicht der verschiedenen landesstiftungsrechtlichen Regelungen findet sich bei Schauhoff/Mehren/*Kirchhain*, [1]Stiftungsrecht nach der Reform, Kap. 9 Rn. 14; im Detail H/R/W/*von Hippel*, Landesstiftungsrecht, Kap. 23 und Kap. 24.

2170 Ausf. dazu H/R/W/*Meyn*, Landesstiftungsrecht, Kap. 25; *S. Hahn*, Die organschaftliche Änderung der Stiftungssatzung, S. 119 ff.; *Beckmann*, Die Änderung der Stiftungssatzung, S. 142 ff.; s. a., insbesondere zu daran geäußerten kompetenzrechtlichen Bedenken, *Saenger*, ZStV 2012, 94 (98 ff.); *D. Reuter*, AcP 207 (2007), 1 (15).

2171 Vgl. *Rawert*, ZGR 2018, 835 (862) s. a. *Burgard*, Gestaltungsfreiheit im Stiftungsrecht, S. 269; *Oppel*, FS 75 Jahre StB-Verband, S. 537 (545).

2172 Ausf. dazu, insbesondere zum Verhältnis zu den alten landesstiftungsrechtlichen Normen *Beckmann*, Die Änderung der Stiftungssatzung, S. 131 ff.; MüKoBGB/*Weitemeyer*, § 87 Rn. 5 ff.; BeckOGK/*Lange*, 15.3.2023, BGB § 87 Rn. 7 ff.; speziell zu den Ermächtigungen in den LStiftG, wo teils unter einfacheren Voraussetzungen (etwa bereits bei „wesentlicher Änderung der Verhältnisse") behördliche Ände-

Jene behördliche Satzungsänderungsmöglichkeiten waren jedoch zum einen aufgrund des Primats des Stifterwillens sowie des Umstandes, dass Änderungen der Stiftungssatzung stets Eingriffe in die Stiftung und damit zugleich in die einer Stiftung zustehenden Grundrechte sind[2173], subsidiär[2174] gegenüber statutarisch vorgesehene, organschaftliche Satzungsänderungen.[2175] § 85 BGB a. F. (§ 83 BGB) gab insofern vor, dass die Verfassung einer Stiftung, soweit sie nicht auf Bundes- oder Landesrecht beruhte, durch das Stiftungsgeschäft inkl. der Stiftungssatzung, d. h. vom Stifter selbst, bestimmt wurde. § 87 Abs. 2 S. 2 BGB a. F., wonach im Rahmen einer Umwandlung des Stiftungszwecks auch die Verfassung der Stiftung durch die Stiftungsbehörde geändert werden konnte, den ebenfalls differenzierenden landesstiftungsrechtlichen Regelungen sowie der Tatsache, dass sich die gesamte Stiftungstätigkeit funktional unter den Stiftungszweck unterordnet, ließ sich bereits im alten Recht entnehmen, dass zwischen Änderungen des Stiftungszwecks und sonstigen Änderungen der Stiftungssatzung zu unterscheiden war.[2176]

Dabei war allgemein anerkannt und in der Praxis üblich, dass sog. Änderungsklauseln in der Stiftungssatzung aufgenommen werden konnten, die Stiftungsorgane zu entsprechenden Satzungsänderungen ermächtigen (organschaftliche Satzungsänderung).[2177] Allein die konkreten Anforderungen und Grenzen derlei

---

rungsrechte vorgesehen waren, s. etwa v. Campenhausen/Richter/*Hof*, StiftR-HdB, § 10 Rn. 307 ff.

2173 BVerwGE 40, 347 (349 ff.); *Winkler*, ZStV 2021, 121 (125). Dies gilt im Besonderen bei Zweckänderungen, vgl. BGHZ 99, 344 (348).

2174 Das Subsidiaritätsprinzip lässt sich nunmehr auch den §§ 85a Abs. 2, 86b Abs. 2 und 87a Abs. 1 BGB entnehmen.

2175 *S. Hahn*, Die organschaftliche Änderung der Stiftungssatzung, S. 91 ff.; v. Campenhausen/Richter/*Hof*, StiftR-HdB, § 6 Rn. 221; *A. Werner*, ZStV 2012, 189.

2176 Vgl. nur *Weitemeyer/Wrede*, npoR 2017, 91 (93); *Dahlmanns*, RNotZ 2020, 417 (432 f.) m. w. N.

2177 Vgl. aus der Rspr. etwa BGHZ 99, 344 (348 f.); 68, 142 (148); BGH, BeckRS 1976, 31114748; derlei Satzungsklauseln hat zuvor schon etwa nicht beanstandet: BAG, NJW 1991, 514 (516); OLG Frankfurt a. M., NZG 2019, 22; aus dem Schrifttum m. w. N. MHdB GesR 5/*Mecking*, § 89 Rn. 3; MüKoBGB/*Weitemeyer*, § 85 Rn. 11; *S. Hahn*, Die organschaftliche Änderung der Stiftungssatzung, S. 120; *Uffmann*, ZIP 2022, 1367 (1368); *Fritsche*, ZSt 2009, 21 (24); gängiges Klauselbeispiel bei *Weitemeyer/Wrede*, npoR 2017, 91 (92); *Dahlmanns*, RNotZ 2020, 417 (433 f.); im Übrigen zum vertretenen Meinungsspektrum *Muscheler*, Gesammelte Beiträge I, S. 317 (370 ff.).

Klauseln waren im Detail umstritten und hingen insbesondere davon ab, ob der Stiftungszweck oder sonstige Satzungsregelungen betroffen waren.[2178]

Nach der überwiegenden Ansicht im Stiftungsrecht war freilich davon auszugehen, dass bereits im alten Recht und auch im reformierten Stiftungsrecht keinerlei autonome Entscheidungsbefugnisse für die Stiftungsorgane, den Stifter, die Destinatäre oder Dritte statuiert werden konnten bzw. können.[2179] Die Änderung der Stiftungssatzung ist eine Entscheidung, die anders als die Änderung der Satzung einer Körperschaft durch ihre Mitglieder nicht im Belieben der Stiftungsorgane, der Stiftungsbehörden oder des Stifters steht.[2180] Ein wesentliches Charakteristikum einer Stiftung und Abgrenzungsmerkmal zu Personenverbänden ist gerade ihre Mitgliederlosigkeit; wo in einer Gesellschaft die Gesellschafter das primäre Willensbildungsorgan darstellen, stellt der Stiftungszweck und der historische, in der Stiftungssatzung niedergelegte, Stifterwille dies bei der Stiftung dar (vgl. § 85 BGB a. F. bzw. § 83 BGB).[2181] Die Stiftungsbeteiligten, insbesondere

---

2178 Vgl. m. w. N. MHdB GesR 5/*Mecking*, § 89 Rn. 8 ff. (mit dortiger Fn. 26); MHdB GesR 7/*G. Roth*, § 101 Rn. 1 f.; MüKoBGB/*Weitemeyer*, § 85 Rn. 11 ff.; Staudinger/*Hüttemann/Rawert*, BGB § 85 Rn. 32; *Weitemeyer/Wrede*, npoR 2017, 91 (93 ff.); *Fritsche*, ZSt 2009, 21 (24).

2179 M. w. N. Staudinger/*Hüttemann/Rawert*, BGB § 85 Rn. 11 ff.; MüKoBGB/*Weitemeyer*, § 85 Rn. 5; BeckOGK/*Jakob/Picht/Kopp*, 1.9.2024, BGB § 83 Rn. 6; *Uffmann*, ZIP 2022, 1367 (1368); *Stiftung Familienunternehmen*, Stiftungsunternehmen in Deutschland, S. 85 f.; *Rawert*, FS Priester, S. 647; *Rawert*, ZGR 2018, 835 (848 ff.); *D. Reuter*, AcP 207 (2007), 1 (6 ff.); *B. Beyer*, ZStV 2023, 25 (30 f.); *Oppel*, Die österreichische Privatstiftung und die deutsche Familienstiftung, S. 124 f. m. w. N.; vgl. aus der Rspr. grdl. BGHZ 99, 344 (348); bestätigt wird dies i. Erg. durch den Reformgesetzgeber 2021, vgl. BT-Drs. 19/28173, S. 30 f., 68 sowie bereits auch Abschlussbericht der Bund-Länder-Arbeitsgruppe Stiftungsrecht vom 19.10.2001, S. 40 f.; **a. A.** etwa grdl. *Burgard*, Gestaltungsfreiheit im Stiftungsrecht, S. 349 ff., 655 ff.; *Burgard*, npoR 2019, 106 (108 ff.); nach der Stiftungsrechtsreform 2021 jedoch ebenfalls für nicht mehr vertretbar erachtend Burgard/*Burgard*, StiftR, Anh 2 § 84a Rn. 6a; in Grenzen auch *v. Hippel*, Grundprobleme von NGO, S. 391 ff.; 423 f., 638 f.; *Fritsche*, ZSt 2009, 21.

2180 Vgl. BT-Drs. 19/28173, S. 68; zutreffend insoweit *Weimar/Geitzhaus/Delp*, BB 1986, 1999 (2001 dortige Fn. 35) („*Hier liegt eine Grenze zwischen Stiftung und Personenverband. Können die ‚Mitglieder' den Stiftungszweck frei ändern, dürfte eine Stiftung nicht mehr vorliegen.*"); vgl. auch *Rawert*, FS Priester, S. 647 (652).

2181 Für ein eigenständiges Willensbildungsorgan (dafür *Burgard*, Gestaltungsfreiheit im Stiftungsrecht, S. 269 ff.) innerhalb der Stiftung besteht daher kein Raum, so zutreffend v. Campenhausen/Richter/*Hof*, StiftR-HdB, § 8 Rn. 91; vgl. auch *Jeß*, Das Verhältnis des lebenden Stifters zur Stiftung, S. 139, 189.

die Organe, sind – dies sei nochmals betont – immer dem Stiftungszweck bzw. dem Stifterwillen im Rahmen ihres Handelns unterworfen und niemals zu eigenen resp. autonomen Willensbildungen und -entscheidungen berechtigt.[2182] Bei statutarisch zulässigen organschaftlichen Änderungsbefugnissen tritt eine Subjektivierung des Stifterwillens insofern auch nicht ein. Der subjektive Wille des änderungsberichtigten Organs tritt nämlich neben und nicht anstelle des über den objektivierten Stifterwillen gewonnen Ergebnisses.[2183] Im Rahmen seines pflichtgemäßen Ermessens, d. h. unter Beachtung des historischen oder mutmaßlichen Stifterwillens sowie des Interesses der Stiftung, kann auch der subjektive Wille des änderungsberichtigten Organs zum Tragen kommen.[2184] Diesen Umstand formuliert *Matthias Uhl* treffend so: *„[…] zur Klarstellung [sei] darauf hingewiesen, dass sich jede Willensbildung der Stiftung am perpetuierten ursprünglichen Stifterwillen zu orientieren hat – und dort auch ihre Grenzen findet. Der Stiftung als autonomer Rechtsperson steht aber innerhalb dieser Grenze eine eigene Willensbildung zu. Durch ihre Willensbildungsorgane kann und muss die Stiftung einen eigenen stiftungsautonomen Willen bilden und den ursprünglichen Stifterwillen im Stiftungsleben aktualisieren und effektuieren*“[2185].

Obgleich derlei korporative Strukturen, die den Stiftungsorganen auch eine autonome Willensbildung erlauben würden, gerade in Bezug auf unternehmensverbundene Familienstiftungen durchaus ein interessantes Gestaltungsinstrument wären[2186], sind diese aber nach altem und nunmehr nach dem gesetzgeberischen Willen explizit auch im reformierten[2187] Stiftungsrecht nicht zulässig.

Bereits nach der wohl h. M. im alten Stiftungsrecht waren die Stiftungsorgane auch bei fehlender statutarischer Änderungsklausel oder sonstiger Ermächti-

2182 Allg. zur besonderen Bedeutung des Stifterwillens eing. → Teil 4 C; zu dieser Einschränkung der Gestaltungsfreiheit s. auch näher → Teil 5 B I.

2183 *A. Werner*, Die Zustiftung, S. 89 m. w. N.; luzid *Jeß*, Das Verhältnis des lebenden Stifters zur Stiftung, S. 88 („*Die Organe bilden dabei keinen freien Willen, sondern aktualisieren bzw. konkretisieren nur den ursprünglichen Stifterwillen nach ihrem Ermessen*“).

2184 *Burgard*, Gestaltungsfreiheit im Stiftungsrecht, S. 269 ff., 456 m. w. N.; vgl. insoweit auch *Rawert*, ZGR 2018, 835 (851); vgl. *Jeß*, Das Verhältnis des lebenden Stifters zur Stiftung, S. 35, 64, 88.

2185 *Uhl*, Kooperationen im Stiftungsrecht, S. 511 (dortige Fn. 562); vgl. auch *Huh*, Verfassung und Binnenhaftung der Stiftung, S. 224 f., 228; Hopt/Reuter/*Rawert*, Stiftungsrecht in Europa, S. 109 (129).

2186 *Oppel*, Die österreichische Privatstiftung und die deutsche Familienstiftung, S. 124; vgl. auch *Rawert*, ZGR 2018, 835.

2187 Dazu sogleich unter → Teil 4 D I 2 c.

gung berechtigt, die Stiftungssatzung – grds. nicht jedoch den Stiftungszweck – zu ändern, wenn sich die „Verhältnisse wesentlich geändert“[2188] hatten und die Änderung der entsprechenden Satzungsbestimmung dem wirklichen oder mutmaßlichen Willen des Stifters entsprach.[2189] Der Stifter konnte aber im Rahmen dessen auch allgemeine Änderungsklauseln vorsehen, die den Stiftungsorganen für Satzungsregelungen unterhalb der zweckbezogenen Schwelle ein durchaus weites Ermessen zur Modifikation struktureller, organisatorischer oder verfahrens- und verwaltungsrechtlicher Satzungsvorschriften einräumten.[2190]

Änderungsklauseln betreffend den Stiftungszweck waren hingegen nach wohl überwiegender Auffassung jedenfalls dann zulässig, wenn der Stifter in der Änderungsklausel konkrete und objektive Vorgaben zu den Tatbestandsvoraussetzungen – also dem „ob“ – und der Weise – also dem „wie“ – der Satzungsänderung vorsah.[2191] Sie bedurften dabei stets eines sachlichen Rechtfertigungsgrundes, etwa wenn sie wegen „wesentlicher Veränderung der Verhältnisse“ angezeigt waren.[2192] Dies unterstreicht erneut, dass die Zweckänderung bereits im alten Recht nicht in das freie Ermessen der Stiftungsbeteiligten gestellt werden konnten, zumal gerade der Stiftungszweck ein konstitutives Begriffsmerkmal einer Stiftung ist und im

2188 Zur „wesentlichen Veränderung der Verhältnisse“ statt aller ausf. und luzid *Winkler*, FS A. Reuter, S. 571 (578 ff.) auch zum neuen Recht.

2189 Umstritten war insofern jedoch im alten Recht die dogmatische Herleitung (§ 313 BGB / §§ 86 S. 1 BGB a. F. i. V. m. §§ 27 Abs. 3, 665 BGB / *„genuin stiftungsrechtliche Lösung*" [danach umfasse die Geschäftsführungspflicht der Stiftungsorgane auch eine Pflicht zur Anpassung der Stiftungssatzung bei einer nachträglichen wesentlichen Veränderung der Verhältnisse]) eing. zum Meinungsstand Staudinger/*Hüttemann/Rawert*, BGB § 85 Rn. 18 f.; MüKoBGB/*Weitemeyer*, § 85 Rn. 12; derlei Satzungsklauseln hat zuvor schon etwa BGHZ 68, 142 (148) nicht beanstandet.

2190 *Fritsche*, ZSt 2009, 21 (27); vgl. auch Nachweise in Fn. 2178.

2191 MüKoBGB/*Weitemeyer*, § 85 Rn. 4; Staudinger/*Hüttemann/Rawert*, BGB § 85 Rn. 14 m. V. a. BT-Drs. 14/8765, S. 10; BeckOK BGB/*Backert*, 70. Ed. 1.5.2022, BGB § 85 Rn. 4; MHdB GesR 5/*Mecking*, § 89 Rn. 19, 31; BeckOGK/*Lange*, 15.03.2023, BGB § 87 Rn. 67; *Weitemeyer/Wrede*, npoR 2017, 91 (93); *Fritsche*, ZSt 2009, 21 (26); *Dahlmanns*, RNotZ 2020, 417 (433); für weitergehende Änderungsmöglichkeiten im alten Recht *Burgard*, Gestaltungsfreiheit im Stiftungsrecht, S. 349 ff., 655 ff.; *Burgard*, npoR 2019, 106 (108 ff.); in Grenzen auch *v. Hippel*, Grundprobleme von NGO, S. 391 ff.; 423 f., 638 f.

2192 Grdl. BGH, BeckRS 1976, 31114748; BGHZ 99, 344 (348 f.); im Anschluss daran zuletzt BVerwG, NZG 2019, 867 Rn. 36; OLG Hamm, NZG 2022, 676 Rn. 67. Vgl. für Satzungsklauselbeispiele etwa MVHdB I GesR/*Hof*, Form. VIII. 3 S. 1541; BeckFormB ErbR/*Feick/Bregulla-Weber*, Form. H. III. 2.

stiftungsrechtlichen Schrifttum gemeinhin als „*die Seele oder das Herzstück*“[2193] einer Stiftung aufgefasst wird.

War die Änderung nach zivilrechtlichen Maßstäben formell und materiell zulässig, bestand – spiegelbildlich zum Anspruch des Stifters auf Anerkennung der Stiftung[2194] – seitens der Stiftung ein Anspruch auf Erteilung der Genehmigung einer Satzungsänderung.[2195] Der Genehmigung einer Satzungsänderung durch die Stiftungsaufsicht kam dabei aber keine Bedeutung für die Frage der materiell-rechtlichen Wirksamkeit einer Satzungsänderung, insbesondere keine Heilungswirkung, zu.[2196] Für das Vorliegen der Voraussetzungen einer Satzungsänderung oblag im Streitfall betreffend die Wirksamkeit einer Satzungsänderung der beklagten Stiftung die Darlegungs- und Beweislast.[2197]

b) Bundeseinheitliche Regelungen im neuen Recht

Wie vorstehend aufgezeigt wurde, waren die ehemaligen Rechtsgrundlagen im Hinblick auf (organschaftliche) Satzungsänderungsmöglichkeiten gesetzlich nur verstreut in den Landesstiftungsgesetzen geregelt, wobei deren Zulässigkeit und Voraussetzungen im Detail umstritten waren. Vor diesem Hintergrund ist in der gesetzlichen Normierung bundeseinheitlicher Regelungen zu Voraussetzungen und Verfahren von organschaftlichen als auch behördlichen Satzungsänderungen in den §§ 85, 85a BGB ein großer Wurf der Stiftungsrechtsreform zu sehen.[2198]

2193 Siehe m. N. statt vieler *Schwarz*, DStR 2002, 1718 (1722); MHdB GesR 5/*Schwake*, § 79 Rn. 27.

2194 Dazu → Teil 3 C I 2 a.

2195 *Rawert*, JöR 65 (2017), 179 (206 f.); *Burgard*, ZStV 2021, 45 (49); *Beckmann*, Die Änderung der Stiftungssatzung, S. 60; Schauhoff/Mehren/*Kirchhain*, Stiftungsrecht nach der Reform, Kap. 9 Rn. 10.

2196 OLG Hamm, NZG 2022, 676 Rn. 71; VG Schleswig-Holstein, ZStV 2016, 208 (217); VGH München, BeckRS 2010, 9882 Rn. 9; MüKoBGB/*Weitemeyer*, § 86 Rn. 29; *Stallmann*, ZEV 2017, 607 (611); jew. m. w. N.

2197 So LG Ellwangen, BeckRS 2002, 16689 Rn. 171 f.; diesem folgend auch Mehrbrey/*Mehrbrey/Gräler*, HdB Gesellschaftsrechtliche Streitigkeiten, § 84 Rn. 16.

2198 Speziell hierzu erste Erörterungen bei Schauhoff/Mehren/*Kirchhain*, Stiftungsrecht nach der Reform, Kap. 9 Rn. 16 ff.; *Schiffer/Pruns/Schürmann*, Die Reform des Stiftungsrechts, § 9 Rn. 9 ff.; Orth/Uhl/*Uhl*, Stiftungsrechtsreform 2021, Rn. 550 ff.; *Hüttemann/Rawert*, ZIP 2021, Beilage zu Heft 33, S3 (S24 ff.); *Schauer*, npoR 2022, 54; *B. Beyer*, ZStV 2021, 161; *Schauhoff/Mehren*, NJW 2021, 2993 Rn. 24 ff.; *Lange*, ZStV 2022, 207; *Schauhoff*, in: Die Stiftung – Jahreshefte zum Stiftungswesen, 15./16. Jahrgang, S. 37 (42 ff.); s. a. *Schienke-Ohletz/Junius-Morawe*, BB 2021, 1886 (aber noch zum RegE). Freilich schlug bereits auch *Bericht der Studienkommission des*

Zugleich wurden auch spezielle Strukturänderungen bzw. besondere Zweckänderungen wie die Zulegung und Zusammenlegung (§§ 86–86h BGB) sowie Auflösung durch Organe (§ 87 BGB) und die behördliche Aufhebung (§ 87a BGB) der Stiftung einer gesetzlichen Normierung zugeführt.

Der Reformgesetzgeber beabsichtigt damit in Bezug auf die vorstehend erläuterten nicht unumstrittenen Voraussetzungen für Satzungsänderungen für Rechtssicherheit und -klarheit zu sorgen.[2199] Die entsprechenden Neuregelungen lösen daher Unsicherheiten hinsichtlich der verfassungsrechtlichen Zulässigkeit von Landesregelungen über Satzungsänderungen auf, in dem nun eine bundeseinheitliche Gesetzesgrundlage geschaffen wurde. Dies wird jedenfalls *prima vista* für Rechtssicherheit betreffend die Möglichkeit organschaftlicher Satzungsänderungen in der Praxis sorgen.[2200] Im Speziellen für unternehmensverbundene Familienstiftungen ist dies begrüßenswert, da jene sich, wenn auch nicht oft, an geänderte (Markt-)Verhältnisse anpassen müssen. Ob zudem Rechtsklarheit[2201] und insgesamt eine diesbezügliche Verbesserung und insbesondere Vereinheitlichung der Rechtslage eintreten wird, bleibt aber abzuwarten und wird wohl maßgeblich auch von der Auslegung der Tatbestandsvoraussetzungen seitens der Stiftungsbehörden abhängen.

aa) Voraussetzungen für Satzungsänderungen

In § 85 BGB sind abschießend[2202] die Voraussetzungen für organschaftliche und behördliche Satzungsänderungen geregelt. Dementsprechend waren die Landesstiftungsgesetze diesbezüglich zu bereinigen, da mit Inkrafttreten des neuen Stiftungsrechts zum 1.7.2023 die entsprechenden teils differierenden landesstiftungsrechtlichen Normen unwirksam wurden (vgl. Art. 31 GG).

DJT-Stiftungsrecht, Vorschläge, 1968, S. 29 ff. ein ähnlich abgestuftes Satzungsänderungssystem vor.

2199 BT-Drs. 19/28173, S. 28;

2200 Vgl. etwa *Markworth*, NZG 2021, 100 (105) („*Gewinn an Rechtssicherheit*").

2201 Dies eher anzweifelnd aufgrund der vielen unbestimmten Tatbestandsmerkmale aber *Schiffer/Pruns/Schürmann*, Die Reform des Stiftungsrechts, § 9 Rn. 11, 30.

2202 BT-Drs. 19/28173, S. 30. Übergangsregelungen für bereits vor der Reform bestehende Stiftungen existieren nicht, s. dazu näher BeckOGK/*Lange*, 1.9.2024, BGB § 85 Rn. 65 ff.

§ 85 BGB unterscheidet zwischen drei Kategorien[2203] von Satzungsänderungen, die an unterschiedliche Voraussetzungen gebunden sind[2204]: Erstens Satzungsänderungen, durch die einer Stiftung ein anderer Zweck gegeben, ein bestehender Stiftungszweck erheblich beschränkt oder eine Ewigkeits- in eine Verbrauchsstiftung umgewandelt wird, d. h. identitätsverändernde Satzungsänderungen (§ 85 Abs. 1 BGB). Zweitens Satzungsänderungen, durch die der Stiftungszweck auf andere Weise geändert wird oder die prägende Satzungsbestimmungen einer Stiftung betreffen (§ 85 Abs. 2 BGB). Drittens Änderungen sonstiger (einfacher) Satzungsbestimmungen (§ 85 Abs. 1 BGB). Im Rahmen dieser gesetzlichen Regelungen sind Satzungsänderungen möglich, auch wenn die Stiftungssatzung diesbezüglich schweigt (vgl. § 85a BGB).

Die Voraussetzungen für Satzungsänderungen sind desto strenger, je stärker die Satzungsänderungen in die Stiftungsverfassung (§ 83 BGB) eingreifen und damit die Stiftung, insbesondere ihren Zweck und damit ihr Wesen, verändern.[2205]

(1) Die Identität der Stiftung verändernde Zweckänderungen

§ 85 Abs. 1 S. 1 BGB regelt den gravierendsten Fall des Eingriffs in die Satzung der Stiftung. Er bestimmt die Voraussetzungen für Satzungsänderungen, durch die der Zweck der Stiftung ausgetauscht, d. h. ihr ein anderer Zweck gegeben wird (Alt. 1), oder (der bisherige Zweck) erheblich beschränkt werden soll (Alt. 2). Der Zweck der Stiftung sei dabei der oberste Leitsatz der Stiftungstätigkeit, der das Handeln der Stiftung nach dem Willen des Stifters bestimmen soll.[2206] Nicht jede Ergänzung, Erweiterung oder Begrenzung der satzungsmäßigen Zweckbestimmung ist aber auch eine Zweckänderung i. S. d. § 85 Abs. 1 S. 1 Alt. 1 BGB. So unterfallen Regelungen zur Art und Weise der Zweckerfüllung grds. den erleichterten Änderungsvoraussetzungen nach § 85 Abs. 2 BGB und

---

2203 Zählt man noch die „Umwandlung" einer Ewigkeits- in eine Verbrauchsstiftung (§ 85 Abs. 1 S. 4 BGB), die Zu- und Zusammenlegung sowie die Aufhebung bzw. Auflösung der Stiftung separat dazu, kann auch von bis zu sechs Kategorien gesprochen werden. *Winkler*, ZStV 2021, 121 (124) spricht (ohne § 85 Abs. 1 S. 4 BGB separat) etwa von einem *„Fünf-Stufen-System"*; vgl. auch *Lange*, ZStV 2022, 207 f.

2204 BT-Drs. 19/28173, S. 30, 64.

2205 Vgl. BT-Drs. 19/28173, S. 64; *Schienke-Ohletz/Junius-Morawe*, BB 2021, 1886 (1887).

2206 BT-Drs. 19/28173, S. 64. Zur Unterscheidung zwischen dem Stiftungszweck (Zielsetzung der Stiftung) und dem Stiftungsgegenstand (Art und Weise der Zweckverwirklichung) eing. *Burgard*, Gestaltungsfreiheit im Stiftungsrecht, S. 113 ff.; *Burgard*, ZGR 2023, 849 (852 ff., 858 ff., 864 f.); *Hüttemann*, FS D. Reuter, S. 121 (123 ff.); vgl. bündig auch *Jörg*, SPWR 2022, 119 (123).

stellen nur dann eine Zweckänderung i. S. d. Absatzes 1 des § 85 BGB dar, wenn sich dadurch die inhaltliche Ausrichtung der Stiftung in einer für den Stifter zur Zeit der Errichtung der Stiftung unvorhersehbaren Weise wandelt. Eine solche Änderung liegt nach der amtlichen Begründung zum Beispiel vor, wenn das typische Aufgabengebiet der Stiftung geändert werden soll oder das bestehende Aufgabengebiet um ein weiteres (anderes) Aufgabengebiet ergänzt werden soll.[2207] Eine Änderung von Teilen der Zweckbestimmung in der Satzung, die nur die Mittel zur Erreichung des Zwecks aufführen, ist grundsätzlich keine Zweckänderung, es sei denn, dem Stifter kam es gerade auch auf die besondere Art und Weise der Zweckerfüllung an.[2208] Insofern kommt der Auslegung der statutarischen Zweckbestimmung unter Berücksichtigung des tatsächlichen oder mutmaßlichen Stifterwillens (§ 83 Abs. 2 BGB) eine besondere Bedeutung bei der Abgrenzung zu.[2209]

Gerade im hiesigen Kontext findet sich oftmals in Satzungen unternehmensverbundener Stiftungen Zweckerfüllungsregelungen dergestalt, dass der Zweck der unternehmensverbundenen Familienstiftung vornehmlich durch das Halten direkter und indirekter Beteiligungen des Familienunternehmens und damit durch dessen dauerhafte und nachhaltige Führung, erfüllt wird. Dadurch wird deutlich, dass es dem Stifter gerade auch auf die besondere Art und Weise der Zweckerfüllung ankommt, weshalb es sich in derlei Fällen um eine Zweckänderung i. S. d. § 85 Abs. 1 S. 1 BGB handelt. Etwas Anderes dürfte nur gelten, wenn er die Veräußerung der Gesellschaftsbeteiligungen ausdrücklich vorsieht. Sofern keinerlei diesbezügliche Regelung in der Stiftungssatzung zu finden ist, muss daraus nicht unbedingt der Schluss gezogen werden, der Stifter habe einen Verkauf des Anteils für alle Zeiten und für alle Eventualitäten ausschließen wollen.[2210] Im Wege der Auslegung der Stiftungssatzung unter Berücksichtigung des Stifterwillens ist dann zu ermitteln, ob eine entsprechende Satzungsänderung Absatz 1 oder Absatz 2 des § 85 BGB unterfällt.

Eine Zweckbeschränkung i. S. d. § 85 Abs. 1 S. 1 Alt. 2 BGB soll dann als *„erheblich"* anzusehen sein, wenn die Stiftung dadurch ihre Identität ändert.[2211] Nach der amtlichen Begründung ist dies regelmäßig anzunehmen, wenn eine Stiftung zwei gleichwertige Zwecke hat und einer der Zwecke aufgegeben werden soll, weil

---

2207 BT-Drs. 19/28173, S. 64.

2208 BeckOGK/*Lange*, 1.9.2024, BGB § 85 Rn. 11.1.

2209 Schauhoff/Mehren/*Kirchhain*, Stiftungsrecht nach der Reform, Kap. 9 Rn. 22 a. E.; vgl. BeckOGK/*Lange*, 1.9.2024, BGB § 85 Rn. 12.

2210 *Baßler/Stöffler/Blecher*, GmbHR 2021, 1125 Rn. 40.

2211 BT-Drs. 19/28173, S. 65.

nicht mehr beide dauernd und nachhaltig erfüllt werden können. Das Gleiche gilt, wenn ein sehr weitgefasster Zweck erheblich verengt werden soll. Eine erhebliche Zweckbeschränkung kann auch in der Ergänzung eines neuen Zwecks liegen, der die Erfüllung des alten Zwecks erheblich einschränkt.[2212]

Voraussetzung für die (gänzliche) Änderung oder die erhebliche[2213] Beschränkung des Stiftungszwecks ist, dass

- der Stiftungszweck nicht mehr dauernd und nachhaltig erfüllt werden kann (§ 85 Abs. 1 S. 1 Nr. 1 BGB)[2214], was – insbesondere – dann der Fall ist, wenn eine Stiftung keine ausreichenden Mittel für die nachhaltige Erfüllung des Stiftungszwecks hat und solche Mittel in absehbarer Zeit auch nicht erwerben kann (§ 85 Abs. 1 S. 2 BGB), oder
- der Stiftungszweck das Gemeinwohl gefährdet[2215] (§ 85 Abs. 1 S. 1 Nr. 2 BGB) und
- gesichert erscheint, dass die Stiftung den beabsichtigten neuen oder beschränkten Stiftungszweck dauernd und nachhaltig erfüllen kann (§ 85 Abs. 1 S. 3 BGB), also eine positive Lebensfähigkeitsprognose[2216] durch die Stiftungsbehörde attestiert werden kann.[2217]

Liegen die Voraussetzungen nach § 85 Abs. 1 S. 1 Nr. 1, S. 3 BGB vor, kann gem. § 85 Abs. 1 S. 4 BGB, eine auf Ewigkeitsstiftung auch durch Satzungsänderung in eine Verbrauchsstiftung (§ 80 Abs. 1 S. 2 BGB) umgestaltet werden, indem die Satzung um Bestimmungen nach § 81 Abs. 2 BGB ergänzt wird.[2218] Für welche

---

2212 BT-Drs. 19/28173, S. 65 mit Beispielen; s. a. *Schienke-Ohletz/Junius-Morawe*, BB 2021, 1886 (1887).

2213 Nicht erhebliche Zweckbeschränkungen unterfallen folglich § 85 Abs. 2 S. 1 BGB, ebenso *Schauer*, npoR 2022, 54; Schauhoff/Mehren/*Kirchhain*, Stiftungsrecht nach der Reform, Kap. 9 Rn. 37; BeckOGK/*Lange*, 1.9.2024, BGB § 85 Rn. 13 ff.

2214 Zu den Anforderungen hierzu im Einzelnen *Hüttemann/Rawert*, ZIP 2021, Beilage zu Heft 33, S3 (S24 f.); *Lange*, ZStV 2022, 207 (208 ff.).

2215 Zur Gemeinwohlgefährdung s. → Teil 4 C I 1 a und Teil 4 D II 1.

2216 Dazu BeckOGK/*Lange*, 1.9.2024, BGB § 85 Rn. 24, 28. vgl. allg. auch → Teil 3 C I 1 b.

2217 Vgl. insofern plastisch *Schuck/Medinger*, npoR 2021, 284 (285) („*Praktisch vereinfacht ausgedrückt ist für Satzungsänderungen in dieser ersten Kategorie erforderlich, dass die Stiftungsaufsicht die Stiftung in ihrer jetzigen Form nicht mehr anerkennen würde, in ihrer neuen Form aber schon.*“).

2218 Ausf. dazu BeckOGK/*Lange*, 1.9.2024, BGB § 85 Rn. 29 ff.; eing. samt „Leitfaden“ kürzlich *Burgard/Heimann*, npoR 2024, 123; zur Verbrauchsstiftung nach neuem Recht s. *Hüttemann/Rawert*, ZIP 2021, Beilage zu Heft 33, S3 (S6, S8, S13); BeckOGK/*G. Roth*, 1.9.2024, BGB § 81 Rn. 159 ff.; BoKoStiftR/*Janitzki*, BGB § 81

Zeit die Stiftung nach ihrer Umwandlung in die Verbrauchstiftung weiter bestehen muss, mithin über welchen Zeitraum die Stiftung ihr Stiftungsvermögen anschließend verbrauchen muss, ist umstritten.[2219] Das Gesetz verweist in § 85 Abs. 1 S. 4 BGB auf die „Lebensfähigkeitsprognose" des § 85 Abs. 1 S. 3 BGB und gerade nicht auf den parallel formulierten § 82 S. 1 BGB und vor allem auch nicht auf den daran anknüpfenden § 82 S. 2 BGB (zehn Jahre Mindestbestandsdauer). Es kann jedenfalls davon ausgegangen werden, dass nach der Umwandlung keine weiteren zehn Jahre Mindestbestandsdauer verlangt werden können, da es sich gerade nicht um einen Errichtungs-, sondern einen Umwandlungsfall handelt.[2220] *Dirk Schauer* folgend erscheint es als zweckmäßige Voraussetzung, dass die Stiftung nach der Umwandlung noch für einen relevanten Zeitraum selbst eine nachhaltige Zweckverwirklichung erwarten lassen muss und die Maßnahme sich nicht faktisch darauf beschränken darf, das Stiftungsvermögen kurzfristig an den Anfallberechtigten auszukehren.[2221] Dies stünde auch mit der amtlichen Begründung im Einklang, wonach die Umwandlung in eine Verbrauchsstiftung „*kein Liquidationsersatz*" sein solle.[2222]

Dabei soll es auch möglich sein, eine Zweckänderung und die Umgestaltung in eine Verbrauchsstiftung zu kombinieren, wenn dies dazu führt, dass der geänderte Stiftungszweck mit dem vorhandenen Stiftungsvermögen in einer Verbrauchsstiftung wieder dauernd und nachhaltig erfüllt werden kann.[2223] Die Umwandlung einer Ewigkeitsstiftung in eine Verbrauchsstiftung war bisher nicht gesetzlich geregelt, sodass über die Zulässigkeit und Voraussetzungen durchaus im Detail Uneinigkeit

---

Rn. 278 ff.; Orth/Uhl/*Orth*, Stiftungsrechtsreform 2021, Rn. 191 ff. und öfter; speziell zur Frage der Möglichkeit einer Rückumwandlung *B. Beyer*, ZStV 2021, 161 (164 f.).

2219 Zum Meinungsstand m. w. N. Orth/Uhl/*Uhl*, Stiftungsrechtsreform 2021, Rn. 581; Schauhoff/Mehren/*Kirchhain*, Stiftungsrecht nach der Reform, Kap. 9 Rn. 32; BeckOGK/*Lange*, 1.9.2024, BGB § 85 Rn. 33 f.; *Schauer*, npoR 2022, 54 (55).

2220 Orth/Uhl/*Uhl*, Stiftungsrechtsreform 2021, Rn. 581; *Schauer*, npoR 2022, 54 (55); BeckOGK/*Lange*, 1.9.2024, BGB § 85 Rn. 34; i. Erg. Schauhoff/Mehren/*Kirchhain*, Stiftungsrecht nach der Reform, Kap. 9 Rn. 32; **a. A.** *Hüttemann/Rawert*, ZIP 2021, Beilage zu Heft 33, S3 (S25); *Schauhoff/Mehren*, NJW 2021, 2993 Rn. 27; *Schienke-Ohletz/Junius-Morawe*, BB 2021, 1886 (1888).

2221 *Schauer*, npoR 2022, 54 (55); ihm folgend auch Schauhoff/Mehren/*Kirchhain*, Stiftungsrecht nach der Reform, Kap. 9 Rn. 32.

2222 BT-Drs. 19/28173, S. 66. Insofern könnte man sich ggf. auch an das Sperrjahr des § 51 BGB orientieren, vgl. *Schauer*, npoR 2022, 54 (55).

2223 BT-Drs. 19/28173, S. 65.

bestand[2224], weshalb diesbezüglich auch die Genehmigungspraxis recht zurückhaltend war[2225]. Dementsprechend ist eine gesetzliche Regelung zu begrüßen, zumal so verdeutlicht wird, dass es sich bei der Verbrauchsstiftung um ein „*Aliud zur Ewigkeitsstiftung*" handelt.[2226] Zwar ist der umgekehrte Fall, d. h. die Umwandlung einer (von Beginn an) Verbrauchsstiftung in eine Ewigkeitsstiftung, nicht ebenfalls gesetzlich geregelt worden. Daraus darf jedoch nicht geschlossen werden, dass dies nicht mehr möglich sein soll. Vielmehr ist dies wohl unter den Voraussetzungen des § 85 Abs. 1 S. 1 Nr. 1, S. 3 BGB[2227] oder jedenfalls durch explizite statutarische Anordnung auch künftig möglich.[2228] In beiden Fällen ist stets eine positive Lebensfähigkeitsprognose erforderlich (vgl. § 85 Abs. 1 S. 3 BGB). Fehlen konkrete Angaben in Bezug auf die Möglichkeit der Umwandlung in eine Verbrauchsstiftung, so muss auch hier der (mutmaßliche) Stifterwille ausgelegt werden.[2229]

Eine Umwandlung in eine Verbrauchsstiftung dürfte bei unternehmensverbundenen Familienstiftungen freilich keine angestrebte Option sein, denn jene soll das Familienunternehmen resp. die Unternehmensbeteiligungen als das wesentliche Vermögen der Familie erhalten bleiben, während eine Verbrauchsstiftung einen Zweck verfolgt, der ihr Vermögen gerade vollständig verbraucht (vgl. § 80 Abs. 1 S. 2 BGB).[2230]

2224 Vgl. *Schienke-Ohletz/Junius-Morawe*, BB 2021, 1886 (1887); zum bisherigen Meinungsstand s. MHdB GesR 5/*Gummert*, § 80 Rn. 205 ff.; *S. Vogel*, Unternehmensverbundene Verbrauchsstiftung, S. 96 ff.; *Tielmann*, NJW 2013, 2934 (2936); *Rawert*, npoR 2014, 1 (4 f.); *Hüttemann/Rawert*, ZIP 2013, 2136 (2144); zur Berücksichtigung des Stifterwillens i. d. Z. instruktiv VG Gelsenkirchen, ZStV 2018, 174.

2225 So *Schauer/Stallmann*, NWB-EV 2021, 290 (298).

2226 *B. Beyer*, ZStV 2021, 161 (164). Zum Verhältnis der sog. Ewigkeitsstiftung und der Verbrauchsstiftung instruktiv VG Gelsenkirchen, ZStV 2018, 174 (LS. 1 sowie näher 177) („*'Ewigkeitsstiftung' und Verbrauchsstiftung sind Stiftungsformen, die selbständig nebeneinander und in keinem Rangverhältnis stehen. Der Verbrauchsstiftung kommt in Bezug auf die „Ewigkeitsstiftung" keine Reserve- und Auffangfunktion zu.*").

2227 Die Voraussetzungen des § 85 Abs. 1 S. 1 BGB dürften freilich selten vorliegen, denn weder ist in diesem Fall das aktuelle Lebensfähigkeitskonzept gescheitert (Nr. 1) noch dürfte eine Gemeinwohlgefährdung (Nr. 2) vorliegen. Insofern ist eine ausdrückliche Satzungsregelung anzuraten.

2228 Zur Zulässigkeit im alten Recht *S. Vogel*, Unternehmensverbundene Verbrauchsstiftung, S. 100 f.; *Hüttemann/Rawert*, ZIP 2013, 2136 (2140); *Rawert*, npoR 2014, 1 (5).

2229 Näher dazu mit Beispielen *B. Beyer*, ZStV 2021, 161 (164).

2230 *Blumers*, Ubg 2022, 47 (49). *Schiffer/Pruns*, BB 2013, 2755 (2761). Zur Ungeeignetheit einer Familienverbrauchsstiftung als Nachfolgeinstrument für auf langfristiges Bestehen bedachte Familienunternehmen → Teil 2 A II 3 c mit Fn. 494.

Bei unternehmensverbundenen Familienstiftungen als Unternehmensnachfolgeinstrument werden Änderungen i. S. d. § 85 Abs. 1 BGB wohl selten in Betracht kommen. Eine Änderung des Stiftungszwecks kommt bei diesen nämlich – jedenfalls regelmäßig – nicht infrage.[2231] Denn die Familienstiftung soll primär die Stifterfamilie versorgen und das Familienunternehmen generationenüberdauernd als solches erhalten und führen.

Bei Familienstiftungen ist aber der relevante Fall des Aussterbens der Stifterfamilie zu bedenken. Hierbei wären regelmäßig die Voraussetzungen des § 85 Abs. 1 BGB erfüllt, sodass eine Zweckänderung möglich wäre.[2232] Die Auflösung der Stiftung ist gem. § 87 Abs. 1 S. 2 BGB subsidiär gegenüber einer Zweckänderung, sodass die Gefahr bestünde, dass der Stiftung ein anderer privatnütziger Zweck gegeben werden könnte. Hier sorgt allenfalls der bei der Genehmigung der Satzungsänderung von der Stiftungsbehörde stets zu berücksichtigende Stifterwille (§ 83 Abs. 2 BGB) für einen gewissen Schutz. Ist in derlei Fällen jedoch ein anderes stifterseits gewünscht, empfiehlt sich eine explizite Regelung im Stiftungsgeschäft oder der Satzung (vgl. § 85 Abs. 4 BGB).[2233]

(2) Andere Zweckänderungen und Änderungen anderer prägender Satzungsbestimmungen

Andere, nicht unter Absatz 1 fallende Zweckänderungen, insbesondere unerhebliche Zweckänderungen (Alt. 1), oder Änderungen anderer prägender Bestimmungen der Stiftungsverfassung (Alt. 2) sind nach § 85 Abs. 2 S. 1 BGB zulässig, „*wenn sich die Verhältnisse nach Errichtung der Stiftung wesentlich verändert haben und eine solche Änderung erforderlich ist, um die Stiftung an die veränderten Verhältnisse anzupassen*". Es gelten also im Vergleich zu Absatz 1 erleichterte Anforderungen, die mit Blick auf das Erfordernis der „wesentlichen Veränderung der Verhältnisse" den meisten ehemaligen landesstiftungsrechtlichen Bestimmungen entsprechen, sodass insoweit ausweislich der amtlichen Begründung auf die damalige Praxis zurückgegriffen werden kann.[2234] Dabei ist jedoch zu berücksichtigen, dass die Auslegung des unbestimmten Begriffs der „wesentlichen Veränderung der Verhältnisse" auch in der Praxis der verschiedenen Landesstiftungsbehörden nicht

2231 *Blumers*, Ubg 2022, 47 (49).
2232 *Baßler/Stöffler/Blecher*, GmbHR 2021, 1125 Rn. 39.
2233 Siehe zum konkreten Regelungsstandort → Teil 4 E I 2 b aa (4) (c).
2234 BT-Drs. 19/28173, S. 66. Siehe zu den Satzungsänderungsmöglichkeiten durch Organe nach altem Recht → Teil 4 D I 2 a.

einheitlich war.[2235] Der Reformgesetzgeber führt insoweit jedoch an, dass etwa eine Gesetzesänderung, insbesondere Änderungen des Stiftungsrechts, als eine „wesentliche Veränderung der Verhältnisse" aufzufassen ist.[2236] Diese Klarstellung war gerade für bestehende Stiftungen von Relevanz, die ihre Satzung noch vor Inkrafttreten der Stiftungsrechtsreform 2021 am 1.7.2023 anpassen wollten. Auch ein erheblicher Verlust von Stiftungsvermögen, den die Stiftung nicht ausgleichen kann, sei erfasst.[2237] Eine Veränderung der Verhältnisse ist für die Stiftung als wesentlich anzusehen, wenn sie erhebliche Auswirkungen auf die Erfüllung des Stiftungszwecks hat. Eine solche wesentliche Veränderung der Verhältnisse muss darüber hinaus dazu führen, dass die der Stiftung vom Stifter gegebene Satzung den neuen Anforderungen nicht mehr genügt. Ob die Voraussetzungen für eine Satzungsänderung nach § 85 Abs. 2 S. 1 BGB tatsächlich vorliegen, ist jedoch stets eine einzelfallbezogene Entscheidung. Diese Entscheidung kann nur unter Berücksichtigung der gesamten Stiftungsverfassung und der Entwicklung der jeweiligen Stiftung sowie unter hinreichender Berücksichtigung des Willens des Stifters getroffen werden.[2238]

Zweckänderungen i. S. d. § 85 Abs. 2 S. 1 Alt. 1 BGB sind Änderungen, bei denen der ursprüngliche Stiftungszweck nicht ausgetauscht oder erheblich beschränkt wird. Dabei sei im Besonderen an Zweckerweiterungen sowie Zweckbeschränkungen zu denken, die die Identität der Stiftung unangetastet lassen.[2239]

Was unter „*andere prägende Bestimmungen*" i. S. d. § 85 Abs. 2 S. 1 Alt. 2 BGB zu verstehen sein soll, nennt in Gestalt eines nicht abschießenden[2240] Regelkatalogs § 85 Abs. 2 S. 2 BGB.[2241] Danach sollen Bestimmungen betreffend Name, Sitz,

---

2235 Vgl. *Schienke-Ohletz/Junius-Morawe*, BB 2021, 1886 (1888); kritisch betreffend die Bezugnahme auf die bisherige Praxis *Gollan*, npoR 2021, 277 (281).

2236 BT-Drs. 19/28173, S. 67; *Burgard*, ZStV 2024, 39 (46).

2237 BT-Drs. 19/28173, S. 67.

2238 Vgl. BT-Drs. 19/28173, S. 67; BeckOGK/*Lange*, 1.9.2024, BGB § 85 Rn. 47 a. E.

2239 BT-Drs. 19/28173, S. 66; vgl. *Schauer*, npoR 2022, 54; Schauhoff/Mehren/*Kirchhain*, Stiftungsrecht nach der Reform, Kap. 9 Rn. 37.

2240 *Schauer*, npoR 2022, 54 (55); Schauhoff/Mehren/*Kirchhain*, Stiftungsrecht nach der Reform, Kap. 9 Rn. 36; vgl. auch BT-Drs. 19/31118, S. 10 („*Er* [§ 85 Abs. 2 S. 2 BGB] *zählt beispielhaft einige zentrale Satzungsbestimmungen auf, die grundsätzlich bei allen Stiftungen als prägend angesehen werden können. Auch andere Satzungsbestimmungen können für besondere Stiftungen prägend sein […]*"). Ausf. zu § 85 Abs. 2 BGB *Burgard*, ZStV 2024, 39 mit Prüfungsschema (ebd., 40 ff.).

2241 Die Regelbeispiele für zu restriktiv erachtend *Burgard*, ZStV 2021, 45 (47 f.); *Burgard*, npoR 2021, 78 (80); dagegen *Hüttemann/Rawert*, ZIP 2021, Beilage zu Heft 33, S3 (S26), die zutreffend darauf hinweisen, dass „*die Formulierung des Gesetzes (‚re-*

Art und Weise der Zweckverwirklichung und Verwaltung des Grundstockvermögens – regelmäßig – als prägend anzusehen sein. Als für die Stiftung prägend anzusehen, seien ferner auch die Bestimmungen in der Satzung, die anordnen, dass die Stiftung eine gemeinnützige oder eine kirchliche Stiftung sein soll.[2242] Entsprechendes dürfte für die Anordnung gelten, dass es sich um eine (unternehmensverbundene, privatnützige) Familienstiftung handelt.

Nicht im endgültigen Gesetzestext[2243], jedoch misslicherweise in der nicht aktualisierten Gesetzesentwurfsbegründung, findet sich die Aussage, dass auch *„Bestimmungen über die Zusammensetzung und Aufgabenverteilung zwischen den Organen"* prägende Bestimmungen seien sollen[2244]. Hierbei ist in Bezug auf die nicht aktualisierte Gesetzesentwurfsbegründung von einem Redaktionsversehen seitens des Gesetzgebers auszugehen, sodass Bestimmungen über die Zusammensetzung und Aufgabenverteilung zwischen den Organen als sonstige Bestimmungen unter § 85 Abs. 3 BGB fallen und daher bereits dann geändert werden können, wenn sie der Erfüllung des Stiftungszwecks (nur) dienen.[2245] Etwas anderes gilt nur, wenn der Stifter eine abweichende statutarische Bestimmungen getroffen hat (§ 85 Abs. 4 BGB) oder sich im Wege der Auslegung eindeutig ergibt, dass die Stiftungsorganisation prägend sein sollte. Gerade mit Blick auf die *Foundation Governance* sowie der Sicherung des Familieneinflusses in einer unternehmensverbundenen Familienstiftung sind auch *„Bestimmungen über die Zusammensetzung und Aufgabenverteilung zwischen den Organen"* in der Regel von hoher Bedeutung für den Stifter und sollen daher nicht einfach abzuändern

---

gelmäßig prägend') hinreichend Spielraum" zum Beweis des Gegenteils lässt. Ferner ist auch hier bei der Auslegung, ob ein Satzungsbestandteil prägend ist oder nicht, der Stifterwille zu beachten, ebenso *Burgard*, ZStV 2024, 39.

2242 BT-Drs. 19/28173, S. 67.

2243 Im Rahmen des RefE stand dies noch neben den anderen Regelbeispielen, vgl. *RefE v. 28.9.2020*, S. 8.

2244 BT-Drs. 19/28173, S. 67.

2245 Ebenso *Schauer*, npoR 2022, 54 (55); Schauhoff/Mehren/*Kirchhain*, Stiftungsrecht nach der Reform, Kap. 9 Rn. 36a; vgl. auch Orth/Uhl/*Uhl*, Stiftungsrechtsreform 2021, Rn. 588 (dortige Fn. 605); i. Erg. *Schiffer/Pruns/Schürmann*, Die Reform des Stiftungsrechts, § 8 Rn. 21; *Feick/Schwalm*, NZG 2021, 525 (528), die jedoch von *„Restzweifeln"* sprechen; ebenso wohl BeckOGK/*Lange*, 1.9.2024, BGB § 85 Rn. 43 f.; daran zweifelnd auch Henssler/Strohn/*Heuel*, GesR, BGB § 85 Rn. 13; **a. A.** *Achilles*, ZevKR 68 (2024), 22 (31); auch, aber i. Erg. für Einzelfallprüfung *Burgard*, ZStV 2024, 39 (43 f.).

sein.[2246] Ob eine Bestimmung aus Sicht des Stifters eine prägende Vorgabe war oder nicht, ist im Übrigen sonst durch Auslegung der Stiftungssatzung und auch hier wieder unter besonderer Berücksichtigung seines (mutmaßlichen) Willens zu ermitteln.[2247]

Welche Bestimmungen als prägend oder nicht aufzufassen sind, kann im Einzelfall sicherlich sehr problematisch sein.[2248] Bei der Satzungsgestaltung wird es daher in Zukunft wichtig sein, eine eigene Einordnung in prägende und nicht prägende Bestimmungen vorzunehmen bzw. die Wichtigkeit einer Regelung zu verdeutlichen oder auch zu definieren, wann für den Stifter eine „wesentliche Veränderung der Verhältnisse" vorliegt oder nicht vorliegt, um die Anforderungen an eine künftige Änderung nach den individuellen Bedürfnissen gezielt zu steuern und Auslegungsfragen zu reduzieren.[2249] Dabei muss er aber darauf achten, dass der Handlungsspielraum der Stiftungsorgane diesbezüglich nicht zu stark eingeengt wird, damit diese erforderlichenfalls doch auch zu einer anderen Auslegung und damit notwendigen Anpassung gelangen können.[2250]

(3) Änderung sonstiger (einfacher) Satzungsbestimmungen

In die dritte Kategorie des § 85 Abs. 3 BGB fallen alle Satzungsänderungen, die nicht bereits von Absatz 1 und Absatz 2 Satz 2 des § 85 BGB erfasst werden. Jene sonstigen Satzungsbestimmungen sind änderbar, „*wenn dies der Erfüllung des Satzungszwecks dient*". Hinzuweisen ist in Bezug auf das Ausreichen der „Dienlichkeit", dass in *§ 85 Abs. 3 BGB-RefE* noch „*wenn dadurch die Erfüllung des Stiftungszwecks erleichtert wird*" zu lesen war.[2251] *Ulrich Burgard* wies insofern zutreffend darauf hin, dass nicht jede Änderung, die die Zweckverwirklichung erleichtert, auch dazu führt, dass die Zweckverwirklichung im Sinne des Stifterwillens betrieben wird.[2252] Der Passus „*erleichtert wird*" findet sich jedoch

---

2246 Vgl. *Schauer*, npoR 2022, 54 (56); *Schauhoff/Mehren*, NJW 2021, 2993 Rn. 25; BeckOGK/*Lange*, 1.9.2024, BGB § 85 Rn. 44 a. E.

2247 *Schauhoff/Mehren*, NJW 2021, 2993 Rn. 25; vgl. auch *Lange*, ZStV 2022, 207 (211); *Burgard*, ZStV 2024, 39.

2248 Ausf. hierzu *Burgard*, ZStV 2024, 39 (40 ff.).

2249 *Schauer/Stallmann*, NWB-EV 2021, 290 (297); *Schauer*, npoR 2022, 54 (56); vgl. auch *Lange*, ZStV 2022, 207 (211).

2250 Vgl. *Pawlytta/Pfeiffer*, ZErb 2022, 255 (257).

2251 *RefE v. 28.9.2020*, S. 8.

2252 *Burgard*, npoR 2021, 1 (6); *Burgard*, ZStV 2024, 39 (47); unkritisch *Schienke-Ohletz/Junius-Morawe*, BB 2021, 1886 (1888).

weiterhin in der amtlichen Begründung des *RegE* zu § 85 Abs. 3 BGB[2253], was jedoch auch hier als Redaktionsversehen bzw. (versehentlich) unterlassene Aktualisierung zu werten ist. Vielmehr ist davon auszugehen, dass es sich um eine bewusste sprachliche Änderung seitens des Gesetzgebers dahingehend handelte, dass die sonstigen Änderungen dienlich, d. h. „*nützlich*" oder „*von Vorteil*" für die Erfüllung des Stiftungszwecks sein müssen.[2254] Zur Bestimmung dessen steht den Stiftungsorganen nach richtiger Auffassung ein gewisser Beurteilungsspielraum zu.[2255] Auch hier müssen die Satzungsänderungen jedoch mit dem Stifterwillen im Einklang stehen (§ 83 Abs. 2 BGB).[2256]

Auf der Grundlage des § 85 Abs. 3 BGB sollen ausweislich der Begründung zum Gesetzesentwurf im Einzelfall auch die Zweckbestimmung neu formuliert oder ergänzt werden können, soweit dadurch der Zweck oder die Art und Weise der Zweckerfüllung nicht geändert wird, die für die Stiftung als prägend anzusehen sind. Die Zweckbestimmungen könnten ferner häufig auch ergänzt werden, um steuerrechtliche Anforderungen (insbesondere bei gemeinnützigen Stiftungen sind die steuerrechtlichen Tatbestände nach § 52 Abs. 2, § 53 oder § 54 AO gemeint) an die Zweckbestimmung zu erfüllen.

2253 BT-Drs. 19/28173, S. 67, anders aber S. 30.

2254 So zu Recht *Schauer*, npoR 2022, 54 (56); i. Erg. auch; *Schauhoff/Mehren*, NJW 2021, 2993 Rn. 25 („*sachlicher Grund*"); *Feick/Schwalm*, NZG 2021, 525 (528) (jdf. „*'Nützlichsein' ausreichend*"); strenger Schauhoff/Mehren/*Kirchhain*, Stiftungsrecht nach der Reform, Kap. 9 Rn. 39 (bloßes Erleichtern nicht ausreichend); insoweit auch *B. Beyer*, ZStV 2021, 161 (166) („*Leistungsfähigkeit nicht nur unerheblich erleichtern oder verbessern*"), der jedoch verlangt, dass die Satzungsänderung auch „*erforderlich*" sein müsse; **dagegen** zu Recht wohl *Hüttemann/Rawert*, ZIP 2021, Beilage zu Heft 33, S3 (S26) („*dienen bzw. [...] ,erleichtern'*"); ebenso *Lange*, ZStV 2022, 207 (211) („*Eine Begünstigung der Zweckerfüllung genügt*"); *Schuck/Medinger*, npoR 2021, 284 (285).

2255 *Ponath/Tolksdorf*, ZEV 2021, 605 (610); zustimmend *Lange*, ZStV 2022, 207 (211).

2256 *Burgard*, ZStV 2024, 39 (47). Insofern aber zu weitgehend *B. Beyer*, ZStV 2021, 161 (166) der hieraus schlussfolgert, dass die Satzungsänderung wie bei § 85 Abs. 2 BGB auch „*erforderlich*" sein müsse. Dies ist abzulehnen. Hätte der Gesetzgeber das Merkmal „*erforderlich*" gewollt, hätte er dies insofern in Anlehnung an § 85 Abs. 2 BGB normieren können. Zudem betrifft § 85 Abs. 3 BGB einfache Änderungen, die weder die Identität der Stiftung noch prägende Bestimmungen erfassen, sodass jene Änderungen dienlich sein müssen und zudem dem (mutmaßlichen) Stifterwillen nicht widersprechen dürfen.

Als weitere Beispiele kommen etwa die Vereinfachung der Beschlussfassung durch Einladungen in Textform, Umlaufverfahren oder virtuelle[2257] Sitzungen[2258] sowie weitere Regelungen zur Organisation der Stiftung (z. B. Zusammensetzung und Aufgabenverteilung zwischen den Organen, Vergütung, Haftungsmodalitäten; nachträgliche Etablierung eines fakultativen Organs). Ob eine Bestimmung aus Sicht des Stifters eine prägende Vorgabe war oder nicht, ist im Übrigen sonst durch Auslegung der Stiftungssatzung und auch hier wieder unter besonderer Berücksichtigung seines (mutmaßlichen) Willens zu ermitteln.

Mit Blick auf das künftige Stiftungsregister und des damit einhergehenden Einsichtsrechts, können auch entsprechende Passagen in der Stiftungssatzung, die aufgrund von Bundes- oder Landesstiftungsrecht nicht zwingend notwendig sind und dies im Einklang mit dem Stifterwillen steht, im Wege einer einfachen Satzungsänderung gem. § 85 Abs. 3 BGB geändert oder gänzlich gestrichen werden.

(4) Abweichende Regelung durch den Stifter

Die Satzungsänderungsmöglichkeiten gem. § 85 Abs. 1–3 BGB sind – allein für den Stifter – dispositiv.[2259] Dies verdeutlicht § 85 Abs. 4 BGB. Der Stifter kann danach die Voraussetzungen für die Änderung der Stiftungssatzung auch abweichend von § 85 Abs. 1–3 BGB im Stiftungsgeschäft und nach hier vertretener Auffassung auch in der diesem bei Stiftungserrichtung beizufügenden Stiftungssatzung[2260] regeln. Dabei ist zu beachten, dass allein der Stifter zu einer Regelung i. S. d. § 85 Abs. 4 BGB legitimiert ist, wobei er sich in solchen Satzungsbestimmungen auch selbst zum Stiftungsorgan bestimmen und zu Satzungsänderungen ermächtigen kann.[2261] In diesem Fall handelt der Stifter aber als Organ oder Mit-

---

2257 Hingewiesen sei insofern auf den seit dem 21.3.2023 geltenden § 32 Abs. 2 BGB, der über § 84b BGB (bzw. früher § 86 S. 1 BGB a. F.) auch auf den Vorstand von Stiftungen sowie auf andere Stiftungsorgane Anwendung findet, s. BT-Drs. 20/5585. Danach ist eine Beschlussfassung im Wege der hybriden (vgl. dazu [bzgl. Verein] AG Spandau, ZStV 2024, 191 m. zust. Anm. *Klages*) und unter weiteren Voraussetzungen auch eine rein virtuelle Versammlung der Organmitglieder auch dann möglich, wenn die Satzung dies nicht vorsieht, s. näher jurisPK-BGB/*Otto*, § 84b Rn. 8 ff.; BoKoStiftR/*Uffmann*, BGB § 84b Rn. 14 ff.; *Zimmermann/Raddatz*, NJW 2024, 2058 Rn. 21 f.; zu damit einhergehenden Fragestellungen betreffend die Rechte der Organmitglieder von Stiftungen, s. ausf. *Weitemeyer/Hepperle*, npoR 2022, 290.

2258 *Hüttemann/Rawert*, ZIP 2021, Beilage zu Heft 33, S3 (S26); *Schienke-Ohletz/Junius-Morawe*, BB 2021, 1886 (1888); *Gollan*, npoR 2021, 277 (282).

2259 BT-Drs. 19/28173, S. 67; BT-Drs. 19/31118, S. 11; *Lange*, ZStV 2022, 207 (208).

2260 Dazu sogleich näher → Teil 4 E I 2 b aa (4) (c).

2261 BT-Drs. 19/28173, S. 30.

glied eines Organs der Stiftung und ist betreffend die Satzungsänderungen daher an dieselben Voraussetzungen, insbesondere auch den Stiftungszweck, gebunden. Seine Organrechte muss der Stifter immer ausschließlich im Interesse der Stiftung ausüben. Der Stifter hat wie jedes andere Organ auch seinen bei der Errichtung der Stiftung zum Ausdruck gekommenen Willen zu berücksichtigen, der nicht mehr zu seiner Disposition steht (vgl. § 83 Abs. 2 BGB).[2262]

Die Stiftungsorgane oder die nach Landesrecht zuständigen Behörden können die Satzung indes nicht durch (nachträgliche) Satzungsänderung um Bestimmungen ergänzen, aufgrund derer die Änderung der Satzung abweichend von § 85 Abs. 1–3 BGB möglich ist.[2263] Insbesondere durch die Stiftungsorgane nachträglich eingeführte „Ewigkeitsklauseln" sind – wie im alten Recht auch[2264] – unzulässig.

Um Unsicherheit und Streit darüber vorzubeugen, ob im Wege der Auslegung der Stiftungssatzung unter Berücksichtigung des ggf. nicht eindeutigen Stifterwillens einzelne Satzungsbestimmung änderungsfähig sind, sollte durch eindeutige Regelungen in der Satzung vom Stifter bereits bei der Errichtung der Stiftung entweder durch klare Verbote oder ausdrückliche Öffnungs- oder Anpassungsklauseln begegnet werden.[2265] Diese Möglichkeit wird nunmehr durch § 85 Abs. 4 BGB auch deutlich im Gesetz genannt.

(a) Ausschluss oder Beschränkung von Satzungsänderungen

Gem. § 85 Abs. 4 S. 1 BGB kann der Stifter die Änderung der Satzung durch den Stiftungsvorstand resp. ein anderes durch die Satzung dazu bestimmtes Organ oder durch die nach Landesrecht zuständige Behörde nach § 85 Abs. 1–3 BGB ausschließen oder beschränken, indem er einzelne Änderungstatbestände ausschließt (Ewigkeitsklauseln) oder die Satzungsänderung in der Satzung an strengere Voraussetzungen (z. B. qualifizierte Mehrheitserfordernisse, Zustimmungserfordernisse, besondere Umstände etc.) bindet.[2266] Der Stifter muss sich diesbezüglich aber gewahr sein, dass er sich im Falle der dauernden und nachhaltigen Unmöglichkeit der Erfüllung des Stiftungszwecks dem Risiko der Auf-

---

2262 BT-Drs. 19/28173, S. 29; ausf. zur Rechtsstellung des Stifters → Teil 5 B II 1.

2263 BT-Drs. 19/28173, S. 67.

2264 S/S/S/P/*Stumpf*, StiftR, BGB § 86 Rn. 37; vgl. auch v. Campenhausen/Richter/*Hof*, StiftR-HdB, § 10 Rn. 290.

2265 S. auch O. *Werner*, in: Hager, Entwicklungstendenzen im Stiftungsrecht, S. 49 (62).

2266 Vgl. BT-Drs. 19/28173, S. 67; *Hüttemann/Rawert*, ZIP 2021, Beilage zu Heft 33, S3 (S27); *Lange*, ZStV 2022, 167 (171); derlei Satzungsklauseln hat zuvor schon etwa BGHZ 68, 142 (148) nicht beanstandet.

lösung seiner Stiftung nach §§ 87, 87a BGB sowie des Vermögensanfalls und der Liquidation nach § 87c BGB aussetzt.[2267]

(b) Erweiterung der organschaftlichen Änderungsrechte

Der Stifter kann gem. § 85 Abs. 4 S. 2 BGB die Änderung der Satzung durch das zuständige Stiftungsorgan, auch in Abweichung zu den § 85 Abs. 1–3 BGB statutarisch zulassen, insbesondere erleichtern[2268]. Die Befugnis der Stiftungsbehörden zur Satzungsänderung kann er durch die Satzung jedoch nicht erweitern, sondern nur nach § 85 Abs. 4 S. 1 BGB ausschließen oder beschränken.[2269]

Satzungsbestimmungen i. S. d. § 85 Abs. 4 S. 2 BGB sind allerdings nur wirksam, wenn sie den Anforderungen des § 85 Abs. 4 S. 3 BGB entsprechen. Danach muss der Stifter „*Inhalt und Ausmaß der Änderungsermächtigung hinreichend bestimmt*" festlegen. Die amtliche Begründung führt hierzu aus, dass der Stifter die Satzungsbestimmung, die zu den Änderungen ermächtigt, inhaltlich vorbestimmen soll, indem er darin Leitlinien und Orientierungspunkte für die Satzungsänderungen vorgibt. Dabei sind an die Bestimmtheit der Ermächtigung in der Satzung umso höhere Anforderungen zu stellen, je bedeutsamer die Änderungen sind, zu denen ermächtigt werden soll.[2270] Unzulässig sind insofern Blanko- oder Pauschalermächtigung, die den Vorstand jederzeit in die Lage versetzt, die Satzung zu ändern.[2271] Insofern entsprechen die Vorgabe der amtlichen Begründung weitestgehend den bisherigen nach h. M. geltenden Grundsätzen, insbesondere dass keine autonomen Satzungsänderungen durch die Stiftungsorgane zulässig sind.[2272]

In Bezug auf die hinreichende Bestimmtheit ist dafür zu plädieren, dass keine allzu strengen Anforderungen gestellt werden dürfen. Ein „*[endloser] Enumerativkatalog*" für jeden Satzungsänderungsfall ist insoweit nicht zwingend erfor-

2267 *Hüttemann/Rawert*, ZIP 2021, Beilage zu Heft 33, S3 (S26).

2268 BT-Drs. 19/28173, S. 67; *Lange*, ZStV 2022, 207 (208).

2269 BT-Drs. 19/28173, S. 67; Schauhoff/Mehren/*Kirchhain*, Stiftungsrecht nach der Reform, Kap. 9 Rn. 42.

2270 BT-Drs. 19/28173, S. 68; zutreffend hierzu aber *Lange*, ZStV 2022, 167 (172) („*Von dem Stufenverhältnis, das in der Begründung anklingt, ist im Gesetzestext selbst keine Rede*").

2271 BT-Drs. 19/28173, S. 68; *Schienke-Ohletz/Junius-Morawe*, BB 2021, 1886 (1889).

2272 *Hüttemann/Rawert*, ZIP 2021, Beilage zu Heft 33, S3 (S27); *Oppel*, NWB-EV 2021, 122 (129); *B. Beyer*, ZStV 2023, 25 (30 f.); *Lange*, ZStV 2022, 207 (208); siehe zur *de lege lata* Rechtslage → Teil 4 D I 2 a.

derlich.[2273] Von hinreichender Bestimmtheit ist dabei auch auszugehen, wenn der Ermächtigungstatbestand selbst mit Rechtsbegriffen wie einer „wesentlichen Veränderung der Verhältnisse“ oder eines „erheblichen Verlusts des Stiftungsvermögens“ arbeitet[2274], was auch zuvor in vielen Landesstiftungsgesetzen und in § 85 Abs. 2 S. 1 BGB als Tatbestandsmerkmal genannt wird. Im Übrigen gilt auch hier, dass der Stifterwille gem. § 83 Abs. 2 BGB auch im Falle einer statutarischen Änderungsermächtigung stets zu beachten ist. Der Stifterwille ist der Maßstab für die inhaltliche Ausgestaltung der Stiftung, insbesondere im Rahmen von Satzungsänderungen (vgl. § 83 Abs. 2 BGB).[2275]

Gerade um die Flexibilität bei unternehmensverbundenen Stiftungen zu gewährleisten, sollte der Stifter entsprechende statutarische Regelungen vorsehen, aufgrund derer die Stiftungsorgane auf veränderte Umstände auch durch Satzungsanpassung reagieren können. Zugleich sollte er regeln, wie das Beschlussverfahren ausgestaltet und welche Mehrheiten für die Beschlussfassung mehrgliedriger Organe erforderlich sein sollen.[2276] Auch mit Blick auf den bei unternehmensverbundenen Familienstiftungen relevanten Aspekt der Sicherung des Familieneinflusses erlaubt § 85 Abs. 4 BGB dem Stifter sich und seiner Familie entsprechende organschaftliche Rechte betreffend Satzungsänderungen und/oder Zustimmungsvorbehalte zu ihren Gunsten vorzusehen. So kann die Familie die Familienstiftung an gewandelte Umstände anpassen, insbesondere auch betreffend das stiftungsverbundene Familienunternehmen. Aber hinsichtlich gewandelter Familienverhältnisse empfiehlt es sich bereits statutarische Vorkehrungen zu treffen. Gerade bei Familienstiftungen ist dabei – was in der Praxis

---

2273 So indes die Befürchtung von *Feick/Schwalm*, NZG 2021, 525 (530); ähnlich *Schwalm*, ZEV 2021, 68 (71); dies zu Recht ablehnend *Schauer*, npoR 2022, 54 (57), nach dem derlei Kataloge eher kontraproduktiv seien, da ein erschöpfender Katalog keinen Gewinn an Bestimmtheit mit sich bringen würde; zustimmend *Lange*, ZStV 2022, 207 (208).

2274 Zutreffend *Hüttemann/Rawert*, ZIP 2021, Beilage zu Heft 33, S3 (S27); *Lange*, ZStV 2022, 207 (208); ebenso *Schauer*, npoR 2022, 54 (57); Schauhoff/Mehren/*Kirchhain*, Stiftungsrecht nach der Reform, Kap. 9 Rn. 42.

2275 Vgl. zur Maßgeblichkeit des Stifterwillens bei Satzungsänderungen nur *B. Beyer*, ZStV 2021, 161; s. a. *Schauer*, npoR 2022, 54 (57).

2276 Statt anderer Hennerkes/Kirchdörfer/*Hennerkes/Schiffer*, HdB Familiengesellschaften, Rn. 38.25, S. 790; eing. zum Beschlussverfahren- und zur Beschlussfassung im Stiftungsrecht BoKoStiftR/*Uffmann*, BGB § 84b Rn. 1 ff.; Burgard/*Burgard*, StiftR, § 84b Rn. 1 ff.; *Stephan*, DK 2023, 337; (freilich noch zu den alten Regelungen, die jedoch inhaltlich übertragbar sind) auch W/S/F/*O. Werner*, Die Stiftung, § 10 Rn. 54 ff.; *Theuffel-Werhahn*, SB 2022, 23; *Rawert*, NPLY 2019, S. 97.

nicht selten vorkommt – über die mögliche Änderung des Destinatärkreises oder der Voraussetzungen für Leistungen an die Destinatäre nachzudenken[2277] und entsprechende Regelungen in die Satzung aufzunehmen oder es sollten konkrete Voraussetzungen für den Ausschluss von Destinatären[2278] formuliert werden, die die Rechte und Interessen der betroffenen Person berücksichtigen. Dies ist freilich nur insoweit zulässig, als damit keine Zweckänderung vorliegt, wodurch die Familienstiftung ihren Charakter als Familienstiftung verlöre.[2279] Unproblematisch ist insofern der Ausschluss von sog. Nur-Destinatären, also Destinatären ohne jegliche Rechte und Leistungsansprüche. Denn wenn der Stifter bereits beliebig den Destinatärskreis und die Leistungsanforderungen bestimmen kann, dann sollte es auch zulässig sein, vorzusehen, dass der Destinatärskreis nachträglich nicht nur erweitert, sondern auch verkleinert bzw. eingeschränkt werden kann, solange die Familienstiftung ihren Charakter als ebensolche behält. Dies wäre freilich auch dann gegeben, wenn nur noch ein Familienmitglied (im Hinblick auf das vorherrschende Verbot der Stiftung für den Stifter – neben dem Stifter, sofern dieser ebenfalls begünstigt wird) als Destinatär übrigbliebe.

(c) Regelungsstandort der entsprechenden abweichenden Bestimmungen

Fraglich ist, ob der Stifter die abweichenden Bestimmungen i. S. d. § 85 Abs. 4 BGB – wie es der Wortlaut suggeriert – nur im Stiftungsgeschäft oder auch – wie bisher üblich[2280] – in der dazugehörigen Stiftungssatzung anordnen kann. Zwar steht in § 85 Abs. 4 S. 1 und S. 2 BGB, dass der Stifter „im Stiftungsgeschäft"

2277 *Oppel*, FS 75 Jahre StB-Verband, S. 537 (545).

2278 Z. B. für den Fall, dass Pflichtteilsansprüche geltend gemacht werde (vgl. *v. Oertzen/Reich*, DStR 2017, 1118 [1120]; *Schauer*, npoR 2018, 49 [54]) oder ein wichtiger Grund vorliegt (etwa grober Verstoß gegen die Interessen der Familienstiftung).

2279 Insofern besteht auch keine Gefahr, dass das Finanzamt den Vorgang als Errichtung einer neuen Familienstiftung behandelt, da nach R E 1.2 Abs. 4 S. 2 ErbStR 2019 dies nur in Betracht käme, „*wenn durch die Satzungsänderung lediglich bisher nicht bezugs- oder anfallsberechtigte Familienmitglieder oder Dritte in den Kreis der Destinatäre* ***aufgenommen*** *werden.*" (Hervorhebung durch Verfasser). Also nicht, wenn der Destinatärskreis lediglich verkleinert wird und sich dadurch auch nicht der Charakter der Familienstiftung als solcher verändert. Ohnehin wird zu Recht vertreten, dass eine Änderung des Destinatärkreises (jedenfalls steuerlich betrachtet) die rechtliche Identität der Stiftung unberührt lasse, so MHdB GesR 5/*Gummert*, § 80 Rn. 154; i. Erg. auch Schiffer/*Schiffer*, Die Stiftung in der Beraterpraxis, § 8 Rn. 74.

2280 Vgl. nur Staudinger/*Hüttemann/Rawert*, BGB § 85 Rn. 6

entsprechende Bestimmungen treffen kann.[2281] Doch was mit dem Begriff „Stiftungsgeschäft“ konkret gemeint ist, ist bei näherer Betrachtung nicht eindeutig.[2282]

Zunächst ist darauf hinzuweisen, dass es noch im *§ 85 Abs. 4 S. 1 und S. 2 BGB-RefE* statt „Stiftungsgeschäft“ der Begriff der sog. „Errichtungssatzung“ stand, womit die (erste) Satzung gemeint war, die der Stifter der Stiftung im Stiftungsgeschäft gibt (vgl. *§ 81 Abs. 1 Nr. 1 BGB-RefE*).[2283] Auf die Einführung des Begriffs der sog. Errichtungssatzung wurde jedoch im weiteren Verlauf des Gesetzgebungsverfahrens verzichtet, da der Begriff keine Verbesserung gegenüber den eingeführten Begriffen „Stiftungsgeschäfts“ und „Stiftungssatzung“ bedeuten würde. Der Begriff der „Errichtungssatzung“ sollte sodann in den Vorschriften, in denen er bis dahin verwendet wurde, entweder durch den Begriff „Stiftungsgeschäft“ oder „Satzung“ ersetzt werden.[2284] Der Gesetzgeber wollte mit dem Begriff der „Errichtungssatzung“ klarstellen, dass überall dort wo dieser Begriff anstelle des Begriffs (nur) „Satzung“ im Gesetz verwendet wurde, entsprechende Regelungen nur der Stifter bei Stiftungserrichtung treffen kann, und dies nicht nur im Stiftungsgeschäft als solches, sondern auch in der dazugehörigen (ersten) Satzung. Überall dort wo der Begriff (nur) „Satzung“ verwendet wurde, sollten abweichende Bestimmungen nicht nur durch die Errichtungssatzung möglich sein, sondern auch noch durch (spätere) Satzungsänderung.[2285]

In der nunmehr endgültigen Gesetzesfassung, die am 1.7.2023 in Kraft getreten ist, bedeuten die sprachlichen Anpassungen also Folgendes: Überall dort, wo das Gesetz von „in oder durch die Satzung“ spricht, kann Abweichendes auch durch nachträgliche (organschaftliche oder behördliche) Satzungsänderung geregelt werden. Überall dort, wo hingegen die Rede von „im Stiftungsgeschäft“ ist, bedeutet dies lediglich, dass wirksame abweichende Regelungen nur vom Stifter selbst zu bestimmen sind.[2286] Dabei kann er dies aber sowohl bereits im Stiftungsgeschäft

2281 Auch in den §§ 83c Abs. 2 S. 1, 84 Abs. 3, Abs. 4, 84a Abs. 3 BGB sind Regelungen durch den Stifter *„im Stiftungsgeschäft“* vorgesehen.

2282 Vgl. auch *Pawlytta/Pfeiffer*, ZErb 2022, 255 (257).

2283 *RefE v. 28.9.2020*, S. 4, 8, 42 f.; s. a. BT-Drs. 19/28173, S. 47, wo fälschlicherweise weiterhin die Definition der Errichtungssatzung zu lesen ist, obgleich der Begriff sich im verabschiedeten Gesetz nicht mehr findet. Insofern handelt es sich schlicht um ein Redaktionsversehen.

2284 BT-Drs. 19/31118, S. 8.

2285 Vgl. *RefE v. 28.9.2020*, S. 60; vgl. insofern auch die sprachlichen Änderungen im Rahmen von BT-Drs. 19/31118, insbesondere S. 10; s. a. BR-Drs. 19/30938; BR-Drs. 569/21.

2286 Vgl. insofern Staudinger/*Hüttemann/Rawert*, BGB § 85 Rn. 12 (*„[…] durch das Stiftungsgeschäft, dh vom Stifter selbst zu bestimmen sind […]“*).

als auch in der dem Stiftungsgeschäft beizufügenden (ersten) Stiftungssatzung regeln. So wird im Rahmen der sprachlichen Änderung des § 85 Abs. 4 S. 1 und 2 BGB durch den Bericht des Ausschusses für Recht und Verbraucherschutz (6. Ausschuss) vom 23.6.2021 selbst ausgeführt, dass der Stifter *„**in der Satzung** […] nach § 85 Absatz 4 BGB-neu bestimmen [kann], unter welchen Voraussetzungen die Satzung geändert werden kann, und damit zum Ausdruck bringen, wie sich die Stiftung, wenn sich die Verhältnisse ändern, nach seinem Willen fortentwickeln soll. […] Nur der Stifter [soll] bei der Errichtung der Stiftung solche Satzungsbestimmungen zu Satzungsänderungen **in die Satzung aufnehmen** […], mit denen er seinen Stifterwillen zukunftsoffen formuliert* (sic!) *kann*“[2287]. Auch in der amtlichen Begründung wird ausgeführt, dass *„[der] Stifter […] in der **Errichtungssatzung, die er der Stiftung im Stiftungsgeschäft** geben muss, Satzungsänderungen abweichend von § 85 Absatz 1 bis 3 BGB-neu regeln [kann]*“[2288] sowie, dass *„der Stifter […] in der Errichtungssatzung die Voraussetzungen für die Änderung der Stiftungssatzung auch abweichend von § 85 Absatz 1 bis 3 BGB-neu regeln [kann]*“[2289].

Für die Möglichkeit der Regelung nicht nur im Stiftungsgeschäft, sondern auch in der (ersten) Satzung spricht dabei zum einen ferner, dass die Stiftungssatzung – wie eingangs erörtert – integraler Bestandteil des Stiftungsgeschäfts ist (vgl. sowie deutlich § 83 Abs. 1 BGB bzw. § 81 Abs. 1 Nr. 1 BGB a. F.).[2290] Zum anderen ist in § 85 Abs. 4 S. 3 BGB die Rede von *„Satzungsbestimmungen nach Satz 2 […]*“ und nicht etwa Bestimmungen im Stiftungsgeschäft, was auch für die Möglichkeit einer Regelung in der (ersten) Satzung spricht.[2291] Die vorstehenden Äußerungen in den Gesetzesmaterialien zur aktuellen Stiftungsrechtsreform stehen damit auch im Einklang mit denen zur Stiftungsrechtsreform 2002, wonach es dem Stifter unbenommen bleibe, *„**im Stiftungsgeschäft bzw. in der Stiftungssatzung** Vorkehrungen vorzusehen, indem er für später notwendig werdende Änderungen des*

2287 BT-Drs. 19/31118, S. 7, 11. (Hervorhebungen durch Verfasser).

2288 BT-Drs. 19/28173, S. 30. (Hervorhebungen durch Verfasser).

2289 BT-Drs. 19/28173, S. 68.

2290 Deutlich BoKoStiftR/*Schewe*, BGB § 81 Rn. 394 (*„Die Satzung ist also kein vom Stiftungsgeschäft isolierter Bestandteil, sondern ein integraler Bestandteil des Stiftungsgeschäfts.*“); nach BoKoStiftR/*Muscheler*, BGB § 81 Rn. 23 sei dies im reformierten Stiftungsrecht nun eindeutig; vgl. auch BT-Drs. 14/8765, S. 10; s. a. Orth/Uhl/*Uhl*, Stiftungsrechtsreform 2021, Rn. 565; BeckOGK/*Lange*, 1.9.2024, BGB § 81 Rn. 25; Schauhoff/Mehren/*Kirchhain*, Stiftungsrecht nach der Reform, Kap. 9 Rn. 40, 42; BeckFormB ErbR/*Feick/Bregulla-Weber*, Form. H. III. 1. Anm. 12; **a. A.** wohl *Gollan*, npoR 2021, 277 (283).

2291 Vgl. *Schiffer/Pruns/Schürmann*, Die Reform des Stiftungsrechts, § 9 Rn. 23.

Stiftungszwecks Festlegungen trifft und beispielsweise dafür Zuständigkeiten und sachliche Gründe bestimmt"[2292]. Dies entspricht insoweit auch der gängigen Praxis, wo Regelungen zu Satzungsänderungen i. d. R. in der Stiftungssatzung niedergeschrieben werden und im Stiftungsgeschäft ausdrücklich darauf verwiesen wird, dass die Stiftungssatzung „*wesentlicher Bestandteil*" des Stiftungsgeschäfts ist.[2293]

Nach alldem ist es somit zulässig, dass der Stifter – aber auch nur er – abweichende Regelungen i. S. d. § 85 Abs. 4 BGB auch in der (ersten) Satzung, also die, die der Stifter der Stiftung im Stiftungsgeschäft gibt, statuiert.[2294] Zulässig ist es insofern auch, wenn der Stifter im Stiftungsgeschäft folgende Regelung trifft: „*Der Stifter macht von § 85 Abs. 4 S. 1 und S. 2 BGB Gebrauch. Näheres regeln §§ XY der beigefügten Stiftungssatzung, die Bestandteil des Stiftungsgeschäfts ist*". Diese vom Stifter vorgegebenen Satzungsregelungen können von den Stiftungsorganen, den Stiftungsbehörden und auch vom Stifter selbst, nicht nachträglich geändert werden. Jenes Recht, Satzungsänderungen abweichend von der gesetzlichen Grundkonzeption auszuschließen, zu beschränken oder zu erleichtern, kommt dem Stifter nämlich nur im Zeitpunkt der Stiftungserrichtung zu. Demgemäß bedarf dessen Formulierung größter Sorgfalt und Weitsicht.

bb) Verfahren bei Satzungsänderungen

Das Verfahren bei Satzungsänderungen ist nunmehr in § 85a BGB bundeseinheitlich geregelt.[2295] Dieser orientiert sich weitgehend an die vorherige Rechtslage. Insofern differenziert § 85a BGB zwischen organschaftlichen (Abs. 1) und behörd-

---

2292 BT-Drs. 14/8765, S. 10. (Hervorhebungen durch Verfasser).

2293 Vgl. nur die gängigen Formularbücher etwa MVHdB I GesR/*Hof*, Form. VIII. 3 S. 1538; Feick/*D. J. Fischer*, Stiftung, § 6 Rn. 15 i. V. m. § 7 Rn. 34; BeckFormB ErbR/ *Feick/Bregulla-Weber*, Form. H. II. 2. i. V. m. Form. H. III. 2.

2294 Ebenso die überwiegende Auffassung im Schrifttum: Orth/Uhl/*Uhl*, Stiftungsrechtsreform 2021, Rn. 565; BeckOGK/*Lange*, 1.9.2024, BGB § 85 Rn. 56; Schauhoff/ Mehren/*Kirchhain*, Stiftungsrecht nach der Reform, Kap. 9 Rn. 40, 42; *Schiffer/ Pruns/Schürmann*, Die Reform des Stiftungsrechts, § 9 Rn. 23; *Schauhoff/Mehren*, NJW 2021, 2993 Rn. 26; *Ponath/Tolksdorf*, ZEV 2021, 605 (610); *Schuck/Medinger*, npoR 2021, 284 (285); *Baßler/Stöffler/Blecher*, GmbHR 2021, 1125 Rn. 37; wohl auch *Schauer*, npoR 2022, 54 (56); *Pawlytta/Pfeiffer*, ZErb 2022, 255 (257), nach denen höchstens vonnöten sein könnte, dass im Stiftungsgeschäft allg. niedergeschrieben wird, dass die Organe die diesbezügliche Kompetenz haben, Inhalt und Ausmaß jedoch in der Satzung präzisiert werden könne; für eine Regelung nur im Stiftungsgeschäft wohl *Pruns*, ZErb 2021, 301 (303); *Gollan*, npoR 2021, 277 (282 f.); *Hüttemann/Rawert*, ZIP 2021, Beilage zu Heft 33, S3 (S26, S41).

2295 Hierzu statt anderer näher *Burgard*, ZStV 2024, 39 (47 ff.).

lichen (Abs. 2) Satzungsänderungen. Absatz 3 des § 85a BGB sieht ferner spezielle Anforderungen für den Fall der interlokalen Sitzverlegung[2296] vor.

(1) Satzungsänderung durch die Organe

§ 85a Abs. 1 BGB regelt das Verfahren für Satzungsänderungen durch die Stiftungsorgane. Hier ist wie nach der ehemaligen Rechtslage ein zweistufiges Verfahren vorgesehen. Danach bedarf es für die Satzungsänderung zunächst eines Beschlusses (vgl. § 84b BGB) über die Satzungsänderung durch das zuständige Stiftungsorgan, wobei der Stifter die entsprechenden Beschlussmodalitäten in der Stiftungssatzung konkretisieren kann (vgl. § 84b S. 1 Hs. 2 BGB).[2297] Zu ihrer Wirksamkeit bedarf die bzw. jede[2298] Satzungsänderung sodann gem. § 85a Abs. 1 S. 2 BGB der Genehmigung durch die zuständige Stiftungsbehörde.[2299] Regelungsadressat der Stiftungsgenehmigung ist die Stiftung als eigenständige juristische Person selbst, sodass die Satzungsänderungsgenehmigung demnach Wirksamkeit erlangt, wenn sie der Stiftung bekannt gegeben worden ist, vgl. § 43 Abs. 1 (L) VwVfG.[2300] Bis zur Erteilung der Genehmigung ist der Satzungsänderungsbeschluss schwebend unwirksam.[2301] Endgültig unwirksam ist eine Satzungsänderung erst mit bestandskräftiger Ablehnung des Antrags auf Satzungsänderung.[2302]

Der Genehmigungsvorbehalt soll ausweislich der amtlichen Begründung den zuständigen Behörden ermöglichen, im Genehmigungsverfahren zu überprüfen, ob die gesetzlichen oder satzungsmäßigen Voraussetzungen für die jeweilige Satzungsänderung vorliegen.[2303] Dies spiegelt abermals die Funktion der Stiftungsaufsicht als reine Rechtsaufsicht wider, die auch im Rahmen der Genehmigung

---

2296 Vgl. dazu näher → Teil 4 H I a. E.

2297 § 84b S. 1 BGB gilt nur für Kollegialorgane. Handelt es sich um ein Eine-Person-Organ (z.B. Vorstand besteht nur aus dem Stifter) können Beschlüsse grds. auch formlos gefasst werden. Hierzu BeckOK BGB/*J. Stürner*, 71. Ed. 1.8.2024, § 84b Rn. 1 f.; ausf. Burgard/*Burgard*, StiftR, § 84b Rn. 106 ff.

2298 Für spezielle Strukturmaßnahmen ist das Erfordernis der Genehmigung nochmals gesondert sanktioniert worden, s. § 86b Abs. 1 S. 2 BGB (Zulegung und Zusammenlegung) sowie § 87 Abs. 3 BGB (organschaftliche Auflösung).

2299 Aktuelle Übersicht der nach Landesrecht zuständigen Stiftungsbehörden bei BeckOGK/*Lange*, 1.9.2024, BGB § 85a Rn. 15.

2300 *Schaub-Englert*, NVwZ 2023, 221 (223 f.), dort auch luzid zur Aufhebung einer Satzungsgenehmigung; *Burgard*, ZStV 2024, 39 (49).

2301 *Schaub-Englert*, NVwZ 2023, 221 (222 f.) m. vgl. V. a. BVerwGE 120, 54 (63).

2302 *Schaub-Englert*, NVwZ 2023, 221 (222).

2303 BT-Drs. 19/28173, S. 68; zum Rechtsschutz der Stiftung und Stiftungsbeteiligten (z. B. Organe, Destinatäre etc.) gegenüber der Stiftungsbehörde bei Satzungsän-

von Satzungsänderungen keine eigenen Zweckmäßigkeitserwägungen anstellen darf.[2304] Demgemäß steht ihr im Rahmen der Genehmigung einer Satzungsänderung auch kein Ermessen zu.[2305] Sofern die Voraussetzungen für eine organschaftliche Änderung der Stiftungssatzung nach § 85 BGB oder nach den statutarischen Vorgaben vorliegen und die Vereinbarkeit mit dem Stifterwillen bejaht werden kann, besteht ein Rechtsanspruch der Stiftung – insoweit spiegelbildlich zur Anerkennung[2306] – auf Erteilung der Genehmigung.[2307]

Der Genehmigung einer Satzungsänderung durch die Stiftungsaufsicht kommt dabei aber auch im reformierten Stiftungsrecht keine Bedeutung für die Frage der materiell-rechtlichen Wirksamkeit einer Satzungsänderung, insbesondere keine Heilungswirkung, zu.[2308]

Nach § 85a Abs. 1 S. 1 BGB erfolgen Satzungsänderungen „*durch den Vorstand oder ein anderes durch die Satzung dazu bestimmtes Stiftungsorgan*". Demgemäß ist primär – der gem. § 84 Abs. 1 S. 1 BGB ohnehin obligatorische – Stiftungsvorstand für Satzungsänderungen zuständig, sofern der Stifter kein anderes (fakultatives) Stiftungsorgan (z. B. Stiftungsrat, Familienrat, Destinatärsversammlung) vorgesehen (vgl. § 84 Abs. 4 BGB) und diesem die Satzungsänderungsbefugnis erteilt hat. Der Stifter kann sich insofern auch selbst zum Stiftungsorgan bestimmen und zu Satzungsänderungen ermächtigen, wobei er aber selbst als Organ bzw. Organmitglied fungiert und daher insbesondere an § 83 Abs. 2 BGB gebunden ist.[2309] Unstreitig zulässig ist es dabei, den Satzungsänderungsbeschluss jedenfalls von

derungen bündig Schauhoff/Kirchhain/*Mehren*, Gemeinnützigkeits-HdB, § 3 Rn. 78 f.

2304 Siehe zur Stiftungsaufsicht eing. → Teil 4 H 1.

2305 Allg. M.: *Hüttemann/Rawert*, ZIP 2021, Beilage zu Heft 33, S3 (S27); *Ponath/Tolksdorf*, ZEV 2021, 605 (609); *Baßler/Stöffler/Blecher*, GmbHR 2021, 1125 Rn. 35; *Pawlytta/Pfeiffer*, ZErb 2022, 255 (257); *Pruns*, ZErb 2021, 301 (307); Orth/Uhl/*Uhl*, Stiftungsrechtsreform 2021, Rn. 605; Schauhoff/Mehren/*Kirchhain*, Stiftungsrecht nach der Reform, Kap. 9 Rn. 46; vgl. auch *B. Beyer*, ZStV 2021, 161 (166), nach dem die Stiftungsbehörde vornehmlich auf die Vereinbarkeit mit dem Stifterwillen zu achten hat.

2306 Dazu → Teil 3 C I 2 a.

2307 *Lange*, ZStV 2022, 207 (208); *Burgard*, ZStV 2024, 39 (49). Dies entspricht auch der bisherigen Rechtslage → Teil 4 D I 2 a.

2308 Vgl. zum bisherigen Recht OLG Hamm, NZG 2022, 676 Rn. 71; VG Schleswig-Holstein, ZStV 2016, 208 (217); VGH München, BeckRS 2010, 9882 Rn. 9; MüKoBGB/*Weitemeyer*, § 86 Rn. 29; *Stallmann*, ZEV 2017, 607 (611); zum neuen Recht ebenso BeckOGK/*Lange*, 1.9.2024, BGB § 85a Rn. 5.

2309 Vgl. BT-Drs. 19/28173, S. 30 f.; ausf. zur Rechtsstellung des Stifters → Teil 5 B II 1.

der Zustimmung eines anderen Organs abhängig zu machen.[2310] In diesem Fall fasst das zuständige Organ den Satzungsänderungsbeschluss, der jedoch lediglich erst mit der Zustimmung des anderen Organs wirksam wird.[2311]

In der Literatur wurde vereinzelt vertreten, dass aufgrund der Wortwahl „*oder*" in § 85a Abs. 1 S. 1 BGB sowie des Wortlauts des § 87 Abs. 1 S. 3 BGB[2312] Satzungsänderungen nicht mehr von zwei oder mehreren Organen „*gemeinsam*" beschlossen werden könnten.[2313] Eine derartiges Verständnis der Normen ist indes abzulehnen. Zuvörderst ist sich abermals zu vergegenwärtigen, dass der Reformgesetzgeber sich bei der Gestaltung der Neuregelungen betreffend Satzungsänderungen vornehmlich an den bisherigen Landesstiftungsgesetzen orientiert hat.[2314] Nach diesen war oftmals ausdrücklich normiert, dass auch mehrere Organe gemeinsam einen Satzungsänderungsbeschluss fassen können (vgl. etwa § 5 Abs. 2 LStiftG NRW a. F.; § 6 S. 1 LStiftG BW a. F.).[2315] Andere Bundesländer äußerten sich in Bezug auf die Zuständigkeit der Satzungsänderung entweder gar nicht (z. B. § 8 Abs. 1 S. 2 LStiftG Bremen a. F.) oder beinhalteten in ihrem Wortlaut ebenfalls ein „*oder*" (z. B. § 9 Abs. 1 S. 1 LStiftG Hessen a. F.). Gleichwohl ist – soweit ersichtlich – nach bisheriger allgemeiner Auffassung im Stiftungsrecht unbestritten, dass Satzungsänderungen auch „gemeinsam" durch zwei oder mehr Organe der Stiftung gefasst werden können, wenn dies statutarisch vorgesehen

2310 Orth/Uhl/*Uhl*, Stiftungsrechtsreform 2021, Rn. 601; *Gollan*, npoR 2021, 277 (282); vgl. auch BT-Drs. 19/28173, S. 60; Richter/*Godron*/*Gollan*, Stiftungsrecht, § 6 Rn. 105; zur bisherigen Zulässigkeit nur *Dahlmanns*, RNotZ 2020, 417 (431); *Werder*/*Wystrcil*, BB 2016, 1558 (1560); s. a. die gängigen Formularbücher.

2311 Dies verkannte noch *Burgard*, npoR 2021, 1 (6, mit Beispiel auf 8 f.); *Burgard*, npoR 2021, 78 (79); *Burgard*, ZStV 2021, 45 (47); *Burgard*, GmbHR 2021, R244 (R245), wenn er auch Zustimmungsvorbehalte zugunsten eines anderen Organs für unzulässig erachtete.

2312 Dieser lautet: „*In der Satzung kann geregelt werden, dass* ***ein anderes Organ*** *über die Auflösung entscheidet.*" (Hervorhebungen durch Verfasser).

2313 So noch *Burgard*, npoR 2021, 1 (6, mit Beispiel auf 8 f.); *Burgard*, npoR 2021, 78 (79); *Burgard*, ZStV 2021, 45 (47); *Burgard*, GmbHR 2021, R244 (R245). BeckOGK/*Lange*, 1.9.2024, § 85a Rn. 4 hält § 85a Abs. 1 S. 1 BGB insofern zu Recht für „*sprachlich [...] misslungen*".

2314 BT-Drs. 19/28173, S. 68 („*Das entspricht den bisher geltenden landesrechtlichen Vorschriften*").

2315 *Schiffer*/*Pruns*/*Schürmann*, Die Reform des Stiftungsrechts, § 9 Rn. 24; vgl. auch Schauhoff/Mehren/*Kirchhain*, Stiftungsrecht nach der Reform, Kap. 9 Rn. 45.

ist.[2316] Letztlich ist kein einleuchtender Grund ersichtlich, weshalb nun nicht mehr mehrere Organe auch gemeinsam einen Satzungsänderungsbeschluss fassen können sollen. Eine solche Konstellation kommt gerade bei zweigliedrig organisierten unternehmensverbundenen Familienstiftungen oftmals dergestalt vor, dass der Vorstand mit dem Stiftungsrat/Familienrat entsprechenden Beschlüsse gemeinsam fassen muss. Insofern sieht etwa § 84 Abs. 4 BGB explizit die Möglichkeit der Schaffung weitere Organe vor, wobei der Stifter in der Satzung Regelungen zur Bildung der Organe und zu ihren Aufgaben und Befugnissen treffen muss, *ergo* auch vorsehen kann, dass die Organe in Zusammenarbeit Beschlüsse fassen können. Nach hier vertretener Auffassung sprechen daher die überzeugenderen Gründe dafür, dass es dem Stifter auch im neuen Recht erlaubt ist, statutarisch vorzusehen, dass etwa der Stiftungsvorstand nur gemeinsam mit dem Stiftungsrat (insofern als gemeines Beschlussorgan und das „zuständige" Stiftungsorgan i. S. d. § 85a Abs. 1 S. 1 BGB bzw. § 87 Abs. 1 S. 3 BGB) einen Satzungsänderungsbeschluss fassen kann.[2317] Das „oder" in § 85a Abs. 1 S. 1 BGB ist demgemäß als „und/oder" zu lesen[2318] und in § 87 Abs. 1 S. 3 BGB nicht nur „ein anderes Organ", sondern auch der Plural „andere Organe" i. S. v. gemeinschaftlich. Mit *Peter Rawert* ist daher Folgendes festzuhalten: „*Welchen von mehreren Organen – einzeln oder gemeinsam – die Kompetenz zur Beschlussfassung zugewiesen wird und mit welchen*

2316 Vgl. etwa v. Campenhausen/Richter/*Hof*, StiftR-HdB, § 8 Rn. 52, 210, wonach unstreitig „*gemeinschaftliche Entscheidungen mehrerer Organe der Stiftung*" möglich sind, wenn dies die Satzung vorsieht; MHdB GesR 5/*Mecking*, § 89 Rn. 30 („*Bestehen [neben dem Vorstand] weitere Organe, wird idR deren Beteiligung oder Zustimmung vorzusehen sein*"); vgl. auch das Muster bei MVHdB I GesR/*Hof*, Form. VIII. 3 S. 1541 („*Familienrat in Abstimmung mit dem Vorstand*"); Feick/*D. J. Fischer*, Stiftung, § 7 Rn. 33 („*gefassten Beschlusses des Vorstandes und des Stiftungsrates*").

2317 I. Erg. auch Orth/Uhl/*Uhl*, Stiftungsrechtsreform 2021, Rn. 601; *Schiffer/Pruns/Schürmann*, Die Reform des Stiftungsrechts, § 9 Rn. 24; Schauhoff/Mehren/*Kirchhain*, Stiftungsrecht nach der Reform, Kap. 9 Rn. 45; Burgard/*Burgard*, StiftR, § 85a Rn. 13; *Burgard*, GmbHR 2023, R208 (R210); BeckOGK/*Lange*, 1.9.2024, BGB § 85a Rn. 4; wohl auch *Ponath/Tolksdorf*, ZEV 2021, 605 (609); kritisch zu derlei Gestaltungen etwa *Gollan*, ErbR 2024, 658 (661), jdf. wenn die Kompetenzen unter den Organen nicht konkret geregelt sind.

2318 *Burgard*, GmbHR 2023, R208 (R210); m. w. N. *Burgard*, ZStV 2024, 39 (47); BeckOGK/*Lange*, 1.9.2024, BGB § 85a Rn. 4; BoKoStiftR/*Winkler*, BGB § 85a Rn. 6 f.; so wohl auch *Gollan*, ErbR 2024, 658 (661 mit dortiger Fn. 21), die diesbezüglich lediglich ein „*Scheinproblem*" sieht.

Mehrheiten sie erfolgen muss, ist Sache des Stifters.“[2319] Dies gilt uneingeschränkt auch im reformierten Stiftungsrecht.

(2) Satzungsänderung durch die Stiftungsbehörde

Die Satzungsänderungsbefugnis[2320] der Stiftungsbehörden ist in § 85a Abs. 2 BGB bundeseinheitlich normiert und verdeutlicht, dass jene nur subsidiär[2321] zu Satzungsänderungen ermächtigt ist. Folglich nur dann, wenn die zuständigen Stiftungsorgane nicht rechtzeitig handeln wollen oder können. Liegen die Voraussetzungen für eine Satzungsänderung nach § 85 Abs. 1–3 BGB vor, dürfen die zuständigen Behörden die Satzung nur dann ändern, soweit die Satzungsänderung für die Stiftung (i) notwendig ist und (ii) wenn das zuständige Stiftungsorgan die Satzungsänderung nicht rechtzeitig beschließt. Da die Stiftungsbehörde erst aktiv werden darf, wenn das zuständige Organ nicht selbst handelt, hat sie zuvor grundsätzlich jenes Organ anzuhören.[2322] Wie bereits zuvor erläutert, kann der Stifter die Änderungsmöglichkeiten der Stiftungsbehörde gem. § 85a Abs. 2 BGB, der vollumfänglich auf § 85 BGB und damit auch dessen Absatz 4 verweist, aber auch abweichend regeln.[2323]

(3) Sonderregelung für Sitzverlegungen

§ 85a Abs. 3 BGB enthält des Weiteren eine Sonderregelung für die Verlegung des Satzungssitzes einer Stiftung in den Zuständigkeitsbezirk einer anderen Behörde. Die Satzungsänderung betreffend die Sitzverlegung darf danach von der bisherigen Stiftungsbehörde nur genehmigt werden, wenn die Behörde, in deren Zuständigkeitsbereich der neue Sitz begründet werden soll, ihre Zustimmung erteilt. Hierdurch soll ein Dissens zwischen den beteiligten Stiftungsbehörden über die Wirksamkeit der Sitzverlegung zulasten der Stiftung vermieden werden

---

2319 *Rawert*, ZGR 2018, 835 (862).

2320 Das diesbezügliche Verfahren soll – wie bisher schon – von den Ländern geregelt werden, so BT-Drs. 19/28173, S. 68.

2321 BT-Drs. 19/28173, S. 68; ausf. BeckOGK/*Lange*, 1.9.2024, BGB § 85a Rn. 7 ff.

2322 Schauhoff/Mehren/*Kirchhain*, Stiftungsrecht nach der Reform, Kap. 9 Rn. 49; BeckOGK/*Lange*, 1.9.2024, BGB § 85a Rn. 7; nach *Hüttemann/Rawert*, ZIP 2021, Beilage zu Heft 33, S3 (S26) soll für Maßnahmen nach § 85 Abs. 1 BGB eine behördliche Pflicht nach § 28 VwVfG zur Anhörung des Stifters bestehen; eine Anhörung jdf. für möglich haltend jurisPK-BGB/*Otto*, § 85a Rn. 6; dagegen überzeugend BeckOGK/*Lange*, 1.9.2024, BGB § 85 Rn. 6; Burgard/*Burgard*, StiftR, § 85a Rn. 34; *Burgard*, ZStV 2024, 39 (49).

2323 Ebenso BeckOGK/*Lange*, 1.9.2024, BGB § 85a Rn. 9.

und der Gefahr, dass die Stiftung im Falle der Nicht-Anerkennung durch die Zuzugsbehörde faktisch keiner Aufsicht unterliegen würde, vorgebeugt werden.[2324]

(4) Keine Satzungsänderung gegen den Willen des Stifters

Bei jeder (d. h. organschaftlichen und behördlichen) Satzungsänderung ist nun auch explizit nach § 83 Abs. 2 BGB stets der Wille des Stifters zu beachten.[2325] Gegen seinen ausdrücklichen oder mutmaßlichen Stifterwillen kann die Satzung nicht geändert werden.[2326] Bei jeder Satzungsänderung ist daher immer zu fragen, ob es mit dem Stifterwillen vereinbar ist, dass die jeweilige Bestimmung der Stiftungsverfassung überhaupt geändert wird, und inwieweit es gegebenenfalls eine Alternative zu der geplanten Neuregelung gibt, die dem Stifterwillen besser entspräche.[2327] Hierin zeigt sich abermals die herausragende Bedeutung des Stifterwillens für das gesamte Stiftungsleben.[2328]

cc) Anmeldung von Satzungsänderungen im Stiftungsregister

Nach § 85b S. 1 BGB i. V. m. § 2 Nr. 8, § 6 StiftRG sind sowohl organschaftliche als auch behördliche Satzungsänderungen vom Vorstand zur Eintragung in das Stiftungsregister anzumelden.[2329] § 85b S. 2 Nr. 1 und Nr. 2 BGB regelt dabei, welche Unterlagen bei der Anmeldung einzureichen sind. Nach Nr. 1 des § 85b S. 2 BGB ist bei einer organschaftlichen Satzungsänderung der Satzungsänderungsbeschluss sowie die behördliche Genehmigung einzureichen, bei einer behördlichen Satzungsänderung hingegen die Entscheidung der zuständigen Stiftungsbehörde. In beiden Fällen ist zu dem nach Nr. 2 des § 85b S. 2 BGB der vollständige Wortlaut der geänderten Satzung beizufügen. Letzteres soll gewährleisten, dass die Registerbehörde immer auf einen aktuellen vollständigen Satzungswortlaut zurückgreifen kann und Dritte die aktuelle Stiftungssatzung beim Stiftungsregis-

---

2324 BT-Drs. 19/28173, S. 69; näher dazu im Rahmen der Stiftungsaufsicht → Teil 4 H I.

2325 Vgl. zur Maßgeblichkeit des Stifterwillens bei Satzungsänderungen auch im Rahmen der Neuregelungen nur *B. Beyer*, ZStV 2021, 161; s. a. *Schauer*, npoR 2022, 54 (57); *Baßler/Stöffler/Blecher*, GmbHR 2021, 1125 Rn. 39.

2326 Deutlich auch MHdB GesR 7/*G. Roth*, § 101 Rn. 2.

2327 BT-Drs. 19/28173, S. 64; näher und teils kritisch in Bezug darauf, dass eine identitätsändernde Satzungsänderung letztlich eine Aufgabe des ursprünglichen Stifterwillens darstelle, was insofern widersprüchlich zu § 83 S. 2 BGB sei, *B. Beyer*, ZStV 2021, 161 (163 f.).

2328 Näher → Teil 4 C.

2329 BT-Drs. 19/28173, S. 84; *Lange*, ZStV 2022, 207 (208); zu den Eintragungsmodalitäten s. → Teil 3 B I 5 b aa.

ter einsehen können.[2330] Die Registerbehörde prüft im Übrigen allein die Vollständigkeit der Anmeldung und hat bei deren Vorliegen die Satzungsänderung einzutragen.[2331]

In Bezug auf das Einreichen der Stiftungssatzung zum Stiftungsregister wurde bereits an anderer Stelle mit Blick darauf, dass die Interessen im Speziellen von Familienstiftungen und deren Stifter nicht hinreichend berücksichtigt werden, Kritik geübt.[2332]

Die Eintragung der Satzungsänderung im Stiftungsregister hat im Übrigen eine rein deklaratorisch Wirkung, sodass jene bereits mit Bekanntgabe der Genehmigung bzw. der behördlichen Verfügung durch die Stiftungsbehörde rechtlich wirksam wird.[2333]

dd) Zu- und Zusammenlegung sowie Aufhebung und Auflösung der Stiftung

Hingewiesen sei darauf, dass das reformierte Stiftungsrecht nunmehr auch bundeseinheitliche und detaillierte Regelungen für spezielle Strukturänderungen bzw. besondere Zweckänderungen wie die Zu- und Zusammenlegung (§§ 86–86h BGB)[2334] sowie Auflösung durch Organe (§ 87 BGB) und die behördliche Auf-

2330 BT-Drs. 19/28173, S. 84, 89.

2331 BT-Drs. 19/28173, S. 93.

2332 Ausf. → Teil 3 B I 5 b dd.

2333 BT-Drs. 19/28173, S. 68 i. V. m. 86; s. a. Schauhoff/Mehren/*Kirchhain*, Stiftungsrecht nach der Reform, Kap. 9 Rn. 44.

2334 Speziell hierzu *Schauer*, ZEV 2022, 512; *Cranshaw*, npoR 2024, 93 (95 ff.); *Burgard/Heimann*, ZIP 2024, 1989; *Gantenbrink*, in: Die Stiftung – Jahreshefte zum Stiftungswesen, 15./16. Jahrgang, S. 49; *Schneider/Begemann*, UVR 2024, 54 mit Praxisfallbeispiel. Die Regelungen zur Zu- und Zusammenlegung könnten bei sog. Mehrfamilienstiftungen relevant werden, etwa für den Fall, dass eine oder mehrere Familienstiftungen im Wege der Zu- oder Zusammenlegung „fusioniert" werden sollen. Zur besonderen Herausforderung einer Zulegung von privatnützigen Stiftungen, insb. Familienstiftungen, aufgrund der Schenkungsteuerpflicht s. aber *Schauer*, ZEV 2022, 512 (515 f.); kritisch auch *Schneider/Begemann*, UVR 2024, 54 (60 f.), nach denen „*in wohl vielen Fällen in der Praxis eine Stiftungsfusion unattraktiv*" sein würde.

hebung (§ 87a BGB) der Stiftung[2335] vorsieht.[2336] Die bisherigen in den Landesstiftungsgesetzen vorhandenen Regelungen sind damit hinfällig geworden.[2337] Umstritten ist freilich, ob jene Regelungen zwingend sind oder der Stifter im Stiftungsgeschäft resp. der (ersten) Stiftungssatzung abweichende Voraussetzungen, insb. zur Auflösung der Stiftung treffen kann.[2338] Trotz durchaus weiten Regelungen betreffend die Zu- und Zusammenlegung bleibt einer rechtsfähigen Stiftung ein Formwechsel weiterhin verschlossen.[2339] Steuerrechtlich wurde des Weiteren auch § 7 Abs. 1 Nr. 9 ErbStG neu gefasst, um die nun bestehende Unterscheidung zwischen Auflösung, Aufhebung, Zulegung und Zusammenlegung zu berücksichtigen.[2340]

2335 Speziell hierzu *Weitemeyer/Steffen*, ZIP 2023, 1617; *Uffmann*, ZIP 2022, 1367; *Kögel*, FuS 2022, 212; *Bartodziej*, in: Die Stiftung – Jahreshefte zum Stiftungswesen, 15./16. Jahrgang, S. 61; eing. kürzlich *Muscheler*, JZ 2024, 322.

2336 Siehe zum Ganzen weiterführend etwa Schauhoff/Mehren/*Kirchhain*, Stiftungsrecht nach der Reform, Kap. 9 Rn. 69 ff., 88 ff.; Orth/Uhl/*Uhl*, Stiftungsrechtsreform 2021, Rn. 650 ff., 760 ff.; *Schiffer/Pruns/Schürmann*, Die Reform des Stiftungsrechts, § 10 Rn. 24 ff., § 11 Rn. 12 ff.; prägnanter Überblick bei Schauhoff/Kirchhain/*Mehren*, Gemeinnützigkeits-HdB, § 3 Rn. 168.

2337 BT-Drs. 19/28173, S. 69, 77; *Schauer*, ZEV 2022, 512 (513); *Muscheler*, JZ 2024, 322.

2338 Für die Disponibilität der neuen Regelungen zur Zu- und Zusammenlegung sowie Auflösung und Aufhebung *Weitemeyer/Steffen*, ZIP 2023, 1617 (1619 ff.); *Schauer*, npoR 2022, 54 (57 f.); Burgard/*Burgard*, StiftR, § 87 Rn. 34 f.; *Burgard*, npoR 2023, 103 (107 f.); *Burgard/Heimann*, ZIP 2024, 1989 (1998 mit Fn. 107); Richter/*Richter*, Stiftungsrecht, § 9 Rn. 2; jurisPK-BGB/*Otto*, § 87 Rn. 20; Schauhoff/Mehren/*Kirchhain*, Stiftungsrecht nach der Reform, Kap. 9 Rn. 70; *Kögel/Neckenich*, FuS-Sonderausgabe 2023, 19 (24); i. Erg. auch *Muscheler*, JZ 2024, 322 (324); **a. A.** (abschließende Regelungen) vornehmlich unter Rekurs auf BT-Drs. 19/28173, S. 69, 77 etwa *Uffmann*, ZIP 2022, 1367; Erman/*M. Wiese*, BGB § 87 Rn. 1; BoKoStiftR/*Gantenbrink*, BGB § 87 Rn. 40 f.; Henssler/Strohn/*Heuel*, GesR, BGB § 86 Rn. 2, § 87 Rn. 1; speziell diesbezüglich zu den Gesetzesmaterialien (DiskE, RefE, RegE) erhellend *Orth*, ZStV 2023, 193.

2339 *Geibel*, FS W. F. Ebke, S. 251 (260); Lutter/*G. Seyfarth*, UmwG, § 161 Rn. 1, 5; kritisch *Aumann*, DNotZ 2022, 894 (897 f.) m. w. N. auch zur Gegenforderung in dortiger Fn. 23.

2340 BT-Drs. 19/28173, S. 27, 106.

c) *Keine Einführung eines lebzeitigen Änderungsrechts des Stifters und Ablehnung korporativer Strukturen im Stiftungsrecht durch den Reformgesetzgeber 2021*

Schon seit Längerem wird in der Literatur für die Einführung eines gesetzlichen[2341] lebzeitigen Änderungsrechts des Stifters (in Gestalt einer natürlichen Person) nach Stiftungserrichtung plädiert[2342].

Diesen Bestrebungen hat der Reformgesetzgeber 2021 aber nunmehr eine Absage erteilt[2343], indem er sich ausdrücklich gegen diese ausgesprochen hat. Demgemäß sieht das reformierte Stiftungsrecht kein gesetzliches und voraussetzungsloses Recht des Stifters zur Änderung des Zwecks der Stiftung oder anderer Bestimmungen der Stiftungsverfassung vor.[2344] Ein derartiges Änderungsrecht des lebenden Stifters würde mit den Grundpfeilern des Stiftungsrechts, namentlich dem Trennungs- und Erstarrungsprinzip sowie der Unverfügbarkeit der Stiftung,

---

2341 Eine vereinzelt gebliebene Minderansicht hält dies schon zuvor im Wege einer statutarischen Regelung (zugunsten des Stifters und der Destinatäre) für zulässig *Burgard*, Gestaltungsfreiheit im Stiftungsrecht, S. 349 ff., 655 ff.; *Burgard*, npoR 2019, 106 (108 ff.); weitergehender (auch für Organe) *v. Hippel*, Grundprobleme von NGO, S. 391 ff.; 423 f., 451 ff.; 638 f.; zum Meinungsspektrum vgl. die Zusammenstellung bei Staudinger/*Hüttemann/Rawert*, BGB § 85 Rn. 9 ff.

2342 Mit unterschiedlichen Nuancen in Bezug auf Umfang und zeitliche Spanne Jakob/v. Orelli/*Rawert*, Der Stifterwille, S. 103 (105 ff.); *Rawert*, NPLY 2012/2013, S. 51 (60 ff.) („*eine Form der Ausdehnung der Errichtungsphase der Stiftung bis zum Tod des Stifters*" mit der keine autonome Entscheidungsbefugnis verbunden sei); *Weitemeyer*, in: Bumke/Röthel, Autonomie im Recht, S. 201 (214 ff.); *Weitemeyer*, GesRZ 2023, 237 (239); *Jakob*, in: Bumke/Röthel, Autonomie im Recht, S. 225 ff.; *Markworth*, NZG 2021, 100 (106 f.); *Burgard*, npoR 2019, 106 (110 f.); *Schauhoff*, npoR 2016, 2 (4); *Muscheler*, ZRP 2000, 390 (393); kürzlich wieder *Weinmann*, Die uv. Stiftung, S. 260 ff.; dafür auch noch der *Erste Bericht der Bund-Länder-Arbeitsgruppe Stiftungsrecht vom 9.9.2016*, S. 81 ff., dazu *Winkler*, ZStV 2017, 165 (171 f.); dagegen sodann aber *DiskE vom 27.2.2018*, S. 4; dies begrüßend W/S/F/*C. Fischer/Nissel*, Die Stiftung, § 7 Rn. 46; sowie im Anschluss die Begründungen zum RefE und RegE, vgl. dazu *Schwalm*, ZEV 2021, 68 (70).

2343 Dies nunmehr endgültig einräumend, aber in der Sache weiterhin für unrichtig erachtend auch Burgard/*Burgard*, StiftR, Anh 2 § 84a Rn. 6a.

2344 BT-Drs. 19/28173, S. 30; vgl. dazu auch BeckOGK/*Lange*, 1.9.2024, BGB § 85 Rn. 5.1. Gegen ein gesetzliches Änderungsrecht des Stifters auch MVHdB I GesR/*Hof*, Form. VIII.0 Anm. 7 und 8, S. 1421 ff.; W/S/F/*C. Fischer/Nissel*, Die Stiftung, § 7 Rn. 46; *Stolte*, BB 2015, 2694 (2969). Auch der professorale Gegenentwurf sah kein entsprechendes Stifterrecht vor, s. *Arnold et al.*, ZIP 2020, Beilage zu Heft 10, S3.

konfligieren.[2345] Durch die Normierung der §§ 85, 85a BGB hat der Reformgesetzgeber auch Ansichten, die bereits im alten Recht die Möglichkeit eines freien Satzungsänderungsrechts des Stifters bejahen, den Boden entzogen.[2346] Werden derartige Regelungen, die den Stifter, Organe oder gar Dritte zur autonomen Willensbildung ermächtigen, gleichwohl in der Satzung normiert, sind jene Regelungen nunmehr explizit wegen Verstoßes gegen § 85 Abs. 4 S. 3 BGB und auch § 83 Abs. 2 BGB unwirksam.[2347] Es bleibt somit für den Stifter allein die Möglichkeit, dass er bei Errichtung der Stiftung im Stiftungsgeschäft oder in der (ersten) Stiftungssatzung, Satzungsänderungen abweichend von § 85 Abs. 1–3 BGB regelt. Der Stifter kann sich dann in solchen Satzungsbestimmungen auch selbst zum Stiftungsorgan bestimmen und zu Satzungsänderungen ermächtigen.[2348] Insofern hat sich der Reformgesetzgeber mit Blick auf die neuen Satzungsänderungsvorschriften und insbesondere auch auf die ausdrückliche Normierung zum einen des Primats des Stifterwillens in § 83 Abs. 2 BGB sowie zum anderen der Mitgliederlosigkeit in § 80 Abs. 1 S. 1 BGB gegen korporative Strukturen im Stiftungsrecht ausgesprochen.[2349] Dies entspricht dem seit jeher vorherrschenden deutschen Stiftungsverständnis, an welchem der Reformgesetzgeber festhält. Folgerichtig waren diejenigen Landesstiftungsgesetze, die zugunsten des noch

2345 BT-Drs. 19/28173, S. 30; ebenso etwa BeckOGK/*Jakob/Picht/Kopp*, 1.9.2024, BGB § 83 Rn. 5 f., 11; MVHdB I GesR/*Hof*, Form. VIII.0 Anm. 7 und 8, S. 1421 ff.; *Saenger*, ZStV 2012, 94 (100); *Jakob*, npoR 2016, 7 (10); *Stolte*, BB 2015, 2694 (2969); *Muscheler*, Gesammelte Beiträge I, S. 293 (307 f.); *Tegge*, Die Familienstiftung, S. 125; *B. Beyer*, ZStV 2023, 25 (30 f.); für eine Öffnung aber etwa *Markworth*, NZG 2021, 100 (106 f.); *Burgard*, npoR 2019, 106 (108 ff.); vgl. in Grenzen auch die Nachweise in → Fn. 2342.

2346 Vgl. dies bereits konstatierend *Burgard*, npoR 2019, 106 (110 f.); Burgard/*Burgard*, StiftR, Anh 2 § 84a Rn. 6a.

2347 So luzid Burgard/*Burgard*, StiftR, § 80 Rn. 62 a. E.; *B. Beyer*, ZStV 2023, 25 (30 f.); nach **a. A.** dürften Stiftungen mit derlei Satzungsregelungen wohl wegen Verstoßes gegen den *numerus clausus* der Rechtsformen, bereits nicht anerkannt werden, so wohl i. Erg. Staudinger/*Hüttemann/Rawert*, BGB § 85 Rn. 11; BeckOGK/*Jakob/Picht/Kopp*, 1.9.2024, BGB § 83 Rn. 5 f.; MüKoBGB/*Weitemeyer*, § 85 Rn. 4 f.; *Jeß*, Das Verhältnis des lebenden Stifters zur Stiftung, S. 40 ff.

2348 BT-Drs. 19/28173, S. 30.

2349 Vgl. auch *Rawert*, ZGR 2018, 835 (dortige Fn. 103 i. V. m. Fn. 58); *Achilles*, ZevKR 68 (2024), 22 (37 f.).

lebenden Stifters oder der Destinatäre ein Zustimmungsrecht[2350] vorsahen und dadurch das Trennungs- und Erstarrungsprinz aufgeweicht hatten, zu bereinigen.

Gleichwohl ist nicht zu verkennen, dass eine neue Generation unternehmerisch denkender Stifter aufwächst, die nach einer Anpassungsfähigkeit der Stiftungsorganisation an wirtschaftliche und private Veränderungen im Umfeld der Stiftung verlangen.[2351] Der neuen Generation unternehmerisch geprägter Stifter, zu denen speziell auch Familienunternehmer zählen, die ihren Einfluss nicht gänzlich abgeben und weiterhin Entscheidungen treffen möchten[2352], käme ein lebzeitiges Änderungsrecht sicherlich entgegen.[2353] Der deutschen Stiftung könnte so gemeinhin eine neue Dynamik verliehen und dem Stifter die Gelegenheit gegeben werden, auf Anlaufschwierigkeiten und geänderte Umstände zu seinen Lebzeiten zu reagieren[2354] – zumal die Stiftungserrichtung unter Lebenden heutzutage ohnehin der Regelfall[2355] ist. Ein lebzeitiges Änderungsrecht könnte insofern insgesamt zur Steigerung der Attraktivität insbesondere (deutscher) unternehmensverbundener Familienstiftungen führen. Dies gilt gerade auch im

2350 Z. B. § 10 Abs. 3 LStiftG Berlin a. F. (Anhörungsrecht der Destinatäre); § 5 Abs. 2 S. 2 LStiftG NRW a. F. (Anhörungsrecht des noch lebenden Stifters); § 7 Abs. 2 LStiftG Niedersachsen a. F. (Zustimmungsrecht des noch lebenden Stifters). Derlei Regelungen haben keinen Eingang in das BGB gefunden, sodass jedenfalls landesrechtliche Zustimmungsvorbehalte bei Satzungsänderungen nichtig sind, vgl. BeckOGK/*Lange*, 1.9.2024, BGB § 85 Rn. 6. Die novellierten Landestiftungsgesetzen wurden im Hinblick auf die abschließenden BGB-Regelungen auf die vorstehenden Anhörungs- und Zustimmungsrechte konsequenterweise bereinigt.

2351 *Butterstein*, in: GJZ, Strukturwandel und Privatrecht, S. 375 (376); vgl. *Markworth*, NZG 2021, 100 (107); *Jakob*, npoR 2016, 7 (10); *Burgard*, npoR 2024, 181 (185).

2352 Vgl. auch *Jakob*, npoR 2016, 7 (10) („*Der [als Beispiel überspitzte] 25-jährige Social Media-Milliardär möchte seine Stiftung sogleich errichten und in der Folge unternehmerisch agieren, Einfluss behalten und möglichst autonome Geschäftsentscheidungen treffen.*“).

2353 *Butterstein*, in: GJZ, Strukturwandel und Privatrecht, S. 375 (396).

2354 *Kalss/Kubasta*, GesRZ 2021, 69 (72); vgl. auch die Nachweise in → Fn. 2342.

2355 Vgl. dazu bereits → Teil 3 C II.

Wettbewerb mit anderen liberaleren Stiftungsrechtsordnungen, wie im Besonderen Liechtenstein[2356], Österreich[2357] und der Schweiz[2358].

Nichtsdestotrotz würde die Einführung eines gesetzlichen lebzeitigen Änderungsrechts *„freilich zu einer Funktionalisierung und grundlegenden Neuausrichtung auch des deutschen Rechts führen"*[2359], insbesondere – wie bereits genannt – des zu den Grundpfeilern des deutschen Stiftungsrechts zählenden Trennungs- und Erstarrungsprinzips[2360], das einer freien Gestaltbarkeit der Stiftung durch den Stifter nach Stiftungserrichtung bzw. -anerkennung gegenwärtig entgegensteht.[2361] Dies ist bei einer etwaigen Einführung von sog. „echten" Stifterrechten stets zu berücksichtigen.[2362] Im Besonderen dürfen dabei die Interessen und Rechte der Stif-

---

2356 Zur liechtensteinischen (Familien-)Stiftung im Überblick etwa *Meinecke*, ZStV 2022, 136 (Teil 1), 172 (Teil 2) und 212 (Teil 3); *Kloster/Bonderer*, NWB-EV 2022, 253; *Fleischer/C.-L. Götz/Stemberg*, WM 2023, 1853 (1853 ff.); ausf. *v. Löwe*, Familienstiftung und Nachfolgegestaltung, § 10 Rn. 1 ff.; monographisch und rechtsvergleichend *Vieregge*, Die deutsche und die liechtensteinische Stiftung, *passim*; *Beck*, Die Familienstiftung, S. 107 ff.; zuletzt umfassend im Rechtvergleich zur deutschen Familienstiftung *Tegge*, Die Familienstiftung, *passim*; jew. m. w. N. – auch aus dem liechtensteinischen Schrifttum; mit Fokus auf die steuerliche Transparenz *Schütte*, Transparente und intransparente Stiftungen, *passim*; speziell zu den dortigen organschaftlichen Zweckänderungsmöglichkeiten *Schurr*, FS 100 Jahre FL-OGH, S. 103.

2357 *Kalss/Kubasta*, GesRZ 2021, 69 (72 f.) merken an, dass der deutsche Gesetzgeber insofern auf die 30-jährigen Erfahrungswerte betreffend die österreichische Privatstiftung samt der dortigen (gesetzlichen) lebzeitigen Widerrufs- und Änderungsrechte des Stifters hätte rekurrieren können bzw. er dies bei künftigen Reformvorhaben nachholen sollte. Dafür auch bereits *Jakob*, FS O. Werner, S. 101 (115).

2358 Im Hinblick auf den schweizerischen Art. 86a ZGB, der zum 1.1.2024 reformiert und dabei erweitert wurde (AS 2022 452; BBl 2021 485, 1169), BoKoStiftR/*Heuel*, BGB § 83 Rn. 32, 34; *Burgard*, npoR 2024, 181 (185).

2359 BeckOGK/*Jakob/Uhl*, 1.7.2022, BGB § 80 Rn. 73; **a. A.** etwa *Weitemeyer*, GesRZ 2023, 237 (239) im Hinblick auf ein auf den Tod des Stifters begrenztes Änderungsrecht des Stifters.

2360 Freilich: Das Trennungs- und auch Erstarrungsprinzip zählt auch in den anderen Privatstiftungsmodellen grds. zu den wesentlichen Grundpfeilern. Doch werden in jenen Rechtsordnungen mit „echten" Stifterrechten jene Prinzipien aufgelockert, mit der Folge, dass dogmatisch betrachtet *„der Stifterwille in diesen Fällen a priori nur in einem beschränkten Umfang erstarrt"*, erhellend insoweit *Jakob/Uhl*, IPRax 2012, 451 (455).

2361 Für eine Lockerung des Erstarrungsprinzips aber die Nachweise bei Fn. 2342.

2362 Zu *„Sekundärkonsequenzen"* (wie etwa Pfändbarkeit eines derartigen Stifterrechts, die Verschiebung des Beginns von etwaigen Pflichtteilsergänzungsfristen, steu-

tung als solcher nicht vernachlässigt werden.[2363] Zutreffend weist *Dominique Jakob* daher darauf hin, dass eine entsprechende Regelung *„ein Korrektiv [bräuchte], welches Schutz vor Missbräuchen bietet und somit auch den Schutz der Stiftung und der bestehenden Rechte der Beteiligten (zum Beispiel von Zustiftern) garantiert*“[2364]. Dass der deutsche Gesetzgeber sich in naher Zukunft diesbezüglich öffnet, ist mit Blick auf die letzten beiden großen Stiftungsrechtsreformen 2002 und 2021, bei welchen durchaus von gewichtigen Stimmen eine Öffnung gefordert wurde, wohl unwahrscheinlich. Die diesbezügliche (vor allem rechtspolitische) Entwicklung, insbesondere mit Blick auf die vorgeschlagene Gesellschaft mit gebundenem Vermögen bzw. GmbH-gebV[2365], bleibt freilich abzuwarten.[2366] Gleichwohl ist im Besonderen die Entscheidung des Reformgesetzgebers, keine korporativen

---

erliche Transparenz), die aus der Lockerung der Vermögenstrennung resultieren können, s. *Jakob*, npoR 2016, 7 (10 f.); BeckOGK/*Jakob/Picht/Kopp*, 1.9.2024, BGB § 83 Rn. 14; eing. *Jakob*, FS O. Werner, S. 101 (109 ff.); MHdB GesR 5/*Jakob*, § 119 Rn. 90; speziell zur Hemmung von Pflichtteilsergänzungsfristen *Jakob*, FS Coester-Waltjen, S. 123 (130 ff.). Mit Blick auf derlei mögliche Sekundärkonsequenzen insofern hinsichtlich einer Lockerung eher zurückhaltend auch *Uhl*, npoR 2024, 60 (62). Zu Sekundärkonsequenzen auf Grundlage von *de jure* bereits möglichen Einflussnahmerechten (sog. Drittrechten) im Hinblick auf den Schutz Dritter sowie einer adäquaten Besteuerung kürzlich eing. *Schütte*, Transparente und intransparente Stiftungen, S. 77 ff. und öfter.

2363 Dies betonend MVHdB I GesR/*Hof*, Form. VIII.0 Anm. 7 und 8, S. 1421 ff.; *Jakob*, npoR 2016, 7 (11).

2364 *Jakob*, npoR 2016, 7 (11).

2365 Gerade im Rahmen der Diskussion um eine GmbH-gebV wurde von namhaften Stiftungsrechtlern eindringlich für eine Öffnung des Stiftungsrechts plädiert, siehe dazu die Nachweise in → Fn. 1893 ff.

2366 Diesbezüglich immer noch aktuell und treffend der Appell von *Wüst*, JZ 1989, 270 (272) („*Neue Organisationserfordernisse lassen sich nicht stoppen, sie denaturieren die vorhandenen Gesellschaftsformen, wenn das Recht keine gemäßen Legalmodelle bereitstellt. Es ist gerade der Wildwuchs an Realtypen, der zerfasert, während der gebotene Anbau bei den Legaltypen strukturiert.*“) auf den *Preis*, Vermögensbindung, S. 21 in diesem Kontext hinweist. Dies sollte auch bei dem Vorhaben einer Gesellschaft mit gebundenem Vermögen bzw. GmbH-gebV berücksichtigt werden, um eine Denaturierung der Stiftung für ein solches Vorhaben zu vermeiden, s. hierzu näher *Preis*, Vermögensbindung, S. 31 ff.; vgl. auch *M. Reiff*, Verantwortungseigentum, S. 413 ff., die beide daher zu Recht für eine neue Rechtsform plädieren. Entsprechendes gilt aber auch in Bezug auf die Auflockerung des Trennungs- und Erstarrungsprinzips im deutschen Stiftungsrecht durch weitgehende, „echte“ Stifterrechte.

Strukturen im Stiftungsrecht zuzulassen, zu respektieren und im Rahmen der Stiftungsgestaltung zu berücksichtigen.

3. *Zwischenergebnis*

Dreh- und Angelpunkt des Stiftungslebens ist die Stiftungssatzung. Jene fungiert als Arbeits- und Organisationsplan für die Stiftungsorgane. Demgemäß bedarf die Stiftungssatzung gerade bei einer auf Langfristigkeit ausgerichteten unternehmensverbundenen Familienstiftung Weitsicht. Doch ist auch einleuchtend, dass nicht jeder Umstand vorausgesehen werden kann. Demgemäß sind gerade Änderungsmöglichkeiten betreffend die Stiftungssatzung und im Besonderen ihres Zwecks wichtig. Bereits im alten Recht war es dem Stifter erlaubt, für die Stiftungsorgane entsprechende statutarische Satzungsänderungsmöglichkeiten vorzusehen, wobei derlei Regelungen in Bezug auf die Voraussetzungen hinreichend konkret sein mussten. Konkrete gesetzliche Vorgaben gab es aber nicht, sodass vieles im Detail umstritten war. Im Übrigen erlaubten auch die Landesstiftungsgesetze – freilich unter teilweise unterschiedlichen – Voraussetzungen ebenfalls organschaftliche Satzungsänderungsmöglichkeiten. Die landesstiftungsrechtlichen Normen standen aber teilweise kompetenzrechtliche Bedenken gegenüber. Ein freies, autonomes Änderungsrecht des Stifters oder der Stiftungsorgane war bereits nach h. M. im Stiftungsrecht, vornehmlich mit Blick auf das Trennungs- und Erstarrungsprinzip und der damit einhergehenden Autonomie der Stiftung, nicht zulässig.

Mit den §§ 85, 85a BGB sowie §§ 86–86h, 87, 87a BGB sind bundeseinheitliche Regelungen geschaffen worden, die insoweit zur Rechtsklarheit und -sicherheit beitragen werden. Dabei differenziert der Gesetzgeber, wie im früheren Recht auch, zwischen organschaftlichen und behördlichen Satzungsänderungskompetenzen. Die Voraussetzungen orientieren sich nach der Eingriffsintensität in die Stiftungsstruktur, wobei der Gesetzgeber in § 85 BGB zwischen drei Kategorien von Satzungsänderungen unterscheidet. Je intensiver die Änderung in die Stiftung eingreift, desto höhere Anforderungen werden gestellt. Jede Satzungsänderung bedarf dabei gem. § 85a Abs. 1 S. 2 BGB der Genehmigung durch die zuständige Stiftungsbehörde.

Zugleich hat der Gesetzgeber mit den Neuregelungen verdeutlicht, dass im deutschen Stiftungsrecht das Trennungs- und vor allem Erstarrungsprinzip durch ein freies Änderungsrecht des Stifters oder der Organe weder gelockert noch aufgebrochen werden soll. Er lehnte – nach ausführlicher Diskussion hierüber im Zuge des Gesetzgebungsverfahrens – im Besonderen die Einführung eines gesetzlichen und voraussetzungslosen Rechts des Stifters zur Änderung des Zwecks der

Stiftung oder anderer Bestimmungen der Stiftungsverfassung ab. Damit bekräftigt der Reformgesetzgeber auch den Umstand, dass die Rechtsform der Stiftung in Deutschland[2367] weiterhin als ein (Perpetuierungs-)Instrument aufgefasst wird, um den Willen des Stifters dauerhaft in der Form umzusetzen und zu verstetigen, wie er seinen Eingang im Stiftungsgeschäft und in der Stiftungssatzung gefunden hat.[2368] Die Etablierung eines solchen Stifterrechts ist vor diesem Hintergrund – wie zuvor nach h. M. – auch im neuen Recht nicht per Satzungsregelung zulässig.

Ob die neuen Vorschriften über Satzungsänderungen durch die zuständigen Organe *„alle für die Stiftung erforderlichen Änderungen der Stiftungssatzung ermöglichen“* wie in der amtlichen Gesetzesentwurfsbegründung[2369] verlautbart ist, bleibt abzuwarten und wird maßgeblich auch vom (Vor-)Verständnis sowie der Genehmigungspraxis der Stiftungsbehörden abhängen.[2370]

2367 Anders ist dies etwa allen voran in Liechtenstein, wo die Stiftung ein Mittel sein soll, um die Interessen des Stifters umzusetzen, weshalb das Erstarrungsprinzip punktuell zugunsten des Stifters durch Gestaltungsrecht abgeschwächt oder durchbrochen werden kann. Es geht dort – anders als in Deutschland – nicht darum, sich vermittels der Stiftung an einen historischen Willen zu binden, sondern die Stiftung soll ein interessenabhängiges, flexibles Gestaltungsvehikel darstellen, s. m. w. N. *Meinecke*, ZStV 2022, 136 (142); vgl. auch *Butterstein*, in: GJZ, Strukturwandel und Privatrecht, S. 375 (396 f.); *Fleischer/C.-L. Götz/Stemberg*, WM 2023, 1853 (1854 f.); zum Spannungsverhältnis von Erstarrungsprinzip und Flexibilität im liechtensteinischen Stiftungsrecht vgl. aber eing. *Schurr*, FS 100 Jahre FL-OGH, S. 103. Auch Österreich und die Schweiz sowie noch weitergehender die Länder Schweden, Dänemark und die Niederlande stellen die Gestaltungsfreiheit und die nachträglichen Einwirkungsmöglichkeiten des Stifters (partielle Durchbrechungen des Erstarrungsprinzips) vermehrt in den Vordergrund ihrer Stiftungsrechtsordnung, s. näher MHdB GesR 5/*Jakob*, § 119 Rn. 84 ff., 87 ff.; *v. Hippel*, Grundprobleme von NGO, S. 416 ff. (zur Niederlande); knapper auch BeckOGK/*Jakob/Picht/Kopp*, 1.9.2024, BGB § 83 Rn. 14 ff.; *Jakob*, ZEV 2009, 165 (167).

2368 Vgl. bereits Abschlussbericht der Bund-Länder-Arbeitsgruppe Stiftungsrecht vom 19.10.2001, S. 42 (*„Im Übrigen ist das gesamte Stiftungsrecht darauf angelegt, den bei der Errichtung manifestierten Willen des Stifters zu perpetuieren“*); BVerfGE 46, 73 (85) (*„Das eigentümliche einer Stiftung ist, daß der Stifterwille für die Stiftung dauernd konstitutiv bleibt“*).

2369 BT-Drs. 19/28173, S. 30.

2370 Ebenso *Lange*, ZStV 2022, 207 (212).

II. Stiftungszweck

1. *Grundlegendes*

Der Stiftungszweck gilt gemeinhin als „*die Seele oder das Herzstück*"[2371] einer Stiftung.[2372] Er ist gem. §§ 81 Abs. 1 Nr. 1 lit. a), 82 S. 1 BGB (§§ 80 Abs. 2 S. 1, 81 Abs. 1 S. 3 Nr. 3 BGB a. F.) konstitutives Merkmal einer rechtsfähigen Stiftung und muss schriftlich sowohl im Stiftungsgeschäft (*e contrario* § 81 Abs. 4 S. 1 BGB bzw. § 81 Abs. 1 S. 2 BGB a. F.) als auch in der Stiftungssatzung (§ 81 Abs. 1 Nr. 1 lit. a) BGB bzw. § 81 Abs. 1 S. 3 Nr. 3 BGB a. F.) fixiert werden. Der Stiftungszweck ist „*wichtigster Bestandteil von Stiftungsgeschäft und Stiftungssatzung*"[2373], bestimmt die Geschäftstätigkeit der Stiftung weitreichend und zieht der staatlichen Stiftungsaufsicht Grenzen.[2374] Jedes Stiftungshandeln dient letztlich der Erfüllung des Stiftungszwecks.[2375]

In Bezug auf den Stiftungszweck als zentralem Regelungsbereich einer Stiftung bleibt die Rechtslage auch nach der Stiftungsrechtsreform 2021 unverändert. Der Reformgesetzgeber bekräftigt insoweit aber die hohe Bedeutung des Stiftungszwecks, indem er ausführt: „*Der Zweck der Stiftung, den der Stifter im Stiftungsgeschäft festlegen muss, gibt der juristischen Person Stiftung ihren Inhalt. Der Stiftungszweck ist der Leitsatz der Stiftungstätigkeit, mit dem der Stiftung ein festes Ziel gegeben wird, an dem ihre Tätigkeit auszurichten ist.*"[2376] Dies erklärt auch den Umstand, dass die nachträgliche Änderung des Stiftungszwecks sehr hohe Hürden gestellt werden.[2377]

2371 Siehe m. N. statt vieler *Schwarz*, DStR 2002, 1718 (1722); MHdB GesR 5/*Schwake*, § 79 Rn. 27; Burgard/*Burgard*, StiftR, § 80 Rn. 32 hält derlei Beschreibungen für eine „*mystische Überhöhung*" für die kein Anlass bestünde, da der Stiftungszweck gleichbedeutend mit dem Verbands- bzw. Gesellschaftszweck im Gesellschaftsrecht sei.

2372 Eing. zu den allg. Anforderungen an den Stiftungszweck z. B. *Hüttemann*, FS D. Reuter, S. 121; monographisch *Mirbach*, Stiftungszweck und Gemeinwohlgefährdung, *passim*; Überblick zur Entwicklungsgeschichte des Stiftungszwecks *Goerdeler/Ulmer*, AG 1963, 292 (295 f.).

2373 BT-Drs. 14/8765, S. 10.

2374 v. Campenhausen/Richter/*Hof*, StiftR-HdB, § 7 Rn. 1.

2375 MHdB GesR 5/*Schwake*, § 79 Rn. 27; BeckOK BGB/*Backert*/*J. Stürner*, 71. Ed. 1.5.2022, § 80 Rn. 4.

2376 BT-Drs. 19/28173, S. 45.

2377 Zu Zweckänderungsmöglichkeiten s. → Teil 4 D I 2.

Da der Wille des Stifters durch die Formulierung des Stiftungszwecks verobjektiviert wird und dann das Herzstück der Stiftung darstellt und viele andere Aspekte beeinflusst, ist es wichtig, dass der Stifter seinen Willen resp. den Stiftungszweck präzise dokumentiert und formuliert. Bei der Formulierung und Auswahl des Zwecks ist zunächst zu beachten, dass der Stiftungszweck gesetzlich zulässig ist. Für die Zwecksetzung gilt dabei Folgendes: Ausweislich des § 82 S. 1 BGB (§ 80 Abs. 2 S. 1 BGB a. F.) (sog. Grundsatz der gemeinwohlkonformen Allzweckstiftung[2378]) ist die Stiftung nicht auf gemeinwohlförderliche[2379] oder gemeinnützige[2380] Zwecke beschränkt[2381], sondern kann auch zulässigerweise rein

2378 Durch § 80 Abs. 2 BGB a. F. wurde der bereits vorher im Stiftungsrecht nach h. M. geltende „*Grundsatz der gemeinwohlkonformen Allzweckstiftung*" gesetzlich normiert, vgl. BT-Drs. 14/8765, S. 10; HKK-BGB/*Pennitz*, §§ 80–89 Rn. 23; i. Erg. bestätigend für § 82 S. 1 BGB auch BT-Drs. 19/28173, S. 51. Eine solch weite Öffnung des Stiftungszwecks hatten die Schöpfer des BGB wohl nicht im Sinne: „*Wenn die Rechtsordnung dem Einzelnen die außerordentliche Machtvollkommenheit beilegt, eine Vermögensmasse auf unbeschränkte Zeit einem bestimmten Zweck zu widmen, so geschieht dies, um Zwecke, welche dem Gemeinwohle dienen, dadurch zu fördern.* ***Nicht zu Gunsten jedes beliebigen Zweckes kann dem Willen des Einzelnen diese Macht eingeräumt werden***", *Mugdan*, Bd. I, 1899, S. 831 (Hervorhebung durch Verfasser); s. a. Soergel/*Neuhoff*, BGB Vor § 80 Rn. 10; *Dutta*, RabelsZ 77 (2013), 828 (830 f.); s. a. *Goerdeler/Ulmer*, AG 1963, 292 (295 f.), die insofern bereits zutreffend konstatiert haben, dass „*die bei Schaffung des Stiftungsrechts des BGB gültigen Vorstellungen über die* ***Würdigkeit des Stiftungszwecks*** *als Wesensmerkmal einer Stiftung [heute] nicht mehr ohne weiteres als herrschend angesehen [wird].*" (Hervorhebungen durch Verfasser). Daran hat sich seitdem nichts geändert. Vielmehr gilt im Stiftungsrecht *der Grundsatz „'in dubio pro libertate' bzw. deutlicher: Was nicht ausdrücklich verboten ist, ist erlaubt*", so bündig *Theuffel-Werhahn*, ZStV 2015, 169 (176). Eine Begrenzung auf „würdige" Stiftungszwecke ist nicht vorhanden, wie im Besonderen das Bekenntnis des jüngeren Gesetzgebers zur gemeinwohlkonformen Allzweckstiftung bestätigt, s. BT-Drs. 14/8765, S. 10; BT-Drs. 19/28173, S. 51.

2379 Deutlich BVerwGE 172, 85 Rn. 30; insofern unzutreffend Jakob/v. Orelli/*Rawert*, Der Stifterwille, S. 103 (123), wenn er anführt, dass „*der in einer freiheitlichen und marktwirtschaftlichen Ordnung einzig legitime Zweck, solches auch über die Grenzen der eigenen irdischen Existenz hinaus zu tun, besteht jedoch nicht in der Schaffung eigentümerloser Unternehmensträger oder moderner Familienfideikommisse, sondern* ***allein in der ernsthaften und selbstlosen Gemeinwohlförderung****, die bei Konflikten zwischen Unternehmens- und Stiftungsinteressen einen klaren Vorrang genießen*" müsse. (Hervorhebungen durch Verfasser).

2380 Die Gemeinnützigkeit einer Stiftung hat lediglich Bedeutung für ihre privilegierte steuerrechtliche Behandlung, vgl. §§ 51 ff. AO.

2381 Vgl. Henssler/Strohn/*Heuel*, GesR, BGB Vorb. § 80 Rn. 10 a. E.

privatnützige, insbesondere familiäre Zwecke verfolgen.[2382] Stiftungsrecht ist wie auch etwa das GmbH-Recht[2383] (vgl. § 1 GmbHG) grds. „*zweckneutral*“[2384], sodass sich die Zulässigkeit einer Stiftung bzw. ihres Zwecks *de jure* allein nach dem präventiven Gemeinwohlvorbehalt des § 82 S. 1 BGB (§ 80 Abs. 2 S. 1 BGB a. F.)[2385] richtet.[2386] Das Gebot zur Nichtgefährdung des Gemeinwohls ist aber

---

2382 Deutlich darauf hinweisend MVHdB I GesR/*Hof*, Form. VIII. 1 Anm. 3, S. 1451; s. a. *Schwake*, Kapital und Zweckerfüllung bei Unternehmensstiftungen, S. 1 f.; *Hüttemann*, in: Röthel/K. Schmidt, Familienunternehmen im Wandel, S. 43; *Ebersbach*, HdB des Deutschen Stiftungsrechts, S. 60; *Schwarz*, DStR 2002, 1767; vgl. auch BT-Drs. 14/8765, S. 10; Feick/*D. J. Fischer*, Stiftung, § 7 Rn. 10 f.; kritisch *K. Schmidt*, ZHR 166 (2002), 145 (149); *Rawert*, ZEV 1999, 294; *Rawert*, ZGR 2018, 835 (864 f.), der an den Gesetzgeber appelliert, privatnützige Stiftungen am besten gänzlich zu verbieten; **a. A.** aber *derselbe* noch laut *Schauer*, npoR 2012, 220 (221): „*Notar Prof. Dr. Peter Rawert, Hamburg, merkte an, dass ein Verbot der Neuerrichtung privatnütziger Stiftungen nicht wünschenswert sei*“; *de lege ferenda* ein Verbot oder eine Einschränkung privatnütziger Stiftungen für zulässig und erwägenswert erachtend MüKoBGB/*Weitemeyer*, § 80 Rn. 119, 189; zuvor schon Gesetzentwurf von *Bündnis 90/Die Grünen*, BT-Drs. 13/9320 vom 27.11.1997, dem jedoch der Erfolg (zu Recht) versagt blieb, vgl. dazu *Nissel*, FS O. Werner, S. 45 (59); ebenso bzgl. „*privatnützigen Unternehmensträgerstiftungen*“ auch *Bayer*, in: FDS, Die uv. Stiftung, S. 42 (54).

2383 Dazu nur m. w. N. MüKoGmbHG/*Fleischer*, § 1 Rn. 18 ff., wobei eine GmbH i. d. R. erwerbswirtschaftlichen Zwecken dient.

2384 *Gummert*, in: Die Stiftung – Jahreshefte zum Stiftungswesen, 6. Jahrgang, S. 75 (86); *Schwarz*, DStR 2002, 1767 (1771).

2385 Ausf. dazu *Mirbach*, Stiftungszweck und Gemeinwohlgefährdung, S. 133 ff. (noch zum alten Recht); s. a. aus der Rspr. grdl. BVerwGE 106, 177; BVerwGE 172, 85 Rn. 30 ff.; OVG Münster, NVwZ 1996, 913; VGH Kassel, ZStV 2020, 131 (133); zum neuen Recht BT-Drs. 19/28173, S. 56; BoKoStiftR/*Andrick*, BGB § 82 Rn. 32 ff.; Burgard/*Burgard*, StiftR, § 82 Rn. 34 ff.; zuletzt *B. Beyer*, ZStV 2024, 123; kürzlich aus der Rspr. VG Berlin, BeckRS 2023, 41170 Rn. 26 ff. Zur Verfassungsgemäßheit des Gemeinwohlvorbehalts eing. BVerwGE 172, 85 Rn. 30 ff. m. krit. Anm. *Arnold*, npoR 2022, 299 (303 ff.); **a. A.** etwa *Muscheler*, NJW 2003, 3161 (3164 f.); BoKoStiftR/*Muscheler*, BGB § 81 Rn. 160; *Rawert*, JöR 65 (2017), 179 (197); BeckOGK/*G. Roth*, 30.6.2023, BGB § 80 Rn. 301 f.; insgesamt kritisch *D. Reuter*, FS Hadding, S. 231 (234 ff.).

2386 Vgl. *Hüttemann*, ZHR 167 (2003), 35 (63); *Flämig*, DB-Beilage Nr. 22 zu Heft 45, 1978, 1 (4); so ähnlich auch schon in den Motiven zum BGB, *Mugdan*, Bd. I, 1899, S. 660, wonach „*die Rücksicht auf das Gemeinwohl*“ in Bezug auf die Stiftungszwecksetzung das maßgebliche Kriterium sein sollte, vgl. HKK-BGB/*Pennitz*, §§ 80–89 Rn. 23.

– und dies sei betont – nicht als Gebot zur Gemeinnützigkeit zu verstehen.[2387] Insofern wird bereits in der Gesetzesentwurfsbegründung zur Modernisierung des Stiftungsrechts 2002 ausdrücklich Folgendes ausgeführt: „*Der Begriff ‚Gemeinwohl' ist traditionell mit der Rechtsfigur Stiftung verknüpft; er spiegelt den für die Stiftung typischen Klang von Wohltat im Gesetz wider. Eine Beschränkung auf steuerbegünstigte Zwecke ist damit nicht verbunden […].*"[2388]

An dem Vorstehenden hält auch der neu gefasste § 82 S. 1 BGB fest.[2389] Bei der Frage der Gemeinwohlgefährdung hat aber nunmehr eine Konkretisierung dahingehend stattgefunden, dass nun umfassend auf die Stiftung (an sich) und nicht nur primär auf den Stiftungszweck[2390] abgestellt werden soll.[2391] Unter Gemeinwohl sollen in § 82 S. 1 BGB ebenso wie in § 396 Abs. 1 S. 1 AktG, § 62 GmbHG und § 81 Abs. 1 S. 1 GenG[2392] die rechtlich geschützten Interessen der Allgemeinheit oder zumindest größerer Bevölkerungskreise zu verstehen sein.[2393] Eine Gefährdung des Gemeinwohls soll dabei auch gegeben sein, wenn im Anerkennungsverfahren absehbar ist, dass der Stifter oder Mitglieder der Stiftungsorgane die Stiftung nach ihrer Anerkennung nutzen wollen, um Recht zu verletzen, insbesondere rechtswidriges Verhalten zu verschleiern.[2394] Ferner wird aufgrund der Negativstruktur des § 82 S. 1 BGB („*es sei denn*") nunmehr ausdrücklich klargestellt, dass es sich dabei um ein Negativtatbestandsmerkmal handelt, *ergo*

2387 Dies werde allzu oft – jedenfalls von Laien – verkannt, so *Pluskat*, DStR 2002, 915 (920).

2388 BT-Drs. 14/8765, S. 9.

2389 BT-Drs. 19/28173, S. 51; *Oppel*, NWB-EV 2021, 122 (125).

2390 Dies bereits *de lege lata* schon monierend *Muscheler*, NJW 2003, 3161 (3162).

2391 BT-Drs. 19/28173, S. 56; in diese Richtung auch bereits VGH Kassel, ZStV 2020, 131 (133) wonach bei der „*Frage einer möglichen Gemeinwohlgefährdung der Stiftung*" auch die wahren Absichten des Stifters in Bezug auf die Stiftung eine Gemeinwohlgefährdung begründen können, obgleich der Stiftungszweck an sich *prima vista* nicht darauf schließen lässt; ähnlich auch BVerwGE 172, 85 Rn. 23: „*Auch Umstände, wie die vom Stifter für die Besetzung der Stiftungsorgane vorgesehenen Personen oder Besonderheiten der Stiftungsorganisation können im Rahmen der vom Tatrichter vorzunehmenden Auslegung des Stifterwillens eine Rolle spielen.*"

2392 Zu diesen (uneinheitlichen) Normen ausf. *Beuthien*, FS Gornig Bd. 2, S. 649 (659 ff.).

2393 BT-Drs. 19/28173, S. 56; gegen ein paralleles Verständnis indes noch die h. M. in der Literatur zum alten Recht: m. w. N. MüKoBGB/*Weitemeyer*, § 80 Rn. 121; *Muscheler*, NJW 2003, 3161 (3162); *Mirbach*, Stiftungszweck und Gemeinwohlgefährdung, S. 150 ff.

2394 BT-Drs. 19/28173, S. 56; zu solch einem Fall VGH Kassel, ZStV 2020, 131.

die Stiftungsbehörde die Beweislast für eine etwaige Gemeinwohlgefährdung *der Stiftung* trägt; bloße Zweifel, Verdachtsmomente, Mutmaßungen oder Spekulationen genügen nicht.[2395] Angesichts dieser hohen Anforderungen bzgl. der Annahme einer Gemeinwohlgefährdung wird gewährleistet, dass die Versagung der Anerkennung wegen Gemeinwohlgefährdung auch weiterhin[2396] eine *„seltene Ausnahme"*[2397] bleibt.

Der Stifter kann seiner Stiftung folglich grundsätzlich jeden Zweck geben, den das Gesetz nicht verbietet. Der Stiftungszweck sollte dabei aber einerseits nicht zu eng formuliert, sondern flexibel ausgestaltet werden, um eine spätere Anpassung der Stiftungstätigkeit an veränderte Umweltbedingungen, insbesondere im unternehmerischen Kontext, zu ermöglichen. Andererseits darf der Stiftungszweck nicht so allgemein gehalten sein, dass er den Stiftungsorganen praktisch eine – nach h. M. unzulässige[2398] – körperschaftsähnliche resp. autonome Willensbildung ermöglicht. Insoweit gilt das stiftungsrechtliche Bestimmtheitsgebot.[2399] Denn es ist mit der Bindung der Stiftungsorgane an den ursprünglichen bzw. hilfsweise mutmaßlichen Stifterwillen (vgl. § 83 Abs. 2 BGB) nicht vereinbar, könnten diese nach eigenem, freiem Ermessen autonom darüber entscheiden, welcher Stiftungszweck in welchem Maße verfolgt werden soll.[2400] Der BGH formuliert daher treffend: *„Die Bestimmung des Stiftungszwecks soll den Stiftungsorganen einen eindeutigen und klar abgegrenzten Auftrag geben, um Rechtsunsicherheit, Willkür der Stiftungsverwaltung und ein Verzetteln der Stiftungsleistungen zu verhüten."*[2401]

2395 BT-Drs. 19/28173, S. 56; vgl. auch BVerwGE 172, 85 Rn. 24; BeckOGK/*Lange*, 1.9.2024, BGB § 81 Rn. 39; zur erforderlichen Gefahrprognose s. a. VG Berlin, BeckRS 2023, 41170 Rn. 29 ff. (betreffend politisch einseitige und provozierende Äußerungen des Stifters).

2396 Vgl. *Hüttemann/Rawert*, AcP 222 (2022), 301 (333) („*Der Fall der Gemeinwohlgefährdung ist praktisch selten*"); ebenso schon *Burgard*, NZG 2002, 697 (700). Entsprechendes sei auch für die Regelungen bei einer Gemeinwohlgefährdung durch einen Verband nach den verschiedenen vereins- und gesellschaftsrechtlichen Parallelvorschriften zu konstatieren, so *Beuthien*, FS Gornig Bd. 2, S. 649 (662).

2397 BT-Drs. 19/28173, S. 57.

2398 Zur Unzulässigkeit bereits → Teil 4 D I 2 c) sowie Teil 5 B I.

2399 Dazu MüKoBGB/*Weitemeyer*, § 81 Rn. 35; Richter/*Dutta*, Stiftungsrecht, § 5 Rn. 10 ff.; Burgard/*Burgard*, StiftR, § 81 Rn. 57; eing. *Hüttemann*, FS D. Reuter, S. 121 (122 ff.)

2400 Vgl. MüKoBGB/*Weitemeyer*, § 81 Rn. 35; BeckOGK/*Jakob/Uhl*, 1.7.2022, BGB § 80 Rn. 130; jew. m. w. N.

2401 BGHZ 68, 142 (148) m. V. a. *Ebersbach*, HdB des Deutschen Stiftungsrechts, S. 81.

Gleichwohl ist es dem Stifter nicht verwehrt, die Zweckverfolgung in das pflichtgemäße Ermessen der zuständigen Stiftungsorgane zu stellen bzw. zu belassen.[2402]

Möglich ist es ferner, der Stiftung – wie in der Praxis oftmals der Fall – mehrere Zwecke zu geben (sog. gemischte Stiftung[2403]) oder einzelne Zwecke hintereinander zu schalten (sog. Sukzessivstiftung[2404]) oder auch zeitlich zu befristen.[2405] Stets muss in diesen Fällen aber zum einen die hinreichende Bestimmtheit und zum anderen das Verhältnis der verschiedenen Zwecke zueinander hinreichend klar formuliert sein.[2406] Der Stifter kann und sollte zudem Angaben in der Stiftungssatzung vorsehen, wie der Stiftungszweck erfüllt werden soll. Hierzu bietet sich eine nicht zu starre sog. Zweckverwirklichungsklausel an.[2407] *Ulrich Burgard* weist insofern mit Recht darauf hin, dass bei der Verwendung des Begriffs „Zweck" oft nicht hinreichend zwischen dem Zweck im engeren Sinne und der Art und Weise seiner Verwirklichung (Zweck im weiteren Sinne) unterschieden werde, sondern

---

2402 Dies zutreffend klarstellend Burgard/*Burgard*, StiftR, § 81 Rn. 58 (dortige Fn. 71) („*[…] die zuständigen Stiftungsorgane [sind] in ihrer Entscheidung nicht frei, sondern pflichtgebunden sind. Dass ihnen dabei ein Ermessen zusteht und sie in diesem Rahmen auswählen können, welche Aufgabe ihnen vordringlich erscheint und wie sie ihr am besten gerecht werden, ist nicht zu beanstanden, sondern im Gegenteil für ein lebendiges Stiftungswesen erforderlich. Der Stifter ist zwar befugt, aber keineswegs gezwungen die Stiftung in ein enges Korsett von Vorgaben zu zwängen.*"). Vgl. zur ordnungsgemäßen Ermessensausübung des Stiftungsvorstands bündig auch BeckOGK/*Jakob/Picht*, 1.2.2021, BGB § 86 Rn. 33 ff.

2403 Zur sog. gemischten Stiftung als Gestaltungsvariante s. → Teil 4 A IV 3.

2404 BeckOK BGB/*Backert/J. Stürner*, 71. Ed. 1.5.2022, § 80 Rn. 4; *Ebersbach*, HdB des Deutschen Stiftungsrechts, S. 80; s. a. *Schlüter/Stolte*, Stiftungsrecht, Kap. 2 Rn. 49. Eine solche kann etwa für den Fall sinnvoll sein, dass „*die Familienstiftung durch eine Änderung ihrer satzungsmäßigen Zwecke vor Ablauf der 30-Jahres-Frist in eine gemeinnützige Stiftung „umgewandelt" wird. Die Stiftungssatzung sollte dazu die Anordnung enthalten, dass die Stiftung nach Auslaufen des zeitlich begrenzten Familienzwecks mit einem anderen, gemeinnützigen Zweck fortgesetzt werden soll*", *Ihle*, RNotZ 2009, 621 (634); weitere Beispiele bei Burgard/*Burgard*, StiftR, § 81 Rn. 59.

2405 MüKoBGB/*Weitemeyer*, § 81 Rn. 36 f.; Burgard/*Burgard*, StiftR, § 81 Rn. 58 f.; W/S/F/*C. Fischer/Nissel*, Die Stiftung, § 7 Rn. 24 f.; MHdB GesR 5/*Schwake*, § 79 Rn. 165; Staudinger/*Hüttemann/Rawert*, BGB Vorb. §§ 80 ff. Rn. 203; Richter/*Dutta*, Stiftungsrecht, § 5 Rn. 8 f.; *Dahlmanns*, RNotZ 2020, 417 (432).

2406 BeckOGK/*Lange*, 1.9.2024, BGB § 81 Rn. 46; vgl. Burgard/*Burgard*, StiftR, § 81 Rn. 57; *Dahlmanns*, RNotZ 2020, 417 (432); v. Rechenberg/Thies/Wiechers/*Schauer*, HdB Familienunternehmen, S. 905.

2407 Siehe mit Satzungsbeispiel nur Hannes/*Müller*, FormB Vermögens- und Unternehmensnachfolge, C. 3.01 Rn. 38, S. 1153.

[es ist] beides zugleich [gemeint]. Das gelte auch für die §§ 80 ff. BGB. Der Zweck i. e. S. sei dabei in §§ 80 Abs. 1, 81 Abs. 1 Nr. 1 lit. a, Abs. 4, 85 Abs. 1, Abs. 2 S. 1, 86 Nr. 2, 87 Abs. 1 BGB angesprochen. Dagegen würden die §§ 82, 83b Abs. 4 S. 2, 83 Abs. 1 S. 2 und 3, 86 Nr. 3, 86a Nr. 2 BGB den Zweck i. w. S. meinen.[2408]

Eine stiftungsrechtliche Grenze der Zweckbestimmung bildet nach h. M. das sog. Verbot der Selbstzweckstiftung bzw. Unternehmensselbstzweckstiftung und das Verbot der Stiftung (nur) für den Stifter.[2409] Eine unternehmensverbundene Familienstiftung verstößt aber grundsätzlich nicht gegen die vorstehenden Verbote, wie bereits an anderer Stelle ausführlich dargelegt worden ist.[2410]

2. Besondere Zwecke einer unternehmensverbundenen Familienstiftung

Damit gewährleistet ist, dass die unternehmensverbundene Familienstiftung von der Stiftungsbehörde unproblematisch als Familienstiftung anerkannt wird, sollte der Stiftungszweck in der Stiftungssatzung deutlich zum Ausdruck kommen. D. h. es sollte klargestellt werden, dass ihr Zweck zum einen in der finanziellen Unterstützung des Stifters und seiner Familie liegt und zum anderen in dem langfristigen Erhalt des Familienunternehmens als solches.[2411] Daneben können selbstverständlich weitere Zwecke aufgelistet werden.

Rechtstatsächlich besteht insoweit eine Varietät der Stiftungszwecke, wobei in Satzungen unternehmensverbundener Familienstiftung oftmals folgende – freilich nicht abschließende – Stiftungszwecke i. d. R. in Kombination vertreten sind[2412]:

- die Förderung und Erhaltung des Unternehmens als Familienunternehmen,
- die Fortführung des Unternehmens im Sinne des Stifters,
- die Absicherung einer bestimmten Familientradition und/oder Unternehmenskultur,

---

2408 Burgard/*Burgard*, StiftR, § 80 Rn. 41. Zur Unterscheidung zwischen dem Stiftungszweck (Zielsetzung der Stiftung) und dem Stiftungsgegenstand (Art und Weise der Zweckverwirklichung) eing. *Burgard*, Gestaltungsfreiheit im Stiftungsrecht, S. 113 ff.; *Burgard*, ZGR 2023, 849 (852 ff., 858 ff., 864 f.); *Hüttemann*, FS D. Reuter, S. 121 (123 ff.); vgl. bündig auch *Jörg*, SPWR 2022, 119 (123).

2409 Siehe zu diesen Grenzen bereits → Teil 4 B I.

2410 Ausf. dazu → Teil 4 B I–III.

2411 Siehe aber zu Gestaltungsvorschlägen, falls Stiftungsbehörden den Unternehmenserhalt als Indiz für eine unzulässige (Unternehmens-)Selbstzweckstiftung erachten → Teil 4 B III.

2412 M. w. N. nur *Seibt*, ZIP 2011, 249 (252); siehe auch die gängigen Formularbücher.

- Halten von Beteiligungen an einem oder an mehreren anderen rechtlich selbständigen Unternehmen (Holdingfunktion[2413]),
- eine angemessene Versorgung des Stifters und seiner Familie,
- die Unternehmensführung im Interesse des Erhalts der Arbeitsplätze,
- die Unterstützung der Belegschaft und der Familien der Arbeitnehmer in besonderen (sozialbedürftigen) Fällen oder/und
- die Förderung gemeinnütziger Zwecke, ohne dass die Stiftung selbst gemeinnützig ist.

Beispielhaft sei hier der Stiftungszweck der unternehmensverbundenen *Würth-Familienstiftungen* (Würth-Gruppe) und der *Familienstiftung Thomas Bruch St. Wendel* (Globus-Gruppe) genannt:

(i) Würth-Familienstiftungen:
„***Zweck*** *der Stiftung ist die* ***Unterstützung der Stifter und deren leiblicher ehelicher Abkömmlinge (Destinatäre)****, insbesondere die Sicherung eines angemessenen Lebensunterhalts sowie die Förderung von Berufsausbildung und Studium dieses Personenkreises. Die Stiftung hat ferner die Aufgabe,* ***kraft ihrer Beteiligung an in- und ausländischen Unternehmen*** *der Unternehmensgruppe Würth für deren* ***wirtschaftliche Sicherung, Fortbestand und Wachstum zu sorgen****, sowie den* ***Charakter der Unternehmensgruppe als Familienunternehmen zu erhalten.***“[2414]

(ii) Familienstiftung Thomas Bruch St. Wendel:
„*Zweck der Stiftung ist es, den* ***langfristigen Bestand des Unternehmens Globus zu sichern****, für dessen Wachstum zu sorgen und* ***dessen Charakter als Familienunternehmen zu erhalten****. Wenn und solange sie an Unternehmen beteiligt ist, soll sie* ***bei der Ausübung der Beteiligungsrechte neben den Interessen des Unternehmens, an dem die Beteiligung besteht, auch die Interessen der Familie des Stifters sowie die Interessen der Mitarbeiter im Sinne der sozialpolitischen Vorstellungen des Stifters wahren und Familienmitgliedern, die das Interesse und die Befähigung zur Arbeit und Verantwortungsübernahme innerhalb der Unternehmen zeigen, die Möglichkeit hierzu zu geben****. Überdies soll sie im Rahmen ihrer Möglichkeiten* ***den Lebensunterhalt und Finanzbedarf des Stifters decken sowie die Ehefrau des***

2413 Zur (Familien-)Stiftung als Holding s. die Nachweise in → Fn. 1781. Zur Möglichkeit der Einordung der Familienstiftung in derlei Fällen als Finanzunternehmen i. S. d. § 8b Abs. 7 S. 2 KStG BFH, BeckRS 2024, 31054 Rn. 27 ff.

2414 Zitiert nach *M. Engel*, Die unternehmensverbundene Stiftung, S. 59 unter Verweisung auf das Verzeichnis Deutscher Stiftungen, Bundesverband Deutscher Stiftungen, Bettina-Würth-Stiftung (Hervorhebungen durch Verfasser).

Stifters und seine leiblichen, ehelichen und unter bestimmten Voraussetzungen nichteheliche Abkömmlinge unterstützen*, ihnen einen angemessenen Lebensunterhalt sichern, deren Berufsausbildung, Studium und berufliche Existenzgründung fördern. Schließlich steht es der Stiftung frei, Mittel, die sie nicht für die Erfüllung der aufgeführten Aufgaben benötigt,* ***für gemeinnützige Zwecke nach Maßgabe des Zweckes der [gemeinnützigen] GLOBUS-Stiftung zu verwenden.***"[2415]

Die vorstehenden Beispiele zeigen, dass die typischen Stiftungszwecke unternehmensverbundener Familienstiftungen regelmäßig den Gesellschaftszwecken von Familienunternehmen gleichen, die primär in der generationsübergreifenden Verwaltung und Erhaltung des Familienvermögens als Geschäftsgrundlage und gesellschaftsrechtlicher DNA des Familienunternehmens sowie Vermögens- und Einkommensquelle für künftige Generationen liegen[2416]. Es herrscht folglich eine Zweck- bzw. Zielharmonie zwischen Familienstiftung und Familienunternehmen.[2417] Plakativ gesprochen: Geht es dem Familienunternehmen gut, geht es auch der Familienstiftung und damit letztlich ebenfalls der Familie gut. Dies mag sicherlich in der Praxis nicht immer der Fall sein, doch ist gerade bei der hier untersuchten unternehmensverbundenen Familienstiftungskonstruktion, die als Unternehmensnachfolgemodell eines Familienunternehmens fungieren soll, davon auszugehen, dass alle Beteiligten dasselbe Interesse haben: Das Familienunternehmen vermittels der Familienstiftung über Generationen erfolgreich fortzuführen.

Ebenfalls zeigt die Stiftungslandschaft, dass in der heutigen Stiftungspraxis auch die Stiftungsbehörden unternehmensverbundenen (Familien-)Stiftungen grundsätzlich aufgeschlossen gegenüberstehen.[2418] So waren unter den 637 anerkannten Stiftungen im Jahr 2023 dabei 268 Familienstiftungen.[2419]

2415 Saarländisches Stiftungsverzeichnis, Stand 15.01.2024, S. 47 (https://t1p.de/kgx94).

2416 Vgl. zum besonderen (doppelten) Gesellschaftszweck bereits → Teil 3 B II 1.

2417 Vgl. *Auwera*, Die Doppelstiftung, S. 194 ff.; vgl. *Block et al.*, Journal of Family Business Strategy 2020, S. 1 (5 f.).

2418 Vgl. BeckOGK/*Jakob/Uhl*, 1.7.2022, BGB § 80 Rn. 511; zur heutigen Anerkennungspraxis MHdB GesR 5/*Gummert*, § 81 Rn. 32 ff.; Richter/*Richter*, Stiftungsrecht, § 10 Rn. 169 ff.

2419 *BDS*, Kennzahlen des Stiftungssektors 2000–2023, Stand 04/2024, S. 18 f. (https://t1p.de/3km0m), wonach mit Blick auf die vergangenen Jahren insgesamt ein stetiges Wachstum von Familienstiftungen zu beobachten sei. Im Jahr 2019 waren es bei 573 Stiftungserrichtungen noch 128 Familienstiftungen, s. ebd. Als „*ein wesentlicher ‚Treiber' für die Zunahme der Familienstiftungen* [werden] *die erbschaftsteuerlichen Gestaltungsmöglichkeiten*" genannt, so etwa *Orth*, DB 2024, 1771 m. w. N.; zu den steuerlichen Motiven s. bereits → Teil 3 A III.

3. *Stiftungszweck und Unternehmensinteressen*

Bei einer (privatnützigen) unternehmensverbundenen Familienstiftung als Instrument der Unternehmensnachfolge eines Familienunternehmens besteht i. d. R. auch ein Interessengleichlauf zwischen der familienbeeinflussten Familienstiftung als Gesellschafterin und dem Familienunternehmen.[2420] Aufgrund der Tatsache, dass die Familienstiftung vermittels der Erträge aus ihrer Unternehmensbeteiligung ihre Stiftungszwecke, namentlich die Versorgung der Familie und der langfristige Erhalt des Familienunternehmens, erfüllen muss, ist sie bzw. die Familie daran interessiert, dass das Familienunternehmen als wesentliche Ertragsquelle der Familienstiftung erfolgreich ist. Der vermittels der Familienstiftung verfolgte Unternehmenserhalt und die Förderung der Familie stehen daher gewissermaßen in einem „*Komplementärverhältnis*", denn eine generationenüberdauernde Versorgung der Familie ist auf den Fortbestand des Familienunternehmens notwendig angewiesen.[2421] Anders gewendet: Damit der Stiftungszweck einer unternehmensverbundenen Familienstiftung dauerhaft und nachhaltig gesichert wird (§ 82 S. 1 BGB bzw. § 80 Abs. 2 S. 1 BGB a. F.), muss das Familienunternehmen resp. die Unternehmensbeteiligung als regelmäßiger Hauptbestandteil des Stiftungsvermögens grundsätzlich erhalten bleiben. Die Motivation des Unternehmenserhalts ist dabei bei einer familienbeeinflussten Familienstiftung als Gesellschafterin zudem regelmäßig deutlich höher, als wenn familienexterne Gesellschafter beteiligt sind, die lediglich an einer Gewinnmaximierung interessiert sind.

2420 Näher *Auwera*, Die Doppelstiftung, S. 194 ff.; vgl. *Block et al.*, Journal of Family Business Strategy 2020, S. 1 (5 f.); i. Erg. auch Richter/*Richter*, Stiftungsrecht, § 10 Rn. 187 f.; *Lehleiter*, Die Familienstiftung, S. 109 („*[...] die Interessen von Stiftung und Unternehmen [sind] somit kongruent*"); vgl. auch empirisch *Bruttel/Probst/Schweinsberg*, FuS 2012, 226 (228), denen nach „*[d]ie Stiftungen als ‚dominant owner' [...] ein ausgeprägtes Interesse an den Entwicklungen in ‚ihrem' Unternehmen haben*" würden; vgl. auch *v. Oertzen/Reich*, DStR 2017, 1118; s. auch S/S/S/P/*Stumpf*, StiftR, § 80 Rn. 44, der zutreffend darauf hinweist, dass allg. bei einer uv. Stiftung, „*die neben der Verwaltung des Unternehmens anderweitige Zwecke verfolgt, ein natürliches Interesse am nachhaltigen Erfolg des Unternehmens*" besteht. Problematischer ist dies indes bei gemeinnützigen Stiftungen, s. nur Groll/Steiner/*Steiner*, ErbR-HdB, Rn. 16.65.

2421 Vgl. Feick/*Godron/Thress*, Stiftung, § 29 Rn. 97; *Lehleiter*, Die Familienstiftung, S. 109; *Hueck*, RFamU 2023, 393 (396); *Boll*, Die uv. Familienstiftung, S. 41, 130 f.; vgl. auch *Wochner*, in: Bayer/Koch, Unternehmens- und Vermögensnachfolge, S. 141 (153) („*[...], da der Stiftungszweck* [einer unternehmensverbundenen Stiftung] *solange verfolgt wird, wie das Unternehmen besteht*").

Rainer Hüttemann weist insofern in Bezug auf einen möglichen Zielkonflikt zwischen Stiftungszweck und Unternehmenserfolg zwar grundsätzlich zutreffend darauf hin, dass man „*in guten Zeiten*“ über das Problem hinwegsehen könne, solange das Unternehmen wirtschaftlich erfolgreich sei und ausreichende Erträge für die Stiftungszwecke zur Verfügung stünden. Die „*Gretchenfrage*“ nach dem Verhältnis von Stiftungszweck und Unternehmen stelle sich aber spätestens, wenn das Ausschüttungsinteresse der Stiftung den wachsenden Finanzierungsbedürfnissen des Unternehmens strikt untergeordnet wird oder das Stiftungsunternehmen in wirtschaftliche Existenzschwierigkeiten geriete. Gerade weil eine unternehmensverbundene Stiftung im Unterschied zur „*normalen*“ Kapitalstiftung mit einem diversifizierten Vermögensportfolio ein besonderes „*Klumpenrisiko*“ aufweise, müsse der Stiftungsvorstand sich rechtzeitig von der Unternehmensbeteiligung trennen, wenn anderenfalls die nachhaltige Erfüllung des Stiftungszwecks gefährdet erschiene.[2422]

Bei einer familienbeeinflussten Familienstiftung als Gesellschafterin eines stiftungsverbundenen Familienunternehmens ist aber davon auszugehen, dass die Interessen der Familienstiftung im Konfliktfall so weit wie möglich zurückgestellt werden bzw. sie ihre Gesellschafterrolle im Interesse auch des Erhalts des Familienunternehmens ausüben wird.[2423] Zudem entspricht eine gewisse Abhängigkeit der Beteiligungsträgerfamilienstiftung vom Familienunternehmen dem Willen des Stifters, der dieses Abhängigkeitsverhältnis zum einen durch Widmung der Unternehmensbeteiligungen zum Stiftungsvermögen (§ 81 Abs. 1 Nr. 2 BGB bzw. § 81 Abs. 1 S. 3 Nr. 4 BGB a. F.)[2424] und ggf. sogar explizit durch die Zweckbe-

---

2422 *Hüttemann*, DB 2017, 591 (593); zu möglichen Spannungsverhältnissen zwischen Stiftungsinteressen und Unternehmensinteressen näher (und recht kritisch) Staudinger/*Hüttemann/Rawert*, BGB Vorb. §§ 80 ff. Rn. 214 f.; (zurückhaltender) Richter/*Richter*, Stiftungsrecht, § 10 Rn. 34 ff.; *Lange*, in: Lange/Windthorst, Sicherung des Familieneinflusses, S. 95 (108 f.).

2423 Ebenso *Lehleiter*, Die Familienstiftung, S. 109; vgl. auch *Delp*, Die Stiftung & Co. KG, S. 14; *Hueck*, RFamU 2023, 393 (398). Dies wird oftmals auch in der Stiftungssatzung deutlich herausgestellt, vgl. etwa den Satzungsauszug bei LG Duisburg, BeckRS 2008, 11345 Rn. 1 („*Oberstes Gebot der Stiftung ist, die Stiftungsunternehmung mit der Sorgfalt eines ordentlichen Kaufmannes gedeihlich zu erhalten und zur weiteren Blüte zu bringen.*“); die Unternehmensfortführung sollte in der Satzung explizit erwähnt werden, damit das Unternehmen nicht lediglich als Mittelbeschaffungsinstrument der Stiftung verstanden wird, s. *Lange*, in: Lange/Windthorst, Sicherung des Familieneinflusses, S. 95 (108).

2424 Ebenso *Dahlmanns*, RNotZ 2020, 417 (437) m. vgl. V. a. *D. Reuter*, NZG 2005, 649 (654).

stimmung bereits im Stiftungsgeschäft bzw. der Satzung zum Ausdruck gebracht hat. Dies entspricht auch und gerade dem vom Stifter vorgegebenen Zweck der Familienstiftung, der neben der Versorgung der Stifterfamilie auch im Erhalt und Fortführung des Familienunternehmens und damit im Familieninteresse[2425] liegt. Bei der vom Stifter gewünschten und in der Stiftungssatzung verankerten Achtung auch der Unternehmensinteressen handelt es sich insofern *„nämlich gerade nicht um stiftungsfremde Sonderinteressen, sondern um genuine Stiftungsinteressen“*[2426]. Es liegt, wie vorstehend erläutert, regelmäßig ein Zweck- bzw. Interessengleichlauf zwischen der Familienstiftung und dem Familienunternehmen vor. Konkret: Im Rahmen einer unternehmensverbundenen Familienstiftungskonstruktion wird der bei den meisten Familienunternehmen bereits bestehende Grundsatz *„business first“*[2427] weiterhin im Vordergrund stehen.[2428]

Dies ist ein bedeutender Unterschied zu gemeinnützigen Stiftungen, bei welchen Interessendivergenzen eher angelegt sind als bei den hier betrachteten unternehmensverbundenen Familienstiftungen.[2429] Bei einer unternehmensverbundenen Familienstiftung, die gerade als Nachfolgeinstrument eingesetzt wird, werden – so jedenfalls die hier zugrunde gelegte Annahme – regelmäßig keine unternehmensfremden Interessen in die Familienunternehmensstruktur eingebracht, was bei einer gemeinnützigen Stiftung eher der Fall sein wird, da diese primär dem Allgemeinwohl verpflichtet ist zu dienen.

2425 Vgl. hierzu BFHE 185, 58 = DStR 1998, 331 (333): *„Solange nämlich die Familie die gebundenen Kulturgüter nicht veräußern will, liegt deren Pflege und Erhaltung nicht nur im öffentlichen, sondern* ***gleichermaßen im Familieninteresse****. Die Pflege und Erhaltung des eigenen Kunstbesitzes ist in erster Linie Sache des jeweiligen Eigentümers. Sie dient nicht nur ideellen Interessen, sondern* ***auch dem eigenen Vermögensinteresse am Erhalt des in den Gegenständen verkörperten Vermögenswerts****.“* (Hervorhebung durch Verfasser); vgl. auch LG Duisburg, BeckRS 2008, 11345 Rn. 1; *v. Oertzen/Reich*, DStR 2017, 1118.

2426 BeckOGK/*Jakob/Picht/Kopp*, 1.9.2024, BGB § 83 Rn. 24.

2427 Vgl. zu diesem Postulat → Teil 2 A II 1.

2428 S/B/K/G/W/*Kormann*, Familienunternehmen, Kap. 1 Rn. 112; ebenso Richter/*Richter*, Stiftungsrecht, § 10 Rn. 42; BoKoStiftR/*Heuel/Meinecke*, Teil I 2.3 Rn. 76; s. a. *Neuhoff*, Unternehmenskapital für Stiftungen, S. 153 (*„In der Priorität der Unternehmensinteressen liegt der Schlüssel für das ‚ewige‘ Fortbestehen des Unternehmens“*).

2429 Vgl. *Block et al.*, Journal of Family Business Strategy 2020, S. 1 (5 f.); vgl. auch Bertelsmann Stiftung/*Löwer*, HdB Stiftungen, S. 402 (407) (*„Da sie in der Regel nicht gemeinnützige Ziele verfolgen, gelten für sie grundsätzlich die festgestellten Wesensunterschiede zwischen Stiftung und Unternehmen nicht, oder zumindest nur in eingeschränktem Umfang.“*).

Ultima ratio, insbesondere bei einem nicht zielführenden Eigentumsverbleib, ist aber, wie an anderer Stelle[2430] erläutert, auch stets die Trennung von der Unternehmensbeteiligung möglich. Dies gilt etwa, insbesondere wenn das Familienunternehmen schlicht sonst nicht weiter erhalten und damit auch der Stiftungszweck nicht durch die Unternehmensbeteiligung weiterverfolgt werden kann.[2431] Im Falle der Trennung sollten zwecks Sicherung des Familieneinflusses entsprechende Sicherungsrechte zugunsten der Familie (z. B. Vor- und Ankaufsrechte) im Gesellschaftsvertrag des Familienunternehmens vorgesehen werden, um das Familienunternehmen auch in diesem Fall in Familienhand halten zu können.[2432]

Im Übrigen kann einem etwaigen Spannungsverhältnis durch eine entsprechende Ausgestaltung und Verzahnung von Stiftungssatzung und Stiftungszweck sowie Gesellschaftsvertrag des Familienunternehmens vorgebeugt werden.[2433] Darüber hinaus entscheidet die Familienstiftung als Gesellschafterin insbesondere (i. d. R. allein) über Ob und Höhe von Gewinnausschüttungen[2434], sodass sie von ihren Gesellschafterrechten nur Gebrauch machen wird, wenn dies auch mit dem Interesse des Familienunternehmens vereinbar ist.[2435] Ein Stifter resp. Familienunternehmer wird aber oft auch keine Vollausschüttung wünschen, sondern eine – für Familienunternehmen oftmals notwendige[2436] – hinreichende Eigenkapitalausstattung des Unternehmens gewährleisten wollen.[2437] Ferner kann

---

2430 Vgl. i. Zh. m. sog. Unveräußerlichkeitsklauseln → Teil 3 B II 3 c.

2431 Vgl. *Hüttemann/Schauhoff*, DB 2023, 2523 (2524 f.).

2432 Zu den entsprechenden Sicherungsmöglichkeiten auf Unternehmensebene → Teil 5 E.

2433 *Verstl*, DStR 1997, 674; s. zu möglichen Aspekten bündig *Meinecke*, Stiftungen, S. 35 ff.; H/S/G/*A. Sigle*, GesR, § 22 Rn. 124; *v. Oertzen/Reich*, DStR 2017, 1118 (1121); *Hueck*, RFamU 2023, 393 (397 ff.)

2434 Feick/*Godron*/*Thress*, Stiftung, § 29 Rn. 64.

2435 Eine gesetzliche Regelung, wonach die von einer Stiftung gehaltene Unternehmenskapitalgesellschaft verpflichtet ist, einen bestimmten festen Anteil des jährlichen Gewinns an die sie tragende Stiftung auszuschütten, gibt es nicht, s. nur *Brill*, KÖSDI 2014, 18778 Rn. 32; *Uhl*, Ubg 2022, 551 (552), nach dem aber bei weitestgehenden bzw. gänzlichem Ausschüttungsstopp eine (verdeckte) Unternehmensselbstzweckstiftung vorliegen könnte. Zur angeblichen (verdeckten) Unternehmensselbstzweckstiftung → Teil 4 B I.

2436 Dazu → Teil 3 B II 1.

2437 *Schewe/Hermes*, RFamU 2022, 158 (161); *v. Oertzen/Reich*, DStR 2017, 1118 (1121); *Rücker*, ZEV 2018, 451 (452 f.); vgl. insofern *Breyer*, FuS 2022, 18 (19) („*Es wäre kaum nachvollziehbar, wenn das Stiftungsrecht eine vom Stifter gewünschte Fortsetzung familiärer Tradition der Sparsamkeit in Fragen der privaten Lebensführung untersagen wollte. Die Stiftungsrechtsreform hat hieran nichts geändert.*“).

in der Stiftungssatzung vorgesehen werden, dass der Stiftungsvorstand vorab die Zustimmung des Stiftungsbeirats – sofern vorhanden – einholen muss, wenn eine bestimmte Ausschüttungs- oder Entnahmequote im Familienunternehmen unter-/überschritten bzw. ein diesbezüglicher Eingriff in den Gesellschaftsvertrag vorgenommen werden soll.[2438] Durch derlei Satzungsvorgaben kann ein Schutzmechanismus eingebaut werden, der verhindert, dass die Familienstiftung das Unternehmen von Ausschüttung zu Ausschüttung konsumiert.[2439]

In der Praxis gibt der Stifter bei unternehmensverbundenen Familienstiftungen in der Stiftungssatzung auch üblicherweise die Grundsätze der Unternehmensausrichtung und -führung sowie allgemein Richtlinien zur Ausübung der Gesellschafterrechte der Stiftung im Unternehmen vor, an die die Stiftung resp. der für sie handelnde Stiftungsvorstand dann bei Ausübung der Gesellschafterrechte gebunden ist.[2440] Insbesondere kann er regeln, unter welchen Umständen und mit welchen Quoren der Stiftungsvorstand berechtigt oder aber auch verpflichtet sein soll, sich von der Unternehmensbeteiligung zu trennen oder ggf. strategische Investoren auf Unternehmensebene aufzunehmen.[2441] Dabei ist jedoch auf eine Formulierung zu achten, die es dem Stiftungsvorstand erlaubt, auf notwendige Unternehmensveränderungen adäquat zu reagieren.

Insgesamt kann daher festgehalten werden, dass aufgrund der weitgehenden Gestaltungsfreiheit des Stifters und den i. d. R. zwischen Familienstiftung und Familienunternehmen gleichlaufenden Interessenlagen, die beiderseits letztlich auf den Erhalt des Familienunternehmens – dies notwendig auch zugunsten der Familie – gerichtet sind, einem etwaigen Spannungsverhältnis vorgebeugt werden kann bzw. ein solches handhabbar und damit weitestgehend auflösbar ist. Insoweit ist auch *Susanne Kalss* hinsichtlich Stiftungskonstruktionen im Rahmen von Familienunternehmen dahingehend zuzustimmen, dass „*jede Rechtsform,* [und damit auch eine unternehmensverbundene Familienstiftung] *so zu gestalten [ist],*

2438 *v. Oertzen/Reich*, DStR 2017, 1118 (1121); vgl. auch *Rawert*, ZGR 2018, 835 (858); *Hueck*, RFamU 2023, 393 (398).

2439 *Meinecke*, ZStV 2022, 212 (215), der dies plakativ als „*Kannibalenschutz*" bezeichnet.

2440 *Gummert*, in: Die Stiftung – Jahreshefte zum Stiftungswesen, 6. Jahrgang, S. 75 (113); *Kornau*, Stiftung als Unternehmensnachfolgerin, S. 150 f.; v. Rechenberg/Thies/Wiechers/*Schauer*, HdB Familienunternehmen, S. 907, 913; *v. Oertzen/Reich*, DStR 2017, 1118 (1120 ff.); *Schewe/Hermes*, RFamU 2022, 158 (161); vgl. auch die Satzungsbeispiele zuvor unter → Teil 4 D II 2.

2441 *Rawert*, ZGR 2018, 835 (858).

dass sie dem Interesse der Familie dient, nicht umgekehrt.“[2442] Das Interesse der Familie liegt im hiesigen Kontext – und dies sei nochmals klargestellt – in dem Erhalt und der Fortführung des Familienunternehmens vermittels der unternehmensverbundenen Familienstiftung.

E. Stiftungsvermögen

I. Grundlegendes nach altem Recht

Das sog. Stiftungsvermögen zählt neben dem Stiftungszweck und der Stiftungsorganisation zu den konstitutiven Elementen des Stiftungsbegriffs. In den §§ 80 Abs. 2 S. 2, 81 Abs. 1 S. 2, S. 3 Nr. 4, 82 S. 1 BGB a. F. (anders nunmehr §§ 80 Abs. 1 S. 1, 81 Abs. 1 Nr. 2, 82a BGB) wurde es zwar genannt, aber nicht definiert.

§ 81 Abs. 1 S. 2 BGB a. F. (§ 81 Abs. 1 Nr. 2 BGB[2443]) ordnete an, dass das Stiftungsgeschäft die verbindliche Erklärung des Stifters enthalten musste, ein Vermögen zur Erfüllung eines von ihm vorgegebenen Zweckes zu widmen. Wurde die Stiftung anerkannt, so traf den Stifter gem. § 82 S. 1 BGB a. F. (§ 82a S. 1 BGB) die Pflicht zur Übertragung des gewidmeten Vermögens.[2444] Hieraus ergab

2442 *Kalss*, FS G. D. Karth, S. 499 (520) (dort aber bzgl. der österreichischen Privatstiftung).

2443 Nunmehr aber mit dem Zusatz, dass dieses Vermögen der Stiftung „*zu deren eigener Verfügung zu überlassen ist*“. Ausweislich der amtlichen Begründung soll damit klargestellt werden, dass der Stifter (wie bisher nach wohl h. M.) im Falle der Stiftungserrichtung von Todes wegen keine Dauertestamentsvollstreckung über den Erbteil (gemeint lediglich das Grundstockvermögen) der Stiftung anordnen kann, s. BT-Drs. 19/28173, S. 49; dazu (kritisch) *Gollan*, npoR 2021, 277 (278); *Ponath/Tolksdorf*, ZEV 2021, 605 (608); zum bisherigen Streitstand m. w. N. *Lange*, ZStV 2019, 85 (89 f.); MüKoBGB/*Weitemeyer*, § 83 Rn. 17; OLG Frankfurt a. M., ZEV 2011, 605 (607) m. Anm. *Reimann*; AG Nürnberg, BeckRS 2024, 20805 Rn. 17; s. aber auch BeckOGK/*Tolksdorf*, 1.9.2024, BGB § 81 Rn. 271 ff. m. w. N. (für die Zulässigkeit der Dauertestamentsvollstreckung – jdf. soweit dies nicht „gewidmetes Vermögen“ i. S. d. § 81 Abs. 1 Nr. 2 bzw. § 83b Abs. 3 BGB betreffe). Um eine Stiftungserrichtung nicht scheitern zu lassen, soll im Zweifel eine vom Erblasser angeordnete Dauertestamentsvollstreckung in eine Abwicklungstestamentsvollstreckung umzudeuten sein, so etwa *Hüttemann/Rawert*, ZIP 2021, Beilage zu Heft 33, S3 (S8); im Anschluss auch Schauhoff/Mehren/*Schienke-Ohletz*, Stiftungsrecht nach der Reform, Kap. 3 Rn. 16; Schauhoff/Kirchhain/*Mehren*, Gemeinnützigkeits-HdB, § 3 Rn. 34.

2444 Siehe hierzu → Teil 3 C I 2 a.

sich bereits im alten Recht zugleich, dass dem Stiftungsvermögen primär eine dienende Funktion gegenüber dem Stiftungszweck beizumessen ist.[2445] Dabei ist aber die Tatsache zu berücksichtigen, dass dem Stiftungsvermögen dennoch eine weitaus gewichtigere Rolle zukommt. Plakativ gesprochen: „*Ohne Vermögen keine Stiftung*".[2446] Diesen Umstand beschreiben *Jakob/Uhl* daher treffend wie folgt: „*Einerseits ist es ein scheinbar untergeordnetes Merkmal, weil es seine einzige Rolle ist, dem übergeordneten Stiftungszweck zu dienen, andererseits ist es von zentraler Wichtigkeit, da die Erfüllung des Stiftungszwecks erst durch ein Vermögen zu realisieren ist. Auch Zweck und Vermögen gehen daher eine Art symbiotische Beziehung ein, die sich gegenseitig bedingen und nur gemeinsam zu sinnvollem Leben erstarken.*"[2447]

Gem. § 81 Abs. 1 S. 3 Nr. 4 BGB a. F.[2448] musste der Stifter in der Stiftungssatzung, Regelungen über das Stiftungsvermögen treffen. Welchen Inhalt diese Regelungen genau haben sollten, ließ das Gesetz indes offen, sodass es im Belieben des Stifters stand, derlei Vorgaben zu treffen. In der Praxis wurden i. d. R. etwa Regelungen zum Erhalt und zur Verwaltung (sog. Vermögenserhaltungskonzept) getroffen, aber es konnte auch schlicht nur eine Regelung über die Vermögensausstattung als solche niedergeschrieben werden. Das Stiftungsvermögen war ansonsten so zu verwalten, dass dauernde und nachhaltigen Erfüllung des Stiftungszwecks bestmöglich verwirklicht wird.[2449] Die Verwaltung des Stiftungsvermögens ist insofern dabei eine der Hauptaufgaben des Stiftungsvorstands.[2450]

Unter dem Stiftungsvermögen waren zunächst sämtliche Vermögenswerte, worunter gerade im hiesigen Kontext Unternehmensbeteiligen einen wesentlichen Teil ausmachen, der Stiftung zu verstehen, wobei üblicherweise weiter zwischen

---

2445 BeckOK BGB/*Backert/J. Stürner*, 71. Ed. 1.5.2022, § 81 Rn. 11; *Neuhoff*, FS O. Werner, S. 146 (150 f.); *Ebersbach*, HdB des Deutschen Stiftungsrechts, S. 18.

2446 *Neuhoff*, FS O. Werner, S. 146 (160); wortgleich auch *Meinecke*, Stiftungen, S. 40; vgl. auch v. Campenhausen/Richter/*Hof*, StiftR-HdB, § 9 Rn. 1.

2447 BeckOGK/*Jakob/Uhl*, 1.7.2022, BGB § 80 Rn. 146.

2448 Diese Vorgabe entfällt künftig, dazu sogleich.

2449 Eing. zur Verwaltung des Stiftungsvermögens: W/S/F/*Fritz*, Die Stiftung, § 14 Rn. 26 ff.; *Holtwiesche*, Der Stiftungsvorstand bei der Vermögensverwaltung, S. 228 ff.; *D. Reuter*, NZG 2005, 649; *Meinecke*, ZStV 2021, 81 (83 ff.); *Weitemeyer/Wrede*, npoR 2017, 91.

2450 MHdB GesR 5/*Helios/Friedrich*, § 96 Rn. 3; vgl. *J. Stürner*, DStR 2015, 1628 f.; zuletzt ausf. *Meinecke*, ZStV 2021, 81 (Teil 1) und ZStV 2021, 133 (Teil 2); monographisch *Holtwiesche*, Der Stiftungsvorstand bei der Vermögensverwaltung, *passim*.

dem sog. Grundstockvermögen[2451] und dem sonstigen Vermögen der Stiftung unterschieden wurde.[2452] Das Grundstockvermögen war bereits im alten Recht getrennt vom sonstigen Vermögen zu verwalten (sog. Vermischungsverbot).[2453] Dabei meint das Grundstockvermögen, dasjenige Vermögen (ggf. ergänzt durch Zustiftungen), das der Stiftung grundsätzlich dauerhaft gewidmet sein muss und nicht zum Verbrauch bestimmt ist und aus dem die Stiftung ihre Erträge ziehen soll.[2454] Dieser sog. Vermögenserhaltungsgrundsatz, der nur für das Grundstockvermögen, aber nicht für sonstiges Vermögen gilt, war im alten Recht allein in den Landesstiftungsgesetzen[2455] explizit normiert.[2456] Wie der Grundsatz der Vermögenserhaltung zu verstehen ist, war und ist bis heute indes noch nicht abschließend geklärt. Möglich ist ein gegenständlicher, ein nominaler oder ein realer Ansatz oder ein Fokus auf den Willen des Stifters.[2457] Nach richtiger Auffassung ist für die Frage der Vermögenserhaltung der Wille des Stifters entscheidend.[2458]

2451 Vgl. zum Begriff § 10b Abs. 1a EStG („*[…] in das zu erhaltende Vermögen [Vermögensstock] einer Stiftung […]*"); s. a. W/S/F/*O. Werner*, Die Stiftung, § 11 Rn. 51.

2452 BeckOK BGB/*Backert*, 70. Ed. 1.5.2022, § 81 Rn. 11; MüKoBGB/*Weitemeyer*, § 80 Rn. 4; v. Campenhausen/Richter/*Hof*, StiftR-HdB, § 9 Rn. 4, 5, 94; *Strobel*, JuS 2020, 1149 (1151); in der Literatur und in den Landesstiftungsgesetzen fanden sich aber auch unterschiedliche Bezeichnungen, s. ausf. W/S/F/*Fritz*, Die Stiftung, § 14 Rn. 6 ff.

2453 W/S/F/*Fritz*, Die Stiftung, § 14 Rn. 6 ff. m. V. a. die damaligen entsprechenden landesrechtlichen Vorgaben.

2454 BeckOGK/*Lange*, 1.9.2024, BGB § 81 Rn. 107; BeckOK BGB/*Backert/J. Stürner*, 71. Ed. 1.5.2022, § 81 Rn. 11; *Strobel*, JuS 2020, 1149 (1151).

2455 Dort fanden sich (im Wesentlichen inhaltsgleich) oftmals die Formulierung „*Das Stiftungsvermögen ist in seinem Bestand ungeschmälert zu erhalten*", s. mit Nachweisen zu den entsprechenden landesstiftungsrechtlichen Normen nur MHdB GesR 5/*Helios/Friedrich*, § 96 Rn. 13 (dortige Fn. 75).

2456 BeckOGK/*Lange*, 15.6.2023, BGB § 81 Rn. 40 mit Nachweisen zu den entsprechenden Regelungen; siehe zu diesen auch *Holtwiesche*, Der Stiftungsvorstand bei der Vermögensverwaltung, S. 64 ff.; ausf. H/R/W/*Hüttemann*, Landesstiftungsrecht, Kap. 14 Rn. 14.20 ff.

2457 M. w. N. zum Meinungsstand *Dahlmanns*, RNotZ 2020, 417 (435 f.); *D. Reuter*, NZG 2005, 649 (650 ff.); MHdB GesR 5/*Helios/Friedrich*, § 96 Rn. 14 ff.; H/R/W/*Hüttemann*, Landesstiftungsrecht, Kap. 14 Rn. 14.24 ff.; zuletzt luzid *Hüttemann/Schauhoff*, DB 2023, 2523 (2524 ff.).

2458 Grdl. für die diesbezügliche Gestaltungsfreiheit des Stifters plädierend *Hüttemann*, FG Flume, S. 59 (68 ff.); vgl. auch *J. Stürner*, Geschäftsleitung, S. 254 sowie die Nachweise in vorstehender Fn. 2457. Dieser Auffassung hat sich wohl auch der

Das sonstige Vermögen, d. h. all das Vermögen, das nicht zum Erhalt bestimmt ist, musste hingegen primär zur Erfüllung des Stiftungszwecks eingesetzt werden. Es konnten jedoch auch unter gewissen Grenzen Rücklagen gebildet werden.[2459] Es musste aber gerade im Falle der unternehmensverbundenen Familienstiftung gewährleistet sein, dass die durch die Unternehmensbeteiligung erwirtschafteten Erträge grundsätzlich zugunsten des Fortbestands des Familienunternehmens und der Versorgung der Familie eingesetzt werden, um so den Stiftungszweck dauerhaft und nachhaltig zu erfüllen.[2460] Sog. Vermögensumschichtungen waren darüber hinaus grds. zulässig, soweit ein anderes nicht statutarisch vorgesehen war oder sonst dem mutmaßlichen Stifterwillen widersprach.[2461]

In Stiftungssatzungen von unternehmensverbundenen (Familien-)Stiftungen waren (und sind es noch) zudem in der Praxis[2462] sog. Unveräußerlichkeitsklauseln als Mittel einer Vermögensgegenstandsbindung üblich und auch zulässig, aufgrund derer die Veräußerung der Geschäftsanteile der Stiftung an dem Beteiligungsunternehmen (d. h. des Familienunternehmens) zwecks Bestandssicherung

---

Reformgesetzgeber 2021 angeschlossen (BT-Drs. 19/28173, S. 57), indem er explizit keine diesbezügliche Konkretisierung getroffen hat.

2459 Zu den zivil- und steuerrechtlichen Schranken der Rücklagenbildung, insb. auch vor dem Hintergrund des stiftungsrechtlichen Admassierungsverbots *Arnold*, NZG 2007, 805; MHdB GesR 5/*Helios/Friedrich*, § 96 Rn. 9 ff.; ausf. H/R/W/*Hüttemann*, Landesstiftungsrecht, Kap. 13 Rn. 13.12 f., Kap. 14 Rn. 16.12 ff.

2460 Siehe nur *Boll*, Die uv. Familienstiftung, S. 102. Zum diesbezüglichen Admassierungsverbot MüKoBGB/*Weitemeyer*, § 85 Rn. 25; MHdB GesR 5/*Helios/Friedrich*, § 96 Rn. 9. Dieses dürfte jedoch mit Blick auf § 83b Abs. 2 Nr. 3 BGB (→ Teil 4 E II 1 b aa), wonach die Stiftung bereits vorhandenes sonstiges Vermögen nachträglich zu Grundstockvermögen bestimmen kann, nunmehr nicht mehr besonders relevant sein. Vielmehr ist eine zu große Thesaurierung am Maßstab des Verbots der Selbstzweckstiftung (→ Teil 4 B I) zu messen. Vgl. hierzu auch *Schütte*, Transparente und intransparente Stiftungen, S. 124 ff. unter Verweisung auf *Hüttemann/Rawert*, ZIP 2021, Beilage zu Heft 33, S3 (S14).

2461 Eine Landesstiftungsgesetze erwähnten dies sogar explizit, vgl. m. N. *Theuffel-Werhahn*, ZStV 2020, 41 (46 f.); zur Zulässigkeit nur W/S/F/*Fritz*, Die Stiftung, § 14 Rn. 121 ff.; vgl. auch FG München, DStRE 2017, 101 (103).

2462 Beispielhaft für eine solche Unveräußerlichkeitsklausel (wobei jedoch auch nachfolgend besondere Ausnahmen normiert sind) sei auf § 9 Abs. 3 S. 1 des Statuts der Carl-Zeiss-Stiftung hingewiesen: *„Die Anteile der Stiftung an den Stiftungsunternehmen dürfen nicht veräußert werden“*, (https://t1p.de/67zb1); weitere Praxisbeispiele bei *Schwake*, Kapital und Zweckerfüllung bei Unternehmensstiftungen, S. 495.

des Familienunternehmens verhindert werden sollten.[2463] Dies schränkt auch die grds. zulässige Vermögensumschichtung durch den Stiftungsvorstand ein.[2464] Unveräußerlichkeitsklauseln sind auch mit Blick darauf, dass die Beteiligung am Familienunternehmen den i. d. R. größten und wertvollsten Vermögensgegenstand der unternehmensverbundenen Familienstiftung darstellt,[2465] auch durchaus nachvollziehbar und empfehlenswert, sofern freilich eine sog. „*Ultima-Ratio-*Trennungsmöglichkeit" in der Stiftungssatzung vorgesehen wird.[2466]

Eine gesetzliche Mindestvermögensausstattung war und ist im Stiftungsrecht, wie bereits an anderer Stelle erwähnt, insbesondere aufgrund der Vielfalt möglicher Stiftungszwecke, zwar nicht vorgeschrieben, jedoch müssen die Anforderungen des § 80 Abs. 2 S. 1 BGB a. F. (§ 82 S. 1 BGB), wonach „*die dauerhafte*

2463 *Franke/Draheim*, VfS 2015, 1 (4); H/S/G/*A. Sigle*, GesR, § 22 Rn. 123; MHdB GesR 5/*Schwake*, § 79 Rn. 162; *Brandmüller/Klinger*, Unternehmensverbundene Stiftungen, S. 11 f.; *Hüttemann/Schauhoff*, DB 2023, 2523 (2524 f.); zur Reichweite und den Grenzen von sog. Unveräußerlichkeitsklauseln in Stiftungssatzungen ausf. *Kornau*, Stiftung als Unternehmensnachfolgerin, S. 87 ff.; Feick/*Godron*/*Thress*, Stiftung, § 29 Rn. 106 ff.; vgl. zur grds. Zulässigkeit auch BT-Drs. 19/28173, S. 56: „*Der Stifter kann in der Errichtungssatzung auch ausdrücklich bestimmen, dass einzelne Vermögensgegenstände nicht zu veräußern und in ihrem Wert zu erhalten sind. Dann sind die zuständigen Stiftungsorgane daran gebunden, solange die Satzungsbestimmung nicht geändert wird.*"

2464 Richter/*Godron*, Stiftungsrecht, § 7 Rn. 41; *Hüttemann/Schauhoff*, DB 2023, 2523 (2527).

2465 Vgl. *Feyl*, ZUS 2012, 55 (57) sowie die Nachweise in Fn. 1196.

2466 Nach zutreffender Ansicht können selbst diese aber eine Veräußerung des Unternehmens auch gegen den Willen des Stifters als „*ultima ratio*" bzw. milderes Mittel zur Auflösung der Stiftung zum Schutze der Existenz der Stiftung nicht generell ausschließen, vgl. m. w. N. *Schwarz*, ZSt 2004, 101 (102 ff.); *Hof*, ZStV 2012, 54; *Fleisch*, S&S RS 04/2018, 1 (13); *Fleisch/Stolte*, in: F/E/K/S/S, Modell unternehmensverbundene Stiftungen, S. 50; *Schwake*, Kapital und Zweckerfüllung bei Unternehmensstiftungen, S. 142, 499 ff.; *G. Roth*, in: Bochmann et al., Gewinn und Gemeinwohl, S. 133 (146); *Gummert*, in: Die Stiftung – Jahreshefte zum Stiftungswesen, 6. Jahrgang, S. 75 (98 ff.) mit Satzungsbeispiel; auch BT-Drs. 19/28173, S. 56 geht davon aus, dass eine Änderung der entsprechenden Satzungsbestimmung möglich ist; **a. A.** unter Rekurs auf den Vorrang des Stifterwillens *Wochner*, in: Bayer/Koch, Unternehmens- und Vermögensnachfolge, S. 141 (156); *O. Werner*, in: Bayer/Koch, Unternehmens- und Vermögensnachfolge, S. 103 (130); i. Erg. auch *Burgard*, in: Die Stiftung – Jahreshefte zum Stiftungswesen, 3. Jahrgang, S. 31 (43), nach dem eine Veräußerung nur nach Maßgabe des wirklichen oder mutmaßlichen Stifterwillens durch die Stiftungsorgane erfolgen dürfe, sofern keine konkreten Vorgaben vorhanden seien.

und nachhaltige Erfüllung des Stiftungszwecks gesichert erschein[en]“ muss, erfüllt werden (sog. Lebensfähigkeitsprognose).[2467]

Bis auf die oben erwähnten Regelungen im BGB fanden sich weitere Regelungen zum Stiftungsvermögen allein in den verschiedenen Landesstiftungsgesetzen. Diese wurden jedoch aufgrund der bundeseinheitlichen Neuregelungen betreffend das Stiftungsvermögen in §§ 83b, 83c BGB diesbezüglich weitestgehend bereinigt.

II. Grundlegendes nach neuem Recht

Mit den §§ 83b, 83c BGB sind einige grundlegende und bundeseinheitliche Bestimmungen über das Stiftungsvermögen und seine Verwaltung getroffen worden.[2468] Die neuen bundeseinheitlichen Vorschriften lehnen sich an die bestehenden landesrechtlichen Regelungen an. § 83b BGB umschreibt zunächst, was unter Stiftungsvermögen und Grundstockvermögen zu verstehen ist und enthält einige grundlegende Regelungen zur Verwaltung, die für das gesamte Stiftungsvermögen gelten. § 83c BGB enthält zusätzlich Regelungen zur Verwaltung des Grundstockvermögens, insbesondere den Grundsatz der Erhaltung des Grundstockvermögens, der sich zuvor schon aus den meisten Landesstiftungsgesetzen zu entnehmen war.[2469]

Nachfolgend wird auf die neuen Bestimmungen über das Stiftungsvermögen und seine Verwaltung näher eingegangen. Jene sind gerade bei unternehmensverbundenen Familienstiftungen als Nachfolgeinstrument mit Blick auf den langfristigen Erhalt der Konstruktion von besonderer Bedeutung.

1. Das Stiftungsvermögen nach § 83b BGB

a) Regelung allein im Stiftungsgeschäft ausreichend

Im neuen Recht muss die Satzung einer auf unbestimmte Zeit errichteten Stiftung[2470] (sog. Ewigkeitsstiftung) keine Bestimmungen mehr über das Vermögen

2467 Siehe hierzu bereits → Teil 3 C I 2 a.

2468 Hierzu auch Schauhoff/Mehren/*Mehren*, Stiftungsrecht nach der Reform, Kap. 7 Rn. 1 ff., *Schiffer/Pruns/Schürmann*, Die Reform des Stiftungsrechts, § 7 Rn. 6 ff.; Orth/Uhl/*Orth*, Stiftungsrechtsreform 2021, Rn. 370 ff.; *G. Roth*, npoR 2021, 80; *Burgard*, ZStV 2023, 159.

2469 BT-Drs. 19/28173, S. 29.

2470 Bei Verbrauchsstiftungen sind die in § 81 Abs. 2 Nr. 1 und Nr. 2 BGB geregelten Satzungsbestimmungen zum Vermögen erforderlich, s. dazu auch BT-Drs. 19/31118, S. 9; BeckOGK/*G. Roth*, 1.9.2024, BGB § 81 Rn. 176 ff., 193 ff.

der Stiftung enthalten, da die Vermögenswidmung bereits Bestandteil des Stiftungsgeschäfts (§ 81 Abs. 1 Nr. 2 BGB) ist und mit den § 83b und § 83c BGB nach Auffassung des Gesetzgebers für jede Stiftung ausreichende Regelungen zum Stiftungsvermögen und seiner Verwaltung vorgesehen worden sind, die nicht zwingend durch Satzungsbestimmungen ergänzt werden müssen.[2471] Dies hat nach *Hüttemann/Rawert* zutreffenderweise zur Folge, dass sich Änderungen in der Zusammensetzung des Grundstockvermögens grundsätzlich außerhalb der Stiftungssatzung vollziehen. Daraus folgt zugleich, dass eine „*stiftungsrechtliche Kapitalerhöhung*" durch die Annahme von Zustiftungen oder die Bestimmung sonstigen Vermögens zu Grundstockvermögen weder als Satzungsänderung genehmigungspflichtig nach § 85a Abs. 1 S. 2 BGB ist, noch an die Voraussetzungen des § 85 Abs. 2 BGB geknüpft ist. Die Stiftungsorgane müssen gleichwohl die stiftungsrechtliche Zulässigkeit solcher Maßnahmen im Einzelfall prüfen, insbesondere die Vereinbarkeit mit dem Stifterwillen (§ 83 Abs. 2 BGB), die für solche Maßnahmen erforderlichen Beschlüsse dokumentieren und darauf achten, dass solche Änderungen der Zusammensetzung des Stiftungsvermögens in den Jahresabschlüssen der Stiftung[2472] auf der Passivseite in der Gliederung des Eigenkapitals entsprechend ausgewiesen werden.[2473]

Dem Stifter steht es aber natürlich frei, auch im neuen Stiftungsrecht entsprechende Regelungen in der Stiftungssatzung zu treffen, was sich grundsätzlich[2474] bei größeren unternehmensverbundenen (Familien)Stiftungen anbietet. So könne sich aus der Satzung auch weiterhin weitere Anforderungen an die Verwaltung des Stiftungsvermögens oder einzelner Vermögensgegenstände ergeben.[2475] Davon geht auch der Reformgesetzgeber aus, wenn er ausführt, dass ein Stifter am besten entscheiden könne, welche zusätzlichen Satzungsbestimmungen für seine

---

2471 BT-Drs. 19/28173, S. 47; hierzu indes kritisch Orth/Uhl/*Orth*, Stiftungsrechtsreform 2021, Rn. 376, 380.

2472 Zu einem Vorschlag für einen neuen Eigenkapitalausweis im Rahmen der Rechnungslegung bei Stiftungen nach der Stiftungsrechtsreform s. *Barzen/Wedekind*, ZStV 2022, 127; s. a. Schauhoff/Mehren/*Gies*, Stiftungsrecht nach der Reform, Kap. 11 Rn. 14 ff.; *Grittern*, npoR 2022, 245; zur kürzlich neugefassten Verlautbarung des Fachausschuss Unternehmensberichterstattung (FAB) des Instituts der Wirtschaftsprüfer (IDW) betreffend die Rechnungslegung von Stiftungen s. IDW RS FAB 5 Rn. 16 ff. (Stand 28.08.2024, IDW LIFE 10/2024, S. 102 ff., https://t1p.de/n6u9i).

2473 Zum vorstehenden *Hüttemann/Rawert*, ZIP 2021, Beilage zu Heft 33, S3 (S14); vgl. auch *Hüttemann/Schauhoff*, DB 2023, 2523 (2528 ff.).

2474 Zurückhaltung ist ggf. künftig durch die Möglichkeit der Einsichtnahme in die Stiftungssatzung im Stiftungsregister geboten.

2475 BT-Drs. 19/28173, S. 55.

Stiftung noch zweckmäßig sind, um der Stiftung eine Stiftungsverfassung in seinem Sinne zu geben. Das Gesetz räume dem Stifter insofern die dafür notwendige Satzungsautonomie ein.[2476]

Das Stiftungsvermögen stellt ferner auch keine eintragungspflichtige Tatsache betreffend das Stiftungsregister dar (vgl. § 2 StiftRG).[2477] Nur die Stiftungssatzung, nicht aber das Stiftungsgeschäft, muss zum Stiftungsregister eingereicht werden und ist damit einsehbar.[2478] Sollen gewisse Angaben zum Stiftungsvermögen etwa die Höhe oder konkrete Zusammenstellung nicht öffentlich einsehbar sein, sollten diese allein im Stiftungsgeschäft und näheres ggf. in einer Geschäftsordnung geregelt werden.

b) *Zusammensetzung des Stiftungsvermögens*

§ 83b Abs. 1 BGB regelt die Zusammensetzung des Stiftungsvermögens bei Stiftungen, die auf unbestimmte Zeit errichtet wurden (sog. Ewigkeitsstiftungen), und bei Verbrauchsstiftungen. Der Begriff „Stiftungsvermögen" fungiert dabei als Oberbegriff für das sog. Grundstockvermögen und das sonstige Vermögen der Stiftung.[2479] Eine weitere Stiftungsvermögensart kann es daneben nicht geben, sodass bei nicht vorab bestimmten Vermögen der Stiftung entschieden werden muss, ob dieses dem Grundstockvermögen oder dem sonstigen Vermögen zuzuordnen ist.[2480] Bereits vor dem 1.7.2023 errichtete Stiftungen sollten ihre

---

2476 BT-Drs. 19/28173, S. 47.

2477 S. aber zur möglichen Kenntnisnahme über das Stiftungsvermögen vermittels der Einsichtnahmemöglichkeit in die Stiftungssatzung nach § 15 StiftRG → Teil 3 B I 5 b bb.

2478 Dazu → Teil 3 B I 5 b bb.

2479 Diese Unterscheidung entspricht auch bereits der gängigen Praxis, s. Nachweise in Fn. 2452 sowie *Schuck/Medinger*, ZEV 2021, 298 (300); *Pawlytta/Pfeiffer*, ZErb 2022, 255 (260 dortige Fn. 50); *Breyer*, FuS 2022, 18 (21); *G. Roth*, npoR 2021, 80; **a. A.** in Bezug auf den Begriff des „sonstigen Vermögens" *Schiffer/Pruns/Schürmann*, Die Reform des Stiftungsrechts, § 7 Rn. 12; zustimmend Burgard/*Burgard*, StiftR, § 83b Rn. 24.

2480 So zutreffend Schauhoff/Mehren/*Mehren*, Stiftungsrecht nach der Reform, Kap. 7 Rn. 3; *Schiffer/Pruns/Schürmann*, Die Reform des Stiftungsrechts, § 7 Rn. 7; i. Erg. auch *Hüttemann/Rawert*, ZIP 2021, Beilage zu Heft 33, S3 (S13), wobei jene jdf. für den nicht näher definierten Begriff des „sonstigen Vermögens" einen „*Spielraum für weitere begriffliche Untergliederungen*" sehen.

Satzungen – soweit erforderlich – an die vorstehenden Bestandteile des Stiftungsvermögens anpassen.[2481]

Das Stiftungsvermögen darf ausweislich des § 83b Abs. 4 S. 2 BGB nur zur Erfüllung des Stiftungszwecks eingesetzt werden, wobei jedoch allein das Grundstockvermögen gem. § 83c Abs. 1 S. 1 BGB *„ungeschmälert zu erhalten“*[2482] und der Stiftungszweck gem. § 83c Abs. 1 S. 1 BGB konkret nur mit dessen *„Nutzungen“* zu erfüllen ist.

Ein etwaiges nicht zum Stiftungsvermögen, d. h. weder zum Grundstockvermögen noch zum sonstigen Vermögen, zählendes Vermögen wird als *„fremdes Vermögen“* bezeichnet, das getrennt vom Stiftungsvermögen zu verwalten ist, § 83b Abs. 4 S. 1 BGB. Dieses sog. vermögensrechtliche Trennungsgebot entspricht auch, wie eingangs ausgeführt, der früheren Rechtslage, die in einigen Landesstiftungsgesetzen auch explizit niedergeschrieben war.[2483] Es gilt ferner sowohl für Grundstockvermögen als auch für das sonstige Vermögen, da der Wortlaut von *„Stiftungsvermögen“* spricht, das legaldefiniert ist in § 83b Abs. 1 S. 1 BGB. Die für die Vermögensverwaltung zuständigen Organmitglieder der Stiftung oder Vermögensverwalter, die das Stiftungsvermögen im Auftrag der Stiftung verwalten, müssen das Stiftungsvermögen ausweislich der amtlichen Begründung so verwalten, dass immer klar erkennbar ist, um welche Art von Stiftungsvermögen es sich handelt. Für die Stiftung müssen deshalb ausweislich der amtlichen Begründung eigene Bankkonten geführt werden und Vermögensgegenstände der Stiftung dürfen nicht mit fremden Vermögensgegenständen untrennbar vermischt oder vermengt werden.[2484]

aa) Grundstockvermögen

Voranzustellen ist, dass nur eine Ewigkeitsstiftung Grundstockvermögen haben kann, da gem. § 83b Abs. 1 S. 2 BGB eine Verbrauchsstiftung stets nur sonstiges Vermögen bilden kann. Jene ist nämlich *per definitionem* darauf ausgerichtet,

2481 Dazu zwecks Vermeidung von Missverständnissen mit der Stiftungsbehörde bereits ratend auch *Pawlytta/Pfeiffer*, ZErb 2022, 255 (260).

2482 Zur Bedeutung des „ungeschmälerten“ Erhalts näher BeckOGK/*Notz/Seitz*, 1.7.2024, BGB § 83c Rn. 26 ff., 37 ff.

2483 W/S/F/*Fritz*, Die Stiftung, § 14 Rn. 11 ff. m. N.; Burgard/*Burgard*, StiftR, § 83b Rn. 49.

2484 BT-Drs. 19/28173, S. 55; näher Burgard/*Burgard*, StiftR, § 83b Rn. 49.

„ihr gesamtes Vermögen zur Erfüllung ihres Zwecks zu verbrauchen“ (§ 80 Abs. 1 S. 2 BGB).[2485]

In § 83b Abs. 2 Nr. 1–3 BGB wird abschließend[2486] definiert, welche Vermögensgegenstände zum Grundstockvermögen gehören. Danach gehören zum Grundstockvermögen:

- Nr. 1: das (im Rahmen der Stiftungserrichtung seitens des Stifters) gewidmete Vermögen (vgl. § 81 Abs. 1 Nr. 2 BGB).
- Nr. 2: die Zustiftung eines Dritten oder des Stifters, die legaldefiniert wird als das der Stiftung zugewendete Vermögen, das vom Zuwendenden dazu bestimmt wurde, Teil des Grundstockvermögens zu werden.[2487]
- Nr. 3: das Vermögen, das von der Stiftung, also den zuständigen Organen, zu Grundstockvermögen bestimmt wurde. Diesbezüglich können die Stiftungsorgane ausweislich der Gesetzesentwurfsbegründung auch durch die Satzung verpflichtet sein, wenn z. B. der Stifter in der Satzung bestimmt hat, dass ein bestimmter Prozentsatz der Erträge zur Erhöhung des Grundstockvermögens verwendet werden soll (sog. Thesaurierungsklausel). Eine äußere Grenze einer solchen Thesaurierungsklausel bildet freilich insoweit das Verbot der Selbstzweckstiftung, das einer ewigen Thesaurierung entgegensteht.[2488] Enthält die Satzung keine Bestimmungen, haben die zuständigen Stiftungsorgane nach pflichtgemäßem Ermessen zu entscheiden, inwieweit sie sonstiges Vermögen zu Grundstockvermögen bestimmen. Sie haben dabei die nach § 83c Abs. 1 BGB bestehende Vermögenserhaltungspflicht zu beachten, müssen aber auch darauf achten, dass die Stiftung ihren Zweck mit dem Stiftungsvermögen erfüllen soll.[2489] Nach § 83b Abs. 2 Nr. 3 BGB können daher gerade unterneh-

---

2485 BT-Drs. 19/28173, S. 53; ebenso *G. Roth*, npoR 2021, 80 (*„logisch und konsequent“*); zurückhaltender aber *Hüttemann/Rawert*, ZIP 2021, Beilage zu Heft 33, S3 (S13) (*„Ob diese – auf den ersten Blick logisch anmutende – Aussage den Bedürfnissen der Praxis entspricht, erscheint zweifelhaft.“*).

2486 *Hüttemann/Rawert*, ZIP 2021, Beilage zu Heft 33, S3 (S13); *Baßler/Stöffler/Blecher*, GmbHR 2021, 1125 Rn. 6; **a. A.** Burgard/*Burgard*, StiftR, § 83b Rn. 29.

2487 Jene sind nur zulässig, wenn sie im Einklang mit dem Stifterwillen stehen und sie sich auch unter Berücksichtigung etwaiger mit ihr verbundener Auflagen im Rahmen einer Gesamtbetrachtung positiv auf die Erfüllung des Stiftungszwecks auswirken, so einschränkend BT-Drs. 19/28173, S. 54; vgl. auch *Hüttemann/Rawert*, ZIP 2021, Beilage zu Heft 33, S3 (S13 f.).

2488 Insoweit zutreffend darauf hinweisend *Hüttemann/Rawert*, ZIP 2021, Beilage zu Heft 33, S3 (S14); zu den Grenzen s. auch die Nachweise in → Fn. 2459.

2489 BT-Drs. 19/28173, S. 54.

mensverbundene Stiftungen etwaige zur Teilnahme an Kapitalerhöhungen des stiftungsverbundenen Unternehmens gebildeten Rücklagen sowie die im Rahmen einer Kapitalerhöhung erworbenen zusätzlichen Gesellschaftsanteile zu Grundstockvermögen bestimmen.[2490]

Für die in einigen Regelungen verlangte Prognose, ob die dauernde und nachhaltige Erfüllung des Stiftungszwecks gesichert erscheint, kommt es nur auf das Grundstockvermögen der Stiftung an.[2491]

bb) Sonstiges Vermögen

Der Begriff des „*sonstigen Vermögens*" wird anders als derjenige des Grundstockvermögens nicht explizit definiert.[2492] In der amtlichen Begründung wird diesbezüglich lediglich ausgeführt, dass das sonstige Vermögen der Stiftung alle Vermögensgegenstände erfasst, die nicht zum Grundstockvermögen gehören.[2493]

Den neuen Normen lässt sich gleichwohl an zwei Stellen entnehmen, wann sonstiges Vermögen entstehen kann. Gem. § 83b Abs. 3 BGB kann der Stifter zum einen im Stiftungsgeschäft und nach hier vertretener Auffassung auch in der Stiftungssatzung[2494] bei einer Ewigkeitsstiftung abweichend von § 83b Abs. 2 Nr. 1 BGB einen Teil des gewidmeten Vermögens zu sonstigem Vermögen bestimmen.[2495] Zum anderen gibt § 83b Abs. 1 S. 2 BGB vor, dass eine Verbrauchsstiftung stets nur sonstiges Vermögen hat.

Im Übrigen kann sonstiges Vermögen auch folgendermaßen entstehen[2496]: Sonstiges Vermögen kann üblicherweise zunächst aus den laufenden Erträgen des Stiftungsvermögens sowie den Zuwächsen aus Vermögensumschichtungen des Grundstockvermögens, sofern diese nicht nach § 83b Abs. 2 Nr. 3 BGB von

---

2490 Vgl. *Baßler/Stöffler/Blecher*, GmbHR 2021, 1125 Rn. 15. Ein Admassierungsverbot besteht insofern nicht mehr.

2491 BT-Drs. 19/28173, S. 54 f.

2492 Orth/Uhl/*Orth*, Stiftungsrechtsreform 2021, Rn. 374 charakterisiert das sonstige Vermögen insofern zu Recht als „*Restgröße*", die sich je nach Entwicklung der Vermögensverhältnisse in den Jahren nach Errichtung der Stiftung gemäß ihres Jahresergebnisses vermehrt oder vermindert; zustimmend *Baßler/Stöffler/Blecher*, GmbHR 2021, 1125 Rn. 7.

2493 BT-Drs. 19/28173, S. 53.

2494 Vgl. hierzu bereits → Teil 4 D I 2 b aa (4) (c); s. a. BT-Drs. 19/28173, S. 54.

2495 Zur sog. Teilverbrauchsstiftung sogleich unter → Teil 4 E II 1 c.

2496 Hier und nachfolgend vgl. auch *Hüttemann/Rawert*, ZIP 2021, Beilage zu Heft 33, S3 (S14); Schauhoff/Mehren/*Mehren*, Stiftungsrecht nach der Reform, Kap. 7 Rn. 19; Orth/Uhl/*Orth*, Stiftungsrechtsreform 2021, Rn. 374.

der Stiftung, d. h. ihren Organen, zu Grundstockvermögen bestimmt wurden.[2497] Diesbezüglich haben sie nach pflichtgemäßen Ermessen zu handeln.[2498] Demgemäß können die zuständigen Stiftungsorgane auch selbst im Rahmen ihres Handlungsermessens und unter Berücksichtigung des Stifterwillens (§ 83 S. 2 BGB) eine Umwandlung von Teilen des Grundstockvermögens in sonstiges Vermögen beschließen. Sonstiges Vermögen kann auch durch Zuwendungen Dritter (etwa Spenden, Zuschüsse oder sonstige Zuwendungen) entstehen, die – im Gegensatz zu Zustiftungen (§ 83b Abs. 2 Nr. 2 BGB) – nicht dazu vom Zuwendenden bestimmt sind, Teil des Grundstockvermögens zu werden. Die Bildung sonstigen Vermögens ist des Weiteren im Wege einer statutarischen (§ 83c Abs. 2 BGB) oder landesgesetzlichen Regelung (§ 83c Abs. 3 BGB) denkbar, in dem Grundstockvermögen in sonstiges Vermögen umgewandelt wird (sog. stiftungsrechtlichen Kapitalherabsetzung[2499]). Letztlich kann sonstiges Vermögen auch durch die Umwandlung einer Ewigkeitsstiftung in eine Verbrauchsstiftung im Wege einer Satzungsänderung gem. § 85 Abs. 1 S. 4 BGB gebildet werden.

Sonstiges Vermögen kann im Übrigen insbesondere auch in Form von Wirtschaftsgütern bestehen, die zwar als Wertanlage dienen, ohne aber laufende Erträge zu generieren, mit denen der Stiftungszweck erfüllt werden könnte, wie Oldtimer- oder Uhren-Sammlungen oder auch Kunstgegenstände.[2500]

Der in § 83c Abs. 1 S. 1 BGB normierte Vermögenserhaltungsgrundsatz gilt nur für das Grundstockvermögen, sodass betreffend das sonstige Vermögen keine Pflicht zum ungeschmälerten Erhalt besteht. Das sonstige Vermögen – in Abhängigkeit der konkreten Vorgaben – kann, soll oder muss unmittelbar für die Erfüllung des Stiftungszwecks verbraucht werden (vgl. § 83b Abs. 4 S. 2 BGB).[2501]

c) *Gesetzliche Fixierung der sog. Teilverbrauchsstiftung*

In § 83b Abs. 3 BGB ist die bereits in der Praxis anerkannte[2502] sog. Teilverbrauchsstiftung einer gesetzlichen Normierung zugeführt und damit explizit als zuläs-

---

2497 S. hierzu auch *Ponath/Tolksdorf*, ZEV 2021, 605 (607).

2498 BT-Drs. 19/28173, S. 54. Dies gilt bei fehlenden konkreten statutarischen Vorgaben ohnehin stets für die Stiftungsorgane, vgl. *Rawert*, ZGR 2018, 835 (851).

2499 Begriff nach *Hüttemann/Rawert*, ZIP 2021, Beilage zu Heft 33, S3 (S14).

2500 Vgl. *Alber/Seemann/Neckenich*, FuS 2022, 60 (62).

2501 Vgl. BT-Drs. 19/28173, S. 56; *Schuck/Medinger*, ZEV 2021, 298 (300); Schauhoff/Mehren/*Mehren*, Stiftungsrecht nach der Reform, Kap. 7 Rn. 20.

2502 Zur Kombination von Ewigkeits- und Verbrauchsstiftung zur sog. Hybrid- bzw. Teilverbrauchsstiftung, die im Grunde eine Ewigkeitsstiftung ist, noch auf Grund-

sige Gestaltungsmöglichkeit sanktioniert worden.[2503] Danach kann der Stifter zum einen im Stiftungsgeschäft und nach hier vertretener Auffassung auch in der Stiftungssatzung[2504] bei einer Ewigkeitsstiftung abweichend von § 83b Abs. 2 Nr. 1 BGB einen Teil des gewidmeten Vermögens (§ 81 Abs. 1 Nr. 2 BGB) zu sonstigem Vermögen bestimmen. In diesem Fall handelt es sich aber weiterhin um eine Ewigkeitsstiftung, die ihren Zweck auf unbestimmte Zeit dauernd und nachhaltig erfüllen soll.[2505] Folgerichtig sind die Vorschriften betreffend die (echte) Verbrauchsstiftung auf die Teilverbrauchsstiftung nach § 83b Abs. 3 BGB auch nicht anwendbar.[2506] Plakativ gesprochen: Ein Teil des zugewandten Vermögens wird dem Grundstockvermögen auf Dauer gewidmet, ein Teil des zugewandten Vermögens kann hingegen nach den Vorgaben der Stiftungssatzung verbraucht werden. Das gewidmete Vermögen, das zu sonstigem Vermögen bestimmt wurde, kann grundsätzlich auch für die Zweckerfüllung verbraucht, nicht nur deren Nutzungen (vgl. *e contrario* § 83c Abs. 1 S. 2 BGB).[2507]

Der Stifter kann in der Satzung ferner festlegen, wie das sonstige Vermögen zu verwenden ist, insbesondere unter welchen Voraussetzungen es verbraucht werden darf. Er könnte insofern etwa bestimmen, dass ihm von der Stiftung die Errichtungskosten[2508] oder andere einmalige Ingangsetzungskosten mit dem sonstigen Vermögen erstattet werden sollen.[2509] In welchem Umfang der Stifter Vermögen auch als sonstiges Vermögen übertragen kann, hängt maßgeblich davon ab, ob das versprochene Grundstockvermögen – nur hierauf kommt es an – für sich genommen ausreicht, um die dauernde und nachhaltige Erfüllung des Stiftungszwecks gesichert erscheinen zu lassen.[2510] Regelt die Satzung dazu nichts, steht

---

lage des alten Rechts eing. *Pauli*, ZStV 2019, 41 (46); BeckOGK/*G. Roth*, 30.6.2023, BGB § 80 Rn. 280 ff.

2503 Hierzu BT-Drs. 19/28173, S. 54 f.; dazu *Feick/Schwalm*, NZG 2021, 525 (533); *Hüttemann/Rawert*, ZIP 2021, Beilage zu Heft 33, S3 (S14); *G. Roth*, npoR 2021, 80 (82); Burgard/*Burgard*, StiftR, § 83b Rn. 44 ff.; eing. zu den Einsatzmöglichkeiten sowie die zivilrechtlichen und steuerlichen Grundlagen der Teilverbrauchsstiftung *Alber/Seemann/Neckenich*, FuS 2022, 60.

2504 Vgl. hierzu bereits → Teil 4 D I 2 b aa (4) (c); s. a. BT-Drs. 19/28173, S. 54.

2505 BT-Drs. 19/28173, S. 54; vgl. auch BeckOGK/*G. Roth*, 30.6.2023, BGB § 80 Rn. 282.1.

2506 Ebenso *Schwalm*, ZEV 2021, 68 (73); *Alber/Seemann/Neckenich*, FuS 2022, 60 (62).

2507 BT-Drs. 19/28173, S. 54.

2508 Zur Zulässigkeit einer Regelung im Stiftungsgeschäft betreffend die Übernahme der Errichtungskosten durch die Stiftung ausf. *Hüttemann/Rawert*, ZIP 2020, 245 (246 f.).

2509 *Hüttemann/Rawert*, ZIP 2021, Beilage zu Heft 33, S3 (S14).

2510 BT-Drs. 19/28173, S. 54 f.

die Verwendung des sonstigen Vermögens zur Erfüllung des Stiftungszwecks im pflichtgemäßen Ermessen der zuständigen Stiftungsorgane.[2511]

Die Teilverbrauchsstiftung bietet *in praxi* zum einen den Vorteil größere Flexibilität in der Vermögensanlage, da der zum sonstigen Vermögen umgewidmete Teil etwa für risikobehaftete Anlageklassen oder nicht-ertragsbringende Vermögensgegenstände, die einfach nur gehalten werden sollen (z. B. Uhren, Oldtimer, Kunstgemälde) eingesetzt werden kann, sofern die Familienstiftung besonders auch als Mittel der *asset protection* fungieren soll. Zum anderen ermöglicht sie auch eine Teilauskehrung von Vermögen an die Destinatäre, etwa bei Verkauf von wesentlichem Vermögen wie Unternehmensanteilen. Sollte es denn mal zum Verkauf von Anteile am Unternehmen kommen, ist es oft folgerichtig, die Familie nicht mit dem gesamten Vermögen über eine Stiftung zu binden, sondern Teile des Vermögens den Familienmitgliedern resp. Destinatären zur individuellen Anlage auszukehren.[2512] Ob, wie und wann das zum sonstigen Vermögen umgewidmete Vermögen aber tatsächlich verbraucht werden soll, obliegt allein der Entscheidung des Stifters, der diesbezügliche Vorgaben treffen kann.

2. *Die Verwaltung des Grundstockvermögens nach § 83c BGB*

In § 83c BGB wurden nunmehr bundeseinheitliche Vorgaben zu Verwaltung des Grundstockvermögens getroffen.[2513] Die novellierten Landesstiftungsgesetze enthalten deshalb keine besonderen Regelungen zur Vermögensverwaltung und wurden entsprechend bereinigt.[2514] Dabei bezieht sich § 83c BGB ausdrücklich nur auf das Grundstockvermögen und nicht auf das sonstige Vermögen einer Stiftung. Damit ist auch die Verbrauchsstiftung gem. § 80 Abs. 1 S. 2, 81 Abs. 2 BGB nicht erfasst. Diese hat nämlich stets nur sonstiges Vermögen. Im Übrigen richten sich entsprechende Vorgaben betreffend die Vermögensverwaltung grundsätzlich

---

2511 BT-Drs. 19/28173, S. 54; allg. auch Burgard/*Burgard*, StiftR, § 81 Rn. 58 (dortige Fn. 71).

2512 S. näher auch zu den damit einhergehenden und bislang nicht abschließend geklärten steuerrechtlichen Aspekten im Falle der Auskehrung *Alber/Seemann/Neckenich*, FuS 2022, 60 (61 f.).

2513 Dazu näher Burgard/*Burgard*, StiftR, § 83c Rn. 1 ff.; *Burgard*, ZStV 2023, 159; BeckOGK/*Notz/Seitz*, 1.7.2024, BGB § 83c Rn. 11 ff.; Schauhoff/Mehren/*Mehren*, Stiftungsrecht nach der Reform, Kap. 7 Rn. 46 ff.; *Hüttemann/Schauhoff*, DB 2023, 2523.

2514 Vgl. etwa Landtag NRW, Drs. 18/1921, S. 11; Landtag Brandenburg, Drs. 7/4597.

primär an den Stiftungsvorstand, der sich im Falle einer schuldhaften Pflichtverletzung auch haftbar machen kann.[2515]

a) Bundeseinheitliche Kodifizierung des Vermögenserhaltungsgrundsatzes

Der bereits im alten Recht in den meisten Landesstiftungsgesetzen normierte Vermögenserhaltungsgrundsatz lässt sich im nunmehr reformierten Recht bundeseinheitlich dem § 83c Abs. 1 BGB entnehmen. Dabei handelt es sich auch um eine Klarstellung dahingehend, dass sich der Vermögenserhaltungsgrundsatz nur auf das Grundstockvermögen bezieht.[2516] Der Vermögenserhaltungsgrundsatz verlangt darüber hinaus von den zuständigen Stiftungsorganen auch das Vermögen als Mittel zur Erfüllung des Stiftungszwecks so zu verwalten, dass die nachhaltige Erfüllung des Stiftungszwecks durch die Nutzungen aus dem Vermögen sowohl gegenwärtig als auch langfristig gewährleistet wird.[2517] Weitergehende Vorgaben wie der Vermögenserhaltungsgrundsatz auszufüllen ist (z. B. gegenständlicher, nominaler oder realer Werterhalt[2518]), trifft der Reformgesetzgeber nicht. Dazu sei er mit Blick auf die unterschiedlichen Anforderungen an die Vermögensverwaltung je nach Stiftung, die abhängig sind vom jeweiligen Stiftungszweck, von der Art und dem Umfang ihres Grundstockvermögens sowie von der konkreten Nutzung des Grundstockvermögens für den Stiftungszweck, gar nicht in der Lage gewesen.[2519] Demgemäß überlässt er die Konkretisierung des Vermögenserhaltungsgrundsatzes – wie zuvor bereits nach h. M. auch – dem Stifter.[2520]

2515 Vgl. *Schiffer/Pruns/Schürmann*, Die Reform des Stiftungsrechts, § 7 Rn. 23; zur Haftung der Stiftungsorgane ausf. → Teil 4 F IV.

2516 Orth/Uhl/*Orth*, Stiftungsrechtsreform 2021, Rn. 392; Schauhoff/Mehren/*Mehren*, Stiftungsrecht nach der Reform, Kap. 7 Rn. 47; *Hüttemann/Schauhoff*, DB 2023, 2523.

2517 BT-Drs. 19/28173, S. 57.

2518 Zu diesen vertretenen Konzepten etwa BeckOGK/*Notz/Seitz*, 1.7.2024, BGB § 83c Rn. 22; IDW RS FAB 5 Rn. 11 ff.; *Burgard*, ZStV 2023, 159 (165 ff.) mit dem zutreffenden Hinweis darauf, dass diese Konzepte auch kombiniert werden können.

2519 BT-Drs. 19/28173, S. 57; so auch schon *Hüttemann*, FG Flume, S. 59 (69), weshalb diesbezüglich maßgeblich auf den Stifterwillen abzustellen ist.

2520 BT-Drs. 19/28173, S. 57; vgl. auch BeckOGK/*Notz/Seitz*, 1.7.2024, BGB § 83c Rn. 24; Schauhoff/Mehren/*Mehren*, Stiftungsrecht nach der Reform, Kap. 7 Rn. 47 ff.; *Hüttemann/Schauhoff*, DB 2023, 2523 (2524 ff.).

Der Stiftungszweck ist gem. § 83c Abs. 1 S. 2 BGB mit den Nutzungen des Grundstockvermögens zu erfüllen.[2521] D. h. bei Unternehmensbeteiligungen etwa durch deren Erträge bzw. Gewinnausschüttungen.

b) Umschichtungszuwächse und Teilverbrauch des Grundstockvermögens

§ 83c Abs. 1 S. 3 BGB sieht nunmehr explizit vor, dass Zuwächse[2522] aus der Umschichtung des Grundstockvermögens für die Erfüllung des Stiftungszwecks – im hiesigen Kontext etwa zur Unterstützung der Familie – verwendet werden können, soweit dies durch die Satzung nicht ausgeschlossen wurde und die Erhaltung des Grundstockvermögens gewährleistet ist.[2523] Indirekt wird dadurch die Zulässigkeit von Umschichtungen seitens des Gesetzgebers anerkannt, wobei es bei den bereits im alten Recht geltenden Anforderungen an Umschichtungen bleibt.[2524] Die Regel ist dispositiv, sodass der Stifter in der Stiftungssatzung die Verwendung der Umschichtungszuwächse näher konkretisieren, beschränken oder gänzlich ausschließen kann.[2525]

Nach § 83c Abs. 2 S. 1 BGB können durch die Satzung für einen Teil des Grundstockvermögens Ausnahmen vom Vermögenserhaltungsgrundsatz nach § 83c Abs. 1 S. 1 BGB bestimmt werden, z. B. zur Finanzierung größerer Projekte.[2526] Eine entsprechende Regelung ist aber gem. § 83c Abs. 2 S. 2 BGB nur zulässig, wenn sie die Stiftung auch verpflichtet, das Grundstockvermögen in absehbarer Zeit wieder, um den verbrauchten Teil aufzufüllen. Damit wird der

2521 Näher hierzu Burgard/*Burgard*, StiftR, § 83c Rn. 42 ff.; Schauhoff/Mehren/*Mehren*, Stiftungsrecht nach der Reform, Kap. 7 Rn. 106 ff.

2522 Betreffend Umschichtungsverlusten besteht hingegen nach zutreffender Ansicht eine Vermögensaufholungspflicht, wobei eine Verrechnung mit Umschichtungsgewinnen allerdings zulässig ist, s. *Baßler/Stöffler/Blecher*, GmbHR 2021, 1125 Rn. 21 m. V. a. *Feick/Schwalm*, NZG 2021, 525 (527); s. a. *Schiffer/Pruns/Schürmann*, Die Reform des Stiftungsrechts, § 7 Rn. 26 m. w. N.; i. Erg. auch Burgard/*Burgard*, StiftR, § 83c Rn. 47; zum Ganzen BeckOGK/*Notz/Seitz*, 1.7.2024, BGB § 83c Rn. 60.

2523 Hierzu BT-Drs. 19/31118, S. 9; Burgard/*Burgard*, StiftR, § 83c Rn. 46 ff.; Schauhoff/Mehren/*Mehren*, Stiftungsrecht nach der Reform, Kap. 7 Rn. 81 ff.; im Kontext von unternehmensverbundenen Stiftungen *Baßler/Stöffler/Blecher*, GmbHR 2021, 1125 Rn. 19 ff.

2524 Schauhoff/Mehren/*Mehren*, Stiftungsrecht nach der Reform, Kap. 7 Rn. 75 f.

2525 BT-Drs. 19/31118, S. 9; *Baßler/Stöffler/Blecher*, GmbHR 2021, 1125 Rn. 21; s. a. *Alvermann/Cremers*, DStR 2023, 1667 (1669) mit Klauselbeispiel.

2526 BT-Drs. 19/28173, S. 58.

Vermögenserhaltungsgrundsatz nur temporär aufgeweicht.[2527] Derlei Maßnahmen konnten nach bisherigem Recht lediglich auf Antrag und mit Genehmigung der zuständigen Stiftungsbehörde gewährt werden, sodass durch § 83c Abs. 2 S. 1 BGB der Handlungsspielraum für Stiftungen erweitert wurde.[2528] Wie die statutarische Regelung konkret auszugestalten ist, insbesondere was unter einem „*Teil des Grundstockvermögens*" und wann das Merkmal „*in absehbarer Zeit*" zu verstehen ist, lässt § 83c Abs. 2 BGB und auch die Gesetzesentwurfsbegründung dazu offen[2529] und überantwortet dies folglich der Gestaltung durch den Stifter.

Eine weitere Ausnahme vom Vermögenserhaltungsgrundsatz des § 83c Abs. 1 S. 1 BGB sieht § 83c Abs. 3 BGB vor. Danach kann durch Landesrecht vorgesehen werden, dass die nach Landesrecht zuständigen Behörden auf Antrag einer Stiftung (i) für einen bestimmten Teil des Grundstockvermögens (ii) eine zeitlich begrenzte Ausnahme (iii) von § 83c Abs. 1 S. 1 BGB zulassen können, wenn dadurch die dauernde und nachhaltige Erfüllung des Stiftungszwecks nicht beeinträchtigt wird (iiii). Dieser sollte ausweislich der amtlichen Begründung ermöglichen, dass die zuvor in einigen Landesstiftungsgesetzen vorgesehenen Vorschriften, die die zuständigen Behörden ermächtigten, zeitlich begrenzte Ausnahmen vom Gebot der Erhaltung des Grundstockvermögens zuzulassen, beibehalten werden konnten.[2530] *Ulrich Burgard* wies insofern aber zu Recht darauf hin, dass die damaligen landesrechtlichen Vorgaben teilweise stark von den Voraussetzungen des § 83c Abs. 3 BGB divergierten und daher nicht die Anforderungen des § 83c Abs. 3 BGB entsprachen, mit der Folge, dass sie nichtig bzw. im Zuge der Novellierung der Landesstiftungsgesetze neu zu formulieren waren.[2531]

2527 BT-Drs. 19/28173, S. 58.

2528 *Baßler/Stöffler/Blecher*, GmbHR 2021, 1125 Rn. 18.

2529 *Baßler/Stöffler/Blecher*, GmbHR 2021, 1125 Rn. 18; näher zu Gestaltungsaspekten Burgard/*Burgard*, StiftR, § 83c Rn. 58 ff.

2530 So BT-Drs. 19/28173, S. 58, dort aber als Absatz 4 bezeichnet. Im Zuge von BT-Drs. 19/31118, S. 9 wurde der ehemalige Absatz 3 gestrichen, aber zugleich versäumt die Begründung zum Gesetzesentwurf diesbezüglich anzupassen.

2531 Burgard/*Burgard*, StiftR, § 83c Rn. 67 ff. Das Land Brandenburg verzichtet in ihrem neuen Landesstiftungsgesetz explizit auf diese Möglichkeit, s. Landtag Brandenburg, Drs. 7/4597, S. 2. Niedersachsen sieht aber etwa eine entsprechende Regelung mit § 3 LStiftG Niedersachsen vor. Überblick zu den landesrechtlichen Regelungen bei BeckOGK/*Notz/Seitz*, 1.7.2024, BGB § 83c Rn. 99 ff., nach deren überzeugender Auffassung (ebd., Rn. 100) nach, die Regelung im neuen § 4 LStiftG Hessen unzulässig und damit nichtig ist, da die Genehmigungserteilung dort zusätzlich unter die

III. Zwischenergebnis

Das Stiftungsvermögen hat für eine unternehmensverbundene Familienstiftung eine außerordentliche Bedeutung, da es das finanzielle Fundament der Stiftung bildet und ihr ermöglicht, ihre Zwecke und Aufgaben, d. h. hier vornehmlich die Versorgung der Familie sowie den Erhalt und die Fortführung des Familienunternehmens, zu erfüllen. Dementsprechend sind Regelungen betreffend das Stiftungsvermögen im Stiftungsgeschäft oder auch in der Stiftungssatzung sinnvoll, um den Stiftungsorganen eine Handlungsanweisung zu geben, die sie bei jeder (unternehmerischen) Entscheidung mit Auswirkungen auf das Stiftungsvermögen berücksichtigen müssen.

Zwar sind nunmehr mit den §§ 83b, 83c BGB bundeseinheitliche Regelungen vorhanden, doch muss ein Stifter überprüfen, ob diese Regelungen für eine unternehmensverbundene Familienstiftung so allein ausreichend oder doch abweichende Regelungen vonnöten sind. Gerade hinsichtlich der von einer Familienstiftung gehaltenen Unternehmensbeteiligung/en bedarf es für die Gewährleistung der Unternehmenskontinuität Vorgaben in Bezug auf die Veräußerungs- bzw. Umschichtungsmöglichkeiten. Im hiesigen Kontext wird der Stifter resp. Familienunternehmer hohe Voraussetzungen diesbezüglich stellen, um eine generationenüberdauernde Fortführung des Familienunternehmens zu gewährleisten. Seitens der zuständigen Stiftungsorgane – i. d. R. der Stiftungsvorstand – ist das Stiftungsvermögen sorgfältig zu verwalten und sicherzustellen, dass es den Anforderungen des Stifters entspricht, um die Zwecke der Familienstiftung bestmöglich zu erfüllen.

Voraussetzung gestellt wird, dass der Stifterwille nicht anders zu verwirklichen ist, obgleich dies von dem insoweit abschließenden § 83c Abs. 3 BGB nicht vorgesehen ist. Insofern ist es nämlich ausreichend, wenn der Stifterwille (§ 83 Abs. 2 BGB) dem schlicht nicht entgegensteht. Die hessische Landesregelung zeigt, dass das Ziel des Reformgesetzgeber (Vereinheitlichung des Stiftungszivilrechts) durch (den auch inhaltlich recht offen gehaltenen) § 83c Abs. 3 BGB insofern konterkariert wird, vgl. auch die Kritik von *G. Roth*, npoR 2021, 80 (83 f.); BeckOGK/*Notz/Seitz*, 1.7.2024, BGB § 83c Rn. 91 („*Fremdkörper*"); Burgard/*Burgard*, StiftR, § 83c Rn. 70; Henssler/Strohn/*Heuel*, GesR, BGB § 83c Rn. 12; *Hüttemann/Rawert*, ZIP 2021, Beilage zu Heft 33, S3 (S19).

F. Stiftungsorganisation

Die unternehmensverbundene Familienstiftung ist eine juristische Person[2532] und als solche eine reine Rechtskonstruktion, die nicht selbstständig einen Willen bilden oder eine Handlung vornehmen kann. Demgemäß benötigt sie zumindest ein Organ, das für sie handelt.

Vor der Stiftungsrechtsreform 2021 ergaben sich Regelungen betreffend die Organisationsverfassung einer Stiftung primär aus der Verweisung (konkret einer sog. Binnen- und Kettenverweisung)[2533] des § 86 BGB a. F. in das Vereins- und auch Auftragsrecht. Mit dem StiftVereinhG 2021 sind in den §§ 84–84c BGB Regelungen betreffend die Organe einer Stiftung normiert worden, die jedoch inhaltlich überwiegend an die vereinsrechtlichen Regelungen angelehnt sind. Mit der teilweisen Abkopplung vom Vereinsrecht beabsichtigte der Reformgesetzgeber Folgendes: „*Die Organverfassung der Stiftung soll künftig umfassender eigenständig im Stiftungsrecht geregelt werden und auf die Verweisungen auf das Vereinsrecht beschränkt werden, damit das Recht besser auf die Stiftung und ihre Besonderheiten abgestimmt werden kann und für den Rechtsanwender einfacher zugänglich und verständlich wird. Die neuen Regelungen tragen auch dem Umstand Rechnung, dass Stiftungen nicht selten neben dem Vorstand weitere Organe haben, die neben oder zusammen mit dem Vorstand auch Geschäftsführungsaufgaben wahrnehmen. Deshalb werden zahlreiche Regelungen nicht nur für Vorstandsmitglieder, sondern allgemein für Organmitglieder formuliert.*“[2534] Konkret Gesetz geworden ist insofern Folgendes:

In § 84 Abs. 1 und 2 BGB finden sich nunmehr eigene Vorschriften für die Vertretungs- und Geschäftsführungsbefugnis des Stiftungsvorstands. Die Beschränkbarkeit der Vertretungsmacht ist nun in § 84 Abs. 3 BGB geregelt. Gänzlich neu ist § 84 Abs. 4 BGB, der nunmehr explizit die Errichtung fakultativer Stiftungsorgane (z. B. Stiftungsrat, Beirat, Destinatärsversammlung) vorsieht. Ferner sind für alle Organe Regelungen betreffend die Rechte und Pflichten sowie einzelner Haftungsmodalitäten geschaffen worden und im Speziellen ist eine stiftungsrechtliche *Business Judgement Rule* mit § 84a BGB eingeführt worden.[2535] Schließlich ist eine Regelung für die Beschlussfassung bei Mehr-Personen-Organen (§ 84b

---

2532 Siehe → Teil 4 A I.

2533 Prägnant zur Gesetzgebungstechnik der Verweisung im Allgemeinen *Bulk*, BB 2022, 1752 (1752 ff.) m. z. N.

2534 BT-Drs. 19/28173, S. 58.

2535 Dazu → Teil 4 F IV 2.

BGB)[2536] und eine einheitliche und abschließende Regelung für (behördliche) Notmaßnahmen bei Fehlen von Organmitgliedern (§ 84c BGB)[2537] vorgesehen. Gleichwohl kommt auch das reformierte Stiftungsrecht nicht ohne Verweise in das Vereinsrecht aus. So finden sich in §§ 84 Abs. 5[2538], 84a Abs. 3 S. 1[2539], 84b S. 1[2540], 87c Abs. 2 BGB[2541] noch entsprechende Verweise.[2542] Betreffend den vorstehenden Normen hat der Reformgesetzgeber insoweit auf wortgleiche Wiederholungen der vereinsrechtlichen Regelungen im Stiftungsrecht verzichtet. Dies ist vor dem Hintergrund, dass bezüglich der entsprechenden Regelungen ohnehin keine inhaltlichen Abweichungen im Stiftungsrecht zu konstatieren ist[2543], verständlich und konsequent, zumal so auch eine unnötige „Aufblähung" der BGB-Regelungen vermieden wurde.

In der Literatur hat die weitgehende Abkopplung des Stiftungsrechts vom Vereinsrecht einerseits Zustimmung[2544], andererseits aber auch vermehrt Kritik[2545] erfahren. Bedeutende Auswirkungen auf die Rechtspraxis wird die Abkopplung dem Vernehmen nach nicht haben. Dies liegt zum einen daran, dass die neuen

---

2536 Näher hierzu Burgard/*Burgard*, StiftR, § 84b Rn. 1 ff.; BoKoStiftR/*Uffmann*, BGB § 84b Rn. 1 ff.; *Stephan*, DK 2023, 337; zur früheren wesentlich inhaltsgleichen Rechtslage zur Beschlussfassung nach §§ 86 S. 1 BGB a. F. i. V. m. §§ 28, 32, 34 BGB etwa: W/S/F/*O. Werner*, Die Stiftung, § 10 Rn. 54 ff.; *Theuffel-Werhahn*, SB 2022, 23; *Rawert*, NPLY 2019, S. 97. Speziell zu Beschlussmängeln Burgard/*Burgard*, StiftR, § 84b Rn. 77 ff., 115 ff.; BoKoStiftR/*Uffmann*, BGB § 84b Rn. 60 ff.; *Kamprolf/Theuffel-Werhahn*, ZStV 2024, 163 (163 ff.); monographisch *Stallmann*, Fehlerhafte Beschlüsse, *passim*.

2537 Hiernach sind nicht mehr die Amtsgerichte für entsprechende Notbestellungen (bisher § 86 S. 1 BGB i. V. m. § 29 BGB), sondern die Stiftungsaufsichtsbehörden. Näher hierzu Burgard/*Burgard*, StiftR, § 84c Rn. 1 ff. BoKoStiftR/*Andrick*, BGB § 84c Rn. 1 ff.; *v. Thunen/Möller*, ZStV 2024, 83.

2538 Verweis auf §§ 30 (besonderer Vertreter), 31 (Zurechnung des Organhandelns) und § 42 Abs. 2 BGB (Insolvenzantragspflicht des Vorstands).

2539 Verweis auf § 31a BGB (Haftungsprivilegierung ehrenamtlicher Organmitglieder).

2540 Verweis auf § 32 BGB (Beschlussfassung); zur Möglichkeit der hybriden und rein virtuellen Beschlussfassung nach § 32 Abs. 2 BGB s. Fn. 2257.

2541 Verweis auf §§ 46–53 BGB (Liquidationsverfahren).

2542 Orth/Uhl/*Orth*, Stiftungsrechtsreform 2021, Rn. 467.

2543 *Hüttemann/Rawert*, ZIP 2021, Beilage zu Heft 33, S3 (S21).

2544 So etwa *Markworth*, NZG 2021, 100 (104); *Markworth*, ZGR 2020, 832 (867); *Schiffer/Pruns/Schürmann*, Die Reform des Stiftungsrechts, § 8 Rn. 12 f.

2545 *Arnold et al.*, ZIP 2020, Beilage zu Heft 10, S3 (S4); *Arnold*, npoR 2021, 84 (85); *Weitemeyer*, NZG 2020, 569 (571); *Gollan/Richter*, npoR 2021, 29; *Burgard*, ZStV 2021, 45 f.; *Burgard*, npoR 2024, 181 (189) („*großer Mangel des neuen Rechts*").

stiftungsrechtlichen Normen ausweislich der Gesetzesentwurfsbegründung weitgehend an den vereinsrechtlichen Normen angelehnt sind[2546], sodass es dadurch letztlich zu keinen inhaltlichen Änderungen kommen wird.[2547] Ferner war auch nach altem Recht keine allzu intensive Bindung von Stiftungs- und Vereinsrecht festzustellen. So stand zum einen die Anwendung der §§ 26 Abs. 2 S. 1, 27 Abs. 3 und 28 BGB nach § 86 S. 1 Hs. 2 BGB a. F. schon damals unter dem Vorbehalt abweichender Satzungsregelungen, sodass es bei Anwendung der Normen primär auf die Auslegung der Stiftungssatzung ankam. Zum anderen ist auch in der Rechtsprechung in Bezug auf die Anwendbarkeit bestimmter vereinsrechtlicher Normen auf die Stiftung zu Recht vermehrt auf die Unterschiede zwischen Stiftung und Verein abgestellt worden.[2548]

I. Stiftungsvorstand

1. Grundlegendes

Das einzige gesetzlich zwingend vorgeschriebene Organ einer Stiftung ist der Vorstand (§§ 81 Abs. 1 Nr. 1 lit. d), 84 Abs. 1 und Abs. 2 BGB bzw. § 81 Abs. 1 S. 2 Nr. 5, § 86 S. 1 i. V. m. § 26 BGB a. F.). Dieser ist notwendig, um die Handlungsfähigkeit der Stiftung als eine bloße juristische Person zu gewährleisten.[2549] Da die Stiftung – anders als etwa ein Verein oder eine Personen-/

2546 Vgl. BT-Drs. 19/28173, S. 58 ff.

2547 Ebenso *Schiffer/Pruns/Schürmann*, Die Reform des Stiftungsrechts, § 8 Rn. 12 f.; *Gollan*, npoR 2021, 277 (280); i. Erg. auch Burgard/*Burgard*, StiftR, § 84 Rn. 3, § 84a Rn. 15; kritischer aber nun *Burgard*, npoR 2024, 181 (189), der ein „*Auseinanderdriften beider Rechtsgebiete*" für möglich hält.

2548 *Gollan*, npoR 2021, 277 (280) m. w. N.

2549 Vgl. MüKoBGB/*Weitemeyer*, § 86 Rn. 3; MHdB GesR 5/*Schwake*, § 79 Rn. 53, 57; *Schlüter/Stolte*, Stiftungsrecht, Kap. 2 Rn. 129. Insoweit ist die sog. Organtheorie, wonach der juristischen Person (hier: Stiftung) das Wissen, Wollen und Handeln des jeweiligen Organs als eigenes zugerechnet wird, heute g. h. M., vgl. grdl. BGH, WM 1959, 80 (81); BGHZ 99, 298 (302); aus der Literatur jew. m. w. N. etwa BeckOGK/*Segna*, 1.4.2024, BGB § 26 Rn. 2; MHdB GesR 5/*Gummert*, § 91 Rn. 2; BeckOGK/*Jakob/Picht*, 1.2.2021, BGB § 86 Rn. 19 f.; *Burgard*, Gestaltungsfreiheit im Stiftungsrecht, S. 219; zur nur noch vereinzelt vertretenen **a. A.** (sog. Vertretertheorie) etwa *Flume*, BGB AT Bd. I/2, § 11 I, S. 377; Staudinger/*Schwennicke*, § 26 Rn. 19 f. Nennenswerte praktische Bedeutung habe dieser Theorienstreit nicht erlangt, so etwa MüKoHGB/*K. Schmidt/Drescher*, § 125 Rn. 3; i. Erg. auch Staudinger/*Schwennicke*, § 26 Rn. 21 ff.

Kapitalgesellschaft – keine Mitglieder, Gesellschafter und auch keine sonstigen Anteilseigner hat, liegen die Willensbildung, die gesamte Geschäftsführung und Vertretung sowie auch die interne Überwachung dem Gesetz nach allein beim Vorstand; er ist somit grundsätzlich die oberste Leitungs- und Entscheidungsinstanz in der Stiftung.[2550] Ihm allein obliegt die Geschäftsführungs- und Vertretungsbefugnis für die Stiftung (§ 84 Abs. 1 S. 2, Abs. 2 S. 1 BGB bzw. früher §§ 86 S. 1 BGB a. F. i. V. m. § 26 Abs. 1 BGB).[2551] Anders als die Vertretungsbefugnis[2552] kann die Geschäftsführungsbefugnis im gewissen Umfang *qua* Satzung auch einem anderen Organ (z. B. einem hauptamtlichen Geschäftsführer oder einem Stiftungsrat) überantwortet werden (§ 84 Abs. 3 BGB).[2553]

An die im Gesetz verwendete Bezeichnung „*Vorstand*" ist der Stifter nicht gebunden, sodass in der Praxis auch die Bezeichnungen „*Präsidium, Direktorium, Stiftungs- oder Verwaltungsrat*" durchaus üblich sind.[2554] Stets muss aber gewährleistet werden, dass sich der Stiftungssatzung konkret entnehmen lässt, wer für die Vertretung der Stiftung i. S. d. § 84 Abs. 2 S. 1 BGB (§ 86 S. 1 BGB a. F. i. V. m. § 26 Abs. 1 BGB) zuständig ist, sodass diesbezüglich klarstellende Satzungsklauseln und einheitliche Begrifflichkeiten geboten sind.[2555]

Vorstandsmitglied (und auch Mitglied eines anderen Organs) kann eine (geschäftsfähige) natürliche Person[2556] sein, aber auch eine juristische Person (z. B. GmbH)[2557]. Der Stifter selbst ist freilich nicht automatisch Vorstandsmitglied, kann

2550 BSG, DStR 2021, 2649 Rn. 22; *Sieger/Bank*, NZG 2010, 641 (642) (grds. Allzuständigkeit des Vorstands).

2551 Eing. zur rechtlichen Qualifikation der Beziehung von Stiftungsvorstand und Stiftung zuletzt *Markworth*, ZGR 2020, 832; s. a. *Jakob*, Schutz der Stiftung, S. 199 ff.; *Burgard*, Gestaltungsfreiheit im Stiftungsrecht, S. 223 ff.

2552 Sowohl die aktive als auch passive Vertretung der Stiftung obliegt zwingend dem Vorstand, s. BT-Drs. 19/27635, S. 59; Burgard/*Burgard*, StiftR, § 84 Rn. 1. Zum Umfang und Beschränkung der Vertretungsmacht sogleich unter → Teil 4 F I 2.

2553 Burgard/*Burgard*, StiftR, § 84 Rn. 1; Henssler/Strohn/*Heuel*, GesR, BGB § 84 Rn. 2; zu den Grenzen der Übertragung vgl. BeckOGK/*Jakob/Picht*, 1.2.2021, BGB § 86 Rn. 24 f. m. w. N.

2554 MHdB GesR 5/*Gummert*, § 91 Rn. 11; W/S/F/*Saenger*, Die Stiftung, § 36 Rn. 77; S/S/S/P/*Stumpf*, StiftR, BGB § 81 Rn. 38; BT-Drs., 14/8765, S. 11.

2555 MHdB GesR 5/*Gummert*, § 91 Rn. 11; Burgard/*Burgard*, StiftR, § 84 Rn. 21.

2556 Auch ein Notar kann Vorstandsmitglied sein, s. BGH, ZNotP 2013, 277 Rn. 3 ff.

2557 BT-Drs. 19/27635, S. 59; MüKoBGB/*Weitemeyer*, § 86 Rn. 4; Burgard/*Burgard*, StiftR, § 81 Rn. 68; MHdB GesR 5/*Gummert*, § 91 Rn. 5; Richter/*Godron/Gollan*, Stiftungsrecht, § 6 Rn. 17; Bedenken insoweit erhebend W/S/F/*Saenger*, Die Stif-

sich aber als solcher bei Stiftungserrichtung selbst in den Vorstand berufen[2558], was für einen Stifter, der eine unternehmensverbundene Familienstiftung als Nachfolgeinstrument einsetzt, insbesondere im Hinblick auf die Einflusssicherung von besonderer Bedeutung ist[2559]. Die Bestellung des Vorstandsmitglieds wird wirksam, wenn das Vorstandsmitglied das Amt angenommen hat. Die Annahmeerklärung muss gegenüber dem bestellungsberechtigten Organ abgegeben werden. Bis zur Annahme des Amtes kann das bestellungsberechtigte Organ die Berufung jederzeit widerrufen.[2560]

Der Vorstand muss von Gesetzes wegen aus mindestens einem Mitglied bestehen.[2561] Einer genauen Bestimmung der Anzahl bedarf es nicht, sodass nach allgemeiner Auffassung auch die Angabe einer Mindest- und Höchstzahl ausreichend ist.[2562] Die Anzahl der Vorstandsmitglieder sollte dem Umfang der Geschäftstätigkeit und Größe der Stiftung angepasst sein.[2563]

Vorstandsmitglieder (und auch sonstige Organmitglieder) einer Stiftung sind grundsätzlich, d. h. soweit sich aus der Satzung nicht ein anderes ergibt, gem. § 84a Abs. 1 S. 2 BGB (§ 86 S. 1 BGB a. F. i. V. m. § 27 Abs. 3 S. 2 BGB) unentgeltlich tätig und haben nach § 84a Abs. 1 S. 1 i. V. m. § 670 BGB (§§ 86 S. 1 BGB a. F. i. V. m. §§ 27 Abs. 3 S. 1, 670 BGB) lediglich einen Anspruch auf Ersatz ihrer Aufwendungen.[2564] Die Zahlung einer Vergütung unterliegt

---

tung, § 36 Rn. 77; umfassend zu juristischen Personen als Vorstandsmitglieder einer Stiftung *Wanka*, Juristische Personen und ihre Organe als Vorstand der Stiftung, *passim*. Die Organbefugnisse werden dann vom jeweiligen Vertretungsorgan der juristischen Person wahrgenommen, s. Erman/*M. Wiese*, BGB § 81 Rn. 21; Burgard/*Burgard*, StiftR, § 84 Rn. 22.

2558 Unstr.: BeckOGK/*Jakob/Picht/Kopp*, 1.9.2024, BGB § 83 Rn. 17; MüKoBGB/*Weitemeyer*, § 81 Rn. 46; MHdB GesR 5/*Gummert*, § 92 Rn. 4; *Saenger*, ZStV 2012, 94 (95). Bei diesen sog. geborenen Organmitgliedern bedarf es keines gesonderten Bestellungsaktes oder eines Beschlusses → Fn. 3160.

2559 Zu den Einflusssicherungsmöglichkeiten des Stifters → Teil 5 B II.

2560 Zum vorstehenden Schauhoff/Kirchhain/*Mehren*, Gemeinnützigkeits-HdB, § 3 Rn. 68; MHdB GesR 5/*Gummert*, § 92 Rn. 3; jeweils m. w. N.

2561 Burgard/*Burgard*, StiftR, § 81 Rn. 70; Richter/*Godron*/*Gollan*, Stiftungsrecht, § 6 Rn. 19; MHdB GesR 5/*Gummert*, § 91 Rn. 12.

2562 Burgard/*Burgard*, StiftR, § 81 Rn. 70; Erman/*M. Wiese*, BGB § 84 Rn. 3; MHdB GesR 5/*Gummert*, § 91 Rn. 12; *Demuth*, KÖSDI 2023, 23055 Rn. 23; *Dahlmanns*, RNotZ 2020, 417 (430) mit Satzungsvorschlag.

2563 MHdB GesR 5/*Gummert*, § 91 Rn. 12; *Dahlmanns*, RNotZ 2020, 417 (430).

2564 Zur Vergütung von Stiftungsorganen im Detail *Arnold*, FS Smid, S. 3; *R. Werner*, DStR 2022, 2162; BoKoStiftR/*Uffmann*, BGB § 84a Rn. 37 ff.; *Gollan*, ErbR 2024, 658 (662 f.); jew. m. w. N.

insofern – jedenfalls nach neuem Recht nunmehr explizit – einem Satzungsvorbehalt[2565], da gem. § 84a Abs. 1 S. 2 BGB die unentgeltliche Tätigkeit der gesetzliche Regelfall sein soll.

Jede Stiftungssatzung muss Mindestangaben zur Bildung des Vorstands enthalten (§ 81 Abs. 1 Nr. 1 lit. d) BGB bzw. § 81 Abs. 1 S. 3 Nr. 5 BGB a. F.). Dazu zählen insbesondere Regelungen zur Anzahl der Vorstandsmitglieder, die personelle Besetzung sowie Angaben zum Verfahren für die Bestellung und Abberufung der Mitglieder.[2566] Der Stifter genießt dabei einen großen Gestaltungsspielraum. Im Besonderen durch die Besetzung der Stiftungsorgane nach eigenem Belieben kann der Einfluss des Stifters und seiner Familie langfristig gesichert werden.[2567] Auf die konkreten Möglichkeiten und Grenzen der Gestaltung wird in Teil 5 noch im Detail eingegangen.

2. *Vertretungsmacht des Stiftungsvorstands*

a) *Grundlegendes und Beschränkung auf den Stiftungszweck*

Die Vertretungsmacht[2568] des Stiftungsvorstands ist umfassend und unbeschränkt, soweit sie nicht nach § 84 Abs. 3 BGB (§§ 86 S. 1 BGB a. F. i. V. m. § 26 Abs. 1 S. 3 BGB a. F.) durch die Stiftungssatzung beschränkt wird. Die Beschränkung der Vertretungsmacht des Stiftungsvorstands (ebenso des Vereinsvorstands) gem. § 84 Abs. 3 Hs. 2 BGB[2569] (§ 86 S. 1 BGB a. F. i. V. m. § 26 Abs. 1 S. 3 BGB) ist – anders als bei Geschäftsleitern anderer juristischer Personen[2570] – nach über-

2565 Zum Meinungsstand nach altem Recht ausf. *Arnold*, FS D. Reuter, S. 3.

2566 BT-Drs. 14/8765, S. 11; BeckOGK/*Lange*, 1.9.2024, BGB § 81 Rn. 78; MüKoBGB/*Weitemeyer*, § 81 Rn. 45; nach BT-Drs. 19/27635, S. 48 muss *„zumindest festgelegt werden, wie viele Mitglieder der Vorstand haben soll und wie die Mitglieder des Vorstands bestellt werden sollen."*

2567 Vgl. *Pauli*, ZEV 2012, 461 (463); näher → Teil 5 B I–III.

2568 Monographisch dazu *Luth*, Die Vertretungsbefugnis des Stiftungsvorstandes, *passim*.

2569 Für eine Streichung des § 84 Abs. 3 Hs. 2 BGB *Burgard*, ZGR 2023, 849 (880); *Burgard*, npoR 2024, 181 (187).

2570 Z. B.: für die GmbH: § 37 Abs. 2 S. 1 GmbHG; für die AG: § 82 Abs. 1 AktG; für die Genossenschaft: § 27 Abs. 2 S. 1 GenG; für die GbR § 720 Abs. 3 BGB.

wiegender Meinung[2571] auch gutgläubigen Dritten gegenüber wirksam.[2572] Eine Grenze bilden freilich der Grundsatz des Missbrauchs der Vertretungsmacht[2573], das Insichgeschäft gem. § 181 BGB[2574] sowie (ggf. noch bestehende) landesrechtliche Genehmigungs- bzw. Zustimmungsvorbehalte.[2575] Insoweit unterliegt die Vertretungsmacht des Stiftungsvorstands nach heute in Rechtsprechung und Literatur herrschender Ansicht freilich keiner generellen Einschränkung durch den Stiftungszweck selbst, sondern es bedarf einer klaren und eindeutigen statutarischen Beschränkung.[2576] Dieser Auffassung hat sich nunmehr auch der BGH

2571 MüKoBGB/*Weitemeyer*, § 86 Rn. 16; *Muscheler*, Gesammelte Beiträge II, S. 145 (157); *Wernicke*, ZEV 2003, 301 (302); *Rotenhan*, in: Strachwitz/Mercker, Stiftungen, S. 257 (261); *Arndt*, Die Stiftung in Krise, S. 52 (dortige Fn. 113); auch BeckOGK/*Jakob/Picht*, 1.2.2021, BGB § 86 Rn. 22; M/L/L/*Bayer/Scholz*, Managerhaftung, § 3 Rn. 1492; Grüneberg/*Ellenberger*, BGB § 84 Rn. 3; **a. A.** etwa v. Campenhausen/Richter/*Hof*, StiftR-HdB, § 8 Rn. 35; *Wachter*, Stiftungen, B Rn. 72. Im Vereinsrecht gilt dies *qua* Gesetz und wegen der Existenz eines Vereinsregisters nicht (vgl. §§ 68, 70, 79 BGB). Mit Einführung des Stiftungsregisters zum 1.1.2026 (→ Teil 3 B I 5 b) müssen Dritte gegen sich gem. § 82d BGB nur ihnen bekannte oder evidente Beschränkungen gelten lassen.

2572 Dies gilt indes wegen des zwingenden § 124 Abs. 4 HGB nicht im Falle der Stiftung & Co. KG, s. MHdB GesR 5/*Schwake*, § 79 Rn. 310; zur Beschränkung der Vertretungsmacht bei Unternehmensträgerstiftungen s. MüKoBGB/*Weitemeyer*, § 80 Rn. 219; Feick/*Godron/Thress*, Stiftung, § 32 Rn. 48 f.; BoKoStiftR/*Uffmann*, BGB § 84 Rn. 60.

2573 Vgl. dazu zuletzt BGH, NZG 2024, 452 Rn. 33 m. Anm. *Hauser* (betreffend GmbH-GF).

2574 Dieser ist statutarisch abdingbar und dessen Befreiung kann – falls eingerichtet – auch einem anderen Organ überantwortet werden, s. nur M/L/L/*Bayer/Scholz*, Managerhaftung, § 3 Rn. 1492; BeckOGK/*Jakob/Picht*, 1.2.2021, BGB § 86 Rn. 21; für den Fall, dass der Stifter einen Alleinvorstand ohne Aufsichtsorgan vorgesehen habe, plädiert *F. Kamp*, ZfPW 2019, 408 (412 ff.) neuerdings für eine teleologische Reduktion des § 181 BGB; dies mit Blick auf das Schutzbedürfnis der Stiftung gerade bei Fehlen eines Aufsichtsorgans zu Recht ablehnend MüKoBGB/*Weitemeyer*, § 86 Rn. 16; ebenso *Scholz*, ZfPW 2023, 157 (175 dortige Fn. 62).

2575 S. BeckOGK/*Jakob/Picht*, 1.2.2021, BGB § 86 Rn. 21 f.; M/L/L/*Bayer/Scholz*, Managerhaftung, § 3 Rn. 1492; speziell zu den landesstiftungsrechtlichen Vorbehalten *Luth*, Die Vertretungsbefugnis des Stiftungsvorstandes, S. 178 ff.

2576 M. w. N. MüKoBGB/*Weitemeyer*, § 86 Rn. 16; Staudinger/*Hüttemann/Rawert*, BGB § 86 Rn. 17; BeckOGK/*Lange*, 1.9.2024, BGB § 81 Rn. 82 f.; Richter/*Godron/Gollan*, Stiftungsrecht, § 6 Rn. 34 f.; MHdB GesR 5/*Schwake*, § 79 Rn. 312; MHdB GesR 5/*Schwarz van Berk/C. Fischer*, § 99 Rn. 35 f.; M/L/L/*Bayer/Scholz*, Managerhaftung, § 3 Rn. 1492; *Muscheler*, Gesammelte Beiträge I, S. 245 (262 f.); *Muscheler*, Gesam-

mit seinem Urteil vom 15.4.2021[2577] angeschlossen.[2578] Dieses Urteil betraf zwar noch §§ 86 S. 1, 26 Abs. 1 S. 2 und 3 BGB a. F., doch es ist auch auf die – inhaltlich gleichgebliebene – Regelung des § 84 Abs. 3 BGB zu übertragen. Die zutreffende Begründung des BGH orientiert sich insofern am klassischen juristischen Auslegungskanon[2579]:

Bereits der Wortlaut von § 84 Abs. 3 BGB (§§ 86 S. 1, 26 Abs. 1 S. 2 und 3 BGB a. F.), wonach der Umfang der Vertretungsmacht „*durch die Satzung*" beschränkt

---

melte Beiträge II, S. 145 (158); *Rotenhan*, in: Strachwitz/Mercker, Stiftungen, S. 257 (261); *Burgard*, Gestaltungsfreiheit im Stiftungsrecht, S. 247.; **a. A.** *Ebersbach*, HdB des Deutschen Stiftungsrechts, S. 108; Grüneberg/*Ellenberger*, BGB § 84 Rn. 3; *Stengel*, Stiftung und Personengesellschaft, S. 123 f.; *Luth*, Die Vertretungsbefugnis des Stiftungsvorstandes, S. 80 ff., 113 m. w. N.; i. Erg. offenlassend *Ambros Schindler*, Familienstiftungen, S. 73, nach dem sich aber „*unter Abwägung des Rechtsschutzinteresses Dritter des Schutzes der Familienstiftung eine Begrenzung der Wirkungen von Organhandlungen am deutlich erkennbaren Stiftungszweck ergeben [könnte]*", wobei er jedoch selbst erkennt, dass dies gerade bei uv. Familienstiftungen zu „*schwerwiegende[n] Problemen*" im Besonderen in Bezug auf ihre Verkehrsfähigkeit führen würde.

2577 BGHZ 229, 299 Rn. 26 ff.; 32 ff., unter Aufgabe seiner früheren Rspr. (BGH, LM Nr. 1 zu § 85 BGB Ls. 2 sowie unter 6.) (die Entscheidung betraf eine gemeinnützige Stiftung); dazu aus der teils recht kritischen Literatur *Henssler/Hinz*, EWiR 2021, 455; *Wachter*, GmbHR 2021, 813; ausf. *Scholz*, npoR 2021, 289; *Uffmann*, NJW 2021, 3085; *Uhl*, ZStV 2021, 201; *Strobel*, ZEV 2022, 57; sehr kritisch *Burgard*, NZG 2022, 18 (20) („*Die Entscheidung ist ein völlig unnötiges Desaster*"); speziell zur Übertragbarkeit der Urteilsgründe auf privatnützige Stiftungen (ablehnend) *Udwari*, GWR 2022, 19 (21 f.).

2578 Die nachfolgenden Erwägungen dürften auch auf ein echtes Zweitorgan mit einer den Vorstand verdrängenden Vertretungsbefugnis nach dem Vorbild von § 112 AktG zu übertragen sein, s. *Scholz*, npoR 2021, 289.

2579 Siehe z. B. BVerfGE 1, 299 (312) sowie BGH, NZM 2022 Rn. 32: Wortlaut, Systematik, Historie (hierzu zählen insbesondere auch die Gesetzesmaterialien) und Telos. Ergänzend wird noch die verfassungskonforme Auslegung und – soweit es ich um harmonisiertes Recht handelt – die richtlinienkonforme Auslegung herangezogen. Unter den Auslegungsmethoden hat keine einen unbedingten Vorrang vor einer anderen, sodass sie gleichzeitig und nebeneinander anzuwenden sind, s. m. z. N. BGH, NZM 2022 Rn. 32 f. Zur juristischen Normauslegung eing. *Rüthers/C. Fischer/Birk*, Rechtstheorie, § 22 Rn. 696 ff., 731 ff., 744 ff., 778 ff.; *Möllers*, Juristische Methodenlehre, § 4, § 5, § 11 und § 12.

werden „*kann*“, zeige, dass diese grds. unbeschränkt ist, wenn es an einer statutarischen Regelung fehlt.[2580]

Es sei in systematischer Hinsicht zu konstatieren, dass die Unbeschränkbarkeit der (organschaftlichen) Vertretungsmacht bei der Vertretung juristischer Personen ein allgemeiner Rechtsgrundsatz und für die Handelsgesellschaften ausdrücklich festgeschrieben ist (s. § 37 Abs. 2 S. 1 GmbHG; § 82 Abs. 1 AktG; §§ 124 Abs. 4, 162 Abs. 2 HGB; § 27 Abs. 2 S. 1 GenG; für die rechtsfähige GbR nunmehr explizit auch § 720 Abs. 3 BGB[2581]).[2582] Dem entspreche es, auch bei der rechtsfähigen Stiftung von einer grds. unbeschränkten Vertretungsmacht auszugehen, die nur im Einzelfall durch Satzungsbestimmung beschränkt werden kann.[2583]

Gleiches ergebe sich aus der Gesetzgebungsgeschichte. Während ein erster Entwurf des BGB eine Beschränkung durch den Stiftungszweck noch vorsah, hat eine solche Einschränkung keinen Eingang in den endgültigen Gesetzestext gefunden.[2584]

Auch der mit der Vertretungsmacht des Vorstands verbundene *Telos*, die umfassend rechtsfähige juristische Person auch umfassend vertreten zu können, würde gegen eine Einschränkung durch den Stiftungszweck sprechen.[2585]

Der BGH hat ferner die Anwendung der angelsächsischen *ultra-vires-Lehre*[2586], nach der eine juristische Person nur für die in der Satzung festgelegten Zwecke

---

2580 BGHZ 229, 299 Rn. 34; vgl. auch *Hüttemann/Rawert*, ZIP 2021, Beilage zu Heft 33, S3 (S21); *Scholz*, ZfPW 2023, 157 (175).

2581 Vgl. hierzu BT-Drs. 19/27635, S. 163; dies war früher umstritten, s. MüKoBGB/*C. Schäfer*, § 720 Rn. 3, 20 ff.; Erman/Lieder, BGB § 720 Rn. 17; jew. m. z. N.; kritisch aber Henssler/Strohn/*Servatius*, GesR, BGB § 720 Rn. 2. Ausf. zur Vertretung der Personengesellschaft nach dem MoPeG *Wertenbruch*, GmbHR 2024, 1.

2582 Für EU-Kapitalgesellschaften ist dieser deutsche Grundsatz auch in Art. 9 der Gesellschaftsrechts-Richtlinie (Richtlinie (EU) 2017/1132) niedergeschrieben, vgl. zur Vorgänger-Richtlinie nur *M. Schwab*, ZGR 2000, 446 (450 f.); weiterführend dazu zuletzt *Stiegler*, NotBZ 2022, 167 (168 f., 171 ff.) m. w. N.

2583 BGHZ 229, 299 Rn. 34. Für eine Rechtsanalogie der gesellschaftsrechtlichen Vorschriften nur auf Unternehmensträgerstiftungen MHdB GesR 5/*Beuthien*, § 77 Rn. 35 a. E.

2584 BGHZ 229, 299 Rn. 35 unter Verweisung auf Prot. I, S. 1031 = *Mugdan*, Bd. I, 1899, S. 612.

2585 BGHZ 229, 299 Rn. 26 ff.; 32 ff. m. w. N.; **a. A.** noch BGH, LM Nr. 1 zu § 85 BGB Ls. 2 sowie unter 6.; *Luth*, Die Vertretungsbefugnis des Stiftungsvorstandes, S. 80 ff., 113 m. w. N.

2586 Danach ist die Rechtsfähigkeit einer juristischen Person auf den statutarischen Zweck beschränkt, für den sie geschaffen wurde, näher dazu *Luth*, Die Vertretungsbefugnis des Stiftungsvorstandes, S. 53 ff.; *K. Schmidt*, GesR, § 8 V. 2., S. 214 ff.

rechts- und handlungsfähig ist, auch im Stiftungsrecht[2587] damit nunmehr ausdrücklich verworfen.[2588] Diese war und ist dem deutschen (Privat-)Recht ohnehin fremd.[2589]

Der Stiftungszweck begrenzt nach alldem also mit Recht nur *„das interne Dürfen, aber nicht das externe Können“*[2590] des Stiftungsvorstands. Dies ist auch aus Verkehrsschutz- und Rechtssicherheitsgründen geboten.[2591] Denn eine dem deutschen Stiftungsrecht systemfremde Beschränkung der Vertretungsmacht des Stiftungsvorstands mit Außenwirkung und die damit einhergehende Beeinträchtigung des redlichen Rechtsverkehrs, mit der Rechtsunsicherheit hervorgerufen und Haftungsrisiken geschaffen werden, verbietet sich.[2592] Etwaigen Vertragspartnern sollte sich die Vertretungsberechtigung des Vorstands einer Stiftung nämlich nicht erst im Wege der Auslegung des Stiftungszwecks erschließen müssen, welchen sie im Zweifel nicht mal konkret kennen. Im Übrigen bietet den Vertragspartnern die Regelungen des § 179 BGB, wonach ein Vertreter ohne Vertretungsmacht dem anderen Teil nach dessen Wahl zur Erfüllung oder zum Schadensersatz verpflichtet ist, wenn der Vertretene die Genehmigung des Vertrags verweigert, für Fälle, in denen ein Vertrag an der mangelnden Vertretungs-

2587 So bereits die h. M. → Fn. 2576 sowie ausf. *Luth*, Die Vertretungsbefugnis des Stiftungsvorstandes, S. 53 ff., 71. Die Entscheidung wurde zwar vom für das Stiftungsrecht zuständigen III. Senat des BGH getroffen, dürfte jedoch auch auf das Vereinsrecht ausstrahlen, vgl. jurisPK-BGB/*Otto*, § 26 Rn. 22.1; *Uffmann*, NJW 2021, 3085 Rn. 27; *Weitemeyer*, Jugendhilfe 2022, 132 (136); i. Erg. *Scholz*, npoR 2021, 289 (290); *Burgard*, NZG 2022, 18 (21); s.a. BeckOK BGB/*Schöpflin*, 71. Ed. 1.8.2024, § 26 Rn. 12, der jedoch bei ideellen Vereinen keine Satzungsregelung für erforderlich erachtet und Rechtsgeschäfte des Vereinsvorstands, die *„evident außerhalb des Vereinszwecks“* liegen weiterhin für unwirksam erachtet.

2588 BGHZ 229, 299 Rn. 35 a. E.; vgl. dazu auch zutreffend *Pegatzky*, NVwZ 2022, 670 (672): *„Im Ergebnis ist deshalb zu folgern, dass die Ultra-vires-Lehre […] inzwischen als endgültig überwunden und damit als obsolet betrachtet werden kann.“*; kritisch aber *Burgard*, NZG 2022, 18 (21 f.); *Burgard*, npoR 2024, 181 (187), dem nach durch die Entscheidung des BGH hinsichtlich der konkreten Klausel, die *ultra-vires*-Lehre nunmehr durch eine entsprechende Klausel faktisch eingeführt werden könne.

2589 Siehe nur BeckOK BGB/*Schöpflin*, 71. Ed. 1.8.2024, § 21 Rn. 10; MHdB GesR 5/*Schwake*, § 79 Rn. 312; Erman/*M. Wiese*, BGB § 84 Rn. 7; *K. Schmidt*, GesR, § 8 V. 2., S. 214 ff.

2590 *K. Schmidt*, GesR, § 8 V. 2. a), S. 214.

2591 Richter/*Godron*/*Gollan*, Stiftungsrecht, § 6 Rn. 34 f.; MHdB GesR 5/*Schwarz van Berk*/*C. Fischer*, § 99 Rn. 36 m. w. N.

2592 Vgl. (jedoch i. Zh. mit der nicht analogen Anwendbarkeit des § 179a AktG auf die KG) BGH, ZIP 2022, 746 Rn. 26.

macht des Stiftungsvorstands scheitert, angemessenen Schutz.[2593] Freilich stellt sich dann die Frage, ob vor dem Hintergrund des grundsätzlichen Vorrangs der Vertretungsvorschriften ein ehrenamtlich tätiges Vorstandsmitglied, das seine statutarisch beschränkte Vertretungsmacht nur leicht fahrlässig überschritten hat, im Fall seiner erfolgreichen Inanspruchnahme durch den Geschäftsgegner von der Stiftung über §§ 84a Abs. 3 S. 1, 31 a Abs. 2 S. 1 BGB (§§ 86 S. 1, 31a Abs. 2 S. 1 BGB a. F.) Freistellung verlangen bzw. bei ihr Regress nehmen kann.[2594]

Eine Klausel in der Stiftungssatzung einer (*in casu*) gemeinnützigen[2595] Stiftung, wonach die Vertretungsmacht des Vorstands *„durch den* [hier konkret gemeinnützigen] *Zweck der Stiftung beschränkt"* werde, sei dem BGH zufolge jedoch ihrem Inhalt und Umfang nach hinreichend klar sowie bestimmt.[2596]

Die vorstehend erläuterten Maßstäbe des BGH beanspruchen auch nach der Stiftungsrechtsreform 2021 Geltung.[2597] Dabei schafft das künftige, mit öffentlichem Glauben ausgestattete Stiftungsregister – wie eingangs erwähnt – jedoch eine Erleichterung für den Rechtsverkehr, da Beschränkungen der Vertretungs-

---

2593 BGHZ 229, 299 Rn. 43; zustimmend *Uhl*, ZStV 2021, 201 (205); kritisch indes *Scholz*, npoR 2021, 289 (290 ff.), nach dem ein Anspruch aus § 179 Abs. 1 S. 1 BGB wegen dieses Urteils i. d. R. an § 179 Abs. 3 S. 1 BGB scheitern würde; dagegen aber *Burgard*, NZG 2022, 18 (21 dortige Fn. 26), nach dem es einer tatsächlichen Inkenntnissetzung für die Bösgläubigkeit bedürfe.

2594 Eine Haftungsüberleitung auf die Stiftung i. Erg. ablehnend *Uffmann*, NJW 2021, 3085 Rn. 38; *Strobel*, ZEV 2022, 57 (60); bejahend hingegen *Scholz*, npoR 2021, 289 (291 f.); *Weitemeyer*, Jugendhilfe 2022, 132 (136); *Burgard*, NZG 2022, 18 (21);

2595 Auf privatnützige Stiftungen sei dies nicht übertragbar, so *Scholz*, npoR 2021, 289 (290); *Udwari*, GWR 2022, 19 (21 f.) und i. Erg. *Uhl*, ZStV 2021, 201 (206).

2596 BGHZ 229, 299 Rn. 41; **a. A.** *Wachter*, GmbHR 2021, 813 (822); kritisch *Uffmann*, NJW 2021, 3085 Rn. 22; *Scholz*, npoR 2021, 289 (290); *Weitemeyer*, Jugendhilfe 2022, 132 (136 f.), wonach die Entscheidung des BGH auf ein *„Sonderrecht der gemeinnützigen Organisationen"* hinausliefe; i. Erg. *Uhl*, ZStV 2021, 201 (206); zutreffend führt *Strobel*, ZEV 2022, 57 (59) an, dass es sich bei der steuerrechtlichen Gemeinnützigkeit (i. d. R.) an sich nicht um einen „Zweck", sondern ein zum eigentlichen Stiftungszweck hinzutretendes Kriterium handelt, wie sich bereits § 59 AO entnehmen lässt; vgl. dazu auch Schauhoff/Ufer/*Schauhoff/Kampermann*, Gemeinnützige Unternehmen, § 1 Rn. 37 ff., 45. Allg. zu den Anforderungen einer die Vertretungsmacht beschränkenden Klausel bündig *Burgard*, NZG 2022, 18 (19).

2597 *Uffmann*, NJW 2021, 3085 Rn. 24; *Zimmermann/Raddatz*, NJW 2022, 517 Rn. 13; vgl. *Scholz*, npoR 2021, 289 (291); *Wachter*, GmbHR 2021, 813 (823); vgl. auch BT-Drs. 19/28173, S. 59, wo die Möglichkeit der Beschränkung auf den Stiftungszweck nicht erwähnt wird, obgleich die diesbezügliche Diskussion dem Gesetzgeber wohl bekannt gewesen sein dürfte.

macht des Stiftungsvorstands ab dem 1.1.2026 darin einzutragen sind (§ 82b Abs. 2 BGB i. V. m. § 2 Nr. 6, § 5 StiftRG) und eine Kenntnisnahme deshalb einfacher möglich sein wird.[2598] Gleichwohl kann es auch dann zu Problemen hinsichtlich der Eintragung der Vertretungsbeschränkungen kommen, wenn Auslegungsschwierigkeiten bestehen. Denn beim Eintragungsverfahren hat die Registerbehörde den Umfang dieser Beschränkung selbstständig auszulegen und das gewonnene Auslegungsergebnis einzutragen[2599], weshalb sie „*auf eine hinreichende Bestimmtheit der Satzungsbestimmung wird achten müssen*“[2600].

Letztlich ist sich jedoch zu vergegenwärtigen, dass jedwede Beschränkung der Vertretungsmacht zugleich die Flexibilität des Handelns des Stiftungsvorstands begrenzt, was zum einen für die Verfolgung des Stiftungszwecks hinderlich sein kann. Zum anderen hat eine entsprechende Einschränkung der Vertretungsmacht eine signifikante Erhöhung des Haftungsrisikos für den Stiftungsvorstand zur Folge, das bereits die Besetzung des Stiftungsvorstands im besonderen Maße erschweren kann.[2601] Insbesondere derlei weitgehende Satzungsregelungen, die die Vertretungsmacht des Stiftungsvorstands auf den Stiftungszweck beschränken, dürften in der Praxis wohl auch eher der Ausnahmefall sein.[2602] Sofern der Stifter die Vertretungsmacht des Stiftungsvorstands jedoch statutarisch beschränken will, ist die entsprechende Regelung bewusst zu gestalten, um Auslegungsschwierigkeiten zu vermeiden. Insbesondere ist daher darauf zu achten, dass deutlich gemacht wird, ob die Beschränkung nur im Innen- oder auch im Außenverhältnis gelten soll.[2603]

Im Rahmen unternehmensverbundener Familienstiftungen bietet es sich zur Wahrung der Flexibilität auf Stiftungsebene und im Falle der Besetzung des Stiftungsvorstands (auch) mit Familienfremden an, die Vertretungsmacht des Vorstands nur im Innenverhältnis (d. h. *in concreto* seine Geschäftsführungsbefugnis)

2598 *Uffmann*, NJW 2021, 3085 Rn. 25; *Gollan*, npoR 2021, 277 (283); *Udwari*, GWR 2022, 19 (22).

2599 *Strobel*, ZEV 2022, 57 (60).

2600 BoKoStiftR/*Uffmann*, BGB § 84 Rn. 68.

2601 *Zimmermann/Raddatz*, NJW 2022, 517 Rn. 15; vgl. auch *Henssler/Hinz*, EWiR 2021, 455 (456); *Uffmann*, NJW 2021, 3085 (3090).

2602 *Uhl*, ZStV 2021, 201 (203 f.); davon abratend *Gollan*, ErbR 2024, 658 (661 f.); vgl. auch *Ambros Schindler*, Familienstiftungen, S. 73, der gerade bei unternehmensverbundenen Familienstiftungen „*schwerwiegend[e] Probleme*“ in Bezug auf die „*Schutzwürdigkeit Dritter und Verkehrsfähigkeit der Familienstiftung*“ sieht, wenn bei diesen die Vertretungsmacht des Vorstands auf den Stiftungszweck beschränkt würde.

2603 *Wachter*, GmbHR 2021, 813 (823); *Zimmermann/Raddatz*, NJW 2022, 517 Rn. 16.

zu beschränken. Dies geschieht *in praxi* üblicherweise durch Zustimmungsvorbehalte (z. B. zugunsten des Stifters, eines Stiftungsrats) ggf. in Verbindung mit betragsmäßigen Beschränkungen[2604] oder Vetorechten zugunsten einzelner Vorstandsmitglieder, eines Familienbeirats oder sogar des Stifters selbst.[2605] Auf diese Weise kann unter Erhalt der Flexibilität des Vorstandshandelns bei Entscheidungen, die aus Sicht der Stifterfamilie von Bedeutung sind, auch ihr Einfluss auf die Stiftungstätigkeit und damit auch auf das Familienunternehmen sichergestellt werden.

Im Besonderen könnte die Vertretungsmacht des Stiftungsvorstands in Bezug auf Verfügungen betreffend die Gesellschaftsbeteiligung am Familienunternehmen oder, wenn der Unternehmenserhalt bzw. die Wahrung des Familienunternehmenscharakters als Stiftungszweck aufgenommen worden ist – jedenfalls nach der vorstehenden Rechtsprechung des BGH – allein durch Inbezugnahme auf den Stiftungszweck, beschränkt werden. Eine diesbezügliche Regelung wäre nach hiesiger Auffassung auch hinreichend klar bestimmt, da ersichtlich wäre, dass Verfügungen, insbesondere Veräußerungen, betreffend die Unternehmensbeteiligung nicht von der Vertretungsmacht des Vorstands gedeckt wären. Derlei gesonderte statutarische Vermögensgegenstandsbindungsklauseln bedürfte es bei der vorstehend erläuterten Beschränkung auf den Stiftungszweck sodann nicht. Gleichwohl muss es dem Vorstand – wie bei den Vermögensgegenstandsbindungsklauseln – *ultima ratio* erlaubt sein, in Ausnahmefällen die Unternehmensbeteiligung zu veräußern, ohne sich dabei einer persönlichen Haftung wegen einer Pflichtverletzung oder einer Haftung aus § 179 BGB[2606] ausgesetzt zu sehen. Insofern bietet sich ein statutarischer Haftungsausschluss betreffend diese Konstellation oder die Annahme an, dass es sich nicht um einen Pflichtverstoß handelt. Denn in diesem Fall liege ein Handeln zum Wohl der Stiftung vor. Im Interesse der Stifterfamilie sollte zudem hinsichtlich der Unternehmensbeteiligung am Familienunternehmen zwecks Sicherung des Familieneinflusses und Überfremdungsschutzes ein Vorkaufsrecht zu deren Gunsten vereinbart werden.

2604 Siehe zu den Anforderungen an die Bestimmtheit von betragsmäßigen Beschränkungen m. w. N. *Udwari*, GWR 2022, 19 (21 f.).

2605 Vgl. W/S/F/*Hörmann*, Die Stiftung, § 21 Rn. 39; MHdB GesR 5/*Schwarz van Berk/C. Fischer*, § 99 Rn. 37; *Muscheler*, Gesammelte Beiträge II, S. 145 (159); *Wachter*, GmbHR 2021, 813 (822); s. a. BT-Drs. 19/28173, S. 60.

2606 Betroffenen Vorstandsmitgliedern ist insofern zu empfehlen, potenzielle Vertragspartner im Zweifel bewusst bösgläubig i. S. d. § 179 Abs. 3 S. 1 BGB zu machen, s. *Burgard*, NZG 2022, 18 (21).

b) *Nachweis der Vertretungsmacht de lege lata et ferenda*

Zum Nachweis seiner Vertretungsmacht im Rechtsverkehr werden in der Praxis *de lege lata* mangels eines Stiftungsregisters vornehmlich[2607] sog. Vertretungsbescheinigungen[2608] von den Stiftungsbehörden auf Antrag ausgestellt.[2609] Da der Rechtsverkehr aktuelle Vertretungsbescheinigungen verlangt, müssen diese aber immer wieder neu beantragt werden.[2610] Ihr Inhalt begründet weder die Vermutung der Richtigkeit noch vermitteln sie einen öffentlichen Glauben.[2611] Sie haben nach h. M. die Wirkung von Vollmachtsurkunden i. S. d. § 172 BGB.[2612]

2607 Daneben werden in der Praxis auch die Stiftungsurkunde, die Stiftungssatzung und die Bestellungsbeschlüsse von Vorständen zum Nachweis herangezogen.

2608 Z. B. § 10 Abs. 4 S. 2 LStiftG NRW; § 10 Abs. 5 S. 1 LStiftG Hessen.

2609 Die Stiftung – nicht das vertretungsberechtigte einzelne Vorstandsmitglied oder der Vorstand der Stiftung als Gesamtheit (vgl. OVG Lüneburg, ZStV 2021, 227 Rn. 20) – hat insofern nach allgemeiner Auffassung einen Rechtsanspruch auf Erteilung einer Vertretungsbescheinigung, da ihr ansonsten, z. B. im Registerrecht (vgl. § 29 GBO, § 12 HGB), die Handlungsfähigkeit genommen würde, m. w. N. nur MHdB GesR 5/*Schwarz van Berk/C. Fischer*, § 99 Rn. 45; MüKoBGB/*Weitemeyer*, § 80 Rn. 88; DNotI-Report 2002, 27 (29); vgl. auch OLG Zweibrücken, DNotZ 2011, 290 (291). Einige Landesstiftungsgesetze sehen einen solchen Anspruch bis zum Start des Stiftungsregisters ausdrücklich vor (z. B. § 10 Abs. 4 S. 2 LStiftG NRW; § 10 Abs. 5 S. 1 LStiftG Hessen).

2610 BT-Drs. 19/28173, S. 1, 28.

2611 M. w. N. H/R/W/*Rawert*, Landesstiftungsrecht, Rn. 12.11; MüKoBGB/*Weitemeyer*, § 80 Rn. 89; MHdB GesR 5/*Schwarz van Berk/C. Fischer*, § 99 Rn. 45; *R. Werner*, MDR 2011, 639 (642); differenzierend *G. Roth*, NotBZ 2011, 244 (250 f.).

2612 M. w. N. *Hüttemann/Rawert*, ZIP 2021, Beilage zu Heft 33, S3 (S35); MüKoBGB/*Weitemeyer*, § 80 Rn. 89. Die Rechtsnatur der Vertretungsbescheinigung (Verwaltungsakt vs. behördliche Wissensmitteilung) ist umstritten, s. zum Meinungsstand jew. m. z. N. Staudinger/*Hüttemann/Rawert*, BGB Vorb. §§ 80 ff. Rn. 167; VG Hannover, BeckRS 2020, 48776 Rn. 25; nach einer im Vordringen befindlichen Ansicht handelt es sich jedenfalls nicht um einen (feststellenden) Verwaltungsakt: etwa OVG Lüneburg, ZStV 2021, 227 Rn. 22 m. Anm. *B. Beyer*; MüKoBGB/*Weitemeyer*, § 80 Rn. 88; W/S/F/*Schulte/Risch*, Die Stiftung, § 47 Rn. 30; *G. Roth*, NotBZ 2011, 244 (248 f.); *B. Beyer*, ZStV 2021, 227 (235); anders wohl die (noch) **h. M.**: etwa KG, OLGZ 1965, 336 (337) (seinerzeit „*Justizverwaltungsakt*", dies aber vor dem Hintergrund, dass damals in Berlin die Justizbehörde als Träger der Stiftungsaufsicht in Erscheinung trat); v. Campenhausen/Richter/*Hof*, StiftR-HdB, § 10 Rn. 322 m. w. N.; *Burgard*, Gestaltungsfreiheit im Stiftungsrecht, S. 249; *R. Werner*, MDR 2011, 639 (641). Der vorstehende Streit hat Auswirkungen auf die Frage, ob eine Verpflichtungs- oder vorzugswürdiger eine Leistungsklage in Bezug auf die Geltendmachung

Die künftige Einführung eines bundeseinheitlichen Stiftungsregisters[2613] zum 1.1.2026 wird insofern jedoch zur Erleichterung bei der Teilnahme der Stiftung am Rechtsverkehrs, insbesondere bei Grundstücksgeschäften[2614], beitragen können, da die Notwendigkeit des Ausstellens aktueller Vertretungsbescheinigungen durch die Stiftungsbehörden ab diesem Zeitpunkt entfallen wird.[2615] Die Vertretungsberechtigung der Vorstandsmitglieder wird ab da an über einen Auszug aus dem Stiftungsregister nachgewiesen werden können.[2616] Nach § 2 Nr. 6, § 5 StiftRG sind im Stiftungsregister die satzungsmäßigen Beschränkungen der Vertretungsmacht des Vorstands (§ 84 Abs. 3 BGB) einzutragen; daran knüpft die (negative) Publizität gem. § 82d BGB an. Der Rechtsverkehr könne sich nach der Gesetzesentwurfsbegründung über das Stiftungsregister somit künftig einfach über Stiftungen, insbesondere den Bestand und Umfang der Vertretungsmacht ihres Vorstands, informieren und auch auf die Registereintragungen vertrauen dürfen.[2617] Dies ist gerade auch für privatnützige Familienstiftungen insoweit begrüßenswert, als jene wohl in der Praxis aufgrund der eingeschränkten Stif-

---

eines Anspruchs auf Erteilung einer Vertretungsbescheinigung gegen die Stiftungsbehörde einschlägig ist.

2613 Dazu näher → Teil 3 B I 5 b.

2614 Speziell dazu *R. Werner*, MDR 2011, 639; *G. Roth*, NotBZ 2011, 244; vgl. aus der Rspr. etwa OLG Frankfurt a. M., BeckRS 2014, 124214; OLG Zweibrücken, DNotZ 2011, 290.

2615 BT-Drs. 19/28173, S. 2, 28, 33, 40, 81, 83; vgl. *Henssler/Hinz*, EWiR 2021, 455 (456); *Uffmann*, NJW 2021, 3085 Rn. 25; *Uhl*, ZStV 2021, 201 (208); die Ausstellung von Vertretungsbescheinigungen künftig explizit für obsolet erachtend auch BeckOK BGB/*Backert/J. Stürner*, 71. Ed. 1.5.2022, § 80 Rn. 32; *Winkler*, ZStV 2021, 121 (127); *Weitemeyer*, JEV 2021, 54 (55 f.); *Kalss/Kubasta*, GesRZ 2021, 69 (70); *Schauer/Stallmann*, NWB-EV 2021, 290 (292); *Oppel*, NWB-EV 2021, 122 (123); *Orth*, MDR 2021, 1225 Rn. 31; *Demuth*, NWB-EV 2022, 259 (263); i. Erg. BeckOK BNotO/*Sander*, 10. Ed. 1.8.2024, § 21 Rn. 9, 11; näher → Teil 3 B I 5 b. **A. A.** soweit ersichtlich nur BeckOGK/*G. Roth*, 30.6.2023, BGB § 80 Rn. 480 i. V. m. 485, nach dem aufgrund der lediglich negativen Publizitätswirkung des Stiftungsregisters (§ 82d BGB) und des Fehlens einer positiven Publizität entsprechend § 15 Abs. 3 HGB „*das Problem ‚Vertretungsbescheinigung' durch die Einführung des Bundesstiftungsregisters nicht*" entfallen werde.

2616 BT-Drs. 19/28173, S. 28, 33, 40, 81, 83; vgl. *Henssler/Hinz*, EWiR 2021, 455 (456); *Uffmann*, NJW 2021, 3085 Rn. 25; *Uhl*, ZStV 2021, 201 (208).

2617 BT-Drs. 19/28173, S. 81; näher BoKoStiftR/*Uffmann*, BGB § 84 Rn. 68 f.

tungsaufsicht Schwierigkeiten dabei haben, von den Stiftungsbehörden eine Vertretungsbescheinigung ausgestellt zubekommen.[2618]

Es ist freilich zu beachten, dass das Stiftungsregister – wie an anderer Stelle ausgeführt – nur negative Publizität (vgl. § 82d BGB) entfaltet.[2619] Dies bedeutet etwa: Schließt die Stiftung mit einem Dritten einen Vertrag ab und beruft sich im Anschluss darauf, dass das handelnde Vorstandsmitglied nicht alleine unterschreiben durfte, so geht dieser Einwand nur durch, wenn die Beschränkung der Vertretungsmacht im Stiftungsregister tatsächlich eingetragen oder dem Dritten bekannt war (vgl. § 82d Abs. 1 BGB). Dritte können im Geschäftsverkehr insoweit auf das Schweigen des Stiftungsregisters vertrauen. Ein Dritter muss im Geschäftsverkehr grundsätzlich im umgekehrten Fall eine entsprechende Eintragung im Stiftungsregister gegen sich gelten lassen (vgl. § 82d Abs. 2 BGB). Eine positive Registerpublizität entsprechend § 15 Abs. 3 HGB mit der Folge, dass der Rechtsverkehr sicher weiß, wer als zur Vertretung berechtigt erscheint und sich hierauf verlassen darf, entfaltet das künftige Stiftungsregister aber nicht.[2620] Es schafft deshalb zwar keinen (absolut) sicheren Nachweis der Vertretungsmacht des eingetragenen Organmitglieds, jedoch gewährleistet die negative Publizitätswirkung aber jedenfalls, dass *„die vertretungsberechtigten Organe so lange als im Amt befindlich gelten, wie ihre Eintragung nicht beseitigt ist“*.[2621] Für den Fall, dass ein Vorstandsmitglied aus welchem Grund auch immer zu Unrecht eingetragen wird, gewährleisten die allgemeinen Rechtsscheingrundsätze einen ausreichenden Vertrauensschutz.[2622] Zudem ist auch Folgendes zu berücksichtigen: Das Stif-

---

2618 So Spiegelberger/*Pauli*, Unternehmensnachfolge, § 23 Rn. 22; Spiegelberger/*Spiegelberger*, Unternehmensnachfolge, § 24 Rn. 13.

2619 Zur Publizitätswirkung des Stiftungsregisters → Teil 3 B I 5 b aa.

2620 Kritisch BeckOGK/*G. Roth*, 30.6.2023, BGB § 80 Rn. 480 i. V. m. 485, nach dem deshalb *„das Problem ‚Vertretungsbescheinigung‘ durch die Einführung des Bundesstiftungsregisters nicht“* entfallen werde. Dem ist entgegenzuhalten, dass zum einen die praktische Bedeutung des § 15 Abs. 3 HGB ohnehin sehr gering ist (MüKoHGB/*Krebs*, § 15 Rn. 86) und zum anderen die Vertretungsbescheinigungen anders als das immerhin mit negativer Publizität ausgestattete Stiftungsregister nach h. M. (→ Fn. 2611) keinerlei Richtigkeitsgewähr bieten.

2621 *Weitemeyer*, ZGR 2019, 238 (250); ein Stiftungsregister mit negativer Publizität ebenfalls für ausreichend erachtend bereits *Burgard*, ZStV 2016, 81 (83); für ein Stiftungsregister mit auch positiver Publizität etwa *Nicolai/Kuszlik*, ZRP 2016, 47 (50); *Vogt*, Publizität im Stiftungsrecht, S. 174 f.; wohl auch BeckOGK/*G. Roth*, 30.6.2023, BGB § 80 Rn. 480.

2622 *Hüttemann/Rawert*, ZIP 2021, Beilage zu Heft 33, S3 (S38); *Burgard*, ZStV 2016, 81 (83); vgl. BeckOGK/*Marcus Geißler*, 1.9.2024, BGB § 68 Rn. 2.

tungsregister soll nach dem ausdrücklichen Willen des Gesetzgebers die Vertretungsbescheinigungen, die bisher von den Grundbuchämtern und sonstigen Behörden formal als öffentliche Urkunden i. S. d. §§ 29, 30 GBO und § 12 HGB akzeptiert werden[2623], obsolet machen bzw. ersetzen[2624], sodass davon auszugehen ist, dass auch ein aktueller Registerauszug zu Nachweiszwecken trotz rein negativer Publizität des Stiftungsregisters ausreichend sein dürfte. Hinzukommt, dass davon auszugehen ist, dass das Stiftungsregister als ein „*ähnliches Register*" i. S. d. § 21 Abs. 1 S. 1 Alt. 2 BNotO aufgefasst werden wird[2625], sodass erforderlichenfalls auch ein Notar eine Bescheinigung über die Vertretungsberechtigung des Vorstands erstellen kann.

Ferner ist zu berücksichtigen, dass – wie an anderer Stelle erläutert – der Stiftungszweck keine eintragungspflichtige Tatsache ist.[2626] Begründet wird dies seitens des Gesetzgebers damit, dass sich der Stiftungszweck bereits aus der einzureichenden und für jedermann einsehbaren Stiftungssatzung ergebe. Dabei sind jedoch die Auswirkungen der Beschränkungsmöglichkeit der Einsichtnahme gem. § 15 S. 2 StiftRG zu berücksichtigen.[2627] Wird etwa die Beschränkung der Vertretungsmacht ins Stiftungsregister (§ 2 Nr. 6 StiftRG) eingetragen, ist die Vertretungsmacht jedoch – wie nach der vorstehend erläuterten Rechtsprechung des *BGH*[2628] – zulässigerweise auf die Vorgaben des satzungsmäßigen Stiftungszwecks beschränkt, so führt die fehlende Angabe des Stiftungszwecks im Stiftungsregister bei gleichzeitiger Beschränkung der Einsichtnahme zu nicht zu unterschätzenden Gefahren für den Rechtsverkehr, insbesondere etwaigen Vertragspartnern, aber auch den Stiftungsvorstand. Ist die Einsichtnahme in das Stiftungsregister nämlich nach § 15 S. 2 StiftRG beschränkt oder vielmehr gänzlich ausgeschlossen worden, so wird die entsprechende Stiftungssatzung seitens der Stiftung wohl kaum frei-

2623 H/R/W/*Rawert*, Landesstiftungsrecht, Rn. 12.19; *R. Werner*, MDR 2011, 639 (642); *G. Roth*, NotBZ 2011, 244 (247); vgl. auch OLG Zweibrücken, DNotZ 2011, 290 (291).

2624 So auch die nahezu einhellige Auffassung zum neuen Stiftungsregister → Fn. 2615.

2625 HK-NotarR/*Heinemann*, BNotO § 21 Rn. 14; BeckOK BNotO/*Sander*, 10. Ed. 1.8.2024, BNotO § 21 Rn. 9, 11; davon ausgehend wohl auch *Schwalm*, NotBZ 2022, 121 (123); *F. Schmitt*, notar 2023, 31 (35). Eine gesetzgeberische Klarstellung bzw. Regelung wäre aus Praktibilitätsgründen und zur Entlastung der Stiftungsaufsichtsbehörden durchaus wünschenswert.

2626 Siehe bereits → Teil 3 B I 5 b aa.

2627 Hier und nachfolgend *Schwalm*, NotBZ 2022, 121 (122).

2628 BGHZ 229, 299 Rn. 26 ff.; 32 ff., dazu → Teil 4 F I 2 a.

willig herausgegeben werden[2629]. Ein vertragsschließender Dritter, der die Übertretung der Vertretungsmacht mangels Kenntnis des Stiftungszwecks nicht prüfen kann, sähe sich der oben erläuterten Gefahr ausgesetzt, mit einem sog. *falsus procurator* zu kontrahieren, was ihn auf die schwache Vertrauenshaftung nach § 179 BGB verweisen würde. In derlei Fällen ließe sich dies allenfalls dadurch vermeiden, dass die Art der Beschränkung im Stiftungsregister konkret verlautbart werden müsste, d. h. im hiesigen Kontext samt Nennung des Stiftungszwecks.

II. Fakultative Organe

Neben dem gesetzlich zwingend vorgeschriebenen Stiftungsvorstand finden sich – gerade bei unternehmensverbundenen Familienstiftungen – daneben noch weitere sog. fakultative Organe (z. B. Stiftungsrat, Familienrat, Destinatärsrat, Beirat oder auch ein spezielles Unternehmensleitungsorgan[2630]), die – anders als rein beratende Gremien – über eigene satzungsmäßige Rechte und Pflichten verfügen.[2631] Auch in der Literatur wird dabei häufig empfohlen, insbesondere betreffend größere Stiftungen, ein fakultatives Organ in der Stiftungssatzung vorzusehen.[2632] Deren Einrichtung vermittels Stiftungssatzung war bereits im alten Recht unstreitig zulässig[2633] und wurde nun gem. § 84 Abs. 4 S. 1 BGB auch gesetzlich sanktioniert.

Als fakultative Organe werden bei unternehmensverbundenen Familienstiftungen oftmals Familien- bzw. Destinatärsversammlungen sowie Familienbeiräte vorgesehen, die vornehmlich dazu dienen die Verbindung von Familie und Familienstiftung sowie Familie und Unternehmen aufrechtzuerhalten.[2634] Zudem dienen derlei fakultativen Organe im Besonderen bei Fremdbesetzung des Stiftungsvorstands zur Bündelung des Familieneinflusses und Kontrolle des Stif-

2629 Zu möglichen individuellen Auskunfts- und Einsichtnahmeansprüchen gegen die Stiftung nach § 242 BGB → Teil 3 B 5 b dd mit Fn. 1044.

2630 Vgl. *Ebersbach*, HdB des Deutschen Stiftungsrechts, S. 168.

2631 Statt vieler nur Richter/*Godron*/*Gollan*, Stiftungsrecht, § 6 Rn. 101; MHdB GesR 5/*Gummert*, § 91 Rn. 16.

2632 Etwa *Schlüter*/*Stolte*, Stiftungsrecht, Kap. 1 Rn. 51; Richter/*Godron*/*Gollan*, Stiftungsrecht, § 6 Rn. 7; H/R/W/*G. Roth*, Landesstiftungsrecht, Rn. 17.16; *Burgard*, npoR 2019, 106 (108); *Burgard*, ZStV 2015, 1 (5); *Cranshaw*/*Hippeli*, ZIP 2018, 668 (671).

2633 MHdB GesR 5/*Gummert*, § 91 Rn. 16 f.; MüKoBGB/*Weitemeyer*, § 85 Rn. 20; W/S/F/*O. Werner*, Die Stiftung, § 10 Rn. 36; vgl. auch BSG, DStR 2021, 2649 Rn. 22; eing. zu fakultativen Organen im Stiftungsrecht *Burgard*, GS Walz, S. 71; Richter/*Godron*/*Gollan*, Stiftungsrecht, § 6 Rn. 101 ff.

2634 Vgl. hier nur *Oppel*, FS 75 Jahre StB-Verband, S. 537 (543); BoKoStiftR/*Schewe*, Teil I 2.5 Rn. 23 f.

tungsvorstands.[2635] Hinsichtlich der entsprechenden Gestaltungsmöglichkeiten und -grenzen wird noch in Teil 5 B. und C. dieser Arbeit eingegangen.

III. Zulässigkeit von Geschäfts-/Nebenordnungen

Damit Stiftungssatzungen nicht unnötig überfrachtet werden, ist es in der Praxis im Besonderen bei unternehmensverbundenen (Familien-)Stiftungen zwecks Wahrung der Änderungsflexibilität[2636] und Entlastung der Stiftungssatzung[2637] üblich, dass betreffend der Stiftungsorgane ihr Geschäftsbereich sowie ihre innere Ordnung (z. B. Einberufungs-, Beschlussfähigkeits-, Verschwiegenheitsmodalitäten) und insbesondere Anlagerichtlinien[2638] in sog. Geschäfts-/Nebenordnungen geregelt werden.[2639]

2635 Siehe → Teil 2 B und Teil 3 B II 3.

2636 Geschäfts-/Nebenordnungen haben insofern etwa den Vorteil, dass sie und ihre Änderungen nicht den strengen Anforderungen einer Satzungsänderung unterliegen und damit auch keiner behördlichen Genehmigung bedürfen, s. BeckHdB GmbH/*Braun/Siemers*, § 19 Rn. 75; MHdB GesR 5/*Gummert*, § 91 Rn. 19; Henssler/Strohn/*Heuel*, GesR, BGB § 81 Rn. 10 a. E. Eine Änderung oder Aufhebung ist etwa, sofern kein besonderes Quorum oder sonst etwas anderes vorgegeben ist, durch einfachen Mehrheitsorganbeschluss möglich, s. *Stallmann*, Fehlerhafte Beschlüsse, S. 167; *Gollan*, ErbR 2024, 658 (659). Die leichtere Abänderbarkeit kann sich im Konfliktfall auch als nachteilig erweisen, darauf hinweisend Richter/*Gollan*, Stiftungsrecht, § 3a Rn. 126 a. E.

2637 MAH ErbR/*Feick/Schwalm*, § 38 Rn. 68.

2638 Insbesondere diesbezüglich „*konkretisieren sie die abstrakten Satzungsvorgaben und bringen sie so auf ein operationalisierbares und überprüfbares Niveau*", so *Fritz*, ZStV 2022, 73 (80).

2639 Zu deren unstr. Zulässigkeit im Stiftungsrecht bereits im alten Recht MüKoBGB/*Weitemeyer*, § 86 Rn. 28; Staudinger/*Hüttemann/Rawert*, BGB § 86 Rn. 28; MHdB GesR 5/*Gummert*, § 91 Rn. 7, 19; NK-BGB/*Schiffer/Pruns*, § 81 Rn. 30; Henssler/Strohn/*Schlüter*, [5]GesR, BGB § 81 Rn. 11; BeckFormB BHW/*Weidmann*, Form. I. 26. Anm. 25; *Burgard*, Gestaltungsfreiheit im Stiftungsrecht, S. 134, 183 f.; *Burgard*, ZStV 2021, 45 (47); *Stallmann*, Fehlerhafte Beschlüsse, S. 166 f.; *Boll*, Die uv. Familienstiftung, S. 137 f.; v. Rechenberg/Thies/Wiechers/*Schauer*, HdB Familienunternehmen, S. 908; vgl. auch OLG Koblenz, NZG 2002, 135 (137); OLG Köln, NZG 2019, 70 Rn. 47, 49; OLG Hamm, NZG 2014, 271; Klauselbeispiel bei *Ihle*, RNotZ 2009, 557 (566); zum möglichen Inhalt MVHdB I GesR/*Hof*, Form. VIII.1 Anm. 34, S. 1495; BeckFormB ErbR/*Feick/Bregulla-Weber*, Form. H. III. 1. Anm. 28; *v. Holt/Koch*, Stiftungssatzung, S. 45 f. Der Stifter sollte konkret regeln, ob, von wem und unter welchen Voraussetzungen sie später wieder geändert werden können soll.

§ 84 Abs. 4 S. 1 BGB statuiert nunmehr ausdrücklich, dass in der Stiftungssatzung neben dem Vorstand weitere Organe vorgesehen werden können. § 84 Abs. 4 S. 2 BGB ordnet insofern zudem an, dass in der Stiftungssatzung für das weitere Organ auch die Bestimmungen über die Bildung, die Aufgaben und die Befugnisse enthalten sein „*sollen*". Der RefE sah insofern noch vor, dass entsprechende Regelungen „*zu treffen sind*"[2640]. Mit dem *RegE* wurde der Wortlaut des § 84 Abs. 4 S. 2 BGB zu einem „*sollen […] enthalten*" geändert, wobei jedoch in der Gesetzesentwurfsbegründung weiterhin die Rede davon ist, dass „*die Satzung Regelungen zur Bildung der Organe und zu ihren Aufgaben und Befugnissen treffen [muss]*"[2641]. Aufgrund der konkreten Bezugnahme auf „die Stiftungssatzung" im Wortlaut der Norm wurde und wird in der Literatur teilweise noch befürchtet, dass Regelungen betreffend die Stiftungsorgane in Geschäftsordnungen nicht mehr zulässig sein könnten.[2642]

Es ist aber davon auszugehen, dass es sich betreffend die Ausführungen in der Gesetzesentwurfsbegründung zu § 84 Abs. 4 S. 2 BGB schlicht um ein sog. Redaktionsversehen[2643] des Reformgesetzgebers handelt.[2644] Deshalb ist vielmehr davon auszugehen, dass der Reformgesetzgeber durch die sprachliche Anpassung im Rahmen des *RegE* derlei Missverständnisse auflösen und klarstellen wollte, dass neben der Regelung der Befugnisse in der Stiftungssatzung auch Regelungen in sog. Geschäfts- oder Nebenordnungen weiterhin enthalten sein können, sofern dies in der Stiftungssatzung – wie bisher in der Praxis üblich – ausdrücklich statuiert, also auf die Geschäftsordnung verwiesen wird.[2645] Eine andere Auffassung würde zur Überfrachtung der Stiftungssatzung, im Besonderen einer unternehmensverbundenen Familienstiftung, führen und im Allgemeinen die Stiftung im Vergleich zu allen anderen Gesellschaftsformen, bei denen unstreitig die nähere

---

2640 *RefE v. 28.9.2020*, S. 7, 58.

2641 BT-Drs. 19/28173, S. 60.

2642 Siehe etwa *Burgard*, GmbHR 2021, R244 (R245); *Burgard*, npoR 2021, 78 (79); *Burgard*, npoR 2021, 1 (4, 8); *Arnold*, npoR 2021, 84 (86); Orth/Uhl/*Orth*, Stiftungsrechtsreform 2021, Rn. 462.

2643 Vgl. dazu (und zur sog. berichtigenden Auslegung) *Möllers*, Juristische Methodenlehre, § 6 Rn. 46 ff.; ausf. *Hanjo Hamann*, AöR 139 (2014), 446 ff.

2644 *Hüttemann/Rawert*, ZIP 2021, Beilage zu Heft 33, S3 (S21); *Burgard*, ZStV 2021, 45 (47) plädiert insofern für eine Klarstellung der Zulässigkeit im Gesetzestext. Orientieren könnte man sich etwa an § 77 Abs. 1 S. 2, Abs. 2 AktG.

2645 Ebenso *Schiffer/Pruns/Schürmann*, Die Reform des Stiftungsrechts, § 8 Rn. 15; *Sanders*, in: Sanders/Thomsen, Enterprise Foundation Law, S. 25 (46); s. a. BoKoStiftR/*Uffmann*, BGB § 84 Rn. 74; Henssler/Strohn/*Heuel*, GesR, BGB § 84 Rn. 7; MAH ErbR/*Feick/Schwalm*, § 38 Rn. 68.

Ausgestaltung der Rechte und Pflichten der Organmitglieder bzw. deren innere Ordnung in Geschäftsordnungen grds. zulässig ist, grundlos benachteiligen. Mit Blick auf das weitgehende Einsichtnahmerecht in das künftige Stiftungsregister gem. § 15 StiftRG, insbesondere in die Stiftungssatzung[2646], könnten Regelungen in Geschäfts- oder Nebenordnungen, die nicht zum Stiftungsregister einzureichen sind, gerade bei unternehmensverbundenen Familienstiftungen im Hinblick auf ihr Diskretionsbedürfnis[2647] an Bedeutung gewinnen.

IV. Innenhaftung der Stiftungsorgane nach neuem Recht

Mitgliedern von Stiftungsorganen, insbesondere unentgeltlich tätigen resp. ehrenamtlichen, ist *in praxi* oftmals nicht bewusst, dass sie grundsätzlich genauso einer persönlichen Haftung ausgesetzt sind wie Manager von Kapitalgesellschaften[2648]. Insofern ist zu konstatieren, dass jene ein erhebliches persönliches Haftungsrisiko trifft, da sie der Stiftung bei schuldhafter Pflichtverletzung mit ihrem gesamten Privatvermögen haften. Dies gilt insbesondere für den Stiftungsvorstand. Denn: Verletzen geschäftsführende Vorstandsmitglieder einer Stiftung schuldhaft ihre Pflichten zur ordnungsgemäßen Geschäftsführung (vgl. § 84a Abs. 1 S. 1, 664–670 BGB bzw. §§ 86 S. 1, 27 Abs. 3 S. 1, 664–670 BGB a. F.) und ist der Stiftung dadurch ein Schaden entstanden, können sie sich der Stiftung gegenüber, unabhängig von einer etwaigen Ehrenamtlichkeit[2649], schadensersatzpflichtig machen (sog. Innenhaftung[2650]).

Die Frage der Haftung der Stiftungsorgane kann von einem Familienunternehmer resp. potentiellen Stifter im Hinblick auf die Wahl einer Stiftungskonstruktion durchaus ein relevantes Auswahlkriterium sein, insbesondere im Hinblick auf die *Foundation Governance*.[2651] Die Haftung der Stiftungsorgane ist darüber hinaus auch für denjenigen relevant, der sich dafür entscheidet, Mitglied eines

---

2646 Siehe dazu → Teil 3 B I 5 b.

2647 Siehe dazu → Teil 3 B I 5 b bb sowie cc.

2648 Hierzu vgl. bereits *Sanders/Berisha*, ZStV 2021, 50 m. w. N.

2649 Vgl. BGH, NJW-RR 2004, 900 (901 f.); *Wehnert*, ZSt 2007, 67 (72).

2650 *Sanders/Berisha*, ZStV 2021, 50 (51) m. w. N.; zur hier nicht näher erörterten Außenhaftung, d. h. der Haftung ggü. Dritten, z. B. Burgard/*Burgard/Heimann*, StiftR, Anh. 1 zu § 84a Rn. 44 ff.; MHdB GesR 5/*Gummert*, § 94 Rn. 38 ff. An dieser hat sich auch durch die Stiftungsrechtsreform 2021 nichts geändert.

2651 Vgl. *Geibel*, FS W. F. Ebke, S. 251 (259); *Vieregge*, Die deutsche und die liechtensteinische Stiftung, S. 146, wonach die Haftung gerade als eine „*Komponente der Foundation Governance*" gelte.

Stiftungsorgans zu werden[2652], also auch den Stifter und seine Familienmitglieder. Demgemäß soll nachfolgend auf die gesetzliche Ausgestaltung der Haftung von Organmitgliedern, allen voran hinsichtlich der Vorstandsmitglieder[2653], eingegangen werden.[2654] Mit § 84a BGB sind erstmalig die Rechte und Pflichten sowie insbesondere Regelungen zur Haftung von Stiftungsorganen im BGB ausdrücklich normiert worden.[2655]

1. *Anspruchsgrundlage*

Eine spezielle stiftungsrechtliche Anspruchsgrundlage für die Haftung von Stiftungsorganen gegenüber der Stiftung besteht nicht. Anspruchsgrundlage für die Haftung eines Vorstandsmitglieds war daher bis zur Stiftungsrechtsreform 2021 mangels spezialgesetzlicher Regelung, und sofern die Stiftungssatzung nicht ein anderes bestimmt, die schuldrechtliche Generalklausel des § 280 Abs. 1 BGB i. V. m. § 86 S. 1 BGB a. F. i. V. m. §§ 27 Abs. 3 S. 1, 664–670 BGB (Organverhältnis) bzw. – sofern vorhanden – i. V. m. dem Anstellungsvertrag[2656] (i. d. R. §§ 611,

---

2652 *Janitzki*, ErbR 2023, 254.

2653 Zur Haftung von fakultativen Stiftungsorganen grdl. *Burgard*, GS Walz, S. 71 (84 ff.); knapp auch *Meinecke*, ZStV 2021, 133 (137); eing. Burgard/*Burgard/Heimann*, StiftR, Anh. 1 zu § 84a Rn. 67 ff.; vgl. auch OLG Köln, BeckRS 2014, 16595.

2654 Ausf. zur Vorstandshaftung in einer Stiftung im neuen Recht: BoKoStiftR/*Fritz*, BGB § 84a Rn. 93 ff.; Burgard/*Burgard*, StiftR, § 84a Rn. 104 ff.; Burgard/*Burgard/Heimann*, StiftR, Anh. 1 zu § 84a Rn. 1 ff.; *Uffmann*, ZIP 2021, 1251; *Scholz*, ZIP 2021, 1937; *Scholz*, npoR 2022, 50; kürzlich *Schockenhoff/Duttig*, ZIP 2024, 2433. Zwar zum alten Recht, aber weitgehend übertragbar: MHdB GesR 5/*Gummert*, § 94 Rn. 2 ff.; M/L/L/*Bayer/Scholz*, Managerhaftung, § 3 Rn. 1491 ff., 1519 ff.; *Meinecke*, ZStV 2021, 133 (134 ff.); *Burgard/Heimann*, ZStV 2019, 161 (Teil 1) und 201 (Teil 2); *Kiethe*, NZG 2007, 810 (811 ff.); *R. Werner*, ZEV 2009, 366; *Wehnert*, ZSt 2007, 67; *Huh*, Verfassung und Binnenhaftung der Stiftung, S. 316 ff.; *Gollan*, Vorstandshaftung, S. 211 ff.; *Schwintek*, Vorstandskontrolle, S. 189 ff.; bündig *Arndt*, Die Stiftung in Krise, S. 156 ff.; zur Haftung des fehlerhaft bestellten Stiftungsvorstands eing. *Sanders/Berisha*, ZStV 2021, 50; s. auch M/L/L/*Bayer/Scholz*, Managerhaftung, § 3 Rn. 1520 i. V. m. § 2 Rn. 19 ff.; Burgard/*Burgard*, StiftR, § 84b Rn. 94.

2655 Dazu eing. *Scholz*, ZIP 2021, 1937; *Willy*, VersR 2022, 79 (80 ff.); *Uffmann*, ZIP 2021, 1251 (1252 ff.); Schauhoff/Mehren/*Kraus*, Stiftungsrecht nach der Reform, Kap. 6 Rn. 62 ff., 79 ff., 125 ff.; s. a. knapper *Baßler/Stöffler/Blecher*, GmbHR 2021, 1125 Rn. 23 ff.; *Sanders/Berisha*, ZStV 2021, 50.

2656 Zur strikten Unterscheidung zwischen Organ- und Anstellungsverhältnis nach der sog. Trennungstheorie (vgl. im Aktienrecht explizit § 84 Abs. 1 S. 5 und Abs. 4 S. 5 AktG) s. MüKoBGB/*Weitemeyer*, § 86 Rn. 7 ff.; *Markworth*, ZGR 2020, 832 (845 f.); allg. *K. Schmidt*, GesR, § 14 III. 2., S. 416 ff.

675 BGB[2657]).[2658] Im Übrigen kommt neben diesem vertraglichen Schadenersatzanspruch auch eine deliktische Haftung des Stiftungsvorstands gegenüber der Stiftung gem. § 823 Abs. 2 BGB i. V. m. einem Schutzgesetz (z. B. §§ 246, 263, 266 StGB) und § 826 BGB in Betracht.[2659]

Der *RefE v. 28.9.2020* sah mit *§ 84a Abs. 3 S. 1 BGB-RefE* noch eine eigenständige Anspruchsgrundlage[2660] für die Innenhaftung von Stiftungsorganen vor: „*Das Mitglied eines Organs, das seine Pflichten schuldhaft verletzt, ist der Stiftung zum Ersatz des daraus entstehenden Schadens verpflichtet.*“ Wohl aufgrund massiver Kritik[2661] an der Regelung wurde diese im Rahmen des *RegE* v. 3.2.2021 wieder gestrichen.

Vielmehr ist auch im neuen Stiftungsrecht § 280 Abs. 1 BGB (nunmehr aber i. V. m. §§ 84a Abs. 1 S. 1, 664–670 BGB[2662] bzw. dem Anstellungsvertrag) die

---

2657 OLG Hamm, BeckRS 2017, 113328 Rn. 60; näher zum Anstellungsverhältnis MHdB GesR 5/*Gummert*, § 92 Rn. 45 ff.; s. für einen Musteranstellungsvertrag samt Erläuterungen *Röcken*, SB 2022, 108; zu einer etwaigen Sozialversicherungspflicht des Vorstandmitglieds BSG, DStR 2021, 2649 Rn. 12 ff., dazu näher *Rinckhoff*, ZStV 2022, 95 mit Hinweisen auf zu beachtende Aspekte bei der Satzungsgestaltung.

2658 Vgl. OLG Hamm, BeckRS 2017, 113328 Rn. 83; OLG Köln, BeckRS 2014, 16595 (unter II. 2 a.); s. a. BGH, NZG 2015, 38 Rn. 17 (§ 280 BGB); Staudinger/*Hüttemann/Rawert*, BGB § 86 Rn. 67; *Janitzki*, ErbR 2023, 254 (255); *Sanders/Berisha*, ZStV 2021, 50 (51) m. w. N.; zum Verhältnis der beiden Anspruchsgrundlagen eing. *Wanka*, Juristische Personen und ihre Organe als Vorstand der Stiftung, S. 265 f.

2659 Vgl. Richter/*Godron/Gollan*, Stiftungsrecht, § 6 Rn. 195; *Kiethe*, NZG 2007, 810 (811).

2660 Dies im Grundsatz begrüßend *Markworth*, NZG 2021, 100 (104); für eine an § 93 Abs. 2 S. 1 AktG und § 43 Abs. 2 GmbHG angelehnte explizite Haftungsnorm für Stiftungsorgane *Markworth*, ZGR 2020, 832 (865); vgl. in Bezug auf „*unternehmerisch tätige Stiftungen*“ auch *Kronke*, Stiftungstypus, S. 116; für ein „*Sonderrecht*“ für Vorstandsmitglieder großer unternehmensverbundener Stiftungen in Bezug auf die Haftung auch *Schwalm*, ZEV 2021, 68 (72); *Feick/Schwalm*, NZG 2021, 525 (528); *Schwalm*, NotBZ 2022, 81 (86).

2661 Siehe *Sanders/Berisha*, ZStV 2021, 50 (52) m. w. N.

2662 Der *RefE v. 28.9.2020*, S. 7 sah in *§ 84a Abs. 1 S. 1 BGB-RefE* insofern noch einen Gesamtverweis auf das Auftragsrecht vor, was zur grds. Anwendbarkeit des § 671 Abs. 1 BGB geführt hätte. Dies hätte zur Folge gehabt, dass eine – im Stiftungsrecht nach weiterhin h. M. unzulässige – freie Abberufung von Organmitgliedern (dazu → Teil 5 B II 2 b bb [2]) von Gesetzes wegen ermöglicht worden wäre, darauf hinweisend bereits *Burgard*, ZStV 2021, 45 (46 f.); *Burgard*, npoR 2021, 1 (4); kritisch zum angedachten Gesamtverweis insgesamt auch *Markworth*, ZGR 2020, 832 (864 f.).

Anspruchsgrundlage geblieben.[2663] Dies gilt mit Blick darauf, dass § 84a BGB allgemein die „*Rechte und Pflichten der Organmitglieder*" regelt, folglich nicht nur für Mitglieder des Vorstands, sondern auch für Mitglieder eines fakultativen Organs. Zwar sieht das neue Stiftungszivilrecht keine eigenständige Anspruchsgrundlage vor, jedoch kann nun jedermann durch § 84a Abs. 1 S. 3 Hs. 2 BGB, der die Möglichkeit der satzungsmäßigen Beschränkung der Haftung regelt, bereits dem Gesetzestext mittelbar entnehmen, dass grundsätzlich auch Organmitglieder von Stiftungen für Pflichtverletzungen haften. Dies ist besonders ehrenamtlich tätigen Organmitgliedern womöglich nicht immer bekannt.[2664]

2. *Pflichtverletzung und Business Judgment Rule*

a) *Pflichtverletzung*

Schadensersatzpflichtig macht sich ein Vorstandsmitglied nur dann, wenn er schuldhaft eine Pflichtverletzung begangen hat und es dadurch zu einem Schaden seitens der Stiftung gekommen ist. Demgemäß bedarf es zur Haftungsbegründung einer Pflichtverletzung. Den Vorstand trifft dabei gemeinhin die Pflicht zur ordnungsgemäßen Geschäftsführung der Stiftung. Dieser Pflicht kann sich der Vorstand auch nicht dadurch entledigen, indem dieser die laufende Geschäftsführung – was bei größeren Stiftungen oftmals vorkommt – auf einen hauptamtlichen Geschäftsführer (vgl. §§ 84 Abs. 5, 30 BGB bzw. §§ 86 S. 1, 30 BGB a. F.) delegiert, denn auch in diesem Fall trägt der Vorstand weiterhin die Geschäftsführungsverantwortung.[2665] Aufgrund seiner treuhänderischen Funktion muss das Handeln des Vorstands „*so sein wie das der Stiftung, wenn sie eine natürliche Person wäre und ihre Interessen selbst wahrnehmen könnte*"[2666]. Dabei hat er sich allen voran an dem aus der Stiftungssatzung und dem Stiftungsgeschäft abzuleitenden Stiftungs-

---

2663 BT-Drs. 19/28173, S. 55, 61; Orth/Uhl/*Orth*, Stiftungsrechtsreform 2021, Rn. 464.

2664 *Sanders/Berisha*, ZStV 2021, 50 (52) m. w. N.

2665 M. w. N. MHdB GesR 5/*Gummert*, § 94 Rn. 11; M/L/L/*Bayer/Scholz*, Managerhaftung, § 3 Rn. 1516; *Sanders/Berisha*, ZStV 2021, 50 (55); zur Ausgestaltung einer Geschäftsverteilung oder Ressortaufteilung auf der Ebene der Geschäftsführung der Stiftung eing. *Schockenhoff/Duttig*, ZIP 2024, 2433 (2438 ff.); *Janitzki*, ErbR 2023, 254 (257).

2666 *D. Reuter*, NPLY 2002, S. 157 m. V. a. *Martinek*, Franchising, 1987, S. 240 f. Zur treuhänderischen Funktion des Stiftungsvorstands z. B. BSG, DStR 2021, 2649 Rn. 24; *Weitemeyer*, ZGR 2019, 238 (257); Staudinger/*Hüttemann/Rawert*, BGB § 86 Rn. 25; *Hof*, ZStV 2012, 14 (15) m. w. N.; gegen diese Funktionszuschreibung neuerdings *Markworth*, ZGR 2020, 832 (849).

willen zu halten und daran seine gesamte Vorstandstätigkeit auszurichten (vgl. nunmehr § 83 Abs. 2 BGB).[2667] In Anlehnung an das Gesellschaftsrecht treffen auch Vorstandsmitglieder einer Stiftung sog. Sorgfalts- und Treuepflichten.[2668] Die zu beachtenden Pflichten eines Vorstandsmitglieds können sich aus der Stiftungssatzung, einer Geschäftsordnung, dem Gesetz oder auch aus dem Anstellungsvertrag ergeben.[2669] Zu den Pflichten des Vorstands gehören dabei insbesondere[2670]:

- Pflicht zur ordnungsgemäßen Erfüllung des Stiftungszwecks,
- Pflicht zur ordnungsgemäßen Vermögensverwaltung und -erhaltung[2671] und besonders die zweckentsprechende Verwendung der Mittel[2672],
- Legalitätspflicht (z. B. Einholung erforderlicher Genehmigungen und Zustimmungen etwa des Stiftungs- oder Familienrats; eine ordnungsgemäße Buchführung samt Rechnungsabschluss, gemeinnützigkeitsrechtlichen Vorgaben[2673]; Compliance-Maßnahmen[2674]),
- Treue- und Loyalitätspflichten[2675] gegenüber der Stiftung.

An den vorstehenden Pflichtenkatalog sind sowohl ehrenamtliche als auch entgeltliche Vorstandsmitglieder gebunden. Die Haftungsmilderung gem. §§ 84a Abs. 3 S. 1, 31a Abs. 1 S. 1 BGB (§§ 86 S. 1, 31a Abs. 1 S. 1 BGB a. F.) begrenzt

---

2667 Zur Bedeutung des Stifterwillens → Teil 4 C.

2668 Staudinger/*Hüttemann/Rawert*, BGB § 86 Rn. 26; Richter/*Godron/Gollan*, Stiftungsrecht, § 6 Rn. 40.

2669 *Sanders/Berisha*, ZStV 2021, 50 (56).

2670 Vgl. Staudinger/*Hüttemann/Rawert*, BGB § 86 Rn. 26 ff.; MüKoBGB/*Weitemeyer*, § 86 Rn. 31; M/L/L/*Bayer/Scholz*, Managerhaftung, § 3 Rn. 1497 ff.; ausf. *Kohnke*, Die Pflichten des Stiftungsvorstands, S. 19 ff., 77 ff.; *Schwintek*, Vorstandskontrolle, S. 96 ff.; s. a. *Burgard/Heimann*, ZStV 2019, 201; *R. Werner*, ZEV 2009, 366 (367 ff.). Die Aufzählung ist freilich nicht abschließend.

2671 Dabei handelt es sich zutreffenderweise nicht um eine Erfolgs- bzw. Garantiehaftung, s. luzid *Hüttemann/Schauhoff*, DB 2023, 2523 (2527 f., 2530).

2672 Hierzu m. w. N. zuletzt ausf. *Meinecke*, ZStV 2021, 81 (Teil 1) und ZStV 2021, 133 (Teil 2); monographisch *Holtwiesche*, Der Stiftungsvorstand bei der Vermögensverwaltung, *passim*. Zur Reichweite und Grenzen der Stiftungsaufsicht diesbezüglich *Meinecke*, ZStV 2023, 134.

2673 Vgl. hierzu OLG Köln, BeckRS 2014, 16595.

2674 Dazu *Schockenhoff/Duttig*, ZIP 2024, 2433 (2435 ff.).

2675 Eing. dazu *Schwintek*, Vorstandskontrolle, S. 150 ff.; M/L/L/*Bayer/Scholz*, Managerhaftung, § 3 Rn. 1504 ff.; BoKoStiftR/*Uffmann*, BGB § 84a Rn. 75 ff., 87 ff.; vgl. auch *J. Stürner*, Geschäftsleitung, S. 430 ff., 450 ff.; speziell zur Verschwiegenheitspflicht *A. Seifert*, ZStV 2014, 41.

expressis verbis allein den Verschuldensmaßstab ehrenamtlicher Organmitglieder, nicht jedoch deren Pflichtenkreis.[2676]

Anders als im Aktienrecht wurde im Zuge der Stiftungsrechtsreform 2021 keine § 93 Abs. 2 S. 2 AktG[2677] entsprechende Norm geschaffen, nach der im Streitfall das Vorstandsmitglied zu beweisen hat, dass es nicht pflichtwidrig gehandelt hat. Die Darlegungs- und Beweislast in Bezug auf das Vorliegen einer objektiven Pflichtverletzung würde daher wohl weiterhin den allgemeinen Grundsätzen des § 280 Abs. 1 BGB folgen und somit der Stiftung als Gläubigerin des Haftungsanspruchs obliegen. Dabei wird aber entsprechend der Haftung anderer Geschäftsleiter juristischer Personen[2678] auch im Stiftungsrecht[2679] überwiegend dafür plädiert, dass die Stiftung nur die Darlegungs- und Beweislast dafür trägt, dass und inwieweit ihr durch ein möglicherweise pflichtwidriges Verhalten des Vorstands- bzw. sonstigen Organmitglieds ein Schaden entstanden ist. Dafür sprechen auch im Stiftungsrecht die gleichen Erwägungen wie im Aktienrecht[2680]: Das Organmitglied wird aufgrund der Sachnähe nämlich die Umstände, aus denen sich ggf. die Pflichtverletzung ergibt, besser überschauen können als die Stiftung, die insoweit aufgrund von Informationsdefiziten regelmäßig in Beweisnot geriete.[2681] Die Beweislast ist damit nicht erst wie nach § 280 Abs. 1 S. 2 BGB bei

2676 M/L/L/*Bayer/Scholz*, Managerhaftung, § 3 Rn. 1518; *Scholz*, ZIP 2021, 1937 (1940 f.); vgl. auch BeckOGK/*Offenloch*, 15.3.2024, BGB § 31a Rn. 39; *Sanders/Berisha*, ZStV 2021, 50 (51). *Uffmann*, ZIP 2021, 1251 (1256) will eine Unentgeltlichkeit jedenfalls bei der Konkretisierung der Verhaltensanforderungen nach § 276 Abs. 2 BGB (in Anlehnung an § 34 Abs. 2 S. 3 GenG) berücksichtigen; dagegen aber zutreffend und mit überzeugender Begründung *Scholz*, ZIP 2021, 1937 (1940 f.).

2677 Allg. hierzu statt anderer BeckOGK/*Fleischer*, 1.2.2024, AktG § 93 Rn. 274 ff.

2678 Für AG: § 93 Abs. 2 S. 2 AktG; für GmbH: BGHZ 152, 280 (284); für Genossenschaft: § 34 Abs. 2 S. 2 GenG; BGH, NZG 2007, 231 Rn. 28; für Verein: BeckOGK/*Segna*, 1.4.2024, BGB § 27 Rn. 120 m. w. N.

2679 Für eine entsprechende Anwendung des § 93 Abs. 2 S. 2 AktG im Stiftungsrecht *Hüttemann/Herzog*, NPLY 2006, S. 33 (48 f.); *Sanders/Berisha*, ZStV 2021, 50 (57); *Scholz*, ZIP 2021, 1937 (1945 f.); vgl. auch Burgard/*Burgard*, StiftR, § 84a Rn. 130, 145; *Burgard/Heimann*, ZStV 2019, 161 (165); *Markworth*, NZG 2021, 100 (105); *Meinecke*, ZStV 2021, 133 (137); Henssler/Strohn/*Heuel*, GesR, BGB § 84a Rn. 7; **a. A.** *Gollan*, Vorstandshaftung, S. 242 f.; MüKoBGB/*Weitemeyer*, § 86 Rn. 50; i. Erg. BoKoStiftR/*Uffmann*, BGB § 84a Rn. 25 (keine planwidrige Regelungslücke); offenlassend Staudinger/*Hüttemann/Rawert*, BGB § 86 Rn. 74.

2680 Dazu m. w. N. BeckOGK/*Fleischer*, 1.2.2024, AktG § 93 Rn. 274.

2681 Vgl. *Hüttemann/Herzog*, NPLY 2006, S. 33 (48 f.); *Scholz*, ZIP 2021, 1937 (1945) m. w. N.; zurückhaltender BoKoStiftR/*Uffmann*, BGB § 84a Rn. 25.

der Frage des Verschuldens, sondern schon im Hinblick auf das Vorliegen einer Pflichtverletzung umgekehrt.[2682]

b) *Business Judgment Rule*

aa) *Im alten Recht bereits ohne gesetzliche Regelung anerkannt*

Zu beachten ist, dass dem Stiftungsvorstand im Rahmen seiner Geschäftsführung, insbesondere bei unternehmerischen Entscheidungen, ein gerichtlich nicht überprüfbarer weiter Ermessensspielraum[2683] zusteht (sog. *Business Judgment Rule* [BJR]). Diese war im Stiftungsrecht bereits im alten Recht nach überwiegender Ansicht anerkannt[2684], denn auch Stiftungsvorstände haben wie Vorstände bzw. Geschäftsführer von Kapitalgesellschaften eine treuhänderische Funktion und treffen dabei komplexe, mit Unsicherheiten behaftete, risikoreiche Entscheidungen, insbesondere bei der Vermögensverwaltung und -verwendung[2685]. Eine Pflichtverletzung scheidet nach heute h. M. (derzeit noch) in entsprechender Anwendung des § 93 Abs. 2 S. 1 AktG[2686] aus, wenn das Vorstandsmitglied bei einer unternehmerischen Entscheidung[2687] (*ex-ante* betrachtet) vernünftigerweise

2682 *Scholz*, ZIP 2021, 1937 (1945).

2683 Allg. zur ordnungsgemäßen Ermessensausübung des Stiftungsvorstands statt anderer BeckOGK/*Jakob/Picht*, 1.2.2021, BGB § 86 Rn. 33 ff.

2684 OLG Hamm, BeckRS 2017, 113328 Rn. 83; LG Bremen, BeckRS 2019, 32799 Rn. 40; Staudinger/*Hüttemann/Rawert*, BGB § 86 Rn. 68; MüKoBGB/*Weitemeyer*, § 86 Rn. 49; MHdB GesR 5/*Gummert*, § 94 Rn. 6; M/L/L/*Bayer/Scholz*, Managerhaftung, § 3 Rn. 1513, 1522; *St. Fischer*, Die Business Judgment Rule als typübergreifendes Institut, S. 174; m. w. N. auch zu – mit Blick auf die Stiftungsrechtsreform 2021 überholten – Gegenansichten *Sanders/Berisha*, ZStV 2021, 50 (56).

2685 Vgl. dazu etwa LG Bremen, BeckRS 2019, 32799; zur Haftung des Stiftungsvorstandes bei der Vermögensverwaltung und -verwendung etwa *Meinecke*, ZStV 2021, 133; *Janitzki*, ErbR 2023, 254; *J. Stürner*, DStR 2015, 1628. Die Haftung für fehlerhafte Vermögensverwaltung und -verwendung ist dabei *in praxi* wohl der „[wichtigste] *Anwendungsfall*" der Binnenhaftung, so *Arndt*, Die Stiftung in Krise, S. 156.

2686 Allg. hierzu statt aller BeckOGK/*Fleischer*, 1.2.2024, AktG § 93 Rn. 79 ff.; M/L/L/*Bayer/Scholz*, Managerhaftung, § 3 Rn. 144 ff.; BT-Drs. 15/5092, S. 11 f.; speziell im Kontext der Familienunternehmen *Harnos*, RFamU 2022, 355; s. a. aus stiftungsrechtlicher Sicht *Gollan*, Vorstandshaftung, S. 38 ff. 64 ff., 267 ff., die eine analoge Anwendung ablehnt und „*§ 86 Satz 1 i. V. m. §§ 27 Abs. 3, 670 BGB [a. F.]*" stattdessen heranziehen will.

2687 Beispiele dazu im Stiftungskontext bei Richter/*Godron/Gollan*, Stiftungsrecht, § 6 Rn. 217.

annehmen durfte, auf der Grundlage angemessener Informationen zum Wohle der Stiftung – d. h. hier konkret zur bestmöglichen Erfüllung des Stiftungszwecks – zu handeln.[2688]

Wie die unternehmerische Entscheidung konkret zu definieren ist, ist in Rechtsprechung und Schrifttum bislang nicht abschließend geklärt.[2689] Unternehmerische Entscheidungen zeichnen sich jedenfalls nach h. M. durch einen Ermessensspielraum und zukunftsbezogene, prognoseabhängige (sog. diskretionäre) Entscheidungselemente aus.[2690] Darunter fallen grds. privatautonome Entscheidungen wie etwa Investitions- bzw. Anlagegeschäfte oder die Ausübung von Gestaltungsrechten.[2691] Insbesondere sind Entscheidungen des Stiftungsvorstands im Rahmen der Vermögensverwaltung und -verwendung vom Anwendungsbereich der BJR erfasst.[2692]

Gebundene bzw. rechtlich determinierte Entscheidungen stellen hingegen nach zutreffender Auffassung keine unternehmerischen Entscheidungen dar, da in diesen Fällen dem Vorstandsmitglied kein Beurteilungsspielraum zusteht.[2693] Die Berufung auf die BJR scheidet, im Besonderen vor dem Hintergrund des im Stiftungsrecht zu beachtenden Vermögenserhaltungsgebots, bei der Eingehung von unverhältnismäßig hohen, unabweisbaren Risiken aus, für deren Übernahme ein vernünftiger wirtschaftlicher Grund nicht erkennbar ist.[2694] Die BJR greift ferner

---

2688 Vgl. LG Bremen, BeckRS 2019, 32799 Rn. 40 (für Stiftung); grdl. BGHZ 135, 244 (253 f.) – ARAG/Garmenbeck (für AG); MHdB GesR 5/*Gummert*, § 94 Rn. 8; Staudinger/*Hüttemann/Rawert*, BGB § 86 Rn. 68; M/L/L/*Bayer/Scholz*, Managerhaftung, § 3 Rn. 1522; *Meinecke*, ZStV 2021, 133 (135).

2689 Zu den unterschiedlichen Definitionsversuchen statt aller nur *Harnos*, Gerichtliche Kontrolldichte im GesR, S. 273 ff.

2690 BT-Drs. 15/5092, S. 11; im Detail M/L/L/*Bayer/Scholz*, Managerhaftung, § 3 Rn. 148 ff.; BeckOGK/*Fleischer*, 1.2.2024, AktG § 93 Rn. 88 ff.; vgl. BT-Drs. 19/28173, S. 30, 61.

2691 Vgl. *Faßbender/Rodenhausen*, WM 2019, 951 (954); vgl. auch BT-Drs. 19/28173, S. 30, 61; BT-Drs. 15/5092, S. 11.

2692 LG Bremen, BeckRS 2019, 32799 Rn. 40; m. w. N. MüKoBGB/*Weitemeyer*, § 86 Rn. 39; M/L/L/*Bayer/Scholz*, Managerhaftung, § 3 Rn. 1514; Schauhoff/Mehren/*Kraus*, Stiftungsrecht nach der Reform, Kap. 6 Rn. 114; *Meinecke*, ZStV 2021, 133 (135); BT-Drs. 19/28173, S. 30, 55, 61; luzid die Auflistung von entsprechenden Verhaltensregeln des Vorstands bei *J. Stürner*, Geschäftsleitung, S. 306 ff.

2693 Vgl. nur BeckOGK/*Fleischer*, 1.2.2024, AktG § 93 Rn. 86 m. w. N.; BT-Drs. 15/5092, S. 11; *Faßbender/Rodenhausen*, WM 2019, 951 (954); *Harnos*, RFamU 2022, 355 (358).

2694 Vgl. BGH, NZG 2005, 562 (563) (für Genossenschaft); OLG Brandenburg, NZG 2020, 1274 Rn. 28 m. w. N. (für Genossenschaft); vgl. auch *Burgard*, NPLY 2019, S. 71 (81) (für Stiftung).

auch nicht bei Verstößen gegen den Stifterwillen, den Stiftungszweck, das Stiftungsgeschäft samt Stiftungssatzung insgesamt, bindende Beschlüsse resp. Weisungen anderer Organe[2695], Treuepflichten oder sonstigen Legalitätspflichten (z. B. Steuer- und Insolvenzpflichten).[2696] Letztlich stellen Verstöße gegen zwingende gesetzliche Vorschriften und gegen die Stiftungssatzung Pflichtverstöße dar und begründen daher grds. eine Haftung der Vorstandsmitglieder.[2697] Insofern ist zu beachten, dass der Ermessensspielraum des Stiftungsvorstands durch die konkrete Ausgestaltung der Stiftungssatzung und der darin enthaltenen Vorgaben durch den Stifter, insbesondere durch den festgelegten Stiftungszweck, stark eingeengt sein kann.[2698] Dies ist bei der Anwendung der BJR stets zu bedenken, sodass der Stifter dies bereits bei der Gestaltung der Stiftungssatzung ebenfalls berücksichtigen sollte.

bb) Nunmehr gesetzliche Normierung in § 84a Abs. 2 S. 2 BGB

Die BJR ist nunmehr in dem nicht disponiblen[2699] § 84a Abs. 2 S. 2 BGB für Stiftungen[2700] ausdrücklich gesetzlich kodifiziert worden: „*Eine Pflichtverletzung liegt*

2695 Zum Zusammenhang zwischen Weisung und fehlendem unternehmerischen Charakter der Entscheidung vgl. *Harnos*, Gerichtliche Kontrolldichte im GesR, S. 436 ff., 452.

2696 Richter/*Godron*/*Gollan*, Stiftungsrecht, § 6 Rn. 190; Staudinger/*Hüttemann*/*Rawert*, BGB § 86 Rn. 69; MHdB GesR 5/*Gummert*, § 94 Rn. 9; M/L/L/*Bayer*/*Scholz*, Managerhaftung, § 3 Rn. 1513 i.V.m. Rn. 148 ff.; *Gollan*, Vorstandshaftung, S. 273 ff.

2697 Vgl. BGH, NJW 2008, 1589 Rn. 9 (für Verein); OLG Köln, BeckRS 2014, 16595 (unter II. 2 a.) (für Stiftung); s. a. *Sanders*/*Berisha*, ZStV 2021, 50 (56) (für Stiftung).,

2698 Vgl. BeckOGK/*Jakob*/*Picht*, 1.2.2021, BGB § 86 Rn. 33; *Geibel*, FS W. F. Ebke, S. 251 (259); M/L/L/*Bayer*/*Scholz*, Managerhaftung, § 3 Rn. 1511 f. m. w. N.

2699 *Arg. e contrario* § 84a Abs. 3 S. 2 BGB. Ebenso, aber kritisch BoKoStiftR/*Muscheler*, BGB § 81 Rn. 112 („*absolut verfehltes Hindernis*"). Für Abdingbarkeit hingegen *Burgard*, npoR 2023, 103 (105) und *Muscheler*, Gesammelte Beiträge II, S. 363 (368), der zuvor aber eher eine gänzliche Streichung der Haftungsnorm befürwortete.

2700 Für Vereine gilt die BJR weiterhin nicht ausdrücklich, was bereits im Rahmen des *RefE* kritisiert worden ist, vgl. *Arnold et al.*, npoR 2020, 294; *Strachwitz*, ZStV 2020, 212 (213); *Burgard*, npoR 2021, 1 (5); *Mehren*/*Lorenz*, DStR 2020, 2547 (2554); s. a. *Willy*, VersR 2022, 79 (82 f.); *Sanders*/*Berisha*, ZStV 2021, 50 (60); der PE sieht indes eine Regelung in *§ 31 a Abs. 1 BGB-PE* vor, die sowohl für Vereine als auch über *§ 86 Abs. 1 S. 1 BGB-PE* für Stiftungen gelten soll, *Arnold et al.*, ZIP 2020, Beilage zu Heft 10, S3 (S5). Insofern ist kein falscher Rückschluss dahingehenden zu ziehen, dass jene nicht (mehr) im Vereinsrecht gelte, nur weil sie im Stiftungsrecht nunmehr explizit normiert wurde (dies befürchten etwa *Willy*, VersR 2022, 79 [83]; *Hüttemann*/*Rawert*, ZIP 2021, Beilage zu Heft 33, S3 [S22]; *Arnold*, npoR 2021, 84 [85]; *Weitemeyer*, JEV 2021, 54 [58]). Die BJR als „*typübergreifendes Institut*" ist nämlich auch im Vereinsrecht nach

nicht vor, wenn das Mitglied des Organs bei der Geschäftsführung unter Beachtung der gesetzlichen und satzungsgemäßen Vorgaben vernünftigerweise annehmen durfte, auf der Grundlage angemessener Informationen zum Wohle der Stiftung zu handeln."[2701] Die Voraussetzungen der stiftungsrechtlichen BJR sind demgemäß:[2702]

- Das Organmitglied muss im Rahmen der Geschäftsführung eine Entscheidung mit Prognosecharakter getroffen haben.
- Dabei muss sein Handeln unter Beachtung der gesetzlichen und satzungsgemäßen Vorgaben erfolgt sein.
- Das Organmitglied muss gutgläubig gewesen sein und unter Ausschluss von Sonder-, insbesondere Eigeninteressen, und Fremdeneinflüssen eine Entscheidung getroffen haben. D. h. es durfte vernünftigerweise annehmen, auf der Grundlage angemessener Informationen[2703] zum Wohle der Stiftung zu handeln.[2704]

---

g. h. M. anerkannt, s. nur *St. Fischer*, Die Business Judgment Rule als typübergreifendes Institut, S. 199 ff.; BeckOGK/*Segna*, 1.4.2024, BGB § 27 Rn. 115; *Scholz*, ZIP 2021, 1937 (1949); jew. m. z. N. Die Normierung der BJR für eine bestimmte Gesellschaftsform schließt die entsprechende Anwendung auf eine andere Gesellschaftsform nicht aus, vgl. MüKoBGB/*Weitemeyer*, § 86 Rn. 49 m. V. a. BT-Drs. 15/5092, S. 21 (sic!; es dürfte S. 12 gemeint sein); ebenso *Harnos*, RFamU 2022, 355 (356).

2701 Im Detail dazu *Scholz*, ZIP 2021, 1937; *Scholz*, npoR 2022, 50; *Uffmann*, ZIP 2021, 1251 (1252 ff.); BoKoStiftR/*Uffmann*, BGB § 84a Rn. 99 ff.; Schauhoff/Mehren/*Kraus*, Stiftungsrecht nach der Reform, Kap. 6 Rn. 62 ff.; 79 ff., 125 ff.; im Überblick auch *Willy*, VersR 2022, 79 (80 ff.); *Sanders/Berisha*, ZStV 2021, 50; kritisch und eine gesetzliche Normierung gänzlich ablehnend *Muscheler*, Gesammelte Beiträge II, S. 363 (367 f.).

2702 Im Einzelnen hierzu BoKoStiftR/*Uffmann*, BGB § 84a Rn. 100 ff.; Schauhoff/Mehren/*Kraus*, Stiftungsrecht nach der Reform, Kap. 6 Rn. 83 ff.; *Meinecke*, ZStV 2021, 133 (135 f.); *Weber/M. Werner*, BB 2023, 1031 (1032 ff.); vgl. (freilich noch zum alten Recht) aus der Rspr. LG Bremen, BeckRS 2019, 32799 Rn. 40 ff.

2703 Die Entscheidungen des BGH (NZG 2008, 751 Rn. 11; BGHZ 197, 304 Rn. 30; beide betreffend GmbH-Geschäftsführer, vgl. auch OLG Hamm, NZG 2022, 662 Rn. 196), wonach „*in der konkreten Entscheidungssituation alle verfügbaren Informationsquellen tatsächlicher und rechtlicher Art auszuschöpfen*" seien, wird zu Recht für zu weitgehend erachtet und im Schrifttum abgelehnt. Vielmehr kommt es – und dies gilt auch im Stiftungsrecht – für die gebotene Informationsdichte stets nur auf die konkrete Entscheidungssituation an, s. zum Ganzen nur BeckOGK/*Fleischer*, 1.2.2024, AktG § 93 Rn. 92 ff. m. w. N. sowie betreffend die stiftungsrechtliche BJR → Fn. 2704.

2704 Zu den Informations- und Dokumentationsanforderungen im Kontext der stiftungsrechtlichen BJR etwa Orth/Uhl/*Orth*, Stiftungsrechtsreform 2021, Rn. 472;

- Die Entscheidung muss abschließend insgesamt zum Wohle der Stiftung erfolgt sein. Dies bedeutet, dass die Entscheidung insbesondere mit der Stiftungssatzung, dem Stiftungszweck sowie dem Stifterwillen im Einklang gestanden haben muss.

Die oben bereits zum alten Recht erläuterten Grundsätze gelten insoweit auch im Rahmen der vorstehenden Tatbestandsmerkmale des § 84a Abs. 2 S. 2 BGB.

Liegen die vorstehenden Voraussetzungen vor, so verletzt das Organmitglied durch eine solche Wahrnehmung der Geschäftsführungsaufgaben nicht seine Geschäftsführungspflichten und begeht daher keine Pflichtverletzung.[2705] Dem Organmitglied wird mit anderen Worten das mit der unternehmerischen Entscheidung verbundene Erfolgsrisiko abgenommen. Da ausweislich der Gesetzesentwurfsbegründung die stiftungsrechtliche BJR gem. § 84a Abs. 2 S. 2 BGB den Sorgfaltsmaßstab des § 84a Abs. 2 S. 1 BGB gesetzlich konkretisiert[2706], ist davon auszugehen, dass die Nichteinhaltung der in § 84a Abs. 2 S. 2 BGB niedergelegten Anforderungen bei Geschäftsführungsentscheidungen, einen „Verstoß" gegen die BJR und damit die neu normierte Sorgfaltspflicht darstellt, weshalb grundsätzlich auch eine Pflichtverletzung gegeben ist.[2707]

Aufgrund der Negativformulierung des § 84a Abs. 2 S. 2 BGB trägt – wie etwa auch im Aktienrecht[2708] – das betreffende Organmitglied die Darlegungs- und

---

Schauhoff/Mehren/*Kraus*, Stiftungsrecht nach der Reform, Kap. 6 Rn. 90, 112; *Uffmann*, ZIP 2021, 1251 (1258).

2705 BT-Drs. 19/28173, S. 61.

2706 BT-Drs. 19/28173, S. 61 („[§ 84a Abs. 2 S. 2 BGB] *konkretisiert den Sorgfaltsmaßstab für die Wahrnehmung der Geschäftsführungsaufgaben und die Pflichten bei der Wahrnehmung von Geschäftsführungsaufgaben.*").

2707 Für das Stiftungsrecht überzeugend *Scholz*, ZIP 2021, 1937 (1942); *Scholz*, npoR 2022, 50 (52 f.); davon ausgehend auch BT-Drs. 19/28173, S. 55 (*e contrario*); vgl. für das Aktienrecht ebenfalls dafür *Flaßhoff*, Beweislastverteilung, S. 452 ff., 461 f.; die herrschende Ansicht im Aktienrecht lehnt dies jedoch ab und verlangt, dass die Pflichtwidrigkeit dann nach allgemeinen Grundsätzen festgestellt werden muss, s. nur m. w. N. BeckOGK/*Fleischer*, 1.2.2024, AktG § 93 Rn. 85. Umstritten ist aber, ob insofern die Nichteinhaltung der stiftungsrechtlichen BJR-Vorgaben auf Verschuldensebene als einfach fahrlässig oder grob fahrlässig zu qualifizieren ist: für einfache Fahrlässigkeit zutreffend *Scholz*, ZIP 2021, 1937 (1942), *Scholz*, npoR 2022, 50 (52); zustimmend Schauhoff/Mehren/*Kraus*, Stiftungsrecht nach der Reform, Kap. 6 Rn. 133; **a. A.** (i. d. R. schon grobe Fahrlässigkeit) wohl *Uffmann*, ZIP 2021, 1251 (1259).

2708 H. M.: s. nur BGH, NZG 2013, 293 Rn. 14; BeckOGK/*Fleischer*, 1.2.2024, AktG § 93 Rn. 104 m. w. N.; BT-Drs. 15/5092, S. 12; **a. A.** mit beachtlichen Argumenten *Flaßhoff*, Beweislastverteilung, S. 465 ff.

Beweislast für die Tatbestandsvoraussetzungen der stiftungsrechtlichen BJR.[2709] Demgemäß sollten die Organmitglieder ihre Entscheidungsfindung ausführlich und sorgfältig dokumentieren.[2710]

Ausweislich der Gesetzesentwurfsbegründung ist § 84a Abs. 2 S. 2 BGB dem § 93 Abs. 1 S. 2 AktG nachgebildet worden, ohne jedoch dessen Wortlaut wortgleich zu übernehmen: Zum einen erfasst der persönliche Anwendungsbereich des § 84a Abs. 2 S. 2 BGB allgemein Organmitglieder der Stiftung, *ergo* Vorstandsmitglieder und Mitglieder fakultativer Stiftungsorgane.[2711] Im Aktienrecht hingegen erfasst § 93 Abs. 1 S. 2 AktG seinem Wortlaut und systematischen Stellung nach nur Vorstandsmitglieder. Für den Aufsichtsrat der AG existiert eine entsprechende Regelung in § 116 AktG.[2712] Anders als bei § 93 Abs. 1 S. 2 AktG findet die stiftungsrechtliche BJR zum anderen nicht *„bei einer unternehmerischen Entscheidung"*, sondern *„bei der Geschäftsführung unter Beachtung der gesetzlichen und satzungsgemäßen Vorgaben"* sachlich Anwendung. Dabei ist davon auszugehen, dass der sachliche Anwendungsbereich der stiftungsrechtlichen BJR freilich weder weiter noch enger als im Aktienrecht ist. Der Reformgesetzgeber beabsichtigte nämlich vielmehr – vor dem Hintergrund der überwiegend gemeinnützigen Stiftungen in der Praxis[2713] – mit der Begriffswahl *„Geschäftsführung"* anstelle *„unternehmerische Entscheidungen"* Fehlinterpretationen zu vermeiden[2714] und zu verdeutlichen, dass die stiftungsrechtliche BJR schlechthin auf alle Geschäftsführungsentscheidungen mit Prognosecharakter der Organmitglieder Anwendung

---

2709 *Meinecke*, ZStV 2021, 133 (137); *Sanders/Berisha*, ZStV 2021, 50 (57); *Scholz*, ZIP 2021, 1937 (1942); *Janitzki*, ErbR 2023, 254 (256); Schauhoff/Mehren/*Kraus*, Stiftungsrecht nach der Reform, Kap. 6 Rn. 130; Burgard/*Burgard/Heimann*, StiftR, Anh I § 84a Rn. 21.

2710 Dazu eindringlich ratend, im Besonderen bei Entscheidungen in Bezug auf die Vermögensverwaltung, z. B. *Meinecke*, ZStV 2021, 133 (135 ff.); *Baßler/Stöffler/Blecher*, GmbHR 2021, 1125 Rn. 27; MHdB GesR 5/*Schwake*, § 79 Rn. 305 m. w. N.; vgl. auch BeckOGK/*Fleischer*, 1.2.2024, AktG § 93 Rn. 104; s. a. (aber etwa polemisch) *Burgard*, GmbHR 2021, R244 (R245), nach dem die BJR *„ohnehin nur [nütze], wenn die aus ihr folgenden Dokumentationsobliegenheiten erfüllt [würden]"*.

2711 Vgl. auch *Schiffer/Pruns/Schürmann*, Die Reform des Stiftungsrechts, § 8 Rn. 19; *Feick/Schwalm*, NZG 2021, 525 (528).

2712 Dazu etwa BeckOGK/*Spindler/Veil*, 1.6.2024, AktG § 116 Rn. 1 ff., 45 ff., 132 ff.; für eine entsprechende Regelung im Stiftungsrecht *Markworth*, NZG 2021, 100 (104 f.).

2713 Rund 90 % der Stiftungen in Deutschland sind gemeinnützig, so die Statistik des *BDS* für das Jahr 2023 (https://t1p.de/i5skf).

2714 Vgl. hierzu auch *Arnold*, npoR 2021, 84 (85), nach dem u. a. deshalb der Begriff der *„unternehmerischen Entscheidung"* im Stiftungsrecht ohnehin nicht passe.

findet.[2715] Nichtsdestotrotz besteht ein wesentlicher Unterschied darin, dass der Stiftungsvorstand anders als der Vorstand einer AG nicht weisungsfrei ist und die Stiftung auch nicht eigenständig bzw. autonom leitet, sondern bei seinem Handeln stets dem Stiftungszweck und dem Stifterwillen (§ 83 Abs. 2 BGB) unterliegt.[2716] Dies gilt es bei der Anwendung der stiftungsrechtlichen BJR stets zu beachten.

Namentlich *Philipp Ceesay (geb. Scholz)*[2717] macht ferner zutreffend darauf aufmerksam, dass bei Lichte betrachtet in § 84a Abs. 2 S. 2 BGB mit dem Hinweis auf die „*Beachtung der gesetzlichen und satzungsgemäßen Vorgaben*" letztlich nur das wiedergegeben werde, was nach heute ganz herrschender Auffassung auch im Aktienrecht gelte und schon in den Gesetzesmaterialien zur Einführung des § 93 Abs. 1 S. 2 AktG zum Ausdruck komme, nämlich, dass unternehmerische Entscheidungen „*durch* [...] *nicht justiziable Einschätzungen geprägt* [sind]. *Dies unterscheidet sie von der Beachtung gesetzlicher, satzungsmäßiger oder anstellungsvertraglicher Pflichten ohne tatbestandlichen Beurteilungsspielraum.*"[2718] Insofern wird aber durch die explizite Erwähnung der Beachtung der „*satzungsgemäßen Vorgaben*" nochmals die besondere Bedeutung der Stiftungssatzung im Stiftungsrecht und damit letztlich des Stifterwillens verdeutlicht, mit der Folge, dass den Satzungsbestimmungen vorrangige Bedeutung vor der BJR zukommen dürfte,

---

2715 Schauhoff/Mehren/*Kraus*, Stiftungsrecht nach der Reform, Kap. 6 Rn. 84; BT-Drs. 19/28173, S. 30, 55, 61; *Burgard*, NPLY 2019, S. 71 (81) plädiert für eine klare Beschränkung einer stiftungsrechtlichen BJR auf „*[...]'unternehmerische Entscheidungen' – oder besser noch: auf 'Entscheidungen unter Unsicherheit' – [...]*"; s. a. *Gollan*, Vorstandshaftung, S. 272 f., 287; kritisch zum Begriff „*Geschäftsführung*" *Muscheler*, Gesammelte Beiträge II, S. 363 (367); auch *Markworth*, NZG 2021, 100 (104 f.), der befürchtet, dass die BJR dergestalt verstanden werden könnte, dass sie nur für Vorstandsmitglieder gelte. Dies ist jedoch mit Blick auf die Überschrift und der Gesetzesmaterialien (jedenfalls von versierten Rechtsanwendern) nicht zu erwarten. Eine von ihm angedachte Ergänzung nach aktienrechtlichem Vorbild (§ 116 AktG) bedarf es nicht. Es ist nur zu beachten, dass die BJR bei „*Geschäftsführungsaufgaben*" von Organmitgliedern gilt, dies ist bei einem fakultativen Organ etwa bei der Ausübung von Zustimmungsrechten der Fall, vgl. Richter/*Godron/Gollan*, Stiftungsrecht, § 6 Rn. 209, 217.

2716 *Geibel*, FS W. F. Ebke, S. 251 (259).

2717 *Scholz*, ZIP 2021, 1937 (1941) m. N.; ebenso *Schiffer/Pruns/Schürmann*, Die Reform des Stiftungsrechts, § 8 Rn. 19; ähnlich auch *Arnold*, npoR 2021, 84 (85).

2718 BT-Drs. 15/5092, S. 11.

im Besonderen, wenn der Stifter strengere Haftungsregelungen statutarisch vorgesehen hat.[2719]

Diskutiert wird in diesem Zusammenhang ferner, ob die stiftungsrechtliche BJR nach § 84a Abs. 2 S. 2 BGB auch bei sog. „*Entscheidungen unter rechtlicher Unsicherheit*" greift.[2720] So befürwortet namentlich *Katharina Uffmann* aufgrund des ihres Erachtens „*ungesicherten sachlichen Anwendungsbereich*[s]" des § 84a Abs. 2 Satz 2 BGB auch auf das Handeln unter rechtlicher Unsicherheit anzuwenden – „[d]*enn mit welcher Begründung sollte der fremdnützig tätige Vorstand das Erfolgsrisiko von Fehleinschätzungen bei unsicherer Rechtslage* [...] *tragen, wenn er zu deren Wohl eine aus ex ante Sicht vertretbare Entscheidung auf hinreichender Informationsgrundlage getroffen hat?*"[2721] Danach liege bereits keine Pflichtverletzung vor, wenn die Auslegung des Gesetzes oder der Stiftungssatzung seinerzeit vertretbar war. Warum jedoch ein Unterschied bei der Handhabung derlei gesetzlicher oder statutarischer (Legalitäts-)Pflichten im Rahmen der stiftungsrechtlichen BJR gemacht werden soll, ist freilich nicht einleuchtend – zumal wie bereits erwähnt diese ausweislich der Gesetzesentwurfsbegründung an § 93 Abs. 1 S. 2 AktG jedenfalls „angelehnt" ist.[2722] Bei sog. „*Entscheidungen unter rechtlicher Unsicherheit*" bzw. „*Rechtsirrtümern*" bleibt es daher vor dem Hintergrund einer strikten Legalitätspflicht dabei, dass höchstens ein Ausschluss der Haftung auf Verschuldensebene möglich ist.[2723]

Insgesamt ist zu konstatieren, dass gerade für unternehmensverbundene (Familien-)Stiftungen, die vermehrt unternehmerische, im Speziellen das Stiftungsvermögen betreffende Entscheidungen treffen müssen, die gesetzliche Normierung einer stiftungsrechtlichen BJR zu begrüßen ist, da insbesondere „*deren Vorstände auf einen ‚safe harbor' angewiesen sind*".[2724] Erhebliche Haftungsrisiken

---

2719 Ebenso *Baßler/Stöffler/Blecher*, GmbHR 2021, 1125 Rn. 29; vgl. auch *Weber/M. Werner*, BB 2023, 1031 (1033).

2720 Dafür *Uffmann*, ZIP 2021, 1251 (1258); dagegen zu Recht *Scholz*, ZIP 2021, 1937 (1941).

2721 *Uffmann*, ZIP 2021, 1251 (1258); zustimmend Schauhoff/Mehren/*Kraus*, Stiftungsrecht nach der Reform, Kap. 6 Rn. 86.

2722 So zutreffend auch *Scholz*, ZIP 2021, 1937 (1941).

2723 Vgl. zu den Anforderungen hieran nach der sog. ISION-Rspr. BGH, NZG 2011, 1271 Rn. 18; NZG 2015, 792 Rn. 35; dazu im Detail BeckOGK/*Fleischer*, 1.2.2024, AktG § 93 Rn. 44 ff.; zur entsprechenden Geltung auch im Stiftungsrecht s. *Gollan*, Vorstandshaftung, S. 275 f.; eing. *Scholz*, ZIP 2021, 1937 (1941) m. N. auch zur Rechtslage im Aktienrecht.

2724 *Markworth*, NZG 2021, 100 (104). Vgl. auch *Baßler/Stöffler/Blecher*, GmbHR 2021, 1125 Rn. 28; jedenfalls von einer gesetzlichen Normierung wegen der noch unklaren

können jene Stiftungsorgane nämlich aufgrund der *in praxi* oftmals erforderlichen unternehmerischen Entscheidungen resp. Geschäftsführungsentscheidungen sowie Anlageentscheidungen im Immobilien- oder Kapitalmarkt treffen.[2725] Zu Recht vereinzelt gebliebenen Auffassungen[2726], nach denen die BJR im Stiftungsrecht nicht gelte, weil die Leitungstätigkeit des Stiftungsvorstands bzw. Geschäftsleiters der Non-Profit-Organisation erheblich weniger risikogeneigt sei als die von Managern von Wirtschaftsunternehmen[2727], sind insoweit längst überholt. Dass diese Argumentation ohnehin nicht einleuchtend ist, belegen auch aktuelle gerichtliche Entscheidung, bei denen es um Pflichtverletzungen von Stiftungsvorständen betreffend die fehlerhafte Vermögensverwaltung und -verwendung ging und damit meist auch um deren etwaige persönliche Haftung.[2728] Insofern trägt die Kodifizierung der stiftungsrechtlichen BJR in § 84a Abs. 2 S. 2 BGB zur Rechtssicherheit und -klarheit bei.

Hinsichtlich des Anwendungsbereichs der stiftungsrechtlichen BJR nach § 84a Abs. 2 S. 2 BGB gelten im Ergebnis weiterhin die Maßstäbe der zuvor erläuterten Rechtslagen im alten Recht, insbesondere ist eine – jedenfalls entsprechende – Heranziehung der gesellschaftsrechtlichen, insbesondere aktienrechtlichen Rechtsprechung und Literatur im Grundsatz möglich.[2729] Dabei lassen jene Grundsätze zur BJR aber durchaus Raum für die Berücksichtigung stiftungsrechtlicher Besonderheiten, insbesondere der Bindung des Stiftungsvorstands an den Stiftungszweck, und damit Differenzierungen im Detail zu.[2730] Insofern verbleibt der Rechtsprechung und Rechtswissenschaft die konkrete Anwendung und Auslegung der BJR gem. § 84a Abs. 2 S. 2 BGB. Anders gewendet sind diese dabei

---

Reichweite der BJR im Stiftungsrecht gänzlich abratend hingegen *Burgard*, NPLY 2019, S. 71 (80 f.).

2725 BT-Drs. 19/28173, S. 30, 55, 61; vgl. auch *Baßler/Stöffler/Blecher*, GmbHR 2021, 1125 Rn. 27.

2726 Etwa *Holtwiesche*, Der Stiftungsvorstand bei der Vermögensverwaltung, S. 179 ff., 323 ff.; *Jungmann*, FS K. Schmidt, 2009, S. 831 (853); *Muscheler*, Gesammelte Beiträge II, S. 231 (236 f.).

2727 Vgl. zu dieser Argumentation kritisch nur MüKoBGB/*Weitemeyer*, § 86 Rn. 49.

2728 Etwa BGH, NZG 2015, 38 Rn. 23 ff.; LG Bremen, BeckRS 2019, 32799 Rn. 40; vgl. VG Bremen, BeckRS 2020, 36074; vgl. auch *Weitemeyer*, Jugendhilfe 2022, 132 (162).

2729 I. Erg. auch *Scholz*, ZIP 2021, 1937 (1949 f.); *Scholz*, npoR 2022, 50 (52); *Schiffer/Pruns/Schürmann*, Die Reform des Stiftungsrechts, § 8 Rn. 20; *Orth*, MDR 2021, 1304 Rn. 10; Richter/*Godron*/*Gollan*, Stiftungsrecht, § 6 Rn. 216; Henssler/Strohn/*Heuel*, GesR, BGB § 84a Rn. 7; zurückhaltender *Uffmann*, ZIP 2021, 1251 (1261); *Baßler/Stöffler/Blecher*, GmbHR 2021, 1125 Rn. 28.

2730 *Scholz*, npoR 2022, 50 (52); vgl. *Baßler/Stöffler/Blecher*, GmbHR 2021, 1125 Rn. 28.

nicht daran gehalten das entsprechende aktienrechtliche Verständnis schlicht zu rezitieren, sondern vielmehr bei Erforderlichkeit gehalten, die Besonderheiten der Stiftung bei der Anwendung und Auslegung der Tatbestandsmerkmale des § 84a Abs. 2 S. 2 BGB hinreichend zu berücksichtigen.[2731]

3. *Sorgfaltsmaßstab gem. § 84a Abs. 2 S. 1 BGB und Verschulden*

a) *Sorgfaltsmaßstab gem. § 84a Abs. 2 S. 1 BGB*

Nach altem Recht fand der allgemeine Sorgfaltsmaßstab des § 276 Abs. 2 BGB[2732] Anwendung, der zur Beurteilung der Fahrlässigkeit auf die „*im Verkehr erforderliche Sorgfalt*" abstellt.[2733] In Anlehnung an die Sorgfaltsmaßstäbe von Geschäftsleitern anderer Gesellschaftsformen (vgl. § 93 Abs. 1 S. 1 AktG, § 43 Abs. 1 GmbHG, § 34 Abs. 1 S. 1 GenG) hatten Stiftungsorgane bereits früher die objektiv-typisierende „*Sorgfalt eines ordentlichen und gewissenhaften Stiftungsvorstands/-rates*" einzuhalten.[2734] Wie dieser Sorgfaltsmaßstab jedoch näher zu konkretisieren ist, ist im Detail umstritten[2735] und soll nach überwiegender Ansicht von der Größe und Ausgestaltung der Stiftung, ihrem Zweck und Vermögen sowie dem jeweiligen Tätigkeitsbereich abhängen.[2736]

§ 84a Abs. 2 S. 1 BGB, der insbesondere für Vorstandsmitglieder, aber auch für Mitglieder anderer Stiftungsorgane, denen Geschäftsführungsaufgaben statutarisch (vgl. § 84 Abs. 4 BGB) übertragen wurden[2737], gelten soll, definiert nun-

---

2731 *Scholz*, npoR 2022, 50 (54); vgl. auch *Uffmann*, ZIP 2021, 1251 (1261); *Baßler/Stöffler/Blecher*, GmbHR 2021, 1125 Rn. 28; *Schiffer/Pruns/Schürmann*, Die Reform des Stiftungsrechts, § 8 Rn. 20; siehe zur Berücksichtigung der stiftungsrechtlichen Besonderheiten dabei etwa die frühen Vorschläge von *Gollan*, Vorstandshaftung, S. 272 ff.

2732 Ausf. dazu statt anderer BeckOGK/*Schaub*, 1.3.2024, BGB § 276 Rn. 55 ff.

2733 Vgl. W/S/F/*C. Fischer*, Die Stiftung, § 20 Rn. 64; *Schlüter/Stolte*, Stiftungsrecht, Kap. 2 Rn. 77; *Burgard*, ZStV 2021, 45 (47).

2734 LG Bremen, BeckRS 2019, 32799 Rn. 37; vgl. BeckOGK/*Jakob/Picht*, 1.2.2021, BGB § 86 Rn. 76.1; *Meinecke*, ZStV 2021, 133 (134); *Scholz*, ZIP 2021, 1937 (1939).

2735 Siehe nur BeckOGK/*Jakob/Picht*, 1.2.2021, BGB § 86 Rn. 76 f. m. w. N.

2736 W/S/F/*C. Fischer*, Die Stiftung, § 20 Rn. 66 ff.; Staudinger/*Hüttemann/Rawert*, BGB § 86 Rn. 27; *Gollan*, Vorstandshaftung, 227 f.; jew. m. w. N.

2737 Soweit sie jedoch andere Aufgaben erfüllen, gilt für die Mitglieder weiterer Organe der allgemeine Sorgfaltsmaßstab des § 276 Abs. 2 BGB, s. *Orth*, MDR 2021, 1304 Rn. 9.

mehr – zwingend[2738] – den Sorgfaltsmaßstab wie folgt: „*Das Mitglied eines Organs hat bei der Führung der Geschäfte der Stiftung die Sorgfalt eines ordentlichen Geschäftsführers anzuwenden.*“ Ob das Abstellen auf einen „*ordentlichen Geschäftsführer*“ letztlich zu einer Haftungsverschärfung führt, lassen weder der Wortlaut der Norm noch die Gesetzesentwurfsbegründung[2739] explizit erkennen.[2740] Es ist aber davon auszugehen, dass sich an den eingangs erörterten Anforderungen an den Sorgfaltsmaßstab dadurch nichts ändern wird, sondern es sich bei § 84a Abs. 2 S. 1 BGB wie etwa auch bei § 93 Abs. 1 S. 1 AktG und § 43 Abs. 1 GmbHG um eine „*überflüssige Präzisierung*“ des bereits aus § 276 Abs. 2 BGB abzuleitendem objektiv-typisierenden Sorgfaltsmaßstabs handelt, wonach ein Organmitglied ohnehin die Pflichten eines dem Verkehrskreis entsprechenden „*ordentlichen*“ Organmitglieds einhalten muss.[2741] Demgemäß führt der Sorgfaltsmaßstab gem. § 84a Abs. 2 S. 1 BGB nicht zu einer Haftungsverschärfung.[2742] Zugleich ist damit aber auch zu konstatieren, dass das Erfordernis, bei der Geschäftsführung die Sorgfalt eines ordentlichen Geschäftsführers anzuwenden, im Vergleich zu den bisherigen Anforderungen nach dem allgemeinen Sorgfaltsmaßstab des § 276 Abs. 2 BGB kaum neue Rechtssicherheit mit sich bringt[2743], sodass deren konkrete Ausfüllung unter Berücksichtigung der stiftungstypischen Besonderheiten weiterhin der Rechtsprechung überantwortet sein wird.

2738 Für Abdingbarkeit hingegen *Burgard*, npoR 2023, 103 (105) und *Muscheler*, Gesammelte Beiträge II, S. 363 (368), der aber eher eine gänzliche Streichung der Haftungsnorm befürwortete.

2739 BT-Drs. 19/28173, S. 61.

2740 Eine Haftungsverschärfung jedenfalls für Organmitglieder kleinerer Stiftungen nimmt etwa an *Burgard*, GmbHR 2021, R244 (R245); *Burgard*, ZStV 2021, 45 (47); *Burgard*, npoR 2021, 1 (4); einschr. nun *Burgard*, npoR 2024, 181 (187 f.), der für eine Streichung des § 84a Abs. 2 S. 1 BGB plädiert.

2741 Vgl. *Muscheler*, Gesammelte Beiträge II, S. 231 (237). Vgl. auch MHdB GesR 7/*G. Roth*, § 98 Rn. 19; insofern verzichtete der PE zu Recht auf eine gesetzliche Normierung des Sorgfaltsmaßstabs, s. *Arnold et al.*, ZIP 2020, Beilage zu Heft 10, S3 (S5); für eine ersatzlose Streichung plädierte *Burgard*, GmbHR 2021, R244 (R245); *Burgard*, ZStV 2021, 45 (47); *Burgard*, npoR 2021, 1 (4); *Muscheler*, Gesammelte Beiträge II, S. 363 (367).

2742 So auch *Arnold*, npoR 2021, 84 (86); *Scholz*, ZIP 2021, 1937 (1938 ff.); *Scholz*, npoR 2022, 50 (51); *Uffmann*, ZIP 2021, 1251 (1256); Erman/*M. Wiese*, BGB § 84a Rn. 7; *Schockenhoff/Duttig*, ZIP 2024, 2433 (2437); i. Erg. wohl auch BeckOGK/*Schaub*, 1.3.2024, BGB § 276 Rn. 74 (dortige Fn. 292).

2743 Ebenso *Scholz*, ZIP 2021, 1937 (1940).

b) Verschulden

Die Haftung eines Organmitglieds gegenüber der Stiftung setzt des Weiteren ein Verschulden voraus. Es muss gem. § 276 Abs. 1 S. 1 BGB vorsätzlich oder fahrlässig gehandelt haben, soweit nicht eine strengere oder mildere Haftung bestimmt ist.[2744]

§ 84a Abs. 1 S. 3 BGB statuiert nunmehr explizit die Möglichkeit eines Satzungsvorbehalts für Haftungsbeschränkungen betreffend die Pflichtverletzung von Organmitgliedern; dies auch im Wege einer (späteren) Satzungsänderung.[2745]

Das Verschulden wird – außerhalb des Anwendungsbereichs des § 31a BGB – gem. § 280 Abs. 1 S. 2 BGB vermutet, sodass das Organmitglied zu beweisen hat, dass es die Pflichtverletzung nicht zu vertreten hat.[2746] Dies gilt auch im reformierten Stiftungsrecht fort.

Besonderheiten bestehen bei ehrenamtliche bzw. gering vergüteten Organmitgliedern, d. h. Organmitgliedern, die keine oder eine maximale Vergütung von 840 € pro Jahr[2747] erhalten (vgl. §§ 84a Abs. 3 S. 1, 31a Abs. 1 S. 1 BGB).[2748] Jene Organmitglieder kommen in den Genuss einer Haftungsprivilegierung, wonach sie nur für Vorsatz und grobe Fahrlässigkeit haften, §§ 84a Abs. 3 S. 1, 31a Abs. 1 S. 1 BGB[2749] (§§ 86 S. 1, 31a Abs. 1 S. 1 BGB a. F.[2750]). Dabei gilt diese Haftungspri-

---

2744 MHdB GesR 5/*Gummert*, § 94 Rn. 13 f.; W/S/F/*C. Fischer*, Die Stiftung, § 20 Rn. 64.

2745 BT-Drs. 19/28173, S. 61 i. V. m. BT-Drs. 19/30938, S. 3.

2746 MüKoBGB/*Weitemeyer*, § 86 Rn. 46; *Meinecke*, ZStV 2021, 133 (137); *Sanders/Berisha*, ZStV 2021, 50 (57); *Schockenhoff/Duttig*, ZIP 2024, 2433 (2440).

2747 Dies entspricht der Ehrenamtspauschale nach § 3 Nr. 26a S. 1 EStG.

2748 In der Praxis kann die Ehrenamtlichkeit des Organmitglieds oftmals in Zweifel stehen (vgl. *Gollan*, ErbR 2024, 658 [662 f.]), weshalb sich eine sog. Ehrenamtsvereinbarung empfiehlt, s. dazu *Röcken*, SB 2022, 137 mit Muster. Unklarheiten bei der Abgrenzung zwischen ehrenamtlicher und vergüteter Tätigkeit gehen nämlich zulasten der Stiftung, s. LG Osnabrück, Urt. v. 5.12.2018, Az. 3 O 1628/18 -, juris Rn. 28 ff.

2749 Hierzu und nachfolgend m. w. N. *Sanders/Berisha*, ZStV 2021, 50 (58 f.); zum Verhältnis von § 31a BGB zur BJR gem. § 84a Abs. 2 S. 2 BGB vgl. *Uffmann*, ZIP 2021, 1251 (1258 f.), die ein Leerlaufen des § 31a BGB befürchtet; dagegen zu Recht *Scholz*, ZIP 2021, 1937 (1938 f.).

2750 Nach h. M. waren etwaige Haftungsprivilegierungen in den Landesstiftungsgesetzen aufgrund der abschließenden bundeseinheitlichen Regelung des § 31a BGB bereits im alten Recht unzulässig, s. S/S/S/P/*Suerbaum*, StiftR, Teil C, Landesstiftungsrecht Rn. 136 ff. Derlei landesrechtliche Normen sind im Zuge des StiftVereinhG 2021 nunmehr entfallen.

vilegierung nur im Innenverhältnis, d. h. zwischen Organmitglied und Stiftung.[2751] Sind die Organmitglieder einem Dritten zum Ersatz eines Schadens verpflichtet, den sie bei der Wahrnehmung ihrer Pflichten leicht fahrlässig verursacht haben, so steht ihnen gegenüber der Stiftung gem. § 84a Abs. 3 S. 1 BGB (§§ 86 S. 1, 31a Abs. 2 S. 1 BGB a. F.) ein Freistellungsanspruch zu. § 84a Abs. 3 S. 1, 31a Abs. 1 S. 3 BGB (§§ 86 S. 1, 31 a Abs. 1 S. 3 BGB a. F.) schafft in Abweichung zu § 280 Abs. 1 S. 2 BGB ferner eine Beweiserleichterung hinsichtlich des Verschuldens für das Organmitglied, da nicht dieses darlegen und beweisen muss, dass es nicht vorsätzlich oder grob fahrlässig gehandelt hat. Die Darlegungs- und Beweislast trägt in diesem Fall die Stiftung.

Nach früher wohl herrschender, aber nicht unumstrittener[2752] Auffassung war § 31a BGB im Stiftungsrecht zwar nicht disponibel, jedoch wurden jedenfalls weitergehende statutarische Haftungsbeschränkungen für zulässig erachtet.[2753] Im reformierten Stiftungsrecht schafft § 84a Abs. 3 S. 2 BGB, wonach die Anwendbarkeit des § 31a BGB durch die Satzung beschränkt oder ausgeschlossen werden kann, diesbezüglich Rechts- und Planungssicherheit. Ein entsprechender Ausschluss des § 31a BGB kann für Stiftungen insbesondere zweckmäßig sein, wenn für die durch Pflichtverletzungen ihrer Organmitglieder verursachten Schäden Versicherungsschutz (z. B. eine sog. D&O-Versicherung) besteht.[2754] Bei Stiftungsgestaltungen im familienunternehmerischen Kontext weisen *Schiffer/Pruns* hinsichtlich der Statuierung von Haftungsbeschränkungen zu Recht auf Folgendes hin: „*Bei der Prüfung, ob eine (vertragliche/satzungsmäßige) Haftungsbeschränkung angeraten ist, sollte bedacht werden, dass unangemessen strenge Haftungsregeln die Akteure verunsichern und zu einer ‚Rückversicherungsmentalität' führen können, die der Entschlusskraft der Stiftungsorgane und der Stiftungsautonomie abträglich ist. Wird bei diesem Punkt in der Praxis überzogen, könnte gerade in dem unterneh-*

2751 Staudinger/*Hüttemann/Rawert*, BGB § 86 Rn. 70; *Burgard/Heimann*, ZStV 2019, 161 (166).

2752 Zum früheren Meinungsstand s. m. w. N. MüKoBGB/*Weitemeyer*, § 86 Rn. 48; *Sanders/Berisha*, ZStV 2021, 50 (58 mit dortige Fn. 135); s. a. *Willy*, VersR 2022, 79 (83); auch der Reformgesetzgeber ging wohl von der Unabdingbarkeit des § 31a BGB für Stiftungen aus, wenn er anführte, dass „*§ 31a BGB [**nicht mehr**] für Stiftungen […] zwingend sein [soll]*", BT-Drs. 19/28173, S. 62 (Hervorhebung durch Verfasser).

2753 MüKoBGB/*Weitemeyer*, § 86 Rn. 48; Staudinger/*Hüttemann/Rawert*, BGB § 86 Rn. 70; M/L/L/*Illhardt*, Managerhaftung, § 5 Rn. 167; für eine weitergehende Haftungserleichterung bei Vereinen explizit OLG Nürnberg, NZG 2016, 112 Rn. 32 ff.; kritisch dazu bzgl. Stiftung *Hippeli*, ZStV 2016, 161 (164 ff.).

2754 BT-Drs. 19/28173, S. 62.

merischen Bereich die Zusammenarbeit der Organe leiden. Es besteht die Gefahr, die Besonderheiten in Familienunternehmen nicht hinreichend zu beachten und sich für diese untypischen ‚Konzernstrukturen' anzunähern."[2755]

Einige Landesstiftungsgesetze sahen früher auch für entgeltlich tätige Organmitglieder eine Begrenzung der Haftung auf vorsätzliche und grob fahrlässige Pflichtverletzungen vor.[2756] Diese wurden von der h. M. aber mangels entsprechender Gesetzgebungskompetenz der Länder bereits früher für unwirksam erachtet.[2757] Entsprechende landesrechtliche Vorschriften sind spätestens zum 30.6.2023 aus den Landesstiftungsgesetzen zu streichen, da mit den §§ 84, 84a BGB bundeseinheitliche Regelungen geschaffen werden, sodass kein Raum mehr für die landesrechtlichen Regelungen besteht.

4. *Schaden und Anspruchsdurchsetzung*

Der Stiftung muss durch die Pflichtverletzung auch ein Schaden entstanden sein. Mangels spezieller Sonderregelungen richtet sich die Ermittlung des Schadens der Stiftung nach den §§ 249 ff. BGB.[2758] Die Darlegungs- und Beweislast für das Vorhandensein eines Schadens obliegt nach allgemeinen Grundsätzen der Stiftung.[2759] Der Einwand, dass für den von einem Vorstand herbeigeführten Schaden ein anderes Stiftungsorgan (z. B. Stiftungsrat) gem. § 254 BGB mitverantwortlich ist, greift anspruchsmindernd nicht durch.[2760] Wirken also mehrere Stiftungsorgane bei der Schädigung der Stiftung mit, „*haften sie gleichstufig für den durch sie entstandenen Schaden und damit als Gesamtschuldner*".[2761]

Weder im alten noch im neuen Stiftungsrecht finden sich spezielle Regelungen in Bezug auf die Durchsetzung von Haftungsansprüchen gegen die Vorstands-

2755 NK-BGB/*Schiffer/Pruns*, § 86 Rn. 21.

2756 Siehe m. N. *Schlüter/Stolte*, Stiftungsrecht, Kap. 2 Rn. 77; Staudinger/*Hüttemann/Rawert*, BGB § 86 Rn. 67.

2757 MüKoBGB/*Weitemeyer*, § 86 Rn. 44; Staudinger/*Hüttemann/Rawert*, BGB § 86 Rn. 67; jew. m. w. N. auch zu vereinzelten Gegenansichten.

2758 *Gollan*, Vorstandshaftung, S. 235; *Sanders/Berisha*, ZStV 2021, 50 (59).

2759 MHdB GesR 5/*Gummert*, § 94 Rn. 30.

2760 BGH, NZG 2015, 38 Rn. 23; entsprechendes gilt für ein etwaiges Mitverschulden der Stiftungsaufsicht, BGH, a. a. O Rn. 24; M/L/L/*Bayer/Scholz*, Managerhaftung, § 3 Rn. 1543.

2761 BGH, NZG 2015, 38 Rn. 23; näher zur gesamtschuldnerischen Haftung M/L/L/*Bayer/Scholz*, Managerhaftung, § 3 Rn. 1546 f. m. w. N.

mitglieder.[2762] Insofern obliegt die Anspruchsdurchsetzung grds. dem Vorstand, d. h. *in praxi* den übrigen Vorstandsmitgliedern, die über die Geltendmachung des Anspruchs unter Ausschluss des betroffenen Organmitglieds beschließen (§ 84b S. 1, 2 BGB bzw. §§ 86 S. 1, 28, 34 BGB a. F.)[2763]. Sind statutarisch weitere Organe, insbesondere Aufsichtsorgane eingerichtet, so obliegt diesen im Zweifel auch ohne explizite Kompetenzzuweisung entsprechend § 112 AktG, § 39 Abs. 1 S. 1 GenG die Durchsetzung der Haftungsansprüche gegen das jeweils andere Organ.[2764] Um Vorsorge für den Fall zu treffen, dass die Verfolgung und Durchsetzung auch tatsächlich erfolgen, empfiehlt sich eine klare Regelung in der Satzung, wer für welches Organ diesbezüglich zuständig ist. Können Schadensersatzansprüche durch die Stiftungsorganen nicht durchgesetzt werden oder bleiben diese untätig, kann eine Anspruchsdurchsetzung auch durch die Stiftungsaufsichtsbehörden erfolgen.[2765]

5. *Enthaftungsmöglichkeiten*

Hingewiesen sei noch auf sog. Enthaftungsmöglichkeiten. Als solche kommen grundsätzlich auch bei der Stiftung zum einen die Entlastung des Vorstands durch ein Kontrollorgan[2766], welchem der Vorstand gegenüber rechenschaftspflichtig ist, und zum anderen der Verzicht in Betracht.[2767] Diese beiden Möglichkeiten werden in der Praxis mit Blick auf die Vereinbarkeit mit dem Stifterwillen sowie der

---

2762 Ausf. zur Anspruchsdurchsetzung M/L/L/*Bayer/Scholz*, Managerhaftung, § 3 Rn. 1580 ff.; MHdB GesR 5/*Gummert*, § 94 Rn. 35 ff.; *Schockenhoff/Duttig*, ZIP 2024, 2433 (2440 ff.); jew. m. w. N.

2763 Zur Geltung des Grundsatzes „*Kein Richten in eigener Sache*“ auch im Stiftungsrecht, VG Hannover, BeckRS 2020, 48776 Rn. 37; M/L/L/*Bayer/Scholz*, Managerhaftung, § 3 Rn. 1580.

2764 M/L/L/*Bayer/Scholz*, Managerhaftung, § 3 Rn. 1581, vgl. auch MHdB GesR 5/*Gummert*, § 94 Rn. 36.

2765 Näher zu dieser subsidiären Kompetenz m. w. N. etwa *Schockenhoff/Duttig*, ZIP 2024, 2433 (2442 ff.).

2766 Dazu M/L/L/*Bayer/Scholz*, Managerhaftung, § 3 Rn. 1529 ff.; s. a. *Markworth*, ZGR 2020, 832 (853); BGH, NZG 2015, 38 Rn. 23 (*obiter dictum*): „*[...] sie [die Weisungen] hätten gegebenenfalls ein Verschulden des Bekl. und damit eine Haftung ausschließen können.*“

2767 Zum Verzicht: *R. Werner*, ZEV 2009, 366 (370); *Burgard/Heimann*, ZStV 2019, 201 (204); zur Entlastung: *v. Thunen/Möller*, ZStV 2023, 170; MHdB GesR 5/*Gummert*, § 94 Rn. 25 ff.; *Burgard/Heimann*, NZG 2016, 166 (167 ff.); umfassend *Rösing*, Entlastung im Stiftungsrecht; zusammenfassend zum Ganzen M/L/L/*Bayer/Scholz*, Managerhaftung, § 3 Rn. 1551 ff.

Vermögensfürsorgepflicht der Stiftungsorgane und, da eine Entlastung als auch ein Verzicht nur selten im Interesse der Stiftung liegen wird, nur ausnahmsweise in Betracht kommen.[2768] Es bedarf diesbezüglich aber letztlich einer „*Abwägung der Vor- und Nachteile für den konkreten Einzelfall*".[2769] Auch hier empfiehlt sich eine klare Satzungsregelung. Erwägenswert kann im Besonderen bei (unternehmensverbundenen) Stiftungen mit größerem Vermögen der Abschluss von sog. D&O-Versicherungen für Organmitglieder[2770] sein, um das Risiko der persönlichen Inanspruchnahme weitestgehend zu minimieren.

6. *Gestaltungsbedarf aufgrund der Stiftungsrechtsreform 2021*

Vorstehend wurde aufgezeigt, dass im Zuge der Stiftungsrechtsreform 2021 betreffend die Haftung und auch Haftungsbeschränkungsmöglichkeiten spezielle Regelungen normiert worden sind. Insbesondere die gesetzliche Regelung der Haftungsmodalitäten von Stiftungsorganen in § 84a BGB ist grundsätzlich zu begrüßen. Die gesetzliche Verankerung der stiftungsrechtlichen BJR, der Disponibilität des § 31a BGB sowie die Möglichkeit *qua* Satzung den Haftungsmaßstab zu regeln, klärt diesbezüglich bestehende Streitfragen und sorgt damit nunmehr für Rechtsklarheit und Gestaltungssicherheit.

Die dem Stifter bzw. den Stiftungsorganen offerierten Gestaltungsmöglichkeiten mahnen aber dazu an, dass potentielle Stifter bereits bei einer Stiftungserrichtung entsprechende Regelungen – falls gewünscht – vorsehen, um späteren Missverständnissen vorzubeugen. Insofern können Haftungsrisiken vielfältig durch eine entsprechende Satzungsgestaltung[2771] begegnet werden.

2768 Vgl. MüKoBGB/*Weitemeyer*, § 86 Rn. 52; *Burgard/Heimann*, ZStV 2019, 201 (204); *Burgard/Heimann*, NZG 2016, 166 (172); bzgl. Entlastung auch *v. Thunen/Möller*, ZStV 2023, 170 (175); *Kiethe*, NZG 2007, 810 (812) („*rein theoretische Möglichkeit*").

2769 *Hüttemann/Kampermann*, npoR 2014, 134 (145).

2770 MVHdB I GesR/*Hof*, Form. VIII. 1 Anm. 35, S. 1499; zur Zulässigkeit und den Anforderungen eing. *Melot de Beauregard*, ZStV 2015, 143; Schauhoff/Mehren/*Kraus*, Stiftungsrecht nach der Reform, Kap. 6 Rn. 145 ff.; *Schockenhoff/Duttig*, ZIP 2024, 2433 (2440 f.). Auch diese Möglichkeit sollte bereits bei Stiftungserrichtung statutarisch bedacht werden, s. *Janitzki*, ErbR 2023, 254 (257); *Gollan*, ErbR 2024, 658 (662).

2771 Vgl. *Kamprolf/Theuffel-Werhahn*, ZStV 2024, 163 (165 ff.) (bzgl. Bestellungs- und Abberufungsmodalitäten); allg. auch *Gollan*, ErbR 2024, 658 („*streitvermeidende Satzungsgestaltung*"); zur Begegnung von Haftungsrisiken durch Etablierung eines *Compliance Management Systems* (CMS) s. Richter/*Römer*, Stiftungsrecht, § 21 Rn. 27 ff.; *Weber/M. Werner*, BB 2023, 1031 (1033 ff.).

G. Destinatäre

I. Grundlegendes

Jeder Stiftung sind sog. Destinatäre[2772] immanent.[2773] Obgleich Destinatäre im BGB nicht ausdrücklich genannt werden, soll sich ihre grds. Existenz aus dem Verbot der Selbstzweckstiftung resp. dem Gebot der Fremdnützigkeit[2774] des Stiftungszwecks ergeben.[2775] Als Destinatäre werden gemeinhin die Nutznießer (synonym auch Begünstigte, Nutzungs- oder Bezugsberechtigte genannt) der Stiftung bezeichnet, also diejenigen (potentiellen) Personen, denen die Stiftungsleistungen nach dem vorgegebenen Stiftungszweck zugutekommen sollen (vgl. insoweit noch § 87 Abs. 2 S. 1 BGB a. F.[2776]).[2777] Weder die Destinatäre in ihrer Gesamtheit noch einzeln stehen von Gesetzes wegen in einem organschaftlichen oder mitglied-

2772 Der Begriff „Destinatär" ist auf das Verb „*destinare*" (lat.) zurückzuführen und im stiftungsrechtlichen Kontext vornehmlich mit „*als Ziel bestimmen, bezeichnen bzw. ausersehen*" zu übersetzen, so *Muscheler*, WM 2003, 2213; vgl. auch Beckervordersandfort/*Plottek*, Gestaltungen zum Erhalt des Familienvermögens, § 10 Rn. 3 (dortige Fn. 6); zu den Bedeutungen des lateinischen Begriffs „*destinare*" s. a. Generalanwalt beim EuGH (*Pitruzzella*), Schlussantrag vom 11.11.2021 – C-79/20 P, BeckRS 2021, 34079 Rn. 50 (mit dortiger Fn. 31).

2773 (Rechtsvergleichend) *Kalss*, in: Schurr, 4. Liechtensteinischer Stiftungsrechtstag, S. 1 (2); Richter/*Dutta*, Stiftungsrecht, § 5 Rn. 53; BoKoStiftR/*Muscheler*, BGB § 81 Rn. 126 a. E.

2774 Dazu bereits eing. → Teil 4 B I.

2775 Vgl. MüKoBGB/*Weitemeyer*, § 80 Rn. 127; BeckOGK/*Jakob/Picht/Kopp*, 1.9.2024, BGB § 83 Rn. 22; W/S/F/*C. Fischer/Nissel*, Die Stiftung, § 7 Rn. 58; BoKoStiftR/*Muscheler*, BGB § 81 Rn. 126; Richter/*Dutta*, Stiftungsrecht, § 5 Rn. 54; *Hennrichs*, FS Henssler, S. 923 (942); a. A. nach bedürfe eine Stiftung nicht *per se* Destinatäre, so etwa MHdB GesR 5/*Schwake*, § 79 Rn. 18, wonach „*das Vorhandensein von Destinatären […] kein notwendiges Element der Stiftung*" sei; ebenso Burgard/*Burgard/Heimann*, StiftR, Anh. 2 § 84a Rn. 10 („*Die Stiftung muss also weder bestimmte noch überhaupt Destinatäre, sondern nur eine Destination [Zweck] haben*").

2776 Dies war die einzige Norm in BGB, die die Destinatäre erwähnt hatte, s. *Jakob*, Schutz der Stiftung, S. 167. Sie entfiel im Zuge der Stiftungsrechtsreform 2021. Stattdessen finden nunmehr Destinatäre bzw. „*Personen mit Anspruch auf Leistung*" Erwähnung in §§ 86 Nr. 4, 86a Nr. 3, 86c Abs. 1 S. 2, 86e Abs. 2 BGB.

2777 BGHZ 213, 179 Rn. 22; MHdB GesR 5/*Schwake*, § 79 Rn. 17; *Blydt-Hansen*, Die Rechtsstellung der Destinatäre, S. 21; *Schwalm*, ZStV 2020, 146 (148); zum Begriff und verschiedenen Typen von Destinatären eing. *Muscheler*, WM 2003, 2213 f.

schaftlichen Verhältnis zur Stiftung.[2778] Demgemäß sind diese grundsätzlich nicht Teil der Stiftungsorganisation als solcher. Sie werden deshalb teilweise als außenstehende Dritte[2779], teilweise – und im Besonderen bei Familienstiftung wohl zutreffender – als sog. Stiftungsbeteiligte[2780] bzw. -interessierte[2781] kategorisiert.

Destinatäre können sowohl natürliche als auch juristische Personen sein.[2782] Es kommt als Destinatär aber auch die Allgemeinheit in Betracht.[2783] Der Stifter kann, muss aber nicht konkrete Destinatäre bestimmen.[2784] Die Bestimmung oder nähere (rechtliche) Ausgestaltung der Destinatäre ist nämlich kein notwendiger Satzungsbestandteil nach § 81 Abs. 1 Nr. 1 BGB (§ 80 Abs. 1 S. 3 BGB a. F.). Bestimmt der Stifter in der Stiftungssatzung keine konkreten Destinatäre (sog. unpersönliche Stiftung[2785]), so sind jene durch Auslegung des Stiftungszwecks zu bestimmen, sodass dieser hinreichend konkret vorgegeben werden muss.[2786] Wie bereits an anderer Stelle ausgeführt[2787], setzen sich die Destinatäre einer Familienstiftung regelmäßig und überwiegend aus Mitgliedern der Stifterfamilie

---

2778 MüKoBGB/*Weitemeyer*, § 85 Rn. 39; *Muscheler*, WM 2003, 2213 f.; *Oppel*, Die österreichische Privatstiftung und die deutsche Familienstiftung, S. 138.

2779 MüKoBGB/*Weitemeyer*, § 85 Rn. 42; *Markworth*, NZG 2021, 100 (109); *Gummert*, in: Die Stiftung – Jahreshefte zum Stiftungswesen, 6. Jahrgang, S. 75 (105).

2780 Zum freilich nicht feststehenden Begriff der Stiftungsbeteiligten luzid *Meinecke*, ZStV 2022, 172 (178): „*Die Bezeichnung ‚Stiftungsbeteiligte' ist eine Art Sammelbezeichnung für alle ‚Interessierten', die im übertragenen Sinne – und nur im übertragenen, denn Stiftungen ruhen, sich selbst gehörend, eigentümerlos in sich selbst – ‚Stakeholder' der Tätigkeit einer Stiftung sind.*“; ähnlich *v. Löwe*, Familienstiftung und Nachfolgegestaltung, § 10 Rn. 45. Demgemäß werden zu diesen auch „*Mitglieder von Stiftungsorganen, Destinatäre, Stifter [sowie die] Stiftungsaufsichtsbehörde*“ gezählt, so etwa MHdB GesR 7/*G. Roth*, § 96 Rn. 14.

2781 BeckOGK/*Jakob/Picht/Kopp*, 1.9.2024, BGB § 83 Rn. 20; MHdB GesR 7/*G. Roth*, § 96 Rn. 14.

2782 MHdB GesR 5/*Schwake*, § 79 Rn. 17; W/S/F/*C. Fischer/Nissel*, Die Stiftung, § 7 Rn. 58; *Kalss*, in: Schurr, 4. Liechtensteinischer Stiftungsrechtstag, S. 1 (3).

2783 W/S/F/*C. Fischer/Nissel*, Die Stiftung, § 7 Rn. 59; Richter/*Godron/Gollan*, Stiftungsrecht, § 6 Rn. 130; *Kalss*, in: Schurr, 4. Liechtensteinischer Stiftungsrechtstag, S. 1 (3); *Kronke*, Stiftungstypus, S. 139.

2784 M. w. N. *Thymm*, Das Kontrollproblem der Stiftung, S. 297; *Kronke*, Stiftungstypus, S. 139; *Wernicke*, ZEV 2003, 301 (304); *Schwalm*, ZStV 2020, 146 (148).

2785 Begriff nach *Schwalm*, ZStV 2020, 146 (148).

2786 Richter/*Godron/Gollan*, Stiftungsrecht, § 6 Rn. 130; *Kalss*, in: Schurr, 4. Liechtensteinischer Stiftungsrechtstag, S. 1 (2); *Burgard*, Gestaltungsfreiheit im Stiftungsrecht, S. 459.

2787 Siehe → Teil 4 A III 1.

zusammen. Dieser Umstand ist ein bedeutendes Unterscheidungsmerkmal einer Familienstiftung gegenüber anderen Stiftungen.[2788] Mit der Beendigung (Auflösung oder Aufhebung) der Stiftung geht der Verlust der Destinatärseigenschaft einher.[2789] Insofern unterscheiden sich die Destinatäre auch strukturell von den „Anfallberechtigten" i. S. d. § 87c Abs. 1 S. 1 BGB (§ 88 S. 1 BGB a. F.), die einen etwaigen Liquidationserlös nach Beendigung der Stiftung erhalten sollen, auch wenn – theoretisch – Personenidentität bestehen kann.[2790] Ferner zählen auch sog. sonstige Zuwendungsempfänger, die aufgrund eines außerhalb des Stiftungsgeschäfts oder der Stiftungssatzung und somit des Stiftungszwecks begründeten Rechts (z. B. Nießbrauch, Rentenzahlungen durch Auflagen und Vermächtnisse) Leistungen erhalten, nicht zu den Destinatären.[2791]

Infolgedessen, dass auch die novellierten §§ 80 ff. BGB keine Vorgaben hinsichtlich der Destinatäre machen, obliegt es weiterhin allein dem Stifter jene zu bestimmen und ihre Rechtsstellung auszugestalten.[2792] Die Bestimmung der Destinatäre und ihrer Rechte wird insofern auch zum „*Kernbereich der Stifterautonomie*" gezählt.[2793] Insofern ist der Stifter bei einer privatnützigen[2794] Familienstiftung nach wohl überwiegender Auffassung bei der Bestimmung der Destinatäre grds. frei[2795] und weder an den allgemeinen Gleichbehandlungsgrundsatz des Art. 3

2788 Vgl. nur *Mugdan*, Bd. I, 1899, S. 25 („*Familienstiftungen unterscheiden sich von anderen Stiftungen lediglich dadurch, daß sie den Vortheil von Angehörigen einer bestimmten Familie bezwecken*").

2789 *Blydt-Hansen*, Die Rechtsstellung der Destinatäre, S. 188.

2790 *Schwalm*, ZStV 2020, 146 (148); vgl. Richter/*Richter*, Stiftungsrecht, § 11 Rn. 9; LG Duisburg, BeckRS 2008, 11345 Rn. 15.

2791 *v. Löwe*, Familienstiftung und Nachfolgegestaltung, § 3 Rn. 5 (dortige Fn. 67).

2792 BGHZ 99, 344 (350); BGHZ 213, 179 Rn. 22; BeckOGK/*Jakob/Picht/Kopp*, 1.9.2024, BGB § 83 Rn. 21 f.; BoKoStiftR/*Muscheler*, BGB § 81 Rn. 126 ff.; *Kalss*, In: Schurr, 4. Liechtensteinischer Stiftungsrechtstag, S. 1 (2 f., 8 ff.); *Rawert*, ZGR 2018, 835 (851 f., 855).

2793 BGHZ 213, 179 Rn. 22; MüKoBGB/*Weitemeyer*, § 85 Rn. 50. Dies gilt auch im Kontext des § 15 Abs. 2 S. 1 ErbStG, deutlich BFH, DStR 2024, 1296 Rn. 15, 20 m. Anm. *Kugelmüller-Pugh*.

2794 Anderes gilt bei gemeinnützigen Stiftungen, s. BFHE 258, 124 Rn. 21 ff. – Freimaurerloge; dazu eing. *Weitemeyer/Wrede*, npoR 2018, 3; differenzierend Burgard/*Burgard/Heimann*, StiftR, Anh. 2 § 84a Rn. 12 ff.

2795 Siehe nur BGHZ 213, 179 Rn. 22 („*Dabei gehört die Bestimmung der Destinatare [sic!] zum Kernbereich der Stifterautonomie*"); MüKoBGB/*Weitemeyer*, § 85 Rn. 50; BeckOGK/*Jakob/Picht/Kopp*, 1.9.2024, BGB § 83 Rn. 43; Burgard/*Burgard/Heimann*, StiftR, Anh. 2 § 84a Rn. 11; Grüneberg/*Ellenberger*, BGB § 82 Rn. 5.

Abs. 1 GG[2796] noch an das AGG[2797] gebunden. Er kann deshalb auch aus dem Kreis der Familie bzw. der Familien bestimmte Familienmitglieder in die Bezugsberechtigung einschließen oder davon gänzlich ausschließen.[2798] Grenzen sind der diesbezüglichen Gestaltungsfreiheit des Stifters nur durch §§ 134, 138 und § 826

2796 MüKoBGB/*Weitemeyer*, § 85 Rn. 50; Staudinger/*Hüttemann/Rawert,* BGB § 85 Rn. 40; BeckOGK/*Jakob/Picht/Kopp*, 1.9.2024, BGB § 83 Rn. 44, BeckOK BGB/*Backert*, 70. Ed. 1.5.2022, § 85 Rn. 6; MHdB GesR 5/*Gummert*, § 80 Rn. 23 (unter Verweisung auf § 19 Abs. 5 S. 1 AGG); Grüneberg/*Ellenberger*, BGB § 83 Rn. 4; Erman/*M. Wiese*, BGB § 85 Rn. 7; *Burgard*, Gestaltungsfreiheit im Stiftungsrecht, S. 727 f.; *Rawert*, ZGR 2018, 835 (855); *Rücker*, ZEV 2018, 451 (453); *Theuffel-Werhahn/Mühlendiek*, ZStV 2022, 87; grdl. BGHZ 70, 313 (324 ff.), wobei dieser die Frage, ob ein genereller Ausschluss aller weiblichen zugunsten der männlichen Abkömmlinge (wegen § 138 Abs. 1 BGB) unzulässig sei, ausdrücklich offenließ, vgl. insoweit auch BVerwG, Beschl. v. 6.10.1988 – 7 B 202.87, – juris Rn. 3; dies mit Blick auf das AGG explizit ablehnend v. Campenhausen/Richter/*Hof*, StiftR-HdB, § 4 Rn. 61, siehe aber *ders.*, a. a. O, § 6 Rn. 169 („*[…] ist eine unterschiedliche Behandlung in der Stiftungssatzung* [wegen § 19 AGG] *davon nicht umfasst*"). Der BGH (a. a. O.) hielt aber jedenfalls die Bevorzugung eines erstgeborenen männlichen Nachkommens als Destinatär für zulässig; bestätigend OLG Hamm, Urt. v. 5.6.2012 – 10 U 109/11, – juris Rn. 63, 65 (betreffend die Besetzung des Vorstandes nach den Regeln der männlichen Primogenitur); derlei statutarische einseitige Bevorzugungen heutzutage für nicht überzeugend erachtend BeckOGK/*Lange*, 1.9.2024, BGB § 81 Rn. 56. Zum möglichen Wandel hinsichtlich dieser weiten Gestaltungsfreiheit des Stifters aufgrund von EGMR, ZStV 2023, 12 = npoR 2023, 293 = (dt. Übersetzung) NLMR 2022, 351 Rn. 136 ff. – *Dimici/Türkei*, sogleich.

2797 MüKoBGB/*Weitemeyer*, § 85 Rn. 51 unter Bezugnahme auf BGH, NJW 2020, 852 Rn. 16 ff.; MHdB GesR 5/*Gummert*, § 80 Rn. 23; Feick/*Godron/Thress*, Stiftung, § 29 Rn. 6; *Theuffel-Werhahn/Mühlendiek*, ZStV 2022, 87; i. Erg. auch; S/S/S/P/*Stumpf*, StiftR, § 85 Rn. 26; **a. A.** wohl v. Campenhausen/Richter/*Hof*, StiftR-HdB, § 4 Rn. 60, siehe aber *ders.*, a. a. O, § 6 Rn. 169 („*[…] ist eine unterschiedliche Behandlung in der Stiftungssatzung* [wegen § 19 AGG] *davon nicht umfasst*"); wohl auch Richter/*Dutta*, Stiftungsrecht, § 5 Rn. 34, der die Bereichsausnahme des Art. 19 Abs. 4 AGG für nicht einschlägig hält; BeckOGK/*Jakob/Picht/Kopp*, 1.9.2024, BGB § 83 Rn. 44 (jedenfalls nicht *per se* ausgeschlossen); offenlassend (noch) und m. w. N. zum Meinungsstand Staudinger/*Hüttemann/Rawert,* BGB § 85 Rn. 40; s. a. W/S/F/*C. Fischer/Nissel*, Die Stiftung, § 7 Rn. 64 ff.

2798 Feick/*Godron/Thress*, Stiftung, § 29 Rn. 6; *Junius-Morawe*, Zur Legitimität der Familienstiftung, S. 111. Betreffend sog. Nur-Destinatäre ohne Rechte oder Leistungsansprüche, kann vorgesehen werden, dass einzelne Nur-Destinatäre auch nachträglich im Wege einer Satzungsänderung ausgeschlossen werden, solange es dann nicht um eine gänzliche Änderung des Familienstiftungscharakters handelt und somit um eine Zweckänderung.

BGB gesetzt.[2799] Abzuwarten bleibt, ob es bei der diesbezüglichen weiten Gestaltungsfreiheit des Stifters im deutschen Stiftungsrecht im Hinblick auf eine kürzlich ergangene, konträre Entscheidung des EGMR vom 5.7.2022 bleiben kann. Der EGMR hat insofern geurteilt, dass – betreffend eine türkische „Stiftung" (konkret sog. Familien-*wqaf*[2800]) – eine Regel, wonach nur männliche Nachfahren des Gründers Ausschüttungen erhalten, gegen das Diskriminierungsverbot gem. Art. 14 EMRK i. V. m. Art. 1 EMRK-Zusatzprotokoll verstößt, insbesondere da eine Ungleichbehandlung von Mann und Frau in Gänze nicht mehr dem europäischen und auch *in casu* türkischen Gesellschaftssystem entspricht.[2801] Die Entscheidung dürfte auch auf das deutsche Stiftungsrecht betreffend die Wirksamkeit einer geschlechterspezifischen Klausel – jedenfalls betreffend die Destinatärstellung – zu übertragen sein.[2802]

2799 StRspr.: grdl. BGHZ 99, 344 (350); vgl. auch BGHZ 70, 313 (324 f.); BGHZ 213, 179 Rn. 22; MüKoBGB/*Weitemeyer*, § 85 Rn. 50; eine Inhaltskontrolle des Stiftungsgeschäfts, „*wenn sich die Familienstiftung allzu sehr vom gesetzlichen Modell entfernt, insbesondere im Hinblick auf die Bestimmung der begünstigten Familienmitglieder […]*", für überlegenswert erachtend *Dutta*, in: Grziwotz, Erbrecht und Vermögenssicherung, S. 71 (77); näher Richter/*Dutta*, Stiftungsrecht, § 5 Rn. 24, 32, 56.

2800 Dazu luzid *Dutta*, Warum Erbrecht?, S. 51 f., 79 ff., 102; kürzlich *Strachwitz*, ZStV 2024, 37; w. N. bei *Röthel*, ZEuP 2024, 208 (210 dortige Fn. 1).

2801 EGMR, ZStV 2023, 12 = npoR 2023, 293 = (dt. Übersetzung) NLMR 2022, 351 Rn. 136 ff. – *Dimici/Türkei*, dazu die luzide Anm. von *Reibetanz*, npoR 2023, 293 (297 ff.) und *Röthel*, ZEuP 2024, 208 (210 ff.).

2802 Vgl. auch *Reibetanz*, npoR 2023, 293 (298 ff.) m. w. N., nach dem „*das Judikat* [des EGMR] *zunächst die Rechtslage im deutschen Stiftungsrecht unter Anpassungsdruck*" setze und die „*deutsche Rechtslage in dieser Form schwerlich wird halten lassen*"; ebenso *Röthel*, ZEuP 2024, 208 (218 ff.) („*Geschlechterklauseln in Stiftungssatzungen […] bedeuten unzulässige Diskriminierungen iS des menschenrechtlichen Diskriminierungsschutzes nach Art. 14 EMRK*"). Zwar sind Private keine Grundrechtsverpflichteten i. S. d. EMRK, doch haben die Staaten und insb. die nationalen Gerichte bei der Auslegung derlei Klauseln (etwa hier am Maßstab des § 138 BGB) auch die EMRK-Rechte zu beachten, sodass jedenfalls eine mittelbare Drittwirkung besteht, vgl. D/G/M/*Röben*, EMRK/GG, Kap. 5 Rn. 146, 149 i. V. m. Rn. 84 ff.; OGH Wien, NZG 2019, 904 Rn. 35 m. z. N.; vgl. zur Geltung und Beachtung der EMRK und der EGMR-Urteile im deutschen Recht etwa BVerfGE 111, 307 (316 ff.); 148, 296 Rn. 129 ff. („*jedenfalls [faktische] Orientierungs- und Leitfunktion*" bei der Auslegung); *Reibetanz*, npoR 2023, 293 (298); *Röthel*, ZEuP 2024, 208 (217 f.). Zu den Rechtsfolgen und Anpassung der anfänglichen Nichtigkeit s. *Röthel*, ZEuP 2024, 208 (221); zu Satzungsänderungsmöglichkeiten betreffend derlei Geschlechterklauseln *Reibetanz*, npoR 2023, 293 (299 ff.).

Zum anderen ist zu beachten, das mangels Fremdnützigkeit und der Verhinderung eines *„vollstreckungsimmunen Sondervermögens"* des Stifters nach immer noch überwiegender Auffassung auch die sog. Stiftung (mit Blick auf § 58 Nr. 6 AO konkret: nur) für den Stifter für unzulässig gehalten wird.[2803] Dies bedeutet aber nur, dass der Stifter sich nicht als einzigen Destinatär bestimmen dürfe bzw. der Stiftungszweck nur auf seine eigene Begünstigung ausgerichtet sein dürfe.[2804] Da ein Stifter keineswegs dazu gezwungen ist, Destinatäre konkret zu bestimmen, ist es zulässig, wenn er nur eine einzige – andere – Person als Destinatär bestimmt. Eine darüber hinausgehende Mindestanzahl an Destinatären ist nicht vorgeschrieben, sodass auch die Stiftungsbehörden diesbezüglich nicht berechtigt sind, Vorgaben zu machen.[2805] Insoweit ist es auch zulässig, wenn der Stifter zu Lebzeiten zunächst der einzige bezugsberechtigte Destina-

---

2803 Siehe stellvertretend für die **h. M.** m. w. N. Staudinger/*Hüttemann/Rawert*, BGB Vorb. §§ 80 ff. Rn. 8; MüKoBGB/*Weitemeyer*, § 80 Rn. 126; BeckOK BGB/*Backert/J. Stürner*, 71. Ed. 1.5.2022, § 80 Rn. 6; Richter/*Dutta*, Stiftungsrecht, § 5 Rn. 18 f.; *Dutta*, RabelsZ 77 (2013), 828 (838 f.); *Jakob*, Schutz der Stiftung, S. 51 f.; i. Erg. v. Campenhausen/Richter/*Hof*, StiftR-HdB, § 7 Rn. 60, der aber das Erfordernis einer Fremdnützigkeit des Stiftungszwecks ablehnt. Es ist jedoch ausreichend, wenn es nur einen weiteren Begünstigten neben dem Stifter gibt, um nicht diesem Verbot zu unterfallen. Insbesondere im Falle einer Familienstiftung liegt begriffs- und zweckbedingt keine Stiftung – nur – für den Stifter vor. Für die gänzliche Zulässigkeit der Stiftung – auch nur – für den Stifter überzeugend und m. w. N. eine im Vordringen befindliche Ansicht: *Burgard*, Gestaltungsfreiheit im Stiftungsrecht, S. 132 ff.; Burgard/*Burgard*, StiftR, § 82 Rn. 41; *Döring*, Die Stiftung als Finanzierungsinstrument, S. 143 ff.; *Oertel*, Die Zulässigkeit der Stiftung & Co. KG, S. 201 ff., 207; *v. Oertzen/Hosser*, ZEV 2010, 168 (170); *Kronke*, Stiftungstypus, S. 140, 225; wohl auch NK-BGB/*Schiffer/Pruns*, § 80 Rn. 68 ff.; Schiffer/*Schiffer/Pruns/Schürrmann*, Die Stiftung in der Beraterpraxis, § 3 Rn. 104 ff., wonach dieses „Verbot" in der Praxis jedenfalls bei Familienstiftungen keine Rolle spiele; MHdB GesR 5/*Beuthien*, § 77 Rn. 29; jdf. nicht monierend BFH, DStR 2012, 281 (282) (*„Bestimmt der Stifter, dass die Stiftung ihr Einkommen ausschließlich zu seinen Gunsten verwenden darf […]"*); differenzierend und für eine anhand des § 138 BGB orientierten Einzelfallprüfung plädierend *Oppel*, Die österreichische Privatstiftung und die deutsche Familienstiftung, S. 70 ff.

2804 Vgl. statt anderer luzid *Muscheler*, Gesammelte Beiträge I, S. 245 (248) (*„Unzulässig ist nach ihm* [dem Begriff der Fremdnützigkeit] *nur die dauerhafte Erbringung direkter und unmittelbarer Leistungen an den Stifter als Hauptzweck der Stiftung"*).

2805 Dem Verfasser wurde insoweit ein Praxisfall zugetragen, in welchem die Stiftungsbehörde zunächst eine Mindestzahl von zwei Destinatären verlangt haben soll.

tär ist und die übrigen Destinatäre erst nach seinem Ableben bezugsberechtigt werden; es liegt kein Fall der vorherrschend als unzulässig erachteten Stiftung für den Stifter vor.[2806]

Die Familiendestinatäre werden regelmäßig im Rahmen des Transparenzregisters als wirtschaftliche Berechtigte i. S. d. § 3 Abs. 3 Nr. 3 GwG erfasst, wenn sie in der Satzung namentlich bezeichnet oder als solche aufgrund einer Satzungsbestimmung identifizierbar sind, wobei es nach wohl h. M. nicht erforderlich sein soll, dass ihnen zugleich – was in der Praxis ohnehin der Ausnahmefall ist – ein Anspruch auf die Stiftungsleistung zusteht.[2807] In diesen Fällen ist der Vorstand der Familienstiftung verpflichtet, dem Transparenzregister die entsprechenden Angaben mitzuteilen.[2808]

II. Die Rechts(los)stellung der Destinatäre

Hinsichtlich der Rechtsstellung der Destinatäre[2809] kraft Gesetzes ist zu konstatieren, dass jene im deutschen Stiftungsrecht[2810] rechtslos gestellt sind; ihnen

---

2806 Ebenso Richter/*Godron*/*Gollan*, Stiftungsrecht, § 6 Rn. 130; *Daragan*, DB 2011, 2223 (2224); vgl. auch die Gestaltung in FG Mecklenburg-Vorpommern, EFG 2023, 990.

2807 MüKoBGB/*Weitemeyer*, § 80 Rn. 92 f.; *Orth*, NPLY 2017, S. 15 (55 f.); *Schwalm*, ZStV 2020, 146 (148); so seit 2019 auch die unveränderte Auffassung des BVA, s. *FAQ des BVA*, in der Fassung vom 5.5.2023, Teil 1 Abschnitt B. IV. Rechtsfähige Stiftungen, S. 23 f. (https://t1p.de/vysws), dazu BeckOGK/*S. Reuter*, 15.4.2024, GwG § 3 Rn. 120; kritisch *Lorenz*, Ubg 2020, 279 (287), da dem Begünstigten, der keinen Rechtsanspruch auf Leistungen einer Stiftung hat, nämlich gerade die wirtschaftliche Berechtigung fehlt, die eine Meldepflicht an das Transparenzregister auslösen soll; vgl. einen statutarischen Anspruch daher fordernd *Schiffer*/*Schürmann*, BB 2017, 2626 (2629); auch noch *Schwalm*, ZStV 2020, 52 (56); wohl auch MHdB GesR 5/*Gummert*, § 80 Rn. 51.

2808 Zum Transparenzregister → Teil 3 B I 5 a.

2809 Umfassend hierzu *Blydt-Hansen*, Die Rechtsstellung der Destinatäre, *passim*; *Thymm*, Das Kontrollproblem der Stiftung, S. 297 ff.; *Jakob*, Schutz der Stiftung, S. 167 ff.; *Muscheler*, WM 2003, 2213; *Rücker*, ZEV 2018, 451; rechtsvergleichend MHdB GesR 5/*Jakob*, § 119 Rn. 118 ff.; *Kalss*, in: Schurr, 4. Liechtensteinischer Stiftungsrechtstag, S. 1.

2810 Anders etwa in Österreich, wo die Destinatäre – mit Ausnahme von rein potenziellen Destinatären – einer österr. Privatstiftung immerhin ein gesetzliches Informationsrecht, das Recht auf vorzeitige Abberufung von Organen und Rechte in Zusammenhang mit der Auflösung der Privatstiftung haben, s. näher *Kalss*, FS K. Schmidt, 2019, S. 856 (860 f.). Freilich bestehen dort jedoch gewisse Inkompatibilitätsregelungen für die Besetzung von Organfunktionen durch die Begünstigten. Zu Destinatärsrechten in Liechtenstein s. MHdB GesR 5/*Jakob*, § 119 Rn. 121.

stehen weder Vermögens- noch Mitverwaltungs-, Kontroll- oder Abwehrrechte zu.[2811] Da es sich bei Destinatären auch nicht um Gesellschafter oder Mitglieder der Stiftung handelt[2812], verbietet sich im Besonderen die analoge Anwendung gesellschaftsrechtlicher Kontroll- und Mitwirkungsrechte (etwa nach §§ 46 Nr. 6, 50, 51a GmbHG, § 131 AktG).[2813] Der BGH stellte in Bezug auf die *de jure* Rechtsstellung von Destinatären (*in casu* einer Familienstiftung) früh klar: „*Für Familienstiftungen, die von ihrer Zielsetzung her ausschließlich oder überwiegend dem Interesse der Mitglieder einer oder mehrerer Familien dienen, gilt nichts anderes. Auch hier ist entscheidend auf den in der Satzung niedergelegten Willen des Stifters abzustellen. Die Familienstiftung ist nur eine besondere Ausprägung der privaten Stiftung. Es ist nicht geboten, sie hinsichtlich der Rechtsstellung der Destinatäre anders zu beurteilen. Die Destinatäre einer Familienstiftung mögen zwar infolge ihrer Angehörigeneigenschaft in einem besonders gearteten, engen Verhältnis zur Stiftung stehen [...]. Dies zieht indes Verwaltungs- oder Kontrollbefugnisse nicht zwingend nach sich. Auch insoweit bleibt es vielmehr der Anordnung des Stifters vorbehalten, wie er die Stellung der Destinatäre ausgestaltet, ob dies mehr im Sinne konkreter Mitwirkungs- und Beteiligungsrechte oder eher im Sinne einer bloß möglichen Genußberechtigung geschieht.*“[2814] Obgleich regelmäßig davon ausgegangen werden kann, dass den Familienmitgliedern als Destinatäre einer Familienstiftung[2815] vermehrt an dem Wohl der Stiftung interessiert sind,

2811 BGHZ 99, 344 (350); BGHZ 213, 179 Rn. 22; BAG, NJW 1991, 514 f.; Burgard/*Burgard/Heimann*, StiftR, Anh. 2 § 84a Rn. 17, 25; BeckOGK/*Jakob/Picht/Kopp*, 1.9.2024, BGB § 83 Rn. 32; *Sanders*, in: Sanders/Thomsen, Enterprise Foundation Law, S. 25 (36); MHdB GesR 5/*Schwake*, § 79 Rn. 19, 24, 352; W/S/F/*C. Fischer/Nissel*, Die Stiftung, § 7 Rn. 68; *Rücker*, ZEV 2018, 451 f.

2812 Vgl. etwa BFH, DStR 2012, 281 (282); FG Hamburg, BeckRS 2021, 29619 Rn. 71 f.; BAG, NJW 1991, 514 (515); Schiffer/*Schiffer/Pruns/Schürrmann*, Die Stiftung in der Beraterpraxis, § 3 Rn. 109; luzid zuletzt *Drüen*, Ubg 2019, 65 (66 ff.).

2813 MHdB GesR 5/*Schwake*, § 79 Rn. 352.

2814 BGHZ 99, 344 (350).

2815 Das vormals starke Sonderrecht von berechtigten Familien-Destinatären einer preußischen Familienstiftung, das diese über das Institut des sog. Familienschlusses nach dem ehemaligen preußischen AGBGB (Art. 2 § 1 AGBGB) hinsichtlich Satzungsänderung oder Aufhebung der Familienstiftung hatten (dazu m. w. N. *Meyer zu Hörste*, Die Familienstiftung, S. 91 ff.; *Burgard*, Gestaltungsfreiheit im Stiftungsrecht, S. 354 f.; *Weitemeyer/Weißenberger/Wiese*, GmbHR 2021, 1069 Rn. 16), ist heute in dieser Art (vgl. vor der Reform 2021 noch § 10 Abs. 3 LStiftG Berlin a. F. – Anhörungsrecht

rechtfertigt dies kein besonderes – im Gesetz nicht vorgesehenes – Klagerecht der Destinatäre.[2816] Insgesamt ist nach dem gesetzlichen *status quo* die Rechtsposition der Destinatäre – auch einer Familienstiftung – daher äußerst schwach ausgestaltet.

Nach g. h. M. in Rechtsprechung und Literatur steht es dem Stifter jedoch aufgrund seiner ihm zustehenden Satzungsautonomie frei, den Destinatären statutarisch sowohl Leistungs- bzw. Werterechte auf Stiftungsleistungen[2817] als auch Verwaltungs- bzw. Mitwirkungsrechte (z. B. Mitbestimmungs-, Kontroll-, Aufsichts-, Anhörungs-, Wahl- und Informationsrechte) sowie Klage- bzw. Abwehrrechte einzuräumen.[2818] Der Stifter ist, wie vorstehend erläutert, im Rahmen

---

der Familienmitglieder bei Satzungsänderung oder Auflösung einer Familienstiftung; dieser wurde im Rahmen der Anpassung des LStiftG [GVBl. 2024, Nr. 26, S. 429] nun gestrichen, s. Abgeordnetenhaus Berlin, Drs. 19/1386, S. 18) von Gesetzes wegen nicht mehr vorhanden, s. *Wernicke*, ZEV 2003, 301 (303). Gleichwohl kann z. B. einem „Familien- bzw. Destinatärsorgan" ein statutarisches Auflösungsrecht zugesprochen werden, wobei ein entsprechender Beschluss stets der Genehmigung durch die Stiftungsaufsichtsbehörde bedarf, vgl. zu den Anforderungen und Grenzen Richter/*Richter*, Stiftungsrecht, § 9 Rn. 1 ff., 21 ff.; MHdB GesR 5/*Gummert*, § 117 Rn. 43 ff.; *Blumers*, DStR 2012, 1 (6); vgl. OLG Koblenz, NZG 2002, 135 (136 f.), dazu *Muscheler*, Gesammelte Beiträge I, S. 309 (314 ff.). Zum Meinungsstand betreffend die Disponibilität der Auflösungsgründe zuvor → Fn. 2338. Freilich wird das Ziel der dauerhaften Sicherung der Unternehmenskontinuität dadurch wieder den Nachkommen des Stifters überantwortet, die die Stiftung etwa nach Ableben des Stifters auflösen und so unmittelbar wieder Einfluss auf das Unternehmen nehmen oder es gar verkaufen könnten, kritisch insofern auch *Kerssenbrock*, Unternehmenserhaltung, S. 3.

2816 BGHZ 99, 344 (350); Richter/*Godron*/*Gollan*, Stiftungsrecht, § 6 Rn. 132; MHdB GesR 5/*Schwake*, § 79 Rn. 352. Die Stiftungsaufsicht ist nicht zur Wahrung der Destinatärsinteressen angehalten, sodass Destinatäre ihr gegenüber grds. auch kein Anspruch auf Einschreiten (etwa gegen pflichtwidriges Verhalten der Stiftungsorgane) oder zur Durchsetzung privater Ansprüche gegen die Stiftung haben, s. nur *Rawert*, ZGR 2018, 835 (852); *Blydt-Hansen*, Die Rechtsstellung der Destinatäre, S. 156 ff. sowie näher dazu sogleich → Teil 4 H I. Auch als Erben haben sie grds. keine Rechtsschutzmöglichkeiten gegen die Anerkennung einer Familienstiftung, dazu eing. VG München, BeckRS 2024, 3870 Rn. 39 ff., 43 ff., 71 ff.

2817 Dies lässt sich nunmehr auch explizit den §§ 86 Nr. 4, 86a Nr. 3, 86c Abs. 1 S. 2, 86e Abs. 2 BGB entnehmen.

2818 BGHZ 99, 344 (350); BGHZ 213, 179 Rn. 22; BAG, NJW 1991, 514 f.; OLG Hamm, NJW-RR 1992, 451 (452); Burgard/*Burgard*/*Heimann*, StiftR, Anh. 2 § 84a Rn. 25;

der Auswahl und Gestaltung der Destinatärsrechte nach noch h. M. nicht an Art. 3 GG gebunden, sondern unterliegt allein den Grenzen der Sittenwidrigkeitskontrolle gem. § 138 BGB. Demgemäß kann der Stifter entsprechende Rechte auch nur einzelnen Destinatären einräumen und anderen nicht sowie auch ein Reihen- oder Rangverhältnis unter den Destinatären vorsehen.[2819]

Durch Einräumung von Rechten und auch durch ggf. gleichzeitige Bestellung zu einem Organmitglied der Stiftung kann die Rechtsstellung der Destinatäre zwar derjenigen eines Familiengesellschafters angenähert bzw. nachgebildet werden, doch kann ihnen niemals die Position eines Gesellschafters oder Mitglieds i. S. e. Personenverbandes zugesprochen werden, da eine Stiftung *per definitionem* mitgliederlos ist (vgl. explizit § 80 Abs. 1 S. 1 BGB).[2820] Aus diesem Grund finden sich im Kontext der Rechtsstellung von Destinatären oftmals Umschreibungen wie *„mitgliedschafts- und gesellschafterähnlich“*.[2821] Doch hat diese Beschreibung keinerlei rechtliche Bedeutung dahingehend, dass die Destinatäre eine tatsächlich rechtlich vergleichbare Stellung wie Gesellschafter oder Mitglieder hätten, zumal etwaige vom Stifter vorgesehene Rechte zugunsten der Destinatäre nicht körperschaftlicher Natur sind, sondern allein aus der Stiftungssatzung herrühren.[2822]

BeckOK BGB/*Backert*, 70. Ed. 1.5.2022, § 85 Rn. 5 f.; MüKoBGB/*Weitemeyer*, § 85 Rn. 39 ff.; Staudinger/*Hüttemann/Rawert*, BGB § 85 Rn. 38; *Rawert*, ZGR 2018, 835 (852); Richter/*Godron/Gollan*, Stiftungsrecht, § 6 Rn. 130 f.; *Rücker*, ZEV 2018, 451 (452 ff.); *Thymm*, Das Kontrollproblem der Stiftung, S. 298, 339; jew. m. w. N.

2819 Hierzu instruktiv LG Duisburg, BeckRS 2008, 11345 Rn. 10 ff. (Reihenfolge verschiedener Destinatärsgenerationen); vgl. auch VG München, BeckRS 2024, 3870 Rn. 2.

2820 Explizit etwa *Rawert*, ZGR 2018, 835 (855); v. Campenhausen/Richter/*Hof*, StiftR-HdB, § 6 Rn. 174; *Drüen*, Ubg 2019, 65 (67); vgl. *Jeß*, Das Verhältnis des lebenden Stifters zur Stiftung, S. 65; zur Diskussion um korporative Strukturen im Stiftungsrecht s. bereits → Teil 4 D I 3.

2821 Diese Beschreibung findet sich im Kontext von Stiftungen oftmals in der steuerrechtlichen Literatur und Rspr., wenn es um die steuerrechtliche Beurteilung von Leistungen im Verhältnis von Rechtssubjekten (Stiftung – Stifter/Destinatär) geht, vgl. etwa BFHE 235, 394; FG Hamburg, BeckRS 2021, 29619 Rn. 71 f.; FG Schleswig-Holstein, DStRE 2009, 1429 (1432), vgl. zu diesem *„Kunstgriff“* etwa *Kraft*, DStR 2016, 2825 (2829).

2822 Staudinger/*Hüttemann/Rawert*, BGB Vorb. §§ 80 ff. Rn. 49; *Drüen*, Ubg 2019, 65 (67).

Hinsichtlich der Annahme eines klagbaren Anspruchs des Destinatärs auf Stiftungsleistungen hat der BGH in ständiger Rechtsprechung folgende Voraussetzungen aufgestellt, die vornehmlich durch Auslegung der Stiftungssatzung zu ermitteln sind:

- (1) Die Satzung oder die Stiftungsurkunde bzw. -geschäft stellt für den Kreis der in Betracht kommenden Destinatäre bestimmte objektive Merkmale auf, durch deren Erfüllung die Eigenschaft eines Destinatärs unmittelbar erworben wird.
- (2) Den Stiftungsorganen ist keine Möglichkeit zu einer Auswahl unter den Destinatären gelassen.
- (3) In der Person des betreffenden Destinatärs sind die satzungsmäßigen Bedingungen für den Genuss der Stiftungsleistungen erfüllt.[2823]

Beim klagbaren Anspruch des Destinatärs auf Stiftungsleistungen handelt sich nach heute h. M. dabei zum einen um einen Anspruch *sui generis* und nicht um eine Schenkung i. S. d. § 516 BGB. Zum anderen stellt der Stiftungszweck den Rechtsgrund für die Stiftungsleistungen dar.[2824] Falls der Stifter Destinatären statutarisch einen Anspruch auf Stiftungsleistung zugesteht, so haben diese einen allgemeinen Auskunftsanspruch gegenüber der Stiftung gem. § 242 BGB betreffend die diesbezüglich erforderlichen Informationen, insbesondere hinsichtlich

---

2823 BGH, NJW 1957, 708; BGHZ 99, 344 (352 ff.); zuletzt BGHZ 213, 179 Rn. 26 ff.; VG Köln, BeckRS 2021, 43664 Rn. 22 ff.; LG Duisburg, BeckRS 2008, 11345 Rn. 17; s. a. *Rücker*, ZEV 2018, 451 (452).

2824 Grdl. BGHZ 23, 282; bestätigt durch BGH, NZG 2009, 1433 Rn. 12; BGHZ 213, 179 Rn. 23; KG, ZStV 2013, 107 (108); vgl. auch BFH, DStR 2012, 281 (282) („*Zahlungen [haben] ihren Grund ausschließlich im Stiftungsgeschäft bzw. in der Satzung*"); aus der Literatur etwa BeckOGK/*Jakob/Picht/Kopp*, 1.9.2024, BGB § 83 Rn. 25 ff.; Grüneberg/*Ellenberger*, BGB § 83 Rn. 4; *Blydt-Hansen*, Die Rechtsstellung der Destinatäre, S. 109, 111 ff.; Richter/*Dutta*, Stiftungsrecht, § 5 Rn. 54; MüKoBGB/*Weitemeyer*, § 85 Rn. 43 m. w. N.; **a. A.** (gleichwohl für die teilweise Anwendung des Schenkungsrechts) etwa *Muscheler*, WM 2003, 2213 (2216 ff.); Staudinger/*Hüttemann/Rawert*, BGB § 85 Rn. 43 f. unter Verweisung auf *Settels*, Destinatsleistungen und andere satzungsmäßige Zuwendungen als Schenkungen, 2017. Kürzlich eing. zur Frage, ob Leistungen an Destinatäre einer privatnützigen Stiftung in pflichtteilsrechtlicher Hinsicht als indirekte Zuwendung des Stifters an den Destinatär zu behandeln sind (rechtsvergleichend mit Liechtenstein und Österreich) *Löhmer*, ErbR 2024, 837.

der ordnungsgemäßen Zweckerfüllung und satzungsgemäßen Ausschüttung der Stiftungserträge.[2825] Darüber hinaus sollten gerade bei Destinatären, die ehemals Familiengesellschafter waren, die Auskunfts- und Einsichtsrechte in ihrer Funktion als nunmehrige Destinatäre entsprechend denen als Familiengesellschafter ausgestaltet werden, um so eine ausgewogene *Governance* auch im Rahmen der Stiftungsgestaltung aufrechtzuerhalten.[2826]

Im Regelfall sieht die Satzung einer Familienstiftung explizit keinen unmittelbaren Anspruch bestimmter Familienmitglieder auf Leistungen der Stiftung vor[2827], sondern die Ansprüche werden üblicherweise erst aufgrund eines entsprechenden nach pflichtgemäßem Ermessen zutreffenden Beschlusses[2828] der zuständigen Stiftungsorgane begründet (sog. Ermessensstiftung). Durch eine derartige Satzungsgestaltung werden dann sowohl das „Ob" der Ertragsausschüttung als auch die Auswahl der Person des Begünstigten und die Höhe der Zuwendung in das Ermessen eines oder mehrerer Stiftungsorgane gestellt. Der Stifter kann hier

---

2825 Vgl. aus der Rspr. BGH, NZG 2009, 1433 Rn. 24; LG Duisburg, BeckRS 2008, 11345 Rn. 19; zuletzt LG Köln, Teilurt. v. 23.2.2023 – 19 O 136/22 (n. v.) zitiert nach BGH, NJW-RR 2024, 610 (Revisionsinstanz), worin es u. a. um die Klage eines Familienmitglieds der Stifterin auf Auskunft über den Inhalt der aktuellen Satzung einer gemeinnützigen Stiftung ging. Das LG Köln gab der Auskunftsklage statt. In der (erfolglosen) Revision ging es nur um die Berufungszulassungsvoraussetzungen, näher die Anm. von *Bieniek*, SB 2024, 118. Aus der Lit. MüKoBGB/*Weitemeyer*, § 85 Rn. 48; BeckOGK/*Jakob/Picht/Kopp*, 1.9.2024, BGB § 83 Rn. 31; *Muscheler*, WM 2003, 2213 (2217); *Wernicke*, ZEV 2003, 301 (305); *Theuffel-Werhahn/Mühlendiek*, ZStV 2022, 87 (88); ausf. *Blydt-Hansen*, Die Rechtsstellung der Destinatäre, S. 120 ff.; jew. m. w. N. Allg. zum Auskunftsanspruch aus § 242 BGB MüKoBGB/*Krüger*, § 260 Rn. 12 ff.

2826 *v. Oertzen/Reich*, DStR 2017, 1118 (1120); vgl. auch *Rücker*, ZEV 2018, 451 (455). Anreize für *„lästiger Destinatäre"* (in Anlehnung an *„lästige Gesellschafter"*, vgl. dazu → Fn. 355), die die Stiftungsarbeit behindern, sollte verhindert werden, s. Schiffer/*Schiffer/Pruns*, Die Stiftung in der Beraterpraxis, § 11 Rn. 96 (unter 4.).

2827 Vgl. m. w. N. Staudinger/*Hüttemann/Rawert*, BGB § 85 Rn. 41; W/S/F/*Hörmann*, Die Stiftung, § 21 Rn. 73; *v. Löwe*, Familienstiftung und Nachfolgegestaltung, § 3 Rn. 5; *Rücker*, ZEV 2018, 451 (453); *Dahlmanns*, RNotZ 2020, 417 (434); *Rawert*, JöR 65 (2017), 179 (198) (*„Gang und gäbe ist daher die Gestaltungsempfehlung, Destinatären solcher Stiftungen* [Familienstiftungen] *einklagbare Ansprüche ausdrücklich zu versagen"*).

2828 Ein Anspruch des Destinatärs auf Stiftungsleistungen kann dabei durch Satzung, durch einseitige Zuerkennung durch ein Stiftungsorgan oder durch Vertrag begründet werden, BGH, NZG 2009, 1433 Rn. 12 f. und LS. 1.; BGHZ 213, 179 Rn. 26; MHdB GesR 5/*Schwake*, § 79 Rn. 20.

konkrete Vorgaben betreffend die Ausschüttungsmodalitäten in der Satzung statuieren.[2829] Die Ermessensstiftung dient zum einen dem Schutz des Stiftungsvermögens und zum anderen der Vermeidung pfändbarer Ansprüche zugunsten von Gläubigern der Destinatäre.[2830] Die Ermessensentscheidung des Stiftungsorgans kann der Destinatär grds. gerichtlich auf ihre Vereinbarkeit mit den Satzungsvorgaben überprüfen lassen.[2831] Im Übrigen wird die Leistungspflicht der Stiftung auch im Falle eines statutarischen Leistungsanspruchs des Destinatärs durch die verfügbaren Stiftungsmittel begrenzt.[2832]

Aus dem Vorstehenden ist zu konstatieren, dass die Rechtsstellung der Destinatäre allein im Belieben des Stifters steht und im hiesigen Kontext seiner Gestaltungsfreiheit überantwortet bleibt, wie er den Kreis der Destinatäre konkret bestimmt, ob er eine Reihenfolge hinsichtlich verschiedener Destinatärgenerationen vorsieht, ihnen klagbare Leistungs- und/oder Mitverwaltungsrechte einräumt und ob er die Destinatäre auch zugleich zu Organmitgliedern (z. B. im Stiftungsvorstand oder einem Stiftungsbeirat) bestimmt. Insgesamt kann er den Destinatären eine starke Rolle in der Stiftung samt vieler Mitwirkungsrechte einräumen. Da korporative Elemente mit Blick auf die Mitgliederlosigkeit und dem Primat des Stifterwillens in einer Stiftung unzulässig sind, ist jedoch hinsichtlich der Gestaltung der Mitwirkungs- und Mitbestimmungsrechte der Destinatäre darauf zu achten, dass diese nicht so weit gehen, dass eine autonome Willensbildung – unabhängig vom Stifterwillen in der Stiftung – stattfindet.[2833] Derlei Regelungen wären unzulässig.

2829 Feick/*Godron/Thress*, Stiftung, § 29 Rn. 83 ff.; *Schiffer/Schürmann*, BB 2017, 2626 (2629); *Muscheler*, WM 2003, 2213 (2214); *v. Oertzen/Reich*, DStR 2017, 1118 (1121), dort auch zu Gestaltungsaspekten hinsichtlich der Ausschüttung.

2830 Diese sind grundsätzlich nur pfändbar, wenn den Destinatären ein klagbarer Anspruch auf Stiftungsleistung zusteht, *v. Oertzen/Hosser*, ZEV 2010, 168 (172); *Rosenberger*, RNotZ 2020, 357 (371) m. w. N.; monographisch *v. Eichel*, Gläubigerzugriff auf Destinatärrechte, S. 77 ff. mit Fallbeispielen auf S. 98 ff.

2831 *Tegge*, Die Familienstiftung, S. 144 unter Verweisung auf OLG Hamm, NJW-RR 1992, 451 f.; s. a. LG Duisburg, BeckRS 2008, 11345 Rn. 10 ff.; vgl. zum Rechtsschutz gegen pflichtwidrige Satzungsbeschlüsse der Stiftungsorgane betreffend klagbaren Destinatärsrechten BAG, NJW 1991, 514 (515); *Muscheler*, WM 2003, 2213 (2218); eing. *Blydt-Hansen*, Die Rechtsstellung der Destinatäre, S. 140 f. m. w. N.

2832 Burgard/*Burgard/Heimann*, StiftR, Anh. 2 § 84a Rn. 20; *Rücker*, ZEV 2018, 451 (454); *Muscheler*, WM 2003, 2213 (2214 f.).

2833 S. diesbezüglich nur BeckOGK/*Jakob/Picht/Kopp*, 1.9.2024, BGB § 83 Rn. 34; W/S/F/*C. Fischer/Nissel*, Die Stiftung, § 7 Rn. 69; *Blydt-Hansen*, Die Rechtsstellung der

Gerade bei unternehmensverbundenen Familienstiftungen besteht neben dem Stiftungsvorstand häufig auch ein Familienrat bzw. eine Destinatärsversammlung, welchem Kontroll- und Überwachungsaufgaben, aber auch ggf. Vorschlags- und Benennungsrechte sowie Vetorechte in Bezug auf wichtige – auch das Familienunternehmen betreffende Entscheidungen – zugesprochen werden.[2834] Die Familien-Destinatäre können so im Besonderen gegenüber einem, ggf. überwiegend, mit Fremden besetzten Stiftungsvorstand ihre Interessen vertreten und so auch ihren Einfluss auf den Stiftungsvorstand und dadurch mittelbar auch auf das Familienunternehmen wahren.[2835] Dies würde es ermöglichen, dass die Familie weiterhin den maßgeblichen Einfluss auf Stiftungsebene behält.

Hinsichtlich der Besetzung von Stiftungsorganen mit Destinatären sind aber stets etwaige Interessenkollisionen aufgrund ihres Eigeninteresses zu bedenken. So bewirkt dieses Eigeninteresse der Destinatäre auf Stiftungsebene zwar eine *prima vista* optimale Erfüllung des Stiftungszwecks und stellt einen wesentlichen Grund für die eingeschränkte staatliche Aufsicht über Familienstiftungen dar.[2836] Ferner kann bereits das natürlich entstandene Näheverhältnis zwischen den Familiendestinatären dazu führen, dass zwischen ihnen ein gewisses Verbundenheitsgefühl hervorgerufen und auch das Verantwortungsgefühl gegenüber der Stiftung verstärkt werden.[2837] Gerade Destinatäre als Nachkommen des Familienunternehmers haben das Unternehmertum regelmäßig von klein auf miterlebt, weshalb sie vielfach auch unternehmerisch talentiert und interessiert sind. Jedenfalls einige von ihnen dürften daher ein langfristiges Interesse an dem Erhalt des Familienunternehmens und an der andauernden Versorgung der Fa-

---

Destinatäre, S. 127; *Wernicke*, ZEV 2003, 301 (304); näher zum Verbot korporativer Elemente als Gestaltungsgrenze des Stifters → Teil 5 B I.

2834 Vgl. dazu auch v. Campenhausen/Richter/*Hof*, StiftR-HdB, § 11a Rn. 8; MHdB GesR 5/*Gummert*, § 80 Rn. 37 f.; *Rücker*, ZEV 2018, 451 (455); BoKoStiftR/*Uffmann*, BGB § 84a Rn. 69; *C. Müller*, ZStV 2023, 55 (62 ff.); *Schewe/Hermes*, RFamU 2022, 158 (161); *Mercker*, in: Strachwitz/Mercker, Stiftungen, S. 328 (331 f.); Hannes/*Müller*, FormB Vermögens- und Unternehmensnachfolge, C. 3.10 Rn. 79 ff., S. 1282 f.

2835 Zu den Einflussnahmemöglichkeiten näher →Teil 5 B II und C.

2836 Siehe sogleich → Teil 4 H II.

2837 *C. Müller*, ZStV 2023, 55 (63); vgl. *Vieregge*, Die deutsche und die liechtensteinische Stiftung, S. 169.

milie durch die Familienstiftung haben.[2838] Aus diesem Grund liegt eine aktive Rolle der Familien-Destinatäre in der Stiftung durchaus nahe.[2839]

Das Eigeninteresse kann jedoch auch die Sicherung des Unternehmensbestandes und die Fortführung des Unternehmens im Sinne des Stifters gefährden.[2840] Denn die Destinatäre könnten Stiftung und Unternehmen vornehmlich als Einnahmequelle bzw. „*Selbstbedienungsladen*“ betrachten und eher an kurzfristiger Gewinnmaximierung als an dauerhafter Rentabilität des Unternehmens interessiert sein.[2841] Entscheidungen, die die Ausschüttungspolitik von Unternehmen und Stiftung betreffen, sollten demgemäß an eine qualifizierte Mehrheit gebunden werden, um zu verhindern, dass die Familienmitglieder die alleinige Entscheidungsmacht über die Verwendung der Erträge erlangen.[2842] Ferner könnten etwaige aufflammende Konflikte unter den Familienmitgliedern[2843] die Funktionalität und damit auch die Zweckverwirklichung der Familienstiftung gefährden. Doch kann dies in jeder Familienunternehmenskonstruktion auch ohne Stiftungsbeteiligung vorkommen, sodass dies nicht *per se* gegen die Involvierung von Destinatären in Stiftungsorganen spricht. Vielmehr bedarf es auch hier entsprechender *Governance*-Sicherungen.[2844]

Besonders bei Familienstiftungen ist ferner zu bedenken, dass die Familien-Destinatäre auch aussterben oder sonstige Änderungen der Verhältnisse (z. B. Entfremdung der Familie, starke Vergrößerung des Destinatärkreises im Laufe der Generationen)[2845] eintreten können, sodass vorgesehen werden sollte, dass der Destinatärskreis in diesem Fall ggf. erweitert oder eingeschränkt werden kann oder gar eine gänzliche „Umwandlung“ in eine gemeinnützige Stiftung

---

2838 *Vieregge*, Die deutsche und die liechtensteinische Stiftung, S. 169; zum regelmäßig bestehenden Interessengleichlauf bei entsprechender Zwecksetzung auch *Schütte*, Transparente und intransparente Stiftungen, S. 157 f., 256 f.

2839 *Kalss*, FS K. Schmidt, 2019, S. 856 (859).

2840 Vgl. etwa den Fall OLG Koblenz, NZG 2002, 135; vgl. auch den ALDI-NORD-Fall BVerwG, NZG 2019, 867; zuletzt OVG Schleswig, BeckRS 2022, 11137.

2841 Feick/*Godron*/*Thress*, Stiftung, § 29 Rn. 124; vgl. auch MHdB GesR 5/*Gummert*, § 80 Rn. 53; Hannes/*Müller*, FormB Vermögens- und Unternehmensnachfolge, C. 3.10 Rn. 6, S. 1264; *Otto*, HdB Stiftungspraxis, Teil 1 Rn. 34.

2842 Feick/*Godron*/*Thress*, Stiftung, § 29 Rn. 124.

2843 Zu Konflikten in Familienunternehmen bereits → Teil 2 A II 2.

2844 Vgl. hierzu näher → Teil 5 C III.

2845 *O. Werner*, in: Wehnert, Beiträge zum Stiftungs- und Erbrecht, S. 351 (354); Wachter/Heckschen/*Schick*/*Hemmen*, Praxis des HuGR, § 11 Rn. 658.

ermöglicht wird[2846], um so die Stiftung und damit auch das Unternehmen als solches weiter aufrechtzuerhalten.[2847] Derlei Änderungen müssen aber stets mit dem ausdrücklichen oder mutmaßlichen Stifterwillen in Einklang stehen. Um spätere Auslegungsschwierigkeiten vorzubeugen, sollten daher explizite Regelungen in der Stiftungssatzung vorgesehen werden. Sollte es zu dem vorstehenden Fall kommen, so verliert aber das Familienunternehmen seinen Charakter und wandelt sich vielmehr in ein bloßes Stiftungsunternehmen, das jedoch, jedenfalls bei entsprechenden Vorgaben, im (unternehmerischen) Sinne des Stifters fortbestehen kann.

H. Staatliche Stiftungsaufsicht

Im Rahmen der Risiken betreffend die Errichtung einer unternehmensverbundenen Familienstiftung wurde bereits angerissen, dass die Stiftungsaufsicht und deren befürchteter Einfluss auf die Familienstiftung und (mittelbar) auch auf das Familienunternehmen besonders von Familienunternehmern oftmals kritisch gesehen wird.[2848] Nachfolgend sollen deshalb im gebotenen Umfang die Grundlagen der Stiftungsaufsicht im Allgemeinen und im Speziellen hinsichtlich unternehmensverbundener Familienstiftungen erläutert werden. Zugleich wird hierbei auf die Auswirkungen der Stiftungsrechtsreform 2021 eingegangen, mit der unter anderem einige vorher in den Landesstiftungsgesetzen normierte Vorschriften nunmehr bundeseinheitlich in das BGB überführt worden sind.

2846 Zu entsprechenden Satzungsänderungsmöglichkeiten s. → Teil 4 D I 2.

2847 *O. Werner*, in: Bayer/Koch, Unternehmens- und Vermögensnachfolge, S. 103 (115, 119); zur Möglichkeit der „Umwandlung" im Wege einer Zweckänderung in eine gemeinnützige Stiftung eing. *Reich*, DStR 2019, 1341 (1343 ff.); *O. Werner*, in: Wehnert, Beiträge zum Stiftungs- und Erbrecht, S. 351. Die „Umwandlung" in eine gemeinnützige Stiftung ist dabei gem. § 13 Abs. 1 Nr. 16b erbschaft- und schenkungsteuerfrei möglich, s. a. R E 1.2 Abs. 5 ErbStR 2019; MHdB GesR 5/*Gummert*, § 80 Rn. 155.

2848 Dazu → Teil 3 B II 4.

I. Grundlegendes

Die Stiftung bürgerlichen Rechts unterliegt als einzige juristische Person der zwingenden[2849] staatlichen Stiftungsaufsicht.[2850] Dies lässt sich nunmehr explizit § 83 Abs. 2, 85a Abs. 1 S. 2 BGB entnehmen (zuvor vgl. §§ 80 Abs. 2, 87 Abs. 1 u. 2 BGB a. F).[2851] Einige wenige Regelungen zur Stiftungsaufsicht fanden sich bereits im alten Recht, das in den §§ 80 ff. BGB a. F. lediglich Regelungen über die Anerkennung (§§ 80, 83 S. 2 BGB a. F.) und Zweckänderung sowie Aufhebung (§ 87 BGB a. F.) beinhaltete (sog. Stiftungsaufsicht i. w. S). In den Landesstiftungsgesetzen[2852] fanden und finden sich hingegen ausführliche Regelungen zur laufenden Stiftungsaufsicht (sog. Stiftungsaufsicht i. e. S.).[2853]

Mit Inkrafttreten der Stiftungsrechtsreform zum 1.7.2023 sind einige zuvor noch in den Landesstiftungsgesetzen geregelten Rechte und Pflichten der Stiftungsaufsicht – unter teilweiser Erweiterung – sowie genuin zum Stiftungszivilrecht gehörende Landesnormen ins BGB überführt worden:

- Anerkennung der Stiftung (§§ 80 Abs. 2, 81 Abs. 4 BGB)
- Achtung des Stifterwillens bei der Aufsicht über die Stiftung, § 83 Abs. 2 BGB

2849 Soweit ersichtlich plädiert nur *Muscheler*, ZRP 2000, 390 (393 f.) für die Abschaffung der Stiftungsaufsicht; kritisch dazu *Andrick/Suerbaum*, Stiftung und Aufsicht, § 4 Rn. 21, wonach den Prämissen *Muschelers* die Stiftungswirklichkeit entgegenstünde. An *Muschelers* Forderung anknüpfend und für die Abschaffung jüngst aber *Weinmann*, Die uv. Stiftung, S. 220 ff. Mit Blick auf § 83 Abs. 2 BGB, der explizit die allg. Existenz der „*Aufsicht über Stiftungen*" hervorhebt, dürften derlei Auffassungen jedenfalls in naher Zukunft nicht realisiert werden. Zur Frage, ob aus § 83 Abs. 2 BGB resultiert, dass die Stiftungsaufsichtsbehörden verpflichtet seien, alle Stiftungen, insbesondere Familienstiftungen umfänglich zu beaufsichtigen sogleich unter → Teil 4 H II. *Burgard*, npoR 2024, 181 (184 f.) plädiert für ein fakultatives Opt-out für neu zu gründende Stiftungen, wenn ein Aufsichtsrat sowie eine externe Pflichtprüfung statutarisch vorgesehen werden. Zugleich plädiert er für die Übertragung der Stiftungsaufsicht auf die Amtsgerichte, infolgedessen dann die Stiftungsaufsichtsbehörden auch gänzlich abgeschafft werden könnten.

2850 Früher war auch die synonyme Bezeichnung als „*Staatsaufsicht*" verbreitet, vgl. Soergel/*Neuhoff*, BGB Vor § 80 Rn. 85. Allg. zur staatlichen Mitwirkung im Stiftungswesen *Rawert*, JöR 65 (2017), 179 (194 ff.).

2851 Zum Verhältnis der Stiftungsaufsicht zur Privatautonomie des Stifters eing. *Schröder*, DVBl. 2007, 207 (211 ff.).

2852 Ausf. dazu H/R/W/*Schulte*, Landesstiftungsrecht, Kap. 28 und 29; knapper W/S/F/*Schulte/Risch*, Die Stiftung, § 47 Rn. 35 ff.

2853 Begriffliche Unterscheidung nach W/S/F/*Winkler*, Die Stiftung, § 27 Rn. 24 f.

- Erteilung einer Ausnahmegenehmigung zum Teilverbrauch des Grundstockvermögens, § 83c Abs. 3 BGB
- Notmaßnahmen bei fehlenden Organmitgliedern, § 84c BGB
- Zuständigkeit, Verfahren und Genehmigung von Satzungsänderungen, § 85a BGB
- Verfahren der Zulegung oder Zusammenlegung, § 86b BGB
- Behördliche Zulegung oder Zusammenlegung, 86e BGB
- Auflösung der Stiftung, § 87 Abs. 3 BGB
- Aufhebung der Stiftung, § 87a BGB.[2854]

Das materiell-rechtliche Stiftungszivilrecht ist nun bundeseinheitlich und abschließend im BGB geregelt sein[2855], weshalb die Landesstiftungsgesetze diesbezüglich zu bereinigen sind. Sie werden künftig als „*[reine Aufsichtsgesetze]*" fungieren.[2856] Im Übrigen bleibt das Aufsichtsrecht der Stiftungsaufsichtsbehörden weiterhin dem Landesstiftungsrecht vorbehalten.[2857] Da die bundesrechtlichen Vorschriften zur Novellierung des BGB zum 1.7.2023 in Kraft getreten sind, mussten auch die landesrechtlichen Regelungen an das geänderte Bundesrecht bis zum 1.7.2023 angepasst werden. Dafür hatten *Hüttemann* und *Rawert* einen „*Modellentwurf eines Landesstiftungsgesetzes*"[2858] vorgelegt, der freilich von den Bundesländern augenscheinlich nicht herangezogen worden ist. Die Landesregierung Brandenburg hat als erstes Bundesland ein bereinigtes und angepasstes Stiftungsgesetz beschlossen, das gem. des Art. 6 Abs. 1 am 1.7.2023 in Kraft getreten ist.[2859] Einige weitere Bundesländer – zum 15.11.2024 mit Ausnahme von

2854 Zu den einzelnen Neuregelungen s. Schauhoff/Mehren/*Rohn/Staats*, Stiftungsrecht nach der Reform, Kap. 8 Rn. 1 ff.; bündig *W. Windeknecht/P. Windeknecht*, NWB 2022, 1431 (1437 f.); *Kretschmann*, ZStV 2023, 80; *Lorenz/Meyers*, DStR 2023, 2013; *Alvermann/Cremers*, DStR 2023, 1667 (1670 f.); umfassend kürzlich *Orth*, ZStV 2024, 3.

2855 BT-Drs. 19/28173, S. 29.

2856 BeckOGK/*Jakob/Uhl*, 1.7.2022, BGB § 80 Rn. 70; vgl. auch *Mehren/Lorenz*, DStR 2020, 2547 (2549).

2857 Zur diesbezüglichen Landesgesetzgebungskompetenz für die Stiftungsaufsicht (i. e. S.) s. nur *Suerbaum*, in: Die Stiftung – Jahreshefte zum Stiftungswesen, 14. Jahrgang, S. 19 (26) m. z. N.; BeckOGK/*Jakob/Uhl*, 1.7.2022, BGB § 80 Rn. 88 ff., 109; eing. *Achilles*, npoR 2023, 185.

2858 *Hüttemann/Rawert*, ZIP 2021, Beilage zu Heft 33, S3 (S41 ff.).

2859 Gesetz zur Änderung stiftungsrechtlicher und weiterer Vorschriften v. 30.6.2022, GVBl. 2022 I Nr. 18; dazu Landtag Brandenburg, Drs. 7/4597.

Rheinland-Pfalz, dem Saarland und Thüringen[2860] – haben ebenfalls entsprechende Neufassungen ihrer Stiftungsgesetze beschlossen und verkündet.[2861]

Doch worin ist der Grund für eine Aufsicht über Stiftungen zu erblicken? Eine Stiftung hat – wie bereits erwähnt – keine Eigentümer in Form von Anteilseigener oder Mitgliedern, sodass insofern *„die ordnende und kontrollierende Kraft des Eigentums“*[2862] fehlt. Als Korrelat des eigentümlichen Schutz- bzw. Kontrolldefizits einer Stiftung[2863] bedarf es grundsätzlich der Stiftungsaufsicht als Kontrollinstanz und Garant des im Stiftungszweck zum Ausdruck kommenden Stifterwillens.[2864] Die Stiftungsaufsicht hat insofern primär eine Hüter-Funktion[2865] und das allein gegenüber und im Interesse der Stiftung.[2866] Eine streitschlichtende (i. S. e. Medi-

---

2860 Bei denjenigen Ländern, die noch kein neues Landesstiftungsgesetz erlassen haben, unterliegt entgegenstehendes oder ergänzendes Landesstiftungsrecht dem Verdikt des Art. 31 GG und sind damit nichtig, vgl. Burgard/*Hense*, StiftR, Anh § 82 Rn. 6 (mit dortiger Fn. 32); Richter/*Gollan*, Stiftungsrecht, § 3a Rn. 12; *Lorenz/Meyers*, DStR 2023, 2013; *Kretschmann*, ZStV 2023, 80; *Alvermann/Cremers*, DStR 2023, 1667 (1671); *Orth*, ZStV 2024, 3 (4).

2861 Dazu ausf. *Orth*, ZStV 2024, 3; *Kretschmann*, ZStV 2023, 80; *Lorenz/Meyers*, DStR 2023, 2013; *Alvermann/Cremers*, DStR 2023, 1667 (1670 f.); zum aktuellen Stand der Neufassungen in den einzelnen Bundesländern s. die laufend aktualisierte Übersicht des *BDS* (https://t1p.de/spcj1).

2862 *Kalss*, FS G. D. Karth, S. 499 (509).

2863 Vgl. OVG Saarlouis, BeckRS 2021, 398 Rn. 11 („*Diese Schutzbedürftigkeit der Stiftung ist der maßgebliche Grund dafür, dass sie der staatlichen Aufsicht unterstellt wird*“); OLG Hamburg, NZG 2024, 252 Rn. 51; *Jakob*, Schutz der Stiftung, S. 95 ff.; Richter/*K. Fischer*, Stiftungsrecht, § 8 Rn. 5; jew. m. w. N.; speziell bei unternehmensverbundenen Stiftungen samt ökonomischer Analyse *Thymm*, Das Kontrollproblem der Stiftung, S. 37 ff., 79 ff.

2864 BGHZ 99, 344 (348); BVerwG, NJW 1991, 713; BVerwGE 172, 85 Rn. 31; VG Cottbus, ZStV 2017, 135 (139); BeckOK BGB/*Backert*/*J. Stürner*, 71. Ed. 1.5.2022, § 80 Rn. 29; vgl. auch Abschlussbericht der Bund-Länder-Arbeitsgruppe Stiftungsrecht vom 19.10.2001, S. 56. Hierin wird auch neben bzw. i. V. m. einem allg. öffentlichen Interesse an der Funktionsfähigkeit des Instituts der Stiftung, die Legitimation der Stiftungsaufsicht erblickt, eing. dazu *A. Werner*, Die Zustiftung, S. 322 ff., 331 f. m. w. N.

2865 Weiter wird ihr eine Schutz-, Kontroll-, Garantie-, Beratungs- und Koordinierungsfunktion zugesprochen, s. näher *Jakob*, Schutz der Stiftung, S. 258; H/R/W/*Schulte*, Landesstiftungsrecht, Kap. 28 Rn. 28. 31 ff.; BoKoStiftR/*Muscheler*, BGB § 80 Rn. 64; s. a. *Rawert*, JöR 65 (2017), 179 (198 ff.), jedoch mit kritischem Blick auf die Beratungsfunktion; zur Beratungsfunktion → Fn. 2984.

2866 Vgl. BVerwG, NJW 1985, 2964 sowie zuvor OVG Lüneburg, NJW 1985, 1572 in Abgrenzung zu Interessen der Destinatäre; VGH Baden-Württemberg, BeckRS

ators) oder gar streitentscheidende Funktion ist ihr jedoch nicht zugewiesen.[2867] Ein Organ der Stiftung ist die Stiftungsaufsicht nicht.[2868]

Sie hat als reine Rechtsaufsicht[2869] (vgl. explizit Art. 10 Abs. 1 LStiftG Bayern) die Aufgabe, darüber zu wachen, dass die Organe der Stiftung ihre gesetzlichen Pflichten besonders unter Wahrung des vom Stifter festgelegten Stiftungszwecks erfüllen. Damit dient sie zugleich auch dem öffentlichen Interesse[2870] und gerade nicht dem privaten Interesse der Mitglieder eines ihrer Organe oder sonstigen

---

2006, 23996 Rn. 33 in Abgrenzung zu Interessen der Organmitglieder; s. a. VGH Mannheim, BeckRS 2022, 15469 Rn. 74 m. w. N.; zuletzt VG München, BeckRS 2024, 3870 Rn. 39 ff., 43 und öfter ; BoKoStiftR/*Muscheler*, BGB § 80 Rn. 65; **a. A.** bzgl. Organmitgliedern für den Fall der Auflösung einer Stiftung BeckOGK/*Jakob/Picht/Kopp*, 1.9.2024, BGB § 83 Rn. 64.5, die in der Auflösung einer Stiftung die Verletzung eigener subjektiver Rechte der Organe sehen, weil diese dauerhaft an der Wahrnehmung ihrer Organaufgaben gehindert würden.

2867 Vgl. OVG Lüneburg, ZStV 2021, 227 Rn. 26 m. Anm. *B. Beyer*; dies bestätigen auch Erfahrungsberichte von Praktikern, s. *Kaufmann*, Stiftung und Konflikt, S. 146, nach denen „*sich die Aufsicht jedoch ausdrücklich nicht als Mediator [...]*“ versteht. Zur Frage, ob der Stiftungsaufsichtsbehörde betreffend zivilrechtliche Fragestellung nur eine reine Evidenzkontrolle oder eine vollumfängliche Prüfungspflicht trifft, s. einerseits OVG Lüneburg, ZStV 2021, 227 Rn. 26 und andererseits BVerwG, NZG 2019, 867 Rn. 23; differenzierend *B. Beyer*, ZStV 2021, 227 (235); speziell betreffend Fragen der Wirksamkeit eines Stiftungsgeschäfts s. BVerwGE 29, 314 (316): „*[...] die Genehmigungsbehörde nach §§ 80 ff.* [BGB ist] *nicht berufen, einen Streit oder gar einen Rechtsstreit über die Gültigkeit des Stiftungsgeschäftes zu entscheiden. Hat das Stiftungsgeschäft Mängel, so wird die Genehmigungsbehörde auf deren Beseitigung hinwirken können. Einen Streit der Beteiligten über die Gültigkeit des Stiftungsgeschäfts hat die Genehmigungsbehörde nicht zu entscheiden. Hierfür ist vielmehr das Zivilgericht zuständig.*“; VG München, BeckRS 2024, 3870 Rn. 43; vgl. ebenso bezogen auf Kompetenzfragen zwischen den Stiftungsorganen Schauhoff/Ufer/*Schauhoff/Kampermann*, Gemeinnützige Unternehmen, § 1 Rn. 120 a. E.; VGH Mannheim, BeckRS 2022, 15469 Rn. 108 („*Für Organstreitigkeiten in der Stiftung sind die zivilgerichtlichen Rechtsbehelfe vorrangig*“); zu Fragen der wirksamen Organbestellung OVG Schleswig, BeckRS 2022, 11137 Rn. 67.

2868 Explizit BGH, NZG 2015, 38 Rn. 24; M/L/L/*Bayer/Scholz*, Managerhaftung, § 3 Rn. 1493; Andrick/Suerbaum/*Andrick*, StiftG NRW, § 7 Rn. 9.

2869 Grdl. BVerwGE 40, 347 (350); BGHZ 99, 344 (348); zuvor (jdf. für das LStiftG Bayern) ausdrücklich bereits VGH Bayern, Urt. v. 26.5.1954 – Nr. 7 V 50, StiftRspr. I, S. 7 (8) = DÖV 1954, 667 („*Die Stiftungsaufsicht ist eine Rechtsaufsicht*“).

2870 Allg. M.: BVerwG, NJW 1985, 2964; BGHZ 99, 344 (348); OVG Schwesig, BeckRS 2022, 11137 Rn. 146; S/S/S/P/*Suerbaum*, StiftR, Teil C, Landesstiftungsrecht Rn. 184 m. w. N.

Stiftungsbeteiligten. Ob die Organe bei ihrem Handeln auch zweckmäßig handeln, unterliegt hingegen nicht der Kontrolle der Stiftungsaufsicht; ihr ist es nicht erlaubt, Zweckmäßigkeitserwägungen, insbesondere des Stiftungsvorstands, zu ersetzen.[2871]

Für ihr Handeln leitend ist – wie für die sonstigen Stiftungsbeteiligten ebenfalls – der historische oder hilfsweise der mutmaßliche Stifterwille (vgl. § 83 Abs. 2 BGB).[2872] Zu welchem Zeitpunkt die Stiftungsaufsicht konkret tätig wird, obliegt ihrem pflichtgemäßen Ermessen (§ 40 [L]VwVfG, § 114 VwGO). Im Besonderen ist sie bei Anstößen oder Aufforderungen von anderen Stiftungsbeteiligten (z. B. Organmitglieder, Destinatären, sonstige Dritte [z. B. Erbe, Gläubiger] oder Familienangehörige)[2873] daher nicht zum Handeln verpflichtet, sondern trifft nach pflichtgemäßem Ermessen selbst eine Entscheidung im Einzelfall.[2874] Mit der behördlichen Pflicht zur Ausübung der Rechtsaufsicht korrespondiert grundsätzlich kein Anspruch eines Organmitgliedes oder eines Dritten auf ein Einschreiten der Stiftungsaufsichtsbehörde.[2875] Die gilt ebenfalls im Falle einer Familienstiftung, sodass im Besonderen Familien-Destinatäre – ohne statutarische Rechte – keinen Anspruch auf Einschreiten zur Unterbindung ihnen nachteiliger Rechtsverletzungen durch die Stiftungsorgane gegen die Stiftungsaufsichtsbehörde haben.[2876] Die Stiftungsbeteiligten, im Besonderen die Organe, sind im Übrigen

---

2871 Grdl. BVerwGE 40, 347 (352); BSG, DStR 2021, 2649 Rn. 21; *Hof*, S&S 2/2003, 17 (19); *Markworth*, ZGR 2020, 832 (840) m. w. N.; speziell in Bezug auf die Vermögensverwaltung luzid *Meinecke*, ZStV 2023, 134 (135 ff.); vgl. aber auch OVG Bremen, BeckRS 2022, 5911 Rn. 8 f. (Ermessensentscheidung bzgl. Untersagungsverfügung gegen Geschäftsführung der Stiftung); kritisch und für eine gewisse Zweckmäßigkeitsprüfung *Schwarz*, BB 2001, 2381 (2386).

2872 Plastisch statt aller Burgard/*Hense*, StiftR, Anh § 82 Rn. 28 („*Der Stifterwillen ist der archimedische Punkt stiftungsaufsichtlichen Wirkens.*").

2873 Vgl. dazu Richter/*Richter*, Stiftungsrecht, § 10 Rn. 173; *Tischer*, Aufsicht und Kontrolle, S. 94 ff. m. w. N.; siehe aber auch OVG Berlin, NVwZ-RR 2003, 323 (325 f.).

2874 *Ebersbach*, HdB des Deutschen Stiftungsrechts, S. 131; MHdB GesR 7/*G. Roth*, § 96 Rn. 6 a. E.; *Volkholz*, Privatautonomie bei der Errichtung von Stiftungen, S. 367 m. w. N.; bzgl. Gläubiger explizit *Stengel*, Stiftung und Personengesellschaft, S. 140; instruktiv zu Erben des Stifters VG München, BeckRS 2024, 3870 Rn. 39 ff., 43 ff., 71 ff. m. zust. Anm. *Theuffel-Werhahn*, ZStV 2024, 135 (150).

2875 M. w. N.VGH Mannheim, BeckRS 2022, 15469 Rn. 74, 120 sowie → Fn. 2866; *Burgard*, Gestaltungsfreiheit im Stiftungsrecht, S. 281; *Jakob*, Schutz der Stiftung, S. 379.

2876 BVerwG, NJW 1985, 2964; bestätigt BVerwG, Beschl. v. 6.10.1988 – 7 B 202.87, – juris Rn. 3; VG München, BeckRS 2024, 3870 Rn. 39 ff., 43 ff., 71 ff.; vgl. auch *Tischer*, Aufsicht und Kontrolle, S. 54.

von etwaigen Maßnahmen der Stiftungsaufsicht grundsätzlich nur reflexhaft betroffen.[2877] Etwas anderes gilt in Bezug auf behördliche Maßnahmen nur, wenn Organmitglieder in ihrer eigenen Rechtsstellung betroffen werden und daher selbst Adressat der Maßnahme sind, nicht die Stiftung als Rechtsträgerin (z. B. explizite Abberufung, Suspendierung oder Handlungsaufforderungen seitens der Stiftungsaufsichtsbehörde).[2878] Nach altem und auch nach neuem Recht steht Stiftungsbeteiligten, insbesondere dem Stifter und den Destinatären, nach h. M. im Übrigen kein „*Notklagerecht*" bzw. ein subjektiv-öffentliches Recht auf Einschreiten der Stiftungsaufsichtsbehörde zu.[2879] Überhaupt muss sich ein etwaiges

2877 VGH Mannheim, BeckRS 2022, 15469 Rn. 74 m. z. N. sowie → Fn. 2866.

2878 Vgl. VGH Mannheim, BeckRS 2022, 15469 Rn. 76, 86 ff. (zur Ablehnung der Etablierung eines solchen Rechts im Wege richterlicher Rechtsfortbildung); VGH München, BeckRS 2010, 9882 Rn. 7; OLG Frankfurt a. M., NZG 2019, 22 Rn. 55; *Feick/K. Fischer*, ZStV 2017, 27 (29); MHdB GesR 7/*G. Roth*, § 96 Rn. 24.

2879 M. w. N. VG Sigmaringen, BeckRS 2020, 11026 Rn. 66 ff.; bestätigt durch VGH Mannheim, BeckRS 2022, 15469 Rn. 62, 73 ff.; VGH Baden-Württemberg, BeckRS 2006, 23996 Rn. 37; OVG Schleswig, BeckRS 2022, 11137 Rn. 67; OLG Hamm, NZG 2022, 676 Rn. 38 ff., 46 ff.; zuletzt VG München, BeckRS 2024, 3870 Rn. 71 ff.; m. w. N.; *v. Thunen/Möller*, ZStV 2024, 83 (87 f.); *Muscheler*, JZ 2024, 322 (331 mit dortiger Fn. 34); Richter/*Richter*, Stiftungsrecht, § 10 Rn. 173; MHdB GesR 7/*G. Roth*, § 96 Rn. 31, der dies jedoch *de lege ferenda* für „*überlegenswert*" erachtet; für ein allgemeines Notklagerecht (*actio pro fundatione*) Stiftungsinteressierter gegenüber existenzbedrohenden Maßnahmen der Stiftungsaufsichtsbehörde bereits *de lege lata Kämmerer/Weitemeyer*, FS K. Schmidt, 2019, S. 601 (619); *Gollan*, ErbR 2020, 700 (703); MüKoBGB/*Weitemeyer*, § 85 Rn. 28 ff.; BeckOGK/*Jakob/Picht/Kopp*, 1.9.2024, BGB § 83 Rn. 64.5 ff.; dagegen auf Grundlage der *lex lata* überzeugend VGH Mannheim, BeckRS 2022, 15469 Rn. 86 ff.; OLG Hamm, NZG 2022, 676 Rn. 41; VG München, BeckRS 2024, 3870 Rn. 71 ff. Kürzlich ein deutsche „*Stiftungsaufsichtserinnerung*" nach dem Vorbild der schweizerischen Stiftungsaufsichtsbeschwerde für Personen, die ein „*berechtigtes Kontrollinteresse*" aufweisen können, vorschlagend *Eßer*, Stiftungskontrolle, S. 133 ff., 219 ff., 233 (Regelung in § 83d BGB-E); eher für eine *actio pro fundatione* nur zugunsten der Organe, dem Stifter und klageberechtigten Destinatären mit Normvorschlag *Burgard*, npoR 2024, 181 (186 f.); vgl. auch *§ 85 Abs. 3 BGB-PE*, der jedoch nur auf Organmitglieder beschränkt ist, dazu *Arnold et al.*, ZIP 2020, Beilage zu Heft 10, S3 (S8 f.). Eine *actio pro fundatione*, wie von *Burgard* vorgeschlagen, dürfte im Hinblick darauf, dass die Stiftungsbehörden bereits aktuell unterbesetzt sind und gemeinhin knappe Ressourcen haben, sinnvoller und aus Sicht der Stiftungen – insbesondere Familienstiftungen – nützlicher sein.

Klagerecht eines Stiftungsbeteiligten nach h. M. vielmehr aus der Stiftungssatzung selbst im Wege der Auslegung oder explizit herleiten lassen.[2880]

Die Maßnahmen der Stiftungsaufsicht erfolgen vornehmlich auf Grundlage des jeweils anwendbaren Landesstiftungsgesetzes, des BGB, oder auch nach Maßgabe der individuellen Stiftungssatzung.[2881] Sie hat bei ihren Maßnahmen und Eingriffen einerseits den Grundsatz der Subsidiarität und andererseits den Grundsatz der Verhältnismäßigkeit zu wahren.[2882] Das Subsidiaritätsprinzip (vgl. §§ 85a Abs. 2, 86b Abs. 2 und 87a Abs. 1 BGB) besagt, dass die Aufsichtsbehörde erst dann handeln darf, wenn es der Stiftung nicht selbst möglich ist, Abhilfe zu schaffen und Maßnahmen nur dann gerechtfertigt sind, wenn und soweit konkrete Anhaltspunkte dafür bestehen, dass die Stiftungsorgane sich satzungs- und/oder gesetzeswidrig verhalten könnten.[2883] Nach dem Verhältnismäßigkeitsprinzip muss eine aufsichtsbehördliche Maßnahme zur Förderung eines legitimen Zwecks geeignet, erforderlich und angemessen sein.[2884] Ein Zweck erweist sich dann als legitim, wenn er mit den Funktionen der Stiftungsaufsicht in Einklang steht und seine Umsetzung die Stiftungsautonomie achtet.[2885] Demgemäß stehen der Stiftungsaufsichtsbehörde nach den unterschiedlichen Landesstiftungsgesetzen (zu Recht) nur begrenzt[2886] Eingriffsmöglichkeiten[2887] zu, die von reinen Auskunft- und Rechenschaftspflichten über die originäre Genehmigung von Satzung und Satzungsänderungen, Anzeige oder Genehmigungspflicht von Rechtsgeschäften

---

2880 Vgl. die Nachweise in vorstehender Fn. 2879 sowie zum Meinungsstand insgesamt MüKoBGB/*Weitemeyer*, § 85 Rn. 29 ff. i. v. m. § 80 Rn. 82.; für einen Vorschlag einer entsprechenden Satzungsregelung für ein Klagerecht von Organmitgliedern Burgard/*Burgard/Heimann*, Stiftungsrecht, Anh. 1 § 84a Rn. 39.

2881 Zu den Rechtsquellen statt anderer Richter/*K. Fischer*, Stiftungsrecht, § 8 Rn. 19 ff.

2882 Vgl. BGH, NJW 1994, 184 (186); VG Bremen, BeckRS 2020, 36074 Rn. 50; MüKoBGB/*Weitemeyer*, § 80 Rn. 71; Staudinger/*Hüttemann/Rawert*, BGB Vorb. §§ 80 ff. Rn. 135; *Eßer*, Stiftungskontrolle, S. 60 ff.; *S. Seyfarth*, ZSt 2008, 145; jew. m. w. N.

2883 OVG Saarlouis, BeckRS 2021, 398 Rn. 11; vgl. *Krumm*, JA 2010, 849 (852).

2884 MHdB GesR 5/*Schwake*, § 79 Rn. 348; VG Cottbus, ZStV 2017, 135 (140).

2885 Richter/*K. Fischer*, Stiftungsrecht, § 8 Rn. 43; vgl. auch VG Cottbus, ZStV 2017, 135 (140).

2886 Vgl. *Weitemeyer*, ZGR 2019, 238 (244); *Markworth*, ZGR 2020, 832 (840).

2887 Zum Instrumentarium der Stiftungsaufsichtsbehörden s. die Übersicht bei MHdB GesR 5/*Mecking*, § 103 Rn. 48 sowie im Einzelnen MHdB GesR 5/*Gottschald/Knoop*, § 105 Rn. 1 ff.; *Rawert*, JöR 65 (2017), 179 (205 ff.); *W. Windeknecht/P. Windeknecht*, NWB 2022, 1431 (1432 f.); im Hinblick auf die reformierten Landesstiftungsrechte ausf. *Orth*, ZStV 2024, 3 (20 ff.).

sowie sogar der Erteilung von Weisungen gegen die Stiftung und ihre Organe reichen. Für unternehmensverbundene Stiftungen relevant sind dabei vornehmlich die in manchen Landesstiftungsgesetzen rechtsgeschäftlichen Anzeigepflichten oder Genehmigungsvorbehalte für die Aufnahme von Darlehen, die Übernahme von Bürgschaften, die Veräußerung und Belastung von Grundstücken, die Begründung sonstiger Verpflichtungen, die ein Einstehen der Stiftung für fremde Schuld zum Gegenstand haben, die Gewährung unentgeltlicher Zuwendungen, Rechtsgeschäfte der Stiftung mit Mitgliedern von Stiftungsorganen und die Annahme von Zuwendungen, die mit einer Last verknüpft sind, oder die einem anderen Zweck als dem/denen in der Stiftungssatzung vorgesehenen dienen sollen.[2888]

Im Besonderen Genehmigungsvorbehalte, Weisungsbefugnisse, Abberufungen, die Beanstandung und das Aufhebungsverlangen betreffend (fehlerhafter) Beschlussfassungen[2889], sowie die Möglichkeit zur hoheitlichen Satzungsänderung[2890] sind geeignet, Stiftungen durch den steuernden rechtsgestaltenden Charakter in ihrer Autonomie durchaus einzuschränken.[2891] U. a. deshalb gilt es zu beachten, dass aufsichtsrechtliche Maßnahmen, die sicherstellen sollen, dass die Angelegenheiten der Stiftung in Übereinstimmung mit dem Gesetz und der Stiftungssatzung besorgt werden, nur dann zulässig sind, wenn sie – gerade auch im Einzelfall – verhältnismäßig im vorstehend erläuterten Sinne sind. Das anlasslose Tätigwerden gegenüber einer Stiftung ist demgemäß unzulässig, wenn und soweit die Maßnahme nicht auch im Einzelfall zur Gewährleistung einer ordnungsgemäßen Stiftungsverwaltung bzw. des Schutzes der Stiftung erforderlich ist.[2892] Dieser beschränkte Zweck der Stiftungsaufsicht als Rechtsaufsicht wird gerade durch die zurückhaltende Definition der behördlichen Befugnisse durch die Landesge-

2888 M. w. N. *Orth*, ZStV 2024, 3 (20 f); *Kretschmann*, ZStV 2023, 80 (84 f.); *Lorenz/Meyers*, DStR 2023, 2013 (2017); *S. Vogel*, Unternehmensverbundene Verbrauchsstiftung, S. 24; Richter/*K. Fischer*, Stiftungsrecht, § 8 Rn. 92 ff.; kritisch und für eine Streichung derlei Anzeige- und Genehmigungserfordernisse MHdB GesR 5/*Mecking*, § 103 Rn. 49.

2889 Vgl. speziell hierzu *Rawert*, NPLY 2019, S. 97 (111 f.); im Detail S/S/S/P/*Suerbaum*, StiftR, Teil C, Landesstiftungsrecht Rn. 222 ff.

2890 S. dazu m. N. Richter/*K. Fischer*, Stiftungsrecht, § 8 Rn. 98; zu den Satzungsänderungsmöglichkeiten eing. → Teil 4 D I 2.

2891 Vgl. *Frischmuth*, ZStV 2021, 190 (196); eing. *A. Werner*, Die Zustiftung, S. 312 ff.; zu den Grenzen stiftungsaufsichtsbehördlichen Handelns OVG Saarlouis, BeckRS 2021, 398 Rn. 11 ff.; instruktiv auch *Hof*, S&S 2/2003, 17 (18 f.).

2892 VG Cottbus, ZStV 2017, 135 (140) m. zust. Anm. *Thesing*; vgl. S/S/S/P/*Suerbaum*, StiftR, Teil C, Landesstiftungsrecht Rn. 179.

setzgeber verdeutlicht.[2893] Von mehreren möglichen Maßnahmen hat sie zudem mit Blick auf das Primat des Stifterwillens grundsätzlich diejenige zu treffen, die dem Willen des Stifters am besten entspricht, wobei einer stiftungsautonomen Korrektur freilich stets Vorrang gebührt.[2894] Deshalb sind in jüngerer Zeit seitens der Rechtsprechung auch zutreffender Weise hohe Anforderungen namentlich an die Abberufung und Tätigkeitsuntersagung betreffend Stiftungsorganmitglieder gestellt und dabei auch die Beachtung des Verhältnismäßigkeits- und Subsidiaritätsprinzips betont worden.[2895] Vor diesem Hintergrund ist es verständlich, dass die Stiftungsaufsichtsbehörden in der Praxis bislang nur selten von ihren Aufsichtsinstrumentarien Gebrauch machen.[2896]

Damit die zuständige Stiftungsaufsichtsbehörde ihre Aufsicht über eine Stiftung wirksam ausüben kann[2897], sieht § 83a BGB nunmehr ausdrücklich vor, dass die Verwaltung der Stiftung im Inland geführt werden muss.[2898] Damit wird

---

2893 Vgl. VGH Mannheim, BeckRS 2022, 15469 Rn. 51 a. E.

2894 VG Bremen, BeckRS 2020, 36074 Rn. 49 f.; S/S/S/P/*Suerbaum*, StiftR, Teil C, Landesstiftungsrecht Rn. 181.

2895 VG Bremen, BeckRS 2020, 36074; bestätigt durch OVG Bremen, BeckRS 2022, 5911; OVG Saarlouis, BeckRS 2021, 398; VG Freiburg, npoR 2022, 143; vgl. auch *W. Windeknecht/P. Windeknecht*, NWB 2022, 1431 (1435).

2896 Vgl. Westermann/Wertenbruch/*Blaum*, PersGesR-HdB, 83. Lieferung 04.2022, I. Teil § 57 Rn. 3828.

2897 BT-Drs. 19/28173, S. 52; scharfe und überzeugende Kritik hinsichtlich der gesetzgeberischen Ansicht, dass eine wirksame Stiftungsaufsicht nur wirksam ausgeübt werden könnte, wenn der Verwaltungssitz der Stiftung sich im Inland befinde von Burgard/*Burgard*, StiftR, § 83a Rn. 7 ff.; *Burgard*, npoR 2024, 181 (187), der dies jedenfalls „*in dieser Allgemeinheit* [für] *schlicht falsch*" erachtet; vgl. zum drohenden Aufsichtsvakuum aufgrund des geltenden sog. Territorialprinzips aber auch BeckOGK/*Kopp*, 15.9.2024, BGB § 83a Rn. 53 f., der jedoch zu Recht konstatiert, dass dies zur Einschränkung der Niederlassungsfreiheit allein nicht ausreichend sein dürfte.

2898 BT-Drs. 19/28173, S. 29, 33, 52 f.; s. a. Orth/Uhl/*Uhl/Orth*, Stiftungsrechtsreform 2021, Rn. 175 f., 464; prägnanter Überblick bei *Wachter*, DB 2023, 17 (25 ff.). Zum Internationalen Stiftungsprivatrecht bzw. -kollisionsrecht Richter/*Niermann*, Stiftungsrecht, § 30 Rn. 5 ff.; BeckOGK/*Kopp*, 15.9.2024, BGB § 83a Rn. 38 ff.; *Omlor*, DStR 2021, 2644; *Feick/Schwalm*, NZG 2021, 334; eing. *Mogck*, Mobilität gemeinnütziger Stiftungen, *passim*; kürzlich *Schwarzer*, Stiftungskollisionsrecht, S. 104 ff.; aus der Rspr. vgl. BGH, NZG 2016, 1187 Rn. 11 ff.; speziell zu unionalen Aspekten BeckOGK/*Geibel*, 15.6.2023, BGB § 80 Rn. 887 ff. Allg. zur Sitzverlegung von Stiftungen im In- und Ausland im neuem Stiftungsrecht *Arnold*, FS H. Schack, S. 3; *Hilser/Wagner/Wunderlich*, RIW 2022, 796 (798 ff.); BeckOGK/*Kopp*, 15.9.2024,

erstmals[2899] der Begriff des Verwaltungssitzes[2900] in das BGB eingeführt sowie letztlich für Stiftungen[2901] ein Wegzugsverbot ins Ausland, nicht jedoch innerhalb Deutschlands[2902] statuiert.[2903] Der Ort der Verwaltung der Stiftung ist dabei der Ort, an dem schwerpunktmäßig die Geschäftsführungsorgane der Stiftung tätig

---

BGB § 83a Rn. 72 ff.; *Schwarzer*, Stiftungskollisionsrecht, S. 147 ff. mit Fallkonstellationen.

2899 Für die GbR findet sich in § 706 S. 1 BGB ebenfalls der Begriff samt Legaldefinition: *„Sitz der Gesellschaft ist der Ort, an dem deren Geschäfte tatsächlich geführt werden (Verwaltungssitz)"*.

2900 Immer dort, wo im BGB nur von dem „Sitz" der Stiftung die Rede ist (z. B. §§ 81 Abs. 1 Nr. 1 lit. c), 85 Abs. 2, 85a Abs. 3 BGB), ist der Satzungssitz gemeint, s. *Hilser/Wagner/Wunderlich*, RIW 2022, 796 (805); Orth/Uhl/*Uhl*, Stiftungsrechtsreform 2021, Rn. 173 f.; zur Unterscheidung zwischen Satzungs- und Verwaltungssitz der Stiftung Burgard/*Burgard*, StiftR, § 83a Rn. 1 f.; prägnant auch *Wachter*, DB 2023, 17 (22 f.).

2901 Für Kapitalgesellschaften und Personen(handels)gesellschaften gilt dies nicht, sodass insofern eine widersprüchliche Rechtslage geschaffen wird, s. m. N. *Hilser/Wagner/Wunderlich*, RIW 2022, 796 (805).

2902 Bundeslandübergreifende (interlokale) Verwaltungssitzverlegungen sind demgemäß weiterhin und mit Blick auf § 85a Abs. 3 BGB nunmehr explizit zulässig, s. *Baßler/Stöffler/Blecher*, GmbHR 2021, 1125 Rn. 31; *Schwalm*, NotBZ 2022, 81 (88); BeckOGK/*Kopp*, 15.9.2024, BGB § 83a Rn. 37. Auch der Satzungssitz muss wie nach vorheriger zutreffender Auffassung im Inland sein, sodass aus § 83a BGB kein Umkehrschluss gezogen werden darf, s. luzid *Hilser/Wagner/Wunderlich*, RIW 2022, 796 (805) m. z. N.; ebenso *Wachter*, DB 2023, 17 (23); BeckOGK/*Kopp*, 15.9.2024, BGB § 83a Rn. 26 a. E.

2903 Vgl. Richter/*Niermann*, Stiftungsrecht, § 31 Rn. 81a; *Hilser/Wagner/Wunderlich*, RIW 2022, 796 (805, 808), die jedoch für eine Zulässigkeit von Verwaltungssitzverlegungen ins Ausland plädieren. Kritisch zu dieser Norm und § 87a Abs. Nr. 3 BGB, insbesondere bzgl. der Vereinbarkeit mit europäischem Recht *Baßler/Stöffler/Blecher*, GmbHR 2021, 1125 Rn. 32 ff.; *Schwalm*, NotBZ 2022, 81 (88); *Schauer*, npoR 2022, 54 (58); bzgl. *„private Familienstiftungen"* zweifelnd auch *Wachter*, DB 2023, 17 (23); **a. A.** wohl zu Recht BT-Drs. 19/28173, S. 29, 33, 52 f.; zustimmend mit überzeugender Begründung *Arnold*, FS H. Schack, S. 3 (11 f.); im Anschluss *Schwarzer*, Stiftungskollisionsrecht, S. 247 ff.; i. Erg. auch BeckOGK/*Kopp*, 15.9.2024, BGB § 83a Rn. 10; keine unionsrechtlichen Bedenken hegt auch *R. Werner*, ErbR 2021, 482 (483 f.); i. Erg. auch Burgard/*Burgard*, StiftR, § 83a Rn. 5 a. E.; differenzierend zu § 87a Abs. Nr. 3 BGB *Hilser/Wagner/Wunderlich*, RIW 2022, 796 (807 f.). Für die Abschaffung von § 83a BGB plädiert *Burgard*, npoR 2024, 181 (187).

sind.[2904] Wenn die zuständigen Stiftungsorgane die Verwaltung der Stiftung ins Ausland verlegen, führt dies nicht zur automatischen Auflösung oder Aufhebung der Stiftung. Vielmehr hat die Stiftungsaufsichtsbehörde zunächst auf eine Rückgängigmachung hinzuwirken. Sofern – und auch erst dann – die Verlegung nicht innerhalb angemessener Zeit rückgängig gemacht werden kann, ist die Stiftung *ultima ratio* von der Stiftungsaufsichtsbehörde aufzuheben (§ 87a Abs. 2 Nr. 3 BGB).[2905] Durch § 83a BGB wird die Verwaltungssitzverlegung aus dem EU- bzw. EWR-Ausland nach Deutschland indes nicht geregelt.[2906]

Für den Fall, dass eine Stiftung interlokal ihren Satzungssitz verlegen[2907] und damit auch in den Zuständigkeitsbereich[2908] einer anderen Stiftungsbehörde wechseln will, bedarf die entsprechende Satzungsänderung gem. § 85a Abs. 3 BGB nun explizit der Zustimmung der Stiftungsbehörde, in deren Zuständigkeitsbereich der neue Satzungssitz begründet werden soll (Zuzugsbehörde[2909]).[2910] Dadurch soll ausweislich der amtlichen Begründung ein Dissens zwischen den beteiligten Stiftungsbehörden über die Wirksamkeit der Satzungssitzverlegung zulasten der Stiftung vermieden werden. Bei einer Genehmigung einer Satzungsänderung betreffend den Satzungssitz der Stiftung (durch die bisherige Stiftungsbehörde bzw. Wegzugsbehörde[2911]) ohne Zustimmung der Zuzugsbehörde, bestünde nämlich die Gefahr, dass die genehmigende Wegzugsbehörde den Beschluss der Stiftungsorgane über die Änderung der Sitzregelung in der Satzung als wirksam ansieht,

---

2904 BT-Drs. 19/28173, S. 53; ähnlich bereits Staudinger/*Hüttemann/Rawert*, BGB § 81 Rn. 42; MüKoBGB/*Weitemeyer*, § 81 Rn. 30; vgl. auch die Legaldefinition in § 706 S. 1 BGB n. F., dazu Fn. 2899.; als Indizien gelten etwa der Ort, an dem die Vorstandssitzungen regelmäßig abgehalten und der Ort, an dem die Unterlagen der Stiftung aufbewahrt werden, s. m. N. Burgard/*Burgard*, StiftR, § 83a Rn. 21.

2905 BT-Drs. 19/28173, S. 53; vgl. *Hilser/Wagner/Wunderlich*, RIW 2022, 796 (805 f.).

2906 Dazu *Feick/Schwalm*, NZG 2021, 334; *Omlor*, DStR 2021, 2644; s. a. BeckOGK/*Kopp*, 15.9.2024, BGB § 83a Rn. 80 ff.

2907 Hierzu eing. *Arnold*, FS H. Schack, S. 3 (8 ff.); näher statt anderer zum alten Recht interlokalen Sitzverlegungen samt der verschiedenen landesstiftungsrechtlichen Vorgaben BeckOGK/*Jakob/Uhl*, 1.7.2022, BGB § 80 Rn. 813 ff.; s. a. OVG Saarlouis, BeckRS 2010, 56969.

2908 Der Satzungssitz ist hierfür und auch für die Geltung des jeweiligen Landesstiftungsrechts sowie (regelmäßig) den Gerichtsstand (§ 17 ZPO) der Anknüpfungspunkt, s. nur Burgard/*Burgard*, StiftR, § 83a Rn. 1; BeckOGK/*Kopp*, 15.9.2024, BGB § 83a Rn. 25.

2909 Begriff nach Orth/Uhl/*Uhl*, Stiftungsrechtsreform 2021, Rn. 603.

2910 Näher und kritisch hierzu *Arnold*, FS H. Schack, S. 3 (9).

2911 Begriff nach Orth/Uhl/*Uhl*, Stiftungsrechtsreform 2021, Rn. 603.

die Zuzugsbehörde indes nicht. In diesem Fall unterliege die (sitzlose) Stiftung faktisch keiner staatlichen Aufsicht mehr.[2912] Ein solches „*Aufsichtsvakuum*" gilt es daher zu verhindern.[2913] Die Wegzugsbehörde darf die Satzungsänderung daher gem. § 85a Abs. 3, Abs. 1 S. 2 BGB nur genehmigen, wenn die Zuzugsbehörde ihre Zustimmung zu der Genehmigung erteilt hat. Anders gewendet: Wird die Zustimmung der Zuzugsbehörde verweigert, darf die Genehmigung nicht von der Wegzugsbehörde erteilt werden. Nach der Gesetzesentwurfsbegründung soll die Stiftung die Entscheidungen beider beteiligter Behörden überprüfen lassen können, indem sie – die noch zuständige Stiftungsbehörde – auf Erteilung der Genehmigung verklagt.[2914] Die Zustimmung der Zuzugsbehörde soll insofern verwaltungsintern eingeholt werden.[2915] Für den Fall, dass die Zuzugsbehörde ihre Zustimmung verweigert und auch eine interne Klärung nicht möglich ist, sollte die Stiftung aber auch ebendiese im Wege einer verwaltungsgerichtlichen Klage verklagen können, da die Verweigerung – wie bisher auch[2916] – einen Verwaltungsakt darstellen dürfte.[2917]

II. Stiftungsaufsicht über eine unternehmensverbundene Familienstiftung

Spezielle Vorschriften über die Aufsicht von unternehmensverbundenen Stiftungen[2918] existieren weder im BGB noch in den Landesstiftungsgesetzen.[2919] Dementsprechend unterfallen diese grundsätzlich der allgemeinen staatlichen Aufsicht. Hinsichtlich der Reichweite des Einflusses der staatlichen Stiftungsauf-

2912 BT-Drs. 19/28173, S. 69.

2913 Vgl. dazu auch BeckOGK/*Jakob/Uhl*, 1.7.2022, BGB § 80 Rn. 824.

2914 So BT-Drs. 19/28173, S. 69; vgl. *Schiffer/Pruns/Schürmann*, Die Reform des Stiftungsrechts, § 9 Rn. 28, die zu Recht davon ausgehen, dass die Zuzugsbehörde notwendig beizuladen ist (§ 65 VwGO), damit die Entscheidung auch ihr gegenüber Rechtskraft entfaltet; zustimmend BeckOGK/*Lange*, 1.9.2024, BGB § 85a Rn. 14.

2915 Vgl. MüKoBGB/*Weitemeyer*, § 81 Rn. 32.

2916 Vgl. BeckOGK/*Jakob/Uhl*, 1.7.2022, BGB § 80 Rn. 832.

2917 Ebenso *Schiffer/Pruns/Schürmann*, Die Reform des Stiftungsrechts, § 9 Rn. 27.

2918 Zur Stiftungsaufsicht über unternehmensverbundene Stiftungen bündig *Ihle*, RNotZ 2009, 557 (565 ff.); *Backert*, in: Die Stiftung – Jahreshefte zum Stiftungswesen, 3. Jahrgang, S. 53 ff.; s. a. *Meinecke*, Stiftungen, S. 55 ff.; BoKoStiftR/*Heuel/Meinecke*, Teil I 2.3 Rn. 84; *Rösner*, Konzernierung der Stiftung, S. 90 f.

2919 *Ihle*, RNotZ 2009, 557 (565); *Backert*, in: Die Stiftung – Jahreshefte zum Stiftungswesen, 3. Jahrgang, S. 53 (53, 55). Dies ergibt sich bereits ohnehin aus §§ 242 f. HGB, vgl. *Backert*, in: Die Stiftung – Jahreshefte zum Stiftungswesen, 3. Jahrgang, S. 53 (54); *Ihle*, RNotZ 2009, 557 (566).

sicht ist indes zwischen der Unternehmensträger- und Beteiligungsträgerstiftung zu unterscheiden. Da in dieser Arbeit eine unternehmensverbundene Familienstiftung in Gestalt einer Beteiligungsträgerstiftung untersucht wird und eine Unternehmensträgerstiftung *in praxi* nicht vorkommt, wird nachfolgend nur auf relevante Aspekte hinsichtlich der Stiftungsaufsicht über Beteiligungsträgerstiftungen eingegangen.

Eine privatnützige unternehmensverbundene Familienstiftung[2920] in Gestalt einer Beteiligungsträgerstiftung unterfällt nur beschränkt der landesgesetzlich (im Detail unterschiedlich) geregelten Stiftungsaufsicht. Als privatnützige Familienstiftung findet bei ihr in einigen Landesstiftungsgesetzen keine oder nur eine eingeschränkte staatliche Stiftungsaufsicht statt.[2921] So lautet etwa Art. 10 Abs. 1 Hs. 1 i. V. m. Art. 2 Abs. 2 S. 2 LStiftG Bayern: *„Zu ihrem Schutz unterstehen Stiftungen, die* ***öffentliche*** *Zwecke […] verfolgen, […] der Rechtsaufsicht des Staates […]*". Im Umkehrschluss unterliegen in Bayern folglich privatnützige und damit auch Familienstiftung nicht der laufenden[2922] Stiftungsaufsicht.[2923] Exemplarisch für andere Bundesländer steht die eingeschränkte Stiftungsaufsicht gem. § 5 Abs. 2 LStiftG NRW: *„Stiftungen, die* ***ausschließlich oder überwiegend private Zwecke*** *verfolgen, unterliegen* ***nur insoweit*** *der Stiftungsaufsicht, als sicherzustellen ist, dass ihre Betätigung nicht gesetzlich geschützten öffentlichen Interessen zuwider-*

2920 Eine unternehmensverbundene Familienstiftung ist insofern mit einer reinen Familienstiftung gleichzusetzen, da in beiden Fällen die Integrität der Familie vor dem Einfluss der Stiftungsbehörde zu schützen ist und damit auch die Argumentation zur Befreiung der reinen Familienstiftung ebenfalls bei der unternehmensverbundenen Familienstiftung Geltung beansprucht, ebenso *Boll*, Die uv. Familienstiftung, S. 86.

2921 Übersicht über die (bisherigen bzw. ehemaligen) landesrechtlichen Sonderregelungen z. B. bei v. Rechenberg/Thies/Wiechers/*Schauer*, HdB Familienunternehmen, S. 917 f. Dies gilt überwiegend auch rechtsvergleichend s. *Weitemeyer*, in: Jung, Stärkung des Stiftungswesens, S. 107 (149), sodass dies kein Proprium des deutschen Stiftungsrechts ist.

2922 Privatnützige (Familien)Stiftungen unterstehen gleichwohl der Gründungsaufsicht durch die Anerkennungsbehörde (Art. 3 Abs. 1 LStiftG Bayern), vgl. auch *B. Müller*, Die privatnützige Stiftung zwischen Staatsaufsicht und Deregulierung, S. 109. Auch die außerhalb der Art. 11–15 LStiftG Bayern geregelten gesetzlichen Eingriffsmöglichkeiten verbleiben der Stiftungsaufsichtsbehörde, vgl. *Voll/Störle*, BayStiftG, Anm. 3 zu Art. 10.

2923 MüKoBGB/*Weitemeyer*, § 80 Rn. 84; *Tischer*, Aufsicht und Kontrolle, S. 89; *S. Seyfarth*, ZSt 2008, 145 (147); *Voll/Störle*, BayStiftG, Anm. 3 zu Art. 10 hält den Verzicht zwar für vertretbar, aber unter *„stiftungspolitischen Gesichtspunkten"* für bedauerlich.

läuft." Oder § 9 Abs. 2 LStiftG Berlin: „*Bei Familienstiftungen beschränkt sich die Staatsaufsicht nach § 5 Absatz 2 auf die Überwachung der Zusammensetzung der Stiftungsorgane einschließlich der Verteilung der Ämter innerhalb der Organe. § 5 Absatz 3 Satz 2 bleibt unberührt.*" Lediglich die Landesstiftungsgesetze von Mecklenburg-Vorpommern, Sachsen, Sachsen-Anhalt und Thüringen machen betreffend die Aufsicht über Familienstiftungen bisher keinen Unterschied.[2924] Vor diesem Hintergrund kann die konkrete Sitzwahl für die Errichtung einer unternehmensverbundenen Familienstiftung in Bezug auf Art und Umfang der entsprechenden landesrechtlichen Stiftungsaufsicht ein relevanter Aspekt sein.[2925] Dem Stifter selbst ist es jedoch verwehrt, die Aufsichtsunterworfenheit statutarisch einzuschränken oder gänzlich abzubedingen; die Stiftungsaufsicht ist weder nach dem BGB noch nach den Landesstiftungsgesetzen zugunsten des Stifters dispositiv ausgestaltet (vgl. explizit Art. 26 LStiftG Bayern).[2926] Daran hat auch die Stiftungsrechtsreform 2021 nichts geändert, sondern ihre grundsätzliche Existenz mit § 83 Abs. 2 BGB vielmehr bekräftigt.

2924 *Tischer*, Aufsicht und Kontrolle, S. 90.

2925 Vgl. *Ambros Schindler*, Familienstiftungen, S. 43; ausf. *Lorenz/Meyers*, DStR 2023, 2013. Zur grds. Zulässigkeit eines sog. freien *forum shoppings* hinsichtlich eines stiftungsfreundlichen Bundeslandes „*als Ausfluss der grundgesetzlich garantierten Stifterfreiheit*" m. w. N. *Reinhardt*, NVwZ 2019, 1090 (1092); BeckOGK/*Lange*, 1.9.2024, BGB § 81 Rn. 69; Burgard/*Burgard*, StiftR, § 81 Rn. 61; BoKoStiftR/*Mecking*, BGB § 81 Rn. 242 f.; *Schwalm*, ZEV 2021, 68 (70); eing. *Theuffel-Werhahn*, ZStV 2018, 132; *Lorenz/Meyers*, DStR 2023, 2013 (2014 f.); kritisch und **anders** die wohl noch **h. M.** und Behördenpraxis, wonach der Satzungssitz jedenfalls irgendeinen (sachlichen) Bezug zu der Stiftungstätigkeit haben müsse, s. m. w. N. MüKoBGB/*Weitemeyer*, § 81 Rn. 30; Grüneberg/*Ellenberger*, BGB § 81 Rn. 8; BeckOK BGB/*Backert/J. Stürner*, 71. Ed. 1.5.2022, § 81 Rn. 7. Mit Blick auf § 83a BGB ist nunmehr explizit zu konstatieren, dass die Verwaltung der Stiftung auch in einem anderen (stiftungsfreundlicheren) Bundesland geführt werden darf als dem, in dem sich der Sitz i. S. v. § 81 Abs. 1 Nr. 1 lit. c) BGB (Satzungssitz) und damit auch die Aufsicht der Stiftung befindet, so auch *Baßler/Stöffler/Blecher*, GmbHR 2021, 1125 Rn. 32; *Lorenz/Meyers*, DStR 2023, 2013 (2014 f.); *Barzen/Fritz/Leininger*, npoR 2024, 16 (21). Der Satzungssitz muss sich aber auch nach der Stiftungsrechtsreform nach zutreffender und auch bisheriger Auffassung im Inland befinden, s. Fn. 2902 a. E.

2926 S/S/S/P/*Suerbaum*, StiftR, Teil C, Landesstiftungsrecht Rn. 215; MüKoBGB/*Weitemeyer*, § 80 Rn. 83; BoKoStiftR/*Muscheler*, BGB § 81 Rn. 112; *Jakob*, Schutz der Stiftung, S. 147; *Jeß*, Das Verhältnis des lebenden Stifters zur Stiftung, S. 133; jew. m. w. N.

Obgleich die unterschiedliche Behandlung in manchen Landesstiftungsgesetzen auch stark kritisiert wird[2927], ist jene gleichwohl rechtlich zulässig, da die einschränkenden Landesregelungen zumindest nicht gegen höherrangiges Recht, insbesondere nicht gegen Art. 3 Abs. 1 GG[2928], verstoßen.[2929] Dafür spricht auch, dass der Bundesgesetzgeber trotz der langjährigen Debatte sowohl bei der Stiftungsrechtsreform 2002[2930] als auch zuletzt 2021 kein gesetzgeberisches Handeln

---

2927 Kritisch dazu m. w. N. MüKoBGB/*Weitemeyer*, § 80 Rn. 84; Staudinger/*Hüttemann/Rawert*, BGB Vorb. §§ 80 ff. Rn. 136; *Tischer*, Aufsicht und Kontrolle, S. 184 ff.; Jakob/*Hüttemann*, Universum Stiftung, S. 29 (39, 49), der für die Aufgabe der „*unterschiedliche[n] Behandlung von öffentlichen und privaten Stiftungen*" plädiert; dafür etwa auch *Markworth*, NZG 2021, 100 (105); *Weitemeyer*, in: Jung, Stärkung des Stiftungswesens, S. 107 (149 f.); harsche Kritik auch noch von *Emmerich/Habersack*, KonzernR[11], § 38 Rn. 1a: „*[...] der nahezu völlige Ausfall der Stiftungsaufsicht [über uv. Familienstiftungen] durch die Länder, da den Ländern diese Aufgabe lästig ist, sodass diese de facto nicht mehr stattfindet.*" Für eine zwingende Unterstellung von Familienstiftungen unter die staatliche Stiftungsaufsicht auch bereits *Michalski*, Perpetuierung von Unternehmen, S. 140 ff. und i. Erg. auch *D. Reuter*, Perpetuierung von Unternehmen, S. 100 ff.

2928 Dazu erhellend *Henkel-Hoffmann*, Die Stiftung im Umfeld wirtschaftlicher Tätigkeit, S. 262 f.; **a. A.** *Muscheler*, Gesammelte Beiträge I, S. 317 (351).

2929 Eing. zur Zulässigkeit der entsprechenden landesstiftungsrechtlichen Regelungen (bereits im alten Recht) *Schwarz*, ZEV 2003, 306 (309 f.); *Omlor*, DStR 2021, 2644 (2648); *S. Seyfarth*, ZSt 2008, 145 (147 f.); *Winkler*, in: Die Stiftung – Jahreshefte zum Stiftungswesen, 10. Jahrgang, S. 79 (114 ff., 125); v. Campenhausen/Richter/*Hof*, StiftR-HdB, § 4 Rn. 195; *Vieregge*, Die deutsche und die liechtensteinische Stiftung, S. 135 f.; auch BeckOGK/*Jakob/Uhl*, 1.7.2022, BGB § 80 Rn. 109, jdf. „*solange das verfassungsrechtlich gebotene Schutzminimum nicht unterschritten*" werde; *Tischer*, Aufsicht und Kontrolle, S. 187 f., 190, der freilich für eine *de lege ferenda* Gleichstellung aller Stiftungen plädiert; implizit wird dies auch durch die Rspr. bestätigt, vgl. etwa OVG Schwesig, BeckRS 2022, 11137 Rn. 120 f.; insbesondere kompetenzrechtliche „*Bedenken*" in Bezug auf die Zulässigkeit der Differenzierung erhebt etwa S/S/S/P/*Suerbaum*, StiftR, Teil C, Landesstiftungsrecht Rn. 208; Andrick/Suerbaum/*Suerbaum*, StiftG NRW, § 6 Rn. 40 ff.; ihm zustimmend *Rawert*, JöR 65 (2017), 179 (209); H/R/W/*Schulte*, Landesstiftungsrecht, Kap. 28 Rn. 28. 41; *Hüttemann/Rawert*, ZIP 2021, Beilage zu Heft 33, S3 (S42); auch *Muscheler*, Gesammelte Beiträge I, S. 317 (352), erblickt in einer Einschränkung der Stiftungsaufsicht für privatnützige Stiftungen einen Verstoß gegen Art. 72 GG.

2930 Vgl. *Tischer*, Aufsicht und Kontrolle, S. 183 m. V. a. Abschlussbericht der Bund-Länder-Arbeitsgruppe Stiftungsrecht vom 19.10.2001, S. 56 f.; s. a. *Schwarz*, ZEV 2003, 306 (310).

für notwendig erachtet hat[2931]. Insofern kann allein die rechtspolitische Sinnhaftigkeit bzw. Rechtfertigung der Differenzierung hinterfragt werden – was aber von der Frage der rechtlichen Zulässigkeit strikt zu unterscheiden ist.

Sofern im Rahmen der Stiftungsrechtsreform 2021 geschlussfolgert wird, dass aufgrund des § 83 Abs. 2 BGB eine unterschiedliche Behandlung betreffend die Aufsicht von Stiftungen nicht mehr zulässig sei[2932], ist dies bei Lichte betrachtet nicht so eindeutig und vielmehr abzulehnen. Zwar lässt sich dem § 83 Abs. 2 BGB explizit entnehmen, dass es an sich eine „*Aufsicht über die Stiftung*" gibt. Die konkrete Ausgestaltung, insbesondere des Umfangs, der Aufsicht und damit auch eine etwaige Differenzierung zwischen bestimmten Stiftungstypen bleibt aber weiterhin den einzelnen Bundesländern überantwortet.[2933] Reformziel des Reformgesetzgebers war vornehmlich die Vereinheitlichung des Stiftungszivilrechts und damit einhergehend die Bereinigung – nur – der in den Landesstiftungsgesetzen enthaltenen, teils unterschiedlichen zivilrechtlichen Regelungen.[2934] Das Stiftungs-aufsichtsrecht blieb insofern davon unberührt und wurde nicht harmonisiert.[2935] Der Reformgesetzgeber wollte mit § 83 Abs. 2 BGB – wie an anderer Stelle aus-

2931 *Omlor*, DStR 2021, 2644 (2648 dortige Fn. 84); i. Erg. auch Fuhrmann/Wälzholz/*Wälzholz*, FormB GesR, Kap. 19, S. 1732.

2932 *Hüttemann/Rawert*, ZIP 2021, Beilage zu Heft 33, S3 (S42), die insofern (überschießend) von „*abschließenden Regelungen im BGB*" ausgehen und keine Differenzierung in ihrem Modellentwurf für ein LStiftG vorsehen; ebenso etwa BoKoStiftR/*Muscheler*, BGB § 80 Rn. 67; BoKoStiftR/*Uffmann*, BGB § 84 Rn. 79; Schauhoff/Mehren/*Rohn*/*Staats*, Stiftungsrecht nach der Reform, Kap. 8 Rn. 16; *Stolte*, BB 2022, Heft 42, Die Erste Seite; *Weitemeyer*, GesRZ 2023, 237 (240); *Schwarzer*, Stiftungskollisionsrecht, S. 74; wohl auch Richter/*Richter*, Stiftungsrecht, § 11 Rn. 44, 48.

2933 Vgl. BT-Drs. 19/28173, S. 37; ebenso Landtag Brandenburg, Drs. 7/4597, S. 8; Landtag NRW, Drs. 18/1921, S. 12; Abgeordnetenhaus Berlin, Drs. 19/1386, S. 18, 23 f.; vgl. auch Westermann/Wertenbruch/*Blaum*, PersGesR-HdB, 83. Lieferung 04.2022, I. Teil § 57 Rn. 3826 i. V. m. 3828; *Demuth*, NWB-EV 2022, 259 (260, 263); Richter/*K. Fischer*, Stiftungsrecht, § 8 Rn. 25, 27; wohl auch Burgard/*Burgard*, StiftR, § 81 Rn. 64; zur bisherigen landesrechtlichen Kompetenz nur BeckOGK/*Jakob*/*Uhl*, 1.7.2022, BGB § 80 Rn. 109 („*Die Regelung des Rechts der Stiftungsaufsicht ist ohne Zweifel die zentrale Domäne des Landesstiftungsrechts*"); ähnlich *Vieregge*, Die deutsche und die liechtensteinische Stiftung, S. 122 („*Herzstück der Landesstiftungsgesetze*"); wie hier auch *Achilles*, npoR 2023, 185 (188) mit rechtshistorischer Aufarbeitung; luzid und die Differenzierung auch *de lege ferenda* begrüßend *Winkler*, in: Die Stiftung – Jahreshefte zum Stiftungswesen, 10. Jahrgang, S. 79 (114 ff.).

2934 Vgl. BT-Drs. 19/28173, S. 1, 28.

2935 *Demuth*, NWB-EV 2022, 259 (260, 263); *Achilles*, npoR 2023, 185 (187).

führlich erörtert[2936] – vornehmlich die besondere Relevanz des Stifterwillens als oberste Richtschnur für das Handeln aller Stiftungsbeteiligten, insbesondere der Stiftungsorgane und der Stiftungsbehörde, herausstellen, nicht jedoch eine abschließende Regelung betreffend die konkrete Ausgestaltung der Stiftungsaufsicht treffen.[2937] Diesbezüglich findet sich weder im Wortlaut der neuen BGB-Normen noch in der Gesetzesentwurfsbegründung Anhaltspunkte, dass die in den meisten Landesstiftungsgesetzen vorgenommene – zumeist eingeschränkte – Aufsicht über privatnützige (Familien)Stiftungen aufgehoben werden bzw. unzulässig sein soll; dies trotz der durchaus weit verbreiteten Kritik daran. Man könnte höchstens vertreten, dass der – gänzliche – Ausschluss der Aufsicht über privatnützige Stiftungen wie in Bayern (Art. 10 Abs. 1 Hs. 1 LStiftG Bayern) im neuen Recht unzulässig sein könnte.[2938] Mit Blick auf einige jüngst novellierte Landesstiftungsgesetze[2939] ist ein Trend dahingehend wahrzunehmen, dass die Landesgesetzgeber insbesondere aufgrund von Ressourcenknappheit und mangelndem öffentlichem Interesse vermehrt die Aufsicht über privatnützige resp. nicht steuerbegünstigte Stiftungen auf ein Mindestmaß reduziert haben und die Etablierung geeigneter Kontrollmechanismen dem Stifter selbst überantwortet werden.

Die aufsichtsrechtliche Privilegierung im Besonderen von Familienstiftungen wird zum einen damit begründet, dass sie privatnützig sind, nicht dem Gemeinwohl dienen und zum anderen nicht steuerrechtlich privilegiert sind. Ihre Aufsicht stünde letztlich nicht im öffentlichen Interesse[2940], sondern sie stelle sich

---

2936 Dazu → Teil 4 C.

2937 Ebenso *Schütte*, Transparente und intransparente Stiftungen, S. 254 f.

2938 Unter Rekurs auf die Schutzfunktion der Stiftungsaufsicht überzeugend *Tischer*, Aufsicht und Kontrolle, S. 188 ff., 191 m. w. N.; i. Erg. auch *Lorenz/Meyers*, DStR 2023, 2013 (2016); *Achilles*, npoR 2023, 185 (190).

2939 Vgl. insofern Landtag Brandenburg, Drs. 7/4597, S. 2, 7 f., 10, wonach „[Familienstiftungen und] *auch andere nicht steuerbegünstigte Stiftungen sowie Verbrauchsstiftungen nur noch hinsichtlich der Gefährdung des Gemeinwohls und der Sicherung der Handlungsfähigkeit ihrer Organe der Aufsicht unterliegen*“ sollen. Ähnlich Landtag NRW, Drs. 18/1921, S. 12 („*Die staatliche Stiftungsaufsicht beschränkt sich, wie bisher, auf die Überwachung der Einhaltung der gesetzlichen Bestimmungen*“); vgl. zu dem Umfang der Aufsicht in den reformierten LStiftG näher *Orth*, ZStV 2024, 3 (16 ff.); *Kretschmann*, ZStV 2023, 80 (82 f.); *Lorenz/Meyers*, DStR 2023, 2013 (2016); Richter/*Gollan*, Stiftungsrecht, § 3a Rn. 132 f.

2940 Vgl. dazu schon *Mugdan*, Bd. I, 1899, S. 660 („*[…] Familienstiftungen, bei denen nur Privatinteressen in Frage kämen, […]*“); vgl. auch *Achilles*, npoR 2023, 185 (185) sowie die Nachweise in → Fn. 2942.

nur *„als Ausübung privatrechtlicher Gestaltungsfreiheit"* dar[2941]. Zum anderen wird im Besonderen betreffend Familienstiftungen zu Recht davon ausgegangen, dass aufgrund des Einsatzes von Familienmitgliedern als Destinatäre bzw. Organmitglieder ein hinreichend enges Verhältnis zwischen ebendiesen und der Familienstiftung besteht, sodass eine gegenseitige Kontrolle gewährleistet und eine staatliche Aufsicht insofern gänzlich obsolet ist bzw. jedenfalls bis hin zu einem Minimum eingeschränkt werden kann.[2942] Diese Sonderbehandlung von Familienstiftungen ist im Hinblick auf die Familien-Destinatäre sowie den regelmäßig vorhandenen Familienmitgliedern in den Stiftungsorganen durchaus nachvollziehbar und konsequent. Denn mit Blick auf die regelmäßig bestehende jedenfalls *„körperschaftsähnliche[n] Struktur"*[2943] der Familienstiftung, ist aufgrund des Eigeninteresses der Familienmitglieder an der Familienstiftung, davon auszugehen, dass die Erfüllung des Stifterwillens primär von diesen sichergestellt wird[2944] – was freilich weitere *„checks and balances"* im Rahmen der *Foundation Governance* nicht *per se* entbehrlich macht, sondern diese vielmehr aus Sicht des Stifters zum Schutz der Stiftung vor eigensinnigen Familienmitgliedern oder

2941 *Winkler*, in: Die Stiftung – Jahreshefte zum Stiftungswesen, 10. Jahrgang, S. 79 (115).

2942 Ausf. zu den Gründen BeckOGK/*Jakob*/*Uhl*, 1.7.2022, BGB § 80 Rn. 565 m. w. N.; vgl. auch *Ihle*, RNotZ 2009, 557 (566); *Kracht*, GStB 2007, 296 (297); *S. Seyfarth*, ZSt 2008, 145 (148); *Binz*, StbJb 1987/88, S. 145 (149); s. a. KG, OLGZ 1965, 336 (338); kritisch indes etwa Staudinger/*Hüttemann*/*Rawert*, BGB Vorb. §§ 80 ff. Rn. 136 f.; MüKoBGB/*Weitemeyer*, § 80 Rn. 197; H/R/W/*Schulte*, Landesstiftungsrecht, Kap. 28 Rn. 28. 44 f.; *B. Müller*, Die privatnützige Stiftung zwischen Staatsaufsicht und Deregulierung, S. 140 ff.; *Tischer*, Aufsicht und Kontrolle, S. 184 ff.; s. etwa auch Abgeordnetenhaus Berlin, Drs. 19/1386, S. 18.

2943 BeckOK BGB/*Backert*/*J. Stürner*, 71. Ed. 1.5.2022, § 80 Rn. 15. Mit der Beschreibung „körperschaftsähnliche Struktur" ist hier gemeint, dass die Stiftungsorganstruktur in derlei Konstellationen, derjenigen von Körperschaften nachgebildet wird und die Organ- sowie Destinatärspositionen in einer solchen Familienstiftung (vornehmlich) mit Familienmitgliedern besetzt werden, sodass die Stiftung familienbeeinflusst ist und aufgrund des natürlichen Interesses der Familienmitglieder am Erhalt der Familienstiftung von innen heraus hinreichend kontrolliert wird. Insofern nehmen die Familienmitglieder eine – freilich rechtsformbedingt nur ähnliche – „Eigentümerfunktion" wie in einer Körperschaft ein. Vgl. zur Möglichkeit der körperschaftsähnlichen Strukturierung näher → Teil 5 B II 2 b.

2944 Ähnlich *Vinken*, in: Stifterverband, Zur Praxis von Familienstiftungen, S. 27 (34); *Kerssenbrock*, Unternehmenserhaltung, S. 76; *Vieregge*, Die deutsche und die liechtensteinische Stiftung, S. 146; zum regelmäßig bestehenden Interessengleichlauf bei entsprechender Zwecksetzung auch *Schütte*, Transparente und intransparente Stiftungen, S. 157 f., 256 f.; vgl. auch vorstehende Fn. 2942.

pflichtvergessenen Organmitgliedern, gleichwohl erforderlich machen kann.[2945] Den Landesgesetzgebern wird aus den vorstehenden Gründen gegenüber privatnützigen Stiftungen insgesamt ein sog. „*rationales Desinteresse*" attestiert.[2946] Überdies wird auch angeführt, dass dadurch gerade Familienunternehmen, die eine unternehmensverbundene Familienstiftung implementiert haben, vor einer unerwünschten staatlichen Einflussnahme bewahrt werden sollen.[2947] Dies entspricht auch oftmals der Vorstellung von Familienunternehmern, die mit der Errichtung einer unternehmensverbundenen Familienstiftung das Ziel verfolgen, das Familienunternehmen vermittels der Familienstiftung zu lenken, dabei jedoch nicht zugleich die Stiftungsaufsicht in die Unternehmensleitung mit „reinholen" möchten. Von Praktikern wird insofern ebenfalls konstatiert, dass „*die Stiftungsaufsichtsbehörde diese Aufsichtsfunktion in der Praxis nur sehr zurückhaltend wahrnimmt und sich ungern in die Belange der Familienstiftung einmischt*"[2948].

Ohnehin wird besonders bei unternehmensverbundenen (Familien-)Stiftungen an der Effektivität der Stiftungsaufsicht gezweifelt, da diese bzw. deren Beamten oftmals aufgrund der mit ihnen einhergehenden „*hochkomplexen wirtschaftlichen Vorgänge[n]*"[2949] an ihre tatsächlichen Grenzen gelangen würden.[2950] Aus Sicht der Landesgesetzgeber könnte wohl auch ein Grund für die eingeschränkte Stiftungsaufsicht in den damit einhergehenden Kosten[2951] sowie in der

---

2945 Allg. zum zuvor genannten strukturellen Kontrolldefizit in der Stiftung → s. auch Teil 3 B I 2.

2946 So *Lange*, AcP 214 (2014), 511 (531); ausf. *Thymm*, Das Kontrollproblem der Stiftung, S. 197 ff.

2947 Vgl. *Ihle*, RNotZ 2009, 557 (566); zu entsprechenden Sorgen von Familienunternehmern s. bereits → Teil 3 B II 4.

2948 Hannes/*Müller*, FormB Vermögens- und Unternehmensnachfolge, C. 3.10 Rn. 85, S. 1283.

2949 *Thymm*, Das Kontrollproblem der Stiftung, S. 216.

2950 *Schwintek*, Vorstandskontrolle, S. 227; ebenso *Tischer*, Aufsicht und Kontrolle, S. 92; *Hennrichs*, FS Henssler, S. 923 (941); vgl. auch *Schauhoff*, in: VGR, GesR in der Diskussion 2018, S. 83 (90); vgl. (aber in einem anderen Kontext) auch *v. Hippel*, Grundprobleme von NGO, S. 636, nach dem „*die bisherigen Erfahrungen mit der Stiftungsaufsicht befürchten lassen, dass eine solche Aufsicht nicht nennenswert in Erscheinung treten würde.*"; so bereits zu Zeiten der Carl-Zeiss-Stiftung auch konstatierend *Steinfeld*, Unternehmen ohne Eigentümer, S. 316 („*Kontrolle der Stiftungsverwaltung* [oberstes Organ] *durch die staatliche Aufsicht spielte überhaupt keine Rolle*"). Zur vielfältigen Kritik am System der staatlichen Stiftungsaufsicht *Volkholz*, Privatautonomie bei der Errichtung von Stiftungen, S. 366 ff. m. w. N.

2951 *Winkler*, in: Die Stiftung – Jahreshefte zum Stiftungswesen, 10. Jahrgang, S. 79 (114), der der darin auch einen „*ein[n] sachgerechte[n] gesetzgeberische[n] Belang*" erblickt.

Vermeidung von Amtshaftungsansprüchen liegen, denen die Stiftungsaufsicht bei entsprechendem Fehlverhalten ihrer Beamten unterliegen kann[2952].

Insofern stellt die staatliche Stiftungsaufsicht sowohl nach altem als auch nach neuem Recht, besonders für eine unternehmensverbundene Familienstiftung, keinen relevanten Nachteil dar. Im Besonderen bei einer Beteiligungsträgerstiftung wird die „*Stiftungsaufsicht […] nicht zum Obergeschäftsführer der Gesellschaft, an der die Stiftung beteiligt ist*“[2953]. Der Rechtsaufsicht durch die Stiftungsbehörde unterfällt allein die Beteiligungsträgerstiftung und nicht etwa das beteiligte Familienunternehmen als solches.[2954] Die unternehmensverbundene Familienstiftung übt demgemäß ihre Gesellschafterrechte im Familienunternehmen grundsätzlich eigenständig aus. Allein für den Fall, dass eine Vermögensbindungsklausel betreffend die zum Vermögen der Familienstiftung gehörende Gesellschaftsbeteiligung oder sonstige Zustimmungs-/Genehmigungsvorbehalte zugunsten der Stiftungsaufsichtsbehörde in der Stiftungssatzung vorgesehen sind, kann eine entsprechende Zustimmung/Genehmigung erforderlich sein, was mittelbar Auswirkung auf die Ausübung der Gesellschafterrechte der Familienstiftung im Familienunternehmen hätte.[2955] Freilich kann gerade für die Fälle einer unternehmensverbundenen Familienstiftung aus dem Stifterwillen, an welchen die Stiftungsaufsichtsbehörden gebunden und zu dessen bestmöglichen Entfaltung sie gehalten sind (vgl. § 83 Abs. 2 BGB), eine den Unternehmenszweck nicht

---

2952 So vermutet *Wochner*, in: Bayer/Koch, Unternehmens- und Vermögensnachfolge, S. 141 (151) den „*wahren Grund*“ in der „*Vermeidung staatlicher Haftung*“; zur Amtshaftung im Kontext der Stiftungsaufsicht z. B. MüKoBGB/*Weitemeyer*, § 80 Rn. 80; BeckOK BGB/*Backert/J. Stürner*, 71. Ed. 1.5.2022, § 80 Rn. 29; *Eßer*, Stiftungskontrolle, S. 78 ff.; aus der Rspr. grdl. BGHZ 68, 142 (145 ff., 151); BayObLGZ 1990, 264 (267 ff.); BGH, NZG 2015, 38 Rn. 24; s. a. auch schon RGZ 161, 288 (295); für die „analoge“ Geltung der sog. *Business Judgement Rule* auch für die Stiftungsbehörde – soweit ersichtlich nur – *Neuhoff*, FS O. Werner, S. 146 (164).

2953 *Schiffer*, FS Binz, S. 596 (605). Vgl. auch *Hennerkes*, Die Familie und ihr Unternehmen, S. 203; Schauhoff/Kirchhain/*Mehren*, Gemeinnützigkeits-HdB, § 3 Rn. 132; *Neuhoff*, Unternehmenskapital für Stiftungen, S. 173; BoKoStiftR/*Heuel/Meinecke*, Teil I 2.3 Rn. 84.

2954 *Kirchdörfer/Kögel*, FS Möschel, S. 181 (193); *Fleschutz*, Die Stiftung als Nachfolgeinstrument, S. 91; *Ihle*, RNotZ 2009, 557 (567); BoKoStiftR/*Heuel/Meinecke*, Teil I 2.3 Rn. 84; *Weinmann*, Die uv. Stiftung, S. 158.

2955 Vgl. *Neuhoff*, Unternehmenskapital für Stiftungen, S. 173; in diese Richtung wohl auch Schauhoff/Kirchhain/*Mehren*, Gemeinnützigkeits-HdB, § 3 Rn. 132, 155; *Weinmann*, Die uv. Stiftung, S. 158.

beschneidende (liberale) Stiftungsaufsicht hervorgehen[2956], die insoweit daher auch kein Hemmschuh für potentielle Stifter darstellen muss.

Eine weitgehendere Kontrolle bzw. Eingreifen durch die Stiftungsaufsicht könnte diese *in praxi* dem Vernehmen nach auch gar nicht erbringen, da man ihr „*in einem weiten Umfang die Entscheidung kaufmännischer Zweckmäßigkeitsfragen bei der Führung*“[2957] des stiftungsverbundenen Familienunternehmens aufbürden würde, worüber sie bereits aus rein praktischen Gründen, insbesondere auch mangels personeller Kapazitäten[2958], gar nicht in der Lage ist, zu befinden.[2959] Neben den vorstehenden Erwägungen wäre eine staatliche Aufsicht über Unternehmen, die als unternehmensverbundenen Familienstiftungen ausgestaltet sind, grundsätzlichen Bedenken ausgesetzt und in unserer Marktwirtschaft ein „*Fremdkörper*“.[2960] Gleichwohl bietet es sich an, darüber nachzudenken, ob nicht

---

2956 *Toth*, BB 1997, 1238 (1239).

2957 BGH, NJW 1962, 2344 (2345).

2958 Siehe dazu m. N. *Schmidt-Schmiedebach*, Stiftung und Governance Kodex, S. 76 f., nach dem es den meisten Stiftungsbehörden an „*personellen und finanziellen Mitteln*“ mangele, was sich besonders daran zeige, dass i. d. R. ein Mitarbeiter für hunderte Stiftungen allein zuständig sei; vgl. *Uhl*, ZStV 2021, 201 (207) („*ohnehin schon häufig personell unterbesetzten Stiftungsbehörden*“); *Dahlmanns*, RNotZ 2020, 417 (421) („*[…] in Düsseldorf [stehen] für die Anerkennung neu errichteter Stiftungen und die Aufsicht über mehr als 1400 bestehende Stiftungen nur 2,5 Mitarbeiter zur Verfügung*“); vgl. auch Landtag Brandenburg, Drs. 7/4597, S. 1 („*Diese Entwicklung [steigende Anzahl von Stiftungserrichtungen] ist erfreulich, stellt jedoch angesichts knapper personeller Ressourcen in der Verwaltung die Aufsichtsbehörde vor eine enorme Herausforderung*“); *Kornau*, Stiftung als Unternehmensnachfolgerin, S. 312 m. w. N.; s. a. schon *Mühlhäuser*, Publizität bei Stiftungen, S. 48 f. (mit dortiger Fn. 1); allg. auch *Burgard*, npoR 2024, 181 (183), nach dem „*die Mitarbeiter von Stiftungsaufsichtsbehörden oft überlastet und keine Volljuristen sind.*“

2959 Dies ergab auch bereits eine ältere Umfrage bei den verschiedenen Stiftungsbehörden selbst, s. *Hennerkes/Schiffer/Fuchs*, BB 1995, 209 (213) sowie *Härtl*, Ist das Stiftungsrecht reformbedürftig?, S. 164 („*wirtschaftswissenschaftliche[n] Defiziten der Stiftungsbehörden*“); *Mühlhäuser*, Publizität bei Stiftungen, S. 49 ff. An diesem Befund hat sich bis heute nichts geändert, s. etwa die aktuellen Erfahrungsberichte von Praktikern bei *Kaufmann*, Stiftung und Konflikt, S. 173; vgl. auch *Eßer*, Stiftungskontrolle, S. 72 ff.

2960 Vgl. *Dutta*, Warum Erbrecht?, S. 146 (mit dortiger Fn. 631) m. V. a. das Zitat von *Kummer*, ZBJV 113 (1977), 465 (482): „*Es riecht im Umkreis der Unternehmensstiftung schon recht ordentlich nach den totalitären Antipoden der Marktwirtschaft. […] Eine Marktwirtschaft aus lauter Unternehmensstiftungen: ein Meer roter Rosen auf Karl Marxens Grab!*“; s. a. *Dutta*, RabelsZ 77 (2013), 828 (838). *Kummer*, a. a. O., kritisiert aber letztlich insgesamt die Ausbreitung von „*Unternehmensstiftungen*“

eine spezielle Stiftungsaufsicht über unternehmensverbundene (Familien)Stiftungen, die beispielsweise wie in Dänemark beim Wirtschaftsministerium angesiedelt ist[2961], auch in Deutschland zu schaffen. Dabei muss es sich aber ebenfalls um eine reine Rechtsaufsicht handeln.[2962]

Mit Blick darauf, dass im hiesigen Kontext das Familienunternehmen vermittels der Stiftungskonstruktion als solcher und auf Dauer für die Familie erhalten werden soll, ist i. d. R. davon auszugehen, dass die in den (Kontroll-)Organen vertretenen Familienmitglieder eher im Sinne des Stifters und damit im übergeordneten Interesse des Familienunternehmens entscheiden und kontrollieren werden als eine unpersönliche Stiftungsaufsichtsbehörde.[2963]

Eine eingeschränkte Kontrolle der Stiftungsaufsicht gegenüber privatnützigen Stiftungen ist daher, insbesondere vor dem Hintergrund des Verhältnismäßigkeitsprinzips und des Subsidiaritätsgrundsatzes, dann gerechtfertigt, wenn der Stifter satzungsmäßig hinreichende Überwachungs- und Kontrollorgane *„zur Abwehr der stiftungstypischen Gefährdungslage“*[2964] installiert (vgl. insofern die ausdrückliche Regelung des § 8 Abs. 2 S. 2 LStiftG BaWü).[2965] Die Etablierung stiftungseigener Überwachungs- und Kontrollorgane kann seitens der Stiftungsbehörden indes nur angeregt (vgl. § 10 Abs. 2 S. 3 LStiftG Bln), aber nicht als Voraussetzung für die Anerkennung der Stiftung gemacht werden, da die Anerkennungsvoraussetzungen abschließend in § 82 S. 1 BGB (§ 80 Abs. 2 S. 1 BGB

---

und bedient sich dabei als Beispiel der *„Zeiss-Werke Jena“*, die damals als (unmittelbare) Unternehmensträgerstiftung ausgestaltet waren (s. → Teil 4 A II 1).

2961 Dazu *Thomsen*, The Danish Industrial Foundations, S. 58 ff.; *Weitemeyer/Weißenberger/Wiese*, GmbHR 2021, 1069 Rn. 37. Die dortige Stiftungsaufsicht ist ebenfalls eine reine Rechtsaufsicht, die jedoch speziell auf unternehmensverbundene Stiftungen ausgerichtet sind und demgemäß von diesen wegen ihrer Kompetenz geschätzt werden.

2962 In jedem Fall darf *„keine Staatsaufsicht über das Wirtschaftsunternehmen selbst installiert werden“*, so zutreffend v. Campenhausen/Richter/*Hof*, StiftR-HdB, § 7 Rn. 274.

2963 Vgl. *Meyer zu Hörste*, Die Familienstiftung, S. 63; zust. *Kerssenbrock*, Unternehmenserhaltung, S. 76.

2964 *Schröder*, DVBl. 2007, 207 (214).

2965 MüKoBGB/*Weitemeyer*, § 80 Rn. 71, 83; *Ihle*, RNotZ 2009, 557 (566); *Rösner*, Konzernierung der Stiftung, S. 90 f.; vgl. auch *Burgard*, Gestaltungsfreiheit im Stiftungsrecht, S. 214; eing. *v. Arps-Aubert*, ZStV 2017, 89; *Winkler*, in: Die Stiftung – Jahreshefte zum Stiftungswesen, 10. Jahrgang, S. 79 (116 f.).

a. F.) normiert sind[2966] und der Gesetzgeber auch im neuen Stiftungsrecht kein weiteres zwingendes (Kontroll-)Organ neben den Vorstand vorsieht, sondern es der Satzungsautonomie des Stifters überlässt.[2967]

Der Stifter kann indes in der Stiftungssatzung explizit anordnen, dass seine unternehmensverbundene Familienstiftung dennoch der staatlichen Stiftungsaufsicht unterliegt und ihr sogar weitere Verantwortlichkeiten und Rechte (z. B. zusätzliche Prüfungsaufgaben, Vorlagepflicht der Stiftungsorgane bei etwaigen Änderungen in der Stiftungsorganisation oder Beschlüssen über den Jahresabschluss, Einholung der Zustimmung in bestimmten Fällen) zuteilen.[2968] Die Rechtswirksamkeit derlei statutarischer Vorgaben hängt freilich davon ab, dass diese von der Stiftungsbehörde im Rahmen des Anerkennungsverfahrens auch akzeptiert werden.[2969] Der Stifter sollte jedoch beachten, dass durch eine stärkere Einbindung der Stiftungsaufsichtsbehörde in Entscheidungen und Entscheidungsprozesse der Stiftungsorgane die Effektivität der Stiftungsarbeit nicht zu sehr behindert wird. Ferner bleibt eine solche Stiftungsaufsicht zum einen weiterhin auf eine reine Rechtsaufsicht beschränkt und zum anderen steht die Ausübung der satzungsgemäßen Befugnisse immer und jederzeit in ihrem Ermessen.[2970] Vor

---

2966 Vgl. Burgard/*Burgard*, StiftR, § 82 Rn. 45; H/R/W/*Schulte*, Landesstiftungsrecht, Rn. 28.45; MHdB GesR 5/*Schwake*, § 79 Rn. 359 m. w. N.; zur Anerkennung näher → Teil 3 C I 2 a.

2967 Vgl. § 84 Abs. 4 S. 1 BGB; zur auch schon BT-Drs. 14/8765, S. 11; s. a. dies begrüßend *Markworth*, NZG 2021, 100 (102 f.). Im Schrifttum wird indes auch die Einführung eines gesetzlich zwingenden Kontrollorgans befürwortet, vgl. *Weitemeyer*, ZGR 2019, 238 (254 f.) m. w. N. auch zur Gegenansicht; bei großen Stiftungen dafür plädierend auch *Burgard*, ZStV 2016, 81 (92); *Arnold*, npoR 2021, 84 (88).

2968 Vgl. S/S/S/P/*Suerbaum*, StiftR, Teil C, Landesstiftungsrecht Rn. 216; MAH PersGesR/*Müller*, § 1 Rn. 138; *Mutter*, Vermögensmanagement für Familienunternehmer, S. 406; *Binz/Sorg*, Die GmbH & Co. KG, § 23 Rn. 12; *Sorg*, Die Familienstiftung, S. 198; *Geibel*, FS W. F. Ebke, S. 251 (256); *Fleschutz*, Die Stiftung als Nachfolgeinstrument, S. 175; *Hof*, S&S 1/2003, 21 (24); *Ebersbach*, HdB des Deutschen Stiftungsrechts, S. 126; *Binz*, StbJb 1987/88, S. 145 (149); *Hennerkes/Binz/Sorg*, DB 1986, 2217 (2219); **a. A.** m. w. N. MüKoBGB/*Weitemeyer*, § 80 Rn. 83; wohl auch *Vieregge*, Die deutsche und die liechtensteinische Stiftung, S. 32.

2969 *Hof*, S&S 1/2003, 21 (24).

2970 *Fritsche*, ZSt 2009, 21 (28); dem Stifter steht insofern nicht die Befugnis zu, die Stiftungsaufsichtsbehörde über die Landesstiftungsgesetze hinaus zu bestimmten Handlungen rechtlich bindend zu verpflichten, vgl. *O. Werner*, in: Wehnert, Beiträge zum Stiftungs- und Erbrecht, S. 35 (39); Hannes/*Müller*, FormB Vermögens- und Unternehmensnachfolge, C. 3.10 Rn. 92, S. 1285 zufolge *„scheut sich die Stiftungsaufsichtsbehörde [nicht selten] im Rahmen des Anerkennungsverfahrens bereits davor,*

dem Hintergrund, dass eine allein dem *„Schutz der Stiftung […] vor sich selbst und ihren Organen“*[2971] und der Beachtung des Stifterwillens verschriebene Stiftungsaufsicht[2972] zumeist auf Maßnahmen beharren wird, die primär den Bestand der Stiftung sichern, und Maßnahmen, die eher ein unternehmerisches Risiko bergen, verhalten oder ablehnend gegenüberstehen wird, dürfte es im Kontext unternehmensverbundener Familienstiftungen wenig Anreiz dafür geben, sich freiwillig der Stiftungsaufsicht zu unterstellen[2973] oder die Kompetenzen der Stiftungsaufsicht über das gesetzliche Mindestmaß statutarisch zu erweitern – jedenfalls, sofern ein austariertes stiftungsinternes Kontrollsystem installiert wird.

Im Hinblick darauf, dass insofern gerade im Rahmen der Unternehmensnachfolge mittels einer unternehmensverbundenen Familienstiftung *„ein größtmögliches Maß andauernder Kontrolle elementar“*[2974] ist, ist es geboten[2975] als Teil der sog. *Foundation Governance* ein eigenes stiftungsinternes Kontroll- und Überwachungssystem von *„checks and balances“* etwa vermittels eines fakultativen Kontroll- bzw. Überwachungsorgans zu etablieren, das den Stiftungsvorstand und damit die Geschäftsführung überwacht und kontrolliert und dadurch Missbräuche verhindert.[2976] Dies kann in einer unternehmensverbundenen Familienstiftung, insbesondere für den Fall, dass im Stiftungsvorstand überwiegend familienfremde Dritte sitzen, beispielsweise ein Familienrat oder eine Familienversammlung sein.[2977] Diese Möglichkeit sollte bei Gestaltung der Stiftungssat-

---

eine Satzungsklausel zu akzeptieren, die die Anrufung der Stiftungsaufsichtsbehörde vorsieht für den Fall, dass nach Ansicht einzelner Destinatäre bzw. einzelner Organmitglieder durch einen Beteiligten ein grundlegender Verstoß gegen das Gesetz bzw. die Satzung und damit gegen den Stifterwillen vorliegt.“ Zur Zulässigkeit der Statuierung von Klagerechten der Destinatäre indes → Teil 4 G II.

2971 BVerwGE 40, 347 (351); zum Schutz der Stiftung umfassend *Jakob*, Schutz der Stiftung, *passim*.

2972 Zur Funktion der Stiftungsaufsicht bereits → Teil 4 H I.

2973 *Geibel*, FS W. F. Ebke, S. 251 (256 f.).

2974 *Vieregge*, Die deutsche und die liechtensteinische Stiftung, S. 137.

2975 So etwa *Burgard*, Gestaltungsfreiheit im Stiftungsrecht, S. 211; *Ebersbach*, HdB des Deutschen Stiftungsrechts, S. 130; BoKoStiftR/*Uffmann*, BGB § 84 Rn. 79; Wachter/Heckschen/*Schick/Hemmen*, Praxis des HuGR, § 11 Rn. 659; *Kraus*, npoR 2024, 63 (65 ff.); *Wehrheim/Gehrke*, StuW 2005, 234 (238).

2976 Eing. dazu *B. Müller*, Die privatnützige Stiftung zwischen Staatsaufsicht und Deregulierung, S. 143 ff., 171 ff.; s. a. *Kraus*, npoR 2024, 63 (65 ff.); *Ihle*, RNotZ 2009, 557 (566 f.) mit Formulierungsvorschlag für die Stiftungssatzung.

2977 Vgl. schon *Liermann*, ZRP 1970, 27, der dann auch eine eingeschränkte Stiftungsaufsicht für gerechtfertigt hält.

zung – und insbesondere der Befugnisse des Familienorgans – berücksichtigt werden. Entsprechendes gilt für den umgekehrten Fall, dass die Organe vermehrt mit Familienmitgliedern besetzt ist, dann empfiehlt sich ein familienunabhängiges Kontrollorgan. Ein gewichtiger Vorteil gegenüber der staatlichen Stiftungsaufsicht liegt darin, dass ein solches Stiftungsorgan, das im hiesigen Zusammenhang (auch) mit Mitgliedern besetzt sein sollte, die eine unternehmerische Expertise aufweisen, nicht nur auf eine reine Rechtsaufsicht beschränkt sein muss, sondern ihm kann auch die Aufsicht hinsichtlich der Zweckmäßigkeit und Wirtschaftlichkeit der Stiftungstätigkeit des Vorstands übertragen werden.[2978] Zudem kann ein stiftungsinternes Kontrollorgan bereits vorsteuernd eingreifen und nicht nur, wie i. d. R. die staatliche Stiftungsaufsicht, erst nachträglich.[2979] Die Etablierung eines stiftungsinternen Kontrollorgans gleicht insofern notwendigerweise die fehlende bzw. beschränkte Stiftungsaufsicht bei unternehmensverbundenen Familienstiftungen aus. Sofern dennoch eine Stiftungsaufsicht vorhanden sein sollte, werden etwaige Überprüfungsdefizite dieser, die in der mangelnden Kenntnis, in der Überlastung oder eventuell – im Einzelfalls – auch in dem fehlenden Engagement der Stiftungsaufsicht herrühren, in aller Regel kompensiert.[2980]

Vor diesem Hintergrund erweist sich die staatliche Stiftungsaufsicht auch in Bezug auf die Gewährleistung des maßgeblichen Familieneinflusses in einer unternehmensverbundenen Familienstiftung und damit auch in Bezug auf ein etwaiges „Hineinregieren" der Stiftungsaufsicht in das Familienunternehmen als wenig hinderlich. Vielmehr kann ein Familienunternehmer resp. Stifter unter Einbeziehung der Stiftungsaufsicht[2981] verstärkt und sogar kostenfrei dafür sorgen, dass sein Wille, also primär der generationenwährende Erhalt des Familienein-

---

2978 Richter/*Godron*/*Gollan*, Stiftungsrecht, § 6 Rn. 106; Schlecht & Partner/Taylor Wessing/*Wachter*, Unternehmensnachfolge, S. 291 (300); *Hof*, S&S 1/2003, 21 (24). Für die Etablierung eines internen Kontrollsystems und dessen Funktionieren spricht zudem, dass (unternehmensverbundene) Familienstiftungen für 30 % der (stiftungsrechtlichen) Gerichtsverfahren verantwortlich sind, obwohl sie nur ca. 5 % aller rechtsfähigen Stiftungen ausmachen, so zumindest eine ältere Schätzung von *Scharf*/*Schewe*, ZSt 2003, 173 (175), zitiert nach *Burgard*, Gestaltungsfreiheit im Stiftungsrecht, S. 215 (dortige Fn. 77). Insgesamt betrachtet erreichen die Instanzgerichte oder gar den BGH aber recht wenige stiftungsrechtliche Streitigkeiten, so *Herrmann*, FS 100 Jahre FL-OGH, S. 29.

2979 MHdB GesR 5/*Schwake*, § 79 Rn. 363.

2980 *Stingl*, Vermögensverfall, S. 65.

2981 Eine Mindestaufsicht durch die Stiftungsbehörde wird ohnehin auch bei privatnützigen Stiftungen gefordert H/R/W/*Schulte*, Landesstiftungsrecht, Kap. 28 Rn. 28. 13 m. w. N.; zustimmend BeckOGK/*Jakob*/*Uhl*, 1.7.2022, BGB § 80 Rn. 565; vgl. auch

flusses in der Familienstiftung und damit letztlich des Familienunternehmens, über seinen Tod hinaus gesichert wird.[2982] So kann sie bei etwaigen Satzungsänderungen, Organbesetzungen sowie bei Verstößen gegen den Stiftungszweck und damit auch gegen den Stifterwillen steuernd eingreifen; sie kann daher durchaus eine „*Disziplinierung der Stiftungsorgane*“ bewirken.[2983] Aufgrund ihr u. a. zukommenden Beratungsfunktion[2984] kann sie die Stiftung auch bei rechtlichen wie auch wirtschaftlichen Angelegenheiten unterstützen.[2985] So ist es in der Praxis nicht unüblich, dass die Stiftungsorgane bei etwaigen (stiftungsrechtlichen) Fragen sich ratsuchend zunächst an die Stiftungsbehörde wenden.[2986] Ein etwaiges, eigenständiges Mitspracherecht bei unternehmerischen Entscheidungen, insbesondere des Stiftungsvorstands, hat die Stiftungsaufsicht aber in keinem Fall. Ihr steht ferner kein allgemeines und anlassloses Ausforschungsrecht gegenüber der

---

OVG Schleswig, BeckRS 2022, 11137 Rn. 120 f. (im Kontext des § 19 S. 2 LStiftG S-H a. F. = § 17 Abs. 2 LStiftG S-H n. F.).

2982 Vgl. insofern *Hennerkes/Kirchdörfer*, Die Familie und ihr Unternehmen, S. 279, denen nach aus Sicht vieler Stifter die Stiftungsaufsicht „*eine der wichtigen Stärken von Stiftungskonstruktionen*“ sei; s. a. W/S/F/*Saenger*, Die Stiftung, § 36 Rn. 88, dem nach der Stiftungsaufsicht durchaus eine „*positive Funktion*“ zugesprochen werden könne; in diese Richtung auch Richter/*Richter*, Stiftungsrecht, § 10 Rn. 175 i. V. m. § 11 Rn. 49; *Kornau*, Stiftung als Unternehmensnachfolgerin, S. 311.

2983 W/S/F/*Saenger*, Die Stiftung, § 36 Rn. 88; dies jedoch nicht anlasslos, s. instruktiv VG Cottbus, ZStV 2017, 135 (139) m. zust. Anm. *Thesing* (bzgl. Unterrichtungsrecht).

2984 Siehe dazu *Schlüter/Stolte*, Stiftungsrecht, Kap. 1 Rn. 5; W/S/F/*Winkler*, Die Stiftung, § 27 Rn. 41 mit Hinweis darauf, dass sich die Beratungsfunktion der Stiftungsaufsichtsbehörde dem § 25 VwVfG entnehmen ließe; vgl. auch *Geibel*, FS W. F. Ebke, S. 251 (256) („*prospektive Beratung*“) m. V. a. Art. 11 LStiftG Bayern a. F. und BVerfGE 58, 177 (195); BT-Drs., 14/8765, S. 10 („*[…] dem Stifter hierfür durch die Stiftungsbehörde entsprechende Beratung angeboten wird […]*“); zu ihrer Bedeutung aus Binnensicht *Große-Heidermann*, in: Die Stiftung – Jahreshefte zum Stiftungswesen, 17. Jahrgang, S. 65 (66) („*[…] so ist eines der zentralsten Mittel und wesentlicher Bestandteil der Stiftungsaufsicht die Beratung.*“).

2985 *Ebersbach*, HdB des Deutschen Stiftungsrechts, S. 132; *Stingl*, Vermögensverfall, S. 68; *Große-Heidermann*, in: Die Stiftung – Jahreshefte zum Stiftungswesen, 17. Jahrgang, S. 65 (66); ausf. *Winkler*, in: Die Stiftung – Jahreshefte zum Stiftungswesen, 10. Jahrgang, S. 79 (101 f., 118 ff.) m. w. N.

2986 *Stingl*, Vermögensverfall, S. 66.

Familienstiftung und ihren Unterlagen[2987] und erst recht nicht gegenüber dem stiftungsverbundenen Familienunternehmen zu.

Insgesamt ist aus den vorstehenden Gründen, insbesondere der Tatsache, dass es sich bei der Stiftungsaufsicht um eine reine und zumeist beschränkte Rechtsaufsicht (allein) der Familienstiftung handelt, zu konstatieren, dass sich die Stiftungsaufsicht *in praxi* nicht negativ auf die Stiftungstätigkeit der Familienstiftung[2988] und damit auch nicht auf die Unternehmenstätigkeit des Familienunternehmens auswirkt.[2989] Dies gilt auch nach der Stiftungsrechtsreform 2021, womit ein weitergehender Trend zum Rückzug bzw. Entlastung der Stiftungsaufsichtsbehörden betreffend die Aufsicht von Familienstiftungen und sonstigen privatnützigen Stiftungen mit Blick auf die novellierten Landesstiftungsgesetze zu verzeichnen ist. Dies mahnt künftige Stifter aber dazu an, selbstständig Kontrollgremien oder andere Mechanismen per Satzung zu etablieren, um die satzungsgemäße Stiftungsverwaltung auch nach ihrem Ableben stärker abzusichern.

2987 So erhellend OVG Saarlouis, BeckRS 2021, 398 Rn. 11; VG Cottbus, ZStV 2017, 135 (139) m. zust. Anm. *Thesing*; vgl. Richter/*K. Fischer*, Stiftungsrecht, § 8 Rn. 5; MüKoBGB/*Weitemeyer*, § 80 Rn. 74 m. w. N.

2988 Ebenso i. Erg. die Erfahrungsberichte bei *Kaufmann*, Stiftung und Konflikt, S. 147.

2989 Ebenso Wiese/*Meyer-Sandberg*, Unternehmensnachfolge, Rn. 13.171; *Hennerkes/Kirchdörfer*, Die Familie und ihr Unternehmen, S. 279; i. Erg. auch Richter/*Richter*, Stiftungsrecht, § 10 Rn. 176 ff. Nur für den Fall der eingeschränkten Aufsicht auch Hesselmann/Mueller-Thuns/*Lüke*, HdB GmbH & Co. KG, Rn. 2.540, andernfalls könnten „*aufgrund der Mitwirkungs- und Kontrollrechte der Stiftungsaufsicht unternehmerische Entscheidungen nur schwerfällig oder gar nicht umgesetzt werden*". *Lüke* ist in Gänze aber nicht zu folgen, da die Stiftungsbehörde sich im Falle der Beteiligungsträgerstiftung – wie zuvor erörtert – grds. nicht in unternehmerische Entscheidungen einzumischen hat.

Teil 5: Gestaltungsaspekte zur Sicherung des Familieneinflusses auf Ebene der Familienstiftung und des Familienunternehmens

Nachdem die rechtliche Verfassung einer unternehmensverbundenen Familienstiftung im Lichte des seit dem 1.7.2023 geltenden Stiftungszivilrechts untersucht wurde, soll nun auf die verschiedenen Möglichkeiten des Einsatzes des Stifters und der Familienmitglieder in der Familienstiftung und die diesbezüglichen Möglichkeiten der Einflusssicherung zum Zwecke der Wahrung des Familienunternehmenscharakters eingegangen werden.

Es sei freilich nochmals an Folgendes erinnert: Aufgrund der – durch die Übertragung der Unternehmensanteile auf die Familienstiftung bedingten – (juristisch betrachteten) Trennung des Familienunternehmens vom Stifter und der Stifterfamilie[2990] bedarf es einer aktiven Gestaltung, um die Verbindung zwischen Familie und Unternehmen nach den Wünschen des Stifters und seiner Familie zu verstetigen und den Familieneinfluss bzw. die Kontrolle der Familie auf das Familienunternehmen in dem gewünschten Maß zu erhalten. Inwieweit dies möglich ist, ist Gegenstand dieses Teils 5.

Vorab werden zunächst verschiedene Verzahnungsmöglichkeiten von Familienstiftung, Familienunternehmen und Familie aufgezeigt, um sich ein Bild über mögliche Gestaltungsvariationen zu verschaffen.

A. Verzahnungsmöglichkeiten von Familienstiftung, Familienunternehmen und Familie

Inwieweit von einem Familienunternehmen trotz der Implementierung einer Familienstiftung ausgegangen werden kann, hängt zuvörderst von der Verzahnung von Familienstiftung, Familienunternehmen und Familie ab.[2991] Je enger diese ist, desto mehr kann die Erhaltung des Charakters des Familienunternehmens gewährleistet werden. Umgekehrt bedeutet dies aber, dass je geringer die Verzahnung ist, desto weniger kann von einem Familienunternehmen gesprochen wer-

2990 Eing. dazu → Teil 3 B II 3.

2991 Vgl. auch *Fleischer*, ZIP 2022, 2045 (2054); *Hosseini/Jarchow*, in: Achleitner et al., Stiftungsunternehmen: Theorie und Praxis, S. 37 (47).

den; es liegt dann nur noch ein Stiftungsunternehmen vor. Dabei ist der Stellung der Familie und ihr Einfluss in der Gesamtstruktur der unternehmensverbundenen Familienstiftung, d. h. sowohl auf Stiftungs- als auch auf Familienunternehmensebene, eine elementare Bedeutung beizumessen. Dies gilt insbesondere vor dem Hintergrund, dass für einen Familienunternehmer das oberste Ziel jeder anstehenden Unternehmensnachfolge typischerweise ist, das Familienunternehmen als sein Lebenswerk bzw. das der Familie generationsübergreifend zu sichern, weiter in Familienhand zu halten und dabei gleichsam den Charakter als Familienunternehmen zu wahren.[2992]

Nicht bei jeder unternehmensverbundenen Familienstiftung kann auch weiterhin *per se* von einem Familienunternehmen die Rede sein.[2993] Denn allein mit der Etablierung einer Familienstiftung, die maßgeblichen Einfluss auf das Unternehmen hat, geht nicht zwangsläufig auch ein entsprechender Einfluss der Stifterfamilie auf das Unternehmen einher.[2994] In der Literatur wird die Frage nach dem Erhalt des Charakters des Familienunternehmens kaum nachgegangen, wenn die unternehmensverbundene Familienstiftung als Nachfolgeinstrument betrachtet wird.[2995]

Namentlich *Caroline Boll*[2996] geht zwar auf diese Frage im Rahmen ihrer Arbeit etwas näher ein. Ihre Aussage, wonach eine Klassifikation einer unternehmensverbundenen Familienstiftung als Familienunternehmen *„durch die Fixierung des*

2992 Vgl. → Teil 3 B II 3 b.

2993 Ebenso *Fleschutz*, Die Stiftung als Nachfolgeinstrument, S. 333; *Thomsen*, The Danish Industrial Foundations, S. 16 („*[…] industrial foundations are not a subset of a family business*“).

2994 Vgl. zur Relevanz der Sicherung des Familieneinflusses gerade bei unternehmensverbundenen Familienstiftungen als Nachfolgeinstrument → Teil 1 C.

2995 Diesen Aspekt anreißend soweit ersichtlich aus juristischer Sicht nur *Lange*, in: Lange/Windthorst, Sicherung des Familieneinflusses, S. 95 (106 ff.); mit Fokus auf die Rolle des Beirats *v. Oertzen/Reich*, DStR 2017, 1118; s. a. dies erwähnend *König*, Nachlassplanung, S. 95 f.; *Fleisch*, S&S RS 04/2018, 1 (7); aus betriebswirtschaftlicher Sicht *Fleschutz*, Die Stiftung als Nachfolgeinstrument, S. 331 ff.

2996 *Boll*, Die uv. Familienstiftung, S. 70 f. In anderen Arbeiten wird zumeist lediglich die Unternehmenskontinuität als solche oder in Bezug auf die wirtschaftliche Existenzgrundlage der Familie untersucht, nicht jedoch konkret unter Wahrung des Charakters als Familienunternehmen, vgl. etwa *Lehleiter*, Die Familienstiftung, S. 34 ff. („*Da sich die formale Unternehmenskontinuität indes nicht auf den Fortbestand des Unternehmens als Familienunternehmen im obigen Sinne bezieht […]*“); *Kornau*, Stiftung als Unternehmensnachfolgerin, S. 63 ff.; *Rösner*, Konzernierung der Stiftung, S. 138 ff.

Unternehmerwillens in der Stiftungssatzung und der Rolle der Familienmitglieder als Destinatäre" gewährleistet sei, da deshalb „*die Eigentums- und Leistungsrechte an dem Unternehmen gewissermaßen nach wie vor bei der Familie*" bzw. „*jedenfalls aufgrund der Rechtsnatur der Stiftung als mitgliederloses Gebilde nicht in den Händen Anderer*" lägen, ist insoweit jedoch zu apodiktisch.

Geht man mit der überwiegenden Ansicht in der Literatur davon aus, dass ein Familienunternehmen sich vornehmlich durch die familiäre Verbundenheit der Gesellschafter und im Besonderen durch den maßgebenden Einfluss der Familie im Unternehmen auszeichnet[2997], so kann es nicht ausreichend sein, dass Familienmitglieder allein Destinatäre sind, die darüber hinaus, wie bereits aufgezeigt, *de jure* keinerlei Rechte oder Ansprüche haben, sofern diese nicht in der Satzung durch den Stifter niedergeschrieben sind.[2998] Die Mitwirkungsmöglichkeiten der Destinatäre und ihre mögliche Einflussnahme auf die Organtätigkeit „*liegen in der gesetzlichen Grundkonstellation* [nämlich] *brach*"[2999]. Demgemäß kann dies für die Annahme eines maßgebenden Einflusses der Familie bei Implementierung einer unternehmensverbundenen Familienstiftung nicht ausreichend sein. Denn als „Nur-Destinatär" der Familienstiftung können die Familienmitglieder weder einen (rechtlich verbindlichen[3000]) Einfluss auf die Familienstiftung selbst[3001] noch auf das stiftungsverbundene Unternehmen ausüben.[3002] Mit einer etwaigen Destinatärsstellung allein ist demgemäß kein unternehmerischer Einfluss ver-

---

2997 Vgl. ausf. → Teil 2 A I; auch *Boll*, Die uv. Familienstiftung, S. 70 legt in ihrer Arbeit indes dieses Verständnis zugrunde: „*Ein Unternehmen lässt sich als Familienunternehmen klassifizieren, wenn verwandtschaftlich miteinander verbundene natürliche Personen einen bestimmenden Einfluss auf das Unternehmen und seine Strategie haben.*"

2998 Zur *de jure* Rechtslosstellung der Destinatäre eing. → Teil 4 G II.

2999 *Jakob*, Schutz der Stiftung, S. 184.

3000 Freilich kann es sein, dass in der Praxis gerade Destinatäre einer Familienstiftung informell Einfluss auf die Stiftungsorgane nehmen können (vgl. *Kaufmann*, Stiftung und Konflikt, S. 130), doch handelt es sich dabei nicht um einen rechtlich verbindlich vermittelten Einfluss, sodass solch informelle Einflussnahmen hier außer Betracht bleiben.

3001 Vgl. (aber in einem anderen Zusammenhang) *Schwintek*, Vorstandskontrolle, S. 281 f. sowie deutlich OLG Köln, BeckRS 2022, 18249 Rn. 170 („*Allein die Stellung als Begünstigter der Privatstiftung sagt nichts über die Kontrolle der Stiftung als solche aus.*").

3002 Vgl. dazu bereits → Teil 3 B II 3.

bunden.[3003] Die Integration der Familie in die Unternehmensstruktur macht ein Unternehmen freilich noch nicht zu einem Familienunternehmen. Vielmehr muss die Familie auch maßgeblich auf das Familienunternehmen einwirken können. Dies gilt auch, wenn eine Familienstiftung „zwischengeschaltet“ wird, denn die reine Beteiligung einer Familienstiftung an einer Stiftungslösung führt ebenfalls nicht ohne Weiteres zum Erhalt des Unternehmens als Familienunternehmen.[3004] Werden Familienmitglieder lediglich als „Nur-Destinatäre“ bedacht, so spricht dies eher dafür, dass der Familieneinfluss künftig gerade vermieden werden soll.[3005] Insofern bedarf es einer differenzierteren Betrachtung.[3006]

Nachfolgend werden vier mögliche Konstellationen der Verzahnung von Familienstiftung, Familienunternehmen und Familie innerhalb einer unternehmensverbundenen Familienstiftung vorgestellt.[3007] Dabei wird die Verzahnung von Typ 1 bis hin zum Typ 4 immer enger und damit die Wahrung des Familienunternehmenscharakters stärker.

3003 *Schwarz*, BB 2001, 2381 (2387); vgl. auch Jakob/*Hüttemann*, Universum Stiftung, S. 29 (39), nach dem etwaige *„[…] Einflussmöglichkeiten der Destinatäre bei privaten Stiftungen nicht zwingend das Kontrolldefizit wegen des Fehlens eigeninteressierter Mitglieder ausgleichen müssen“*; ähnlich *Schwarz*, ZEV 2003, 306 (309) („*Zum anderen garantieren die unterschiedlichen Familieninteressen keineswegs zwangsläufig eine ausreichende interne Kontrolle und damit die Verwirklichung des ursprünglichen Stifterwillens*“).

3004 Ebenso *Fleschutz*, Die Stiftung als Nachfolgeinstrument, S. 333.

3005 Vgl. *König*, Nachlassplanung, S. 96 m. w. N.

3006 So auch *Lange*, in: Lange/Windthorst, Sicherung des Familieneinflusses, S. 95 (107).

3007 Im Anschluss an *Hosseini-Görge*, Foundation owned firms, S. 25 ff.; *Hosseini/Jarchow*, in: Achleitner et al., Stiftungsunternehmen: Theorie und Praxis, S. 37 (41 ff.). **Die nachfolgenden Abbildungen 3–6 sind an die beiden vorstehenden Quellen angelehnt.**

I. Typ 1: Keinerlei Organbeteiligung der Familie

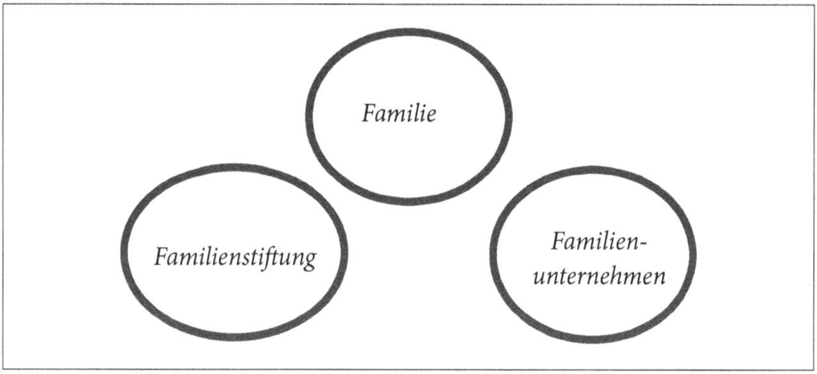

Abbildung 3: Keinerlei Organbeteiligung der Familie

In Typ 1 hält die Familienstiftung die ganzen oder jedenfalls die Mehrheit der Anteile am Familienunternehmen. Die Familie selbst ist hierbei weder in den Organen der Familienstiftung noch des Familienunternehmens vertreten, sodass sie keinerlei Einfluss mehr auf das Familienunternehmen hat. Die Familienmitglieder werden hierbei i. d. R. lediglich als Destinatäre der Familienstiftung fungieren.[3008] Diese erhalten zwar Ausschüttungen von der unternehmensverbundenen Familienstiftung, verlieren aber jede Zugriffsmöglichkeit auf das Familienvermögen und auf das Familienunternehmen selbst. Dieser Typ von unternehmensverbundenen Familienstiftungen findet sich *in praxi* wohl recht selten.[3009] Es gibt jedoch solche unternehmensverbundenen (Familien-)Stiftungen, die aus namhaften Familienunternehmen hervorgegangen sind und bis heute existieren. Dabei handelt es sich um (meist, aber nicht notwendig börsennotierte) Familienunternehmen, deren Alleiniger- oder Mehrheitsgesellschafter eine (gemeinnützige) Stiftung ist. Dazu

3008 Vgl. *Fleisch/Stolte*, in: F/E/K/S/S, Modell unternehmensverbundene Stiftungen, S. 145.

3009 Vgl. Block et al./*Jeschke*, Die Familienstiftung, S. 25 (28).

zählen etwa die *Carl-Zeiss AG*[3010], *Schott AG*[3011] sowie die *Körber AG*[3012]. Aber etwa auch die *geobra Brandstätter Stiftung & Co. KG*, die von führenden Mitarbeitern im Stiftungsrat primär gesteuert wird, während die beiden Söhne des Stifters *Horst Brandstätter* schon beizeiten enterbt wurden.[3013]

In den vorstehenden Beispielen ist aber mangels Einflusses der ursprünglich hinter den Familienunternehmen stehenden Familien auf die Stiftung oder das Familienunternehmen letztlich nicht mehr von einem Familienunternehmen zusprechen.[3014] Die Übertragung der Unternehmensanteile auf die Stiftung ohne Beteiligung der Familie auf Stiftungs- oder Unternehmensebene führt zum Verlust des Familieneinflusses und damit auch des Charakters als Familienunternehmen.

Typ 1 wird dem Typus eines Familienunternehmens, das sich vornehmlich durch die konstitutiven Merkmale der familiären Verbundenheit und den maßgebenden Einfluss der Familie auf die Unternehmensführung auszeichnet[3015], nicht gerecht. Mit dem ursprünglichen Familienunternehmen hat diese unternehmensverbundene Stiftungskonstruktion (Typ 1) nicht mehr als höchstens noch den Namen resp. die Firma gemein. Dieser Typ 1 ist daher nicht dazu geeignet, den Charakter des Familienunternehmens weiterhin zu erhalten. Vielmehr handelt sich bei einer Stiftungskonstruktion in Form des Typ 1 nur noch um ein von der Familie losgelöstes Stiftungsunternehmen bzw. stiftungsverbundenes Unternehmen.[3016] Plakativ gesagt: Der Stifter hat sein Vermögen weggegeben und zukünftig keinerlei gesicherte Einflussmöglichkeiten auf die Familienstiftung und auch nicht auf das Familienunternehmen, weder er selbst noch seine Familie.[3017]

3010 Alleinaktionärin ist die Carl-Zeiss-Stiftung, https://www.carl-zeiss-stiftung.de/stiftung.

3011 Alleinaktionärin ist die Carl-Zeiss-Stiftung, https://www.carl-zeiss-stiftung.de/stiftung.

3012 Alleinaktionärin ist die Körber-Stiftung, https://www.koerber-stiftung.de/ueber-uns, dazu näher Schlecht & Partner/Taylor Wessing/*Diehl/Wriedt*, Unternehmensnachfolge, S. 503; *Eulerich*, Stiftungsverbundene Unternehmen, S. 335 ff.

3013 *Fleischer*, ZIP 2022, 2045 (2054) m. N.

3014 Vgl. *Hosseini/Jarchow*, in: Achleitner et al., Stiftungsunternehmen: Theorie und Praxis, S. 37 (45) („*[…] kaum etwas mit einem Familienunternehmen gemein.*“); zustimmend *Fleischer*, ZIP 2022, 2045 (2054) („*Sie haben mit klassischen Familienunternehmen nichts mehr gemein.*“).

3015 Dazu → Teil 2 A I.

3016 Vgl. auch bereits → Teil 2 A I 3.

3017 Block et al./*Jeschke*, Die Familienstiftung, S. 25 (28).

II. Typ 2: Familie nur im Familienunternehmen vertreten

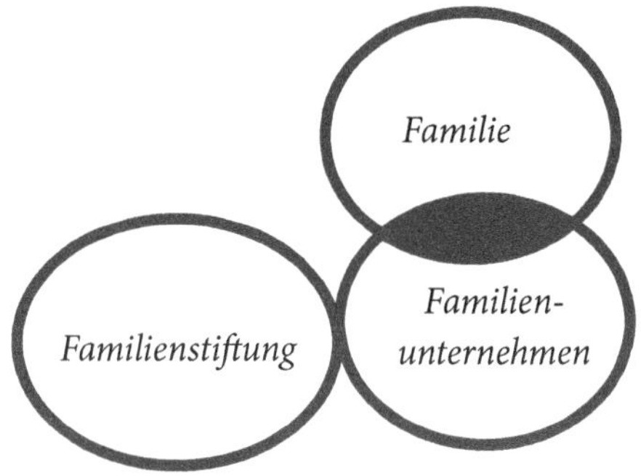

Abbildung 4: Familie nur im Familienunternehmen vertreten

Eine weitere Ausgestaltungsmöglichkeit stellt Typ 2 dar. Auch hier hält die Familienstiftung die ganzen oder jedenfalls die Mehrheit der Anteil am Familienunternehmen. Die Familie bzw. einzelne Familienmitglieder können daneben einen geringen Geschäftsanteil am Familienunternehmen halten. In dieser Stiftungskonstruktion sind die Familienmitglieder jedoch auf Ebene der Familienstiftung lediglich (Nur-)Destinatäre; sie erhalten keine Position in den Organen der Familienstiftung und ihnen sind auch keine sonstigen Mitwirkungsrechte vorbehalten. Die Organe der Familienstiftung werden i. d. R. vielmehr mit externen und fachkundigen Dritten besetzt. Die Familienmitglieder sind aber im Familienunternehmen und dort in den Leitungsorganen resp. der Geschäftsführungsebene vertreten, sodass sie grundsätzlich weiterhin unmittelbar die Geschicke des Familienunternehmens leiten konnen. Damit dies aber gewährleistet ist, müsste die Familie die personelle Mehrheit in der Geschäftsführung innehaben. Als Allein- oder Mehrheitsgesellschafterin des Familienunternehmens kann die Familienstiftung aber immer letztentscheidend eingreifen und die Geschäftsführung auch auswechseln. Insgesamt ist der Familieneinfluss bei Typ 2 aufgrund dessen, dass sie nur in einem Geschäftsführungsorgan des Familienunternehmens vertreten sind und keine Stimmrechtsmehrheit haben, schwach und relativ einfach ausschaltbar. Die mit familienfremden Dritten besetzte Familienstiftung behält nämlich die Kontrolle darüber, mit wem diese Positionen im Familienunternehmen besetzt werden. Je nachdem, wie stark die Familie auf der Geschäftsführungsebene des Familienunternehmens vertreten ist und wie ausgeprägt ihre diesbezüglichen Rechte sind, kann eine solche Konstruktion zwar noch den Charakter eines Familienunternehmens durchaus haben. Dem wäre aber nur so, wenn die Familienstiftung nicht selbst geschäftsführend aktiv wird, sondern vielmehr eine passive Rolle einnimmt. Zudem wäre es erforderlich statutarisch zu gewährleisten, dass die Geschäftsführungsebene primär mit Familienmitgliedern besetzt wird und/oder ihnen Sonderrechte zugesprochen werden. Gegen solch eine Konstruktion für die Gewährleistung des generationenüberdauernden Erhalts des Familienunternehmenscharakters spricht aber, dass der Familieneinfluss durch die mit familienfremden Dritten besetzte Familienstiftung, gänzlich aufgelöst werden könnte. In der Praxis finden sich derlei Gestaltungen nach Typ 2 auch wohl nur sehr selten.[3018] So ergab eine Untersuchung, dass von 142 betrachteten stiftungsverbundenen Unternehmen in Deutschland in einem Viertel der Fälle mindestens ein Mitglied der Familie in der Geschäftsführung des Unternehmens vertreten war.[3019]

III. Typ 3: Familie nur in der Familienstiftung vertreten

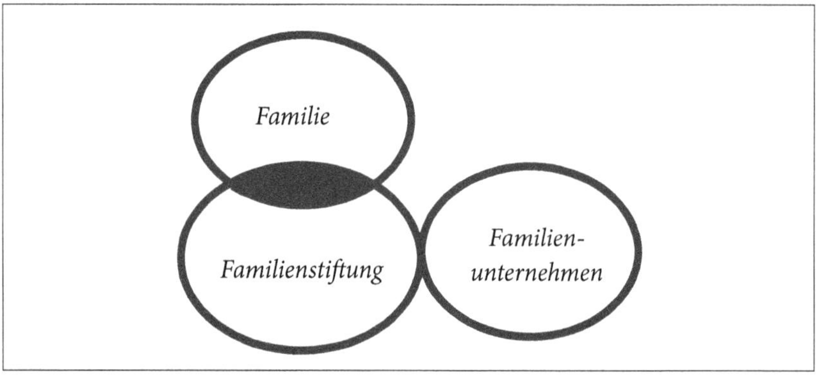

Abbildung 5: Familie nur in den Stiftungsorganen vertreten

3018 Vgl. *Hosseini-Görge*, Foundation owned firms, S. 29; s. a. *Hosseini/Jarchow*, in: Achleitner et al., Stiftungsunternehmen: Theorie und Praxis, S. 41 (44); *Fleischer*, ZIP 2022, 2045 (2054).

3019 Vgl. Block et al./*Block/Kammerlander*, Die Familienstiftung, S. 35 (39) unter Verweisung auf die Studie von *Block/et al.*, Journal of Family Business Strategy 2020, 100356.

Eine weitere Verzahnungsmöglichkeit stellt Typ 3 dar. Hierbei ist die Familie nur in den Stiftungsorganen der Familienstiftung mehrheitlich vertreten. Die operative Leitung des Familienunternehmens wird einem mit Familienfremden besetzten Management überantwortet.[3020] Indem jedoch die Mehrheitsanteile des Familienunternehmens in der Hand der Familienstiftung liegen, behält die Familie vermittels der Familienstiftung weiterhin den maßgeblichen Einfluss im Familienunternehmen. Auf diesem Wege behält sie zugleich die Kontrolle über das Familienunternehmen und kann über die Familienstiftung auch auf die Unternehmensführung Einfluss nehmen, insbesondere sicherstellen, dass sich das (externe) Management an den in der Stiftungssatzung niedergeschriebenen Stifterwillen in Bezug auf das Familienunternehmen und seine Führung hält. Die Familie fungiert weiterhin als sog. *De-Facto*-Eigentümer[3021] des Familienunternehmens, sodass eine Konstruktion nach Typ 3 einem Familienunternehmen im hier verstandenen Sinne[3022] weitestgehend gleichgesetzt werden kann. Ein Praxisbeispiel dieser Art stellt das Familienunternehmen *Adolf Würth GmbH & Co. KG* dar, bei der die *Familie Würth* über die mit jeweils zwei Familienmitgliedern besetzten, fünf (Familien-)Stiftungen (Carmen Würth-, Bettina Würth-, Marion Würth- und Markus-Würth-Familienstiftung und Adolf-Würth-Stiftung) weiterhin über den Stiftungsbeirat den maßgeblichen Einfluss in „ihrem" Familienunternehmen hat, wenngleich das Familienunternehmen bzw. die Unternehmensgruppe von einem Fremdmanagement geleitet wird.[3023] Typ 3 eignet sich besonders für Familienunternehmen, die keine, nicht geeignete oder jedenfalls nicht willige Nachfolger haben, die das Familienunternehmen aktiv fortführen wollen. Typ 3 ermöglicht dem Familienoberhaupt, das Familienunternehmen vermittels der Familienstiftung unter Wahrung seines Charakters fortzuführen und zugleich sich eines Fremdmanagements zu bedienen, das jedoch unter der Kontrolle der Familienstiftung und damit mittelbar der Familie steht. Freilich wird man weniger von einem Familienunternehmen als solches sprechen, je weniger Familienmitglieder in den Organen der Familienstiftung mit einflussreichen Rechten vertreten sind.

3020 Dies ist für die Charakterisierung als Familienunternehmen grds. nicht abträglich → Teil 3 B I 1.

3021 Siehe dazu → Teil 3 B II 3 c.

3022 Vgl. dazu → Teil 3 B I 3.

3023 Vgl. zur rechtlichen Organisation der Würth-Gruppe mit Schaubild *Muscheler*, ErbR 2008, 134 (137 f.); Spiegelberger/*Spiegelberger*, Unternehmensnachfolge, § 24 Rn. 156; aus Binnensicht s. das Interview bei Block et al./*R. Würth/Block*, Die Familienstiftung, S. 165 ff.

IV. Typ 4: Familie auf Stiftungs- und Unternehmensebene vertreten

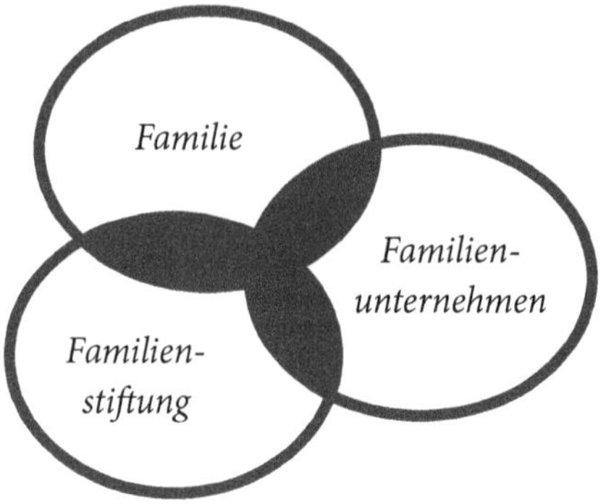

Abbildung 6: Ideal einer unternehmensverbundenen Familienstiftung

Die stärkste Verzahnung von Familie, Familienstiftung und Familienunternehmen stellt Typ 4 dar. Bei diesem Konstrukt ist die Familie sowohl auf Stiftungsebene als auch auf der Ebene des Familienunternehmens vertreten, sodass der Familieneinfluss hier folglich zweifach abgesichert wird. Über die am Familienunternehmen (jdf. mehrheitlich) beteiligte und mit Familienmitgliedern besetzte Familienstiftung bleibt die Familie *De-Facto*-Eigentümer. Da hierbei zudem auch das Management des Familienunternehmens überwiegend mit Familienmitgliedern besetzt sein wird, behält die Familie die wesentlichen Entscheidungsrechte für sich und nimmt auch weiterhin maßgeblich Einfluss auf die Geschäftspolitik des Familienunternehmens. Eine Gestaltung der unternehmensverbundenen Familienstiftung nach Typ 4 stellt mithin eine Symbiose von Familie, Familienstiftung und Familienunternehmen her. Bei Typ 4 lässt sich trotz der Integration einer Familienstiftung dementsprechend auch weiterhin ohne Einschränkung von einem Familienunternehmen nach hier vertretenem Verständnis sprechen.[3024]

Die Implementierung der Familie sowohl auf Stiftungs- als auch Unternehmensebene hat indes auch eine Kehrseite. Die Familienunternehmen

3024 Ebenso *Fleischer*, ZIP 2022, 2045 (2054); i. Erg. (aus betriebswissenschaftlicher Sicht) auch *Block/Kormann/Fathollahi*, FuS 2023, 52 (53 f.) nach denen „*Familienstiftungsunternehmen*" zum Typus der Familienunternehmen zu zählen sind.

inhärenten Konfliktrisiken[3025] können, wenn auch aufgrund der zwischengeschalteten Familienstiftung in abgeschwächter Form, auf die unternehmensverbundene Familienstiftung in Gestalt des Typs 4 fortbestehen. Daher gilt es im Besonderen zu vermeiden, dass der Stiftungszweck und damit primär die Erhaltung des Familienunternehmenscharakters durch familieninterne Konflikte beeinflusst oder verwässert wird. Gleichwohl gewährleistet Typ 4 idealiter, dass zum einen sich an der Führung des Unternehmens durch die Familie nicht viel ändert, diese aber aufgrund der Familienstiftung an den in der Stiftungssatzung niedergeschrieben Willen und auch an die Werte des Familienunternehmers resp. Stifters fortwährend zum Wohle des Familienunternehmens gebunden sind.

Ein Praxisbeispiel dieser Art stellen zum einen etwa das auf die Fertigstellung von Premium-Reisemobilen spezialisierte Familienunternehmen *Carthago GmbH* dar.[3026] Dessen Gründer und Inhaber *Karl-Heinz Schuler* übertrug 2014 die wesentlichen Unternehmensanteile auf die *„Karl-Heinz Schuler-Familienstiftung"*.[3027] Stiftungsvorstand der Familienstiftung ist *Karl-Heinz Schuler*, der zugleich auch weiterhin Geschäftsführer der *Carthago GmbH* ist.

Zum anderen bildet ein derartiges Praxisbeispiel auch die *Herrenknecht AG*, ein auf Tunnelvortriebsmaschinen spezialisiertes Familienunternehmen, deren sämtliche Anteile seit 2015 von der *„Herrenknecht-Familienstiftung"* gehalten werden. Der Seniorchef *Martin Herrenknecht* fungiert hier in Personalunion als Stiftungsvorsitzender und Vorstandsvorsitzender der AG.[3028]

Als weiteres Beispiel kann auch die *Porsche Automobil Holding SE* (PSE) genannt werden.[3029] An dieser sind mehrheitlich die *Ferdinand Porsche Holding GmbH* und die *Familie Porsche Holding GmbH* beteiligt, deren Mehrheitseigentümerin wiederum die (österreichische) *„Ferdinand Porsche Familien-*

3025 Siehe → Teil 3 B II 2.

3026 *Hosseini-Görge*, Foundation owned firms, S. 26; s. a. *Hosseini/Jarchow*, in: Achleitner et al., Stiftungsunternehmen: Theorie und Praxis, S. 41 (42) nennt zudem noch die Diehl-Gruppe und Bertelsmann, wobei bei diesen Unternehmen eine gemeinnützige Stiftung eingesetzt wird.

3027 Siehe https://t1p.de/q1j8s.

3028 Näher Block et al./*Block*, Die Familienstiftung, S. 164 ff.; s. a. *Fleischer*, ZIP 2022, 2045 (2054).

3029 Vgl. hier und nachfolgend *BaFin*, Befreiungsantrag nach §§ 36, 37 WpÜG v. 2.2.2016, DE000-PAH0038, S. 1 ff. (https://t1p.de/4sdt3); für eine chronologische Aufarbeitung der gesellschaftsrechtlichen Unternehmensgeschichte s. *Mock/Illetschko*, ZGR-Sonderheft 24 (2021), 1169.

Privatstiftung“[3030] ist. Durch die Gestaltung des Stiftungszwecks der „*Ferdinand Porsche Familien-Privatstiftung*“[3031], die Einbringung der Anteile an der Familie *Porsche Holding GmbH* und der *Ferdinand Porsche Holding GmbH* in die „*Ferdinand Porsche Familien-Privatstiftung*“[3032] und die über die Familie Porsche Beteiligung GmbH mittelbare Bindung der „*Ferdinand Porsche Familien-Privatstiftung*“ an den Konsortialvertrag der Gesellschaft[3033] wird sichergestellt, dass eine adäquate Nachfolgeregelung im fortwährenden Bewusstsein der Prägung der PSE und des Porsche-Konzerns als Familienunternehmen der Familien Porsche und Piëch dauerhaft gewahrt wird. Hierfür wurden einflussreiche statutarische Rechte zugunsten des Stifters und nach seinem Ableben zugunsten der Nachkommen getroffen.[3034]

Ein weiteres Beispiel bildet ferner das bereits in vierter Generation geführte Familienunternehmen *Osiandersche Buchhandlung GmbH*. Die Familie *Riethmüller* übertrug 2016 ihre gesamten Unternehmensanteile auf die *Osiandersche Familienstiftung*, sodass diese seither Alleingesellschafterin des Familienunternehmens ist.[3035] Die Familienmitglieder sind sowohl in den Gremien der Stiftung als auch auf Unternehmensebene in der Geschäftsführung vertreten. So sind *Heinrich* und *Christoph Riethmüller* sowohl Mitglieder der Geschäftsführung der *Osiandersche Buchhandlung GmbH* als auch Vorstandsmitglieder der Osiandersche

---

3030 *BaFin*, Befreiungsantrag nach §§ 36, 37 WpÜG v. 2.2.2016, DE000-PAH0038, S. 4 (https://t1p.de/4sdt3); gemeint sein dürfte konkret die „*Ferdinand Karl Beta Privatstiftung*“, zu dieser s. *Mock/Illetschko*, ZGR-Sonderheft 24 (2021), 1169 (1206 ff.), dort auch mit Blick in deren Stiftungsurkunde.

3031 Dieser lautet wie folgt: „*Der Zweck der Privatstiftung ist die Versorgung und Unterstützung der Begünstigten durch Geld-, Sach- und sonstige Leistungen sowie die Verwaltung des Familienvermögens, das der Privatstiftung zugewendet und aus den Vermögenszuwendungen der Stifter und den Erträgen der Privatstiftung angeschafft wird*“, zitiert nach *Mock/Illetschko*, ZGR-Sonderheft 24 (2021), 1169 (1207).

3032 Dies erfolgte „*[u]m ‘[…] den Einfluss der Familie Dr. h. c. Ferdinand Karl Piëch auf […]‘ seine Unternehmensbeteiligungen ‚[…] durch einheitliche Ausübung der Rechte […] zu sichern […] und das Familienvermögen zur Versorgung und Unterstützung der Begünstigten aus dem Kreis der Familie Dr. h. c. Ferdinand Karl Piëch zu erhalten und zu mehren*‘, so die Präambel der „*Ferdinand Karl Beta Privatstiftung*“, zitiert nach *Mock/Illetschko*, ZGR-Sonderheft 24 (2021), 1169 (1207).

3033 Zur Verzahnung mit dem Gesellschaftsvertrag der Porsche Piëch Holding GmbH s. näher *Mock/Illetschko*, ZGR-Sonderheft 24 (2021), 1169 (1210 f., 1212 ff. mit Auszug aus dem Gesellschaftsvertrag).

3034 Vgl. näher *Mock/Illetschko*, ZGR-Sonderheft 24 (2021), 1169 (1208 ff.).

3035 Siehe dazu https://t1p.de/aa3qm; vgl. auch https://t1p.de/t0lz1.

Familienstiftung. Mit *Hermann-Arndt Riethmüller* ist auch im Aufsichtsrat des Familienunternehmens ein Familienmitglied als Vorsitzender vertreten. Durch diese enge Verzahnung von Familie, Familienstiftung und Familienunternehmen ist der Familienunternehmenscharakter generationenüberdauernd gesichert.

Ebenfalls als Beispiel kann das Familienunternehmen *Handtmann-Unternehmensgruppe* genannt werden. Im Jahre 2014 übertrug der Familienpatriarch *Arthur Handtmann* 51 % seine Anteile an der Unternehmensgruppe auf die *Arthur Handtmann-Familienstiftung*. Die übrigen 49 % der Unternehmensanteile halten die übrigen Familienmitglieder.[3036] Die Organe sowohl der Familienstiftung einerseits als auch des Familienunternehmens andererseits werden (neben fachkundigen Dritten) mit Familienmitgliedern besetzt. So sollte das mit der Errichtung der unternehmensverbundenen Familienstiftung verfolgte Ziel von *Arthur Handtmann*, dass die „*Führung* [seiner] *Betriebe stets bei einem Mitglied der Familie Handtmann bleibt*“[3037] und damit den Charakter eines Familienunternehmens wahrt, gewährleistet werden.

Ähnlich wie bei der *Handtmann-Unternehmensgruppe* wurde auch in der *Beltz Rübelmann Holding GmbH & Co. KG – Holding* eine unternehmensverbundene Familienstiftung involviert. Der Senior *Dr. Manfred Beltz Rübelmann* errichtete 2012 die privatnützige *Beltz-Rübelmann Stiftung* als unternehmensverbundene Familienstiftung[3038] und übertrug seine Gesellschaftsanteile i. H. v. 32 % auf ebenjene Stiftung. Neben der Stiftung halten vier weitere Familienstämme je 16 % der Gesellschaftsanteile sowie ein familienfremder Gesellschafter 4 % der Gesellschaftsanteile.[3039] Haupt- bzw. Ankergesellschafter ist somit die *Beltz-Rübelmann Stiftung*. Deren Vorstand ist mit der Tochter des Stifters *Mariane Rübelmann* besetzt; der daneben existierende Stiftungsrat ist mit familiennahen Personen besetzt, die zugleich auch im Beirat der *Beltz Rübelmann Holding GmbH & Co. KG* vertreten sind. Die Wahl der Tochter des Stifters als einzige Vorständin der Stiftung soll den „*Charakter [der] unabhängigen Familiengesellschaft [erhalten] und […] im Falle von Meinungsverschiedenheiten bei strukturellen Fragen zu klarer Mehrheitsbildung [führen]*“[3040]. Insgesamt ist die Familie Beitz Rübelmann sowohl auf Stiftungs- als

3036 *Brunecker*, Alles Handtmann, 2017, S. 227 (abrufbar unter: https://t1p.de/rpgwk).

3037 *Brunecker*, Alles Handtmann, 2017, S. 227 (abrufbar unter: https://t1p.de/rpgwk).

3038 Siehe hierzu das Interview mit dem Stifter bei *Hauck*, Börsenblatt.net v. 28.4.2011 (https://t1p.de/i6o9p) sowie *Rübelmann*, Firmenschrift 175 Jahre Beltz 1841–2016, 2016, S. 81 ff., 125 (abrufbar unter: https://t1p.de/2lwxs).

3039 *Ertel*, Firmenschrift 175 Jahre Beltz 1841–2016, 2016, S. 124 f. (abrufbar unter: https://t1p.de/2lwxs)

3040 *Hauck*, Börsenblatt.net v. 28.4.2011 (https://t1p.de/i6o9p).

auch Unternehmensebene vertreten und hat in beiden Ebenen mittelbar als auch unmittelbar den maßgeblichen Einfluss.

V. Zwischenergebnis

Halten wir fest: Nach dem Vorstehenden sowie der beispielhaft genannten Praxisgestaltungen von stiftungsverbundenen (Familien-)Unternehmen kann konstatiert werden, dass die Sicherung des Familieneinflusses und damit bezweckend die Wahrung des Familienunternehmenscharakters des Unternehmens stark von der Gestaltung der unternehmensverbundenen Familienstiftungskonstruktion, insbesondere der Rolle der Familienstiftung und der Familienmitglieder, abhängt. Je geringer der Familieneinfluss in einem Familienunternehmen in Gestalt einer unternehmensverbundenen Familienstiftung ist, desto weniger lässt sich dann noch von einem Familienunternehmen sprechen, dessen wesentliches Charakteristikum in ebenjenem beherrschenden Familieneinfluss zu sehen ist.[3041] Je nach Typ bleibt die Familie mehr oder weniger stark eingebunden und kann damit unterschiedlich stark auf das stiftungsverbundene Familienunternehmen Einfluss nehmen.

Eine Konstruktion nach Typ 1 und Typ 2 entfernt sich weit von einem Familienunternehmen im hier verstandenen Sinne. In Typ 1 haben die Familienmitglieder aufgrund dessen, dass sie nur als Destinatäre der Familienstiftung fungieren, keinerlei Einfluss auf die Geschicke des Familienunternehmens. In Typ 2 sind zwar Familienmitglieder auch in der Geschäftsführung des Familienunternehmens wenigstens vertreten. Jedoch liegt der beherrschende Einfluss nicht bei der Familie, sondern bei der Familienstiftung, deren Organe allein mit familienfremden Mitgliedern besetzt sind. Unternehmensverbundenen Familienstiftungen nach Typ 1 und 2 sind damit keine Familienunternehmen mehr.

Will ein Familienunternehmer, dass auch weiterhin von einem Familienunternehmen die Rede sein soll, so sollte eine Gestaltung nach Typ 3 oder idealiter nach Typ 4 herangezogen werden. In Typ 3 ist der beherrschende Familieneinfluss vermittels der Besetzung der mehrheitlich beteiligten Familienstiftung mit Familienmitgliedern hinreichend gewährleistet, sodass die Unternehmensführung weiterhin der Familie als *De-Facto*-Eigentümerin obliegt, obgleich auf Unternehmensebene ein Fremdmanagement etabliert ist. Besonders Typ 4 kann mit einem Familienunternehmen weitestgehend gleichgesetzt werden. Hier ist die Familie sowohl auf Stiftungs- als auch Unternehmensebene vertreten. Der Familienein-

3041 Zur Relevanz der Sicherung des Familieneinflusses → Teil 2 B.

fluss ist in dieser Gestaltung daher mit anderen Worten omnipräsent und gewährleistet daher am stärksten den Erhalt des Familienunternehmenscharakters.

Diese vier verschiedenen Verzahnungsmöglichkeiten zeigen darüber hinaus, dass es für die Wahrung der Identität des Familienunternehmens entscheidend auf die Gestaltung der unternehmensverbundenen Familienstiftung, im Besonderen der Verzahnung von Familie, Familienstiftung und Familienunternehmen, ankommt. Es kann demgemäß weder pauschal davon ausgegangen werden, dass der Familienunternehmenscharakter erhalten bleibt, noch dass ebenjener gänzlich verloren geht.[3042] Wenn gewährleistet ist, dass die Familie – jedenfalls mittelbar über die Familienstiftung – weiterhin beherrschenden Einfluss auf das Familienunternehmen hat, so kann auch im Falle der Implementierung einer unternehmensverbundenen Familienstiftung von einem Familienunternehmen gesprochen werden.

B. Einsatz- und Einflussmöglichkeiten des Stifters in der Familienstiftung

Das seit dem 1.7.2023 geltende Stiftungszivilrecht des BGB lässt dem Stifter dabei hinsichtlich der Gestaltung der unternehmensverbundenen Familienstiftung sowie im Speziellen der Ausgestaltung von Einflussnahmerechten für sich und seine Familie – wie noch nachfolgend näher aufgezeigt wird – einen weiten Spielraum. Dies auch mit Recht, da eine weitgehende Stifterfreiheit gemeinhin „*die Grundlage für ein expandierendes Stiftungswesen*“ ist und eine etwaige Beschränkung gerade im Kontext von unternehmensverbundenen Familienstiftungen wohl zu einem spürbaren Rückgang an Stiftungserrichtungen führen würde.[3043] Der so jedoch gegebene Gestaltungsspielraum erlaubt es dem Stifter und auch seiner Familie durchaus eine einflussreiche Rolle in der unternehmensverbundenen Familienstiftung einzunehmen und sich so einen – wenngleich mittelbaren – bestimmenden Einfluss auf das Familienunternehmen zu sichern. Demgemäß können die vormaligen Eigentümerrechte der Unternehmerfamilie sowohl in finanzieller Hinsicht als auch hinsichtlich der Entscheidungsbefugnisse in der Stiftungssatzung bis zu einem gewissen Grad festgelegt und berücksichtigt werden. Vornehmlich deshalb wird die unternehmensverbundene Familienstiftung

---

3042 Vgl. (bzgl. des Verlustes des Familienunternehmenscharakters) *Großmann*, Konflikte und Krisen, S. 71 („*Ein Pauschalurteil im Rahmen von Stiftungslösungen bleibt daher schwierig.*“).

3043 Vgl. *Schlüter*, Stiftungsrecht zwischen Privatautonomie und Gemeinwohlbindung, S. 404.

aus Sicht der Kautelarpraxis als „*interessante Gestaltungsmöglichkeit*"[3044] zur Regelung der Unternehmensnachfolge speziell bei Familienunternehmen erachtet und weckt daher auch vermehrt das Interesse von Familienunternehmern, die ihre Unternehmensnachfolge dauerhaft regeln wollen.[3045]

Gerade dann, wenn ein Familienunternehmer resp. Stifter die unternehmensverbundene Familienstiftung als Nachfolgeinstrument mit dem regelmäßigen Ziel des generationenüberdauernden Erhalts und Fortführens des Familienunternehmens in Familienhand gewählt hat, ist es erforderlich, den entsprechenden rechtlichen Rahmen durch statutarische Regelungen zu schaffen, um dem vorstehenden Ziel weitestmöglich gerecht zu werden und nachhaltig abzusichern.

Bevor auf einzelne Gestaltungsmöglichkeiten zur Sicherung des Familieneinflusses innerhalb der Familienstiftung eingegangen wird, bedarf es notwendigerweise zunächst eines Blickes hinsichtlich der Reichweite der stifterlichen Gestaltungsfreiheit, aber auch ihrer Grenzen.

I. Reichweite und Grenzen der Gestaltungsfreiheit des Stifters

Das Stiftungsrecht ist seit jeher von den privatautonomen Entscheidungen des Stifters geprägt[3046], wie sich nach altem Recht bereits aus der geringen Regelungsdichte der §§ 80–89 BGB a. F. zeigte.[3047] Das reformierte Stiftungsrecht beinhaltet zwar statt der vormals neun insgesamt 36 Paragrafen, jedoch wird dadurch die weiterhin – gerade für Familienunternehmen vorteilhafte – bestehende erhebliche privatautonome Gestaltungsfreiheit des Stifters[3048] – wie bereits im Rahmen der rechtlichen Verfassung in Teil 4 stellenweise angerissen und hier nachfolgend noch näher aufgezeigt wird – nicht besonders eingeschränkt.[3049] Vielmehr sol-

---

3044 *Spiegelberger*, ErbStB 2005, 43 (44); siehe auch die Nachweise in Fn. 17.

3045 Ausf. zu den Motiven bereits → Teil 3 A I–III.

3046 Vgl. nur BT-Drs. 14/8765, S. 10; *Hof*, ZStV 2012, 14 (18): „*Der Stifter [...] ist die beherrschende Figur des deutschen Stiftungsrechts*".

3047 Vgl. (insofern jedoch kritisch) Jakob/v. Orelli/*Rawert*, Der Stifterwille, S. 103 (109); s. a. BT-Drs., 14/8765, S. 7, 9; ausf. *Hof*, S&S 1/2003, 21.

3048 Siehe nur *Rawert*, ZGR 2018, 835 (854) („*Das ändert jedoch nichts daran, dass sich das Stiftungsrecht im Vergleich zum Gesellschaftsrecht durch eine Regelungslosigkeit auszeichnet, die erhebliche Gestaltungs- und mithin Virtualisierungsmöglichkeiten für Gesellschaftssurrogate bietet*"); vgl. auch BT-Drs. 14/8765, S. 9.

3049 **A. A.** und recht polemisch – soweit ersichtlich – noch *Burgard*, GmbHR 2021, R244 (R245): „*Gleichwohl finden sich im Gesetz und seiner Begründung wenigstens 19 (!) Textstellen, die darauf gerichtet oder zumindest geeignet sind, die Freiheit von StifterInnen und Stiftungen zu beschränken, und zwar insgesamt in einem ganz und*

len die neuen Regelungen dem Stifter, die Gestaltungsmöglichkeiten, die ihm das neue Recht bietet, deutlicher vor Augen führen.[3050] Ausdrücklich wird in der Gesetzesentwurfsbegründung zur Satzungsautonomie Folgendes ausgeführt: *„Stifter können in der Satzung wesentlich mehr regeln. Ein Stifter kann am besten entscheiden, welche zusätzlichen Satzungsbestimmungen für seine Stiftung noch zweckmäßig sind, um der Stiftung eine Stiftungsverfassung in seinem Sinne zu geben. Das Gesetz räumt dem Stifter die dafür notwendige Satzungsautonomie ein. Viele Regelungen des Stiftungsrechts im Bürgerlichen Gesetzbuch sind dispositiv und können durch Satzungsbestimmungen ersetzt oder geändert werden. Bei jeder dispositiven Vorschrift wird ausdrücklich geregelt, inwieweit durch die Satzung von dieser Vorschrift abgewichen werden kann, so dass Stiftern deutlich vor Augen geführt wird, welche Regelungen sie durch die Satzung treffen können. Soweit ein Stifter die ihm eingeräumte Satzungsautonomie nicht nutzt, bestimmt sich die Verfassung der Stiftung nach den einschlägigen dispositiven Vorschriften des Bürgerlichen Gesetzbuchs oder des für die Stiftung geltenden Landesstiftungsgesetzes.“*[3051] Der Ausschusses für Recht und Verbraucherschutz (6. Ausschuss) des Bundestages betont dabei abermals, dass die Stiftung vom Stifter gerade zukunftsoffen gestaltet werden können soll: *„Die neuen Regelungen sollen vor allem auch den Stiftern die Gestaltungsmöglichkeiten, die ihnen das Stiftungsrecht bietet, deutlicher vor Augen führen. Dies gilt insbesondere auch für die Möglichkeiten, die das Stiftungsgeschäft, insbesondere die Stiftungssatzung, bietet, um den Stifterwillen zukunftsoffen zu*

---

gar unerträglichen Ausmaß.“; ebenso *Weitemeyer*, JEV 2021, 54 (55): *„Das führt zu einer erheblichen Einschränkung der Stifterfreiheit […]*“. Hierbei könnte es sich jedoch auch um ein Missverständnis dahingehend handeln, als das im Rahmen der Reform das Gebot der Satzungsstrenge (*§ 83 Abs. 2 BGB-RefE*) zwar gestrichen worden ist, aber die entsprechenden und dazu Bezug nehmenden Stellen in der Gesetzesentwurfsbegründung nicht angepasst worden sind, so wohl nunmehr auch Burgard/*Burgard*, StiftR, § 81 Rn. 51 ff.; *Burgard*, npoR 2023, 103 (111) (*„Auch diese Vorschriften schränken die Gestaltungsfreiheit jedoch nicht wesentlich ein.*“).

3050 BT-Drs. 19/31118, S. 7; vgl. BT-Drs. 19/28173, S. 47. Wie hier auch *Schauhoff/Mehren*, NJW 2021, 2993 Rn. 3 (*„Diese Freiheit der stifterischen Gestaltung der ‚eigenen‘ Stiftung hat der Gesetzgeber durch die Neuregelung des Stiftungsrechts nicht beschränkt, sondern bekräftigt.*“); *Oppel*, FS 75 Jahre StB-Verband, S. 537 (540); *Aumann*, DNotZ 2022, 894 (896); *Schwalm*, NotBZ 2022, 81 (83); ebenso (nun) Burgard/*Burgard*, StiftR, § 81 Rn. 51; *Burgard*, npoR 2023, 103 (111); *Burgard*, npoR 2024, 181 (183).

3051 BT-Drs. 19/28173, S. 47.

formulieren, so dass die Stiftung problemlos an sich verändernde Verhältnisse angepasst werden kann.“[3052]

Viele Paragrafen innerhalb der seit dem 1.7.2023 geltenden §§ 80 ff. BGB unterliegen demgemäß grundsätzlich der Dispositionsbefugnis des Stifters.[3053]

Aufgrund seiner aus Art. 2 Abs. 1 GG[3054] (Privatautonomie[3055]) resultierenden Stifterfreiheit resp. -autonomie[3056], obliegt es innerhalb des rechtlichen Rahmens allein seinem Willen, ob, zu welchem Zweck und mit welchem Inhalt er eine Stiftung schafft und letztlich auch ausgestaltet.[3057] Konkret gemeint ist die Freiheit des Stifters zum Abschluss, zur organisatorischen Ausgestaltung, zur Änderung

3052 BT-Drs. 19/31118, S. 7.

3053 Übersicht der entsprechenden Regelungen – jedenfalls dem Wortlaut nach – bei Orth/Uhl/*Orth*, Stiftungsrechtsreform 2021, Rn. 12; im Rahmen der jeweiligen Paragrafen-Kommentierung auch *Burgard* (Hrsg.), StiftR, *passim* sowie *Burgard*, npoR 2023, 103; vgl. auch BoKoStiftR/*Muscheler*, BGB § 81 Rn. 112 ff.

3054 Hierauf wird die Stifterfreiheit, insbesondere bezogen auf die Ausgestaltung der Stiftung nach heute wohl überwiegender Ansicht gestützt, s. m. w. N. BeckOGK/*Jakob/Uhl*, 1.7.2022, BGB § 80 Rn. 175; *Jeß*, Das Verhältnis des lebenden Stifters zur Stiftung, S. 72; v. Campenhausen/Richter/*Hof*, StiftR-HdB, § 4 Rn. 35 f., 74; *O. Werner*, in: Hager, Entwicklungstendenzen im Stiftungsrecht, S. 49 (55).

3055 Allg. zur Privatautonomie im Zivil- bzw. Gesellschaftsrecht statt anderer bündig *Sanders*, Statischer Vertrag und dynamische Vertragsbeziehung, S. 91 ff.; *Brummer*, Satzungsautonomie und Ewigkeitsklauseln, S. 58 ff.; speziell im stiftungsrechtlichen Kontext eing. *Burgard*, Gestaltungsfreiheit im Stiftungsrecht, S. 34 ff.; *Muscheler*, Gesammelte Beiträge I, S. 245 (258 ff.); allg. zur Autonomie im Recht s. die Beiträge in *Bumke/Röthel* (Hrsg.), Autonomie im Recht.

3056 Diese Begriffe werden hier synonym verwendet. *Muscheler*, Gesammelte Beiträge I, S. 245 (261) erachtet hingegen den Begriff der Stifterautonomie für treffender und weitergehender als den Begriff der Stifterfreiheit, da mit der Stiftungserrichtung und Satzungserstellung eine „*echte Normgebung für einen Dritten*“ vorliege, nicht nur „*ein bloßes Gebrauchmachen von Privatautonomie*“.

3057 Vgl. nur BGHZ 99, 344 (351 f.); im Zuge der Stiftungsrechtsreform 2002 wurde insofern explizit ein einfachgesetzliches „*Recht auf Stiftung*“ normiert, BT-Drs. 14/8765, S. 8. Zur nach h. M. zu verneinenden Frage, ob es auch ein „*Grundrecht auf Stiftung*“ dergestalt gibt, dass der Gesetzgeber ein Rechtsinstitut wie die Stiftung bereitstellen müsse m. z. N. statt anderer MüKoBGB/*Weitemeyer*, § 80 Rn. 53 ff.; ablehnend auch die Rspr.: BVerwGE 172, 85 Rn. 27 unter Verweisung auf BVerwGE 106, 177 (181); VG Berlin, BeckRS 2023, 41170 Rn. 35; bzgl. unselbständiger Stiftung auch BVerwG, npoR 2014, 243 Rn. 23 m. zust. Anm. *Rawert*; für ein „*europäische[s] Grundrecht auf Stiftung*“: *Omlor*, EuR 2015, 91; explizit dagegen etwa MüKoBGB/*Weitemeyer*, § 80 Rn. 311 und BeckOGK/*Jakob/Uhl*, 1.7.2022, BGB § 80 Rn. 94 (dortige Fn. 378 a. E.).

und Aufhebung des Stiftungsgeschäfts einschließlich der davon enthaltenen Stiftungssatzung.[3058] Bei der konkreten Gestaltung des Stiftungsgeschäfts und -satzung steht dem Stifter neben dieser „*Gestaltungs- und Organisationsfreiheit*“[3059] als weiteren Ausfluss der Stifterfreiheit auch die sog. Formulierungsfreiheit[3060] hinsichtlich des Satzungstextes zu, weshalb er etwa nicht an Mustersatzungen bzw. -formulierungen der Stiftungsaufsichtsbehörden gebunden ist.[3061]

Mit Errichtung und Anerkennung der Stiftung, d. h. mit dem Beginn der Stiftungsautonomie, endet grundsätzlich die Stifterfreiheit.[3062] Dies ist Folge des im deutschen Stiftungsrecht bestehenden Trennungs- und Erstarrungsprinzips.[3063] Die Stifterfreiheit erschöpft sich somit in den Anordnungen, die der Stifter im Stiftungsgeschäft und der Stiftungssatzung vorsieht. Dies unterstreicht die erhebliche Bedeutung der Satzungsgestaltung, insbesondere im hiesigen Kontext der Einflusssicherung zugunsten des Stifters und der Stifterfamilie. Denn aufgrund der weiterhin bestehenden familiären Verbindung ist besonders aus *Governance*-Gesichtspunkten eine durchaus detaillierte und ausgewogene Gestaltung der Stif-

---

3058 *Burgard*, Gestaltungsfreiheit im Stiftungsrecht, S. 37; MHdB GesR 5/*Schwake*, § 79 Rn. 12; BeckOGK/*Jakob/Uhl*, 1.7.2022, BGB § 80 Rn. 175; Richter/*Stumpf*, Stiftungsrecht, § 2 Rn. 46 ff.; *O. Werner*, in: Hager, Entwicklungstendenzen im Stiftungsrecht, S. 49 (53); zuletzt eing. dazu im stiftungsrechtlichen Kontext *Weitemeyer*, in: Bumke/Röthel, Autonomie im Recht, S. 201 ff.; *Jakob*, in: Bumke/Röthel, Autonomie im Recht, S. 225 ff.; *Jakob*, FS O. Werner, S. 101; Jakob/v. Orelli/*Rawert*, Der Stifterwille, S. 103; jew. m. w. N.

3059 BeckOGK/*Jakob/Uhl*, 1.7.2022, BGB § 80 Rn. 175; wortgleich *Jakob*, in: Bumke/Röthel, Autonomie im Recht, S. 225 (227).

3060 v. Campenhausen/Richter/*Hof*, StiftR-HdB, § 4 Rn. 37, § 6 Rn. 144; W/S/F/*O. Werner*, Die Stiftung, § 11 Rn. 32; ausf. zur Formulierungsfreiheit des Stifters *O. Werner*, ZSt 2006, 126; *v. Hoerner*, ZStV 2010, 13.

3061 Luzid *Schauhoff*, in: Die Stiftung – Jahreshefte zum Stiftungswesen, 15./16. Jahrgang, S. 37 (38), der darauf hinweist, dass „[d]*ie Fixierung auf Muster oder die gesetzlichen Regelfälle […] davon ablenken* [könne], *den individuellen Stifterwillen zu ermitteln*“. Die Mustersatzung sollten daher „*nur als Anregung verstanden werden, wie eine Stiftungssatzung gestaltet werden könnte.*“

3062 *Jeß*, Das Verhältnis des lebenden Stifters zur Stiftung, S. 72; MHdB GesR 5/*Schwake*, § 79 Rn. 14; *Hof*, ZStV 2012, 14 (18); *Muscheler*, Gesammelte Beiträge I, S. 245 (262); eing. zum Verhältnis von Stifterfreiheit und Stiftungsautonomie *Weitemeyer*, in: Bumke/Röthel, Autonomie im Recht, S. 201; *Jakob*, in: Bumke/Röthel, Autonomie im Recht, S. 225; jew. m. w. N.; gegen deren und anderen *de lege ferenda* Vorschlägen zur Aufweichung der Stiftungsautonomie resp. des Erstarrungsprinzips explizit MVHdB I GesR/*Hof*, Form. VIII.0 Anm. 7 und 8, S. 1421 ff.

3063 Dazu näher bereits → Teil 4 A I.

tungssatzung der unternehmensverbundenen Familienstiftung von Bedeutung, da sie für die Austragung von Erb- und Familienstreitigkeiten auf Ebene der Familienstiftung besonders anfällig sein kann.[3064] Der Stifter muss also schon bei Stiftungserrichtung eine Stiftungssatzung erstellen, die die langfristige Führung des Familienunternehmens sowie die Familieninteressen – insbesondere im Hinblick auf deren Einfluss auf die Familienstiftung und damit auch auf die Unternehmensführung sowie deren wirtschaftlichen Interessen – hinreichend berücksichtigt.[3065]

Die Gestaltungsfreiheit des Stifters findet im Übrigen zum einen überall dort ihre Grenze, wo sie die generellen Schranken der Privatrechtsordnung, namentlich §§ 134, 138 BGB[3066] und §§ 242, 826 BGB sowie die bundes- und landesrechtlichen Normen des Stiftungsrechts, verletzt.[3067] Zum anderen setzen der Stiftungsbegriff mit all seinen gefolgerten Prinzipien (z. B. Mitgliederlosigkeit, Verbot der Selbstzweckstiftung und der Stiftung [nur] für den Stifter) und zuletzt die sog. Unverfügbarkeit der Stiftung als wesentliche Grundlage der Stiftungsautonomie[3068] der Stifterfreiheit stiftungsspezifische Grenzen.[3069] In diesem Zusammenhang ist sich abermals gewahr zu werden, dass die Stiftungsaufsicht nicht nur als Garant des

3064 Zutreffend *Gollan*, npoR 2021, 277 (280); vgl. auch MüKoBGB/*Weitemeyer*, § 80 Rn. 203 m. V. a. den ALDI-NORD-Fall (BVerwG, NZG 2019, 867; zuletzt OVG Schleswig, BeckRS 2022, 11137), s. dazu näher → Fn. 587.

3065 Feick/*Godron*/*Thress*, Stiftung, § 29 Rn. 58.

3066 Speziell zur Anwendbarkeit dieser Vorschriften auf Satzungen, allg. MüKoBGB/*Armbrüster*, § 134 Rn. 34; für die Stiftung nur *Fritsche*, ZSt 2009, 21 (23), der darauf hinweist, dass die üblicherweise vorgesehenen Satzungsbestimmungen praktisch nie die in den jeweiligen Normen aufgestellten Voraussetzungen erfüllen würden, sodass es primär um Einschränkungen durch das Stiftungsrecht selbst ginge.

3067 BGHZ 99, 344 (352); *O. Werner*, in: Hager, Entwicklungstendenzen im Stiftungsrecht, S. 49 (57 f.); vgl. (für das Vereinsrecht) auch OLG Frankfurt, OLGZ 1981, 391 (392) („[Die] *Gestaltungsfreiheit* [betreffend die Vereinssatzung] *findet jedoch dort ihre Grenze, wo die Privatautonomie allgemein endet, nämlich an den Bestimmungen der §§ 134, 138, 242 und 826 BGB*").

3068 Grdl. zur Unverfügbarkeit der Stiftung gegenüber dem Wandel der Interessen und Ziele des Stifters sowie sonstiger Stiftungsbeteiligter nach ihrer Anerkennung *Hof*, GS Walz, S. 233 (234 ff.); MVHdB I GesR/*Hof*, Form. VIII.0 Anm. 7, S. 1421 ff.; vgl. auch Staudinger/*Hüttemann*/*Rawert*, BGB Vorb. §§ 80 ff. BGB Rn. 14; OLG Köln, NZG 2019, 70 Rn. 39.

3069 M. w. N. *Jeß*, Das Verhältnis des lebenden Stifters zur Stiftung, S. 72, 138 ff.; *Jakob*, Schutz der Stiftung, S. 147 f.; MHdB GesR 5/*Schwake*, § 79 Rn. 12; ausf. *Burgard*, Gestaltungsfreiheit im Stiftungsrecht, S. 47 ff., 70 ff.; bündig *Schwalm*, NotBZ 2022, 81 (83).

Stifterwillens, sondern zugleich im Besonderen aufgrund dessen, dass es sich bei der rechtsfähigen Stiftung bürgerlichen Rechts um eine juristische Person ohne Mitglieder handelt, auch als Garant der Stiftungsautonomie fungiert.[3070] Dies zeigt sich in der Stiftungspraxis dergestalt, dass dem Anerkennungsantrag die Stiftungssatzung mit angehängt und deren Regelungen von der Stiftungsbehörde auf ihre Schlüssigkeit sowie Vereinbarkeit mit dem Stiftungsrecht überprüft und bei entsprechenden Bedenken mit dem Stifter darüber diskutiert wird. Freilich gelangt auch die Stiftungsbehörde nicht immer zu zutreffenden Ansichten, sodass im Zweifel der Klageweg seitens des Stifters bestritten werden muss.[3071] Dabei müssen sich aber auch die Stiftungsorgane bewusst sein, dass der Grundsatz der Stiftungsautonomie es nicht gestattet, sich insbesondere in bestandsgefährdender Weise über das der Stiftung gegebene Satzungsrecht hinwegzusetzen.[3072] Wann etwaige Satzungsregelungen die Grenze der autonomen Willensbildung überschreiten resp. die Stiftungsautonomie verletzen, kann letztlich jedoch nur im Einzelfall beurteilt werden.[3073]

Für die nachfolgende Untersuchung von besonderer Relevanz ist die sog. Satzungsautonomie (vgl. § 83 Abs. 1 BGB bzw. § 85 BGB a. F.), die von der Stifterfreiheit gewährleistet wird.[3074] Diese erlaubt es dem Stifter, die Stiftungssatzung im Rahmen der vorstehenden Grenzen weitgehend nach eigenen Vorstellungen und Interessen zu gestalten. Gerade deshalb sind *„Stiftungssatzungen […] inzwischen überwiegend das Ergebnis von Maßarbeit“*[3075]. Insofern ist zu konstatieren, dass

---

3070 Vgl. nur v. Campenhausen/Richter/*Hof*, StiftR-HdB, § 10 Rn. 5 f.; *v. Löwe*, Familienstiftung und Nachfolgegestaltung, § 5 Rn. 25; zur Ratio der Stiftungsaufsicht → Teil 4 H I.

3071 Vgl. auch betreffend die allg. Anerkennungsvoraussetzungen *Burgard*, npoR 2024, 181 (183) (*„Zudem geben die Anerkennungsvoraussetzungen Anlass zur Sorge, dass sich der Anerkennungsanspruch nicht immer ohne Klageerhebung, die Stifter natürlich scheuen, durchsetzen lässt.“*).

3072 OVG Schleswig, BeckRS 2022, 11137 Rn. 151; LG Paderborn, BeckRS 2021, 57769 Rn. 7 ff.; luzid *Muscheler*, Gesammelte Beiträge I, S. 245 (267), wonach die Stiftungsautonomie *„das genaue Gegenteil von Verbandsautonomie“* sei und bei der Stiftung *„Selbstgesetzgebung grundsätzlich weder nötig noch zulässig“* sei; ähnlich auch *O. Werner*, in: Hager, Entwicklungstendenzen im Stiftungsrecht, S. 49 (61) (*„Es soll sein Stifterwille Geltung haben, nicht dagegen der Wille der Organe.“*).

3073 Vor dem Hintergrund einer steuerrechtlichen Betrachtung eing. *Schütte*, Transparente und intransparente Stiftungen, S. 157 f., 256 f., 566 (mit dortiger Fn. 2174).

3074 Staudinger/*Hüttemann/Rawert*, BGB § 85 Rn. 6 m. w. N.; v. Campenhausen/Richter/*Hof*, StiftR-HdB, § 6 Rn. 121.

3075 Jakob/v. Orelli/*Rawert*, Der Stifterwille, S. 103 (110).

im Stiftungsrecht weiterhin das „*Prinzip der Satzungsautonomie*"[3076] dominiert, was der Gesetzgeber seit jeher hochhält.[3077]

Insofern ist anzumerken, dass im Zuge der Stiftungsrechtsreform 2021 der *RefE v. 28.9.2020* mit *§ 83 Abs. 2 BGB-RefE* erstmalig einen dem Aktienrecht entsprechenden Grundsatz der Satzungsstrenge (besser: Gesetzesstrenge) normieren wollte. *§ 83 Abs. 2 BGB-RefE* lautete: „*Durch die Satzung kann von den Vorschriften dieses Untertitels nur abgewichen werden, wenn dies ausdrücklich bestimmt ist.*" Die Satzung hätte danach nicht vom Gesetz abweichen dürfen, wenn es dies nicht ausdrücklich zugelassen hätte. Dies hätte in der Tat zu einem Paradigmenwechsel betreffend die Satzungsautonomie des Stifters geführt und auch das Anliegen des Gesetzgebers, die Gestaltungsfreiheit des Stifters durch die Reform zu stärken[3078] drastisch konterkariert. Nach massiver Kritik in der Literatur[3079] wurde diese Norm zwar (zu Recht) wieder aus dem Gesetzestext gestrichen, denn die für die Satzungsstrenge maßgeblichen Überlegungen des Mitglieder- und Gläubigerschutzes[3080] greifen bei der Stiftung keinen Platz. Ferner wurde als Begründung für die Streichung angeführt, dass der Begriff der „Errichtungssatzung" keine Verbesserung gegenüber den eingeführten Begriffen „Stiftungsgeschäft" und „Stiftungssatzung" bedeute, weshalb der Begriff der „Errichtungssatzung" in den Vorschriften, in denen er noch im Regierungsentwurf (RegE) verwendet wurde, entweder durch den Begriff „Stiftungsgeschäft" oder „Satzung" ersetzt wurde.[3081] Gleichwohl unterblieb eine entsprechende Korrektur der Begründung

---

3076 *Wachter*, GmbHR 2020, R356 (R357), der für eine ausdrückliche Normierung der Satzungsautonomie auch im Stiftungsrecht plädiert.

3077 Vgl. BT-Drs. 14/8765, S. 9 ff.; BT-Drs. 19/28173, S. 47.

3078 BT-Drs. 19/31118, S. 7; vgl. BT-Drs. 19/28173, S. 47.

3079 Exemplarisch *Arnold et al.*, npoR 2020, 294; *Burgard*, npoR 2021, 1 (2); *Wachter*, GmbHR 2020, R356 (R357); *Gollan/Richter*, npoR 2021, 29 (30) m. w. N.

3080 Zur Ratio der Satzungsstrenge bei der AG m. w. N. BeckOGK/*Limmer*, 1.2.2024, AktG § 23 Rn. 50; *J. Koch*, AktG § 23 Rn. 34. Die Stiftung ist hingegen – wie es § 80 Abs. 1 S. 1 BGB ausdrücklich normiert – mitgliederlos. Zur grundsätzlichen mangelnden Relevanz vom Gläubigerschutzaspekten bei einer Stiftung betreffend die Gestaltungsfreiheit vgl. *Hüttemann/Rawert*, ZIP 2021, Beilage zu Heft 33, S3 (S31), die insofern die §§ 86g, 86h BGB (Anspruch auf Sicherheitsleistung für von einer Zulegung oder Zusammenlegung potenziell betroffenen Gläubigern der übernehmenden Stiftung) als „*systemwidrig*" erachten; zu einzelnen Ausnahmen betreffend den Gläubigerschutz im Stiftungsrecht aber *Burgard*, npoR 2023, 103 (105).

3081 BT-Drs. 19/31118, S. 8; s. zu den geänderten Normen im Einzelnen BT-Drs. 19/30938, S. 3 ff.

zum RegE[3082], was insofern als redaktionelles Versäumnis des Gesetzgebers anzusehen ist. Dies ist aber in der Gesetzgebungspraxis nicht unüblich. Nach der Ausschussphase besteht im Gesetzgebungsverfahren nämlich im Allgemeinen keine Notwendigkeit mehr, die im Ausschuss getroffenen Konkretisierungen zu ändern.[3083] Die Bedeutung des RegE und der diesbezüglichen Begründung ergibt sich dann daraus, dass der RegE in dem Ausschussbericht häufig in Bezug genommen wird.[3084] Dementsprechend ist bei der Auslegung des neuen Stiftungsrechts der RegE zusammen mit dem Beschluss des Rechtsausschusses zu lesen.[3085] Eine Satzungsstrenge entsprechend der aktienrechtlichen Regelung des § 23 Abs. 5 S. 1 AktG existiert folglich auch im neuen Stiftungsrecht nicht. Im neuen Stiftungsrecht können aber gewisse Regelungen (vgl. §§ 83b Abs. 3, 85 Abs. 4 S. 1 und S. 2 BGB) vom Stifter nur im Stiftungsgeschäft getroffen werden, mit der Folge, dass nur der Stifter bei der Errichtung der Stiftung die entsprechenden Satzungsbestimmungen in die (Erste-)Satzung aufnehmen kann.[3086] Dies betrifft im Einzelnen folglich die Regelung zur Errichtung einer sog. (Ewigkeits-)Teilverbrauchsstiftung gem. § 83b Abs. 3 BGB, die Beschränkung von Satzungsänderungen nach § 85 Abs. 1–3 BGB durch die Stiftungsorgane und Stiftungsbehörde gem. § 85 Abs. 4 S. 1 BGB sowie gem. § 85 Abs. 4 S. 2 BGB die Zulassung von organschaftlichen Satzungsänderungen, die von § 85 Abs. 1–3 BGB abweichen. In der Praxis werden diese stifterlichen Regelungen dergestalt implementiert, dass er diese in der Stiftungssatzung festlegt, auf welche dann im Stiftungsgeschäft Bezug genommen wird.[3087] Fehlen derlei stifterliche Regelungen bedeutet dies im Umkehrschluss, dass diese jedenfalls bei Stiftungserrichtungen nach dem 1.7.2023 grundsätzlich auch nicht nachträglich im Wege einer Satzungsänderung durch die Stiftungsorgane, die Stiftungsaufsicht oder dem Stifter selbst eingeführt werden

---

3082 Vgl. *Schauer*, npoR 2022, 54 (57 f.).

3083 Ausf. zu Bedeutung von Beschlussempfehlungen und deren Verhältnis zum Regierungsentwurf m. w. N. *Sehl*, Was will der Gesetzgeber?, S. 213 ff.

3084 So *Sehl*, Was will der Gesetzgeber?, S. 215 ff.

3085 BT-Drs. 19/28173 i. V. m. BT-Drs. 19/31118 und BT-Drs. 19/30938, S. 3 ff. Vgl. im Übrigen zur sog. berichtigenden Auslegung im Falle von Redaktionsversehen *Möllers*, Juristische Methodenlehre, § 6 Rn. 47.

3086 BT-Drs. 19/31118, S. 9, 11; vgl. zur (ersten) Satzung als Regelungsstandort neben dem Stiftungsgeschäft → Teil 4 E I 2 b aa (4) (c).

3087 Vgl. zutreffend Orth/Uhl/*Uhl*, Stiftungsrechtsreform 2021, Rn. 170, 564; m. w. N. Schauhoff/Mehren/*Kirchhain*, Stiftungsrecht nach der Reform, Kap. 9 Rn. 40; *Schuck/Medinger*, npoR 2021, 284 (285 f.); *Feick/Schwalm*, NZG 2021, 525 (528).

können.[3088] Vielmehr muss sich die Möglichkeit der Abbedingung dem Stiftungsgeschäft ggf. i. V. m. der Stiftungssatzung zumindest im Wege der Auslegung als *„bei der Errichtung der Stiftung zum Ausdruck gekommener Wille"* i. S. d. § 83 Abs. 2 BGB entnehmen lassen.[3089]

II. Einflussmöglichkeiten des noch lebenden Stifters

Für einen potentiellen Stifter, insbesondere einem Familienunternehmer, ist es in der Praxis von besonderer Relevanz zu wissen, welche Rechte er als Stifter auf seine Stiftung konkret hat. Insofern besteht oftmals in tatsächlicher und rechtlicher Hinsicht eine Fehlvorstellung über die Rolle des Stifters in der Stiftung sowie seiner Rechte und Einflussmöglichkeiten. Insofern ist sich abermals zu vergegenwärtigen, dass auch eine Familienstiftung mit ihrer Errichtung und Anerkennung eine eigenständige juristische Person ist – ohne Mitglieder oder Gesellschafter, die ihr ihren Willen „aufdrücken" können.

Nachfolgend werden die Rechtsstellung sowie Einflusssicherungsmöglichkeiten des lebenden Stifters auf die Stiftung im Wege statutarischer Vorkehrungen untersucht. Denn im hiesigen Kontext soll der Stifter resp. die Stifterfamilie primär vermittels der Familienstiftung weiterhin Einfluss auf ihr Familienunternehmen nehmen können, sodass es einer Untersuchung der Möglichkeiten, aber auch Grenzen bedarf.

1. Rechtsstellung des Stifters

Der Stifter ist der *„Initiator"*[3090] der Stiftung und mit Blick auf die Bedeutung des Stifterwillens *„die beherrschende Figur des deutschen Stiftungsrechts"*[3091]. Er setzt ihr die für ihre Tätigkeit verbindlichen Zwecke, stattet sie mit dem zu deren Verfolgung und Erfüllung erforderlichen Vermögen aus, bestimmt ihre Organisation und prägt über den in Stiftungsgeschäft und Satzung verobjektivierten Stifterwillen ihre Existenz bis in Details hinein.[3092] All dies geht jedoch grundsätzlich nur bis zu dem Zeitpunkt der Anerkennung der Stiftung durch die zuständige

---

3088 BT-Drs. 19/28173, 67. Die nachträgliche Statuierung von Stifterrechten oder deren Ausweitung im Wege einer Satzungsänderung ist bereits *de lege lata* mit Blick auf die Unverfügbarkeit der Stiftung grds. unzulässig, s. v. Campenhausen/Richter/*Hof*, StiftR-HdB, § 10 Rn. 290.

3089 *Hüttemann/Rawert*, AcP 222 (2022), 301 (335).

3090 *Jakob*, Schutz der Stiftung, S. 166.

3091 *Hof*, ZStV 2012, 14 (18); zur Bedeutung des Stifterwillens s. → Teil 4 C.

3092 *Hof*, ZStV 2012, 14 (18).

Stiftungsaufsichtsbehörde. Ab diesem Zeitpunkt an endet, wie zuvor erläutert, die Stifterautonomie und es beginnt die Autonomie der sodann anerkannten rechtsfähigen Stiftung. Es gilt insofern das Trennungs- und Erstarrungsprinzip, mit der Folge, dass sich „*eine Stiftung mit ihrer Anerkennung vom Stifter emanzipiert und das rechtliche Band zu diesem endgültig zertrennt wird*“[3093]. Dieser Umstand lässt sich auch dem BGB entnehmen, wonach der Stifter grds. nur vor Anerkennung der Stiftung involviert wird (z. B. Widerrufsrecht bis zur Anerkennung gem. § 81a S. 1 BGB bzw. § 81 Abs. 2 S. 1 BGB a. F.; und nach neuem Recht auch durch Normen, wonach nur der Stifter Abweichendes vor Anerkennung der Stiftung im Stiftungsgeschäft bzw. in der Stiftungssatzung vorsehen kann, z. B. §§ 83b Abs. 3, 85 Abs. 4 S. 1 BGB). Im Übrigen ist er nach Anerkennung lediglich noch Anspruchsgegner der Stiftung betreffend die Vermögensübertragung gem. § 82a S. 1 BGB (§ 82 S. 1 BGB a. F.). Demgemäß steht der Stifter der Stiftung nach ihrer Anerkennung wie ein „*Fremder*“ bzw. „*Dritter*“ gegenüber.[3094]

Anders gewendet: Nach der Stiftungserrichtung hat der Stifter selbst keine weiteren Rechte innerhalb und gegenüber der Stiftung. Allein aus seiner Stiftereigenschaft als solcher, stehen ihm nach Anerkennung der Stiftung keinerlei Rechte zu, insbesondere ist er von Gesetzes wegen kein Organ oder geborenes Organmitglied der Stiftung.[3095] Anders als etwa im liechtensteinischen oder österreichischen Stiftungsrecht[3096] existieren daher in Deutschland keine gesetzlich normierten stifterbezogenen Rechte, die es dem Stifter nach Stiftungserrichtung ermöglichen, autonom auf die Stiftung Einfluss zu nehmen.[3097] Das Trennungs- und Erstarrungsprinzip wird demgemäß im deutschen Stiftungsrecht – wie bisher

---

3093 OLG Hamm, NZG 2022, 676 Rn. 41; wortgleich zuvor MHdB GesR 7/*G. Roth*, § 99 Rn. 22. Vgl. auch die allg. M.: BT-Drs. 19/28173, S. 29, 31; OLG Köln, NZG 2019, 70 Rn. 38 ff.; LG Stuttgart, BeckRS 2020, 50955 Rn. 29; VG Sigmaringen, BeckRS 2020, 11026 Rn. 71, 75; MüKoBGB/*Weitemeyer*, § 80 Rn. 2; Burgard/*Burgard/Heimann*, Stiftungsrecht, Anh. 2 § 84a Rn. 1; *Jakob*, FS O. Werner, S. 101 f.; jew. m. w. N.

3094 Etwa *Sieger/Bank*, NZG 2010, 641; *Saenger*, ZStV 2012, 94 (96); *Kögel*, FuS 2014, 47 (48); *Rawert*, FS Martinek, S. 629 (635); Staudinger/*Hüttemann/Rawert*, BGB Vorb. §§ 80 ff. Rn. 49; MHdB GesR 7/*G. Roth*, § 99 Rn. 22.

3095 Staudinger/*Hüttemann/Rawert*, BGB § 85 Rn. 34; MHdB GesR 5/*Schwake*, § 79 Rn. 16; *Jeß*, Das Verhältnis des lebenden Stifters zur Stiftung, S. 76; *Jakob*, Schutz der Stiftung, S. 151; BeckFormB ErbR/*Feick/Bregulla-Weber*, Form. H. III. 2. Anm. 14.

3096 Vgl. hier nur MHdB GesR 5/*Jakob*, § 119 Rn. 87 (Liechtenstein) und Rn. 88 (Österreich).

3097 BeckOGK/*Jakob/Picht/Kopp*, 1.9.2024, BGB § 83 Rn. 13; vgl. auch OLG Hamm, NZG 2022, 676 Rn. 41; LG Paderborn, BeckRS 2020, 55984 Rn. 25.

– auch künftig „*ein tragendes Wesensmerkmal der Stiftung*“[3098] bleiben. Demgemäß wurden – wie an anderer Stelle bereits erörtert – Ansichten, die bereits im alten Recht eine sog. korporativ verfasste Stiftung für zulässig erachteten, der Boden entzogen.[3099] Insofern ist freilich klarzustellen, dass eine Stiftung zwar, wie nachfolgend noch aufgezeigt wird, dahingehend „körperschaftsähnlich“ organisiert werden kann, dass den Stiftungsorganen entsprechend ausgestaltete Funktionen und (Sonder-)Rechte eingeräumt werden können, sie aber anstelle des Stifterwillens – niemals – einen eigenen autonomen Willen bilden dürfen.[3100] Bei jedweder Etablierung von Stiftungsorganen sowie bei Ausübung jeglicher vorbehaltener (Sonder-)Rechte bleibt der verobjektivierte Stifterwille und damit die Stiftungssatzung maßgeblich.

Dass gerade Familienunternehmer daran interessiert sind, wie sie ihr übertragenes Familienunternehmen zu Lebzeiten – und nach ihrem Ableben die Stifterfamilie – vermittels der unternehmensverbundenen Familienstiftung weiterhin lenken können[3101], liegt mit Blick darauf, dass ein Familienunternehmen sich im Besonderen durch den beherrschenden Einfluss einer Familie auszeichnet, auf der Hand[3102]. Bei der – wie vorstehend konstatiert – schwachen gesetzlichen Stellung des Stifters – und auch seiner Familie – nach Stiftungsanerkennung muss es freilich nicht bleiben. Ein potentieller Stifter resp. Familienunternehmer ist nämlich nicht rechtslos gestellt, da es ihm nicht verwehrt ist, zum einen sich selbst satzungsgemäße Rechte vorzubehalten und zum anderen auch im Speziellen Regelungen zur Sicherung des Familieneinflusses und auch hinsichtlich der Beteiligung am Familienunternehmen zu statuieren.

3098 MHdB GesR 5/*Jakob*, § 119 Rn. 86. Etwaigen Reformbestrebungen zu dessen Auflockerung hat sich der Reformgesetzgeber 2021 nicht angeschlossen, s. hierzu bereits näher → Teil 4 D I 2 c.

3099 Dazu bereits → Teil 4 D I 2 c.

3100 Ebenso *Uhl*, Kooperationen im Stiftungsrecht, S. 524.

3101 Dies sei im hiesigen Kontext in der Praxis auch der Regelfall, so *Klinkner/Buß/Ens*, in: Achleitner et al., Stiftungsunternehmen: Theorie und Praxis, S. 141 (155); vgl. auch *v. Oertzen/Reich*, DStR 2017, 1118 (1119); *Pauli*, ZEV 2012, 461 (462); *Weitemeyer*, GesRZ 2023, 237 (239); *Fleschutz*, Die Stiftung als Nachfolgeinstrument, S. 331; *Hippeli*, in: Achleitner et al., Stiftungsunternehmen: Theorie und Praxis, S. 121 (130 f.); *Höfner-Byok*, Die Stiftung & Co. KG, S. 137; *Kronke*, Stiftungstypus, S. 226; *Kögel/Neckenich*, FuS-Sonderausgabe 2023, 19; *Reimann*, FS Otte, S. 285 (288); *Schwarz*, ZSt 2004, 101 (102); *Schnitger*, ZEV 2001, 104 (105).

3102 Zur Relevanz der Sicherung des Familieneinflusses im hiesigen Kontext → Teil 2 B.

2. *Einflusssicherung durch statutarische Stifterrechte*

Den nachfolgenden Erörterungen vorangestellt sei zunächst Folgendes: Die Familienstiftung hat keine Eigentümer, Gesellschafter oder sonstige Anteilseigner; sie ist mitgliederlos (vgl. nunmehr explizit § 80 Abs. 1 S. 1 BGB). Dennoch gibt es Personen resp. Organmitglieder, denen in Bezug auf die Familienstiftung ein bestimmender Einfluss (statutarisch) zukommen kann. Dies sind bei der stifter- bzw. familienkontrollierten Familienstiftung vornehmlich der Stifter bzw. die Stifterfamilie. Gleichwohl sind auch bei weitgehender Zuweisung von statutarischen Einflussnahmerechten zugunsten des Stifters[3103] und der Stifterfamilie, jene als entsprechendes Organ bzw. Organmitglieder[3104] der Familienstiftung stets an den Stifterwillen (vgl. § 83 Abs. 2 BGB) resp. Stiftungszweck gebunden.

Im Falle der Statuierung von Einfluss- bzw. Sonderrechten[3105] in der Satzung, ohne dass ausdrücklich geregelt ist, ob der Inhaber dieser Sonderrechte Stiftungs-

---

3103 Überblick hierzu bei *Sieger/Bank*, NZG 2010, 641; *Saenger*, ZStV 2012, 94; *Kögel*, FuS 2014, 47; *Kögel/Neckenich*, FuS-Sonderausgabe 2023, 19; *Rawert*, NPLY 2012/2013, S. 51; BeckOGK/*Jakob/Picht/Kopp*, 1.9.2024, BGB § 83 Rn. 10 ff.; v. Campenhausen/Richter/*Hof*, StiftR-HdB, § 6 Rn. 204, § 8 Rn. 99; s. a. *O. Werner*, in: Hager, Entwicklungstendenzen im Stiftungsrecht, S. 49; grdl. *Jeß*, Das Verhältnis des lebenden Stifters zur Stiftung, S. 67 ff., insb. S. 124 ff. und S. 136 ff.; zur hier nicht näher betrachtenden Auswirkung der Einflussnahme des Stifters als konzernrechtliches Problem (Stiftung als abhängiges Unternehmen des Stifters) eing. *A. Schulte*, Stifter und Stiftung, S. 139 ff.; *Hippeli*, ZStV 2014, 49; zu ferner eingehenden Auswirkungen von Einflussnahmerechten auf die steuerliche Beurteilung der Stiftung als transparent oder intransparent ausf. *Schütte*, Transparente und intransparente Stiftungen, S. 77 ff., 560 ff.

3104 H. M.: Staudinger/*Hüttemann/Rawert*, BGB Vorb. §§ 80 ff. Rn. 49; MüKoBGB/*Weitemeyer*, § 86 Rn. 4 f.; *Jeß*, Das Verhältnis des lebenden Stifters zur Stiftung, S. 76, 131 f.; *Saenger*, ZStV 2012, 94 (95 f.); *Kögel*, FuS 2014, 47 (49); jew. m. w. N.

3105 v. Campenhausen/Richter/*Hof*, StiftR-HdB, § 8 Rn. 99 hat insoweit den (wohl militärischen) Begriff „*Reservatrechte*" geprägt. Dieser (recht veraltete) Begriff wird heutzutage im hiesigen Kontext selten benutzt, wohl auch deshalb, weil er aus der Kaiserzeit (Heiliges Römisches Reich) stammt, wo die Befugnisse des Kaisers u. a. in begrenzte (*iura caesarea reservata limitata*) und unbegrenzte Reservatrechte (*iura caesarea reservata*) eingeteilt wurden, vgl. hierzu *Sochor*, GRZ 2021, 38 (39 dortige Fn. 12). Hier wird der geläufigere Begriff „Einflussnahme- bzw. Sonderrechte" oder auch „Stifterrechte" (womit freilich Rechte gemeint sind, die auch einem Dritten zugesprochen werden können) verwendet, zur Differenzierung betreffend „*echten Stifterrechten*", die aus dem Blickwinkel der Dogmatik stets einer gesetzlichen Grundlage bedürfen, und „*Drittrechten*" bündig und zutreffend BeckOGK/*Jakob/Picht/Kopp*, 1.9.2024, BGB § 83 Rn. 12 ff.; ausf. *Jakob*, FS O. Werner, S. 101 (106 f.).

organ ist bzw. sein muss, ist in der Literatur gegenwärtig zwar noch umstritten[3106], ob der Stifter bzw. die Berechtigten bei Vorbehalt solcher Rechte externe Instanz bleibt (und bleiben kann)[3107] oder ob der Berechtigte allein aufgrund seiner Sonderrechte und der damit einhergehenden Einflussnahmemöglichkeiten („implizit") Organ der Stiftung wird bzw. sogar werden muss[3108]. Allein Letzteres ist mit Blick auf die Autonomie der Stiftung und deren Unverfügbarkeit richtig, da eine Stiftung schon aufgrund ihrer Mitgliederlosigkeit keine „externen"

3106 Zum Streitstand allg. s. *Sieger/Bank*, NZG 2010, 641 (644); *Kögel*, FuS 2014, 47 (49 f.); *A. Schulte*, Stifter und Stiftung, S. 138 f.; *v. Hippel*, Grundprobleme von NGO, S. 435 f.; eing. *Jakob*, Schutz der Stiftung, S. 142 ff.; das OLG Köln, NZG 2019, 70 Rn. 49 spricht in einem Fall davon, dass *„obwohl andere Bestimmungen der Satzungen dem Stifter unabhängig von der Zugehörigkeit zu den Organen der Stiftung Rechte der Einflussnahme zubilligen"* würde. Auf die hier diskutierte dogmatische Einordnung geht es freilich nicht ein, wohl weil es nicht entscheidungserheblich war.

3107 So wohl v. Campenhausen/Richter/*Hof*, StiftR-HdB, § 8 Rn. 99, der insoweit von *„Reservatrechten"* spricht und als Beispiel die *„Zustimmung zu bestimmten Rechtsgeschäften oder ein Vetorecht für Satzungsänderungen"* nennt. Jedoch geht auch *Hof* m. E. davon aus, dass auch bei Einräumung von derlei Rechten, der Stifter an die Vorgaben von Stiftungsgeschäft und Satzung sowie im Besonderen an seinen bereits manifestierten Stifterwillen gebunden und insgesamt eine Fremdbestimmung der Stiftung durch den Stifter unzulässig ist, s. v. Campenhausen/Richter/*Hof*, StiftR-HdB, § 8 Rn. 127 i. V. m. § 6 Rn. 204; s. a. *Hof*, ZStV 2012, 14 (18); MVHdB I GesR/*Hof*, Form. VIII.0 Anm. 1, S. 1401, Anm. 7, S. 1422; wie hier *Hof* verstehend wohl auch *Saenger*, ZStV 2012, 94 (97 f.).

3108 *Burgard*, Gestaltungsfreiheit im Stiftungsrecht, S. 275 f., 455 f.; Burgard/*Burgard/Heimann*, Stiftungsrecht, Anh. 2 § 84a Rn. 6; Richter/*Godron*/*Gollan*, Stiftungsrecht, § 6 Rn. 127; *Jeß*, Das Verhältnis des lebenden Stifters zur Stiftung, S. 76; *v. Hippel*, Grundprobleme von NGO, S. 435 f.; deutlich *Muscheler*, Gesammelte Beiträge I, S. 245 (265) („*[…] wer nach der Satzung Einfluss ausüben darf,* [wird] *damit automatisch zum Organ der Stiftung […]*"); BoKoStiftR/*Muscheler*, BGB § 81 Rn. 152; BoKoStiftR/*Uffmann*, BGB § 84a Rn. 68; ähnlich *Rawert*, FS Martinek, S. 629 (636 dortige Fn. 31) („*Jedes in der Verfassung einer Stiftung vorgesehene Sonderrecht einer Person begründet eine 'punktuelle' Organstellung*"); i. Erg. auch *Saenger*, ZStV 2012, 94 (97 f.) (jdf. Mitglied eines Organs); *Rawert*, DNotZ 2008, 5 (12 f.) (bzgl. Sonderrechten für Zustifter); vgl. BFH, DStR 2012, 281 (282); wohl auch *Jakob*, Schutz der Stiftung, S. 143 f., der lediglich konstatiert, dass sich der Stifter nicht explizit als Organ „Stifter" oder Mitglied eines Organs berufen muss. Vgl. zum österreichischen Stiftungsrecht auch OLG Innsbruck, BeckRS 2021, 20713 Rn. 52 unter Verweisung auf OGH Wien, Beschl. v. 16.9.2020, Az. 6 Ob141/20h („*Wesentlich* [für die Organeigenschaft] *ist, ob den Betroffenen Einflussmöglichkeiten auf die Willensbildung und/oder die Leitung bzw. die Überwachung des Stiftungsvorstands zukommen; […]*").

Stiftungsbeteiligte kennt, die auf sie bzw. ihre Willensbildung Einfluss nehmen können, sondern allein Organe, die dem Primat des Stifterwillens unterstellt und bei Verletzung organschaftlicher Pflichten der persönlichen Haftung[3109] ausgesetzt sind. Dass dem so ist, hat auch der Reformgesetzgeber 2021 verdeutlicht: „*Der Stifter kann sich* ***im Stiftungsgeschäft durch die Satzung zwar bestimmte Rechte in Bezug auf die Stiftung einräumen*** *oder sich die Mitgliedschaft in Stiftungsorganen vorbehalten. Bei der Wahrnehmung* ***solcher satzungsmäßiger Stifterrechte*** *handelt der Stifter* ***aber als Organ oder Mitglied eines Organs*** *der Stiftung. Seine Organrechte muss der Stifter immer ausschließlich im Interesse der Stiftung ausüben. Der Stifter hat wie jedes andere Organ auch seinen bei der Errichtung der Stiftung zum Ausdruck gekommenen Willen zu berücksichtigen, der nicht mehr zu seiner Disposition steht.*“[3110] Die vorstehend konstatierte „automatische“ Organstellung ist dabei auch im Hinblick auf die Existenz der Stiftungsaufsicht gerechtfertigt, da deren Aufsicht über die Stiftungen und deren damit einhergehenden Befugnisse allein die Stiftung und ihre Organe treffen (können). Ferner wird dadurch gewährleistet, dass die Berechtigten bei Ausübung von Einflussnahmerechten an das Interesse der Stiftung und dem Stifterwillen gebunden sind. Dem Stifter steht es frei, in der Stiftungssatzung explizit die Organstellung bei Ausübung von derlei Einflussnahmerechten zu regeln. Dies vermeidet in der Regel auch etwaige diesbezügliche Diskussionen mit den Stiftungsbehörden, die – dem Vernehmen nach – Sonderrechte zugunsten des Stifters in der Regel nur dann anerkennen würden, wenn dieser als Mitglied eines Stiftungsorgans handele, nicht jedoch, wenn er sich außerhalb einer Organstellung Einflussnahme- bzw. Stifterrechte vorbehalte.[3111]

Lediglich bei Sonderrechten, die keinen Einfluss auf die Willensbildung der Stiftung resp. ihrer Organe vermitteln, wie reine Anhörungs-, Informations- oder bloße Vorschlagsrechte, besteht grundsätzlich keine Organeigenschaft der entsprechend Berechtigten.[3112] In diesen Fällen wird insoweit weder die interne

3109 Zur persönlichen Haftung von Stiftungsorganen im neuen Recht → Teil 4 F IV.

3110 BT-Drs. 19/28173, S. 29 (Hervorhebungen durch Verfasser). Ähnlich auch vgl. BFH, DStR 2012, 281 (282) („*Auch wenn der Stifter selbst Organ der Stiftung wird oder die Zusammensetzung der Organe bestimmt, vollzieht er nur seinen ursprünglichen Willen, wie er im Stiftungsgeschäft niedergelegt ist, und ist hieran wie jede andere Person, die als Organ der Stiftung fungiert, gebunden.*“).

3111 So aus Praxis *Kögel/Neckenich*, FuS-Sonderausgabe 2023, 19 (21).

3112 Vgl. auch Burgard/*Burgard/Heimann*, Stiftungsrecht, Anh. 2 § 84a Rn. 6; BoKoStiftR/*Uffmann*, BGB § 84 Rn. 71.

Willensbildung in der Stiftung beeinflusst noch die Funktion der Stiftungsaufsicht konterkariert.

Im Übrigen findet sich in der Literatur im hiesigen Kontext oft die Einschränkung hinsichtlich der Gestaltungsfreiheit des Stifters dahingehend, dass die Stiftung aufgrund der Stiftungsautonomie und ihrer Unverfügbarkeit nicht zum „*verlängerten Arm des Stifters*" verkommen dürfe, indem sich dieser selbst oder Dritten einflussreiche Sonderrechte vorbehält.[3113] Dem ist im Grundsatz auch aufgrund der bereits erläuterten Grenzen der Gestaltungsfreiheit des Stifters zuzustimmen. Geht man jedoch mit der herrschenden Ansicht im Stiftungsrecht davon aus, dass sich der Stifter selbst oder einen Dritten auch zum einzigen Mitglied eines einzigen Vorstandsorgans bestellen und damit die größte denkbare Kompetenz- und Machtfülle innehaben kann[3114], so überzeugt die Argumentationslinie mit der „Stiftung als verlängerter Arm des Stifters" nicht, sofern damit versucht wird, den Vorbehalt von einflussreichen Sonderrechten anzuzweifeln. Denn sämtliche denkbare Sonderrechte, die nicht zur autonomen Willensbildung führen, sind dann ein Weniger gegenüber der vorstehenden Gestaltung als Alleinvorstand und der damit einhergehenden Machtfülle.[3115] Ferner fungiert der Stifter oder der Dritte bei Ausübung derlei Sonderrechte stets als Organ bzw. Organmitglied, sodass gewährleistet ist, dass sie bei deren Ausübung an den Stiftungszweck und den verobjektivierten, ursprünglichen Stifterwillen gebundenen sind.

Auf Grundlage der vorstehenden Prämisse sollen nun die wesentlichen Möglichkeiten des Stifters untersucht werden, mit denen er seinen Einfluss in der Familienstiftung und im Besonderen bezogen auf die Unternehmensbeteiligung nachhaltig absichern kann.

a) Widerrufs- und Rückforderungsrechte

Für einen Stifter stellt sich oftmals die Frage, ob und wenn ja, wie die Stiftungserrichtung oder zumindest die Vermögensübertragung rückgängig gemacht werden kann, mit der Folge, dass das Familienunternehmen resp. die Unternehmensbetei-

---

3113 Vgl. v. Campenhausen/Richter/*Hof*, StiftR-HdB, § 8 Rn. 129; *Jeß*, Das Verhältnis des lebenden Stifters zur Stiftung, S. 76, 131; BeckOGK/*Jakob/Picht/Kopp*, 1.9.2024, BGB § 83 Rn. 18; NK-BGB/*Schiffer/Pruns*, § 81 Rn. 41; *Sieger/Bank*, NZG 2010, 641 (646).

3114 Zu den Möglichkeiten der Einflussnahme im Rahmen der Bestellungsmodalitäten sogleich unter → Teil 5 B II 2 b.

3115 Vgl. zum vorstehenden zutreffend *Thymm*, Das Kontrollproblem der Stiftung, S. 229; *Muscheler*, Gesammelte Beiträge I, S. 245 (265); ähnlich auch *Klinkner/Buß/Ens*, in: Achleitner et al., Stiftungsunternehmen: Theorie und Praxis, S. 141 (149 f.).

ligung wieder ihm bzw. der Familie zurückfällt. Im Besonderen in der steuerlichen Gestaltungspraxis werden derlei Vorbehalte im Hinblick auf Unwägbarkeiten und Auslegungsschwierigkeiten des Erbschaft- und Schenkungsteuerrechts sowie des § 29 Abs. 1 Nr. 1 ErbStG[3116] diskutiert.[3117]

Dies kann gerade im hiesigen Kontext von Familienunternehmen opportun sein, um die eingebrachte bzw. zugewendete Unternehmensbeteiligung vor etwaigen negativen Entwicklungen zu schützen und zugleich die Familienstiftung als Steuerschuldnerin vor einer enormen, ggf. nicht vorhergesehenen steuerlichen Belastung (z. B. betreffend die Betriebsvermögensbegünstigung nach den §§ 13a ff. ErbStG[3118]) zu bewahren[3119]. Im letzteren Fall könnte die Familienstiftung ihrer Zahlungsverpflichtung – je nach Höhe der konkreten Steuerfestsetzung – möglicherweise nur über den vollständigen oder teilweisen Verkauf des Unternehmens resp. der Unternehmensbeteiligung erfüllen. Sie wäre damit *ultima ratio* gezwungen, ihren satzungsgemäßen Zweck zu verletzen, das Unternehmen zu erhalten.[3120] Ferner kann ein Widerrufs- bzw. Rückforderungsvorbehalt zugunsten des Stifters und/oder seiner Familie ggf. familienfremde Dritte selbst einen starken Anreiz bieten, die Interessen der Familienstiftung und der Stifterfamilie zu wahren, um die Unternehmensbeteiligung als ertragreiche Quelle der Familienstiftung zu erhalten. Freilich sollte bei der Gestaltung des Vorbehalts einem Missbrauch vorgebeugt werden, indem besondere Voraussetzungen und Gründe für die Ausübung statuiert werden.

3116 Hiernach erlischt die bei der Stiftungserrichtung gezahlte Schenkungsteuer mit Wirkung für die Vergangenheit und eine bereits gezahlte Steuer wird daher zurückgewährt. Der Vermögensrückfall ist dabei steuerfrei, *Theuffel-Werhahn*, ZEV 2017, 17 (20); *Dahlmanns*, RNotZ 2020, 417 (440).

3117 Vgl. *Schmitt*, Familienstiftungen im neuen ErbStG, S. 235 ff.; *Blusz*, DStR 2017, 1016 (1019 f.); *Werkmüller*, ZEV 2018, 446 (447 f.); *Wachter*, FR 2017, 130 (137); *Ihle*, RNotZ 2009, 621 (633 f.); *Blumers*, DStR 2015, 1286 (1292); *Theuffel-Werhahn*, ZEV 2017, 17 (20 f.); *Theuffel-Werhahn*, ZStV 2015, 201 (207 f.); *Dahlmanns*, RNotZ 2020, 417 (440 f.).

3118 Vgl. auch die Sachverhaltsdarstellung bei OLG Düsseldorf, BeckRS 2021, 53479 Rn. 3; LG Düsseldorf, BeckRS 2018, 53647 Rn. 6.

3119 *Werkmüller*, ZEV 2018, 446 (448); *Blusz*, DStR 2017, 1016 (1020); *Schmitt*, Familienstiftungen im neuen ErbStG, S. 236 f. führt noch den Schutz des Stifters bei langwierigen Anerkennungsverfahren an, auf deren Dauer der Stifter keinen Einfluss hat und daher ohne Rückforderungsrecht gehindert wäre, das versprochene Vermögen anderweitig rentabel zu investieren.

3120 *Theuffel-Werhahn*, SB 2019, 192.

Fraglich ist indes, ob entsprechende Widerrufs- und Rückforderungsrechte stiftungsrechtlich zulässig sind. Dabei ist zwischen dem Widerruf des Stiftungsgeschäfts als solches, d. h. letztlich der Stiftungserrichtung, und des Vorbehalts von Rückforderungsrechten betreffend die Vermögenswidmung bzw. eingebrachter Vermögensgegenstände, hier konkret die Unternehmensbeteiligung, zu differenzieren.

aa) Betreffend die Stiftungserrichtung

Wie bereits an anderer Stelle konstatiert, ist ein Widerruf der Stiftungserrichtung für die Zeit nach der Anerkennung der Stiftung unzulässig.[3121] Dies ergibt sich zum einen aus einem Umkehrschluss zu § 81a S. 1 BGB (§ 81 Abs. 2 S. 1 BGB a. F.), der nur einen Widerruf bis zur Anerkennung der Stiftung gestattet und zum anderen muss die Vermögenswidmung verbindlich erfolgen (vgl. § 81 Abs. 1 Nr. 2 BGB bzw. § 81 Abs. 1 S. 2 BGB a. F.), was ebenfalls einen nachträglichen Widerruf der Stiftungserrichtung ausschließt.[3122] Im Übrigen verlangt auch die Sicherheit des Rechtsverkehrs, dass eine juristische Person nicht rückwirkend entfallen kann, weil ihre Errichtung unter einem Widerrufsvorbehalt steht.[3123] Demgemäß ist auch ein entsprechender Widerrufsvorbehalt unzulässig.

Dem Stifter ist es insofern zulässigerweise nur möglich, in der Stiftungssatzung die Auflösung der Familienstiftung durch die Organe explizit vorzusehen und/oder von bestimmten Voraussetzungen abhängig zu machen (vgl. nunmehr ausdrücklich § 87 BGB)[3124] und die Familie bzw. die Abkömmlinge als Anfallsberechtigte des Stiftungsvermögens zu bestimmen (vgl. § 87c BGB bzw. § 88 S. 1

3121 Siehe → Teil 3 B II 1.

3122 Statt anderer *Dutta*, Warum Erbrecht?, S. 42 f.; *Burgard*, Gestaltungsfreiheit im Stiftungsrecht, S. 636. Entsprechendes gilt auch für eine auflösende Bedingung, s. *Dahlmanns*, RNotZ 2020, 417 (440); siehe aber auch BeckOGK/*Jakob/Picht*, 1.2.2021, BGB § 85 Rn. 12.2, die jedoch darauf hingewiesen haben, dass einige Stiftungsbehörden im Zweifel auch einen Widerrufsvorbehalt des Stifters anerkennen würden. Einer gerichtlichen Überprüfung dürften derlei Vorbehalte freilich nicht standhalten. Daran ändert auch die behördliche Genehmigung nichts.

3123 *Dahlmanns*, RNotZ 2020, 417 (440); vgl. auch *Schmitt*, Familienstiftungen im neuen ErbStG, S. 236.

3124 Zur Möglichkeit und den Anforderungen der Auflösung durch Organbeschluss eing. BeckOGK/*Lange*, 15.6.2023, BGB § 87 Rn. 65 ff.; *Muscheler*, Gesammelte Beiträge I, S. 309 (314 ff.); *Blumers*, DStR 2012, 1 (6); s. a. (betreffend die Auflösung einer uv. Familienstiftung) LG Mainz, NZG 2002, 738; im neuen Recht ist dies gesetzlich in §§ 87–87c BGB geregelt, speziell dazu *Uffmann*, ZIP 2022, 1367.

BGB a. F.).[3125] Freilich löst die Auflösung der Familienstiftung zum einen Schenkung- und u. U. auch Ertragsteuern aus[3126], was im Einzelfall recht nachteilig sein kann und demgemäß nur *ultima ratio* in Betracht kommen dürfte.[3127] Zum anderen – und dies ist im hiesigen Kontext viel entscheidender – widerspricht die Auflösung der Familienstiftung regelmäßig ihrem Zweck generationenüberdauernd die Familienmitglieder zu versorgen und zugleich die Kontinuität des Familienunternehmens dauerhaft zu sichern. Demgemäß bedürfen derlei Vorgaben betreffend eines „Notausgangs" gründlicher Überlegungen seitens des Stifters und seiner Familie und sollten so gestaltet werden, dass sie nur *ultima ratio* zum Einsatz gelangen.

bb) Betreffend die Unternehmensbeteiligung

Ein gangbarer und stiftungsrechtlich zulässiger Weg ist indes die Beschränkung des Widerrufsvorbehalts allein auf die zu übertragende Unternehmensbeteiligung. Wird die Unternehmensbeteiligung bereits im Stiftungsgeschäft eingebracht bzw. zugesichert, ist bei der Beurteilung der Zulässigkeit des Widerrufsvorbehalts stiftungsrechtlich gem. § 81 Abs. 1 Nr. 2 BGB (§ 81 Abs. 1 S. 2 BGB a. F.) zu beachten, dass das Stiftungsgeschäft eine verbindliche Erklärung des Stifters fordert, ein Vermögen zur dauerhaften und nachhaltigen Erfüllung eines von ihm vorgegebenen Zweckes zu widmen. Demgemäß ist ein Widerrufs- bzw. Rücktrittsvorbehalt nicht in jedem Fall zulässig und insbesondere seitens der Stiftungsbehörden anerkennungsfähig[3128].

3125 Vgl. auch Schiffer/*Schiffer/Pruns*, Die Stiftung in der Beraterpraxis, § 14 Rn. 50; *Hennerkes/Kirchdörfer*, FS P. May, S. 393 (418); *Blumers*, DStR 2012, 1 (6); *Viskorf/Löcherbach*, Unternehmeredition v. 20.03.2018 zufolge sei der einer Stiftung weitläufig zugesprochene Ewigkeitscharakter zwar statistischen Ursprungs, aber letztlich eine „*Chimäre*"; zutreffend insofern auch *Schulte/Schulte*, ErbR 2018, 422 (430 f.), denen nach die „*Flucht in die Familienstiftung […] umkehrbar*" sei.

3126 *Hennerkes/Kirchdörfer*, FS P. May, S. 393 (418); im Detail zu Steuern bei Auflösung einer Familienstiftung etwa Feick/*v. Löwe*, Stiftung, § 27 Rn. 1 ff.; *Blumers*, DStR 2012, 1 (6); *Dahlmanns*, RNotZ 2020, 417 (444 f.); Schlecht & Partner/Taylor Wessing/*Wigand*, Unternehmensnachfolge, S. 443 (447); allg. auch Richter/*Richter*, Stiftungsrecht, § 26 Rn. 1 ff.

3127 *Sorg*, Die Familienstiftung, S. 214; Block et al./*May/Jeschke*, Die Familienstiftung, S. 10 (12); *Dannecker*, DStR 2020, 853 (864).

3128 Anders wohl *Burgard*, Gestaltungsfreiheit im Stiftungsrecht, S. 639 f., nach dem allein ein Widerrufsvorbehalt im Stiftungsgeschäft, eine Versagung der Anerkennung nicht rechtfertige, da der Widerrufsvorbehalt regelmäßig als „*Notbremse*" fungiere, weshalb eine dauernde und nachhaltige Erfüllung des Stiftungszwecks grds. auch als

Ein Rückforderungsrecht, bezogen auf die gesamte Vermögenswidmung, insbesondere wenn die Unternehmensbeteiligung das wesentliche Vermögen darstellt, ist damit nicht zu vereinbaren. Es ist daher unabdingbar, dass ein Teil des Grundstockvermögens, das geeignet ist, eine dauernde und nachhaltige Erfüllung des Stiftungszwecks zu sichern, verbindlich und ohne Rückforderungsrechte zugesagt wird.[3129] Vor diesem Hintergrund hält die herrschende Meinung in der Literatur einen Widerrufsvorbehalt im Stiftungsgeschäft hinsichtlich eines genau bezeichneten weiteren Teils der Vermögenszuwendung für stiftungsrechtlich zulässig.[3130] Für die Anerkennung seitens der Stiftungsbehörde kommt es dabei maßgeblich darauf an, dass der Stiftung auch nach einem etwaigen Widerruf genügend Vermögen verbleibt, sodass die dauernde und nachhaltige Erfüllung des Stiftungszwecks gesichert erscheint.[3131] Ist dies gewährleistet, spricht stiftungsrechtlich betrachtet nichts gegen die Statuierung des Widerrufs- bzw. Rückforderungsvorbehalts hinsichtlich des nicht erforderlichen Vermögensteils auch direkt im Stiftungsgeschäft[3132] – zumal die Stiftungssatzung ohnehin dessen integraler Bestandteil ist.

„*gesichert erscheinend*" anzunehmen sei; ohne Begründung wohl auch *Wehrheim/Gehrke*, StuW 2005, 234 (235 mit Fn. 22), wonach der Stifter einen Rechtsanspruch auf Rückgewähr der gestifteten Bar- und Sachmittel in der Stiftungssatzung fixieren könne.

3129 *Dahlmanns*, RNotZ 2020, 417 (441); wohl auch Götz/Pach-Hanssenheimb/*Götz*, HdB Stiftung, Rn. 118; siehe aber bezüglich der Anerkennungspraxis BeckOGK/*Jakob/Picht*, 1.2.2021, BGB § 85 Rn. 12.2, nach denen es dem Vernehmen nach Anerkennungsbehörden gebe, die im Zweifel sogar einen wohl auf das gesamte Vermögen bezogenen Widerrufsvorbehalt des Stifters anerkennen würden, bevor dieser mit seinem Geld in ein anderes Bundesland weiterziehe.

3130 *Theuffel-Werhahn*, ZEV 2017, 17 (20 f.); *Theuffel-Werhahn*, RFamU 2022, 67 (73 f.); *Klinkner/Wagener*, Die Familienstiftung, S. 13; s. a. *Dahlmanns*, RNotZ 2020, 417 (440 f.); *Werkmüller*, ZEV 2018, 446 (447 f.); *Ihle*, RNotZ 2009, 621 (633 f.); vgl. auch *Blumers*, DStR 2015, 1286 (1292); *Schimpfky*, ZEV 2015, 456; ausf. *Burgard*, Gestaltungsfreiheit im Stiftungsrecht, S. 636 ff.; *Schmitt*, Familienstiftungen im neuen ErbStG, S. 235 ff.; *Blusz*, DStR 2017, 1016 (1019 f.); *Theuffel-Werhahn*, SB 2019, 192.

3131 *Theuffel-Werhahn*, ZEV 2017, 17 (21); *Dahlmanns*, RNotZ 2020, 417 (441); *Schmitt*, Familienstiftungen im neuen ErbStG, S. 236; zu den Anforderungen an die (Mindest-)Ausstattung einer unternehmensverbundenen Familienstiftung s. → Teil 3 C I 1 b.

3132 Wie hier auch *Theuffel-Werhahn*, ZEV 2017, 17 (20 f.); *Theuffel-Werhahn*, RFamU 2022, 67 (73 f.); *Theuffel-Werhahn*, SB 2019, 192 (195 f.); *Klinkner/Wagener*, Die Familienstiftung, S. 13; *Dahlmanns*, RNotZ 2020, 417 (440 f.); *Schmitt*, Familien-

Bei der Formulierung des Widerrufs- bzw. Rückforderungsrechts ist zu beachten, dass der Tatbestand, an den das Rückforderungsrecht anknüpft, hinreichend klar definiert ist. Der dem Stifter zustehende Ausübungszeitraum und die weiteren Rechtsfolgen sind zu regeln, insbesondere ob gezogene Nutzungen herauszugeben und Aufwendungen zu erstatten sind bzw. der Stiftung entsprechende Freistellungsansprüche zustehen.[3133]

Zwecks Vermeidung etwaiger diesbezüglicher Diskussionen mit den Stiftungsbehörden, die allgemein Widerrufs- bzw. Rückforderungsvorbehalten im Stiftungsgeschäft kritisch gegenüberstehen[3134], empfiehlt sich in der Praxis folgendes Vorgehen: In einem ersten Schritt sollte die Familienstiftung gegründet und ausreichend mit einem geforderten Minimalvermögen ausgestattet werden, um dann in einem zweiten Schritt das Unternehmen resp. die Unternehmensbeteiligungen im Wege der Zustiftung zu übertragen, die den Widerruf im Schenkungsvertrag zulässt.[3135] Derartige Widerrufs- bzw. Rückforderungsrechte in Schenkungsverträgen sind im Besonderen in der steuerlichen Gestaltungspraxis seit langem üblich und darüber hinaus höchstrichterlich abgesichert sowie mit Blick auf § 29 Abs. 1 Nr. 1 ErbStG jedenfalls auch gesetzlich vorausgesetzt.[3136] Hinsichtlich der Zulässigkeit von Widerrufs- bzw. Rückforderungsvorbehalten im Stiftungsgeschäft ist indes – soweit ersichtlich – noch keine Rechtsprechung ergangen, weshalb

---

stiftungen im neuen ErbStG, S. 236; *Burgard*, Gestaltungsfreiheit im Stiftungsrecht, S. 639 f.; i. Erg. offenlassend und Abklärung mit der Stiftungsbehörde empfehlend Götz/Pach-Hanssenheimb/*Götz*, HdB Stiftung, Rn. 132.

3133 *Dahlmanns*, RNotZ 2020, 417 (441) m. w. N.; eing. zur Gestaltung *Blusz*, DStR 2017, 1016 (1019 f.); *Theuffel-Werhahn*, SB 2019, 192; erprobte Formulierungsbeispiele bei *Theuffel-Werhahn*, ZStV 2015, 201 (208 f.); *Theuffel-Werhahn*, ZEV 2017, 17 (20 f.); *Theuffel-Werhahn*, RFamU 2022, 67 (73 f.).

3134 Vgl. *Blusz*, DStR 2017, 1016 (1019): („*Einige Stiftungsaufsichtsbehörden lehnen Stiftungsgeschäfte mit Rückforderungsrechten definitiv ab. Andere lassen sie weitgehend zu. Noch andere erkennen Stiftungsgeschäfte mit zwei Arten von ‚Vermögensmassen', einer unwiderruflichen in Höhe eines ‚Mindeststiftungskapitals' und einer bedingt widerruflichen in übriger Höhe, an.*"); *Theuffel-Werhahn*, ZEV 2017, 17 (21); *Theuffel-Werhahn*, SB 2019, 192 (193).

3135 *Blumers*, DStR 2015, 1286 (1292); *Werkmüller*, ZEV 2018, 446 (447 f.); *Theuffel-Werhahn*, SB 2019, 192; vgl. *Wochner*, MittRhNotK 1994, 89 (110); Götz/Pach-Hanssenheimb/*Götz*, HdB Stiftung, Rn. 119, 132; zu den steuerrechtlichen Aspekten dieses Vorgehens eing. *Blusz*, DStR 2017, 1016 (1019 f.).

3136 *Werkmüller*, ZEV 2018, 446 (448); *Dahlmanns*, RNotZ 2020, 417 (440); *Wachter*, FR 2017, 130 (137); *Theuffel-Werhahn*, SB 2019, 192 (196); ausf. zu Rückforderungsrechten zuletzt *Jülicher*, ZErb 2023, 58 m. z. N.

der vorstehend aufgezeigte zweistufige Gestaltungsweg am (rechts-)sichersten sein dürfte.

Ungeachtet der Zulässigkeit von Widerrufs- bzw. Rückforderungsvorbehalten betreffend die Unternehmensbeteiligung ist sich gewahr zu werden, dass die unternehmensverbundene Familienstiftungskonstruktion deshalb etabliert wird, um das Familienunternehmen als solches langfristig gerade vermittels der Familienstiftung zu erhalten. Demgemäß sollte ein Widerrufs- bzw. Rückforderungsrecht auch so gestaltet werden, dass es nur in ganz bestimmten Fällen zur Ausübung gelangen darf und damit lediglich als „*Notbremse*“[3137] fungiert. In derlei Fällen gewährleistet das Widerrufs- bzw. Rückforderungsrecht jedoch, dass die Unternehmensbeteiligung auf den Stifter bzw. seine Familie zurückfällt und damit in Familienhand verbleibt.

b) Einfluss auf die Organisation und Willensbildung der Familienstiftung

Als juristische Person wird eine Stiftung maßgeblich von ihren Organen verwaltet, sodass die Gestaltung der inneren Organisation der Familienstiftung in Bezug auf die Einflusssicherungsmöglichkeiten von wesentlicher Bedeutung ist. Diesbezüglich wurde bereits dargelegt, dass dem Stifter ein weiter Gestaltungsspielraum zusteht, der nachfolgend aufgefächert werden soll. Dabei geht es um die Einflussmöglichkeiten bezogen auf die Etablierung von Stiftungsorganen, den Bestellungs- und Abberufungsmodalitäten sowie der Möglichkeit von Sonderrechten aufgrund derer maßgeblich auf die Geschäftsführung und allgemein auf die Willensbildung innerhalb der Familienstiftung resp. ihrer Organe Einfluss genommen werden kann.

aa) Etablierung von Stiftungsorganen

Das einzige gesetzlich zwingend vorgeschriebene Organ einer Stiftung ist der Vorstand (§§ 81 Abs. 1 Nr. 1 lit. d), 84 Abs. 1 und Abs. 2 BGB bzw. § 81 Abs. 1 S. 2 Nr. 5, § 86 S. 1 i. V. m. § 26 BGB a. F.). Jede Stiftungssatzung muss insofern Mindestangaben zur Bildung des Vorstands enthalten (§ 81 Abs. 1 Nr. 1 lit. d) BGB bzw. § 81 Abs. 1 S. 3 Nr. 5 BGB a. F.). Dazu zählen insbesondere Regelungen zur Anzahl der Vorstandsmitglieder, die personelle Besetzung sowie Angaben zum Verfahren für die Bestellung und Abberufung der Mitglieder.[3138] Im Übrigen kann der Stifter in der Stiftungssatzung die Organisation der Stiftung weitestgehend

---

3137 *Burgard*, Gestaltungsfreiheit im Stiftungsrecht, S. 640.

3138 BT-Drs. 14/8765, S. 11; BeckOGK/*Lange*, 1.9.2024, BGB § 81 Rn. 78; MüKoBGB/*Weitemeyer*, § 81 Rn. 45; *Kögel/Neckenich*, FuS-Sonderausgabe 2023, 19 (20); nach

aufgrund der ihm zustehenden Satzungsautonomie bei Stiftungserrichtung frei bestimmen.

Neben dem gesetzlich zwingend vorgeschriebenen Stiftungsvorstand kann der Stifter aber noch weitere sog. fakultative Organe (z. B. Stiftungsrat, Familienrat, Destinatärsversammlung oder auch ein spezielles Unternehmensleitungsorgan[3139]) etablieren, die – anders als rein beratende Gremien – über eigene satzungsmäßige Rechte und Pflichten verfügen.[3140] Deren Einrichtung war bereits nach altem Recht vermittels Stiftungssatzung als Ausfluss der Stifterfreiheit unstreitig zulässig[3141] und lässt sich nun § 84 Abs. 4 S. 1 BGB explizit entnehmen. Bei größeren Stiftungen bietet sich die Errichtung eines fakultativen Organs oftmals zwecks Kontrolle des Stiftungsvorstands[3142] und im Speziellen bei unternehmensverbundenen Familienstiftungen auch zur Wahrung des Familieneinflusses (z. B. in Gestalt eines Familienbeirats oder Destinatärsversammlung) an. Zwecks klarer Abgrenzung der Aufgaben und Kompetenzen der Stiftungsorgane wird insofern aber bereits heute nach allgemeiner Auffassung[3143] verlangt, dass entsprechende Regelungen für fakultative Organe vorgesehen und diese dabei *„in sich und vor allem in Beziehung zu den Bestimmungen über den Vorstand widerspruchsfrei und vollziehbar“*[3144] ausgestaltet werden. Dies sieht nach neuem Recht auch § 84 Abs. 4 S. 2 BGB vor, wonach in *„der Satzung […] für ein weiteres Organ auch die Bestim-*

BT-Drs. 19/27635, S. 48 muss *„zumindest festgelegt werden, wie viele Mitglieder der Vorstand haben soll und wie die Mitglieder des Vorstands bestellt werden sollen.“*

3139 Vgl. *Ebersbach*, HdB des Deutschen Stiftungsrechts, S. 168.

3140 Statt vieler nur Richter/*Godron*/*Gollan*, Stiftungsrecht, § 6 Rn. 101; MHdB GesR 5/*Gummert*, § 91 Rn. 16; eing. *Burgard*, Gestaltungsfreiheit im Stiftungsrecht, S. 261 ff.

3141 MHdB GesR 5/*Gummert*, § 91 Rn. 16 f.; MüKoBGB/*Weitemeyer*, § 85 Rn. 20; W/S/F/*O. Werner*, Die Stiftung, § 10 Rn. 36; vgl. auch BSG, DStR 2021, 2649 Rn. 22; eing. zu fakultativen Organen im Stiftungsrecht *Burgard*, GS Walz, S. 71.

3142 Richter/*Godron*/*Gollan*, Stiftungsrecht, § 6 Rn. 103; Orth/Uhl/*Orth*, Stiftungsrechtsreform 2021, Rn. 445; *Wernicke*, ZEV 2003, 301 (302).

3143 Staudinger/*Hüttemann*/*Rawert*, BGB § 81 Rn. 74; S/S/S/P/*Stumpf*, StiftR, BGB § 81 Rn. 39; W/S/F/*O. Werner*, Die Stiftung, § 10 Rn. 36 ff. m. w. N.

3144 BT-Drs. 14/8765, S. 11.

mungen über die Bildung, die Aufgaben und die Befugnisse enthalten sein [sollen]" bzw. richtigerweise „muss"[3145].[3146]

Die Zuständigkeiten, die Zusammensetzung und die Willensbildung eines solchen freiwilligen Organs unterliegen dabei – wie auch die Organisationsverfassung der Stiftung an sich – weitestgehend der Gestaltungsfreiheit des Stifters. Insbesondere können die Machtverhältnisse zwischen dem obligatorischen Stiftungsvorstand und dem Stiftungsrat unter Berücksichtigung der gesetzlichen, unentziehbaren Zuständigkeitsgrenzen[3147] des Stiftungsvorstands, den konkreten Wünschen des Stifters und seiner Familie entsprechend ausgestaltet werden. So kann die Macht durchaus auch im fakultativen Stiftungsrat fokussiert und der Stiftungsvorstand zurückgedrängt werden (starker Stiftungsrat/schwacher Stiftungsvorstand), indem dem Stiftungsrat etwa ein allgemeines Weisungsrecht gegenüber dem Stiftungsvorstand eingeräumt wird.[3148] Umgekehrt kann dem Stiftungsvorstand seine gesetzliche Rolle als das Leitungsorgan der Stiftung belassen und ein etwaiger Stiftungsrat lediglich beratend und/oder kontrollierend eingesetzt werden (schwacher Stiftungsrat/starker Vorstand). Insoweit bedarf es einer ausführlichen Abwägung der Prioritäten und Überlegungen der Zweckmäßigkeit.[3149] Dabei kann sich gerade bei unternehmensverbundenen Familienstiftungen betreffend die konkrete Zusammensetzung und inhaltlichen Ausgestaltung an

---

3145 Dies gibt die Gesetzesentwurfsbegründung zur Norm auch vor, s. BT-Drs. 19/28173, S. 60. Der Bundesrat schlug auch eine Änderung des Wortlauts zu einem „muss" hin (Stellungnahme des Bundesrates, BT-Drs. 19/28173, S. 114), doch die Bundesregierung lehnte dies mit der Begründung ab, dass so gewährleistet werde, dass auch im Falle einer Nicht-Regelung in der Stiftungssatzung für das fakultative Organ die Vorschriften über den Vorstand entsprechend anzuwenden seien (*Gegenäußerung der Bundesregierung*, BT-Drs. 19/28173, S. 117).

3146 Zur Zulässigkeit der Regelung auch in einer Geschäfts-/Nebenordnung *nach altem* und neuem Recht → Teil 4 G III.

3147 So lässt etwa § 84 Abs. 3 BGB – abweichend von § 84 Abs. 1 S. 2 BGB – zu, dass durch die Satzung Geschäftsführungsaufgaben auf andere Stiftungsorgane übertragen werden können, nicht aber die Vertretung. Demgemäß „*muss zweifelsfrei feststehen, wer die Stiftung organschaftlich nach außen vertritt*", vgl. BeckOK BGB/*Backert/J. Stürner*, 71. Ed. 1.5.2022, § 81 Rn. 13.

3148 Vgl. BGH, NZG 2015, 38 Rn. 23; OLG Brandenburg, npoR 2014, 134 Rn. 69, 74, 116; *Sieger/Bank*, NZG 2010, 641 (643); *Markworth*, ZGR 2020, 832 (853); *Breyer*, PU 10/2020, 1 (5); *Burgard*, Gestaltungsfreiheit im Stiftungsrecht, S. 271.

3149 Vgl. *Eiselsberg*, ZfS 2009, 152 (156); zu verschiedenen Möglichkeiten der Etablierung eines Beirats und dessen Verhältnis zum Stiftungsvorstand statt aller *Jakob*, Schutz der Stiftung, S. 227 ff.

klassischen Beiratsgestaltungen in Familienunternehmen orientiert bzw. diese auf Stiftungsebene nachgebildet werden.[3150] Welche fakultativen Organe im Speziellen zur Bündelung des Familieneinflusses bzw. der Familieninteressen geeignet sind, wird im nächsten Abschnitt (→ Teil 5 C) näher erläutert.

Der Stifter kann des Weiteren auch den Zeitpunkt festlegen, wann etwa ein fakultatives Organ geschaffen oder, wenn dies bereits in der Stiftungssatzung vorgesehen ist, „aktiviert" werden soll. So ist es nicht unüblich, dass zu Lebzeiten des Stifters die Stiftungsstruktur schmal gehalten wird, indem es nur einen Vorstand gibt, der nur aus dem Stifter selbst oder wenigen anderen Vorstandsmitgliedern besteht. Erst nach Ausscheiden oder Ableben des Stifters aus dem Vorstand wird dann ein fakultatives Organ etabliert.[3151] Um den Einfluss des Stifters bzw. den der Familienmitglieder als Organmitglied stets zu gewährleisten, kann vorgesehen werden, dass diesen entweder die alleinige Mitgliedschaft in den Organen zu steht oder bei Einbeziehung Familienfremder, dem Stifter bzw. seiner Familie einflussreiche Sonderrechte zugestanden werden.[3152]

Insgesamt kann der Stifter die Organisationsstruktur an diejenige des Familienunternehmens anpassen und die Organe auch mit spiegelbildlichen Funktionen einsetzen.[3153]

bb) Bestellungs- und Abberufungsmodalitäten

Einer der größten Einflussnahmemöglichkeiten seitens des Stifters liegt in der Regelung der Bestellungs- und Abberufungsmodalitäten der Stiftungsorgane. Vermittels der faktischen Einflussnahme auf die Bestellung und Abberufung der Stiftungsorgane ist es dem Stifter und seiner Familie nämlich möglich, die maßgebliche Kontrolle auf die Familienstiftung und darüber auch auf das Familienunternehmen beizubehalten.[3154] Demgemäß ist es gerade im Kontext von

3150 Scherer/*R.-M. Hübner*, Unternehmensnachfolge, § 6 Rn. 95; *v. Oertzen/Reich*, DStR 2017, 1118 (1120 ff.); allg. zu Beiratsgestaltungen speziell im Kontext von Familienunternehmen *Sanders*, NZG 2017, 961; *Mehringer/v. Thunen*, DStR 2021, 116; *Baum*, DStR 2024, 1614.

3151 MHdB GesR 9/*Lorz*, § 32 Rn. 44; *Klinkner/Buß/Ens*, in: Achleitner et al., Stiftungsunternehmen: Theorie und Praxis, S. 141 (156); *Sieger/Bank*, NZG 2010, 641 (644).

3152 *Sieger/Bank*, NZG 2010, 641 (643).

3153 *Rawert*, ZGR 2018, 835 (862); vgl. auch May/Bartels/*Jeschke/Siehmer*, Nachfolge in Familienunternehmen, S. 167 (182 f.).

3154 Vgl. auch dadurch einen faktischen Einfluss – freilich im steuerlichen Kontext – annehmend FG Mecklenburg-Vorpommern, EFG 2023, 990 Rn. 108 („*Gemäß § 8 B Nr. 1 der Satzung der A-Stiftung […] war der Stifter Herr J auf Lebenszeit Vorstands-*

unternehmensverbundenen Familienstiftungen regelmäßig beabsichtigt, dass der Stifter zu Lebzeiten oder seine (fähigen) Familienmitglieder im Falle seines Todes die Geschicke der Familienstiftung im Besonderen, durch die von ihm bzw. seiner Familie bestell- und abberufbaren Vorstandsmitglieder lenken und damit maßgeblichen Einfluss auf die von der Familienstiftung gehaltenen Unternehmensbeteiligungen nehmen können.[3155]

(1) Bestellungsmodalitäten

(a) Bestellungsverfahren

Wie die Organmitglieder bestellt werden, kann der Stifter auf unterschiedlichen Wegen vorgeben. Dabei kann der Stifter zuvörderst einen sog. Gründungs- bzw. ersten Vorstand, der zumeist mit dem Stifter und/oder Familienmitgliedern besetzt sein wird – unabhängig von den in der Satzung enthaltenen Regelungen – bestimmen.[3156] Sodann kann er weitere Regelungen für das Bestellungsverfahren vorsehen. Er kann auf diese Weise namentlich von der ansonsten festgelegten Zahl der Organmitglieder und deren Amtsdauer sowie etwaigen besonderen Personenanforderungen abweichen.[3157]

Im Übrigen stehen dem Stifter höchst unterschiedliche Bestellungsmodelle zur Verfügung. Für gewöhnlich wird zwischen geborenen und gekorenen Organmitgliedern unterschieden[3158]: Die ordentliche Bestellung von Organmitgliedern

---

mitglied und gleichzeitig Vorsitzender des Vorstandes der Stiftung. Er bestimmte frei über die Anzahl und die Personen der Vorstandsmitglieder, über deren Berufung und Abberufung sowie über die Person seines Stellvertreters.“).

3155 Vgl. nur *Hippeli*, ZStV 2014, 49.

3156 Hierzu instruktiv OLG Hamm, Urt. v. 5.6.2012 – 10 U 109/11, – juris Rn. 81 ff.

3157 BeckOGK/*Lange*, 1.9.2024, BGB § 81 Rn. 88; vgl. auch FG Mecklenburg-Vorpommern, EFG 2023, 990 Rn. 108.

3158 Zu den Möglichkeiten bündig BeckOGK/*Lange*, 1.9.2024, BGB § 81 Rn. 90 ff.; *Dahlmanns*, RNotZ 2020, 417 (430); ausf. *O. Werner*, in: Wehnert, Beiträge zum Stiftungs- und Erbrecht, S. 35 (38 ff.); *Lunk/Rawert*, NPLY 2001, S. 91 (93 ff.) MHdB GesR 5/*Gummert*, § 92 Rn. 4 ff.; Burgard/*Burgard*, StiftR, § 81 Rn. 71 ff.; *Huh*, Verfassung und Binnenhaftung der Stiftung, S. 263 ff.; zu den Folgen einer fehlerhaften Organbestellung und grds. Geltung der sog. Lehre von der fehlerhaften Organbestellung auch im Stiftungsrecht s. grdl. VG Greifswald, BeckRS 2007, 147442 Rn. 44 ff. = ZSt 2007, 138; OVG Schleswig, BeckRS 2022, 11137 Rn. 124 f.; m. w. N. BoKoStiftR/*Uffmann*, BGB § 84b Rn. 74 f.; Burgard/*Burgard*, StiftR, § 81 Rn. 94, § 84b Rn. 94; *Kamprolf/Theuffel-Werhahn*, ZStV 2024, 163 (163 ff.); eing. *Sanders/Berisha*, ZStV 2021, 50 (52 ff.).

kann durch satzungsrechtliche Anordnung (geborene[3159] Mitgliedschaft)[3160], durch Zuweisung der Bestellungsberechtigung an das Organ selbst (Kooptation) oder an ein eventuell vorhandenes anderes Stiftungsorgan (gekorene Mitgliedschaft) erfolgen. Zu Letzterem soll auch die Möglichkeit gehören, die Bestellung einem *„stiftungsexternen Dritten“* (z. B. Oberbürgermeister, Präsident des Landgerichts, Dekan einer bestimmten Fakultät, IHK-Präsident, Familienmitglied) zuzuweisen.[3161] Hierbei gilt es sich jedoch abermals zu vergegenwärtigen, dass diese sog. stiftungsexternen Dritten aufgrund des ihr zugewiesenen Bestellungsrechts – dogmatisch betrachtet – automatisch zu sog. Kreationsorganen werden und damit ebenfalls pflichtgebunden sind und nicht nach Gutdünken agieren dürfen.[3162] Hat eine Person lediglich die Aufgabe bzw. das Recht im Falle einer Vakanz jemanden

---

3159 Burgard/*Burgard*, StiftR, § 81 Rn. 66 weist freilich zutreffend darauf hin, dass Stiftungen aufgrund ihrer Verbandslosigkeit i. eig. S. keine „geborenen Mitglieder“ haben, sondern stets nur „gekorene Mitglieder“. Die Bezeichnung „geborene Mitglieder“ ist jedoch verbreitet (s. vorstehende Fn. 3158 und *Janitzki*, ErbR 2024, 2 dortige Fn. 32 ([*„[…] als ‚geborenes Vorstandsmitglied‘ […]“*]) und meint hier, dass bestimmte Personen (auch der Stifter sich selbst) bereits statutarisch vom Stifter als Organmitglieder vorgesehen wurden.

3160 In diesem Fall bedarf es nur der Zustimmung resp. Annahme des Berufenen und keines gesonderten Beschlusses oder dergleichen, da insofern aufseiten der Stiftung eine *„satzungsrechtlich determinierte Automatik“* hinsichtlich der Bestellung besteht, *Lunk/Rawert*, NPLY 2001, S. 91 (94); m. w. N. auch BoKoStiftR/*Uffmann*, BGB § 84 Rn. 23; MüKoBGB/*Weitemeyer*, § 81 Rn. 46; *Huh*, Verfassung und Binnenhaftung der Stiftung, S. 260; ähnlich *Cranshaw/Hippeli*, ZIP 2018, 668 (672), nach denen einem etwaigen Bestellungsakt hierbei lediglich eine *„deklaratorische Wirkung“* zukomme. Dieser Automatismus lässt sich damit begründen, dass die Bestellung auf der Willensbildung des Stifters beruht. Eines weiteren Willensbildungsprozesses in der Stiftung bedarf es dann nicht, da dieser vom Stifter insofern schon durch die statutarische Anordnung antizipiert worden ist, vgl. auch *Huh*, Verfassung und Binnenhaftung der Stiftung, S. 260. Ein entsprechender Automatismus gilt auch für eine behördliche Notbestellung von Organmitgliedern nach § 84c BGB, vgl. dazu *v. Thunen/Möller*, ZStV 2024, 83 (93 f.).

3161 BeckOGK/*Lange*, 1.9.2024, BGB § 81 Rn. 96; MüKoBGB/*Weitemeyer*, § 86 Rn. 6, § 81 Rn. 47; BoKoStiftR/*Uffmann*, BGB § 84 Rn. 27; Schauhoff/Kirchhain/*Mehren*, Gemeinnützigkeits-HdB, § 3 Rn. 68; *Saenger*, GesR, § 11 Rn. 499c; *Kögel/Neckenich*, FuS-Sonderausgabe 2023, 19 (22).

3162 MüKoBGB/*Weitemeyer*, § 86 Rn. 6, § 81 Rn. 47; Burgard/*Burgard*, StiftR, § 81 Rn. 72 MHdB GesR 5/*Gummert*, § 92 Rn. 310; BoKoStiftR/*Uffmann*, BGB § 84 Rn. 27; *Muscheler*, Gesammelte Beiträge I, S. 245 (265); *Lunk/Rawert*, NPLY 2001, S. 91 (96) (*„Organkompetenz für den Aufgabenkreis ‚Berufung‘“*); i. Erg. auch BeckOGK/*Lange*, 1.9.2024, BGB § 81 Rn. 96; *Schütte*, Transparente und intransparente Stiftungen, S.

zu bestellen, so kann für die Ausübung dieses Rechts auch von einer „temporären Organmitgliedschaft“ gesprochen werden, die nur „aktiviert“ wird, wenn der Berechtigte das ihm zugewiesene Recht ausübt.

Die Rechtsstellung als Stiftungsorgan ist zwar *per se* weder frei übertragbar noch vererblich.[3163] Derlei Organpositionen können aber per Satzungsregelung ausdrücklich „vererblich“ gestellt werden, indem danach über Position testamentarisch oder vertraglich verfügt werden darf.[3164]

Stets muss gewährleistet werden, dass eine satzungsgemäße Besetzung der Stiftungsorgane möglich ist.[3165] Andernfalls kann es zum einen zur Handlungsunfähigkeit der Stiftung kommen und zum anderen kann es zu stifterseits ungewollten Notbestellungen eines „Dritten“ zum Organmitglied durch die Stiftungsbehörden gem. § 84c BGB kommen[3166] (früher gem. § 86 S. 1 BGB a. F. i. V. m. § 29 BGB durch die Amtsgerichte).

(b) Bestimmung der Organmitglieder

Was die Besetzung der Organe anbelangt, ist es dem Stifter grundsätzlich freigestellt, wen er als Organmitglied bestimmt. Er kann sich unstreitig selbst zum Organ bzw. Organmitglied bestimmen und dies auch auf Lebenszeit[3167] oder für

135 f.; zur „automatischen“ Organstellung bei einflussreichen Rechten ausf. zuvor → Teil 5 B II 2.

3163 BGH, NZG 2011, 910 Rn. 1; Staudinger/*Kunz*, BGB § 1922 Rn. 267. Dies gilt grds. auch für statutarische und gesetzliche Stifterrechte (z. B. nach den Landesstiftungsgesetzen), da diese höchstpersönliche Rechte des Stifters sind, MHdB GesR 7/*G. Roth*, § 102 Rn. 18.

3164 Vgl. v. Campenhausen/Richter/*Hof*, StiftR-HdB, § 7 Rn. 130; S/S/S/P/*Stumpf*, StiftR, BGB § 81 Rn. 38, § 86 Rn. 8; NK-BGB/*Schiffer/Pruns*, § 81 Rn. 41; vgl. auch BFH, npoR 2017, 207 Rn. 40; OLG Hamm, NZG 2022, 676 Rn. 42.

3165 Dies wird in der Praxis auch von der jeweiligen Stiftungsaufsicht im Rahmen des Anerkennungsverfahrens gefordert und die Stiftungssatzung diesbezüglich überprüft.

3166 BT-Drs. 19/28173, S. 69 ff.; zu den Voraussetzungen im Einzelnen BoKoStiftR/*Andrick*, BGB § 84c Rn. 6 ff.; Burgard/*Burgard*, StiftR, § 84c Rn. 16 ff.; *v. Thunen/Möller*, ZStV 2024, 83.

3167 Besonders in diesem Fall ist Vorsorge für den Fall zu treffen, dass der Stifter oder ein anderes Organ(-mitglied), dem Sonderrechte zustehen, unter Betreuung steht, ausf. hierzu *Rawert*, FS Martinek, S. 629 (635 ff.); vgl. auch *Gollan*, ErbR 2024, 658 (663 f.); s. auch das Praxisbeispiel aus Sicht einer Stiftungsbehörde bei *Große-Heidermann*, in: Die Stiftung – Jahreshefte zum Stiftungswesen, 17. Jahrgang, S. 65.

einen bestimmten Zeitraum.[3168] In der Praxis sollen demgemäß auch rund 80 % der Stifter einer unternehmensverbundenen (Familien-)Stiftung in einem Stiftungsorgan mitarbeiten.[3169] Im Besonderen als Alleinvorstand kann er sodann naturgemäß alle Entscheidungen allein treffen, bleibt jedoch aufgrund seiner Organstellung, wie eingangs erläutert, an seinen eigenen verobjektivierten Stifterwillen gebunden; seinen aktuellen subjektiven Willen kann er auch dann nicht verfolgen. Dies muss ihm selbst und nach seinem Ausscheiden auch seinen Familienmitgliedern stets gewahr sein. Sie sind fortan Stiftungsorgane und keine Gesellschafter.

Ein Stifter kann sich auch den lebzeitigen Einfluss auf die Organbesetzung erhalten, indem er sich das Recht zur Bestellung der Organmitglieder sichert.[3170] Ferner kann er die Bestellung von Organmitgliedern, wie vorstehend erläutert, den Organen selbst überlassen oder einem Dritten überantworten. Zulässig ist es auch, dass der Stifter hinsichtlich der Personalkompetenz des Organmitglieds sowohl positive (insb. Familienangehörigkeit, Alter, Beruf, Bestehen bestimmter Examina, u. v. m.) als auch negative Anforderungen (keine Wiederwahl, keine Mitgliedschaft in einer bestimmten Partei/Institution, kein Mitglied eines anderen Organs bzw. Personalunion zwischen Stiftungs- und Unternehmensorganen, u. v. m.) statuieren.[3171] Nach wohl h. M. im Stiftungsrecht ist der Stifter bei der Bestimmung der Organmitglieder bzw. ihrer Voraussetzungen des Weiteren nicht an die Vorgaben des AGG, des Gleichbehandlungsgrundsatzes gem. Art. 3 GG sowie des Diskriminierungsverbots nach Art. 14 EMRK gebunden. So konstatierte das OLG Hamm im Jahre 2012: „*Der vorstehend vom Senat geteilten Auslegung, wonach die in der Fideikommissurkunde niedergelegten Regeln der männlichen Primogenitur unabhängig vom Zustandekommen und Bestand der Fideikommisse jedenfalls für die Vorstandsbesetzung der M Familienstiftung gelten sollten, steht nicht entgegen, dass damit eine gesetz- oder gar verfassungswidrige Regelung Be-*

3168 BeckOGK/*Jakob/Picht/Kopp*, 1.9.2024, BGB § 83 Rn. 17 („*legitimes Gestaltungsmittel des Stifters*“); Staudinger/*Hüttemann/Rawert*, BGB § 86 Rn. 7 f.; *Saenger*, ZStV 2012, 94 (95 f.); *Gollan*, ErbR 2018, 305 (306); *Sieger/Bank*, NZG 2010, 641 (642); jew. m. w. N.

3169 So *Meinecke*, Stiftungen, S. 177 m. V. a. v. Campenhausen/Richter/*Richter*, StiftR-HdB, § 12 Rn. 26.

3170 MHdB GesR 9/*Lorz*, § 32 Rn. 47; Schauhoff/Kirchhain/*Mehren*, Gemeinnützigkeits-HdB, § 3 Rn. 68; *Saenger*, ZStV 2012, 94 (95 f.).

3171 *O. Werner*, in: Wehnert, Beiträge zum Stiftungs- und Erbrecht, S. 35 (40 f.); MHdB GesR 5/*Gummert*, § 92 Rn. 12; Richter/*Godron/Gollan*, Stiftungsrecht, § 6 Rn. 93.; *Kraus/Mehren*, DStR 2020, 1593 (1598).

stand hätte; insb. verstößt die vom Stifter bei der Besetzung des Vorstandes der Familienstiftung vorgesehene Bevorzugung männlicher Abkömmlinge oder der jeweils älteren Geschwister nicht gegen den verfassungsrechtlichen Grundsatz der Gleichbehandlung (Art. 3 GG) oder das Diskriminierungsverbot in Art. 14 EMRK.“[3172]

Die Frage der Zulässigkeit derlei Geschlechterklauseln ist freilich von der Frage ihrer Sinnhaftigkeit zu unterscheiden. Letzteres ist jedenfalls heutzutage sehr fragwürdig, insbesondere da Geschlechterklauseln zumeist „*aus sozialen und moralischen Konzeptionen sowie einem veralteten Verständnis von der Rolle der Frau hervorgeh[en], die […] in europäischen Gesellschaftssystemen weitgehend nicht mehr gültig sind*“[3173].

Zudem bergen jene Klauseln im Besonderen im Zusammenhang mit Organbesetzungen die Gefahr, dass es Zeiten geben kann, in welchen es an etwa männlichen Nachfolgern mangelt und es deshalb zu einem Besetzungsvakuum kommen könnte. Dies könnte zur Führungslosigkeit der Stiftung führen. Solchen Situationen müsste jedenfalls durch flankierende Ausnahmefallklauseln vorgebeugt werden. Dies gilt auch für den Fall, dass als Kriterium die Familienzugehörigkeit statutarisch vorgegeben wird; auch an willigen Familienmitgliedern kann es einmal mangeln. Insofern sind zu strenge, familienbezogene Vorgaben an die Eigenschaften der Vorstandsmitglieder zu vermeiden und deren Besetzung vielmehr an objektiven Kriterien (wie berufliche Qualifikation, Erfahrung etc.) zu orientieren.[3174] Dies sollte freilich auch bei etwaigen Benennungsrechten seitens der Familie gelten. Denn eine mit unfähigen Familienmitgliedern besetzter Stiftungsvorstand ist kontraproduktiv in Bezug auf „*eine erfolgreiche*

3172 OLG Hamm, Urt. v. 5.6.2012 – 10 U 109/11, – juris Rn. 62 unter Berufung auf BGHZ 70, 313 (324 ff.) (dort bzgl. Destinatärsstellung); so auch MVHdB I GesR/*Hof*, Form. VIII. 3 Anm. 31, S. 1556 (bzgl. Familienversammlung als Organ); vgl. auch Burgard/*Burgard*, StiftR, § 81 Rn. 78 f.; derlei statutarische einseitige Bevorzugungen heutzutage für nicht überzeugend erachtend BeckOGK/*Lange*, 1.9.2024, BGB § 81 Rn. 56; vgl. nunmehr auch EGMR, ZStV 2023, 12 = npoR 2023, 293 = (dt. Übersetzung) NLMR 2022, 351 Rn. 136 ff. – *Dimici/Türkei*, dazu bereits → Teil 4 G I.

3173 EGMR, ZStV 2023, 12 = npoR 2023, 293 = (dt. Übersetzung) NLMR 2022, 351 Rn. 145 – Dimici/Türkei; zu Vorgaben hinsichtlich des Geschlechts bei der Besetzung von Organ- und Destinatärsstellungen in der Stiftung und Anpassungsmöglichkeiten im Wege der Satzungsänderung an den gesellschaftlichen Wandel eing. *Weitemeyer/Wrede*, npoR 2018, 3 (6 ff.); bzgl. Satzungsänderung bei unzulässigen Geschlechterklauseln *Reibetanz*, npoR 2023, 293 (299 f.).

3174 *Ambros Schindler*, Familienstiftungen, S. 237 f.; *Sorg*, Die Familienstiftung, S. 123.

Stiftungs- und Unternehmensarbeit".[3175] Die Familie kann dann auch bei Berufung von Familienfremden in den Vorstand, ihren Einfluss über andere Organe, die mit entsprechenden einflussreichen Rechten gegenüber dem Vorstand (insb. Zustimmungs- und Weisungsrechte) ausgestattet sind, wahren.

Im hiesigen Kontext ist insbesondere die Tatsache von entscheidender Bedeutung, dass es dem Stifter nach dem Vorstehenden freisteht, sich und seine Familie als Organmitglieder sowie Vorsitzende[3176] des Stiftungsvorstands, aber auch anderer Stiftungsorgane einzusetzen oder gar – wie in der Praxis nicht selten – jedenfalls eine gewisse Anzahl an Organposten – sofern möglich – einzig geeigneten Mitgliedern der Stifterfamilie vorzubehalten[3177]. In einer unternehmensverbundenen Familienstiftung werden die Gesellschafterrechte (primär das Stimmrecht, aber auch sonstige Mitwirkungsrechte) der Familienstiftung im Familienunternehmen grundsätzlich vom Stiftungsvorstand wahrgenommen.[3178]

Die Stiftungsorgane, im Speziellen der Stiftungsvorstand, einer unternehmensverbundenen Familienstiftung sind mit anderen Worten rechtlich betrachtet die oberste Instanz im Familienunternehmen: Sie bestimmen über fundamentale Fragen, etwa wer zum Geschäftsführer im Unternehmen bestellt wird oder ob die erwirtschafteten Gewinne im Unternehmen verbleiben oder ausgeschüttet werden. Die Bestellung als Alleinvorstand oder Vorstandsmitglied mit beherrschendem Einfluss in der Familienstiftung führt demgemäß faktisch dazu, dass der Stifter resp. Familienunternehmer und/oder seine Familie vermittels der Stiftung im Familienunternehmen nahezu wie zuvor „*walten und schalten*" kann.[3179]

3175 *Sorg*, Die Familienstiftung, S. 123. Vgl. auch *v. Oertzen/Reich*, DStR 2017, 1118 (1122 f.).

3176 Zulässig ist es auch, den Vorsitz im Stiftungsvorstand und Stiftungsrat mit derselben Person zu bekleiden, da ein § 105 AktG entsprechendes Verbot im Stiftungsrecht nicht existiert, s. *Kögel/Neckenich*, FuS-Sonderausgabe 2023, 19 (21). Mit Blick auf die Untergrabung der typischerweise bestehenden Überwachungsfunktion eines Stiftungsbeirats erscheint dies indes wenig sinnvoll.

3177 Vgl. *O. Werner*, ZStV 2019, 7 (9); zur Zulässigkeit nur BFH, npoR 2017, 207 Rn. 39.

3178 Scherer/*Biermann/Koslowski*, Unternehmensnachfolge, § 9 Rn. 32; Feick/*Godron/Thress*, Stiftung, § 29 Rn. 64; v. Rechenberg/Thies/Wiechers/*Schauer*, HdB Familienunternehmen, S. 907.

3179 Ähnlich MHdB GesR 9/*Bayer/Illhardt*, § 37 Rn. 84, wonach der Gründer resp. Stifter „*die Geschäfte der Familienunternehmung als Stiftungsvorstand (wie gehabt) weiterführen*" könne; ebenso Scherer/*R.-M. Hübner*, Unternehmensnachfolge, § 6 Rn. 94.

Insofern ist anzumerken, dass es im deutschen Stiftungsrecht[3180] – anders als etwa bei der österreichischen Privatstiftung (s. §§ 15 Abs. 2–3a, 20 Abs. 3, 23 PSG)[3181] – keine gesetzlichen Amtsinkompatibilitätsregelungen gibt, sodass Familienmitglieder zugleich Destinatäre als auch Vorstands- bzw. allgemein Organmitglieder sein können.[3182] Folglich können die Rollen des Stifters bzw. seiner Familienmitglieder, des Vorstands und des Destinatärs auch in einer Person zusammenfallen.[3183] Dieser Umstand kann dem Stifter bzw. seiner Familie die Angst nehmen, dass sie ihr übertragenes Vermögen resp. ihr Familienunternehmen der Verwaltung Dritter überlassen müssen, wenn sie zugleich Destinatäre sind. Eine personelle Identität zwischen den Gremien der Familienstiftung und denen des beteiligten Familienunternehmens ist ebenfalls uneingeschränkt zulässig.[3184] Dies erlaubt zum einen die dauerhafte Erhaltung des unternehmerischen Geistes in der Familienstiftung insgesamt und zum anderen die Erhaltung des Einflusses der aktuellen Familienangehörigen und auch der Generationen danach sowohl auf Stiftungs- als auch Familienunternehmensebene.[3185]

3180 MHdB GesR 5/*Jakob*, § 119 Rn. 110; *Jakob*, Schutz der Stiftung, S. 223 f.; *Sanders*, in: Sanders/Thomsen, Enterprise Foundation Law, S. 25 (47).

3181 Speziell hierzu und der vor-, aber auch primär nachteiligen Auswirkungen für Familienunternehmen im Besonderen betreffend die Wahrung des Familieneinflusses instruktiv *Kalss*, FS G. D. Karth, S. 499 (510 ff.); *Kalss/Probst*, Familienunternehmen, Rn. 7/54; *v. Löwe*, Familienstiftung und Nachfolgegestaltung, § 8 Rn. 22; s. a. *Kalss*, ZStV 2021, 128 (131 f.); *Jakob*, Schutz der Stiftung, S. 517.

3182 Ebenso *Sanders*, in: Sanders/Thomsen, Enterprise Foundation Law, S. 25 (47). Zu dabei zu berücksichtigenden Gestaltungsaspekten eing. *Jakob*, Schutz der Stiftung, S. 487 ff. Insbesondere ist an eine Befreiung von den Beschränkungen des § 181 BGB in diesen Fällen zu denken, s. W/S/F/*Saenger*, Die Stiftung, § 38 Rn. 15; allg. s. dazu auch die Nachweise in Fn. 2574.

3183 Vgl. *Daragan*, DB 2011, 2223 (2224).

3184 *Schlüter*, Stiftungsrecht zwischen Privatautonomie und Gemeinwohlbindung, S. 403; vgl. *M. Engel*, Die unternehmensverbundene Stiftung, S. 281; siehe für exemplarische Verflechtungsmöglichkeiten *Fleisch/Stolte*, in: F/E/K/S/S, Modell unternehmensverbundene Stiftungen, S. 157 ff.

3185 Vgl. *Kalss/Probst*, Familienunternehmen, Rn. 7/156. In Stiftungsrechtsordnungen mit Amtsinkompatibilitätsregelungen, wie etwa in Österreich, lassen sich entsprechende hier im Fokus stehende Stiftungskonstruktionen nur begrenzt umsetzen, s. *v. Löwe*, Familienstiftung und Nachfolgegestaltung, § 8 Rn. 22. Die Sicherung des Einflusses der Begünstigten resp. der Stifterfamilienmitglieder durch deren Einbindung in die Stiftungsorgane ist bei der österreichischen Privatstiftung demgemäß nur eingeschränkt möglich.

Zur Wahrung des Charakters als Familienunternehmen wird daher empfohlen, dass die Familie – sofern entsprechend fähige Familienmitglieder vorhanden sind – möglichst in vielen Unternehmens- und Stiftungsorganen vertreten sein sollte.[3186] Freilich muss die konkrete Besetzung der jeweiligen Organe bzw. Gremien für den jeweiligen Einzelfall und besonders unter Berücksichtigung der Anzahl der Organe, der Art, Größe und Gesellschaftsform des stiftungsverbundenen Familienunternehmens, des konkreten Stiftungszwecks sowie allen voran der Anzahl und Qualifikation der Familienmitglieder bestimmt werden.[3187] Nicht vernachlässigt werden darf ferner das Verhältnis der Familienmitglieder untereinander und auch dasjenige zum Familienunternehmen und zur Familienstiftung. Es muss nämlich vermieden werden, dass etwaige Konflikte in die Familienstiftung getragen werden.[3188]

Aufgrund dieser personellen Besetzungsmöglichkeit erlangt gerade ein Familienunternehmer als Stifter „*die Möglichkeit, eine ausdifferenzierte, seinem Willen entsprechende Regelung zum Einfluss der Familie auf die Stiftungstätigkeit zu treffen*“[3189] – zumal diese im hiesigen Kontext i. d. R. ohnehin ein gesteigertes Interesse an der Verwirklichung des Stifterwillens und dem Gelingen der unternehmensverbundenen Familienstiftungskonstruktion haben werden[3190].

Da der Stifter auf die Besetzung der entsprechenden Stiftungsorgane maßgeblichen Einfluss nehmen kann, kann er dadurch auch maßgeblich und dauerhaft auf die gesamte personelle Besetzung der Unternehmensleitungsorgane Einfluss nehmen.[3191] Die konkrete Ausgestaltung hängt insofern maßgeblich von der Funktion der Familienstiftung im Familienunternehmen ab.

Im Falle einer unternehmensverbundenen Familienstiftung in Gestalt einer Beteiligungsträgerstiftung gibt es bereits im Familienunternehmen eine Unternehmensführung in Form von Geschäftsführern bzw. eines Vorstands, sodass etwa der Stiftungsvorstand das Unternehmen nicht selbst operativ führt bzw. führen muss. Ihm kann daher die Aufgabe zugesprochen werden, die Geschäfts-

---

3186 Block et al./*Block*/*Kammerlander*, Die Familienstiftung, S. 35 (43); i. Erg. auch Block et al./*May*/*Jeschke*, Die Familienstiftung, S. 9 (13); i. d. R. dadurch positive Effekte vermutend auch BeckOGK/*Jakob*/*Picht*/*Kopp*, 1.9.2024, BGB § 83 Rn. 79 („*Gehören dem Stiftungsvorstand etwa Familienmitglieder des Stifters an, bewahren sie im günstigen Falle den ‚Geist‘ der Stiftung und sichern die Erfüllung des Stifterwillens*“).

3187 *M. Engel*, Die unternehmensverbundene Stiftung, S. 281, 299 f.

3188 Ebenso *Meinecke*, ZStV 2022, 212 (214 f.).

3189 *Boll*, Die uv. Familienstiftung, S. 142.

3190 *v. Oertzen*/*Reich*, DStR 2017, 1118 (1122 f.).

3191 *Ihle*, RNotZ 2009, 557 (571).

führung zu beraten, diese zu kontrollieren (z. B. ob die strategische Ausrichtung des Familienunternehmens unter Berücksichtigung der vorgegebenen Werte und Ziele umgesetzt wird), wichtige Entscheidungen der Unternehmensführung zu genehmigen und Entscheidungen hinsichtlich des Führungspersonals zu treffen.

Familienunabhängiger Sachverstand kann in dem Aufsichtsgremium einen bedeutenden Beitrag leisten. Damit sich dieses Gremium emanzipieren und die externen Mitglieder ihre Kompetenz effektiv einbringen können, kann es auch Sinn ergeben, dass in ihm die externen Mitglieder zumindest überwiegen. Der externe Sachverstand kann den Stiftungsvorstand auch in seinen operativen Funktionen bereichern, z. B. in der Anlage des sonstigen Stiftungsvermögens, was auch beim Anforderungsprofil für die Mitglieder des Stiftungsvorstands zu beachten ist. Sind diese sonstigen operativen Aufgaben substanziell, kann auch ein vom Stiftungsvorstand separates Aufsichtsgremium für das Familienunternehmen gebildet werden.

Hinsichtlich der Familienmitglieder im Stiftungsvorstand sollte geregelt werden, ob es eine In- oder Kompatibilität von Ämtern geben soll, z. B., ob das gleiche Familienmitglied Mitglied der Unternehmensführung und des Stiftungsvorstands sein kann oder ob ein Mitglied der Familie in der Geschäftsführung und ein anderes im Aufsichtsgremium, d. h. im Stiftungsvorstand, vertreten sein soll. Letzteres kann aber auch zu Spannungen bzw. Kontrolldefiziten führen.[3192]

Bei der Besetzung der Organe und der Gestaltung der Satzung muss insgesamt abgewogen werden, wie groß der wechselseitige Einfluss von Stiftungs- und Unternehmensebene sein soll. Eine identische Besetzung des Kontrollgremiums der Stiftung einerseits und des Geschäftsführungsorgans des Unternehmens andererseits sind regelmäßig unschädlich. Bei unternehmensverbundenen Familienstiftungen kann deshalb über die Besetzung des kontrollierenden Stiftungsrats mit Mitgliedern des Geschäftsführungsorgans des Unternehmens gewährleistet werden, dass innerhalb der Stiftung die Sicht des Unternehmens hinreichend präsent ist.[3193] Dies kann so zu einem weitgehenden Interessengleichlauf zwischen Familienstiftung und Familienunternehmen beitragen. Insoweit kann der Einfluss Familienfremder dahingehend reduziert werden, dass deren Einfluss nur bei Uneinigkeit zwischen den Familienmitgliedern entscheidend sein soll.[3194]

3192 Explizit zum vorstehenden *v. Oertzen/Reich*, DStR 2017, 1118 (1122); vgl. auch *Ihle*, RNotZ 2009, 557 (571 f.).

3193 *Kraus/Mehren*, DStR 2020, 1593 (1598); vgl. auch *Boll*, Die uv. Familienstiftung, S. 142.

3194 Vgl. *Ambros Schindler*, Familienstiftungen, S. 49, 60 f.

(2) *Abberufungsmodalitäten*

Eine der weitgehenden Möglichkeiten der Einflussnahme sind die Bestimmungen zur Abberufung der Stiftungsorgane, insbesondere des Stiftungsvorstands[3195]. Auch hierzu trifft das Gesetz keine konkreten Aussagen, sodass der Stifter diesbezüglich ebenfalls einen weiten Gestaltungsspielraum hinsichtlich der Anordnungen über die Zuweisung des Rechts zur Abberufung, die Abberufungsgründe und das zu durchlaufende Verfahren genießt.[3196]

Die Abberufung (synonym auch der Widerruf der Bestellung genannt) stellt den *actus contrarius* der Bestellung dar und obliegt, sofern die Satzung nicht etwas anderes regelt, dem Kreationsorgan, das auch für die Bestellung zuständig ist.[3197] Sofern statutarisch nichts geregelt ist, ist im Stiftungsrecht anerkannt, dass eine Abberufung von Vorstandsmitgliedern – auch bei Bestellung auf Lebenszeit – stets aus wichtigem Grund möglich ist.[3198]

Umstritten ist, ob sich der Stifter selbst oder einem anderen Organ statutarisch ein sog. „freies Abberufungsrecht" betreffend den Vorstand vorbehalten kann.[3199] Ein Stifter kann sich und auch einem anderen Organ zwar das Recht zur Abberufung in der Satzung sichern. Dabei ist der Stifter und andere Organmitglieder

---

3195 Ausf. *Uffmann*, NZG 2022, 1131 und weitgehend inhaltsgleich BoKoStiftR/*Uffmann*, BGB § 84 Rn. 27 ff.; s. a. *R. Werner*, NZG 2024, 1211; *R. Werner*, NJOZ 2019, 241; *O. Werner*, in: Wehnert, Beiträge zum Stiftungs- und Erbrecht, S. 45.

3196 BGH, Urt. v. 28.10.1976 – III ZR 136/74-, juris Rn. 19; BeckOGK/*Lange*, 1.9.2024, BGB § 81 Rn. 97; *O. Werner*, in: Wehnert, Beiträge zum Stiftungs- und Erbrecht, S. 45; *Kamprolf/Theuffel-Werhahn*, ZStV 2024, 163 (166 f.) mit Musterformulierung.

3197 MHdB GesR 5/*Gummert*, § 92 Rn. 28; Staudinger/*Hüttemann/Rawert*, BGB § 86 Rn. 9; *R. Werner*, NJOZ 2019, 241.

3198 VG Ansbach, BeckRS 2012, 55668 (unter 1.2.1.); MüKoBGB/*Weitemeyer*, § 81 Rn. 48; Staudinger/*Hüttemann/Rawert*, BGB § 81 Rn. 79; v. Campenhausen/Richter/*Hof*, StiftR-HdB, § 8 Rn. 180; *Brandmüller/Klinger*, Unternehmensverbundene Stiftungen, S. 54; *Schlüter/Stolte*, Stiftungsrecht, Kap. 2 Rn. 62 m. V. a. BayVGHE 23, 47 = BeckRS 1969, 104725; *Uffmann*, NZG 2022, 1131 (1135); *Kraus*, npoR 2024, 63 (67).

3199 Umfassend zum Meinungsstand zuletzt *Uffmann*, NZG 2022, 1131 (1135 ff.); s. a. *Huh*, Verfassung und Binnenhaftung der Stiftung, S. 289 ff.; bündig *v. Hippel*, Grundprobleme von NGO, S. 395. In der Praxis finden sich derlei „freie Abberufungsrechte" durchaus in Stiftungssatzung, s. etwa FG Mecklenburg-Vorpommern, EFG 2023, 990 Rn. 108 („*Erfolgte eine Abberufung von Vorstandsmitgliedern durch Herrn J, bedurfte dieses keines wichtigen Grundes [§ 8 B Nr. 4 der Satzung]*"); vgl. *Kögel/Neckenich*, FuS-Sonderausgabe 2023, 19 (22), die jedoch darauf hinweisen, dass die Praxis der Stiftungsbehörden diesbezüglich sehr unterschiedlich sei.

wiederum in ihrer Funktion als Kreationsorgan aber selbst an den historischen Stifterwillen zum Zeitpunkt der Stiftungserrichtung gebunden und haben diesen auch zu beachten.[3200] Die Bestellung zum Vorstandsmitglied einer Stiftung kann nach herrschender und richtiger Ansicht nicht jederzeit frei bzw. grundlos widerrufen werden.[3201] Daher ist auch eine Satzungsregelung – auch wenn sie von der Stiftungsbehörde nicht beanstandet wurde – nicht wirksam, die dem Stifter oder einem anderen Kreationsorgan selbst ein freies Abberufungsrecht gestattet.[3202] Eine etwaige anderslautende Satzungsklausel, die ein freies Abberufungsrecht statuiert, kann zumeist dahingehend umgedeutet (vgl. § 140 BGB) werden, dass eine Abberufung vor Ende der regulären Amtszeit nur bei Vorliegen eines ent-

3200 BeckOGK/*Jakob/Picht*, 1.2.2021, BGB § 86 Rn. 14; *Burgard*, Gestaltungsfreiheit im Stiftungsrecht, S. 396; *Gollan*, ErbR 2018, 305 (306); *Muscheler*, Gesammelte Beiträge I, S. 245 (268 f., 271); *Uffmann*, NZG 2022, 1131 (1135); jew. m. w. N.

3201 OLG Hamm, BeckRS 2017, 113328 Rn. 33, 85; MHdB GesR 5/*Gummert*, § 92 Rn. 29; MüKoBGB/*Weitemeyer*, § 86 Rn. 11; BeckOGK/*Lange*, 1.9.2024, BGB § 81 Rn. 97; BeckOGK/*Jakob/Picht*, 1.2.2021, BGB § 86 Rn. 14; *R. Werner*, NJOZ 2019, 241; *Uffmann*, NZG 2022, 1131 (1135) („*gesetzliches Grundmodell*"); *Muscheler*, Gesammelte Beiträge I, S. 245 (268 f.); so auch die Rechtsauffassung einer Stiftungsbehörde in NRW, s. *Nupens*, in: Die Stiftung – Jahreshefte zum Stiftungswesen, 15./16. Jahrgang, S. 177 (182); vgl. für das österreichische Recht auch OGH, Urt. v. 24.2.2011 – 6 Ob 195/10k (unter 5.4); OGH, Urt. v. 26.4.2001 – 6 Ob 60/01, NZG 2001, 995 (996 f.); **a. A.** wohl Werner/Saenger/Fischer/*O. Werner*, Die Stiftung, 2. Aufl. 2019, § 10 Rn. 78, wonach „*die Bestellung der Vorstandsmitglieder […] gemäß §§ 86, 27 Abs. 1 BGB [sic!] jederzeit widerrufen werden*" könne. Dabei geht aber der Verweis auf § 27 Abs. 1 BGB fehl.

3202 *Uffmann*, NZG 2022, 1131 (1135) m. z. N.; MüKoBGB/*Weitemeyer*, § 86 Rn. 11; MHdB GesR 5/*Gummert*, § 92 Rn. 29; Richter/*Godron*/*Gollan*, Stiftungsrecht, § 6 Rn. 79; Andrick/Suerbaum/*Suerbaum*, StiftG NRW, § 9 Rn. 17 (dortige Fn. 42); *Saenger*, ZStV 2012, 94 (97); *Lunk/Rawert*, NPLY 2001, 91 (97); *Uhl*, Kooperationen im Stiftungsrecht, S. 517; **a. A.** unter Rekurs auf die Gestaltungsfreiheit des Stifters *Schewe/Wixmerten*, in: Die Stiftung – Jahreshefte zum Stiftungswesen, 5. Jahrgang, S. 143 (164); Schauhoff/*Schauhoff*, HdB Gemeinnützigkeit, 3. Aufl. 2010, § 3 Rn. 70; *v. Hippel*, Grundprobleme von NGO, S. 445; *Markworth*, ZGR 2020, 832 (858); *Kögel/Neckenich*, FuS-Sonderausgabe 2023, 19 (22); wohl auch P/W/W/*Schöpflin*, BGB § 84 Rn. 2; jdf. für Stifter als Kontrollorgan wohl auch MHdB GesR 5/*Schwarz van Berk/Fischer*, § 100 Rn. 17, aber ohne nähere Begründung; in diese Richtung jedoch nur in einem *obiter dictum* auch BGH, Urt. v. 28.10.1976 – III ZR 136/74-, juris Rn. 24 („*[…] hätte die Stiftungsverfassung ihm das Abberufungsrecht ohne Einschränkung oder etwa lediglich mit der Maßgabe gewähren können, daß der Stiftungszweck berücksichtigt werden müsse.*").

sprechenden wichtigen oder, sofern die Satzung dies vorsieht, jedenfalls eines sachlichen Grundes möglich ist.[3203]

Die Zulässigkeit eines statutarisch angeordneten, freien Abberufungsrechts ist dabei aus den folgenden Gründen abzulehnen: Die Vorstandsmitglieder sollten allein auf die Beachtung und Befolgung der Satzung und des historischen (oder ggf. mutmaßlichen) Stifterwillens bedacht sein und nicht in ihrem Handeln aufgrund eines freien Abberufungsrechts, das wie ein Damoklesschwert über ihnen stünde, von dem Willen des Abberufungsberechtigten beeinflusst werden.[3204] Gegen ein freies Abberufungsrecht des Stifters sprach früher ferner auch die explizit fehlende Verweisung des § 86 S. 1 BGB a. F. auf § 27 Abs. 2 S. 1 BGB[3205]. Der BGH schloss in einer Entscheidung aus dem Jahre 1976 – freilich in einem *obiter dictum* (die Satzung im dortigen Fall sah nämlich eine Abberufung nur aus „*wichtigen, von politischen Erwägungen unabhängigen Gründen*“ vor) – den Rückschluss, dass gerade aufgrund der Nichtverweisung des § 86 BGB a. F. auf § 27 Abs. 2 S. 1 BGB der Stifter „*bei der Regelung der Frage, ob, unter welchen Voraussetzungen und durch wen der Stiftungsvorstand abberufen werden kann, weitgehende Freiheit*“ habe und „*die Stiftungsverfassung ihm* [dem Kreationsorgan] *das Abberufungsrecht ohne Einschränkung oder etwa lediglich mit der Maßgabe gewähren können, daß der Stiftungszweck berücksichtigt werden müsse.*[3206] Ob der BGH heute in einem konkreten Fall daran festhalten würde, ist zweifelhaft. Die bisher vereinzelte obergerichtliche Rechtsprechung in diesem Kontext, namentlich zuletzt das OLG Hamm, ist insofern zurückhaltender und ließ explizit die Frage offen, ob eine Satzungsgestaltung, die ein freies Abberufungsrecht vorsieht, „*inhaltlichen Einschränkungen unterliegen könne[n]*“.[3207]

Wie der BGH jedoch selbst konstatiert, hat der Stifter eine „*weitgehende*“[3208] Gestaltungsfreiheit hinsichtlich der Abberufungsmodalitäten, aber keine „absolute“. Insofern sprechen gegen die Zulässigkeit eines statutarisch angeordneten,

---

3203 So i. Erg. OLG Hamm, BeckRS 2017, 113328 Rn. 32 ff.

3204 *Muscheler*, Gesammelte Beiträge I, S. 245 (269); zust. *Beckmann*, Die Änderung der Stiftungssatzung, S. 95; *Huh*, Verfassung und Binnenhaftung der Stiftung, S. 293; ähnlich auch *Uhl*, Kooperationen im Stiftungsrecht, S. 517 („*[…] so könnte das Leitungsorgan im Stiftungsleben gleichsam an der kurzen Leine* [des Abberufungsberechtigten] *geführt werden.*“); vgl. auch OGH Wien, NZG 2001, 995 (996).

3205 MHdB GesR 5/*Gummert*, § 92 Rn. 29; MüKoBGB/*Weitemeyer*, § 86 Rn. 11; BeckOGK/*Jakob/Picht*, 1.2.2021, BGB § 86 Rn. 14.

3206 BGH, Urt. v. 28.10.1976 – III ZR 136/74-, juris Rn. 19, 24.

3207 OLG Hamm, BeckRS 2017, 113328 Rn. 35.

3208 BGH, Urt. v. 28.10.1976 – III ZR 136/74-, juris Rn. 19.

freien Abberufungsrechts unabhängig von dem vorstehenden – noch im alten Recht angeführten – systematischen Arguments des fehlenden Verweises des § 86 S. 1 BGB a. F. auf § 27 Abs. 2 S. 1 BGB, die Autonomie und die Unverfügbarkeit der Stiftung, der einer autonomen Willensbildung in der Stiftung verbietet.[3209] Insgesamt würde die Einräumung einer völlig freien Abberufungsbefugnis des Stifters die Geschäftsführung des Stiftungsvorstands zu stark beeinflussen und im Ergebnis dazu führen, dass der Stifter oder ein anderer Berechtigter mittelbar in Vorstandsentscheidungen eingreifen könnte; insbesondere der Stiftungsvorstand könnte im schlimmsten Fall zum bloßen Vollzugsorgan degradiert werden.[3210] Dementsprechend ist auch bei einer statutarischen Regelung ein wichtiger[3211] oder jedenfalls ein sachlicher[3212], am Wohl der Stiftung resp. des Stiftungszwecks orientierter Grund für die Abberufung von Vorstandsmitgliedern nötig.

Eine freie Abberufung von Vorstandsmitgliedern einer Stiftung bleibt auch im durch das StiftVereinhG 2021 reformierten Stiftungsrecht unzulässig. Die umfassende Verweisungstechnik des § 86 S. 1 Hs. 1 BGB a. F. zur näheren Ausformung der Stellung des Stiftungsvorstands wurde zwar aufgegeben und die Stiftungsorgane sind nunmehr allgemein und eigenständig in den §§ 84–84b BGB weitgehend geregelt. Dies hat zur Folge, dass das systematische Argument des Nichtverweises auf § 27 Abs. 2 BGB, um einen Ausschluss einer freien Abberufbarkeit zu begründen, deshalb nunmehr weggefallen ist.[3213] Dass deshalb eine – bereits von Gesetzes wegen – freie Abberufung von Stiftungsorganen entgegen den zuvor genannten Grundsätzen im neuen Recht doch möglich sei[3214], ist indes abzulehnen. Zum einen wäre zu erwarten gewesen, dass der Gesetzgeber sich diesbezüglich in

---

3209 Eing. *Uffmann*, NZG 2022, 1131 (1135); *R. Werner*, NJOZ 2019, 241 (242); jew. m. w. N. vgl. auch v. Campenhausen/Richter/*Hof*, StiftR-HdB, § 8 Rn. 183.

3210 Vgl. v. Campenhausen/Richter/*Hof*, StiftR-HdB, § 8 Rn. 179; *Muscheler*, Gesammelte Beiträge II, S. 145 (164); vgl. auch für das österreichische Stiftungsprivatrecht OGH, Urt. v. 24.2.2011 – 6 Ob 195/10k (unter 5.4).

3211 So z. B. MHdB GesR 5/*Gummert*, § 92 Rn. 29; *Schlüter/Stolte*, Stiftungsrecht, Kap. 1 Rn. 62; *Huh*, Verfassung und Binnenhaftung der Stiftung, S. 297; auch OLG Hamm, BeckRS 2017, 113328 Rn. 51 f., sofern in der Satzung keine speziellen sachlichen Abberufungsgründe vorhanden sind.

3212 So z. B. MüKoBGB/*Weitemeyer*, § 86 Rn. 11; Staudinger/*Hüttemann/Rawert*, BGB § 86 Rn. 9; Richter/*Godron/Gollan*, Stiftungsrecht, § 6 Rn. 77, 79; *Lunk/Rawert*, NPLY 2001, 91 (98).

3213 *Baßler/Stöffler/Blecher*, GmbHR 2021, 1125 (1129); *Uffmann*, NZG 2022, 1131 (1135).

3214 Dies jedenfalls für möglich erachtend *Baßler/Stöffler/Blecher*, GmbHR 2021, 1125 (1129).

der Gesetzesentwurfsbegründung geäußert hätte, da ihm dieser Meinungsstreit durchaus bekannt gewesen sein dürfte. Zum anderen spricht auch eine Änderung im Rahmen des Gesetzgebungsverfahrens dagegen: Der *RefE v. 28.9.2020, S. 7* sah in *§ 84a Abs. 1 S. 1 BGB-RefE* betreffend den Rechte- und Pflichtenkreis der Stiftungsorgane noch einen Gesamtverweis auf das Auftragsrecht vor, was zur grds. Anwendbarkeit des § 671 Abs. 1 BGB geführt hätte. Dies hätte zur Folge gehabt, dass eine freie Abberufung von Organmitgliedern von Gesetzes wegen ermöglicht worden wäre. Dies wurde in Anbetracht der h. M. in diesem Kontext stark kritisiert.[3215] In der nun beschlossenen Gesetzesfassung wurde der Gesamtverweis nicht aufgenommen und damit auch ein Verweis auf § 671 Abs. 1 BGB aufgehoben und wieder auf §§ 664–670 BGB. Ferner sprechen auch die zuvor genannten Gegenargumente, namentlich die Autonomie und Unverfügbarkeit der Stiftung, insbesondere die Unzulässigkeit autonomer Willensbildung der Stiftungsorgane und auch des Stifters selbst, weiterhin gegen eine Neujustierung in dieser Frage.[3216] Demgemäß bleibt eine freie Abberufung des Stiftungsvorstands von Gesetzes wegen wie auch im Wege der Stiftungssatzung auch nach neuem Recht unzulässig.[3217]

Dem Stifter ist es insoweit aber anheimgestellt, die Abberufungsgründe näher zu konkretisieren und den abberufungsberechtigten Organen – zwecks Wahrung des Familieneinflusses etwa einem Familienorgan – dabei einen durchaus weiten

---

3215 *Burgard*, ZStV 2021, 45 (46 f.); *Burgard*, npoR 2021, 1 (4); den Gesamtverweis insgesamt kritisierte auch *Markworth*, ZGR 2020, 832 (864 f.).

3216 Ebenso *Uffmann*, NZG 2022, 1131 (1135); jurisPK-BGB/*Otto*, § 84 Rn. 12; Burgard/*Burgard*, StiftR, § 81 Rn. 91; Götz/Pach-Hanssenheimb/*Götz*, HdB Stiftung, Rn. 229/2; Richter/*Godron*/*Gollan*, Stiftungsrecht, § 6 Rn. 77; *Schütte*, Transparente und intransparente Stiftungen, S. 137 f.

3217 Zur Frage, ob die im Stiftungsrecht nach h. M. (grdl. BGH, BeckRS 1976, 31114837; OLG Hamm, BeckRS 2017, 113328 Rn. 58; MüKoBGB/*Weitemeyer*, § 86 Rn. 12; so auch die Rechtsauffassung einer Stiftungsbehörde in NRW, s. *Nupens*, in: Die Stiftung – Jahreshefte zum Stiftungswesen, 15./16. Jahrgang, S. 177 [182]; für eine Anwendung der Norm im Stiftungsrecht *Weinmann*, Die uv. Stiftung, S. 289) nicht analog anwendbare Regelung des § 84 Abs. 4 S. 4 AktG (vorläufige Wirksamkeit der Abberufung) wirksam statutarisch nachgebildet werden kann, s. einerseits bejahend die zutreffende h. M.: Richter/*Godron*/*Gollan*, Stiftungsrecht, § 6 Rn. 79; Burgard/*Burgard*, StiftR, § 81 Rn. 92; W/S/F/*O. Werner*, Die Stiftung, § 10 Rn. 86.; *Hueck*, RFamU 2023, 393 (399); *Gollan*, ErbR 2024, 658 (665 f.); andererseits ablehnend: *Uffmann*, NZG 2022, 1131 (1137 f.); ihr folgend BoKoStiftR/*Andrick*, BGB § 84c Rn. 9; *R. Werner*, NZG 2024, 1211 (1214 f.).

Ermessensspielraum einzuräumen.[3218] Dem Stifter steht es im Übrigen auch frei, hinsichtlich seiner selbst und auch seiner Familienmitglieder besonders hohe Voraussetzungen für eine Abberufung zu statuieren, insbesondere durch eigenständige Abberufungsgründe und/oder hohe Beschlussquoren. An derlei Vorgaben sind die Stiftungsorgane gebunden. Dabei gilt aber, dass eine Abberufung aus wichtigem Grund stets möglich bleiben und von den zur Abberufung Berechtigten auch im Interesse der Stiftung durchgesetzt werden muss[3219], andernfalls obliegt dies der Stiftungsaufsichtsbehörde[3220]. Wichtige Gründe stellen gemeinhin grobe Pflichtverletzungen des Vorstands (etwa Verstöße gegen die Satzung oder Gremienbeschlüsse) oder die Unfähigkeit zur Amtsführung, daneben aber auch ein Vertrauensverlust etwa infolge einer groben Verletzung der Treuepflicht gegenüber der Stiftung dar.[3221]

cc) Einwirkungsmöglichkeiten in Bezug auf die Willensbildung in der Stiftung

Nachdem vorstehend die Möglichkeiten und Grenzen der Einflusssicherung des Stifters in Bezug auf die Organisation der Familienstiftung erörtert wurde und dabei aufgezeigt werden konnte, dass der Stifter sich und seiner Familie weitgehende Rechte in Bezug auf die Bestellung und Abberufung der Stiftungsorgane sichern kann, stellt sich nun die Frage, auf welche Weise der Stifter sich und seiner Familie Einfluss auf die Willensbildung innerhalb der Stiftung resp. ihrer Organe vorbehalten kann. Dies ist insbesondere für den Fall interessant, indem die leitenden Stiftungsorgane auch und ggf. überwiegend mit familienfremden Dritten besetzt werden.

Unter der Prämisse, dass der Stifter und jeder andere mit Sonderrechten ausgestattete Dritte stets an den ursprünglichen Stifterwillen gebunden bleibt, stehen dem Stifter neben den zuvor erläuterten weitgehenden Einflussnahmemöglichkeiten auf die Benennung, Bestellung und Abberufung von Stiftungsorganen,

---

3218 Vgl. auch *Uffmann*, NZG 2022, 1131 (1135 f.); Richter/*Godron*/*Gollan*, Stiftungsrecht, § 6 Rn. 79; *Kamprolf/Theuffel-Werhahn*, ZStV 2024, 163 (166 f.) mit Musterformulierung; jew. m. w. N.

3219 Richter/*Godron*/*Gollan*, Stiftungsrecht, § 6 Rn. 77; *R. Werner*, NZG 2024, 1211 (1212).

3220 Zur subsidiären (i. d. R. *ultima ratio*) Abberufung durch die Stiftungsaufsichtsbehörden näher, etwa Richter/*K. Fischer*, Stiftungsrecht, § 8 Rn. 105 ff.; MHdB GesR 5/*Gummert*, § 92 Rn. 32 ff.

3221 *Uffmann*, NZG 2022, 1131 (1135); *R. Werner*, NJOZ 2019, 241 (242); *Muscheler*, Gesammelte Beiträge I, S. 245 (269 f.); *Kamprolf/Theuffel-Werhahn*, ZStV 2024, 163 (166) m. w. N.

gleichwohl noch weitere vielfältige Möglichkeiten der Einflussnahme auf die Willensbildung innerhalb der Stiftung resp. der Stiftungsorgane selbst zur Verfügung.

So ist es nach heute einhelliger Ansicht im Stiftungsrecht und auch der Gesetzesentwurfsbegründung zur Stiftungsrechtsreform 2021[3222] anerkannt, dass sich der Stifter selbst und auch Dritten, insbesondere seinen Familienmitgliedern, Rechte vorbehalten kann, die ihm bzw. diesen einen besonderen Einfluss innerhalb der Stiftung sichern. Als solche kommen in Anlehnung an gesellschaftsrechtliche Gestaltungen neben Genehmigungs- und Informationsrechten sowie Mehrstimmrechten und Zustimmungsvorbehalten auch und insbesondere Veto- und Weisungsrechte in Betracht.[3223] Die Sicherung von Einflussnahmerechten in diesem Wege kann sich dabei vor allem auf die Angelegenheiten der Vermögensverwaltung – hier also konkret auf die Ausübung der Gesellschafterrechte der Familienstiftung im Familienunternehmen – sowie auf sonstige strukturelle Maßnahmen (z. B. neben der Organbesetzung auch auf die Verwendung der Stiftungserträge), über die die Stiftungsorgane entscheiden können, beziehen.[3224] Dabei ist freilich zu beachten, dass die Einflussnahmerechte, insbesondere Veto- und Weisungsrechte sich im Rahmen des Stiftungszwecks und des Stifterwillens halten müssen, sodass jedenfalls rechtswidrige und im Besonderen stiftungszweck- und satzungswidrige Weisungen oder Veto-Erhebungen nicht zu befolgen sind.[3225] Werden die vorbehaltenen Einflussnahmerechte jedoch innerhalb des stiftungsrechtlichen Zulässigen, d. h. unter Wahrung der Stiftungsautonomie, eingesetzt, so können sie auch stiftungsrechtlich zulässigerweise in der Stiftungssatzung vorgesehen werden. Einem etwaigen Missbrauch sollte freilich durch die Etablierung von Kontrollmechanismen, wie einem Stiftungsrat oder Familienbeirat, vorgebeugt werden.

3222 BT-Drs. 19/28173, S. 29.

3223 *Sieger/Bank*, NZG 2010, 641; *Saenger*, ZStV 2012, 94; *Kögel*, FuS 2014, 47; *Rawert*, NPLY 2012/2013, S. 51; BeckOGK/*Jakob/Picht/Kopp*, 1.9.2024, BGB § 83 Rn. 10 ff.; *Jakob*, Schutz der Stiftung, S. 142 ff.; v. Campenhausen/Richter/*Hof*, StiftR-HdB, § 6 Rn. 204, § 8 Rn. 99; s. a. *O. Werner*, in: Hager, Entwicklungstendenzen im Stiftungsrecht, S. 49; *Otto*, HdB Stiftungspraxis, Teil 1 Rn. 164; *Muscheler*, Gesammelte Beiträge I, S. 245 (252 ff., 264 ff.); grdl. *Jeß*, Das Verhältnis des lebenden Stifters zur Stiftung, S. 67 ff., insb. S. 124 ff. und S. 136 ff.; aus der Rspr. vgl. etwa: allg. OLG Hamm, NZG 2022, 676 Rn. 41; OLG Köln, NZG 2019, 70 Rn. 49; VG Hannover, BeckRS 2020, 48776 (bzgl. Vetorecht).

3224 *Kornau*, Stiftung als Unternehmensnachfolgerin, S. 218; vgl. auch OLG Köln, NZG 2019, 70 Rn. 49.

3225 Vgl. *Muscheler*, Gesammelte Beiträge I, S. 245 (265) (bzgl. Weisungen).

Auf die Möglichkeiten, sich Satzungsänderungsrechte vorzubehalten, wurde bereits ausführlich an anderer Stelle eingegangen[3226], sodass darauf zu verweisen ist. Diese erlauben es dem Stifter und seiner Familie, die unternehmensverbundene Familienstiftung an dynamische Entwicklungen anzupassen.

dd) Zwischenergebnis

Halten wir fest: Mit Blick auf die für den Stifter trotz der grundsätzlich bestehenden Stiftungsautonomie bzw. Unverfügbarkeit der Stiftung nach ihrer Anerkennung vorstehend aufgezeigten Gestaltungsmöglichkeiten betreffend Einflussnahmerechte wird deutlich, dass der Stifter es durchaus in der Hand hat, über eine voraussehende Satzungsgestaltung auch bei einer (vollständigen) lebzeitigen Übertragung der Unternehmensanteile ausreichend Spielraum zu behalten, um Einfluss auf die Familienstiftung und darüber auch auf das Familienunternehmen nehmen zu können und zugleich auch in der Lage zu bleiben, Anpassungen der Stiftungsstruktur vorzunehmen. Insgesamt hat er vielfältige Gestaltungsmöglichkeiten, um den Familieneinfluss in der Familienstiftung und damit die Letztentscheidungskompetenz, insbesondere in gewichtigen und vor allem das Familienunternehmen betreffende Entscheidungen, zu wahren. An den bestehenden Gestaltungsmöglichkeiten hat die Stiftungsrechtsreform 2021 nichts geändert. Vielmehr lässt sich die diesbezügliche Gestaltungsfreiheit des Stifters einigen neuen Normen, insbesondere aus den Regelungen über die Stiftungsorgane und Satzungsänderungen nunmehr ausdrücklich entnehmen.

Bei aller diesbezüglichen Freiheit zum Vorbehalt von einflussreichen Sonderrechten müssen sich der Stifter und die Stifterfamilie aber stets im Klaren sein, dass sie nicht zu autonomen Entscheidungen nach eigenem Gutdünken berechtigt, sondern stets an den Stiftungszweck resp. den historischen Stifterwillen gebundenen sind. Dieser darf auch durch die Sonderrechte und Organpositionen nicht untergraben werden. Hierbei ist aber im hiesigen Kontext zu beachten, dass vermittels der Familienstiftung gerade das Familienunternehmen als solches fortgeführt und die Stifterfamilie gefördert werden soll, sodass jedes Stiftungshandeln und damit auch die Wahrnehmung der Sonderrechte stets auch unter diesem Blickwinkel zu sehen sind.

3226 Dazu → Teil 4 D I 2.

C. Einsatz- und Einflussmöglichkeiten der Stifterfamilie auf Ebene der Familienstiftung

Um die Verbindung zwischen der Familie und dem Familienunternehmen sowie besonders ihren Einfluss auf dieses dauerhaft zu gewährleisten gilt es, den Familienmitgliedern die Leitungsmacht und Mitsprache innerhalb der Stiftung so zuzuweisen, dass sie im Besonderen auch nach Ausscheiden oder Ableben des Stifters die Möglichkeit haben, die Geschicke der Stiftung nach Maßgabe des Stifterwillens etwa als Vorstandsmitglieder zu lenken, grundlegende Entscheidungen der Stiftung im Kreis der Familie gemeinsam zu treffen und etwa vermittels Kontroll- und/oder Überwachungsorganen eine effektive interne Kontrolle zu gewährleisten.[3227]

I. Rechtsstellung der Stifterfamilie

Mit der Übertragung der Unternehmensanteile auf eine Familienstiftung begeben sich die Familienmitglieder ihres unmittelbaren Einflusses auf das Management und die Strategie des Unternehmens, da das Familienunternehmen fortan – formal betrachtet – im Eigentum der Familienstiftung steht und nicht unmittelbar mehr in demjenigen der Familie.[3228] Die Familienstiftung ist *per definitionem* mitgliederlos, sodass Familienmitglieder auch, wenn sie die Destinatäre der Familienstiftung[3229] sind, anders als im Rahmen einer Gesellschafterstellung bei einer Familiengesellschaft, die Familienstiftung nicht kündigen, Anteile auf Dritte übertragen und Stimm-, Kontroll- oder auch nur Informationsrechte ausüben können.[3230] Sie verlieren anders gewendet ihre vorherigen Eigentums- bzw. Gesellschafterrechte.[3231] Dieser gänzliche Verlust des Familieneinflusses mag zwar im Einzelfall im Interesse des Familienunternehmers oder bei aus bestimmten Gründen gewünschter Beschränkungen der Rechtsposition einzelner Familienmitglieder gewollt sein. Im hiesigen Kontext wird aber davon ausgegangen, dass mit Implementierung der unternehmensverbundenen Familienstiftung eine aus-

3227 *Sabel/Schauer*, ZStV 2018, 81 (84).

3228 Vgl. RGZ 54, 399 (400); *Block et al.*, Journal of Family Business Strategy 2020, S. 1 (6); vgl. auch *Schulte/Schulte*, ErbR 2018, 422 (431); *Hävelmann*, Stiftung & Co. KG, S. 76.

3229 Allg. zur Rechtslosstellung der Destinatäre → Teil 4 G II.

3230 Wiese/*Meyer-Sandberg*, Unternehmensnachfolge, Rn. 13.28; Block et al./*Jeschke*, Die Familienstiftung, S. 25 (29 f.).

3231 Dazu bereits → Teil 3 B II 3.

gewogene Regelung unter Wahrung des Familieneinflusses und im Interesse der Fortführung des Familienunternehmens als ebenjenes anstrebt wird.[3232]

II. Involvierung der Familienmitglieder in die Familienstiftungsstruktur

Der grundsätzlichen Rechtslosstellung der Familienmitglieder kann der Stifter freilich abhelfen, indem er die Familienmitglieder in die Familienstiftungsstruktur einbezieht. Dies ist gerade für den Fall seines Ablebens oder Ausscheidens aus der Familienstiftung von Bedeutung, um den Einfluss der Familie in der Familienstiftung und damit auch im Familienunternehmen weiterhin beizubehalten. Daran wird gerade dem Familienunternehmer gelegen sein, der im Rahmen der Stiftungskonstruktion – wie im hiesigen Kontext angestrebt – die Prägung des Unternehmens als Familienunternehmen erhalten möchte.

Den Stiftungsorganen und damit auch dem Vorstand können ebenfalls Destinatäre angehören, was im Besonderen bei einer Familienstiftung dazu führt, dass Familienmitglieder oftmals zugleich Destinatärs- als auch Organmitglieder sein können.[3233] Im deutschen Stiftungsrecht existieren – anders als etwa in Österreich oder Liechtenstein – keine gesetzlichen Amtsinkompatibilitätsregelungen.[3234] Gerade dieser Aspekt erlaubt eine Stiftungskonstruktion unter weitestgehender Wahrung des Familieneinflusses. Selbstverständlich sollte bei Doppelmandaten im Einzelfall überlegt werden, ob statutarisch Vorsorge in Bezug auf die Vermeidung eines Missbrauchs- bzw. Interessenkonflikts getroffen werden sollt.[3235]

3232 Zur Relevanz der Sicherung des Familieneinflusses → Teil 2 B.

3233 In der Praxis ist dies bei Familienstiftungen oftmals der Fall, s. *O. Werner*, ZStV 2019, 7 (10). Kritisch aber MHdB GesR 5/*Gummert*, § 92 Rn. 36, der gänzlich von einer Personalunion zwischen Mitgliedern des Stiftungsvorstands, den Destinatären und den Geschäftsleitern der Beteiligungsgesellschaften abrät und empfiehlt, dass die Familie allein in einem Aufsichtsgremium der Stiftung vertreten sein sollte. Dies jedoch mit dem Ziel einer „*von familiären Interessen unabhängigen Unternehmensleitung*". Dies ist aber nicht das Ziel, der hier betrachteten unternehmensverbundenen Familienstiftungen, die den Familienunternehmenscharakter weiterhin bewahren sollen.

3234 MHdB GesR 5/*Jakob*, § 119 Rn. 110.

3235 Statutarische Regelungen sind insofern möglich, vgl. etwa OVG Schleswig, BeckRS 2022, 11137 Rn. 100; MHdB GesR 5/*Gummert*, § 92 Rn. 12; zu dabei zu berücksichtigenden Gestaltungsaspekten eing. *Jakob*, Schutz der Stiftung, S. 487 ff.; *Schauhoff*, in: VGR, GesR in der Diskussion 2018, S. 83 (94) weist insofern zutreffend darauf hin, dass „*die scharfe Trennung von wirtschaftlichen Begünstigungen und deren Ausschluss von jeglicher Aufsicht […] häufig zu erheblichem Streitpotential* [führe] *und*

Speziell im hiesigen Kontext, wo der Familieneinfluss auch im Rahmen der Stiftungskonstruktion erhalten und gesichert werden soll, gilt es die Zusammensetzung und Kompetenzen der Stiftungsorgane stets auf der Grundlage des besonderen, auf den Erhalt des Familienunternehmenscharakters sowie der Versorgung der Stifterfamilie bezogenen Stiftungszwecks familien- und unternehmenskonform zu gestalten. Der Familieneinfluss kann dabei in einem dafür fakultativ eingerichteten Familienorgan (Familienbeirat oder Destinatärsversammlung) gebündelt werden. Indem dieser sodann mit einflussreichen Rechten, wie Bestellungs-. Abberufungs-, Benennung-, Zustimmungs-, Veto- und Kontrollrechten ausgestattet wird, kann der Einfluss der Familie im Besonderen auf einen überwiegend familienfremdbesetzten Stiftungsvorstand sichergestellt werden.[3236] Bei der Ausgestaltung des Familienorgans in Gestalt als Familienbeirat oder Destinatärsversammlung kann man sich insoweit grundsätzlich an einen Bei- oder Aufsichtsrat eines Familienunternehmens orientieren.

Um der Verfolgung von Partikularinteressen einzelner Familienmitglieder entgegenzuwirken, empfiehlt es sich – obgleich dies zulässig wäre – vielfach, nicht alle Familienmitglieder in den Stiftungsorganen einzubeziehen. Fehlen geeignete und/oder willige Führungsnachfolger aus dem Familienkreis, sollte eine Besetzung der vakanten Vorstandspositionen durch geeignete familienfremde Mitglieder erfolgen. Beratungs- und Kontrollfunktionen können und sollten jedoch auch weiterhin durch kompetente Familienmitglieder, Destinatäre und/oder ausgewählte Experten im Rahmen von Kuratoriums- bzw. Aufsichtsratsmandaten übernommen werden.[3237] Es sollte stets darauf geachtet werden, dass auch die jeweiligen Organmitglieder der Familienstiftung die übergeordnete Maxime „*business first*“ [3238] im Grundsatz wahren, denn das Familienunternehmen ist für die Familienstiftung i. d. R. das hauptsächliche Ertraggenerierungsvehikel und dessen Erhaltung daher auch zur Erfüllung der Stiftungszwecke erforderlich.[3239]

[deswegen] *regelmäßig nicht zu empfehlen* [sei]“. Dies dürfte gerade bei Familienunternehmen gelten, bei denen die Familienmitglieder weiterhin Einfluss auf die Geschicke des Unternehmens haben wollen.

3236 Zur Etablierung eines Familienorgans näher *Mutter*, Vermögensmanagement für Familienunternehmer, S. 408 f.; *Mercker*, in: Graf Strachwitz/Mercker, Stiftungen, S. 328 (331 f.); Hannes/*Müller*, FormB Vermögens- und Unternehmensnachfolge, C. 3.10 Rn. 79 ff., S. 1282 f.; bündig MHdB GesR 5/*Gummert*, § 80 Rn. 37 f.

3237 S. etwa *Gräb*, Rechtsformwahl in Familienunternehmungen, S. 310; vgl. auch *v. Oertzen/Reich*, DStR 2017, 1118 (1122); MHdB GesR 5/*Gummert*, § 92 Rn. 36.

3238 Vgl. zu diesem Postulat → Teil 2 A II 1.

3239 Zum Verhältnis von Stiftungszweck und Unternehmensinteresse → Teil 4 D II 3.

Ferner bedarf gerade bei der Besetzung von Stiftungsorganen mit Familienmitgliedern die Regelung der Nachfolge besondere Beachtung. So muss vorgesehen werden, wie Nachfolge in den Stiftungsorganen geregelt werden soll, wobei auch hier die bereits genannten Bestellungsverfahren angewandt werden können, insbesondere die Kooption.[3240] Auch sind Regelungen für den Fall zu treffen, dass Familienangehörige nicht vorhanden sind, nicht geeignet oder schlicht einen Posten ablehnen, sodass ggf. Familienfremde einrücken müssen.

Insgesamt kann der Stifter die Familienstiftung so gestalten, dass diese maßgeblich von ihm und seiner Familie gesteuert wird und dies vor allem durch Besetzungsregelungen sowie Sonderrechte zugunsten der Familie. Die diesbezüglichen statutarischen Regelungsmöglichkeiten wurden bereits im vorstehenden Abschnitt aufgezeigt und können nicht nur dem Stifter selbst vorbehalten werden, sondern auch der Stifterfamilie.[3241] Dadurch kann gewährleistet werden, dass *„letztlich allein die Familie über das Wirken der Stiftung, die Umsetzung der Wertvorstellungen der Familie und den Mitteleinsatz [entscheidet]. Eine engere Bindung an eine Stiftung durch eine Familie ist kaum denkbar.“*[3242] Dies stellt freilich den Idealfall einer unternehmensverbundenen Familienstiftungskonstruktion dar. Ob derlei vorstehende Einbeziehung der Familie in jedem Fall sinnvoll ist, hängt jedoch *in praxi* von den familiären Verhältnissen bzw. Beziehungen unter den Familienmitgliedern ab. Eine generelle Antwort ist insoweit nicht möglich.

III. Family Business Foundation Governance

Im Rahmen dieser Arbeit wird unterstellt, dass das primäre Ziel bei der Wahl einer unternehmensverbundenen Familienstiftung als Unternehmensnachfolgemodell darin liegt, das Familienunternehmen als solches resp. dessen Charakter

---

3240 *Sorg*, Die Familienstiftung, S. 123; Vgl. *Hüttemann*, GS Schindhelm, S. 377 (379); *Hüttemann*, DB 2017, 591 (596 f.); *Feldner/Stoklassa*, ErbStB 2014, 201 (203); *Lange*, in: Lange/Windthorst, Sicherung des Familieneinflusses, S. 95 (112 f.); *Lange*, ZStV 2022, 41 f.; *v. Oertzen/Reich*, DStR 2017, 1118 (1122); *Schiffer*, FS Binz, S. 596 (607 f.); Soergel/*Neuhoff*, BGB Vor § 80 Rn. 77; zum in der Praxis oft verkannten Problem der Nachfolge in Stiftungsorganen siehe *Schiffer*, SB 2017, 17 (Teil 1) und 36 (Teil 2).

3241 Dazu → Teil 5 B II 2.

3242 *O. Werner*, ZStV 2019, 7 (10 f.); vgl. auch BFH, npoR 2017, 207 Rn. 39 (*„Gleichwohl ist eine solche Vorgehensweise* [Recht bzgl. der Bestimmung des Nachfolgers im Vorstand durch Nachkommen des Stifters selbst] *aber besonders geeignet, das eigennützige – familiäre – Interesse der Stifter im Verhältnis zur Allgemeinheit für einen generationsübergreifenden Zeitraum zu sichern.*“).

zu erhalten und zugleich die Familie zu unterstützen. Zu der langfristigen Gewährleistung der vorstehenden Ziele bedarf es flankierend zu den stiftungs- und gesellschaftsrechtlichen Einflussmöglichkeiten des Stifters und seiner Familie eine die widerstreitenden Interessen in einen ausgewogenen Ausgleich bringende *Governance*. Dabei gilt es im Rahmen einer unternehmensverbundenen Familienstiftung zu beachten, dass es bis zu drei *Governances* (für die Stiftung: sog. *Foundation Governance*[3243]; für das Familienunternehmen und die Familie: sog. *Family Business Governance*[3244] – die in *Family und Business Governance* zu unterteilen ist[3245]) nebeneinander geben kann. Eine zur Sicherung des Familieneinflusses effektive *Governance* erfordert dabei, dass diese drei *Governances* aufeinander abgestimmt werden und ein vollständiges, auf das Familienunternehmen in Gestalt einer unternehmensverbundenen Familienstiftung passendes *Governance*-System bilden.[3246] Aufgabe der *Governances* ist es dabei insbesondere das Verhältnis zwischen der Familienstiftung, dem Familienunternehmen und der Familie sowie Organisation und Verhalten der jeweils beteiligten Akteure untereinander zu definieren.

3243 Vgl. dazu umfassend *Schmidt-Schmiedebach*, Stiftung und Governance Kodex, S. 155 ff.; s. a. *Jakob*, Schutz der Stiftung, S. 528 ff.; *Kraus*, npoR 2024, 63; *Burgard*, ZStV 2015, 1; *Walz*, FS Ansay, S. 497; speziell bei uv. (Familien-)Stiftungen *Hippeli*, in: Achleitner et al., Stiftungsunternehmen: Theorie und Praxis, S. 121 (126 ff.); *Geibel*, FS W. F. Ebke, S. 251; s. a. speziell im dän. Rechtskreis *Hansmann/Thomsen*, Journal of Legal Analysis, Vol. 13, 2021, 172; zu möglichen Gestaltungsvarianten auch *Fleisch/Stolte*, in: F/E/K/S/S, Modell unternehmensverbundene Stiftungen, S. 154 ff.; zur *Governance* von uv. Stiftungen im Vergleich zu anderen Gesellschaftsformen vgl. etwa die Untersuchung von *Herrmann/Franke*, EFM (3) 2002, 261 (264 ff.).

3244 Vgl. dazu z. B. *Koeberle-Schmid/Fahrion/Witt* (Hrsg.), Family Business Governance, *passim*; *Zellweger*, Managing the Family Business, S. 46 ff.; 73 ff.; *Hueck*, Die Familienverfassung, S. 359 ff. mit Beispiel; MHdB GesR 7/*Holler*, § 75 Rn. 165 ff.; *Windthorst*, in: Windthorst, Herausforderungen in Familienunternehmen, S. 95; *Sanders*, NZG 2017, 961 (964 f.); *Uffmann*, ZIP 2015, 2441; *Krause*, BB 2012, 714; *Woywode/Keese/Tänzler*, ZGR 2012, 418; *Plonner*, ZUS 2012, 51; *Lange*, BB 2005, 2585 (2588 ff.).

3245 *Reich/Bode*, ZIP 2017, 1798; *v. Oertzen/Reich*, DStR 2017, 1118; *Krause*, BB 2012, 714; dies betonend auch *Schmeing*, Konfliktmanagement, S. 252; für eine „*klare Trennung von Corporate und Family Governance*" explizit *Windthorst*, in: Windthorst, Herausforderungen in Familienunternehmen, S. 95 (107).

3246 Vgl. auch *Fleisch*, S&S RS 04/2018, 1 (18); *Fleisch/Stolte*, in: F/E/K/S/S, Modell unternehmensverbundene Stiftungen, S. 154; *Pauli*, RFamU 2024, 69 (70); *Kraus/Mehren*, Ubg 2017, 665 (670).

Bei der Entwicklung eines solchen integrierten *Governance*-Systems – hier als *Family Business Foundation Governance* bezeichnet – ist es zunächst erforderlich, sich der übergreifenden Ziele des Familienoberhaupts resp. Stifters zu versichern.[3247] Dies ist, wie eingangs erwähnt, im hiesigen Kontext primär im langfristigen Erhalt des Familienunternehmens und der Förderung der Familie vermittels der unternehmensverbundenen Familienstiftung zu sehen. Infolgedessen ist es primär erforderlich, den Familieneinfluss zu sichern und auch die familiäre Verbundenheit trotz der Integration einer Familienstiftung in die Unternehmensstruktur zu gewährleisten. Jedoch darf dabei nicht die besondere Beziehung zwischen den drei Systemen Familienstiftung, Familie und Familienunternehmen vernachlässigt werden.

In Bezug auf die Gestaltung eines solch artigen *Governance*-Systems ist vornehmlich die Beziehung zwischen der Geschäftsführung der Familienstiftung und der des Familienunternehmens entscheidend. Dabei sind insbesondere das Ausmaß, in welchem die Familienstiftung in der Geschäftsführung des Familienunternehmens beteiligt ist und etwaige Überschneidungen zwischen den Geschäftsführungsorganen der Familienstiftung und des Familienunternehmens zu berücksichtigen.[3248] Eine „*one-size-fits-all governance*"-Lösung gibt es – wie allgemein bei Familienunternehmen[3249] – auch bei unternehmensverbundenen Familienstiftungen[3250] aufgrund ihrer Vielgestaltigkeit und Heterogenität nicht. Gleichwohl ist zu beachten, dass – im Unterschied zu gemeinnützigen Stiftungen – im Rahmen einer unternehmensverbundenen Familienstiftung sich dabei an *Governance*-Strukturen, insbesondere den „*check & balances*" bei Familienunternehmen orientiert werden kann, da durch die Involvierung der Familie und der Ausrichtung auf den Erhalt und das Fortbestehen des Familienunternehmens weitestgehend ein Interessengleichlauf besteht.[3251] Aufgrund dieser strukturellen

3247 Zu den Motiven bzw. Ziel → Teil 3 A I–IV.

3248 Auf die Wechselwirkung beider *Governances* ausführlich eingehend im Rahmen des schweizerischen Stiftungsrechts *Jakob*, Trust & Trustees, 2020, 4. Aus deutscher Perspektive *v. Oertzen/Reich*, DStR 2017, 1118; BeckOGK/*Jakob/Uhl*, 1.7.2022, BGB § 80 Rn. 527 ff.; BeckOGK/*Jakob/Picht/Kopp*, 1.9.2024, BGB § 83 Rn. 72 ff.; empirisch betrachtend *Köhler*, FS D. Ziegler, S. 357; vgl. knapper *Sabel/Schauer*, ZStV 2018, 81 (88 ff.).

3249 *Zellweger*, Managing the Family Business, S. 59.

3250 Vgl. *Fleisch*, S&S RS 04/2018, 1 (18).

3251 Luzid *Hippeli*, in: Achleitner et al., Stiftungsunternehmen: Theorie und Praxis, S. 121 (129 ff.); zu Gestaltungsaspekten i. Zh. m. uv. Familienstiftungen *v. Oertzen/Reich*, DStR 2017, 1118; *Klinkner/Buß/Ens*, in: Achleitner et al., Stiftungsunternehmen: Theorie und Praxis, S. 141.

Adaptionen werden derlei unternehmensverbundene Familienstiftungskonstruktionen auch treffend als *„virtuelle Familiengesellschaft“* beschrieben[3252], in der für die familienbesetzten Organe statutarische Kontroll- und Mitbestimmungsrechte und ggf. auch Klagerechte vorgesehen werden. Insofern nehmen die Familienmitglieder eine – freilich rechtsformbedingt nur ähnliche (!) – „Eigentümerfunktion“ wie in einer Körperschaft ein[3253], jedoch stets mit der Besonderheit, dass eine der Gesellschafterversammlung vergleichbare Institution rechtsformbedingt – die Stiftung hat keine Eigentümer oder Gesellschafter – fehlt; sie sind in der Familienstiftung stets an den omnipräsenten Stifterwillen gem. § 83 Abs. 2 BGB gebunden und haben ihr Handeln an diesen auszurichten[3254].

Insofern ist sich jedoch gewahr zu werden, dass die *Family Business Foundation Governance* vom Stifter vornehmlich bei der Errichtung der unternehmensverbundenen Familienstiftungskonstruktion getroffen wird. Mit anderen Worten: „*Der Wille der Stiftenden legt sich damit, wie man es auch wenden will, als ewiges Korsett oder feste Klammer um das Drei-Kreis-Gefüge von Unternehmens-, Familien- und Eigentumsinteressen [resp. Stiftungsinteressen]; die gestrige Entscheidung für diese Governance hat sich also in einer stets wandelnden Zukunft zu bewähren.*“[3255] Dem Stifter steht es aber im Rahmen seiner Stifterautonomie frei, Vorgaben hinsichtlich der Änderung resp. Anpassung besonders elementarer *Governance*-Regelungen sowohl auf Stiftungs- als auch Unternehmensebene zu machen. Änderungsmöglichkeiten sollten freilich nicht allzu weit den Organen überantwortet werden, um die Einhaltung der vorgesehenen *Governance*-Struktur über Generationen hinweg sicherzustellen.

D. Einsatzmöglichkeiten des Stifters und der Familienmitglieder auf Unternehmensebene

Dem Stifter und seiner Familie sind nicht nur Einsatzmöglichkeiten auf Stiftungsebene eröffnet, sondern anstelle oder zugleich auch auf Ebene des Familienunternehmens. Nicht selten ist es der Wunsch der Stifter bzw. der Stifterfamilie, dass Angehörige der Stifterfamilie und auch der Stifter selbst weiterhin auch Organ-

---

3252 So (dies freilich kritisch betrachtend) *Rawert*, ZGR 2018, 835 (848 ff.); vgl. im Anschluss auch *Fleischer*, ZIP 2022, 2045 (2053 f.); *Hueck*, RFamU 2023, 393 (399).

3253 Hierzu bereits → Teil 3 B I 2.

3254 Vgl. insofern auch *Thomsen*, The Danish Industrial Foundations, S. 16 („*Moreover, even if the founding family is still active, it does not exercise unfettered control, but it is bound by the charter and the law.*“).

3255 *Köhler*, FS D. Ziegler, S. 357 (361).

bzw. Geschäftsführungsfunktionen in dem verbundenen Familienunternehmen übernehmen.[3256] Dies hat gerade in Anbetracht des Ziels, den Familienunternehmenscharakter zu wahren[3257], den Vorteil, dass der Stifter und die Stifterfamilie nicht nur mittelbar über die Familienstiftung, sondern unmittelbar über die Geschäftsführungsorgane Einfluss auf die Geschicke des stiftungsverbundenen Familienunternehmens nehmen kann.[3258] Insoweit existieren im Speziellen keinerlei gesetzliche Amtsinkompatibilitätsvorschriften dahingehend, dass es unzulässig ist, zugleich Organmitglied in der Stiftung und im verbundenen Unternehmen zu sein; personelle Verflechtungen von Familienstiftung und Familienunternehmen sind möglich und zulässig, aber ihre Sinnhaftigkeit im konkreten Einzelfall zu durchdenken.

Geeignete Familienmitglieder können auch mehrheitlich oder ausschließlich in den Organen (z. B. Gesellschafterversammlung, Beirat etc.) oder der Geschäftsführung des stiftungsverbundenen Familienunternehmens vertreten sein.[3259] Die Involvierung der Familie in den Unternehmensorganen als auch in den Stiftungsorganen hilft dabei regelmäßig bei der Sicherung der Verbindung der Familie zum Familienunternehmen und fördert dabei auch die Akzeptanz der unternehmensverbundene Familienstiftung als Teil ihres Familienunternehmens.[3260] Die Besetzung der Geschäftsführung des Familienunternehmens mit Familienmitgliedern kann zudem eine Interessenidentität zwischen den langfristigen Zielen der Familie bezüglich des Unternehmens und der tatsächlichen Geschäftspolitik erzeugen. Allerdings muss die Familie ihre Managementfunktion von ihrer Eigentümerstellung, die nunmehr der Familienstiftung zusteht, strikt trennen, um erfolgreich zu arbeiten.[3261] Eine Teilhabe der Familie auf Unternehmensebene

---

3256 Allg. zu (sonstigen) Mitarbeitsmöglichkeiten von Familienmitgliedern im Unternehmen luzid *T. Hueck*, RFamU 2024, 197.

3257 Block et al./*Block*/*Kammerlander*, Die Familienstiftung, S. 35 (43), denen nach *„zur Wahrung des Charakters als Familienunternehmen die Familie möglichst in vielen Unternehmens- und Stiftungsorganen vertreten sein sollte […]*"; i. Erg. auch Block et al./*May*/*Jeschke*, Die Familienstiftung, S. 9 (13).

3258 Vgl. *Briem*, in: Kalss, Aktuelle Fragen des Stiftungsrechts, S. 61 (93); *Fleisch*, S&S RS 04/2018, 1 (7).

3259 *Klinkner*/*Buß*/*Ens*, in: Achleitner et al., Stiftungsunternehmen: Theorie und Praxis, S. 141 (147); *Hippeli*, in: Achleitner et al., Stiftungsunternehmen: Theorie und Praxis, S. 121 (127).

3260 Block et al./*Block*/*Kammerlander*, Die Familienstiftung, S. 35 (47).

3261 *v. Oertzen*/*Reich*, DStR 2017, 1118 (1122).

sorgt ferner für Beständigkeit und Kontinuität im Unternehmen selbst und auch in der öffentlichen Wahrnehmung.[3262]

Der Stifter kann dabei hinsichtlich der Besetzung der Organpositionen auf Unternehmensebene in der Stiftungssatzung bereits entsprechende Vorgaben machen und etwa vorgeben, wie der Stiftungsvorstand die Positionen im Unternehmen besetzen soll, etwa nur mit Familienmitgliedern oder auch Dritten.[3263] Wie in typischen Gesellschaftsverträgen von Familienunternehmen regelmäßig vorgesehen, ist es auch hierbei sinnvoll, dass nur bestimmte Familienmitglieder, die mit vorher festgelegten Qualifikationen ausgestattet sind, Funktionen auf Unternehmensebene übernehmen können.[3264]

Hinsichtlich einer personenidentischen Besetzung der von Stiftungs- und Unternehmensorganen ist freilich zu beachten, dass eine solche leicht zu Kontrolldefiziten führen kann. Eine personenidentische Besetzung von Kontroll- und Beratungsorganen ist hingegen nicht bedenklich, weil diese Aufsichtsgremien weder die Geschäftsführung der Stiftung noch diejenige des Unternehmens innehaben.[3265]

Vermittels der Stiftungssatzung und den darin die Organisation des Familienunternehmens betreffenden Vorgaben kann der Stifter daher sowohl die Familienstiftung als auch das Familienunternehmen dauerhaft an seinen Willen binden und dabei zugleich den Familieneinfluss sichern.[3266] Familienmitglieder, die vom Stifter für die Nachfolge an der Unternehmensspitze vorgesehen sind, können durch die Familienstiftung dabei auch vor einer faktischen Entmachtung durch ggf. beteiligte Familienfremde geschützt werden, indem diese durch ihren bestimmenden Einfluss im Unternehmen entsprechende „Angriffe“ abwehrt.[3267]

Insgesamt hat der Stifter in Bezug auf den Einsatz seiner selbst als auch der Stifterfamilie einen weiten Gestaltungsspielraum. Die konkrete Gestaltung hängt dann maßgeblich davon ab, ob er den Familieneinfluss allein vermittels der Fa-

---

3262 Zur Bedeutung und positiven Auswirkung der Involvierung der Familie in die Stiftungskonstruktion vgl. bereits → Teil 2 B und Teil 3 B II 2 und 3.

3263 *Hippeli*, in: Achleitner et al., Stiftungsunternehmen: Theorie und Praxis, S. 121 (127); *Fleisch*, S&S RS 04/2018, 1 (14 f.).

3264 Vgl. statt anderer nur *v. Oertzen/Reich*, DStR 2017, 1118 (1122 f.); *Kalss*, ZVglRWiss 117 (2018), 221 (244); Feick/*Godron/Thress*, Stiftung, § 29 Rn. 119 f.

3265 Picot/*Picot*, Unternehmenskauf und Restrukturierung, § 7 Rn. 224; Feick/*Godron/Thress*, Stiftung, § 29 Rn. 120.

3266 Ebenso *Hippeli*, in: Achleitner et al., Stiftungsunternehmen: Theorie und Praxis, S. 121 (127).

3267 *Theuffel-Werhahn*, RFamU 2022, 67 (69).

milienstiftung erhalten und ausüben will oder die Familie weiterhin daneben eine aktive Rolle im Familienunternehmen haben soll. Eine sich anschließende Grundsatzentscheidung ist – wie schon auf Stiftungsebene – sodann die Frage, wie die Aufteilung der Machtverhältnisse zwischen Familienmitgliedern und familienfremden Organmitgliedern ausgestaltet werden soll.[3268] Auch diesbezüglich ist er weitgehend frei und kann etwa den Familienmitgliedern und sich selbst auch bei zahlenmäßig überwiegend fremdbesetzten Organen – je nach Rechtsform – einflussreiche Sonderrechte (z. B. Mehrstimmrechte, Vetorechte) bis hin zu Letztentscheidungsbefugnisse einräumen. Darüber hinaus kann er bei überwiegendem Einfluss durch Positionen auf Unternehmensebene Vorsorge dahingehend treffen, dass die ggf. fremdgeführte Familienstiftung nicht in die Unternehmensführung eingreifen kann, solange die Familie diese selbst innehat, indem er ihre Einflussmöglichkeiten bereits in der Stiftungssatzung und/oder im Gesellschaftsvertrag bzw. Satzung des Familienunternehmens beschränkt.

E. Gesellschaftsrechtliche Gestaltungsmöglichkeiten auf Ebene des Familienunternehmens zur Sicherung des Einflusses der Familienstiftung

Inwieweit der Familieneinfluss resp. der Einfluss der Familie über die Familienstiftung gesellschaftsrechtlich im Familienunternehmen gesichert[3269] und erhalten werden kann, hängt maßgeblich von der gewählten Rechtsform des Familienunternehmens ab und ist primär auch eine Frage der *Corporate Governance*.[3270] Die diesbezüglichen Möglichkeiten unterscheiden sich nämlich je nach gewählter Rechtsform und Beteiligungsart (Minderheits-, Mehrheits- oder Alleingesellschafterin) erheblich. Je mehr Gestaltungsfreiraum die Rechtsform der Familie gewährt, desto besser lassen sich im Gesellschaftsvertrag bzw. in der Satzung

---

3268 Feick/*Godron*/*Thress*, Stiftung, § 29 Rn. 123.

3269 Zu verschiedenen Möglichkeiten allg. bezogen auf die Unternehmerfamilie s. etwa die Beiträge bei *Lange*/*Windthorst* (Hrsg.), Sicherung des Familieneinflusses in Familienunternehmen; *Tröger*/*Wilhelmi* (Hrsg.), Rechtsfragen der Familiengesellschaften; *Strenger*, FS Binz, S. 724 (727 ff.); *Reimann*, FS Otte, S. 285 (297 ff.).

3270 Vgl. allg. *Hennerkes*/*May*, DB 1988, 483 (484); Sudhoff/*Wälzholz*, Familienunternehmen, § 2 Rn. 7; bündiger Überblick bei *Bong*, Gesellschaftsrechtliche Wirkungen einer Familienverfassung, S. 48 ff.; speziell i. Zh. m. Stiftungskonstruktionen Feick/*Godron*/*Thress*, Stiftung, § 29 Rn. 117; *Hippeli*, in: Achleitner et al., Stiftungsunternehmen: Theorie und Praxis, S. 121 (127); *Hueck*, RFamU 2023, 393 (396 ff.).

entsprechende Regelungen zur Sicherung der Position der Familienstiftung implementieren.

Nachfolgend wird in gebotener Kürze auf die von Familienunternehmen am häufigsten gewählte Rechtsformen sowie *in praxi* zumeist stiftungsverbundenen Unternehmensträger, die GmbH und AG, eingegangen.

Die Stiftung & Co. KG wurde diesbezüglich bereits an anderer Stelle behandelt, sodass darauf zu verweisen ist.[3271]

Dreh- und Angelpunkt ist stets der Gesellschaftsvertrag bzw. die Satzung, denn ebendiese sind für die Organisationsstruktur einer Gesellschaft maßgeblich. Hierbei ist zu berücksichtigen, dass besonders bei Familienunternehmen aufgrund ihres typischen Generationendenkens der Gesellschaftsvertrag bzw. die Satzung Wirkung nicht nur für die Gründungsgesellschafter, sondern allen voran für die Nachfolgegenerationen entfalten soll.[3272] Daher sehen die entsprechenden Gesellschaftsverträge bzw. Satzungen Kautelen vor, die gerade den Familieneinfluss und damit den Familienunternehmenscharakter absichern sollen, insbesondere durch Verhinderung des Eindringens Dritter in die Gesellschaft.[3273]

Es wird zunächst auf die AG als Ausgangsbeteiligungsträger der Familienstiftung und anschließend auf die GmbH – die wohl am häufigsten mit einer Familienstiftung auftretende Kombination – eingegangen.

Sofern die Familienbeteiligungsstiftung nicht alleinige Gesellschafterin wird, kann diese bei entsprechender Satzungsgestaltung des Gesellschaftsvertrags bzw. der Satzung des Familienunternehmens, insbesondere beim Stimmrecht, als vom Willen der übrigen Gesellschafter unabhängiges Rechtssubjekt bei Satzungsänderungen mitwirken und ggf. nicht überstimmt werden, die Unternehmenspolitik mitgestalten und kontrollieren sowie Einfluss auf die Besetzung der Gesellschaftsorgane, also der Geschäftsführung (bei der KG, GmbH) bzw. des Vorstands und des Aufsichtsrats (bei der AG) nehmen.[3274] Die Implementierung der Familienstiftung in das Familienunternehmen kann in geeigneten Fällen die sonstigen kautelarjuristischen Maßnahmen teilweise obsolet machen, aber auch ergänzen, und die Kontrolle sowie den Einfluss der Familie verstetigen.

3271 Zu gesellschaftsvertraglichen Absicherung der Gesellschafterstellung einer Komplementär-Familienstiftung, vgl. bereits → Teil 4 A IV 1.

3272 Vgl. Westermann/Wertenbruch/*Tröger*, PersGesR-HdB, 84. Lieferung 09.2022, I. Teil § 4 Rn. 102; *K. Schmidt*, in: Tröger/Wilhelmi, Rechtsfragen der Familiengesellschaften, S. 37 (38).

3273 Zu bei Familienunternehmen diesbezüglich üblichen Satzungskautelen → Teil 2 A II 1.

3274 Vgl. *Reimann*, FS Otte, S. 285 (294).

Es bestehen freilich je nach Gesellschaftsform vielfältige Gestaltungsmöglichkeiten, auf sämtliche kann im Rahmen dieser Arbeit nicht eingegangen werden. Nachfolgend werden jedoch einige Gestaltungsmöglichkeiten, die gerade für den Fall, dass eine Familienstiftung Gesellschafterin ist, erläutert. Im Übrigen ist auf weiterführende Literatur zu Einflusssicherungsmöglichkeiten der Familiengesellschafter in den jeweiligen Gesellschaftsformen zu verweisen. Da die Familienstiftung an die Stelle der Gesellschafterrolle des Stifters resp. seiner Familienmitglieder tritt, können diese bei Gestaltung der Satzung resp. des Gesellschaftsvertrags des Familienunternehmens zur Orientierung – jedenfalls entsprechend – herangezogen werden. Freilich wird der Stifter bzw. die Stifterfamilie im Idealfall ihre sämtlichen Unternehmensanteile auf die Familienstiftung übertragen, um den Familieneinfluss einheitlich über die Familienstiftung wahren zu können.

I. AG

Mit Blick auf die strenge Struktur in der AG, der Satzungsstrenge des § 23 Abs. 5 S. 1 AktG, der (besonders bei börsennotierten AGs) hohen Fungibilität von Aktien sowie der Tatsache, dass Vorstands- und Aufsichtsratsmitglieder – anders als die Geschäftsführung einer GmbH – keinem imperativen Mandat seitens der Familienaktionäre unterliegen, ist in einer AG die Erhaltung des Familieneinflusses besonders gefährdet und seine Sicherung zugleich am schwierigsten zu gestalten.[3275] Familienunternehmen in der Rechtsform einer AG, die sich ihren Charakter erhalten wollen, müssen zwangsläufig die Streuung der Aktien kontrollieren und deshalb Vorsorge vor dem Eindringen Dritter treffen. Die Familiengesellschafter schließen demgemäß flankierend zu typischen Vinkulierungsklauseln und Zustimmungs-, Vorkaufs- und Andienungsrechte i. d. R. auch einen sog. Pool- bzw. Stimmbindungsvertrag, mit dem Ziel, den Einfluss der Familie auf die AG zu erhalten[3276]. Derlei Vereinbarungen beinhalten insbesondere Regelungen, wie vorhandene und etwa im Zuge eines späteren Börsengangs neu hinzukommende Aktien veräußert werden dürfen. Auch für den Fall des Todes eines Aktionärs werden entsprechende Vorsorgeregelungen aufgenommen, wie etwa Übernahmerechte zugunsten der Familie. Die wohl wichtigste Funktion eines

3275 Vgl. auch *Staib*, Die Sicherung des Familieneinflusses auf die GmbH, S. 9 f.; *S. Müller*, AGs des 19. Jahrhunderts, S. 16, 37.

3276 Vgl. BFHE 264, 279 Rn. 19 f.; vgl. auch BVerfGE 138, 136 Rn. 192.

Stimmbindungsvertrages liegt in der Vereinbarung einer Stimmbündelung.[3277] Diese soll ein einheitliches Auftreten der Familie gewährleisten und damit in den Hauptversammlungen den Mehrheitswillen der Familie durchsetzen.[3278]

In der Praxis ist die Implementierung einer unternehmensverbundenen Familienstiftung als Nachfolgeinstrument bei einer AG aus den eingangs erläuterten Gründen eher die Ausnahme.[3279] Oftmals fungiert höchstens eine gemeinnützige Familienstiftung als Aktionärin (neben anderen Aktionären) mit zumeist geringer Beteiligung[3280] am Familienunternehmen, wobei sie aber regelmäßig mit Sonderrechten innerhalb der AG ausgestattet wird. Die Verfolgung der gemeinnützigen Zwecke steht bei derlei Stiftungen freilich zumeist im Vordergrund.[3281] Als bekanntes Beispiel kann dabei einerseits die an der *thyssenkrupp AG* beteiligte, gemeinnützige *Krupp von Bohlen und Halbach-Stiftung* genannt werden.[3282] Andererseits aber auch die an der *Bechtle AG* beteiligte, gemeinnützige *Gerhard und Ilse Schick Stiftung*, die gerade *„als Instrument der Kontinuitätssicherung* [des Familienunternehmens]" fungieren und dies *„als von der Gründerfamilie geprägtes Unternehmen"* auch in Zukunft erhalten soll.[3283]

Dem Stifter ist es insofern auch möglich, die Stiftung lediglich als ausgleichendes und stabilisierendes Element einzusetzen, indem er dieser eine (Stimm- und

---

3277 Dies etwa zur Erfüllung der erbschaftsteuerrechtlichen Begünstigungsvorgaben gem. § 13 b Abs. 1 Nr. 3 S. 2 ErbStG, dazu BFHE 264, 279 Rn. 19 ff.

3278 Dazu eing. *Klein-Wiele*, NZG 2018, 1401; *Wachter*, ErbR 2016, 114 (Teil 1) und 174 (Teil 2); MHdB GesR 9/*Wicke/Berkefeld*, § 18 Rn. 6 ff.; speziell bei börsennotierten Familienunternehmen zuletzt ausf. *Rolfes*, Stimmbindungsverträge in börsennotierten Familienunternehmen.

3279 Vgl. *M. Fasselt*, Die Beteiligungsstiftung, S. 194; zur Ungeeignetheit einer AG als Ausgangsbeteiligungsträger s. etwa *M. Engel*, Die unternehmensverbundene Stiftung, S. 170, 173 f.

3280 Vgl. aber auch den Fall OLG Frankfurt a. M., NZG 2012, 351, wo 58% der stimmberechtigten Stammaktien an einer im DAX gelisteten SE einer Stiftung gehörten.

3281 *M. Engel*, Die unternehmensverbundene Stiftung, S. 171 ff.; *Fleisch*, S&S RS 04/2018, 1 (17); *M. Fasselt*, Die Beteiligungsstiftung, S. 194 ff.; jew. mit Beispielen. Zu steuerlichen Aspekten eing. *H. Hübner/Berg*, Ubg 2023, 180.

3282 Siehe https://www.krupp-stiftung.de/; im Detail dazu *Mock/Schauhoff*, ZGR-Sonderheft 24 (2021), 817.

3283 Siehe dazu *BaFin*, Befreiungsantrag nach §§ 36, 37 WpÜG v. 20.6.2022, DE000-5158703 (https://t1p.de/a0q17); zum Erfordernis eines Pflichtangebots nach §§ 29 Abs. 2, 35 WpÜG bei Übertragung von kontrollrelevanten Aktienpakten auf eine Stiftung und zu den Befreiungsmöglichkeiten nach §§ 36, 37 WpÜG eing. MHdB GesR 9/*Hippeli*, § 13 Rn. 67 ff. m. w. N.; allg. bündig *Fleischer/Maas*, AG 2021, 893 Rn. 18 ff.

Kapital-) Beteiligung in Höhe von mindestens 25 % einräumt, mit der Folge, dass jedenfalls Grundlagenentscheidungen wie Kapitalerhöhungen oder eine Satzungsänderung nicht gegen ihren Willen gefasst werden können.[3284]

Im Falle der Implementierung einer unternehmensverbundenen Familienstiftung zwecks Wahrung des Familienunternehmenscharakters wird der Familieneinfluss in ebenjener gebündelt, sodass es vieler, der sonst notwendigen Einflusssicherungsinstrumente bei einer AG grds. nicht bedarf. Damit die Familie jedoch vermittels der unternehmensverbundenen Familienstiftung auf die Unternehmensführung der Familien-AG Einfluss nehmen kann, benötigt die Familienstiftung eine durch Stimmrechte entsprechend vermittelte, einflussreiche Aktionärsstellung. Nur dadurch kann sie die Organisationsstruktur lenken und auf die Unternehmensführung Einfluss nehmen. Als einflussreiche Aktionärin kann sie den Aufsichtsrat wählen (§§ 101 Abs. 1 S. 1, 133 Abs. 1 AktG), der wiederum den Vorstand bestellt (§ 84 Abs. 1 S. 1 AktG), dem allein die Leitungsmacht in der AG obliegt (§ 76 Abs. 1 AktG). Auf diese Weise kann die in den Organen der Familienstiftung vertretene Familie genau steuern, wie die Organe der Familien-AG besetzt werden sollen (ggf. auch personenidentisch mit Organmitgliedern der Familienstiftung) und zugleich vermittels bestimmter Rechte des Aufsichtsrats auch Einfluss auf die Geschäftsführung des Vorstands nehmen. Der Aufsichtsrat einer AG ist etwa gem. § 77 Abs. 2 S. 1 Alt. 2 AktG primär dazu befugt, dem Vorstand eine Geschäftsordnung zugeben.[3285] Durch den Erlass einer entsprechenden Geschäftsordnung kann der Aufsichtsrat in effektiver Weise auf die Zweckmäßigkeit der Geschäftsverteilung Einfluss nehmen. In ebenjener Geschäftsordnung können auch direkt Zustimmungsvorbehalte i. S. d. § 111 Abs. 4 S. 2 AktG geregelt werden, womit der Vorstand bestimmte Arten von Geschäften nur mit Zustimmung des Aufsichtsrats vornehmen darf, und so der Aufsichtsrat durchaus Einfluss auf die Geschäftsführung nehmen kann.[3286]

Damit der Aufsichtsrat mit Personen besetzt wird, die die Familieninteressen wahren, kann dabei der Familienstiftung – oder falls daneben Familienaktionäre bestehen auch diesen – in Gestalt eines grds. unentziehbaren Sonderrechts i. S. d.

3284 *M. Engel*, Die unternehmensverbundene Stiftung, S. 174; *Hueck*, RFamU 2023, 393 (397); zu den verschiedenen Quorumsanforderungen im AktG s. BeckOGK/*Rieckers*, 1.10.2023, AktG § 133 Rn. 35 ff.; *May*, Die Sicherung des Familieneinflusses auf die Führung der AG, S. 190 f.

3285 Näher statt anderer BeckOGK/*Fleischer*, 1.2.2024, AktG § 77 Rn. 73 ff.

3286 Näher statt anderer BeckOGK/*Spindler*/*Veil*, 1.6.2024, AktG § 111 Rn. 81 ff.; speziell zu den Gestaltungsgrenzen von Zustimmungsvorbehalten im Hinblick auf die Leitungsautonomie des Vorstands *Fleischer*, BB 2013, 835.

§ 35 BGB[3287] in der Satzung der Familien-AG gem. § 101 Abs. 2 S. 1 AktG ein persönliches Entsendungsrecht (teilw. auch Entsenderecht[3288] genannt) betreffend den Aufsichtsrat eingeräumt werden, mit welchem ein dauerhafter Einfluss auf die Gesellschaft sichergestellt[3289] werden kann.[3290] Jene Entsendungsrechte sind gerade bei (stiftungsverbundenen) Familien-AGs oftmals vorhanden.[3291] Ein Entsendungsrecht gebe der Familienstiftung – freilich unabhängig von der Höhe ihrer Beteiligung – das Recht ein oder mehrere[3292] Aufsichtsratsmitglied/er ihrer Wahl verbindlich zu bestellen – einer Zustimmung durch ein anderes Organ oder weiteren Wahl bedarf es nicht.[3293] Das entsandte Aufsichtsratsmitglied unterliegt zwar nicht den Weisungen des Entsendungsberechtigten, sondern denselben

---

3287 Dies bedeutet, dass der Entsendungsberichtigten dieses Recht nur im Wege einer Satzungsänderung samt seiner Zustimmung entzogen werden kann, s. nur *J. Koch*, AktG § 101 Rn. 10; *Rothärmel*, Gestaltungsfreiheit, S. 213; allg. zu Sonderrechten i. S. d. § 35 BGB statt anderer BeckOGK/*Könen*, 1.10.2024, BGB § 35 Rn. 1 ff.; als allgemeiner Grundsatz findet er auch auf andere Rechtsformen als dem Verein Anwendung, s. *Bayer*, GmbHR 2024, 337 Rn. 3 m. N.; aus der Rspr. etwa BGH, NZG 2020, 1384 Rn. 12 („*Darunter* [Sonderrechte i. S. d. § 35 BGB] *fallen nämlich nur Rechtspositionen, die individuell einem Gesellschafter oder einer Gesellschaftergruppe durch die Satzung eingeräumt und zudem als unentziehbare Rechte ausgestaltet sind*"); zur umstrittenen Möglichkeit zur statutarischen Etablierung von Aktionärs-Sonderrechten (i.S.d. § 35 BGB) kürzlich luzid *Bayer/Rauch*, AG 2024, 717 (721 ff.) und *Bayer/Rauch*, AG 2024, 757 (757 ff.).

3288 Etwa OLG München, NZG 2004, 521; OLG Frankfurt a. M., BeckRS 2014, 2429.

3289 Deutlich *Kalss*, FS M. Schauer, S. 247 („*Entsendungsrechte sind wichtige Instrumente zur Weitergabe von Einfluss und Verfügungsmacht in Familienunternehmen*").

3290 Vgl. im stiftungsrechtlichen Kontext *M. Fasselt*, Die Beteiligungsstiftung, S. 197; näher auch (aber bzgl. österreichischer Privatstiftung) *Kalss*, ZVglRWiss 117 (2018), 221 (244); bzgl. Entsendungsrecht für die Krupp-Stiftung s. BGH, DStR 2009, 2547; OLG Hamm, NZG 2008, 914 (915); dazu *Klausmann*, Entsendungsrechte in der AG, S. 95 f., 210 f.; zum Entsendungsrecht im Kontext von Familien-AGs instruktiv *May*, Die Sicherung des Familieneinflusses auf die Führung der AG, S. 127 ff.; *Selent*, Unternehmensführung, S. 73, 144 f.; *Fleischer/Maas*, DB 2021, 37 (44 f.); *Häger/Wilts*, WiB 1995, 769 (772); *Binz*, AR 2022, 142; vgl. auch *Bayer/Rauch*, AG 2024, 757 (758 ff., 765 ff.); monographisch zum Entsendungsrecht in der AG *Klausmann*, Entsendungsrechte in der AG.

3291 *J. Koch*, AktG § 101 Rn. 9; *Kalss*, FS M. Schauer, S. 247 (248); näher zu den typischen Anwendungsfällen eing. *Klausmann*, Entsendungsrechte in der AG, S. 96 ff.

3292 Gem. § 101 Abs. 2 S. 4 AktG höchstens ein Drittel der sich aus dem Gesetz oder der Satzung ergebenden Zahl der Aufsichtsratsmitglieder (vgl. § 96 AktG) der Aktionäre.

3293 Siehe nur BeckOGK/*Spindler*, 1.10.2023, AktG § 101 Rn. 67.

Rechten und Pflichten sowie dem Unternehmensinteresse[3294] wie ein ansonsten gewähltes Aufsichtsratsmitglied.[3295] Jedoch besteht jedenfalls eine faktische Abhängigkeit gegenüber dem Entsendungsberechtigten, der die Abberufung des von ihm entsandten Aufsichtsratsmitglieds gem. § 103 Abs. 2 S. 1 AktG jederzeit und grundlos vornehmen und durch ein anderes ersetzen kann.[3296] Mithin gewährt § 103 Abs. 2 S. 1 AktG dem Entsendungsberechtigten, hier der Familienstiftung, durchaus einen faktischen Einfluss auf das entsandte Aufsichtsratsmitglied resp. sein Abstimmungsverhalten im Falle des Nichtbefolgens etwaiger Weisungen.[3297] Insofern werden Entsendungsrechten auch „*als das wichtigste, im deutschen Aktienrecht sanktionierte Instrument zur Sicherung eines überproportionalen Einflusses auf die Verwaltungsorgane*“[3298] angesehen. Treffend fasst auch *Susanne Kalss* die Bedeutung von Entsendungsrechten wie folgt zusammen: „*Das Entsendungsrecht ist eines der markanten Instrumente, um Aktionären das Recht und die Möglichkeit zu eröffnen, Personen ihres Vertrauens in den Aufsichtsrat zu entsenden, damit sie als Mandatare in besonderem Maße die Belange einzelner Gesellschafter wahren können, solange diese nicht mit den Interessen der Gesellschaft in Widerspruch stehen. Die Anteile erlangen ob dieses Einflusses daher besonderes Gewicht und bestimmen als ‚Golden Shares‘ das Schicksal der Gesellschaft entscheidend mit.*“[3299]

Sofern aber die unternehmensverbundene Familienstiftung nicht die Mehrheits- oder Alleinaktionärin ist, ist darauf zu achten, dass ihre Aktionärsstellung gleichwohl mit den – bei „normalen“ Familien-AGs sonst angewandten – üblichen

---

3294 OLG Düsseldorf NJW-RR 1995, 1371 (1374); MüKoAktG/*Habersack*, § 116 Rn. 11; *J. Koch*, AktG § 116 Rn. 2; zu den diesbezüglich umstrittenen Maßstäben s. nur BeckOGK/*Spindler*/*Veil*, 1.6.2024, AktG § 116 Rn. 24 ff.

3295 Grdl. RGZ 165, 68 (79); BGHZ 36, 296 (306); *Koch*, AktG § 101 Rn. 12; eing. *Klausmann*, Entsendungsrechte in der AG, S. 46 ff.; vgl. auch *Kalss*, FS M. Schauer, S. 247 (252 ff.).

3296 Eing. BeckOGK/*Spindler*, 1.10.2023, AktG § 103 Rn. 20 ff.; *J. Koch*, AktG § 103 Rn. 7.

3297 Vgl. *J. Koch*, AktG § 101 Rn. 12; *Klausmann*, Entsendungsrechte in der AG, S. 49; vgl. insofern auch BGHZ 36, 296 (307), wonach bei einem entsandten Aufsichtsratsmitglied eine faktische Einflussnahme „*nie ganz auszuschließen*“ sei; vgl. aus Praktikersicht auch *Binz*, AR 2022, 142 f.

3298 *Rothärmel*, Gestaltungsfreiheit, S. 214 f.

3299 *Kalss*, FS M. Schauer, S. 247 (248) unter Verweisung auf „*Amtliche Begründung zu § 88 AktG 1937/38, abgedruckt in Kalss/Burger/Eckert, Die Entwicklung des österreichischen Aktienrechts, 2003, 664 Rn. 1*“. Dort zwar zum österreichischen Aktienrecht, doch lässt sich dies weitestgehend auf das deutsche Aktienrecht übertragen.

Einflusssicherungsinstrumenten[3300] gestärkt wird, wenn der Familieneinfluss weiterhin über sie ausgeübt werden soll.

Insbesondere kann es zum Zwecke der Einflusssicherung opportun sein, dass zwischen der Familienstiftung und der Familien-AG ein Beherrschungsvertrag i. S. v. § 291 Abs. 1 S. 1 Alt. 1 AktG abgeschlossen wird, der für die Familienstiftung ein umfassendes Weisungsrecht begründet und dadurch die Möglichkeit eröffnet, den Stifterwillen – der hier auf die Erhaltung des Familienunternehmens sowie die Versorgung der Stifterfamilie abzielt – jederzeit auch gegenüber dem Unternehmensinteresse und einer möglicherweise widersprechenden Unternehmensleitung und dem Widerstand von sonstigen Aktionären durchzusetzen.[3301]

Es gibt aber auch Konstellationen, in denen die Anteile zwar mehrheitlich von einer oder mehreren Familienstiftungen gehalten werden, daneben aber auch weiterhin Familienaktionäre vorhanden sind. Die Steuerung des Unternehmens erfolgt dann regelmäßig nicht über die Familienstiftung, sondern unmittelbar durch die Familienmitglieder oder von Familienstämmen selbst, indem deren Aktien bzw. sog. *Golden Shares* mit Entsendungsrechten ausgestattet werden.[3302]

3300 Zu Gestaltungsmöglichkeiten betreffend die Sicherung des Familieneinflusses in einer AG grdl. *May*, Die Sicherung des Familieneinflusses auf die Führung der AG, *passim*; *Rothärmel*, Gestaltungsfreiheit, S. 55 ff., 122 ff., 208 ff., 327 ff.; zuletzt ausf. *Selent*, Unternehmensführung, S. 64 ff.; am Beispiel von drei sich in AGs umgewandelten Familienunternehmen (Momm, MAN und Siemens) samt deren Statuten erhellend (aus rechtshistorischer Sicht) *S. Müller*, AGs des 19. Jahrhunderts, S. 67 ff., 112 ff., 130 ff., 147 ff., 189 ff.; zu Siemens auch *Fleischer*, AG 2019, 481; zur AG (und SE) auch *Begemann*, Die SE & Co. KGaA, S. 57 ff.; s. a. *Fleischer/Maas*, DB 2021, 37 (43 ff.); *Häger/Wilts*, WiB 1995, 769; am Beispiel der Fielmann AG *Binz*, AR 2022, 142; überblicksartig auch *Habersack*, in: v. Rosen, Die börsennotierte Familienaktiengesellschaft, S. 10 (13 f.); speziell bei Stiftung als Aktionärin s. *M. Engel*, Die unternehmensverbundene Stiftung, S. 174 ff. (atypische Stimmgewichtung, Stimmbindungsabsprachen, Ankaufs- und Vorkaufsrechten, Vinkulierungs- und Einziehungsklauseln etc.); zu Aktionärs-Sonderrechten (i.S.d. § 35 BGB) kürzlich luzid *Bayer/Rauch*, AG 2024, 717 (721 ff.); *Bayer/Rauch*, AG 2024, 757 (757 ff.).

3301 *Bayer*, in: FDS, Die uv. Stiftung, S. 42 (57, 65); *M. Engel*, Die unternehmensverbundene Stiftung, S. 172; zur grds. Zulässigkeit des Abschlusses eines Beherrschungsvertrags bei der Stiftung als herrschendes Unternehmen, s. *Rösner*, Konzernierung der Stiftung, S. 198 ff.; *Heinzelmann*, Die Stiftung im Konzern, S. 142 ff.; jew. m. w. N. Freilich sind hierbei auch die gesetzlichen Ausgleichspflichten (§§ 311 ff. AktG) abzuwägen, die den Preis für die verstärkten Einwirkungsmöglichkeiten darstellen, vgl. dazu *May*, Die Sicherung des Familieneinflusses auf die Führung der AG, S. 184 ff.; MHdB GesR 4/*Krieger*, § 70 Rn. 65 ff.

3302 Vgl. *Kalss*, FS M. Schauer, S. 247 (248); *Kalss*, ZVglRWiss 117 (2018), 221 (244).

Halten wir fest: Die konkrete Ausgestaltung der Rolle und Rechte der Familienstiftung in der Familien-AG hängt letztlich von den Beteiligungsverhältnissen und ihrer angedachten Funktion (Führungsinstrument vs. stabilisierende Minderheitsaktionärin) ab, sodass es auf den konkreten Einzelfall, insbesondere den Willen des Familienunternehmers ankommt. Das Aktienrecht erlaubt es trotz der Satzungsstrenge des § 23 Abs. 5 S. 1 AktG auch einer unternehmensverbundenen Familienstiftung eine einflussreiche Aktionärsstellung – auch als Minderheitsgesellschafterin – zu gewähren. Der Familie ist es auf diese Weise möglich, über die von ihnen beherrschte Familienstiftung weiterhin den Familienunternehmenscharakter der AG[3303] zu wahren. Gleichwohl ist zu konstatieren, dass die Justierung der Einflussmöglichkeiten vornehmlich wegen § 23 Abs. 5 S. 1 AktG nicht so fein wie bei einer Personengesellschaft oder bei der GmbH vorgenommen werden kann.[3304] Neue Gestaltungsmöglichkeiten, insbesondere zur Sicherung des Familieneinflusses resp. des Einflusses der Familienstiftung – gerade bei geringerer Gesellschaftsbeteiligung, könnten sich durch die kürzlich (wieder[3305]) stattgefundene Einführung von Mehrstimmrechtsaktien in Gestalt des § 135a AktG ergeben.[3306]

3303 Vgl. auch MHdB GesR 9/*Hippeli*, § 13 Rn. 67; siehe beispielsweise *BaFin*, Befreiungsantrag nach §§ 36, 37 WpÜG v. 20.6.2022, DE000-5158703, S. 14 (https://t1p.de/a0q17) („*Aufgrund des durch die Regelungen in der Stiftungssatzung und im Testament der Stifterin sichergestellten nachhaltigen Einflusses der Stifterfamilie auf die Zielgesellschaft, geht mit dem Kontrollwechsel kein wesentlicher materieller Kontrollwechsel einher, der den außenstehenden Aktionären einen (schützenswerten) Anlass geben könnte, eine außerordentliche Desinvestitionsentscheidung zu treffen. Die familiäre Prägung der Zielgesellschaft bleibt somit nach der Kontrollerlangung im Wesentlichen wie vor der Kontrollerlangung erhalten.*“).

3304 Ebenso etwa H/S/G/*A. Sigle*, GesR, § 22 Rn. 127.

3305 Jene waren seit Neufassung des § 12 Abs. 2 AktG (durch das KonTraG, BGBl. I 1998, S. 786) bis zur Wiedereinführung Ende 2023 unzulässig, s. nur BeckOGK/*Vatter*, 1.6.2024, AktG § 12 Rn. 2.

3306 Die (Wieder-)Einführung von Mehrstimmrechtsaktien soll dabei insbesondere den Kapitalmarkt für Start-Ups und Familienunternehmen attraktiver machen, indem die Gründer bzw. Familiengesellschafter ihren Einfluss auch im Falle eines Börsengangs sichern können, ohne dass dies mit einer entsprechend hohen Kapitalbeteiligung einhergehen muss. Zur Diskussion und dem Für und Wider (insb. mit Blick auf mögliche Governance-Probleme) etwa *Denninger*, DB 2022, 2329; *Nicolussi*, AG 2022, 753; speziell betreffend Familienunternehmen *Volkmann/Thoma*, RFamU 2023, 443; *L. Wolf*, RFamU 2024, 105; zu den Voraussetzungen etwa *J. Koch*, AktG § 135a Rn. 2 ff.; Henssler/Strohn/*Liebscher*, GesR, AktG § 135a Rn. 4 ff.

II. GmbH

Die größte Möglichkeit zur Sicherung einer starken Gesellschafterstellung der Familienstiftung bietet mit Blick auf die weite Gestaltungsfreiheit der Gesellschafter gem. §§ 45, 46 GmbHG und deren Weisungsrecht gegenüber der Geschäftsführung gem. § 37 Abs. 1 GmbHG das GmbH-Recht.

Werden der Familienstiftung sämtliche Gesellschaftsanteile an der Familien-GmbH übertragen, so obliegt ihr die alleinige Gesellschafterstellung, mit der Folge, dass sie resp. der Stiftungsvorstand die Gesellschafterstellung ausübt und etwa einen Geschäftsführer bestellt. In diesem Fall der alleinigen Gesellschafterstellung bedarf es grds. keiner weiteren Einflusssicherungsmöglichkeiten zugunsten der Familienstiftung.

Allein für den Fall, dass neben der Familienstiftung noch andere Gesellschafter bestehen oder bestehen sollen, bedarf es Maßnahmen zur Sicherung ihres Einflusses, insbesondere durch Stimmrechtsausgestaltung zugunsten der Familienstiftung[3307]. Darüber hinaus kommen freilich sämtliche Einflusssicherungsmöglichkeiten des GmbH-Rechts, insbesondere diejenigen (z. B. Vinkulierungs-, Zustimmungs-, Veto-, Nachfolge-, und Einziehungsklauseln oder Erwerbs- und Vorkaufsrechte sowie Mehrstimm- und Sonderrechte[3308]), die dazu beitragen sollen, den Gesellschafterkreis zu limitieren, kontrollieren und konstant zu halten, um so das Unternehmen im Familieneigentum und unter maßgeblichen Familieneinfluss zu halten sowie letztlich den Charakter gerade als Familienunternehmen generationsübergreifend weitestgehend abzusichern.[3309]

3307 *M. Engel*, Die unternehmensverbundene Stiftung, S. 163 ff.

3308 Ausf. zu Sonderrechten in der GmbH kürzlich *Bayer*, GmbHR 2024, 337.

3309 Hierzu monographisch statt vieler *Staib*, Die Sicherung des Familieneinflusses auf die GmbH, *passim*; *Löcherbach*, Die interessengerechte Nachfolge, *passim*; siehe auch die Nachweise in → Teil 2 A II 3; aus Stiftungsperspektive auch *M. Engel*, Die unternehmensverbundene Stiftung, S. 163 ff.

Teil 6: Zusammenfassung, Schlussbetrachtung und Ausblick

A. Zusammenfassung der wesentlichen Ergebnisse

Die wichtigsten Ergebnisse der Untersuchung lassen sich wie folgt zusammenfassen.

I. Zu Teil 2: Familienunternehmen und die Relevanz des Familieneinflusses

Einen feststehenden Begriff des Familienunternehmens gibt es nicht. Ausschlaggebend für die Einordnung eines Unternehmens als klassisches Familienunternehmen ist zum einen die familiäre Verbundenheit der Gesellschafter und zum anderen der fortwährende, beherrschende Einfluss der Unternehmerfamilie auf das Familienunternehmen. Da eine abstrakt-generelle Definition fehlt bzw. allein nicht ausreichend ist, um alle Erscheinungsformen von Familienunternehmen zu erfassen, handelt es sich beim Begriff des Familienunternehmens insoweit um einen offenen Typusbegriff, der nur anhand von diversen, besonderen Charakteristika beschrieben werden kann.[3310]

Zu diesen Merkmalen zählt im Besonderen die Verzahnung von Familie und Unternehmen. Familienunternehmen werden von einem übergeordneten Ziel geleitet, nämlich der Übergabe eines zukunftsfähigen Unternehmens an die nächste Generation. Deshalb ist nicht das für anonyme Gesellschaften typische Streben nach Gewinn das primäre Ziel eines Familienunternehmens, sondern die langfristige und nachhaltige Erhaltung ihres Unternehmens als Berufs- und Existenzgrundlage bzw. Vermögens- und Einkommensgrundlage für künftige Generationen der Familie. Eingedenk dessen entspricht es dem Charakter eines Familienunternehmens, dass für dessen erfolgreiche Existenz im Zweifel die Interessen des Unternehmens vor den Partikularinteressen der Familie bzw. der einzelnen Familiengesellschafter gestellt werden, weshalb für die meisten Familienunternehmen häufig der Grundsatz „Unternehmen vor Familie" gilt.[3311]

Als weiteres, relevantes Charakteristikum wurde ein erhöhtes und spezifisches Konfliktpotential bei Familienunternehmen aufgrund der familiären Verbundenheit der Gesellschafter und der möglichen Interessendivergenzen ausgemacht, das

3310 Dazu → Teil 2 A I.
3311 Dazu → Teil 2 A II 1.

besonders bei der Frage der Unternehmensnachfolge virulent wird bzw. werden kann. Insofern ist zu konstatieren, dass die Familienstiftung als probate Möglichkeit zur Vermeidung oder Befriedung besonders familiärer Konflikte fungieren kann. Die Familienstiftung ist dann als generationsübergreifende Eigentümerin des Familienunternehmens dessen Führungsinstrument. Infolgedessen wird die grundsätzliche Beständigkeit des Familienunternehmens unabhängig vom Vorhandensein oder von der Mitwirkung der Familienmitglieder an der Unternehmensnachfolge gesichert. Gleichwohl können bei Beteiligung der Familienmitglieder in der Familienstiftung – wie bei jeder Rechtsform – etwaige Konflikte dort fortgeführt werden bzw. mit hineingetragen werden, weshalb entsprechende Konfliktlösungsmöglichkeiten vorgesehen werden sollten.[3312]

Besonders unternehmensverbundene Familienstiftungen erlangen im Hinblick auf den fortschreitenden demographischen Wandel und der damit im Zusammenhang stehenden Nachfolgeproblematik eine immer größere Bedeutung als Nachfolgeinstrument für Familienunternehmen, insbesondere zum generationenüberdauernden Erhalt der Unternehmenskontinuität und Versorgung der Unternehmerfamilie – dies langfristig und nicht nur wie bei erb- und gesellschaftsrechtlichen Instrumenten nur einzeln und sukzessive. Mit einer Unternehmensnachfolge mittels einer unternehmensverbundenen Familienstiftung können die primären Zielsetzungen eines Familienunternehmers, die im Erhalt des Unternehmens und seines Charakters als Familienunternehmen sowie Versorgung der Familie liegen, bei richtiger Gestaltung weitestgehend und (rechtlich) bestmöglich erreicht werden, ohne dabei das Unternehmen liquidieren oder an familienexterne Dritte veräußern zu müssen.[3313]

Damit im Falle der Implementierung einer Familienstiftung der Familienunternehmenscharakter nicht verloren geht, muss sichergestellt werden, dass die wesentlichen Entscheidungen im Familienunternehmen weiterhin vom Stifter resp. seiner Familie getroffen werden bzw. diese jedenfalls hinreichend in jene Entscheidungen involviert werden. Solange weiterhin eine Familienidentität zum Unternehmen besteht und die Familie – wenn auch mittelbar über die Familienstiftung die Geschicke des Familienunternehmens maßgeblich leitet, kann auch im Falle einer Familienstiftungskonstruktion weiterhin der Charakter als Familienunternehmen gewahrt werden. Dabei kommt es insgesamt darauf an, dass der Familieneinfluss weiterhin erhalten bleibt. Die Fortführung des Familienunter-

---

3312 Zum Konfliktrisiko → Teil 2 A II 2.

3313 Zur Unternehmensnachfolge und die Bedeutung des Einsatzes einer uv. Familienstiftung → Teil 2 A II 3 a–c.

nehmens samt der Erhaltung des besonderen familiären Charakters ist möglich, erfordert jedoch stets die Einbindung der Familie in der Familienstiftung und die diesbezügliche Verankerung in der Stiftungssatzung.[3314] Der Familienunternehmenscharakter bleibt auf diese Weise auch in Zukunft erhalten und die Familie bestimmt weiterhin die Geschicke des Familienunternehmens.

II. Zu Teil 3: Relevante Aspekte bei der Wahl und Errichtung einer unternehmensverbundenen Familienstiftung als Instrument zur Regelung der Familienunternehmensnachfolge

1. Betreffend die Motive

Ein Familienunternehmer entscheidet sich für eine unternehmensverbundene Familienstiftung in der Regel aus einem Motivbündel bzw. unterschiedlichen Motivationslagen heraus, wobei die Gewichtung der Motive eine Frage des jeweiligen Einzelfalls, insbesondere der jeweiligen Situation des Familienunternehmens und der Unternehmerfamilie ist. Die Motive bzw. Ziele sind vom eigentlichen Stiftungszweck zu unterscheiden, können jedoch zu diesem hinzutreten und diesen gänzlich überlagern bzw. konkretisieren sowie zur Auslegung des (mutmaßlichen) Stifterwillens ergänzend herangezogen werden, sofern sie Eingang in das Stiftungsgeschäft oder die Stiftungssatzung etwa im Wege einer Präambel gefunden haben.[3315] Der Hauptbeweggrund für die Errichtung einer unternehmensverbundenen Familienstiftung ist regelmäßig darin zu sehen, das Familienunternehmen zum einen vor den Risiken der Erbfolge, d. h. vor ungeeigneten Erben oder vor der Gefahr von Auseinandersetzungen zwischen den Erben oder zwischen verschiedenen Familienstämmen zu bewahren. Zum anderen aber auch darin, den Einfluss Familienfremder auf das Familienunternehmen zu vermeiden und damit dessen Fortbestand und Einheit in Familienhand zu sichern. Darüber hinaus spielen auch steuerliche Erwägungen, besonders hinsichtlich der Vermeidung einer hohen Erbschaftsteuerzahlung vermittels einer Familienstiftungskonstruktion, eine in der Praxis wichtige, aber nicht *die* ausschlaggebende Rolle.

Die gängigen – freilich nicht abschließenden – Motive bzw. Ziele eines Familienunternehmers bei der Wahl einer unternehmensverbundenen Familienstiftung als Instrument der Unternehmensnachfolge lassen sich wie folgt tabellarisch zusammenfassen:[3316]

3314 Zur Relevanz des Familieneinflusses → Teil 2 B.

3315 Dazu → Teil 3 A.

3316 Im Einzelnen dazu → Teil 3 A I–III.

Familiäre Motive	Unternehmensorientierte, wirtschaftliche Motive	Steuerrechtliche Motive	Persönliche/ ideelle Motive
• Erhaltung des Familienunternehmens als Berufs- und Existenzgrundlage für die Familienmitglieder	• Sicherung der Unternehmenskontinuität unter Wahrung des Familienunternehmenscharakters	• Steuerersparnis (heute keine ausschlaggebende Bedeutung)	• Familienunternehmer möchte „sein" Unternehmen im Sinne seines Unternehmensethos fortgeführt wissen
• Schutz vor Zersplitterung des Familienvermögens resp. des Familienunternehmens durch Erbfolge	• Regelung der dauerhaften Unternehmensnachfolge	• Erbschaftsteuerrechtlich plan- und damit kalkulierbar	• Prägung der Unternehmensführung auch über seinen Tod hinaus
• Sicherung des Familieneinflusses im unternehmerischen Umfeld	• Der Einfluss der Familie auf die Geschicke des Familienunternehmens soll vor einer Einflussnahme durch Dritte geschützt werden (Übernahme- und Überfremdungsschutz)	• Steueroptimierung: Gesamtes erbschaft- und schenkungsteuerrechtliche Verschonungssystems der §§ 13a, 13b, 13c ErbStG (vgl. § 13a Abs. 11 ErbStG) und § 28a ErbStG anwendbar und bei mehreren Familienstiftung mehrmals nutzbar	• Verankerung und Erhalt von Unternehmenswerten und -traditionen über Generationen hinaus
• Wahrung des Familienfriedens	• Schutz des Familienvermögens vor der Verfügungsgewalt einzelner Erben und dem Zugriff vor deren Gläubiger (sog. *asset protection*)	• Flucht in die (gemeinnützige) (Doppel)Stiftung aufgrund der Gefährdung des Familienunternehmens durch die Erbschaftsteuer	• Mit Stiftung verbundener „Stifterglanz" aufgrund des mit dieser einhergehenden öffentlichen Ansehens

Familiäre Motive	Unternehmensorientierte, wirtschaftliche Motive	Steuerrechtliche Motive	Persönliche/ideelle Motive
• Ersatz eines fehlenden oder ungeeigneten Nachfolgers	• Schutz vor Liquidationsabflüssen aufgrund von Ausgleichszahlungen oder Pflichtteils(ergänzungs-)ansprüchen	• Vermeidung der Wegzugsbesteuerung gem. § 6 AStG	• Persönliche Selbstverwirklichung (Denkmalsetzung)
• Versorgung der Familienmitglieder	• Sicherung und Erhalt von Arbeitsplätzen der Mitarbeitenden		• Wahrnehmung gesellschaftlicher Verantwortung
• Stiftung als Stabilitätsfaktor der Familie und stabiler Gesellschafter des Familienunternehmens	• Vermeidung von (zusätzlicher) Publizität und Unternehmensmitbestimmung		• Erhalt des Unternehmens und der Arbeitsplätze am Standort
• Stiftung als Bindeglied zwischen den Familienmitgliedern und nachkommenden Generationen	• Stiftung als Finanzierungsvehikel, insb. im Rahmen von Basel II und III		• Verfolgung (auch) gemeinnütziger Zwecke

2. *Betreffend die Risiken und Herausforderungen einer Stiftungskonstruktion*

Mit der Wahl einer unternehmensverbundenen Familienstiftung gehen auch Risiken und Herausforderungen einher, deren sich der Familienunternehmer und seine Familie gewahr sein müssen.

Als solche sind zum einen die Starrheit der Familienstiftung im Vergleich zu sonstigen Gesellschaftsformen sowie ihr strukturelles Kontrolldefizit aufgrund ihrer wesensbedingten Eigentümer- und Mitgliederlosigkeit zu nennen. Beide könnten grundsätzlich die künftige Entwicklung und Anpassung an sich wandelnde Verhältnissen erschweren. Gleichwohl konnte konstatiert werden, dass im Falle einer unternehmensverbundenen Familienstiftung in Gestalt einer Beteiligungsträgerstiftung die Flexibilität auf Eben des Unternehmens weitestgehend erhalten bleibt und auf Ebene der Familienstiftung durch statutarische Vorsorge ebenfalls justiert werden kann. Dem strukturellen Kontrolldefizit kann durch Implementierung entsprechender Kontrollorgane vorgebeugt werden. Festzuhalten ist aber, dass es stets einer Gestaltung durch den Stifter bedarf, um diese gesetzliche Ausgangslage zu verbessern.

Unternehmensverbundene Familienstiftungen im Speziellen und Familienunternehmen im Allgemeinen sehen sich heutzutage einer beachtlichen Publizitätsgefahr im Besonderen durch das Transparenzregister einerseits und das künftige Stiftungsregister (§§ 82b ff. BGB i. V. m. StiftRG) andererseits ausgesetzt.[3317] Dies ist ein relevanter Aspekt bei der Wahl einer Familienstiftungskonstruktion besonders für Familienunternehmen, denen typischerweise die Diskretion wichtig ist. Es drohen gläserne Familienunternehmen und gläserne Familienstiftungen zu entstehen, denn bei beiden Registern besteht bisher noch ein freies Einsichtnahmerecht für jedermann, vgl. § 23 Abs. 1 Nr. 3 GwG, § 15 S. 2 Hs. 1 StiftRG.

Persönliche Informationen betreffend die Familienmitglieder von Familienunternehmen und im Besonderen von Familiendestinatären als wirtschaftlich Berechtigte der Familienstiftung können im Transparenzregister eingesehen werden. Insofern ist es zu begrüßen, dass der EuGH in der Rechtssache „WM und Sovim SA/Luxembourg Business Registers“[3318] die Einsicht ohne Nachweis eines berechtigten Interesses für unionsrechtswidrig erachtet hat und infolgedessen § 23 Abs. 1 Nr. 3 GwG momentan unionsrechtskonform ausgelegt und daher ein berechtigtes Interesse gefordert wird.[3319]

Erhebliche Bedenken und berechtigte Kritik, im Speziellen im Kontext von unternehmensverbundenen Familienstiftungen, evoziert das Einsichtnahmerecht für jedermann gem. § 15 S. 2 Hs. 1 StiftRG hinsichtlich der Stiftungsdokumente, namentlich der Stiftungssatzung, die oftmals sehr persönliche Details über die Stifterfamilie und ihr Vermögen enthält. Dritte erhalten durch das Einsichtnahmerecht insoweit grds. die Möglichkeit, sich ohne den Nachweis eines berechtigten Interesses, Informationen über den Stifter, seiner Familie und des Familienunternehmens einzuholen. Vor dem Hintergrund der EuGH-Entschei-

3317 Im Einzelnen dazu → Teil 3 B I 5 a) (Transparenzregister) und b) (Stiftungsregister).

3318 Vgl. EuGH, BeckRS 2022, 32382 Rn. 85 ff. – WM und Sovim SA/Luxembourg Business Registers.

3319 Dazu → Teil 3 B I 5 a) aa).

dung in der Rechtssache „WM und Sovim SA/Luxembourg Business Registers“[3320] sollten die berechtigten Anonymitätsinteressen wenigstens dergestalt berücksichtigen, indem § 15 StiftRG noch vor Inkrafttreten am 1.1.2026 so geändert wird, dass Personen, die Einblick gerade in die Stiftungssatzungen nehmen wollen, ihr *berechtigtes Interesse* darzulegen haben.[3321] Insofern ist auch eine Differenzierung zwischen gemeinnützigen Stiftungen, die im öffentlichen Interesse stehen, und Familienstiftungen, die primär privaten Interessen dienen, legitim.

Die Wahl einer unternehmensverbundenen Familienstiftung birgt im Speziellen bei Familienunternehmen das Risiko, dass die Familienmitglieder sich enteignet fühlen könnten und die Befürchtung haben, dass ihren Einfluss sowie die Bindung zu ihrem Unternehmen verlieren könnten. Beides kann jedoch aufgrund der Gestaltungsfreiheit des Stifters entgegengewirkt werden, in dem die Familienmitglieder in die Stiftungsstruktur integriert werden und dadurch weiterhin Einfluss haben und in Gestalt einer Destinatärsstellung auch weiterhin am Familienunternehmen finanziell partizipieren.[3322]

Im Ganzen gesehen stehen sowohl die allgemeinen rechtsformbedingten als auch die speziell von Familienunternehmern vorgebrachten Risiken der Wahl einer unternehmensverbundenen Familienstiftung als Unternehmensnachfolgeinstrument *per se* nicht im Wege. Vielmehr kann die unternehmensverbundene Familienstiftung in diesem Zusammenhang eine generationenüberdauernde und erfolgreiche Weiterentwicklung des Familienunternehmens gewährleisten, bei welcher die Familie weiterhin – wenn auch mittelbar – den maßgeblichen Einfluss behält. Gerade die große Gestaltungsfreiheit im Stiftungsrecht hinsichtlich der Satzungsgestaltung im Vergleich zu anderen gesellschaftsrechtlichen Konstruktionen erlaubt es der Unternehmerfamilie dabei ihre „*Werte und unternehmerischen Ideen der Unternehmerfamilie dauerhaft […] i[m] Familienunternehmen, umzusetzen*“[3323]. Der im Grundsatz starre Charakter der Stiftung kann mit ebendieser Gestaltungsfreiheit des Stifters auf gewichen werden, indem durch entsprechende Satzungsgestaltung bestimmte Wesenszüge der Personalgesellschaft oder Kapitalgesellschaft eingefügt werden können. Bei entsprechender Gestaltung

3320 Vgl. EuGH, BeckRS 2022, 32382 Rn. 85 ff. – WM und Sovim SA/Luxembourg Business Registers.

3321 Zur legislatorischen Empfehlung → Teil 3 B I 5 c).

3322 Zur legislatorischen Empfehlung → Teil 3 B II 1–3.

3323 *Kalss*, FS G. D. Karth, S. 499 (513); vgl. auch *Delp*, Die Stiftung & Co. KG, S. 126 („*ausgiebiges Potential von Gestaltungsmöglichkeiten, welches sie [die Stiftung] geradezu für eine individuelle Rechtsformgestaltung prädestiniert*“).

kann *„die Stiftung fast schon als dynamisches Nachfolgemodell“*[3324] aufgefasst werden.[3325]

3. Betreffend die Stiftungserrichtung

Die Errichtung einer rechtsfähigen unternehmensverbundenen Familienstiftung erfolgt – wie bei jeder anderen rechtsfähigen Stiftung – in zwei Schritten: Es bedarf erstens eines Stiftungsgeschäfts und zweitens der Anerkennung durch die zuständige Behörde des Landes, in dem die Stiftung ihren Sitz haben soll (vgl. § 80 Abs. 2 S. 1 BGB bzw. § 80 Abs. 1 BGB a. F.). An diesen Entstehungsvoraussetzungen hält auch das reformierte Stiftungsrecht inhaltlich fest (vgl. §§ 80 Abs. 2 S. 1, 81 Abs. 4, 82 BGB).

Das für die Errichtung notwendige Stiftungsgeschäft kann sowohl unter Lebenden (§ 81 Abs. 1 BGB bzw. § 81 BGB a. F.) als auch von Todes wegen (§§ 80 Abs. 2 S. 2, 81 Abs. 3 Hs. 2, Abs. 4 BGB bzw. §§ 83, 84 BGB a. F.) vorgenommen werden. Das Stiftungsgeschäft, und zwar sowohl dasjenige von Todes wegen wie das unter Lebenden, besteht aus zwei Teilen: einerseits aus einem organisationsrechtlichen Teil (§§ 81 Abs. 1 Nr. 1, 83 Abs. 1 BGB bzw. §§ 81 Abs. 1 S. 3, 85 BGB a. F.) und andererseits aus einem vermögensrechtlichen Teil (§§ 81 Abs. 1 Nr. 2, 82a BGB bzw. §§ 81 Abs. 1 S. 2, 82 BGB a. F.).[3326]

Hinsichtlich des organisationsrechtlichen Teils obliegt es dem Stifter vornehmlich eine Stiftungssatzung vorzugeben, deren Mindestinhalt (Name, Sitz, Zweck und Bildung des Vorstands der Stiftung) in § 81 Abs. 1 Nr. 1 und 2 BGB (§ 81 Abs. 1 S. 3 BGB a. F.) normiert ist.[3327] Nach neuem Stiftungsrecht muss die Satzung freilich keine Bestimmungen mehr über das Vermögen der Stiftung enthalten, da die Vermögenswidmung bereits Bestandteil des Stiftungsgeschäfts (§ 81 Abs. 1 Nr. 2 BGB) ist und mit den §§ 83b und 83c BGB für jede Stiftung ausreichende Regelungen zum Stiftungsvermögen und seiner Verwaltung vorhanden seien,

---

3324 *Heester*, Unternehmensnachfolge von Familienunternehmen, S. 104; ähnlich und diesen Umstand empirisch bestätigend *Fleschutz*, Die Stiftung als Nachfolgeinstrument, S. 374, nach der *„unternehmensverbundene Stiftungen keineswegs statische Gebilde sind, sondern […] auch sie einem kontinuierlichen Wandel unterliegen“*; ebenso *Köhler*, FS D. Ziegler, S. 357 (380), nach dem sich auch früh existierende stiftungsverbundene Familienunternehmen *„entgegen der langläufigen Meinung durchaus in einem Prozess des Werdens und Wandelns“* befanden.

3325 Dazu → Teil 3 B III.

3326 Dazu → Teil 3 C I.

3327 Dazu → Teil 3 C I 1 a).

die nicht zwingend durch Satzungsbestimmungen ergänzt werden müssten (aber natürlich können).[3328]

Das Stiftungsgeschäft besteht hinsichtlich seines vermögensrechtlichen Teils aus der dauerhaften Zweckwidmung und dem Versprechen des Stifters, die Stiftung mit einem bestimmten Vermögen (z. B. Barvermögen, Immobilien oder auch Unternehmensbeteiligungen) auszustatten, vgl. §§ 82a, 81 Abs. 1 Nr. 2 BGB (§§ 82, 81 Abs. 1 S. 2 BGB a. F.). Eine gesetzliche Mindestvermögensausstattung ist auch im reformierten Stiftungsrecht zwar nicht vorgeschrieben, jedoch müssen die Anforderungen des § 82 S. 1 BGB (§ 80 Abs. 2 S. 1 BGB a. F.), wonach „*die dauerhafte und nachhaltige Erfüllung des Stiftungszwecks gesichert erschein[en]*" muss, erfüllt sein (sog. Lebensfähigkeitsprognose).[3329] Insofern ist besonders bei unternehmensverbundenen Familienstiftungen primär die wirtschaftliche Leistungsfähigkeit (Werthaltigkeit und Ertragskraft) des beteiligten Unternehmens maßgebend und eine einzelfallbezogene Prognoseentscheidung zu treffen.

Das Stiftungsgeschäft unter Lebenden bedarf gem. § 81 Abs. 3 Hs. 1 BGB (§ 81 Abs. 1 S. 1 BGB a. F.) grundsätzlich der Schriftform (§ 126 BGB). Der Gesetzgeber hat im Rahmen der Stiftungsrechtsform explizit klargestellt, dass die speziellen Formerfordernisse der § 311b BGB und § 15 Abs. 4 GmbHG nicht – insbesondere nicht analog – auf das Stiftungsgeschäft anzuwenden sind.[3330] Mithin bedarf das Stiftungsgeschäft als solches – auch und besonders im Falle des im hiesigen Kontext relevanten Versprechens der Einbringung von GmbH-Anteilen – *de jure* nicht der notariellen Beurkundung. Diese gesetzliche Klarstellung ist zu begrüßen. Eine strengere Form betreffend das Stiftungsgeschäft gilt mit Blick auf § 81 Abs. 3 Hs. 1 BGB nur dann, wenn eine gesetzliche Regelung an anderer Stelle – für das Stiftungsgeschäft – ausdrücklich (!) eine strengere Form vorsieht. Dies ist im derzeitigen Recht bei keiner Formvorschrift der Fall.

Hinsichtlich der Anerkennung einer Familienstiftung hat sich durch die Stiftungsrechtsreform 2021 nichts geändert. Insofern erlangt die Familienstiftung ihre Rechtsfähigkeit weiterhin durch Anerkennung seitens der Stiftungsbehörde. Die künftige Eintragung in das Stiftungsregister hat nur deklaratorische Wirkung. Die Anerkennung erfordert das Vorliegen der kumulativen Voraussetzungen der §§ 82, 81 Abs. 1–3 BGB (§§ 80 Abs. 2, 81 Abs. 1 BGB a. F.). Konkret: Das Stiftungsgeschäft muss den Anforderungen des § 81 Abs. 1–3 BGB (§ 81 Abs. 1 BGB a. F.) genügen (erste Anerkennungsvoraussetzung), die dauernde und nachhaltige

3328 So BT-Drs. 19/28173, S. 47.

3329 Dazu → Teil 3 C I 1 b).

3330 Dazu ausf. → Teil 3 C I 1 c).

Erfüllung des Stiftungszwecks muss gesichert erscheinen (zweite Anerkennungsvoraussetzung) und der Stiftungszweck darf das Gemeinwohl nicht gefährden (dritte Anerkennungsvoraussetzung). Bei der Frage der Gemeinwohlgefährdung ist eine Konkretisierung dahingehend erfolgt, dass im reformierten Stiftungsrecht umfassend auf die Stiftung (an sich) und nicht nur primär auf den Stiftungszweck abzustellen ist. Bei Vorliegen der rechtlichen Voraussetzungen hat der Stifter einen gebundenen Rechtsanspruch auf Anerkennung der Stiftung (vgl. § 82 S. 1 BGB bzw. § 80 Abs. 2 S. 1 BGB a. F.).[3331]

Nach wirksamer Anerkennung erwirbt die unter Lebenden errichtete Stiftung gem. § 82a S. 1 BGB (§ 82 S. 1 BGB a. F.) gegen den Stifter einen schuldrechtlichen Anspruch auf Übertragung des ihr im Stiftungsgeschäft zugesicherten Vermögens. Rechte, für deren Übertragung ein Abtretungsvertrag genügt, wie z. B. Gesellschaftsanteile, gehen *ipso jure* gem. § 82a S. 2 BGB (§ 82 S. 2 BGB a. F.) mit Anerkennung der Stiftung auf diese über. Zulässig ist es, dass der Stifter das zu übertragende Vermögen zuvor mit Verbindlichkeiten oder Auflagen, wie etwa einem Nießbrauch, Abfindungszahlungen oder mit Rentenzahlungen zu seinen eigenen Gunsten oder zugunsten seiner Familienmitglieder belastet. Hieran ändert sich auch durch den neu gefassten § 81 Abs. 1 Nr. 2 BGB nichts, wonach das übertragene Vermögen der Stiftung explizit „zu deren eigener Verfügung zu überlassen ist“. Denn: In diesem Fall haftet dem übertragenem Vermögen als solches die (i. d. R. nur vermögensrechtliche) Belastung von vornherein an und mit ebendieser wird es zum Vermögen der Stiftung, über welches sie dann auch „frei verfügen“ kann. Hierbei ist freilich weiterhin vorauszusetzen, dass mit „belastetem Vermögen“ gleichwohl realistischerweise Erträge erzielt werden, die in der Folge zweckentsprechend verwendet werden können, um so der Lebensfähigkeitsprognose des § 82 S. 1 BGB (§ 80 Abs. 2 S. 1 BGB a. F.) gerecht zu werden.[3332]

Es konnte konstatiert werden, dass im unternehmerischen Kontext die Stiftungserrichtung unter Lebenden derjenigen – größeren Fallstricken ausgesetzten – Stiftungserrichtung von Todes wegen vorzuziehen ist. Die Stiftungserrichtung zu Lebzeiten erlaubt es dem Stifter, im Besonderen erste Erfahrungen mit „seiner“ Stiftung zu sammeln, vermittels einer Organposition Einfluss auf diese zu nehmen und im Bedarfsfall auch korrigierend – etwa durch Satzungsänderungen oder personelle Änderungen in den Organen – auf diese und damit auch auf die

3331 Dazu → Teil 3 C I 2 a).
3332 Dazu → Teil 3 C I 2 b).

Führung des Familienunternehmens einzugreifen. Ferner sprechen Aspekte der Pflichtteilvermeidung und auch steuerliche Erwägungen dafür.[3333]

Im Hinblick darauf, dass Familienunternehmen typischerweise in ihren Gesellschaftsverträgen Klauseln (z. B. Vinkulierungs-, Zustimmungs-, Nachfolge- und Einziehungsklauseln oder Erwerbs- und Vorkaufsrechten) betreffend die Anteilsübertragung enthalten, um den Familieneinfluss zu sichern und das Eindringen Dritter zu verhindern[3334], ist sicherzustellen, dass der potentielle Stifter zunächst uneingeschränkt lebzeitig und/oder von Todes wegen frei über seine Gesellschaftsanteile verfügen kann und dem nicht etwaige gesetzliche oder gesellschaftsvertragliche Verfügungsbeschränkungen oder Nachfolgeklauseln entgegenstehen bzw. ein ggf. notwendiger Gesellschafterbeschluss zuvor eingeholt werden muss oder bei Übertragung von kontrollrelevanten Aktienpaketen ein Pflichtangebot nach §§ 29 Abs. 2, 35 WpÜG zu unterbreiten ist.[3335]

III. Zu Teil 4: Die rechtliche Verfassung der unternehmensverbundenen Familienstiftung im Lichte des reformierten Stiftungsrechts

Die Stiftungsrechtsreform 2021 hat die rechtliche Verfassung einer Familienstiftung zwar nicht gänzlich umgestaltet, was in dieser Arbeit durch die Inbezugnahme auf die vorherige Rechtslage herausgestellt werden konnte. Eine spezialgesetzliche Regelung i. S. e. „Rechts der unternehmensverbundenen Familienstiftung" hat die unternehmensverbundene Familienstiftung ebenfalls nicht erfahren. Gleichwohl hat der Reformgesetzgeber einige Neuregelungen und wichtige Grundentscheidungen für das deutsche Stiftungsrecht getroffen.

1. Betreffend den Begriff und Erscheinungsformen der unternehmensverbundenen Familienstiftung

Das reformierte Stiftungsrecht sieht in § 80 Abs. 1 S. 1 BGB eine Legaldefinition bzw. gesetzliche Umschreibung der Rechtsform der rechtsfähigen Stiftung des bürgerlichen Rechts vor. Eine Stiftung wird danach definiert als *„eine mit einem Vermögen zur dauernden und nachhaltigen Erfüllung eines vom Stifter vorgegebenen Zwecks ausgestattete mitgliederlose juristische Person."* Ferner sieht § 82c BGB i. V. m. § 20 Abs. 1 StiftRG ab dem 1.1.2026 einen verpflichtenden Rechtsform-

3333 Dazu → Teil 3 C II.

3334 Siehe dazu bereits → Teil 2 B II 1.

3335 Dazu → Teil 3 C III.

zusatz für vor der Reform bestehende und auch danach errichtete rechtsfähige Stiftungen des bürgerlichen Rechts vor. Stiftungen, die ins Stiftungsregister eingetragen sind, werden danach verpflichtet, ihren Namen mit dem Namenszusatz *„eingetragene Stiftung"* zu führen, wenn sie auf unbestimmte Zeit errichtet wurden. Dieser Namenszusatz kann mit *„e. S."* abgekürzt werden. Eingetragene Verbrauchsstiftungen haben den Namenszusatz *„eingetragene Verbrauchsstiftung"* zu führen, der mit *„e. VS."* abgekürzt werden kann. Der Namenszusatz muss nicht in der Stiftungssatzung genannt werden, jedoch kann der Stifter durch eine entsprechende Regelung etwa vorgeben, ob die Kurz- oder Langform des Namenszusatzes verwendet werden soll. Im Rahmen der Gestaltungsfreiheit des Stifters betreffend den Namen der Stiftung kann der Namenszusatz nachgestellt, vorangestellt oder in den Namen integriert werden, solange die konkrete Namensgebung keinen irreführenden Charakter aufweist. Die durch den Namenszusatz gem. § 82c BGB geschaffene Abhilfe von Irreführung und rechtlicher Unsicherheit ist zu begrüßen, da auf diese Weise für den Rechtsverkehr nicht nur die Unterscheidung einer rechtsfähigen Stiftung i. S. d. §§ 80 ff. BGB von rechtsfähigen Stiftungen des öffentlichen Rechts und nichtrechtsfähigen Stiftungen, sondern auch – für die Praxis relevanter – von einer bloßen Stiftungsersatzform erleichtert wird. Der Reformgesetzgeber hat jedoch den Begriff „Stiftung" nicht exklusiv der Stiftung i. S. d. §§ 80 ff. BGB vorbehalten, sodass die Eintragungsfähigkeit des Namenszusatzes „Stiftung" bei anderen Rechtsformen, insbesondere Stiftungs-GmbH, grds. weiterhin zulässig ist.[3336]

Als Oberbegriff für Stiftungen mit Unternehmensbezug steht der Begriff „unternehmensverbundene Stiftung". Dabei ist weiter – je nachdem, wie eng die Beziehung der Stiftung bzw. des Stiftungsvermögens zum Unternehmen ist – zwischen einer sog. „Unternehmensträgerstiftung" und einer sog. „Beteiligungsträgerstiftung" zu differenzieren. Erstere stellt den Rechtsträger des Unternehmens dar, letztere hält lediglich Beteiligungen an einem eigenständigen Rechtsträger (zumeist Kapitalgesellschaft oder KG). Die Unternehmensträgerstiftung konnte sich nicht durchsetzen, weshalb die Beteiligungsträgerstiftung in der Praxis den Regelfall markiert. In beiden Fällen handelt es sich indes um bloße Anwendungsfälle der selbständigen Stiftung bürgerlichen Rechts.[3337]

Einen ebensolchen Anwendungsfall stellt auch die Familienstiftung dar. Eine (bundes-)einheitliche Definition der Familienstiftung existiert nicht und der Begriff der Familienstiftung im Zivilrecht ist nicht deckungsgleich mit dem

3336 Dazu → Teil 4 I.
3337 Dazu → Teil 4 II.

steuerrechtlichen Begriffsverständnis. Auch im Zuge der Stiftungsrechtsreform 2021 wurde die Familienstiftung gesetzlich weder definiert noch sonst speziell adressiert. Eine Familienstiftung im stiftungszivilrechtlichen Sinne zeichnet sich vornehmlich durch ihren besonderen, familiengeprägten Stiftungszweck als auch durch ihre Destinatäre, die i. d. R. aus Familienmitgliedern bestehen, aus. Zweck einer Familienstiftung ist – wie der Wortsinn bereits andeutet – u. a. ausschließlich oder überwiegend die Wahrung der Interessen und die (finanzielle) Förderung und Versorgung einer oder mehrerer bestimmter Familien.[3338]

Werden der Familienstiftung Beteiligungen am (Familien-)Unternehmen gewidmet, spricht man von einer sog. unternehmensverbundenen Familienstiftung Gestalt einer Beteiligungsträgerstiftung. Die Familienstiftung als Beteiligungsträgerin ist, vertreten durch ihren Vorstand, Gesellschafterin des Familienunternehmens. Daher obliegen auch die Rechte und Pflichten einer Gesellschafterin ebendieser. Die unternehmensverbundene Familienstiftung im Kontext der Familienunternehmensnachfolge ist eine Anwendungsvariante der rechtsfähigen Stiftung bürgerlichen Rechts, die sich durch eine auf Dauer ausgerichtete vermögens- und unternehmenszweckgebundene Organisation auszeichnet, bei der der Stifter und seine Familie maßgeblichen Einfluss auf die Familienstiftung und damit mittelbar auf das mit ihr über ihre Gesellschaftsbeteiligung verbundene Familienunternehmen haben, wobei sie – wenn auch nicht zwingend – mehr als die Hälfte bezugs-/anfallberechtigt sein können.[3339]

In der Praxis haben sich vielfältige unternehmensverbundene (Familien-)Stiftungskonstruktionen entwickelt, wie die Familienstiftung & Co. KG[3340], Doppelfamilienstiftung[3341], gemischte Familienstiftung[3342] und Stammesfamilienstiftung[3343]. Welche konkrete Konstruktion in Betracht kommt, hängt dabei maßgeblich von den Motiven und Zielen des Stifters ab. Die Stiftungsrechtsreform 2021 hat die diesbezügliche Gestaltungsfreiheit des Stifters nicht beschränkt.

Gerade dann, wenn der Familienunternehmer resp. der Stifter den Charakter des Familienunternehmens langfristig erhalten und die Verfügungsmacht sowie Unternehmenssubstanz deshalb weiterhin in den Händen der Familie belassen, aber zugleich die Unternehmensleitung unabhängig von den nachfolgenden Generationen einem qualifizierten Fremdmanagement anvertrauen will, ist der Ein-

3338 Dazu → Teil 4 III 1.
3339 Dazu → Teil 4 III 2 und 3.
3340 Dazu → Teil 4 IV 1.
3341 Dazu → Teil 4 IV 2.
3342 Dazu → Teil 4 IV 3.
3343 Dazu → Teil 4 IV 4.

satz einer Familienstiftung als Führungsinstrument der Familien-KG besonders geeignet.[3344] Im Zuge der Stiftungsrechtsreform 2021 wurde durch eine – geradezu beiläufige – Formulierung des Gesetzgebers in der Gesetzesentwurfsbegründung die grundsätzliche Zulässigkeit der Stiftung & Co. KG augenscheinlich in Zweifel gezogen. Dann soll die Übernahme der Komplementärstellung in einer Personenhandelsgesellschaft („Stiftung & Co. KG") als Zweck nicht in der Rechtsform der Stiftung verfolgt werden können. Es wurde jedoch herausgearbeitet, dass diese Aussage in ihrer Allgemeinheit unzutreffend ist. Die Äußerung in der Gesetzesentwurfsbegründung ist vielmehr bloß dahingehend zu verstehen, dass reine Selbstzweckstiftungen bzw. Funktions- bzw. Verwaltungsstiftungen auch – wie nach immer noch herrschender Auffassung – weiterhin nicht anerkennungsfähig sein sollen. Andernfalls hätte er ein ausdrückliches Verbot der Stiftung & Co. KG im Gesetzestext normieren müssen. Im hiesigen Kontext bleibt es dabei, dass eine Familienstiftung & Co. KG, bei der die Familienstiftung nach dem Willen des Stifters neben der Komplementärfunktion in der KG regelmäßig auch andere Zwecke (z. B. Familienversorgung und Unternehmenserhalt) verfolgt, auch nach neuem Stiftungsrecht zulässig und anerkennungsfähig ist.[3345] Diese Feststellung ist auch von besonderer praktischer Bedeutung, da die Familienstiftung & Co. KG für den Fall, dass die Mitbestimmung – wie im Koalitionsvertrag der aktuellen Bundesregierung geplant – verschärft werden soll, künftig als Instrument zur Vermeidung der Mitbestimmung vermehrt in den Fokus von Familienunternehmen rücken wird.[3346]

2. *Betreffend die grundsätzliche Zulässigkeit von unternehmensverbundenen Familienstiftungen*

Im deutschen Stiftungsrecht sind nach h. M. in Rechtsprechung und Literatur sowie nunmehr auch dem Willen des Reformgesetzgeber sog. Selbstzweckstiftungen unzulässig. Dasselbe gilt nach wohl immer noch überwiegender, aber vermehrt – zu Recht bestrittener – Ansicht, für sog. Unternehmensselbstzweckstiftungen. Eine Unternehmensselbstzweckstiftung meint eine Stiftung, *„die ausschließlich der Verwaltung und dem Erhalt eines bestimmten Unternehmens mit der Folge dien[t], dass die von dem Unternehmen erwirtschafteten Erträge nur diese[m] selbst*

3344 Dazu → Teil 4 IV 1 a.
3345 Dazu → Teil 4 IV 1 b.
3346 Dazu → Teil 4 IV 1 c.

zugutekommen“[3347]. Die Annahme, dass mit dem Erhalt und der Fortführung eines Unternehmens ein einziger Stiftungszweck verfolgt würde, ist zweifelhaft, gehen doch mit der Führung eines Unternehmens – auch und gerade durch Implementierung einer Stiftung – weitere Aspekte bzw. Zwecke wie der Erhalt des Unternehmens als lebenden Organismus und seiner Arbeitsplätze und damit ein Beitrag zur allgemeinen Volkswirtschaft einher. Eine Unternehmensselbstzweckstiftung liegt im Besonderen nicht im Falle einer unternehmensverbundenen Familienstiftung als Instrument der Unternehmensnachfolge für Familienunternehmen vor: Das Verbot der Unternehmensselbstzweckstiftung steht dieser nicht entgegen, da mit dem Zweck der Familienstiftung (ausschließliche oder überwiegende Wahrung der Interessen und (finanzielle) Förderung und Versorgung einer oder mehrerer bestimmter Familien) und dem weiteren Zweck des Erhalts und Fortführung des Familienunternehmens stets außerhalb des alleinigen Vermögenserhalts liegende Zwecke vorhanden sind. Die unternehmensverbundene Familienstiftung hat im Besonderen nicht ihren Selbsterhalt zum Zweck, sondern zugleich den Erhalt des Familienunternehmens auch und gerade zwecks Förderung der Stifterfamilie. Ebendieser und auch ggf. anderen kommen die Erträge der Familienstiftung zugute. Sie ist insgesamt eindeutig fremd- und nicht selbstnützig.[3348]

Im Rahmen der Stiftungsrechtsreform 2021 wurde die grundsätzliche Zulässigkeit von unternehmensverbundenen Stiftungen und Familienstiftungen seitens des Gesetzgebers zu Recht überhaupt nicht mehr infrage gestellt. Der Einsatz einer Stiftungskonstruktion als Instrument der Unternehmensnachfolge sollte nicht durch diesbezüglich hinderliche, ungeschriebene sowie gerade für die heutige Zeit unpassende Verbote, wie das der Unternehmensselbstzweckstiftung, verbaut werden. Dies gilt nach hier vertretener Auffassung generell bei unternehmensverbundenen Stiftungen, auch wenn sie keinen weiteren familiären Zweck verfolgen, sondern allein den Erhalt und Fortführung eines Unternehmens bezwecken. Da es sich nämlich bei einem Unternehmen um einen lebenden Organismus handelt, werden stets über den reinen Unternehmenserhalt weitere Zwecke (allen voran die Sicherung von Arbeitsplätzen) nach außen hin verfolgt, weshalb keine unzulässige (Unternehmens-)Selbstzweckstiftung vorliegt.[3349] Für die Praxis empfiehlt

3347 *Burgard*, Gestaltungsfreiheit im Stiftungsrecht, S. 148 f.; vgl. auch Burgard/*Burgard*, StiftR, § 80 Rn. 47; MüKoBGB/*Weitemeyer*, § 80 Rn. 206; Staudinger/*Hüttemann/Rawert*, BGB Vorb. §§ 80 ff. Rn. 225; *Wohlgenannt*, Verbot von Selbstzweckstiftungen in Österreich und Liechtenstein, S. 46.

3348 Dazu → Teil 4 B I.

3349 Dazu → Teil 4 B II.

sich gleichwohl betreffend die Anerkennung eine vorherige Absprache mit den Stiftungsbehörden.[3350]

3. *Betreffend die Bedeutung des Stifterwillens*

Der Stifterwille ist im deutschen Stiftungsrecht die oberste Maxime. Ab dem Zeitpunkt der Anerkennung der Stiftung hat der Stifter demgemäß mit Blick auf die Unverfügbarkeit einer Stiftung grds. auf die Satzung, Geschäftstätigkeit und den Bestand der Stiftung keinen Einfluss mehr (sog. Trennungs- und Erstarrungsprinzip). Bei der Auslegung jedweder Stiftungstätigkeit ist stets primär auf den in dem Stiftungsgeschäft und der Stiftungssatzung niedergelegten, verobjektivierten (historischen) oder sekundär auf den mutmaßlichen Stifterwillen abzustellen. Diese seit jeher bestehende Maßgeblichkeit des Stifterwillens für das Handeln der Stiftungsbeteiligten (Stiftungsorgane als auch Stiftungsaufsicht) wurde im Zuge der Stiftungsrechtsreform 2021 nunmehr gesetzlich in dem zwingenden § 83 Abs. 2 BGB normiert und damit bekräftigt.[3351] Damit hat der Reformgesetzgeber auch Bestrebungen sog. korporative (Willensbildungs-)Elemente im Stiftungsrecht, d. h. die Möglichkeit privatautonomer, nachträglicher Willensbildungen durch den Stifter, Organe oder Dritte, einzuführen, eine deutliche Absage erteilt.

Bei unternehmensverbundenen Familienstiftungen, die gerade mit Blick auf den Erhalt des Familienunternehmens errichtet wurden, liegt in dem Primat des Stifterwillens ein großer Vorteil gegenüber den erbrechtlichen und gesellschaftsrechtlichen Unternehmensnachfolgemöglichkeiten. Hat also der Stifter in der Stiftungssatzung bestimmte Vorgaben für die Führung, den Erhalt und die Nichtveräußerung des Unternehmens gemacht, kann sich die Stiftung resp. ihre Organe nicht darüber hinwegsetzen. Die Stiftungsautonomie ist durch das Satzungsrecht resp. dem darin verobjektivierten Stifterwillen insofern eingeschränkt. Verfügungen und Maßnahmen intern sowie extern, die dem Stifterwillen widersprechen, sind nicht gestattet. Dies bedeutet die endgültige Absicherung des Stifterwillens auch nach Ableben des Stifters. Ordnet also der Stifter resp. der Familienunternehmer den Erhalt des Familienunternehmens und seines Charakters sowie die Förderung seiner Familie an, ist dies für die Stiftung resp. ihre Organe bindend.[3352]

3350 Dazu → Teil 4 B III.

3351 Dazu → Teil 4 C.

3352 Dazu → Teil 4 C am Ende.

4. *Betreffend die Stiftungssatzung und den Stiftungszweck*

a) Stiftungssatzung

Neben dem Stiftungsgeschäft und dem Bundes- und Landesrecht (vgl. § 83 Abs. 1 BGB bzw. § 85 BGB a. F.) ist die Stiftungssatzung das maßgebende Statut für die Handhabung der Stiftung. Dieser hohe Stellenwert der Stiftungssatzung wurde mit Aufnahme der Worte „*insbesondere der Stiftungssatzung*" in § 83 Abs. 1 BGB nunmehr auch gesetzlich bekräftigt. Dabei ist im Hinblick darauf, dass der Stifterwille vornehmlich in der Stiftungssatzung niedergelegt wird, ein besonderes Augenmerk bei deren Gestaltung zu setzen, insbesondere für dann Fall, dass ein Familienunternehmen generationenüberdauernd vermittels der Familienstiftungskonstruktion fortgeführt werden soll. Da nicht alle Eventualitäten vorhergesehen werden können, ist es besonders bei unternehmensverbundenen Familienstiftung von Relevanz, ob und in welchem Umfang Anpassungen an spezifischen Herausforderungen, die im Lebenszyklus der unternehmensverbundenen Familienstiftung selbst oder auch des Familienunternehmens als solches, zulässig sind.[3353]

Vor der Stiftungsrechtsreform bestand hinsichtlich Satzungsänderungsmöglichkeiten ein Flickenteppich aus vereinzelten bundes- und landesstiftungsrechtlichen Regelungen, deren Zulässigkeit und Reichweite nicht unumstritten waren.[3354]

Das reformierte Stiftungsrecht sieht nunmehr bundeseinheitliche Regelungen betreffend die Voraussetzungen und Verfahren von organschaftlichen als auch behördlichen Satzungsänderungen in den §§ 85, 85a BGB vor.[3355] Zugleich wurden auch spezielle Strukturänderungen bzw. besondere Zweckänderungen wie die Zulegung und Zusammenlegung (§§ 86–86h BGB) sowie Auflösung durch Organe (§ 87 BGB) und die behördliche Aufhebung (§ 87a BGB) der Stiftung einer gesetzlichen Normierung zugeführt.[3356] Mit dem Inkrafttreten der Neuregelungen zum 1.7.2023 sind die entsprechenden landesstiftungsrechtlichen Regelungen unwirksam und die jeweiligen Landesstiftungsgesetze waren entsprechend zu bereinigen.

Mit den §§ 85, 85a BGB sowie §§ 86–86h, 87, 87a BGB sind bundeseinheitliche Regelungen geschaffen worden, die insoweit zur Rechtsklarheit und -sicherheit beitragen werden. Dabei differenziert der Gesetzgeber wie zuvor auch zwischen

---

3353 Dazu → Teil 4 D I 1.

3354 Dazu → Teil 4 D I 2 a.

3355 Dazu ausf. → Teil 4 D I 2 b.

3356 Dazu → Teil 4 D I 2 b dd.

organschaftlichen und behördlichen Satzungsänderungskompetenzen. Die Voraussetzungen orientieren sich nach der Eingriffsintensität in die Stiftungsstruktur, wobei der Gesetzgeber in § 85 BGB zwischen drei Kategorien von Satzungsänderungen unterscheidet.[3357] Je intensiver die Änderung in die Stiftung eingreift, desto höhere Anforderungen werden gestellt. Dabei ist es zulässig, dass der Stifter – aber auch nur er – abweichende Regelungen i. S. d. § 85 Abs. 4 BGB auch in der (ersten) Satzung, also die, die der Stifter der Stiftung im Stiftungsgeschäft gibt, statuiert.[3358] Jede Satzungsänderung bedarf dabei gem. § 85a Abs. 1 S. 2 BGB der Genehmigung durch die zuständige Stiftungsbehörde.

Zugleich hat der Gesetzgeber mit den Neuregelungen verdeutlicht, dass im deutschen Stiftungsrecht das Trennungs- und vor allem Erstarrungsprinzip durch ein freies Änderungsrecht des Stifters oder der Organe weder gelockert noch aufgebrochen werden soll. Damit bekräftigt der Reformgesetzgeber auch den Umstand, dass die Rechtsform der Stiftung in Deutschland weiterhin als ein (Perpetuierungs-)Instrument aufgefasst wird, um den Willen des Stifters dauerhaft in der Form umzusetzen und zu verstetigen, wie er seinen Eingang im Stiftungsgeschäft und in der Stiftungssatzung gefunden hat. Die Etablierung eines solchen Stifterrechts ist vor diesem Hintergrund – wie zuvor nach h. M. – auch im neuen Recht nicht per Satzungsregelung zulässig.[3359] Ob es insoweit künftig zu einer Öffnung des deutschen Stiftungsrechts kommt, ist im Hinblick darauf, dass sich der Reformgesetzgeber 2021 ausführlich mit dieser Frage beschäftigt und dies letztlich verworfen hat, zweifelhaft. Auch künftig bleibt es wohl dabei, dass im deutschen Stiftungsrecht korporative Strukturen und ein lebzeitiges Änderungsrecht des Stifters unzulässig sind.

b) Stiftungszweck

In Bezug auf den Stiftungszweck als zentralem Regelungsbereich einer Stiftung bleibt die Rechtslage auch nach der Stiftungsrechtsreform 2021 unverändert.[3360] Es gilt weiterhin der Grundsatz der sog. Allzweckstiftung. Eine stiftungsrechtliche Grenze der Zweckbestimmung bildet das sog. Verbot der Selbstzweckstiftung bzw. Unternehmensselbstzweckstiftung und das Verbot der Stiftung (nur) für den Stifter. Eine unternehmensverbundene Familienstiftung verstößt aber grundsätzlich nicht gegen die vorstehenden Verbote.

3357 Dazu → Teil 4 D I 2 b aa.

3358 Dazu → Teil 4 D I 2 b aa. (4) (a)–(c).

3359 Dazu → Teil 4 D I 2 c.

3360 Dazu → Teil 4 D II 1.

Die typischen Stiftungszwecke unternehmensverbundener Familienstiftungen gleichen regelmäßig den Gesellschaftszwecken von Familienunternehmen, die primär in der generationsübergreifenden Fortführung des Familienvermögens als Geschäftsgrundlage und gesellschaftsrechtlicher DNA des Familienunternehmens sowie Vermögens- und Einkommensquelle für künftige Generationen liegen.[3361] Bei einer (privatnützigen) unternehmensverbundenen Familienstiftung als Instrument der Unternehmensnachfolge eines Familienunternehmens besteht vor diesem Hintergrund i. d. R. auch ein Interessengleichlauf zwischen der familienbeeinflussten Familienstiftung als Gesellschafterin und dem Familienunternehmen. Stiftungszweck und Unternehmensinteresse stellen in diesem Fall daher grundsätzlich keine Gegensätze dar bzw. konfligieren nicht miteinander.[3362]

5. *Betreffend das Stiftungsvermögen*

Das Stiftungsvermögen hat für eine unternehmensverbundene Familienstiftung eine außerordentliche Bedeutung, da es das finanzielle Fundament der Stiftung bildet und ihr ermöglicht, ihre Zwecke und Aufgaben, d. h. hier vornehmlich die Förderung der Familie sowie den Erhalt und die Fortführung des Familienunternehmens, zu erfüllen. Vor der Stiftungsrechtsreform 2021 ließen sich die gesetzlichen Vorgaben überwiegend allein den Landesstiftungsgesetzen entnehmen, die jedoch nicht einheitlich waren.[3363]

Mit den §§ 83b, 83c BGB sind im reformierten Stiftungsrecht nunmehr einige grundlegende und bundeseinheitliche Bestimmungen über das Stiftungsvermögen und seine Verwaltung getroffen worden, die sich jedoch weitestgehend an den alten landesstiftungsrechtlichen Regelungen orientieren.[3364] Neu ist, dass die Satzung einer auf unbestimmte Zeit errichteten Stiftung (sog. Ewigkeitsstiftung) keine Bestimmungen mehr über das Vermögen der Stiftung enthalten muss, da die Vermögenswidmung bereits Bestandteil des Stiftungsgeschäfts (§ 81 Abs. 1 Nr. 2 BGB). Infolgedessen wird das Vermögen auch nicht mehr als notwendige Regelung in § 81 Abs. 1 Nr. 1 BGB genannt. Gleichwohl steht es dem Stifter frei, entsprechende Regelungen betreffend das Stiftungsvermögen auch in der Satzung vorzusehen. So können sich aus der Satzung auch weiterhin weitere Anforderungen an die Verwaltung des Stiftungsvermögens oder einzelner Vermögensgegen-

3361 Dazu → Teil 4 D II 2.

3362 Dazu → Teil 4 D II 3.

3363 Dazu → Teil 4 E I.

3364 Dazu → Teil 4 E II.

stände ergeben, was gerade bei unternehmensverbundenen Familienstiftungen regelmäßig sinnvoll ist.

Im reformierten Stiftungsrecht fungiert der Begriff „Stiftungsvermögen" als Oberbegriff für das sog. Grundstockvermögen[3365] und das sonstige Vermögen[3366] der Stiftung. Ein etwaiges nicht zum Stiftungsvermögen zählendes Vermögen wird als „*fremdes Vermögen*" bezeichnet, das getrennt vom Stiftungsvermögen zu verwalten ist, § 83b Abs. 4 S. 1 BGB. Dieses sog. vermögensrechtliche Trennungsgebot gilt ferner sowohl für Grundstockvermögen als auch für das sonstige Vermögen.[3367]

In § 83b Abs. 3 BGB ist die bereits im alten Recht anerkannte sog. Teilverbrauchsstiftung einer gesetzlichen Normierung zugeführt und damit explizit als zulässige Gestaltungsmöglichkeit sanktioniert worden.[3368] Danach kann der Stifter zum einen im Stiftungsgeschäft und nach hier vertretener Auffassung auch in der Stiftungssatzung[3369] bei einer Ewigkeitsstiftung abweichend von § 83b Abs. 2 Nr. 1 BGB einen Teil des gewidmeten Vermögens (§ 81 Abs. 1 Nr. 2 BGB) zu sonstigem Vermögen bestimmen. In diesem Fall handelt es sich aber weiterhin um eine Ewigkeitsstiftung, die ihren Zweck auf unbestimmte Zeit dauernd und nachhaltig erfüllen soll. Ob, wie und wann das zum sonstigen Vermögen umgewidmete Vermögen aber tatsächlich verbraucht werden soll, obliegt allein der Entscheidung des Stifters, der diesbezügliche statutarische Vorgaben treffen kann.

In § 83c BGB wurden nunmehr bundeseinheitliche Vorgaben zur Verwaltung des Grundstockvermögens getroffen.[3370] Dabei bezieht sich § 83c BGB ausdrücklich nur auf das Grundstockvermögen und nicht auf das sonstige Vermögen einer Stiftung. Vorgaben, wie der Vermögenserhaltungsgrundsatz auszufüllen ist (z. B. gegenständlicher, nominaler oder realer Werterhalt), trifft der Reformgesetzgeber nicht. Demgemäß ist die Konkretisierung des Vermögenserhaltungsgrundsatzes – wie zuvor bereits nach h. M. auch – dem Stifter überantwortet. Der Stiftungszweck ist gem. § 83c Abs. 1 S. 2 BGB mit den Nutzungen des Grundstockvermögens zu erfüllen, was zur Folge hat, dass im Falle von unternehmensverbundenen Familienstiftungen, die Stiftungszwecke mit den Erträgen aus der Unternehmensbeteiligung zu erfüllen sind.

3365 Dazu → Teil 4 E I b aa.
3366 Dazu → Teil 4 E I b bb.
3367 Dazu → Teil 4 E II b bb.
3368 Dazu → Teil 4 E II 1 c.
3369 Vgl. hierzu bereits → Teil 4 D I 2 b aa (4) (c).
3370 Dazu → Teil 4 E II 2.

§ 83c Abs. 1 S. 3 BGB sieht nunmehr explizit vor, dass Zuwächse aus der Umschichtung des Grundstockvermögens für die Erfüllung des Stiftungszwecks – im hiesigen Kontext etwa zur Unterstützung der Familie – verwendet werden können, soweit dies durch die Satzung nicht ausgeschlossen wurde und die Erhaltung des Grundstockvermögens gewährleistet ist. Damit wurde nun im neuen Recht die Zulässigkeit von Umschichtungen seitens des Gesetzgebers anerkannt, wobei es bei den bereits im alten Recht geltenden Anforderungen an Umschichtungen bleibt. Die Regel ist dispositiv, sodass der Stifter in der Stiftungssatzung die Umschichtung sowie die Verwendung der Umschichtungszuwächse näher konkretisieren, beschränken oder gänzlich ausschließen kann.[3371]

Zwar sind nunmehr mit den §§ 83b, 83c BGB bundeseinheitliche Regelungen vorhanden, doch muss ein Stifter überprüfen, ob diese Regelungen für eine unternehmensverbundene Familienstiftung so allein ausreichend oder doch abweichende Regelungen vonnöten sind. Gerade hinsichtlich der von einer Familienstiftung gehaltenen Unternehmensbeteiligung/en bedarf es für die Gewährleistung der Unternehmenskontinuität Vorgaben in Bezug auf die Veräußerungs- bzw. Umschichtungsmöglichkeiten. Im hiesigen Kontext wird der Stifter resp. Familienunternehmer hohe Voraussetzungen diesbezüglich stellen, um eine generationenüberdauernde Fortführung des Familienunternehmens zu gewährleisten. Das reformierte Stiftungsrecht lässt ihm dafür die entsprechende Gestaltungsfreiheit.

6. *Betreffend die Stiftungsorganisation*

Vor der Stiftungsrechtsreform 2021 ergaben sich Regelungen betreffend die Organisationsverfassung einer Stiftung primär aus der Verweisung des § 86 BGB a. F. in das Vereins- und auch Auftragsrecht. Mit dem StiftVereinhG 2021 sind in den §§ 84–84c BGB Regelungen betreffend die Organe einer Stiftung normiert worden, die jedoch inhaltlich überwiegend an die vereinsrechtlichen Regelungen angelehnt sind. In § 84 Abs. 1 und 2 BGB finden sich nunmehr eigene Vorschriften für die Vertretungs- und Geschäftsführungsbefugnis des Stiftungsvorstands. Die Beschränkbarkeit der Vertretungsmacht ist nun in § 84 Abs. 3 BGB geregelt. Gänzlich neu ist § 84 Abs. 4 BGB, der nunmehr explizit die Errichtung fakultativer Stiftungsorgane (z. B. Stiftungsrat, Beirat, Destinatärsversammlung) vorsieht. Ferner sind für alle Organe Regelungen betreffend die Rechte und Pflichten sowie einzelner Haftungsmodalitäten geschaffen worden und im Speziellen ist eine stiftungsrechtliche *Business Judgement Rule* mit § 84a BGB eingeführt wor-

3371 Dazu → Teil 4 E II b.

den. Schließlich ist eine Regelung für die Beschlussfassung bei Mehr-Personen-Organen (§ 84b BGB) und eine einheitliche und abschließende Regelung für (behördliche) Notmaßnahmen bei Fehlen von Organmitgliedern (§ 84c BGB[3372]) vorgesehen. Gleichwohl kommt auch das reformierte Stiftungsrecht nicht ohne Verweise in das Vereinsrecht aus. So finden sich in §§ 84 Abs. 5[3373], 84a Abs. 3 S. 1[3374], 84b S. 1[3375], 87c Abs. 2 BGB[3376] noch entsprechende Verweise.[3377]

Das einzige gesetzlich zwingend vorgeschriebene Organ einer Stiftung ist auch im reformierten Stiftungsrecht allein der Vorstand (§§ 81 Abs. 1 Nr. 1 lit. d), 84 Abs. 1 und Abs. 2 BGB).[3378] Er ist die oberste Leitungs- und Entscheidungsinstanz in der Stiftung. Ihm allein obliegt die Geschäftsführungs- und Vertretungsbefugnis für die Stiftung (§ 84 Abs. 1 S. 2, Abs. 2 S. 1 BGB). Bei all seinem Handeln ist er jedoch gem. § 83 Abs. 2 BGB stets an den Stifterwillen gebunden. Die Vertretungsmacht des Stiftungsvorstands ist gem. § 84 Abs. 3 BGB umfassend und unbeschränkt, soweit sie nicht durch die Stiftungssatzung beschränkt wird. Allein durch den Stiftungszweck als solchen ist die Vertretungsmacht des Vorstands nicht beschränkt.[3379]

Neben dem zwingend vorgesehenen Vorstand ist die Etablierung fakultativer Stiftungsorgane möglich, die gerade bei unternehmensverbundenen Familienstiftungen in Gestalt von Familienräten oder Destinatärsversammlungen zur Bindung des Familieneinflusses und der Gewährleistung der Kontrolle durch die Familie regelmäßig sinnvoll und typisch sind. Deren Einrichtung vermittels Stiftungssatzung war bereits im alten Recht unstreitig zulässig und wurde nun im reformierten Stiftungsrecht gem. § 84 Abs. 4 S. 1 BGB auch gesetzlich sanktioniert.[3380]

Ob des ungenauen Wortlauts des § 84 Abs. 4 S. 2 BGB, sind neben Regelung der Befugnisse in der Stiftungssatzung auch Regelungen in sog. Geschäfts-/Nebenordnungen auch im reformierten Stiftungsrecht weiterhin zulässig, sofern dies in der Stiftungssatzung – wie bisher in der Praxis üblich – ausdrücklich

---

3372 Hierzu ausf. *v. Thunen/Möller*, ZStV 2024, 83.

3373 Verweis auf §§ 30 (besonderer Vertreter), 31 (Zurechnung des Organhandelns) und § 42 Abs. 2 BGB (Insolvenzantragspflicht des Vorstands).

3374 Verweis auf § 31a BGB (Haftungsprivilegierung ehrenamtlicher Organmitglieder).

3375 Verweis auf § 32 BGB (Beschlussfassung).

3376 Verweis auf §§ 46–53 BGB (Liquidationsverfahren).

3377 Dazu → Teil 4 F.

3378 Dazu → Teil 4 F I 1.

3379 Dazu → Teil 4 F I 2.

3380 Dazu → Teil 4 F II.

statuiert, also auf die Geschäfts-/Nebenordnungen verwiesen wird.[3381] Mit Blick auf das weitgehende Einsichtnahmerecht in das künftige Stiftungsregister gem. § 15 StiftRG, insbesondere in die Stiftungssatzung[3382], könnten Regelungen in Geschäfts- oder Nebenordnungen, die nicht in das Stiftungsregister einzureichen sind, gerade bei unternehmensverbundenen Familienstiftungen im Hinblick auf ihr Diskretionsbedürfnis an Bedeutung gewinnen.

Eine wesentliche mit der Stiftungsrechtsreform 2021 einhergehende Neuerung ist die gesetzliche Normierung der sog. *Business Judgement Rule* im nicht disponiblen § 84a Abs. 2 S. 2 BGB[3383] betreffend die Haftung von Stiftungsorganen[3384]. Diese ist gerade für unternehmensverbundene (Familien-)Stiftungen, die vermehrt unternehmerische, im Speziellen das Stiftungsvermögen betreffende Entscheidungen treffen müssen, zu begrüßen, da insbesondere *„deren Vorstände auf einen ‚safe harbor' angewiesen sind"*.[3385]

Im reformierten Stiftungsrecht schafft § 84a Abs. 3 S. 2 BGB, wonach die Anwendbarkeit des § 31a BGB durch die Satzung beschränkt oder ausgeschlossen werden kann, diesbezüglich Rechts- und Planungssicherheit, da dies im alten Recht nicht unumstritten war.[3386] Die gesetzliche Regelung der Haftungsmodalitäten von Stiftungsorganen in § 84a BGB ist insgesamt grundsätzlich zu begrüßen. Die gesetzliche Verankerung der stiftungsrechtlichen BJR, der Disponibilität des § 31a BGB sowie die Möglichkeit *qua* Satzung den Haftungsmaßstab zu regeln, klärt diesbezüglich bestehende Streitfragen und sorgt damit nunmehr für Rechtsklarheit und Gestaltungssicherheit.

7. Betreffend die Destinatäre

Die reformierten §§ 80 ff. BGB enthalten weiterhin keine Vorgaben hinsichtlich der Destinatäre einer Stiftung, sodass es weiterhin allein dem Stifter obliegt, jene zu bestimmen und ihre Rechtsstellung auszugestalten. Insofern ist der Stifter bei einer privatnützigen Familienstiftung bei der Bestimmung der Destinatäre grds. frei und weder an den allgemeinen Gleichbehandlungsgrundsatz des Art. 3 Abs. 1 GG noch an das AGG gebunden. Er kann deshalb auch aus dem Kreis

3381 Dazu → Teil 4 F III.

3382 Dazu → Teil 3 B I 5 b.

3383 Dazu → Teil 4 F IV 2 b.

3384 Dazu insgesamt → Teil 4 F IV.

3385 *Markworth*, NZG 2021, 100 (104). Vgl. auch *Baßler/Stöffler/Blecher*, GmbHR 2021, 1125 Rn. 28.

3386 Dazu → Teil 4 F IV 3.

der Familie bzw. der Familien bestimmte Familienmitglieder in die Bezugsberechtigung einschließen oder davon gänzlich ausschließen.[3387] In Bezug auf die Ungleichbehandlung von männlichen und weiblichen Abkömmlingen könnte die diesbezügliche weite Gestaltungsfreiheit des Stifters im deutschen Stiftungsrecht jedoch im Hinblick auf eine jüngerer Zeit ergangene, konträre Entscheidung des EGMR eine Grenze erfahren. Der EGMR hat insofern geurteilt, dass – betreffend eine türkische Stiftung – eine Regel, wonach nur männliche Nachfahren des Gründers Ausschüttungen erhalten, gegen das Diskriminierungsverbot gem. Art. 14 EMRK i. V. m. Art. 1 EMRK-Zusatzprotokoll verstößt, insbesondere da eine Ungleichbehandlung von Mann und Frau in Gänze nicht mehr dem europäischen und auch *in casu* türkischen Gesellschaftssystem entspricht.[3388] Die Entscheidung dürfte auch auf das deutsche Stiftungsrecht betreffend die Wirksamkeit einer geschlechterspezifischen Klausel – jedenfalls betreffend die Destinatärstellung – zu übertragen sein.

Bei einer unternehmensverbundenen Familienstiftung stellt die Stifterfamilie den Destinatärskreis dar. Hinsichtlich der Rechtsstellung der Destinatäre kraft Gesetzes ist zu konstatieren, dass jene im deutschen Stiftungsrecht – auch nach der Stiftungsrechtsreform 2021 – rechtslos gestellt sind; ihnen stehen weder Vermögens- noch Mitverwaltungs-, Kontroll- oder Abwehrrechte zu. Gleichwohl kann der Stifter entsprechende Destinatärsrechte vorsehen. Durch Einräumung von Rechten und auch durch ggf. gleichzeitige Bestellung zu einem Organmitglied der Stiftung kann die Rechtsstellung der Destinatäre zwar derjenigen eines Familiengesellschafters angenähert bzw. nachgebildet werden. Doch bleiben die Destinatäre auch dann an den Stifterwillen gebunden und können nur im Rahmen des handeln. Den Destinatären kann aber trotzdem eine starke Rolle in der Stiftung samt vieler Mitwirkungsrechte einräumen. Da korporative Elemente mit Blick auf die Mitgliederlosigkeit und dem Primat des Stifterwillens in einer Stiftung unzulässig sind, ist jedoch hinsichtlich der Gestaltung der Mitwirkungs- und Mitbestimmungsrechte der Destinatäre darauf zu achten, dass diese nicht so weit gehen, dass eine autonome Willensbildung – unabhängig vom Stifterwillen in der Stiftung – stattfindet. Räumt der Stifter den Destinatären entsprechende Rechte ein, so muss er dabei stets auch *Governance*-Vorkehrungen dahingehend treffen, dass die Familienstiftung nicht zum Selbstbedienungsladen der Destinatäre wird. Im Rahmen einer unternehmensverbundenen Familienstiftung ist aber insofern

3387 Dazu → Teil 4 G I.

3388 EGMR, ZStV 2023, 12 = npoR 2023, 293 = (dt. Übersetzung) NLMR 2022, 351 Rn. 136 ff. – *Dimici/Türkei*, dazu die luzide Anm. von *Reibetanz*, npoR 2023, 293 (297 ff.) und *Röthel*, ZEuP 2024, 208 (210 ff.).

auch regelmäßig davon auszugehen, dass diese ein langfristiges Interesse an der Fortführung des Familienunternehmens und an der andauernden Versorgung der Familie durch die Familienstiftung haben werden.[3389]

8. Betreffend die Stiftungsaufsicht

Die rechtsfähige Stiftung bürgerlichen Rechts unterliegt als einzige juristische Person der zwingenden staatlichen Stiftungsaufsicht. Dies lässt sich nunmehr explizit § 83 Abs. 2, 85a Abs. 1 S. 2 BGB entnehmen (zuvor vgl. §§ 80 Abs. 2, 87 Abs. 1 u. 2 BGB a. F). Die Stiftungsaufsicht ist demgemäß auch weder nach dem BGB noch nach den Landesstiftungsgesetzen dispositiv. Mit Inkrafttreten der Stiftungsrechtsreform zum 1.7.2023 sind einige zuvor noch in den Landesstiftungsgesetzen geregelten Rechte und Pflichten der Stiftungsaufsicht – unter teilweiser Erweiterung – sowie genuin dem Stiftungszivilrecht überantwortete Regelungen ins BGB überführt worden. Infolgedessen waren die Landesstiftungsgesetze diesbezüglich zu bereinigen und fungieren heutzutage als reine Aufsichtsgesetze. Die Stiftungsaufsicht ist weiterhin reine Rechtsaufsicht. Ob die Organe bei ihrem Handeln auch zweckmäßig handeln, unterliegt hingegen nicht der Kontrolle der Stiftungsaufsicht; ihr ist es nicht erlaubt, Zweckmäßigkeitserwägungen, insbesondere des Stiftungsvorstands, zu ersetzen. Für ihr Handeln leitend ist der historische oder hilfsweise der mutmaßliche Stifterwille (vgl. § 83 Abs. 2 BGB). Es besteht grundsätzlich kein Anspruch eines Organmitgliedes oder eines Dritten auf ein Einschreiten der Stiftungsaufsichtsbehörde. Die gilt ebenfalls im Falle einer Familienstiftung, sodass im Besonderen Familien-Destinatäre von Gesetzes wegen keinen Anspruch auf Einschreiten zur Unterbindung ihnen nachteiliger Rechtsverletzungen durch die Stiftungsorgane gegen die Stiftungsaufsichtsbehörde haben. Nach altem und auch nach neuem Stiftungsrecht steht Stiftungsbeteiligten, insbesondere dem Stifter und den Destinatären, im Übrigen kein „Notklagerecht“ bzw. ein subjektiv-öffentliches Recht auf Einschreiten der Stiftungsaufsichtsbehörde zu. Entsprechende Forderungen zur Stärkung der Klagerechte, etwa durch Schaffung einer sog. *actio pro fundatione* für Stiftungsbeteiligte, insbesondere der Destinatäre, wurden im Rahmen der Stiftungsrechtsreform 2021 nicht umgesetzt.[3390] Ein etwaiges Klagerecht eines Stiftungsbeteiligten muss

3389 Dazu → Teil 4 G II.

3390 Burgard/*Burgard/Heimann*, Stiftungsrecht, Anh. 1 § 84a Rn. 38; *v. Thunen/Möller*, ZStV 2024, 83 (87 f.); jew. m. w. N. zu entsprechenden Forderungen. Kürzlich eine deutsche „*Stiftungsaufsichtserinnerung*“ nach dem Vorbild der schweizerischen Stiftungsaufsichtsbeschwerde vorschlagend *Eßer*, Stiftungskontrolle, S. 133 ff., 219 ff.;

sich vielmehr weiterhin aus der Stiftungssatzung selbst im Wege der Auslegung oder explizit herleiten lassen.[3391]

Eine privatnützige unternehmensverbundene Familienstiftung in Gestalt einer Beteiligungsträgerstiftung unterfällt nur beschränkt der landesgesetzlich (im Detail unterschiedlich) geregelten Stiftungsaufsicht. Als privatnützige Familienstiftung findet bei ihr in einigen Landesstiftungsgesetzen keine oder nur eine eingeschränkte staatliche Stiftungsaufsicht statt. Vor diesem Hintergrund kann die konkrete Sitzwahl für die Errichtung einer unternehmensverbundenen Familienstiftung in Bezug auf Art und Umfang der entsprechenden landesrechtlichen Stiftungsaufsicht ein relevanter Aspekt sein. Die unterschiedliche Behandlung betreffend die Aufsicht von privatnützigen Stiftungen ist auch nach der Stiftungsrechtsreform 2021 und auch im Lichte des § 83 Abs. 2 BGB zulässig. Die konkrete Ausgestaltung der Aufsicht und speziell ihres Umfangs sowie damit auch eine etwaige Differenzierung zwischen bestimmten Stiftungstypen bleibt weiterhin den einzelnen Bundesländern überantwortet. Reformziel des Reformgesetzgebers war vornehmlich die Vereinheitlichung des Stiftungszivilrechts und damit einhergehend die Bereinigung – nur – der in den Landesstiftungsgesetzen enthaltenen, teils unterschiedlichen zivilrechtlichen Regelungen. Das Stiftungsaufsichtsrecht blieb insofern davon unberührt und wurde nicht harmonisiert. Der Reformgesetzgeber hat mit § 83 Abs. 2 BGB keine abschließende Regelung betreffend die konkrete Ausgestaltung der Stiftungsaufsicht getroffen.

Die staatliche Stiftungsaufsicht stellt auch nach neuem Recht besonders für unternehmensverbundene Familienstiftungen keinen relevanten Nachteil dar. Dies gilt im Besonderen bei einer Beteiligungsträgerstiftung. Der Rechtsaufsicht durch die Stiftungsbehörde unterfällt allein die Beteiligungsträgerstiftung und nicht etwa das beteiligte Familienunternehmen an sich. Die unternehmensverbundenen Familienstiftung übt demgemäß ihre Gesellschafterrechte im Familienunternehmen grundsätzlich eigenständig aus.

---

vgl. auch bereits MüKoBGB/*Weitemeyer*, § 85 Rn. 32 ff. („*subsidiäre Stiftungsaufsichtsbeschwerde*"); eher für eine *actio pro fundatione* nur zugunsten der Organe, dem Stifter und klageberechtigten Destinatären mit Normvorschlag *Burgard*, npoR 2024, 181 (186 f.); vgl. auch *§ 85 Abs. 3 BGB-PE*, der jedoch nur auf Organmitglieder beschränkt ist, dazu *Arnold et al.*, ZIP 2020, Beilage zu Heft 10, S3 (S8 f.). Eine *actio pro fundatione*, wie von *Burgard* vorgeschlagen, dürfte im Hinblick darauf, dass die Stiftungsbehörden bereits aktuell unterbesetzt sind und gemeinhin knappe Ressourcen haben, sinnvoller und aus Sicht der Stiftungen nützlicher sein.

3391 Dazu insgesamt → Teil 4 H I.

Im Besonderen im Hinblick auf die Tatsache, dass es sich bei der Stiftungsaufsicht um eine reine und zumeist beschränkte Rechtsaufsicht (allein) der Familienstiftung handelt, ist insgesamt zu konstatieren, dass sich die Stiftungsaufsicht *in praxi* nicht negativ auf die Stiftungstätigkeit der Familienstiftung und damit auch nicht auf die Unternehmenstätigkeit des Familienunternehmens auswirkt. Dies gilt auch nach der Stiftungsrechtsreform 2021, womit ein weitergehender Trend zum Rückzug bzw. Entlastung der Stiftungsaufsichtsbehörden betreffend die Aufsicht von Familienstiftungen und sonstigen privatnützigen Stiftungen mit Blick auf die novellierten Landesstiftungsgesetze zu verzeichnen ist. Dies mahnt künftige Stifter aber – besonders mit Blick auf die Mitgliederlosigkeit der Stiftung und der damit einhergehenden funktionalen Strukturdefiziten – dazu an, selbstständig Kontrollgremien oder andere Mechanismen per Satzung zu etablieren, um die satzungsgemäße Stiftungsverwaltung auch nach ihrem Ableben stärker abzusichern.[3392]

IV. Zu Teil 5: Gestaltungsaspekte zur Sicherung des Familieneinflusses auf Ebene der Familienstiftung und des Familienunternehmens

1. Betreffend die Verzahnungsmöglichkeiten von Familienstiftung, Familienunternehmen und Familie

Ob im Falle der Wahl einer unternehmensverbundenen Familienstiftung als Unternehmensnachfolgemodell die Klassifizierung als „Familienunternehmen“ weiterhin möglich ist, hängt zuvörderst von der Verzahnung von Familienstiftung, Familienunternehmen und Familie ab. Je enger diese ist, desto mehr kann die Erhaltung des Charakters des Familienunternehmens gewährleistet werden. Umgekehrt bedeutet dies aber, dass je geringer die Verzahnung ist, desto weniger kann von einem Familienunternehmen gesprochen werden; es liegt dann nur noch ein Stiftungsunternehmen vor. Allein die Implementierung einer Familienstiftung und die Tatsache, dass Familienmitglieder Destinatäre sind, führt nicht *per se* zur Wahrung des Familienunternehmenscharakters. Dies gilt insbesondere im Hinblick auf die von Gesetzes wegen bestehende Rechtslosstellung der Destinatäre.[3393]

Es wurden vier mögliche Typen der Verzahnung von Familienstiftung, Familienunternehmen und Familie innerhalb einer unternehmensverbundenen

3392 Dazu insgesamt → Teil 4 H II.

3393 Siehe → Teil 5 A.

Familienstiftung untersucht. In Typ 1 ist die Familie weder in den Organen der Familienstiftung noch des Unternehmens vertreten. In Typ 2 ist die Familie nicht auf Stiftungsebene vertreten, sondern sie hält lediglich einen geringen Gesellschaftsanteil am Unternehmen und mindestens ein Familienmitglied ist in einem Geschäftsführungsorgan vertreten. In Typ 3 ist die Familie allein in den Stiftungsorganen der Familienstiftung vertreten, nicht aber im Unternehmen. In Typ 4 ist die Familie sowohl auf Stiftungsebene als auch auf der Ebene des Familienunternehmens in den Organen vertreten.[3394]

Dabei wird die Verzahnung von Typ 1 bis hin zum Typ 4 immer enger und damit die Wahrung des Familienunternehmenscharakters stärker. Je geringer der Familieneinfluss in einem Familienunternehmen in Gestalt einer unternehmensverbundenen Familienstiftung ist, desto weniger lässt sich dann noch von einem Familienunternehmen sprechen, dessen wesentliches Charakteristikum in ebenjenem beherrschenden Familieneinfluss zu sehen ist.[3395] Je nach Typ bleibt die Familie mehr oder weniger stark eingebunden und kann damit unterschiedlich stark auf das stiftungsverbundene Familienunternehmen Einfluss nehmen.

Eine Konstruktion nach Typ 1 und Typ 2 entfernt sich weit von einem Familienunternehmen im hier verstandenen Sinne. In Typ 1 haben die Familienmitglieder aufgrund dessen, dass sie nur als Destinatäre der Familienstiftung fungieren, keinerlei Einfluss auf die Geschicke des Familienunternehmens. In Typ 2 sind zwar Familienmitglieder auch in den Geschäftsführungsorganen des Familienunternehmens wenigstens vertreten. Jedoch liegt der beherrschende Einfluss nicht bei der Familie, sondern bei der Familienstiftung, deren Organe allein mit familienfremden Mitgliedern besetzt sind. Unternehmensverbundenen Familienstiftungen nach Typ 1 und 2 sind damit keine Familienunternehmen mehr.

Damit man weiterhin von einem Familienunternehmen ausgehen kann, so sollte eine Gestaltung nach Typ 3 oder idealiter nach Typ 4 herangezogen werden. In Typ 3 ist der beherrschende Familieneinfluss vermittels der Besetzung der mehrheitlich beteiligten Familienstiftung mit Familienmitgliedern hinreichend gewährleistet, sodass die Unternehmensführung weiterhin der Familie als *De-Facto*-Eigentümerin obliegt, obgleich auf Unternehmensebene ein Fremdmanagement etabliert ist. Typ 4 kann mit einem Familienunternehmen weitestgehend gleichgesetzt werden. Hier ist die Familie sowohl auf Stiftungs- als auch Unternehmensebene vertreten. Der Familieneinfluss ist in dieser Gestaltung daher mit anderen Worten omnipräsent und gewährleistet daher am stärksten den Erhalt

3394 Zu den einzelnen Typen → Teil 5 A I–IV.

3395 Zur Relevanz der Sicherung des Familieneinflusses → Teil 2 B.

des Familienunternehmenscharakters. Insgesamt gilt, dass wenn gewährleistet ist, dass die Familie – jedenfalls mittelbar über die Familienstiftung – weiterhin beherrschenden Einfluss auf das Familienunternehmen hat, man auch im Falle der Implementierung einer unternehmensverbundene Familienstiftung von einem Familienunternehmen sprechen kann.

2. Betreffend die Einsatz- und Einflussmöglichkeiten des Stifters und der Familienmitglieder in der unternehmensverbundenen Familienstiftung

a) Reichweite und Grenzen der Gestaltungsfreiheit des Stifters

Das reformierte Stiftungsrecht hält an der Gestaltungsfreiheit des Stifters fest. Der Reformgesetzgeber hat dies in der Gesetzesentwurfsbegründung besonders hervorgehoben, weshalb viele Paragrafen innerhalb der seit dem 1.7.2023 geltenden §§ 80 ff. BGB grundsätzlich der Dispositionsbefugnis des Stifters unterliegen. Eine noch im Referentenentwurf vorgesehene Satzungsstrenge entsprechend der aktienrechtlichen Regelung des § 23 Abs. 5 S. 1 AktG wurde nicht Gesetz. Im neuen Stiftungsrecht können aber gewisse Regelungen (vgl. §§ 83b Abs. 3, 85 Abs. 4 S. 1 und S. 2 BGB) vom Stifter nur im Stiftungsgeschäft getroffen wer-den, mit der Folge, dass nur der Stifter bei der Errichtung der Stiftung die entsprechenden Satzungsbestimmungen in die (Erste-)Satzung aufnehmen kann. Bei der konkreten Gestaltung des Stiftungsgeschäfts und -satzung steht dem Stifter neben der Gestaltungs- und Organisationsfreiheit der Familienstiftung als weiterer Ausfluss der Stifterfreiheit auch die sog. Formulierungsfreiheit hinsichtlich des Satzungstextes zu. Mit Errichtung und Anerkennung der Stiftung, d. h. mit dem Beginn der Stiftungsautonomie, endet grundsätzlich die Stifterfreiheit. Dies ist Folge des im deutschen Stiftungsrecht bestehenden Trennungs- und Erstarrungsprinzips. Die Gestaltungsfreiheit des Stifters findet im Übrigen zum einen überall dort ihre Grenze, wo sie die generellen Schranken der Privatrechtsordnung, namentlich §§ 134, 138 BGB und §§ 242, 826 BGB sowie die bundes- und landesrechtlichen Normen des Stiftungsrechts, verletzt. Zum anderen setzen der Stiftungsbegriff mit all seinen gefolgerten Prinzipien (z. B. Mitgliederlosigkeit und Verbot korporativer Strukturen, Verbot der Selbstzweckstiftung und der Stiftung [nur] für den Stifter) und zuletzt die sog. Unverfügbarkeit der Stiftung als wesentliche Grundlage der Stiftungsautonomie der Stifterfreiheit stiftungsspezifische Grenzen.[3396]

3396 Dazu → Teil 5 B I.

b) Einflussmöglichkeiten des noch lebenden Stifters

Nach der Stiftungserrichtung hat der Stifter selbst keine Rechte innerhalb und gegenüber der Stiftung. Allein aus seiner Stiftereigenschaft als solcher, stehen ihm nach Anerkennung der Stiftung keinerlei Rechte zu, insbesondere ist er von Gesetzes wegen kein Organ oder geborenes Organmitglied der Stiftung. Ein potentieller Stifter resp. Familienunternehmer ist insofern aber nicht rechtslos gestellt, da es ihm nicht verwehrt ist, zum einen sich selbst satzungsgemäße Rechte vorzubehalten und zum anderen auch im Speziellen Regelungen zur Sicherung des Familieneinflusses und auch hinsichtlich der Beteiligung am Familienunternehmen zu statuieren.[3397]

Bei statutarischen Sonderrechten zugunsten des Stifters und seiner Familie, die Einfluss auf die Willensbildung der Stiftung resp. ihrer Organe vermitteln, handeln diese bei deren Ausübung stets als Organe der Stiftung; nicht als externe Instanz. Daher sind sie in diesem Fall stets an den Stifterwillen gem. § 83 Abs. 2 BGB gebunden.[3398]

Zu Sicherung des Familieneinflusses in der Familienstiftung und im Besonderen bezogen auf die Unternehmensbeteiligung am Familienunternehmen stehen dem Stifter verschiedene Möglichkeiten zur Verfügung.

Um die eingebrachte bzw. zugewendete Unternehmensbeteiligung vor etwaigen negativen Entwicklungen zu schützen und zugleich die Familienstiftung als Steuerschuldnerin vor einer enormen, ggf. nicht vorhergesehenen steuerlichen Belastung (z. B. betreffend die Betriebsvermögensbegünstigung nach den §§ 13a ff. ErbStG) zu bewahren, können diesbezüglich zunächst Widerruf- und Rückforderungsrecht vorgesehen werden.[3399] Dabei ist zwischen Widerrufs- und Rückforderungsrechten betreffend das Stiftungsgeschäft als solches und betreffend die Unternehmensbeteiligung zu unterscheiden. Ein Widerruf der Stiftung nach ihrer Anerkennung ist nicht möglich. Dem Stifter ist es insofern zulässigerweise nur möglich, in der Stiftungssatzung die Auflösung der Familienstiftung durch die Organe explizit vorzusehen und/oder von bestimmten Voraussetzungen abhängig zu machen und die Familie bzw. die Abkömmlinge als Anfallsberechtigte des Stiftungsvermögens zu bestimmen.[3400] Ein gangbarer und stiftungsrechtlich zulässiger Weg ist indes die Beschränkung des Widerrufsvorbehalts allein auf die zu übertragende Unternehmensbeteiligung, sofern gewährleistet ist, dass ein

3397 Dazu → Teil 5 B II 1.

3398 Dazu → Teil 5 B II 2.

3399 Dazu → Teil 5 B II 2 a.

3400 Dazu → Teil 5 B II 2 a aa.

Teil des Grundstockvermögens, das geeignet ist, eine dauernde und nachhaltige Erfüllung des Stiftungszwecks zu sichern, weiterhin vorhanden bleibt.[3401]

Dem Stifter stehen ferner weitgehende Einflussmöglichkeiten bezogen auf die Etablierung von Stiftungsorganen, den Bestellungs- und Abberufungsmodalitäten sowie der Möglichkeit von Sonderrechten aufgrund derer maßgeblich auf die Geschäftsführung und allgemein auf die Willensbildung innerhalb der Familienstiftung resp. ihrer Organe Einfluss genommen und so eine familienbeeinflusste Familienstiftung gestaltet werden kann. Dabei kann der Stifter die Organisationsstruktur an diejenige des Familienunternehmens anpassen und die Organe auch mit spiegelbildlichen Funktionen einsetzen.[3402]

Ihm steht es frei, neben dem zwingend notwendigen Vorstand auch weitere fakultative Stiftungsorgane (z. B. Stiftungsrat, Familienrat, Destinatärsversammlung oder auch ein spezielles Unternehmensleitungsorgan) etablieren. Betreffend die konkrete Zusammensetzung und inhaltlichen Ausgestaltung an klassischen Beiratsgestaltungen in Familienunternehmen orientiert bzw. diese auf Stiftungsebene nachgebildet werden. Einer der größten Einflussnahmemöglichkeiten seitens des Stifters liegt in der diesbezüglichen Regelung der Bestellungs- und Abberufungsmodalitäten betreffend die Stiftungsorgane. Vermittels der faktischen Einflussnahme auf die Bestellung und Abberufung der Stiftungsorgane ist es dem Stifter und seiner Familie nämlich möglich, die maßgebliche Kontrolle auf die Familienstiftung und darüber auch auf das Familienunternehmen beizubehalten. Dem Stifter steht es im Besonderen frei, sich und seine Familie als Organmitglieder sowie Vorsitzende des Stiftungsvorstands, aber auch anderer Stiftungsorgane einzusetzen oder gar – wie in der Praxis nicht selten – jedenfalls eine gewisse Anzahl an Organposten – sofern möglich – einzig geeigneten Mitgliedern der Stifterfamilie vorzubehalten.[3403]

Die Bestellung zum Vorstandsmitglied einer Stiftung ist auch im reformierten Stiftungsrecht nicht jederzeit frei bzw. grundlos widerrufbar. Dem Stifter ist es insoweit aber anheimgestellt, die Abberufungsgründe näher zu konkretisieren und den abberufungsberechtigten Organen – zwecks Wahrung des Familieneinflusses etwa einem Familienorgan – dabei einen durchaus weiten Ermessensspielraum einzuräumen. Dem Stifter steht es im Übrigen auch frei, hinsichtlich seiner selbst und auch seiner Familienmitglieder besonders hohe Voraussetzungen für eine Abberufung zu statuieren, insbesondere durch eigenständige Abberufungsgründe

---

3401 Dazu → Teil 5 B II 2 a bb.

3402 Dazu → Teil 5 B II 2 b aa.

3403 Dazu → Teil 5 B II 2 b bb (1).

und/oder hohe Beschlussquoren. An derlei Vorgaben sind die Stiftungsorgane gebunden (§ 83 Abs. 2 BGB).[3404]

Um sich innerhalb der Stiftungsorgane einen besonderen Einfluss zu sichern, kann sich der Stifter selbst und auch Dritten, insbesondere seinen Familienmitgliedern, Rechte vorbehalten. Als solche kommen in Anlehnung an gesellschaftsrechtliche Gestaltungen neben Genehmigungs- und Informationsrechten sowie Mehrstimmrechten und Zustimmungsvorbehalten auch und insbesondere Veto- und Weisungsrechte in Betracht. Ferner auch Rechte zu Änderung der Stiftungssatzung. Derlei Sonderrechte werden stets in Organfunktion ausgeübt, sodass auch dann eine autonome Willensbildung nicht zulässig ist, sondern die Ausübung der Sonderrechte nur im Rahmen des Stifterwillens und Stiftungszwecks zulässig ist.[3405]

Insgesamt hat der Stifter vielfältige Gestaltungsmöglichkeiten, um den Familieneinfluss in der Familienstiftung und damit die Letztentscheidungskompetenz, insbesondere in gewichtigen und vor allem das Familienunternehmen betreffenden Entscheidungen, zu wahren. An diesen weiten Gestaltungsmöglichkeiten hat die Stiftungsrechtsreform 2021 nichts geändert. Die diesbezügliche Gestaltungsfreiheit des Stifters lässt sich auch einigen neuen Normen, insbesondere den Regelungen über die Stiftungsorgane und Satzungsänderungen, nunmehr auch dem Gesetzestext ausdrücklich entnehmen.

c) *Einsatz- und Einflussmöglichkeiten der Stifterfamilie im Organisationsgefüge der Familienstiftung*

Mit der Übertragung der Unternehmensanteile auf eine Familienstiftung begeben sich die Familienmitglieder ihres unmittelbaren Einflusses auf das Management und die Strategie des Unternehmens, da das Familienunternehmen fortan – formal betrachtet – im Eigentum der Familienstiftung steht und nicht unmittelbar mehr in demjenigen der Familie. Sie verlieren ihre vorherigen Eigentums- bzw. Gesellschafterrechte. Von Gesetzes wegen sind die Familienmitglieder – auch als Destinatäre – rechtslos gestellt.[3406]

Der Stifter kann und wird im hiesigen Kontext die Familie indes in die Familienstiftungskonstruktion involvieren. Dies ist im Besonderen für die Zeit nach seinem Ableben oder Ausscheiden aus der Familienstiftung von Bedeutung, um den Einfluss der Familie in der Familienstiftung und darüber auch im Familien-

3404 Dazu → Teil 5 B II 2 b bb (2).

3405 Dazu → Teil 5 B II 2 b cc.

3406 Dazu → Teil 5 C I; allg. zur Rechtslosstellung der Destinatäre → Teil 4 G II.

unternehmen weiterhin beizubehalten. Den Stiftungsorganen und damit auch dem Vorstand können auch Destinatäre angehören, was im Besonderen bei einer Familienstiftung dazu führt, dass Familienmitglieder oftmals zugleich Destinatäre als auch Organmitglieder sein können. Im deutschen Stiftungsrecht existieren insoweit keine gesetzlichen Amtsinkompatibilitätsregelungen. Der Familieneinfluss kann dabei in einem dafür fakultativ eingerichteten Familienorgan (Familienbeirat oder Destinatärsversammlung) gebündelt werden. Indem dieser sodann mit einflussreichen Rechten, wie etwa Bestellungs-. Abberufungs-, Benennung-, Zustimmungs-, Veto- und Kontrollrechten ausgestattet wird, kann der Einfluss der Familie im Besonderen auf einen überwiegend familienfremdbesetzten Stiftungsvorstand sichergestellt werden. Gleichwohl bedarf es zwecks Vermeidung eines Missbrauchs- bzw. Interessenkonflikts betreffend die Familienmitglieder, insbesondere bei nachfolgenden Generationen, einer Prüfung der (Familien-) Situation im Einfall.[3407]

Zur langfristigen Gewährleistung der Fortführung eines Familienunternehmens vermittels einer unternehmensverbundenen Familienstiftung bedarf es flankierend zu den stiftungs- und gesellschaftsrechtlichen Einflussmöglichkeiten des Stifters und seiner Familie eine die widerstreitenden Interessen in einem ausgewogenen Ausgleich bringende *Governance*. Da in der hiesigen Konstellation die Systeme Familienstiftung, Familie und Familienunternehmen miteinander verwoben werden, bedarf es eines integrierten *Governance*-Systems in Gestalt einer *Foundation Family Business Governance*. Aufgabe der *Governances* ist es dabei, insbesondere das Verhältnis zwischen der Familienstiftung, dem Familienunternehmen und der Familie sowie Organisation und Verhalten der jeweils beteiligten Akteure (*checks & balances*) untereinander zu definieren. In Bezug auf die Gestaltung eines solch artigen *Governance*-Systems ist vornehmlich die Beziehung zwischen der Geschäftsführung der Familienstiftung und der des Familienunternehmens entscheidend. Dem Stifter steht es insofern im Rahmen seiner Stifterautonomie frei, entsprechende *Governance*-Regelungen – freilich mit Weitsicht – sowohl auf Stiftungs- als auch Unternehmensebene vorzusehen und auch hinsichtlich der Änderung resp. Anpassung besonders elementarer *Governance*-Regelungen Vorgaben zu machen.[3408]

3407 Dazu → Teil 5 C II.

3408 Dazu → Teil 5 C III.

d) *Einsatzmöglichkeiten des Stifters und der Familienmitglieder im Unternehmen*

Eine weitere Möglichkeit zur Wahrung der Verbindung von Familie und Unternehmen sowie des Familieneinflusses auf das Unternehmen besteht darin, dass der Stifter und seine Familienmitglieder auch auf Unternehmensebene vertreten sind. Dadurch kann der Stifter und die Stifterfamilie nicht nur mittelbar über die Familienstiftung, sondern unmittelbar über die Geschäftsführungsorgane Einfluss auf die Geschicke des stiftungsverbundenen Familienunternehmens nehmen. Insoweit existieren keinerlei gesetzliche Amtsinkompatibilitätsvorschriften dahingehend, dass es unzulässig ist, zugleich Organmitglied in der Stiftung und im verbundenen Unternehmen zu sein; personelle Verflechtungen von Familienstiftung und Familienunternehmen sind möglich und zulässig, aber ihre Sinnhaftigkeit im konkreten Einzelfall zu durchdenken.

Die Involvierung der Familie in den Unternehmensorganen als auch in den Stiftungsorganen hilft dabei regelmäßig bei der Sicherung der Verbindung der Familie zum Familienunternehmen und fördert dabei auch die Akzeptanz der unternehmensverbundenen Familienstiftung als Teil ihres Familienunternehmens. Die Besetzung der Geschäftsführung des Familienunternehmens mit Familienmitgliedern kann zudem eine Interessenidentität zwischen den langfristigen Zielen der Familie bezüglich des Unternehmens und der tatsächlichen Geschäftspolitik erzeugen. Der Stifter kann hinsichtlich der Besetzung der Organpositionen auf Unternehmensebene in der Stiftungssatzung bereits entsprechende Vorgaben machen und etwa vorgeben, wie bzw. mit welchen Kriterien der Stiftungsvorstand etwaige Positionen im Unternehmen besetzen soll.

Hinsichtlich des Einsatzes seiner selbst als auch der Stifterfamilie im Unternehmen hat der Stifter schließlich einen weiten Gestaltungsspielraum. Die konkrete Gestaltung hängt dann maßgeblich davon ab, ob er den Familieneinfluss allein vermittels der Familienstiftung erhalten und ausüben will oder die Familie weiterhin daneben eine aktive und unmittelbare Rolle im Familienunternehmen haben soll.[3409]

e) *Gesellschaftsrechtliche Gestaltungsmöglichkeiten auf Ebene des Familienunternehmens zur Sicherung des Einflusses der Familienstiftung*

Inwieweit der Familieneinfluss resp. der Einfluss der Familie über die Familienstiftung gesellschaftsrechtlich im Familienunternehmen gesichert und erhalten werden kann, hängt maßgeblich von der gewählten Rechtsform des Familienun-

---

3409 Dazu → Teil 5 D.

ternehmens ab und ist primär auch eine Frage der *Corporate Governance*. Die diesbezüglichen Möglichkeiten unterscheiden sich je nach gewählter Rechtsform und Beteiligungsart (Minderheits-, Mehrheits- oder Alleingesellschafterin) erheblich. Je mehr Gestaltungsfreiraum die Rechtsform der Familie gewährt, desto besser lassen sich im Gesellschaftsvertrag bzw. in der Satzung entsprechende Regelungen zur Sicherung der Position der Familienstiftung implementieren.[3410]

Die konkrete Ausgestaltung der Rolle und Rechte der Familienstiftung in der Familien-AG hängt dabei von den Beteiligungsverhältnissen und ihrer angedachten Funktion (Führungsinstrument vs. stabilisierende Minderheitsaktionärin) ab, sodass es auf den konkreten Einzelfall, insbesondere den Willen des Familienunternehmers ankommt. Das Aktienrecht erlaubt es trotz der Satzungsstrenge des § 23 Abs. 5 S. 1 AktG auch einer unternehmensverbundenen Familienstiftung eine einflussreiche Aktionärsstellung – auch als Minderheitsgesellschafterin – zu gewähren. Der Familie ist es auf diese Weise möglich, über die von ihnen beherrschte Familienstiftung weiterhin den Familienunternehmenscharakter der AG zu wahren. Gleichwohl ist zu konstatieren, dass die Justierung der Einflussmöglichkeiten vornehmlich wegen § 23 Abs. 5 S. 1 AktG nicht so fein wie bei einer Personengesellschaft oder bei der GmbH vorgenommen werden kann.[3411] Neue Gestaltungsmöglichkeiten, insbesondere zur Sicherung des Familieneinflusses resp. des Einflusses der Familienstiftung – gerade bei geringerer Gesellschaftsbeteiligung, könnten sich durch die aktuelle Diskussion betreffend die (Wieder-) Einführung von Mehrstimmrechtsaktien ergeben.

Bei einer Familien-GmbH besteht die weitestgehende Gestaltungsfreiheit betreffend die Sicherung der Gesellschafterstellung der Familienstiftung. Ist die Familienstiftung Alleingesellschafterin, bedarf es grds. keiner weiteren Einflusssicherungsmöglichkeiten zu ihren Gunsten. Allein für den Fall, dass neben der Familienstiftung noch andere Gesellschafter bestehen oder bestehen sollen, bedarf es Maßnahmen zur Sicherung ihres Einflusses, insbesondere durch Stimmrechtsausgestaltung zugunsten der Familienstiftung, wobei insofern dieselben Einflusssicherungsmöglichkeiten bestehen wie bei einem natürlichen Familiengesellschafter.[3412]

3410 Dazu → Teil 5 E.

3411 Dazu → Teil 5 E I.

3412 Dazu → Teil 5 E II.

B. Schlussbetrachtung und Ausblick

Die Entscheidung eines Familienunternehmers, eine unternehmensverbundene Familienstiftung zur Regelung für eine mehrere Generationen überdauernde Unternehmensnachfolge einzusetzen, führt nicht *per se* zum Verlust des Familienunternehmenscharakters.

Der Familieneinfluss und damit auch der Familienunternehmenscharakter kann auch im Rahmen einer unternehmensverbundenen Familienstiftung als gewähltes Instrument zur Regelung der Unternehmensnachfolge bei Familienunternehmen[3413] gesichert werden. Dafür bietet ihm sowohl das Gesellschaftsrecht in Bezug auf die Implementierung der Familienstiftung in die Unternehmensstruktur sowie das seit dem 1.7.2023 geltende, reformierte Stiftungsrecht[3414] ausreichend Freiheit zur individuellen Gestaltung und Verbindung der Familienstiftung mit der Familie und dem Familienunternehmen.

Aufgrund der Vielgestaltigkeit und Kombinierbarkeit der Gestaltungsinstrumente des Stiftungsrechts auf Stiftungsebene und auch des Gesellschaftsrechts auf Unternehmensebene kann der Familienfluss detailliert geregelt werden, insbesondere können die unterschiedlichen familieninternen Interessen rechtlich verbindlich und generationenüberdauernd abgesichert werden. Der Reformgesetzgeber 2021 hat sich insoweit aber dahingehend klar positioniert, dass korporativ verfasste Stiftungen, d. h. Stiftungen, deren Organe zu autonomen Entscheidungen befugt werden, nicht zulässig sind.[3415] Demgemäß bleibt bei jedweder Ausübung vorbehaltener Einflussnahmemöglichkeiten der verobjektivierte, historische Stifterwille und damit die Stiftungssatzung maßgeblich.[3416] Dieser war und ist die oberste Maxime des deutschen Stiftungsrechts. Der Stifterwille berücksichtigt im hiesigen Kontext aber gerade den Einfluss der Familie, sodass diese innerhalb der stiftungsrechtlichen Grenzen Einfluss auf die Familienstiftung und darüber auf das Familienunternehmen nehmen kann und soll.

Die vorliegende Arbeit hat aufgezeigt, dass eine Stiftungskonstruktion, im Speziellen in Gestalt einer unternehmensverbundenen Familienstiftung, nicht zwangsläufig zum Verlust des Familieneinflusses und damit des Familienunter-

---

3413 Zum Begriff und den Besonderheiten von Familienunternehmen ausf. → Teil 2 A.

3414 Zur rechtlichen Verfassung der unternehmensverbundenen Familienstiftung ausf. → Teil 4 A–H.

3415 Siehe hierzu ausf. → Teil 4 D I 2 c.

3416 Siehe hierzu → Teil 5 B I und II und zur Bedeutung des Stifterwillens → Teil 4 C.

nehmenscharakters führt bzw. führen muss.[3417] Vielmehr bestehen vielfältige Möglichkeiten der Einflusssicherung in der Familienstiftung (besonders durch vorbehaltene Bestellungs- und Abberufungsrechte sowie organschaftliche Sonderrechte) und zugleich auch im Familienunternehmen selbst zugunsten des Stifters und seiner Familie.[3418] Entsprechend ausgestaltet, kann die familienbeeinflusste Familienstiftung als beständiges „Familienmitglied" genutzt werden, um das Familienunternehmen als ebensolches über Generationen unter Familieneinfluss zu erhalten und fortzuführen und zugleich die Familie weiterhin an den Erträgen des Familienunternehmens partizipieren zu lassen. Die Charakteristika eines Familienunternehmens bleiben so weitestgehend erhalten, da der Familieneinfluss durch eine familienbeeinflusste Familienstiftung lediglich mediatisiert wird. Vermittels der Familienstiftung kann die Unternehmerfamilie weiterhin bestimmenden Einfluss ausüben und das Familienunternehmen als ebensolches fortgeführt werden.

Die in der Einleitung dieser Arbeit erwähnte, jüngst von *Holger Fleischer* aufgeworfene Frage, ob unternehmensverbundene (Familien-)Stiftungen und Familienunternehmen sich als „*Kontrastmodell*" gegenüberstünden oder doch (weiterhin) jedenfalls eine „*Familienähnlichkeit im Wittgensteinschen Sinne*"[3419] bestehen könne, ist freilich mit der klassischen Juristenantwort „es kommt drauf an" zu beantworten. Konkret: auf die Gestaltung der Stiftungskonstruktion.[3420]

Familienunternehmen und unternehmensverbundene Familienstiftungen sind bei Lichte betrachtet nach alldem nicht *per se* Gegensätze, sondern ihr Verhältnis zueinander hängt maßgeblich von der Gestaltung der Verbindung von Familie, Familienstiftung und Familienunternehmen ab. Diesbezüglich steht dem Stifter – wie in dieser Arbeit mehrfach konstatiert werden konnte – eine große Gestaltungsfreiheit zu. Wird der Familieneinfluss auch im Rahmen der unternehmensverbundenen Familienstiftung durch Involvierung des Stifters und seiner

---

3417 Zur Relevanz der Sicherung des Familieneinflusses im Rahmen einer Stiftungskonstruktion eing. → Teil 2 B.

3418 Zu den Einflusssicherungsmöglichkeiten ausf. → Teil 5 A–D.

3419 Dazu *Wittgenstein*, Philosophische Untersuchungen, 1953, §§ 66 f. am Beispiel von Brett-, Karten-, Ball- und Kampfspielen: „*Wir sehen ein kompliziertes Netz von Ähnlichkeiten, die einander übergreifen und kreuzen. Ähnlichkeiten im Großen und Kleinen. Ich kann diese Ähnlichkeiten nicht besser charakterisieren als durch das Wort ‚Familienähnlichkeit'; denn so übergreifen und kreuzen sich die verschiedenen Ähnlichkeiten, die zwischen den Gliedern einer Familie bestehen […]*", zitiert nach *Fleischer*, ZIP 2022, 2045 (2054) (dortige Fn. 158).

3420 Zu den Verzahnungsmöglichkeiten → Teil 5 A.

Familie auf Stiftungs- und/oder Unternehmensebene derart gewährleistet, dass diese – wenn auch mittelbar über die Familienstiftung – weiterhin beherrschenden Einfluss auf die Unternehmensführung hat, kann davon gesprochen werden, dass es sich *„um ein Familienunternehmen im Gewand einer Stiftung"*[3421] bzw. um ein stiftungsverbundenes Familienunternehmen[3422] handelt. So bezeichnen sich auch in der Praxis zu Recht stiftungsverbundene Familienunternehmen weiterhin als Familienunternehmen.[3423]

Gleichwohl – dies sei noch einmal betont – ist die unternehmensverbundene Familienstiftung kein Standardprodukt oder Königsinstrument der Unternehmensnachfolge und auch kein Allheilmittel für das Fehlen geeigneter, familiärer Unternehmensnachfolger oder zur einfachen Lösung tiefergehender Familienstreitigkeiten. Insofern kommt es stets auf die individuellen Verhältnisse im Familienunternehmen und auch in der Unternehmerfamilie an. Es ist insofern jedoch davon auszugehen, dass die Stiftungsrechtsreform 2021, insbesondere aufgrund der damit einhergehenden Konkretisierung und Vereinheitlichung des Stiftungszivilrechts, künftig dazu beitragen wird, dass Familienstiftungen in der Unternehmensnachfolge von Familienunternehmen vermehrt als mögliches und geeignetes Gestaltungsinstrument herangezogen werden. Dies gilt besonders vor dem Hintergrund, dass die Stiftungsrechtsreform 2021 die Gestaltungsfreiheit des Stifters nicht eingeschränkt, sondern vielmehr bekräftigt hat.[3424]

Freilich entstehen – wie in dieser Arbeit an den entsprechenden Stellen erörtert wurde – im Detail auch neue Probleme und Fragestellungen, die es zu lösen gilt. Dies ist indes wohl bei jeder Gesetzesreform der Fall, doch kommt es gerade im Stiftungsrecht – als dem Praxisrecht *„reinsten Wassers"*[3425] – oftmals auch auf die Handhabung und Auslegung durch die Stiftungsbehörden an. Gelegenheit zur Überprüfung, insbesondere zum Beseitigen von Unklarheiten und Lücken, bietet

3421 *Fleischer*, ZIP 2022, 2045 (2054); wohl in Anlehnung an *Rawert*, ZGR 2018, 835 (859) (*„Familiengesellschaft im Stiftungsgewand"*).

3422 Ähnlich *Meinecke*, ZStV 2022, 212 (215) (*„stiftungsgetragenes Familienunternehmen"*); *Block/Kormann/Fathollahi*, FuS 2023, 52 (53 f.) (*„Familienstiftungsunternehmen"*); *Köhler*, FS D. Ziegler, S. 357 (359, 382) (*„stiftungsbasiertes Familienunternehmen"* bzw. *„hybride Form des ‚Familienunternehmens 2.0'"*).

3423 Exemplarisch die Würth-Gruppe (*„Die Würth-Gruppe ist ein Familienunternehmen"*, s. https://t1p.de/4lo5e) und etwa die *Fuest-Familienstiftung* (*„Die Fuest Familienstiftung ist ein solides und breit aufgestelltes und gesundes Familienunternehmen"*, s. https://t1p.de/06qhi), sowie die Beispiele bei → Teil 4.

3424 Ausf. dazu → Teil 5 B und C.

3425 So plastisch *Uhl*, npoR 2024, 60 (63).

die vorgesehene Evaluierung der neuen Regelungen des Stiftungszivilrechts zwei Jahre nach ihrem Inkrafttreten.[3426] Im Rahmen dessen sollten allen voran die Rufe nach einer Stärkung des Rechtsschutzes im Stiftungsrecht (insb. in Gestalt einer *actio pro fundatione* betreffend Organmitglieder, Stifter und Destinatäre[3427]) Gehör finden.[3428] Ferner sollte der Rechtsrahmen von unternehmensverbundenen (Familien-)Stiftungen gestärkt und – soweit möglich – an das Gesellschaftsrecht angepasst werden.[3429] Bei alldem sind jedoch die rechtsformspezifischen Eigenheiten der Stiftung bürgerlichen Rechts, allen voran ihre Mitgliederlosigkeit und die besondere Bedeutung des Stifterwillens und des Stiftungszwecks, stets zu berücksichtigen. Denn gerade diese Merkmale unterscheiden sie von allen anderen Gesellschaftsformen.

3426 BT-Drs. 19/31118, S. 8; dazu auch Richter/*Gollan*, Stiftungsrecht, § 3a Rn. 135. Folglich ab Juli 2025.

3427 Vgl. zu mangelnden Rechtsschutzmöglichkeiten *de lege lata* VGH Mannheim, BeckRS 2022, 15469 Rn. 86 ff. (Organmitglieder gegen Stiftungsaufsicht); OLG Hamm, NZG 2022, 676 Rn. 41 (bzgl. Stifter) sowie Teil 4 H I; zur gesetzlichen Rechtslosstellung der Destinatäre und Erben VG München, BeckRS 2024, 3870 Rn. 39 ff., 43 ff., 71 ff. sowie → Teil 4 G II. Hierzu kürzlich *Eßer*, Stiftungskontrolle, *passim* mit Vorschlag für eine deutsche „*Stiftungsaufsichtserinnerung*" in Anlehnung an das schweizerische Pendant der Stiftungsaufsichtsbeschwerde; vgl. auch bereits MüKoBGB/*Weitemeyer*, § 85 Rn. 32 ff. („*subsidiäre Stiftungsaufsichtsbeschwerde*"); eher für eine *actio pro fundatione* nur zugunsten der Organe, Stifter und klageberechtigten Destinatären mit Normvorschlag *Burgard*, npoR 2024, 181 (186 f.); vgl. auch *§ 85 Abs. 3 BGB-PE*, der jedoch nur auf Organmitglieder beschränkt ist, dazu *Arnold et al.*, ZIP 2020, Beilage zu Heft 10, S3 (S8 f.). Eine *actio pro fundatione*, wie von *Burgard* vorgeschlagen, dürfte im Hinblick darauf, dass die Stiftungsbehörden bereits aktuell unterbesetzt sind und gemeinhin knappe Ressourcen haben, sinnvoller und aus Sicht der Stiftungen nützlicher sein.

3428 Für eine „*Reform der ‚Reform'*" samt interessanten Vorschlägen kürzlich *Burgard*, npoR 2024, 181; für ein „Sonderrecht" der uv. Stiftung kürzlich *Weinmann*, Die uv. Stiftung, S. 217 ff.

3429 Zu entsprechenden Forderungen → Teil 4 B II.

Literaturverzeichnis

Achilles, Wilhelm-Albrecht:
Gestaltungsspielräume der Länder im vereinheitlichten Stiftungsrecht – Was müssen oder dürfen die Landesgesetzgeber (noch) regeln?, npoR 2023, S. 185–190.

Ders.:
Zur Mitbestimmung in Aufsichtsorganen unternehmensverbundener kirchlicher Stiftungen, ZevKR 68 (2024), S. 22–41.

Achleitner, Ann-Kristin/*Block*, Jörn/*Graf Strachwitz*, Rupert (Hrsg.):
Stiftungsunternehmen: Theorie und Praxis. Grundlagen, Perspektiven, Fallbeispiele, Wiesbaden 2018 (zit.: *Bearbeiter*, in: Achleitner et al., Stiftungsunternehmen: Theorie und Praxis).

Achtelik, Olaf:
Das neue EU-Recht zur Bekämpfung von Geldwäsche und Terrorismusfinanzierung – Eine Tour d'Horizon, BKR 2024, S. 353–362.

Adams, Michael:
Das Ende der Mitbestimmung, ZIP 2006, S. 1561–1568.

Aiwanger, Felix:
Keine Transparenz um jeden Preis – privatrechtliche Implikationen der Unionsrechtswidrigkeit öffentlich zugänglicher Transparenzregister, Anm. zu EuGH 22.11.2022 – C-37/20 und C-601/20, ECLI:EU:C:2022:912 – WM und Sovim SA/Luxembourg Business Registers, ZEuP 2023, S. 1013–1028.

Alber, Matthias/*Seemann*, Andrea/*Neckenich*, Lennart:
Die Teilverbrauchsstiftung – Praxiserwägungen zu einer unterschätzten Stiftungsgestaltung, FuS 2022, S. 60–65.

Ders./*Seemann*, Andrea:
Gemeinnützige Stiftungen in der Vermögens- und Unternehmensnachfolge – Welche steuerlichen Fallstricke zu beachten sind, FuS 2022, S. 128–134.

Alberg-Seberich, Michael:
„Der Zweck heiligt die Mittel"? Stiftungen und deren Funktionen für Unternehmen, Stiftung & Sponsoring, Heft 04, 2022, S. 27–28.

Alles, Max:
Der Tod des GmbH-Gesellschafters – Eine strukturelle Untersuchung zur Rechtsnachfolge von Todes wegen bei Gesellschaftsbeteiligungen, Köln 2017 (zit.: *Alles*, Der Tod des GmbH-Gesellschafters).

Allgäuer, Jörg E.:
Die linke und die rechte Hand: Motive der Gründung einer Stiftung, Baden-Baden 2008 (zit.: *Allgäuer*, Motive der Gründung einer Stiftung).

Alvermann, Jörg/*Cremers*, Oliver:
Das neue Stiftungsrecht – Ein Überblick für die steuerliche Beratungspraxis, DStR 2023, S. 1667–1671.

Andreae, Caspar von:
Familienunternehmen und Publikumsgesellschaft – Führungsstrukturen, Strategien und betriebliche Funktionen im Vergleich, Wiesbaden 2007 (zit.: *v. Andreae*, Familienunternehmen und Publikumsgesellschaft).

Andrick, Bernd/*Muscheler*, Karlheinz/*Uffmann*, Katharina:
Bochumer Kommentar zum Stiftungsrecht. §§ 80 bis 88 BGB und StiftRG, Baden-Baden 2023 (zit.: BoKoStiftR/*Bearbeiter*).

Ders./*Suerbaum*, Joachim:
Stiftung und Aufsicht. Dogmatik, Stiftungspraxis, Reformbestrebungen, München 2001 (*Andrick/Suerbaum*, Stiftung und Aufsicht).

Ders./*Suerbaum*, Joachim:
Stiftungsgesetz Nordrhein-Westfalen. Kommentar, München 2016 (Andrick/Suerbaum/*Bearbeiter*, StiftG NRW).

Ders./*Suerbaum*, Joachim:
Das Gesetz zur Modernisierung des Stiftungsrechts, NJW 2002, S. 2905–2910.

Ders./*Hellmig*, Gerd/*Janitzki*, Axel/*Muscheler*, Karlheinz/*Schewe*, Markus (Hrsg.):
Die Stiftung – Jahreshefte zum Stiftungswesen, 3. Jahrgang 2009, Frankfurt am Main 2009 (zit.: *Bearbeiter* in: Die Stiftung – Jahreshefte zum Stiftungswesen, 3. Jahrgang).

Ders./*Gantenbrink*, Matthias/*Hellmig*, Gerd/*Janitzki*, Axel/*Muscheler*, Karlheinz/*Schewe*, Markus (Hrsg.):
Die Stiftung – Jahreshefte zum Stiftungswesen, 5. Jahrgang 2011, Frankfurt am Main 2011 (zit.: *Bearbeiter* in: Die Stiftung – Jahreshefte zum Stiftungswesen, 5. Jahrgang).

Ders./*Gantenbrink*, Matthias/*Hellmig*, Gerd/*Janitzki*, Axel/*Muscheler*, Karlheinz/*Schewe*, Markus (Hrsg.):
Die Stiftung – Jahreshefte zum Stiftungswesen, 6. Jahrgang 2012, Frankfurt am Main 2012 (zit.: *Bearbeiter* in: Die Stiftung – Jahreshefte zum Stiftungswesen, 6. Jahrgang).

Ders./Gantenbrink, Matthias/*Hellmig*, Gerd/*Janitzki*, Axel/*Muscheler*, Karlheinz/*Schewe*, Markus (Hrsg.):
Die Stiftung – Jahreshefte zum Stiftungswesen, 7. Jahrgang 2013, Frankfurt am Main 2013 (zit.: *Bearbeiter* in: Die Stiftung – Jahreshefte zum Stiftungswesen, 7. Jahrgang).

Ders./Gantenbrink, Matthias/*Janitzki*, Axel/*Muscheler*, Karlheinz/*Schewe*, Markus (Hrsg.):
Die Stiftung – Jahreshefte zum Stiftungswesen, 10. Jahrgang 2016, Frankfurt am Main 2016 (zit.: *Bearbeiter* in: Die Stiftung – Jahreshefte zum Stiftungswesen, 10. Jahrgang).

Ders./Gantenbrink, Matthias/*Janitzki*, Axel/*Muscheler*, Karlheinz/*Schewe*, Markus/*Trappe*, Sebastian/*Uffmann*, Katharina/*Unger*, Sebastian (Hrsg.):
Die Stiftung – Jahreshefte zum Stiftungswesen, 14. Jahrgang 2020, Berlin 2020 (zit.: *Bearbeiter* in: Die Stiftung – Jahreshefte zum Stiftungswesen, 14. Jahrgang).

Ders./Gantenbrink, Matthias/*Janitzki*, Axel/*Muscheler*, Karlheinz/*Schewe*, Markus/*Trappe*, Sebastian/*Uffmann*, Katharina/*Unger*, Sebastian (Hrsg.):
Die Stiftung – Jahreshefte zum Stiftungswesen, 15./16. Jahrgang 2021/2022, Berlin 2023 (zit.: *Bearbeiter* in: Die Stiftung – Jahreshefte zum Stiftungswesen, 15./16. Jahrgang).

Ders./Gantenbrink, Matthias/*Janitzki*, Axel/*Muscheler*, Karlheinz/*Schewe*, Markus/*Trappe*, Sebastian/*Uffmann*, Katharina/*Unger*, Sebastian (Hrsg.):
Die Stiftung – Jahreshefte zum Stiftungswesen, 17. Jahrgang 2023, Berlin 2024 (zit.: *Bearbeiter* in: Die Stiftung – Jahreshefte zum Stiftungswesen, 17. Jahrgang).

Arndt, Raphael:
Die Stiftung in Krise, Sanierung und Insolvenz, Berlin 2021 (zit.: *Arndt*, Die Stiftung in Krise).

Arnold, Arndt:
Die zivil- und steuerrechtlichen Vorgaben für die Angemessenheit der Organvergütung bei Stiftungen, in: *Pannen*, Klaus/*Riedmann*, Susanne/*Zeuner*, Mark (Hrsg.), Prozess als Wirklichkeit des Rechts. Festschrift für Stefan Smid zum 65. Geburtstag, München 2022, S. 3–11 (zit.: *Arnold*, FS Smid, S. 3).

Ders.:
Satzungsvorbehalt für die Vorstandsvergütung bei Vereinen und Stiftungen?, in: *Martinek*, Michael/*Rawert*, Peter/*Weitemeyer*, Birgit (Hrsg.), Festschrift für Dieter Reuter zum 70. Geburtstag am 16. Oktober 2010, Berlin 2010, S. 3–16 (zit.: *Arnold*, FS D. Reuter, S. 3).

Ders.:
Die Sitzverlegung von Stiftungen, in: *Kubis*, Sebastian/*Peifer*, Karl-Nikolaus/*Raue*, Benjamin/*Stieper*, Malte (Hrsg.), Ius Vivum: Kunst – Internationales – Persönlichkeit. Festschrift für Haimo Schack zum 70. Geburtstag, Tübingen 2022, S. 3–13 (zit.: *Arnold*, FS H. Schack, S. 3).

Ders.:
Die zivil- und steuerrechtlichen Schranken der Rücklagenbildung bei Stiftungen, NZG 2007, 805–809.

Ders.:
Teil 3: Die Rechtsstellung der Organe und das Stiftungsregister, npoR 2021, S. 84–89.

Ders.:
Stiftungsanerkennung und Gemeinwohlvorbehalt – Anm. zu BVerwG, Urt. v. 24.3.2021 – 6 C 4.20, npoR 2022, S. 299–306.

Ders./Burgard, *Ulrich*/*Droege*, Michael/*Hüttemann*, Rainer/*Jakob*, Dominique/*Leuschner*, Lars/*Rawert*, Peter/*Roth*, Gregor/*Schauhoff*, Stephan/*Segna*, Ulrich/*Weitemeyer*, Birgit:
Professorenentwurf zur Stiftungsrechtsreform 2020, ZIP 2020, Beilage zu Heft 10, S. S3–S19.

Ders./Burgard, *Ulrich*/*Roth*, Gregor/*Weitemeyer*, Birgit:
Die GmbH im Verantwortungseigentum – eine Kritik, NZG 2020, S. 1321–1328.

Ders./Burgard, *Ulrich*/*Jakob*, Dominique/*Roth*, Gregor/*Weitemeyer*, Birgit:
Stellungnahme zum Referentenentwurf eines Gesetzes zur Vereinheitlichung des Stiftungsrechts vom 28.9.2020, npoR 2020, S. 294–295.

Arps-Aubert, Wolfgang von:
Rechtsverhältnisse im Vorstand und Subsidiarität staatlicher Stiftungsaufsicht in Fällen von Binnenhaftung bei mehrgliedrigem ehrenamtlichen Vorstand einer (gemeinnützigen) Stiftung, ZStV 2017, S. 89–95.

Astrachan, Joseph H./*Klein*, Sabine B./*Smyrnios*, Kosmas X.:
The F-PEC Scale of Family Influence: A Proposal for Solving the Family Business Definition Problem, Family Business Review (15) 2002, S. 45–58.

Attlmayr, Martin:
Problematik der Selbstzweckstiftung bei nach dem Bundes-Stiftungs- und Fondsgesetz errichteten Stiftungen, ZfS 2010, S. 45–52.

Aumann, Christoph:
Formfragen im neuen Stiftungsrecht – Ein Überblick zur Rolle der Notarinnen und Notare nach der Stiftungsrechtsreform, DNotZ 2022, S. 894–905.

Autenrieth, Karlheinz:
Die Vorstiftung im Rechtskleid der unselbstständigen Stiftung, in: *Dauner-Lieb*, Barbara/*Freudenberg*, Götz/*Werner*, Götz W. (Hrsg.), Familienunternehmen im Fokus von Wirtschaft und Wissenschaft. Festschrift für Mark K. Binz zum 65. Geburtstag, München 2014, S. 15–32 (zit.: *Autenrieth*, FS Binz, S. 15).

Auwera, Verena van der:
Die Doppelstiftung – eine Möglichkeit der Unternehmensnachfolge für Familienunternehmen, Herbolzheim 2008 (zit.: *Auwera*, Die Doppelstiftung).

Bachmann, Gregor/*Eidenmüller*, Horst/*Engert*, Andreas/*Fleischer*, Holger/*Schön*, Wolfgang (Hrsg.):
Rechtsregeln für die geschlossene Kapitalgesellschaft, ZGR-Sonderheft 18 (2012) (zit.: *Bachmann et al.*, ZGR-Sonderheft 18 (2012), S.).

Ders.:
Editorial – Pro GmbH-gebV – mit Notausgang!, NZG 2022, S. 1417.

Baddeley, Margareta/*Dauner-Lieb*, Barbara/*Deixler- Hübner*, Astrid/*Kalss*, Susanne/*Schauer*, Martin/*Trindade*, Rita Trigo (Hrsg.):
Familiäre Vermögensplanung. Länderberichte und Rechtsvergleich – Deutschland, Österreich und Schweiz, Wien 2020 (zit.: *Bearbeiter*, in: Baddeley/Dauner-Lieb et. al., Familiäre Vermögensplanung).

Barsch, Philipp:
Die Rechtspraxis von Beiräten in Familienunternehmen – Eine quantitative und qualitative Untersuchung von 34 Familienunternehmen zu Statuten ihres Beirats oder Aufsichtsrats, Baden-Baden 2017 (zit.: *Barsch*, Die Rechtspraxis von Beiräten in Familienunternehmen).

Barzen, Erich Theodor:
Das neue Stiftungsrecht. Synopsen der Gesetzestexte und Begründungen, Berlin 2022 (*Barzen*, Das neue Stiftungsrecht).

Ders./Wedekind, Ralph:
Vorschlag für einen neuen Eigenkapitalausweis bei Stiftungen nach der Stiftungsrechtsreform, ZStV 2022, S. 127–132.

Ders./Fritz, Stefan/*Leininger*, Leon:
Gebühren als Wettbewerbsfaktor der Stiftungsstandorte, npoR 2024, S. 16–21.

Baßler, Johannes/*Stöffler*, Ann-Sophie/*Blecher*, Eva:
Die unternehmensverbundene Familienstiftung nach dem Gesetz zur Vereinheitlichung des Stiftungsrechts – Neuerungen und Handlungsempfehlungen für bestehende Stiftungen, GmbHR 2021, S. 1125–1134.

Baum, Marcus:
Der Beirat – Gestaltungsfreiheit im Gesellschaftsrecht, DStR 2024, S. 1615–1621.

Baumann, Fritz:
Mediation und Unternehmensnachfolge: Einsatzmöglichkeiten und Vorteile, ZEV 2004, S. 108–112.

Baur, Fritz:
Fideikommissähnliche Unternehmensbindungen, in: *Böckli*, Peter/*Eichenberger*, Kurt/*Hinderling*, Hans/*Tschudi*, Hans Peter (Hrsg.), Festschrift für Frank Vischer zum 60. Geburtstag, Zürich 1983, S. 515–525. (zit.: *Baur*, FS Vischer, S. 515).

Baus, Kirsten:
Kooperationsfähigkeit als Schlüsselkompetenz – Familienstrategie und Unternehmerfamilien, in: *Kirchdörfer*, Rainer/*Lorz*, Rainer/*Wiedemann*, Andreas/*Kögel*, Rainer/*Frohnmayer*, Thomas (Hrsg.), Familienunternehmen in Recht, Wirtschaft, Politik und Gesellschaft. Festschrift für Brun-Hagen Hennerkes zum 70. Geburtstag, München 2009, S. 3–19 (zit.: *Baus*, FS Hennerkes, S. 3).

Dies.:
Die Familienstrategie – Wie Familien ihr Unternehmen über Generationen sichern, 7. Aufl., Wiesbaden 2023. (zit.: *Baus*, Die Familienstrategie).

Bayer, Walter:
Stiftung oder Aktiengesellschaft? – Überlegungen zur Rechtsformwahl und zur Umwandlung einer Unternehmensträgerstiftung –, in: Forum Deutscher Stiftungen (Hrsg.), Die unternehmensverbundene Stiftung – Dokumentation der 2. Tagung des „Gesprächskreises Stiftungsprivatrecht“ in Jena vom 20. bis 21. April 2001, Band 10, Berlin 2001, S. 42–66 (*Bayer*, in: FDS, Die uv. Stiftung, S. 42).

Ders.:
Gesellschaftsrechtliche Fragen der Unternehmensnachfolge, in: *Bayer*, Walter/*Koch*, Elisabeth (Hrsg.), Unternehmens- und Vermögensnachfolge, Baden-Baden 2009, S. 169–185 (zit.: *Bayer*, in: Bayer/Koch, Unternehmens- und Vermögensnachfolge, S. 169).

Ders.:
Die Erosion der deutschen Mitbestimmung, NJW 2016, S. 1930–1936.

Ders.:
Sonderrechte in der GmbH: Dogmatik und Praxisfragen, GmbHR 2024, S. 337–363.

Ders./Rauch, Fritz Philemon:
Sonderrechte in der Aktiengesellschaft (Teil 1) – Dogmatik, Rechtspraxis, Gattungs-Sonderrechte, AG 2024, S. 717–735.

Ders./Rauch, Fritz Philemon:
Sonderrechte in der Aktiengesellschaft (Teil 2) – Individuelle Aktionärs-Sonderrechte, AG 2024, S. 757–770.

Ders./Lieder, Jan/*Hoffmann*, Thomas:
Bundesweite Rechtstatsachen zum Unternehmens- und Gesellschaftsrecht (Stand 1.1.2024), GmbHR 2024, S. 785–798.

Beck, Julius:
Die Familienstiftung. Eine rechtsvergleichende Darstellung der Stiftungsrechte der Bundesrepublik Deutschland, der Republik Österreich, des Fürstentums Liechtensteins und der Schweizerischen Eidgenossenschaft unter Berücksichtigung von Anfechtungs- und Pflichtteilsrecht sowie Aufsichts- und Steuerrecht, Hamburg 2018 (zit.: *Beck*, Die Familienstiftung).

Becker, Arnd/*Hendricks*, Jan David:
Sittenwidrigkeit von Pflichtteilsverzichten als Risiko für die Unternehmensnachfolge – Vorbeugen durch Verfahren, RFamU 2022, S. 23–31.

Becker, Wolfgang/*Ulrich*, Patrick:
Mittelstand, KMU und Familienunternehmen in der Betriebswirtschaftslehre, WiSt 2009, S. 2–7.

Becker, Wolfgang/*Ulrich*, Patrick/*Zimmermann*, Lisa:
Effekte von Familieneinfluss und Unternehmensgröße auf das Finanzmanagement im deutschen Mittelstand – eine empirische Analyse, ZfB-Special Issue 4/2013, S. 5–35.

Beckert, Jens:
Neid oder soziale Gerechtigkeit? – Die gesellschaftliche Umkämpftheit der Erbschaftssteuer, APuZ 67 (23-25/2017), S. 23–29.

Beckervordersandfort, Ansgar:
Gestaltungen zum Erhalt des Familienvermögens, 2. Aufl., Bonn 2020 (zit.: Beckervordersandfort/*Bearbeiter*, Gestaltungen zum Erhalt des Familienvermögens).

Beckmann, Eva-Maria:
Die Änderung der Stiftungssatzung, Herzogenrath 2005 (zit.: *Beckmann*, Die Änderung der Stiftungssatzung).

Begemann, Tobias A.:
Die SE & Co. KGaA als Rechtsform für Familienunternehmen, Berlin 2018 (zit.: *Begemann*, Die SE & Co. KGaA).

Behme, Caspar:
Unternehmensmitbestimmung auf der Reformagenda? Konzernzurechnung und Einfriereffekt bei der SE im Visier der Ampelkoalition, LRZ 2022, Rn. 594–608.

Bengel, Manfred/*Reimann*, Wolfgang/*Holtz*, Michael/*Röhl*, Christoph (Hrsg.):
Handbuch der Testamentsvollstreckung, 8. Aufl., München 2023 (zit.: B/R/H/R/*Bearbeiter*, TV-HdB).

Berisha, Shkelqim:
Die Wirksamkeit beschränkender Abfindungsklauseln im Falle des Ausscheidens eines Gesellschafters aus einer gemeinnützigen GmbH – Zugleich Bespr. von OLG Hamm 13.4.2022 – 8 U 112/21, NZG 2022, 919, NZG 2022, S. 902–908.

Bergschneider, Ludwig:
Familienvermögensrecht, 3. Aufl., Bielefeld 2016 (zit.: Bergschneider/*Bearbeiter*, FamVermR).

Berndt, Hans:
Stiftung und Unternehmen. Rechtsvorschriften, Besteuerung, Zweckmäßigkeit, 5. Aufl. Herne 1995 (zit.: *Berndt*, Stiftung und Unternehmen).

Ders./Götz, Hellmut:
Stiftung und Unternehmen. Zivilrecht, Steuerrecht, Gemeinnützigkeit, 8. Aufl., Herne 2009. (zit.: Berndt/Götz/*Bearbeiter*, Stiftung und Unternehmen).

Beuthien, Volker/*Gummert*, Hans/*Schöpflin*, Martin (Hrsg.):
Münchener Handbuch des Gesellschaftsrechts. Band 5: Verein, Stiftung bürgerlichen Rechts, 5. Aufl., München 2021 (zit.: MHdB GesR 5/*Bearbeiter*).

Ders.:
Zur Befreiung des Gesellschaftsrechts von politischer Kontrolle – Am Beispiel des Körperschaftsrechts (§§ 43 BGB, 81 GenG, 366 AktG, 62 GmbHG), in: *Hilpold*, Peter/*Perathoner*, Christoph (Hrsg.), Festschrift für Professor Gilbert Gornig, Band II: Völkerrecht – Europarecht – Deutsches Recht, Wien 2023, S. 649–664 (zit.: *Beuthien*, FS Gornig Bd. 2, S. 649).

Beyer, Benjamin:
Satzungsänderungen und Stifterwille – Eine Analyse des neuen Stiftungsrechts, ZStV 2021, S. 161–167.

Ders.:
Voraussetzungen zur Erteilung einer stiftungsrechtlichen Vertretungsbescheinigung – Anm. zu OVG Lüneburg, Beschluss vom 29.6.2021 – 8 ME 135/20, ZStV 2021, S. 227–236.

Ders.:
Voraussetzungen einer wirksamen Organbestellung – Anm. zu LG Paderborn (1. Zivilkammer), Urteil vom 14.9.2022 – 1 S 100/21, ZStV 2023, S. 25–31.

Ders.:
Der erbrechtliche Ergänzungsanspruch unter besonderer Berücksichtigung des Stiftungsrechts, ZStV 2023, S. 126–134.

Ders.:
Die Gemeinwohlgefährdung im Stiftungsrecht – Teil 1, ZStV 2024, S. 123–129.

Bieniek, Tina:
Informationsrechte/Stiftungssatzung: Die Offenlegung der Stiftungssatzung – Das sagt der BGH zur Mehl-Mühlens-Stiftung, SB 2024, S. 118 – 120.

Dies.:
Die Stiftung als GmbH-Gesellschafterin, GmbH-Stpr 2024, S. 77–81.

Bienek, André/*Yalcin*, Furkan:
Wegfall der Mitteilungsfiktion im Transparenzregister – Haftungsrisiko für Familienunternehmen, RFamU 2022, S. 58–60.

Binz, Mark K.:
Die Familienstiftung – Renaissance einer Rechtsform für Familienunternehmen?, in: *Curtius-Hartung*, Rudolf/*Herzig*, Norbert/*Niemann*, Ursula (Hrsg.), Steuerberater-Jahrbuch 1987/88 – zugleich Bericht über den 39. Fachkongreß der Steuerberater Köln, 23. bis 25. November 1987, Köln 1988, S. 145–166 (zit.: *Binz*, StbJb 1987/88, S. 145).

Ders.:
Familienunternehmen und Börse – Wie der Spagat zwischen Familie und Kapitalmarkt gelingen kann, AR 2022, S. 142–144.

Ders./*Mayer*, Gerd:
Anteilsvinkulierung bei Familienunternehmen, NZG 2012, S. 201–212.

Ders./Sorg, Martin H.:
Die GmbH & Co. KG im Gesellschafts- und Steuerrecht. Handbuch für Familienunternehmen, 12. Aufl., München 2018 (zit.: *Binz/Sorg*, Die GmbH & Co. KG).

Ders./Sorg, Martin H.:
Hat die GmbH & Co. KG bei den Familienunternehmen immer noch die Nase vorn?, GmbHR 2011, S. 281–283.

Ders./Sorg, Martin H.:
Die Doppelstiftung im Steuerrecht, ZEV 2005, S. 520–523.

Birkenmaier, Markus/*Obser*, Ralph:
Neue Gestaltungs- und Handlungsspielräume für die inkongruente, disquotale bzw. gespaltene Gewinnverwendung und -verteilung bei der GmbH, GmbHR 2022, S. 850–859.

Bisle, Michael:
Asset Protection durch den Einsatz inländischer Familienstiftungen, DStR 2012, S. 525–527.

Ders.:
Die Stiftung & Co. KG als attraktives Instrument der Unternehmensnachfolge – Vorteile im zivil- und steuerrechtlichen Überblick, NWB-EV 2017, S. 356–359.

Ders.:
Zukünftige Regelungen des Stiftungsrechts werfen ihre Schatten voraus – Berater sollten Zeit bis zum Inkrafttreten der Regelungen zur Überprüfung und bei Neuerrichtungen nutzen, NWB 2021, S. 2285–2290.

Block, Jörn/*May*, Peter/*Betzer*, André/*Au*, Dominik von (Hrsg.):
Die Familienstiftung. Ein Instrument zur Zukunftssicherung von Familienunternehmen, Wiesbaden, 2020 (zit.: Block et al./*Bearbeiter*, Die Familienstiftung).

Ders./Hosseini, Florian:
Stiftungsunternehmen als hybride Organisationen: Auswirkungen auf die Unternehmensperformance, in: *Weitemeyer*, Birgit/*Hüttemann*, Rainer/*Rawert*, Peter/*Schmidt*, Karsten (Hrsg.): Non Profit Law Yearbook 2016/2017, München 2017, S. 13–24 (zit.: *Block/Hosseini*, NPLY 2016/2017, S. 13).

Ders./Jarchow, Svenja/*Kammerlander*, Nadine/*Hosseini*, Florian/*Achleitner*, Ann-Kristin:
Performance of foundation-owned firms in Germany: The role of foundation purpose, stock market listing, and family involvement, Journal of Family

Business Strategy, 2020, https://doi.org/10.1016/j.jfbs.2020.100356, S. 1–12 (abrufbar unter https://t1p.de/o9var).

Ders./Kormann, Hermut/*Fathollahi*, Reza:
Stiftungsunternehmen in Deutschland – Eine Kategorisierung und Übersicht, FuS 2023, S. 52–59.

Blumers, Wolfgang:
Die Familienstiftung für einen vorübergehenden Zweck, Ubg 2022, S. 47–52.

Ders.:
Stiftung von zweckbestimmter Dauer, DB 2021, S. 2243–2247.

Ders.:
Die Gefahren besonderer Stiftungsstrukturen bei Unternehmensträgerstiftungen – Der Stifterwille und seine Erhaltung, DB 2019, S. 2426–2429.

Ders.:
Familienunternehmen und Bedürfnisprüfung, DStR 2015, S. 1286–1292.

Ders.:
Die Familienstiftung als Instrument der Nachfolgeregelung, DStR 2012, S. 1–7.

Blunk, Andreas:
Notarielle Tätigkeit im Bereich von Familienunternehmen, RFamU 2022, S. 500–504.

Blusz, Pawel:
Stiftungsgestaltungen im Lichte des neuen Erbschaftsteuerrechts, DStR 2017, S. 1016–1020.

Blydt-Hansen, Kristoffer:
Die Rechtsstellung der Destinatäre der rechtsfähigen Stiftung Bürgerlichen Rechts, Frankfurt a. M. 1998 (zit.: *Blydt-Hansen*, Die Rechtsstellung der Destinatäre).

Bochmann, Christian:
Der wirtschaftlich Berechtigte als neuer Akteur im deutschen Unternehmensrecht, in: *Bergmann*, Alfred/*Hoffmann-Becking*, Michael/*Noack*, Ulrich, Recht und Gesetz. Festschrift für Ulrich Seibert zum 65. Geburtstag, Köln 2019, S. 107–123 (zit.: *Bochmann*, FS Seibert, S. 107).

Ders.:
Aktuelle Herausforderungen und Gestaltungsmöglichkeiten bei der Nachfolgeplanung in Familienunternehmen, NotBZ 2019, S. 361–369.

Ders.:
Der gläserne Gesellschafter, in: Private Banking Magazin v. 13.02.2020 (abrufbar unter https://t1p.de/gnujz).

Ders./Driftmann, Friederike (Hrsg.):
Generation Verantwortung. Wenn Eigentum verpflichtet, Freiburg im Breisgau 2021 (zit.: Bochmann/Driftmann/*Bearbeiter*, Generation Verantwortung).

Ders./Kumpan, Christoph/*Röthel*, Anne/*Schmidt*, Karsten (Hrsg.):
Werte in Familienunternehmen. 9. Jahrestagung des Notarrechtlichen Zentrums Familienunternehmen der Bucerius Law School 2021, Baden-Baden 2022 (zit.: *Bearbeiter*, in: Bochmann et al., Werte in Familienunternehmen).

Ders./Scheller, Johannes/*Prütting*, Jens (Hrsg.):
Münchener Handbuch des Gesellschaftsrechts, Band 9: Recht der Familienunternehmen, 6. Aufl., München 2021 (zit.: MHdB GesR 9/*Bearbeiter*).

Ders./Weig, Philippa:
Bestimmung finden vs. Bestimmung vorzeichnen, RFamU 2022, S. 539–548.

Ders./Kumpan, Christoph/*Röthel*, Anne/*Schmidt*, Karsten (Hrsg.):
Gewinn und Gemeinwohl in Familienunternehmen. 10. Jahrestagung des Notarrechtlichen Zentrums Familienunternehmen der Bucerius Law School 2022, Baden-Baden 2023 (zit.: *Bearbeiter*, in: Bochmann et al., Gewinn und Gemeinwohl).

Bock, Sönke:
Gesellschaftsvertragliche Gestaltungen zur Auflösung von Pattsituationen in der Gesellschafterversammlung – Zugleich eine kritische Betrachtung sogenannter Shoot Out-Klauseln, Berlin 2020 (zit.: *S. Bock*, Gesellschaftsvertragliche Gestaltungen zur Auflösung von Pattsituationen).

Boll, Caroline:
Die unternehmensverbundene Familienstiftung als Gestaltungsmöglichkeit der Nachfolge in Familienunternehmen – vor dem rechtlichen Hintergrund des Instituts der Unterbeteiligung, Bonn 2016 (zit.: *Boll*, Die unternehmensverbundene Familienstiftung).

Bong, Sebastian:
Gesellschaftsrechtliche Wirkungen einer Familienverfassung – Zur rechtlichen Relevanz einer tatsächlichen Willenseinigung mit Rechtsgeschäftsbezug in Familiengesellschaften, Tübingen 2022 (zit.: *Bong*, Gesellschaftsrechtliche Wirkungen einer Familienverfassung).

Born, Manfred/*Ghassemi-Tabar*, Nima/*Gehle*, Burkhard (Hrsg.):
Münchener Handbuch des Gesellschaftsrechts, Band 7: Gesellschaftsrechtliche Streitigkeiten (Corporate Litigation), 6. Aufl., München 2020 (zit.: MHdB GesR 7/*Bearbeiter*).

Boyd, Britta/*Dyhr Ulrich*, Anna Marie:
Market entry strategies into the BRIC countries – a comparison of Danish family and non-family businesses, International Journal of Globalisation and Small Business, 2014, Vol. 6 No. 1, https://doi.org/10.1504/IJGSB.2014.063405, S. 15–36.

Böhm, Nicolas/*Burmeister*, Frank (Hrsg.):
Münchener Vertragshandbuch. Band 1: Gesellschaftsrecht, 8. Aufl., München 2018 (zit.: MVHdB I GesR/*Bearbeiter*).

Böhringer, Walter/*Melchior*, Robin:
Auswirkungen der Reform des Vormundschafts- und Betreuungsrechts und des DiRUG auf die notarielle Praxis bei Anmeldungen in Registersachen, GmbHR 2022, S. 177–186.

Böttcher, Lisa:
„Abschreckung durch Transparenz" – Zur Umstellung des Transparenzregisters auf ein Vollregister und den Folgen für die Zivilgesellschaft, npoR 2021, S. 292–296.

Brandmüller, Gerhard/*Klinger*, Thomas:
Unternehmensverbundene Stiftungen. Recht, Steuer, Betriebswirtschaft, 4. Aufl., Berlin 2014 (zit.: *Brandmüller/Klinger*, Unternehmensverbundene Stiftungen).

Breitkopf, Diethard:
Die arbeitsrechtliche Stellung des Personals der Stiftungen, Stiftung & Sponsoring Rote Seiten, Heft 05, 2020, S. 1–21 (zit.: *Breitkopf*, S&S RS 05/2020, 1).

Breyer, Michael:
Familienunternehmen und Erbschaftsteuer – Ein Beitrag zur wirtschaftspolitischen Grundsatzdiskussion –, in: *Bruns*, Alexander/*Kern*, Christoph/*Münch*, Joachim/*Piekenbrock*, Andreas/*Stadler*, Astrid/*Tsikrikas*, Dimitrios (Hrsg.), Festschrift für Rolf Stürner zum 70. Geburtstag, 2. Teilband, Tübingen 2013, S. 1885–1902 (zit.: *Breyer*, FS R. Stürner Bd. 2, S. 1885).

Ders.:
Etablierte Stiftungsmodelle in der Praxis der Unternehmensnachfolge, PU 10/2020, S. 1–7.

Ders.:
Stiftungen von Familienunternehmen nach der Stiftungsrechtsreform, FuS 2022, S. 18–23.

Ders.:
Folgefragen für Familienstiftungen mit Destinatären im Ausland, FuS 2022, S. 217–218.

Ders.:
Leitlinien für die Nachfolgeplanung – Ausgewählte Aspekte erfolgreicher Übergaben, FuS-Sonderheft 2022, S. 38–42.

Briem, Robert:
Privatautonome Gestaltungsmöglichkeiten zur Sicherung einer funktionierenden Governance der Privatstiftung, in: *Kalss*, Susanne (Hrsg.), Aktuelle Fragen des Stiftungsrechts – Acht wesentliche Kernthemen, Wien 2014, S. 61–105 (zit.: *Briem*, in: Kalss, Aktuelle Fragen des Stiftungsrechts, S. 61).

Brill, Mirko Wolfang:
Gestaltungsaspekte zur Unternehmensnachfolge mit Familienstiftungen, GWR 2012, S. 364–369.

Ders.:
Unternehmensnachfolgeplanung mit Stiftungen, KÖSDI 2014, S. 18778–18787.

Brock, Karl:
Die familien- und inhabergeführte GmbH und der drittelbeteiligte Aufsichtsrat, GmbHR 2019, S. 101–107.

Brösztl, Gabriel:
Das Familienunternehmen als Quelle des wirtschaftlichen Wachstums, in: *Hommelhoff*, Peter/*Schmidt-Diemitz*, Rolf/*Sigle*, Axel (Hrsg.): Familiengesellschaften. Festschrift für Walter Sigle zum 70. Geburtstag, Köln 2000, S. 3–24 (zit.: *Brösztl*, FS W. Sigle, S. 3).

Brummer, Lydia:
Satzungsautonomie und Ewigkeitsklauseln, Baden-Baden 2022 (zit.: *Brummer*, Satzungsautonomie und Ewigkeitsklauseln).

Bruttel, Oliver/*Probst*, Arno/*Schweinsberg*, Klaus:
Stiftungsunternehmen in Deutschland, FuS 2012, S. 226-232.

Ders./Probst, Arno/*Schweinsberg*, Klaus:
Nachfolgeregelungen in großen Familienunternehmen: Stiftungslösung als Option?, FuS 2015, S. 138–144.

Bulk, Steffen:
§ 1a Abs. 2 und 4 KStG: Die Verweisungen der (Rück-)Option auf das UmwStG, BB 2022, S. 1752–1762.

Bumke, Christian/*Röthel*, Anne (Hrsg.):
Autonomie im Recht. Gegenwartsdebatten über einen rechtlichen Grundbegriff, Tübingen 2017 (zit.: *Bearbeiter*, in: Bumke/Röthel, Anatomie im Recht).

Bundesverband Deutscher Stiftungen e.V. (Hrsg.):
- Zahlen, Daten, Fakten zum Stiftungswesen, Berlin 2021 (zit.: *BDS*, Zahlen, Daten, Fakten zum Stiftungswesen, 2021, S.).
- Entwicklung des Stiftungssektors in Deutschland 2000–2023. Kennzahlen zum Bestand, Errichtung, Dichte und Zwecken im Zeitverlauf, Stiftungsfokus Nr. 21, Stand 04/2024, Berlin 2024 (zit.: *BDS*, Kennzahlen des Stiftungssektors 2000–2023, Stand 04/2024, S.).

Burgard, Ulrich:
Gestaltungsfreiheit im Stiftungsrecht – Zur Einführung korporativer Strukturen bei der Stiftung, Köln 2006 (zit.: *Burgard*, Gestaltungsfreiheit im Stiftungsrecht).

Ders. (Hrsg.):
Stiftungsrecht. Kommentierung der §§ 80–88 BGB, Berlin/Boston 2023 (zit.: Burgard/*Bearbeiter*, StiftR).

Ders.:
Der Aufsichtsrat bei Verein und Stiftung, in: *Kohl*, Helmut/*Kübler*, Friedrich/*Ott*, Claus/*Schmidt*, Karsten (Hrsg.), Zwischen Markt und Staat. Gedächtnisschrift für Rainer Walz, Köln 2008, S. 71–97 (zit.: *Burgard*, GS Walz, S. 71).

Ders.:
Handelsregisterpublizität von Kommanditisten und GbR-Gesellschaftern – Rechtsprobleme der Neufassung des § 162 HGB –, in: *Häuser*, Franz/*Hammen*, Horst/*Hennrichs*, Joachim/*Steinbeck*, Anja/*Siebel*, Ulf R./*Welter*, Reinhard (Hrsg.), Festschrift für Walther Hadding zum 70. Geburtstag am 8. Mai 2004, Berlin, S. 325–341 (zit.: *Burgard*, FS Hadding, S. 325).

Ders.:
Reform des Stiftungsrechts – kritische Anmerkungen, in: *Weitemeyer*, Birgit/*Hüttemann*, Rainer/*Rawert*, Peter/*Schmidt*, Karsten (Hrsg.): Non Profit Law Yearbook 2019, München 2020, S. 71–96 (zit.: *Burgard*, NPLY 2019, S. 71).

Ders.:
Das neue Stiftungsprivatrecht, NZG 2002, S. 697–702.

Ders.:
Foundation Governance, ZStV 2015, 1–9.

Ders.:
Reform des Stiftungsrechts, ZStV 2016, S. 81–94.

Ders.:
Grundfragen des Stiftungsrechts, npoR 2019, S. 106–111.

Ders.:
Eintragung einer gemeinnützigen Unternehmergesellschaft (haftungsbeschränkt) – Anm. zu BGH Beschl. v. 28.4.2020 – II ZB 13/19, npoR 2020, S. 313–317.

Ders.:
Die Kritik an dem Referentenentwurf eines Gesetzes zur Vereinheitlichung des Stiftungsrechts im Überblick mit Fallstudien, npoR 2021, S. 1–11.

Ders.:
Teil 1: Anerkennungsvoraussetzungen und Grundlagenänderungen, npoR 2021, S. 78–80.

Ders.:
Verantwortungseigentum in Stiftungsform de lege lata und de lege ferenda, ZStV 2021, S. 1–10.

Ders.:
Der Stand der Stiftungsrechtsreform nach dem Regierungsentwurf – Soll und Haben –, ZStV 2021, S. 45–50.

Ders.:
Nach der Reform ist vor der Reform – Anmerkungen zum Gesetz zur Vereinheitlichung des Stiftungsrechts, GmbHR 2021, S. R244–R246.

Ders.:
Beschränkung der Vertretungsmacht bei Verein und Stiftung – Zugleich Bespr. von BGH, Urt. v. 15.4.2021 – III ZR 139/20 (NZG 2021, 877) – „Schlaganfall-Hilfe“, NZG 2022, S. 18–22.

Ders.:
To-dos nach Inkrafttreten des neuen Stiftungsrechts, GmbHR 2023, R208–R210.

Ders.:
Gestaltungsfreiheit im neuen Stiftungsrecht, npoR 2023, S. 103–111.

Ders.:
Der Zweck, der Gegenstand der Tätigkeit und ihr Verhältnis zueinander im Verbands- und Stiftungsrecht – Zugleich ein Beitrag zur Vereinsklassenabgrenzung und zur Identifizierung von Selbstzweckorganisationen –, ZGR 2023, S. 849–888.

Ders.:
Die Verwaltung und Erhaltung des Stiftungsvermögens nach neuem Recht, ZStV 2023, S. 159–169.

Ders.:
Die Änderung prägender und sonstiger Satzungsbestimmungen gemäß § 85 Abs. 2 und 3 BGB, ZStV 2024, S. 39–50.

Ders.:
Ungestillter Reformbedarf nach zwei „Reformgesetzen", npoR 2024, S. 181–189.

Ders./Heimann, Carsten:
Entlastung, Verjährung und Verjährenlassen von Schadensersatzansprüchen gegen Organmitglieder von Stiftungen und Aktiengesellschaften – Nachlese zum Fall der Johannes a Lasco-Stiftung, NZG 2016, S. 166–172.

Ders./Heimann, Carsten:
Haftungsrisiken von Vereins- und Stiftungsvorständen – Haftung von Vereinsvorständen, ZStV 2019, S. 161–169.

Ders./Heimann, Carsten:
Haftungsrisiken von Stiftungsvorständen, ZStV 2019, S. 201–205.

Ders./Heimann, Carsten:
Die Umwandlung in eine Verbrauchsstiftung – Ein Leitfaden –, npoR 2024, S. 123–129.

Ders./Heimann, Carsten:
Die Zulegung und Zusammenlegung von Stiftungen – Ein Leitfaden, npoR 2024, S. 1989–1999.

Butterstein, Alexandra:
Registerpublizität und Stiftungsaufsicht im Lichte der jüngsten europäischen Rechtsprechung, in: Gesellschaft Junge Zivilrechtswissenschaft e.V. (Hrsg.), Jahrbuch Junge Zivilrechtswissenschaft – Bochum 2018. Strukturwandel und Privatrecht, Baden-Baden 2019, S. 375–399 (zit.: *Butterstein*, in: GJZ, Strukturwandel und Privatrecht, S. 375).

Büch, Markus:
Das sittenwidrige Stiftungsgeschäft, ZEV 2010, S. 440–445.

Bühler, Jonas:
Preislimitierte Ankaufsrechte im Gesellschaftsrecht – Eine Untersuchung der Wirksamkeit und Anpassungsbedürftigkeit unter besonderer Berücksichtigung von gesellschaftsvertraglichen Abfindungsklauseln, Baden-Baden 2021 (zit.: *Bühler*, Preislimitierte Ankaufsrechte im Gesellschaftsrecht).

Canaris, Claus-Wilhelm:
Handelsrecht, Ein Studienbuch, 24. Aufl., München 2006 (zit.: *Canaris*, HandelsR).

Campenhausen, Axel, Freiherr von/*Richter*, Andreas (Hrsg.):
Stiftungsrechts-Handbuch, 4. Aufl., München 2014 (zit.: v. Campenhausen/Richter/*Bearbeiter*, StiftR-HdB).

Christopeit, Iring:
Jahressteuergesetz 2020: Änderungen im Erbschaft- und Schenkungsteuerrecht, ErbR 2021, S. 391–395.

Churchill, Neil C./*Hatten*, Kenneth J.:
Non-market based transfers of wealth and power: A research framework for family businesses, American Journal of Small Business 1987, S. 51–64.

Cloer, Adrian/*Kutac*, Kimberly:
Stiftung & Co. KG ist keine gewerblich geprägte Personengesellschaft – Anm. zu FG Münster, Urt. v. 27.2.2020 – 3 K 3593/16 F, DStRK 2020, S. 306.

Cordes, Eckhard:
Herausforderung „Governance" bei Haniel und anderen Familienunternehmen, in: *Kirchdörfer*, Rainer/*Lorz*, Rainer/*Wiedemann*, Andreas/*Kögel*, Rainer/*Frohnmayer*, Thomas (Hrsg.), Familienunternehmen in Recht, Wirtschaft, Politik und Gesellschaft. Festschrift für Brun-Hagen Hennerkes zum 70. Geburtstag, München 2009, S. 151–162 (zit.: *Cordes*, FS Hennerkes, S. 151).

Cornelius, Eike:
Zuwendungen an Stiftungen und Pflichtteilsergänzung, ZErb 2006, S. 230–235.

Cranshaw, Friedrich L.:
Umwandlung von Stiftungen, npoR 2024, S. 93–99.

Ders./*Hippeli*, Michael:
Bestellung, Abberufung und Anstellungsverhältnis des Vorstands der rechtsfähigen Stiftung des bürgerlichen Rechts, ZIP 2018, S. 668–676.

Csoklich, Peter:
Stifterrechte und Vermögensopfer, in: *Konecny*, Andreas/*Musger*, Gottfried/*Neumayer*, Matthias/*Spitzer*, Martin (Hrsg.), Festschrift Elisabeth Lovrek, Wien 2024, S. 51–64. (zit.: *Csoklich*, FS E. Lovrek, S. 51).

Dahlmanns, Tanja:
Errichtung einer rechtsfähigen Stiftung – zugleich Modell der Unternehmensnachfolge, RNotZ 2020, S. 417–446.

Dannecker, Achim:
Unternehmensnachfolge bei Kapitalgesellschaften: erbschaftsteuerliche und ertragsteuerliche Aspekte, DStR 2020, S. 853–865.

Ders.:
Stiftungen bei der Unternehmensnachfolge, DStR 2023, S. 1057–1070.

Daragan, Hanspeter:
Die Zurechnung des Vermögens und der Erträge einer kontrollierten Liechtensteiner Stiftung, DB 2011, S. 2223–2225.

Ders./Halaczinsky, Raymond/*Riedel*, Christopher (Hrsg.):
Praxiskommentar Erbschaftsteuer und Bewertungsgesetz, 4. Aufl., Bonn 2023 (zit.: D/H/R/*Bearbeiter*, PraxisKo-ErbStG).

Davidson, Ron:
Unternehmensnachfolge – Zusammenspiel von Berufsträgern und M&A-Beratern, DStR 2020, S. 1147–1148.

Däubler, Wolfgang:
Zur aktuellen Bedeutung des Fideikommißverbots, JZ 1969, S. 499–502.

Deischl, Andreas:
Familie und Stiftung, München 2000 (zit.: *Deischl*, Familie und Stiftung).

Delarber, Christian/*Klauck*, Jérôme/*Schumann*, Anna:
Die Familienstiftung als Instrument der Unternehmensnachfolge, in: *Richter*, Lutz/*Meyering*, Stephan/*Sopp*, Karina (Hrsg.), Anwendungsorientierte steuerliche Betriebswirtschaftslehre. Rechnungswesen – Steuerarten – Unternehmensstruktur. Festschrift zum 65. Geburtstag von Heinz Kußmaul, Berlin 2022, S. 617–631 (zit.: *Delarber/Klauck/Schumann*, FS Kußmaul, S. 617).

Delp, Udo Albert:
Die Stiftung & Co. KG – eine Unternehmensform der rechtsgestaltenden Beratungspraxis, Heidelberg 1991 (zit.: *Delp*, Die Stiftung & Co. KG).

Demuth, Ralf:
Asset Protection – ein Überblick, KÖSDI 2016, S. 20003–20010.

Ders.:
Gestaltungen mit inländischen Familienstiftungen, KÖSDI 2018, S. 20909–20918.

Ders.:
Stiftungsrechtsreform 2021 – Eine Betrachtung aus Sicht der Praxis ein Jahr vor dem Start, NWB-EV 2022, S. 259–265.

Ders.:
Die rechtsfähige Stiftung als Mittel der Unternehmensnachfolge – ein Überblick, KÖSDI 2023, S. 23055–23064.

Denninger, Philip:
Mehrstimmrechte in der Aktiengesellschaft – ein Wiedergänger in der deutschen und europäischen Reformdebatte, DB 2022, S. 2329–2336.

Deutscher Juristentag (Hrsg.):
Verhandlungen des 44. Deutschen Juristentages, Tübingen 1962 (zit.: *Bearbeiter*, in: Verhandlungen des 44. DJT 1962).

Dieckmann, Andreas:
Gesamthand und juristische Person, Tübingen 2019 (zit.: *Dieckmann*, Gesamthand und juristische Person).

Dittmer, Lothar:
Unternehmensverbundene Stiftung: Mehrwert für die Gesellschaft – Wie wir alle von der Verbindung zwischen Stiftungen und Unternehmen profitieren, Stiftung & Sponsoring, Heft 04, 2022, S. 25–26.

Dombek, Bernhard/*Kroiß*, Ludwig (Gesamthrsg.):
FormularBibliothek Vertragsgestaltung. Muster, Erläuterungen, Praxishinweise, 4. Aufl., Baden-Baden 2023 (zit.: FormBiB-V/*Bearbeiter*, GesR II).

Dorsel, Christoph (Hrsg.):
Kölner Formularbuch Erbrecht, 4. Aufl., Köln 2024 (zit.: Dorsel/*Bearbeiter*, Kölner FormB ErbR).

Dölken, Clemens:
Sub specie aeternitatis... Der Ewigkeitscharakter der Stiftungen, in: *Saenger*, Ingo/*Bayer*, Walter/*Koch*, Elisabeth/*Körber*, Torsten (Hrsg.), Gründen und Stiften. Festschrift zum 70. Geburtstag des Jenaer Gründungsdekans und Stiftungsrechtlers Olaf Werner, Baden-Baden 2009, S. 365–371 (zit.: *Dölken*, FS O. Werner, S. 365).

Dölker, Angelika:
Familienunternehmen: Betrachtung des Standortes Deutschland aus steuerlicher Sicht, BB 2018, S. 1495–1498.

Döring, Caterina:
Die Stiftung als Finanzierungsinstrument für Unternehmen, Berlin 2010 (zit.: *Döring*, Die Stiftung als Finanzierungsinstrument).

Dörr, Oliver/*Grote*, Rainer/*Marauhn*, Thilo (Hrsg.):
EMRK/GG. Konkordanzkommentar zum europäischen und deutschen Grundrechtsschutz, 3. Aufl., Tübingen 2022 (zit.: D/G/M/*Bearbeiter*, EMRK/GG)

Dreier, Horst (Hrsg.):
Grundgesetz. Kommentar. Band I, Präambel, Art. 1–19, 4. Aufl., Tübingen 2023 (zit.: Dreier/*Bearbeiter*, GG).

Drescher, Ingo/*Fleischer*, Holger/*Schmidt*, Karsten (Hrsg.):
- Münchener Kommentar zum Handelsgesetzbuch, Band 1: §§ 1–104a, 5. Aufl., München 2021.
- Münchener Kommentar zum Handelsgesetzbuch, Band 2: §§ 105–229, Konzernrecht der Personengesellschaften, 5. Aufl., München 2022.

(alle zit.: MüKoHGB/*Bearbeiter*)

Dresler-Lenz, Meike/*Lehmann*, Daniel:
Pflichtteilsrecht als Fallstrick für den Generationswechsel in Familienunternehmen, BB 2023, S. 648–655.

Driftmann, Friederike:
Das Phänomen des „Family Business Washing“, RFamU 2022, S. 319–320.

Dies.:
Generation Verantwortung am Zug – Eine kernige Aufgabe wartet auf mich, RFamU 2024, S. 245–246.

Drüen, Klaus-Dieter:
Verfassungsfragen bei der Reform der Grunderwerbsteuer – Teil 3, Ubg 2019, S. 65–84.

Dutta, Anatol:
Warum Erbrecht?, Das Vermögensrecht des Generationenwechsels in funktionaler Betrachtung, Tübingen 2014 (zit.: *Dutta*, Warum Erbrecht?).

Ders.:
Vermögenssicherung durch Stiftungen, in: *Grziwotz*, Herbert (Hrsg.), Erbrecht und Vermögenssicherung, Würzburg 2011, S. 70–94 (zit.: *Dutta*, in: Grziwotz, Erbrecht und Vermögenssicherung, S. 70).

Ders.:
Von der pia causa zur privatnützigen Vermögensbindung: Funktionen der Stiftung in den heutigen Privatrechtskodifikationen, RabelsZ 77 (2013), S. 828–842.

Dylla, Philip:
Die Weisungsfunktion des Stiftungszwecks, Baden-Baden 2015 (zit.: *Dylla*, Die Weisungsfunktion des Stiftungszwecks).

***E**bersbach*, Harry:
Handbuch des Deutschen Stiftungsrechts, Göttingen 1972 (zit.: *Ebersbach*, HdB des Deutschen Stiftungsrechts).

Eberspächer, Helmut:
Das Familienunternehmen im Mittelstand, in: *Hommelhoff*, Peter/*Schmidt-Diemitz*, Rolf/*Sigle*, Axel (Hrsg.): Familiengesellschaften. Festschrift für Walter Sigle zum 70. Geburtstag, Köln 2000, S. 25–32 (zit.: *Eberspächer*, FS W. Sigle, S. 25).

Ebert, Jessica:
Der Familieneinfluss auf ein Unternehmen – Ein mehrdimensionaler Ansatz, Frankfurt am Main 2011 (*J. Ebert*, Der Familieneinfluss auf ein Unternehmen).

Ebner, Stefan:
Familienexterne Nachfolgeregelung. Typenspezifische Handlungsempfehlungen für selbständige Unternehmer in Familienunternehmen, München 2011 (zit.: *Ebner*, Familienexterne Nachfolgeregelung).

Edenfeld, Stefan:
Lebenslange Bindungen im Erbrecht?, DNotZ 2003, S. 4–20.

Eder, Florian:
Die „Vor-Stiftung“, ZStV 2013, S. 52–55.

Eichel, Sophie von:
Gläubigerzugriff auf Destinatärrechte, Frankfurt am Main, 2011 (zit.: *v. Eichel*, Gläubigerzugriff auf Destinatärrechte).

Eiling, Astrid/*Tiemann*, Annika:
Die unternehmensverbundene Familienstiftung zwischen Familien- und Unternehmensinteressen, SB 2020, S. 195–200.

Eiselsberg, Maximilian:
Stiftung und Unternehmen, ecolex 2007, S. 3–5.

Ders.:
Stiftungsgovernance: Gewaltenteilung, Unabhängigkeit und „Ähnlichkeiten“, ZfS 2009, S. 152–161.

Emmerich, Volker/*Habersack*, Mathias:
Konzernrecht. Ein Studienbuch, 11. Aufl., München 2020 (zit.: *Emmerich/Habersack*, KonzernR[11]).

Engel, Julian:
Das Lobbyregistergesetz – Eintragungspflichten für Verbände und Unternehmen, ZStV 2022, S. 132–136.

Engel, Michael:
Die unternehmensverbundene Stiftung, Regensburg 2008 (zit.: *M. Engel*, Die unternehmensverbundene Stiftung).

Erkis, Gülsen/*Thonemann-Micker*, Susanne (Hrsg.):
Beck'scher Online-Kommentar zum ErbStG, München 2024 (zit.: BeckOK ErbStG/*Bearbeiter*, Stand).

Eschwey, Claudius (Hrsg.):
Beck'scher Online-Kommentar zur BNotO, München 2024 (zit.: BeckOK BNotO/*Bearbeiter*, Stand).

Eßer, Justus Paul:
Stiftungskontrolle und Stiftungsautonomie. Erfordernis und Implikationen eines stiftungseigenen Rechtsschutzregimes nach dem Vorbild der schweizerischen Stiftungsaufsichtsbeschwerde, Baden-Baden 2024 (zit.: *Eßer*, Stiftungskontrolle).

Eulerich, Marc:
Stiftungsverbundene Unternehmen in Deutschland. Grundlagen, Ziele, Ausgestaltung, Berlin 2015 (zit.: *Eulerich*, Stiftungsverbundene Unternehmen).

Europäische Kommission:
Final Report of the Expert Group. Overview of Family-Business-Relevant-Issue: Research, Networks, Policy Measures and Existing Studies, November 2009 (zit.: *Europäische Kommission*, Final Report of the Expert Group. Overview of Family-Business-Relevant-Issue).

Fabis, Felix Georg:
Gesellschafterkonflikte in Familienunternehmen: Vermeidungs- und Lösungsstrategien auf gesellschaftsvertraglicher und individualvertraglicher Ebene, Berlin 2007 (zit.: *Fabis*, Gesellschafterkonflikte).

Ders.:
Rezension: Beirat und Aufsichtsrat im Familienunternehmen, NZG 2008, S. 375.

Ders.:
Instrumentarien zur Vermeidung und Lösung von Gesellschafterkonflikten in Familienunternehmen, OSC 4 (2007), S. 354–364.

Faude, Georg/*Hacker*, Maximilian:
Krisen-Compliance in der (Unternehmens-)Stiftung, ZStV 2022, S. 153–160.

Fasselt, Martin:
Die Beteiligungsstiftung, Berlin 1988 (zit.: *M. Fasselt*, Die Beteiligungsstiftung, 1988).

Fasselt, Timo:
Nachfolge in Familienunternehmen, Stuttgart 1992 (zit.: *T. Fasselt*, Nachfolge).

Faßbender, Christian/*Rodenhausen*, Frank:
Organhaftung im Verein, WM 2019, S. 951–960.

Felden, Birgit/*Hack*, Andreas/*Hoon*, Christina:
Management von Familienunternehmen, 2. Aufl., Wiesbaden 2019 (zit.: *Felden/Hack/Hoon*, Management von Familienunternehmen).

Felden, Birgit/*Wirtz*, Maria:
Was bedeutet Stiften in der Praxis? Ein Umsetzungskonzept für Familienunternehmen, FuS 2014, S. 131–137.

Feldner, Michael/*Stoklassa*, Sven-Oliver:
Die Familienstiftung als Instrument der Unternehmensnachfolge – Teil I, ErbStB 2014, S. 201–207.

Ders./Stoklassa, Sven-Oliver:
Die Familienstiftung als Instrument der Unternehmensnachfolge – Teil 2, ErbStB 2014, S. 227–233.

Feick, Martin:
Die Stiftung als Instrument der Unternehmensnachfolge, BB-Special 2006, S. 13–18.

Ders. (Hrsg.):
Stiftung als Nachfolgeinstrument. Zivilrecht, Steuerrecht und internationales Recht, München, 2. Aufl., 2024 (zit.: Feick/*Bearbeiter*, Stiftung).

Ders./Schwalm, Julian:
Kurskorrektur bei der Stiftungsreform – Gibt es noch ein Happy End? Reformupdate durch den Regierungsentwurf eines Gesetzes zur Vereinheitlichung des Stiftungsrechts, NZG 2021, S. 525–533.

Ders./Schwalm, Julian:
Der identitätswahrende Zuzug von EU- und EWR-Stiftungen – Zur endgültigen Anerkennung der Gründungstheorie im europäischen Stiftungskollisionsrecht, NZG 2021, S. 334–344.

Feitsch, Frank Grischa/*Linder*, Kerstin:
Die inländische rechtsfähige Familienstiftung als Nachfolgerin in Gesellschaftsanteile: Gestaltungsüberlegungen in der anwaltlichen Praxis (Teil 1), ZStV 2018, S. 29–37.

Ders./Linder, Kerstin:
Die inländische rechtsfähige Familienstiftung als Nachfolgerin in Gesellschaftsanteile: Gestaltungsüberlegungen in der anwaltlichen Praxis (Teil 2), ZStV 2018, S. 67–77.

Ders./Fischer, Kristan:
Verwaltungsgerichtlicher Rechtsschutz von Stiftungsorganen gegenüber Maßnahmen der Stiftungsaufsicht, ZStV 2017, S. 27–30.

Fein, Johannes/*Articus*, Susanne:
Der zweite Bericht der Bund-Länder-Arbeitsgruppe zum Stiftungsrecht – Ein Überblick zum aktuellen Stand der Stiftungsrechtsreform, npoR 2019, S. 49–53.

Feyl, Peter:
Beteiligungsverwaltung durch Familienstiftungen und Wahrung der Familieninteressen, ZUS 2012, S. 55–60.

Fielmann, Günther:
Fielmann: von der KG zur AG – ein Erfahrungsbericht aus vier Jahrzehnten, in: *Dauner-Lieb*, Barbara/*Freudenberg*, Götz/*Werner*, Götz W. (Hrsg.), Familienunternehmen im Fokus von Wirtschaft und Wissenschaft. Festschrift für Mark K. Binz zum 65. Geburtstag, München 2014, S. 199–203 (zit.: *Günther Fielmann*, FS Binz, S. 199).

Fischer, Michael/*Pahlke*, Armin/*Wachter*, Thomas (Hrsg.):
Haufe Erbschaft- und Schenkungsteuergesetz Kommentar, 8. Aufl., Freiburg 2023 (zit.: F/P/W/*Bearbeiter*, ErbStG).

Fischer, Daniel J./*Ihle*, Jörg:
Satzungsgestaltung bei gemeinnützigen Stiftungen, DStR 2008, S. 1692–1698.

Fischer, Stephan:
Die Business Judgment Rule als typübergreifendes Institut, Berlin 2018 (zit.: *St. Fischer*, Die Business Judgment Rule als typübergreifendes Institut).

Fittko, Leonie Maria:
Einheit und Vielheit in mehrgenerationalen Unternehmerfamilien – Identitätspflege als Aufgabe des Familienmanagements, Paderborn 2022 (zit.: *Fittko*, Einheit und Vielheit in mehrgenerationalen Unternehmerfamilien).

Flaßhoff, Fabian Eike:
Die Beweislastverteilung bei der Organhaftung – Zur Reichweite der Beweislastregel § 93 Abs. 2 Satz 2 AktG und der Business Judgment Rule als »presumption« deutscher Bauart, Tübingen 2022 (zit.: *Flaßhoff*, Beweislastverteilung).

Flämig, Christian:
Unternehmensnachfolge mittels stiftungshafter Gebilde, DB-Beilage Nr. 22 zu Heft 45, 1978, S. 1–12.

Fleisch, Hans:
Unternehmensverbundene Stiftungen. Bedeutung und Gestaltungsmöglichkeiten, Stiftung & Sponsoring Rote Seiten, Heft 04, 2018, S. 1–20 (zit.: *Fleisch*, S&S RS 04/2018, 1).

Ders.:
Hybride oder gemischte Stiftung als attraktive Alternative für Unternehmensbeteiligungsstiftungen, npoR 2022, S. 74–77.

Ders./*Eulerich*, Marc/*Krimmer*, Holger/*Schlüter*, Andreas/*Stolte*, Stefan (Hrsg.):
Modell unternehmensverbundene Stiftungen, Status quo – Gestaltungsmöglichkeiten – Nachfolgelösung, Berlin 2018 (*Bearbeiter*, in: F/E/K/S/S, Modell unternehmensverbundene Stiftungen).

Fleischer, Holger:
Gestaltungsgrenzen für Zustimmungsvorbehalte des Aufsichtsrats nach § 111 Abs. 4 S. 2 AktG, BB 2013, S. 835–843.

Ders. (Hrsg.):
Mysterium »Gesetzesmaterialien« Bedeutung und Gestaltung der Gesetzesbegründung in Vergangenheit, Gegenwart und Zukunft, Tübingen 2013 (zit.: *Bearbeiter*, in: Fleischer, Mysterium „Gesetzesmaterialien").

Ders.:
Vergleichende Corporate Governance in der geschlossenen Kapitalgesellschaft, ZHR 179 (2015), 404–452.

Ders.:
Familiengesellschaften und Familienverfassungen: Eine historisch-vergleichende Standortbestimmung, NZG 2017, S. 1201–1210.

Ders.:
Corporate Social Responsibility – Vermessung eines Forschungsfeldes aus rechtlicher Sicht, AG 2017, S. 509–525.

Ders.:
Kautelarpraxis und Privatrecht: Grundfragen und gesellschaftsrechtliche Illustrationen, RabelsZ 82 (2018), S. 239–266.

Ders.:
Organisation der Inhaberfamilie und Ownership Management in Familienunternehmen – eine rechtliche Bestandsaufnahme, BB 2019, S. 2819–2826.

Ders.:
Die Siemens AG: Rechtliche Wegmarken von der Familien- zur Publikumsgesellschaft, AG 2019, S. 481 –491.

Ders.:
Vergleichendes Familiengesellschaftsrecht am Beispiel abberufener Familiengesellschafter-Geschäftsführer, GmbHR 2021, S. 113–120.

Ders.:
Änderungen des KG-Rechts im Regierungsentwurf eines Gesetzes zur Modernisierung des Personengesellschaftsrechts, DStR 2021, S. 483–491.

Ders.:
Corporate Purpose: Ein Management-Konzept und seine gesellschaftsrechtlichen Implikationen, ZIP 2021, S. 5–15.

Ders.:
Gemeinwohlförderung und Gewinnorientierung in Familienunternehmen, NZG 2022, S. 1371–1378.

Ders.:
Ein Schönheitswettbewerb für eine neue Gesellschaftsform mit Nachhaltigkeitsbezug: Zur rechtspolitischen Diskussion um eine GmbH mit gebundenem Vermögen, ZIP 2022, S. 345–355.

Ders.:
Unternehmensverbundene Stiftungen und Familienunternehmen: Kontrastmodell oder „Familienähnlichkeit"?, ZIP 2022, S. 2045–2056.

Ders.:
Die vielen Ziele von Familienunternehmen im Spiegel von Managementforschung und Gesellschaftsrecht, ZIP 2023, S. 2385–2397.

Ders./Goette, Wulf (Hrsg.):
Münchener Kommentar zum GmbH-Gesetz. Band 1: §§ 1–34, 4. Aufl., München 2022 (zit.: MüKoGmbHG/*Bearbeiter*)

Ders./Götz, Claas-Lennart/*Stemberg*, Lennart:
Das liechtensteinische Gesellschaftsrecht: Miniaturwunderland der Rechtsformen – Teil II, WM 2023, S. 1852–1863.

Ders./Chatard, Yannick:
Unternehmensverbundene Stiftungen im französischen Recht, RIW 2023, S. 397–401.

Ders./Lunemann, Caroline:
Nachfolgeregelungen in Familienpersonengesellschaften am Beispiel der Fugger, in: *Gehle*, Burkhard/*Hirte*, Heribert/*Lochner*, Daniel (Hrsg.), Festschrift für Thomas Heidel zum 65. Geburtstag, Baden-Baden 2021, S. 29–47 (zit.: *Fleischer/Lunemann*, FS Heidel, S. 29).

Ders./Maas, Jannik L.:
Börsennotierte Familienunternehmen. Rechtliche Grundlagen und Gestaltungsoptionen, DB 2021, S. 37–46.

Ders./Maas, Jannik L.:
Börsennotierte Familiengesellschaften im Kapitalmarktrecht, AG 2021, S. 893–904.

Ders./Mock, Sebastian:
Gesellschaftsverträge und Satzungen im Wandel der Zeiten, NZG 2020, S. 161–169.

Ders./Mock, Sebastian (Hrsg.):
Große Gesellschaftsverträge aus Geschichte und Gegenwart, ZGR-Sonderheft 24 (2021).

Ders./Mock, Sebastian:
Die Vermessung der Welt der Gesellschaftsverträge und Satzungen, NZG 2021, S. 173–181.

Ders./Schneider, Stephan:
Zulässigkeit und Grenzen von Shoot-Out-Klauseln im Personengesellschafts- und GmbH-Recht, DB 2010, S. 2713–2719.

Ders./Recalde, Andrés/*Spindler*, Gerhard (Hrsg.):
Family Firms and Closed Companies in Germany and Spain, Tübingen 2021 (zit.: *Bearbeiter*, in: F/R/S, Family Firms).

Ders./Schneider, Stephan:
Tag along- und Drag along-Klauseln in geschlossenen Kapitalgesellschaften, DB 2012, S. 961–968.

Ders./Trinks, Jennifer:
Gesellschafterstreitigkeiten als Auflösungsgrund in geschlossenen Kapitalgesellschaften – Die Auflösungsklage nach § 61 GmbHG im Vergleich zum französischen Recht, GmbHR 2019, S. 1209–1221.

Fleschutz, Karin:
Die Stiftung als Nachfolgeinstrument für Familienunternehmen. Handlungsempfehlungen für die Ausgestaltung und Überführung, Wiesbaden 2008 (zit.: *Fleschutz*, Die Stiftung als Nachfolgeinstrument).

Dies.:
Die unternehmensverbundene Stiftung – Strukturen und Bedeutung für das deutsche Stiftungswesen, in: *Sprengel*, Rainer/*Ebermann*, Thomas (Hrsg.), Statistiken zum Deutschen Stiftungswesen 2007, Berlin 2007, S. 101–109 (zit.:

Fleschutz, in: Sprengel/Ebermann, Statistiken zum Deutschen Stiftungswesen 2007, S. 101).

Flick, Hans:
Erbschaftsteuerplanung des Unternehmers in der Steuerberatungspraxis, DStR 1993, S. 929–932.

Flume, Werner:
Allgemeiner Teil des Bürgerlichen Rechts. Erster Band. Zweiter Teil. Die juristische Person, Heidelberg, 1983 (zit.: *Flume*, BGB AT Bd. I/2).

Foerster, Max:
Diskriminierende Regelungen der Nachfolge in die Verbandsmitgliedschaft, AcP 213 (2013), S. 173–221.

Ders.:
Zusammenspiel von Familienverfassung und Verbandsverfassung in der Familiengesellschaft, BB 2019, S. 1411–1418.

Forst, Gerrit:
Corporate Social Responsibility in Familienunternehmen: Herausforderung oder Selbstverständlichkeit?, RFamU 2022, S. 99–104.

Förster, Lutz/*Fast*, Dennis:
Stiftungserrichtung von Todes wegen, ZAP 2019, S. 307–316.

Franke, Günter/*Draheim*, Matthias,
Foundation Owned Firms in Germany – a Field Experiment for Agency Theory, Beiträge zur Jahrestagung des Vereins für Socialpolitik 2015, S. 1–51 (zit.: *Franke/Draheim*, VfS 2015, 1).

Freudenberg, Wolfram:
Risikomanagement in Familienunternehmen, in: *Dauner-Lieb*, Barbara/*Freudenberg*, Götz/*Werner*, Götz W. (Hrsg.), Familienunternehmen im Fokus von Wirtschaft und Wissenschaft. Festschrift für Mark K. Binz zum 65. Geburtstag, München 2014, S. 215–223 (zit.: *W. Freudenberg*, FS Binz, S. 215).

Freundl, Fabian:
Die Stiftung – das Gestaltungsinstrument der Unternehmensnachfolge, DStR 2004, S. 1509–1514.

Frese, Yorck:
Das Transparenzregister in der Unternehmensnachfolge, ZEV 2022, S. 66–70.

Frey, Tobias/*Pelz*, Christian (Hrsg.):
Beck'scher Online-Kommentar zum GwG, München 2024 (zit.: BeckOK GwG/*Bearbeiter*, Stand).

Frieling, Melanie:
Die Familienstiftung als Gestaltungsinstrument im Rahmen der Unternehmensnachfolge – eine steuerplanerische Untersuchung, Berlin 2015 (zit.: *M. Frieling*, Die Familienstiftung als Gestaltungsinstrument).

Dies.:
Erbschaft- und Schenkungsteuerplanung im Rahmen von Vermögensübertragungen auf Familienstiftungen, DB 2017, S. 317–326.

Dies.:
Die Errichtung einer unternehmensverbundenen Familienstiftung – aktuelle Entwicklungen, insbesondere aus steuerplanerischer Sicht, in: *Patek*, Guido/*Lazarz*, Katrin/*Verhofen*, Verena/*Frieling*, Melanie (Hrsg.), Betriebswirtschaftliche Steuerlehre, Rechnungslegung und Wirtschaftsprüfung – aktuelle Entwicklungen. Festschrift für Dieter Schneeloch zum 80. Geburtstag, München 2022, S. 3–23 (zit.: *M. Frieling*, FS Schneeloch, S. 3).

Frieling, Tino:
Gesetzesmaterialien und Wille des Gesetzgebers – Fallgruppen verbindlicher Willensäußerungen, Tübingen 2017 (zit.: *Frieling*, Gesetzesmaterialien und Wille des Gesetzgebers).

Fries, Thomas:
Familiengesellschaft und Treuepflicht – eine Untersuchung zum Recht der Personengesellschaft, Köln 1971 (zit.: *Fries*, Familiengesellschaft und Treuepflicht).

Frischmuth, Katja:
Anmerkung zu einer Entscheidung des EuGH, Urteil vom 03.02.2021 (C-155/19, C-156/19) – Zu den Anforderungen an den Begriff des funktionalen Arbeitgebers, ZStV 2021, S. 194–196.

Fritsche, Stefan:
Die Stiftungssatzung im Spannungsfeld zwischen Stifterfreiheit, Stiftungsautonomie und staatlicher Stiftungsaufsicht, ZSt 2009, S. 21–26.

Fritsche, Stefan/Kilian, Ulrike:
Nachfolge in Familienunternehmen durch Unternehmensträgerstiftungen – Möglichkeiten der Satzungsgestaltung, Stiftung & Sponsoring Rote Seiten, Heft 03, 2008, S. 1–23 (zit.: *Fritsche/Kilian*, S&S RS 03/2008, 1).

Fritz, Stefan:
Der rechtliche Rahmen für ethisch-nachhaltiges Investieren bei steuerbegünstigten Stiftungen, ZStV 2022, S. 73–182.

Frommhold, Georg:
Die Familienstiftung, AcP 117 (1919), S. 87–142.

Fuhrmann, Lambertus J./*Wälzholz*, Eckhard (Hrsg.):
Formularbuch Gesellschaftsrecht. Muster und Erläuterungen für alle Rechtsformen, Konzerne und Umwandlungen mit Steuer- und Kostenanmerkungen, 4. Aufl., Köln 2023 (zit.: Fuhrmann/Wälzholz/*Bearbeiter*, FormB GesR).

Ganßmüller, Helmut:
Anm. zu BGH, Urt. v. 06.10.1964 – VI ZR 156/63, VersR 1965, S. 257.

Garnitz, Johanna/*Maltzan*, Annette von/*Müller*, Johannes:
Nachfolge-Monitoring deutscher Familienunternehmen – Eine empirische Analyse auf Datenbasis der Datenbank FamData, ifo-Schnelldienst, 76. Jahrgang, Heft 12, 2023, S. 46–50 (abrufbar unter: https://t1p.de/cb3e8).

Gebele, Alexander/*Scholz*, Kai-Steffen (Hrsg.):
Beck'sches Formularbuch Bürgerliches, Handels- und Wirtschaftsrecht, 14. Aufl., München 2022 (zit.: BeckFormB BHW/*Bearbeiter*).

Geck, Reinhard:
Unternehmensfortführung bei „familienlosen" Gesellschaften – eine Fallstudie, ZEV 2015, S. 401–405.

Gehrlein, Markus:
Leitung einer juristischen Person durch juristische Person?, NZG 2016, S. 566–568.

Geibel, Stefan J.:
Unternehmensstiftungen und Governance, in: *Paal*, Boris P./*Poelzig*, Dörte/*Fehrenbacher*, Oliver (Hrsg.), Deutsches, Europäisches und Vergleichendes Wirtschaftsrecht. Festschrift für Werner F. Ebke zum 70. Geburtstag, München 2021, S. 251–261 (zit.: *Geibel*, FS W. F. Ebke, S. 251).

Geißler, Markus:
Die Bedeutung und Funktion des Gesellschaftszwecks und des Unternehmensgegenstands in der GmbH, GmbHR 2021, S. 1023–1032.

Gesmann-Nuissl, Dagmar:
Unternehmensnachfolge – ein Überblick über die zivil- und gesellschaftsrechtlichen Gestaltungsmöglichkeiten, BB-Special 2006, S. 2–8.

Gierhake, Olaf:
Vermögensnachfolge und Vermögensschutz für deutsche Unternehmer mit deutschen, österreichischen und liechtensteinischen Stiftungen, 2. Aufl., Baden-Baden 2021 (zit.: *Gierhake*, Vermögensnachfolge und Vermögensschutz).

Gläßer, Ulla:
Die Familienverfassung – zahnlose Absichtserklärung, unzulässiges Disziplinierungsmittel oder integratives Steuerungsinstrument? Annäherung an ein Chamäleon, in: *Dauner-Lieb*, Barbara/*Freudenberg*, Götz/*Werner*, Götz W. (Hrsg.), Familienunternehmen im Fokus von Wirtschaft und Wissenschaft. Festschrift für Mark K. Binz zum 65. Geburtstag, München 2014, S. 228–240 (zit.: *Gläßer*, FS Binz, S. 228).

Goebel, Lutz:
Familien-Unternehmen – ein krisenresistenteres und zukunftsfähigeres Modell?, in: *Dauner-Lieb*, Barbara/*Freudenberg*, Götz/*Werner*, Götz W. (Hrsg.), Familienunternehmen im Fokus von Wirtschaft und Wissenschaft. Festschrift für Mark K. Binz zum 65. Geburtstag, München 2014, S. 241–248 (zit.: *Goebel*, FS Binz, S. 241).

Goette, Maximilian:
Die Reform des Transparenzregister- und Finanzinformationsgesetzes – Erhebliche Ausweitung der Mitteilungspflichten für ca. 1,9 Mio. Unternehmen in Deutschland, DStR 2021, S. 1551–1558.

Goette, Wulf/*Habersack*, Mathias (Hrsg.):
- Münchener Kommentar zum Aktiengesetz, Band 1, §§ 1–75, 6. Aufl., München 2024.
- Münchener Kommentar zum Aktiengesetz, Band 2, §§ 76–117, MitbestG, DrittelbG, 6. Aufl., München 2023.
(alle zit.: MüKoAktG/*Bearbeiter*)

Gollan, Katharina:
Vorstandshaftung in der Stiftung – eine Untersuchung zur Anwendbarkeit der Business Judgment, Köln 2009 (zit.: *Gollan*, Vorstandshaftung).

Dies.:
Stiftungsrecht – Werkzeugkasten für eine Weichenstellung im Erstgespräch, ErbR 2016, S. 238–244.

Dies.:
Wer ist Anwalt der Stiftung? Zur Klagebefugnis eines Stifter-Abkömmlings und möglichen geborenen Organmitglieds gegen die Aufhebung einer Stiftung – zugleich Anm. zu VG Sigmaringen Urt. v. 22.1.2020 – 6 K 300/17, ErbR 2020, S. 700–704.

Dies.:
Stiftungsrechtsreform – Ende gut, alles gut? Bestandsaufnahme aus Sicht der Gestaltungspraxis, npoR 2021, S. 277–284.

Dies.:
Stiftungsrecht nach der Reform: Denkanstöße für eine streitvermeidende Satzungsgestaltung, ErbR 2024, S. 658–666.

Dies./Richter, Andreas:
Der Referentenentwurf zur Stiftungsrechtsreform – So nicht, bitte!, npoR 2021, S. 29–37.

Goerdeler, Reinhard:
Die Stiftung als Rechtsform für Unternehmungen, ZHR 113 (1950), S. 145–165.

Ders.:
Stiftungen in der Bundesrepublik aus heutiger Sicht, in: *Kübler*, Friedrich/ *Mertens*, Hans-Joachim/*Werner*, Winfried (Hrsg.): Festschrift für Theodor Heinsius zum 65. Geburtstag am 25. September 1991, Berlin 1991, S. 169–182 (zit.: *Goerdeler*, FS Heinsius, S. 169).

Ders./Ulmer, Peter:
Der Stiftungszweck in der Reform des Stiftungsrechts – zugleich Überlegungen zur Behandlung von Unternehmenssstiftungen [*sic*!] und Familienstiftungen im künftigen Stiftungsrecht, AG 1963, S. 292–298.

Ders./Ulmer, Peter:
Der Stiftungszweck in der Reform des Stiftungsrechts – zugleich Oberlegungen zur Behandlung von Unternehmensstiftungen und Familienstiftungen im künftigen Stiftungsrecht, AG 1963, S. 328–333.

Götz, Hellmut:
Steuerliche Besonderheiten bei unternehmensverbundenen Stiftungen, NWB 2001, S. 215–230.

Ders./Pach-Hanssenheimb, Ferdinand:
Handbuch der Stiftung. Zivilrecht, Steuerrecht, Rechnungslegung, ausgewählte ausländische Stiftungsregime, 5. Aufl., Herne 2023 (zit.: Götz/Pach-Hanssenheimb/*Bearbeiter*, HdB Stiftung).

Götze, Cornelius/*Winzer*, Thomas/*Arnold*, Christian:
Unternehmerische Mitbestimmung – Gestaltungsoptionen und Vermeidungsstrategien, ZIP 2009, S. 245–254.

Graf, Helmut/*Bisle*, Michael:
Der „Governance Kodex für Familienunternehmen": Kein Ersatz für „maßgeschneiderte" Gesellschaftsverträge, DStR 2010, S. 2409–2413.

Gräb, Ulrich:
Rechtsformwahl in Familienunternehmungen unter besonderer Berücksichtigung der Misch- und Sonderformen GmbH & Co. KG, Stiftung und Verein, Gießen 1989 (zit.: *Gräb*, Rechtsformwahl in Familienunternehmungen).

Grever, Sebastian:
Disquotale Ausgestaltung von Gesellschafterrechten – zivilrechtliche Gestaltungsmöglichkeiten und steuerrechtliche Folgen –, RNotZ 2019, S. 1–18.

Grisko, Michael:
Transparenz, Satzung, Jahresbericht – Praktische Anmerkungen zum Thema „Öffentlichkeitsarbeit und Stiftungen", ZStV 2016, S. 62–65.

Grittern, Maximilian:
Die Reform des Stiftungsrechts – eine bilanzielle Perspektive, npoR 2022, S. 245–256.

Groll, Klaus Michael (Begr.)/*Steiner*, Anton (Hrsg.):
Praxis-Handbuch Erbrechtsberatung. Handbuch, 6. Aufl., Köln 2024 (zit.: Groll/Steiner/*Bearbeiter*, ErbR-HdB).

Grottel, Bernd/*Justenhoven*, Petra/*Schubert*, Wolfgang J./*Störk*, Ulrich (Hrsg.):
Beck'scher Bilanz-Kommentar. Handels- und Steuerbilanz, §§ 238 bis 339, 342 bis 342a HGB, 13. Aufl., München 2022 (zit.: BeckBil-Komm/*Bearbeiter*).

Grosse, Hendrik:
Die Übertragung von Mitunternehmer(teil)anteilen im Rahmen des § 6 Abs. 3 EStG – Eine kritische Analyse am Beispiel der Übertragung auf Familienstiftungen, FR 2021, S. 105–109.

Großmann, Steffen:
Konflikte und Krisen in Familienunternehmen – Eine Untersuchung der Wechselwirkungen zwischen Konflikten in Familie und Unternehmen und dem Untergang von Familienunternehmen, Göttingen 2014 (zit.: *Großmann*, Konflikte und Krisen).

Grüneberg, Christian (Hrsg.):
- Bürgerlichen Gesetzbuch mit Nebengesetzen. Kommentar, 82. Aufl., München 2023 (zit.: Grüneberg[82]/*Bearbeiter*, BGB).
- Bürgerlichen Gesetzbuch mit Nebengesetzen. Kommentar, 83. Aufl., München 2024 (zit.: Grüneberg/*Bearbeiter*, BGB).

Grziwotz, Herbert:
Das Ende der agnatischen Familienstiftungen, FamRZ 2005, S. 581–582.

Gsell, Beate/*Krüger*, Wolfgang/*Lorenz*, Stephan/*Reymann*, Christoph (Gesamthrsg.):
Beck-Online Großkommentar zum BGB, München 2024 (zit.: BeckOGK/*Bearbeiter*, Stand, BGB).

Gummert, Hans (Hrsg.):
Münchener Anwaltshandbuch Personengesellschaftsrecht, 4. Aufl., München 2023 (zit.: MAH PersGesR/*Bearbeiter*).

Ders./Schäfer, Carsten (Hrsg.):
Münchener Handbuch des Gesellschaftsrechts. Band 1: BGB-Gesellschaft, Offene Handelsgesellschaft, Partnerschaftsgesellschaft, EWIV, 6. Aufl., München 2024 (zit.: MHdB GesR 1/*Bearbeiter*).

Haaf, Nicole:
Der Schutz des Familienvermögens im Erbschaftsteuerrecht, Berlin 2021 (zit.: *Haaf*, Der Schutz des Familienvermögens im Erbschaftsteuerrecht).

Haas, Ingeborg:
Die Stiftung – ein interessantes Modell zur Unternehmensnachfolge, BBV 2005, S. 29–34.

Habbe, Julia Sophia/*Gieseler*, Konrad:
Freunde kann man sich aussuchen, Familie hat man – Strategien zur Vermeidung und Lösung von Konflikten in Familienunternehmen, NZG 2016, S. 1010–1015.

Habersack, Mathias:
Die Mitgliedschaft – subjektives und „sonstiges" Recht, Tübingen 1996 (zit.: *Habersack*, Die Mitgliedschaft).

Ders.:
Gesetzesfolgen für Familienunternehmen abschätzen – Ein Familienunternehmen-Test für Deutschland und die EU, ZIP 2020, S. 2093–2101.

Ders.:
„Gesellschaft mit beschränkter Haftung in Verantwortungseigentum" – ein Fremdkörper im Recht der Körperschaften, GmbHR 2020, S. 992–997.

Ders./Horváth, Peter/*Kirchdörfer*, Rainer:
„Stiftungsunternehmen bringen Eigentum und Verantwortung zusammen", F.A.Z. v. 19.03.2021, Nr. 66, S. 16.

Haberstroh, Roland:
Hinauskündigungsklausel in Gesellschaftsverträgen zur Vorwegnahme der Erbfolge, BB 2010, S. 1745–1747.

Haffke, Lars/*Wende*, Jacob:
Berechtigtes Interesse als Voraussetzung für Einsicht in Transparenzregister – Anm. zu EuGH, Urt. v. 22.11.2022 – C-37/20, C-601/20 BKR 2023, S. 60–68.

Hahn, Simon:
Die organschaftliche Änderung der Stiftungssatzung nach der Reform der Landesstiftungsgesetze, Baden-Baden 2010 (zit.: *S. Hahn*, Die organschaftliche Änderung der Stiftungssatzung).

Haid, Peter M.:
Der Familienunternehmer und sein Verhältnis zur Bank, in: *Dauner-Lieb*, Barbara/*Freudenberg*, Götz/*Werner*, Götz W. (Hrsg.), Familienunternehmen im Fokus von Wirtschaft und Wissenschaft. Festschrift für Mark K. Binz zum 65. Geburtstag, München 2014, S. 274–283 (zit.: *Haid*, FS Binz, S. 274).

Halaczinsky, Raymond:
Erwerbe durch und von Stiftungen; Tendenzen in der erbschaftsteuerlichen Rechtsprechung, ZErb 2015, S. 193–203.

Hamann, Hanjo:
Redaktionsversehen – Ein Beitrag zur Legislativfehlerlehre und zur Rechtsförmlichkeit, AöR 139 (2014), S. 446–475.

Hamann, Hartmut/*Sigle*, Axel/Grub, Maximilian:
Gesellschaftsrecht, Finanzierung und Unternehmensnachfolge. Gestaltung, Finanzierung, Internationalisierung, Mergers & Acquisitions und Nachfolge, 3. Aufl., München 2022 (zit.: H/S/G/*Bearbeiter*, GesR).

Hamm, Christoph (Hrsg.):
Beck'sches Rechtsanwalts-Handbuch, 12. Aufl., München 2022 (zit.: BeckRA-HdB/*Bearbeiter*).

Hannes, Frank (Hrsg.):
Formularbuch Vermögens- und Unternehmensnachfolge. Zivilrecht, Gesellschaftsrecht, Steuerrecht, 2. Aufl., München 2017 (zit.: Hannes/*Bearbeiter*, FormB Vermögens- und Unternehmensnachfolge).

Ders./Reich, Manfred:
ZEV-Report Gesellschaftsrecht/Unternehmensnachfolg, ZEV 2022, S. 139–143.

Hansmann, Henry/*Thomsen*, Steen:
The Governance of Foundation-Owned Firms, Journal of Legal Analysis, Vol. 13, 2021, https://doi.org/10.1093/jla/laaa005, S. 172–230.

Harnos, Rafael:
Gerichtliche Kontrolldichte im Gesellschaftsrecht, Köln 2021 (zit.: *Harnos*, Gerichtliche Kontrolldichte im GesR).

Ders.:
Ermessensentscheidungen in Familienunternehmen, RFamU 2022, S. 355–363.

Hartz, Wilhelm:
Familienunternehmen und ihre Berater heute – Einführung in das Tagungsprogramm –, in: *Deutschen wissenschaftlichen Steuerinstitut der Steuerbevoll-*

mächtigten e.V. (Hrsg.), Recht und Besteuerung der Familienunternehmen 1971/72, Bonn 1973, S. 13–29 (zit.: *Hartz*, FamU 1971/72, S. 13).

Hau, Wolfgang/*Poseck*, Roman (Hrsg.):
Beck'scher Online-Kommentar zum BGB, München 2024 (zit.: BeckOK BGB/*Bearbeiter*, Stand).

Hauer, Rolf/*Pilgram*, Hans/*Pölnitz-Egloffstein*, Winfried Freiherr von (Hrsg.):
Deutsches Stiftungswesen 1966–1976. Wissenschaft und Praxis, Tübingen 1977 (zit.: *Bearbeiter*, in: Deutsches Stiftungswesen 1966–1976).

Hauschild, Armin/*Kallrath*, Jürgen/*Wachter*, Thomas (Hrsg.):
Notarhandbuch Gesellschafts- und Unternehmensrecht, 3. Aufl., München 2022 (zit.: H/K/W/*Bearbeiter*, Notar-HdB).

Hauschild, Luise/*Köpping*, Katharina:
Die Gestaltung von Güterstandsklauseln im Gesellschaftsvertrag des Familienunternehmens, RFamU 2023, S. 176–183.

Häger, Michael/*Wilts*, Rainer:
Die Wahrung des Familieneinflusses auf Geschäftsführung und Aufsichtsgremien in Familien-Kapitalgesellschaften, WiB 1995, S. 769–775.

Härtl, Peter:
Ist das Stiftungsrecht reformbedürftig? – Eine vergleichende Untersuchung der Landesstiftungsgesetze unter Berücksichtigung der Stiftungspraxis bei den staatlichen Stiftungsgenehmigungs- und -aufsichtsbehörden, Bonn 1990 (zit.: *Härtl*, Ist das Stiftungsrecht reformbedürftig?).

Härtling, Martin/*Tolksdorf*, Georg:
Besteuerung in- und ausländischer Familienstiftungen aus deutscher Sicht, IStR 2023, S. 717–743.

Häublein, Martin/*Hoffmann-Theinert*, Roland/*Poll*, Jens (Hrsg.):
Beck'scher Online-Kommentar zum HGB, München 2024 (zit.: BeckOK HGB/*Bearbeiter*, Stand).

Hävelmann, Ines:
Die Stiftung & Co. KG als Unternehmensnachfolge. Grundlagen, Besteuerung, Stiftungsarten, Saarbrücken 2006 (zit.: *Hävelmann*, Stiftung & Co. KG).

Heckschen, Heribert/*Weitbrecht*, Jannik:
Überfremdungsschutz im GmbH- und Aktienrecht, NZG 2019, S. 721–737.

Heidel, Thomas/*Hüßtege*, Rainer/*Mansel*, Heinz-Peter/*Noack*, Ulrich (Hrsg.):
BGB. Allgemeiner Teil. EGBGB. Band 1. NomosKommentar, 4. Aufl., Baden-Baden 2021 (zit.: NK-BGB/*Bearbeiter*).

Heinemann, Jörn/*Trautrims*, Christoph (Hrsg.):
Notarrecht. Handkommentar. NomosKommentar, Baden-Baden 2022 (zit.: HK-NotarR/*Bearbeiter*).

Heinze, Volker:
Notarkosten bei der Errichtung einer rechtsfähigen Stiftung bürgerlichen Rechts durch Rechtsgeschäft unter Lebenden, NotBZ 2023, S. 161–165.

Heinzelmann, Jochen:
Die Stiftung im Konzern, Baden-Baden 2003 (zit.: *Heinzelmann*, Die Stiftung im Konzern).

Hellnick, Maike:
Die Folgen der Erbschaftsteuer für Familienunternehmen, in: *Erffa*, Hubertus Freiherr von/*Lehleiter*, Gunther/*Prigge*, Thorsten (Hrsg.), Streit und Streitvermeidung im Familienunternehmen. Festschrift für Lutz Aderhold, Köln 2021, S. 131–146 (zit.: *Hellnick*, FS L. Aderhold, S. 131).

Hendricks, Jan David/*Kunzmann*, Sebastian:
Schwerpunktbereichsklausur – Unternehmen und Wettbewerb: Kautelarjuristische Praxis in der Unternehmensnachfolge, JuS 2022, S. 432–438.

Henkel-Hoffmann, Martina:
Die Stiftung im Umfeld wirtschaftlicher Tätigkeit: insbesondere als geschäftsführender Gesellschafter, Bayreuth 1988 (*Henkel-Hoffmann*, Die Stiftung im Umfeld wirtschaftlicher Tätigkeit).

Hennerkes, Brun-Hagen:
Die Familie und ihr Unternehmen. Strategie, Liquidität, Kontrolle, Frankfurt/New York 2004 (zit.: *Hennerkes*, Die Familie und ihr Unternehmen).

Ders./*Binz*, Mark K./*May*, Peter:
Die Steuerungsfunktion des Beirates in der Familiengesellschaft, DB 1987, S. 469–475.

Ders./*Kirchdörfer*, Rainer:
Unternehmenshandbuch Familiengesellschaften. Sicherung von Unternehmen, Vermögen und Familie, 2. Aufl., Köln 1998 (zit.: Hennerkes/Kirchdörfer/*Bearbeiter*, HdB Familiengesellschaften).

Ders./*Kirchdörfer*, Rainer:
Der Verkauf des Familienunternehmens, in: *Moll*, Wilhelm (Hrsg.), Festschrift für Hans-Jochem Lüer zum 70. Geburtstag, München 2009, S. 535–560 (zit.: *Hennerkes*/*Kirchdörfer*, FS Hennerkes, S. 535).

Ders./Kirchdörfer, Rainer:
Die Familie und ihr Unternehmen. Strategie, Liquidität, Kontrolle, 2. Aufl., Frankfurt/New York 2015 (zit.: *Hennerkes/Kirchdörfer*, Die Familie und ihr Unternehmen).

Ders./Kirchdörfer, Rainer:
Grundlagen und Einsatzmöglichkeiten von Stiftungen unter besonderer Berücksichtigung der Familienstiftung im neuen Erbschaftsteuerrecht, in: *Ebel*, Karin/*May*, Karin/*Rau*, Sabine/*Zinkann*, Reinhard (Hrsg.), Familienunternehmen gestern – heute – morgen: Festschrift für Peter May zum 60. Geburtstag, Hamburg 2018, S. 393–423 (zit.: *Hennerkes/Kirchdörfer*, FS P. May, S. 393).

Ders./Kögel, Rainer:
Familienstiftung – Ein Instrument zur Sicherung des Familienerbes, in: *Rödl*, Christian/*Scheffler*, Wolfram/*Winter*, Michael (Hrsg.), Internationale Familienunternehmen – Recht, Steuern, Bilanzierung, Finanzierung, Nachfolge, Strategien, Festschrift für Bernd Rödl zum 65. Geburtstag, München 2008, S. 281–299 (zit.: *Hennerkes/Kögel*, FS Rödl, S. 281).

Ders./May, Peter:
Überlegungen zur Rechtsformwahl im Familienunternehmen (I), DB 1988, S. 483–489.

Ders./May, Peter:
Überlegungen zur Rechtsformwahl im Familienunternehmen (II), DB 1988, S. 537–542.

Ders./May, Peter:
Der Gesellschaftsvertrag des Familienunternehmens – Ein Überblick über Gestaltungsschwerpunkte, NJW 1988, S. 2761–2768.

Ders./Schiffer, K. Jan:
Regelung der Unternehmensnachfolge durch Stiftungskonstruktionen? – Einige grundsätzliche Anmerkungen, BB 1992, S. 1940–1945.

Ders./Schiffer, K. Jan/*Fuchs*, Marcus:
Die unterschiedliche Behandlung der unternehmensverbundenen Familienstiftung in der Praxis der Stiftungsbehörden, BB 1995, S. 209–213.

Hennrichs, Joachim:
Zur GmbH mit gebundenem Vermögen – Würdigung und Änderungsvorschläge, Vergleich zur unternehmensverbundenen Stiftung, in: *Deckenbrock*,

Christian/*Höpfner*, Clemens/*Kilian*, Matthias/*Markworth*, David/*Sittard*, Ulrich (Hrsg.), Arbeit – Wirtschaft – Recht. Festschrift für Martin Henssler zum 70. Geburtstag, München 2023, S. 927–944 (zit.: *Hennrichs*, FS Henssler, S. 927).

Henle, Jörg A.:
Der Entwurf eines Stiftungsgesetzes für das Land Nordrhein-Westfalen und die Familien- und Unternehmensstiftungen, AG 1975, S. 85–87.

Henssler, Martin (Gesamtherausgeber):
- Beck-Online Großkommentar zum HGB, München 2024 (zit.: BeckOGK/*Bearbeiter*, Stand, HGB).
- Beck-Online Großkommentar zum AktG, München 2024 (zit.: BeckOGK/*Bearbeiter*, Stand, AktG).
- Beck-Online Großkommentar zum GwG, München 2024 (zit.: BeckOGK/*Bearbeiter*, Stand, GwG).

Ders./Strohn, Lutz (Hrsg.):
- Gesellschaftsrecht, BGB, PartGG, HGB, GmbHG, AktG, DCGK, GenG, UmwG, InsO, AnfG, IntGesR, 5. Aufl., München 2021 (zit.: Henssler/Strohn/*Bearbeiter*, [5]GesR).
- Gesellschaftsrecht, BGB, PartGG, HGB, GmbHG, AktG, DCGK, GenG, UmwG, InsO, AnfG, IntGesR, 6. Aufl., München 2024 (zit.: Henssler/Strohn/*Bearbeiter*, GesR).

Ders./Hinz, Malte:
Anmerkung zum Urteil des BGH vom 15.4.2021, Az. III ZR 139/20 – Zur Frage der Einschränkung der Vertretungsmacht des Stiftungsvorstands durch den Stiftungszweck, EWiR 2021, S. 455–456.

Heester, Leonard:
Unternehmensnachfolge von Familienunternehmen: Die Eignung der Stiftung deutschen Rechts im Lichte rechtlicher und steuerlicher Spannungsverhältnisse, Herzogenrath 2021 (*Heester*, Unternehmensnachfolge von Familienunternehmen).

Hepperle, Tilman:
Stiftungen als Instrumente zur Lösung von Schnittstellenkonflikten in Familienunternehmen – Eine empirische Untersuchung, Siegburg 2011 (zit.: *Hepperle*, Stiftungen als Instrumente zur Lösung von Schnittstellenkonflikten).

Herberger, Maximilian/*Martinek*, Michael/*Rüßmann*, Helmut/*Weth*, Stephan/*Würdinger*, Markus (Gesamthrsg.):
- Juris PraxisKommentar BGB. Band I: Allgemeiner Teil, 9. Aufl., Saarbrücken 2020 (zit.: jurisPK-BGB[9]/*Bearbeiter*).
- Juris PraxisKommentar BGB. Band I: Allgemeiner Teil, 10. Aufl., Saarbrücken 2023 (zit.: jurisPK-BGB/*Bearbeiter*).

Hering, Thomas/*Olbrich*, Michael:
Unternehmensnachfolgeplanung aus betriebswirtschaftlicher Sicht, BB-Special 2006, S. 25–29.

Herrmann, Ulrich:
Das Stiftungsrecht in der neueren Rechtsprechung des Bundesgerichtshofs, in: *Schumacher*, Hubertus/*Zimmermann*, Walter (Hrsg.), Festschrift 100 Jahre Fürstlicher Oberster Gerichtshof. Der Einfluss der höchstgerichtlichen Rechtsprechung auf Wirtschaft und Finanz, Wien 2022, S. 29–40 (zit.: *Herrmann*, FS 100 Jahre FL-OGH, S. 29).

Herrmann, Markus/*Franke*, Günter:
Performance and Policy of Foundation-owned Firms in Germany, European Financial Management, Vol. 8, No. 3, 2002, S. 261–279.

Herrmann, Vivien:
Beginn und Ende: Zugehörigkeit zu Unternehmerfamilie und Gesellschafterkreis – Der Einfluss von Patchwork-Konstellationen auf Familienunternehmen und deren rechtliche Gestaltung, Bielefeld 2023 (zit.: *V. Herrmann*, Zugehörigkeit zu Unternehmerfamilie).

Hermanns, Marc:
Die vorweggenommene Erbfolge in Gesellschaftsbeteiligungen, MittRhNotK 1997, S. 149–164.

Herzog, Felix/*Achtelik*, Olaf (Hrsg.):
Geldwäschegesetz (GwG). Kommentar, 5. Aufl., München 2023 (zit.: Herzog/*Bearbeiter*, GwG)

Hesselmann, Malte (Begr.)/*Mueller-Thuns*, Thomas (Hrsg.):
Handbuch GmbH & Co. KG. Gesellschaftsrecht, Steuerrecht, 23. Aufl., Köln 2025 (zit.: Hesselmann/Mueller-Thuns/*Bearbeiter*, HdB GmbH & Co. KG).

Heuel, Markus:
Die Entwicklung der Unternehmensträgerstiftung in Deutschland, Baden-Baden 2001 (zit.: *Heuel*, Entwicklung der Unternehmensträgerstiftung).

Ders./*Ens*, Mattheo D.:
Hybride Stiftungsmodelle – Die Allzweckstiftung als alternatives Gestaltungsmodell zur Doppelstiftung, Stiftung & Sponsoring Rote Seiten, Heft 06, 2021, S. 1–10 (zit.: *Heuel/Ens*, S&S RS 06/2021, 1).

Heuer, Carl-Heinz:
§ 118 – Stiftungen, in: *Kube*, Hanno/*Mellinghoff*, Rudolf/*Morgenthaler*, Gerd/*Palm*, Ulrich/*Puhl*, Thomas/*Seiler*, Christian (Hrsg.): Leitgedanken des Rechts. Festschrift für Paul Kirchhof zum 70. Geburtstag, Band II – Staat und Bürger, Heidelberg 2013, S. 1287–1295 (zit.: *Heuer*, FS P. Kirchhof, S. 1287).

Heuser, Paul J./*Frye*, Bernd:
Die deutsche Familienstiftung – steuerrechtliche Gestaltungsmöglichkeiten für Familienvermögen, BB 2011, S. 983–994.

Hey, Felix:
Freie Gestaltung in Gesellschaftsverträgen und ihre Schranken, München 2004 (zit.: *Hey*, Freie Gestaltung).

Hiebl, Martin R. W.:
Familienunternehmen – Bedeutung, Ausprägungsformen und Besonderheiten, WiSt 2012, S. 184–188.

Hilser, Raphael/*Wagner*, Raphael/*Wunderlich*, Samuel:
Stiftungskollisionsrecht und grenzüberschreitende Stiftungsmobilität nach der Stiftungsrechtsreform, RIW 2022, S. 796–809.

Hinderer, Michael:
Familienunternehmen und M&A-Transaktionen, in: *Kirchdörfer*, Rainer/*Lorz*, Rainer/*Wiedemann*, Andreas/*Kögel*, Rainer/*Frohnmayer*, Thomas (Hrsg.), Familienunternehmen in Recht, Wirtschaft, Politik und Gesellschaft. Festschrift für Brun-Hagen Hennerkes zum 70. Geburtstag, München 2009, S. 135–150 (zit.: *Hinderer*, FS Hennerkes, S. 135).

Hippel, Thomas von:
Grundprobleme von Nonprofit-Organisationen. Eine zivilrechtsdogmatische, steuerrechtliche und rechtsvergleichende Untersuchung über Strukturen, Pflichten und Kontrollen und wirtschaftliche Tätigkeit von Vereinen und Stiftungen, Tübingen 2007 (zit.: *v. Hippel*, Grundprobleme von NGO).

Hippeli, Michael:
Stiftungssatzungen von Beteiligungsträgerstiftungen – Mögliche kapitalmarktrechtliche Implikationen bei der Abfassung Grundprobleme von Nonprofit-Organisationen, ZStV 2014, S. 49–52.

Ders.:
Weitreichende Haftungsbeschränkung von Stiftungsvorständen gegenüber der Stiftung qua Stiftungssatzung?, ZStV 2016, S. 161–166.

Ders.:
Stiftungsrecht: Reichweite der Bindungswirkung einer Vorstandsbestellung bei Stiftung, jurisPR-HaGesR 12/2017 Anm. 5.

Hirte, Heribert:
Unternehmerische Mitbestimmung in Köln und in der Zukunft – Das Mitbestimmungsrecht im Koalitionsvertrag der „Ampel" und in der Kölner Stadtwerke-Affäre, in: *Deckenbrock*, Christian/*Höpfner*, Clemens/*Kilian*, Matthias/*Markworth*, David/*Sittard*, Ulrich (Hrsg.), Arbeit – Wirtschaft – Recht. Fest-

schrift für Martin Henssler zum 70. Geburtstag, München 2023, S. 945–957 (zit.: *Hirte*, FS Henssler, S. 945).

Hoerner, Jasper von:
Die Formulierungsfreiheit des Stifters, ZStV 2010, S. 13–18.

Hof, Hagen:
Die Vermögensausstattung von Stiftungen privaten Rechts (Teil II), DStR 1992, S. 1587–1591.

Ders.:
Stifter, Stiftung, Stiftungsaufsicht – Verhaltens- und Regelungsspielräume und ihre Grenzen (Teil 1), S&S 1/2003, S. 21–24.

Ders.:
Stifter, Stiftung, Stiftungsaufsicht – Verhaltens- und Regelungsspielräume und ihre Grenzen (Teil 2), S&S 2/2003, S. 17–21.

Ders.:
Stifter, Stiftung, Stiftungsaufsicht – Verhaltens- und Regelungsspielräume und ihre Grenzen (Teil 3), S&S 3/2003, S. 22–25.

Ders.:
Die Unverfügbarkeit der selbständigen Stiftung bürgerlichen Rechts – Kern der Stiftungsautonomie, in: *Kohl*, Helmut/*Kübler*, Friedrich/*Ott*, Claus/*Schmidt*, Karsten (Hrsg.), Zwischen Markt und Staat. Gedächtnisschrift für Rainer Walz, Köln 2008, S. 233–250 (zit.: *Hof*, GS Walz, S. 233).

Ders.:
Die Stiftung als Vertrauenstatbestand, speziell im Verhältnis zu und von Stiftungsvorstand und Stifter (Teil I), ZStV 2012, S. 14–21.

Ders.:
Die Stiftung als Vertrauenstatbestand, speziell im Verhältnis zu und von Stiftungsvorstand und Stifter (Teil 2), ZStV 2012, S. 54–59.

Hofmann, Bernhard:
Die rules against perpetuities im deutschen Erbrecht, Frankfurt am Main 2012 (zit.: *B. Hofmann*, Die rules against perpetuities im deutschen Erbrecht).

Hofmann, André/*Arnold*, Florian:
Der wirtschaftlich Berechtigte – Rechtsunsicherheit bei der Anwendung des GwG, GWuR 2021, S. 49–53.

Hoffmann-Becking, Michael (Hrsg.):
Münchener Handbuch des Gesellschaftsrechts. Band 4: Aktiengesellschaft, 5. Aufl., München 2020 (zit.: MHdB GesR 4/*Bearbeiter*).

Ders.:
Unternehmensverbundene Stiftung zur Sicherung des Unternehmens, ZHR 178 (2014), S. 491–501.

Holler, Lorenz:
Zur Familien-KG – Bedarf es eines Sonderrechts für Familienpersonengesellschaften?, BB 2012, S. 719–721.

Ders.:
Die Familienverfassung im Recht der Familienunternehmen – Eine (gesellschafts-)rechtliche Einordnung aus Sicht der Gestaltungspraxis, ZIP 2018, S. 553–564.

Ders.:
Das Recht der Familienunternehmen und ihre Besonderheiten in der Rechtsanwendung und -gestaltung (Teil I) – Das Gesellschaftsrecht der Familienunternehmen – Auf dem Weg zu einem Sonderrecht?, DStR 2019, S. 880–886.

Ders.:
Das Recht der Familienunternehmen und ihre Besonderheiten in der Rechtsanwendung und -gestaltung (Teil II) – Vom Familienverband der Gesellschafter zum besonderen Gesellschaftszweck der Familiengesellschaft als Geschäftsgrundlage und Wesensmerkmal des Familienunternehmens, DStR 2019, S. 931–942.

Ders.:
Schiedsklauseln in Personengesellschaftsverträgen, in: *Gesellschaftsrechtlichen Vereinigung* (Hrsg.), Gesellschaftsrecht in der Diskussion 2022, Köln 2023, S. 91–124 (zit.: *Holler*, in: VGR, GesR in der Diskussion 2022, S. 91).

Ders./Mann, Maximilian:
Die gesellschaftsrechtliche Treuepflicht in der Familiengesellschaft, NZG 2021, S. 402–410.

Holt, Thomas von/*Koch*, Christian:
Stiftungssatzung, 2. Aufl., München 2011 (zit.: *v. Holt/Koch*, Stiftungssatzung).

Holtwiesche, Marian Fabio:
Der Stiftungsvorstand bei der Vermögensverwaltung – Haftung, Bedeutung der Gemeinnützigkeit, Gestaltungsmöglichkeiten, Baden-Baden 2017 (zit.: *Holtwiesche*, Der Stiftungsvorstand bei der Vermögensverwaltung).

Ders.:
Geschäftsunfähige Familiengesellschafter in der Gesellschafterversammlung Betreuungsrechtliche Aspekte und Empfehlungen für die Praxis, RFamU 2022, S. 118–123.

Holtzbrinck, Dieter von:
Zukunftssicherung von Familiengesellschaften unter besonderer Berücksichtigung von Medienunternehmen, in: *Hommelhoff*, Peter/*Schmidt-Diemitz*, Rolf/*Sigle*, Axel (Hrsg.): Familiengesellschaften. Festschrift für Walter Sigle zum 70. Geburtstag, Köln 2000, S. 33–42 (zit.: *v. Holtzbrinck*, FS W. Sigle, S. 33).

Holzapfel, Hans-Joachim/*Pöllath*, Reinhard/*Bergjan*, Ralf/*Engelhardt*, Timo (Hrsg.):
Unternehmenskauf in Recht und Praxis. Rechtliche und steuerliche Aspekte, 16. Aufl., Köln 2021 (zit.: H/P/E/B/*Bearbeiter*, Unternehmenskauf).

Ders./Schmidt-Diemitz, Rolf/*Sigle*, Axel (Hrsg.):
Familiengesellschaften. Festschrift für Walter Sigle zum 70. Geburtstag, Köln 2000 (zit.: *Bearbeiter*, FS W. Sigle, S.).

Holzer, Johannes:
Das Registerverfahren nach dem Referentenentwurf eines Gesetzes zur Vereinheitlichung des Stiftungsrechts, ZNotP 2021, S. 55–61.

Homeyer, Oskar von/*Reiff*, Marvin:
Verantwortungseigentum ante portas? – Erste Betrachtungen einer weitreichenden Idee, npoR 2020, S. 224–232.

Hopt, Klaus J.:
Handelsgesetzbuch mit GmbH & Co., Handelsklauseln, Bank- und Kapitalmarktrecht, Transportrecht (ohne Seerecht). Kommentar, 43. Aufl., München 2024 (zit.: Hopt/*Bearbeiter*).

Ders./Merkt, Hanno (Hrsg.):
Vertrags- und Formularbuch zum Handels-, Gesellschafts-, Bank- und Kapitalmarktrecht, 5. Aufl., München 2022 (zit.: Hopt/Merkt/*Bearbeiter*, VertrFormB).

Ders./Reuter, Dieter (Hrsg.):
Stiftungsrecht in Europa. Stiftungsrecht und Stiftungsrechtsreform in Deutschland, den Mitgliedsstaaten der Europäischen Union, der Schweiz, Liechtenstein und den USA, Köln 2001 (Hopt/Reuter/*Bearbeiter*, Stiftungsrecht in Europa, S.).

Horvath, Tanja Verena:
Stiftungen als Instrument der Unternehmensnachfolge. Eine rechtsvergleichende und kollisionsrechtliche Betrachtung zu Deutschland und Italien, Frankfurt am Main 2010 (zit.: *T. Horvath*, Stiftungen als Instrument der Unternehmensnachfolge).

Horváth, Péter:
Purpose-Diskussion in Familienunternehmen – Wozu ist ein Unternehmen da?, FuS 2021, S. 18–22.

Hosseini-Görge, Florian:
Foundation-owned firms in Germany. The impact of foundation-ownership on firm performance and corporate governance challenges, Trier 2018 (zit.: *Hosseini-Görge*, Foundation owned firms).

Höfner-Boyk, Petra:
Die Stiftung & Co. KG, Frankfurt am Main 1996 (zit.: *Höfner-Boyk*, Die Stiftung & Co. KG).

Hucke, Anja/*Just*, Susan:
Die Anwendbarkeit des DCGK auf nicht börsennotierte Unternehmen – Welche Standards sollten Sekundäradressaten übernehmen?, ZCG 2007, S. 5–12.

Hueck, Tobias:
Die Familienverfassung – Rechtliche Konturen eines Instruments der Governance in Familienunternehmen, Tübingen 2017 (zit.: *Hueck*, Die Familienverfassung).

Ders.:
Unternehmensstiftungen krisensicher gestalten aus zivilrechtlicher Sicht, RFamU 2023, S. 393–400.

Ders.
Mitarbeit von Familienmitgliedern im Unternehmen, RFamU 2024, S. 197–199.

Huh, Yun:
Verfassung und Binnenhaftung der Stiftung, Frankfurt am Main 2017 (zit.: *Huh*, Verfassung und Binnenhaftung der Stiftung).

Huneke, Maike/*Gegler*, Felix:
Schiedsvereinbarungen in Familienunternehmen, RFamU 2023, S. 119–125.

Hushahn, Johannes:
Unternehmensverbundene Stiftungen im deutschen und schwedischen Recht: Ein Rechtsvergleich zur Behandlung der Konstellation verdeckter Unternehmensselbstzweckstiftungen, Köln 2009 (zit.: *Hushahn*, Unternehmensverbundene Stiftungen).

Ders.:
Unwirksamkeit der Ernennung und Vorratsbestellung von Vorstandsmitgliedern einer Stiftung durch den Stifter wegen entgegenstehender Satzungsvor-

gaben, Anmerkung zu OLG Köln Urt. v. 2.3.2018 – 1 U 50/17, npoR 2018, S. 169–179.

Hübner, Heinrich/*Currle*, Reinhold/*Schenk*, David:
Die nichtrechtsfähige Stiftung als Familienstiftung, DStR 2013, S. 1966–1972.

Hübner, Hendrik:
Formale Antragsvoraussetzungen für die Erteilung einer verbindlichen Auskunft – Teil 1, Ubg 2024, S. 150–158.

Ders.:
Formale Antragsvoraussetzungen für die Erteilung einer verbindlichen Auskunft – Teil 2, Ubg 2024, S. 205–213.

Ders./Berg, Julius:
Beteiligung einer gemeinnützigen Stiftung an einer AG – Wann werden die Grenzen der Vermögensverwaltung überschritten?, Ubg 2023, S. 180–194.

Hüffer, Uwe:
Stiftungen mit Holdingfunktion – Anerkennung und rechtliche Behandlung, in: *Ennuschat*, Jörg/*Geerlings*, Jörg/*Mann*, Thomas/*Pielow*, Johann-Christian (Hrsg.), Wirtschaft und Gesellschaft im Staat der Gegenwart: Gedächtnisschrift für Peter J. Tettinger, Köln 2007, S. 449–464 (zit.: *Hüffer*, GS Tettinger, S. 449)

Hügel, Stefan (Hrsg.):
Beck'scher Online-Kommentar zur Grundbuchordnung, München 2024 (zit.: BeckOK GBO/*Bearbeiter*, Stand).

Ders.:
Der gestiftete Verein, in: *Saenger*, Ingo/*Bayer*, Walter/*Koch*, Elisabeth/*Körber*, Torsten (Hrsg.), Gründen und Stiften. Festschrift zum 70. Geburtstag des Jenaer Gründungsdekans und Stiftungsrechtlers Olaf Werner, Baden-Baden 2009, S. 179–189 (zit.: *Hügel*, FS O. Werner, S. 179).

Hülsbeck, Marcel:
Corporate Governance: Eigentum und Kontrolle in Familienunternehmen, RFamU 2022, S. 564–568.

Hüttemann, Rainer:
Das Gesetz zur Modernisierung des Stiftungsrechts, ZHR 167 (2003), S. 35–65.

Ders.:
Der Grundsatz der Vermögenserhaltung im Stiftungsrecht, in: *Jakobs*, Horst Heinrich/*Picker*, Eduard/*Wilhelm*, Jan (Hrsg.), Festgabe für Werner Flume

zum 90. Geburtstag, Wiesbaden 1998, S. 55–98 (zit.: *Hüttemann*, FG Flume, S. 55).

Ders.:
Gemeinnützige Stiftungen in der Nachfolgeplanung, in: *Bar*, Christian von/ *Hellwege*, Heiko/*Mössner*, Manfred/*Winkeljohann*, Norbert (Hrsg.), Recht und Wirtschaft. Gedächtnisschrift für Malte Schindhelm, Köln 2009, S. 377–394 (zit.: *Hüttemann*, GS Schindhelm, S. 377).

Ders.:
Der Stiftungszweck nach dem BGB, in: *Martinek*, Michael/*Rawert*, Peter/*Weitemeyer*, Birgit (Hrsg.), Festschrift für Dieter Reuter zum 70. Geburtstag am 16. Oktober 2010, Berlin 2010, S. 121–140 (zit.: *Hüttemann*, FS D. Reuter, S. 121).

Ders.:
Die Vorstiftung – ein zivil- und steuerrechtliches Phantom, in: *Wachter*, Thomas (Hrsg.), Festschrift für Sebastian Spiegelberger zum 70. Geburtstag. Vertragsgestaltung im Zivil- und Steuerrecht, Bonn 2009, S. 1292–1300 (zit.: *Hüttemann*, FS Spiegelberger, S. 1292).

Ders.:
Unternehmensnachfolge mit Stiftungen, DB 2017, S. 591–598.

Ders.:
Gemeinnützigkeitsrecht und Spendenrecht, 5. Aufl., Köln 2021 (zit.: *Hüttemann*, Gemeinnützigkeits- und SpendenR).

Ders.:
Das neue Zuwendungsempfängerregister – ein erster Schritt für mehr Transparenz im gemeinnützigen Sektor, npoR 2021, S. 121–127.

Ders./*Herzog*, Rainer:
Organhaftung bei Non Profit Organisationen, in: *Walz*, W. Rainer/*Hüttemann*, Rainer/*Rawert*, Peter/*Schmidt*, Karsten (Hrsg.): Non Profit Law Yearbook 2006, Köln 2007, S. 33–55 (zit.: *Hüttemann/Herzog*, NPLY 2006, S. 33).

Ders./*Kampermann*, Mathis:
Schadensersatzpflicht eines ehemaligen Stiftungsvorstands wegen unzulässiger Anlage von Stiftungsvermögen – Anm. zu OLG Oldenburg, Urt. v. 8.11.2013 – 6 U 50/1, npoR 2014, S. 134–147.

Ders./*Richter*, Andreas/*Weitemeyer*, Birgit:
Landesstiftungsrecht, Köln 2011 (zit.: H/R/W/*Bearbeiter*, Landesstiftungsrecht).

Ders./Rawert, Peter:
Pflichtteil und Gemeinwohl – Privilegien für gute Zwecke?, ZEV 2007, S. 107–114.

Ders./Rawert, Peter:
Die notleidende Stiftung, ZIP 2013, S. 2136–2147.

Ders./Rawert, Peter:
Rechtsgeschäftliche Stellvertretung im Stiftungsrecht, in: *Boele-Woelki*, Katharina/*Faust*, Florian/*Jacobs*, Matthias/*Kuntz*, Thilo/*Röthel*, Anne/*Thorn*, Karsten/*Weitemeyer*, Birgit (Hrsg.), Festschrift für Karsten Schmidt zum 80. Geburtstag, München 2019, S. 543–558 (zit.: *Hüttemann/Rawert*, FS K. Schmidt, 2019, S. 543).

Ders./Rawert, Peter:
Gründungsaufwand bei Stiftungen und Vereinen, ZIP 2020, S. 245–251.

Ders./Rawert, Peter:
Das neue Bundestiftungsrecht – Darstellung und Analyse sowie Vorschläge für notwendige Reformen der Landesstiftungsgesetze, ZIP 2021, Beilage zu Heft 33, S. S3–S44.

Ders./Rawert, Peter:
Ausdrücklicher und mutmaßlicher Stifterwille – Zur Dogmatik des neuen § 83 BGB, AcP 222 (2022), S. 301–339.

Ders./Schauhoff, Stephan:
Prüfung der Vermögens- und Kapitalerhaltung nach neuem Stiftungsrecht, DB 2023, S. 2523–2530.

Institut für Demoskopie Allensbach (Hrsg.),
- Stiftungsunternehmen in Deutschland – Ergebnisse einer Befragung von Stiftungsunternehmen, unternehmensverbundenen Stiftungen und Bevölkerung, Studie im Auftrag der BDO AG, Hamburg 2012 (abrufbar unter https://t1p.de/n4gjo) (zit.: *IfD Allensbach*, Stiftungsunternehmen in Deutschland, 2012).
- Verantwortungseigentum – Zur Resonanz von Familienunternehmen auf eine spezifische Opinion für die Nachfolgeregelung, Studie im Auftrag der Stiftung Verantwortungseigentum e.V., Berlin 2021 (abrufbar unter https://t1p.de/lzmyl) (zit.: *IfD Allensbach*, Studie Verantwortungseigentum, 2021).

Institut für Mittelstandsforschung Bonn (Hrsg.):
- Daten und Fakten – Unternehmensnachfolgen in Deutschland 2018 bis 2022, Nr. 18, Bonn 2018 (zit.: *IfM Bonn*, Daten und Fakten Nr. 27, 2018).

- Daten und Fakten – Unternehmensnachfolgen in Deutschland 2022 bis 2026, Nr. 27, Bonn 2021 (zit.: *IfM Bonn*, Daten und Fakten Nr. 27, 2021).

Institut der Wirtschaftsprüfer (Hrsg.):
IDW Stellungnahme zur Rechnungslegung: Rechnungslegung von Stiftungen (IDW RS FAB 5), Stand: 28.08.2024, IDW LIFE 10/2024, S. 102 ff., https://t1p.de/n6u9i (zit.: IDW RS FAB 5).

Ihle, Jörg:
Stiftungen als Instrument der Unternehmens- und Vermögensnachfolge – Teil 1, RNotZ 2009, S. 557–573.

Ders.:
Stiftungen als Instrument der Unternehmens- und Vermögensnachfolge – Teil 2, RNotZ 2009, S. 621–642.

Isfort, Günter:
Die Erbersatzsteuer ist kein Ersatz für die Erbschaftsteuer, DB 2017, Heft 27–28, S. M26–M27.

Jahn, Joachim:
Das Bild der Familienunternehmen in der Öffentlichkeit – zwischen Nichtbeachtung, Neugier und Regulierungswahn –, in: *Dauner-Lieb*, Barbara/*Freudenberg*, Götz/*Werner*, Götz W. (Hrsg.), Familienunternehmen im Fokus von Wirtschaft und Wissenschaft. Festschrift für Mark K. Binz zum 65. Geburtstag, München 2014, S. 327–333 (zit.: *Jahn*, FS Binz, S. 327).

Jakob, Dominique:
Schutz der Stiftung. Die Stiftung und ihre Rechtsverhältnisse im Widerstreit der Interessen, Tübingen 2006 (zit.: *Jakob*, Schutz der Stiftung).

Ders.:
Das Stiftungsrecht der Schweiz zwischen Tradition und Funktionalismus, ZEV 2009, S. 165–170.

Ders.:
Stifterrechte zwischen Privatautonomie und Trennungsprinzip. Möglichkeiten und Konsequenzen der Einflussnahme des Stifters auf seine Stiftung unter Berücksichtigung aktueller Entwicklungen des schweizerischen, österreichischen und liechtensteinischen Rechts, in: *Saenger*, Ingo/*Bayer*, Walter/*Koch*, Elisabeth/*Körber*, Torsten (Hrsg.), Gründen und Stiften. Festschrift zum 70. Geburtstag des Jenaer Gründungsdekans und Stiftungsrechtlers Olaf Werner, Baden-Baden 2009, S. 101–115 (zit.: *Jakob*, FS O. Werner, S. 101).

Ders.:
Stiftung und Familie, in: *Hilbig-Lugani*, Katharina/*Jakob*, Dominique/*Mäsch*, Gerald/*Reuß*, Philipp M./*Schmid*, Christoph (Hrsg.), Zwischenbilanz. Festschrift für Dagmar Coester-Waltjen zum 70. Geburtstag am 11. Juli 2015, München 2015, S. 123–137 (zit.: *Jakob*, FS Coester-Waltjen, S. 123).

Ders. (Hrsg.):
Stiftung und Familie, Basel 2015 (zit. Jakob/*Bearbeiter*, Stiftung und Familie).

Ders.:
Modernes Stiftungsrecht für Deutschland in Europa – was sollte geregelt werden?, npoR 2016, S. 7–12.

Ders. (Hrsg.):
Universum Stiftung, Basel 2017 (zit. Jakob/*Bearbeiter*, Universum Stiftung).

Ders.:
The role of foundations in family governance, Trust & Trustees, Vol. 26, No. 1, 2020, S. 4–10.

Ders.:
Reformen im Schweizer Stiftungsrecht – eine Agenda. Zugleich ein Beitrag des Zentrums für Stiftungsrecht an der Universität Zürich zum Vernehmlassungsverfahren der parlamentarischen Initiative Luginbühl (14.470), npoR 2020, S. 239–251.

Ders./*Humbel*, Claude:
Die Eintragung existierender Familienstiftungen und die Änderungskompetenz des Stiftungsrats – Zugleich eine Besprechung des Urteils des Schweizer Bundesverwaltungsgerichts B-951/2020 vom 16.8.2021, npoR 2022, S. 119–122.

Ders./*Orelli*, Lukas von (Hrsg.):
Der Stifterwille: Ein Phänomen zwischen Vergangenheit, Gegenwart und Ewigkeit, Bern 2014 (zit.: Jakob/v. Orelli/*Bearbeiter*, Der Stifterwille).

Ders./*Uhl*, Matthias:
Die liechtensteinische Familienstiftung im Blick ausländischer Rechtsprechung – (zu OLG Düsseldorf, 30.4.2010 – I-22 U 126/06, oben S. 433, Nr. 27; OLG Stuttgart, 29.6.2009 – 5 U 40/09, oben S. 438, Nr. 28; und OGH, 26.5.2010 – 3 Ob 1/10h, oben S. 445, Nr. 29), IPRax 2012, S. 451–456.

Janitzki, Axel:
Das neue Stiftungsgesetz – ein Anfang, ErbR 2022, S. 15–19.

Ders.:
Die Haftung des Stiftungsvorstandes unter Berücksichtigung der aktuellen Stiftungsrechtsreform und die Bedeutung von Anlagerichtlinien, ErbR 2023, S. 254–259.

Ders.:
Die Gründung der Stiftung nach der Stiftungsrechtsreform, ErbR 2024, S. 2–7.

Jansen, Justus/*Beyerlein*, Birgit:
Konfliktlösung in Familienunternehmen, BB 2012, S. 733–736.

Jauch, Jakob:
Besteuerung von Stiftungen, die an die Stelle von Familienfideikommissen getreten sind – Die Besteuerung der Relikte des Feudalismus, DStR 2021, S. 2946–2953.

Jendritzky, Tatjana:
Die korporative Gruppenbildung als Organisationsmodell für Familienunternehmen, Baden-Baden 2007 (zit.: *Jendritzky*, Die korporative Gruppenbildung).

Jenne, Tobias:
Verstöße gegen die mitgliedschaftliche Treuepflicht und ihre Rechtsfolgen, Baden-Baden 2022 (zit.: *Jenne*, Verstöße gegen die mitgliedschaftliche Treuepflicht).

Jeschke, Dieter:
Was macht einen guten Gesellschaftsvertrag eines Familienunternehmens aus?, in: *Ebel*, Karin/*May*, Karin/*Rau*, Sabine/*Zinkann*, Reinhard (Hrsg.), Familienunternehmen gestern – heute – morgen: Festschrift für Peter May zum 60. Geburtstag, Hamburg 2018, S. 377–385. (zit.: *Jeschke*, FS P. May, S. 377).

John, David:
Der wirtschaftlich Berechtigte – Begriffskonturierung im systematischen Kontext des Geldwäschegesetzes, NZG 2021, S. 323–330.

Ders.:
Beherrschender Einfluss nach § 290 II Nr. 1 HGB – Ende der „materiellen" Betrachtungsweise? – Zugleich Bespr. von BGH, Urt. v. 22.9.2020 – II ZR 399/18, NZG 2020, 1349, NZG 2021, S. 419–422.

Jörg, Maximilian:
Liechtensteinisches Stiftungsrecht und Verantwortungseigentum, SPWR 2022, S. 119–126.

Jungmann, Carsten:
Die Business Judgment Rule – ein Institut des allgemeinen Verbandsrechts? – Zur Geltung von § 93 Abs. 1 Satz 2 AktG außerhalb des Aktienrechts–, in: *Bitter*, Georg/*Lutter*, Marcus/*Priester*, Hans-Joachim/*Schön*, Wolfgang/*Ulmer*, Peter (Hrsg.), Festschrift für Karsten Schmidt zum 70. Geburtstag, Köln 2009, S. 831–855 (zit.: *Jungmann*, FS K. Schmidt, 2009, S. 831).

Junius-Morawe, Ruth Margret:
Zur Legitimität der Familienstiftung, Wiesbaden 2022 (zit.: *Junius-Morawe*, Zur Legitimität der Familienstiftung).

Jurawitz, Markus:
Das Transparenzregister – Mittel und Grenzen der registerbasierten Geldwäschebekämpfung, Berlin 2021 (zit.: *Jurawitz*, Das Transparenzregister).

Jülicher, Marc:
Rückforderungsrechte in Schenkungsverträgen im Erbschaftsteuerrecht, ZErb 2023, S. 58–61.

Kalss, Susanne:
Die Rechtsstellung der Begünstigten der Stiftung im internationalen Vergleich, in: *Schurr*, Francesco A. (Hrsg.), Der Generationenwechsel in der Stiftungslandschaft. Band des 4. Liechtensteinischen Stiftungsrechtstages 2011, Zürich 2012, S. 1–26 (zit.: *Kalss*, in: Schurr, 4. Liechtensteinischer Stiftungsrechtstag, S. 1).

Dies.:
Leitung und Kontrolle eines Familienunternehmens durch eine Privatstiftung, in: *Schumacher*, Hubertus/*Zimmermann*, Wigbert (Hrsg.), 90 Jahre Fürstlicher Oberster Gerichtshof. Festschrift für Gert Delle Karth, Wien 2013, S. 499–520 (zit.: *Kalss*, FS G. D. Karth, S. 499).

Dies.:
Rechtsformalternativen in Familiengesellschaften, in: *Vogt*, Hans-Ueli/*Fleischer*, Holger/*Kalss*, Susanne (Hrsg.), Recht der Familiengesellschaften, Tübingen 2016, S. 1–26 (zit.: *Kalss*, in: Vogt/Fleischer/Kalss, Recht der Familiengesellschaften, S. 1).

Dies.:
Die Leistungskraft der österreichischen Privatstiftung für Familienunternehmen, ZVglRWiss 117 (2018), S. 221–245.

Dies.:
Der Einfluss von Begünstigten in der österreichischen Privatstiftung, in: *Boele-Woelki*, Katharina/*Faust*, Florian/*Jacobs*, Matthias/*Kuntz*, Thilo/*Röthel*,

Anne/*Thorn*, Karsten/*Weitemeyer*, Birgit (Hrsg.), Festschrift für Karsten Schmidt zum 80. Geburtstag, München 2019, S. 856–869 (zit.: *Kalss*, FS K. Schmidt, 2019, S. 856).

Dies.:
Die österreichische Privatstiftung, ZStV 2021, S. 128–133.

Dies.:
Auslegung des Gesellschaftsvertrags bei Familienunternehmen, RFamU 2022, S. 97–98.

Dies.:
Das Entsendungsrecht – „Golden Share" zur Wahrung des Einflusses im Familienunternehmen, in: *Deixler-Hübner*, Astrid/*Kletečka*, Andreas/*Schima*, Georg (Hrsg.), Festschrift Martin Schauer, Wien 2022, S. 247–260 (zit.: *Kalss*, FS M. Schauer, S. 247).

Dies./Dauner-Lieb, Barbara:
Ein nachhaltiges Pflichtteilsrecht für Unternehmen – Liquidität versus verantwortliche Teilhabe, GesRZ 2018, S. 261–277.

Dies./Kubasta, Veronika:
Stiftungsreform in Deutschland – Ein Blick über die Grenze, GesRZ 2021, S. 69–73.

Dies./Probst, Stephan:
Familienunternehmen – Gesellschafts- und zivilrechtliche Fragen, Wien 2013 (zit.: *Kalss/Probst*, Familienunternehmen).

Dies./Probst, Stephan:
Familienunternehmen – eine erste Vermessung, GesRZ 2013, S. 115–123.

Kamp, Florian:
§ 181 BGB und die Organvertretung am Beispiel des Stiftungsvorstands – Vorschlag eines Dogmenwechsels, ZfPW 2019, S. 408–417.

Kamprolf, Steffen/*Theuffel-Werhahn*, Berthold:
Vorstandshaftung bei Organstreit in der Stiftung bürgerlichen Rechts, ZStV 2024, S. 163–168.

Kaufmann, Guido:
Stiftung und Konflikt. Ausgestaltung, Familienbezogenheit und Konfliktpotenzial in Deutschland, Wiesbaden 2021 (zit.: *Kaufmann*, Stiftung und Konflikt).

Kaufmann, Ekkehard:
Zur Zulässigkeit der gesellschaftsvertraglichen Vermögensbindung, JZ 1959, S. 522–523.

Kämmerer, Jörn Axel/*Weitemeyer*, Birgit:
Die Zeppelin-Stiftung: Ein staats- und stiftungsrechtliches Drama im Lichte der jüngeren deutschen Geschichte, in: *Boele-Woelki*, Katharina/*Faust*, Florian/*Jacobs*, Matthias/*Kuntz*, Thilo/*Röthel*, Anne/*Thorn*, Karsten/*Weitemeyer*, Birgit (Hrsg.), Festschrift für Karsten Schmidt zum 80. Geburtstag, München 2019, S. 601–624 (zit.: *Kämmerer/Weitemeyer*, FS K. Schmidt, 2019, S. 601).

Ders./Rawert, Peter:
Fallstricke des Stiftungsföderalismus – Das geplante Stiftungsregistergesetz als Verfassungsproblem, npoR 2020, S. 273–279.

Keim, Christopher/*Lehmann*, Daniel (Hrsg.):
Beck'sches Formularbuch Erbrecht, 5. Aufl., München 2023 (zit.: BeckFormB ErbR/*Bearbeiter*).

Kempny, Simon:
Steuerrecht und Verfassungsrecht, StuW 2014, S. 185–199.

Kerssenbrock, Otto-Ferdinand Graf,

Unternehmenserhaltung, Eine zivil- und steuerrechtliche Untersuchung zu Möglichkeiten und Grenzen der Unternehmenserhaltung bei Fehlen von Unternehmernachfolgern mit Schwerpunkt Familienstiftung und GmbH-Recht, Hamburg 1983 (zit.: *Kerssenbrock*, Unternehmenserhaltung).

Kersten, Eduard:
Stiftung und Handelsgesellschaft – Ein Beitrag zur Unternehmensstiftung und ihren Erscheinungsformen, in: *Juristische Studiengesellschaft* (Hrsg.), Festschrift für den 45. Deutschen Juristentag, Karlsruhe 1964, S. 123–148 (zit.: *Kersten*, FS 45 Jahre DJT, S. 123).

Kiethe, Kurt:
Die Haftung des Stiftungsvorstands, NZG 2007, S. 810–814.

Kilian, Ulrike:
Inhalt der Vermögenszusage gemäß § 82 BGB, ZSt 2007, S. 174–175.

Kirchdörfer, Rainer:
Lexikon – Familienunternehmen, FuS 2011, S. 32.

Ders.:
Unternehmensnachfolge anders gedacht – Der Irrglaube an das Kronprinzenmodell, FuS 2019, S. 144–149.

Ders.:
Editorial – Neues zum Transparenzregister: Der Europäische Gerichtshof spricht Klartext!, NZG 2023, S. 49.

Ders./Kögel, Rainer:
Die „GmbH im Verantwortungseigentum (VE-GmbH)“ bzw. die „GmbH mit gebundenem Vermögen (GmbH-gebV)“ – eine kritische Bewertung, in: *Bien*, Florian/*Jickeli*, Joachim/*Müller-Graff*, Peter-Christian (Hrsg.), Maß- und Gradfragen im Wirtschaftsrecht, Liber disciplorum zum 80. Geburtstag von Wernhard Möschel, Baden-Baden 2021, S. 181–210 (zit.: *Kirchdörfer/Kögel*, FS Möschel, S. 181).

Kirchhain, Christian:
Gemeinnützige Familienstiftung. Die Grenzen der steuerlichen Gemeinnützigkeit einer rechtsfähigen Stiftung bürgerlichen Rechts bei privatnütziger Versorgung der Stifterfamilie – Zur Auslegung des 58 Nr. 5 AO, Frankfurt am Main 2006 (zit.: *Kirchhain*, Gemeinnützige Familienstiftung).

Kirmse, Doreen:
Die unternehmensverbundene Stiftung – Eine Allzweckstiftung? –, in: Forum Deutscher Stiftungen (Hrsg.), Die unternehmensverbundene Stiftung – Dokumentation der 2. Tagung des „Gesprächskreises Stiftungsprivatrecht“ in Jena vom 20. bis 21. April 2001, Band 10, Berlin 2001, S. 69–84 (*Kirmse*, in: FDS, Die uv. Stiftung, S. 69).

Dies.:
Mindestkapital für unternehmensverbundene Stiftungen?, in: *Mecking*, Christoph/*Schulte*, Martin (Hrsg.), Grenzen der Instrumentalisierung von Stiftungen, Tübingen 2003, S. 27–41 (zit.: *Kirmse*, in: Mecking/Schulte, Grenzen der Instrumentalisierung von Stiftungen, S. 27).

Klapdor, Jens:
Der Begriff des wirtschaftlich Berechtigten im Rahmen der transparenzregisterrechtlichen Regelungen des Geldwäschegesetzes, Baden-Baden 2021 (zit.: *Klapdor*, Der Begriff des wirtschaftlich Berechtigten).

Klausmann, Alexander N.:
Entsendungsrechte in der Aktiengesellschaft, Berlin 2016 (zit.: *Klausmann*, Entsendungsrechte in der AG).

Klein, Sabine B.:
Familienunternehmen – Theoretische und empirische Grundlagen, 3. Aufl., Lohmar/Köln 2010 (zit.: *Klein*, Familienunternehmen).

Klein-Blenkers, Friedrich:
Unternehmensnachfolge in Zahlen, ZEV 2001, S. 329–334.

Klein-Wiele, Christian:
Der Poolvertrag im Familienunternehmen, NZG 2018, S. 1401–1407.

Ders./Wurmthaler, Christian:
Faktoren der Rechtsformwahl – Aus der Perspektive eines Familienunternehmens, FuS-Sonderheft 2022, S. 65–69.

Ders./Wurmthaler, Christian:
Die Stiftungsreform im Praxistest – Ausgewählte Probleme auf Basis des aktuellen Diskussionsstands, FuS-Sonderausgabe 2023, S. 48–51.

Klinkner, Thorsten/*Wagener*, Domenik:
Die Familienstiftung. Ein steuerlicher Praxisleitfaden, 2. Aufl., Wiesbaden 2022 (zit.: *Klinkner/Wagener*, Die Familienstiftung).

Ders.:
Gauselmann-Familienstiftung: Nachfolge sichern, Familie mitnehmen. Blog-Beitrag v. 21.9.2017 (abrufbar unter https://t1p.de/grgqr).

Kloster, Florian/*Bonderer*, Sascha:
Liechtensteinische Stiftungen in der Vermögenssicherung und Nachfolgeplanung, NWB-EV 2022, S. 253–258.

Koch, Jens (Hrsg.):
Aktienrecht. Kommentar, 18. Aufl., München 2024 (zit.: *J. Koch*, AktG).

Ders.:
Informationsweitergabe und Informationsasymmetrien im Gesellschaftsrecht, ZGR 2020, S. 183–216.

Koch, Raphael:
Vorausschauende Vertragsgestaltung in Familienunternehmen – Im Spannungsfeld zwischen der Erhaltung des Familiencharakters und der Vermeidung lästiger Gesellschafter, in: *Erffa,* Hubertus Freiherr von/*Lehleiter*, Gunther/*Prigge*, Thorsten (Hrsg.), Streit und Streitvermeidung im Familienunternehmen. Festschrift für Lutz Aderhold, Köln 2021, S. 167–180 (zit.: *R. Koch*, FS L. Aderhold, S. 167).

Koeberle-Schmidt, Alexander/*Unger*, Maxi:
Nachfolge im Familienunternehmen. Wie Sie den Generationenwechsel strategisch planen und praktisch umsetzen, München 2019 (zit.: *Koeberle-Schmidt/Unger*, Nachfolge im Familienunternehmen).

Ders./Fahrion, Hans-Jürgen/*Witt*, Peter (Hrsg.):
Family Business Governance. Erfolgreiche Führung von Familienunternehmen, 3. Aufl., Berlin 2018 (zit.: Koeberle-Schmid/Fahrion/Witt/*Bearbeiter*, Family Business Governance).

Koller, Ingo/*Kindler*, Peter/Drüen, *Klaus-Dieter* (Hrsg.):
Handelsgesetzbuch. Kommentar, 10. Aufl., München 2023 (zit.: K/K/D/*Bearbeiter*, HGB).

Kohler, Michael:
Mediation – Ein Verfahren zur Vermeidung und Beilegung von Streit in Unternehmerfamilien und Familienunternehmen, in: *Erffa,* Hubertus Freiherr

von/*Lehleiter*, Gunther/*Prigge*, Thorsten (Hrsg.), Streit und Streitvermeidung im Familienunternehmen. Festschrift für Lutz Aderhold, Köln 2021, S. 181–198 (zit.: *Kohler*, FS L. Aderhold, S. 181).

Kohnke, Andreas:
Die Pflichten des Stiftungsvorstands aus Bundes- und Landesrecht, Baden-Baden 2009 (zit.: *Kohnke*, Die Pflichten des Stiftungsvorstands).

Komma, Till:
Alles auf Anfang – Das neue EU-Regime zur Bestimmung wirtschaftlich Berechtigter, CCZ 2024, S. 282–290.

Kormann, Hermut:
Governance des Familienunternehmens, Wiesbaden 2017 (zit.: *Kormann*, Governance des Familienunternehmens).

Ders.:
Zusammenhalt der Unternehmerfamilie. Verträge, Vermögensmanagement, Kommunikation, 2. Aufl., Berlin 2018 (zit.: *Kormann*, Zusammenhalt der Unternehmerfamilie).

Ders.:
Wer nicht zugrunde geht, lebt länger! Sicherungsstrategie als Pendant zur Erfolgsstrategie, in: *Kirchdörfer*, Rainer/*Lorz*, Rainer/*Wiedemann*, Andreas/*Kögel*, Rainer/*Frohnmayer*, Thomas (Hrsg.), Familienunternehmen in Recht, Wirtschaft, Politik und Gesellschaft. Festschrift für Brun-Hagen Hennerkes zum 70. Geburtstag, München 2009, S. 115–135 (zit.: *Kormann*, FS Hennerkes, S. 115).

Ders./Kaschke, Michael:
Gemeinnützige Stiftungen als Prinzipal des Unternehmens, RFamU 2023, S. 449–456.

Kornau, Bastian:
Die Stiftung als Unternehmensnachfolgerin, Hamburg 2012 (zit.: *Kornau*, Stiftung als Unternehmensnachfolgerin).

Kornblum, Udo:
Bundesweite Rechtstatsachen zum Unternehmens- und Gesellschaftsrecht (Stand 1.1.2018), GmbHR 2018, S. 669–680.

Koropp, Christian/*Grichnik*, Dietmar:
Nachfolgeentscheidung im Familienunternehmen, WiSt 2007, S. 295–302.

Kotzenberg/Lorenz, Karsten:
Das Transparenzregister kommt – Ein dringliches Thema vor allem für Familienunternehmen, NJW 2017, S. 2433–2438.

Ders./Geißler, Alexander:
Zur steuerlichen Behandlung satzungsmäßiger Mehrstimmrechte bei der GmbH, Ubg 2018, S. 448–457.

Ders./Lorenz, Karsten:
Bedeutung des Transparenzregisters für Stiftungen – Ein Zwischenbericht, ZStV 2020, S. 29–34.

Kögel, Rainer:
Welche Einflussmöglichkeiten hat ein Stifter auf „seine" Stiftung nach deren Errichtung?, FuS 2014, S. 47–52.

Ders.:
Die Auflösung von Stiftungen nach der Stiftungsrechtsreform, FuS 2022, S. 212–214.

Ders./Berg, Dieter:
Die Unternehmensverfassung des Hauses Bosch als Grundmodell der Doppelstiftung, FuS 2011, S. 13–19.

Ders./Neckenich, Lennart:
Die Bedeutung des Stifterwillens und Einflussmöglichkeiten der Stifter nach Stiftungserrichtung – Stifterautonomie vs. Stiftungsautonomie?, FuS-Sonderausgabe 2023, S. 19–24.

Köhler, Ingo:
Aufstieg der Stiftungsunternehmen. Neue Formen der hybriden Governance von Familienunternehmen, 1950–2000, in: *Ders./Roelevink*, Eva-Maria (Hrsg.), Transformative Moderne. Struktur, Prozess und Handeln in der Wirtschaft. Festschrift für Dieter Ziegler zum 65. Geburtstag, Münster 2021, S. 357–386 (zit.: *Köhler*, FS D. Ziegler, S. 357).

König, Christian M.:
Die Stiftung als Instrument der Nachlassplanung. Eine Untersuchung de lege lata zur Stellung der Stiftung im Kontext des deutschen Pflichtteilsrechts mit Überlegungen de lege ferenda im Lichte des novellierten österreichischen Pflichtteilsrechts, Tübingen 2018 (zit. *König*, Nachlassplanung).

Kracht, Robert:
Familienstiftung als Instrument zur Unternehmensfortführung nutzen, GStB 2007, S. 296–302.

Krafka, Alexander:
Der Grundstein zur Digitalisierung des Privatrechts – Überblick zu wesentlichen gesellschafts- und verfahrensrechtlichen Neuerungen durch das DiRUG, RDi 2022, S. 86–90.

Kraft, Gerhard:
Grundprobleme der steuerlichen Behandlung unbeschränkt steuerpflichtiger privatnütziger Familienstiftungen, DStR 2016, S. 2825–2831.

Ders.:
Die Familienstiftung als Erkenntnisobjekt der Betriebswirtschaftslehre, in: *Richter*, Lutz/*Meyering*, Stephan/*Sopp*, Karina (Hrsg.), Anwendungsorientierte steuerliche Betriebswirtschaftslehre. Rechnungswesen – Steuerarten – Unternehmensstruktur. Festschrift zum 65. Geburtstag von Heinz Kußmaul, Berlin 2022, S. 605–616 (zit.: *Kraft*, FS Kußmaul, S. 605).

Ders.:
Nachtarocken des BMF beim steuerlichen Einlagekonto privater Stiftungen, Ubg 2024, S. 319–324.

Ders.:
Der Ort der Geschäftsleitung privatnütziger Familienstiftungen, DStR 2024, S. 2154–2161.

Ders./Kirchdörfer, Rainer:
Familiengesellschafter gefangen in Deutschland – Dringender Nachbesserungsbedarf bei der reformierten Wegzugsbesteuerung, DB 2022, Heft 33, S. M4–M5.

Kraus, Eva-Maria:
Anm. zu OVG Schleswig-Holstein Urt. v. 7.12.2017 – 3 LB 3/17 npoR 2018, S. 262–271.

Dies.:
Wirksame Foundation Governance: Innere Aufsicht und Rechtsschutz, npoR 2024, S. 63–68.

Dies./Mehren, Judith:
Aktuelle Fragestellungen im Zusammenhang mit (Familien-)Stiftungen, Ubg 2017, 665–670.

Dies./Mehren, Judith:
Gesellschaftsbeteiligungen bei gemeinnützigen Körperschaften – wirtschaftlicher Geschäftsbetrieb oder Vermögensverwaltung?, DStR 2020, S. 1593–1598.

Krause, Nils:
Corporate und Family Governance in Familienunternehmen als Teil des Risikomanagements, BB 2012, S. 714–716.

Krauß, Hans-Frieder:
Vermögensnachfolge in der Praxis. Vorweggenommene Erbfolge in Privat- und Betriebsvermögen, 7. Aufl., Köln 2025 (zit.: *Krauß*, Vermögensnachfolge in der Praxis).

Krämer, Gerrit:
Das Sonderrecht der Familiengesellschaften. Befund eines gesellschaftsrechtlichen Realtypus und ausgewählte Rechtsfolgen, Baden-Baden 2019 (zit.: *Krämer*, Sonderrecht der Familiengesellschaften).

Kreis Recht der Familienunternehmen:
Familienunternehmen und die Reform des Personengesellschaftsrechts, NZG 2020, S. 104–105.

Kretschmann, Nicolas:
Die Umsetzung der Stiftungsreform in den Ländern – ein erster Überblick, ZStV 2023, S. 80–87.

Krezer, Caroline:
Die Stiftung von Todes wegen im erbrechtlichen Konfliktfall, Berlin 2021 (zit.: *Krezer*, Die Stiftung von Todes wegen).

Kroiß, Ludwig/*Horn*, Claus-Hendrik (Hrsg.):
BGB. Erbrecht. Band 5. §§ 1922–2385. NomosKommentar, 6. Aufl., Baden-Baden 2022 (zit.: NK-BGB/*Bearbeiter*).

Kronke, Herbert:
Stiftungstypus und Unternehmensträgerstiftung. Eine rechtsvergleichende Untersuchung, Tübingen 1988 (zit.: *Kronke*, Stiftungstypus).

Ders.:
Die Gesellschafterfunktion der Unternehmensträgerstiftung, in: *Institut der Wirtschaftsprüfer* (Hrsg.), Symposion „Stiftungen" am 21./22. November 1996, Düsseldorf 1997, S. 187–207 (zit.: *Kronke*, in: IDW Stiftungen, S. 187).

Krumm, Marcel:
Die Stiftung bürgerlichen Rechts, JA 2010, S. 849–855.

Ders.:
Bewertung und Verschonung von sog. großen (Familien-) Unternehmen nach der Entscheidung des BVerfG v. 17.12.2014 zur Erbschaftsteuer, FR 2015, S. 481–493.

Kruse, Cornelius/*Domning*, Oliver/*Frechen*, Philipp:
Die (GmbH & Co.) KGaA als moderne Rechtsform für mittelständische Familienunternehmen, DStR 2017, S. 2440–2444.

Krüsmann, Elmar:
Die Treuhandstiftung, ZStV 2023, S. 201–205.

Kuhn, Volker:
Die Treuhandstiftung: Überblick über zivilrechtliche Grundlagen und ausgewählte Aspekte der Beratungspraxis, ZEV 2020, S. 535–540.

Kunze, Otto:
Unternehmensträger-Stiftung und Unternehmensrechtsreform, in: *Fischer*, Robert/*Möhring*, Philipp/*Westermann*, Harry (Hrsg.), Wirtschaftsfragen der Gegenwart. Festschrift für Hans Carl Barz zum 65. Geburtstag am 6. Dezember 1974, Berlin 1974, S. 171–188 (zit.: *Kunze*, FS Barz, S. 171).

Kußmaul, Heinz/*Schumann*, Anna:
Die Errichtung einer Stiftung als Unternehmensnachfolgemodell – Zivilrechtliche Grundlagen und steuerliche Behandlung der gemeinnützigen Stiftung, Ubg 2020, S. 326–331.

Ders./*Schumann*, Anna:
Die steuerliche Behandlung der Familienstiftung im Rahmen der Unternehmensnachfolge, Ubg 2020, S. 393–397.

Kutac, Kimberly/*Schewe*, Martin:
Ist die Familienstiftung in Deutschland steuerlich so attraktiv wie angenommen? – Eine betriebswirtschaftliche Steuerwirkungsanalyse, FR 2022, S. 831–843.

Kübler, Friedrich/*Assmann*, Heinz-Dieter:
Gesellschaftsrecht. Die privatrechtlichen Ordnungsstrukturen und Regelungsprobleme von Verbänden und Unternehmen, 6. Aufl., Heidelberg 2006 (zit.: *Kübler/Assmann*, GesR).

Ders.:
Generationengerechtigkeit und Stiftung, in: *Kohl*, Helmut/*Kübler*, Friedrich/*Ott*, Claus/*Schmidt*, Karsten (Hrsg.), Zwischen Markt und Staat. Gedächtnisschrift für Rainer Walz, Köln 2008, S. 373–384 (zit.: *Kübler*, GS Walz, S. 373).

Kühn, Michael Fabian/*Hillers*, Jan-Hendrik:
Die Besteuerung von Begünstigten einer ausländischen Familienstiftung nach § 15 AStG – Der neue AEAStG zu § 15 AStG, Ubg 2024, S. 256–266.

Kühne, Eberhardt/*Rehm*, Christian:
Die Unterbeteiligung als Gestaltungsinstrument der Unternehmensnachfolge, NZG 2013, S. 561–567.

Künnemann, Ulf:
Die Stiftung im System des Unterordnungs-Konzerns, Frankfurt am Main, 1996 (zit.: *Künnemann*, Die Stiftung im System des Unterordnungs-Konzerns).

Lang, Dominik:
Die Familien-Publikumsgesellschaft – Dynastisierung von Familienunternehmen am Beispiel der GmbH & Co. KG, Baden-Baden 2022 (zit.: *Lang*, Die Familien-Publikumsgesellschaft).

Ders.:
Die Familien-Publikumsgesellschaft, RFamU 2022, 299–305.

Lange, Knut Werner:
Corporate Governance in Familienunternehmen, BB 2005, S. 2585–2590.

Ders.:
Der Beirat als Element der Corporate Governance in Familienunternehmen, GmbHR 2006, S. 897–904.

Ders.:
Kodex und Familienverfassung als Mittel der Corporate Governance in Familienunternehmen, in: *Kirchdörfer*, Rainer/*Lorz*, Rainer/*Wiedemann*, Andreas/*Kögel*, Rainer/*Frohnmayer*, Thomas (Hrsg.), Familienunternehmen in Recht, Wirtschaft, Politik und Gesellschaft. Festschrift für Brun-Hagen Hennerkes zum 70. Geburtstag, München 2009, S. 135–150 (zit.: *Lange*, FS Hennerkes, S. 135).

Ders.:
Die Bedeutung institutionenökonomischer Erkenntnisse für das Verständnis von Herrschaft und Kontrolle in der Stiftung, AcP 214 (2014), S. 511–541.

Ders.:
Stiftungserrichtung von Todes wegen und Testamentsvollstreckung, ZStV 2019, S. 85–91.

Ders.:
Editorial – Nachfolgeprobleme in Stiftungen, ZStV 2022, S. 41–43.

Ders.:
Die Errichtung einer rechtsfähigen Stiftung nach Inkrafttreten der Stiftungsrechtsreform, ZStV 2022, S. 167–172.

Ders.:
Möglichkeiten und Grenzen von Satzungsänderungen nach Inkrafttreten der Stiftungsrechtsreform, ZStV 2022, S. 207–212.

Ders./*Sabel*, Simon:
Nachfolgeplanung unter Einsatz ausländischer Stiftungen, ZStV 2014, S. 201–207.

Ders./*Sabel*, Simon:
Steuerung der Gesellschafterstellung in Familienunternehmen, NZG 2015, S. 1249–1254.

Ders./*Windthorst*, Kay (Hrsg.):
Sicherung des Familieneinflusses in Familienunternehmen. Symposium der Forschungsstelle für Familienunternehmen der Universität Bayreuth

am 6./7. Oktober 2016/2017, Baden-Baden 2017 (zit. *Bearbeiter*, in: Lange/Windthorst, Sicherung des Familieneinflusses, S.).

Langenfeld, Gerrit:
Die kleine Aktiengesellschaft, Gestaltungsgrundsätze auch im Hinblick auf Mitarbeiterbeteiligung und Börsengang – Teil I, NotBZ 2001, S. 157–164.

Laskawy, Dirk Helge/*Vosberg*, Friedrich:
Mediation – Ein Verfahren zur Vermeidung und Beilegung von Streit in Unternehmerfamilien und Familienunternehmen, in: *Erffa*, Hubertus Freiherr von/*Lehleiter*, Gunther/*Prigge*, Thorsten (Hrsg.), Streit und Streitvermeidung im Familienunternehmen. Festschrift für Lutz Aderhold, Köln 2021, S. 241–270 (zit.: *Laskawy/Vosberg*, FS L. Aderhold, S. 241).

Lay, Celina:
Systembildung interfamiliärer Verträge am Beispiel des Pflichtteilsverzichts durch Abkömmlinge. Zur Problematik der Privatautonomie im unternehmenserbrechtlichen Vertragsrecht, Baden-Baden 2024 (zit.: *Lay*, Systembildung interfamiliärer Verträge).

Layer, Bertram:
Der „wegziehende" Mitunternehmer – Steuerliche und ausgewählte sonstige Aspekte, DStR 2024, S. 1049–1056.

Ders./Seemann, Andrea:
Internationalisierung der Gesellschafterfamilie, FuS 2018, S. 26–31.

Lederer, Caroline Diandra:
Die erbschaftsteuerliche Verschonung von familiengeführten (Groß-)Unternehmen durch den Vorab-Abschlag nach § 13a Abs. 9 ErbStG, Münster 2021 (zit.: *Lederer*, Vorab-Abschlag).

Lehleiter, Robert:
Die Familienstiftung als Instrument zur Sicherung der Unternehmenskontinuität bei Familienunternehmen, Frankfurt am Main 1996 (zit.: *Lehleiter*, Die Familienstiftung).

Lehmann, Matthias:
Der Begriff der Rechtsfähigkeit, AcP 207 (2007), S. 225–255.

Lepsius, Oliver:
Kontextualisierung als Aufgabe der Rechtswissenschaft, JZ 2019, S. 793–802.

Lieder, Jan:
Rechtsformalternativen für Familiengesellschaften, in: *Vogt*, Hans-Ueli/*Fleischer*, Holger/*Kalss*, Susanne (Hrsg.), Recht der Familiengesellschaften, Tübingen 2016, S. 27–63. (zit.: *Lieder*, in: Vogt/Fleischer/Kalss, Recht der Familiengesellschaften, S. 27).

Ders.:
Die Familie als Unternehmen – Der Gesellschaftsvertrag der Tchibo GmbH, GmbHR 2020, S. 929–939.

Ders./Becker, Marcus:
Das Sonderrecht der Rechtformvarianten am Beispiel der UG – Zugleich ein Beitrag zur „gUG (haftungsbeschränkt)" und zu anderen „g"-Gesellschaften, NZG 2021, S. 357–366.

Ders./Hoffmann, Thomas:
Kleine Phänomenologie der Kommanditgesellschaft – Erscheinungsformen der KG am Beispiel des Registerbezirks Hamm, NZG 2021, S. 1045–1056.

Ders./Pommerening, Paul:
Nießbrauchsrechte und Kapitalgesellschaftsanteile im Erbfall, ZEV 2019, S. 564–570.

Liermann, Hans:
Wozu ein Bundesstiftungsgesetz?, ZRP 1970, S. 27–29.

Liechtenstein Finance e.V./F.A.Z. Business Media:
Entscheidungsfaktoren bei der Stiftungsgründung, Liechtenstein/Frankfurt a. M. 2023, (https://t1p.de/xc4jm).

Lindner, Josef Franz:
Der Grundsatz der Einheit der Rechtsordnung, in: *Hellwege*, Philipp/*Soniewicka*, Maria (Hrsg.), Die Einheit der Rechtsordnung. Annäherungen – Bestandsaufnahmen – Reflexionen, Tübingen 2020, S. 15 –26 (zit.: *J. F. Lindner*, in: Hellwege/Soniewicka, Die Einheit der Rechtsordnung, S. 15).

Lindner, Reinhold:
Die Stiftung als Unternehmensform, DSWR 2005, S. 245–247.

Link, Felix:
Die Regelungen zum wirtschaftlich Berechtigten nach der geplanten EU-Geldwäscheverordnung, NZG 2022, S. 893–898.

Linke, Christian:
Gesetz zur Umsetzung der Digitalisierungsrichtlinie (DiRUG) – Analyse des Regierungsentwurfs, NZG 2021, S. 309–315.

Loritz, Karl-Georg:
Die Reichweite von Vinkulierungsklauseln in GmbH-Gesellschaftsverträgen, NZG 2007, S. 361–368.

Ders./Weinmann, Philipp Sebastian:
Die GmbH mit gebundenem Vermögen – Kreative Idee oder Legitimation zum Betreiben eines Unternehmens ohne typische Unternehmerpflichten?, DStR 2021, S. 2205–2211.

Ders./Weinmann, Philipp Sebastian:
Die unternehmensverbundene Stiftung als Steuersparmodell? – Stiftungs-Holding und GmbH-Holding im steuerlichen Vergleich –, DB 2022, 2890–2894.

Lorenz, Karsten:
Beschränkung der Einsichtnahme in das Transparenzregister bei Familienunternehmen und Familienstiftungen, DStR 2020, S. 2258–2264.

Ders.:
Publizitätspflichten im gläsernen (?) Familienunternehmen, Ubg 2020, S. 279–291.

Ders.:
Publizitätspflichten bei Familienunternehmen und Familienstiftungen – Neues von Gesetzgeber, Verwaltung und Rechtsprechung, Ubg 2021, S. 386–393.

Ders.:
Wertfeststellung einer Stiftung & Co. KG für Erbschaftsteuerzwecke, Anm. zu BFH, Urt. v. 27.4.2022 – II R 9/20, ZEV 2022, S. 544–548.

Ders./Mehren, Judith:
Das neue Stiftungsrecht ist da – Kernpunkte der gesetzlichen Neuregelungen und deren Bedeutung für bestehende und noch zu errichtende Stiftungen, DStR 2021, S. 1774–1780.

Ders./Meyers, Nina:
Die Wahl des Stiftungssitzes: Weiterhin beachtliche Unterschiede nach Inkrafttreten der Stiftungsrechtsreform und der neuen Landesstiftungsgesetze, insbes. für Familienstiftungen, DStR 2023, S. 2013–2018.

Ders./Claussen, Philipp:
Verbindliche Auskunft und Unternehmensnachfolgeplanung – Besonderheiten aus der und für die Beratungspraxis, RFamU 2024, S. 167–172.

Lothmann, Rolf:
Immobilien/Nießbrauch: Besitz auf Stiftung unter Nießbrauchsvorbehalt übertragen – so gelingt es gemeinnützigkeitsrechtlich, SB 2024, S. 137–140.

Löcherbach, Sebastian:
Die interessengerechte Nachfolge in der Familien-GmbH, Hamburg 2014 (zit.: *Löcherbach*, Die interessengerechte Nachfolge).

Löhmer, Anton:
Die pflichtteilsrechtliche Berücksichtigung von Destinatsleistungen als indirekte Zuwendung des Stifters, ErbR 2024, S. 837–844.

Löhnitz, Charles:
Übertragung von mit Nießbrauch belasteten Vermögen auf die gemeinnützige Stiftung, ZStV 2021, S. 74–78.

Löwe, Christian von:
Familienstiftung und Nachfolgegestaltung. Deutschland, Österreich, Schweiz, Liechtenstein, 2. Aufl., München 2016 (zit.: *v. Löwe*, Familienstiftung und Nachfolgegestaltung).

Ders.:
Die steuerliche Behandlung der Familienstiftung, in: *Wachter*, Thomas (Hrsg.), Festschrift für Sebastian Spiegelberger zum 70. Geburtstag. Vertragsgestaltung im Zivil- und Steuerrecht, Bonn 2009, S. 1370–1389 (zit.: *v. Löwe*, FS Spiegelberger, S. 1370).

Ders./du Roi Droege, Ralph:
Ist die Erbersatzsteuer bei Familienstiftungen reformbedürftig?, ZEV 2006, S. 530–534.

Löwer, Volkmar:
Stiftungen und Unternehmen im Spannungsverhältnis, in: Bertelsmann Stiftung (Hrsg.), Handbuch Stiftungen, Wiesbaden 1998, S. 402–421 (zit.: Bertelsmann Stiftung/*Löwer*, HdB Stiftungen, S. 402).

Lubinski, Christina:
Zwischen Familienerbe und globalem Markt – Eigentum und Management von großen westdeutschen Familienunternehmen im Wandel (1960 bis 2008), ZUG 2010, S. 204–229.

Lucius, Wulf D.:
Familienunternehmen und Unternehmensstiftungen, in: *Dauner-Lieb*, Barbara/*Freudenberg*, Götz/*Werner*, Götz W. (Hrsg.), Familienunternehmen im Fokus von Wirtschaft und Wissenschaft. Festschrift für Mark K. Binz zum 65. Geburtstag, München 2014, S. 418–424 (zit.: *v. Lucius*, FS Binz, S. 418).

Lunk, Stefan/*Rawert*, Peter:
Bestellung, Abberufung, Anstellung und Kündigung von Stiftungsvorständen, in: *Kötz*, Hein/*Rawert*, Peter/*Schmidt*, Karsten/*Walz*, Rainer (Hrsg.), Non Profit Law Yearbook 2001, Hürth 2001, S. 91–106 (zit.: *Lunk/Rawert*, NPLY 2001, S. 91).

Luth, Sebastian:
Die Vertretungsbefugnis des Vorstandes in rechtsfähigen Stiftungen des Privatrechts, Berlin 2005 (zit.: *Luth*, Die Vertretungsbefugnis des Stiftungsvorstandes).

Lutter, Marcus/*Hommelhoff*, Peter (Hrsg.):
GmbH-Gesetz. Kommentar, 21. Aufl., Köln 2023 (zit.: Lutter/Hommelhoff/*Bearbeiter*, GmbHG).

Ders.:
Umwandlungsgesetz (UmwG). Kommentar, 7. Aufl., Köln 2024 (zit.: Lutter/*Bearbeiter*, UmwG).

Lübke, Julia:
Privatautonome Verhaltensvorgaben für Gesellschafter-Erben, Tübingen 2022 (zit.: *Lübke*, Privatautonome Verhaltensvorgaben für Gesellschafter-Erben).

Lüdecke, Elfi:
Minderjährige als Vermögensnachfolger durch Beteiligung an Kommanditgesellschaft oder rechtsfähiger Stiftung bürgerlichen Rechts, Berlin 2021 (zit.: *Lüdecke*, Minderjährige als Vermögensnachfolger).

Lüdicke, Jochen/*Sistermann*, Christian (Hrsg.):
Unternehmenssteuerrecht. Gründung, Finanzierung, Umstrukturierung, Übertragung, Liquidation, 2. Aufl., München 2018 (zit.: Lüdicke/Sistermann/*Bearbeiter*, UnternehmenStR).

Ders./*Oppel*, Florian:
Stiftungen in der Nachfolgegestaltung: Neue Einsatzmöglichkeiten aufgrund der Neuregelung des Unternehmenserbschaftsteuerrechts, BB 2017, 2646–2649.

Lüscher, Kurt:
Widersprüchliche Mannigfaltigkeit – Ehe, Familie und Verwandtschaft im aktuellen gesellschaftlichen und erbrechtlichen Kontext heute, ZEV 2004, S. 2–8.

Maier, Otto Julius:
Gedanken zum Familienunternehmen, in: *Hommelhoff*, Peter/*Schmidt-Diemitz*, Rolf/*Sigle*, Axel (Hrsg.): Familiengesellschaften. Festschrift für Walter Sigle zum 70. Geburtstag, Köln 2000, S. 51–58 (zit.: *Maier*, FS W. Sigle, S. 51).

Maiterth, Ralf:
Empirische Erkenntnisse zur Unternehmensgefährdung durch die ErbSt – Anmerkungen im Zusammenhang mit dem anstehenden Beschluss des BVerfG zur ErbSt –, DB 2014, S. 2297–2305.

Markworth, David:
Zur rechtlichen Qualifikation der Beziehung von Stiftungsvorstand und Stiftung, ZGR 2020, S. 832–867.

Ders.:
Das Stiftungsrecht am Scheideweg – Der Entwurf eines Gesetzes zur Vereinheitlichung des Stiftungsrechts aus unternehmensrechtlicher Perspektive, NZG 2021, S. 100–110.

May, Peter:
Die Sicherung des Familieneinflusses auf die Führung der börsengehandelten Aktiengesellschaft: zugleich ein Beitrag zur Gestaltungsfreiheit im Gesellschaftsrecht, Köln 1992 (zit.: *May*, Die Sicherung des Familieneinflusses auf die Führung der AG).

Ders.:
Erfolgsmodell Familienunternehmen – Das Strategie-Buch, Hamburg 2012 (zit.: *May*, Erfolgsmodell Familienunternehmen).

Ders.:
Familienunternehmen erfolgreich führen – Von der Inhaber-Strategie zur Unternehmens-Strategie, ZfB-Special Issue 2/2009, S. 113–126.

Ders./Bartels, Peter (Hrsg.):
Nachfolge im Familienunternehmen. Das Handbuch für Unternehmerfamilien und ihre Begleiter, Köln 2016 (zit.: May/Bartels/*Bearbeiter*, Nachfolge in Familienunternehmen).

Ders./Eiben, Jan/*Peter*, Felicitas von:
Gemeinnütziges Engagement von Familienunternehmen, Die stillen Geber, Ergebnisse der Studie, Bonn-Bad Godesberg 2008 (zit.: *May/Eiben/v. Peter*, Studie: Gemeinnütziges Engagement von Familienunternehmen, 2008).

Mayen, Thomas:
Öffentliches Recht als Bestandteil des Zivilrechts? Der Entwurf eines Gesetzes zur Vereinheitlichung des Stiftungsrechts des BMJV, ZHR 184 (2020), S. 691–696.

Mayer, Gerd:
Der „Familiengesellschafter wider Willen“ – Risiko für das Familienunternehmen, in: *Dauner-Lieb*, Barbara/*Freudenberg*, Götz/*Werner*, Götz W. (Hrsg.), Familienunternehmen im Fokus von Wirtschaft und Wissenschaft. Festschrift für Mark K. Binz zum 65. Geburtstag, München 2014, S. 446–458 (zit.: *Mayer*, FS Binz, S. 446).

Mayer-Uellner, Richard/*Otte*, Daniel:
Die SE & Co. KGaA als Rechtsform kapitalmarktfinanzierter Familienunternehmen, NZG 2015, S. 737–743.

Megerle, Marcel/*Zenner*, Thomas:
Ganzheitliche Familienstrategie – die Herausforderung und Lösung für Familienunternehmer!, ErbR 2016, S. 7–10.

Mehrbrey, Kim Lars:
Handbuch Gesellschaftsrechtliche Streitigkeiten. Corporate Litigation, 3. Aufl., Köln 2020 (zit.: Mehrbrey/*Bearbeiter*, HdB Gesellschaftsrechtliche Streitigkeiten).

Mehren, Judith:
Compliance in Stiftungen, npoR 2020, S. 15–19.

Dies.:
Unternehmensnachfolge mit Stiftungen nach der Stiftungsrechtsreform – Vor- und Nachteile, Ubg 2021, S. 541–547.

Dies.:
Unternehmensstiftungen krisensicher gestalten aus steuerrechtlicher Sicht, RFamU 2023, S. 401–407.

Dies./Lorenz, Karsten:
Der Referentenentwurf zur Vereinheitlichung des Stiftungsrechts – Eine eingehende Analyse unter Berücksichtigung des Steuerrechts und des Transparenzregisters, DStR 2020, S. 2547–2558.

Mehringer, Christoph/*von Thunen*, Sebastian:
Flexible Beiratsgestaltungen in Familienunternehmen, DStR 2021, S. 116–123.

Meincke, Jens Peter/*Hannes*, Frank/*Holtz*, Michael (Hrsg.):
Erbschaftsteuer- und Schenkungsgesetz. Kommentar, 18. Aufl., München 2021 (zit.: *Meincke/Hannes/Holtz*, ErbStG).

Meinecke, Peter:
Stiftungen als Instrument zur Unternehmensnachfolge – Ein Leitfaden für Unternehmensnachfolgelösungen, Baden-Baden 2019 (zit.: *Meinecke*, Stiftungen).

Ders.:
Grundsätze der Vermögensverwaltung von Stiftungen und der Haftung von Stiftungsorganen für fehlerhafte Vermögensverwaltung, ZStV 2021, S. 81–91.

Ders.:
Haftung von Stiftungsorganen für fehlerhafte Vermögensverwaltung, ZStV 2021, S. 133–138.

Ders.:
Grundzüge liechtensteinischer Stiftungen unter besonderer Berücksichtigung der Familienstiftung aus Sicht deutscher Staatsangehöriger: "Felix Liechtenstein"? – Teil 1: Der Weg zum heutigen liechtensteinischen Stiftungsrecht und die Arten liechtensteinischer Stiftungen, ZStV 2022, S. 136–145.

Ders.:
Grundzüge liechtensteinischer Stiftungen unter besonderer Berücksichtigung der Familienstiftung – Teil 2: Aufbau liechtensteinischer Stiftungen und deren Anerkennung in Deutschland, ZStV 2022, S. 172–188.

Ders.:
Grundzüge liechtensteinischer Stiftungen unter besonderer Berücksichtigung der Familienstiftung – Teil 3: Darstellung und Vergleich deutscher und liechtensteinischen Familienstiftung – „Felix Liechtenstein"?, ZStV 2022, S. 212–224.

Ders.:
Reichweite und Grenzen der Stiftungsaufsicht in Bezug auf die Verwaltung des Stiftungsvermögens, ZStV 2023, S. 134–138.

Melot de Beauregard, Paul/*Lieder*, Jan/*Liersch*, Jan (Hrsg.):
Managerhaftung. Handbuch, München 2022 (zit.: M/L/L/*Bearbeiter*, Managerhaftung).

Ders.:
Die D&O-Versicherung für Vereins- und Stiftungsvorstände, ZStV 2015, S. 143–147.

Metz, Paul:
Das „Stiftungsvermögen" im Zeitraum zwischen Tod des Stifters und Anerkennung der Stiftung – Zivilrechtliche und steuerrechtliche Untersuchungen zur Stiftung von Todes wegen, Baden-Baden 2024 (zit.: *Metz*, Das „Stiftungsvermögen" im Zeitraum zwischen Tod des Stifters und Anerkennung der Stiftung).

Meyer zu Hörste, Gerhard:
Die Familienstiftung als Technik der Vermögensverewigung, Göttingen 1976 (zit.: *Meyer zu Hörste*, Die Familienstiftung).

Michalski, Lutz:
Gesellschaftsrechtliche Gestaltungsmöglichkeiten zur Perpetuierung von Unternehmen. Ein Beitrag zur Unternehmensnachfolge in der Familiengesellschaft, Heidelberg/Hamburg 1980 (zit.: *Michalski*, Perpetuierung von Unternehmen).

Ders.:
Nachfolgeklauseln in der GmbH-Satzung, NZG 1998, S. 301–302.

Mirbach, Niklas:
Stiftungszweck und Gemeinwohlgefährdung, Göttingen 2011 (zit.: *Mirbach*, Stiftungszweck und Gemeinwohlgefährdung).

Mittelsten Scheid, Jörg:
In Generationen denken – die drei Stadien eines Familienunternehmens, in: *Dauner-Lieb*, Barbara/*Freudenberg*, Götz/*Werner*, Götz W. (Hrsg.), Familienunternehmen im Fokus von Wirtschaft und Wissenschaft. Festschrift für Mark K. Binz zum 65. Geburtstag, München 2014, S. 474–484 (zit.: *Mittelsten Scheid*, FS Binz, S. 474).

Mock, Sebastian:
Stiftungen im europäischen, österreichischen und deutschen Restrukturierungsrecht, in: *Deixler-Hübner*, Astrid/*Kletečka*, Andreas/*Schima*, Georg (Hrsg.), Festschrift Martin Schauer, Wien 2022, S. 393–410 (zit.: *Mock*, FS M. Schauer, S. 393).

Ders./*Schauhoff*, Stephan:
Die unternehmensverbundene Stiftung – Die Satzung der Alfried Krupp von Bohlen und Halbach-Stiftung, ZGR-Sonderheft 24 (2021), S. 817–873.

Ders./*Illetschko*, Christian:
Der deutsch-österreichische Familien-Automobilkonzern – der Gesellschaftsvertrag der Porsche Piëch Holding GmbH, ZGR-Sonderheft 24 (2021), S. 1169–1219.

Mohamed, Jean:
Eine Gedankenskizze zur Unternehmensmitbestimmung nach dem Koalitionsvertrag, ZIP 2022, S. 305–308.

Moench, Dietmar/*Weinmann*, Norbert:
Erbschaft- und Schenkungsteuergesetz mit Bewertungsgesetz. Praxis Kommentar, Köln 2022 (zit.: Moench/Weinmann/*Bearbeiter*, ErbStG, Stand).

Mogck, Joachim:
Mobilität gemeinnütziger Stiftungen in Europa durch Wandlung, Baden-Baden 2017 (zit.: *Mogck*, Mobilität gemeinnütziger Stiftungen).

Möllers, Thomas M. J.:
Juristische Methodenlehre, 5. Aufl., München 2023 (zit.: *Möllers*, Juristische Methodenlehre).

Möschel, Wernhard:
Die Benachteiligung der Familienunternehmen durch Recht und Staat und Wege zu deren Überwindung, ZRP 2011, S. 116–120.

Mugdan, Benno:
Die gesammelten Materialien zum Bürgerlichen Gesetzbuch für das Deutsche Reich, I. Bd.: Einführungsgesetz und Allgemeiner Theil, Berlin 1899 (zit.: *Mugdan*, Bd. I, 1899).

Muscheler, Karlheinz:
Stiftungsrecht. Gesammelte Beiträge I, 2. Aufl., Baden-Baden 2011 (zit.: *Muscheler*, Gesammelte Beiträge I).

Ders.:
Stiftungsrecht. Gesammelte Beiträge II, Baden-Baden 2019 (zit.: *Muscheler*, Gesammelte Beiträge II).

Ders.:
Plädoyer für ein staatsfreies Stiftungsrecht, ZRP 2000, S. 390–395.

Ders.:
Die Rechtsstellung der Stiftungsdestinatäre, WM 2003, S. 2213–2221.

Ders.:
Stiftung und Gemeinwohlgefährdung, NJW 2003, S. 3161–3166.

Ders.:
Die Unternehmensstiftung, besser: Die unternehmensverbundene Stiftung – Teil 1, ErbR 2008, S. 134–143.

Ders.:
Die Unternehmensstiftung, besser: Die unternehmensverbundene Stiftung – Teil 2, ErbR 2008, S. 174–181.

Ders.:
Die Verbrauchsstiftung, in: *Saenger*, Ingo/*Bayer*, Walter/*Koch*, Elisabeth/*Körber*, Torsten (Hrsg.), Gründen und Stiften. Festschrift zum 70. Geburtstag des Jenaer Gründungsdekans und Stiftungsrechtlers Olaf Werner, Baden-Baden 2009, S. 129–145 (zit.: *Muscheler*, FS O. Werner, S. 129).

Ders.:
Ausschluss der Erbauseinandersetzung durch den Erblasser, ZEV 2010, S. 340–347.

Ders.:
Auflösung und Aufhebung der Stiftung, JZ 2024, S. 322–332.

Mutter, Christoph:
Vermögensmanagement für Familienunternehmer. Rechtsgestaltung, Steueroptimierung, Vermögensverwaltung, 2. Aufl., Stuttgart 2011 (zit.: *Mutter*, Vermögensmanagement für Familienunternehmer).

Mückl, Patrick/*Blunck*, Boris:
Mehr Mitbestimmung wagen? – Die Pläne der Ampel-Koalition für die Unternehmensmitbestimmung und Gestaltungsstrategien für Unternehmen –, DB 2022, S. 735–740.

Mühlbauer, Stefan J.:
Stiftungsverbundene Unternehmen und Agency-Theorie. Theorie und empirische Evidenz, Tübingen 2018 (zit.: *Mühlbauer*, Stiftungsverbundene Unternehmen und Agency-Theorie).

Mühlhäuser, Kurt:
Publizität bei Stiftungen, München 1970 (zit.: *Mühlhäuser*, Publizität bei Stiftungen).

Müller, o. A.:
Die steuerliche Bedeutung der Familiengesellschaft, DStZ 1936, S. 1157–1163.

Müller, Beate:
Die privatnützige Stiftung zwischen Staatsaufsicht und Deregulierung. Eine Untersuchung des Verhältnisses privatnütziger Stiftungen zu staatlicher Aufsicht und alternativen Kontrollmechanismen, unter anderem der Foundation Governance, Baden-Baden 2009 (zit.: *B. Müller*, Die privatnützige Stiftung zwischen Staatsaufsicht und Deregulierung).

Müller, Christina:
Die Familienstiftung von Todes wegen – ein Zusammenspiel von Stiftungs- und Erbrecht, ZStV 2023, S. 55–65.

Müller, Erwin:
Der Wesensgehalt der Rechtsform Stiftung, ZStV 2021, S. 167–173.

Müller, Michael F.:
Kleine und mittlere Unternehmen im Privatrecht. Auf dem Weg zu einem Sonderprivatrecht?, Baden-Baden 2021 (zit.: *M. F. Müller*, Kleine und mittlere Unternehmen im Privatrecht).

Müller, Rolf:
Verteilungsgerechtigkeit – die Schicksalsfrage der Unternehmerfamilie, in: *Dauner-Lieb*, Barbara/*Freudenberg*, Götz/*Werner*, Götz W. (Hrsg.), Familienunternehmen im Fokus von Wirtschaft und Wissenschaft. Festschrift für Mark K. Binz zum 65. Geburtstag, München 2014, S. 494–504 (zit.: *R. Müller*, FS Binz, S. 494).

Müller, Stefan:
Aktiengesellschaften des 19. Jahrhunderts – Familienunternehmen zwischen Kapitalbedarf und Einflusswahrung, Münster 2018 (zit.: *S. Müller*, AGs des 19. Jahrhunderts).

Müller, Thorsten/*Schubert*, Jörg:
Die Stifterfamilie und die Sicherstellung ihrer Versorgung im Rahmen einer gemeinnützigen Stiftung – Gestaltungsmöglichkeiten aus zivil- und steuerrechtlicher Sicht –, DStR 2000, S. 1289–1297.

Nagel, Bernhard:
SE und Einfrieren der Mitbestimmung, ZIP 2022, S. 208–211.

Naumann zu Grünberg, Klaus-Dieter:
Die Stiftung in der Unternehmensnachfolge mit Auslandsbezug: Einsatzmöglichkeiten und Stiftungsstatut, ZEV 2012, S. 569–575.

Navarra-Tschersich, Rosaria:
Der Pflichtteil als Störfaktor bei der Unternehmensnachfolge, Baden-Baden 2023 (zit.: *Navarra-Tschersich*, Pflichtteil als Störfaktor).

Nave-Herz, Rosemarie:
Eine kleine Geschichte des soziologischen Familienbegriffs, NZFam 2018, S. 1057–1062.

Neuhoff, Klaus:
Die Bereitstellung von Unternehmenskapital für Stiftungen (Stiftungsunternehmen und unternehmensbezogene Stiftungen), Köln, 1964 (zit.: *Neuhoff*, Unternehmenskapital für Stiftungen).

Ders.:
Zur Einführung, in: Stiftungszentrum im Stifterverband für die Deutsche Wissenschaft (Hrsg.), Zur Praxis von Familienstiftungen, Essen 1974, S. 7–10 (zit.: *Neuhoff*, in: Stifterverband, Zur Praxis von Familienstiftungen, S. 7).

Ders.:
Die operative Stiftung und ihr Vermögen, in: *Saenger*, Ingo/*Bayer*, Walter/*Koch*, Elisabeth/*Körber*, Torsten (Hrsg.), Gründen und Stiften. Festschrift zum 70. Geburtstag des Jenaer Gründungsdekans und Stiftungsrechtlers Olaf Werner, Baden-Baden 2009, S. 146–164 (zit.: *Neuhoff*, FS O. Werner, S. 146).

Neumann, Karl-Alexander:
Die reine Unterhaltsstiftung. Unter Berücksichtigung der Rechtslage in der Schweiz, Liechtenstein, Österreich, England sowie den USA, Frankfurt am Main 2014 (zit.: *Neumann*, Die reine Unterhaltstiftung).

Nicolai, Jakob/*Kuszlik*, Nina:
Reform des Stiftungsrechts – Wichtige Ziele für die derzeit tagende Arbeitsgruppe des Bundes und der Länder, ZRP 2016, S. 47–51.

Nicolussi, Julia:
Mehrstimmrechtsaktie Renaissance auf europäischer und auf nationaler Ebene, AG 2022, S. 753–763.

Nietsch, Michael:
Faktoren der Rechtsformenwahl – Unter besonderer Berücksichtigung von Familienunternehmen, FuS 2016, S. 213–219.

Nietzer, Wolf M./*Stadie*, Volker:
Die Familienstiftung & Co. KG – eine Alternative für die Nachfolgeregelung bei Familienunternehmen, NJW 2000, S. 3457–3461.

Nitz, Martin
Unternehmensnachfolge im Wege der vorweggenommenen Erbfolge bzw. von Todes wegen unter besonderer Berücksichtigung steuerlicher Aspekte, BWNotZ 2004, S. 153–167.

Nissel, Reinhard:
Stiftungsrechtliche Gesetzgebung – Spiegelbild des Stiftungswesens?, in: *Saenger*, Ingo/*Bayer*, Walter/*Koch*, Elisabeth/*Körber*, Torsten (Hrsg.), Gründen und Stiften. Festschrift zum 70. Geburtstag des Jenaer Gründungsdekans und Stiftungsrechtlers Olaf Werner, Baden-Baden 2009, S. 45–59 (zit.: *Nissel*, FS O. Werner, S. 45).

Nowotny, Christian:
Zum Mythos des Verbots der Selbstzweckstiftung, ZfS 2006, S. 4–12.

Oberdiek, Alexander:
Besondere Rechtsfragen im Zusammenhang mit einer Stiftung & Co. KG, Wiesbaden 2024 (zit.: *Oberdiek*, Stiftung & Co. KG).

Ockert, Franziska:
Die langfristige Bindung von Gesellschaftern – Eine Systematisierung ihrer Motive und Mechanismen vom Start-up bis zur börsennotierten Aktiengesellschaft, Baden-Baden 2020 (zit.: *Ockert*, Die langfristige Bindung von Gesellschaftern).

Oertel, Gordian:
Die Zulässigkeit der Stiftung & Co. KG – Unter besonderer Berücksichtigung der Strukturmerkmale der Stiftung bürgerlichen Rechts, Frankfurt am Main 2015 (zit.: *Oertel*, Die Zulässigkeit der Stiftung & Co. KG).

Oertzen, Christian von:
Aktuelle Stiftungsstrukturen, BB 2019, S. 2647–2654.

Ders./Hosser, Marcus:
Asset Protection mit inländischen Familienstiftungen, ZEV 2010, S. 168–174.

Ders./Junius-Morawe, Ruth Margaret:
Verfassungswidrigkeit der Zinsregelung des § 24 S. 2 ErbStG bei der Verrentung der Ersatzerbschaftsteuerschuld?, ZEV 2019, S. 403–406.

Ders./Lindermann, Florian:
Die vermächtnisweise Stiftungserrichtung von Todes wegen, ZEV 2023, S. 803–808.

Ders./Loose, Matthias/*Stalleiken*, Jörg (Hrsg.):
Erbschaftsteuer- und Schenkungsteuergesetz. Kommentar – mit Bewertung und ErbSt-DBA, 3. Aufl., Köln 2024 (zit.: OLS/*Bearbeiter*, ErbStG).

Ders./Ponath, Gerrit:
Asset Protection im deutschen Recht, 3. Aufl., Bonn 2019 (zit.: v. Oertzen/Ponath/*Bearbeiter*, Asset Protection).

Ders./Reich, Manfred:
Die unternehmensverbundene Familienstiftung – „Gewinnerin" der Erbschaftsteuerreform?, Ubg 2015, S. 629–633.

Ders./Reich, Manfred:
Family Business Governance – Sicherstellung der DNA als Familienunternehmen bei von Familienstiftungen gehaltenen Unternehmen, DStR 2017, S. 1118–1124.

Ders./Reich, Manfred:
Die unternehmensverbundene Familienstiftung als Trägerin von Sondervermögen verschiedener Stifter – Anwendung der Steuerklasse I, DStR 2019, S. 317–321.

Olbing, Klaus:
Steuerfolgen von Stiftungsgestaltungen, DB 2018, S. 2897–2901.

Ders.:
Stiftung als Instrument der Nachfolgeplanung, ErbR 2022, S. 201–206.

Omlor, Sebastian:
Europäische Stiftungsmobilität: Gründungstheorie im Internationalen Stiftungsrecht, DStR 2021, S. 2644–2649.

Ders.:
Das europäische Grundrecht auf Stiftung, EuR 2015, S. 91–106.

Ders./Meier, Johannes:
Das reformierte Transparenzregister nach der 5. Geldwäscherichtlinie – Neuerungen und fortbestehende Trust-Probleme, ZGR 2020, S. 586–628.

Oppel, Florian:
Die österreichische Privatstiftung und die deutsche Familienstiftung als Instrumente der Nachfolgegestaltung, Baden-Baden 2015 (zit.: *Oppel*, Die österreichische Privatstiftung und die deutsche Familienstiftung).

Ders.:
Die Familienstiftung im Zivilrecht (Teil 1) – Gestaltungsansätze und zivilrechtliche Grundfragen, NWB-EV 2018, S. 57–61.

Ders.:
Die Familienstiftung im Zivilrecht (Teil 2) – Überblick über die Wesenselemente der Stiftung und Hinweise zur Satzungsgestaltung, NWB-EV 2018, S. 137–142.

Ders.:
Stiftung & Co. KG keine gewerblich geprägte Personengesellschaft – Anm. zu FG Münster, Urt. v. 27.2.2020 – 3 K 3593/16 F, ZEV 2020, S. 583–584.

Ders.:
Stiftungsrechtsreform auf der Zielgeraden – Überblick über den Gesetzesentwurf der Bundesregierung zur Vereinheitlichung des Stiftungsrechts und erste kritische Analyse, NWB-EV 2021, S. 122–130.

Ders.:
Die Familienstiftung in der Unternehmensnachfolge nach der Stiftungsrechtsreform 2021 – Weiterhin ein Gestaltungsinstrument auch für den Mittelstand!, in: *Hagemeister*, Gero/*Hofstede*, Manfred (Hrsg.), Im Dienste des Berufstandes. 75 Jahre Steuerberater-Verband e.V. Köln (1947–2022), Bonn 2022, S. 537–556 (zit.: *Oppel*, FS 75 Jahre StB-Verband, S. 537).

Ders./Wittling, Leon:
Das internationale Familienunternehmen und seine Gesellschafter – Teil 1: Wegzug des inländischen Kapitalgesellschafters, RFamU 2022, S. 445–455.

Ders./Wittling, Leon:
Das internationale Familienunternehmen und seine Gesellschafter – Teil 2: Inländische Kapitalgesellschaft mit ausländischen Gesellschaftern, RFamU 2023, S. 1–12.

Orelli, Lukas von:
Zur Auslegung des Stifterwillens, Basel 2019 (zit.: *v. Orelli*, Zur Auslegung des Stifterwillens).

Orth, Manfred:
Zur Bedeutung des Transparenzregisters für Stiftungen, in: *Weitemeyer*, Birgit/*Hüttemann*, Rainer/*Rawert*, Peter/*Schmidt*, Karsten (Hrsg.): Non Profit Law Yearbook 2017, München 2018, S. 15–98 (zit.: *Orth*, NPLY 2017, S. 15).

Ders.:
Bilanzielle Vorsorge für Ersatzerbschaftsteuer, DB 2018, S. 2588–2592.

Ders.:
Stiftungsrechtsreform: Bedeutung des Stiftungsregisters für das Transparenzregister – Referentenentwurf mit Nachbesserungsbedarf, BB 2020, S. 2512–2515.

Ders.:
Stiftungsrechtsreform: Stiftungsregister als Justiz- oder Behördenregister?, BB 2021, S. 268–271.

Ders.:
Stiftungsrechtsreform 2021 – Neuregelungen der Ausgestaltung und Entstehung einer Stiftung, ihres Vermögens und des Stiftungsregisters, MDR 2021, S. 1225–1232.

Ders.:
Stiftungsrechtsreform 2021 – Neuregelungen der Stiftungsorganisation, Satzungsänderungen, Vermögensübertragung und Beendigung einer Stiftung, MDR 2021, S. 1304–1311.

Ders.:
Editorial – „Überholte Überbleibsel“ in den Gesetzesmaterialien und „Gestaltungsfreiheit im Stiftungsrecht“, ZStV 2023, S. 193–195.

Ders.:
Reform der Landesstiftungsgesetze 2023, ZStV 2024, S. 3–36.

Ders.:
BFH: Keine gesonderte Feststellung des steuerlichen Einlagekontos einer Familienstiftung – und nun?, DB 2024, S. 1771–1779.

Ders./*Uhl*, Matthias:
Stiftungsrechtsreform 2021, Köln 2021 (zit.: Orth/Uhl/*Bearbeiter*, Stiftungsrechtsreform 2021).

Otterbach, Alexander:
Der Vereinsname – ein kurzer Überblick unter Berücksichtigung irreführender Namensbestandteile, ZStV 2021, S. 181–186.

Otto, Lieselotte:
Handbuch der Stiftungspraxis, 2. Aufl., Köln 2015 (zit.: *Otto*, HdB Stiftungspraxis).

***P**ahlke*, Armin
Typusbegriff und Typisierung, DStR-Beih. 2011, S. 66–71.

Pahlow, Louis:
«Vorzeigeunternehmen» in der Wirtschaftspolitik – Die Carl-Zeiss-Stiftung und die Reformdebatten um das bundesdeutsche Recht der Unternehmensträgerstiftung, ZUG 2019, S. 19–47.

Pauli, Rudolf:
Die Doppelstiftung als Unternehmensträger einer KGaA, ZErb 2010, S. 66–71.

Ders.:
Stiftung und Testamentsvollstreckung als Gestaltungsmittel zur Sicherung des Erblasserwillens, ZEV 2012, S. 461–466.

Ders.:
Die Familienstiftung, FamRZ 2012, S. 344–349.

Ders.:
Unternehmensnachfolge unter Vorbehalt von Rückforderungsrechten, ZEV 2013, S. 289–297.

Ders.:
Sonderfragen bei der Errichtung von Stiftungen, ZStV 2019, S. 41–47.

Ders.:
Die privatnützige Stiftung von Todes wegen, RFamU 2024, S. 69–73.

Paulus, Christoph G.:
Unentgeltlichkeit, Schenkung und die Dresdner Frauenkirche – Grundsatzfragen zur Entscheidung BGHZ 157, 178, in: *Bachmann*, Gregor/*Grundmann*, Stefan/*Mengel*, Anja/*Krolop*, Kaspar (Hrsg.), Festschrift für Christine Windbichler zum 70. Geburtstag am 8. Dezember 2020, Berlin 2020, S. 119–132 (zit.: *Paulus*, FS Windbichler, S. 119).

Pawlytta, Mark/*Pfeiffer*, Philipp Alexander:
Die Reform des Stiftungsrechts – Ausgewählte Aspekte und erste praktische Erfahrungen, ZErb 2022, S. 255–262.

Pegatzky, Claus:
Das Ultra-vires-Prinzip in der verwaltungsrechtlichen Rechtsprechung, NVwZ 2022, S. 670–674.

Peltzer, Martin:
Beirat und familienfremdes Management in der Familiengesellschaft – eine Plauderei, in: *Hommelhoff*, Peter/*Schmidt-Diemitz*, Rolf/*Sigle*, Axel (Hrsg.), Familiengesellschaften. Festschrift für Walter Sigle zum 70. Geburtstag, Köln 2000, S. 93–110 (zit.: *Peltzer*, FS W. Sigle, S. 93).

Pendl, Matthias:
Die Rechtsformneuschöpfung „Privatstiftung", GesRZ 2022, S. 191–200.

Peter, Denise:
Arbeitsrecht in Familienunternehmen. Legitimität und Grenzen eines Sonderarbeitsrechts für Familienunternehmen, Berlin 2018 (zit.: *Peter*, Arbeitsrecht in Familienunternehmen).

Petersen, Jens:
Das Stiftungsrecht des BGB, JURA 2007, S. 277–279.

Picot, Gerhard (Hrsg.):
Unternehmenskauf und Restrukturierung. Handbuch zum Wirtschaftsrecht, 4. Aufl., München 2013 (zit.: Picot/*Bearbeiter*, Unternehmenskauf und Restrukturierung).

Ders. (Hrsg.):
Handbuch für Familien- und Mittelstandsunternehmen: Strategie, Gestaltung, Zukunftssicherung, Stuttgart 2008 (zit.: *Bearbeiter*, in: Picot, HdB für Familien- und Mittelstandsunternehmen).

Piltz, Detlev J.:
Unternehmensbegünstigungen zwischen Leistungsfähigkeits-, Familien- und Sozialstaatsprinzip, ZEV 2018, S. 170–178.

Ders.:
Die Erbschaftsteuer und das Bundesverfassungsgericht, DStR-Beih. 2024, S. 3–27.

Plagemann, Jochen:
Stiftungsunternehmen, AG 1962, S. 199–203.

Plonner, Toni C.:
Family Governance – Zukunftssicherung für Familienunternehmen, ZUS 2012, S. 51–53.

Plumpe, Werner (Hrsg.):
Eine Vision – zwei Unternehmen. 125 Jahre Carl-Zeiss-Stiftung, München 2014 (zit.: Plumpe/*Bearbeiter*, Eine Vision – zwei Unternehmen).

Pluskat, Sorika:
Auf dem Weg zur Modernisierung des deutschen Stiftungsprivatrechts: der aktuelle Regierungsentwurf als Resultat jahrelanger Reformdiskussion, DStR 2002, S. 915–923.

Pöllath, Reinhard/*Philipp*, Christoph/*Haag*, Maximilian:
Unternehmensnachfolge auf Probe? – Grenzen des freien Widerrufsvorbehalts –, in: *Damrau*, Jürgen/*Muscheler*, Karlheinz (Hrsg.), Erbrecht und Vermögensnachfolge. System, Struktur, Vertrag. Festschrift für Manfred Bengel und Wolfgang Reimann zum 70. Geburtstag, München 2012, S. 279–293 (zit.: *Pöllath/Philipp/Haag*, FS Bengel und Reimann, S. 279).

Ponath, Gerrit/*Tolksdorf*, Georg:
Was lange währt, wird nicht immer gut: Diskussionsfelder des neuen Stiftungsrechts, ZEV 2021, S. 605–612.

Prantl, Désirée/*Bretscher*, Fabienne/*Gabriel-Oiwoh*, Brian/*Reich*, Isabell:
Privatstiftung und Schiedsrecht – Ausgewählte Problemfelder in Deutschland, Liechtenstein, Österreich und der Schweiz, SchiedsVZ 2023, S. 309–316.

Preis, Theresa Viktoria:
Anforderungen an eine systemkonforme Ausgestaltung der Vermögensbindung im Recht der GmbH, Berlin 2024 (zit.: *Preis*, Vermögensbindung).

PricewaterhouseCoopers GmbH Wirtschaftsprüfungsgesellschaft:
Hidden war gestern – warum Familienunternehmen aus der Deckung kommen müssen. Pressemitteilung vom 16.8.2019, BB 2019, S. 2026–2027 (zit.: *PwC*, PM v. 16.8.2019, BB 2019, 2026).

Priester, Hans-Joachim:
Nonprofit-GmbH – Satzungsgestaltung und Satzungsvollzug, GmbHR 1999, S. 149–157.

Prinz, Ulrich/*Winkeljohann*, Norbert (Hrsg.):
Beck'sches Handbuch der GmbH. Gesellschaftsrecht – Steuer, 6. Aufl., München 2021 (zit.: BeckHdB GmbH/*Bearbeiter*).

Ders./*Kahle*, Holger (Hrsg.):
Beck'sches Handbuch der Personengesellschaften. Gesellschaftsrecht – Steuer, 5. Aufl., München 2020 (zit.: BeckHdB PersG/*Bearbeiter*).

Pruns, Matthias:
Gegen eine beliebige Verwendung des Begriffs „Stiftung“ – eine kurze Anmerkung zu Streck, ErbR 2016, 370 –, ErbR 2016, S. 696.

Ders.:
Notarielle Form des Stiftungsgeschäfts bei Zusicherung von Immobilienvermögen? – zugleich Anmerkung zu OLG Köln Beschl. v. 5.8.2019 – 2 Wx 220/19, 2 Wx 227-229/19, ErbR 2020, S. 163–167.

Ders.:
Ein Überblick über das neue Stiftungsrecht, ZErb 2021, S. 301–308.

Prütting, Hanns/*Wegen*, Gerhard/*Weinreich*, Gerd (Hrsg.):
Bürgerliches Gesetzbuch. Kommentar, 19. Aufl., Hürth 2024 (zit.: P/W/W/*Bearbeiter*, BGB).

Prütting, Jens:
Unternehmerische Distanzierungsmöglichkeiten von Marktzwängen – Familienunternehmen, in: *Lewinski*, Kai von (Hrsg.), „Wer bezahlt, bestellt“ – (Un-)Abhängigkeiten der Medieninhalte von der Medienfinanzierung, Baden-Baden 2017, S. 71–86 (zit.: *J. Prütting*, in: v. Lewinski, „Wer bezahlt, bestellt“, S. 71).

Ders.:
Familienunternehmen – Eine Unwucht des Gesellschaftsrechts, in: *Boele-Woelki*, Katharina/*Faust*, Florian/*Jacobs*, Matthias/*Kuntz*, Thilo/*Röthel*, Anne/*Thorn*, Karsten/*Weitemeyer*, Birgit (Hrsg.), Festschrift für Karsten Schmidt zum 80. Geburtstag, München 2019, S. 169–178 (zit.: *J. Prütting*, FS K. Schmidt, 2019, S. 169).

Ders./*Bochmann*, Christian/*Rauffus*, Gunnar:
Fremdgeschäftsführung als Erfolgsmodell – Der Principal-Agent-Konflikt in fremdgeführten Familienunternehmen, FuS 2017, S. 206–210.

Ders./*Schirrmacher*, Paul:
Die Auslegung von familiengesellschaftsbezogenen Rechtsgeschäften, ZGR 2017, S. 829–864.

Ramadani, Veland/*Memili*, Esra/*Palalić*, Ramo/*Chang*, Erick P.C.:
Entrepreneurial Family Businesses. Innovation, Governance, and Succession, Wiesbaden 2020 (zit.: *Ramadani et. al.*, Entrepreneurial Family Businesses).

Rapp, Julian:
Reichweite und Grenzen postmortaler Willensmacht, AcP 221 (2021), S. 621–656.

Rawert, Peter:
Die Genehmigungsfähigkeit der unternehmensverbundenen Stiftung, Frankfurt am Main 1990 (zit.: *Rawert*, Die Genehmigungsfähigkeit der unternehmensverbundenen Stiftung).

Ders.:
Der Einsatz der Stiftung zu stiftungsfremden Zwecken, ZEV 1999, S. 294–298.

Ders.:
Stiftung und Unternehmen, in: *Kötz*, Hein/*Rawert*, Peter/*Schmidt*, Karsten/*Walz*, Rainer (Hrsg.): Non Profit Law Yearbook 2003, Köln 2003, S. 1–16 (zit.: *Rawert*, NPLY 2003, S. 1).

Ders.:
Die Stiftung als GmbH? Oder: Der willenlose Stifter, in: *Hommelhoff*, Peter/*Rawert*, Peter/*Schmidt*, Karsten (Hrsg.), Festschrift für Hans-Joachim Priester zum 70. Geburtstag, Köln 2007, S. 647–659. (zit.: *Rawert*, FS Priester, S. 647).

Ders.:
Von süffigen Parolen, einem dicken Sargnagel und der Philosophie des »Als Ob« Karsten Schmidt und das Stiftungsrecht, in: *Bitter*, Georg/*Lutter*, Marcus/*Priester*, Hans-Joachim/*Schön*, Wolfgang/*Ulmer*, Peter (Hrsg.), Festschrift für Karsten Schmidt zum 70. Geburtstag, Köln 2009, S. 1323–1339 (zit.: *Rawert*, FS K. Schmidt, 2009, S. 1323).

Ders.:
Kapitalerhöhung zu guten Zwecken – Die Zustiftung in der Gestaltungspraxis, DNotZ 2008, S. 5–18.

Ders.:
Öffnung der Stiftung für körperschaftliche Strukturen? – Der noch lebende Stifter und die Verfassung „seiner" Stiftung, in: *Weitemeyer*, Birgit/*Hüttemann*, Rainer/*Rawert*, Peter/*Schmidt*, Karsten (Hrsg.): Non Profit Law Yearbook 2012/2013, Hamburg 2013, S. 51–61 (zit.: *Rawert*, NPLY 2012/2013, S. 51).

Ders.:
Die Stiftung auf Zeit – insbesondere die Verbrauchsstiftung – in der zivilrechtlichen Gestaltungspraxis, npoR 2014, S. 1–8.

Ders.:
Stifterwille und Privatautonomie, in: *Jakob*, Dominique/*Orelli*, Lukas von (Hrsg.), Der Stifterwille. Ein Phänomen zwischen Vergangenheit, Gegenwart und Ewigkeit, Bern 2014, S. 103–123 (zit.: Jakob/v. Orelli/*Rawert*, Der Stifterwille, S. 103).

Ders.:
Vom Umgang des öffentlichen Rechts mit der Stiftung des BGB, in: *Baer*, Susanne/*Lepsius*, Oliver/*Schönberger*, Christoph/*Waldhoff*, Christian/*Walter*, Christian (Hrsg.), Jahrbuch des öffentlichen Rechts der Gegenwart. Neue Folge, Band 65, Tübingen 2017, S. 179–212 (zit.: *Rawert*, JöR 65 (2017), 179).

Ders.:
Die Stiftung als Familiengesellschaft (?) – Zur Virtualisierung gesellschaftsrechtlicher Strukturen durch das Stiftungsrecht, ZGR 2018, S. 835–866.

Ders.:
Die Selbstzweckstiftung oder: Vom Zwecklosen, in: *Fischer*, Michael/*Geck*, Reinhard/*Haarmann*, Wilhelm (Hrsg.) Zivilrechtliches Ordnungsgefüge und Steuerrecht. Festschrift für Georg Crezelius zum 70. Geburtstag, Köln 2018, S. 87–99 (zit.: *Rawert*, FS Crezelius, S. 87).

Ders.:
Beschlussfassung und Beschlussmängel im Stiftungsrecht, in: *Weitemeyer*, Birgit/*Hüttemann*, Rainer/*Rawert*, Peter/*Schmidt*, Karsten (Hrsg.): Non Profit Law Yearbook 2019, München 2020, S. 97–117 (zit.: *Rawert*, NPLY 2019, S. 97).

Ders.:
Die Stiftung des Betreuten, in: *Omlor*, Sebastian (Hrsg.), Weltbürgerliches Recht. Festschrift für Michael Martinek zum 70. Geburtstag, München 2020, S. 629–643 (zit.: *Rawert*, FS Martinek, S. 629).

Rechenberg, Wolf-Georg Freiherr von/*Thies*, Angelika/*Wiechers*, Heiko (Hrsg.):
Handbuch Familienunternehmen und Unternehmerfamilien, 2. Aufl., Stuttgart 2020 (zit.: v. Rechenberg/Thies/Wiechers/*Bearbeiter*, HdB Familienunternehmen).

Ders./*Ludwig*, Rüdiger (Hrsg.):
Kölner Handbuch Handels- und Gesellschaftsrecht, 4. Aufl., Köln 2017 (zit.: KölnerHdB-HGR/*Bearbeiter*).

Reibetanz, Christopher:
In Stiftungsurkunde aus osmanischem Reich enthaltener Ausschluss von Frauen von Erträgen war diskriminierend – Anm. zu EGMR Urt. v. 5.7.2022 – 70133/16 (Dimici v. Türkei), npoR 2023, S. 293–301.

Reich, Manfred:
Gemeinnützige Stiftungen als Anfallsberechtigte in Familienstiftungen – Verwaltungsauffassung und Gestaltungsmöglichkeiten, DStR 2019, 1341–1345.

Ders.:
Die unternehmensverbundene Doppelstiftung auf dem Prüfstand – Gemischte Stiftung als Rechtsformalternative, DStR 2020, 265–270.

Ders./Bode, Christoph:
Family Business Governance – Beirat als Erfolgsfaktor im Familienunternehmen, ZIP 2017, S. 1798–1802.

Ders./Bode, Christoph:
Familienverfassung für das Familienunternehmen, DStR 2018, S. 305–309.

Reichert, Jochem:
Unternehmensnachfolge aus anwaltlicher Sicht, GmbHR 1998, S. 257–265.

Ders.:
Wettbewerb der Gesellschaftsformen – SE oder KGaA zur Organisation großer Familiengesellschaften, ZIP 2014, S. 1957–1965.

Reidt, Matthias:
Die mitgliedschaftliche Treupflicht als gesellschaftsrechtliche Generalklausel. Funktion, Konkretisierung, Abdingbarkeit, Köln 2022 (zit.: *Reidt*, Die mitgliedschaftliche Treupflicht).

Reiff, Marvin:
Verantwortungseigentum. Idee, Umsetzung und Kritik eines alternativen Eigentums an Unternehmen, Tübingen 2024 (zit.: *M. Reiff*, Verantwortungseigentum).

Ders.:
Verantwortungseigentum im GmbHG? Zur Forderung nach einer eigenständigen Rechtsform mit gebundenem Vermögen, NZG 2023, S. 770–775.

Reimann, Wolfgang:
Kautelarjuristische Maßnahmen zur Absicherung und Kontrolle der Unternehmensnachfolge, in: *Baumann*, Wolfgang/*Dickhuth-Harrach*, Hans-Jürgen von/*Marotcke*, Wolfgang (Hrsg.), Gesetz. Recht. Rechtsgeschichte. Festschrift für Gerhard Otte zum 70. Geburtstag, München 2005, S. 285–311 (zit.: *Reimann*, FS Otte, S. 285).

Ders.:
Die „rules against perpetuities“ im deutschen Erbrecht, NJW 2007, S. 3034–3037.

Ders.:
Unternehmensnachfolge und Testamentsvollstreckung, GmbHR 2011, S. 1297–1306.

Ders.:
Die rechtsfähigen Stiftungen in der Kautelarpraxis, DNotZ 2012, S. 250–269.

Ders.:
Die Wirklichkeit verändert das Erbrecht: Zur Entwicklung des Erbrechts in den letzten 25 Jahren, ZEV 2018, S. 549–557.

Ders.:
Die Ergänzung letztwilliger Stiftungsgeschäfte – insbesondere bei Testamentsvollstreckung, ZEV 2023, S. 9–15.

Reinhardt, Julia:
Das Auseinanderfallen von Verwaltungs- und Satzungssitz bei Stiftungen, NVwZ 2019, S. 1090–1093.

Reuter, Dieter:
Privatrechtliche Schranken der Perpetuierung von Unternehmen. Ein Beitrag zu Problem der Gestaltungsfreiheit im Recht der Unternehmensformen, Frankfurt am Main 1973 (zit.: *D. Reuter*, Perpetuierung von Unternehmen).

Ders.:
Rechtsprobleme unternehmensbezogener Stiftungen, DWiR 1991, S. 192–200.

Ders.:
Probleme der Unternehmensnachfolge – Gewerblicher Erbhof, verfaßtes Familienunternehmen, Unternehmen an sich, ZGR 1991, S. 467–487.

Ders.:
Die Haftung des Stiftungsvorstands gegenüber der Stiftung, Dritten und dem Fiskus, in: *Kötz*, Hein/*Rawert*, Peter/*Schmidt*, Karsten/*Walz*, Rainer (Hrsg.): Non Profit Law Yearbook 2002, Köln 2003, S. 157–178 (zit.: *D. Reuter*, NPLY 2002, S. 157).

Ders.:
Die Stiftung zwischen Verwaltungs- und Treuhandmodell, in: *Häuser*, Franz/*Hammen*, Horst/*Hennrichs*, Joachim/*Steinbeck*, Anja/*Siebel*, Ulf R./*Welter*, Reinhard (Hrsg.), Festschrift für Walther Hadding zum 70. Geburtstag am 8. Mai 2004, Berlin, S. 231–251 (zit.: *D. Reuter*, FS Hadding, S. 231).

Ders.:
Stiftungsrechtliche Vorgaben für die Verwaltung des Stiftungsvermögens, NZG 2005, S. 649–654.

Ders.:
Stiftungsform, Stiftungsstruktur und Stiftungszweck: Zu neueren Thesen über die Gestaltungsfreiheit im Stiftungsrecht, AcP 207 (2007), S. 1–27.

Dies.:
Wiederbelebung der Fideikommisse im Rechtskleid der privatnützigen Stiftung?, in: *Hoyer*, Andreas/*Hattenhauer*, Hans/*Meyer-Pritzl*, Rudolf/*Schubert*, Werner (Hrsg.), Gedächtnisschrift für Jörn Eckert, Baden-Baden 2008, S. 667–693 (zit.: *D. Reuter*, GS J. Eckert, S. 667).

Ders.:
Gesellschaftsrecht oder Unternehmensverfassungsrecht?, in: *Armbrüster*, Christian, *Becker*, Matthias/*Bub*, Wolf-Rüdiger/*Reiß-Fechter*, Dagmar/*Wenzel*, Joachim (Hrsg.): Recht des Wohnens Gestalten mit Weitblick. Festschrift für Werner Merle zum 70. Geburtstag, München 2010, S. 309–327. (zit.: *D. Reuter*, FS Merle, S. 309).

Reuter, Stefan:
Reform des GWG: Der Transparenzregister wird zum Vollregister! – Abschaffung der Mitteilungsfiktion und sonstige Neuerungen des Transparenzregisters, BB 2021, S. 707–714.

Richter, Andreas:
Rechtsfähige Stiftung und Charitable Corporation – Überlegungen zur Reform des deutschen Stiftungsrechts auf der Grundlage einer historisch-rechtsvergleichenden Untersuchung der Entstehung des modernen deutschen und amerikanischen Stiftungsmodells, Berlin 2001 (zit.: *Richter*, Rechtsfähige Stiftung und Charitable Corporation).

Ders.:
Die Unternehmensstiftung – ein Instrument der Unternehmensnachfolge, BBV 2004, S. 17–22.

Ders. (Hrsg.):
Stiftungsrecht – Handbuch, 2. Aufl., München 2023 (zit.: Richter/*Bearbeiter*, Stiftungsrecht).

Ders./*Wachter*, Thomas (Hrsg.):
Handbuch des internationalen Stiftungsrechts, Bonn 2007 (zit.: Richter/Wachter/*Bearbeiter*, HdB Int. StiftR).

Ders./*Sturm*, Sebastian:
Stiftungsrechtsreform und Novellierung der Landesstiftungsgesetze, NZG 2005, S. 655–659.

Ders./*Sturm*, Sebastian:
Die Unternehmensstiftung nach der Stiftungsrechtsreform, ZErb 2006, S. 75–83.

Ders./*Gollan*, Katharina:
Die Familienstiftung als Option für die Gestaltung der Nachfolge, Stuttgart 2020 (zit.: *Richter/Gollan*, Die Familienstiftung als Option).

Riedel, Christopher (Hrsg.):
Praxishandbuch Unternehmensnachfolge, 3. Aufl., Bonn 2021 (zit.: Riedel/*Bearbeiter*, Unternehmensnachfolge-HdB).

Riedel, Lisa:
Stiftung & Co. KG keine gewerblich geprägte Personengesellschaft, GmbHR 2020, S. 717–721.

Rinckhoff, Christopher:
Sozialversicherungspflicht von Vorstandsmitgliedern bei Vereinen und Stiftungen, ZStV 2022, S. 95–100.

Rittner, Fritz:
Rechtsperson und Rechtsfähigkeit im europäischen Privatrecht, in: *Kindler*, Peter/*Koch*, Jens/*Ulmer*, Peter/*Winter*, Martin (Hrsg.), Festschrift für Uwe Hüffner zum 70. Geburtstag, München 2010, S. 843–851 (zit.: *Rittner*, FS Hüffer, S. 843).

Rolfes, Gina Rabea (heute: *Auen*, Gina Rabea):
Der Stimmbindungsvertrag im börsennotierten Familienunternehmen – Das Spannungsverhältnis zwischen der sachlichen Steuerbefreiung nach §§ 13a, 13b ErbStG und dem Pflichtangebot nach § 35 Abs. 1 und Abs. 2 WpÜG, Berlin 2023 (zit.: *Rolfes*, Der Stimmbindungsvertrag im börsennotierten Familienunternehmen).

Rolfes, Gina Rabea/*Berisha*, Shkelqim:
Der Schutz der Gläubiger des Gesellschafters einer GmbH mit gebundenem Vermögen, GmbHR 2022, S. 23–31.

Ronovská, Kateřina/*Dobrovolná*, Eva:
Die Stiftung und ihre Anwendung als Instrument zur Familienvermögensverwaltung in der Tschechischen Republik, in: *Deixler-Hübner*, Astrid/*Kletečka*, Andreas/*Schima*, Georg (Hrsg.), Festschrift Martin Schauer, Wien 2022, S. 449–462 (zit.: *Ronovská/Dobrovolná*, FS M. Schauer, S. 449).

Roth, Gregor:
Verbandszweck und Gläubigerschutz, Wiesbaden 2021 (zit.: *G. Roth*, Verbandszweck).

Ders.:
Die rechtsfähige Stiftung als Kapitalmarktteilnehmerin, in: *Kohl*, Helmut/*Kübler*, Friedrich/*Ott*, Claus/*Schmidt*, Karsten (Hrsg.), Zwischen Markt und Staat. Gedächtnisschrift für Rainer Walz, Köln 2008, S. 593–616 (zit.: *G. Roth*, GS Walz, S. 593).

Ders.:
Vertretungsbescheinigungen für Stiftungsorgane: Grundlagen und Reichweite ihres Verkehrsschutzes, NotBZ 2011, S. 244–253.

Ders.:
Teil 2: Das Stiftungsvermögen und seine Verwaltung, npoR 2021, S. 80–84.

Ders./Knof, Béla:
Die Stiftung in Krise und Insolvenz, KTS 2009, S. 163–198.

Rothärmel, Thomas:
Gestaltungsfreiheit der Familiengesellschafter im deutschen und U.S.-amerikanischen Aktienrecht, Bielefeld 2006 (zit.: *Rothärmel*, Gestaltungsfreiheit).

Rosen, Rüdiger von (Hrsg.):
Die börsennotierte Familienaktiengesellschaft – Dokumentation des Seminars vom 11. Juli 2006, Studien des Deutschen Aktieninstituts, Heft 34, Frankfurt am Main, 2006 (zit.: *Bearbeiter*, in: v. Rosen, Die börsennotierte Familienaktiengesellschaft, S.).

Rosenberger, Miriam:
Asset Protection als Gestaltungsziel der Beteiligten, RNotZ 2020, S. 357–377.

Roza, Lonneke/*Bethmann*, Steffen/*Meijs*, Lucas/*Schnurbein*, Georg von (Hrsg.), Handbook on Corporate Foundations. Corporate and Civil Society Perspectives, Cham (Schweiz) 2020 (zit.: Roza/Bethmann/Meijs/v. Schnurbein/*Bearbeiter*, Handbook on Corporate Foundations, S.).

Röcken, Michael:
Praktische Anforderungen an die Satzungsgestaltung aus gemeinnützigkeitsrechtlicher Sicht, ZStV 2018, S. 225–231.

Ders.:
Stiftungsvorstand: Dienstvertrag mit dem Vorstand der Stiftung: Hierauf ist bei der Vertragsgestaltung zu achten, SB 2022, S. 108–112.

Ders.:
Stiftungsvorstand: Ehrenamtsvereinbarung mit Stiftungsvorstand: Hierauf ist bei der Vertragsgestaltung zu achten, SB 2022, S. 137–140.

Römer, Matthias:
Die Eignung der GmbH als Rechtsform für Stiftungszwecke – Eine Untersuchung anhand der unternehmensverbundenen gemeinnützigen Stiftungs-GmbH, Gießen 1990 (zit.: *Römer*, Die Eignung der GmbH als Rechtsform für Stiftungszwecke).

Rösing, Wolfgang:
Die Entlastung im Stiftungsrecht, Hamburg 2013 (zit.: *Rösing*, Entlastung im Stiftungsrecht).

Rösner, Fabian:
Die Konzernierung der Stiftung und ihr Einfluss auf die Pflichten des Stiftungsvorstands, Baden-Baden 2012 (zit.: *Rösner*, Konzernierung der Stiftung).

Rössler, Rudolf/*Troll*, Max (Begr.):
Bewertungsgesetz mit Ländergrundsteuergesetzen. Kommentar, München 2024 (zit.: Rössler/Troll/*Bearbeiter*, Stand, BewG).

Röthel, Anne. (Hrsg.):
Verträge in der Unternehmerfamilie. Privatautonomie in Nähebeziehungen, Tübingen 2017 (zit.: *Bearbeiter*, in: Röthel, Verträge in der Unternehmerfamilie, S.).

Dies.
Rechtsgeschäftliche Geschlechterklauseln konventionswidrig! – Anm. zu EGMR Urt. v. 5.7.2022 – 70133/16 (Dimici v. Türkei), ZEuP 2024, S. 208–221.

Dies./Schmidt, Karsten (Hrsg.):
Familienunternehmen im Wandel, Hamburg 2015 (zit.: *Bearbeiter*, in: Röthel/K. Schmidt, Familienunternehmen im Wandel, S.).

Dies./Schmidt, Karsten (Hrsg.):
Strategie und Führung in Familienunternehmen, Hamburg 2017 (zit.: *Bearbeiter*, in: Röthel/K. Schmidt, Strategie und Führung in Familienunternehmen, S.).

Dies./Schmidt, Karsten (Hrsg.):
Grundfragen der Organisation von Familienunternehmen. 8. Jahrestagung des Notarrechtlichen Zentrums Familienunternehmen der Bucerius Law School 2019, Baden-Baden 2021 (zit.: *Bearbeiter*, in: Röthel/K. Schmidt, Grundfragen der Organisation von Familienunternehmen).

Rudersdorf, Martin:
Wettbewerbsverbote in Gesellschafts- und Unternehmenskaufverträgen, RNotZ 2011, S. 509–530.

Rupp, Julia Katharina:
Gesellschafterdarlehen und stehengelassene Gewinne in Familienunternehmen – Eine Untersuchung zur Notwendigkeit einer Bankerlaubnis nach § 32 Abs. 1 S. 1 KWG, Baden-Baden 2019 (zit.: *Rupp*, Gesellschafterdarlehen).

Rücker, Martin:
Unter welchen Voraussetzungen haben Destinatäre einer rechtsfähigen Familienstiftung einen Anspruch gegen die Stiftung auf Leistungen?, ZEV 2018, S. 451–455.

Rüsen, Tom/*Schlippe*, Arist von:
Krisen in Familienunternehmen und Unternehmensfamilien – Über parallele, interdependente Dynamiken in Familie und Unternehmen, OSC 4 (2007), S. 309–330.

Rüthers, Bernd/*Fischer*, Christian/*Birk*, Axel:
Rechtstheorie – und Juristische Methodenlehre, 12. Aufl., München 2022 (zit.: *Rüthers/C. Fischer/Birk*, Rechtstheorie).

Sabel, Simon/*Schauer*, Dirk:
Strukturierung einer Familienholding – Gesellschaftsrecht vs. Stiftungsrecht, ZStV 2018, S. 81–93.

Sandberg, Berit:
Ehre und Lohn machen keine getreuen Stiftungsmanager – Zum Gap zwischen Motivationslagen und Anreizstrukturen, ZStV 2013, S. 97–101.

Sanders, Anne:
Statischer Vertrag und dynamische Vertragsbeziehung. Wirksamkeits- und Ausübungskontrolle von Gesellschafts- und Eheverträgen, Bielefeld 2008 (zit.: *Sanders*, Statischer Vertrag und dynamische Vertragsbeziehung).

Dies.:
Company Law and the Law of Succession, in: *Schmidt-Kessel*, Martin (Hrsg.), German National Reports on the 19th International Congress of Comparative Law, Tübingen 2014, S. 461–517 (zit.: *Sanders*, in: Schmidt-Kessel, German National Reports, S. 461).

Dies.:
Der Beirat als Instrument der Family Business Governance in der Entwicklung des Familienunternehmens, NZG 2017, S. 961–968.

Dies.:
Eine Gesellschaft in Verantwortungseigentum im GmbHG, ZRP 2020, S. 140–143.

Dies.:
Vermögensbindung und „Verantwortungseigentum" im Entwurf einer GmbH mit gebundenem Vermögen, NZG 2021, S. 1573–1582.

Dies.:
Verfassungsrechtliche Mehrelternschaft, leiblicher Vater und soziale Familie – Anm. zu BVerfG, Urt. v. 9.4.2024 – 1 BvR 2017/21, JZ 2024, S. 559–563.

Dies./Berisha, Shkelqim:
Der persönlich haftende Gesellschafter – Herkunft – Ratio – Zukunft, NZG 2020, S. 1290–1299.

Dies./Berisha, Shkelqim:
Die Haftung des fehlerhaft bestellten Stiftungsvorstands, ZStV 2021, S. 50–60.

Dies./Bühring, Tim:
Die GmbH mit gebundenem Vermögen im Erb- und Familienrecht, GmbHR 2022, S. 889–902.

Dies./Rolfes, Gina Rabea:
Einführung in das Recht der Familienunternehmen, JURA 2022, S. 461–471.

Dies./Dauner-Lieb, Barbara/*von Freeden*, Arne/*Kempny*, Simon/*Möslein*, Florian/*Veil*, Rüdiger:
Entwurf eines Gesetzes für die Gesellschaft mit beschränkter Haftung mit gebundenem Vermögen (GmbH-gebV), Berlin 2021 (abrufbar unter https://t1p.de/e4iat).

Dies./Dauner-Lieb, Barbara/*Kempny*, Simon/*Möslein*, Florian/*Veil*, Rüdiger:
Gesetzentwurf GmbH mit gebundenem Vermögen – Verantwortungseigentum 2.0, GmbHR 2021, S. 285–290.

Dies./Rolfes, Gina Rabea/*Hawickenbrauck*, Markus:
Die effektive Durchsetzung von Güterstandsklauseln, ZIP 2021, S. 1424–1430.

Dies./Rolfes, Gina Rabea/*Hawickenbrauck*, Markus:
Der Ausschluss aus der Gesellschaft aufgrund von Güterstandsklauseln, ZIP 2021, S. 1797–1803.

Dies./Thomsen, Steen (Hrsg.):
Enterprise Foundation Law in a Comparative Perspective, Cambridge 2023 (zit.: *Bearbeiter*, in: Sanders/Thomsen, Enterprise Foundation Law).

Dies./Dauner-Lieb, Barbara/*Kempny*, Simon/*Möslein*, Florian/*Neitzel*, Noah/*Teichmann*, Christoph:
Gesetz zur Einführung einer Gesellschaft mit gebundenem Vermögen. Akademischer Entwurf mit Nebengesetzen und Erläuterungen, Tübingen 2024, open access abrufbar unter https://t1p.de/3gs63.

Dies./Neitzel, Noah/*Dauner-Lieb*, Barbara/*Kempny*, Simon/*Möslein*, Florian/*Teichmann*, Christoph:
Die Gesellschaft mit gebundenem Vermögen, NZG 2024, S. 1199–1207.

Säcker, Franz Jürgen/*Rixecker*, Roland/*Oetker*, Hartmut/*Limperg*, Bettina (Gesamthrsg.):

- Münchener Kommentar zum Bürgerlichen Gesetzbuch: BGB, Band 1: Allgemeiner Teil. §§ 1–240, 9. Aufl., München 2021.
- Münchener Kommentar zum Bürgerlichen Gesetzbuch: BGB, Band 2: Schuldrecht Allgemeiner Teil I. §§ 241–310, 9. Aufl., München 2022.

- Münchener Kommentar zum Bürgerlichen Gesetzbuch: BGB, Band 7: Schuldrecht Besonderer Teil IV. §§ 705–853, 9. Aufl., München 2023.
- Münchener Kommentar zum Bürgerlichen Gesetzbuch: BGB, Band 11: Erbrecht. §§ 1922–2385, 9. Aufl., München 2022.
(alle zit.: MüKoBGB/*Bearbeiter*)

Saenger, Ingo:
Das modernisierte Stiftungsrecht und seine Auswirkungen auf unternehmensverbundene Stiftungen und Familienstiftungen, in: *Bork*, Reinhard/*Hoeren*, Thomas/*Pohlmann*, Petra (Hrsg.): Recht und Risiko. Festschrift für Helmut Kollhosser zum 70. Geburtstag, Band II – Zivilrecht, Karlsruhe 2004, S. 591–604 (zit.: *Saenger*, FS Kollhosser Bd. II, S. 591).

Ders.:
Stiftungskörperschaften – Anspruch und Wirklichkeit, in: *Saenger*, Ingo/*Bayer*, Walter/*Koch*, Elisabeth/*Körber*, Torsten (Hrsg.), Gründen und Stiften. Festschrift zum 70. Geburtstag des Jenaer Gründungsdekans und Stiftungsrechtlers Olaf Werner, Baden-Baden 2009, S. 165–178 (zit.: *Saenger*, FS O. Werner, S. 165).

Ders.:
Die Rolle des Stifters in der Binnenverfassungsstruktur von Stiftungen Gesellschaftsrecht, ZStV 2012, S. 94–102.

Ders.:
Gesellschaftsrecht, 6. Aufl., München 2023 (zit.: *Saenger*, GesR).

Ders./Arndt, Ingo:
Reform des Stiftungsrechts: Auswirkungen auf unternehmensverbundene und privatnützige Stiftungen, ZRP 2000, S. 13–19.

Schack, Haimo:
Weiterleben nach dem Tode – wie lange? Postmortale Begrenzungen subjektiver Rechte, JZ 2019, S. 864–872.

Schaub, Bernard:
Die Familien-Aktiengesellschaft und der Schutz vor Fremdeinflüssen – Statutarische Besonderheiten, insbesondere zur Regelung der Vermögensnachfolge –, ZEV 1995, S. 82–89.

Schaub, Peter:
Das neue Transparenzregister naht – Überblick über die Regelungen und praktische Auswirkungen für Personenvereinigungen, DStR 2017, S. 1438–1444.

Schaub-Englert, Jonathan:
Die stiftungsrechtliche Satzungsänderungsgenehmigung als privatrechtsgestaltender Verwaltungsakt, NVwZ 2023, S. 221–224.

Schauhoff, Stephan:
Gemeinnützige Stiftung und Versorgung des Stifters und seiner Nachkommen, DB 1996, S. 1693–1696.

Ders.:
Stiftungen als Unternehmensträger, in: *Gesellschaftsrechtlichen Vereinigung* (Hrsg.), Gesellschaftsrecht in der Diskussion 2018, Köln 2019, S. 83–107 (zit.: *Schauhoff*, in: VGR, GesR in der Diskussion 2018, S. 83).

Ders.:
Was im Stiftungsrecht reformiert werden sollte, npoR 2016, S. 2–7.

Ders.:
Unternehmensnachfolge mit Stiftungen, in: *Wachter*, Thomas (Hrsg.), Festschrift für Sebastian Spiegelberger zum 70. Geburtstag. Vertragsgestaltung im Zivil- und Steuerrecht, Bonn 2009, S. 1341–1350 (zit.: *Schauhoff*, FS Spiegelberger, S. 1341).

Ders./Kirchhain, Christian (Hrsg.):
Handbuch der Gemeinnützigkeit. Verein, Stiftung, GmbH. Recht, Steuern, Personal, 4. Aufl., München 2023 (zit.: Schauhoff/Kirchhain/*Bearbeiter*, Gemeinnützigkeits-HdB).

Ders./Mehren, Judith:
Die Reform des Stiftungsrechts, NJW 2021, S. 2993–2999.

Ders./Mehren, Judith (Hrsg.):
Stiftungsrecht nach der Reform, 2. Aufl., München 2024 (zit.: Schauhoff/Mehren/*Bearbeiter*, Stiftungsrecht nach der Reform).

Ders./Ufer, Uwe (Hrsg.):
Gemeinnützige Unternehmen und Konzerne. Recht, Steuern, Management, München 2022 (zit.: Schauhoff/Ufer/*Bearbeiter*, Gemeinnützige Unternehmen).

Schauer, Dirk:
Symposium „Zehn Jahre Reform des Bundesstiftungsrechts und Anpassung der Landesstiftungsgesetze“, npoR 2012, S. 220–224.

Ders.:
Zulegung und Zusammenlegung von rechtsfähigen Stiftungen nach geltendem Recht, ZEV 2017, S. 613–617.

Ders.:
Pflichtteilsergänzungsansprüche bei Zuwendungen an Stiftungen, npoR 2018, S. 49–54.

Ders.:
Grundlagenänderungen nach der Reform des Stiftungsrecht, npoR 2022, S. 54–59.

Ders.:
Zulegung und Zusammenlegung von Stiftungen nach neuem Recht, ZEV 2022, S. 512–517.

Ders./Stallmann, Jasper:
Das neue Stiftungsrecht – Gesetz zur Vereinheitlichung des Stiftungsrechts tritt zum 1.7.2023 in Kraft, NWB-EV 2019, S. 290–301.

Schäfer, Carsten (Hrsg.):
Das neue Personengesellschaftsrecht. Einführung zum MoPeG, München 2022.

Schäller, Sebastian
Namensbildung und Namensschutz der anerkannten Stiftung, Baden-Baden 2013 (zit.: *Schäller*, Namensbildung und Namensschutz der anerkannten Stiftung).

Scheliha, Henrike von:
Zwischen Anspruch und Wirklichkeit – wie die Diversität von Familien das Erbrecht herausfordert, JZ 2024, S. 539–545.

Schenk, Jens:
Vielfalt und Einheit beherrschenden Einflusses – Ein Vergleich der Verbundkonzepte im Konzern-, Bilanz- und Wettbewerbsrecht, Berlin 2021 (zit.: *J. Schenk*, Vielfalt und Einheit beherrschenden Einflusses).

Schenke, Ralf P./*Teichmann*, Christoph:
Das Transparenzregister und seine datenschutzrechtliche Achillesferse, ZIP 2019, S. 1260–1269.

Scherer, Stephan:
Familienunternehmen: Zivil- und steuerrechtliche Besonderheiten bei der Gestaltung des Gesellschaftsvertrags, BB 2010, S. 323–329.

Ders. (Hrsg.):
Unternehmensnachfolge, 6. Aufl., München 2020 (zit.: Scherer/*Bearbeiter*, Unternehmensnachfolge).

Ders. (Hrsg.):
Münchener Anwaltshandbuch Erbrecht, 6. Aufl., München 2024 (zit.: MAH ErbR/*Bearbeiter*).

Ders./Blanc, Michael/*Groth*, Torsten/*Kormann*, Hermut/*Wimmer*, Rudolf (Hrsg.):
Familienunternehmen – Erfolgsstrategien zur Unternehmenssicherung, 2. Aufl., Frankfurt am Main 2012 (zit.: S/B/K/G/W/*Bearbeiter*, Familienunternehmen).

Ders./Pawlytta, Mark Uwe:
Der Beginn der Zehn-Jahres-Frist gemäß § 2325 Abs. 3 BGB bei Zuwendungen an Stiftungen – zugleich eine Kritik an der BGH-Rechtsprechung zum Leistungsbegriff in § 2325 Abs. 3 BGB, in: *Deutsche Vereinigung für Erbrecht und Vermögensnachfolge e.V.* (Hrsg.), Jubiläumsschrift 10 Jahre DVEV 1995–2005, Bonn 2005, S. 127–151 (zit.: *Scherer/Pawlytta*, Jubiläumsschrift 10 Jahre DVEV, S. 127).

Scheurl, Adolf von:
Familienstiftung, AcP 77 (1891), S. 243–264.

Schewe, Markus:
Die Errichtung der rechtsfähigen Stiftung von Todes wegen, Frankfurt am Main 2004 (zit.: *Schewe*, Die Errichtung der rechtsfähigen Stiftung von Todes wegen).

Ders.:
Die Familienstiftung von Todes wegen, in: *Muscheler*, Karlheinz (Hrsg.), Hereditare – Jahrbuch für Erbrecht und Schenkungsrecht, 9. Jahrgang, Tübingen 2019, S. 33–63 (zit.: *Schewe*, Hereditare 9 (2019), S. 33).

Ders./Hermes, Marcel:
Die unternehmensverbundene Familienstiftung als Gestaltungsinstrument in der Nachfolgeplanung, RFamU 2022, 158–165.

Schick, Julian:
Das Argument des „mutmaßlichen Stifterwillens“, Baden-Baden 2021 (zit.: *Schick*, Das Argument des „mutmaßlichen Stifterwillens“).

Schienke-Ohletz, Tanja:
Die Beteiligung gemeinnütziger Stiftungen an Unternehmen, BB 2018, S. 2012–2017.

Dies./Junius-Morawe, Ruth Margret:
Möglichkeiten zur Satzungsänderung bei rechtsfähigen Stiftungen nach der Stiftungsreform, BB 2021, S. 1886–1889.

Dies./Mehren, Judith:
Die inländische Familienstiftung – ein Steuersparmodell? ZStV 2022, S. 1–8.

Dies./Mehren, Judith:
Familienstiftungen in Liechtenstein und anderem europäischem Ausland, ZStV 2022, S. 51–60.

Schiffer, K. Jan (Hrsg.):
Die Stiftung in der Beraterpraxis, 4. Aufl., Bonn 2016 (zit.: Schiffer/*Bearbeiter*, Die Stiftung in der Beraterpraxis).

Ders.:
Die unternehmensverbundene Stiftung ist im Gerede – Einige Anmerkungen und Klarstellungen zu Rawert, ZEV 1999, 294 –, ZEV 1999, S. 424–426.

Ders.:
Fortsetzung der Diskussion zur unternehmensverbundenen Stiftung trotz des neuen Stiftungszivilrechts? – Ein Ruf aus der Praxis, ZSt 2003, S. 252–254.

Ders.:
Die Entwicklung des Stiftungszivilrechts in den Jahren 2004 bis 2006, NJW 2006, S. 2528–2531.

Ders.:
Doppelstiftung – Ein besonderes Modell für die Unternehmensnachfolge, BBEV 2007, S. 214–217.

Ders.:
»Stiftung für jedermann«, ErbR 2008, S. 94–105.

Ders.:
Stiftungen und Familienstiftungen in der Unternehmensnachfolge – Eine Bestandsaufnahme –, in: *Deutsche Vereinigung für Erbrecht und Vermögensnachfolge e.V.* (Hrsg.), Jubiläumsschrift 10 Jahre DVEV 1995–2005, Bonn 2005, S. 153–187 (zit.: *Schiffer*, Jubiläumsschrift 10 Jahre DVEV, S. 153).

Ders.:
Stiftung und Familie: Anmerkungen zu Familienstiftungen, in: *Wachter*, Thomas (Hrsg.), Festschrift für Sebastian Spiegelberger zum 70. Geburtstag. Vertragsgestaltung im Zivil- und Steuerrecht, Bonn 2009, S. 1358–1369 (zit.: *Schiffer*, FS Spiegelberger, S. 1358).

Ders.:
Die Familienstiftung – eine für Familienunternehmen geeignete Rechtsform?, in: *Dauner-Lieb*, Barbara/*Freudenberg*, Götz/*Werner*, Götz W. (Hrsg.), Familienunternehmen im Fokus von Wirtschaft und Wissenschaft. Festschrift für Mark K. Binz zum 65. Geburtstag, München 2014, S. 596–612 (zit.: *Schiffer*, FS Binz, S. 596).

Ders.:
Soll-Vorschriften in Stiftungssatzungen: So müssen Stiftungsorgane damit umgehen, SB 2016, S. 61–62.

Ders.:
Stiftungsorganisation (Teil 1): Das Problem der Nachfolge in Stiftungsorganen: ein Blick aus der Praxis für die Praxis, SB 2017, S. 17–20.

Ders.:
Stiftungsorganisation (Teil 2): Das Problem der Nachfolge in Stiftungsorganen: ein Blick aus der Praxis für die Praxis, SB 2017, S. 36–40.

Ders.:
Dürfen stiftungsähnliche Konstrukte den Begriff „Stiftung" im Namen oder in ihrer Firma führen?, SB 2017, S. 99–108.

Ders.:
Anforderungen an die Errichtung einer Stiftung von Todes wegen, npoR 2018, S. 105–109.

Ders./Pruns, Matthias/*Schürmann*, Christoph J.:
Die Reform des Stiftungsrechts, Bonn 2022 (zit.: *Schiffer/Pruns/Schürmann*, Die Reform des Stiftungsrecht).

Ders./Pruns, Matthias:
Die unternehmensverbundene Stiftung – ein Überblick zur vielfältigen Praxis, BB 2013, S. 2755–2763.

Ders./Pruns, Matthias:
Vor ihrer staatlichen Anerkennung ist die rechtsfähige Stiftung ein Nichts!, GmbHR 2016, S. 742–745.

Ders./Pruns, Matthias:
Zum Lehrsatz vom Verbot der Selbstzweckstiftung – Teil 1: Grundlagen und kritische Überprüfung, ZStV 2012, S. 1–5.

Ders./Schürmann, Christoph J.:
Transparenzregister und Stiftungen – Normadressaten der Melde- und Eintragungspflichten, BB 2017, S. 2626–2631.

Ders./Schürmann, Christoph J.:
Neues zum „Grundsatz der Erhaltung des Stiftungsvermögens"?, ZStV 2019, S. 1–7.

Schiffers, Joachim:
Strukturierung von mittelständischen Familienunternehmen/-unternehmensgruppen: Option zur Körperschaftsbesteuerung als neues Gestaltungsinstrument, GmbHR 2022, S. 526–537.

Schielke, Joachim E.:
Finanzierung von Familienunternehmen, in: *Kirchdörfer*, Rainer/*Lorz*, Rainer/*Wiedemann*, Andreas/*Kögel*, Rainer/*Frohnmayer*, Thomas (Hrsg.), Familienunternehmen in Recht, Wirtschaft, Politik und Gesellschaft. Festschrift für Brun-Hagen Hennerkes zum 70. Geburtstag, München 2009, S. 221–240 (zit.: *Schielke*, FS Hennerkes, S. 221).

Schilhabl, Nicki Werner:
Vorkaufsrechte an Gesellschaftsanteilen, Berlin 2016 (zit.: *Schilhabl*, Vorkaufsrechte).

Schild, Claus:
Steuerliche Aspekte von Stiftungen, in: *Schild*, Claus/*Schmidt*, Eckehard/*Zitzelsberger*, Stephan (Hrsg.), Das Familienunternehmen – Bilanzierung, Bewertung, Steuern, Festschrift für Siegfried Zitzelsberger, Baden-Baden 2015, S. 115–152 (zit.: *Schild*, FS Zitzelsberger, S. 115).

Schimpfky, Peter:
Der steueroptimierte Einsatz gemeinnütziger Stiftungen im Rahmen der privaten Vermögensnachfolge, ZEV 2015, S. 456–462.

Schindler, Ambros:
Familienstiftungen. Recht, Steuer, Betriebswirtschaft, Berlin 1975 (zit.: *Ambros Schindler*, Familienstiftungen).

Ders.:
Mit Stehvermögen. Die Familienstiftung als außergewöhnliches Nachfolgemodell, Stiftung & Sponsoring, 01/2014, S. 22–23.

Schirrmacher, Paul:
Die Haftung des faktischen Geschäftsleiters im Familienunternehmen, RFamU 2022, S. 405–411.

Schlecht & Partner/Taylor Wessing (Hrsg.):
Unternehmensnachfolge. Handbuch für die Praxis, Berlin 2004 (zit.: Schlecht & Partner/Taylor Wessing/*Bearbeiter*, Unternehmensnachfolge[1]).

Dies. (Hrsg.):
Unternehmensnachfolge. Handbuch für die Praxis, 2. Aufl., Berlin 2010 (zit.: Schlecht & Partner/Taylor Wessing/*Bearbeiter*, Unternehmensnachfolge).

Schlippe, Arist von/*Groth*, Thorsten/*Rüsen*, Tom:
Die beiden Seiten der Unternehmerfamilie. Familienstrategie über Generationen: Auf dem Weg zu einer Theorie der Unternehmerfamilie, 2. unveränderte Aufl., Göttingen 2017 (zit.: *v. Schlippe/Groth/Rüsen*, Die beiden Seiten der Unternehmerfamilie).

Ders.:
Psychologie der familieninternen Nachfolge in Familienunternehmen, in: *Kirchdörfer*, Rainer/*Lorz*, Rainer/*Wiedemann*, Andreas/*Kögel*, Rainer/*Frohnmayer*, Thomas (Hrsg.), Familienunternehmen in Recht, Wirtschaft, Politik und Gesellschaft. Festschrift für Brun-Hagen Hennerkes zum 70. Geburtstag, München 2009, S. 39–56 (zit.: *v. Schlippe*, FS Hennerkes, S. 21).

Ders.:
Streit als Wertevernichter – Wie kann er vermieden werden?, in: *Ebel*, Karin/*May*, Karin/*Rau*, Sabine/*Zinkann*, Reinhard (Hrsg.), Familienunternehmen gestern – heute – morgen: Festschrift für Peter May zum 60. Geburtstag, Hamburg 2018, S. 246–251. (zit.: *v. Schlippe*, FS P. May, S. 246).

Schlüter, Andreas:
Stiftungsrecht zwischen Privatautonomie und Gemeinwohlbindung. Ein Rechtsvergleich Deutschland, Frankreich, Italien, England, USA, München 2004 (zit.: *Schlüter*, Stiftungsrecht zwischen Privatautonomie und Gemeinwohlbindung).

Ders.:
Die gemeinnützige GmbH (II) – Gründungsverfahren, Satzungsgestaltung und steuerliche Anerkennung, GmbHR 2002, S. 578–584.

Ders./Stolte, Stefan:
Stiftungsrecht. Erscheinungsformen und Errichtung der Stiftung, Stiftungsaufsicht, Verwaltung des Stiftungsvermögens, Stiftungssteuerrecht, Rechnungslegung und Publizität, Internationales Stiftungsrecht. Mit Mustern, 3. Aufl., München 2016 (zit.: *Schlüter/Stolte*, Stiftungsrecht).

Schmeing, Thomas:
Konfliktmanagement in Familienunternehmen – Der systematisierte Einsatz gerichtlicher und außergerichtlicher Streitbeilegungsmethoden zur Konfliktlösung, Baden-Baden 2018 (zit.: *Schmeing*, Konfliktmanagement).

Schmid, Cornelia:
Stiftungsrechtliche Zuwendungen im Erb- und Familienrecht – Pflichtteilsergänzungen und Zugewinnausgleich, Berlin 2007 (zit.: *Schmid*, Stiftungsrechtliche Zuwendungen).

Schmidt, Karsten:
Wohin steuert die Stiftungspraxis? – Eine rechtspolitische Skizze, DB 1987, S. 261–263.

Ders.:
Gesellschaftsrecht. Unternehmensrecht II, 4. Aufl., Köln 2002 (zit.: *K. Schmidt*, GesR).

Ders.:
Brave New World: Deutschland und seine Unternehmenserben auf dem Weg in ein Stiftungs-Dorado?, ZHR 166 (2002), S. 145–149.

Ders.:
Handelsrecht. Unternehmensrecht I, 6. Aufl., Köln 2014 (zit.: *K. Schmidt*, HandelsR).

Ders.:
Satzungsfreiheit, Individualrechte und Bindung von Rechtsnachfolgern – „Nach"-Denken über Dieter Reuters Grundlagenwerk von 1973, in: *Kessal-Wulf*, Sibylle/*Martinek*, Michael/*Rawert*, Peter (Hrsg.): Formale Freiheitsethik oder materiale Verantwortungsethik: Bericht über das wissenschaftliche Kolloquium zum 65. Geburtstag von Professor Dr. Dieter Reuter am 15. und 16. Oktober 2005 in Kiel, Berlin 2006, S. 9–32 (zit.: *K. Schmidt*, Kolloquium für Dieter Reuter, S. 9).

Ders.:
Die Personengesellschaft als Rechtsfigur des »Allgemeinen Teils«. Dogmatisches Konzept und Wirkungsgeschichte von Werner Flumes »Personengesellschaft«, AcP 209 (2009), S. 181–204.

Ders.:
Anteilssteuerung durch Vinkulierungsklauseln, GmbHR 2011, S. 1289–1297.

Ders./Ebke, Werner F. (Hrsg.):
Münchener Kommentar zum Handelsgesetzbuch, Band 4: §§ 238–342e, 5. Aufl., München 2024 (zit.: MüKoHGB/*Bearbeiter*).

Schmidt, Oliver:
Die Errichtung von Unternehmensträgerstiftungen durch Verfügung von Todes wegen und Testamentsvollstreckung, ZEV 2000, S. 438–440.

Schmidt-Schmiedebach, Bodo:
Stiftung und Governance Kodex – Ein Comply-or-Explain-Mechanismus zur Lösung des Kontrollproblems der Stiftung, Wiesbaden 2015 (zit.: *Schmidt-Schmiedebach*, Stiftung und Governance Kodex).

Schmitt, Fabian M.:
Familienstiftungen im neuen Erbschaft- und Schenkungsteuerrecht. Unter besonderer Berücksichtigung der Verschonungsbedarfsprüfung gemäß § 28a ErbStG, Hamburg 2021 (zit.: *Schmitt*, Familienstiftungen im neuen ErbStG).

Ders.:
Teleologische Reduktion von § 1 Abs. 1 Nr. 4 ErbStG – Plädoyer für die Anwendung der Erbersatzsteuer auf unselbständige Stiftungen in Rechtsträ-

gerschaft von selbständigen Stiftungen und Körperschaften des öffentlichen Rechts, ZStV 2019, S. 47–53.

Schmitt, Felix:
Das neue Stiftungsrecht in der notariellen Praxis, notar 2023, S. 31–38.

Schmoeckel, Mathias/*Rückert*, Joachim/*Zimmermann*, Reinhard (Hrsg.):
Historisch-kritischer Kommentar zum BGB. Band I: Allgemeiner Teil §§ 1–240, Tübingen 2003 (zit.: HKK-BGB/*Bearbeiter*).

Schmück, Dominik:
Das Spannungsverhältnis zwischen den Publizitäts- und Bekanntmachungspflichten der Geldwäscherichtlinie und dem europäischen Datenschutzrecht, Wiesbaden 2023 (zit.: *Schmück*, Spannungsverhältnis).

Schneider, Zacharias-Alexis/*Droll*, Sebastian:
Das neue Stiftungsrecht 2023 – Ein Startpunkt für eine Reform des Stiftungssteuerrechts? – Bestandsaufnahme und erste Denkanstöße für eine Reform des Stiftungssteuerrechts, UVR 2023, S. 364–373.

Ders./Begemann, Arndt:
Die Zulegung und Zusammenlegung von Stiftungen nach der Stiftungsrechtsreform, UVR 2024, S. 54–61.

Schnitger, Arne:
Die Gestaltungsform der Doppelstiftung und ihre Probleme, ZEV 2001, S. 104–106.

Schockenhoff, Martin/*Duttig*, Andreas:
Die Haftung der Stiftungsorgane, ZIP 2024, S. 2433–2444.

Schollmeyer, Eberhard:
Neuerungen und Kontinuitäten bei der Gesellschafterhaftung nach dem MoPeG, DNotZ 2021, S. 889–899.

Scholz, Franz (Begr.):
GmbHG. Kommentar, Band I, §§ 1–34, 13. Aufl., Köln 2022 (zit.: Scholz/*Bearbeiter*, GmbHG).

Scholz, Philipp (heute: *Ceesay*, Philipp):
Vorstandshaftung in der Stiftung und Gesellschaftsrechtsdogmatik: Rezeption und Reflexion, ZIP 2021, S. 1937–1950.

Ders.:
Beschränkung der unbeschränkten Vertretungsmacht des Stiftungs- und Vereinsvorstands – Zugleich Besprechung von BGH Urt. v. 15.4.2021 – III ZR 139/20, npoR 2021, S. 289 – 292.

Ders.:
Die Haftung der Stiftungsorgane nach neuem Recht – Pflichtenkreis, Business Judgment Rule, Darlegungs- und Beweislast, npoR 2022, S. 50–54.

Ders.:
Delegierte Vertretungsmacht und Geschäfte mit organschaftlichen Vertretern, ZfPW 2023, S. 157–178.

Schöning, Anne:
Privatnützige Stiftungen im deutschen und spanischen Zivilrecht, Köln 2004 (zit.: *Schöning*, Privatnützige Stiftungen).

Schröder, Noel:
Die Grenzen der Testierfreiheit – Eine Untersuchung der Beschränkungen des individualschützenden Freiheitsrechtes durch Gesetz, Rechtsprechung und Literatur, Tübingen 2022 (zit.: *Schröder*, Die Grenzen der Testierfreiheit).

Schuck, Frank:
Die Doppelstiftung – Instrument zur Gestaltung der Unternehmensnachfolge, Frankfurt am Main 2009 (zit.: *Schuck*, Die Doppelstiftung).

Ders./Medinger, Jonas:
Stiftungsrechtsreform und Bestandsstiftungen – Konkreter Handlungsbedarf vor dem 1.7.2023 zur Änderung der Satzung in Bezug auf Strukturmaßnahmen, npoR 2021, S. 284–288.

Ders./Medinger, Jonas:
Stiftungsrechtsreform in der entscheidenden Phase: Die geplanten Neuregelungen im Überblick für die Praxis, ZEV 2021, S. 298–303.

Schulte, Axel:
Rechtsbeziehungen zwischen Stifter und Stiftung, Wiesbaden 2017 (zit.: *A. Schulte*, Stifter und Stiftung).

Schulte, Michael/*Schulte*, Michael jun.:
Die generationenübergreifende Vergesellschaftung des betrieblichen Familienvermögens – zugleich ein Plädoyer für die Einheits-KG, ErbR 2018, S. 422–433.

Ders./Schulte, Elias/*Schulte*, Lito Michael jun.:
Abfindungsausschlüsse und -beschränkungen vs. Pflichtteilsrecht – Plädoyer für eine richterrechtliche Neuordnung, ErbR 2021, S. 742–753.

Schulte, Elias/*Schulte*, Lito Michael jun.:
Nießbrauch, Rückforderungsvorbehalte und der Erwerb von Geschäftsanteilen vs. Pflichtteilsrecht, ErbR 2021, S. 821–828.

Schumann, Anna:
Familienstiftungen als Instrument der Unternehmensnachfolge – Eine Analyse der Einsatzmöglichkeiten unter Berücksichtigung der Betriebsvermögensbegünstigungen des Erbschaft- und Schenkungsteuerrechts, Berlin 2023 (zit.: *Schumann*, Familienstiftungen).

Schurr, Francesco A.:
Zur Zweck- und Begünstigungsanpassung bei der privatnützigen Stiftung – Zum Spannungsverhältnis von Erstarrungsprinzip und Flexibilität, in: *Schumacher*, Hubertus/*Zimmermann*, Walter (Hrsg.), Festschrift 100 Jahre Fürstlicher Oberster Gerichtshof. Der Einfluss der höchstgerichtlichen Rechtsprechung auf Wirtschaft und Finanz, Wien 2022, S. 103–118 (zit.: *Schurr*, FS 100 Jahre FL-OGH, S. 103).

Schürmann, Christoph J.:
Transparenzregister: Nochmals: Transparenzregister und Stiftungen als Konzernspitze, SB 2018, S. 8–11.

Schütte, Florian:
Transparente und intransparente Stiftungen – im Rechtsvergleich mit dem Fürstentum Liechtenstein, Berlin 2024 (zit. *Schütte*, Transparente und intransparente Stiftungen).

Schwab, Martin:
Der Dialog zwischen dem EuGH und nationalen Exegeten bei der Auslegung von Gemeinschaftsrecht und angeglichenem Recht, ZGR 2000, S. 446–478.

Schwake, Johannes:
Kapital und Zweckerfüllung bei Unternehmensstiftungen, Hamburg 2008 (zit.: *Schwake*, Kapital und Zweckerfüllung bei Unternehmensstiftungen).

Ders.:
Zum Mindestkapital bei rechtsfähigen Stiftungen bürgerlichen Rechts, NZG 2008, 248–252.

Schwalm, Julian:
Das Transparenzregister im stiftungsrechtlichen Kontext – Alte und neue Herausforderungen (auch) nach der GwG-Novelle, ZStV 2020, S. 52–62.

Ders.:
Der wirtschaftlich Berechtigte der Stiftung bürgerlichen Rechts – Weitere Stolperfallen rund ums Transparenzregister, ZStV 2020, S. 146–153.

Ders.:
Die „werdende“ Stiftung von Todes wegen als rechtspraktisches und rechtstheoretisches Problem – Zugleich Anmerkung zu OLG Braunschweig, Beschluss vom 8.7.2020 – 3 W 19/20, ZStV 2021, S. 10–24.

Ders.:
Fehlschlagen einer posthumen Stiftungserrichtung – Keine Anerkennungsfähigkeit einer „wohltätigen Stiftung“ wegen fehlerhafter Zweckbestimmung – Anm. zu VG Ansbach, Urt. v. 16.3.2021 – AN 10 K 19.00766, ZStV 2021, S. 215–227.

Ders.:
Stiftungsrechtsreform ante portas? – Kernbotschaften für die Stiftungspraxis, ZEV 2021, S. 68–75.

Ders.:
Das neue Stiftungsrecht – Ein Kompendium zur Stiftungsrechtsreform (auch) für die notarielle Praxis (Teil 1), NotBZ 2022, S. 81–90.

Ders.:
Das neue Stiftungsrecht – Ein Kompendium zur Stiftungsrechtsreform (auch) für notarielle Praxis (Teil 2), NotBZ 2022, S. 121–125.

Ders.:
Die neuen und reformierten Register: Transparenzregister, Lobbyregister, Zuwendungsempfängerregister, Stiftungsregister, npoR 2024, S. 50–60.

Ders./Thiele, Malte:
Die Form des Stiftungsgeschäfts unter Lebenden: Ausnahmsloser „Vorrang“ des § 81 Abs. 1 S. 1 BGB, ZEV 2020, S. 523–529.

Ders./Schwind, Sebastian:
Die Auslandsstiftung & Co. KG – Eine zulässige grenzüberschreitende Grundtypenvermischung?, DStR 2024, S. 563–570.

Schwarz, Günter Christian:
Die Stiftung als Instrument für die mittelständische Unternehmensnachfolge, BB 2001, S. 2381–2390.

Ders.:
Zur Neuregelung des Stiftungsprivatrechts (Teil I), DStR 2002, S. 1718–1725.

Ders.:
Zur Neuregelung des Stiftungsprivatrechts (Teil II), DStR 2002, S. 1767–1773.

Ders.:
Zur Zulässigkeit landesrechtlicher Vorschriften über die Familien- und Unternehmensstiftung, ZEV 2003, S. 306–313.

Ders.:
Unveräußerlichkeitsklauseln in Stiftungssatzungen – Zu den Grenzen der Vermögensgegenstandsbindung bei der Unternehmensstiftung, ZSt 2004, S. 101–105.

Schwarzer, Andreas:
Stiftungskollisionsrecht und Niederlassungsfreiheit – Das vereinheitlichte Stiftungsrecht im Lichte des Internationalen Privatrechts und des Internationalen Öffentlichen Rechts, Berlin 2025 (zit.: *Schwarzer*, Stiftungskollisionsrecht).

Schwenn, Dirk:
Vereine und Stiftungen im Handelsregister – Hinweise für die Praxis, npoR 2021, S. 93–98.

Schwink, Mirjam:
Unternehmensverbundene Stiftungen im Mittelstand – Das Doppelstiftungsmodell als Möglichkeit zur Zukunftssicherung, S&S 2/2016, S. 30–33.

Schwintek, Sebastian:
Vorstandskontrolle in rechtsfähigen Stiftungen bürgerlichen Rechts: eine Untersuchung zu Pflichten und Kontrolle von Leitungsorganen im Stiftungsrecht – insbesondere in Unternehmensträgerstiftungen, Baden-Baden 2001 (zit.: *Schwintek*, Vorstandskontrolle).

Ders.:
Stiftungsförderung durch Normativsystem? – Anmerkungen zu gegenwärtigen Reformbestrebungen im Stiftungsrecht, ZRP 1999, S. 25–30.

Seemann, Andrea/*Alber*, Matthias:
Der Einsatz von Familienstiftungen zur Vermeidung einer Wegzugsbesteuerung – Ein Überblick über die deutschen Steuerregelungen und mögliche Handlungsalternativen, FuS-Sonderausgabe 2023, S. 41–46.

Seer, Roman:
Erbschaftsteuerliche Behandlung des Unternehmens-(anteils-)erwerbs – nach wie vor ein Fall für das BVerfG, StuW 2021, S. 111–130.

Sehl, Markus:
Was will der Gesetzgeber? – Ziel und Methode rationaler Argumentation mit Gesetzesmaterialien, Baden-Baden 2019 (zit.: *Sehl*, Was will der Gesetzgeber?).

Seibert, Ulrich:
Was tun mit dem Geld, wenn man das eigene Familienunternehmen verkauft hat?, RFamU 2023, S. 72–74.

Seibold, Christine:
Die Versorgung des Stifters und der Stifterfamilie bei Vermögensübertragung auf eine gemeinnützige Stiftung, Familienstiftung oder Doppelstiftung und deren ertrag- und substanzsteuerlichen Auswirkungen, Würzburg 2008 (zit.: *Seibold*, Die Versorgung des Stifters und der Stifterfamilie).

Seibt, Christoph H.:
Unternehmensmitbestimmung in Teilkonzernspitzen und Zwischenholding-Gesellschaften (§ 5 MitbestG) – Zugleich Besprechung OLG Frankfurt/M. v. 21.4.2008 – 20 W 342/07 und 20 W 8/07, ZIP 2008, 878 und 880, ZIP 2008, S. 1301–1308.

Ders.:
Unternehmensmitbestimmungsrechtliche Konzernzurechnung bei Einschaltung von Stiftung & Co. KG und paritätischen Beteiligungsunternehmen, ZIP 2011, S. 249–256.

Seifert, Achim:
Zur Verschwiegenheitspflicht von Organmitgliedern in Stiftungen – eine Skizze, ZStV 2014, S. 41–49.

Selent, Maximilian:
Unternehmensführung in börsennotierten Familienunternehmen – Vorstand und Aufsichtsrat im Spannungsfeld zwischen Familie und Corporate Governance, Köln 2021 (zit.: *Selent*, Unternehmensführung).

Senger, Alexander/*Wulf*, Inge:
Ausgestaltung des Steuerungssystems in börsennotierten Familienunternehmen – Empirische Analyse der Konzernlageberichterstattung unter besonderer Berücksichtigung familiärer Gesellschaftsstrukturen, ZCG 2021, S. 38–45.

Seyfarth, Sabine:
Die Geltungsberechtigung der staatlichen Stiftungsaufsicht über privatnützige Stiftungen und Stiftungen mit internen Kontrollmechanismen, ZSt 2008, S. 145–150.

Sharma, Pramodita/*Chrisman*, James J./*Chua*, Jess H.:
Strategic Management of the Family Business: Past Research and Future Challenges, Family Business Review 1997, S. 1–35.

Sieger, Jürgen/*Bank*, Stephan:
Erhalt von Einflussmöglichkeiten des Stifters auf die Geschäftsfähigkeit einer zivilrechtlichen Stiftung, NZG 2010, S. 641–646.

Sigle, Axel:
Für Familiengesellschaften auf dem Prüfstand: Die börsennotierte Aktiengesellschaft, in: *Hommelhoff*, Peter/*Schmidt-Diemitz*, Rolf/*Sigle*, Axel (Hrsg.), Familiengesellschaften. Festschrift für Walter Sigle zum 70. Geburtstag, Köln 2000, S. 301–326 (zit.: *A. Sigle*, FS W. Sigle, S. 301).

Sigle, Walter:
Zur Beteiligung familienfremder Manager an Familien-Personengesellschaften, in: *Bierich*, Marcus/*Hommelhoff*, Peter/*Kropff*, Bruno (Hrsg.), Festschrift

für Johannes Semler zum 70. Geburtstag am 28. April 1993. Unternehmen und Unternehmungsführung im Recht, Berlin 1993, S. 767–785 (zit.: *W. Sigle*, FS Semler, S. 767).

Ders.:
Zur Psychologie der Familiengesellschaften, in: *Pfeiffer*, Gerd/*Wiese*, Günther/*Zimmermann*, Klaus (Hrsg.), Festschrift für Heinz Rowedder zum 75. Geburtstag, München 1994, S. 459–456 (zit.: *W. Sigle*, FS Rowedder, S. 459).

Ders.:
Zur Mitbestimmung bei der Kapitalgesellschaft & Co. KG – Altes und Neues, in: *Lutter*, Marcus/*Scholz*, Manfred/*Sigle*, Walter (Hrsg.), Festschrift für Martin Peltzer zum 70. Geburtstag, Köln 2001, S. 539–555 (zit.: *W. Sigle*, FS Peltzer, S. 539).

Silberer, Günter:
Reputation durch unternehmensnahe Stiftungen – Ein komplexes System guter Taten und ihrer Wirkungen (Teil 1), ZStV 2011, S. 138–142.

Ders.:
Reputation durch unternehmensnahe Stiftungen – Ein komplexes System guter Taten und ihrer Wirkungen (Teil 2), ZStV 2011, S. 178–183.

Skusa, Nico R./*Thürauf*, Andreas G.:
Die Wirksamkeit von Abfindungsregelungen bei Gesellschaften bürgerlichen Rechts, NJW 2015, S. 3478–3481.

Sochor, Viktoria Maria:
Der Reichsdeputationshauptschluss von 1803: Hintergrund, Inhalt und Folgen, Göttinger Rechtszeitschrift (GRZ) 2021, S. 38–49.

Sohn, Klaus-Dieter/*Stehfest*, Bernhard:
Verlieren Gesellschafter von Familienunternehmen ihr Recht auf informationelle Selbstbestimmung?, RFamU 2022, S. 124–126.

Soergel, Hans Theodor (Hrsg.):
Bürgerliches Gesetzbuch mit Einführungsgesetz und Nebengesetzen: BGB Kommentar, Band I: Allgemeiner Teil 1 §§ 1-103 BGB, 13. Aufl., Stuttgart 2000 (zit.: Soergel/*Bearbeiter*, BGB AT 1).

Sommer, Michael/*Godron*, Axel:
Planung der Unternehmensnachfolge, DSWR 2005, S. 221–226.

Sorg, Martin H.:
Die Familienstiftung. Wesen, Probleme, Gestaltungsvorschläge für die Praxis, Baden-Baden 1984 (zit.: *Sorg*, Die Familienstiftung).

Ders.:
Die Familienstiftung, Stiftung & Sponsoring, Heft 2, 2000, S. 14–17.

Spiegelberger, Sebastian:
Unternehmensnachfolge. Gestaltung nach Zivil- und Steuerrecht, 3. Aufl., München 2022 (zit.: Spiegelberger/*Bearbeiter*, Unternehmensnachfolge).

Ders.:
Die Familien-GmbH & Co. KG, ZEV 2003, S. 391–399.

Ders.:
Die Familienstiftung – ein neuer Star. Über die Vorteile dieser Rechtsform, ErbStB 2005, S. 43–47.

Spitzlei, Thomas:
Die Gesetzesbegründung und ihre Bedeutung für die Gesetzesauslegung, JuS 2022, S. 315–319.

Sprecher, Thomas/*Orelli*, Lukas von:
Familienstiftungen – neue Perspektiven. Tagungsband 2024, Zürich 2024 (zit. *Bearbeiter* in Sprecher/v. Orelli, Familienstiftungen – neue Perspektiven, S.)

Staake, Marco:
Intra- und Interdisziplinarität des „Rechts der Familienunternehmen“, RFamU 2022, S. 193–194.

Ders.:
Der Familienunternehmen-Test, RFamU 2022, S. 249–250.

Ders.:
Von Igeln und Füchsen, RFamU 2024, S. 214–216.

Ders./*Schülke*, Thilo:
Publizitätsgesetz. Nomos Handkommentar, Baden-Baden 2024 (zit.: HK-PublG/*Bearbeiter*).

Staib, Gunther:
Die Sicherung des Familieneinflusses auf die Gesellschaft mit beschränkter Haftung durch Kontrolle der mitgliedschaftlichen Übertragungsvorschläge, Tübingen 1997 (zit.: *Staib*, Die Sicherung des Familieneinflusses auf die GmbH).

Staiber, Christian:
Die Zulässigkeit der Ausgliederung von Stiftungsbetrieben aus kirchlichen Stiftungen, Berlin 2021 (zit.: *Staiber*, Ausgliederung von Stiftungsbetrieben).

Stallmann, Jasper:
Fehlerhafte Beschlüsse in der Stiftung bürgerlichen Rechts, Hamburg 2014 (zit.: *Stallmann*, Fehlerhafte Beschlüsse).

Ders.:
Beschlussfehler in Stiftungsorganen: Fallstricke und Gestaltungsaufgaben, ZEV 2017, S. 607–613.

Ders.:
Akteneinsicht in Unterlagen der Stiftungsaufsicht; maßgeblicher Zeitpunkt für die Beurteilung der Sach- und Rechtslage (ALDI NORD) – Anm. zu OVG Schleswig-Holstein Beschl. v. 25.3.2021 – 3 LB 2/17, npoR 2021, S. 307–311.

Staub, Hermann (Begr.)/Grundmann, Stefan/*Habersack*, Mathias/*Schäfer*, Carsten (Hrsg.):
Handelsgesetzbuch. Großkommentar. HGB – Band 1/2 §§ 17–83, 6. Aufl., Berlin 2023 (zit.: Staub/*Bearbeiter*).

Staudinger, Julius von (Begr.)/*Roth*, Herbert (Red.):
- Kommentar zum Bürgerlichen Gesetzbuch mit Einführungsgesetz und Nebengesetzen. Buch 1, Allgemeiner Teil, §§ 21–79a (Vereine), Neubearbeitung, Berlin 2023 (zit.: Staudinger/*Bearbeiter*).
- Kommentar zum Bürgerlichen Gesetzbuch mit Einführungsgesetz und Nebengesetzen. Buch 1, Allgemeiner Teil, §§ 80–89 (Stiftungsrecht), Neubearbeitung, Berlin 2017 (zit.: Staudinger/*Bearbeiter*).

Ders./Otte, Gerhard (Red.):
- Kommentar zum Bürgerlichen Gesetzbuch mit Einführungsgesetz und Nebengesetzen. Buch 5, Erbrecht: Einleitung zum Erbrecht; §§ 1922–1966 (Erbfolge), Neubearbeitung, Berlin 2017 (zit.: Staudinger/*Bearbeiter*).
- Kommentar zum Bürgerlichen Gesetzbuch mit Einführungsgesetz und Nebengesetzen. Buch 5, Erbrecht: Buch 5: Erbrecht: §§ 2064–2196 (Testament, Erbeinsetzung, Vermächtnis, Auflage), Berlin 2019 (zit.: Staudinger/*Bearbeiter*).

Steils, Jan:
Die Stiftung auf Zeit und die Verbrauchsstiftung – Unter besonderer Berücksichtigung der Anerkennungsvoraussetzungen des § 80 Abs. 2 BGB, Frankfurt am Main 2014 (zit.: *Steils*, Die Stiftung auf Zeit und die Verbrauchsstiftung).

Steinert, Vanessa:
Die Wegzugsbesteuerung unter ATAD – eine Modernisierung?, in: *Schubel*, Christian/*Kirste*, Stephan/*Müller-Graff*, Peter-Christian/*Diggelmann*, Oliver/*Hufeld*, Ulrich (Hrsg.), Jahrbuch für Vergleichende Staats- und Rechtswissenschaften – 2022, Baden-Baden 2022, S. 231–267 (zit.: *Steinert*, in: Schubel et al., Jahrbuch für Vergleichende Staats- und Rechtswissenschaften – 2022, S. 231).

Steinfeld, Johanna:
Unternehmen ohne Eigentümer – Unternehmerische Entscheidungen der Optischen Werkstätte Carl Zeiss von 1889 bis 1933, Berlin/Boston 2023 (zit. *Steinfeld*, Unternehmen ohne Eigentümer).

Stengel, Arndt:
Stiftung und Personengesellschaft – Die Beteiligung einer Stiftung an einer Personengesellschaft des Handelsrechts, Baden-Baden 1993 (zit.: *Stengel*, Stiftung und Personengesellschaft).

Stephan, Klaus-Dieter:
Beschlussmehrheiten und Beschlussfähigkeit, DK 2023, S. 337–346.

Steuck, Heinz-Ludwig:
Die Stiftung als Rechtsform für wirtschaftliche Unternehmen – Ihre Struktur und Besteuerung, Berlin 1967 (zit.: *Steuck*, Die Stiftung als Rechtsform für wirtschaftliche Unternehmen).

Stiftung Familienunternehmen (Hrsg.):
- Publizitätspflichten von Familienunternehmen. Bestandsaufnahme und datenschutzrechtliche Bewertung, München 2018 (zit.: *Stiftung Familienunternehmen*, Publizitätspflichten von Familienunternehmen).
- Die volkswirtschaftliche Bedeutung der Familienunternehmen, 5. Aufl., München 2019 (zit.: *Stiftung Familienunternehmen*, Die volkswirtschaftliche Bedeutung der Familienunternehmen).
- Die steuerrechtliche Bewertung von Gesellschaftsanteilen an Familienunternehmen, München 2019. (zit.: *Stiftung Familienunternehmen*, Die steuerrechtliche Bewertung von Gesellschaftsanteilen an Familienunternehmen).
- Das gesellschaftliche Engagement von Familienunternehmen, München 2020 (zit.: *Stiftung Familienunternehmen*, Das gesellschaftliche Engagement von Familienunternehmen).
- Stiftungsunternehmen in Deutschland. Gesetzliche Grundlagen, unternehmerische Motive, Reformvorschläge, München 2021 (zit.: *Stiftung Familienunternehmen*, Stiftungsunternehmen in Deutschland).

Stingl, Michael:
Vermögensverfall und Insolvenzverfahren im Stiftungswesen, Bielefeld 2006 (zit.: *Stingl*, Vermögensverfall).

Stietencron, Philipp von:
Zielorientierung deutscher Familienunternehmen: Der Zusammenhang zwischen Familieneinfluss, Zielorientierung und Unternehmenserfolg, Wiesbaden 2013 (zit.: *v. Stietencron*, Zielorientierung).

Stock, Remmert A.:
Wahl der Rechtsform im gemeinnützigen Nonprofit-Bereich, NZG 2001, S. 440–448.

Stodolkowitz, Stefan Andreas:
Umgehung von Rechtsnormen und vertraglichen Regelungen, JuS 2019, S. 1144–1147.

Stolte, Stefan:
Auf dem Vormarsch – Unternehmensstiftungen weisen hohes Wachstumspotenzial auf, StiftungsWelt, Heft 01, 2011, S. 31.

Ders.:
Stiftung als Instrument der Vermögensnachfolgeplanung, FuS 2015, S. 180–187.

Ders.:
Reform des Stiftungszivilrechts, BB 2015, S. 2694–2699.

Ders.:
Reform des Stiftungsrechts – Neuregelung zur Vermögensbewirtschaftung und Einführung eines öffentlichen Stiftungsregisters, BB 2021, S. 1026–1031.

Ders.:
BGB-Reform zum Stiftungsrecht abgeschlossen – jetzt folgen die Landesstiftungsgesetze, BB 2022, Heft 42, Die Erste Seite.

Ders.:
Treuhandstiftung – Traditionsmodell mit Zukunft, BB 2023, S. 2755–2760.

Stöhr, Alexander:
Kleine Unternehmen – Schutz und Interessenausgleich im Machtgefüge zwischen Arbeitnehmern, Verbrauchern und Großunternehmen, Tübingen 2019 (zit.: *Stöhr*, Kleine Unternehmen).

Strachwitz, Rupert Graf/*Mercker*, Florian (Hrsg.):
Stiftungen in Theorie, Recht und Praxis. Handbuch für ein modernes Stiftungswesen, Berlin 2005 (zit.: *Bearbeiter*, in: Strachwitz/Mercker, Stiftungen).

Ders.:
Der Professorenentwurf zur Reform des Stiftungsrechts – ein Kommentar, ZStV 2020, S. 161–164.

Ders.:
Vereinheitlichung des Stiftungsrechts? Ein Kommentar zum aktuellen Referentenentwurf, ZStV 2020, S. 212–215.

Ders.:
Editorial – Ein Waqf in Deutschland?, ZStV 2024, S. 37–39.

Strenger, Christian:
Zur Überlegenheit von börsennotierten Familienunternehmen: welche Governance-Instrumente brauchen sie wirklich?, in: *Dauner-Lieb*, Barbara/*Freudenberg*, Götz/*Werner*, Götz W. (Hrsg.), Familienunternehmen im Fokus von Wirtschaft und Wissenschaft. Festschrift für Mark K. Binz zum 65. Geburtstag, München 2014, S. 724–735. (zit.: *Strenger*, FS Binz, S. 724).

Strickrodt, Georg:
Stiftungsgründungen aus Familienunternehmen – Kann durch Schaffung einer Stiftung der Übergang des Betriebs die Erben rechtlich, wirtschaftlich und steuerlich erleichtert werden?, in: *Deutschen wissenschaftlichen Steuerinstitut der Steuerbevollmächtigten e.V.* (Hrsg.), Recht und Besteuerung der Familienunternehmen 1971/72, Bonn 1973, S. 157–185 (zit.: *Strickrodt*, FamU 1971/72, S. 157).

Ders.:
Der rechtsfähige Verein stiftungsartiger Struktur, NJW 1964, S. 2085–2088.

Striebing, Clemens:
Legitimierung von Stiftungen – Bedingungen von Transparenz und Multistakeholder Governance, Wiesbaden 2017 (zit.: *Striebing*, Legitimierung von Stiftungen).

Strobel, Benedikt:
Einführung in das Stiftungsrecht, JuS 2020, S. 1149–1153.

Ders.:
Bedarf das Stiftungsgeschäft unter Lebenden bei Grundstücken der notariellen Beurkundung?, ZErb 2020, S. 397–400.

Ders.:
Gemeinnützigkeit als Beschränkung der Vertretungsmacht des Stiftungsvorstands?, ZEV 2022, S. 57–60.

Stumpf, Christoph A.:
Schiedsgerichtsbarkeit in Stiftungen, SchiedsVZ 2009, S. 266–272.

Ders./Suerbaum, Joachim/*Schulte,* Martin/*Pauli*, Rudolf (Hrsg.):
Stiftungsrecht. BGB-Stiftungsrecht, Landesstiftungsgesetze, Stiftungssteuerrecht. Kommentar, 3. Aufl., München 2018 (zit.: S/S/S/P/*Bearbeiter*, StiftR).

Stürner, Johannes:
Geschäftsleitung in fremdnützigen Organisationen, Baden-Baden 2014 (zit.: *J. Stürner*, Geschäftsleitung).

Ders.:
Die Haftung des Stiftungsvorstands bei der Vermögensverwaltung, DStR 2015, S. 1628–1634.

Sudhoff, Heinrich (Hrsg.):
Familienunternehmen, 2. Aufl., München 2005 (zit.: Sudhoff/*Bearbeiter*, Familienunternehmen).

Syrbe, Christoph:
Die Doppelstiftung – eine Möglichkeit der Unternehmensnachfolge bei mittelständischen Unternehmern, Frankfurt am Main 1995 (zit.: *Syrbe*, Die Doppelstiftung).

Szameitat, Susanne/*Wenker*, Barbara:
Familienunternehmen in der Sanierung, besondere Hürden und Chancen, in: *Erffa*, Hubertus Freiherr von/*Lehleiter*, Gunther/*Prigge*, Thorsten (Hrsg.), Streit und Streitvermeidung im Familienunternehmen. Festschrift für Lutz Aderhold, Köln 2021, S. 437–459 (zit.: *Szameitat/Wenker*, FS L. Aderhold, S. 437).

Tagiuri, Renato/*Davis*, John A.:
On the Goals of Successful Family Companies, Family Business Review, 1992, S. 43–62.

Tänzler, Jan Klaus:
Corporate Governance und Corporate Social Responsibility im deutschen Mittelstand – Ein empirischer Vergleich mittelständischer Unternehmen mit unterschiedlichem Familieneinfluss, Siegburg 2013 (zit.: *Tänzler*, Corporate Governance).

Tebben, Joachim:
Transparenzregister über Beteiligungen und treuhänderische Gestaltungspraxis, ZGR 2020, S. 430–449.

Tegeler, Merle Katrin/*Müller-Christ*, Georg:
Kohärenz zwischen Familie und Unternehmen, FuS 2019, S. 21–24.

Tegge, Alexander Hermann:
Die Familienstiftung als Mittel der Nachfolgeplanung nach deutschem und liechtensteinischem Recht. Zivil- und steuerrechtliche Grundfragen im Rechtsvergleich, Berlin 2023 (*Tegge*, Die Familienstiftung).

Teichmann, Christoph:
Transparenzregister – wie hälst Du´s mit dem Datenschutz? – Responsio –, ZGR 2020, S. 450–463.

Theuffel-Werhahn, Berthold:
„Renaissance“ der Doppelstiftung durch die Erbschaftsteuerreform, ZStV 2015, S. 169–177.

Ders.:
Fallstricke bei der Gestaltung einer Doppelstiftung, ZStV 2015, S. 201–210.

Ders.:
Familienstiftungen als Königsinstrument für die Nachfolgeplanung aufgrund der Erbschaftsteuerreform, ZEV 2017, S. 17–22.

Ders.:
Transparenzregister: Meldepflichten bei der Stiftung als Konzernspitze, SB 2017, 228–233.

Ders.:
Forum Shopping: Ein Mangel des Stiftungsgeschäfts, mit welchen Auswirkungen?, ZStV 2018, S. 132–143.

Ders.:
Sinn und Zulässigkeit eines Widerrufsvorbehalts im Stiftungsgeschäft, SB 2019, S. 192–197.

Ders.:
Zur Verwendung von Umschichtungsgewinnen, ZStV 2020, S. 41–52.

Ders.:
Die Stiftung zur erfolgreichen Nachfolgeplanung von Familienunternehmen, RFamU 2022, S. 67–74.

Ders.:
Trägt die Stiftungsrechtsreform die „Stiftung & Co. KG" zu Grabe?, ZStV 2022, S. 43–51.

Ders.:
Stiftungsrecht: Die Beschlussfassung in den Stiftungsgremien: So lassen sich vorausschauend Fehler vermeiden, SB 2022, S. 23–27.

Ders./Mühlendiek, Henning:
Einsichtsrecht in die Akten der Stiftungsaufsicht sowie Auskunfts- und Informationsrechte von Destinatären ohne Rechtsansprüche und Dritten, ZStV 2022, S. 87–95.

Ders./Mühlendiek, Henning:
Namen sind Schall und Rauch? Jedenfalls nicht für Stiftungen! – Ein Beitrag zum Namensrecht von Stiftungen, ZStV 2023, S. 45–50.

Thomale, Chris:
Editorial – Mitbestimmungsvermeidung durch Gründung einer SE, NZG 2022, S. 1.

Thomsen, Steen:
The Danish Industrial Foundations, Copenhagen 2017 (zit.: *Thomsen*, The Danish Industrial Foundation).

Ders./Kavadis, Nikolaos:
Enterprise Foundations. Law, Taxation, Governance, and Performance, Boston 2022 (zit.: *Thomsen/Kavadis*, Enterprise Foundations).

Thunen, Sebastian von:
Vermögenskontinuität im Adel – Anregungen für Familienunternehmen, FuS 2/2016, S. 49–55.

Ders./Möller, Lukas:
Die Entlastung von Stiftungsorganen, ZStV 2023, S. 170–176.

Ders./Möller, Lukas:
Notmaßnahmen bei fehlenden Organmitgliedern gemäß § 84 c BGB, ZStV 2024, S. 83–95.

Thymm, Niels:
Das Kontrollproblem der Stiftung und die Rechtsstellung der Destinatäre, Köln 2007 (zit.: *Thymm*, Das Kontrollproblem der Stiftung).

Tischendorf, Michael:
Die Zurechnung von Einkünften ausländischer Familienstiftungen und -trusts gemäß § 15 AStG nach dem neuen Außensteuererlass v. 22.12.2023, IStR 2024, S. 289–297.

Tielmann, Jörgen:
Die Familienverbrauchsstiftung, NJW 2013, S. 2934–2939.

Tiling, Johann:
Rezension – Peter Rawert, Kommentierung der §§ 80–89 (Stiftungen), in: Johann v. Staudinger, Kommentar zum Bürgerlichen Gesetzbuch mit Einführungsgesetz und Nebengesetzen. Erstes Buch, Allgemeiner Teil §§ 21-103. 13. Bearb., Verlag Sellier – de Gruyter, Berlin 1995, XII, 698 S., geb. 405 DM (Abonnementbezugspreis 312 DM), FamRZ 1996, S. 1399–1400.

Tischer, Robert:
Über die Notwendigkeit strenger gesetzlicher Regelungen von Aufsicht und Kontrolle über privatrechtliche Stiftungen, Hamburg 2012 (zit.: *Tischer*, Aufsicht und Kontrolle).

Toth, Geza Martin:
Die Besteuerung der Unternehmensträger-(Holding-)Stiftung, BB 1997, S. 1238–1240.

Trappe, Sebastian:
Unternehmensmitbestimmung und unternehmensverbundene Stiftungen, Frankfurt am Main 2010 (zit.: *Trappe*, Unternehmensmitbestimmung).

Trißler, Johannes:
Familienstiftungen und Family Trust, Rechtsvergleich Deutschland – England, Aachen 2013 (zit.: *Trißler*, Familienstiftungen und Family Trust).

Troll, Max (Begr.)/*Gebel*, Dieter/*Jülicher*, Marc/*Gottschalk*, Paul Richard (Bearb.):
Erbschaftsteuer- und Schenkungsteuergesetz mit Bewertungsrecht und Verfahrensrecht. Kommentar, München 2024 (zit.: T/G/J/G/*Bearbeiter*, Stand, ErbStG).

Trops, Fritz:
Stiftungsreform oder Unternehmensreform?, ZRP 1971, S. 227–231.

Ders.:
Wirtschaftliche Unternehmen innerhalb einer Stiftung – Eine Übersicht über die möglichen Stiftungsstrukturen, AG 1970, S. 367–369.

Tröger, Tobias/*Wilhelmi*, Rüdiger (Hrsg.),
Rechtsfragen der Familiengesellschaften – Symposion aus Anlass der Emeritierung von Professor Dr. Harm Peter Westermann, Heidelberg 2006 (zit.: *Bearbeiter*, in: Tröger/Wilhelmi, Rechtsfragen der Familiengesellschaften).

Turner, Nikolaus/*Doppstadt*, Joachim:
Die Stiftung – eine Möglichkeit individueller Nachfolgegestaltung, DStR 1996, S. 1448–1453.

Udwari, René:
Vertretungsmacht des Stiftungsvorstands – Gestaltungsüberlegungen für privatnützige Stiftungen, GWR 2022, S. 19–22.

Ders.:
Keine gewerbliche Prägung der Stiftung & Co. KG – Anm. zu BFH, Urt. v. 27.4.2022 – II R 9/20, GWR 2022, S. 262.

Uffmann, Katharina:
Family Business Governance – Rule-Making in the Shadow of Law and Love, ZIP 2015, S. 2441–2451.

Dies.:
Statutarische Vertretungsbegrenzung bei Stiftungs- und Vereinsvorständen, NJW 2021, S. 3085–3091.

Dies.:
Haftung des Stiftungsvorstands – auch nach der geplanten Stiftungsrechtsreform herausfordernd, ZIP 2021, S. 1251–1261.

Dies.:
Statutarische Selbstauflösungsvorbehalte in Stiftungen bürgerlichen Rechts und die (Vor)wirkung der §§ 87, 87a BGB-neu, ZIP 2022, S. 1367–1374.

Dies.:
Abberufung des Stiftungsvorstands durch den Stifter, NZG 2022, S. 1131–1138.

Dies.:
Unternehmensmitbestimmung zwischen Europa und nationalen Wünschen Zu den Vorhaben des Koalitionsvertrags, AG 2022, S. 427–438.

Dies./Becker, Arnd:
„Recht der Familienunternehmen" in die juristische Ausbildung!, RFamU 2022, S. 267–271.

Dies./Thönißen, Klaus:
Mitbestimmungsorientiert Rechtsformgestaltung in Familienunternehmen quo vadis?, RFamU 2022, S. 345–354.

Uhl, Matthias:
Kooperationen im Stiftungsrecht, Basel 2016 (zit.: *Uhl*, Kooperationen im Stiftungsrecht).

Ders.:
Zur Vertretungsmacht des Stiftungsvorstands nach dem Urteil des BGH zur Stiftung Deutsche Schlaganfall-Hilfe, ZStV 2021, S. 201–208.

Ders.:
Zur Unternehmensstiftung nach der Reform des Stiftungsrechts, Ubg 2022, S. 551–555.

Ders.:
Der Stifterwille und die Satzung, npoR 2024, S. 60–63.

Ulmer, Peter:
Die große, generationsübergreifende Familien-KG als besonderer Gesellschaftstyp, ZIP 2010, S. 549–558.

Ders.:
Die vertragliche Beschränkung des Austrittsrechts und der Abfindungsansprüche ausscheidenswilliger Gesellschafter in der großen, generationsübergreifenden Familien-KG, ZIP 2010, S. 805–816.

Vallelonga, Mario:
Testamentsvollstreckung an Gesellschaftsbeteiligungen. Ein Beitrag zur Kompetenzabgrenzung zwischen Erb- und Gesellschaftsrecht, Berlin 2022 (zit.: *Vallelonga*, Testamentsvollstreckung an Gesellschaftsbeteiligungen).

Verstl, Jörg:
Das Rechtsinstitut "Stiftung" – Allheilmittel für die Unternehmensnachfolgeregelung?, DStR 1997, S. 674–680.

Vinken, Horst:
Die Stiftung als Trägerin von Unternehmen und Unternehmensanteilen. Ein Beitrag zur Morphologie der Einzelwirtschaft, Baden-Baden 1970

(zit.: *Vinken*, Die Stiftung als Trägerin von Unternehmen und Unternehmensanteilen).

Ders.:
Private Elemente im Stiftungsbereich: die Familienstiftung, in: *Stiftungszentrum im Stifterverband für die Deutsche Wissenschaft* (Hrsg.), Zur Praxis von Familienstiftungen, Essen 1974, S. 37 (zit.: *Vinken*, in: Stifterverband, Zur Praxis von Familienstiftungen, S. 37).

Viskorf, Stephan:
Familienunternehmen in der Nachfolgeplanung, München 2020 (zit. Viskorf/*Bearbeiter*, Familienunternehmen in der Nachfolgeplanung).

Ders./Löcherbach, Sebastian:
Option Stiftung – nicht zwingend für die Ewigkeit, Unternehmeredition v. 20.03.2018 (abrufbar unter https://www.unternehmeredition.de/wissen/poellath-und-partners-stiferwille/).

Vogel, Steffen:
Die rechtsfähige unternehmensverbundene Verbrauchsstiftung, Freiberg 2019 (zit.: *S. Vogel*, Unternehmensverbundene Verbrauchsstiftung).

Vogt, Benedikt:
Publizität im Stiftungsrecht – Analyse der geltenden Rechtslage und Vorschläge für eine umfassende Reform der stiftungsrechtlichen Publizität, Hamburg 2013 (zit.: *Vogt*, Publizität im Stiftungsrecht).

Vogt, Hans-Ueli/*Fleischer*, Holger/*Kalss*, Susanne (Hrsg.):
Recht der Familiengesellschaften. Siebtes Deutsch-österreichisch-schweizerisches Symposium, Zürich 12.-13. Mai. 2016, Tübingen 2017 (zit.: *Bearbeiter*, in: Vogt/Fleischer/Kalss, Recht der Familiengesellschaften).

Voigt, Jörn F.:
Familienunternehmen – Im Spannungsfeld zwischen Eigentum und Fremdmanagement, Wiesbaden 1990 (zit.: *Voigt*, Familienunternehmen).

Volhard, Rüdiger:
Ein Wort zu frauenfeindlichen Nachfolgeklauseln, in: *Hommelhoff*, Peter/*Schmidt-Diemitz*, Rolf/*Sigle*, Axel (Hrsg.): Familiengesellschaften. Festschrift für Walter Sigle zum 70. Geburtstag, Köln 2000, S. 439–452 (zit.: *Volhard*, FS W. Sigle, S. 439).

Volkholz, Torsten:
Geltung und Reichweite der Privatautonomie bei der Errichtung von Stiftungen. Die Weiterentwicklung des Stiftungsrechts nach Neufassung der §§ 80 bis 88 BGB durch das Gesetz zur Modernisierung des Stiftungsrechts zum 1.

September 2002, Frankfurt am Main 2008 (zit.: *Volkholz*, Privatautonomie bei der Errichtung von Stiftungen).

Voll, Otto (Begr.)/*Voll*, Joseph (Begr.)/*Störle*, Johann:
Bayerisches Stiftungsgesetz. Kommentar, 6. Aufl., Stuttgart 2016 (zit.: *Voll/Störle*, BayStiftG).

Volkmann, Frederike/*Thoma*, Carl-Friedrich:
ZuFinG – Mehrstimmrechtsaktien als Instrument für Familienunternehmer und Gründer?, RFamU 2023, S. 443– 449.

Vries, Tanja de:
Polen: Gesetz über die Familienstiftung – Textdokumentation mit Einführung, WiRO 2023, S. 152–163.

Wachter, Thomas:
Stiftungen. Zivil- und Steuerrecht in der Praxis, Köln 2001 (zit.: *Wachter*, Stiftungen).

Ders.:
Kein Spendenabzug bei Zuwendungen an eine Vorstiftung – Zugleich Besprechung von FG Schleswig-Holstein, Urteil vom 4.6.2009, 1 K 156/04, DStR 2009, S. 2469–2470.

Ders.:
Neuer Vorab-Abschlag beim Erwerb von Anteilen an qualifizierten Familienunternehmen, NZG 2016, S. 1168–1176.

Ders.:
Gesellschaftervereinbarungen als Gestaltungsinstrument bei der Rechtsnachfolge in Familienunternehmen – Teil 1: Gesellschaftsrechtliche Zulässigkeit von Stimmbindungs- und Poolvereinbarungen, ErbR 2016, S. 114–121.

Ders.:
Gesellschaftervereinbarungen als Gestaltungsinstrument bei der Rechtsnachfolge in Familienunternehmen – Teil 2: Poolvereinbarungen im Erbschaftsteuerrecht, ErbR 2016, S. 174–182.

Ders.:
Gesellschaftervereinbarungen als Gestaltungsinstrument bei der Rechtsnachfolge in Familienunternehmen – Teil 1: Gesellschaftsrechtliche Zulässigkeit von Stimmbindungs- und Poolvereinbarungen, ErbR 2016, S. 114–121.

Ders.:
Stiftungen im neuen Erbschaft- und Schenkungsteuerrecht (Teil 1), FR 2017, S. 69–84.

Ders.:
Stiftungen im neuen Erbschaft- und Schenkungsteuerrecht (Teil 2), FR 2017, S. 130–137.

Ders.:
Beginn der Körperschaftsteuerpflicht einer Stiftung – Anm. zu BFH, Urt. v. 6.6.2019, V R 50/17, ErbR 2019, S. 755–760.

Ders.:
BB-Kommentar: Die Entscheidung ist künftig auch bei der Übertragung von GmbH-Geschäftsanteilen auf eine Stiftung zu beachten – Anm. zu OLG Köln, Beschl. v. 05.08.2019, 2 Wx 220/19, BB 2019, S. 2705–2706.

Ders.:
Reform des Stiftungsrechts auf der Zielgeraden, GmbHR 2020, S. R356–R358.

Ders.:
GmbHR-Kommentar: Stiftung: Vertragsschluss mit noch zu gründender GmbH; keine generelle Einschränkung der Vertretungsmacht des Stiftungsvorstands durch Stiftungszweck – Anm. zu BGH, Urteil vom 15.4.2021 – III ZR 139/20, GmbHR 2021, S. 813–823.

Ders.:
Deutsche Erbersatzsteuer und ausländische Familienstiftungen, DB 2023, S. 17–28.

Ders./Heckschen, Heribert (Hrsg.):
Praxis des Handels- und Gesellschaftsrechts, 6. Aufl., Bonn 2024 (zit.: Wachter/Heckschen/*Bearbeiter*, Praxis des HuGR).

Wagner, Ralph:
Die „Stiftungs-GmbH" und § 18 Abs. 2 HGB, GmbHR 2016, S. 858–861.

Walch, Mathias:
Zum Verbot der Selbstzweckstiftung, ZfS 2021, S. 35–45.

Walter, Tim:
Die Publikumspersonengesellschaft, JuS 2020, S. 14–18.

Walz, W. Rainer:
Lücken der Foundation Governance und ihre Ausfüllung, in: *Arkan*, Sabi/*Yongalik*, Aynur (Hrsg.), Festschrift. Liber Amicorum. Tugrul Ansay. Zum 75. Geburtstag/in Honour of his 75th Birthday, AH Alphen aan den Rijn 2006, S. 497–515 (zit.: *Walz*, FS Ansay, S. 497).

Wanka, Sven:
Juristische Personen und ihre Organe als Vorstand der Stiftung – Modelle zur Anbindung einer Stiftung an ein Unternehmen, Wiesbaden 2018 (zit.: *Wanka*, Juristische Personen und ihre Organe als Vorstand der Stiftung).

Warias, Marit:
Die Erbschaftsteuerreform 2016. Untersuchung der Erbschaftsteuerreform 2016 – Handlungsmöglichkeiten des Gesetzgebers, Bonn 2021 (zit.: *Warias*, Die Erbschaftsteuerreform 2016).

Waschbusch, Gerd/*Hastenteufel*, Jessica/*Staub-Ney*, Nadine/*Schröder*, Silke/*Schuster*, Hannes:
Gestaltungs- und Finanzierungsprobleme im Rahmen der Unternehmensnachfolge (Teil I), StB 2017, S. 58–65.

Ders./Hastenteufel, Jessica/*Staub-Ney*, Nadine/*Schröder*, Silke/*Schuster*, Hannes:
Gestaltungs- und Finanzierungsprobleme im Rahmen der Unternehmensnachfolge (Teil II), StB 2017, S. 88–93.

Ders./Sendel-Müller, Markus:
Unternehmer versus Manager – Wie treffen mittelständische Unternehmer im Unterschied zu angestellten Managern ihre Entscheidungen?, StB 2022, S. 81–93.

Wassermann, Holger/*Krystek*, Ulrich:
Unternehmensnachfolge im Verbund – Probleme, Herausforderungen und Lösungsansatz für überlebenskritische Situationen in familiengeführten KMU –, DB 2022, S. 2105–2110.

Weber, Benjamin/*Werner*, Marcel:
Compliance in Stiftungen – Mehrwert oder Papiertiger?, BB 2023, S. 1031–1035.

Wedemann, Frauke:
Gesellschafterkonflikte in geschlossenen Kapitalgesellschaften, Tübingen 2013 (zit.: *Wedemann*, Gesellschafterkonflikte).

Wehnert, Anita:
Die Innenhaftung des Stiftungsvorstands – unter Berücksichtigung ehrenamtlicher Tätigkeit, ZSt 2007, S. 67–73.

Wehrheim, Michael/*Gehrke*, Matthias:
Zur Qualifikation von Einkünften bei einer Stiftung & Co. KGaA, StuW 2005, S. 234–246.

Weiland, Johannes:
Ursachen und Probleme der Stiftungsinsolvenz, Wiesbaden 2020 (zit.: *Weiland*, Ursachen und Probleme der Stiftungsinsolvenz).

Weinmann, Philipp Sebastian:
Die unternehmensverbundene Stiftung – Bestandsaufnahme und Vorschlag für ein Sonderrecht, Baden-Baden 2024 (zit.: *Weinmann*, Die uv. Stiftung).

Weimar, Robert/*Geitzhaus*, Georg/*Delp*, Udo A.:
Die Stiftung & Co KG als Rechtsform der Unternehmung, BB 1986, S. 1999–2010.

Weiss, Heinrich:
Familienunternehmen im Aufwind – Stärken und Schwächen von Familienunternehmen im Vergleich zu börsennotierten Publikumsgesellschaften, in: *Dauner-Lieb*, Barbara/*Freudenberg*, Götz/*Werner*, Götz W. (Hrsg.), Familienunternehmen im Fokus von Wirtschaft und Wissenschaft. Festschrift für Mark K. Binz zum 65. Geburtstag, München 2014, S. 796–798 (zit.: *Weiss*, FS Binz, S. 796).

Weitemeyer, Birgit:
Die Bürgerstiftung – Rechtsform und Reformbedarf?, in: *Hoyer*, Andreas/*Hattenhauer*, Hans/*Meyer-Pritzl*, Rudolf/*Schubert*, Werner (Hrsg.), Gedächtnisschrift für Jörn Eckert, Baden-Baden 2008, S. 967 –984 (zit.: *Weitemeyer*, GS J. Eckert, S. 967).

Dies.:
Reformbedarf im Stiftungsrecht aus rechtsvergleichender Perspektive, AcP 217 (2017), S. 431–491.

Dies.:
Gemeinsame Wurzeln und Wiederannäherung des Stiftungsrechts. Rechtsvergleichender Generalbericht der Stiftungsrechtsordnungen Deutschlands, der Schweiz, der USA, Frankreichs und Chinas, in: *Jung*, Peter (Hrsg.), Stärkung des Stiftungswesens. Verhandlungen der Fachgruppe für vergleichendes Handels- und Wirtschaftsrecht anlässlich der 35. Tagung für Rechtsvergleichung vom 10. bis 12. September 2015 in Bayreuth, Tübingen 2017, S. 107–186 (zit.: *Weitemeyer*, in: Jung, Stärkung des Stiftungswesens, S. 107).

Dies.:
Impulse der Stiftungsrechtsreform zur Governance und Transparenz von Stiftungen?, ZGR 2019, 238–270.

Dies.:
Professorenentwurf zur Stiftungsrechtsreform 2020, NZG 2020, S. 569–580.

Dies.:
Unternehmen in Verantwortungseigentum? Zur Zulässigkeit der Selbstbeschränkung und Unveräußerlichkeit im Stiftungs- und Gesellschaftsrecht, in: *Grundmann*, Stefan/*Merkt*, Hanno/*Mülbert*, Peter O. et. al. (Hrsg.), Festschrift für Klaus J. Hopt zum 80. Geburtstag am 24. August 2020, Berlin 2020, S. 1419–1432 (zit.: *Weitemeyer*, FS K. J. Hopt, S. 1419).

Dies.:
Fallstricke der gGmbH, GmbHR 2021, S. 57–68.

Dies.:
Das Gesetz zur Vereinheitlichung des Stiftungsrecht – Zur Reform des Stiftungsrechts in Deutschland, JEV 2021, S. 54–59.

Dies.:
Die (Kunst-)Stiftung von Todes wegen im steuerlichen Schwebezustand, in: *Kubis*, Sebastian/*Peifer*, Karl-Nikolaus/*Raue*, Benjamin/*Stieper*, Malte (Hrsg.), Ius Vivum: Kunst – Internationales – Persönlichkeit. Festschrift für Haimo Schack zum 70. Geburtstag, Tübingen 2022, S. 74–84 (zit.: *Weitemeyer*, FS H. Schack, S. 74).

Dies.:
Gemeinnützige Gesellschaften und Rechtsformen in Deutschland, Jugendhilfe 2022, S. 132–173.

Dies.:
Die deutsche Stiftung – ein anderes Konzept?, GesRZ 2023, S. 237–244.

Dies./*Wrede*, Kathrin:
Zeitgemäße Verwaltung des Stiftungsvermögens im zinslosen Umfeld, npoR 2017, S. 91–96.

Dies./*Wrede*, Kathrin:
Genderfragen in Non-Profit-Organisationen – Handlungsbedarf und Handlungsoptionen im Hinblick auf Art. 3 Abs. 2 und 3 GG, npoR 2018, S. 3–13.

Dies./*Weißenberger*, Barbara E./*Wiese*, Götz T.:
Eine GmbH mit ewigem Gewinnausschüttungsverbot – Bahnbrechende Innovation oder volkswirtschaftlich bedenkliche Perpetuierung?, GmbHR 2021, S. 1069–1079.

Dies./*Hepperle*, Markus:
Rechte der Mitglieder bei gesetzlicher Verankerung virtueller Mitgliederversammlungen und Organversammlungen in Vereinen und Stiftungen npoR 2022, S. 290–296.

Dies./*Steffen*, Maximilian:
Auflösungsklauseln in Stiftungssatzungen im neuen Stiftungsrecht, ZIP 2023, S. 1617–1623.

Welge, Martin/*Witt*, Peter:
Corporate Governance in kleinen und mittleren Unternehmen, ZfB-Special Issue 2/2013, S. 185–205.

Welling, Berthold/*Kambeck*, Rainer:
Erbschaftsteuerliche Herausforderungen an mittelständische Unternehmen unabhängig von der möglichen Tenorierung des BVerfG – Familienunternehmen, Gesellschafterrechte, Liquiditätseffekte und Steuerbelastungsquoten –, DB 2014, S. 2731–2735.

Weninger, Heinrich:
Die österreichische Privatstiftung als Träger eines Familienunternehmens, ZUS 2012, S. 40–44.

Werder, Alexander/*Wystrcil*, Markus,
Familienstiftungen in der Unternehmensnachfolge, BB 2016, 1558–1565.

Werkmüller, Maximilian A.:
Die „Familienstiftung & Co. KG" als Instrument der „kontrollierten2 Vermögensnachfolge, ZEV 2015, S. 522–525.

Ders.:
Übertragung von Unternehmensanteilen auf eine Familienstiftung, ZEV 2018, S. 446–450.

Weller, Marc-Philippe:
Corporate Governance in geschlossenen Gesellschaften: Status quo und Anforderungen, ZGR 2012, S. 386–417.

Werner, Eginhard:
Die Familiengesellschaft. Recht, Steuern, Betriebswirtschaft, Berlin 2015 (zit.: *E. Werner*, Die Familiengesellschaft).

Werner, Almuth:
Die Zustiftung – Eine rechtsdogmatische Untersuchung unter besonderer Berücksichtigung aufsichtsrechtlicher Genehmigungsvorbehalte und Anzeigepflichten, Baden-Baden 2003 (zit.: *A. Werner*, Die Zustiftung).

Dies.:
Die Errichtung einer selbständigen Stiftung bürgerlichen Rechts in der notariellen Beratungspraxis, NotBZ 2009, S. 469–481.

Dies.:
Satzungsänderungen durch Stiftungsorgane gemäß den Voraussetzungen der Landesstiftungsgesetze, ZStV 2012, S. 189–193.

Dies.:
Praktische Einsatzmöglichkeiten der Verbrauchsstiftung – Zugleich eine Anmerkung zum BMF-Schreiben vom 15. September 2014, ZStV 2015, S. 25–27.

Werner, Olaf:
Perpetuierung einer GmbH durch Stiftungsträgerschaft, GmbHR 2003, S. 331–340.

Ders.:
Privatautonomie und Missbrauch der Stiftungsform, in: *Mecking*, Christoph/ *Schulte*, Martin (Hrsg.), Grenzen der Instrumentalisierung von Stiftungen, Tübingen 2003, S. 15–19 (zit.: *O. Werner*, in: Mecking/Schulte, Grenzen der Instrumentalisierung von Stiftungen, S. 15).

Ders.:
Die Formulierungsfreiheit des Stifters als Ausfluss der Privatautonomie, ZSt 2006, S. 126–133.

Ders.:
Grenzen der Gestaltungsfreiheit in Stiftungssatzungen – insbesondere solcher mit dem Ziel der Möglichkeit späterer Änderungen, in: *Hager*, Johannes (Hrsg.), Entwicklungstendenzen im Stiftungsrecht. Verleihung des Helmut-Schippel-Preises 2006. Tagungsband, Baden-Baden 2008, S. 49–68 (zit.: *O. Werner*, in: Hager, Entwicklungstendenzen im Stiftungsrecht, S. 49).

Ders.:
Die Stiftung als Mittel der Perpetuierung von Unternehmen, in: *Bayer*, Walter/*Koch*, Elisabeth (Hrsg.), Unternehmens- und Vermögensnachfolge, Baden-Baden 2009, S. 103–139 (zit.: *O. Werner*, in: Bayer/Koch, Unternehmens- und Vermögensnachfolge, S. 103).

Ders.:
Stiftung und Stifterwille, in: *Wehnert*, Karl-Ernst (Hrsg.), Prof. Dr. Olaf Werner. Beiträge zum Zivil- und Zivilprozessrecht. Ausgewählte Abhandlungen von 1969-1999, Baden-Baden 2012, S. 217–231 (zit.: *O. Werner*, in: Wehnert, Beiträge zum Zivil- und Zivilprozessrecht, S. 217).

Ders.:
Bestellung der Organmitglieder in einer privatrechtlichen Stiftung, in: *Wehnert*, Karl-Ernst (Hrsg.), Prof. Dr. Olaf Werner. Beiträge zum Stiftungs- und Erbrecht. Ausgewählte Abhandlungen ab 2000, Halle an der Saale 2020, S. 35–54 (zit.: *O. Werner*, in: Wehnert, Beiträge zum Stiftungs- und Erbrecht, S. 35).

Ders.:
Die Umwandlung einer eigennützigen in eine fremdnützige Stiftung, in: *Wehnert*, Karl-Ernst (Hrsg.), Prof. Dr. Olaf Werner. Beiträge zum Stiftungs- und Erbrecht. Ausgewählte Abhandlungen ab 2000, Halle an der Saale 2020, S.

351–359 (zit.: *O. Werner*, in: Wehnert, Beiträge zum Stiftungs- und Erbrecht, S. 351).

Ders.:
Die idealistische Familienstiftung (Teil 1), ZStV 2018, S. 203–209.

Ders.:
Die idealistische Familienstiftung (Teil 2), ZStV 2019, S. 7–13.

Ders.:
Stiftungszuwendungen abweichend von satzungsgemäßen Vorbedingungen bei Ertragsüberschüssen, ZStV 2023, S. 205–213.

Ders./*Saenger*, Ingo/*Fischer*, Christian (Hrsg.):
Die Stiftung. Recht, Steuern, Wirtschaft, 2. Aufl., Baden-Baden 2019 (zit.: W/S/F/*Bearbeiter*, Die Stiftung).

Werner, Rüdiger:
Stiftungen als Instrument der Unternehmens- und Vermögensnachfolge, ZEV 2006, S. 539–544.

Ders.:
Der Gesellschaftsvertrag des Familienunternehmens, DSWR 2006, S. 177–180.

Ders.:
Stiftungen als Instrument der Pflichtteilsvermeidung, ZEV 2007, S. 560–564.

Ders.:
Die Haftung des Stiftungsvorstands, ZEV 2009, S. 366–371.

Ders.:
Die Vorstiftung – zivil- und steuerrechtliche Aspekte, ZErb 2011, S. 237–243.

Ders.:
Immobiliengeschäfte mit Stiftungen: Vertretung der Stiftung im Grundbuchverfahren, MDR 2011, S. 639–624.

Ders.:
Die Doppelstiftung, ZEV 2012, S. 244–249.

Ders.:
Die Familienstiftung als Baustein der Unternehmens- und Vermögensnachfolge – Chancen und Risiken, NWB-EV 2012, S. 331–338.

Ders.:
Die Familienheimstiftung als Instrument der Asset Protection, ZEV 2014, S. 66–72.

Ders.:
Testamentsvollstreckung vs. Familienstiftung – Gestaltungsmöglichkeiten zur langfristigen Bindung von Familienvermögen, NWB-EV 2015, S. 238–245.

Ders.:
Gestaltungsprobleme bei der Übertragung von Vermögen auf eine Familienstiftung – Stiftungsgestaltungen und ihre steuerlichen Folgen, NWB-EV 2019, S. 271–277.

Ders.:
Die Abberufung und Kündigung des Vorstandsmitglieds einer Stiftung, NJOZ 2019, S. 241–248.

Ders.:
So soll es sein: Keine Vermögenszersplitterung dank der Stiftung & Co. KG – Die Stiftung & Co. KG als interessante Light-Version der (Familien-)Stiftungslösung, NWB 2020, S. 2256–2263.

Ders.:
Die gemischte Stiftung, ZEV 2020, S. 529–534.

Ders.:
Der Regierungsentwurf eines Gesetzes zur Vereinheitlichung des Stiftungsrechts, ErbR 2021, S. 482–487.

Ders.:
Formbedürftigkeit der Übertragung von Immobilien und GmbH-Geschäftsanteilen im Rahmen der Stiftungserrichtung?, ZErb 2021, S. 131–135.

Ders.:
Die SE als Instrument zur Einschränkung der Mitbestimmung, NZG 2022, S. 541–545.

Ders.:
Der BFH äußert sich zur Stiftung & Co. KG – Zugleich Bespr. von BFH 27.4.2022 – II R 9/20, NZG 2022, 1257, NZG 2022, S. 1244–1247.

Ders.:
Die Vergütung des Stiftungsvorstands, DStR 2022, S. 2162–2167.

Ders.:
Die Abberufung des Stiftungsvorstands, NZG 2024, S. 1211–1215.

Wernicke, Thomas:
Vorstandskontrolle in der Stiftung, ZEV 2003, S. 301–306.

Wertenbruch, Johannes:
Die Einheits-GmbH & Co. KG nach MoPeG, GmbHR 2021, S. 1181–1193.

Ders.:
Das MoPeG – die Reform des Rechts der Personengesellschaften, JZ 2023, S. 78–88.

Ders.:
Persönliche Gesellschafterhaftung und Rückgriff bei der Personengesellschaft nach MoPeG, ZPG 2024, S. 1–11.

Ders.:
Die Vertretung der Personengesellschaft nach MoPeG, GmbHR 2024, S. 1–10.

Ders.:
Name und Rechtsformzusatz bei der Gesellschaftsregistereintragung der rechtsfähigen GbR, GmbHR 2024, S. 673–676.

Westermann, Harm Peter/*Wertenbruch*, Johannes (Hrsg.):
Handbuch Personengesellschaften, Werkstand 89. Lieferung 4/2024, Köln 2024 (zit.: Westermann/Wertenbruch/*Bearbeiter*, PersGesR-HdB, Dokumentenstand).

Ders.:
Rechtsberatung in Familiengesellschaften – noch ein interessantes Mandat?, in: *Hoffmann-Becking*, Michael/*Hommelhoff*, Peter (Hrsg.), Festschrift für Gerd Krieger zum 70. Geburtstag, München 2020, S. 1087–1100 (zit.: *H. P. Westermann*, FS Krieger, S. 1087).

Ders.:
Problemschwerpunkte bei der rechtlichen Beratung von Familiengesellschaften, in: *Kirchdörfer*, Rainer/*Lorz*, Rainer/*Wiedemann*, Andreas/*Kögel*, Rainer/*Frohnmayer*, Thomas (Hrsg.), Familienunternehmen in Recht, Wirtschaft, Politik und Gesellschaft. Festschrift für Brun-Hagen Hennerkes zum 70. Geburtstag, München 2009, S. 21–35 (zit.: *H. P. Westermann*, FS Hennerkes, S. 21).

Ders.:
Patchwork-Familien im Gesellschaftsrecht, NZG 2015, S. 649–657.

Ders.:
Zum Stand der »Modernisierung« des Personengesellschaftsrechts, DZWIR 2020, S. 321–327.

Ders./*Grunewald*, Barbara/*Maier-Reimer*, Georg (Hrsg.):
Erman. Bürgerliches Gesetzbuch. Kommentar mit Nebengesetzen (AGG, BeurkG, BVersTG, EGBGB, ErbbauRG, ProdhaftG, VBVG, VersAusglG, WEG – teils in Auszügen) und Internationalem Privatrecht, 17. Aufl., Köln 2023 (zit.: Erman/*Bearbeiter*, BGB).

Westermann, Harry:
Gedanken zum Unternehmensschutz im Recht der Personenhandelsgesellschaften, in: *Harms*, Wolfgang/*Heckelmann*, Dieter/*Knöpfle*, Robert/*Teichmann*, Arndt (Hrsg.), Entwicklungstendenzen im Wirtschafts- und Unternehmensrecht. Festschrift für Horst Bartholomeyczik 70. Geburtstag, Berlin 1973, S. 395–414 (zit.: *H. Westermann*, FS Bartholomeyczik, S. 395).

Wicke, Hartmut:
Corporate Governance-Fragen in der Kautelarjurisprudenz kleiner und mittelgroßer Unternehmen, ZGR 2012, S. 450–488.

Ders.:
Die SE als Familienunternehmen, RNotZ 2020, S. 25–38.

Wiedemann, Herbert:
Gesellschaftsrecht. Ein Lehrbuch des Unternehmens- und Verbandrechts. Band 1: Grundlagen, München 1980 (zit.: *H. Wiedemann*, GesR, Bd. I).

Wiedemann, Andreas/*Kögel*, Rainer:
Beirat und Aufsichtsrat im Familienunternehmen, 2. Aufl., München 2020 (zit.: *A. Wiedemann/Kögel*, Beirat und Aufsichtsrat).

Wiederhold, Johannes:
Stiftung und Unternehmen im Spannungsverhältnis, Frankfurt am Main 1971 (zit.: *Wiederhold*, Stiftung und Unternehmen).

Wiese, Götz T. (Hrsg.):
Unternehmensnachfolge. Steuerliche und rechtliche Gestaltung, Köln 2021 (zit.: Wiese/*Bearbeiter*, Unternehmensnachfolge).

Wieselhuber, Norbert:
Familienunternehmen – Balance zwischen Familie und Unternehmen, in: *Schild*, Claus/*Schmidt*, Eckehard/*Zitzelsberger*, Stephan (Hrsg.), Das Familienunternehmen – Bilanzierung, Bewertung, Steuern, Festschrift für Siegfried Zitzelsberger, Baden-Baden 2015, S. 191–216 (zit.: *Wieselhuber*, FS Zitzelsberger, S. 191).

Wiesehahn, Andreas:
Unternehmensnachfolge. Praxishandbuch für Familienunternehmen, 2. Aufl., Wiesbaden 2020 (zit.: Wiesehahn/*Bearbeiter*, Unternehmensnachfolge, S.).

Wilke, Ulrich:
Willensherrschaft und Nachlassbindung, Frankfurt am Main 2017 (zit.: *Wilke*, Willensherrschaft und Nachlassbindung).

Willy, Kirstin U.:
Die Stiftungsreform 2021 – Überblick und haftungsrechtliche Fragestellungen, VersR 2022, S. 79–85.

Wimmer, Rudolf/*Gebauer*, Annette:
Die Nachfolge in Familienunternehmen, zfo 2004, S. 244–252.

Windeknecht, Philipp:
Die Doppelstiftung und weitere Nachfolgestrukturen – Unter Einbeziehung von in- und ausländischen Stiftungen sowie Gesellschaften, NWB 2021, S. 1326–1333.

Windeknecht, Wilhelm/*Windeknecht*, Philipp:
Stiftungsaufsicht – Möglichkeiten und Grenzen, NWB 2022, S. 1431–1438.

Windthorst, Kay (Hrsg.):
Herausforderungen in Familienunternehmen, Baden-Baden 2020 (zit.: *Bearbeiter*, in: Windthorst, Herausforderungen in Familienunternehmen).

Ders.:
Die Krisenresilienz des Familienunternehmens. Der Beitrag der Corporate und Family Governance, Baden-Baden 2021 (zit.: *Windhorst*, Die Krisenresilienz des Familienunternehmens).

Ders.:
Transparenz in Familienunternehmen, FuS 2019, S. 84–89.

Winheller, Stefan/*Geibel*, Stefan J./*Jachmann-Michel*, Monika (Hrsg.):
Gesamtes Gemeinnützigkeitsrecht, 3. Aufl., Baden-Baden 2023 (zit.: NK-GemnR/*Bearbeiter*).

Ders./*Piekarek*, Boris:
Familienstiftungen und Immobilien – Gestaltungsüberlegungen aus der anwaltlichen Praxis, ZStV 2018, S. 153–157.

Winkler, Angelo:
Die BGB-Stiftungsrechtsreform – eine Zwischenbilanz, ZStV 2017, S. 165–172.

Ders.:
Endlich: Die Stiftungsrechtsreform kommt – Ein Überblick, ZStV 2021, S. 121–127.

Ders.:
Der ursprüngliche Stifterwille und die „wesentliche Veränderung der Verhältnisse“, in: *Compes*, Achim/*Thümmel*, Roderich C./*Winkler*, Angelo (Hrsg.), Festschrift für Alexander Reuter zum 65. Geburtstag, Köln 2021, S. 571–600 (zit.: *Winkler*, FS A. Reuter, S. 571).

Wischmeyer, Thomas:
Der „Wille des Gesetzgebers" – Zur Rolle der Gesetzesmaterialien in der Rechtsanwendung, JZ 2015, S. 957–966.

Wochner, Georg:
Stiftungen und stiftungsähnliche Körperschaften als Instrumente dauerhafter Vermögensbindung, MittRhNotK 1994, S. 89–112.

Ders.:
Der Stiftungs-Verein, Rpfleger 1999, S. 310–317.

Ders.:
Die Stiftung in der Unternehmensnachfolge, in: *Bayer*, Walter/*Koch*, Elisabeth (Hrsg.), Unternehmens- und Vermögensnachfolge, Baden-Baden 2009, S. 141–167 (zit.: *Wochner*, in: Bayer/Koch, Unternehmens- und Vermögensnachfolge, S. 141).

Wohlgenannt, Ines:
Verbot von Selbstzweckstiftungen in Österreich und Liechtenstein unter besonderer Berücksichtigung der Unternehmensträgerstiftung, Wien 2015 (zit.: *Wohlgenannt*, Verbot von Selbstzweckstiftungen in Österreich und Liechtenstein).

Wolf, Lisa:
Mehrstimmrechtsaktien – eine neue Perspektive für Familienunternehmen?, RFamU 2024, S. 105–110.

Wolf, Peter:
Abfindungsbeschränkungen bei Familiengesellschaften, MittBayNot 2013, S. 9–16.

Worm, Heiko:
Pflichtteilserschwerungen und Pflichtteilsstrafklauseln, RNotZ 2003, S. 535–557.

Woywode, Michael/*Keese*, Detlef/*Tänzler*, Jan Klaus:
Corporate Governance in geschlossenen Gesellschaften – insbesondere in Familienunternehmen – unter besonderer Berücksichtigung von Aufsichtsgremien, ZGR 2012, S. 418–445.

Würdinger, Markus:
Ähnlichkeiten im juristischen Denken und Arbeiten, in: *Althammer*, Christoph/*Schärtl*, Christoph (Hrsg.), Dogmatik als Fundament für Forschung und Lehre. Festschrift für Herbert Roth zum 70. Geburtstag, Tübingen 2021, S. 141–156 (zit.: *Würdinger*, FS H. Roth, S. 141).

Wüst, Günther:
Ausbaubedürfnisse im Gesellschaftsrecht, JZ 1989, S. 270–278.

Zeitel, Gerhard:
Die Familienunternehmen in der Bundesrepublik Deutschland, ZUG 1991, S. 27–35.

Zellweger, Thomas M.:
Managing the Family Business. Theory and Practice, Cheltenham (Vereinigtes Königreich) 2017 (zit.: *Zellweger*, Managing the Family Business).

Ders./Nason, Robert S./*Nordqvist*, Mattias/*Brush*, Candida:
Why Do Family Firms Strive for Nonfinancial Goals? An Organizational Identity Perspective, Entrepreneurship Theory and Practice, (37) 2013, S. 229–248 (zit.: *Zellweger et al.*, ET&P (37) 2013, 229).

Zensus, Janina/*Schmitz*, Benedikt:
Die Familienstiftung als Gestaltungsinstrument zur Vermögensübertragung und -sicherung, NJW 2012, S. 1323–1329.

Ziemons, Hildegard/*Jaeger*, Carsten/*Pöschke*, Moritz (Hrsg.):
Beck'scher Online-Kommentar zum GmbHG, München 2024 (zit.: BeckOK GmbHG/*Bearbeiter*, Stand).

Zimmermann, Herbert:
Die Familienstiftungen im Lande Nordrhein-Westfalen, ZRP 1975, S. 300–302.

Zimmermann, Klaus:
Aktueller Überblick über das deutsche Stiftungsrecht, NJW 2011, S. 2931–2937.

Ders./Raddatz, Stefan:
Die Entwicklung des Stiftungsrechts 2019, NJW 2020, S. 517–522.

Ders./Raddatz, Stefan:
Die Entwicklung des Stiftungsrechts 2021, NJW 2022, S. 517–524.

Ders./Raddatz, Stefan:
Die Entwicklung des Stiftungsrechts 2023, NJW 2024, S. 2085–2092.

Zimmermann, Walter:
Zur Unzulässigkeit von „Geschlechterklauseln" in Gesellschaftsverträgen, in: *Schumacher*, Hubertus/*Zimmermann*, Walter (Hrsg.), Festschrift 100 Jahre Fürstlicher Oberster Gerichtshof. Der Einfluss der höchstgerichtlichen Rechtsprechung auf Wirtschaft und Finanz, Wien 2022, S. 181–194 (zit.: *W. Zimmermann*, FS 100 Jahre FL-OGH, S. 181).

Zöller, Daniel/*Gläser*, Sven Christian:
Hinzurechnungsbesteuerung bei ausländischen Familienstiftungen und -trusts, ISR 2021, S. 305–313.

Zügel, Walther:
Das Familienunternehmen im Spannungsfeld der Globalisierung, in: *Hommelhoff*, Peter/*Schmidt-Diemitz*, Rolf/*Sigle*, Axel (Hrsg.): Familiengesellschaften. Festschrift für Walter Sigle zum 70. Geburtstag, Köln 2000, S. 59–66 (zit.: *Zügel*, FS W. Sigle, S. 59).

www.ingramcontent.com/pod-product-compliance
Ingram Content Group UK Ltd.
Pitfield, Milton Keynes, MK11 3LW, UK
UKHW021820290926
8980IPUK00004B/174

9 783631 931332